KB161574

로맹 롤랑(1866~1944)

로맹 롤랑 생가

로맹 롤랑 학교

로맹 롤랑 박물관

ROMAIN ROLLAND

Le besoin de l'Unité...
JEAN JAURÈS (*La réalité du monde sensible*).

Lorsque la guerre de 1914 éclata, Romain Rolland était un littérateur célèbre que la grande masse du public connaissait peu. Il avait réalisé ce destin étrange d'avoir écrit un roman en dix volumes, une œuvre puissante et magistrale, qui s'était peu à peu élevée aux tirages majestueux que réalisèrent seuls

audacieux : *Au-dessus de la Mêlée*. Ce fut un prodigieux coup de foudre. Le livre eut un succès vertigineux, créa une série de polémiques âpres et virulentes et *polarisa* le pacifisme.

C'est à partir d'*Au-dessus de la Mêlée* que le grand public connut Romain Rolland. Son nom fut bientôt synonyme du pire, pour des centaines de journaux

로맹 롤랑의 신문기사

로맹 롤랑 도서관

롤랑 시 청사

로맹 롤랑 체육관

로맹 롤랑·니콜라이 부하린·오토 시미트

sévèrement J'espère que vous les
lirez un jour exposées d'une
manière plus claire et précise
J'ai voulu vous donner seule
ment une idée de ma manière de
voir.

Leon Tolstoy.

로맹 롤랑에게 보낸 톨스토이의 답장

로맹 롤랑과 막심 고리키

로맹 롤랑 초상화

연극 〈시간은 오리라〉 프로그램 로맹 롤랑

ROMAIN ROLLAND

Jean = Christophe

— L'AUBE —

PARIS

SOCIÉTÉ D'ÉDITIONS LITTÉRAIRES ET ARTISTIQUES
Librairie Paul Ollendorff
5o, CHAUSSÉE D'ANTIN, 5o

—

1906

《장 크리스토프》 속표지(1906)

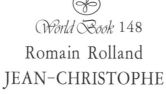

World Book 148

Romain Rolland
JEAN-CHRISTOPHE
장 크리스토프 I
로맹 롤랑/손석린 옮김

동서문화사

디자인 : 동서랑 미술팀

국적을 불문하고
괴로워하고 싸우다가 마침내 승리할
모든 자유로운 영혼에게 바친다.

로맹 롤랑

장 크리스토프 Ⅰ
차례

장 크리스토프 Ⅰ

새벽…13

아침…133

  1. 장 미셸의 죽음…133

  2. 옷토…172

  3. 민나…200

청춘…253

  1. 오일러 댁…253

  2. 자비네…302

  3. 아아다…356

반항…420

  1. 흐르는 모래…420

  2. 매몰…505

  3. 해방…591

광장 시장…696

  저자와 그림자와의 대화…696

  종복의 본분…784

장 크리스토프 Ⅱ

앙투아네트…895
집 안에서…994
　　제1부…994
　　제2부…1063
여자친구들…1167
불타는 가시덤불…1346
　　제1부…1347
　　제2부…1429
새로운 날…1538
　　제1부…1539
　　제2부…1576
　　제3부…1642
　　제4부…1676
《장 크리스토프》에의 고별…1715
《장 크리스토프》에 부치는 글…1716
롤랑의 생애와 작품에 대하여…1726
로맹 롤랑 연보…1746

주요인물

장 크리스토프 어렸을 때부터 음악을 좋아했으며 불굴의 정신을 가진 이 이야기의 주인공.

장 미셸 크리스토프의 할아버지. 기질이 굳세고 고지식한 전 궁정 음악 지휘자.

멜키오르 크리스토프의 아버지. 술을 좋아한 나머지 바이올리니스트 지위를 잃고 만다.

루이자 마음씨 상냥한 크리스토프의 어머니.

고트프리트 루이자의 오빠. 가난한 행상인이긴 하나 신앙심이 깊으며 크리스토프에게는 친절하고 다정한 외삼촌.

하슬러 어린 크리스토프에게 감화를 준 유명한 작곡가.

옷토 크리스토프의 첫 친구가 된 부유한 실업가의 아들.

케리히 부인 크리스토프의 이웃집에 사는 추밀고문관(樞密顧問官)의 미망인.

민나 케리히네 딸. 크리스토프의 첫사랑.

오일러 노인 장 미셸의 친구로, 크리스토프 모자가 사는 집 주인.

포겔 관청에 근무하는 오일러 노인의 사위.

아말리아 부지런하고 잔소리가 심한 포겔의 아내.

로자 크리스토프를 사모하는 아말리아의 딸.

자비네 크리스토프와 같은 건물에 사는 젊고 아름다운 미망인.

아아다 크리스토프의 연인이 되는 여점원.

로돌프 상인을 꿈꾸는 크리스토프 동생.

에른스트 의지가 약한 크리스토프의 막냇동생.

만하임 잡지 〈디오니소스〉의 동인. 부유한 유대인.

유디트 지성적인 만하임의 누이동생.

코린느 지방을 순회하는 매력적인 프랑스 여배우.

라인하르트 부부 크리스토프의 친구. 지방학교 교수와 그의 아내.

슐츠 노인 크리스토프의 음악을 좋아하는 대학교수.

모데스타 고트프리트에게 구원받은 눈먼 시골 처녀.

실바인 콘(해밀턴) 크리스토프의 소꿉동무. 파리 사교계의 유랑아.

다니엘 헤히트 악보 출판사의 지배인. 냉담한 유대인.

콜레트 크리스토프의 피아노 제자. 부유한 실업가의 딸.

뤼시앙 뢰비쾨르 회의적인 돈 많은 비평가.

아쉴르 루생 살롱에 출입하는 사회주의 국회의원.

시도니 크리스토프의 옆방 하녀.

새벽

Dianzi, nell' alba che precede al giorno,
Quando l'anima tua dentro dormia······

PURG. Ⅸ.

조금 전 해돋이에 앞선 새벽에,
너의 혼은 육체 속에서 잠이 들었는데······

신곡 연옥편 제9곡

1

Come, quando i vapori umidi e spessi
A diradar cominciansi, Is spera
Del sol debilemente entra per essl······

PURG. ⅩⅦ.

습기 찬 짙은 안개가 걷혀가도
햇살은 그 속에 아주 희미하게밖에
비치지 않는 법이다······

신곡 연옥편 제17곡

집 뒤쪽에서 강물 소리는 한결 요란스럽게 높아져 있다. 비는 아침부터 종일 유리창을 두드리고 있다. 귀퉁이가 금간 유리에 물이 방울방울 맺혀 줄줄 흘러내린다. 노르무레한 한낮의 밝은 빛은 스러져, 방 안은 포근하고 어둠침침하다.

갓난아기가 요람 속에서 꿈틀거린다. 노인은 들어올 때 문간에 나막신을 벗어 놓았으나, 걸음을 옮길 때마다 마루가 삐걱거렸다. 아기가 칭얼거린다.

어머니는 아기를 달래려고 침대에서 몸을 내밀었다. 할아버지는 아기가 어둠에 겁먹지 않도록 더듬더듬 램프를 찾아 불을 댕긴다. 불빛은 장 미셸 노인의 불그레한 얼굴을 비추었다. 뻣뻣해 보이는 흰 수염, 무뚝뚝한 표정, 그리고 날카로운 눈. 노인은 요람 곁으로 다가선다. 그의 외투에선 축축이 젖은 냄새가 난다. 파란색 큼직한 슬리퍼를 질질 끌며 걸어간다.

루이자는 그에게 다가오지 말라는 몸짓을 하고 있었다. 그녀의 머리는 거의 흰 금발이다. 얼굴은 여위어 있었다. 양처럼 유순해 보이는 얼굴에는 주근깨가 박혀 있다. 푸르무레하고 두툼한 두 입술은 딱 맞물리지 않고, 약간 내성적인 미소를 머금고 있다. 그 눈이 갓난애를 유심히 지켜본다─새파란 명한 눈초리로. 그 눈동자는 퍽 작으나 한없이 부드러워 보인다.

아기가 눈을 뜨고 울음을 터뜨린다. 몽롱한 눈초리가 이리저리 움직인다. 이 무슨 무서움일까! 깊디깊은 어둠, 램프의 황황한 거친 불빛, 혼돈 속에서 갓 나온 두뇌에 떠오른 환각, 주위를 둘러싸고 있는 숨 막힐 것 같은 밤, 날카로운 감각과 고뇌와 환영(幻影)이 그곳에서 눈부신 광선처럼 떠올라 오는 끝없이 깊은 그림자, 몸을 수그리고 이쪽을 들여다보는 이들의 큼직큼직한 얼굴, 자신을 꿰뚫고 자기 몸속으로 들어오는 뜻 모를 이들의 눈길…… 아이에겐 울고불고할 힘도 없었다. 공포 때문에 꼼짝도 못한다. 눈과 입을 벌리고, 목구멍 속에서 헐떡거리며 빳빳이 굳어 있다. 부어오른 커다란 얼굴에 주름이 잡혀 참담하고 기괴한 찌푸린 낯이 된다. 얼굴과 손의 피부는 자줏빛이 어린 갈색이며 노르께한 반점이 있었다……

"이거 참, 밉게도 생긴 놈이로군!" 노인은 그렇게 확신한 듯 중얼거렸다. 그러고는 램프를 탁자 위에 놓으려고 간다.

루이자는 마치 꾸지람 들은 소녀처럼 뽀로통해졌다. 장 미셸은 곁눈질로 보고 싱긋 웃는다.

"예쁘장한 애라는 말을 들을 셈은 아니렷다? 설사 그렇게 말한들, 너도 곧이듣진 않을 거고. 아무튼 좋으니라. 갓난애란 다 이런 거지."

아기는 램프 불빛과 노인의 눈길에 놀라서 멍하니 꼼짝 않고 있었으나, 이윽고 마비 상태에서 벗어났다. 소리를 내어 울기 시작하는 것이다. 어쩌면 어머니의 눈빛 속에서 울음을 권하는 듯한 부드러운 손길을 본능적으로 느꼈던 것인지도 모른다. 어머니는 아기 쪽으로 팔을 뻗치며 말을 건넨다.

"이리 주세요."

노인은 평소 버릇대로 이치를 내세우려 들었다.

"운다고 해서 애가 하자는 대로 좇아서는 안 되느니라. 제멋대로 울게 두어야지."

그렇게 말은 하면서도 노인은 다가가서 갓난아기를 팔에 안아 올렸다. 그러고는 중얼거렸다.

"이렇게 미운 놈은 본 적이 없는걸."

루이자는 떨리는 손으로 아기를 받아들고는 마치 숨기려는 듯이 가슴에 품어 안는다. 그리고 당혹한 듯한, 또한 기뻐서 못 견디겠다는 듯한 미소를 띠며 아기를 들여다보았다.

"어머나, 가엾은 우리 아기." 그녀는 정말 부끄러운 듯이 말했다.

"넌 참 못난 아이로구나! 하지만 참 예쁘기도 하지!"

장 미셸은 난롯가로 돌아갔다. 언짢은 기색으로 불을 헤치기 시작한다. 그러나 그의 무뚝뚝하고 점잔 빼는 표정은 미소 때문에 흩어졌다.

"애, 어멈아." 그는 말문을 연다.

"아무 걱정할 것 없다. 얼굴이야 차차 변하는 거니까. 그리고 못생겼으면 어떠냐! 이 애에게 바라는 것은 단 한 가지야. 훌륭한 사람이 되어 달라는 거지."

아기는 어머니의 체온으로 차분해져 있었다. 숨을 할딱거리며 걸신들린 듯이 젖을 빠는 소리가 들린다. 장 미셸은 의자 위에서 가볍게 몸을 뒤로 젖히며 엄숙히 되풀이했다.

"정직한 사람 이상으로 훌륭한 것은 없느니라."

그는 한순간 입을 다물고는 이런 가르침을 늘어놓을 것인가 말 것인가를 생각했다. 그러나 더 말할 것은 없었다. 그래, 잠깐 쯤을 두었다가 조바심 나는 투로 말을 꺼내는 것이었다.

"애 아비가 방에 없으니, 어찌 된 일이냐?"

"아마 극장에 가 있을 거예요." 루이자는 조심조심 말했다.

"연습이 있으니까요."

"극장은 문이 닫혀 있더라. 방금 내가 그 앞을 지나왔다. 그 녀석이 또 거짓말을 했구나."

"아니에요, 그이만 탓하지 마세요! 제가 잘못 들었는지도 모르니까요. 어쩌면 출장 연습으로 시간이 걸리고 있을지도 몰라요."

"이젠 돌아와 있어야 하는데 말이다." 노인은 불만스러운 듯이 말했다.

그는 한순간 망설이고는, 좀 창피스러운 듯이 음성을 낮추어 물었다.

"그 녀석…… 또?"

"아뇨, 아버님. 아니에요, 아버님." 루이자는 부리나케 대꾸했다.

노인은 그녀를 뚫어지게 바라보았다. 며느리는 눈길을 피했다.

"아니지, 그렇지 않을 거다. 너 지금 거짓말을 하는구나."

그녀는 소리 없이 울었다.

"괘씸한 놈 같으니!" 노인은 소리치며 난로를 걷어찼다. 부젓가락이 크게 소리를 내며 떨어졌다. 아기 엄마와 갓난애는 그 소리에 몸을 떨었다.

"아버님, 제발 부탁이에요." 루이자는 말했다.

"아기가 울어요."

아기는 울어야 할지 계속 젖을 빨아야 할지 잠시 망설였다. 그러나 두 가지를 동시에 할 수가 없으므로 다시 또 젖을 빨기 시작했다.

장 미셸은 격한 노여움 때문에 한층 나직해진 음성으로 말을 이었다.

"무슨 놈의 팔자로 내 아래 그런 주정뱅이 자식 놈이 태어났단 말인가? 내 그런 생활을 하며, 온갖 일에 내 자유 따위는 내버리고 참고 살아온 결과가 이거라니! ……하지만 너는, 너는 그 녀석을 잡아 둘 수가 없단 말이냐? 결국 그것이 네가 할 일이 아니냔 말이다. 네가 그 녀석을 집에 잡아매어 둘 수만 있다면……"

루이자는 더한층 격하게 울고 있었다.

"더는 노여워 마세요. 그렇잖아도 전 여간 불행하지 않은걸요! 전 제가 할 수 있는 데까진 했어요. 혼자 있을 때 제가 얼마나 두려워하는지 알아주실는지요! 언제나 그이 발소리가 층계에서 들려오는 것 같답니다. 그럼 전 문이 열리기를 기다리면서, 아아! 어떤 모습으로 돌아오시려나 생각하죠…… 그것을 생각하면 전 병이 들어 버릴 것 같아요."

그녀는 흐느껴 울며 몸을 떨었다. 노인은 불안해졌다. 그는 며느리 곁으로 다가가서 떨고 있는 어깨에 흐트러진 이불을 덮어 주고, 큼직한 손으로 그녀의 머리를 쓰다듬어 주었다.

"자, 자, 걱정할 것 없다. 내가 있으니까."

그녀는 아기 생각을 하고 마음을 가라앉히고는 애써 미소를 지으려 했다.

"그런 말씀을 드려서 죄송해요."

노인은 고개를 저으며 며느리를 바라보았다.

"가엾은 것. 내가 너에게 준 것은 훌륭한 선물이 아니었구나."

"제 잘못이에요." 그녀는 말을 잇는다.

"그이는 저 같은 여자하고 결혼할 게 아니었어요. 그이는 후회하는 거예요."

"무엇을 후회한단 말이냐?"

"아버님도 잘 아시잖아요. 아버님도 제가 그이의 아내가 된 것을 달가워하지 않으셨죠."

"이제 그런 이야기는 그만두자. 하긴 그렇기야 하지. 나도 얼마간은 서글펐느니라. 그런 청년—이렇게 말하더라도 네가 언짢게 생각하지야 않겠지만—내가 소중하게 키워 낸 뛰어난 음악가요 참다운 예술가인 그 애는, 너처럼 가난한 데다 신분도 우리와 다르고 아무런 재주도 없는 여자가 아니더라도, 얼마든지 배우자를 찾을 수 있었느니라. 크라프트 집안사람이 음악가 아닌 여자와 결혼한다는 것은 지난 백 년 동안 없었던 일이지! …… 하지만 너도 잘 알다시피 나는 너를 원망한 일은 없고, 너를 잘 알게 되고부터는 네가 마음에 들었느니라. 더구나 일단 결정된 이상은 이미 돌이킬 수도 없잖느냐. 이제는 오직 정직하게 의무를 다할 뿐이지."

노인은 난롯가로 돌아가 앉아서 잠시 뜸을 들이다가, 자신의 격언을 입에 올릴 때의 버릇으로 제법 엄숙한 태도로 말했다.

"인생에서 가장 소중한 것은 자신의 의무를 다하는 일이니라."

그는 항의하는 말을 기다리며 불 속에 침을 뱉었다. 그러고는 아기 어미도 갓난아기도 아무 소리가 없으므로 계속 말을 이으려 했다. 그러다가 입을 다물어 버렸다.

*

두 사람은 더 말을 나누지 않았다. 장 미셸은 불 곁에, 루이자는 침대 위에 앉아서 둘 다 슬픈 몽상에 젖어 있었다. 노인은 그렇게 말하긴 했으나 아들의 결혼 문제를 생각하고는 씁쓰레한 심정이 되어 있었다. 그녀도 그것을 생각하고 있었다. 자신에게는 아무런 잘못이 없긴 하지만, 그래도 미안한 생각이 들었다.

장 미셸의 아들인 멜키오르 크라프트와 결혼할 때 그녀는 하녀였다. 그들의 결혼에는 누구나가 다 놀랐으나, 그중에서도 특히 당사자인 그녀 자신의 놀라움이 가장 컸다. 크라프트 집안은 비록 재산은 없었지만 노인이 약 반세기 전에 자리를 잡은 이 라인 강변의 조그만 도시에서는 뭇사람의 존경을 받고 있었다. 그들은 부자(父子) 대대의 음악가로, 쾰른으로부터 만하임에 이르는 이 지방의 음악가들에게 그 이름이 알려져 있었다. 멜키오르는 궁정 극장의 바이올리니스트였다. 그리고 장 미셸은 최근까지만 해도 대공(大公)댁의 연주회를 지휘하는 몸이었다.

이 노인은 멜키오르의 결혼에 깊은 굴욕감을 느꼈다. 그는 아들에게 크나큰 희망을 걸고 있었다. 그 자신은 끝내 이룰 수 없었던 유명 인사의 꿈을 아들이 이루길 바랐던 것이다. 그런데 이 분별없는 결혼 때문에, 그 희망은 무참히 깨져 버리고 말았다. 그는 처음에는 고래고래 악을 쓰며 멜키오르와 루이자를 마구 꾸짖고 욕을 퍼부었다. 그러나 본디 착한 사람인지라, 며느리의 인품을 알게 되고는 그녀를 용서했다. 그리고 아버지다운 애정까지 품게 되었으나, 그 애정은 대개 무뚝뚝한 태도로 표현되고 있었다.

멜키오르가 어찌하여 이런 결혼을 했는지는 누구도 이해하지 못했다. 누구보다도 장본인인 멜키오르 자신이 이해할 수 없었다. 분명 루이자가 아름답기 때문은 아니었다. 그녀에게는 남을 매혹할 만한 점이라곤 전혀 없었다. 몸이 자그마하고 살갗은 창백하고 허약한 체질이었다. 그에 반하여 멜키오르와 장 미셸은 모두 키가 훤칠하고 딱 벌어진 몸집에 불그레한 얼굴의 덩치 큰 사나이들이었다. 억센 주먹을 가졌고, 잘 먹고 마시고, 크게 법석을 떨며 웃고 떠들기를 좋아하는 사람들이어서 그녀와는 기묘한 대조를 이루었다. 마치 그녀는 그들에게 짓눌려 있는 것 같았다. 누구도 그녀에게 주의를 기울이는 이는 없었다. 그런데도 그녀는 남의 눈을 피하려 애쓰곤 했다. 만약에 멜키오르가 마음씨 고운 사람이었다면, 다른 온갖 이점을 버리고 오로지 루이자의 구김살 없는 성품을 받아들여 그녀를 배우자로 택했다고 사람들은 생각했을지도 모른다. 그런데 그는 더할 나위 없이 경박한 사나이였다. 제법 호남으로 자신도 그것을 모르는 바 아니었다. 매우 자만심이 강하고, 또 얼마간 재능도 있었다. 그러면 부유한 집 딸을 배필로 바랄 수도 있었고, 스스로 자랑삼아 말했듯이 여제자인 시민 계급의 어떤 여자를 매혹할 수도 있었을 것이라—그게 누군진 몰라도—여겨졌다. 한데 그런 청년이 별안간 재산도 없고 교육도 받지 못하고 아름답지도 않은, 또 저쪽에서 마음이 내켜하지도 않는 하층 계급의 처녀를 배우자로 골랐으니, 이는 마치 도박이라도 하고 있는 것으로밖에는 여겨지지 않았던 것이다.

그러나 멜키오르는 남이 기대하거나 자기 자신이 기대하거나 하는 것과는 언제나 반대되는 짓을 하는 사나이였다. 이런 사람들이 앞을 내다볼 줄 모른다는 것은 아니다. 앞을 볼 줄 아는 사람은 남달리 두 곱을 조심하는 모양이나…… 그들은 무엇에도 속지 않는다고 큰소리치며 자신의 배를 정해진 목적지를 향해 정확히 조종하여 갈 수 있다고 장담한다. 그러나 그들은 자기 자신을 계산에 넣지 않는다. 왜냐하면 자기 자신을 모르기 때문이다. 그들에게 흔히 찾아오는 공허한 순간 그들은 언제나 키를 내팽개쳐 둔다. 그리고 일을 멋대로 내팽개치고, 주인의 뜻을 거스르는 데서 심술궂은 즐거움을 찾는 것이다. 자유롭게 풀린 배는 똑바로 암초를 목표로 하여 나아간다. 이리하여 야심가 멜키오르는 끝내 부엌데기와 결혼해 버렸던 것이다.

그렇다고 그녀와 백년가약을 맺은 그날, 그는 술에 취해 있었던 것도 아니요, 머리가 마비되어 있었던 것도 아니다. 또한 정열적인 유혹을 받은 것도 아니었다. 그러한 일이라곤 전혀 없었다. 그렇긴 해도 우리네 몸속에는 정신이나 마음 말고도 다른 어떤 힘이 있는 법이다. 감각과도 다른 힘이 있는 것이다. 다른 힘이 꾸벅꾸벅 졸고 있는 허무의 순간에 주권(主權)을 장악해 버리는 신비로운 힘이 있는 것이다. 어느 날 저녁 황혼이 깃들 무렵, 라인 강변에서 멜키오르가 이 소녀에게 다가가서 갈대밭 속에 그녀와 나란히 앉아 자기 자신도 왜 그러는지도 모르게 결혼약속을 했을 때, 그 자신을 조심조심 겁먹은 눈초리로 바라보는 그녀의 파란 눈동자 밑바닥에서 아마도 그는 이러한 신비로운 힘을 만나게 된 것이리라.

결혼하자마자 그는 자신이 한 짓에 낙담하는 태도를 보였다. 그것을 가련한 루이자에게도 결코 숨기려 하지 않았다. 루이자는 스스로 자신을 낮추어 용서를 빌었다. 그는 나쁜 사람은 아니었기 때문에 쾌히 그녀를 용서해 주었다. 그러나 그 뒤에 곧 친구들 속에 끼거나 부유한 여제자의 집에 가거나 하면, 다시금 후회가 되살아나기 일쑤였다. 그녀들은 이미 그를 경멸하고, 그가 건반 위에 손가락 얹는 법을 고쳐 주려고 손을 대도 이제는 전혀 몸을 떨거나 하지 않았다. 그래서 그는 우울한 표정으로 돌아오곤 했다. 그럴 때면 루이자는 첫눈에 예의 그 비난을 읽어 내고는 가슴이 죄어드는 아픔을 느꼈다.

그는 또 선술집에 들러서 늦게 집에 오는 날도 있었다. 술집에서 그는 자기 만족과 남에 대한 관용을 얻을 수 있었다. 그런 밤에는 그는 크게 웃어젖히며 신이 나서 돌아왔다. 그러나 이 웃음이 루이자에게는 평소 넌지시 던져진 암시나 가슴에 간직된 원망보다도 훨씬 쓰라리게 느껴졌다. 그녀 자신도 남편의 이러한 발작적인 난행(亂行)에 얼마간 책임이 있는 것같이 느껴졌던 것이다. 그럴 때마다 집안의 돈도 자꾸 없어지고, 남편 가슴속에 조금이나마 남아 있던 성실성도 사라져 갔다. 멜키오르는 진창의 늪에 빠져들었다. 평범한 재능을 키워 나가기 위해서 끊임없이 공부해야 할 나이에, 언덕길을 죽죽 미끄러져 떨어져 버린 것이다. 그리하여 남에게 지위를 빼앗겨 버리고 말았다.

그러나 이런 일은 그를 머리칼이 삼베 같은 하녀와 맺어 준 그 미지의 힘에게는 아마 아무래도 좋은 일이었을 것이다! 멜키오르는 이미 자기의 할 바를 다한 것이다. 그리하여 이제 어린 장 크리스토프가 운명의 손에 떠밀려서 이 땅에 발을 내딛게 되었다.

*

이미 밤이 이슥해져 있었다. 장 미셸 노인은 난로 앞에서 현재와 지나간 날들의 이러저러한 서글픈 일들을 회상하며 멍하니 있었으나, 루이자의 말소리로 퍼뜩 정신을 차렸다.

"아버님, 그이는 늦게 오려나 봐요." 젊은 며느리는 애정이 담긴 목소리로 말했다.

"그만 돌아가시는 게 어떨까요. 가실 길도 먼데요."

"멜키오르가 돌아오길 기다리겠다." 노인은 대꾸했다.

"아니에요, 부탁이에요. 아버님 안 계시는 편이 좋겠어요."

"왜 그러지?"

노인은 얼굴을 들고 며느리를 빤히 바라보았다.

그녀는 대답을 하지 않았다.

노인은 말을 이었다.

"너 무서워하고 있구나. 그놈하고 나를 만나게 하고 싶지 않은 게지?"

"그래요. 도리어 모든 일이 그르게 되어 버릴 뿐이니까요. 아버님은 틀림없이 역정을 내실 거예요. 그것이 제겐 곤란해요. 제발 부탁입니다!"

노인은 깊게 한숨을 내쉬더니 일어서서 말문을 연다.

"그래, 알았다."

그는 며느리 곁으로 다가가서 꺼칠꺼칠한 수염을 그녀 이마에 살그머니 갖다 대었다. 필요한 것은 없느냐고 묻고는 램프 불을 낮춘 다음, 어둑한 방 안에서 의자에 부딪히며 나갔다. 그러나 미처 계단을 내려가기도 전에, 아들 녀석이 취해서 돌아올 때 벌어질 일을 생각했다. 그러면서 한 계단 내려설 때마다 멈춰 서곤 했다. 자신이 없는 자리에 아들이 돌아왔을 경우의 위험성을 이모저모 상상하는 것이었다……

침대 속에서는 어머니 곁에서 갓난애가 다시 꼼지락거렸다. 미지의 고통이 아기의 존재 밑바닥에서 솟아오른다. 아기는 어머니에게 몸을 딱 붙이며 반항했다. 몸을 비틀고 주먹을 쥐고 이맛살을 찌푸렸다. 고통은 강력하고 여유로운 태도로 시시각각 커졌다. 아기는 그 고통이 어떤 것인지 또 얼마나 커지는 것인지도 알지 못했다. 다만 대단히 크고 끝없는 것같이 생각되었다. 그래서 애처롭게 울기 시작했다.

어머니는 부드러운 손길로 아기를 어루만졌다. 이미 고통은 훨씬 가라앉아 있었다. 그래도 아기는 계속 울고만 있었다. 그것은 고통이 여전히 자기 곁에, 또 자기 속에 있다는 것을 느끼고 있기 때문이었다.

어른은 괴롭더라도 그 괴로움이 어디서 오는 것인지를 알고 그것을 줄일 수가 있다. 생각만으로도 그것을 자기 몸의 어느 한 부분에 가두어 넣고 만다. 그 한 부분은 치유할 수도 있고, 필요하다면 없앨 수도 있다. 어른은 그 부분의 윤곽을 똑똑히 정하고 그것을 자신으로부터 떼어 놓는다. 그런데 아기는 그렇게 얼버무리는 속임수를 모른다. 고통과의 첫 만남은 어른의 경우보다도 훨씬 비극적이며 순수하다. 고통은 자기의 존재와 마찬가지로 끝없는 것같이 생각된다. 그것이 자신의 가슴속에 자리잡고 마음속에 죽치고 앉아서 육체를 지배하고 있는 것같이 느껴진다. 그리고 실제로도 그렇다. 고통은 그 아기의 육체를 갉아먹기 전엔 거기서 나가지 않을 것이다.

어머니는 아기를 꼭 끌어안으며 부드럽게 말을 건넨다.

"자, 이젠 됐다. 됐단다. 이젠 그만 울자, 응. 착하지……"

그래도 아기는 띄엄띄엄 호소하듯이 계속 운다. 이 볼품없고 의식 없는 가련한 고깃덩이는, 자기에게 정해진 고생스러운 일생을 예감하고나 있는 것 같다. 그 무엇도 그를 달래 줄 수는 없는 것이다……

생 마르탱 사원의 종소리가 밤 공기 속으로 서서히 울려 퍼졌다. 그 소리는 장중하며 완만했다. 비에 축축해진 대기 속을, 마치 이끼 위를 걷는 발소리처럼 전해져 갔다. 흐느껴 울던 아기가 울음을 뚝 그쳤다. 영묘(靈妙)한 음악은 마치 풍부한 젖처럼 천천히 그의 속으로 흘러 들어갔다. 밤은 밝아왔고, 공기는 온화하고 따사로웠다. 아기의 고통은 가시고, 마음은 웃기 시작했다. 푹 한숨을 쉬고 아기는 꿈속으로 빠져 들어갔다.

종소리가 조용히 세 번 계속 울려 내일의 축제를 알리고 있었다. 루이자도 그 소리에 귀 기울이며 지나간 날의 쓰라렸던 일이며 곁에 잠들어 있는 귀여운 아기의 앞날 등등을 골똘히 생각하고 있었다. 그녀는 이미 몇 시간 전부터 서글픈 심정에 젖어들며, 피로해진 몸을 침대에 뉘고 있는 것이었다.

손과 몸이 화끈거린다. 무거운 깃털 이불이 몸을 짓누르고 있었다. 어둠에 시달리고 짓눌리는 듯한 느낌이 들었다. 그러나 애써 몸을 움직이려 하지도 않았다. 그녀는 아기를 뚫어지게 바라보았다. 밤은 어두웠으나, 아기의 늙은이 같은 야릇한 생김새를 분간할 수는 있었다……

졸음에 휩쓸려, 마치 열병에 걸린 것 같은 갖가지 환상이 머릿속을 지나갔다. 멜키오르가 문을 여는 듯한 소리가 들려온 것 같아서 심장이 흠칫했다. 때때로 강물 소리가 야수의 포효처럼 정적 속에서 높이 울려왔다. 유리창이 비를 맞고 또 두세 번 소리를 냈다. 종소리는 점점 완만해지더니, 이윽고 스러져 갔다. 마침내 루이자도 아기 곁에서 잠에 빠져 들어갔다.

그러는 동안 장 미셸 노인은 비에 젖고 수염을 안개로 적시면서 집 앞에서서 기다리고 있었다. 비참한 아들의 귀가를 기다리고 있었던 것이다. 머리가 끊임없이 복잡해지며, 엉망으로 취한 데서 일어나는 갖가지 비극들이 꼬리를 물고 상상되었기 때문이다. 그런 일이 일어나리라고는 믿지 않는다 하더라도 아들 녀석의 귀가를 눈으로 확인하지 않고 돌아가 버리면, 오늘 밤은 한잠도 잘 수 없을 것 같았다.

종소리를 듣고 노인은 완전히 서글픈 심정이 되어 있었다. 배반당한 희망의 여러 가지 일들이 기억났기 때문이다. 이런 시각에 이런 길바닥에서, 나는 지금 뭘 하고 있는 걸까 생각하니 부끄러워지며 눈물이 나왔다.

*

나날의 광막한 파도는 서서히 퍼져 간다. 무한한 바다의 조수 간만(干滿)처럼, 낮과 밤은 영원히 변함없이 오고 또 간다. 한 주일과 한 달은 흘러가 버렸다가는 또다시 새롭게 시작된다. 그리하여 나날의 연속은 마치 같은 날 같기만 한 것이다.

묵묵히 한없이 이어지는 날. 그것을 뜻깊게 하는 것은, 빛과 그림자의 균형 잡힌 리듬과 요람 밑바닥에서 꿈을 꾸고 있는 흐리터분한 존재의 생명 리듬, 그리고 이 생명의 어쩌면 괴롭고 어쩌면 즐거운, 억누를 수 없는 욕망. 이들은 규칙 바르게 왔다가 사라지고, 사라졌다가는 다시 오고 하기 때문에, 그것들을 가져다주는 낮과 밤이 도리어 그들로 인하여 초래된 듯이 보인다.

생명의 추(錘)는 무겁게 움직이고 있다. 존재는 그 완만한 고동 속으로 빨려 들어간다. 그 밖의 것은 모두 꿈에 지나지 않는다. 이지러진 형체로 우글우글 꿈틀거리는 꿈의 단편(斷片), 목적도 없이 떠올라 춤추는 원자 먼지, 사람을 웃기기도 하고 두렵게 하기도 하며 불어 가는 눈부신 회오리바람에 지나지 않는다. 시끄러움, 너울거리는 그림자, 이지러진 형체, 고뇌, 공포, 웃음, 꿈, 갖가지 꿈…… 모든 것은 한낱 꿈에 지나지 않는다……

그리하여 이러한 혼돈 속에서 그에게 미소 짓는 정다운 눈빛, 어머니의 몸에서, 젖으로 부푼 앞가슴에서 그의 육체 속으로 전해져 오는 기쁨의 파도, 그의 몸속에 있으면서 무의식 중에 크게 쌓여 가는 힘, 이 조그만 육체 속에 답답하게 갇혀서 으르렁거리는 거품이는 대양(大洋).

이러한 어린이의 내부 세계를 다 알아차릴 수 있는 사람은, 그림자 속에 묻힌 온갖 세계를, 조직되어 가는 숱한 성운(星雲)을, 형성되어 가는 하나의 우주를 거기서 볼 수 있을 것이다. 어린이의 존재에는 한계가 없다. 그는 존재하는 모든 것이다……

*

달이 지나간다…… 기억의 섬이 점점이 생명의 강 위에 나타나기 시작한다. 처음에는 눈에 띄지도 않는 좁다란 조그만 섬이며, 수면에 뾰족이 조금만 솟아나온 바위이다. 그들 둘레에서는 밝아 오는 여명 속에서 고요하고 크나큰 수면이 펼쳐져 간다. 이어서 햇살을 받고 금빛으로 물든 새로운 숱한 작은 섬들이 나타나기에 이른다.

영혼의 심연에서 이상하리만큼 또렷이 여러 형상이 떠올라 온다. 단조로운 힘찬 진동을 되풀이하면서, 영원히 같은 모습을 유지하며 새로이 시작되는 끝없는 나날 속에, 손을 마주 잡은 나날의 윤무(輪舞)가 나타나기 시작한다. 그러한 나날들의 얼굴은 즐거워 보이고 또는 슬퍼 보인다. 그러나 그 사슬을 이루고 있는 굴레는 부단히 끊어지고, 그리하여 갖가지 추억은 한 주일과 한 달의 머리 위를 넘어서 하나가 된다……

큰 강…… 종소리…… 상기할 수 있는 가장 먼 곳에서―아득히 먼 시간의 저쪽에서, 그것이 생애의 어떠한 때이건 간에―그러한 것들의 깊디깊은 그리운 음성은 늘 노래 부르고 있다……

밤―그가 잠에 젖어 있을 때…… 푸르스름한 빛이 유리창을 허옇게 비추어주고 있는…… 강물 소리가 들려오고 있다. 그 음성은 고요 속에서 힘차게 높아진다. 그것은 온갖 존재를 지배하고 있다. 때로는 그들의 잠을 어루만지고, 또는 스스로도 자신의 속삭임에 꾸벅꾸벅 잠이 들려 하는 것같이 여겨진다. 그러다가 마치 물어뜯으려고 덤벼드는 거친 맹수처럼 흥분하고 짖어 댄다.

그 거센 강물 소리가 가라앉는다. 그러자 이번엔 한없이 감미로운 속삭임, 은 같은 음색, 맑은 방울 소리, 어린이 웃음소리, 부드러운 노랫소리, 춤추는 음악, 결코 잠드는 일 없는 크나큰 모성의 목소리! 그것은 아기를 흔들어 준다. 그가 태어나기 전에 살고 있었던 온갖 시대 사람들을 탄생부터 죽음에 이르기까지 몇 세기 동안이나 흔들어 주던 것처럼. 그것은 어린이의 사고 속으로 들어오고, 그의 꿈속으로 스며들고, 막힘없는 해조(諧調)의 망토로 그를 감싼다. 언젠가 그가 라인의 물로 씻긴 강변에서 조그만 묘지에 누위 잠들 때도, 이 망토는 그를 감싸 줄 것이다……

종이 울린다…… 자, 새벽이다! 종소리는 마치 호소하듯이 적이 구슬프게, 정답게, 조용히 서로 화답한다. 그 은은한 종소리에 따라 꿈의 떼가, 지난날의 꿈이, 죽어 버린 사람들의 욕망과 희망과 회한이 솟구쳐 올라온다. 어린이는 그러한 사람들을 전혀 몰랐으나, 사실은 그도 그러한 사람들이었던 것이다. 그것은 그가 그들 속에 존재하고 있었기 때문이며, 그들이 그의 속에서 다시 살아 돌아와 있기 때문이다.

몇 세기에 걸친 숱한 추억이 지금 이 종소리의 음악 속에서 떨리고 있다. 슬픔과 수많은 기쁨! ―그리고 방구석에 있더라도 이 종소리를 들으면, 가뿐한 대기 속을 흐르는 아름다운 음파나, 자유로이 날아다니는 새들, 따사로운 바람의 숨결 등등이 눈앞에 보이는 듯한 느낌이 든다. 파란 창공의 한 귀퉁이가 창을 향해 미소 짓고 있다. 한 줄기 햇빛이 커튼을 통해서 침대 위로 미끄러져 비추어 온다. 아기의 눈에 익은 조그만 세계, 날마다 아침에 눈떴을 때 잠자리에서 바라보는 모든 것, 그것을 제 것으로 하려고 아기가 숱한 노력을 기울여 알기 시작하고 또 이름 붙이기 시작한 모든 것, 그의 왕국이 빛나기 시작한다.

그곳에는 식구들 모두가 식사를 하는 탁자가 있고, 그가 숨바꼭질을 하며 노는 벽장이 있고, 그 위를 기어다니며 노는 마름모꼴 마루청 돌이 있는가 하면, 찌푸린 낯으로 우스꽝스러운 이야기나 무서운 이야기를 그에게 들려주는 벽지, 그리고 아기 자신만이 알 수 있는 서투른 말을 지껄여 주는 벽시계가 있다. 참말이지, 방 안에는 얼마나 많은 물건이 있는지 모른다!

그는 아직 그것들을 전부 알지는 못하고 있다. 날마다 그는 그의 것인 이 우주에 탐험하러 나간다. 모든 것은 그의 것이다. 하찮은 것은 단 하나도 없다. 한 사람이든 한 마리 파리든, 모두가 같은 가치를 지니고 있다. 고양이도, 불도, 탁자도, 한 가닥 광선 속에 춤추고 있는 먼지도 모두가 같은 가치를 지니고 살아 있다.

방은 하나의 나라이다. 하루는 하나의 생애이다. 이러한 넓은 공간의 한복판에 놓여 가지고야 어떻게 자기를 알 수가 있으랴? 세계는 이토록이나 크다! 저 자신을 분별할 수가 없다. 그리고 이러한 얼굴이랑 몸짓이랑 움직임이랑 소리가 그의 주위에서 부단히 소용돌이치는 것이다!

……그는 피로해진다. 눈을 감고 꾸벅꾸벅 잠이 든다. 흔쾌한 깊은 잠이 언제 어디에서건, 그가 있기 편한 장소라면 어머니 무릎 위이건 탁자 밑이건, 어디서나 순식간에 그를 사로잡아 버린다! …… 모두가 유쾌하고 그 자신도 유쾌하다……

이러한 처음의 나날은 그의 머릿속에서 마치 보리밭처럼 술렁거린다. 구름의 큼직한 그림자가 몇 번이고 지나가는 바람 부는 보리밭처럼……

*

그림자가 달아나고 해가 솟는다. 크리스토프는 하루의 미로 속에서 자신의 길을 발견하기 시작한다.

아침…… 부모님은 잠들어 있다. 그는 자신의 조그만 잠자리에 발랑 누워 있다. 천장에서 춤추는 햇살을 빤히 쳐다본다. 그것은 그칠 줄 모르는 즐거움이다. 갑자기 그는 까르르 웃는다. 듣는 이를 즐겁게 하는, 저 순수한 어린이의 웃음이다. 아기 엄마는 그를 들여다보며 말한다.

"어머, 왜 그러니, 아가야."

아기는 더욱더 명랑하게 웃는다. 어쩌면 보아 주는 이가 있기 때문에 더욱 힘내서 웃고 있는지도 모른다. 엄마는 아버지가 잠을 깨시지 않게 하려고 엄한 표정을 짓는 시늉을 하며 아기 입에 손가락 하나를 댄다. 그러나 피로한 그녀의 눈은 저도 모르게 웃고만 있다. 두 사람은 서로 소곤거린다……

그때 느닷없이 아버지가 꽥 소리를 지른다. 둘은 덜컥 겁에 질린다. 어머니는 몹쓸 짓을 한 소녀처럼 부리나케 몸을 뒤쳐 잠든 척한다. 크리스토프는 조그만 잠자리 속으로 파고들어 숨을 죽인다…… 죽음과 같은 침묵.

얼마 뒤, 담요 밑에 기어들어 있던 조그만 얼굴이 살그머니 내다본다. 지붕 위에서는 풍향계가 소리내며 돌고 있다. 물받이에서는 물방울 떨어지는 소리가 난다. 때를 알리는 종이 울린다. 동풍이 불 때는 대안의 마을과 마을의 종이 저 멀리서 서로 화답한다. 송악(상록활엽 덩굴나무)이 뻗은 벽에 떼지어 있는 참새들이 시끄럽게 쩍쩍 우짖는다. 어린이들 한 떼가 놀고 있을 때처럼, 다른 소리보다 훨씬 높고 언제나 똑같은 서너 마리의 울음소리가 한결 높이 들려온다. 비둘기 한 마리가 굴뚝 꼭대기에서 우짖고 있다.

아기는 이러한 소리에 몸을 맡긴다. 그는 나직한 음성으로 노래를 부르기 시작한다. 좀더 높이, 다음에는 조금 더 높이, 드디어는 한껏 큰 소리로 노래한다. 끝내는 다시금 아버지의 성난 음성이 버럭 소리를 지른다.

"이 나귀 같은 놈, 입 다물지 못해! 가만 있어라, 귓바퀴를 확 뽑아 버릴라!"

아기는 다시 담요 속으로 파고든다. 웃어야 할지 울어야 할지 모른다. 공포와 굴욕을 느낀다. 동시에 자신이 나귀로 비유된 것을 생각하고는 저도 모르게 피식 웃음을 터뜨린다. 잠자리 속 깊은 곳에서 그는 나귀 울음소리를 흉내 낸다. 이번에는 주먹세례를 받았다. 아기는 온몸의 눈물을 짜내며 울어댄다. 도대체 내가 무엇을 했단 말인가? 나는 이렇게도 웃고 싶은데, 움직이고 싶은데! 그렇건만 꼼지락거리지도 못하게 금지당하고 있는 것이다. 저이들은 어찌 저다지도 언제까지고 잠을 잘 수가 있는 것일까? 언제가 되면 일어날 수 있을까?

어느 날, 그는 끝내 더는 참을 수가 없게 되었다. 한길에서 고양이인지 강아지인지 모를, 아무튼 어떤 진기한 소리가 들려왔다. 아기는 잠자리에서 기어나온다. 조그만 맨발로 서투르게 마루청 돌을 두드리듯 아장거리며 계단을 내려가서 보려고 한다. 그러나 문이 닫혀 있다. 그것을 열려고 의자 위에 오른다. 순간 모든 것이 뒤집혀 버리고, 몸에 호된 타격을 입고는 으앙 울음보를 터뜨린다. 게다가 또다시 매를 맞는다. 언제고 얻어터지는 것이다!

*

그는 할아버지와 같이 교회에 와 있다. 따분했다. 그다지 마음이 편치 못하다. 몸을 움직이는 것도 금지되어 있다. 사람들은 그가 모르는 말을 다 같이 중얼거리고는 또 똑같이 입을 다물어 버린다. 모두 점잖은 척 음울한 표정이다. 평소의 표정과는 다르다. 아기는 조심조심 그러한 사람들을 바라본다.

이웃집 리나 할머니는 그의 곁에 앉아서 심술궂은 표정을 짓고 있다. 때로는 할아버지마저 달리 보이기도 한다. 어쩐지 좀 두려워진다. 그러나 곧 익숙해진다. 가능한 한 무슨 일이라도 해서 따분함을 잊으려 한다. 몸을 흔들기도 하고, 목을 꺾어 천장을 보기도 하고, 낯을 찡그리기도 한다. 할아버지옷을 끌어당기고 의자에 채워진 짚을 살펴보기도 하고, 손가락으로 거기에 구멍을 뚫으려고도 한다. 또 새들의 울음소리에 귀를 기울이기도 하고, 턱이 빠질 만큼 큰 하품을 하기도 한다.

갑자기 소리의 폭포가 떨어져 내려온다. 파이프오르간이다. 등줄기에 오싹 전율을 느낀다. 뒤를 돌아보고 의자 등에 턱을 괴고는 의젓하게 가만히 앉아 있다. 이 소리가 무엇인지 도무지 알 수 없다. 무엇을 뜻하는지 전혀 알 수가 없다. 다만 그것은 빛을 내고 소용돌이치고 있을 뿐, 전혀 분간할 수가 없다.

그러나 참으로 흐뭇한 기분이다. 따분하고 낡은 건물 속에서 이미 한 시간도 전부터 몸이 뻣뻣하게 아파지는 의자에 앉아 있었다는 그런 느낌은 어딘가로 사라져 버린다. 마치 새처럼 공중에 떠 있는 느낌이다. 그리고 소리의 큰 강이 수많은 둥근 천장을 가득 채우고 벽에서 메아리쳐 교회당 구석구석에까지 흘러들자, 자신도 그 물결에 실려서 날개를 치며 이리저리 날아다니게 되어, 이미 자신의 몸을 그에 맡기는 수밖엔 없게 된다. 자유이다, 행복이다. 해가 빛나고 있다…… 그는 꾸벅꾸벅 졸음에 잠긴다.

할아버지는 그에 대해 불만이시다. 미사 자리에서 버릇이 없다는 말씀이시다.

*

그는 제집에 있다. 두 다리를 두 팔로 끌어안고 땅바닥에 앉아 있다. 지금 막 발깔개를 돛배로 삼고, 타일 깐 바닥을 냇물이라고 정한 참이다. 깔개에서 나가면 물에 빠진다고 생각하고 있다. 다른 사람들이 방 안을 부주의하게 지나다니는 데 대해서, 그는 놀라기도 하고 또 적이 언짢게 여기고 있다. 어머니의 치맛자락을 잡아당긴다.

"이것 봐, 이건 냇물이야! 다리를 건너가야지!"

다리라는 것은 마름모꼴 붉은 마루청 돌 사이에 나 있는 가느다란 홈이다. 어머니는 그런 말엔 귀도 기울이지 않고 그냥 지나간다. 마치 희곡 작가가 자기 작품을 상연하고 있을 때 재잘거리는 관객을 보았을 때처럼, 그는 애태운다.

다음 순간, 이미 그에겐 그러한 생각은 없다. 타일 바닥은 이미 바다가 아니다. 그는 그 위에 길게 두 다리를 뻗고 누워서, 턱을 돌 위에 얹고 스스로 만든 음악을 읊조린다. 침을 질질 흘리며, 제법 진지한 표정으로 엄지손가락을 입으로 빨고 있다.

그는 타일 사이의 틈에 눈초리를 모으고 있다. 나란히 선 마름모꼴 마루청 돌로 이루어진 금이, 흡사 찌푸린 얼굴같이 보인다. 눈에 보이지 않을 만큼 조그만 구멍이 차츰 크게 번져서 골짜기가 된다. 그 둘레에는 여러 산들이 있다. 쥐며느리 한 마리가 기어다니고 있다. 그게 마치 코끼리만큼이나 크다. 벼락이 떨어지더라도, 아기의 귀에는 아마 들리지도 않을 것이다.

아무도 그에게 상관하려 하지 않고, 그 또한 누구에게도 일이 없다. 발깔개 돛배나, 기괴한 야수가 있는 타일 동굴조차 이젠 없어도 좋다. 제 몸만으로 충분하다. 이 얼마나 신나는 즐거움의 원천이란 말인가!

아기는 제 손톱을 바라보면서 웃음에 겨워 대굴거리며 몇 시간이나 지낸다. 손톱은 모두가 서로 다른 생김새로, 그가 아는 누군가의 얼굴을 닮았다. 아기는 그 손톱들을 서로 지껄이게 하고, 춤추게 하고, 서로 주먹싸움을 하게 한다. 이번엔 몸의 나머지 부분이다! …… 그는 자신에 속해 있는 것을 남김없이 샅샅이 조사하고 조사한다. 뜻밖의 것이 얼마나 많은지 모른다! 참으로 불가사의한 것들이 잔뜩 있다. 그는 신기한지 그러한 것들을 빨려들 듯한 눈초리로 보고 있다.

때때로 그런 현장을 들켜서 그는 거칠게 제지당하곤 했다.

*

어떤 때는 어머니가 등을 돌리고 있는 틈을 타서 집을 뛰쳐나간다. 처음엔 뒤쫓겨서 붙들려 가곤 했다. 그러나 얼마 뒤엔, 너무 멀리만 가지 않으면 제멋대로 혼자 걸어다녀도 좋다고 허락됐다.

그의 집은 시가의 변두리에 있다. 집 바로 가까이에서부터 들이 펼쳐져 있다. 집의 창이 바라보이는 범위 안에서는, 그는 날래고도 확고한 걸음걸이로, 가끔씩 한 발로 깡충깡충 뛰면서 멈추어 서지도 않고 걸어간다. 그러나 길이 꼬부라진 모퉁이를 지나 관목 숲 뒤로 몸을 숨기고 나면, 그의 태도는 갑자기 변한다. 우선 걸음을 멈추고 서서 손가락을 입에 물고, 오늘은 어떤 이야기를 자신에게 할 것인가 생각한다. 그의 머릿속에는 이야깃거리가 가득 차 있기 때문이다.

하기야 어느 이야기나 모두 비슷비슷하고 고작 서너 줄로 끝나 버리는 것이었다. 그는 그중에서 하나를 선택한다. 대개 같은 이야기를 골라서, 전날 중단했던 데서부터 시작하든가 또는 얼마간 변화를 주어서 처음부터 새로 시작하든가 한다. 새로운 줄거리를 생각해 내는 데엔 사소한 계기만 있으면 충분하다. 우연히 귀에 담은 한마디로 충분한 것이다.

우연은 얼마든지 착상을 준다. 울타리 밑에 떨어져 있는(떨어져 있지 않으면 꺾는다) 보잘것없는 나뭇조각이나 부러진 잔가지에서 어떤 것을 꼬집어 낼 수 있는가는 어른에게는 상상도 할 수 없는 일이다. 그것은 요정의 지팡이였다. 길고 곧은 것은 창이 되기도 하고 검이 되기도 했다. 그것을 휘두르기만 하면 군대가 솟아나왔다. 크리스토프는 그 군대의 장군이었다. 그는 앞장서서 달렸고, 모범을 보였고, 언덕을 향해 돌격했다. 나뭇가지가 나긋한 것일 때 그것은 채찍이 되었다. 크리스토프는 말을 타고 낭떠러지를 건너뛰었다. 때로는 말의 발이 미끄러지는 수가 있었다. 그럴 때면 기사는 도랑 밑으로 떨어져서, 더러워진 손이나 벗겨진 무릎을 창피스러운 듯이 바라보는 것이었다. 지팡이가 조그마한 것일 때는, 크리스토프는 오케스트라 지휘자가 되었다. 그는 지휘자였고 동시에 오케스트라 단원이었다. 그는 지휘했고 또 노래했다. 그리고 그것이 끝나면, 바람에 조그만 초록빛 머리가 흔들거리는 관목 숲을 향해서 꾸벅 절을 했다.

그는 또 마법사이기도 했다. 성큼성큼 들판을 걸으면서 하늘을 쳐다보고 두 손을 휘둘렀다. 그는 구름한테 명령한다……

"오른쪽으로 가."

그러나 구름은 왼쪽으로 흘러간다. 그는 구름을 꾸짖고 명령을 되풀이했다. 애오라지 조그만 조각구름이라도 내 명령을 좇지 않으려나 하고, 가슴 두근거리면서 곁눈질로 엿본다. 하지만 구름은 변함없이 왼쪽으로만 달려간다. 유연하게 말이다. 그는 발을 동동 구르고 지팡이를 휘둘러 대며 구름을 위협했다. 성이 나서 왼쪽으로 가라고 명령했다. 이번에는 과연 완전히 그의 말대로 되었다. 그는 자신의 힘에 행복과 자랑스러움을 느꼈다.

그는 또 동화에서 들은 것처럼 꽃을 건드리며 금빛 마차가 되라고 명령했다. 그렇게는 되어 주지 않았지만, 조금만 더 참고 있으면 기필코 그렇게 되리라고 믿었다. 또 귀뚜라미 한 마리를 찾아내어 이것을 말로 둔갑시키려 했다. 그 등에 지팡이를 살며시 대고 중얼중얼 주문을 외웠다. 귀뚜라미는 달아났다. 그는 그 앞을 가로막았다. 한참 뒤엔 귀뚜라미 곁에 엎드려서 유심히 살펴보았다. 마법사 노릇은 이미 잊어버리고, 이 가엾은 벌레를 발랑 뒤엎어 그것이 몸부림치며 괴로워하는 꼴을 보고 깔깔 웃으며 재미있어했다.

그는 마법의 지팡이에 낡은 실을 맬 생각을 했다. 그리고 진지하게 그것을 강물에 던져 넣고는, 물고기가 낚이기를 기다렸다. 바늘도 미끼도 없는 낚싯줄에 물고기가 낚일 리 없다는 것은 그도 잘 알고 있었다. 그러나 한 번쯤은 자신을 위해서 물고기가 기적을 보여 줄지도 모른다는 생각이 들었다. 그런 자신감이 쌓이고 쌓여서 끝내 그는 시궁창 덮개 틈으로 낚싯줄을 늘어뜨리고 한길에서 낚시질을 하기에 이르렀다. 가끔씩 그는 가슴을 두근거리며 지팡이를 끌어올렸다. 이번에야말로 실이 묵직한 것 같다고 생각하기도 했고, 할아버지가 들려주신 이야기처럼 어떤 보물이 낚여 오를 거라고 상상하기도 했다……

이런 놀이를 하는 한창 때에는, 마치 꿈속처럼 야릇한 심경이 되며 완전한 망각 상태에 빠져 버리는 순간이 있었다. 주위의 온갖 것이 사라져 버려, 자신이 무엇을 하고 있는지도 이미 알 수 없고, 자기 자신조차도 생각나지 않았다. 갑자기 그렇게 되는 것이었다. 걸어가고 있을 때나 계단을 올라가고 있을 때, 홀연히 공허의 심연이 입을 여는 것이다. 그는 이미 아무것도 생각하지 않는 것 같았다. 그러다가 제정신을 차리자, 어두운 계단의 중간쯤에 있는 자신을 발견하고는 흠칫 놀라는 것이었다. 마치 평생을 다 살아 버린 듯한 심정이었다. 겨우 두세 계단 사이에서 말이다.

*

할아버지는 저녁 산책에 곧잘 그를 데리고 갔다. 어린애는 할아버지 손에 이끌려서 나란히 아장아장 걷고 있었다. 두 사람은 언제나 훈훈한 냄새가 물씬 풍기는 밭길을 걸었다. 귀뚜라미가 울고 있다. 까마귀 몇 마리는 길을 가로막듯이 내려앉아서 이들이 다가오는 것을 멀찍이 바라보고 있더니, 두 사람이 다가가자 푸드득 날개치며 날아갔다.

할아버지는 곧잘 헛기침을 했다. 크리스토프는 그 까닭을 잘 알고 있었다. 노인은 무슨 이야기를 하고 싶어 못 견딜 지경이었으나, 그것은 애가 졸라 주기를 바라는 것이었다. 그래서 크리스토프는 꼭꼭 졸라 댔다. 두 사람의 마음은 서로 잘 통하고 있었다. 노인은 손자에게 크나큰 애정을 품고 있었다. 그리고 손자에게서 성실한 청중의 모습을 보는 것이 그에게는 여간 기쁘지 않았다.

할아버지는 즐겨 자신이 경험한 일이나 고금의 위인들 이야기를 들려주었다. 그럴 때 그의 음성은 신명이 나서 기세가 좋았고 열을 띠었다. 그것은 억누를 수 없는 어린이다운 기쁨으로 떨리고 있었다. 그는 자신의 이야기를 듣는 데 마냥 홀려 버린 듯했다. 때로는 불행히도 이야기를 하려 할 때 말이 떠오르지 않는 수가 있었다. 그러나 이 실망에는 그도 익숙해 있었다. 웅변을 토하려는 충동에 사로잡힐 때마다 그는 이런 실망을 되풀이했기 때문이다. 그리고 이야길 시작하면 그것을 잊어버리기 때문에, 언제까지고 이 실망과는 인연이 끊이지 않는 것이었다.

그가 즐겨 이야기하는 것은, 레굴루스(고대 로마의 애국적인 집정관)니, 아르미니우스(고대 게르만인의 국민적인 영웅)니, 또는 뤼초프(독일의 장군. 1782~1843)의 경기병과 케르너(독일의 애국 시인, 뤼초프의 의용군에 가담. 1791~1813), 혹은 황제 나폴레옹을 살해하려던 프레드릭 스타브스 등등에 관한 설화였다. 전대미문의 영웅적 행위를 이야기할 때면 그의 얼굴은 빛났다. 그가 장중한 말을 참말로 엄숙한 투로 지껄일 때는 도대체 무슨 소리를 하는지 알아들을 수 없는 경우도 있었다.

그는 감동적인 순간에 듣는 이로 하여금 안달이 나게 하는 것이 이야기의 비결이라고 믿고 있었다. 그래서 말을 일단 끊고는 마치 숨이 찬 체하며 크게 코를 풀었다. 그러고는 손자가 기다리다 지쳐 좀이 쑤신 나머지 가슴이 죄어드는 듯한 목소리로 "할아버지, 그래서?" 물으면 그의 마음은 기쁨으로 설레는 것이었다.

뒷날, 점점 자라면서 크리스토프는 할아버지의 이 수법을 꿰뚫어 보게 되었다. 그리고 심술이 나서 뒷이야기에 무관심한 체하려고 애썼다. 이것은 가엾은 노인을 슬프게 했다. 그러나 지금으로서는 그는 아직 완전히 이야기를 풀어내는 할아버지의 손 안에 들어 있었다. 극적인 장면에 이르자 그의 피는 더한층 강하게 울렁거렸다. 도무지 누구의 이야기인지, 또 그러한 공훈은 언제 어디서 세워진 것인지, 할아버지가 과연 아르미니우스와 아는 사이였는지, 레굴루스는 요전 일요일에 교회당에서 본 사람이나 아닌지—왜 그런 생각을 하게 되었는지는 하느님만이 아실 일이거니와—그에게는 이미 알 수 없게 되었다. 그러나 그의 마음과 노인의 마음은 용감한 공훈에 관한 이야기에 이르면, 마치 자기네가 그것을 이룬 것처럼 자랑스러움으로 부풀어 올랐다. 왜냐하면 노인이나 손자나 모두 똑같이 어린애였기 때문이다.

할아버지가 비장한 이야기 중간마다 마음속에 소중히 간직하고 있는 이론을 집어넣을 때면, 크리스토프는 그다지 기쁘지 않았다. 그것은 모두가 도덕적인 고찰로서 대개 옳긴 하지만 낡은 하나의 사상, 이를테면 '친절은 폭력보다 우월하다'느니 '명예는 생명보다 귀하다'느니 '사악함은 선량함보다 못하느니라' 따위로 압축할 수 있는 것들이었다…… 다만 더욱더 복잡할 뿐이었다.

할아버지는 이야기를 듣는 어린이의 비평쯤은 두려워하지 않았다. 그는 늘 신이 나서 예의 과장된 투로 이야기했다. 아무 거리낌 없이 같은 말을 되풀이하거나, 말끝을 맺지 않고 넘어가거나, 또는 도중에 말이 막혔을 때에는 떠오른 구멍을 메우느라고 무엇이든지 당장 생각난 것을 엉터리로 주워섬겨 대는 적도 있었다. 그리고 자신의 말에 보다 더 힘주기 위해서 언어의 뜻과는 반대되는 몸짓을 덧붙여서 그것을 강조하거나 했다. 어린이는 마음속 깊이 감복하여 할아버지의 말씀에 귀를 기울였다. 그러면서 생각하는 것이었다. 할아버지는 이야기를 잘하시긴 하지만 어쩨 좀 따분하단 말이야.

두 사람은 즐겁게, 유럽을 점령한 그 코르시카 태생의 정복자(나폴레옹)에 관한 전설적인 이야기로 자주 돌아가곤 했다. 할아버지는 그를 알고 있었다. 하마터면 그를 상대로 싸우게 될 뻔도 했던 것이다. 그러나 할아버지는 적의 위대함을 인정할 줄 알았다. 그는 그 말을 몇 번이고 입에 올렸다. 그만한 인물이 라인 강 이쪽에 태어났더라면, 기꺼이 내 한 팔쯤은 내주었을 게다, 이렇게 말하곤 했다.

그러나 운명은 그렇게 되어 주지 않았다. 할아버지는 그를 찬미하고 있었지만 한때 그와 맞싸웠던 것이다. 아니, 바야흐로 싸우게끔 되었던 것이다. 하지만 나폴레옹이 이미 십 리 앞까지 바싹 다가와 이 군대를 요격하려고 진군하고 있을 때, 미약한 소부대인 아군은 크게 당황하여 뿔뿔이 흩어져서 숲 속으로 달아나 버렸다. "우린 배반당했다!" 이렇게 그들은 저마다 소리치며 도망쳤다. 할아버지 말씀에 따르면, 이때 할아버지는 달아나는 사람들을 멈추어 세우려고 했으나 허탕이었다 한다. 할아버지는 그들 앞에 몸을 내던져 위협도 하면서 울며 호소했으나 결국 그 인파 속에 휩쓸려 버렸고, 다음날 정신을 차려 보니 싸움터에서 까마득히 먼 데로 와 있었다…… 아군이 뺑소니친 곳을 할아버지는 싸움터라고 말했다.

크리스토프는 늘 애가 타서 이 영웅의 공훈담으로 할아버지를 되돌렸다. 그리고 전 세계를 말발굽 아래 짓밟은 신나는 영웅 이야기에 황홀해져 귀를 기울이는 것이었다. 눈앞에 떠올라 있는 영웅은 무수히 많은 민중을 거느리고 있었다. 그 민중들은 경애의 함성을 지르며 그의 몸짓에 따라 회오리바람처럼 적을 덮쳤으며 그때마다 적은 언제나 패주하게 마련이었다. 그야말로 그것은 동화였다. 할아버지는 이 이야기를 아름답게 하느라고 약간 군더더기를 붙였다. 즉, 이 영웅은 스페인을 정복하기도 했으며, 할아버지가 용서할 수 없다고 여기고 있는 영국마저 거의 정복해 버렸다는 것이다.

때로 늙은 크라프트는 그 열광적인 설화에서 자신의 영웅에게 분개의 폭언을 퍼붓는 수가 있었다. 애국심이 그의 내부에서 눈뜬 것이었다. 아마도 예나 전투(1806년, 나폴레옹군이 독일군을 격파했다)에 관한 이야기보다도, 황제의 패배를 이야기할 때 더한층 그랬다. 이야기를 중도에서 뚝 끊고는, 라인 강 쪽으로 주먹질을 하며 모멸하듯이 침을 퉤 뱉고는 상스럽지 않은 욕설을 입에 담았다…… 상말로 욕질을 할 만큼 그는 자신을 더럽히지는 않았던 것이다.

그는 나폴레옹을 대죄인이니 맹수니 부덕한(不德漢)이니 일컬었다. 그런데 만약에 이 말이 어린애의 마음속에 정의감을 심어 주려는 데 목적이 있었다면, 그야말로 과녁을 빗맞혔다고 할 수밖에 없을 것이다. 왜냐하면 어린애의 논리는 도리어 이렇게 결론을 지을 것이기 때문이다.

'만약에 그런 위인이 덕을 지니지 않았다면 덕이란 부질없는 것이겠지. 가장 중요한 것은 위인이 되는 거야.'

그렇지만 노인은 자신 곁에서 아장거리며 혼자 힘으로 걷고 있는 어린이에게도 생각이 있다는 것을 전혀 깨닫지 못하고 있었다.

둘 다 묵묵히 저마다 자기 나름대로 이 훌륭한 이야기를 반추하고 있었다. 다만 산책하다가 평소에 할아버지가 보살핌을 받고 있는 상류 계층 사람들과 마주치게 되면 그렇게 되지는 않았다. 할아버지는 언제까지고 멈춰 서서 공손히 절을 하며 지나치게 알랑거리곤 했다. 아이는 그런 광경을 보고는 왠지 모르게 낯이 발개졌다. 사실 할아버지는 기성 권력과 '벼락출세자'에 대해서 마음속 깊이 존경심을 품고 있었다. 그가 설화의 주인공인 영웅들을 그토록 사랑한 것은, 실상인즉 남보다도 높은 지위에 기어 올라갈 수 있었던 성공한 사람들을 거기서 발견했기 때문인지도 몰랐다.

더위가 한창 극성일 때면 크라프트 노인은 나무 그늘에 앉았다. 그러곤 곧 꾸벅꾸벅 졸고 있을 때가 많았다. 그러면 크리스토프는 할아버지 곁에 쌓아 올려진 돌무더기의 흔들거리는 경사나, 표석(漂石) 위나, 또는 아무 데나 앉기 거북한 높은 곳에 앉았다. 그러고는 조그만 발을 흔들거리며 나직이 노래를 흥얼거리기도 하고 몽상에 잠기기도 했다. 또는 벌렁 누워서 날아가는 구름을 쳐다보았다. 구름은 소나 거인, 모자나 노파, 널따란 경치 따위로 보였다. 어린이는 그러한 구름과 속닥속닥 이야기를 주고받곤 했다. 그는 커다란 구름에게 삼켜지려는 조그만 구름에게 연민을 느꼈다. 푸르스름한 시꺼먼 구름이나 무섭게 빨리 치닫는 구름은 무서웠다. 이러한 구름은 인생에서 커다란 자리를 차지하고 있는 것같이 생각되었다. 할아버지나 어머니가 전혀 그런 데 개의치 않는 것이 뜻밖이어서 견딜 수가 없었다. 만약에 저것들이 어떤 나쁜 짓을 하려고 하면, 무서운 일이 벌어질 것이 틀림없었다. 그러나 다행히도 구름은 됨됨이가 선량하여 다소 괴상한 형태로 그냥 지나쳐 가지, 결코 멈추어 서지는 않았다.

구름을 너무 오래 보고 있었더니 눈이 어쩔어찔해진다. 어쩐지 하늘로 떨어져 가는 착각이 들어 손발이 벌벌 떨린다. 눈꺼풀이 깜박거린다. 사르르 졸음이 온다…… 침묵. 나뭇잎이 햇빛으로 반짝거리고 한들한들 떨리고 있다. 가벼운 안개가 대기 속을 지나간다. 모습조차 어렴풋한 파리 떼가 오르간 같은 소리를 내며 공중에서 어지러이 날고 있다. 여름에 취한 메뚜기 놈들이 격렬한 기쁨으로 날개를 푸드덕거리고 있다. 주위는 쥐 죽은 듯 고요해지고…… 숲 속의 둥근 천장 아래서 딱따구리 울음소리가 괴이하게 울려온다. 멀리 들판에서는 농부가 소를 부르고 있다. 말 한 마리의 발굽 소리가 하얗게 마른 한길 위에서 요란히 들려온다.

크리스토프의 눈은 감긴다. 그의 곁에서 개미 한 마리가 밭이랑 사이에 다리처럼 걸려 있는 마른 가지 위를 건너고 있다. 그는 황홀경에서 지각(知覺)을 잃어간다…… 몇 세기가 지났다. 그는 눈을 뜬다. 개미는 여태껏 잔

가지를 다 건너지 못한 채였다.

할아버지는 때때로 너무 오랫동안 잠을 잘 때가 있었다. 그럴 때는 얼굴이 굳어지고, 긴 코가 더욱 길어지고, 입은 가로로 길게 벌어져 있었다.

크리스토프는 불안스러운 심정으로 그런 모습을 바라보며, 할아버지의 머리가 이상한 꼴로 변하지나 않나 근심했다. 그는 할아버지를 잠에서 깨우려고 더한층 큰 소리로 노래를 부르기도 하고, 또 돌무더기 비탈을 크게 소리내며 미끄러져 내려와 보곤 했다.

어느 날 그는 할아버지의 얼굴에 솔잎을 조금 던져 놓고는 그것이 나무에서 절로 떨어졌다고 거짓말을 했다. 노인은 그것을 곧이들었다. 크리스토프는 우스워서 배꼽이 빠질 지경이었다. 그러나 그것을 또 한 번 시도한 것이 실책이었다. 마침 손을 쳐든 순간 살펴보니 할아버지의 눈이 이쪽을 뚫어지게 바라보고 있잖은가. 참으로 경솔한 짓을 저지른 꼴이었다. 노인은 엄격하여, 마땅히 자신에게 기울어져야 하는 존경이 희화화되는 것을 결코 허용치 않았다. 두 사람은 그로부터 한 주일 이상이나 냉랭한 태도로 서로 대해야 했다.

길이 나쁘면 나쁠수록 크리스토프는 신이 났다. 돌 하나하나가 어떤 자리에 있는가 하는 것조차도 그에게는 다 뜻이 있었다. 그는 그것들이 있는 곳을 모조리 알고 있었다. 수레바퀴로 이루어진 울퉁불퉁한 자국도 그에게는 지리적인 큰 변화로서, 타우누스(북부 독일의 산맥) 연산(連山)과 거의 같은 성질의 것이었다.

그는 자기 집 주위 2킬로미터쯤 되는 지역에 있는 높고 낮은 온 장소의 지도를 머릿속에 그려 놓고 있었다. 그리고 질서 있는 밭이랑에 얼마간 변혁을 가할 때에는, 마치 한 기사(技師)가 인부 한 무리를 이끌고 하는 변경 작업에 못지않은 일을 하는 거라고 생각하고 있었다. 한 덩이 마른 흙 꼭대기를 발뒤꿈치로 짓밟아서 그 아래 우묵한 골짜기를 메웠을 때엔, 하루를 헛되이 하지 않았다고 흐뭇해했다.

때로는 조그만 두 바퀴 마차를 탄 농부를 한길에서 만나기도 했다. 그 사람은 할아버지와 잘 아는 사이였다. 그래서 두 사람은 그 사람 옆자리로 올라탔다. 그야말로 지상의 낙원이었다. 말은 질주했다. 크리스토프는 신이 나서 웃었다. 다만 산책하고 있는 사람들을 스쳐 지날 때만은 전부터 마차를 타 버릇한 사람인 체하며, 시치미 딱 떼고 태평스러운 시늉을 했다. 그러나 마음속은 자랑스러움으로 가득 차 있었다.

할아버지와 농부는 그를 본체만체하며 마냥 이야기들을 나누었다. 때로는 두 사람의 무릎 사이에 움츠리고 앉아서, 양옆으로 그들의 넓적다리에 짓눌려 가까스로 앉거나 또는 아예 엉덩이를 붙이지 못하는 때도 자주 있었으나, 그래도 그는 행복하기만 했다. 대답을 해 주건 말건 아랑곳없이, 그는 큰 소리로 말을 건넸다.

말의 귀가 움직이는 꼴이 눈에 띄었다. 저놈의 귀, 참으로 희한도 한 생물이구나! 오른쪽으로나 왼쪽으로나 어느 곳으로든 자유로이 향할 수 있고, 앞으로 뻗기도 하고 옆으로 눕거나 뒤를 돌아보기도 한다. 그 꼴이 하도 우스꽝스러워서 그는 웃음보를 터뜨렸다. 할아버지를 꼬집어서 관심을 갖게 하려 했다. 그러나 할아버지는 그런 데엔 숫제 흥미가 없었다. 할아버지는 크리스토프를 휙 밀어 버리고는 어른들 말씀을 훼방 말라고 이르신다. 크리스토프는 생각에 잠겼다. 어른이 되면 이미 어떤 일에도 놀라지 않게 되는구나. 야무지고 무엇이든지 아는구나. 그래서 그는 나도 어른처럼 굴자, 호기심을 감추고 무심한 체하자고 애쓰는 것이었다.

그는 묵묵히 앉아 있었다. 마차 소리에 이끌려 그는 꾸벅꾸벅 졸았다. 말 방울이 춤추고 있다. 짤랑짤랑, 짤랑짤랑. 허공에 음악이 울린다. 그것은 마치 꿀벌 떼처럼 조그만 은빛 방울 둘레를 날아 돌고 있었다. 마차의 리듬을 타고 규칙적으로 명랑하게 흔들거리고 있었다. 그것은 마를 줄 모르는 샹송(노래)의 샘이었다.

노래가 꼬리를 물고 떠올랐다. 크리스토프는 그것 모두가 참으로 멋지다고 생각했다. 그중에서도 유난히 아름답다고 여겨지는 것이 있기에 할아버지의 주의를 끌고 싶어졌다. 그는 그것을 조금 큰 소리로 노래했다. 그러나 아무도 주의를 돌리지 않았다. 이번에는 더욱 목소리를 높여 다시 불렀다. 그리고 또 한 번 한껏 크게…… 마침내 장 미셸 노인은 화를 내며 말했다.

"작작해라! 나팔처럼 울어 대니 원, 귀찮아 죽겠구나!"

그는 그만 숨을 삼켰다. 그리고 코끝까지 새빨개진 채로 분해서 입을 다물었다. 이 노래가 너무도 훌륭하여 천국의 문이라도 열 듯한 노래임을 모르는, 이 우둔한 두 사람을 완전히 경멸해 버렸다! 그는 두 사람이 몹시 미웠다. 둘 다 한 주일 동안이나 수염을 기른 채였고 게다가 고약한 냄새까지 풍기고 있었다.

크리스토프는 말 그림자를 바라보면서 마음을 달랬다. 이 또한 놀라운 구경거리였다. 시꺼먼 그 짐승은 옆으로 누운 채 길을 달리고 있었다. 황혼의 귀로에서 그것은 쭉 늘어나 목장의 한 부분을 덮어씌운다. 풀더미를 만나면 머리가 그 위로 기어 올라가고, 지나치면 또 본디 위치로 돌아왔다. 코끝은 찢어진 풍선처럼 축 늘어지고, 귀는 큼직한 것이 양초처럼 뾰족했다. 정말이지 이게 그림자일까? 아니면 생물일까? 크리스토프는 혼자서라면 아마 이런 그림자는 만나고 싶지 않았을 것이다. 할아버지의 그림자라면, 그 뒤를 쫓아가며 머리 위를 걷기도 하고 밟아 주기도 했겠지만, 이 그림자에게는 그런 짓을 할 수 없었다.

해가 기울면 나무들의 그림자도 또한 명상거리가 되었다. 그것은 길을 가로질러 울타리를 이루고 있었다. "이 앞으로는 가지 마!" 이렇게 말하는 음산하고 기괴한 도깨비 같았다. 그러면 삐걱거리는 차바퀴의 굴대와 말 발굽도 되풀이한다. "이 앞으론 가지 마!"

할아버지와 마차 주인은 쉬지도 않고 지껄이며 싫증을 내지 않았다. 그들의 음성은 자주 높아졌다. 이 고장에서 일어난 일이나 피해에 관한 이야기가 나오다 보면 특히 그랬다. 그럴 때, 아이는 몽상을 집어치우고 불안스러운 표정으로 그들을 바라보았다. 서로들 성이 난 것 같고, 저러다가 끝내는 주먹다짐이라도 벌어질 것 같아서 걱정이 되었다. 그런데 실상은 그와 반대로, 그것은 두 사람이 공통되는 증오의 심정 속에서 가장 잘 의기투합하고 있는 상황이었다.

대개 그들은 도무지 증오도 품지 않았고, 눈곱만큼의 정열도 지니지 않았다. 그들은 아무래도 좋은 것을 화제로 삼고, 그저 목청껏 터져나오는 큰 소리로 지껄이고 있었다. 오직 그것은 소리를 질러 가며 지껄여 대는 재미를 위해서였다. 그것이 민중의 기쁨이었던 것이다. 그러나 그들이 나누는 대화의 의미를 알지 못하는 크리스토프에게는 그것이 한갓 격렬한 음성으로만 들릴 뿐이었다. 그는 그들의 찌푸린 얼굴을 바라보며 근심스러운 듯이 생각했다.

'저놈은 참 어쩌면 저렇게 심술궂게 생겼을까! 틀림없이 두 사람은 서로 미워들 하고 있는 거야. 저놈, 저렇게 눈알을 부라리고! 저렇게 입을 크게 벌리고 있잖아! 홧김에 내 코에까지 침을 튀겼어. 아아! 저놈은 할아버지를 죽일지도 몰라……'

마차가 섰다. 농부가 말했다.

"자, 도착했어요."

불구대천의 원수끼리 악수를 나눈다. 할아버지가 먼저 내렸다. 농부는 조그만 애를 안아서 그에게 건네준다. 그러고는 말에 채찍질이 한 번 가해진다. 마차는 멀어져 간다.

두 사람은 라인 강에 가까운 구부러진 오솔길 어귀로 돌아와 있었다. 해는 평원 속으로 가라앉고 있었다. 강변과 거의 닿을락 말락 하게 뻗친 오솔길은 물결치듯 기복을 이루고 있다. 우거진 부드러운 풀이 미미한 소리를 내며 발밑에서 휘어진다. 오리나무 숲이 강 위로 덮치듯이 우거져서 물에 반쯤 몸을 담그고 있다. 조그만 날벌레들이 구름처럼 떼지어 춤춘다.

조그만 배 한 척이 천천히 흐르는 고요한 흐름을 따라 소리도 없이 지나갔다. 강 물결이 찰싹찰싹 조그만 소리를 내며 버드나무 가지에 입맞춤하고 있었다. 빛은 엷고 몽롱하며 대기는 청명하고, 강은 은회색을 띠고 있었다. 두 사람은 집으로 돌아왔다. 귀뚜라미가 노래를 부르고 있다. 그리고 문간에는 어머니의 정다운 얼굴이 빙그레 미소 짓고 있었다……

오오, 즐거운 추억, 자애 깊은 모습이여. 그것은 아름다운 조화를 이룬 날갯짓 소리와도 같이 평생토록 계속 노래하리라…… 어른으로 자라나서의 여러 가지 여행, 대도시, 용솟음치는 바다, 꿈속 같은 경치, 정다운 얼굴들도 이러한 어린 시절의 산책이나 또는 할 일 없이 심심해서 조그만 입술을 유리창에 눌러 대고 거기에 입김으로 엉기는 김 너머로 날마다 보아 온, 하찮은 마당 한구석만큼 또렷이 마음속에 새겨지진 못하리라……

*

문도 꼭 닫힌 집 안에 밤이 들어와 있다. 집…… 무서운 온갖 것, 그림자니 어둠이니 공포니 낯선 것 등등으로부터 보호된 은신처.

어떠한 적도 집의 문지방만은 넘어오지 못하리라…… 불이 활활 타고 있다. 황금빛으로 구워진 거위 고기가 꼬챙이에 꽂힌 채 천천히 빙글빙글 돌고 있다. 비계와 적당히 질긴 살코기의 맛좋은 냄새가 방 안에 감돌고 있다. 먹는다는 기쁨, 비길 데 없는 행복감, 경건한 감격, 춤이라도 덩실덩실 추고 싶어지는 기쁨! 흐뭇한 따사로움과 낮 동안의 피로와 정다운 말소리의 울림 가운데 몸이 황홀해져 축 늘어진다. 소화 작용으로 몸이 황홀 상태가 되면 물체의 형상도, 그림자도, 램프 갓도, 검은 난로 속에서 불꽃을 튀기며 춤추는 불길의 혓바닥도 모두가 하나같이 즐거운 불가사의한 모습으로 보인다. 크리스토프는 이러한 행복 전부를 더욱더 흐뭇하게 맛보려고 접시에 볼을 얹는다······

그는 따뜻한 잠자리에 누워 있다. 어떻게 여기까지 온 걸까? 감미로운 피로감으로 이미 몸은 축 늘어져 있다. 방 안에서 들리는 온갖 음성과 낮에 본 것들의 모습이 머릿속에서 엉키고 있다. 아버지가 바이올린을 손에 든다. 날카롭고 아름다운 선율이 밤 속에서 탄식하며 하소연한다. 그러나 그지없는 행복은, 엄마가 와서 사르르 잠에 빠져드는 내 손을 잡고 내 위에 몸을 굽혀 요구된 대로 의미도 없는 문구의 옛 노래를 나직이 불러 줄 때 찾아온다. 아빠는 이 음악을 바보스럽다고 핀잔한다. 하지만 크리스토프는 듣기에 싫증을 느끼지 않는다. 숨을 죽이고 듣고 있다. 웃고 싶어지기도 하고 울고 싶어지기도 한다. 그의 마음은 취해 있다. 자신이 어디에 있는지 알 수가 없다. 애정으로 가슴이 가득 찬다. 그는 조그만 팔로 엄마의 목을 휘감는다. 그러고는 힘껏 끌어안는다. 엄마는 방그레 웃음지으며 말한다.

"어머나, 나를 목 졸라 죽일 셈이니?"

그는 더한층 세게 조른다. 얼마나 엄마를 사랑하는지! 얼마나 온갖 것을 사랑하는지! 모든 사람을, 모든 것을! 온갖 것이 다 좋다. 온갖 것이 다 아름답다······ 그는 잠에 빠져든다. 귀뚜라미가 부뚜막에서 울고 있다. 할아버지가 들려주신 이야기 속 영웅들의 모습이 즐거운 밤 속에 떠돌고 있다······ 그들과 같은 영웅이 된다는 것! ······ 그래, 나는 영웅이 될 거다······ 아니, 벌써 영웅이 되어 있잖은가······ 아아! 산다는 것은 얼마나 좋은 일인지! ······

*

이 조그만 존재 속에는 대체 얼마나 많은 힘과 기쁨과 자랑스러움이 있는 것일까! 그 무슨 정력이 이토록 넘쳐흐르는 걸까! 그의 육체와 정신은 숨이 찰 만큼 빨리 선회하는 윤무에 실려 끊임없이 움직이고 있다. 그는 조그마한 불의 정령처럼 낮이고 밤이고 쉴 새 없이 불길 속에서 춤추고 있다. 그 무엇으로도 피곤해짐이 없고, 온갖 것으로 하여 키워지고 있는 열광. 미칠 듯한 꿈, 분출되는 샘, 무진장한 희망을 지닌 보배, 웃음, 노래, 영원의 도취. 인생은 아직 그를 사로잡지 않고 있다. 부단히 그는 인생으로부터 도피하고 있다. 그는 무한 속을 헤엄치고 있다. 얼마나 그는 행복한지! 얼마나 그는 행복해지도록 만들어져 있는지! 그의 몸속에는 행복을 믿지 않는 것이라곤 없다. 그 어린 나이에 정열적인 힘을 다해 행복을 추구하지 않는 것이라곤 없다! ……

이제 인생은 곧 그를 이성(理性)으로 인도하는 임무를 인수하리라.

2

L'alba vinceva 1'ora mattutina
Che fuggia innanzi, si che di lontano
Conobbi il tremolar della marina……

PURG. I

침침한 새벽은 여명에 쫓기어 멀어져 갔다. 그리하여 저 멀리
바다의 물결이 보였다……

신곡 연옥편 제1곡

크라프트 집안은 본디 앙베르 출신이었다. 장 미셸 노인은 젊은 혈기로 그만 실수하여 큰 싸움 끝에 그 고장을 떠난 것이다. 평소 싸움을 몹시 좋아하여 그때까지도 툭하면 싸우곤 했지만, 이 마지막 싸움은 난처한 결과를 가져오고 말았다. 그는 거의 반세기 전에 대공(大公)의 영지인 이 조그만 도시에 거주지를 정했다. 이 도시에 있는 끝이 뾰족한 빨간 지붕과 나무 그늘 짙은 정원은 밋밋한 언덕의 비탈면에서 겹겹이 층을 이루고, 그 모습이 '아버지 라인'의 엷은 초록색 눈에 비치고 있었다. 탁월한 음악가인 그는, 누구나가 다 음악가인 이 고장에서 순식간에 진가를 인정받을 수 있었다. 그리고

나이 마흔이 지나 클라라 사르토리우스와 결혼하여 이 고장에 뿌리를 박았다. 그녀는 대공을 섬기고 있는 악장(樂長)의 딸이었기에, 그는 그 악장의 자리에 오를 수 있었다.

　클라라는 인품이 조용한 독일 여자로, 요리와 음악이라는 두 가지 정열을 지니고 있었다. 그녀는 그동안 아버지에게만 가졌던 깊은 존경심을 이제 남편에게 품고 있었다. 장 미셸도 아내를 사랑했다. 두 사람은 15년간 사이좋게 지내며 네 자녀를 두었다. 그러고 나서 클라라가 죽었다. 장 미셸은 크게 탄식하며 슬퍼했으나, 다섯 달이 지난 뒤에 오틸리 슈츠와 재혼했다. 빨간 볼에 튼튼하고 쾌활한 스무 살 아가씨였다. 오틸리는 클라라만큼이나 아름다운 점을 지닌 여인이었다. 장 미셸은 클라라를 사랑한 만큼 그녀도 사랑했다. 결혼한 지 8년이 지나자 그녀도 저세상으로 갔다. 그런데 그동안에 애를 일곱이나 낳아 놓았다. 모두 합쳐 열하나였는데 살아남은 자식은 단 하나뿐이었다. 그는 자식에게 커다란 애착을 가졌으나 이러한 연이은 타격도 그의 굳건한 낙천적인 기질을 바꾸어놓지는 않았다. 그에게 가장 가혹한 시련은 오틸리의 죽음이었다. 지금부터 삼 년 전의 일로서, 그는 이제 생활을 재건하여 새로운 가정을 갖기는 어려운 나이에 이르러 있었던 것이다. 그러나 마음의 혼란은 일시적이었고, 장 미셸 노인의 정신은 평정을 되찾았다. 어떠한 불행도 그에게서 정신의 평정을 빼앗아 갈 수는 없었던 것이다.

　그는 애정이 깊은 사나이였다. 그러나 그에게 있어서는 무엇보다도 건강이 큰 힘을 발휘하고 있었다. 그는 슬픔에 대해서는 육체적인 혐오감을 품었고, 플라망인 특유의 거친 쾌활함을 찾아 언제나 어린애들처럼 크게 입을 벌리며 웃었다. 아무리 슬픈 일이 있더라도 술 한 잔 삼가는 법이 없었고, 맛좋은 음식 한 입을 마다할 위인도 아니었다. 그리고 결코 음악을 놓는 일이 없었다. 궁정 오케스트라는 그의 지휘 아래 라인 지방에서는 상당한 평가를 받고 있었다. 그리고 장 미셸은 그 당당한 몸집과 불같은 성품으로 유명해져 있었다.

　아무리 노력해도 그는 자신을 제어할 수 없었다. 이 거친 사나이도 본디는 겁이 많고 자기 자신을 위태롭게 하는 일을 두려워하고 있었다. 또 예의를 존중하고 소문에 신경을 쓰고 있었다. 그래서 그는 노력해 봤지만, 결국 혈기가 그로 하여금 이성을 잃게 하여 눈앞이 시뻘게지곤 했다. 그러고는 느닷없이 미칠 듯한 분노에 사로잡히는 것이었다. 그것은 비단 오케스트라 연습 때뿐만이 아니라, 공개적인 연주 도중에도 그러했다. 대공의 면전에서도 화가 나면 지휘봉을 내던지고는 격분한 빠른 말투로 단원 중 누군가를 꾸짖으며 미친 듯이 발을 구르고 고함치는 일도 있었다. 대공은 그것을 재미있어했다. 그러나 당사자인 단원들은 그에 대해 반감을 품고 있었다. 장 미셸은 자신의 무례한 행위를 부끄럽게 여기고, 곧 과장된 아첨을 늘어놓으며 단원들로 하여금 그것을 잊게 하려고 애썼으나 헛일이었다. 그 뒤에도 그는 다시금 더욱 격정적으로 폭발하곤 했던 것이다.

그의 이러한 극단적인 성격은 해가 갈수록 심해져서, 끝내는 그 지위를 유지하기가 어렵게까지 되었다. 그 자신이 그것을 느끼고 있었다. 그러한 어느 날, 또다시 울화통을 터뜨린 끝에 오케스트라 전원이 파업을 할 기세에까지 이르자 그는 사표를 냈다. 그러나 오랜 세월에 걸쳐 근속했으므로 설마 이대로 사표가 수리되진 않겠지, 그대로 유임이 되겠지 하며 남몰래 기대하고 있었다. 그런데 그렇게 되지는 않았다. 그렇다고 사표를 철회하자니 자존심이 허용치 않았으므로, 그는 배은망덕한 그들에게 분개하며 비통한 심정으로 그 자리를 떠났던 것이다.

그 뒤로 그는 어떻게 하루하루를 보내야 할지를 몰랐다. 이미 일흔이 넘은 나이였으나 아직 기력은 정정했다. 그래서 그는 전과 다름없이 계속 일을 하여, 출장 교습을 하고, 토론을 하고, 연설 투로 지껄거리는 등, 온갖 일에 관계하며 아침부터 밤까지 시내를 돌아다녔다. 손재주가 있어 여러 가지 일거리를 찾아냈다. 악기 수선도 시작했다. 어찌어찌 연구하고 시도하여 때로는 개량에 성공하기도 했다. 또한 그는 작곡도 하여 그것에 심혈을 기울이며 노력했다. 전엔 '장엄 미사곡'을 작곡한 적도 있는데 그는 곧잘 그것을 입에 올렸고, 또 그것은 이 집안의 명예가 되어 있었다. 그 곡을 만들 때 몹시 고생하여 한창 작곡하던 도중엔 뇌일혈을 일으킬 뻔하기도 했다. 그는 이것을 천재의 작품이라고 스스로 믿으려고 애썼다. 그러나 얼마나 내용 없는 악상(樂想)으로 작곡했는가는 그 자신이 똑똑히 알고 있었다. 그는 이미 그 원고를 다시 읽어 볼 용기가 없었다. 자기 것이라고 믿고 있던 악구(樂句) 중에 다른 작곡가의 것이 억지로 간신히 연결되어 있다는 사실을 다시 훑어볼 때마다 발견하곤 했기 때문이다. 그로서는 크나큰 슬픔이 아닐 수 없었다.

이따금 참으로 훌륭하다고 생각되는 악상이 머리에 떠오를 때가 있었다. 그는 그럴 때마다 전율을 느끼며 책상으로 달려간다. 이번에야말로 영감을 포착했으려나? …… 그러나 펜을 들자마자 주위의 침묵 속에 홀로 멍하니 있는 자신을 발견하는 게 고작이었다. 스러져 버린 그 소리를 다시 부르려고 아무리 안간힘을 써도, 귀에 들려오는 것은 멘델스존이나 브람스의 널리 알려진 선율뿐이었다.

조르주 상드가 이렇게 말한 적이 있다.

"세상에는 표현하는 힘이 결여된 불행한 천재가 있다. 그의 명상은 남에게 알려지지 못한 채, 그는 무덤 속으로 그것을 가지고 간다. 저 뛰어난 벙어리와 말더듬이 일족의 일원인 조프루아 생틸레르가 말한 바와 같다."

장 미셸도 그러한 일족에 속해 있었다. 그는 음악에서나 언어에서나 자기 자신을 완전히 표현할 수가 없었다. 더구나 항상 환상을 품고 있었다. 이야기하는 것, 쓰는 것, 위대한 음악가가 되는 것, 위대한 웅변가가 되는 것을 그는 얼마나 바라고 있었던가! 그것이 그가 남몰래 간직하고 있는 상처였다. 그것을 그는 누구에게도 말하지 않았다. 자기 자신에게도 고백하려 하지 않았으며, 애써 그것을 생각하지 않으려 했다. 그러나 어느새 자기도 모르게 그것을 생각하고 있었다. 그리하여 그것은 그의 마음에 죽음의 씨를 뿌렸다.

가엾은 노인! 무슨 일에서나 그는 완전히 자기 자신이 될 수 없었다. 그의 내부엔 아름답고 힘찬 수많은 싹이 있었다. 그러나 그것은 하나같이 성장을 이루지 못했다. 예술의 존엄성과 인생의 정신적 가치에 대해서, 그는 남을 감동시킬 수 있는 깊은 신념을 지니고 있었다. 그러나 대개 그것은 과장된 우스꽝스러운 방법으로 표현되어 있었다. 그는 또 많은 고귀한 자존심을 지니고 있었다. 그러나 실생활에서는 손윗사람에게 거의 노예같은 찬탄의 마음을 품고 있었다. 그는 독립과 자유분방에 대한 참으로 숭고한 동경심을 지니고 있었다. 그러나 실지로 나타난 것은 절대적인 복종이었다. 그는 자유 사상가다운 정신을 지녔다는 자부심이 있었다. 그러나 그는 온갖 미신을 지키고 있었다. 그는 영웅적인 정신에 대한 정열과 실제적인 용기를 지니고 있었다. 그러면서도 참으로 겁이 많았다! 틀림없이 중도에서 멎어 버리는 성질이었던 것이다.

장 미셸은 자신의 큰 뜻을 아들에게 걸고 있었다. 멜키오르도 처음에는 그
것을 실현할 듯 보였다. 어려서부터 그는 음악에 뛰어난 천분을 지니고 있었
다. 참으로 수월하게 음악을 익혔고, 일찍부터 바이올리니스트로서 훌륭한
기량을 터득했다. 그리하여 오랫동안 궁정 음악회의 총아가 되어 거의 우상
처럼 존경받았다. 피아노나 그 밖의 악기도 아주 능란하게 다룰 줄 알았다.
그는 화술에도 능했고, 조금 둔중하긴 했으나 제법 풍채도 좋았다. 독일의
고전적인 호남아의 전형이었다. 매끈하고 시원한 이마, 선이 굵직한 단정한
생김새, 그리고 곱슬곱슬한 수염. 그야말로 라인 강변의 주피터였다.

장 미셸 노인은 아들의 성공을 즐거움으로 기대하고 있었다. 그 자신은 어
떤 악기도 다루지 못했기 때문에, 능숙한 아들의 기술에 황홀해져 있었다.
실지로 멜키오르는 자신의 생각을 표현하는 데 곤란을 느끼는 일은 없었다.
그러나 불행히도 그는 아무것도 깊이 생각하지 않았다. 뿐만 아니라 그런 것
에 마음을 쓰지도 않고 있었다. 그의 영혼은 그야말로 평범한 배우의 그것이
었다. 평범한 배우는 대사의 뜻 따위엔 무관심하며 그저 대사의 구사에만 마
음을 쓰고 그것이 관객에게 미치는 효과를 불안스러운 허영심으로 유심히
지켜볼 뿐이다.

참으로 우스운 일이거니와 그는 장 미셸과 마찬가지로, 무대 위의 자기 태
도에 부단히 주의하고 또한 사회적 인습에 대해서는 소심하리만큼 존경심을
품고 있으면서도, 역시 어딘지 모르게 발작적이며 엉뚱하고 경솔한 데가 있
었다. 그래서 크라프트 집안사람들은 모두 다소간 광기가 있나 보다고 세상
사람들은 수군거렸다. 그런 소문도 처음 한동안은 그에게 아무런 손해를 끼
치지는 않았다. 그와 같은 색다른 특색이야말로 도리어 그가 천재라는 증거
처럼 여겨지고 있었다. 왜냐하면 예술가란 상식적일 수는 없다는 것이, 상식
적인 사람들 사이에서는 일반적으로 인정되고 있었기 때문이다. 그러나 사
람들은 드디어 그의 괴짜 행동에 주의를 기울이기 시작했다. 그 원인은 대개
술이었다. 술의 신 바쿠스는 음악의 신이라고 니체는 말했다. 멜키오르의 본
능도 그와 같은 의견이었다. 그러나 그에겐 이 신이 그렇게 유익한 신은 아
니었다. 그에게 결여된 사상을 주기는커녕, 그가 가진 극히 적은 사상조차도
빼앗아 버린 것이다. 어리석은 결혼—세상 사람들이 볼 때 어리석고, 따라

서 그의 눈에도 어리석어 보이게 된 결혼—을 한 뒤로, 그는 더욱더 술에 빠져 들어갔다. 예술을 소홀히 했다. 그가 자신의 예술이 뛰어나다고 자부하고 있는 사이에 그만 순식간에 그것을 잃어버리고 말았다. 재주 있는 사람들이 나타나서, 그의 뒤를 이어 세상 사람들의 인기를 모았다. 그에게는 여간 쓰라린 일이 아닐 수 없었다. 그러나 이런 실패는 그의 정력을 눈뜨게 하기는커녕 그를 완전히 낙담케 하고 말았다.

그는 고작 술집에서 술친구들과 더불어 경쟁자들에게 욕설을 퍼부음으로써 분풀이를 하고 있었다. 그는 어리석은 자만심에 사로잡혀, 아버지의 뒤를 이어 악장이 될 수 있으려니 기대하고 있었다. 그런데 다른 사람이 임명되고 말았다. 그는 자신이 박해를 받고 있다 생각하여 불우한 천재를 자처하고 있었다. 다행하게도 크라프트 노인이 받고 있던 신망 덕분에 오케스트라 바이올리니스트의 지위는 유지해 갈 수 있었다. 그러나 하루하루 지나갈수록 시내의 개인 교수 자리는 점점 적어져 이제는 거의 없다시피 했다. 이 타격은 그의 자존심에는 더할 수 없이 치명적인 것이었으며, 그의 주머니 사정은 이에 비할 바 없이 더욱더 절실하게 고통을 통감할 수밖에 없었다. 수년간 계속된 불운 탓에 가정 생활은 형편없이 군색해져 있었다. 호사를 실컷 맛본 뒤에 곤궁이 와서, 그것은 날이 갈수록 심해져 갔다. 멜키오르는 그래도 아랑곳하지 않았다. 옷차림이나 쾌락을 위한 지출은 단 한 푼도 줄이지 않았다.

그는 결코 악인은 아니었다. 그러나 어쩌면 이것이 더욱 나쁠지도 모르지만, 그는 어중간한 선인이었다. 연약하고 무기력하고 정신력이 약했다. 게다가 자신은 선량한 아버지요, 선량한 아들이요, 선량한 남편, 선량한 사람이라고 믿고 있었다. 만약 그러한 사람이 되기 위해서는, 쉽게 감동하는 값싼 친절함이나 자신의 한 부분으로서 가족들을 사랑하는 그 동물적인 애정만으로 충분하다고 한다면, 실제로 그는 그러한 사람이었을지도 모른다. 그는 또 심한 이기주의자라고 할 수도 없었는데, 그러기에는 충분한 개성이 없었기 때문이다. 그는 정말 아무것도 아닌 사람이었다. 그리고 이런 하찮은 사람이 바로 인생에서는 무서운 존재인 것이다! 마치 공중에 방치된 물체처럼 그들은 떨어지려고만 한다. 반드시 떨어질 수밖에 없는 것이다. 그리고 떨어지면서 자기와 같이 있는 온갖 것을 더불어 끌고 가 버리는 것이다.

나이 어린 크리스토프가 주위 상황을 이해하기 시작한 것은 가정 형편이 더할 수 없을 만큼 궁핍해진 무렵이었다.

그는 이미 외아들은 아니었다. 멜키오르는 앞날 생각은 하지도 않고 해마다 아내로 하여금 애를 낳게 했다. 그중 둘은 어려서 죽었다. 다른 두 애는 세 살배기와 네 살배기였다. 멜키오르는 결코 자식을 돌보는 일이 없었다. 그래서 루이자는 부득이 외출해야 할 때면 그 두 아이를 이제는 여섯 살이 된 크리스토프에게 맡기고 갔다.

크리스토프에게 이것은 고통스러운 일이었다. 이 의무 때문에 오후에 들로 산책나가는 즐거움을 단념해야 했기 때문이다. 그러나 어엿한 한 사람 몫을 하는 것으로 대우받는 데에 자랑스러움을 느끼고, 이 의무를 훌륭히 해내었다. 온갖 재미나는 짓을 해서 될 수 있는 대로 동생들을 즐겁게 해 주었다. 또 엄마가 아기에게 하는 말을 귀담아 외웠다가 그대로 해 보려고 애쓰기도 했다. 어머니 흉내를 내어 애들을 번갈아 안아 주기도 했다. 어린 동생들을 떨어뜨리지 않으려고 이를 악물고 힘껏 가슴에 품어 안아 보지만, 그래도 무게 때문에 허리가 휜다. 애들은 언제나 품에 안기려 하며, 결코 싫증을 내지 않았다. 크리스토프가 더 안아 줄 수가 없게 되면, 애들은 언제까지고 우는 것이었다. 크리스토프는 아이들 때문에 곧잘 어쩔 줄 모르고 당황하는 수가 있었다. 몸을 더럽히기 때문에 어머니가 하듯 시중도 들어 주어야 했다. 그러나 크리스토프는 어떻게 해야 할지 알 수가 없었다. 동생들은 그의 친절을 미끼로 그를 혹사시켰다. 때로는 뺨을 때려 주고 싶을 때도 있었다. 그러나 생각을 고쳐먹었다.

'이놈들은 꼬마야. 아무것도 모르는 놈들이지.'

그래서 꼬집히고 얻어맞고 괴롭힘을 당해도 너그러운 마음으로 그들이 하는 대로 내버려 두었다.

에른스트는 아무것도 아닌 일에 악을 썼다. 두 발을 동동 구르기도 했고, 성이 나서 대굴대굴 구르는 일도 있었다. 신경질적인 애였다. 루이자는 평소 이 아이의 변덕스런 성질에 거슬리지 않도록 하라고 크리스토프에게 주의를 주고 있었다. 로돌프는 영악했다. 크리스토프가 에른스트를 안아 주고 있으면, 반드시 그 틈을 타서 등 뒤로 돌아가 온갖 장난을 다했다. 장난감을 망가뜨리고, 물을 뒤집어엎고, 옷을 더럽혀 놓고, 또 찬장을 뒤지다가 접시를 떨어뜨리곤 했다.

이런 형편이었으므로 루이자는 돌아와서도 크리스토프를 칭찬하는 일이 없이, 난잡한 그 꼴을 보고는 꾸짖지는 않았지만 불쾌한 듯 그에게 말했다.

"참 딱하기도 하지. 애도 볼 줄 모르다니, 원."

크리스토프는 분했다. 그리고 서글퍼지는 것이었다.

*

루이자는 조금이라도 돈을 벌 수 있는 기회는 놓치지 않았다. 그녀는 결혼식 피로연이나 세례식 연회 같은 특별한 행사에 여전히 요리사로서 고용되어 일하러 갔다. 멜키오르는 전혀 모르는 체했다. 그것은 자존심 상하는 일이었기 때문이다. 그러므로 아내가 자기에게 알리지 않고 돈벌이에 나서는 데에 화를 내지는 않았다. 어린 크리스토프로서는, 아직 생활의 어려움 같은 것은 조금도 알 수 없었다. 그가 느끼기에 자신의 의지를 구속하는 것은 오직 부모의 의지뿐이었으나, 이것도 그렇게 방해가 되는 것은 아니었다. 부모는 그를 거의 돌보지 않고 내버려 두었기 때문이다. 그는 어른이 되는 것밖엔 아무것도 바라지 않았다. 어른이 되면 무엇이든지 자기 하고 싶은 것을 할 수 있다고 생각했다. 걸음걸음마다 발에 걸리는 장애가 있으리라고는 상상조차 하지 않았다. 더구나 어른인 자기 부모조차 모든 일을 뜻대로 하진 못하고 있다고는 한 번도 생각해 보지 못했다. 인간 중에는 명령하는 사람과 명령받는 사람이 있고, 자기네 집 식구나 자신은 명령하는 사람에 속하지 않는다는 것을 처음으로 깨닫게 된 날, 그의 온몸과 마음은 노여움으로 들끓었다. 그것이야말로 그의 생애에 닥쳐온 첫 위기였다.

그날 어머니는 그에게 가장 고운 옷을 입혀 주었다. 얻어 온 낡은 옷이지만, 루이자가 끈기 있게 애써서 고쳐 만든 것이었다.

크리스토프는 시키는 대로 어머니가 일하고 있는 집으로 어머니를 만나러 갔다. 혼자 들어가야 한다고 생각하자 더럭 겁이 났다. 하인 하나가 현관에서 어슬렁거리고 있었다. 그는 어린애를 불러 세우더니, 왜 왔느냐고 마치 주인인 듯한 투로 물었다. 크리스토프는 얼굴이 새빨개져서 '크라프트 부인' —그렇게 말하라고 다짐을 받았기에—을 만나러 왔다고 더듬거리며 답했다.

"크라프트 부인이라고? 무슨 일이지, 크라프트 부인에게?" 그 하인은 부인이라는 호칭에 핀잔하는 투로 말을 이었다.

"그게 네 엄마냐? 그리 올라가려무나. 루이자는 복도 구석의 부엌에 있단다."

그는 더욱더 낯을 붉히며 걸어갔다. 엄마가 아무렇게나 루이자라고 불리는 것을 듣고 그는 부끄러웠다. 굴욕을 당한 느낌이었다. 저 정다운 라인 강가의 숲 뒤편, 늘 자기 자신과 이야기를 나누던 그곳으로 달아나 버리고 싶었다.

부엌으로 가자 많은 하인들에게 둘러싸였다. 모두 와자지껄 말을 건네며 그를 맞이했다. 안쪽 부뚜막 옆에서 어머니가 부드럽게, 그러나 조금 당황한 듯한 표정으로 그에게 미소 짓고 있었다. 그는 뛰어가 엄마의 무릎에 매달렸다. 엄마는 흰 앞치마를 걸치고 나무 수저를 손에 들고 있었다. 엄마는 그에게 얼굴을 들어 여러분들에게 보이도록 하라느니, 거기 있는 한 사람 한 사람에게 악수하며 '안녕'이라고 인사하라느니 하여, 더욱더 그를 난처하게 했다. 그는 말을 듣지 않았다. 벽 쪽으로 몸을 돌려 팔 속에 얼굴을 감추었다. 그러나 점점 용기가 솟아났다. 마음을 다지자 웃음 담긴 반짝반짝 빛나는 조그만 눈을 팔 속에서 내놓았다. 그러나 남들 눈에 띄자 다시 고개를 숙였다. 이렇게 해서 그는 몰래 그 사람들을 관찰했다. 엄마는 지금까지 본 일이 없을 만큼 바쁜 듯했고, 또 관록이 있어 보였다. 이 냄비에서 저 냄비로 가서 맛을 보거나 뭐라고 주의를 주거나 했고, 자신 있는 듯이 요리법을 설명하곤 했다. 그 말을 다른 여러 여자 요리사들이 공손히 귀 기울여 듣고 있었다. 자기 엄마가 얼마나 존경을 받고 있는가, 또 번쩍번쩍 빛나는 금이나 동으로 된 훌륭한 도구로 장식되어 있는 이 아름다운 방 안에서 엄마가 어떠한 역할을 하고 있는가를 보고, 어린이의 마음은 자랑스러움으로 가득 찼다.

그때 갑자기 말소리들이 딱 그쳤다. 문이 열렸다. 한 귀부인이 빳빳한 옷 스치는 소리를 내며 들어왔다. 그녀는 의심 많은 듯한 눈초리로 부엌을 빙 둘러보았다. 이미 젊지 않은 여인이었다. 그래도 소매가 넓은 화려한 로브(긴옷)를 입고 있었다. 그리고 옷이 끌리지 않도록 한 손으로 치맛자락을 들어 올리고 있었다. 그러면서도 부뚜막 옆에까지 와서 접시 속을 들여다보기도 하고 맛을 보기도 했다. 손을 조금 쳐들자 소매가 흘러내렸는데, 팔은 팔꿈

치 위까지가 맨살이었다. 크리스토프에게는 그것이 매우 보기 흉하고 버릇
없는 것으로 생각되었다. 그런데 그 여인이 얼마나 차갑고 거만한 태도로 어
머니에게 말을 건네던지! 어머니는 또 얼마나 자신을 낮추어 그녀에게 대답
하던지!

크리스토프는 깜짝 놀랐다. 그는 눈에 띄지 않도록 구석으로 숨었다. 그러
나 헛일이었다. 귀부인은 이 꼬마는 누구냐고 물었다. 루이자는 곁으로 다가
와 그를 붙들고 귀부인에게 소개해 올렸다. 얼굴을 숨기지 못하게 하느라고
그의 두 손을 잡고 있었다. 그는 몸을 뒤틀어 달아나고 싶었으나, 이번엔 도
저히 거역할 수 없다는 것을 본능적으로 느꼈다. 귀부인은 어린애의 부끄러
워하는 표정을 뚫어지게 바라보았다. 그러더니 모성이 작용하여 언뜻 부드
럽게 미소지으려 했다. 그러나 곧 윗사람다운 태도로 돌아가서는, 품행이니
신심(信心)이니 등등을 꼬치꼬치 물었다. 그러나 그는 단 한 마디도 대답하
지 않았다. 귀부인은 또 그의 옷이 어울리는지를 유심히 살펴보았다. 루이자
는 그 옷이 훌륭한 옷이 되었다는 것을 알리려고 부랴부랴 서둘렀다. 주름을
펴려고 계속 윗도리를 끌어당겼다. 크리스토프는 몸이 죄어드는 바람에 소
리를 치고 싶어졌다. 엄마가 왜 이렇게 감사치레를 하는지 까닭을 알 수 없
었다.

귀부인은 그의 손을 잡더니 자기 아이들 있는 곳으로 데려가고 싶다고 말
했다. 크리스토프는 필사적인 눈초리로 엄마의 얼굴을 쳐다보았다. 그러나
엄마는 지극히 은근하게 주인에게 미소를 짓고 있었으므로 어쩔 도리가 없
다고 생각했다. 별수 없이 그는 마치 도살장으로 끌려가는 양처럼 귀부인의
뒤를 따라갔다.

마당으로 나가자, 그곳에는 매우 불퉁해 보이는 두 어린애가 있었다. 크리
스토프 또래의 사내애와 계집애인데, 아마 싸움을 하는지 서로 노려보고 있
는 것 같았다. 크리스토프가 마침 거기 나타난 것이, 그들에게는 기분전환의
계기가 되었다. 그들은 옆으로 다가와서, 새로 온 애를 흘금흘금 훑어보았
다. 크리스토프는 귀부인이 그냥 떼어 놓고 갔기 때문에 홀로 오솔길에 선
채 눈도 들지 못하고 있었다. 두 애는 서너 걸음 떨어진 곳에 꼼짝 않고 서
서, 발끝부터 머리끝까지 그를 훑어보고는 팔꿈치로 쿡쿡 찔러 보기도 하고
서로 비웃기도 했다. 그러다가 드디어 그들은 결심한 모양이었다. 대체 넌

누구냐, 어디서 왔느냐, 아버지는 무엇을 하느냐 물었다. 크리스토프는 긴장해서 굳어진 채 아무런 대답도 하지 않았다. 겁에 질려 눈물이 나올 것만 같았다. 특히 금발을 땋아 늘이고 짧은 치마를 입어 맨다리를 다 드러낸 소녀 때문에 겁먹었다.

그들은 놀기 시작했다. 크리스토프가 어느 정도 침착해졌을 때, 부잣집 소년이 별안간 그 앞에 버티고 서더니 그의 옷을 만지며 말했다.

"어, 이건 내 건데!"

크리스토프는 영문을 알 수가 없었다. 자기 옷이 남의 옷이라는 말을 듣고는, 분에 못 이겨 고개를 강하게 흔들며 부인했다.

"틀림없이 내 거야!"

소년은 우겼다.

"내가 옛날에 입었던 감색 웃옷이야. 자, 봐. 여기 얼룩이 져 있잖아."

그는 이렇게 말하고는 얼룩진 부분을 손가락으로 짚었다. 그리고 검사를 계속하여 크리스토프의 발을 살펴보더니 기운 신발 끝을 보고는, 대체 이건 무엇으로 기웠느냐고 물었다. 크리스토프는 얼굴이 홍당무가 되었다. 여자애는 앵돌아진 투로 가난뱅이 애야, 하고 오빠에게 속삭였다. 크리스토프의 귀에도 그 말이 들렸다. 순간 울컥하여, 지금까지 입을 다물고 있던 크리스토프도 비로소 말문이 열렸다. 그는 목소리를 쥐어짜 속사포처럼 재빠른 말투로 자기소개를 했다. 나는 멜키오르 크라프트의 아들이고, 엄마는 요리사인 루이자라고. 이로써 남을 업신여긴 상대의 생각을 당당히 무찌른 듯한 심정이 되었다. 이러한 신분은 다른 어떠한 신분에 못지않게 훌륭하다고 그는 생각했던 것이다. 또한 그것은 정당한 일이기도 했다.

그렇지만 다른 두 아이는 이러한 보고에 흥미는 가졌을지라도 그를 전보다 존중해 주지는 않았다. 도리어 주인 행세를 하는 투로 말을 건네는 것이었다. 너는 커서 무엇이 될래, 역시 요리사나 마부가 되겠니 하고 물었다. 크리스토프는 다시 입을 다물어 버렸다. 마치 얼음으로 가슴을 꿰뚫린 듯한 심정이었다.

그가 잠자코 있는 데 기세를 얻은 부잣집 아이들은, 문득 이 가난한 집 어린애를 곯려 줄 어떤 재미나는 방법은 없을까 생각했다. 어린이들에게 흔히 있는, 그 까닭 없이 잔인한 반감이 작동을 한 것이다. 특히 여자애가 더 열심이었다. 그녀는 크리스토프가 꼭 끼는 답답한 옷을 입고 있으므로 잘 뛸 수 없다는 점을 눈치챘다. 그래서 장애물 뛰어넘기를 하자는, 제법 약은 생각을 떠올렸다. 그녀는 조그만 의자로 목책을 만들고, 크리스토프에게 그것을 건너뛰라고 강요했다. 가엾은 이 어린이는 왜 건너뛰지 못하는지를 솔직히 말하지 못했다. 그는 온 힘을 다해 돌진했다. 당연히 땅바닥에 나동그라졌다. 주위에서 까르르 웃음소리가 터졌다. 다시 해야 했다.

　크리스토프는 눈에 눈물을 가득 머금고, 될 대로 되라는 듯이 마구 해 보았다. 이번엔 용케 건너뛸 수가 있었다. 그래도 심술꾸러기들은 만족하지 않았다. 목책이 충분히 높지 않다는 결론을 내렸다. 그러고는 다른 것을 가져다 그 위에 쌓아올려 위험스러운 장애물을 만들어 버렸다. 크리스토프는 이에 반항하려 했다. 뛰지 않겠다고 선언했다. 그러자 소녀는 그를 비겁한 놈이라고 부르며 무서워서 그런다고 했다. 이 말에는 크리스토프도 참을 수가 없었다. 나뒹굴 줄 뻔히 알면서도 뛰었다. 역시 그는 나동그라졌다. 발이 장애물에 걸렸다. 모든 것이 그와 더불어 무너져 내렸다. 소년은 두 손에 찰과상을 입었다. 하마터면 머리가 깨질 뻔했다. 더구나 불행하게도 옷의 두 무릎과 그 밖에도 몇 군데가 찢어졌다. 부끄러워 죽을 지경이었다. 주위에서 두 아이가 기뻐서 자지러지게 웃으며 깡충거리는 소리가 들렸다. 격렬한 고통에 사로잡혔다. 그들이 자신을 업신여기고 있다는 것을, 자신을 미워하고 있다는 것을 그는 느꼈다…… 대체 왜? 왜? 차라리 그는 죽고 싶었다! 남의 악의를 처음 안 어린이의 괴로움처럼 비참한 것은 없다. 어린이는 온 세계의 모든 사람으로부터 박해를 당하는 줄로 믿어 버린다. 자신을 지지해 주는 것은 무엇 하나 없다. 이미 아무것도 없다. 그야말로 이미 아무것도 없는 것이다! …… 크리스토프는 일어나려 했다. 사내아이가 다시 그를 넘어뜨렸다. 그러자 계집애는 그를 발로 걷어찼다. 그는 다시 한 번 일어나려 했다. 이번에는 둘이 한꺼번에 그에게 덤벼들어 등 위에 올라타더니 그의 얼굴을 땅바닥에 눌러 댔다. 이때 노여움이 불끈 솟구쳤다. 너무 심하다! 두 손은 아픔으로 화끈거리고, 더구나 꼬까옷은 갈기갈기 찢어져 버렸다. 그에게는 여간 큰 재앙이 아닐 수 없었다! 부끄러움, 괴로움, 부정(不正)에 대한 반항심 등 한꺼번에 밀어닥친 그 많은 참담한 심정이 하나로 용해되어 미칠 듯한 분노가 되었다. 그는 두 무릎과 두 손으로 몸을 지탱하더니, 마치 개처럼 몸을 흔들어서 박해자들을 떨어뜨렸다. 그리고 그들이 다시 덤벼들자 머리를 수그린 채 그들과 부딪쳐, 여자애는 따귀를 후려갈겼고 사내애는 주먹으로 한 대 쥐어박아 꽃밭 속으로 때려눕혀 버렸다.

요란한 비명이 일어났다. 두 아이는 큰 소리로 울며 집 안으로 달아났다. 문이 여닫히는 소리, 그리고 성난 외침 소리가 들려왔다. 귀부인이 기다란 의상 옷자락이 허용하는 가장 빠른 속도로 달려왔다. 크리스토프는 그녀가 달려오는 것을 보면서도 달아나지 않았다. 그는 자신이 한 일에 대해서 전율을 느끼고 있었다. 그것은 엄청난 일이었다. 범죄였다. 그러나 그는 결코 후회하진 않았다. 그는 기다리고 있었다. 이미 돌이킬 수 없는 일이었다. 그것도 좋겠지! 그는 절망해 버리고 말았다.

부인은 그에게 덤벼들었다. 그는 얻어맞았다고 느꼈다. 미친 듯 성난 목소리로 뭐라고 마냥 악을 쓰는 소리가 귀에 들려왔다. 그러나 무어라고 하는지 전혀 알 수가 없었다. 그가 창피당하는 현장을 보려고, 두 적은 다시 돌아와 있었다. 그리고 날카로운 소리를 쥐어짜면서 고래고래 욕을 퍼붓고 있었다. 하인들도 와서 와자지껄했다. 크리스토프를 철저히 혼내 주기 위해 루이자가 불려 왔다. 엄마는 그를 감싸 주기는커녕, 그녀 또한 사정도 알려 하지 않고 손찌검을 하더니 억지로 사과를 시키려고 했다. 그는 성이 나서 말을 듣지 않았다. 그녀는 더욱 세차게 그의 몸을 흔들어 대고, 손을 잡아끌어서 부인과 어린애들 있는 쪽으로 끌고 가 그 앞에 꿇어앉히려 했다. 그러나 그는 발을 동동 구르고 악을 쓰며 엄마 손을 물어뜯었다. 끝내는 웃고 있는 하인들 틈으로 도망쳐 버렸다.

크리스토프는 가슴이 터질 것 같았고, 노여움과 따귀를 맞은 것 때문에 화끈거리는 낯을 하고서 그 자리를 떠났다. 아무 생각도 하지 않으려 했다. 큰 길에서 울긴 싫었기 때문에 걸음을 빨리했다. 실컷 울어 기분을 가라앉히고 싶어서, 얼마나 빨리 집으로 돌아가고 싶었는지 모른다. 목이 쥐어들고, 머리로 피가 솟구쳐 올랐다. 단박에 몸이 터질 것만 같았다.

가까스로 집에 닿았다. 거무충충한 낡은 계단을 뛰어올라 강을 굽어보는 창가로 갔다. 언제나 은신처로 삼던 곳에 이르렀다. 숨을 몰아쉬며 그는 그곳에 몸을 내던졌다. 눈물이 둑 터진 봇물처럼 펑펑 쏟아져 나왔다. 왜 우는지 저 자신도 똑똑히 알 수 없었다. 그러나 울지 않을 수도 없었다. 첫 울음의 눈물이 거의 다 흘러 말랐는데도 그는 또 울었다. 분노에 못 이겨 자신을 괴롭히려고 울고 싶었던 것이다. 그렇게 함으로써 자신과 동시에 다른 사람들도 벌주려 하는 듯. 그러고는 생각했다. 이제 아버지가 돌아오시겠지. 엄마는 자초지종을 일러바치실 거야. 그렇다면 나의 불행은 아직도 끝나지 않은 셈이구나. 그러다 보니, 그는 어디로든 좋으니 도망가서 두 번 다시 이곳으로는 돌아오지 않으리라는 결심이 섰다.

막 계단을 내려가려는데 귀가한 아버지와 딱 마주쳤다.

"요 장난꾸러기 놈, 뭘 하느냐? 어디 가는 거야?"

멜키오르가 물었다.

그는 대답하지 않았다.

"무슨 못된 짓을 했구나. 무얼 했느냐?"

크리스토프는 완강히 침묵을 지켰다.

"무얼 했느냐 말이다!"

멜키오르는 되풀이했다.

"대답해!"

어린아이는 울음을 터뜨렸다. 멜키오르는 고래고래 악을 썼다. 부자의 목소리가 더욱 거세졌을 때, 드디어 계단을 올라오는 루이자의 황급한 발소리가 들려왔다. 그녀는 집에 돌아와서도 아직 정신이 흐트러져 있었다. 우선 아이를 심하게 꾸짖고는 또다시 때렸다. 멜키오르도 사정을 알게 되자, 아니, 알기 전부터도 마치 소라도 패듯이 덩달아 때렸다.

두 사람 다 큰 소리로 고함을 질렀다. 아이는 계속 울고 있었다. 마침내는 두 사람이 똑같이 성을 내며 서로 싸우기 시작했다. 멜키오르는 아들을 때리면서도 아들이 옳다고 하고, 돈이 있으니 무슨 일이든지 할 수 있다고 믿는 놈들의 집으로 일하러 가니까 이런 변을 당한다고 투덜거렸다. 루이자도 아들을 때리면서 남편에게 악을 썼다. 당신은 손버릇 사나운 망나니예요, 애에게 손가락 하나도 대지 마세요, 용서치 않겠어요, 이렇게 상처가 났지 뭐예요. 아닌 게 아니라 크리스토프는 코피가 좀 나오고 있었다. 그러나 그 자신은 코피 따위엔 거의 관심도 두지 않았다. 엄마가 젖은 헝겊을 콧구멍에 마구 쑤셔 넣어 주어도 조금도 고맙지 않았다. 엄마는 여전히 꾸짖고만 있었기 때문이다. 결국 크리스토프는 어두운 방 한구석으로 밀어 넣어져 갇힌 채,

저녁밥도 먹지 못했다.

부모님이 서로 고함을 지르는 소리가 들려왔다. 두 사람 중 어느 쪽이 더 미운지, 그는 알 수가 없었다. 어머니가 더 미운 것 같기도 했다. 그토록 심술궂게 나오리라고는 전혀 예상하지 못했기 때문이다. 그날 하루의 불행 전부가 한꺼번에 확 밀어닥쳐 왔다. 그가 참고 견디어 온 모든 것, 그 어린애들의 부정, 귀부인의 부정, 부모의 부정, 그리고—똑똑히는 알 수 없으나 새 상처처럼 느껴진—그토록이나 자랑스럽게 여기고 있던 부모님이, 심술궂고 경멸스러운 작자들 앞에서 그다지도 비굴했다는 사실. 그가 어렴풋이나마 처음으로 의식한 이 비겁함은 매우 천하게 여겨졌다. 그의 내부 세계에 있던 모든 것이 흔들렸다. 가족들에 대한 존경도, 그들이 불러일으키던 경건한 경외심도, 인생에 대한 신뢰도, 남을 사랑하고 또 남에게서 사랑받고 싶다는 소박한 욕구도, 맹목적이지만 절대적인 도덕적 신앙도 몽땅 무너져 버렸다. 몸을 지킬 수단도 피할 방법도 없이, 그는 흉포한 힘에 짓눌렸다. 숨이 막혔다. 죽을 것 같았다. 절망적인 반항 속에서 그는 온몸을 긴장시켰다. 주먹과 발과 머리를 벽에 들이박고, 고함치며 경련을 일으켰다. 마침내는 가구에 부딪쳐 상처를 입은 채 푹 고꾸라져 방바닥에 쓰러졌다.

부모님이 달려와서 그를 안아 올렸다. 이번엔 저마다 앞다투어 극진히 굴었다. 엄마는 그의 옷을 벗기고 침대로 데려가더니, 머리맡에 앉아서 그가 안정을 되찾을 때까지 거기 머물러 있었다. 그러나 그는 결코 마음의 무장을 풀지 않았다. 아무것도 허용치 않았다. 엄마에게 키스해 주지 않으려고 잠이 든 체했다. 엄마가 못되고 비겁한 사람으로만 여겨졌다. 살아가기 위해서, 또 그 자신을 키우려고 엄마가 얼마나 고생을 하고 있는지, 또 그의 반대편에 서게 되어 엄마가 얼마나 괴로워했는지를 그는 깨닫지 못하고 있었다.

어린이의 눈 속에 간직되어 있는 놀라울 만큼 많은 눈물을 마지막 한 방울까지 흘려버리자, 그는 얼마간 기분이 가라앉았다. 그는 몹시 피로했다. 그러나 신경이 너무나 긴장되어 있어 푹 잠들 수가 없었다. 꾸벅꾸벅 졸고 있자니, 좀 전의 여러 가지 모습이 또 떠올랐다. 특히 그 여자애의 모습이 뚜렷이 보였다. 눈이 반짝반짝 빛나고, 조그만 코는 정말이지 남을 깔보듯 위로 높이 들렸고, 머리카락은 어깨까지 늘어져 있었고, 맨다리를 드러낸 채 어린애이면서도 점잔빼는 말투를 쓰고 있었다. 그 목소리가 들리는 것 같아서 그는 몸을 부르르 떨었다. 그녀에 대한 그 자신의 태도가 얼마나 어리석 었던가를 떠올렸다. 그리고 그녀에 대해 흉포한 증오감을 느꼈다. 그 자신에 게 치욕을 준 것을 용서할 수 없었다. 이번엔 그녀에게 창피를 주고 싶었다. 그녀를 울려 주고 싶다는 강한 충동을 느꼈다.

크리스토프는 그 방법을 이모저모로 생각해 보았으나 도무지 떠오르지 않 았다. 그녀가 언젠가 그에게 관심을 두게 될 가망은 전혀 없었다. 그러나 스 스로 위로삼아 모든 일이 자기 소원대로 된다고 가정했다. 그래서 자신이 매 우 강하고 훌륭한 사람이 된 것으로 가정하는 동시에, 그녀가 자기를 연모하 는 것으로 정했다. 그리고 예의 그 황당무계한 이야기를 자신에게 들려주기 시작했다. 나중에는 그것이 현실보다 더욱 실제의 일같이 생각되었다.

그녀는 그에 대한 그리움으로 애가 타서 죽을 것만 같다. 그러나 그는 그 녀를 경멸하고 있다. 그가 그녀의 집 앞을 지나자, 그녀는 커튼 뒤에 몸을 숨기고 그가 지나가는 것을 지켜본다. 그는 그녀가 자기를 엿보고 있다는 것 을 알고 있다. 그러나 관심도 기울이지 않는 체하며 쾌활하게 이야기를 한 다. 더 나아가 그녀를 더욱 괴롭히기 위해 고국을 떠나기로 한다. 그리하여 머나먼 여로에 오른다. 그는 커다란 공훈을 세운다. 여기서 그는 할아버지의 영웅 이야기 중 몇몇 토막을 골라서 자신의 이야기 속에 엮어 넣는다. 그러 는 동안 그녀는 슬픔으로 앓아누웠다. 그녀의 어머니인 그 교만하기 짝이 없 는 귀부인이 와서 애원한다.

"불쌍한 우리 딸애가 죽어 갑니다. 제발 부탁이오니, 찾아와 주세요!"

그는 마지못하는 척하고 가 보았다. 그녀는 자리에 누워 있다. 창백한 얼 굴이 여위어 있다. 그녀는 그를 향해 두 팔을 뻗쳤다. 그녀는 말을 못했다. 그러나 그의 손을 잡고 울면서 키스했다. 그는 더없이 친절하고 부드럽게 그 녀를 응시한다. 병은 꼭 나을 거야, 이렇게 말을 건네주고 사랑을 받아들이 겠다고 승낙한다. 이야기가 여기까지 미치자 그는 기분이 으쓱해져, 대사나 태도를 몇 번이고 되풀이하며 즐거움을 길게 끌었다. 그러는 동안 꾸벅꾸벅 졸음이 왔다. 기분도 누그러져 스르르 잠에 빠져 들어갔다.

그가 다시 눈을 떴을 때는 이미 날이 밝아 있었다. 그러나 그 아침해는 전 날 아침처럼 태평스럽게 빛나고 있진 않았다. 세상의 무엇인가가 변했다. 크 리스토프는 부정(不正)이라는 것을 알게 된 것이었다.

집에서는 살림이 몹시 궁색할 때가 가끔 있었다. 그것이 점점 빈번해졌다. 그런 날의 식사는 참으로 형편없었다. 이를 가장 잘 눈치챈 사람은 크리스토프였다. 아버지는 아무것도 몰랐다. 그는 맨 먼저 요리를 집어 먹었고, 또 언제나 배불리 먹었다. 그는 시끄럽게 지껄여 대고 자신의 이야기를 재미있어하며, 큰 소리를 지르면서 웃어 댔다. 그가 요리를 먹고 있는 동안, 그를 바라보며 억지웃음을 웃고 있는 아내의 눈초리도 눈치채질 못했다.

그가 접시를 다음으로 넘겨줄 때엔, 이미 반은 비어 있었다. 루이자는 작은 애들에게 음식물을 나누어 담아 준다. 한 애에게 감자가 두 알씩이었다. 크리스토프 차례가 되면 접시 위엔 감자가 셋밖에 남아 있지 않기가 일쑤였다. 더구나 엄마는 아직 자기 몫을 덜지 않았다. 크리스토프는 미리 그것을 알고 있었다. 자기 앞까지 오기 전에 분명히 세어 놓은 것이었다. 그는 용기를 내어 시치미를 떼며 말한다.

"하나면 돼, 엄마."

어머니는 적이 걱정이 된다.

"동생들같이 두 개 먹으렴."

"괜찮아요, 진짜 하나면 돼요."

"배고프지 않니?"

"응, 별로 고프지 않아요."

그러나 어머니도 하나밖에 먹지 않는다. 두 사람은 정성들여 껍질을 벗기고 잘게 잘라서 되도록 천천히 먹는다. 어머니는 그런 아들을 뚫어지게 바라본다. 그러고는 그가 다 먹고 나면 말을 건넨다.

"자, 이것도 먹어."

"괜찮아요, 엄마."

"그럼, 어디 아픈 건 아니니?"

"그렇진 않아요. 하지만 많이 먹은걸, 뭐."

아버지는 그가 부질없이 군소리를 늘어놓는다고 곧잘 꾸짖고는, 그 나머지 감자를 자기가 먹어치우곤 했다.

그러나 크리스토프도 이제는 조심하고 있었다. 아우인 에른스트를 위해서 그것을 자기 접시에 덜어다가 남겨 두곤 했다. 이 아우는 언제나 먹는 데 욕심이 많아, 식사가 시작될 때부터 그것을 곁눈질하며 보고 있었다. 그러다가 드디어는 졸라 대는 것이었다.

"안 먹어? 그럼 나 줘, 응, 크리스토프."

아아! 그 얼마나 크리스토프는 아버지를 얄밉게 여겼던가! 아버지가 식구들 생각은 도무지 할 줄 모르고, 그들 못마저 먹고 있다는 것조차 모르는 것을, 그 얼마나 원망스럽게 생각했던가! 그는 너무도 배가 고파 아버지를 미워하며 증오의 말을 입 밖으로 쏘아 대고 싶을 정도였다. 그러나 자존심이 강한 그는, 자신이 생활비를 벌지 못하는 동안 그런 말을 할 권리가 없다고 생각했다. 아버지가 내게서 빼앗아간 빵도 본디 아버지가 번 것이다. 그 자신은 아무런 구실도 못하고 있다. 그는 식구들에게 무거운 짐인 것이다. 그에게 항의할 권리는 없다. 그러나 언젠가는 항의할 수도 있게 되리라. 그때까지 살아 있을 수 있다면. 아아! 그러나 그 전에 굶어 죽을지도 모르는 것이다! ……

이토록 억지로 주린 배를 참느라, 그는 다른 애들보다 훨씬 더 괴로워하였다. 그의 튼튼한 위는 마치 고문을 당하는 것 같았다. 때로는 몸이 떨리고 머리가 아팠다. 가슴에는 구멍이 난듯, 그 구멍이 빙글빙글 돌아 마치 송곳을 돌려 구멍을 파는 듯 크게 번져 갔다. 그래도 그는 불평을 늘어놓지 않았다. 어머니가 살펴보고 있다는 것을 느끼고 있었기 때문이다. 그래서 애써 태연한 척했다. 루이자는 이 어린 것이 제 몫을 줄여 그만큼 다른 식구들을 먹이려 한다는 것을 어렴풋하게 짐작하고는 가슴이 죄어드는 심정이었다. 그녀는 그러한 생각을 애써 쫓아냈다. 그러나 역시, 언제나 그 생각으로 다시 되돌아오곤 했다. 그녀는 그것을 뚜렷이 확인하지 못했다. 사실인지 아닌지를 크리스토프에게 물어볼 용기가 나지 않았다. 만일 그것이 사실이라면 어떻게 해야 할지를 몰랐기 때문이다. 그녀 자신도 어려서부터 굶주림에는 익숙해 있었다. 달리 어찌할 수도 없을 때에 투덜거린들 무슨 소용이 있겠는가? 그렇긴 하지만 그녀는 본디 몸이 연약하고 식욕도 그다지 왕성하지 못했으므로, 아이가 자기보다 훨씬 괴로워하고 있으리라고는 사실 꿈에도 깨닫지 못하고 있었다. 그녀는 아이에게 아무 말도 하지 않았다.

그러던 어느 날, 아이들이 길거리에 나가고 멜키오르도 일이 있어 외출 중일 때 그녀는 장남에게 집에 남아 잔일을 도와 달라고 말했다. 크리스토프는 실타래를 들고, 어머니는 그것을 실패에 감았다. 그러다가 별안간 그녀는 모든 것을 다 팽개치고는 정신없이 아들을 끌어당겼다. 그는 이미 꽤 몸무게가 나갔으나, 그녀는 그를 무릎 위에 끌어올려 꼭 껴안았다. 그는 앞뒤 생각 없이 엄마의 목을 끌어안았다. 두 사람은 절망한 사람처럼 서로 끌어안고서 울었다.

"가엾은 아가!"

"엄마, 엄마!"

그들은 아무 말도 하지 않았다. 그러나 마음은 서로 통하고 있었다.

*

크리스토프는 오래도록 아버지가 주정뱅이라는 것을 깨닫지 못하고 있었다. 멜키오르의 술버릇은 적어도 처음 한동안은 어떤 한도를 넘진 않았다. 그것은 결코 어떻게도 다룰 수 없을 지독한 행위는 아니었다. 오히려 즐거움의 발작과도 같은 형태로 나타나고 있었다. 그는 몇 시간이고 탁자를 두들기며 당치도 않은 소리를 지껄이고, 큰 소리로 노래를 부르곤 했다. 때로는 루이자나 애들에게 춤 상대가 되어 달라고 졸라 대는 일도 있었다. 크리스토프는 어머니가 슬퍼하는 모습을 똑똑히 보고 있었다. 어머니는 한쪽 구석에서 고개를 수그린 채 일을 하고 있다. 주정뱅이를 애써 외면하고 있다가, 낯이 화끈거리는 쌍스러운 말을 들으면 남편의 입을 다물게 하느라고 조용조용히 타일렀다. 그러나 크리스토프는 그 이유를 알 수가 없었다. 그는 명랑한 분위기를 몹시 바라고 있었으므로, 아버지가 돌아와 떠들썩하게 떠드는 것을 즐겁게 기다리곤 했다.

집 안은 언제나 음침했다. 그래서 아버지가 이렇게 턱없이 소란을 피우는 것이 그에게는 하나의 기분풀이가 되었다. 멜키오르의 익살스러운 몸짓이나 어리석기 그지없는 농담에 그는 마음속 깊이 웃기도 했다. 때로는 같이 노래하고 춤도 추었다. 어머니가 화난 음성으로 그만두라고 명령하는 것은 옳지 않은 일이라고 여기고 있었다. 아버지가 하는 일인데 대체 뭐가 잘못됐단 말인가? 그의 어린 관찰력은 항상 눈뜨고 있어 무엇 하나 잊어버리는 일이 없었으므로, 정의에 대한 그의 어린애답고 고지식한 본능에 어긋나는 숱한 것을 아버지의 행위 속에서 발견하고는 있었으나, 그러면서도 그는 역시 아버지를 찬미하고 있었다. 그것은 어린아이 속에 있는 강렬한 욕구이다. 그렇다! 아마도 이것은 영원한 자기애(自己愛)의 한 유형일 것이다. 사람들은 자신의 욕망을 실현하거나 자존심을 만족시키거나 하기엔 자신이 너무 약하다고 인정했을 때, 그가 어린아이라면 그러한 욕망이나 자존심을 부모에게 옮기고, 그가 인생에 패배한 어른이라면 그러한 것을 자식들에게 옮긴다. 이런 식으로 희망이 걸린 사람은, 희망을 건 사람이 스스로 그렇게 되기를 꿈꾸는 바로 그대로의 것이거나 또는 그렇게 될 것이다. 즉 선수(選手)이며 복수를 해 주는 사람이며, 또는 장차 그렇게 될 것이다. 자기 자신을 위한 이런 오만한 은퇴 속에는, 사랑과 이기심이 마음을 도취시키는 힘과 우아함으로써 혼합되어 있다. 그래서 크리스토프는 아버지에 대한 온갖 불만을 잊어버리고, 아버지를 찬미할 만한 근거를 찾아보려고 애쓰고 있었다.

그는 아버지의 체격이나 튼튼한 팔, 목소리, 웃음, 쾌활함 등등을 찬미했다. 아버지의 훌륭한 예능을 찬양하는 말을 들었을 때나, 아버지 자신이 자기가 받은 찬사를 과장하며 떠벌릴 때면, 그는 자랑스러움으로 얼굴이 빛났다. 그는 아버지의 허풍스러운 자기 자랑 이야기를 진짜로 믿고 있었다. 아버지를 천재처럼, 할아버지가 말씀하시던 영웅 가운데 하나처럼 간주했던 것이다.

그런데 어느 저녁나절 7시쯤, 크리스토프는 혼자 집에 있었다. 동생들은 장 미셸과 함께 산책을 나갔다. 루이자도 강에서 빨래를 하고 있었다. 문이 열리더니 멜키오르가 들어왔다. 모자도 쓰지 않고 단정치 못한 차림새였다. 그는 팔짝팔짝 뛰어오르는 듯한 걸음걸이로 들어오더니 탁자 앞 의자에 털썩 앉았다. 언제나처럼 또 웃겨 주는 희극이겠지 하고 크리스토프는 웃음을 띠었다. 그러고는 옆으로 다가갔다. 그러나 가까이 다가서자 더 웃을 수가 없었다. 멜키오르는 앉은 채 팔을 축 늘어뜨리고, 끔뻑끔뻑하는 초점 없는 눈초리로 방향도 없이 허공을 뚫어지게 바라보고 있었다. 얼굴빛이 검붉었다. 헤벌린 입에서는 때때로 암탉 울음소리 같은 얼빠진 목소리가 새어 나왔다. 크리스토프는 흠칫 놀랐다. 처음엔 아버지가 익살을 떠는 줄 알았다. 그러나 아버지가 꼼짝도 하지 않는 것을 보자 겁이 덜컥 났다.

"아빠! 아빠!" 그는 크게 불렀다.

멜키오르는 여전히 암탉 같은 목소리를 내고 있다. 크리스토프는 아버지의 팔을 잡고 온 힘을 다해 흔들어 댔다.

"아빠! 아빠! 대답해요! 네, 네!"

멜키오르의 몸은 말랑말랑한 물체처럼 흐늘흐늘하여 곧 쓰러질 것 같았다. 그의 머리가 크리스토프의 머리 쪽으로 기울었다.

그때 아버지는 그를 향해 뭐라고 뜻모를 화난 듯한 말을 목구멍 속에서 중얼거렸다. 시선이 아버지의 탁한 눈과 마주쳤을 때, 크리스토프는 미쳐 버릴 것만 같은 공포에 휩싸였다. 그는 방구석으로 달아나서 침대 앞에 무릎을 꿇고는 이불 속에 얼굴을 파묻었다. 두 사람은 오래도록 그렇게 하고 있었다. 멜키오르는 비웃음을 띤 채 의자 위에서 무겁게 몸을 흔들었다. 크리스토프는 그 말소리를 듣지 않으려고 두 귀를 틀어막고는 부들부들 떨었다. 이때 그의 가슴속에 떠오른 감정은 뭐라 형용하기 어려운 것이었다. 그것은 누가 죽었을 때와 같은, 누군가 존경하던 소중한 사람이 죽었을 때와 같은 무서운 혼란과 공포와 고뇌였다.

아무도 돌아와 주지 않았다. 언제까지나 두 사람뿐이었다. 밤이 되었다. 크리스토프의 공포는 시시각각으로 커져만 갔다. 그는 귀를 기울이지 않을 수 없었다. 그러나 이미 아버지 목소리라고는 생각되지 않는 그 목소리를 듣고 있자니 온몸의 피가 얼어붙는 느낌이 들었다. 절룩거리는 듯한 괘종시계 소리가 미쳐 버린 듯한 아버지의 중얼거림에 박자를 맞추고 있었다. 더 견딜 수가 없었다. 달아나고 싶었다. 그러나 방에서 나가려면 아버지 앞을 지나가야 했다. 그 눈초리를 또 한 번 봐야 한다고 생각하자, 온몸에 오싹 소름이 끼쳤다. 다시 보았다간 죽을 것만 같았다. 그는 손과 무릎을 짚고 방문까지 기어서 가려 했다. 숨을 죽이고 한눈도 팔지 않고 가다가 멜키오르가 조금만 몸을 움직여도 멈칫하곤 했다. 주정뱅이의 두 발이 테이블 밑에 보였다. 한 발은 떨리고 있었다. 크리스토프는 간신히 방문까지 이르렀다. 한 손으로 서투르게 손잡이를 잡았다. 그러나 허둥거렸기 때문에 그것을 놓쳤다. 손잡이가 찰깍 소리를 내며 다시 닫혔다. 멜키오르는 그쪽을 돌아보려고 했다. 그때 그가 앉아서 몸을 흔들고 있던 의자는 균형을 잃었다. 그는 커다랗게 쿵 소리를 내며 뒹굴었다. 크리스토프는 겁에 질려 달아날 힘도 없이 벽에 붙어 선 채, 발 밑에 쓰러져 있는 아버지를 눈이 휘둥그레져서 바라보았다. 그러고는 큰 소리로 도움을 청했다.

뒹구는 바람에 멜키오르는 조금 취기가 가신 듯했다. 그는 자기를 이렇게 혼내 준 의자를 향해 욕설을 퍼부으며 주먹질을 했다. 그러고 나서 일어서려고 몇 번이나 헛수고를 거듭한 끝에, 탁자에 등을 기대고 가까스로 상체만 일으킬 수 있었다. 그러자 비로소 주위 상황이 그의 눈에 들어왔다. 울고 있는 크리스토프가 보였다. 그는 크리스토프의 이름을 불렀다. 크리스토프는 달아나고 싶었다. 그러나 움직일 수 없었다. 멜키오르는 다시 불렀다. 그래도 아이가 오지 않자 화가 나서 악을 썼다. 크리스토프는 손발을 바들바들 떨며 다가갔다. 멜키오르는 애를 와락 끌어당겨 무릎 위에 앉혔다. 그리고 애의 귀를 잡아당기더니 혀가 잘 돌지 않는 빠른 말투로, 아이들은 아버지를 존경해야 한다느니 하며 설교를 시작했다. 그러다가 갑자기 마음이 변하여 애를 안아 들고는, 뜻모를 말을 지껄여 대고 몸을 뒤틀며 웃었다.

그러다가 그는 또 갑자기 침울해졌다. 자식들과 자신을 불쌍히 여긴 것이다. 애를 숨 막힐 정도로 꽉 껴안더니 키스와 눈물 세례를 마구 퍼부었다. 나중에는 애를 흔들며 〈심연(深淵)에서〉 (죄를 참회 하는 성가)를 부르는 것이었다. 크리스토프는 그의 품을 벗어나려는 몸짓 한 번 하지 않았다. 너무나도 무서워 몸이 얼어붙은 것 같았다. 아버지의 가슴에 숨이 막히도록 안겨서 역겨운 술냄새와 주정꾼의 트림을 얼굴에 느끼며, 메슥메슥한 키스와 눈물로 얼굴이 적셔져 혐오감과 공포감으로 죽을 것 같은 심정이었다. 그는 소리치고 싶었다. 그러나 어떠한 외침도 입에서 나오지 않았다. 그는 이런 무서운 상태로 꼼짝도 않고 있었다. 그동안 마치 백 년은 지난 것같이 느껴졌다.

드디어 문이 열리고, 루이자가 빨랫감을 넣은 바구니를 들고 들어섰다. 그녀는 외마디 소리를 지르며 엉겁결에 바구니를 떨어뜨리고 크리스토프를 향해 달려왔다. 그리고 상상도 할 수 없이 거칠게 멜키오르의 품에서 애를 낚아챘다. 그러고는 외쳤다.

"에그! 꼴사나운 주정뱅이 같으니라구!"

그녀의 눈은 노여움으로 이글거렸다.

크리스토프는 아버지가 엄마를 죽이지나 않을까 싶었다. 그러나 멜키오르는 갑자기 아내가 나타나서 위협하는 데 놀란 나머지, 한마디 대꾸도 없이 훌쩍훌쩍 울기 시작했다. 그러더니 방바닥 위로 뒹굴고 가구에 머리를 부딪치며 중얼거렸다. 아내의 말은 지당하다, 나는 주정꾼이다, 가족들을 불행하게 했고, 가엾은 애들을 망쳐 놓았다, 차라리 죽어 버리고 싶다고.

루이자는 그런 그를 경멸하며 그에게 등을 돌렸다. 그녀는 크리스토프를 옆방으로 데리고 가서 부드럽게 보살펴 주며 진정시키려 했다. 애는 아직도 떨고 있었다. 엄마가 뭐라고 물어도 대답조차 하지 않았다. 그러다가 갑자기 흐느껴 울기 시작했다. 루이자는 물로 얼굴을 씻기고는 그를 품에 안고 부드러운 말로 어르며 같이 울었다. 그런 뒤 두 사람은 가까스로 마음을 가라앉혔다. 그녀는 무릎을 꿇고 앉아서 아이도 자기 옆에 무릎을 꿇게 했다. 그러고는 기도하는 것이었다. 하느님, 아버지의 나쁜 버릇을 고쳐 주소서, 멜키오르가 옛날처럼 좋은 사람이 되도록 하여 주소서. 루이자는 애를 잠자리에 뉘었다. 그는 엄마에게 침대 옆에서 손을 잡고 있어 달라고 했다. 루이자는 그날 밤 열이 오른 크리스토프의 머리맡에 몇 시간을 앉아서 지냈다. 곤드레 만드레 취한 아버지는 방바닥에 누운 채 잠들어서 드르렁 코를 골고 있었다.

그로부터 얼마 뒤의 일이었다. 크리스토프는 학교에서 수업 중에도 한눈을 팔고 천장의 파리를 말똥말똥 쳐다보거나, 옆자리의 학생에게 주먹질을 하여 그를 의자에서 떨어뜨리거나 하며 시간을 보냈다. 그리고 잠시도 가만 있지 않고 몸을 움직이고 웃음소리를 내며 무엇 하나 제대로 외우려 하는 일이 없어, 교사는 그를 못마땅하게 여기고 있었다. 그런 어느 날, 크리스토프 자신이 의자에서 떨어지자 교사는 심하게 빈정거리며, 어쩐지 저 애는 어느 유명한 사람의 뒤를 훌륭히 계승하려나 보다고 비웃었다. 학생들은 한꺼번에 까르르 웃어 댔다. 그리고 이 빈정거림의 의미를 더욱 또렷이 밝히는 역할을 넘겨받은 두서너 놈들은, 더욱 노골적이고도 대담한 주석을 붙이려 들었다.

수치감으로 얼굴이 새빨개진 크리스토프는 벌떡 일어나자마자 잉크병을 집어들고, 웃는 얼굴이 맨 먼저 눈에 띈 학생의 머리를 향해 힘껏 던졌다. 교사는 그에게 덤벼들어 주먹질을 해 댔다. 그러고도 크리스토프는 채찍질을 당하고 무릎을 꿇는 무거운 벌을 받았다.

그날 저녁 크리스토프는 무뚝뚝하고 창백한 얼굴로 집에 돌아왔다. 그리고 다신 학교에 가지 않을 거라고 차갑게 한마디 했다. 아무도 그 말에 신경을 쓰지 않았다. 다음 날 아침, 학교에 갈 시간이라고 엄마가 일러 주자, 그는 침착하게 이젠 학교에 안 간다고 했잖느냐고 대답했다. 루이자가 아무리 사정을 하고 고함치며 위협해도 헛일이었다. 어떻게 손을 쓸 수가 없었다. 크리스토프는 몹시도 고집스러운 표정으로 방 한구석에 앉아 있었다. 멜키오르는 그를 때렸다. 소년은 비명을 질렀다. 그러나 때릴 때마다 아무리 가라고 다그쳐도, 그는 악을 쓰며 "안 가!" 대답할 뿐이었다. 그럼 그 까닭이나 말하라고 해도, 그는 이를 악물고 한마디도 하지 않았다. 멜키오르는 그를 학교로 끌고 가서 교사에게 넘겨주었다. 자리에 앉자, 그는 손에 닿는 대로 아무것이나 닥치는 대로 부수기 시작했다. 잉크병을 깨뜨리고, 펜을 꺾어 버리고, 공책과 책을 갈기갈기 찢어 놓았다. 마치 도전하는 듯한 태도로 교사를 노려보며 이 모든 일을 공공연히 해치운 것이다. 마침내 그는 캄캄한 방 안에 갇혔다. 한참 뒤 교사가 가 보니, 그는 손수건을 목에 감고 양끝을 힘껏 당기고 있었다. 스스로 목을 조르고 있었던 것이다.

집으로 돌려보내는 수밖에 달리 도리가 없었다.

*

크리스토프는 질병에 대해서는 강했다. 아버지와 할아버지에게서 튼튼한 체질을 물려받았다. 집안에 허약한 사람은 없었다. 병에 걸리거나 말거나 결코 불평을 입 밖에 내는 법은 없었다. 어떠한 일이 있어도 크라프트 부자의 습관은 조금도 변함이 없었다. 여름이건 겨울이건 그들은 밖으로 나가서 몇 시간씩 비를 맞거나 햇볕을 쬐거나 하며 지냈다. 부주의한 탓인지 아니면 허세를 부리는 것인지, 때로는 모자도 쓰지 않고 가슴도 드러내 놓고 나가서 몇 마일이나 걷기를 계속하며 조금도 지칠 줄을 몰랐다. 그럴 때 루이자는 굳이 입 밖에 내지는 않으나 가엾게도 얼굴빛이 창백해지고 발이 붓고 심장이 찢어질 것같이 울렁거려서 걸음을 멈추어야 했다. 그러면 그들은 그 모습을 조금은 경멸에 찬 연민의 눈초리로 바라보는 것이었다. 크리스토프도 그들처럼 조금쯤은 어머니를 경멸하고 있었다. 그도 또한 사람이 앓는다는 것을 도무지 이해할 수 없었다. 넘어지고 부딪혀도, 상처를 입거나 불에 데어도 그는 울지 않았다. 오직 자기에게 맞서는 자에게 화를 냈다. 아버지의 난동이나, 그와 언제나 주먹다짐을 하는 거칠고 사나운 거리의 악동들이 그를 억세게 단련시켰다. 그는 맞는 걸 무서워하지 않았다. 코피를 흘리거나 이마에 혹을 붙이고 돌아오는 일도 자주 있었다. 어떤 때는 그런 심한 싸움판 속에서 까무러쳐 가는 그를 남들이 끌어내야 했다. 그는 싸움 상대에게 깔려 끔찍하게도 머리가 포석(鋪石)에 짓찧어져 있었다. 그것을 그는 당연한 일로 여겼다. 자기가 당하는 그대로 남에게도 해 줄 셈이었기 때문이다.

그러면서도 그는 참으로 많은 것을 두려워하고 있었다. 아무도 그것을 눈치채진 못했으나—그는 지극히 오만했기 때문에—소년 시절의 어느 시기에는 그러한 것들에 대한 끊임없는 공포 이상으로 그를 괴롭힌 것은 없었다. 특히 2~3년 동안은, 그것이 마치 질병처럼 그의 마음속에서 무서운 힘을 떨치고 있었다.

그는 두려워하고 있었다. 그림자 속에 모습을 숨기고 있는 신비를, 생명을 노리고 있는 것만 같은 사악한 힘을, 괴물들의 꿈틀거림을. 어린이의 두뇌는 무서워 떨면서 그러한 괴물들의 모습을 자기 머릿속에서 그려 내고, 눈에 보이는 온갖 것과 혼동한다. 아마도 그러한 것들은, 이미 아득한 옛 시대에 멸종된 야수나, 허무에 가까운 태초의 환각이나, 어머니 태내에서의 무서운 잠이나, 물질의 깊은 밑바닥에 도사린 마귀의 각성 등등이 남긴 마지막 잔영(殘影)이리라.

그는 다락방 방문을 무서워했다. 그것은 계단 바로 위에 있고, 거의 언제나 반쯤은 열려 있었다. 그 앞을 지나야 할 때는 가슴이 두근거리는 것이 똑똑히 느껴졌다. 그는 온 힘을 다해서 아무것도 보지 않으려 애쓰면서 후닥닥 바람처럼 그 앞을 지나곤 했다. 문 뒤에 누군가 또는 무엇인가가 있는 것만 같았다. 문이 닫혀 있을 때에는, 그 뒤에서 무엇인가가 움직이고 있는 것이 반쯤 열린 통풍구를 통해서 똑똑히 들려왔다. 그것은 별로 이상스러울 것도 없는 일이었다. 그곳에는 큼직한 쥐가 있었기 때문이다. 그러나 그는 온갖 것들을 상상하고 있었다. 무시무시한 괴물, 산산이 흩어진 뼈, 넝마처럼 엉망이 된 살덩이, 말대가리, 노려보기만 해도 사람을 죽일 것 같은 눈알, 정체를 알 수 없는 괴상한 물체의 형상들. 그따위 것을 아무리 생각지 않으려 해도, 도무지 그럴 수가 없었다. 벌벌 떨리는 손으로 문고리가 잘 잠겨 있나를 확인해야 했다. 그러고서도 계단을 내려올 때마다 그는 몇 번이고 뒤를 돌아보아야 했다.

그는 바깥의 어둠이 무서웠다. 할아버지 집에 오래 머무르든가, 또는 무슨 일로 밤늦게 할아버지 집으로 심부름을 가는 일이 있었다. 크라프트 노인은 시내를 조금 벗어난 변두리, 쾰른 가도의 마지막 집에 살고 있었다. 시내 가장자리 첫째 집의 환히 불 밝힌 창과 할아버지 집 사이는 200～300걸음밖에 안 되는 거리였으나, 크리스토프가 느끼기엔 그 세 곱은 되는 것 같았다. 길이 구부러져서 한동안 아무것도 보이지 않는 곳도 있었다.

해질 무렵의 시골은 언제나 쓸쓸하다. 대지는 시꺼메지고, 하늘은 무시무시하게 푸르스름한 빛깔이 되어 있다. 길 양쪽에 우거진 관목 숲을 빠져서 언덕 위로 나가면, 지평선 저 멀리에 아직 노릇한 빛이 보인다. 그러나 그 희미한 빛은 아무것도 비추어 주진 않았다. 오히려 그 빛은 밤의 어둠보다도 더욱 사람 마음을 죄고, 주위의 어둠을 더욱 음침하게 만들었다. 그것은 죽어 가는 빛이었다. 구름은 거의 땅바닥에 닿을 만큼 낮게 드리워 있었다. 관목 숲은 엄청나게 커져서 소란스러운 소리를 내고 있었다. 해골 같은 나무들은 괴이한 노인의 모습으로 보였다. 길가의 푯돌은 회백색 헝겊처럼 빛나고 있었다. 그림자가 움직인다. 도랑 속에는 난쟁이 땅꼬마가 꼼짝 않고 앉아 있고, 풀 속에는 빛이 있다. 공중에서는 무서운 날갯짓 소리가 들리고, 벌레의 날카로운 울음소리가 어디에선지도 모르게 들려온다. 어쩐지 불길한 자연의 괴이한 것이 당장에라도 나타날 것만 같아서, 크리스토프는 겁을 집어먹고 끊임없이 오들오들 떨었다. 그는 뛰었다. 심장이 몹시 두근거렸다.

할아버지 방에 켜져 있는 불빛이 보이자, 그는 안도의 숨을 내쉬었다. 그러나 딱하게도 크라프트 노인이 아직 돌아오지 않은 경우가 가끔 있었다. 그런 때는 더욱 무서웠다. 들판에 외로이 한 채 서 있는 이 낡은 집은, 대낮에도 애들이 무서워할 만큼 오솔했다. 할아버지가 거기 계시면, 그는 그런 무서움을 잊었다. 그러나 때로 할아버지는 그를 홀로 남겨 둔 채 아무 말 없이 홀쩍 나가 버렸다. 크리스토프는 그런 줄도 모르고 있었다. 방 안은 평온했다. 이것저것 모두가 하나같이 눈에 익은 친숙한 것이었다. 아무 칠도 하지 않은 나무로 만든 큼지막한 침대가 있었다. 침대 머리맡의 선반 위에는 커다란 성경이 있고, 난로 위에는 조화(造花)가 있었다. 조화와 함께 두 아내와 열한 명의 자식들 사진이—노인은 사진 하나하나마다 그 아래에 생년월일과 죽은 날짜를 적어 놓았다—놓여 있었다. 벽에는 액자에 넣은 성경 문구, 그리고 모차르트와 베토벤의 조잡한 채색 석판화가 걸려 있었다. 방 한구석에는 조그만 피아노가 있고, 다른 한쪽에는 첼로가 있었다. 책이 너저분하게 꽂혀 있는 책꽂이, 못에 걸려 있는 파이프 몇 개, 그리고 창 위에는 제라늄을 심은 화분이 있었다. 그곳에 있으면 마치 친구들에게 둘러싸여 있는 듯한 느낌이었다. 옆방에서는 노인이 방 안을 왔다 갔다 하고 있었다. 대패질을 하거나 못질을 하는 소리가 들렸다. 노인은 혼잣말을 중얼거렸다. 자기 자신을 바보 멍청이라고 욕하기도 하고, 또는 성가의 한 구절이나 감상적인 가곡이나 군대 행진곡이나 술집 유행가 등을 뒤죽박죽 섞어서 굵은 음성으로 노래하고 있었다. 편안한 피난처에라도 와 있는 기분이었다. 크리스토프는 창가의 커다란 팔걸이의자에 앉아서 책을 무릎 위에 펼쳐 놓았다. 삽화 위로 몸을 굽혀 들여다보며 황홀해했다. 해는 지고 있었다. 눈앞이 가물가물해져 왔다. 이윽고 그는 그림을 보고 있지 않았다. 그는 멍하니 몽상에 잠겨 있었다. 짐수레 소리가 멀리 한길 쪽에서 울려왔다. 암소가 들에서 음매 하고 울었다. 거리의 종은 마치 피곤해서 졸린 듯이 저녁 기도 시간을 알리고 있었다. 어렴풋한 소원, 막연한 예감이 몽상에 젖어 있는 소년의 가슴에 움텄다.

홀연히 크리스토프는 막연한 불안감에 사로잡혀서 번쩍 정신을 차렸다. 눈을 들어 보니 이미 밤이 되어 있었다. 가만히 귀를 기울였지만 아무 소리도 들리지 않았다. 할아버지는 밖에 나가 버리신 것이다. 그는 몸을 부르르 떨었다. 창으로 상체를 내밀어 할아버지의 모습을 보려고 했다. 한길에는 사람 그림자 하나 눈에 띄지 않았다. 주위의 온갖 사물과 현상이 마치 협박하는 것 같은 얼굴이 되어 갔다. 아아! 만약에 그놈이 온다면 어쩐다? …… 그놈이라니 누구? …… 크리스토프는 그게 누군지 몰랐다. 그러나 아무튼 무서운 놈이었다…… 모든 문들은 잘 닫혀 있지 않았다. 나무 계단이 발로 밟힌 듯이 삐걱거렸다. 아이는 흠칫 소스라쳤다. 팔걸이의자와 의자 두 개와 탁자를 방의 맨 구석으로 끌고 가서, 그것으로 방벽을 만들었다. 팔걸이의자를 벽에 갖다 대고, 좌우에 의자를 하나씩 놓은 다음 테이블을 앞에 놓았다. 복판에는 이중 사닥다리를 놓았다. 그리고 그 꼭대기에 자리를 잡고, 포위되었을 경우에 던져 맞춰서 쫓아낼 요량으로, 지금까지 보고 있던 책과 그 밖에 몇 권의 책을 갖다 놓고서야 안도의 숨을 내쉬었다. 어린애다운 상상으로, 적은 어떠한 일이 있더라도 이 방벽을 넘을 수는 없다고 그는 멋대로 결론지었다. 그것은 허용될 수 없는 일이니까.

그러나 적은 때로는 책 속에서 나타나는 수도 있었다. ─할아버지가 대충 대충 사서 모은 낡은 책 중에는 소년에게 깊은 인상을 주는 삽화가 들어 있는 책도 있었다. 그 삽화는 소년의 마음을 끌기도 하고 또 무섭게 하기도 했다. 그것은 성(聖) 앙투안의 유혹을 다룬, 기괴한 환상을 그린 것이었다. 새의 해골이 물그릇에 똥을 누고, 개구리의 째진 배 속에서 무수히 많은 알이 구더기처럼 꿈틀거린다. 머리에 발이 달린 놈이 걸어다니고, 궁둥이가 나팔을 불고, 또 살림살이 도구와 짐승 사체가 널따란 담요에 둘둘 말려서 나이든 귀부인처럼 까닥까닥 고갯짓을 하면서 엄숙한 체하며 걸음을 옮기기도 하는 그러한 그림이었다. 크리스토프는 등줄기가 오싹할 만큼 역겨웠다. 그러나 그 혐오감에 끌려서 언제나 다시 보고 싶어지는 것이었다. 오랫동안 그는 삽화를 뚫어지게 들여다보았다. 때로는 커튼 주름 속에서 움직이는 것을 보려고 슬며시 주위를 둘러보았다. —해부학 책 속에 있는 박피(剝皮) 표본은 그에게는 더한층 역겨운 것이었다. 그 그림이 나오는 부분에 가까워지면, 그는 몸을 으스스 떨면서 페이지를 넘겼다. 잡색을 칠한 그 꼴사나운 것이 이상할 만큼 그에게 강력한 작용을 했다. 어린이의 두뇌가 가진 특유한 창조력은, 그 구성 요소의 빈약한 면을 보충했다. 그런 조잡한 그림과 현실 사이에 있는 차이는 그에겐 전혀 보이지 않았다. 그리고 밤이 되면 그런 그림은 낮에 본 살아 있는 모습보다도 더욱 강하게 그의 몽상에 영향을 미쳤다.

그는 잠자기가 무서웠다. 이미 몇 년째 악몽이 그의 잠을 방해했다. —지하실 속을 헤맨다. 환기창으로 들어오는 찡그린 낯의 박피 표본이 눈에 띈다. —그는 방 안에 홀로 있었다. 그러자 복도를 걸어오는 희미한 발소리가 귀에 들려온다. 문으로 달려가 그것을 닫으려 한다. 손잡이를 잡을 여유는 있었다. 그러나 이미 손잡이는 밖으로부터 잡아당겨지고 있었다. 자물쇠를 잠글 수가 없었다. 힘이 부쳐 도움을 청한다. 문 바깥에서 누가 들어오려 하는지를 그는 똑똑히 알고 있었다. —그는 식구들 틈에 있었다. 별안간 그들의 얼굴이 변한다. 그들은 괴상한 짓을 하기 시작한다. —그는 조용히 책을 읽고 있었다. 문득, 눈에 보이지 않는 누군가가 주위에 있는 듯한 느낌이 든다. 그는 달아나려 한다. 그러나 묶여 있음을 깨닫는다. 그는 소리치려 했다. 그러나 재갈이 물려 있다. 오싹 전율을 느끼게 하는 무엇인가가 달라붙어 목을 조른다. 숨이 막힐 것 같아, 이를 덜덜 떨면서 눈을 떴다. 눈을 뜬 뒤에도 오래도록 오한이 그치지 않았다. 그는 이런 괴로움을 어떻게도 떨쳐 버릴 수가 없었다.

그의 침실은 창도 없고 문도 없는 조그만 방이었다. 출입구 위쪽 쇠막대기에 걸려 있는 낡은 커튼만이 부모의 방과 이 방을 나누는 칸막이를 이루고 있었다. 탁해진 공기는 텁텁했다. 같은 침대에서 자는 동생들에게 자꾸 걷어차였다. 머리가 열로 화끈거렸다. 반쯤 환각에 사로잡혀서, 낮 동안의 자질구레한 온갖 근심거리가 끝없이 커져 되살아났다. 거의 악몽에 가까운 상태, 이처럼 극도로 신경이 긴장된 상태에서는 하찮은 자극도 고통이 되었다. 마루가 삐걱거리기만 해도 그는 흠칫했다. 아버지의 잠든 숨소리도 비정상적으로 높아져 가고 있었다. 사람 숨소리가 아닌 것 같았다. 기괴하게 울리는 그 소리는 크리스토프에게 공포를 느끼게 했다. 마치 짐승이 거기 누워 잠자는 듯했다. 밤의 어둠은 그를 무겁게 짓눌렀다. 이 밤은 언제까지고 끝날 것 같지 않았다. 끝없이 이렇게 이어질 것 같았다. 몇 달 전부터 이렇게 밤의 어둠 속에 있는 듯한 느낌이 들었다. 그는 숨을 헐떡였다. 침대 위에 상체를 일으키고 앉아서 셔츠 소매로 땀투성이 얼굴을 닦았다. 때로는 동생 로돌프를 쿡쿡 찔러서 깨우려 했다. 그러나 아우는 뭐라고 중얼중얼하면서 이불을 모조리 끌어당겨 덮고는 다시 깊이 잠들어 버렸다.

창백한 한 줄기 햇살이 커튼 자락 밑으로 들어와 마룻바닥에 비쳐 들 때까지, 그는 이렇게 열에 들뜬 괴로움 속에 있었다. 멀리 아스라하게 비쳐 오는 여명의 희뿌연 밝음은, 홀연히 그의 마음에 안식을 가져다주었다. 어느 누구도 아직 밝음과 어둠을 분간할 수 없을 때, 그는 그 빛이 방 안에 스며 들어온 것을 느꼈다. 그러자 순식간에, 마치 넘치던 강물이 도로 강바닥으로 밀려가듯이 그의 열은 식고 피는 잔잔해졌다. 변화가 없는 열이 온몸을 돌고, 잠 못 이루며 뜨겁게 타던 눈은 스르르 감겼다.

밤이 되자 또다시 잠자는 시간이 왔구나, 하며 그는 으스스 떨었다. 악몽의 무서움에 못 이겨, 그는 결코 잠들지 않고 밤새도록 깨어 있으리라고 결심했다. 그러나 결국 피로가 그를 이겼다. 그리하여 전혀 뜻하지 않았을 때에, 언제나 그 괴물이 나타나곤 하는 것이었다.

무서운 밤! 많은 어린이들에게는 그토록 즐거운 밤이, 어떤 어린이에게는 이토록 무서운 것이다! …… 크리스토프는 잠자는 것이 무서웠다. 또 자지 않고 있기도 무서웠다. 잠들건 깨어 있건, 그는 괴상망측한 모습과 그의 정신이 빚어내는 허깨비나 요괴에 둘러싸여 있었다. 이들 요괴는, 앓아누웠을 때의 어쩐지 무서운 어슴푸레한 어둠 속에 감돌듯이, 어린 시절 아직 날 밝기 전의 새벽 어둠 속에도 감돌고 있는 것이다.

그러나 이런 상상적인 무서움도 이윽고 크나큰 공포 앞에서는 스러져 버려야만 했다. 모든 사람을 좀먹고, 인간의 지혜로써 아무리 잊으려 하고 아무리 부정하려 해도 그럴 수 없는 공포, 다시 말해 죽음 앞에서는.

*

어느 날 그는 장롱 속을 뒤적거리다가 처음 보는 물건을 발견했다. 어린이 옷과 테가 없는 줄무늬 모자였다. 그는 으쓱거리며 그것을 어머니에게 가지고 갔다. 어머니는 웃어 주지도 않고 도리어 화난 표정으로, 그것을 제자리에 갖다 놓으라고 명령했다. 그가 까닭을 물으며 어물거리고 있으려니까, 어머니는 아무 대답도 하지 않고 그것을 빼앗아 그의 손이 닿지 못하는 선반 위로 밀어 넣었다. 그는 몹시도 신경이 쓰여서 끈질기게 질문을 되풀이했다. 끝내는 어머니도 사실을 털어놓았다. 그것은 그가 태어나기 전에 죽은 조그만 형의 것이었다. 크리스토프는 깜짝 놀랐다. 지금까지 그런 말은 들은 일이 없었다. 그는 잠깐 입을 다물고 있었으나, 좀더 상세히 알아보려 했다. 어머니는 무슨 딴 일에 정신이 팔려 있는 모양이었다. 그래도 그 애가 그와 같은 크리스토프라는 이름이었다는 것, 하지만 그 자신보다도 훨씬 얌전했다는 것을 가르쳐 주었다. 크리스토프는 질문을 더 했으나 어머니는 대답하기 싫어했다. 그 애는 하늘나라에 가 있으며, 우리 모두를 위해서 기도해 준다고만 말했다. 크리스토프는 더는 아무것도 끄집어낼 수 없었다.

어머니는 일하는 데 방해가 되니까 잠자코 있으라고 그에게 명령했다. 실지로 그녀는 바느질에 열중하고 있는 것 같았다. 일이 염려된다는 듯이 눈조차 마주치려고 하지 않았다. 그러나 잠시 뒤에 그가 한구석으로 물러가서 뾰로통한 얼굴이 되어 있는 것을 보고는, 어머니는 빙그레 웃으며 밖에 나가 놀다 오라고 자애롭게 말했다.

이 단편적인 대화는 크리스토프의 마음을 뿌리부터 흔들어 놓았다. 그렇다면 한 아이가 있었던 것이구나. 나와 똑같이 내 어머니의 아들이며, 나와 똑같은 이름을 가졌고 나와 거의 똑같은 생김새였고, 그러고도 이미 죽어 버린 아이가! …… 죽음, 그것이 어떤 것인지 뚜렷이는 알 수 없었다. 그러나 어쩐지 무서운 것임엔 틀림이 없을 것 같았다. 그리고 누구도 또 하나의 크리스토프에 대해서는 결코 말하지 않았다. 그는 깨끗이 잊혀 버렸다. 그럼, 내가 다음에 죽으면 역시 그와 같이 되는 것일까? 이런 생각은 밤에 식구들과 같이 식탁에 둘러앉아서 모두가 웃으며 부질없는 이야기를 지껄이는 광경을 볼 때도 변함없이 그를 괴롭혔다. 그렇다면 내가 죽은 뒤에도 가족들은 모두 저렇게 즐거워할 수 있는 것일까! 오오! 어머니가 자신의 조그만 아이가 죽은 뒤에도 웃을 수 있을 만큼 이기주의자이리라고는 생각해 본 일도 없었다. 그는 가족들이 미워졌다. 자기 자신을 위해서, 자기 자신의 죽음을 위해서 지금부터 울고만 싶었다. 그러면서도 여러 이야기를 묻고 싶었다. 그러나 그것을 입에 올릴 용기가 없었다. 잠자코 있으라고 하시던 어머니의 말투가 생각났다. 그러나 끝내는 참을 수가 없었다. 잠자리에 들었을 때 키스하러 온 어머니에게 물어보았다.

"엄마, 이 내 침대에서 잤어요?"

어머니는 몸을 부르르 떨었다. 그리고 애써 무심한 체하며 되물었다.

"누구 말이니?"

"그 애…… 죽은……" 크리스토프는 소리를 낮추어 말했다.

어머니의 두 손이 느닷없이 그를 끌어안았다.

"말하지 마, 하지 말라니까."

어머니는 말했다. 그 음성은 떨렸다. 어머니 가슴에 머리를 기대고 있던 크리스토프에겐 어머니 심장의 고동 소리가 들려 왔다.

짧은 침묵이 흐른 뒤, 그녀는 말문을 열었다.

"우리 착한 애야, 그 말은 두 번 다시 입 밖에 내지 말렴…… 자, 잘 자거라…… 아니야, 이건 그 애의 침대가 아니란다."

어머니는 그에게 키스했다. 그는 어머니의 뺨이 젖어 있다고 생각했다. 정녕 그렇다고 믿고 싶었다. 그러자 마음이 좀 편히 가라앉았다. 역시 어머니는 슬퍼하고 있었던 거야! 그러나 뒤이어 옆방에서 어머니가 여느 때나 마찬가지로 침착하게 이야기하는 소리가 들려오자, 그는 다시 의심이 났다. 지금과 아까의 행동, 과연 어느 쪽이 진실인가? 그 답을 찾을 수 없어서 그는 오래도록 침대에서 몸을 뒤치락거렸다. 그는 어머니가 슬퍼해 주길 바랐다.

물론 어머니가 슬퍼하고 있다고 생각하는 것은 자신에게도 슬픈 일인지도 모른다. 그러나 그러는 편이 마음에 차는 것이다! 그러면 나는 외톨이라는 고독감이 적을 것이 아닌가. ―그는 꿈길을 더듬어 갔다. 다음 날이 되자, 그는 이미 그런 것은 생각지 않고 있었다.

그로부터 서너 주일 뒤, 언제나 한길에서 같이 놀던 장난꾸러기 아이 하나가 여느 날 같으면 올 시간이 되었는데도 나오지 않았다. 몸이 아프다고 한 아이가 말했다. 그것뿐, 애들은 노는 자리에 그의 모습이 나타나지 않는 데에 어느덧 익숙해졌다. 까닭은 알고 있었다. 별것 아닌 일이었다. 어느 날 밤, 크리스토프는 일찌감치 잠자리에 들었다. 그리고 그의 침대가 있는 조그만 방에서 부모님 방의 불빛을 바라보고 있었다.

누군가가 문을 두드렸다. 이웃집 아낙네가 무언가 알리러 온 것이다. 크리스토프는 언제나처럼 저 혼자만의 이야기를 자신에게 들려주면서 멍하니 귀를 기울였다. 이야기하는 소리가 모두 들리지는 않았다. 그러나 별안간 "그 애는 죽었답니다" 하는 아낙네의 한마디 말이 들려왔다. 온몸의 피가 멎었다. 그것이 누구를 가리키는 말인지 알았기 때문이다. 그는 숨을 죽이고 귀를 기울였다. 부모님이 놀라 소리를 질렀다. 멜키오르가 떠들썩하게 외쳤다.

"크리스토프, 들었느냐? 가엾게도 프리츠가 죽었다는구나."

크리스토프는 꾹 참고 침착하게 대답했다.

"응, 아빠."

그는 가슴이 죄어드는 느낌이었다.

멜키오르는 트집을 잡았다.

"응, 아빠라니. 할 말이 고작 그것뿐이냐? 넌 슬프지도 않니?"

아들의 심정을 잘 아는 루이자가 나섰다.

"쉿! 자게 내버려 두세요!"

음성은 낮아졌다. 그러나 크리스토프는 귀를 기울여 자세한 이야길 엿들으려고 애썼다. 장티푸스, 냉수욕, 정신 착란, 부모의 탄식. 그는 이미 숨조차 쉴 수가 없었다. 응어리 하나가 가슴을 콱 막고 목구멍까지 솟구쳐 올라왔다. 그는 부르르 몸을 떨었다. 그러한 무서운 일이 머릿속에 새겨졌다. 특히, 그가 앓은 병이 전염병이었다는 것, 따라서 자신도 똑같이 그렇게 죽을지도 모른다는 생각이 머리에 남았다. 두려운 나머지 온몸이 얼어붙는 느낌이었다. 마지막으로 프리츠를 만났을 때 악수를 했고, 오늘도 그의 집 앞을 지나온 것이 생각났기 때문이다. 그러나 말을 해야 할 처지에 빠지면 난처하므로 그는 조금도 꼼짝 않고 아무 소리도 내지 않았다. 이웃집 아주머니가 돌아간 뒤, 아버지가 "크리스토프야, 잠들었니?" 물어도 대답하지 않았다. 멜키오르가 루이자에게 말하는 소리가 들렸다.

"저 애는 인정이 없구먼."

루이자는 아무 대답도 하지 않았다. 그러나 잠시 뒤에 그녀는 이쪽으로 오더니 커튼을 살그머니 쳐들어서 조그만 침대를 살펴보았다. 크리스토프는 얼른 눈을 감고, 동생들이 잠들어 있을 때 들어 알고 있는 규칙적인 숨소리를 흉내 냈다. 루이자는 발끝으로 사뿐사뿐 걸어 나갔다. 얼마나 어머니를 붙들어 세우고 싶었는지! 얼마나 자기가 무서움에 떨고 있는지를 말하고 제발 도와 달라고, 적어도 안심을 시켜 달라고 부탁하고 싶었던지! 그러나 그는 비웃음받을 것을, 비겁한 놈으로 찍히는 것을 두려워했다. 게다가 어떠한 말을 듣건 간에 이미 아무 소용이 없다는 것을 그는 너무나 빤히 알고 있었다. 이럭저럭 서너 시간 동안이나 그는 고뇌에 찬 채 꼼짝도 하지 않고 누워 있었다. 병균이 자기 몸속으로 숨어 들어와서 머리가 띵 아프고 가슴이 답답해진 것 같아, 그는 겁에 질려 떨면서 생각했다.

'이젠 끝장이야. 난 병에 걸렸어. 인제 죽는다, 인제 죽는 거야! ……'

한번은 침대 위에 일어나 앉아서 나직이 어머니를 불렀다. 그러나 부모님은 잠들어 있었다. 깨울 기운도 없었다.

이때부터 그의 소년 시절은 죽음의 관념으로 상처입었다. 신경과민으로 가슴이 답답하고, 몸이 쑤시고, 갑자기 숨이 차고, 원인도 없는 온갖 가벼운 병을 앓게 되었다. 그의 상상력은 이러한 괴로움에 부딪히면 광란했고 그때마다 그는 자신의 생명을 빼앗으려는 맹수를 거기에서 보는 것만 같았다. 어머니로부터 고작 서너 걸음 떨어져 있어도, 어머니가 바로 곁에 앉아 있어도, 그는 얼마나 이런 죽음의 괴로움을 맛보곤 했던가! 더구나 어머니는 이를 전혀 눈치채지 못하고 있었다! 그것은 그가 겁은 내면서도 공포를 자기 가슴속에 간직해 둘 만한 용기를 지니고 있었기 때문이다. 거기에는 여러 가지 감정이 기묘하게 섞여 있었다. 남에게 의지하지 않으려는 자존심, 겁먹는 것을 부끄러워하는 마음, 남에게 근심을 끼치지 않으려는 애정의 섬세한 배려 등등이. 하지만 그는 끊임없이 생각하고 있었다.

'이번에야말로 병에 걸렸다. 중병이야. 디프테리아 초기야……'

그는 디프테리아라는 말을 우연히 들어 알고 있었던 것이다.

'하느님! 부디 이번만은 못 보신 척 넘겨 주소서!'

그는 종교적인 사고의 소유자였다. 어머니가 들려준 이야기를 믿고 있었다. 이를테면 사람이 죽으면 넋은 주님 앞으로 올라가며, 만약에 믿음이 깊은 영혼이라면 천국의 낙원으로 들어갈 수 있다는 그런 이야기를 기꺼이 믿고 있었다. 그러나 그는 이러한 영혼의 여로에 마음이 끌린다기보다 도리어 크게 위협을 받고 있었다. 어머니 말씀에 의하면, 착한 애는 그 상으로서 잠든 동안에 하느님이 데려가시며 아무런 고통 없이 하느님 곁으로 인도된다지만, 그는 그러한 애들을 조금도 부럽게 여기지 않았다. 잠이 들락 말락 할 때면 으레 하느님은 자기한테도 그런 변덕스러운 짓을 하시지나 않을까 오싹 몸을 떨곤 했다. 따뜻한 잠자리에서 느닷없이 끌려나와 허공을 치솟아 올라서 하느님 앞으로 끌려가는 것은 생각만 해도 무서운 일임에 틀림없었다. 그는 하느님을 천둥 같은 큰 소리로 말하는 크나큰 태양 같은 존재로 상상하고 있었다. 얼마나 혼이 날까! 눈이며 귀며 넋이 몽땅 불로 태워질 거다! 게다가 하느님은 벌도 내리실 수 있잖은가! 어떤 신세가 될지 알 수 없는 일이었…… 더구나 그 밖의 온갖 무서운 일도 그 때문에 없어지는 것은 아니었다. 그런 무서운 일이 어떤 것인지 똑똑히는 알 수 없었으나, 사람들의 이야기로 대략은 짐작이 갔다. 몸이 궤짝에 넣어져 구덩이 밑바닥에 홀로 뉘어지고, 그가 언제나 배례(拜禮)하러 따라다녀야 했던 그 으스스할 만큼 역겨운 수많은 무덤 한가운데에 버려져야 한다니…… 아아! 아아! 그 얼마나 슬픈 일일까……

그렇다고 해서 주정꾼 아버지를 보고 학대를 받으며 갖가지 쓰라림을 겪고, 다른 애들에게서는 괴롭힘을 당하고 어른들에게서는 모욕적인 동정을 받고, 그리고 누구한테도, 심지어 어머니한테도 이해되지 못하고 살아간다는 것도 결코 즐거운 일일 수는 없었다. 모든 사람에게서 수모를 당하고, 누구에게서도 사랑받지 못하며, 단지 혼자서, 그야말로 외톨박이 신세로 지내며, 의지할 만한 곳도 거의 없다! 그렇다, 정녕코 그렇다. 하지만 그러한 것이 한편으로는 그에게 삶의 욕망을 부여하고 있었다. 그는 자신의 몸 안에 노여움으로 용솟음치는 힘을 느꼈다. 이 힘이야말로 참으로 불가사의한 것이었다! 그 힘은 아직 아무것도 이루지는 못했다. 이를테면 아직 멀리 있고, 입에 재갈이 물리고 손발이 묶인, 마비되어 있는 꼴이었다. 이 힘이 무엇을 바라고 있는지, 앞으로 무엇이 될는지 그로서는 전혀 알 수 없었다. 그러나 그것은 그의 생명 속에 있었다. 그는 그것을 믿고 있었다. 그것은 기세좋게 돌아다니고 으르렁거렸다. 내일이 되면, 내일만 되면 이 힘이 보기 좋게 설욕을 해주리라! 모든 해악, 온갖 부정에 복수하기 위해서, 악인을 벌주기 위해서, 위대한 일을 하기 위해서 그는 살고 싶다는 강렬한 욕망을 지니고 있었다.

'그렇다! 살기만 하면……'

그는 잠깐 생각한 다음 덧붙였다.

'……하다못해 18살까지 살 수만 있다면!'

또 어떤 때는 21살까지로 했다. 그보다 더 살 필요는 없다. 세계를 지배하는 데는 그 나이만으로 충분하다고 믿었다.

그는 늘 그리워하던 그 영웅들을 생각했다. 나폴레옹을, 또한 시대는 그보다 훨씬 옛적이지만 그가 가장 좋아하는 저 알렉산더 대왕을. 그리고 앞으로 12년…… 아니 10년만 더 산다면, 나는 틀림없이 그들처럼 될 것이다. 나이 서른에 죽는 사람을 그는 불쌍하다고는 생각지 않았다. 그들은 늙은이였다. 그들은 인생을 충분히 살아 버린 것이다. 충분히 살지 못했다면 그것은 그들 잘못이다. 그렇긴 하지만 지금 내가 죽는다는 것은, 정말이지 참을 수 없는 일이 아닌가! 조그만 어린애인 채로 죽어 사라져 버린다는 것, 누구나 함부로 꾸짖어도 좋은 조그만 어린애로서 사람들 머릿속에 영원히 남는다는 것은, 진실로 너무나 비참한 일이다! 이렇게 생각하자 슬프고 분해 눈물이 주르르 흘러내렸다. 마치 자신이 이미 죽어 버리기라도 한 것처럼.

이러한 죽음의 고뇌는 그의 소년 시절 수년간을 괴롭혔다. 그 고뇌는 오로지 삶에 대한 혐오감으로써만 치유되었던 것이다.

*

이러한 짓눌리듯 답답한 어둠의 한복판에, 시시각각으로 어두워져 가는 것같이 여겨지는 숨막힐 듯한 밤중에, 마치 어두운 하늘에 단 하나 남겨진 별처럼 빛 하나가 빛나기 시작했다. 그것은 그의 일생을 비추어 줄 빛, 성스러운 음악이었다……

할아버지가 아이들에게 낡은 피아노 한 대를 마련해 주셨다. 본디 이 피아노는 할아버지가 후원자 한 사람에게서 처분을 부탁받은 물건인데, 끈기 있게 매만진 끝에 간신히 고쳐 놓은 것이었다. 그러나 이 선물은 그다지 환영받지 못했다. 루이자는 그렇지 않아도 방이 좁다고 생각하고 있던 참이었다. 멜키오르는 한술 더 떴다. 아버진 별로 큰돈 주고 구하신 것도 아닐 거야, 까짓것 장작으로 써 버리지, 이렇게 말하는 판이었다. 다만 나이 어린 크리스토프만은 왜 그런지 새로이 굴러 들어온 이 물건을 좋아했다. 그것은 마치 할아버지가 가끔 몇 페이지씩 읽어 주며 함께 즐거워하던 그 《아라비안나이트》처럼, 불가사의한 이야기가 가득 들어 있는 마법 상자라고 생각되었다.

아버지가 음조(音調)를 시험하기 위해 쳐 보는 보슬비와 같은 아르페지오 (arpeggio)의 음을 그는 곁에서 듣고 있었다. 그것은 소낙비 뒤에 한바탕 부는 미지근한 바람이 비에 젖은 나뭇가지를 흔들어 떨어뜨리는 물방울 소리와도 같았다. 그는 손뼉을 치며 소리쳤다.

"더 쳐 줘!"

그러나 멜키오르는 낡아 빠진 피아노라고 말하면서 업신여기는 듯한 몸짓으로 뚜껑을 닫아 버렸다. 크리스토프는 더 조르지는 않았다. 그러나 끊임없이 악기 주위를 어슬렁거렸다. 그러다가 식구들이 다른 쪽으로 향하자마자 뚜껑을 열고 건반을 눌러 보았다. 마치 어떤 큼직한 곤충의 초록빛 등껍질을 손가락으로 움직이듯이, 그는 거기 틀어박혀 있는 동물을 뛰어나오게 하고 싶었다. 가끔 성급히 덤비다가 건반을 너무 세게 두드리는 수도 있었다. 그럴 때면 어머니가 꾸짖었다.

"조용히 못하니? 만지면 안 된다니까!"

때로는 뚜껑을 닫다가 손이 끼인 일도 있었다. 그러면 그는 상처가 난 손가락을 입으로 빨며 애처롭게 얼굴을 찌푸리는 것이었다……

이제 그의 가장 큰 기쁨은, 어머니가 날품팔이를 하러 가서 온종일 집을 비우거나, 시내에 볼일이 있어 나가거나 할 때였다. 그는 어머니가 계단을 내려가는 발걸음 소리에 귀를 기울인다. 드디어 길로 나섰다. 발소리는 멀어져 간다. 그는 혼자다. 피아노 뚜껑을 열고 의자를 끌어당겨 그 위에 올라앉는다. 어깨가 건반 높이까지 닿는다. 그가 바라는 일을 하기에는 이로써 충분하다. 그는 왜 홀로 되기를 기다리는 것일까? 너무 큰 소리만 내지 않으면 아무도 치지 못하게 말리지는 않는데. 그러나 그는 남들 앞에서 하기가 부끄러운 것이다. 마음껏 칠 수가 없었다. 더구나 식구들은 지껄이고 또 돌아다니며 법석을 떤다. 그래서는 흥이 깨진다. 혼자라면 이렇게 좋잖은가! …… 크리스토프는 숨을 죽인다. 주위를 더욱 고요하게 만들고 싶어서. 또 대포라도 쏘려는 것처럼 조금 흥분한 탓이기도 하다. 건반에 손가락을 얹자 심장이 두근거린다. 때로는 반쯤만 키를 누르고는 다른 키 위로 손가락을 옮긴다. 먼저 누른 키보다도 이번 키에서는 얼마나 멋들어진 소리가 나는 것일까! …… 별안간 소리가 높아진다. 깊은 소리, 날카로운 소리가 있다. 잘 울리는 소리, 으르렁거리는 소리가 있다. 그 소리들이 하나하나 차차 약해져서 사라져 가는 데에 소년은 오래도록 귀를 기울인다. 그 소리들은 마치 종소리처럼 흔들렸다. 들에 있는 사람에게 바람이 실어다 주었다간 또 하나씩 멀리 실어 가는 종소리처럼. 다음에 귀를 기울여 보면, 벌레의 날갯짓 소리처럼 서로 뒤섞여 소용돌이치는 다른 갖가지 소리가 멀리서 아득하게 들린다. 그것은 사람을 부르는 소리 같다. 먼 곳으로 꾀어내는 것 같다…… 멀리…… 더욱 멀리, 신비로운 은신처로. 그러다가 그 소리는 차차 그 속으로 들어간다…… 아, 사라져 버렸다! …… 아니, 아직도 속삭인다…… 희미한 날갯짓 소리…… 참으로 이상스럽기도 하지! 마치 정령 같잖은가. 정령이 이렇게도 얌전히 굴며 이런 낡아 빠진 상자 속에 갇혀 있다니, 정말이지 이해할 수가 없는 일이다!

그러나 가장 멋진 것은 두 손가락을 동시에 두 개의 키 위에 놓았을 때이다. 과연 어떤 일이 일어날지 절대로 미리 알 수는 없다. 때로는 두 정령이 서로 적이 된다. 서로 흥분하고, 주먹다짐하고, 미워하고, 성내며 으르렁거린다. 서로 목소리가 높아진다. 어떤 때는 성난 고함을 지르고 어떤 때는 부드럽게 외친다. 크리스토프는 이 장난을 여간 좋아하지 않았다. 묶여 있는 괴물이 쇠사슬을 물어뜯으며 감옥 벽에 부딪치고 있는 격이었다. 그러한 괴물들은 금방이라도 벽을 부수고 밖으로 뛰쳐나갈 것만 같다. 그것은 동화책에 나오는 괴물, 또는 솔로몬이 봉인한 아라비아의 요술 상자 속에 갇혀 있는 정령 같다. 또 어떤 정령은 아양을 떤다. 알랑거리며 속이려 든다. 그러나 결국은 물어뜯을 생각밖에 하지 않는다. 그들은 열에 들떠 있는 것이다. 크리스토프는 그들이 대체 무슨 생각을 하고 있는지 알 수가 없었다. 그들은 그를 매혹하고 당혹케 한다. 그는 얼굴이 발그레해진다. 또 어떤 때는, 서로 사랑하는 음조가 있다. 사람이 서로 입맞춤을 할 때 팔을 엇걸듯이, 그 소리들은 서로 엉켜든다. 그들은 우아하고 온화하다. 선량한 정령들이다. 그들의 얼굴은 미소를 머금었고 주름살이라고는 전혀 없다. 그들은 어린 크리스토프를 사랑해 준다. 어린 크리스토프도 그들을 사랑한다. 그는 눈에 눈물을 글썽거리며 그들의 음성을 듣는다. 그리고 몇 번 불러내도 싫증을 모른다. 그들은 그의 벗이다. 친한 벗들, 마음 고운 벗들이다……

이렇게 하여 어린이는 음향의 숲 속을 산책한다. 자신의 둘레에 한없는 미지의 힘을 느낀다. 그들 힘은 그를 기다리고 있고, 그를 부른다. 그를 어루만지려 하고, 또는 그를 삼키려 한다.

어느 날, 한창 그런 때에 불쑥 멜키오르가 들어섰다. 그가 평소의 그 굵은 목소리로 말을 건네자 크리스토프는 흠칫 놀랐다. 나쁜 짓을 하고 있었던 듯한 생각이 들어 그는 두 손으로 귀를 틀어막아 무서운 고함을 막으려 했다. 그런데 뜻밖에도 멜키오르는 꾸짖지 않았다. 도리어 유쾌하게 웃고 있었다.

"그래, 재미있니, 아가?" 그의 머리를 상냥하게 톡톡 두드리며 묻는다.

"치는 법을 배우고 싶니?"

배우고 싶으냐고! …… 그는 기쁨에 넘쳐서 "응" 하고 중얼거렸다. 둘은 나란히 피아노 앞에 앉았다. 크리스토프는 이번에는 두툼한 책을 쌓아 올린 위에 오뚝 앉았다. 주의력을 집중하여 첫 지도를 받았다. 우선 이들 신음하는 정령들이 기묘한 이름을 가지고 있다는 것을 배웠다. 그것은 한 음절이든가 한 글자로 된 중국풍 이름이었다. 그는 깜짝 놀랐다. 사실 그는 아주 다른 이름을 상상하고 있었다. 동화에 나오는 공주처럼 부드럽고 아름다운 이름을 상상하고 있었던 것이다. 그는 아버지가 그들에 관해서 매우 친숙한 체하며 말하는 것이 싫었다. 더구나 멜키오르가 불러내면 그것은 이미 같은 정령은 아니었다. 그의 손가락 밑에서 나온 정령들은 냉랭한 표정들이었다. 그렇더라도 크리스토프는 그들 사이의 관계와 그들의 계급, 그리고 한 군단을 지휘하는 국왕을 닮기도 했고 한 줄로 묶인 검둥이 떼를 닮기도 한 음계를 욀 수 있어 기뻤다. 그 하나하나의 병사나 검둥이가 저마다 국왕이 될 수도 있고, 같은 대열의 맨 앞에 설 수도 있다는 것, 또 건반 첫머리에서 끄트머리까지 전 부대를 넓게 배치할 수도 있다는 것을 알게 되자 그는 놀라지 않을 수 없었다. 그들을 행진시키는 줄을 조종해 보며 그는 재미있어했다. 그러나 이윽고 그런 것은 처음에 경험한 것보다는 훨씬 시시하다고 생각하기에 이르렀다.

　마법의 숲은 이미 찾아볼 수 없었다. 그래도 그는 열심이었다. 따분하지 않았기 때문이다. 더구나 아버지의 끈기도 놀라웠다. 멜키오르는 결코 싫증을 느끼지 않았다. 같은 짓을 열 번이나 되풀이하게 했다. 아버지가 어째서 이렇게 힘써 주는지, 크리스토프로서는 알 수 없는 일이었다. 그렇다면 아버지는 나를 사랑해 주시는 걸까? 얼마나 좋은 아버지냐! 아들은 감사하는 마음으로 가슴이 벅차 공부를 계속해 갔다.

　스승인 아버지가 어떤 생각을 하고 있었는지 알았던들, 그는 이토록 기뻐하지는 않았을 것이다.

*

　이날부터 멜키오르는 아들을 어느 이웃집으로 데리고 갔다. 그 집에서는 한 주일에 세 번씩 실내 음악회가 열리고 있었다. 멜키오르가 제1바이올린을 켜고, 장 미셸이 첼로를 켠다. 다른 두 사람은 은행원과 실러 거리의 시계포 노인이었다. 가끔 약제사가 이에 끼어들어 플루트를 분다. 5시에 모여 9시까지 했다. 한 곡을 마칠 때마다 맥주를 들이켰다. 이웃 사람들이 들락날락하며 선 채로 벽에 기대어 말없이 귀를 기울이고 박자에 맞추어 고개를 흔들거나 발을 움직이거나 하며, 방 안을 담배 연기로 뽀얗게 채웠다. 악보 이 페이지에서 저 페이지로, 이 곡에서 저 곡으로 진행되어도, 연주자들의 끈기는 조금도 수그러질 줄 몰랐다. 모두 입을 꼭 다물고 무뚝뚝한 표정으로 주의를 집중하고 얼굴에 주름살을 지으며 가끔씩 기쁜 듯한 신음 소리를 내었으나, 본디 그들은 곡의 아름다움을 전혀 표현할 줄 모를뿐더러 그것을 전혀 느낄 줄도 모르는 사람들이었다.

　그들의 연주는 아주 정확하지도 못했고, 박자도 바르다고 할 수 없었다. 그러나 결코 빗나가는 법 없이 그저 지시된 음색의 차이를 충실히 좇고 있었다. 그들은 웬만한 것으로 만족하는 음악적인 솜씨와 세계에서 가장 음악적이라고 일컬어지는 민족에서 흔히 보이는 범용한 완벽성을 지니고 있었다. 그들은 또한 음악에 대한 탐욕스러운 미각을 지니고 있어, 양만 많으면 질쯤은 그다지 까다롭게 따지지 않았다. 이러한 왕성한 식욕에는, 어떠한 음악도 내용이 푸짐하기만 하면 상품이었다. 그 식욕은 브람스와 베토벤을 구별짓지도 않고, 또 같은 거장의 작품이면 같은 반죽으로 이루어졌다고 하여 공허한 협주곡과 감동적인 소나타도 구별하려 들지 않았다.

크리스토프는 그들과 떨어져서 피아노 뒤 자기만의 자리인 한구석에 숨어 있었다. 거기 있으면 누구도 그를 훼방할 수 없었다. 그곳으로 들어가려면 엎드려 기어가야 하기 때문이었다. 그곳은 어두컴컴했다. 또 소년 크리스토프가 몸을 움츠리고 바닥에 누워 있을 만한 넓이였다. 담배 연기가 그의 눈과 목으로 들어왔다. 그리고 먼지도 들어왔다. 양털처럼 큰 먼지도 있었다. 그러나 그는 그런 것은 개의치 않았다.

그는 터키 사람들처럼 무릎을 가지런히 하고 앉아서, 더러워진 조그만 손가락으로 피아노 덮개의 구멍을 크게 벌리면서 진지한 태도로 듣고 있었다. 연주되는 곡을 모두 좋아하는 것은 아니었다. 그러나 어느 곡이나 지루한 것도 아니었다. 그는 결코 비평적인 의견을 내보이지 않았다. 자신은 너무 어리고, 음악에 대해서는 아직 아무것도 아는 바 없다고 생각했기 때문이다. 음악은 때로 그를 꾸벅꾸벅 졸게 했고, 때로는 깨워 주기도 했다. 어느 경우에도 불쾌하진 않았다. 스스로 뚜렷이 깨닫지는 못했으나, 그를 흥분케 하는 것은 거의 언제나 좋은 음악이었다. 남의 눈에 띄지 않는다는 것이 확실했으므로, 그는 얼굴 가득히 주름살을 짓거나, 코를 찡긋거리거나, 이를 바드득 갈거나 했다. 또는 혀를 날름거리기도 했고, 성난 눈초리나 슬픈 눈초리가 되기도 했다. 호전적인 기운찬 동작으로 팔다리를 움직이고, 걸어다니고 싶어졌으며, 뭔가를 흠씬 두들기고 싶어졌고, 온 세계를 산산이 때려 부수고 싶어졌다. 그렇게 어찌나 설쳤던지 끝내는 피아노 위로 머리 하나가 불쑥 들여다보더니 그에게 소리쳤다.

"야, 이 녀석, 미쳤느냐? 피아노에 손대지 마! 손 치워! 귀를 확 뽑아 버릴라!"

그런 말을 듣고는 창피하기도 했지만 약이 오르기도 했다. 왜 나의 이 즐거움을 훼방하는 것일까? 나는 무슨 나쁜 짓을 한 게 아니다. 나는 언제나 학대만 받아야 한단 말인가! 아버지도 덩달아 잔소리다. 시끄럽다, 넌 음악을 좋아하지 않는구나, 하고 꾸짖는 것이다. 그러다 보면 끝내는 자신도 그런 생각이 들고 마는 것이었다. 만일 여기 있는 사람들 중에서 진실로 음악을 이해하는 사람은 이 어린 소년 하나뿐이라는 말을 듣게 된다면, 협주곡을 기계적으로 연주하고 있는 이들 성실하고 정직한 벼슬아치풍 사나이들은 아마도 크게 놀라 자빠졌을 것이다.

만약에 그를 조용히 놓아두고 싶다면, 왜 걸어다니고 싶어지는 음악을 연주해 들려주는가? 그들 음악에는 날뛰는 말〔馬〕, 칼, 전투의 함성, 승리의 자랑스러움 등등이 들어 있었다. 그런데 그들은 소년에게도 자기네처럼 머리를 흔들고 발로 박자를 맞추는 것만으로 그치라는 것이다. 그렇다면 조용한 환상곡이나, 그저 지껄일 뿐이지 아무런 뜻도 없는 수다스런 악곡을 들려주기만 하면 되지 않겠는가. 음악에는 그러한 곡도 적지 않다. 이를테면 조금 전에 시계포 영감님이 벙글벙글 기쁜 듯이 웃으며, "이것 참 좋군. 귀에 거슬리는 데가 없단 말씀이야. 어느 귀퉁이고 모두 둥글게 되어 있지……" 라고 말한 골드마르크의 곡이 그렇다. 그때 소년은 한없이 고요하기만 했다. 그는 꾸벅꾸벅 졸고 있었다. 무엇이 연주되고 있는지 알 수 없었다. 끝내는 들리지도 않는 경지에 이르러 있었다. 그러나 흐뭇한 기분이었다. 손발이 노곤해지고 멍하니 꿈꾸고 있었다.

그의 몽상은 일관된 줄거리가 있는 이야기는 아니었다. 머리도 없고 꼬리도 없었다. 기껏해야 가끔 가다 또렷한 영상이 떠오를 뿐이었다. 과자를 만들면서 손가락 사이에 붙은 반죽을 식칼로 떼어 내고 있는 어머니 — 전날 강에서 헤엄치는 것을 본 들쥐 한 마리 — 버드나무 잔가지로 만들고 싶어하던 채찍…… 어찌하여 이런 회상이 지금 떠올랐는지, 그것은 오직 하느님만이 아실 일이다! — 그러나 대개 그에게는 아무것도 보이지 않았다. 그래도 그는 숱한 것을 느꼈다. 뭔가 매우 소중한 것이 산더미처럼 있는 듯했다. 언제나 변함이 없었고 또한 분명하게 알고 있었기 때문에 말로는 옮길 수 없을 것 같은, 또는 말해도 소용이 없을 것 같은 매우 소중한 것이. 그 안에는 슬픈 것도 있었다. 죽을 만큼 슬픈 것도 있었다. 하지만 그것들은 인생에서 만나는 것과 달리 전혀 괴롭게 느껴지지 않았다.

아버지에게서 언어맞을 때와 같은, 또는 부끄러움으로 가슴에 상처를 입으며 어떤 굴욕을 생각할 때와 같은, 그러한 추악함이나 비천함은 없었다. 그것들은 다만 우울한 고요로써 정신을 채워 주고 있었다. 또한 넘칠 듯한 희열을 뿌려 주는 찬연한 것도 있었다.

크리스토프는 생각했다. '그렇다, 이와 같이…… 나도 앞으로 이와 같이 해야지.' 그러나 '이와 같이'란 어떤 것인지, 또 왜 이런 말을 하는지, 자신도 도무지 알 수 없었다. 그렇지만 그렇게 말해야 한다, 그것은 대낮처럼 명료한 것이라고 그는 느끼고 있었다. 귀에 해조음(海潮音)이 들린다. 바다는 바로 곁에 있으며, 오직 모래언덕의 벽으로 이쪽과 분리되어 있을 뿐이었다. 그 바다가 어떤 것인지, 바다가 내게 무엇을 바라고 있는지 크리스토프는 전혀 알 수 없었다. 그러나 그는 파도가 장벽을 넘으며 고조되어 온다는 것을 뚜렷이 의식했다. 그때가 되면! …… 그때야말로 멋지리라, 나는 더할 나위 없이 행복해지리라. 바다 소리를 듣는 것만으로도, 그 크나큰 소리의 울림으로 마음이 흔들리는 것만으로도 온갖 시시한 슬픔이나 굴욕감은 가라앉았다. 하기야 그것들은 여전히 구슬픈 것이기는 했다. 그러나 이미 치욕스러운 것도 아니고 상심을 안겨 주는 것도 아니었다. 모두가 당연한 것으로 여겨지고, 거의 따사로움으로 차 있는 듯이 생각되었다.

그에게는 범용한 음악이 자주 그러한 도취를 가져다주곤 했다. 그런 음악을 만든 이는 가련하고 비천한 사람들이요, 그들이 생각하고 있는 것이란 한낱 돈벌이라든가, 아니면 지금까지 알려져 있는 공식에 따라서 또는 독창성을 발휘하려고 공식을 어겨, 아무튼 음표를 긁어모아 자기의 공허한 생활 위에다 환상을 만들어 내는 것뿐이었다. 그러나 음향 속에는, 비록 그것이 어리석은 사람의 손으로 다져졌다 해도 지극히 강력한 생명력이 있기 때문에, 그것은 소박한 영혼 속에 감격을 불러일으킬 수 있다. 아마 어리석은 사람이 암시하는 몽상일지라도, 억지로 사람을 끌고 가는 명령적인 사상을 고취하는 몽상보다는 훨씬 신비하고 자유로울 것이다. 왜냐하면 부질없는 행동이나 공허한 지절거림은, 자신에 대해 명상하는 정신을 방해할 수는 없기 때문이다.

이렇게 해서 소년은 사람들에게 잊히고 자신도 모든 것을 잊은 채 피아노 한구석에 꼼짝도 하지 않고 앉아 있었다. 그러다가 별안간, 두 다리로 기어오르는 개미를 느꼈다. 비로소 그는 자기가 손톱이 시커멓게 더러운 애라는 점에 생각이 미치고, 두 손으로 두 다리를 부둥켜안고는 벽에 코를 비벼 대고 있는 자신을 깨달았다.

*

멜키오르가 발끝으로 조용히 걸어 들어와서, 너무나 높은 건반 앞에 앉은 아이에게 불쑥 들이닥친 그날, 그는 아들을 관찰했다. 그 결과 하나의 희망 찬 생각이 그의 머릿속을 스쳐 갔다.

'이놈은 신동(神童)이다! …… 왜 지금까지 그걸 깨닫질 못했을까! …… 우리 집안을 위해서는 더 바랄 것 없는 행운이다! …… 나는 이 녀석도 제 어미처럼 농사꾼의 자식에 지나지 않는다고 믿고 있었는데 말이지. 한번 시험해 보아서 나쁠 것은 없다. 잘될지도 모르지! 독일 방방곡곡으로 데리고 다녀 보자. 어쩌면 외국에도 가게 될지 모른다. 즐겁고도 고상한 생활 아니겠는가.'

멜키오르는 언제나 자신의 모든 행위에서 숨겨진 고상한 점을 찾지 않고는 배기지 못했다. 그리고 대개 그것을 찾아내곤 했다.

강한 확신을 품은 그는, 저녁 식사의 마지막 한 숟갈을 먹어 치우자마자 곧 아이를 또다시 피아노 앞으로 밀어붙였다. 낮에 가르쳐 준 것을 복습시키고, 애의 눈이 피곤해서 감길 때까지 이를 계속했다. 다음 날은 그렇게 세 번이나 연습을 시켰다. 그 다음 날도 똑같았다. 이어서 날마다 그렇게 했다. 크리스토프는 곧 싫증이 났다. 다음에는 죽도록 싫어졌다. 마침내는 견디지 못하고 반항하려 했다. 그에게 강요되고 있는 것은 전적으로 무의미한 것이었다. 엄지손가락을 솜씨 있게 쓰며 되도록 빨리 건반 위로 달리게 하거나, 두 손가락 사이에 거북스럽게 붙어 있는 약손가락을 부드럽게 하는 일이었다. 해 봤자 신경질이 나며 조금도 재미가 없었다. 마술적인 화음도, 매혹적인 괴물도, 순간적으로 예감되는 꿈의 세계도 모두 다 없어져 버렸다…… 무미건조하고, 단조롭고, 아무 흥미도 없는 음계 연습이 계속되었다. 그것은 언제까지나 요리 이야기를, 더구나 언제나 같은 요리 이야기를 화제로 하는 식탁의 대화보다도 더 흥미가 없는 것이었다. 아이는 우선 아버지의 가르침을 한 귀로 흘려들었다. 따끔하게 꾸지람을 당하자 싫어하면서도 별수 없이 연습을 계속하긴 했다. 그러나 곧 주먹이 날아왔다. 그는 이에 대해 더없이 능청스럽고 불쾌한 표정으로 맞섰다. 가장 나빴던 것은, 어느 날 밤 멜키오르가 옆방에서 자신의 장래계획에 대해 이야기하는 소리를 엿들어 버린 것이었다. 그렇다면 내가 이토록 괴로워하며 온종일 억지로 상아(象牙) 건반을 두드려야 하는 것도, 똑똑한 동물로서 구경거리가 되기 위해서란 말인가! 이제는 그 정다운 라인강을 보러 갈 시간도 없었다. 나는 왜 이렇게도 학대받아야 하는 것일까? 그는 자존심과 자유에 상처를 입고 분개했다. 다신 음악을 안 할 테다, 하더라도 될 수 있는 대로 서투르게 하리라, 아버지에게 실망을 안겨 주어야지, 그는 이렇게 결심했다. 어쩌면 좀 심한 짓일지도 모른다. 그러나 자신의 독립을 유지하기 위해서는 하는 수 없었다.

그는 다음 연습 때부터 계획을 실행에 옮겼다. 일부러 틀린 키를 두드리고 곡조를 완전히 틀리게 하려고 힘썼다. 멜키오르는 소리치고, 다음에는 악을 썼다. 그리고 주먹을 내리퍼붓는다. 멜키오르는 튼튼한 잣대를 가지고 있었다. 음표가 틀릴 때마다 그것으로 아들의 손가락을 때렸고, 동시에 귀가 멍해질 만큼 크게 고함을 질렀다. 크리스토프는 고통으로 얼굴을 이지러뜨리고 있었다. 울지 않으려고 입술을 깨물고, 얻어맞겠다 싶어서 머리를 양어깨 속으로 오므라뜨리면서도, 의연한 태도로 틀린 음표로 계속 쳤다. 그러나 방법이 서툴렀다. 이윽고 자신도 그것을 깨달았다. 멜키오르는 그에 못지않게 끈덕진 고집쟁이였다. 비록 둘이서 이틀 밤낮 이 짓을 계속하더라도, 정확하게 치게 되기까지는 단 하나의 음표를 잘못 치는 것도 용서치 않겠다고 맹세했다. 크리스토프는 일부러 옳게 치지 않겠다는 데 너무 공을 들였다. 복잡한 부분에 이르면 뚜렷한 악의로 그의 조그만 손이 어설프게 옆으로 빗나가곤 하는 것을 보자, 멜키오르는 그 술책을 눈치채고 말았다. 더욱 힘껏 자를 내리쳤다. 크리스토프는 이미 손가락에 감각이 없었다. 코를 훌쩍거리고 오열과 눈물을 삼키며 소리를 죽여 슬피 울었다. 언제까지나 이러고만 있을 수는 없다. 어쨌든 결심을 해야 한다고 그는 깨달았다. 손을 멈추더니, 앞으로 일어날 폭풍우를 생각하고는 지레 몸을 부들부들 떨면서도 그는 용감하게 말했다.

"아빠, 나 더는 치고 싶지 않아."

멜키오르는 숨이 막혔다.

"뭐라구, 뭐라구! ……" 그는 외쳤다.

아들의 팔을 부러질 만큼 세게 흔들었다. 크리스토프는 더욱 몸을 떨며, 매를 피하려고 팔꿈치를 쳐들고 계속 말을 이었다.

"더는 치고 싶지 않아. 매맞기 싫은걸 뭐. 게다가……"

그는 말을 끝맺지 못했다. 따귀를 호되게 얻어맞고 숨이 막혔던 것이다. 멜키오르는 고래고래 악을 썼다.

"그래! 매맞고 싶지 않다고? 얻어터지기 싫다고? ……"

주먹의 폭우가 쏟아졌다. 크리스토프는 울며 소리쳤다.

"게다가…… 음악은 싫단 말이야! …… 음악은 싫어! ……"

그는 의자에서 미끄러져 내렸다. 멜키오르는 다시 그를 거칠게 앉혀 놓고, 손목을 잡더니 건반에 냅다 올려놓았다. 그러고는 소리쳤다.

"자, 쳐 봐!"

그러나 크리스토프는 외쳐 댔다.

"싫어! 싫어! 누가 칠 줄 알구!"

멜키오르는 단념하는 수밖에 없었다. 크리스토프를 문으로 끌고 가더니, 한 군데도 틀리지 않고 연습할 수 있게 되기 전까지는 하루든 한 달이든 밥을 먹여 주지 않겠다고 호통을 쳤다. 그러고는 아들의 엉덩이를 걷어차 밖으로 내쫓고는, 문을 쾅 닫아 버렸다.

크리스토프는 계단 중간에 멈춰 섰다. 더럽고 어두컴컴한 계단은 발판이 벌레에 먹혀 있었다. 지붕창의 깨어진 유리 사이로 바람이 불어 들어왔다. 벽에는 습기가 차 있었다. 크리스토프는 기름기가 묻어 있는 계단에 앉았다. 가슴속에서는 노여움과 흥분으로 심장이 격렬히 고동치고 있었다. 그는 음성을 낮추어 아버지에게 욕을 퍼부었다.

"짐승! 그렇지, 짐승이다! 짐승이야! …… 비열한이고! …… 비인간! 그렇다, 비인간이야! …… 당신 같은 사람 진짜 싫어, 싫단 말이야…… 그래, 당신 같은 사람은 죽어야 해, 죽어 버려!"

그는 가슴이 뻐근했다. 끈적끈적한 계단, 깨어진 유리창 위에서 바람에 흔들거리는 거미줄을 그는 절망에 찬 눈초리로 바라보았다. 불행 속에 홀로 남겨진 듯한 심정이었다. 크리스토프는 난간의 살 틈새를 뚫어지게 바라보았다…… 저리 뛰어내린다면? …… 아니면, 창으로라도? …… 그렇다. 저 무리들에게 벌주기 위해서라도 자살해 버릴까? 그렇게 되면 저이들은 얼마나 후회할까! 자신이 계단에서 떨어져 내린 소리가 울려 퍼졌다! 저 위쪽 방문이 후딱 열린다. 가슴을 쥐어짜는 듯한 외침 소리.

"애가 떨어졌어! 애가 떨어졌어요!"

발소리가 계단을 구르듯 떨어져 내려왔다. 아버지가, 어머니가, 그의 몸 위에 달려들어 통곡한다. 어머니는 흐느껴 울었다.

"당신 탓이에요! 당신이 애를 죽였어요!"

아버지는 두 팔을 마구 휘젓고 무릎을 꿇은 채 머리를 난간에 부딪치며 소리친다.

"난 몹쓸 놈이다! 난 몹쓸 놈이야!"

……이러한 광경은 그의 고통을 가라앉혀 주었다. 그는 하마터면 자기 때문에 울어 주는 사람들을 가엾이 여길 뻔했다. 그러나 곧 생각했다. 그들에겐 당연한 응보라고. 그러면서 복수의 쾌감을 맛보고 있었다……

이런 꾸며 낸 이야기를 끝내고 정신차려 보니, 그는 여전히 계단 위 어둠 속에 있었다. 다시 한 번 아래를 기웃거려 보았다. 그러자 뛰어내리고 싶다는 생각이 없어졌다. 으스스 전율을 느꼈다. 더욱이 떨어질지도 모른다는 생각이 들자 계단 가장자리서 멀찍이 물러서기조차 했다. 이때 비로소 그는 자신이 가련한 새장 속의 새처럼 갇힌 몸이라는 것을 알았다. 영원히 사로잡힌 몸, 스스로 머리를 깨어 큰 상처라도 입기 전엔 달리 구제될 길이 없는 신세인 것이다. 그는 울고 또 울었다. 더러워진 조그만 손으로 눈을 비볐으므로, 순식간에 온 얼굴이 시꺼메졌다. 그렇게 울면서도 주위의 여러 가지 것들을 계속 눈여겨보았다. 한결 마음이 풀렸다. 그는 잠시 울음을 그치고 거미의 움직임을 관찰했다. 그러다가 다시 계속 울었으나 조금 전처럼 진심으로 운 것은 아니었다. 자신의 울음소리에 귀를 기울였다. 이제는 왜 우는지도 잘 모르면서 그저 기계적으로 울음소리를 낼 뿐이었다.

한참 만에 그는 일어섰다. 창으로 다가갔다. 창 안쪽 창가에 앉아서 조심스럽게 안으로 몸을 끌어당긴 채, 호기심도 있었지만 한편 싫기도 한 거미를 곁눈질로 유심히 살펴보았다.

밑에는 라인강이 집 바로 옆을 흘러가고 있었다. 계단의 창으로 내려다보니, 몸이 강물 바로 위 공중에 흔들흔들 매달려 있는 것 같은 느낌이 들었다. 계단을 하나하나 밟아 내려갈 때면, 그는 반드시 이 강을 바라보곤 했다. 그러나 일찍이 오늘처럼 바라본 적은 없었다.

슬픔은 감각을 예민하게 한다. 빛바랜 추억의 상흔이 눈물로 씻긴 뒤엔, 모든 것이 눈 속에 한결 더 또렷이 새겨지는 모양이다. 아이에게 강은 살아 있는 생물같이 여겨졌다. 이해할 수 없는, 그러나 그가 알고 있는 어떠한 것보다도 훨씬 더 힘찬 생물! 크리스토프는 좀더 잘 보려고 몸을 내밀었다. 유리창에 입을 대고 코를 눌러 댄다. 그는 어디로 가는 것일까? 그는 무엇을 바라고 있는 것일까? 그는 자기가 가는 길에 참으로 자신이 있는 것 같다…… 누구도 그를 막을 수 없다. 낮이나 밤이나 어떠한 때이건, 또 비가 오건 해가 내리쬐건, 집안에 기쁨이 있건 슬픔이 있건, 그는 변함없이 계속 흘러만 간다. 무슨 일이든지 그에게는 아무래도 좋은가 보다. 그는 일찍이 괴로워한 일도 없이 자신의 힘을 마음껏 누리고 있는 것 같았다. 그처럼 된다면 얼마나 즐거울까! 목장이나 버드나무 가지, 반짝이는 돌멩이, 바슬바슬한 모래 사이를 흘러 아무 거침도 없이, 또 아무런 번거로움도 겪지 않고, 그야말로 완전한 자유가 된다는 것은 그 얼마나 즐거운 일일까! ……

아이는 탐욕스럽게 바라보며 또 귀를 기울인다. 자기 몸이 강물에 실려가는 듯한 느낌이다…… 눈을 감으면 파랑, 초록, 노랑, 빨강이 눈앞에 차례로 나타나고 치달아 사라지는 크나큰 그림자, 가득히 햇빛을 받은 널따란 벌판이 보인다…… 모습들이 차차 뚜렷해진다. 널찍한 평야, 갈대숲, 신선한 풀과 박하(薄荷) 내음 풍기는 산들바람으로 파도치듯 넘실거리는 보리 이삭. 여기저기 할 것 없이 꽃이 피어 있다. 도깨비부채, 양귀비꽃, 제비꽃. 얼마나 아름다운 경치인가! 공기는 또 얼마나 달콤한가! 푹신하고 부드러운 풀숲에서 뒹굴면 얼마나 기분 좋을까!

크리스토프는 쾌활해지며 약간 정신이 아찔해진다. 축제일에 아버지가 커다란 술잔에 라인산(産) 포도주를 조금 따라서 먹여 주었을 때처럼…… 강은 흘러간다…… 경치가 변한다…… 이번에는 물 위에 몸을 수그린 나무숲. 톱니 모양 잎들이 조그만 손처럼 물에 잠겨, 흐르는 물 밑에서 움직이고 뒤집힌다. 나무숲 사이에 마을 하나가 강물에 모습을 비추고 있다. 기슭이 물에 씻기고 있는 흰 절벽 위에는, 묘지의 사이프러스와 십자가가 보인다…… 그 다음에는 여러 바위와 산들, 언덕 비탈에 있는 포도밭, 조그만 전나무 숲, 폐허가 된 성(城)…… 그리고 다시 평야, 보리밭, 새, 태양……

초록빛 물을 담은 강물은 오직 하나의 사상처럼 한 덩이가 되어 계속 흘러간다. 물결도 없고 거의 주름살도 없는 반들반들하게 빛나는 파문을 그리면서. 크리스토프는 이미 그것을 보고 있지 않았다. 더 잘 들으려고 눈을 꼭감았다. 끊임없는 물소리가 그의 마음을 채워 주고, 그에게 현기증을 일으키게 한다. 그는 이 지배적인 영원한 꿈속으로 빨려 들어간다. 강물의 소란스러운 기조(基調) 위에, 부산한 리듬이 열광적인 기쁨을 가지고 덤벼든다. 그 리듬을 따라, 포도밭의 넝쿨시렁으로 기어오르는 포도덩굴처럼 여러 가지 음악이 솟아오른다. 건반에서 나오는 은빛 아르페지오, 고뇌에 찬 바이올린 음색, 둥글고 비단처럼 부드러운 플루트 소리…… 풍경은 사라졌다. 강의 모습도 스러졌다. 주위에는 부드럽고 어스름한 대기가 감돌고 있다. 크리스토프의 마음은 감동으로 떨린다. 지금 그에게는 무엇이 보이는 것일까? 오오! 매혹적인 몇몇 얼굴이여! …… 밤색 고수머리 소녀가 나긋하고도 놀리는 듯한 투로 그를 부르고 있다…… 눈이 파르스름한 소년의 창백한 얼굴이 우울한 듯 그를 바라본다…… 그 밖에도 여러 미소와 눈동자…… 상대의낯을 붉히게 하는 호기심 많고 도전적인 눈초리…… 개의 유순한 눈처럼 애정 깊고 슬퍼 보이는 눈…… 또는 엄한 눈과 괴로운 듯한 눈…… 그리고 또입을 꼭 다문 검은 머리 창백한 여자의 얼굴, 그 눈은 얼굴의 반을 차지한것같이 큼직하게 뜨인 채 거북하리만치 따가운 시선으로 이쪽을 바라보고있다…… 그리고 모든 것 중에서도 가장 그리운 얼굴, 그것은 조금 입을 벌리고 예쁘게 반짝거리는 자잘한 치열을 드러내 보이면서 맑은 잿빛 눈으로그에게 미소짓고 있다…… 아아! 관대하고 담뿍 애정이 깃든 그 아름다운미소여! 그것은 부드러운 사랑으로 마음을 녹여 준다. 그것은 그 얼마나 사람의 마음을 기쁘게 하는가! 그것은 얼마나 사람들한테 사랑받는가! 더, 더미소지어 다오! …… 제발, 가지 말아 다오! 아아! 슬프게도 그것은 스러져버렸다! 그러나 그것은 마음속에 뭐라 말할 수 없는 부드러움을 남겨 주었다. 이미 무엇 하나 쓰라린 일이라곤 없다. 이미 슬픈 일이란 없다. 이미 아무것도 없는 것이다…… 있는 것이라곤 단지 가뿐한 꿈뿐, 해맑은 음악뿐. 그 음악은 여름철 아름다운 날의 '성모(聖母)의 실'(공중에 쳐진 거미줄)처럼 태양 광선 속에 감돌고 있다…… 대체 방금 스쳐 지나간 것은 무엇이었을까? 소년의 마음을 정열적으로 흔들어 놓은 그 영상들은 과연 무엇일까?

그는 지금까지 그러한 것들을 본 적이 없었다. 그러면서도 똑똑히 알고 있었다. 본 기억이 있는 것이다. 대체 그것은 어디서 오는 것일까? …… '존재'의 어떤 어슴푸레한 심연에서 오는 것일까? 이미 있었던 것으로부터 오는 것일까? …… 아니면 앞으로 있을 것으로부터 오는 것일까?

이제는 모두가 스러지고, 온갖 형체는 용해되어 버렸다…… 마지막으로 또 한 번, 안개의 베일 너머로 강이 나타난다. 마치 그 위를 높이 훨훨 날고 있는 듯한 느낌이다. 넘칠 듯 가득 물을 담은 그 강은, 들을 적셔 주며 유연하고 당당하게 잔잔히 흘러간다. 아득히 저 멀리 지평선에는 마치 강철이 번쩍거리는 듯한 물의 평야가 보인다. 그것은 출렁거리는 물의 선(線)이다. 바다이다. 강은 그쪽으로 달리고 있다. 바다도 또한 강 쪽으로 달려오는 것 같다. 바다는 강을 삼킨다. 강은 바다를 사모한다. 바야흐로 강은 바닷속으로 자취를 감추려 한다…… 음악이 소용돌이친다. 댄스의 아름다운 리듬이 미칠 듯이 휘몰아친다. 승리의 자랑스러움에 찬 그 회오리바람 속에, 모든 것이 휘말려 없어지고 만다…… 자유스러운 영혼은 하늘을 난다. 대기에 취하고 날카로운 울음소리를 내며 하늘을 가로지르는 제비 떼처럼…… 환희! 환희! 이미 아무것도 없다! 오오, 가없는 행복이여!

서너 시간이 지났다. 어느새 저녁이었다. 계단은 어둑해졌다. 빗방울이 수면에 둥그런 파문을 그리면, 물줄기가 춤추며 그것을 날라가 버린다. 때로는 나뭇가지며 검은 나무껍질이 소리도 없이 흘러와서 흘러간다. 독거미는 배가 불러서 가장 어두운 구석으로 물러가 버렸다. 그리고 어린 크리스토프는 지저분하게 더러워진 창백한 얼굴을 행복스러운 듯 빛내면서, 여전히 지붕 창 창가에 기대 앉아 있었다. 잠이 든 것이었다.

3

E la faccia del sol nascere ombrata

PURG. XXX.

태양은 그림자에 가려 나타나도다……

신곡 연옥편 제30곡

결국은 굴복할 수밖에 없었다. 용감하고도 집요하게 저항하긴 했으나, 마침내 매질이 그의 외고집을 이겼다. 크리스토프는 날마다 아침저녁으로 세 시간씩 그 고문 도구 앞으로 끌려가 앉혀졌다. 주의력을 집중해야 하는 것과 또 싫어 못 견디겠다는 생각으로 너무도 괴로워서, 그는 주먹만 한 눈물을 뺨과 코 양옆으로 줄줄 흘리며, 흑백 건반 위에서 발그스름한 조그만 손을 놀렸다.

　잘못 칠 때마다 내리쳐지는 잣대와 그보다도 더 저주스러운, 그를 가르치는 아버지의 고함에 위협을 받으며, 그 손은 추위로 얼어붙어 곱아 있을 때가 많았다.

　나는 음악이 싫습니다. 그는 이렇게 생각하고 있었다. 그러면서도 열심히 공부했다. 아버지가 무섭기 때문만은 아니었다. 할아버지의 한마디 말이 그에게 깊은 감명을 주었던 것이다. 노인은 울고 있는 손자를 보고 엄숙하게 타일렀다. 인간의 위안과 영광을 위해서 주어진 가장 아름답고도 고상한 예술을 위해서라면, 얼마간의 고통은 받을 만한 값어치가 있는 것이라고. 크리스토프는 할아버지가 마치 다 큰 어른을 대하듯 말씀해 주신 데 감사하며, 그 소박한 말에 남몰래 감동을 받았다. 이 말은 그의 어린이다운 극기심과 타고난 자존심에 꼭 들어맞는 것이었다.

　그러나 어떠한 이론보다도 몇몇 음악적 감동의 깊은 기억이, 그가 함부로 반항해 온 이 지겨운 예술에 거역할 수 없이 일생토록 그를 연결시켜 주고 무릎 꿇게 했다.

　독일에서는 어디나 다 그렇듯 이 도시에도 극장 하나가 있어, 오페라(가극), 코믹 오페라(희가극), 오페레타(경가극), 드라마(정극), 코미디(희극), 보드빌(통속 희극), 그 밖에 온갖 종류와 온갖 양식의 상연 가능한 작품들이 공연되고 있었다. 공연은 한 주일에 세 번 열리며, 시간은 밤 6시부터 9시까지였다. 장 미셸 노인은 하나도 빼놓지 않고 관람하러 가서, 어떠한 공연물에나 똑같은 흥미를 보이곤 했다. 한번은 손자를 데리고 간 일이 있었다. 노인은 수일 전부터 그 극의 줄거리를 길게 설명해 주었다. 크리스토프로서는 무슨 뜻인지 전혀 알아들을 수 없었다. 그러나 무서운 이야기가 상연된다는 것만은 알 수 있었다. 보고 싶긴 했으나 무서워서 겁을 내고 있었다. 폭풍우가 일어난다는 것을 알고 있었으므로, 벼락을 맞지나 않을까 걱정했다. 전쟁이 있다는 것을 알고 있었으므로, 혹시 살해당할지도 모른다는 생각에 겁을 먹었다. 그 전날 밤 그는 잠자리에서 근심이 되어 정말로 괴로워했다. 드디어 상연 당일이 되자, 할아버지가 어떤 이유로 오지 못하게나 되었으면 하고 바라기까지 했다. 그러면서도 시간이 다가오는데 할아버지가 오시지 않자, 어쩐지 슬퍼져서 줄곧 창밖을 내다보고 있었다. 드디어 할아버지가 오셨다. 두 사람은 같이 나갔다. 심장이 두근거렸다. 혀가 바싹 말라서 한마디도 말할 수가 없었다.

집에서 자주 화제가 되곤 하던 그 신비의 전당에 이르렀다. 입구에서 장미셸은 아는 사람들을 만났다. 크리스토프는 떨어질세라 걱정이 되어, 할아버지의 손을 꼭 붙들었다. 이런 때 어른들은 어떻게 이다지도 태연히 지껄이거나 웃거나 할 수가 있는지, 그로서는 도무지 모를 일이었다.

할아버지는 여느 때 앉던 단골 자리에 가서 앉았다. 오케스트라 뒤의 맨 첫 줄이었다. 그는 상체를 앞으로 기울여 난간에 기대자, 콘트라베이스 주자와 지껄이기 시작하더니 그칠 줄을 몰랐다. 이곳에서는 그야말로 자기 세계에 와 있는 듯이 행동했다. 그는 음악의 권위자여서, 그의 말에 모두 귀를 기울이는 것이었다. 할아버지는 그것을 이용하고 있었다. 또한 그것을 남용하고 있었다고도 할 수 있을 것이다. 크리스토프는 무슨 말도 귀에 들어오지 않았다. 극을 기다리는 동안의 긴장감, 궁전처럼 호화스럽게 보이는 장내 광경, 겁이 날 만큼 어머어마하게 모여든 관람객 때문에 그는 압도되어 있었다. 모든 사람이 자신을 지켜보는 것만 같아 뒤를 돌아볼 엄두도 나지 않았다. 움찔움찔하며 조그만 모자를 무릎 사이에서 쥐어짜고 있을 뿐이었다. 그러면서 눈이 휘둥그레져서 마법의 막을 뚫어지게 바라보고 있었다.

드디어 개막 신호가 세 번 울렸다. 할아버지는 코를 풀더니 호주머니에서 대본을 꺼내 들었다. 그는 늘 그것을 꼼꼼히 더듬어 갔는데, 그러다가 때로는 무대 위에서 상연되는 것을 놓칠 지경이었다. 마침내 오케스트라 연주가 시작되었다. 첫 화음을 듣자 크리스토프의 마음은 순식간에 가라앉았다. 음향의 세계에서는 마치 자기 집에 있는 듯한 느낌이 들었다. 그 순간부터는 그에게는 모든 것이 자연스럽게만 생각되는 것이었다.

막이 오르자, 두꺼운 종이로 만든 나무들이 나타나고 그와 마찬가지로 진짜 같지 않은 인물들이 나타났다. 아이는 감탄하여 입을 벌리고 바라보았다.

그렇다고 놀란 것은 아니었다. 그러나 극의 무대는 그가 전혀 모르는 몽환적인 근동 지방이었다. 극시(劇詩)는 황당무계한 사건의 연속으로, 뭐가 뭔지 도무지 알 수 없는 것이었다. 크리스토프는 전혀 이해할 수가 없었다. 그는 이것저것 뒤죽박죽으로 인물을 혼동했다. 할아버지의 옷소매를 잡아끌며 아무것도 모른다는 것을 증명이나 하듯 기묘한 질문을 계속했다. 그러면서도 그는 따분해하기는커녕 열중하며 재미있어했다. 시시한 대본을 바탕으로 자작 소설을 꾸며 가고 있었으나, 그것은 상연되고 있는 것과는 얼토당토않은 내용이었다. 무대 위 사건은 그의 소설과 끊임없이 어긋났으므로, 그때마다 그는 이야길 고쳐 지어야만 했다.

그러나 그것은 아이를 당혹시키는 것은 아니었다. 무대 위에서 갖가지 음성을 내며 움직이고 있는 인물 중에서, 그는 마음에 든 사람을 골라냈다. 그러고는 동정을 기울이는 그 인물들의 운명을 두근거리는 가슴으로 지켜보았다. 그중에서도 그는 아름다운 한 여인에게 이끌려 마음이 산란해져 있었다. 기다란 금발이 반짝거리는 중년 여인으로 눈이 엄청나게 크고, 맨발로 걸어 다니고 있었다. 연출의 엄청난 부자연스러움도 그의 마음엔 조금도 거슬리지 않았다. 멋없이 크고 뚱뚱한, 우스꽝스럽고 망측한 배우들, 어느 모로 보나 볼품사나운 두 줄로 늘어선 합창단원들, 유치한 동작, 고함치는 충혈된 얼굴, 더부룩한 가발, 테너 가수가 신고 있는 신발의 높은 뒤축, 그가 마음 끌린 아름다운 여인의 갖가지 화장품으로 꾸민 얼굴, 그러한 것을 어린아이의 날카로운 눈은 보지 못했다. 지금 그는 정열에 불타는 나머지 사랑하는 이의 참모습을 보지 못하게 된 애인과도 같았다. 아이 특유의 불가사의한 상상력이 불쾌한 감각을 중도에서 멈추고 그것을 적당히 변형시키고 있었던 것이다.

음악이 그러한 기적을 이루었다. 음악은 여러 가지 대상을 어렴풋한 분위기로 감싸줬고, 모든 것이 거기에서는 아름답고 고귀하고 바람직한 것이 되어 있었다. 음악은 사랑하고 싶다는 탐욕스런 욕망을 영혼에게 전해 주고 있었다. 그와 동시에 숱한 사랑의 환상을 주어, 음악 자신이 파 놓은 그 마음의 공허를 채우고 있었다. 어린 크리스토프는 감동으로 거의 넋을 잃었다. 음악의 온갖 대사와 동작과 악구(樂句)가 그의 마음을 흔들었다.

이미 눈을 들 기력도 없었다. 선한 것인지 악한 것인지를 구별할 수도 없었다. 낯이 붉으락푸르락 했다. 이마에는 구슬 같은 땀방울이 솟아났다. 주위 사람들이 자신의 마음속 동요를 눈치채지나 않을까 조마조마했다. 오페라 제4막에서, 테너 가수와 프리마돈나로 하여금 가장 날카로운 음성의 아름다움을 관객에게 들려줄 기회를 만들기 위하여, 드디어 피할 수 없는 비극적 파탄이 연인에게 닥치는 장면에 이르자, 그는 숨이 막힐 지경이 되었다. 감기가 들었을 때처럼 목구멍이 아팠다. 두 손으로 목을 붙잡았다. 침을 삼킬 수도 없었다. 눈물이 솟아났다. 다행히도 할아버지 역시 그에 못지않게 감동하고 있었다. 그는 어린애 같은 순수함으로 연극을 마음껏 즐겼다. 극적인 장면이 되자, 마음속 동요를 감추기 위해 무심한 척 시치미를 떼며 가벼운 기침을 했다. 크리스토프는 그것을 빤히 알아차렸다. 그는 그것이 기뻤다. 무섭게 더웠다. 졸음이 와서 나른해졌다. 그의 좌석은 몹시 불편했다. 그러나 그는 줄곧 생각하고 있었다.

'얼마나 남았을까? 끝나지 않으면 좋으련만!'

그때 홀연히 모든 것이 끝났다. 왜 그런지 그는 알 수 없었다. 막이 내리고, 관객이 모두 일어섰다. 마법은 풀려 버렸다.

두 어린이인 노인과 아이는 이미 어둑해진 길을 걸어 집으로 향했다. 얼마나 아름다운 밤인가! 얼마나 고요한 달빛인가! 두 사람 모두 묵묵히 저마다의 회상을 반추하고 있었다. 가까스로 노인이 말문을 열었다.

"어때, 재미있었느냐?"

크리스토프는 대답할 수가 없었다. 아직도 격렬한 감동에 압도되어 있었고, 그 매력이 깨뜨려질까 두려워 입을 열기가 싫었다. 아주 낮은 음성으로 중얼거리는데도 애를 써야 했다. 크게 한숨을 내쉰 뒤 간신히 입을 열었다.

"응! 그래!"

노인은 미소를 지었다. 한참 만에 노인은 다시 입을 열었다.

"이제 음악가라는 직업이 얼마나 훌륭한지 알았느냐? 저런 훌륭한 극을 만드는 것 이상으로 명예로운 일이 또 있을 것 같으냐? 그건 이 세상의 하느님이 되는 일이지."

아이는 깜짝 놀랐다. 어렵쇼! 사람이 그것을 만들었다니! 그는 꿈에도 그런 생각은 못했다. 그것은 저절로 이루어진 것이며 자연의 손에 의해 이룩된 것이려니 하고, 그는 거의 믿고 있었다…… 그것을 한 인간이, 언젠가 자신이 그렇게 될 음악가가 지었다니! 오오! 하루라도 좋으니, 단 하루만이라도 좋으니 그렇게 되고 싶다! 그렇게만 된다면, 그 뒤로는…… 그 뒤로는 어찌 되든 상관없다! 죽어야 한다면, 죽어도 좋다! 그는 물었다.

"할아버지, 누가 그걸 지었어요?"

할아버지는 그에게 프랑수아 마리 하슬러 이야기를 해 주었다. 베를린에 사는 젊은 독일 예술가인데, 할아버지는 전에 그와 사귀었다고 했다. 크리스토프는 열심히 귀를 기울여 들었다. 불쑥 그는 물었다.

"그러면 할아버지는?"

노인은 흠칫 몸을 떨었다.

"무슨 소리냐?"

할아버지는 되물었다.

"할아버지도 그런 거 지은 적 있어?"

"물론이지."

노인은 성난 음성으로 대답했다.

노인은 침묵에 잠겼다. 대여섯 걸음을 걷고서 그는 깊은 한숨을 내쉬었다. 이것이야말로 그의 평생에 걸친 슬픔 가운데 하나가 아니었던가. 그는 늘 극을 위해서 작곡하고 싶다고 염원해 왔다. 그러나 영감(靈感)은 언제나 그를 배신했다. 그의 서류철에는 그 자신만의 방식으로 지은 1막 또는 2막짜리 곡이 늘 끼어 있었다. 그러나 그 가치에 대해서는 거의 자신이 없어 지금까지 남에게 보여 줄 용기가 없었다.

집에 닿을 때까지 두 사람은 아무 말도 하지 않았다. 둘 다 잠을 이루지 못했다. 노인은 괴로웠다. 마음을 달래려고 성경을 꺼냈다. 크리스토프는 잠자리에서 그날 밤 일들을 돌이켜 보았다. 아주 사소한 것까지도 떠올렸다. 맨발의 여자가 다시 나타났다. 꾸벅꾸벅 졸기 시작할 무렵, 한 악구가 귀에 울려왔다. 오케스트라가 거기서 연주하는 듯 똑똑히 들려왔다. 그는 온몸을 부르르 떨었다. 취한 듯한 머리를 베개에서 쳐들었다. 그러고는 생각하는 것이었다.

'언젠가는 나도 지을 테다. 오오! 언제쯤 그럴 수 있을까?'

이 순간부터 그에게는 이미 한 가지 소망밖엔 없었다. 극장에 다시 한 번 가고 싶다는 것이었다. 공부를 하면 상으로 극장에 보내 준다는 말을 듣고는 더욱 열심히 공부했다. 이미 그의 머릿속에는 그것밖엔 없었다. 한 주일의 절반은 지난번에 본 극을 생각하고, 나머지 반은 다음 극 생각을 했다. 공연 날에 앓아눕지나 않을까 겁이 나기도 했다. 너무 걱정한 나머지 진짜로 서너 가지 질병의 징후를 느끼기조차 했다. 드디어 그날이 오자 음식도 제대로 목구멍을 넘어가 주지 않았다. 그는 걱정거리가 있는 사람처럼 조마조마해서 몇 십 번씩이나 시계를 보러 갔고, 이대로 영영 저녁이 안 오지나 않을지 염려하기도 했다. 끝내 참을 수가 없어, 혹시 좌석이 없어져 버리면 어쩌나 걱정이 된 그는 개장하기 한 시간 전에 일찌감치 집을 나섰다. 아무도 없는 널따란 홀에 맨 먼저 들어가 보니, 역시 또 불안해졌다. 관객이 너무 적어서 배우들이 출연하길 싫어한 끝에 관람료를 도로 물어 준 일도 두세 번 있었다는 말을 할아버지에게서 들은 적이 있었기 때문이다. 그는 손님이 들어오기를 기다려서 그 인원수를 세며 생각했다.

'스물셋, 스물넷, 스물다섯…… 어이구! 아직 모자라네! …… 아무리 기다려도 다 차지 않으려나?'

그러다가 2층 정면 특별석이나 아래층 특별석에 들어오는 어떤 유명 인사가 눈에 띄면 한결 마음이 가벼워졌다. 그러면 그는 자신을 타일렀다.

'저 사람 같으면 그냥 돌려보낼 수 없겠지. 틀림없이 저 사람을 위해서 극을 상연할 거야.'

그러나 이것으로도 확신은 가질 수 없었다. 악단 연주자들이 자리에 앉고서야 비로소 마음이 놓였다. 그러고도 막이 오른 다음에 언젠가의 밤처럼 공연물이 바뀌었다고 통고되지나 않을까 하고, 마지막 순간까지 그는 여전히 걱정하고 있었다. 그는 조그만 날카로운 눈초리로 콘트라베이스 주자의 보면대(譜面臺)를 훔쳐보며, 악보에 씌어 있는 표제가 지금 기다리고 있는 극의 제목인가를 확인하려 했다. 틀림없다는 것을 확인하고서도 2분이 지나자 혹시 잘못 보지 않았나 확인하느라고 또다시 훔쳐보았다…… 오케스트라 지휘자는 아직 오지 않았다. 틀림없이 몸이 아픈 거야…… 막 저쪽에서 사람이 돌아다니고, 왁자한 말소리와 부산스러운 발소리가 들려왔다. 무슨 일 있나, 뜻밖의 사고라도 났나…… 다시 조용해졌다. 오케스트라 지휘자가 자기 위치에 자리했다. 겨우 준비가 된 모양이다…… 그러나 아직 시작하지 않는다! 대체 어찌 된 일일까? 그는 안절부절못할 만큼 초조했다. 가까스로 개막 신호가 울렸다. 심장이 두근거렸다. 오케스트라가 서곡을 연주하기 시작했다. 그제야 비로소, 크리스토프는 서너 시간에 걸친 크나큰 행복감에 젖어드는 것이었다. 이를 방해하는 것이라곤 오직, 이 행복감도 조금 지나면 끝이 난다는 생각뿐이었다.

*

그로부터 얼마 뒤, 음악계의 한 사건이 크리스토프의 머리를 강하게 자극했다. 그를 경탄시킨 첫 오페라의 작자인 프랑수아 마리 하슬러가 이곳에 온다는 것이었다. 자기 작품의 연주회를 지휘하기로 되어 있다고 했다.

시내는 발칵 뒤집혔다. 이 젊은 악장(樂匠)은 바야흐로 독일 국내에서는 이미 선풍적인 화제의 대상으로 부각되어 있었다. 그리고 반 달쯤 시내는 온통 그의 소문으로 들끓었다. 그러다가 드디어 그가 오자, 양상이 싹 바뀌었다. 멜키오르의 친구나 장 미셸 노인의 친구들이 끊임없이 그에 관한 소문을 가져왔다. 그들은 이 음악가의 습관이나 기행(奇行)에 관해서 온갖 황당한 소문을 전해 주었다. 아이는 이러한 이야기를 하나하나 열심히 주의 깊게 들었다. 그런 위인(偉人)이 이곳에, 우리 고장에 와 있다. 하슬러와 같은 공기를 마시고 같은 포석을 밟고 다닌다는 생각이 들자, 아이는 이루 말할 수 없는 감격에 젖었다. 이제는 오로지 그분을 보고 싶다는 소원만으로 하루하루를 보냈다.

하슬러는 궁정에 묵고 있었다. 대공이 빈객으로 대우한 것이다. 그는 연습을 지휘하느라고 극장에 가는 일 말고는 거의 외출도 하지 않았다. 크리스토프는 그 극장에 들어갈 수 있도록 허용되어 있진 않았다. 또한 하슬러는 몹시 게을러서 언제나 대공의 마차를 타고 왕복했다. 이 때문에 크리스토프가 그를 유심히 바라볼 기회라곤 거의 없었다. 꼭 한 번, 마차가 지나갈 때 마차 안쪽에서 그의 털가죽 외투를 흘긋 볼 수 있었을 뿐이다. 고작 그것을 위해 그는 거리에서 몇 시간씩이나 기다리고, 구경꾼들 맨 앞줄에 자리를 잡고 그 자리를 지키느라 좌우로 주먹을 휘두르며 악을 써야 했던 것이다. 크리스토프는 그 악장의 방이라고 누가 일러 준 궁정의 창문을 살펴보는 데 반나절을 허비하고는 겨우 자신을 달래기도 했다. 대개는 덧문만이 보일 뿐이었다. 하슬러는 늦잠을 자는 버릇이 있어서, 창은 오전엔 거의 내내 닫혀 있었던

것이다. 그 때문에 소식통이라는 사람들은, 그가 밝은 햇볕을 견디지 못해서
언제나 어둠 속에서 지내고 있다고 그럴싸하게 소문을 퍼뜨렸다.

드디어 크리스토프가 그의 영웅 가까이 갈 수 있도록 허용되었다. 그것은
연주회 당일이었다. 온 시내 사람들이 거기 모여 있었다. 대공과 신하들은
큼직한 귀빈석을 차지했다. 그 자리 위에는, 볼이 도톰하고 동그스름한 두
천사가 허공에 왕관 하나를 받쳐 들고 있었다. 극장은 그야말로 축전(祝典)
장소였다. 무대는 떡갈나무 가지와 꽃이 핀 월계수 가지로 장식되었다. 조금
이라도 실력 있는 음악가들은 누구나 이 오케스트라에 참여하는 것을 명예
로 여겼다. 멜키오르는 자기 자리에 있었다. 장 미셸은 합창단을 지휘했다.

하슬러가 나타나자 사방에서 갈채가 쏟아졌다. 부인네들은 그의 모습을
더 잘 보려고 일어섰다. 크리스토프는 탐욕스럽게 그를 바라보았다. 하슬러
의 얼굴은 젊고 고상했으나 이미 얼마간 부어 있었고, 피로가 나타나 있었
다. 관자놀이 부근 머리칼은 숱이 적었다. 머리 꼭대기에는 굽슬굽슬한 금발
사이로 겉늙은 대머리가 엿보였다. 파란 눈은 초점이 없었다. 짤막한 붉은빛
코밑수염 아래에서는, 빈정거리는 듯한 입이 눈에 띄지 않을 만큼 빠르게 경
련하며 거의 쉬는 법이 없었다. 그는 키가 크고 자세가 바르지 못했다. 그것
은 마음이 거북한 탓이 아니라, 피로나 권태 탓이었으리라. 그는 지휘했다.
그의 음악처럼 흔들거리는 크고 어색한 온몸은 때로는 어루만지는 듯, 때로
는 무뚝뚝한 몸짓과 더불어 변덕스러운 유연성으로 움직이고 있었다. 사람
들은 그가 몹시 신경질적임을 알 수 있었다. 그의 음악은 그러한 그의 사람
됨을 반영하고 있었다. 급격히 진동하는 그의 생명이, 평소에는 해이해져 있
던 이 오케스트라에 스며들어 있었다. 크리스토프는 숨을 헐떡거렸다. 남의
시선을 끌까 봐 겁은 났지만, 자리에 꼼짝 않고 앉아 있을 수가 없었다. 몸
을 꼬거나 일어서거나 했다. 음악이 그에게 뜻하지 않은 격렬한 충동을 주
어, 머리나 팔다리를 움직이지 않고는 배길 수가 없었다. 주위 관객들은 몹
시 놀라서 거칠게 행동하는 그를 되도록 피하려고 했다. 모든 청중은 열광하
고 있었으나, 그것은 작품보다도 이 연주회의 성공에 매혹된 탓이었다.

드디어 박수갈채의 폭풍이 일고, 그와 동시에 오케스트라의 트럼펫이 독
일의 관습대로 승리자에게 경의를 표하며 당당하게 울려 퍼졌다. 크리스토
프는 그러한 명예가 마치 자신에게 주어지기나 한 듯, 자랑스러움으로 온몸

에 짜릿한 전율을 느꼈다. 하슬러 얼굴이 어린애 같은 만족스러움으로 빛나는 것을 보고 그는 기쁨을 억누르지 못했다. 부인네들은 꽃을 던지고, 남자들은 모자를 흔들었다. 모두들 무대로 몰려갔다. 저마다 이 거장(巨匠)과 악수하고 싶어했다. 열광하는 부인 하나가 하슬러의 손을 자기 입술로 가져가고, 또 다른 부인 하나가 보면대 구석에 놓여 있던 하슬러의 손수건을 몰래 훔쳐 가는 것을 크리스토프는 보고 있었다. 왠지는 전혀 알 수 없었으나, 그도 또한 무대까지 가고 싶어졌다. 사실 그때 하슬러 곁에 있었더라면, 그는 감동에 못 이겨 그만 달아나 버렸을 것이다. 그러나 자신과 하슬러 사이를 떼어 놓은 사람들의 옷과 다리 사이로 그는 마치 숫염소처럼 머리를 들이대며 부딪쳐 나아갔다. 그러나 그는 너무나 작아서 무대까지 갈 수는 없었다.

다행히도 음악회가 끝나자 할아버지가 그를 찾으러 와서, 하슬러를 위해 베풀어지는 야회에 데리고 가 주었다. 이미 밤이 되어 횃불이 밝혀져 있었다. 오케스트라 단원들이 모두 거기 와 있었다. 그들이 주고받는 것은, 좀 전에 들은 그 훌륭한 작품에 관한 이야기뿐이었다. 이윽고 일행은 궁정 앞에 닿았다. 그리고 거장의 창 밑에 조용히 나란히 섰다. 이제부터 어떤 일이 벌어질 것인가는 누구나가, 심지어 하슬러 자신도 뻔히 알고 있었으나, 그들은 시치미 뚝 떼고 묘하게 점잔을 뺐다. 밤의 아름다운 침묵 속에 하슬러의 유명한 곡이 연주되었다. 하슬러가 대공과 함께 창가에 모습을 나타냈다. 사람들은 두 사람의 명예를 위해 일제히 환호성을 올렸다. 그에 대한 두 사람의 답례가 있었다. 한 시종이 대공의 뜻을 전하며 음악가들을 궁정으로 초대해 들였다. 일행은 몇 개의 홀을 거쳐 안으로 들어갔다. 홀엔 투구를 쓴 벌거숭이 사나이들을 그린 벽화가 있었다. 인물은 모두 불그레한 색으로 그려지고 도전적인 자세였다. 하늘은 해면(海綿)을 닮은 큼직한 구름으로 덮여 있었다. 철판 허리띠를 두른 남녀 대리석상도 있었다.

그들은 발소리도 들리지 않는 보드라운 융단 위로 걸음을 옮겼다. 어느 홀에 들어서니 대낮처럼 밝게 불이 켜져 있고, 그곳엔 음료와 진수성찬이 가득 차려진 식탁이 늘어서 있었다.

대공은 거기 있었다. 그러나 크리스토프에겐 그 모습이 눈에 띄지도 않았다. 그는 하슬러만 보고 있었다. 하슬러가 음악가들에게 다가와서 감사하다

고 인사했다. 그는 적당한 말을 찾다가 어떤 문구에서 말이 막히자 익살스러
운 기지로 위기를 벗어나 모두를 웃겼다. 식사가 시작되었다. 하슬러는 음악
가 네댓 명을 자기 옆으로 불렀다. 그는 할아버지를 발견하자 매우 상냥하게
말을 건넸다. 장 미셸이 그의 작품을 맨 처음 연주해 준 사람들 가운데 하나
임을 그는 기억하고 있었다. 할아버지의 제자였던 어느 친구를 통해 할아버
지의 기량은 자주 들어 왔노라고도 했다. 할아버지는 황송해하며 감사의 말
을 늘어놓았다. 너무나 과장된 찬사를 늘어놓으며 대답하자, 크리스토프는
비록 하슬러를 존경하긴 했지만 그래도 창피스러움을 느끼지 않을 수 없었
다. 그러나 하슬러는 매우 흡족한 듯이, 그러한 찬사를 받는 것을 당연한 일
로 여기고 있는 듯싶었다. 끝내는 자신도 무슨 소리를 하고 있는지 모를 미
로에 빠져 버린 할아버지는, 크리스토프의 손을 잡아끌어 그를 하슬러에게
소개했다. 하슬러는 아이에게 미소를 지어 보이며 아무렇게나 머리를 쓰다
듬어 주었다. 그리고 아이가 그의 음악을 좋아하며, 그를 만나는 날을 애타
게 기다리느라고 며칠 밤이나 잠을 이루지 못했다는 말을 듣고는, 아이를 팔
에 안아 올리고 부드럽게 여러 가지 이야기를 물었다. 크리스토프는 기쁜 나
머지 얼굴이 홍당무가 되어 감동에 겨워 말도 못하고, 그의 얼굴조차 감히
바라보지 못하였다.

하슬러는 아이의 턱을 잡더니 억지로 얼굴을 쳐들게 했다. 크리스토프는
마음을 다져 그를 쳐다봤다. 하슬러의 눈은 친절하게 웃고 있었다. 아이도
따라 웃었다. 그러고는 자신이 그토록 좋아하는 위인의 품에 안겼다는 사실
에 뭐라고 말할 수도 없이 기쁘기만 하여, 그만 눈물을 흘렸다. 하슬러도 이
러한 소박한 애정에 감동했다. 그는 더욱 다정해지며 아이에게 입을 맞추어
주었고, 어머니처럼 자애롭게 말을 건네었다. 또한 익살을 떨어도 보고 애를
웃기려고 간질여 주기도 했다. 크리스토프는 눈물을 흘리면서도 웃지 않을
수 없었다. 이윽고 완전히 친숙해져서, 서슴지 않고 그에게 대답할 수 있게
되었다. 나아가서 마치 옛 동무나 되는 사이인 것처럼, 자신의 조그마한 포
부까지 이모저모를 자진해서 그의 귀에 소곤거렸다. 얼마나 하슬러 같은 음
악가가 되고 싶어하는지, 하슬러같이 아름다운 작품을 짓고 싶어하는지, 위
인이 되고 싶어하는지를. 평소엔 수줍기만 하던 그가 이제는 완전히 마음을
터놓고 이야기했다. 그는 자신이 무슨 소리를 하고 있는지 알지 못했다. 그

저 황홀하기만 했다. 하슬러는 그의 재잘거림을 웃으며 듣고 있었다. 그러다가 말을 건넸다.

"커서 훌륭한 음악가가 되거든, 베를린으로 나를 찾아오너라. 도움이 되어 줄 테니."

크리스토프는 기쁨에 겨워 대답도 할 수 없었다. 하슬러는 그를 놀려 주었다.

"싫으냐?"

크리스토프는 싫은 게 아니라는 뜻을 분명히 하느라고 대여섯 차례 고개를 세차게 흔들었다.

"그럼 약속했다?"

크리스토프는 이번에도 말없이 고개를 거듭 끄덕였다.

"그럼, 한번 안아 주려무나!"

크리스토프는 하슬러의 목에 두 팔을 두르더니 힘껏 죄었다.

"이런, 내 옷 다 젖겠구나. 자, 그만 놔주렴. 코를 풀어야지."

하슬러는 웃고 있었다. 자기 손으로 코를 풀어 주었다. 아이는 부끄러웠으나, 한편 기쁘기도 했다. 하슬러는 아이를 내려놓고는 손을 잡아 식탁으로 데려갔다. 그리고 주머니에 과자를 가득 채워 주더니 말했다.

"그럼, 안녕! 나하고 약속한 것을 잊으면 안 된다, 응?"

그리고 그는 크리스토프를 거기에 남겨 두고 사라졌다.

크리스토프는 행복감에 잠겨 있었다. 이미 다른 일은 눈에 들어오지 않았다. 그는 하슬러의 온갖 표정과 몸짓을 다정스럽게 지켜보고 있을 뿐이었다. 그런데 하슬러의 한마디가 그를 흠칫 놀라게 했다. 하슬러는 술잔을 들고 뭐라 지껄이고 있었다. 그의 얼굴은 갑자기 긴장되었다. 그는 이런 말을 했다.

"이러한 날의 기쁨도, 우리에게 적을 잊게 해서는 안 됩니다. 사람들은 결코 자신의 적을 잊어서는 안 되는 것입니다. 비록 우리가 짓밟히지 않았다 하더라도, 그것은 조금도 그들 탓은 아닙니다. 또한 그들이 짓밟히지 않았다 하더라도, 그것은 우리 탓은 아닐 것입니다. 그러므로 나는 건배의 말로서 우리가…… 술잔을 들어 그의 건강을 기원하고 싶지 않은 상대도 있다는 것을 말씀드리고자 하는 것입니다!"

모두들 이 색다른 건배의 대사에 갈채를 보내며 웃어 젖혔다. 하슬러도 모두와 더불어 웃었고 유쾌한 표정을 되찾았다. 그러나 크리스토프는 당황하였다. 자신에게는 영웅인 그의 행동을 함부로 비판하는 건 마음이 내키지 않았으나, 하필 오늘 밤같이 밝은 얼굴들과 빛나는 생각밖엔 있을 수 없는 때에, 그가 아름답지 못한 것을 생각하다니 불쾌한 일이 아닐 수 없었다. 그렇다고 크리스토프의 인상이 뚜렷한 것은 아니었다. 더할 수 없는 기쁨과 할아버지의 술잔에서 조금 얻어 마신 샴페인 때문에, 그 인상은 순식간에 쫓겨 사라져 버렸다.

돌아오는 길에 할아버지는 끊임없이 홀로 지껄였다. 하슬러에게서 받은 찬사로 들떠 제정신이 아니었다. 하슬러야말로 백 년에 하나밖에 나오지 않는 천재야, 그는 이렇게 외쳤다. 크리스토프는 사랑의 도취를 마음속에 간직한 채 잠자코 있었다. 그분은 내게 키스해 주셨다! 그분은 나를 두 팔로 안아 주셨어! 그분은 얼마나 친절하신 분인가! 그분은 얼마나 위대하신 분인가!

'아아!'

그는 조그만 잠자리 속에서 베개를 꽉 껴안으며 생각했다.

'그분을 위해서라면 죽어도 좋다, 죽어도 좋아!'

*

하룻밤, 그가 사는 조그만 도시의 하늘을 지나간 휘황한 유성(流星)은 크리스토프의 정신에 결정적인 영향을 끼쳤다. 그의 유년 시절을 통해서 그것은 살아 있는 모범이었다. 그는 그에 시선을 못 박고 있었다. 겨우 6살 난 아이는 그 모범을 좇아 자신도 작곡을 하리라고 결심한 것이다. 실제로 이미 훨씬 전부터, 그는 스스로 깨닫지 못하는 가운데 작곡을 하고 있었다. 작곡한다는 것을 자각하기도 전에 작곡을 했던 것이다.

음악가의 마음에는 모든 것이 음악이다. 떨리고 흔들리고 펄럭이는 모든 것, 쨍쨍 내리비치는 여름날의 햇빛, 산들바람 살랑거리는 밤, 흐르는 빛, 총총한 별의 반짝임, 폭풍, 새들의 지저귐, 벌레의 날갯짓 소리, 나무 흔들리는 소리, 그리운 혹은 지겨운 목소리, 귀에 익은 가정에서의 소리, 문짝 삐걱거리는 소리, 밤의 침묵 속에 들리는 혈관을 뿌듯이 부풀려 주는 혈액의 울렁거림 소리—존재하는 모든 것이 모두 음악이다. 문제는 오로지 그것을 귀로 듣는다는 데 있다. 가지가지 존재의 이러한 음악은 크리스토프 속에서 메아리치고 있었다. 그의 눈에 띄는 모든 것, 그가 느끼는 모든 것은 음악으로 변했다. 그는 마치 붕붕 소리가 요란한 벌집과도 같았다. 그러나 누구도 그런 줄을 알아채지 못했다. 그 누구보다도 자기 자신이 자각하지 못하고 있었던 것이다.

모든 아이들처럼 그는 줄곧 조그만 소리로 노래했다. 어떠한 때든지, 또 무엇을 하고 있을 때든지, 한 발로 깡충깡충 뛰며 큰길에서 놀고 있을 때라도, 할아버지네 집 마룻바닥에 뒹굴면서 두 손으로 머리를 쥐어짜고 책의 삽화를 들여다보고 있을 때도, 또는 부엌의 가장 어둑한 한구석에서 조그만 자기 의자에 앉은 채 밤의 어둠이 내리깔리는데 하염없이 멍하니 몽상에 잠겨 있을 때도, 언제나 그의 단조로운 중얼거림이 들렸다. 입을 다물고 볼을 부풀려 입술을 떨리게 하는 것이다. 그것은 질리지도 않고 몇 시간씩이나 계속되었다. 어머니는 애써 못 들은 체하다가도 참지 못하고 별안간 꽥 소리를 지르곤 했다.

이렇게 꿈인지 생시인지 분간하기 어려운 꿈결같은 상태에 싫증이 나면, 이번엔 몸을 움직여서 소리를 내고 싶은 욕구에 사로잡힌다. 그러자 그는 음악을 지어내어 한껏 소리 높여 노래 불렀다. 그는 자기 생활의 온갖 상황을 위한 음악을 지었다. 아침나절에 조그만 집오리처럼 대야 속 물을 휘저을 때의 음악도 있었다. 그 지겨운 피아노 걸상에 오를 때의 음악도 있었다. 특히 거기서 내려올 때의 음악도 있는데, 그것이 오히려 훌륭했다. 또 어머니가 식탁으로 수프를 날라올 때의 음악도 있었다. 그때엔 그는 팡파르를 울리며 어머니를 재촉했다. 식당에서 침실로 엄숙한 걸음걸이로 향할 때에는 자신을 위해 개선행진곡을 연주했다. 이때는 가끔 두 아우와 행렬을 짜는 수도 있었다. 셋은 차례로 나란히 서서 장중하게 행진했다. 각자가 저마다의 행진곡을 가지고 있었다. 그러나 당연히 크리스토프는 자신을 위해서 가장 아름다운 곡을 마련해 갖고 있었다. 이러한 많은 음악은 각각 엄밀히 특별한 상황에서 쓰이도록 정해져 있었다. 크리스토프는 그것들을 결코 혼동하진 않았다. 여느 사람 같으면 혼동했을는지도 모른다. 그러나 그는 참으로 명백히 그 차이를 구별하고 있었다.

어느 날 그는 할아버지 집에 가 있었다. 머리를 뒤로 젖히고 배를 앞으로 불쑥 내밀고 발뒤꿈치로 보조를 맞추며 방 안을 빙글빙글 돌아다녔다. 자작곡 하나를 연주하며 기분이 이상해지도록 언제까지고 빙글빙글 돈 것이다. 그때 면도를 하던 할아버지가 손을 멈추더니, 비누투성이 얼굴을 불쑥 내밀고 그를 보며 말했다.

"애야, 무슨 노래를 부르고 있느냐?"

크리스토프는 모른다고 답했다.

"다시 한 번 해 보아라!"

장 미셸은 다그쳤다.

크리스토프는 해 보았다. 그러나 좀전의 가락은 아무리 해도 나와 주지 않았다. 하지만 할아버지의 주의를 끈 데 으쓱해져서, 그는 오페라에 나오는 어려운 곡을 자기 나름대로 바꿔 노래하여 아름다운 음성을 칭찬받고 싶어했다. 그러나 노인이 바라는 것은 그런 것이 아니었다. 장 미셸은 입을 다물고 이미 아이를 본체만체하는 것 같았다. 그러나 아이가 옆방에서 혼자 놀고 있는 동안 그는 방문을 반쯤 열어 놓고 있었다.

그로부터 며칠이 지난 뒤, 크리스토프는 자기 둘레에 의자를 둥그렇게 갖다 놓고, 극장에서 본 기억의 단편으로 지은 음악극을 연주해 보고 있었다. 매우 진지한 표정으로 그는 극장에서 본 대로 미뉴에트(3박자로 된 프랑스의 옛 무도곡)의 가락에 맞추어, 테이블 위에 걸린 베토벤의 초상을 향해 보조를 맞추어 경건히 경례를 했다. 발뒤꿈치로 뱅그르르 돌자, 반쯤 열린 방문 틈으로 이쪽을 뚫어지게 응시하는 할아버지의 얼굴이 눈에 띄었다. 아이는 할아버지가 웃는 줄 알았다. 그래서 창피해서 딱 그치고는 창가로 달려가서 유리창에 얼굴을 묻었다. 마치 어떤 중대한 것을 열심히 들여다보듯이. 그러나 노인은 아무 말이 없었다. 아이 곁으로 다가와서 키스를 했다. 크리스토프는 할아버지가 만족해하고 있다는 것을 잘 알 수 있었다. 그의 조그만 자존심은 이러한 호의를 받자 동요되지 않을 수 없었다. 그는 꽤 눈치가 빨랐으므로 자신이 칭찬받고 있다는 판단은 섰다. 그러나 할아버지가 자기의 무엇에 가장 감탄하는지는 또렷이 알 수 없었다. 극작가로서의 재능일까, 음악가로서의 재능일까, 성악가로서의 재능일까, 아니면 무용가로서의 재능일까? 그는 이 마지막 것이라는 생각으로 기울어졌다. 왜냐하면 그는 그것을 크게 존중하고 있었기 때문이다.

그로부터 한 주일 뒤 그런 일은 깨끗이 잊어버렸을 무렵에, 할아버지는 매우 의미심장한 투로 네게 보여 줄 것이 있다고 말씀하셨다. 할아버지는 책상을 열더니 안에서 악보집을 한 권 꺼내어 피아노 보면대에 얹어 놓았다. 그러고는 소년에게 쳐 보라고 이르는 것이었다. 크리스토프는 크게 당황했으나 그래도 어찌어찌 헤아려 연주했다. 그 노트는 노인의 굵은 필치로 특별히 공들여 기록된 것이었다. 서두의 문자는 굴레와 꽃 모양으로 장식되어 있었다. 크리스토프 곁에 앉아서 페이지를 넘겨 주던 할아버지는, 이윽고 그에게 이게 대체 무슨 음악이냐고 물었다. 크리스토프는 연주에만 정신이 팔려서 자기가 무슨 곡을 치고 있는지조차 알 수 없었으므로, 전혀 모르겠다고 답했다.

"주의를 기울여 봐라. 이것을 모르겠느냐?"

그렇다. 분명히 귀에 익은 것 같은 생각이 든다. 그러나 어디서 들었는지 알 수 없었다…… 할아버지는 웃고 있었다.

"잘 생각해 보아라."

크리스토프는 고개를 가로저었다.

"모르겠어요."

실은 짐작이 가기는 했다. 아무래도 저 가락은…… 아니, 아니다! 그것은 차마 말하기가 어려웠다…… 그렇다고 말하고 싶지 않았던 것이다.

"할아버지, 모르겠어요."

그는 낯이 빨개져서 말했다.

"바보 같으니라구. 제가 지어 놓고도 모른단 말이냐?"

정말 그렇다고는 생각하고 있었다. 그러나 막상 그렇게 말을 듣고 보니 가슴이 철렁했다.

"아아! 할아버지! ……"

노인은 얼굴을 환히 빛내면서 악보를 설명했다.

"이건 아리아(영창곡)란다. 화요일에 네가 방바닥에 뒹굴면서 노래하던 거지. 이건 행진곡이다. 지난주 네게 다시 한 번 불러 보라고 했을 때, 생각이 나지 않았던 그 곡이란다. 그리고 이건 미뉴에트야. 내 안락의자 앞에서 네가 춤추던 것이다…… 자, 보려무나."

표지에는 멋진 고딕체 글씨로 이렇게 씌어 있었다.

'어린 날의 기쁨' 영창곡, 미뉴에트, 왈츠 및 행진곡, 장 크리스토프 크라프트의 작품 제1번.

크리스토프는 눈이 부셨다. 내 이름을, 이렇게 아름다운 표제를, 이렇게 큼직한 악보장을, 나 자신의 작품을 보게 될 줄이야! …… 그는 여전히 더듬거리고 있었다.

"아아! 할아버지! 할아버지! ……"

노인은 소년을 끌어당겼다. 크리스토프는 할아버지 무릎에 몸을 던지고, 그 가슴에 얼굴을 묻었다. 그는 기뻐서 낯이 새빨개져 있었다. 소년보다도 더 기쁨에 찬 노인은 무심한 체하려고 애쓰며―감동하려 하는 자신을 의식하고 있었으므로―말을 이었다.

"물론 할아버지가 반주를 덧붙였고, 노래의 음률에 화성(和聲)을 넣었지. 게다가……" 그는 기침을 한 다음 말했다. "게다가 또 미뉴에트에 트리오를 첨가했단다. 그건…… 그것이 습관이고…… 게다가…… 하여튼 결국 나빠지진 않았다고 생각되는구나."

노인은 그 곡을 쳤다. 크리스토프는 이 곡을 할아버지와 함께 지었다는 데 여간 신명이 나는 것이 아니었다.

"그럼 할아버지, 할아버지 이름도 써 두어야겠네요."

"그럴 것은 없다. 너 말고 다른 사람은 그것을 알 필요가 없지. 그저 말이다……"

여기서 할아버지의 음성은 떨렸다.

"그저 말이다. 훨씬 뒷날에 가서 할아버지가 이 세상을 떠난 뒤, 넌 이것을 보면 이 늙은 할아버지를 생각해 줄 테지? 할아버지를 잊지는 않겠지?"

가엾은 노인은 끝까지 말을 맺지는 못했다. 그는 자신보다 긴 생명이 있으리라고 느낀 손자의 작품 속에 자신의 어설픈 한 음절을 엮어 넣는다는, 지극히 천진스러운 기쁨에 저항할 수 없었던 것이다. 그러나 이와 같은 상상 속 영광을 누리고 싶다는 그의 소망은, 지극히 겸허하고도 참으로 비통한 것이었다. 왜냐하면 그는 이 세상에서 완전히 죽어 사라져 버리지 않기 위해, 자신의 사상 한 조각을 무명인 채 남겨 두는 것으로 충분히 만족했기 때문이다. 크리스토프는 크게 감격한 나머지 할아버지의 얼굴에 마구 키스를 퍼부었다. 노인은 더욱더 감동해서 소년의 머리카락에 입을 맞췄다.

"애, 생각해 주겠지? 장차 네가 훌륭한 음악가가 되고 위대한 예술가가 되어, 네 가문의 명예가 되고, 네 예술의 명예가 되고, 네 조국의 명예가 되었을 때, 네가 저명한 인물이 되었을 때, 맨 처음에 너를 알아보고 네 미래를 예언한 것은 네 늙은 할아버지였다는 것을 너는 떠올려 주겠지?"

할아버지는 자신의 말소리를 들으며 눈에 눈물을 글썽거렸다. 그는 그런 약한 모습을 보이고 싶진 않았다. 그래서 심한 기침을 콜록거리고는 매우 까다로운 표정을 지었다. 그러고는 악보를 소중히 챙겨 넣으면서 소년을 돌려보냈다.

*

크리스토프는 기쁨에 넘쳐서 집으로 돌아왔다. 돌멩이들은 그의 주위에서 춤을 추었다. 그러나 그에 대한 가족들의 반응이 그를 황홀감에서 조금은 깨어나게 했다. 그는 신명이 났으므로, 자연히 좀 성급하게 음악에 관하여 그가 쌓은 공적을 한바탕 자랑하려 했는데, 그러자마자 부모님은 큰 소리를 질렀다. 어머니는 그를 비웃었다. 멜키오르는 늙은이가 미쳤나 보다고 코웃음 치더니, 공연히 애 머리를 돌게 하느니보다 자기 생각이나 할 것이지 하고 빈정거렸다.

아버지 의견에 따르면, 크리스토프는 이제 그런 어리석은 짓에 어울리지 말고 당장 피아노 앞에 앉아서 네 시간 연습을 하여 아버지를 기쁘게 해야 한다는 것이었다. 우선 제대로 치는 법을 터득하도록 노력할 일이요, 작곡 따위는 훨씬 뒷날에 가서 더는 할 것이 없을 즈음에 시작해도 충분하다는 것이었다.

이와 같은 현명한 말을 살펴보건대, 멜키오르는 조숙한 자만심의 위험스러운 흥분으로부터 크리스토프를 지켜 주는 데에 온 정성을 기울이는 듯이 생각되나, 사실은 그렇지 않았다. 도리어 그 반대라는 것을 그는 곧 드러냈다. 그러나 그 자신은 지금까지 한 번도 음악으로 표현해야 할 그 어떤 관념도 지닌 바 없었고, 또한 표현하고 싶다는 티끌만큼의 욕구도 지닌 바 없었으므로, 자신의 연주 기술을 자만한 나머지 작곡은 이차적인 것이요 연주자의 기술만이 작곡에 전적인 가치를 부여한다고 생각하기에 이르러 있었다. 물론 하슬러와 같은 대작곡가가 불러일으킨 감격에 대해서 그는 무감각하지는 않았다. 그러한 세간의 환영(歡迎)에 대해서는, 성공에 대해 평소에 느껴 온 존경심을 품고 있었다. 질투심도 암암리에 약간 섞여 있는 존경심을. 왜냐하면 그러한 갈채를 마치 뺏긴 기분이 들었기 때문이다. 그러나 명연주가의 성공도 그와 맞먹을 만큼 화려한 것이요, 오히려 이편이 훨씬 개인적이며 으쓱한 기분을 맛볼 수 있다는 점에서 훨씬 뛰어나다는 사실을, 그는 경험을 통해서 알고 있었다. 그는 대작곡가들의 재능에 대해서는 깊이 존경하는 체하고 있었다. 그러나 그들의 지성이나 품행에 대해서는 나쁜 소문이 날 만한 우스꽝스러운 일화를 즐거이 퍼뜨리고 다녔다. 그는 연주 기술을 예술의 영역에서 가장 높은 위치에 두고 있었다. 그의 주장에 의하면, 혓바닥이 육체에서 가장 고상한 부분이라는 사실은 명백하며, 말이 없는 사상이나 연주 없는 음악은 아무것도 아니라는 것이었다.

그가 크리스토프를 훈계한 동기가 무엇이었든 간에, 이 훈계는 할아버지의 칭찬으로 하마터면 잃어버릴 뻔한 마음의 평형을 아이가 되찾게 하는 데는 쓸모가 있었다. 아니, 그것으로는 아직 충분하지 못했다. 크리스토프는 역시 할아버지가 아버지보다 훨씬 지성이 뛰어나다고 생각하고 있었다. 또한 싫어하는 내색도 않고 피아노를 대한 것도, 아버지 말씀을 좇기 위해서라기보다도 기계적으로 손가락을 건반 위에 달리게 하면서 언제나처럼 제멋대로 몽상에 젖고 싶었기 때문이었다. 언제 끝날지조차 모르는 연습을 계속하면서, 그는 오만스러운 목소리가 자기 마음속에서 되풀이하는 말을 듣고 있었다.

"나는 작곡가다, 위대한 작곡가야."

그날부터 그는 작곡가였으므로 작곡을 시작했다. 글씨조차 거의 쓸 줄 모르던 시절부터 가계부 종잇장을 찢어 내어서는, 사분음표나 팔분음표를 마냥 써 갈기곤 했다. 그러나 자신이 생각하는 것을 알려 하고 또 그것을 또렷이 표현하려고 몹시 고생했기 때문에, 이윽고 그는 어떤 일을 생각하려고 할 때를 제외하고는 아무것도 머릿속에 떠올리지 않으려고 했다. 그러면서도 그는 악구(樂句)를 구성하려고 기를 썼다. 그는 타고난 음악가였기 때문에 그럭저럭 그것을 이루어 놓을 수가 있었다. 그것만으로는 아직 아무런 의미도 지니지 못한 것이긴 했지만. 소년은 의기양양하게 그것을 할아버지에게 가지고 갔다. 할아버지는 그것을 보고 기쁨에 겨워 울었다. 할아버지는 이미 늙어서 툭하면 울곤 했지만…… 그러고는 훌륭하다고 칭찬해 주시는 것이었다.

이것은 사실 그를 고스란히 그르치게 될 무익한 일이었다. 다행히도 그가 천성으로 갖춘 양식이 한 사나이의 영향으로 도움을 받아 그를 구해 주었다. 그 사나이는 누구에게도 영향 따위를 주려고는 생각조차 할 줄 몰랐고, 또한 세상 사람들의 눈으로 볼 때 도무지 양식의 본보기라고는 생각조차 할 수 없는 그러한 사람이었다. 그는 루이자의 오라버니였다.

그는 루이자를 닮아 자그마한 몸집이었다. 여위고, 나약하고, 얼마쯤 등이 굽어 있었다. 나이는 잘 알 수 없었다. 마흔을 넘었을 리는 없었다. 그러나 쉰 살로도, 또는 그 이상으로도 보였다. 주름이 잡힌 불그레한 조그만 얼굴에 착해 보이는 파란 눈은 약간 시든 물망초처럼 희끔했다. 문틈으로 스며 들어오는 찬바람을 두려워하여 어디서나 춥다는 듯 모자를 쓰고 있었는데, 그것을 벗으면 작고 불그레한 원뿔형 대머리가 나타났다. 크리스토프와 동생들은 그것을 재미있어했다. 그들은 싫증내지도 않고 그것을 놀려 대며 머리카락은 어쨌느냐고 물어보는 등, 멜키오르의 예의를 벗어난 농담에 덩달아서 대머리를 두드려 줄 테다, 하고 위협하기도 했다. 그러면 당사자인 그는 제가 먼저 웃어젖히며, 당하는 대로 참을성 있게 견디어 내곤 했다. 그는 가난한 행상인이었다. 큼직한 짐을 짊어지고 이 마을에서 저 마을로 돌아다녔다. 그 짐 속에는 향료, 종이류, 사탕과자, 손수건, 목도리, 신발, 통조림, 달력, 가요집, 약품 등등, 잡동사니가 무엇이든지 들어 있었다. 식구들은 그를 어디에든 자리잡고 살게 하려고 몇 번이고 잡화점이나 화장품점 같은 조그만 가게를 사 주었다. 그러나 그는 정착할 수가 없었다. 어느 날 밤, 그는 자리에서 일어나 열쇠를 문턱에 놓은 채 짐을 지고 훌쩍 떠나 버렸다. 그러고는 몇 달이고 모습을 나타내지 않았다. 그러다가 홀연히 다시 또 나타났다. 어느 날 저녁, 누군가가 가볍게 문에 손을 대는 소리가 났다. 문이 살그머니 조금 열렸다. 그러자 정중히 모자를 벗은 조그만 대머리가, 선량해 뵈는 눈과 조심스러운 미소를 머금고 나타났다.

"안녕하십니까, 여러분?"

그는 들어서기 전에 꼼꼼히 신발을 닦고는 나이순대로 한 사람 한 사람에게 인사를 했다. 그러고는 방 안 맨구석에 가서 앉았다. 그는 거기에서 파이프에 불을 댕기더니 등을 구부정하게 하고, 익숙한 야유의 폭풍우가 지나기를 조용히 기다리는 것이었다. 할아버지와 아버지, 이 크라프트 집안의 두 사람은 그에게 야유 섞인 경멸감을 품고 있었다. 이 팔삭둥이 같은 사나이는 그들에게는 여간 우스꽝스럽게 보이는 것이 아니었다. 게다가 행상인이라는 그의 미천한 신분 때문에 그들은 자존심에 상처를 입고 있었다. 그들은 그러한 감정을 노골적으로 내비쳤다. 그런데도 그는 그것을 깨닫지 못하는 듯했다. 도리어 그들에게 깊은 경의를 표하고 있었다. 이것이 그들의 마음을 풀리게 하곤 했다. 누군가가 자신에게 보이는 존경에 대해서 지극히 민감한 노인은 특히 그러했다. 그들은 루이자가 낯을 붉힐 만큼 무례한 농담을 퍼부어 그를 곯려 주며 즐거움을 느끼곤 했다. 루이자는 언제나 크라프트 집안이 뛰어난 집안이라는 것은 두말없이 인정하고 있었으므로, 남편이나 시아버지의 말씀이 부당하다고는 생각지 않았다. 그러나 그녀는 오라버니를 자애롭게 사랑하고 있었다. 오라버니 역시 누이동생을 내심 경애하고 있었다. 그녀의 친정 가족 가운데 남아 있는 사람이라곤 그들 남매뿐이었다. 그리고 둘 다 삶에 치여서 닳아 버리고 짓눌려 있는 보잘것없는 사람들이었다. 그런 탓으로 서로 가엾게 여기는 마음과 남모르게 참아 온 공통된 괴로움의 유대가, 애달픈 친애의 정으로 두 남매를 맺어 주고 있었다. 크라프트 댁 사람들은 건장하고 소란스럽고 사납고 거칠었으며, 즐겁게 살아갈 수 있을 만큼 충분히 튼튼했다. 그리고 그런 사람들 틈바구니에서, 이른바 생활의 외곽 또는 생활권의 테두리에서 살아가는 듯한 이 연약하고 선량한 남매는 결코 입 밖에 내는 일은 없었지만 서로서로 이해하고 불쌍히 여기고 있었던 것이다.

크리스토프는 어린애 특유의 잔인한 경솔함 탓에 아버지나 할아버지처럼 이 보잘것없는 행상인을 업신여기고 있었다. 어떤 우스꽝스러운 장난감이라도 다루는 듯 그를 상대하며 재미있어했다. 시시한 조롱의 말을 던져서 그를 곯려 주곤 했으나, 외삼촌은 여전히 침착하게 참아 넘겼다. 그러면서도 크리스토프는 자기 자신도 모르게 그를 좋아하고 있었다. 우선 제 뜻대로 되는 유순한 장난감처럼 그를 좋아했다. 그리고 또 그가 과자며 그림이며 새로 나온 재미나는 장난감 등, 하여튼 기다려 볼 만한 값어치가 있는 선물을 언제나 가져다주기 때문에 좋아하고 있었다. 이 조그만 사나이가 여행에서 돌아온다는 것이 어린이들에게는 하나의 기쁨이 되어 있었다. 언제나 뜻하지 않은 선물을 가져다주었기 때문이다. 그는 가난했으나 어찌어찌 용케 장만해서 그들 하나하나에게 선물을 가져다주었다. 식구들 중 어느 누구의 축일(祝日)도 잊지 않았다. 그 축일에는 어김없이 찾아와서, 정성들여 고른 어떤 귀여운 선물을 주머니에서 꺼냈다. 그렇게 습관이 되고 보니, 이제는 다들 거기에 익숙해져서 누구나 고맙다는 인사 한마디조차 거의 잊어버릴 지경이 되어 있었다. 그런데도 그는 선물을 한다는 기쁨만으로도 충분히 보답을 받고 있는 모양이었다. 크리스토프는 흔히 잠을 못 이루며 낮에 있었던 일들을 밤새껏 돌이켜보곤 하는 버릇이 있어서, 때로 외삼촌은 참으로 친절한 분이구나 곰곰이 생각하는 수도 있었다. 그럴 때면 이 가엾은 분에 대한 감사의 마음도 솟아올랐다. 그러나 다시 날이 밝으면 아예 그런 척도 하지 않고, 오직 그를 놀려 댈 궁리만 하는 것이었다. 하긴 그는 아직 너무나 어려서 선량함의 가치를 제대로 몰랐던 것이다. 어린이의 말에 있어서는, 선량함과 어리석음은 거의 같은 뜻을 지닌다. 그리고 고트프리트 외삼촌은 그야말로 그 산 증거와도 같은 존재였던 것이다.

어느 날 저녁 멜키오르가 시내로 저녁 식사를 하러 나갔을 때, 고트프리트는 아래층 방에 혼자 남아 있었다. 루이자가 두 애를 재우는 동안 고트프리트는 슬그머니 밖으로 나가, 집에서 몇 걸음 떨어진 강가에 가서 앉았다. 크리스토프도 따분했으므로 그를 따라갔다. 그리고 언제나처럼 강아지같이 재롱을 떨며 외삼촌을 괴롭혀 주던 끝에, 숨을 할딱거리며 외삼촌 발 밑의 풀밭에 뒹굴면서 엎드려 잔디에 코를 묻었다. 숨찬 것이 가라앉자, 다시 또 무슨 욕질이라도 할까 궁리하다 그것이 떠오르자 얼굴을 풀에 묻은 채, 우스워 몸을 배배 꼬며 큰 소리로 그것을 외쳐 댔다. 아무 대답이 없었다. 그 침묵에 흠칫 놀라서 고개를 쳐든 그는 다시 한 번 그 재치 있는 욕을 입에 담으려고 했다. 그러다 문득 그의 눈초리가 고트프리트의 얼굴에 부딪쳤다. 그 얼굴은 황금빛 안개 속에서 사라져 가는 태양의 마지막 미광(微光)을 받고 있었다. 말이 목구멍에 걸렸다. 고트프리트는 눈을 반쯤 감고 입을 약간 벌리고 미소 짓고 있었다. 그 고뇌에 찬 얼굴은 뭐라고 말할 수 없을 만큼 근엄한 것이었다. 크리스토프는 두 팔로 턱을 괴고 그를 관찰했다. 밤이 오고 있었다. 고트프리트의 얼굴은 서서히 스러져 갔다. 주위는 쥐 죽은 듯이 고요했다. 이제는 고트프리트의 얼굴에 반영된 신비스러운 인상에 크리스토프도 사로잡혀 있었다.

대지는 어둠에 잠겨 있었고, 하늘은 아직 환했다. 별이 반짝이기 시작했다. 강의 잔물결은 강가에서 찰싹거렸다. 소년은 황홀경에 젖었다. 조그만 풀줄기를 보지도 않고 씹었다. 귀뚜라미 한 마리가 곁에서 울고 있었다. 졸음이 오는 것 같았다…… 별안간 어둠 속에서 고트프리트가 노래했다. 가슴 속에서 울리는 목소리라고나 할, 가늘고 어렴풋한 음성이었다. 조금만 떨어져도 들리지 않았을 것이다. 그러나 그 노래에는 사람을 감동시키고도 남을 성실성이 있었다. 생각하는 것이 그대로 노래가 되어 나오는 것 같았다. 투명한 물을 통하듯이 이 음악을 통해서, 그의 마음속 깊은 곳까지 들여다볼 수 있을 성싶었다. 크리스토프는 지금까지 노래가 이렇게 불리는 것을 들은 일이 없었다. 또한 이런 노래도 들은 적이 없었다. 느슨하고 단순하며 유치한 이 노래는 무게 있고 쓸쓸하며 적이 단조로운 걸음걸이로, 결코 서두름 없이 앞으로 나아갔다. 그러면서 가끔 긴 침묵이 있었다. 그러고는 또 목적지도 없이 걷기 시작하여, 밤의 어둠 속으로 사라져 갔다. 그것은 아득히 머나먼 곳에서 온 것처럼 생각되었다. 그리고 어딘지도 모르는 곳으로 사라져 갔다. 그 평온에는 고뇌가 가득했다. 그리고 그 평화로운 표면 아래에는, 오랜 세월에 걸친 고민이 잠자고 있었다. 크리스토프는 이미 숨도 못 쉬고 꼼지락거리지도 못하며 감동에 젖어 온몸이 얼어붙은 듯이 딱딱하게 굳어 있었다. 노래가 끝나자, 그는 고트프리트에게로 다가갔다. 그리고 목이 메어 물었다.

"외삼촌! ……"

고트프리트는 대답이 없었다.

"외삼촌!"

아이는 되풀이하여 부르며 두 손과 턱을 고트프리트의 무릎 위에 얹었다.

고트프리트의 사랑이 깃든 목소리가 대답했다.

"아가……"

"외삼촌, 그게 뭐야? 응? 가르쳐 줘. 방금 뭘 노래했어?"

"모른다."

"무슨 노랜지 가르쳐 줘!"

"모른단다. 그저 노래지."

"외삼촌의 노래야?"

"이게 왜 내 노래냐! 천만에! …… 오래된 노래지."

"누가 지었는데?"

"모르겠다……"

"언제 생겼어?"

"몰라……"

"외삼촌이 어렸을 때?"

"내가 태어나기 전부터, 내 아버지가 태어나기 전부터 있었단다. 내 아버지의 아버지가 태어나기 전부터, 내 아버지의 아버지의 아버지가 태어나기 전부터 말이다…… 언제나 있었지."

"이상한데! 아무도 그런 말 해 주지 않았는걸."

그는 한순간 생각에 잠겼다.

"외삼촌, 또 다른 노래도 알고 있어?"

"알고 있지."

"또 다른 것을 불러 줘, 응?"

"왜 다른 것을 부르지? 하나면 충분한 거야. 노래하고 싶을 때, 노래해야 할 때에 노래하는 거야. 그저 심심풀이로 노래하는 게 아니란다."

"하지만 음악을 지을 때는?"

"이건 음악이 아니란다."

아이는 곰곰이 생각에 잠겼다. 잘 알 수가 없었다. 그러나 설명을 요구하진 않았다. 과연 그것은 음악은 아니었다. 즉 다른 노래 같은 음악은 아니었다. 그는 말을 이었다.

"외삼촌, 외삼촌은 지어 본 일 있어?"

"뭘?"

"노래 말이야!"

"노래라고? 세상에, 어떻게 내가 그럴 수 있겠니. 그건 지어낼 수가 없는 거란다."

아이는 평소의 논법으로 버티었다.

"하지만 외삼촌, 아까 그것도 누군가 지은 것일 텐데 뭐……"

고트프리트는 완강하게 머리를 저었다.

"그건 언제나 있었단다."

소년은 반문했다.

"그럼 외삼촌, 다른 새 노래는 지을 수 없어?"

"무엇하러 만들겠니? 이미 어떤 노래나 다 있는데. 내가 슬플 때의 노래도 있고, 즐거울 때의 노래도 있단다. 내가 지쳤을 때의 노래라든가 먼 고향의 집을 생각하는 노래도 있어. 천한 죄인이었던 벌레 같은 인간이라고, 내가 스스로 자신을 멸시할 때의 노래도 있지. 남이 친절히 대해 주지 않아서 울고 싶을 때의 노래도 있고, 날씨가 좋고 또 언제나 친절하며 내게 웃어 주시는 하느님의 하늘이 보여서, 내 마음이 끝없이 기뻐질 때의 노래도 있고…… 어떤 노래든지 있단다. 어떤 것이든지 말이야. 무엇 때문에 내가 또 달리 지을 필요가 있겠니?"

"훌륭한 사람이 되기 위해서지!"

아이는 할아버지의 교훈과 천진스러운 몽상으로 머릿속이 가득 차서 말했다.

고트프리트는 자애로운 웃음을 띠었다. 조금 약이 올라서 크리스토프는 물었다.

"왜 웃어?"

고트프리트는 말했다.

"오오! 난 보잘것없는 사람이란다."

그리고는 아이의 머리를 부드럽게 쓰다듬어 주며 물었다.

"그럼, 너는 훌륭한 사람이 되고 싶은 게로구나?"

"그럼." 크리스토프는 신이 나서 대답했다.

그는 고트프리트가 칭찬해 주려니 생각하고 있었다. 그러나 고트프리트는 이렇게 말했다.

"무엇 때문이지?"

크리스토프는 당혹스러웠다. 잠시 생각한 뒤 그는 말했다.

"훌륭한 노래를 짓기 위해서야!"

고트프리트는 또 웃었다. 그러고는 말했다.

"너는 훌륭한 사람이 되기 위해서 노래를 짓고 싶어하고, 또 노래를 짓기 위해서 훌륭한 사람이 되려 한단 말이지. 그래 가지고야 제 꼬리를 물려고 쫓으면서 뱅글뱅글 맴도는 개와 다를 바 없군."

크리스토프는 마음이 몹시 상했다. 다른 때 같으면 언제나 자기가 놀려 주던 외삼촌한테 거꾸로 놀림을 받고 있다니, 도저히 참을 수가 없었다. 또한 고트프리트가 이론으로 자신을 난처하게 할 만큼 현명하리라고는 이제껏 한 번도 생각해 본 적이 없었다. 바로 받아치기 위한 이론이나 욕설을 궁리했지만, 무엇 하나 떠오르지 않았다. 고트프리트는 말을 이었다.

"네가 여기서 코블렌츠까지 닿을 만큼 위대해지더라도, 노래 하나 짓진 못할 거야."

크리스토프는 반항했다.

"만약 지으려고 마음만 먹으면! ......"

"마음을 먹으면 먹을수록 짓지 못한다. 노래를 지으려면 저래야 하는 거야. 들어 보려무나……"

달이 들 너머에 둥글게 빛나며 떠오르고 있었다. 은빛 안개가 땅에 나직이, 또 거울 같은 수면에도 감돌고 있었다. 개구리들이 개골개골한다. 목장에서는 두꺼비란 놈의 플루트 선율 같은 울음소리가 들려온다. 귀뚜라미의 날카로운 트레몰로는 별빛의 깜박거림에 화답하고 있는 것 같았다. 바람은 오리나무 가지를 조용히 흔들어 주고 있었다. 강 위쪽 언덕에서는 휘파람새의 가냘픈 노랫소리가 들려왔다.

"무엇을 노래할 필요가 있겠느냐?"

긴긴 침묵 뒤에 고트프리트가 한숨을 쉬며 말했다. 자신에게 말하는 것인지, 크리스토프에게 말하는 것인지 알 수 없었다……

"네가 어떤 노래를 짓건, 저것들이 더 노래를 잘하고 있잖느냐 말이다."

크리스토프도 지금까지 몇 번인가, 이런 밤의 소리는 들은 적이 있었다. 그러나 이런 감흥으로 들은 적은 한 번도 없었다. 그렇다. 사람이 대체 무엇을 노래할 필요가 있단 말인가? ……그는 자신의 마음이 애정과 슬픔으로 부풀어 오름을 느꼈다. 목장을, 강을, 하늘을, 그리운 별을 가슴에 꼭 품고 싶었다. 또한 고트프리트 외삼촌에 대한 사랑으로 가슴이 가득 차 있었다. 바야흐로 외삼촌이 그에게는 가장 바람직하고 가장 어질고 가장 훌륭한 사람으로 생각되었다. 내가 얼마나 외삼촌을 잘못 보고 있었던가 하는 생각이 들었다. 내게 그렇게 잘못 보였으니, 외삼촌은 틀림없이 슬퍼했을 거라는 생각도 들었다. 미안하다는 생각이 가슴에 꽉 찼다. 그는 이렇게 외치고 싶었다.

"외삼촌, 이젠 더는 슬퍼하지 마세요. 다시는 장난질 안 할게! 용서해 주세요. 나는 외삼촌을 정말 좋아해요!"

그러나 아무래도 그 말이 나오질 않았다. 그래서 고트프리트의 팔에 왈칵 몸을 내던졌다. 그래도 말은 나오지 않았다. 다만 그는 되풀이했다. "난 외삼촌이 정말 좋아!" 그러면서 마구 키스를 했다. 고트프리트는 깜짝 놀라고 감동해서, "왜 이래? 왜 이래?"를 되풀이했다. 그러면서 그도 또한 키스해 주었다. 이윽고 그는 일어나서 아이의 손을 잡고 말했다.

"자, 그만 돌아가야지."

크리스토프는 외삼촌이 이해해 주지 못했나 싶어 애달파하며 집으로 돌아왔다. 그러나 집에 닿았을 때 고트프리트는 말했다. "가고 싶거든 요 다음 밤에 또 하느님의 음악을 들으러 가자. 다른 노래도 불러 주마." 감사의 마음으로 가득 차서 밤인사를 하며 외삼촌에게 키스를 했을 때, 크리스토프는 비로소 외삼촌이 이해해 주었다는 것을 똑똑히 알 수 있었다.

그런 뒤로 두 사람은 자주 저녁 산책에 나섰다. 강을 따라 걷거나 들을 가로질러 묵묵히 걸어갔다. 고트프리트는 파이프 담배를 천천히 피우며 걸었다. 크리스토프는 그림자에 조금 겁먹으며 그에게 손을 잡혀 따라갔다. 두 사람은 풀숲에 앉았다. 잠시 침묵이 흐른 뒤, 고트프리트는 별과 구름 이야기를 해 주었다. 대지와 공기와 물 등의 숨소리, 날거나 기거나 뛰거나 헤엄치면서 어둠 속에서 꿈틀거리는 조그만 동물의 노래나, 짖는 소리나, 그들이 내는 소리, 또는 비나 맑음의 전조(前兆), 밤의 교향악의 무수한 악기, 그런 것들을 또렷이 분간해서 듣는 법을 그는 가르쳐 주었다. 때로 고트프리트는 구슬픈 가락이나 유쾌한 가락을 노래했다. 그러나 그것은 언제나 같은 종류의 것이었다. 크리스토프는 그것을 들을 때마다 한결같이 가슴이 뒤흔들리곤 했다. 고트프리트는 하룻밤에 딱 한 곡만 불렀다. 또 부탁받는다고 해서 쾌히 노래를 부르지 않는다는 것을 크리스토프는 알고 있었다. 스스로 노래하고 싶을 때 저절로 나오는 것이어야 했다. 그래서 늘 묵묵히 오래도록 그저 기다려야만 했다. 그러다가 '어이구! 오늘 밤은 노래해 주지 않으려나

보다……' 생각이 드는 순간, 고트프리트는 노래를 부르는 것이었다.

어느 날 밤, 고트프리트가 좀처럼 노래해 주지 않자 크리스토프는 자작 소곡(小曲) 하나를 외삼촌에게 들려줘야겠다고 생각했다. 이 소곡을 짓는 데엔 꽤나 힘이 들었고 그만큼 자랑스러운 것이기도 했다. 그는 자신이 얼마나 뛰어난 예술가인가를 나타내 보이고 싶었다. 고트프리트는 조용히 듣고 있더니, 이윽고 말했다.

"시시하구나, 안됐지만!"

크리스토프는 분해서 대답도 할 수 없었다. 고트프리트는 딱하다는 듯 말을 이었다.

"왜 그런 것을 지었지? 정말 시시한걸! 누가 억지로 지으라고 하지도 않았을 텐데 말이다."

크리스토프는 성이 나서 얼굴이 시뻘게지며 항변했다.

"할아버지는 내 음악이 매우 좋다고 칭찬했단 말이야!"

그는 외쳤다.

"아, 그랬군!"

고트프리트는 침착하게 대꾸했다.

"아마 할아버지 말씀이 맞겠지. 훌륭한 학자이시니까. 음악에 밝은 분이시지. 그런데 나 같은 건 음악이라곤 전혀 모르니……"

그러고는 잠시 쌈을 두었다가 또 말을 이었다.

"그렇지만 나에게 그건 아주 시시하게 생각되는걸."

그는 온화한 눈초리로 크리스토프를 뚫어지게 바라보더니, 분해서 어쩔 줄 모르는 그의 표정을 읽고는 빙그레 미소지으며 말했다.

"다른 건 없니? 혹시 이보다는 내가 더 좋아하는 게 있을지도 모르지."

크리스토프는 과연 다른 곡이 첫 곡의 인상을 씻어 줄지도 모른다는 생각이 들어, 자신의 곡을 모조리 불렀다. 고트프리트는 아무 말도 안 했다. 끝나기를 기다리고 있더니, 머리를 설레설레 저으며 딱 잘라 말했다.

"더 신통찮구나."

크리스토프는 입술을 깨물었다. 턱이 바들바들 떨렸다. 울고 싶었다. 고트프리트 자신도 당혹하여 막막한 듯이 말했다.

"참 시시하다!"

크리스토프는 눈물에 가득 젖은 목소리로 외쳤다.

"왜 시시하다는 거야?"

고트프리트는 정직한 눈초리로 아이를 바라보았다.

"왜냐고? …… 난 모르겠구나…… 가만있자…… 그렇지, 정말 시시해……
…… 우선 바보스러우니까 그렇지…… 그렇다, 그래…… 바보스럽단 말이다.
그야말로 무의미하지…… 바로 그거야. 그걸 쓸 때, 넌 아무런 할 말도 없
었던 거다. 왜 그런 걸 썼지?"

"모르겠어."

크리스토프는 슬픈 목소리로 대답했다.

"아름다운 곡을 짓고 싶었어."

"그거야! 넌 단지 쓰기 위해서 쓴 거야. 훌륭한 음악가가 되려고, 남에게
칭찬을 받으려고 쓴 거야. 넌 오만했어. 넌 거짓말을 했지. 그래서 벌받은
거야…… 그렇지, 그거야! 음악에서는 오만하거나 거짓말을 하거나 하면 반
드시 벌을 받는단다. 음악은 겸손을, 성실을 요구한단다. 그렇지 않다면 대
체 음악이란 무엇이겠느냐? 하느님에 대한 불신이고 모독이지. 참다운 것,
정직한 것을 말하라고 우리에게 아름다운 노래를 내려 주신 하느님에 대해
서 말이다."

그는 아이의 슬픔을 알아채고는 키스해 주려 했다. 크리스토프는 성이 나
서 고개를 돌렸다. 그 뒤로도 며칠씩이나 고트프리트 앞에서 샐쭉한 얼굴을
했다. 그는 고트프리트를 미워하고 있었다.

"저이는 바보야! 아무것도, 그래, 아무것도 몰라! 저이보다 훨씬 현명한
할아버지가 내 음악을 훌륭하다고 하셨단 말이야."

그러나 이렇게 스스로 되풀이하여 타일러도 소용없었다. 마음속으로는 외
삼촌이 올바르다는 것을 그는 알고 있었다. 그리고 고트프리트의 말은 그의
가슴에 새겨져 있었다. 그는 거짓말을 한 것이 부끄러웠다.

그래서 그는 집요한 원한을 가슴에 품고 있으면서도, 곡을 지을 때면 이제
는 언제나 외삼촌을 떠올리게끔 되었다. 고트프리트가 어떻게 여길까를 생
각하면 부끄럽기만 하여, 애써 쓴 것을 찢어 버리는 일도 자주 있었다. 그것
을 무릅쓰고 전혀 성실하지 않다고 뻔히 아는 곡을 지었을 때는, 조심스럽게
외삼촌에게는 숨겨 두었다. 외삼촌의 판단이 두려웠던 것이다. 어쩌다가 외

삼촌이 그의 곡 하나를 보고 "이건 그다지 나쁘지 않구나…… 내 마음에 드는걸" 한마디 해 주는 것이 그에게는 여간 기쁘지 않았다.

때로는 또 분풀이로 대음악가의 곡을 마치 자신의 곡인 척해 보는 음흉한 장난도 했다. 고트프리트가 어쩌다 그것을 신통찮은 곡이라고 말할라치면 그는 매우 기뻐했다. 그러나 고트프리트는 조금도 당황하지 않았다. 크리스토프가 손뼉을 치며 주위를 기쁜 듯이 깡충깡충 뛰어다니는 모습을 보면서, 그는 그야말로 기쁜 듯이 웃었다. 그러고는 으레 그 자신의 지론으로 되돌아갔다.

"어쩌면 잘 만들어진 곡일지도 모르지. 하지만 전혀 무의미해."

집에서 베풀어지는 소음악회에 외삼촌은 단 한 번도 기꺼이 참석한 일이 없었다. 곡이 아무리 아름다워도 그는 하품을 하고 따분함에 못 이겨 멍해지곤 했다. 끝내는 참다 못해서 살그머니 달아나 버렸다. 그는 언제나 이런 말을 했다.

"얘야. 네가 집 안에서 만드는 것은 모두 음악이 아니란다. 집 안의 음악은 실내의 태양이나 마찬가지지. 음악은 바깥에 있어. 네가 하느님이 주시는 귀한 상쾌한 공기를 마실 때 말이지."

그는 늘 하느님 이야기를 했다. 크라프트 댁의 두 사람과는 달리, 고트프리트는 매우 신심이 두터웠다. 크라프트 댁의 두 어른은 금요일에 육식을 삼가긴 했으나, 도무지 신앙심 없는 사람같이 행동하고 있었던 것이다.

*

왜 그런지는 모르나 갑자기 멜키오르의 생각이 변했다. 할아버지가 크리스토프의 즉흥곡을 모으는 데 찬성했을 뿐만 아니라, 몇 날 밤이나 걸려 그 초고(草稿)를 바탕으로 두셋의 사본을 만든 것이다. 크리스토프는 크게 놀랐다. 사람들이 그 까닭을 물었더니 멜키오르는 그야말로 거드름을 피우는 태도로 대답했다. "인제 두고 보시면 압니다." 그리고 웃으며 손을 싹싹 비벼 대거나, 장난처럼 아들의 머리를 힘껏 쓰다듬어 주거나, 기쁜 듯이 그의 궁둥이를 두드려 주기도 했다. 크리스토프는 이런 친숙한 체하는 태도가 가장 싫었다. 그러나 아버지가 만족하고 있다는 것은 알 수 있었다. 그렇지만 그 까닭은 알 수 없었다.

멜키오르와 할아버지는 몇 번인가 몰래 의논했다. 그러던 어느 날 밤, 《어린 날의 기쁨》을 자신이 레오폴트 대공 전하게 헌정했다는 사실을 알고 크리스토프는 깜짝 놀랐다. 멜키오르는 대공이 이 헌납품을 기꺼이 받아들이실 의향이 있다는 것을 전부터 시사해 온 터였다. 그런즉 한시바삐 다음과 같은 조치를 취해야 한다고, 멜키오르는 의기양양해서 선언했다. 첫째, 대공에게 공식 청원서를 올릴 것, 둘째, 작품을 발표할 것, 셋째, 작품을 들려주기 위한 음악회를 개최할 것.

멜키오르와 장 미셸은 더욱더 오래도록 의논했다. 이틀 밤인가 사흘 밤 동안 서로 흥분하며 의견을 나누었다. 두 사람은 방해가 되지 않도록 그 누구도 가까이 오지 못하게 했다. 멜키오르는 문장을 썼다. 지우고 또 지웠다 썼다 하고 있었다. 노인은 시라도 읽는 듯이 큰 소리로 지껄이고 있었다. 때로 좋은 문구가 떠오르지 않아서, 두 사람은 성을 내기도 하고 탁자를 두드리기도 했다.

그런 뒤, 크리스토프가 불리어 갔다. 그들은 그를 책상 앞에 앉히고 펜을 잡게 했다. 아버지가 오른쪽, 할아버지가 왼쪽에 바싹 다가앉았다. 할아버지는 그에게 말을 받아쓰게 했다. 아이는 그 뜻을 전혀 알 수 없었다. 한 자 한 자 쓰는 데 몹시 힘이 들었고, 멜키오르는 귓가에서 악을 썼고, 또 할아버지는 너무나 거센 어조로 읽는 바람에 말이 울려서 그 뜻을 알아듣기란 어림도 없는 일이었다. 노인은 흥분하고 있었다. 가만히 앉아 있지 못했다. 문장의 뜻을 몸짓으로 표현하며 방 안을 이리저리 서성거렸다. 그러다가 아이가 쓰고 있는 지면을 보려고 줄곧 다가오곤 했다.

크리스토프는 어깨 너머로 들여다보는 커다란 두 개의 머리에 겁을 먹고 혀를 길게 늘어뜨렸다. 펜대를 꼭 쥐고 있을 수도 없고 눈은 게슴츠레해져서 꼬불꼬불한 글자를 쓰기도 하고, 지저분하게 끼적이기도 했다. 그러자 멜키오르는 악을 쓰고 장 미셸은 호통을 쳤다. 이리하여 몇 번이고 고쳐 쓰고 또 고쳐 써야 했다. 간신히 이제는 완성되었다고 마음이 놓이자 나무랄 데 없는 그 지면에 잉크 한 방울이 똑 떨어졌다. 아이는 두 귀를 꼬집혀서 그만 눈물을 흘렸다. 그러나 종이에 얼룩이 진다고 하여 우는 것도 금지당했다. 이리하여 첫 줄부터 받아쓰기를 또 하게 되었다. 한평생 이런 일이 계속되지나 않을까 싶었다.

드디어 완성되었다. 장 미셸은 난로에 기대어서 기쁨에 겨워 떨리는 음성으로 편지를 되풀이해 읽었다. 한편 멜키오르는 의자 위에 몸을 젖히고 앉아서 천장을 쳐다보고 머리를 움직이며, 참으로 박식한 감정가인 체하며 그 상주문(上奏文)의 문체를 음미하고 있었다.

그지없이 거룩하며 존귀하신 대공 전하!

네 살 적부터 음악은 제 어린 날 삶의 최고의 것이 되었사옵니다. 제 영혼을 순수한 조화로 이끌고 북돋우어 주시는 고귀한 뮤즈 신과 사귀게 되자, 저는 곧 뮤즈를 사랑하게 되었나이다. 뮤즈 신 또한 저의 애정에 보답해 주신 것으로 생각되옵니다. 이제 저는 여섯 살이 되었사옵니다. 근래에 이르러 저의 뮤즈는 영감(靈感)이 한창 활동할 때 자주 귀에 속삭여 주었습니다.

"무릅쓰고 하라! 감히 무릅쓰라! 네 영혼의 조화를 적어 두어라!"

저는 생각했나이다.

"나는 여섯 살이 되었을 뿐이다! 내 어찌 감히 할 수 있으랴? 예술의 식자(識者)들이 뭐라고 할는지?"

저는 망설였습니다. 저는 떨었습니다. 하지만 저의 뮤즈께서는 그것을 바라셨습니다…… 끝내 저는 분부를 좇았습니다. 저는 썼습니다.

그리하여 이제 저는,

오오! 그지없이 존귀하신 대공 전하!

황공무지한 일이옵니다만, 전하의 옥좌 단 위에, 저의 어린 솜씨로 쓴 처녀작을 삼가 바치고자 하는 것이옵니다…… 황공하오나 가납(嘉納)해 주시는 자애 깊은 시선을 이에 하사해 주시기를 삼가 앙망하옵니다.

오오! 그것이온즉 모든 학문과 모든 예술은, 늘 전하를 현명한 마에케나스(아우구스투스 황제의 중신, 학문·예술의 보호자)로서, 또 관대한 옹호자로서 우러러 받들고 있기 때문이옵니다. 재능은 전하의 성스러운 보호의 방패 밑에서 꽃피고 무성해지게 마련이기 때문이옵니다.

　이토록 깊고 확고한 신념에 찬 저는, 이 어린 시작(試作)을 들고 감히 전하의 어전으로 나아가 알현코자 하는 것이옵니다. 바라옵건대 저의 존경심의 지순(至純)한 헌납품으로서 부디부디 받아 주시옵기를. 그러하옵고 또 은총을 입사오니,

　오오! 그지없이 거룩하신 대공 전하!

　이 작품 위에 또한 공손히 어전에 엎드린 어린 작자 위에, 자애로써 천람(天覽) 있으시옵기를!

그지없이 거룩하며 존귀하신 대공 전하께 진심으로 삼가 따르는,
충실하며 더없이 복종하는 종
장 크리스토프 크라프트

　크리스토프의 귀에는 아무 말도 들리지 않았다. 오직 해방된 기쁨으로 가득 찼다. 또 되풀이해 쓰라고 할까 봐 들로 도망쳤다. 무엇을 썼는지 전혀 알지 못했고 신경도 쓰지 않았다. 그러나 노인은 그것을 다 읽어 보더니, 더욱 잘 음미하려고 다시 한 번 읽었다. 그것이 끝나자 멜키오르와 노인은 참으로 걸작이라고 입을 모아 말했다. 악보의 사본과 함께 이 편지를 헌정받은 대공 역시 같은 의견이었다. 양쪽 모두 훌륭하다는 것을 호의로써 측근의 입을 통해 말했다. 대공은 음악회 개최를 허가하고, 음악원(音樂院) 홀을 멜키오르로 하여금 자유로이 사용케 하라고 명하고, 연주회 당일에는 어린 음악가에게 알현의 기회를 하사하겠노라고 약속했다.

　멜키오르는 이에 한시바삐 음악회를 열려고 애썼다. 궁정 음악단에서도 협력을 얻기로 확약을 받았다. 또 첫 단계의 성공으로 기고만장해져선, 이와 동시에 《어린 날의 기쁨》을 호화판으로 출판하기로 기획했다. 표지에는 피아노 앞에 앉은 크리스토프와 바이올린을 손에 들고 곁에 서 있는 멜키오르 자신의 초상을 인쇄하고 싶어했다. 그러나 이것은 단념해야 했다. 비용 때문이 아니라—멜키오르는 아무리 큰 돈이 든다 해도 두려워하지 않았으므로—때

를 맞출 수가 없었기 때문이다. 이에 비유적인 그림으로 디자인을 바꾸었다. 요람, 트럼펫, 북, 목마 등이 하프를 둘러싸고, 그 하프에서는 태양 광선이 분출하고 있는 그림이었다.

표제에는 대공의 이름이 굵은 글씨로 돋을새김되어 있는 긴 헌사(獻辭)와 함께, '장 크리스토프 크라프트는 여섯 살이었도다'라는 설명도 붙어 있었다. 사실 그는 일곱 살 반이었다. 악보 인쇄에는 비용이 매우 많이 들었다. 그것을 지급하기 위해서, 할아버지는 조각 무늬가 있는 18세기의 낡은 장롱을 팔아야만 했다. 고물상인 보롱세가 몇 번이나 졸라도 결코 내지 않았던 물건이었다. 그러나 악보의 판매액으로 그 경비는 충분히 채워질 것이요, 나아가서 이득도 볼 것이라고 멜키오르는 믿어 의심치 않았다.

그에게는 또 하나 마음 쓰이는 것이 있었다. 연주회 날에 크리스토프가 입고 갈 옷차림이 문제였다. 이에 대해서 가족회의가 열렸다. 멜키오르는 네 살배기 어린애처럼 종아리가 드러나 보이는 짤막한 옷을 입혀서 그를 무대에 세우고 싶어했다. 그러나 크리스토프는 나이에 비해서 딱 바라진 몸매였다. 또 누구나 그의 나이를 알고 있으니, 남을 속이기란 어림도 없는 일이었다. 멜키오르는 기발한 착상을 했다. 연미복을 입히고 흰 넥타이를 매기로 정한 것이다. 선량한 루이자는 가련한 어린애를 웃음거리로 만들 셈이냐고 반대했으나 소용없었다. 애가 이런 예상 밖의 모습으로 나타나면, 참으로 부드러운 분위기가 형성돼 성공은 의심할 여지가 없다고 멜키오르는 벌써부터 들떠 있었다. 이렇게 정해지자, 조그만 어른 옷을 만들려고 재단사가 치수를 재러 왔다. 또 고급품 셔츠와 에나멜 구두도 사야 했다. 이런 것 모두가 엄청나게 비쌌다. 이윽고 새 옷을 입게 된 크리스토프는 몹시 답답하기만 했다. 그것에 익숙해지기 위해 몇 번이고 옷을 입은 채 곡 연습을 해야 했다. 한 달이나 전부터 그는 이미 피아노 의자에서 떠날 수 없게 되었다. 절하는 법도 배웠다. 이미 한순간도 자유로운 시간이라곤 없었다. 그는 성이 나 있었다. 그러나 반항하진 않았다. 이제 화려한 일을 하려 한다는 생각이 들었기 때문이다. 그는 신이 나기도 했으나 한편 두렵기도 했다. 그리고 식구들은 모두 그를 극진히 위해 주었다. 감기들세라 염려하여 목에 몇 겹이나 비단 손수건을 둘러 주었다. 젖은 채 신으면 안 된다고 신을 불에 쬐어 주었다. 또 식탁에서는 가장 좋은 것을 먹여 주었다.

드디어 영예로운 그날이 왔다. 이발사가 몸단장을 감독하러 와서 크리스토프의 뻣뻣한 머리를 곱슬곱슬하게 했다. 양털처럼 꼬부랑머리가 되기까지 일손을 멈추지 않았다. 온 집안 식구들이 크리스토프 앞에 늘어서서 참 멋지다고 입을 모았다. 멜키오르는 앞에서 뚫어지게 바라보기도 하고 빙글빙글 돌면서 보기도 하더니, 이마를 탁 치고는 큼직한 꽃을 가지고 와서 아들 옷의 단춧구멍에 끼워 주었다. 루이자만은 그 모습을 보자 두 팔을 높이 쳐들며, 꼭 원숭이 같구나 하고 슬픈 듯이 소리쳤다. 이 말은 무참히도 어린이의 자부심에 상처를 냈다. 그 자신도 이 야릇한 옷차림을 자랑해야 할지, 아니면 창피스럽게 여겨야 할지 분간 못하고 있었다.

본능적으로 그는 굴욕감을 느끼고 있었다. 음악회에 나가자 더한층 그것을 느꼈다. 그에게는 이것이 기념할 만한 이날 하루의 지배적인 감정이 되었다.

*

음악회는 바야흐로 시작되려 했다. 홀의 반은 비어 있었다. 대공은 아직 임석하지 않았다. 언제나 그런 사람이 있게 마련이거니와 이때도 친절한 소식통 한 사람이 있어, 궁정에서 지금 평의회(評議會)가 열리고 있으니 대공께서는 아마 오시지 못할 것이라는 정보를 주었다. 믿을 만한 소식통을 통해서 들었다는 것이다.

멜키오르는 낙심했다. 조바심에 못 견뎌 이리저리 걸어다니기도 하고 창밖으로 몸을 내밀어 밖을 살피기도 했다. 장 미셸도 애가 탔다. 그러나 그는 손자가 염려스러웠다. 그는 귀찮을 정도로 요모조모에 신경을 썼다. 크리스토프는 집안 식구들의 흥분에 감염되어 있었다. 자신이 연주할 곡에 대해서는 조금도 불안감이 없었다. 그러나 청중에게 절을 해야 할 것을 생각하니 침착할 수가 없었다. 어찌나 그것만을 생각했던지, 그것이 괴로움의 씨앗이 되기조차 했다.

아무튼 이제 시작해야 했다. 청중은 더 기다릴 수가 없었다. 궁정 음악단의 오케스트라는 《코리올란 서곡》을 연주하기 시작했다.

아이는 코리올란도 베토벤도 아직 몰랐다. 베토벤의 작품은 지금까지 자주 들은 적이 있었으나, 아무것도 모르고 듣기만 한 것이다. 그리고 보니 그는 지금까지 자기가 듣고 있는 작품의 곡명에 관심을 둔 적이라곤 없었다. 스스로 지어낸 이름을 거기에 붙이고, 그 주제로 짤막한 이야기나 조촐한 풍경을 멋대로 만들어 내곤 했다. 그는 그러한 작품을 보통 세 종류로 나누고 있었다. 즉 불과 흙과 물인데, 그 하나하나에 또 끝없는 가지가지 느낌이 있었다.

모차르트는 물에 속해 있었다. 그는 시냇가의 목장이요, 강물에 떠도는 투명한 안개요, 봄날의 보슬비요, 무지개였다. 베토벤은 불이었다. 때로는 커다란 불길과 어마어마하게 연기를 내뿜는 열화(烈火)이며, 때로는 불타는 숲이며 번갯불을 내뻗치는 무섭고 무거운 구름이었다. 또 어떤 때는 9월의 아름다운 밤하늘, 별똥별이 하나 소리 없이 흘러 사라지는 것을 울렁거리는 가슴으로 쳐다보곤 하는, 그 찬연히 반짝이는 빛으로 가득 찬 하늘이었다.

이 음악회 때도 그러한 영웅적인 영혼의 열화가 크리스토프를 불태웠다. 그는 불길의 분류(奔流)에 휘말려 들어갔다. 그 밖의 모든 것은 사라져 버렸다. 그에게 그 밖의 것이란 무엇이었던가? 낭패한 멜키오르, 조바심이 나있는 장 미셸, 부산스러운 사람들, 청중, 대공, 나이 어린 크리스토프 자신, 그로서야 이 모든 것과 무슨 상관이 있었겠는가? 그는 자신을 약탈해 가는 이 광적인 의지의 손아귀 속에 있었다. 그는 그 뒤를 쫓아갔는데, 숨이 차고, 눈에 눈물이 괴고, 발이 곱고, 손바닥부터 발바닥까지 힘살이 켕겼다. 피는 들떠 있었고, 몸은 부들부들 떨렸다…… 이런 상태로 무대의 기둥 뒤에 숨어서 귀 기울여 듣고 있는데, 심장이 별안간 쿵 했다. 오케스트라가 어느 소절의 한중간에서 뚝 그친 것이다. 일순간의 침묵 뒤, 오케스트라는 징과 팀파니를 크게 울리면서 공식적이며 과장된 가락으로 군가를 연주하기 시작했다. 한 곡으로부터 다른 곡으로 옮겨 가는 그 방식이 하도 난폭하고 제멋대로여서, 크리스토프는 성이 나서 이를 갈고 발을 동동 구르며 벽을 향해 주먹질했다. 그러나 멜키오르는 기뻐 날뛰고 있었다. 대공이 입장하시어, 오케스트라가 국가를 연주하며 경의를 표하고 있는 것이었다. 장 미셸은 떨리는 목소리로 마지막 주의를 손자에게 들려주었다.

서곡이 다시 시작되고, 이번에는 끝까지 이어졌다. 드디어 크리스토프의 차례였다. 멜키오르는 프로그램을 교묘하게 짜서, 아들의 묘기와 아버지의 묘기가 동시에 발휘되도록 해 놓았다. 모차르트의 피아노와 바이올린을 위한 소나타를 둘이서 같이 연주할 예정이었다. 효과를 더욱 높이기 위하여, 우선 크리스토프가 혼자서 무대에 나가게끔 되어 있었다. 사람들은 그를 무대 입구로 데리고 가서 연주대 앞에 있는 피아노를 손가락질해서 가르쳐 주고, 지금부터 해야 할 일을 다시 한 번 설명한 다음, 무대 뒤로부터 그를 밀어 내보냈다.

그는 이미 훨씬 전부터 극장의 홀에는 익숙해 있었으므로 별로 두려운 줄은 몰랐다. 그러나 무대에 혼자 서서 수백 명이나 되는 사람들의 시선을 받자 갑자기 겁이 나서 본능적으로 뒤로 물러섰다. 무대 뒤로 되돌아가려고 돌아서려고도 했다. 그러나 아버지의 꾸짖는 듯한 몸짓과 눈짓이 눈에 띄었다.

그는 그대로 무대에 나가야만 했다. 게다가 청중은 이미 그의 모습을 보고 말았다. 그가 앞으로 나아가자 그들은 호기심에 못 이겨 웅성거렸고, 이어서 웃음소리가 나더니 점점 크게 번져 갔다. 멜키오르의 예상은 어긋나지 않았다. 아이의 기묘한 옷차림은 기대한 바와 같은 효과를 나타냈다. 집시 소년 같은 낯빛에 머리카락이 긴 애가, 훌륭한 신사처럼 야회복을 입고 조심조심하며 잔걸음으로 나타났을 때, 청중석은 왁자지껄 들끓었다. 사람들은 더 잘 보려고 일어섰다. 이윽고 장내는 웃음바다가 됐다. 거기엔 아무런 악의도 없었다. 그러나 더없이 침착한 달인들조차 망연케 할 만큼 어마어마한 것이었다. 소음과 청중의 시선과 자신에게 집중된 오페라글라스에 완전히 겁을 집어먹은 크리스토프에게는 단 한 가지 생각밖에 없었다. 그것은 마치 바다 한 가운데의 조그만 섬처럼 보이는 피아노가 있는 곳으로 되도록 빨리 가는 일이었다. 얼굴을 수그리고 한눈도 파는 일 없이, 그는 풋라이트를 따라 빠른 걸음으로 걸어갔다. 무대 중앙에 이르자, 미리 정해진 대로 청중에게 절하는 것도 잊어버린 채 그들에게 등을 돌려 피아노를 향해 곧바로 나아갔다. 의자가 높아서 올라앉으려면 아버지의 도움을 받아야 했다. 그러나 허둥지둥 당황해 버린 그는 아버지를 기다리지도 않고 무릎으로 기어 올라가고 말았다. 이것이 또 청중을 더욱 웃겨 주었다. 그러나 이제는 크리스토프도 살아난 것 같았다. 악기를 마주 대하기만 하면, 이미 어느 누구도 두려울 것이 없었던 것이다.

마침내 멜키오르가 모습을 나타냈다. 그는 청중이 열광하고 있던 탓으로 덕을 보았다. 청중은 상당히 열성적인 박수로 그를 맞았던 것이다. 소나타가 시작되었다. 아이는 주의력을 집중하여 입을 꼭 다물고 건반을 바라보며, 조그만 두 다리는 의자 아래로 늘어뜨리고, 침착하게 정확한 연주를 했다. 곡이 전개됨에 따라 그는 더욱더 마음이 안정되었다. 잘 아는 동무들 사이에 있는 느낌이었다. 칭찬하는 속삭임이 그에게도 들려왔다. 여기 있는 사람들 모두가 자신의 음악을 듣고 자신에게 감탄하고 있다는 생각을 하자 자랑스러운 만족감이 울컥 솟구쳐 올랐다. 그러나 연주를 끝내자마자 다시금 공포감에 사로잡혔다. 박수갈채로 환영을 받자 기쁨보다도 수줍음이 앞섰다. 멜키오르에게 손을 잡혀 풋라이트 가장자리까지 같이 가서 청중에게 답례를 하게 되었을 때는, 그 수줍음은 더욱 커졌다. 그는 멜키오르가 시키는 대로 우스꽝스러울 만큼 서투르게 머리를 한껏 깊이 숙여 절을 했다. 그러나 속으로는 굴욕을 느끼고 있었다. 어떤 우습고 천한 짓이라도 하는 것처럼 낯을 붉혔다.

다시금 피아노 앞에 앉혀졌다. 그리고 이번에는 혼자서 《어린 날의 기쁨》을 쳤다. 청중은 열광했다. 한 곡마다 사람들은 감격의 함성을 질렀다. 또 한 번 치라는 것이었다. 그는 성공을 거두어 신명이 나면서도, 동시에 명령이나 다름없는 이런 칭송에 거의 불쾌감을 느꼈다. 끝내는 장내의 청중이 일제히 기립해서 박수갈채를 보냈다. 대공이 박수갈채를 보내도록 신호를 한 것이다. 그러나 크리스토프는 이번에는 무대 위에 홀로 있었기 때문에 의자에서 움직일 용기도 없었다. 박수갈채는 더욱 요란해졌다. 그는 더욱더 고개를 떨어뜨리고 얼굴이 새빨개져서 어쩔 줄 모르고 앉아 있었다. 그리고 고집스럽게 청중석과는 반대쪽을 바라보고 있었다. 멜키오르가 나와서 그를 붙들었다. 팔에 품어 안자 대공이 앉아 계시는 좌석을 가리키며, 인사의 키스를 보내라고 일러 주었다. 크리스토프는 못 들은 체했다. 멜키오르는 그의 팔을 잡고 나직이 위협했다. 그는 싫으면서도 하는 수 없이 몸짓으로 그렇게 했다. 그러나 그는 누구도 보지 않았다. 눈을 들지 않고 여전히 외면하고 있었다. 참담한 심정이었다. 무엇을 괴로워하고 있는지는 알 수 없었으나, 아무튼 괴로웠다. 그는 자존심에 상처를 입고 괴로워하고 있었던 것이다. 거기 있는 모든 사람에게 전혀 호감이 가지 않았다. 아무리 갈채를 받아도 소용이 없었다. 그들이 그의 굴욕을 보며 웃고 재미있어한 것을 용서할 수 없었다. 공중에 매달려서 키스를 보내던 자신의 그 우스운 꼬락서니를 본 데 대해서,

그들을 용서할 수 없었다. 갈채를 보내 준 것도 원망스러울 지경이었다. 드디어 멜키오르가 내려놓아 주자, 그는 무대 뒤 분장실로 달아났다. 한 부인이 그가 지나가는 길에 조그만 제비꽃다발을 던졌다. 그것이 그의 얼굴을 스쳤다. 그는 완전히 당황하여 후닥닥 뛰어가다가, 중간에 놓여 있던 의자를 뒤집어엎었다. 뛰면 뛸수록 사람들은 웃었다. 그리고 사람들이 웃으면 웃을수록 그는 뛰어갔다.

간신히 무대 출구까지 이르자 그를 보고 싶어하는 사람들로 앞이 막혀 있어, 그는 머리로 인파를 헤치고 길을 터서 분장실 구석으로 뛰어 들어가서 몸을 숨겼다. 할아버지는 몸 둘 바를 모를 만큼 기뻐하며 축복의 말을 퍼부었다. 오케스트라 단원들도 왁자하게 웃으며 축하의 말을 보냈으나, 아이는 그들을 보려고도 하지 않고 악수하려고도 하지 않았다. 멜키오르는 귀를 기울이며, 아직도 그치지 않는 박수갈채의 정도를 저울질하고 있었다. 그러다가 다시 한 번 크리스토프를 무대로 데리고 나가려 했다. 크리스토프는 미친 듯이 버티었다. 할아버지의 프록코트에 매달려, 가까이 오는 사람은 누구를 막론하고 걷어찼다. 끝내는 울음보를 터뜨려 버렸다. 그래서 그냥 가만히 놓아둘 수밖에 도리가 없었다.

그때 마침 관리 하나가 찾아오더니, 대공께서 음악가들을 상석으로 부르신다고 전했다. 이 꼴을 하고 있는 어린애를 어떻게 데려다가 뵙게 한단 말인가? 멜키오르는 화가 나서 욕을 퍼부었다. 그러나 그의 노여움은 크리스토프를 더욱더 심하게 울릴 뿐이었다. 이 눈물을 멎게 하려고 할아버지는 울음을 그치면 초콜릿을 한 파운드나 주겠다고 약속했다. 식욕이 왕성한 크리스토프는 비로소 울음을 뚝 그치고는, 눈물을 삼키며 얌전히 끌려갔다. 그러나 할아버지는, 갑자기 무대에 끌어내지 않겠다는 것을 엄숙히 그에게 서약해야만 했다.

대공께서 관람하시는 상석의 특별실로 들어간 크리스토프는 짧은 예복을 입은 사람 앞으로 인도되었다. 마치 강아지 같은 얼굴에 곤두선 코밑수염과 뾰족하고 짧은 턱수염을 기른, 몸집 작고 얼굴이 불그레하며 상당히 살이 찐 통통한 사람이, 놀려 대는 듯 친숙한 척하는 말투로 크리스토프를 불렀다. 그는 두툼한 손으로 아이의 볼을 가볍게 토닥거리면서 말했다. "모차르트가 다시 탄생했구나!" 그 사람이 바로 대공이었다. 이어 크리스토프는 대공부인, 공주, 그 수행원들에게 차례차례로 넘겨졌다. 그러나 그는 눈을 들어 쳐다볼 용기도 없었으므로 찬란한 옷차림을 한 이들에게서 얻은 유일한 기억이라고는, 기다란 부인복과 예복—그것도 허리띠쯤에서 발끝까지만 보였던 옷—의 진열에 지나지 않았다. 젊은 공주의 무릎에 앉혀지자, 그는 몸을 꼼지락거리지도 못했고 숨도 쉬지 못했다. 공주는 그에게 여러 가지 질문을 했다. 이에 멜키오르는 아첨하는 음성으로 몹시도 정중한 격식대로의 말로 응답했다. 그러나 공주는 멜키오르의 말에는 귀도 기울이지 않고 아이를 놀려주기만 했다. 아이는 낯이 점점 더 빨개지는 것을 느꼈다. 모두 틀림없이 자신의 얼굴이 빨개진 데 주의를 기울이고 있을 것이라고 생각되자, 그 까닭을 설명하고 싶은 생각이 들었다. 그래서 '휴' 하고 크게 한숨을 내쉬며 말했다.

"나 얼굴이 빨개졌어요. 더워서요."

이 말을 듣자 젊은 공주는 그만 웃음보를 터뜨렸다. 그러나 크리스토프는 좀전에 청중을 원망했듯이 공주를 원망하진 않았다. 그 웃음은 유쾌했기 때문이다. 공주는 그에게 키스해 주었다. 이것도 전혀 불쾌하지 않았다.

때마침 그는 상석 어귀의 복도에 서 있는 할아버지의 모습을 발견했다. 할아버지는 기쁜 듯하기도 하고 부끄러운 듯하기도 했다. 자신도 나서서 뭐라 한마디 드리고 싶었을 테지만 아무도 말을 건네주지 않으므로, 그는 차마 들어서지 못하고 있었다. 그리고 그저 먼발치로 손자의 영광을 바라보며 기뻐하고 있었던 것이다. 크리스토프는 왈칵 애정이 솟구쳤다. 사람들이 가엾은 노인의 장점도 인정해 주었으면, 그의 가치도 알아주었으면 하는, 억누를 길 없는 욕구가 솟아났다. 그러자 혀가 술술 풀렸다. 그는 발돋움을 해서 새로 친구가 된 공주의 귓가에 대고 소곤거렸다.

"비밀을 알려 드릴게요."

공주는 웃으며 물었다.

"어떤 비밀?"

"아실 테죠." 그는 말을 이었다.

"내 미뉴에트 중에, 내가 친 미뉴에트 중에 멋진 트리오가 있었던 것을? …… 잘 아시죠? ……(그는 그 곡을 나직이 불렀다)…… 그건 말이죠! 할아버지가 지은 거예요. 내가 아니에요. 다른 절은 모두 내가 지었지만요. 하지만 그게 가장 멋져요. 그건 할아버지가 지은 거예요. 할아버지는 그걸 남에게 말하면 안 된다고 하셨어요. 공주님도 남에게 말하지 마세요, 네……(그러고는 할아버지 쪽을 가리키며) 자, 저기 할아버지가 계세요. 난 할아버지가 참 좋아요. 내게 아주 잘해 주시거든요."

젊은 공주는 더욱더 웃어 대면서, 참 귀여운 애구나 하며 몇 번이고 키스해 주었다. 그러고는 방금 들은 이야기를 모두가 듣도록 큰 소리로 털어놓았다. 크리스토프도 할아버지도 깜짝 놀랄 수밖에. 다른 사람들도 공주와 같이 웃었다. 대공은 노인에게 축복의 말을 내려 주셨다. 노인은 완전히 당황하여 뭐라고 변명하려 했으나 말이 잘 나오지 않아, 마치 죄나 지은 것처럼 더듬거리고만 있었다. 한편 크리스토프는 이제 공주에게 한마디 말도 하지 않았다. 그녀가 아무리 친근하게 굴어도 입을 다물고는 뾰로통해져 있었다. 약속을 어겼다고 공주를 경멸했던 것이다. 귀족들에 대해서 품고 있던 그의 생각은 이 성실치 못한 행위 때문에 깊은 상처를 입었다. 그는 어찌나 성이 났던지 이미 남들이 하는 말도, 대공이 웃으면서 그를 궁정 전속인 궁정 음악원의 피아니스트로 임명했다고 하는 말도 전혀 귀에 들어오지 않았다.

그는 아버지랑 할아버지와 함께 물러나왔다. 극장 복도에서도 또 거리에 나가서도 사람들에 둘러싸여 축하의 말을 듣거나 키스를 받거나 했으나, 그는 그것이 불만스럽기만 했다. 왜냐하면 키스를 받기가 싫었고, 더구나 남이 내 허락도 없이 나를 제멋대로 다루는 것은 용서할 수 없는 일이라고 생각했기 때문이다.

이윽고 그들은 집으로 돌아왔다. 문을 닫자마자 멜키오르는 "이 맹추 같은 놈" 소리쳤다. 그 트리오를 자신이 짓지 않았다고 지껄였기 때문이다. 아이는 자기가 좋은 일을 했으니 칭찬을 받을지언정 꾸지람을 들을 이유는 없다는 것을 똑똑히 인식하고 있었으므로, 아버지에게 반항하여 거친 투로 말대답했다. 멜키오르는 화를 내며 말했다. 만일 곡 연주를 잘하지 못했더라면 두들겨 패 주려 했다고. 그러나 그 성공적인 음악회의 효과도 네가 그런 어리석은 말을 지껄이는 바람에 잡치고 말았다고. 크리스토프는 마음속 깊이 정의감을 지니고 있었다. 한구석에 틀어박혀서 뾰로통한 얼굴을 하고 있었다. 아버지도 공주도, 그 밖의 모든 사람도 하찮게 여겨졌다. 이웃 사람들이 찾아와서 식구들에게 축하의 말을 늘어놓으며 담소하는 것도 못마땅했다.

마치 연주한 것은 그들이고, 자신은 그들의 장난감 같은 꼴이 아닌가.

그러던 중 궁정에서 사람이 왔다. 대공의 하사품인 아름다운 금시계와 젊은 공주께서 보내신 훌륭한 봉봉 과자를 가지고 왔다. 크리스토프는 이 선물들이 모두 몹시 기뻤다. 어느 쪽이 더 기쁘다고 할 수도 없었다. 그러나 그는 몹시 기분이 상해 있어서 기쁜 티를 내고 싶지가 않았다. 그저 곁눈질로 봉봉을 흘끔거리며, 자신의 신뢰를 배신한 사람의 선물을 받아도 좋을까 하는 회의 속에 여전히 볼멘 낯이었다.

그가 마침내 그것을 받으려 할 때, 아버지가 책상에 앉아서 불러 주는 대로 답장을 당장 받아쓰라고 했다. 정말 너무한 처사였다! 크리스토프는 그날 하루 동안의 흥분 탓인지, 아니면 멜키오르가 바라는 대로 '전하의 조그만 종이며 음악가인……'이란 문구로 편지를 쓰기 시작하는 데 대해서 본능적인 굴욕감을 느낀 탓인지, 아무튼 울음이 터져서 어떻게도 손을 쓸 수가 없었다.

궁정에서 심부름 온 사람은 투덜거리면서 기다리고 있었다. 하는 수 없이 멜키오르가 편지를 써야 했다. 그렇다고 크리스토프를 용서해 준 것은 아니었다. 더구나 불행히도 아이는 시계를 떨어뜨려서 망가뜨려 버렸다. 우박 같은 꾸지람이 퍼부어졌다. 멜키오르는 식후의 과자를 주지 않겠다고 고래고래 소리쳤다. 약이 오른 크리스토프는 누가 받을 줄 아느냐고 미친 듯이 악을 썼다. 루이자는 벌로 봉봉을 빼앗겠다고 겁을 주었다. 크리스토프는 격노하여 소리쳤다. 엄마에게 그럴 권리는 없다, 그 과자 봉지는 내 것이다, 다른 누구의 것도 아니며 누구에게도 뺏기진 않을 거라고! 그는 따귀를 얻어맞았다. 그러자 버럭 화가 난 아이는 어머니 손에서 봉봉 과자를 빼앗아 들더니, 방바닥에 내동댕이치고 발로 짓밟아 버렸다. 그 결과 그는 매질을 당한 끝에 방으로 끌려가서 옷이 벗겨져 억지로 잠자리에 들게 되고 말았다.

그날 밤, 그는 집안사람들이 친지들과 함께 호화롭고 푸짐한 음식을 먹는 소리를 들었다. 그것은 음악회 축하를 위해 한 주일 전부터 마련된 음식이었다. 잠자리에 누운 그는 이런 부당한 처사에 울화가 치밀어 참을 수가 없었다. 당사자인 자신을 제쳐 놓고 모두 큰 소리로 웃으면서 술잔을 부딪쳐 가며 마시고 있는 것이다. 손님들은 애는 피곤해서 잠들었단 이야길 들었으므로, 누구 하나 그에게 생각이 미치는 이는 없었다. 다만 식사가 끝나서 손님들이 하나 둘 돌아갈 무렵, 끌리는 듯한 소리를 죽여 가며 그의 방으로 몰래 들어서는 발걸음이 있었다. 장 미셸 노인이 그의 잠자리를 들여다보더니 감동이 깃든 입맞춤을 하며 "귀여운 크리스토프야……" 소곤거렸다. 그러고는 주머니에 몰래 숨겨 가지고 온 사탕 과자를 살짝 잠자리에 넣고는, 부끄러운 듯 더는 아무 말도 없이 살금살금 달아났다.

크리스토프는 흐뭇한 기분이었다. 그러나 이날 하루의 모든 흥분 때문에 피곤하여 할아버지가 모처럼 가져다준 과자에 손댈 기력도 없었다. 그는 녹초가 되어 있었다. 조금 뒤에 곧 곯아떨어지고 말았다.

그의 잠은 자꾸 끊겼다. 전기라도 흘러나오는 듯 신경이 갑자기 이완되어 몸이 바들바들 떨렸다. 거칠고 사나운 음악이 꿈속에서 그를 뒤쫓았다. 한밤중에 깨어났다. 음악회에서 들은 베토벤의 서곡이 귓가에서 쩌렁쩌렁 울렸다. 그 헐떡이는 듯한 숨결이 방 안을 가득 채웠다. 벌떡 일어나 자리에 앉아서 눈을 비비며, 내가 아직 잠들어 있는 것일까 중얼거렸다. ……아니, 잠들어 있는 것은 아니었다. 그는 그 서곡을 똑똑히 듣고 있었다. 그 노여움의 함성을, 그 미친 듯한 울부짖는 소리를 너무나 똑똑히 듣고 있었다. 가슴속에서 춤추는 저 광포한 심장의 고동이, 저 소란스럽게 고동치는 피의 소리가 귀에 생생하게 들렸다. 마치 때려눕히듯이 옆으로 휘몰아쳐 온갖 것을 때려 부수는가 하면, 강대한 의지에 꺾여 홀연히 멈추는 저 회오리바람을 얼굴에 느끼고 있었다. 그 위대한 영혼이 그에게로 들어와서, 그의 손발과 영혼을 팽창시켜 거대하게 만들었다. 그는 세계 위를 걷고 있었다. 그는 거대한 산이었으며, 거기에는 폭풍우가 휘몰아치고 있었다. 분노의 폭풍이! 고뇌의 폭풍이! ……아아! 이 무슨 고뇌란 말인가! ……하지만 그런 것은 아무것도 아니었다! 그는 자신이 참으로 억세다는 것을 느끼고 있었다! ……괴로워하렴! 괴로워하는 거다! 아아! 억세다는 것은 얼마나 좋은 것인가! 억셀 때는 괴로워한다는 것도 이 얼마나 좋은 것인가! ……

그는 웃었다. 그 웃음소리는 밤의 고요 속에 울려 퍼졌다. 아버지가 잠이 깨어 소리쳤다.

"누구야?"

어머니가 속삭였다.

"쉿! 애가 꿈을 꾸는 거예요!"

셋이 다 침묵에 잠겼다. 그들 주위의 모든 것이 침묵했다. 음악도 스러졌다. 들리는 것이라곤, 방 안에서 잠자는 사람들의 평화로운 숨결뿐. 그들은 정신이 어쩔할 만큼 강한 힘으로 '어두운 밤' 속을 떠 흘러가는, 나약한 조그만 배 위에 나란히 매여 있는 가엾은 동반자였다.

'어느 날이든 크리스토프의 얼굴을 바라보라, 그날 그대는 결단코 나쁜 죽음을 맞지 않으리니.'

아침

1. 장 미셸의 죽음

3년이 흘렀다. 크리스토프는 머지않아 열한 살이 된다. 그는 여전히 음악 공부를 하고 있다. 생 마르탱 교회당의 오르간 연주자인 플로리앙 홀저에게 화성(和聲)을 배우고 있다. 이 사람은 할아버지의 친구이자 대단한 학자이다. 선생은 크리스토프에게 그가 가장 좋아하는 화음, 들을 때마다 귀와 마음을 부드럽게 쓰다듬어 주어 가벼운 전율이 일어나는 여러 가지 화음은 좋지 않은 것이며 금지되어 있다고 가르쳐 준다. 아이는 그 까닭을 물었으나 규칙상 금지되어 있다는 대답밖엔 들을 수가 없었다.

크리스토프는 천성적으로 규율을 싫어하는 성질이어서 그런 것이 더욱더 좋아질 뿐이었다. 사람들이 숭배하고 있는 대음악가들 중에서 그런 예를 찾아내어서, 그것을 할아버지나 선생님에게 들고 가는 것이 즐거움이었다. 이럴 때 할아버지는 위대한 음악가의 작품 속에선 그것도 훌륭하다, 베토벤이나 바흐는 무엇을 해도 괜찮다고 대답한다. 그러나 할아버지만큼 타협적이 아닌 선생님은 화를 내며 언짢아하는 기색으로, 그런 것은 그들의 작품 중에서도 결코 좋은 것이 아니라고 말한다.

크리스토프는 음악회나 극장에 자유로이 드나들 수가 있었다. 어떠한 악기든지 다루는 법을 배웠다. 바이올린 솜씨는 이미 훌륭했다. 아버지는 그를 오케스트라의 멤버로 넣어 주기를 바라고 있었다. 크리스토프는 자기 구실을 훌륭히 다하여, 서너 달 동안의 수습 과정을 거쳐 정식으로 궁정 음악단 제2 바이올린 주자로 임명되었다. 이리하여 그는 생활비를 벌기 시작했다. 그러나 이른 것은 아니다. 왜냐하면 가정 사정은 점점 악화되었기 때문이다. 멜키오르의 무절제는 더욱 심해졌고 할아버지는 늙어 있었던 것이다.

크리스토프는 어려운 가정 형편을 너무나 잘 알고 있었다. 그는 참으로 어른스럽게 근심스러운 표정을 짓곤 했다. 자신이 해야 할 일에는 그다지 흥미가 없고, 더구나 밤에 연주하는 자리에선 졸음에 겨워할 때도 있으나 마음을 가다듬어 가며 제 할 일을 다했다.

극장은 이미 옛적의 어린 시절과 같은 감동을 주지 않았다. 어린 날—그 것은 4년 전 일이거니와—그의 가장 큰 소망은 지금 차지하고 있는 자리를 얻는 것이었다. 그런데 지금은 연주되고 있는 음악 대부분이 매우 싫었다. 그는 아직 음악에 대한 비평은 차마 입에 올리지 못했다. 그러나 마음속으로 는 하찮은 것이라고 생각했다. 어쩌다가 우연히 훌륭한 작품이 연주될 때면 그는 그 얼빠진 듯한 연주에 불만을 느꼈다. 그가 가장 좋아하는 작품도 결 국은 오케스트라 단원들을 닮아 갔다. 그들은 막이 내린 뒤에 불거나 켜는 일을 마치자, 마치 한 시간쯤 체조라도 하고 난 것처럼 웃으며 땀을 닦고 껄 렁한 이야기를 태평스럽게 지껄여 댔다. 그는 또 옛적에 정열을 기울였던 맨 발에 금발인 가희(歌姬)를 바로 가까이서 보았다. 막간에는 식당에서 자주 만난다. 그녀는 소년이 자신을 연모했다는 것을 알고 있어서 기꺼이 그에게 키스해 주었다. 그러나 그는 조금도 기쁘지가 않았다. 그 화장이며 냄새, 굵 직한 팔, 맹렬한 식욕이 싫었다. 이제는 그녀를 미워했다.

대공은 궁정 전속 피아니스트를 잊어버리고 있진 않았다. 그렇다고 해서 그 직책에 주어지게 마련인 몇 푼 안 되는 봉급을 그가 제때 꼬박꼬박 지급 했다는 것은 아니며—언제나 이쪽에서 그것을 청구해야 할 지경이었다—때 로 매우 귀한 귀빈을 맞이하거나 대공 부부가 문득 연주를 듣고 싶어지거나 할 때, 크리스토프에게 궁정으로 들라는 명령을 내렸다는 이야기일 뿐이다. 그것은 거의 언제나 밤이며 크리스토프가 홀로 있고 싶어하는 시간이었다. 소년은 모든 일을 제쳐 놓고 부랴부랴 입궐해야 했다. 때로는 만찬이 아직 끝나지 않아 대기실에서 기다려야 하는 수도 있었다. 시종들은 그를 잘 알아 서 친숙하게 말을 건네었다.

한참 만에 그는 거울과 등불로 가득 찬 홀로 안내되었다. 점잖은 척하는 정색한 사람들이 호기심에 찬 눈초리로 불쾌해질 만큼 그를 빤히 바라보았 다. 대공 부부의 손에 키스하러 가기 위해, 초를 너무 칠해서 미끄러운 홀을 가로질러 가야 했다. 점점 나이를 먹을수록 소년의 동작도 또한 점점 어색해 졌다. 왜냐하면 자신이 자꾸만 우습게 느껴져서 자존심이 상했기 때문이다.

마침내 그는 피아노를 향해 앉았다. 그리고 저 바보스러운 자들—그는 귀빈들을 이렇게 생각하고 있었다—을 위해 연주해야 했다. 순간순간 주위 사람들의 무관심이 가슴을 죄어와 때로는 중도에서 집어치우고 싶어지는 때도 있었다. 둘레엔 공기가 부족했다. 질식할 것만 같았다. 연주를 다하고 나면 실컷 칭송을 받으며 그들 하나하나에게 소개되곤 했다. 자신은 대공의 동물원에 사육되고 있는 진기한 동물처럼 보이고 있고, 찬사는 나보다도 주인인 대공에게 보내지는 것이다. 그는 이렇게 생각하고 있었다. 그는 자신이 타락한 것처럼 생각되어 병적으로 민감해져 있었으나, 그것을 태도로 나타낼 수는 없고 보니 더한층 괴롭기만 했다. 남들의 하찮은 언행에도 모욕을 느꼈다. 누군가가 홀 한구석에서 웃고만 있어도 그는 자신을 비웃는 것으로 여겨졌다. 웃음거리가 되는 것은 자신의 동작인지 옷차림인지, 또는 얼굴이나 발이나 손인지 알 수가 없었다.

그는 모든 것에 굴욕을 느꼈다. 누가 말을 건네 주지 않아도, 또 건네 주어도 그는 굴욕을 느꼈다. 어린아이에게 주듯 봉봉을 주면 굴욕을 느꼈다. 특히 대공이 그야말로 왕후(王侯)답게 아무렇게나 그의 손에 금화를 쥐어 주고 돌려보낼 때엔 극심한 굴욕을 느꼈다. 가난하다는 것이, 가난뱅이로 취급되는 것이 슬펐다. 어느 날 밤엔 집으로 돌아가다가 받아 온 돈이 어찌나 마음에 무겁고 괴롭게 느껴졌던지, 지나는 길가의 어느 지하실 환기창으로 던져 버렸다. 그러나 곧 꼴사납게 그것을 다시 주울 수밖에 없었다. 집에서는 몇 달치나 푸줏간에 외상값이 밀려 있었기 때문이다.

집안사람들은 그의 이런 자존심의 고민에 대해서는 거의 아는 바가 없었다. 그가 대공의 총애를 받고 있다는 데에 그저 그들은 신명이 나 있었다. 마음씨 착하기만 한 루이자는 아들이 훌륭한 사람들 틈에 끼여 궁정의 야회에 참석하는 것 이상으로 훌륭한 일은 없는 것처럼 생각하고 있었다. 멜키오르는 늘 친구를 상대로 그것을 자랑거리로 삼고 있었다. 그러나 가장 기뻐하는 사람은 할아버지였다. 그는 겉으로는 독립심이 강한 사람인 척하고 불평가인 척 행동하며 권세를 멸시하는 척하였으나, 금전이나 권력, 명예나 사회적 지위에 대해 소박한 존경심을 품고 있었다. 그로선 자신의 손자가, 그러한 것을 지닌 사람들 곁에 서 있는 모습을 바라보는 자랑스러움은 그 무엇에도 비길 수 없었다. 그는 마치 그 영광이 자신에게도 미치고 있는 듯이 기뻐했다. 그러면서도 태연한 척하려고 애썼으나 그의 얼굴은 기쁨으로 빛나고 있었다.

크리스토프가 궁정으로 불려 들어간 밤이면, 장 미셸 노인은 언제나 어떤 구실을 붙여서라도 루이자네 집에 와 있었다. 어린애처럼 조바심을 내면서 손자가 돌아오기를 기다렸다. 크리스토프가 돌아오면, 우선 시치미를 떼고 대수롭지도 않은 질문을 했다. 이를테면 이렇게.

"어떻더냐? 오늘 밤은 잘 되었느냐?"

또는 짐짓 빙 돌려서 말하기도 했다.

"여, 우리 귀여운 크리스토프가 돌아왔구나. 무슨 진기한 이야기를 해 주려는지."

또는 그의 기분을 맞춰 주느라고 알랑거리는 말을 했다.

"우리 도련님, 축하하네!"

그러나 크리스토프는 불쾌한 듯이 몹시 퉁명스럽게 "안녕하세요!" 한 마디 뱉고는, 한구석으로 가서 볼멘 얼굴을 했다.

할아버지는 계속해서 좀더 뚜렷한 질문을 했지만 그에 대해서 소년은 "네"나 "아뇨"라고만 답할 뿐이었다. 아버지도 어머니도 끼어들어서 여러모로 자질구레한 일들을 캐물었다. 크리스토프는 더욱더 낯을 찡그렸다. 그들은 억지로 그에게서 대답을 끄집어내야 했다. 끝내는 장 미셸은 화가 나고 흥분해서 헐뜯는 말을 꺼냈다. 크리스토프는 버릇없는 말대답을 했다. 마침내는 서로 매섭게 노려보며 시기하고 미워하기에 이르렀다. 할아버지는 문을 쾅 닫아 버리고 돌아갔다. 이리하여 크리스토프는 가련한 사람들의 기쁨을 송두리째 망가뜨리고 마는 것이었다. 그들로서는 그가 왜 이렇게 못마땅해 하는지를 전혀 알 수 없었다. 설사 그들이 비굴한 영혼을 가지고 있다고 하더라도 그것은 그들의 죄는 아니었다. 자기네와 다른 기질을 지닌 사람도 있다는 것은 그들로서는 상상조차 할 수 없는 일이었다.

이리하여 크리스토프는 스스로 자기 속에 갇혀 있었다. 집안사람들에 대해서 비판하진 않았으나 그들과 자신을 떼어 놓고 있는 도랑을 느끼고 있었다. 아마도 아이는 그것을 과장해서 생각하고 있었을 것이다. 생각은 서로 달랐을지라도 그가 가족들에게 솔직히 털어놓을 수가 있었던들, 어쩌면 그들은 그를 이해해 줬을지도 모른다. 그러나 어버이와 자식 사이의 절대적인 친화(親和)처럼 어려운 것은 없는 법이다. 비록 서로가 모두 더할 바 없이 부드러운 애정을 지니고 있을 경우에도 그렇다. 왜냐하면 자식으로서는 어버이에게 경의를 품고 있기 때문에 도리어 자기 심정을 토로할 용기가 꺾이게 마련이고, 어버이 쪽은 나이와 경험이라는 점에서 자식보다 우월하다는 다분히 잘못된 생각을 품고 있어서, 때로는 어른의 감정 못지않게 흥미롭고 또한 거의 언제나 그들보다 한층 진지한 자식의 감정을 충분히 생각해 주지 않기 때문이다.

크리스토프가 집에서 만나는 단골손님들이나 그들과의 사이에 오가는 대화는 더한층 크리스토프를 가족에게서 멀어지게 했다.

집에는 멜키오르의 친구들이 곧잘 찾아왔다. 대개는 오케스트라 단원인데 술꾼에 독신자들이었다. 나쁜 사람들은 아니었으나 거칠고 천박했다. 웃음소리나 발소리로 방 안을 쩌르렁 울려 댔다. 음악을 사랑하고 있었으나, 음악 이야기를 하려면 참을 수 없이 어리석은 말들을 지껄였다. 그들의 감격이 지니는 노골적인 범속성은 소년의 순결한 감정에 큰 상처를 주었다. 그가 좋아하는 작품을 그들이 그런 식으로 칭찬하기라도 하면, 그는 마치 자기 자신이 모욕당한 듯한 느낌이 들었다. 그는 몸이 굳어지고 낯이 창백해지며 냉담한 태도를 꾸미고 음악에는 흥미도 없는 척했다. 될 수 있다면 음악을 싫어하고 싶을 정도였다. 멜키오르는 아들에 대해서 늘 이렇게 말했다.

"이놈에겐 마음이란 게 없어. 이놈은 아무것도 느끼지 않아. 도대체 누굴 닮았는지 모르겠어."

때때로 그들은 4부 합창인 독일 민요들을 같이 불렀다. 그것들은 항상 그들 자신을 닮아, 우둔한 장중함과 편편한 화성으로 둔중하게 진행되었다. 그럴 때면 크리스토프는 맨 구석방으로 달아나서 벽을 향해 욕지거리를 하곤 했다.

할아버지에게도 친구들이 있었다. 오르간 연주자, 가구 상인, 시계포, 콘트라베이스 연주자 등등, 지껄이기 좋아하는 늙은이들이었다. 언제나 같은 농담을 싫증도 내지 않고 되풀이하며, 예술이며 정치며 또는 그 고장 여러 가정의 계보 등에 관해서 끝도 없이 토론하는 것이었다. 그 화제에 흥미가 있다기보다는 지껄이는 것이, 또 말상대가 있다는 것이 그들에겐 마냥 기뻤다.

루이자는 고작 몇몇 이웃 아낙네들을 만날 뿐이었다. 여인들은 그 일대의 소문을 쑥덕거렸다. 또 드물게는 어느 '친절하신 마님'을 만날 때도 있었다. 이런 마님은 그녀에게 동정하는 것을 구실로, 머지않아 베풀 예정인 만찬회 일을 도와 달라는 부탁을 하러 왔으며, 아이들의 종교 교육에 제멋대로 간섭하기도 했다.

크리스토프가 볼 때 모든 방문객 중에서 테오도르 아저씨만큼 호감이 가지 않는 사람은 없었다. 그는 할아버지의 의붓아들이다. 장 미셸의 첫 부인인 클라라 할머니가 할아버지에게 시집오기 전 결혼 생활에서 낳은 아들이다. 아프리카나 극동과 거래를 하는 어느 무역 상사의 사원이며, 새로운 유형의 독일 사람으로서 하나의 전형적인 인물이었다. 이런 독일 사람은 독일 민족에게 예부터 있어 온 이상주의를 비웃어 그것을 이제는 버리고 만 척하며, 또 승리에 취한 나머지 힘과 성공에 대해서는 일찍이 경험해 보지 않은 듯이 숭배했다.

그러나 한 나라 국민의 오래된 전통을 지닌 성질이란 하루아침에 변화될 수는 없는 것이어서, 억제된 이상주의는 말이나 거동이나 도덕적 관습이나 또는 가정생활의 하찮은 행위에도 인용되곤 하는 괴테의 말 속에 줄곧 나타났다. 그것은 양심과 공리심(功利心)의 색다른 혼합으로서, 낡은 독일 시민 계급의 정직한 생활 원리와 새로운 상점 고용인 계급의 파렴치를 일치시키려는 기묘한 노력이었다. 이러한 혼합은 역시 퍽 불쾌한 위선의 구린내를 풍겼다. 왜냐하면 그것은 독일의 힘과 탐욕과 공리심을, 모든 권리와 정의와 진리의 상징으로 삼기에 이르렀기 때문이다.

크리스토프의 성실한 마음은 이 때문에 깊이 상처를 입고 있었다. 아저씨의 생각이 옳은지 그른지는 그로선 판단할 수 없었다. 그러나 그는 아저씨를 싫어했다. 아저씨에게 적의를 느끼고 있었다. 할아버지도 아저씨의 사고방식을 싫어하여, 그런 이론에 대해서 반감을 품고 있었다. 그러나 토론이 되고 보면 테오도르의 능란한 말재주에 그는 매번 압도당했다. 노인의 관대함과 소박함을 조롱하기란, 테오도르에게는 그야말로 식은 죽 먹기였다. 장 미셸은 끝내는 자신의 호인 기질을 부끄러워하게 되었다. 남들이 생각하는 만큼 자신이 시대에 뒤떨어지진 않았다는 것을 나타내 보이려고, 테오도르 같은 화법(話法)을 써 보기도 했다. 그러나 아무리 해도 어색하기만 하여 스스로 곤경에 빠지고 말았다. 더구나 어떠한 사고방식도 테오도르에게 농락

당하기 마련이었다.

　노인은 능수능란한 처세술을 존경하며, 자신에게는 그것이 전혀 없다는 것을 알고 있는 만큼 더한층 부러워했다. 손자 중에서 하나쯤은 테오도르 같은 지위에 오르게 해 주고 싶다는 꿈을 품고 있었다. 멜키오르도 로돌프에게는 아저씨와 같은 길을 가게 하고 싶어했다. 그래서 온 식구들은 여러 가지 혜택을 기대하며 이 부유한 친척에게 열심히 아첨했다. 테오도르는 자신이 꼭 필요한 존재임을 알고 있었으므로 그것을 기회로 건방지게 거만을 떨었다. 모든 일에 간섭하고, 모든 면에 자신의 의견을 내세우고, 또한 예술이나 예술가에 대한 철저한 경멸감을 숨기지 않았다. 오히려 그것을 과시하여 이 음악가투성이인 친척 일가를 모욕하면서 즐기고 있었다. 그는 이 집안의 누구에 대해서나 신나게 저질 농담을 해대고 있었는데, 그것을 또 식구들은 비굴하게 웃으며 들어 넘기는 것이었다.

　그중에서도 크리스토프는 아저씨의 주된 조롱거리였다. 그는 불쾌한 표정으로 입을 꼭 다물고 이를 악물었다. 그럴수록 아저씨는 그 퉁명스러운 표정을 재미있어했다. 어느 날, 식사 때에 테오도르가 어찌나 심하게 구는지 크리스토프는 발칵 화가 나서 그만 아저씨 얼굴에 침을 뱉고 말았다. 이것은 아주 큰일이었다. 그야말로 언어도단의 모욕이었다. 아저씨는 불의에 당한 일이라 잠깐 아무 말도 못하다가 다음 순간에는 욕설이 입에서 튀어나왔다. 크리스토프는 자신이 저지른 엄청난 짓에 아연해져서 의자 위에서 넋을 잃은 채, 억수같이 퍼붓는 주먹세례에도 전혀 아픔이라곤 느끼지 못했다. 그러나 아저씨 앞에 무릎을 꿇리게 되자, 그는 몸부림치며 어머니를 뿌리치고 바깥으로 도망쳤다. 숨이 차서 헐떡거리며 더는 숨도 쉬지 못하게 되자 간신히 들 한복판에 멈춰 섰다. 멀리서 자기를 부르는 소리가 들렸다. 적(敵)을 강물에 처넣지 못할 바에야 차라리 자신이 뛰어드는 편이 낫지 않을까 하는 생각조차 들었다. 그는 그날 밤을 들에서 보냈다. 새벽녘에 할아버지 집을 찾아가 문을 두드렸다. 노인은 크리스토프가 없어져서 몹시 걱정하고 있었으므로—그날 밤에 한잠도 못 잔 것이다—아이를 꾸짖을 힘도 없었다. 그는 크리스토프를 집으로 데리고 갔다. 집안 식구들은 아무 말도 하지 않았다. 그가 아직도 몹시 흥분되어 있다는 것을 눈치챘기 때문이다. 더구나 그를 고이 다루어야 할 처지였다. 왜냐하면 그날 밤, 소년은 궁정에서 연주하기로 되어 있었기 때문이다.

그러나 그 뒤 서너 주일에 걸쳐 멜키오르는 잔소리를 늘어놓으며 그를 괴롭혔다. 특별히 누구에게랄 것도 없이, 집안 망신을 시키는 몹쓸 놈에게 더없이 어엿한 생활이나 훌륭한 예법의 본을 보여 주느라고 얼마나 고생하고 있는지 따위의 말로 설교하는 것이었다. 길에서 테오도르 아저씨를 만나면 그는 크리스토프를 외면했다. 손으로 코를 잡고는, 더할 나위 없는 혐오감을 최대한 나타내 보이곤 했다.

집에서는 거의 어디에서도 친밀감을 찾아볼 수 없었기 때문에 그는 될 수 있는 대로 집에는 붙어 있지 않으려 했다. 그는 모두에게서 끊임없이 아양을 강요받아 괴로워했다. 존경해야 할 일과 사람이 너무도 많은 데다 그 까닭을 따져서는 안 되었다. 그런데 크리스토프는 존경한다는 것이 딱 질색이었다. 남들이 그를 훈련시켜 선량한 독일 소시민이 되게 하고자 애쓰면 애쓸수록, 더욱 그는 자유롭게 되고 싶은 욕구를 느꼈다. 그의 즐거움이라곤, 교향악단이나 궁정에서 죽도록 따분해하면서 얌전히 앉아 있다가 나와서 망아지처럼 풀밭에 뒹굴거나, 새 바지를 입은 채 잔디 비탈에서 미끄럼타거나, 동네 악동들과 돌싸움질을 하거나 하는 일이었다. 그러나 이런 장난을 자주 하지는 않았다. 꾸지람을 받거나 뺨을 얻어맞는 것이 무서워서는 아니었다. 같이 놀 동무가 없었던 것이다.

그는 도무지 다른 애들과 사이좋게 서로 어울릴 수가 없었다. 거리의 장난꾸러기 소년들도 그와는 놀려고 하지 않았다. 그가 장난에 너무나 정색하여 열중하는 나머지, 호되게 때리곤 하기 때문이다. 그 자신 역시 같은 또래의 소년들과 떨어져서 자기 혼자만의 세계에 틀어박히는 버릇이 붙어 버렸다. 놀이에 서투른 게 부끄러워서 같이 끼어들 용기가 없었던 것이다. 남들이 같이 놀자고 권유해 주길 바라는 마음이 간절했으나 전혀 아무런 흥미도 없는 체하고 있었다. 누구도 그에게 신경을 써 주지 않았다. 그래서 그는 마음속으로는 서글퍼하면서도 그렇지 않은 체하며 그들에게서 멀어져 갔던 것이다.

그의 마음에 위안이 된 것은 고트프리트 외삼촌이 이 고장에 머물러 있을 때 함께 이곳저곳을 거니는 일이었다. 그는 더욱더 외삼촌에게 가까워져서, 남의 속박을 받고 싶어하지 않는 외삼촌의 심정에 동감을 느끼고 있었다. 고트프리트가 무엇에도 구애됨이 없이 여행을 하는 데서 느끼고 있는 기쁨을, 지금은 크리스토프도 똑똑히 인식할 수 있었다!

저녁나절이면 두 사람은 곧잘 목적지도 없이 곧바로 들을 걸어가곤 했다. 고트프리트는 언제나 시간을 잊어버리고 있었으므로 집으로 돌아가는 것이 매우 늦어져서 식구들의 꾸중을 들었다. 남들이 다 잠든 밤중에 몰래 집을 빠져나오는 것도 즐거웠다. 그것이 좋지 않다는 것은 고트프리트도 알고 있었다. 그러나 크리스토프가 졸라 댔다. 게다가 고트프리트 자신도 이 기쁨에 저항할 수 없었다. 한밤중에 그는 집 앞까지 와서 신호의 휘파람을 불렀다. 크리스토프는 옷을 입은 채 잠자리에 들어 있었다. 얼른 침대에서 내려와 신을 집어 들었다. 숨을 죽이며 마치 야만인처럼 교활하게 살금살금 부엌 창문까지 기어갔다. 이 창은 큰길로 나 있었다. 탁자 위에 올라섰다. 고트프리트가 큰길에서 어깨 위로 그를 받아 주었다. 두 사람은 초등학교 아이들처럼 기뻐하며 나섰다.

때때로 그들은 어부인 제레미를 만나러 갔다. 그는 고트프리트의 친구였다. 세 사람은 달빛을 받으며 조각배를 타고 달렸다. 노에서 똑똑 떨어지는 물방울은 섬세한 아르페지오나 반음계(半音階)를 연주하고 있었다. 젖빛 수증기가 수면에서 너울거렸다. 별들은 떨고 있었다. 닭 울음소리가 양쪽 강기슭에서 서로 화답하고 있었다. 때때로 하늘 높다란 곳에서 종달새의 트릴이 들려왔다. 달빛에 속아 땅 위에서 날아 올라간 것이었다.

모두 잠자코 있었다. 이윽고 고트프리트가 나직이 노래를 불렀다. 제레미는 동물들의 신비로운 생활을 이야기해 주었다. 그 이야기는 간단하면서도 수수께끼 같은 화법으로 풀려 나왔으므로 더한층 신비롭게 들렸다.

달은 숲 저쪽으로 기울어 버렸다. 배는 여러 개의 어둑한 언덕과 언덕을 따라 앞으로 나아갔다. 하늘의 어둠과 물의 어둠이 하나로 융해되어 있었다. 수면에는 주름 하나 없었다. 온갖 소리는 숨을 죽이고 있었다. 배는 어둠 속을 미끄러져 갔다. 아니, 미끄러져 가는 것일까? 두둥실 떠 있기만 하는 것일까? 꼼짝도 않고 있는 것일까? …… 갈대숲이 옷자락 스치는 소리를 내며 양쪽으로 열렸다. 배는 소리도 없이 기슭에 닿았다. 모두 기슭에 내려서는 걸어서 돌아왔다. 먼동이 터서야 겨우 돌아올 때도 있었다. 언제나 강가를 따라 걸었다. 보리 이삭 같은 초록빛 또는 보석 같은 파란빛을 띤 은색 잉어 떼가 여명의 빛으로 반짝거리며 꿈틀거리고 있었다. 빵을 던져 주면 걸신들린 것처럼 덤벼들어 마치 메두사의 머리에 감긴 뱀처럼 서로 엉켰다. 빵이 가라앉음에 따라 그것을 둘러싸고 내려가서 나선을 그리며 빙글빙글 도는가 싶더니, 다음 순간엔 마치 한 줄기 햇살처럼 자취를 감추어 버렸다.

수면은 장밋빛과 연보랏빛으로 물들어 있었다. 작은 새들이 차차 깨어났다. 돌아오는 길에는 발걸음을 빨리했다. 크리스토프는 떠날 때처럼 조심스럽게 묵직한 공기가 감도는 방으로 돌아가서 다시 잠자리 속으로 파고들었다. 그리고 들 냄새가 스며든 상쾌한 몸 그대로 꾸벅꾸벅 졸다가 곧 깊은 잠에 빠져들었다.

모든 일은 이렇게 순조롭게 잘 풀렸다. 어느 날, 크리스토프가 밤중에 집을 빠져나간다는 것을 아우인 에른스트가 이르지만 않았더라면, 아마도 누구 하나 알아차리지는 못했을 것이다. 그는 이날 이후로 밤중에 나가는 것이 금지되고, 또 감시받는 몸이 되었다. 그래도 그는 역시 빠져나가곤 했다. 다른 누구와 노는 것보다도, 이 하찮은 행상인이나 그의 친구와 노는 것이 좋았다. 가족들은 체면 문제라며 화를 냈다. 멜키오르는 크리스토프가 천한 취미를 가졌다고 나무랐다. 장 미셸 노인은 고트프리트에 대한 크리스토프의 애정을 샘내고 있었다. 그리고 선택받은 사람들과 가까이하고 왕후를 섬길 수 있는 명예를 누리면서 하필이면 스스로 몸을 낮추어 그런 비천한 사람과 사귈 것은 없잖느냐고 설교했다. 크리스토프에겐 기품이 결여되어 있는 거라고 사람들은 생각하고 있었다.

*

멜키오르의 무절제와 나태가 날이 갈수록 심해짐에 따라 집안 사정도 더욱더 쪼들리긴 했으나, 그래도 장 미셸이 있는 동안은 간신히 그럭저럭 지낼 수 있었다. 오직 그만이 멜키오르에게 조금이나마 권위를 지니고 있어, 어느 정도까지는 그가 타락의 언덕길을 굴러 내려가는 것을 멈추게 하고 있기 때문이었다. 게다가 그가 세상 사람들로부터 받고 있던 존경은 이 술망나니의 못된 행실을 남들이 잊어버리게 하는 데 도움이 되었다. 또한 그는 한집안의 괴로운 생계를 돕고 있었다. 전직 악장(樂長)으로서 받고 있는 얼마 안 되는 연금 말고도, 그는 음악 개인 교수를 하거나 피아노 조율 따위의 일을 하며 아직 얼마씩은 돈을 벌고 있었다. 그는 그 돈을 대부분 며느리에게 넘겨 주었다.

며느리는 자신의 딱한 사정을 시아버지에게 들키지 않으려고 애썼으나, 노인은 그 사정을 뻔히 꿰뚫어 보고 있었다.

루이자는 시아버지가 자기네 때문에 그토록 부자유스런 것을 참고 계신다고 생각하니 안타까워서 견딜 수 없었다. 노인은 여유 있는 생활에 익숙해 있었고 강한 욕구를 지닌 사람이었으므로, 며느리가 그런 생각을 하는 것도 당연했다. 그런데 때에 따라서는 그런 희생으로도 충분하지 못한 수가 있었다. 장 미셸은 당장 급한 빚을 해결하느라고 평소에 소중히 간직하던 가구며 책 또는 기념품 같은 것을 몰래 처분해야 했다.

멜키오르는 아버지가 자기 몰래 루이자에게 돈을 준다는 것을 알고 있었다. 그래서 루이자의 반대에도 자주 그 돈에 손을 댔다. 노인은 그 사실을 알게 되자—그에게는 한사코 자신의 고생을 숨기려는 루이자의 입을 통해서가 아니라, 한 손자의 입을 통해서 알게 되자—무섭게 화를 냈다. 부자 사이에는 끔찍스러운 사태가 벌어졌다. 둘 다 유난히 사나운 사람들이었기에, 곧 거친 말과 위협의 대꾸가 오갔다. 단박에 주먹다짐이라도 벌어질 것만 같았다.

그러나 아무리 흥분했을 때라도, 어쩔 수 없는 존경심이 항상 멜키오르를 제어하게 마련이었다. 또한 아무리 취한 때라도 아버지가 퍼붓는 모욕이나 면목 없는 꾸지람 앞에서는 끝내 고개를 숙이고 말았다. 그러면서도 다음번엔 골탕을 먹여 주어야겠다고 마음먹으며 기회를 엿보는 것이었다.

장 미셸은 앞날을 생각하면서 암담한 심정이 되곤 했다.

"애들이 가엾구나."

그는 루이자에게 말했다.

"만일 내가 없어지면 모두 어떻게 될는지! 그래도 다행히……" 그는 크리스토프의 머리를 쓰다듬어 주며 덧붙였다.

"이 애가 너희를 부양하게 되기까지는 나도 그럭저럭 정정하게 일해 나갈 수 있겠지!"

그러나 그것은 오산이었다. 그는 이미 생애의 마지막에 다다라 있었다. 그러나 아무도 그것을 깨닫지 못했다. 여든 살을 넘었는데도 머리카락은 변함없이 번드레하고, 또 잿빛 머리카락이 섞인 흰 장발이 탐스럽게 늘어져 있었다. 짙은 턱수염 속에는 새카만 수염마저 섞여 있었다. 이는 열 개쯤밖에 남아 있지 않았으나, 그것으로 그는 잘 씹어 먹었다.

식탁 앞에 앉은 그를 바라보기는 참으로 흐뭇한 일이었다. 그는 왕성한 식욕의 소유자였다. 멜키오르가 술을 마시는 것을 비난했지만, 그 자신도 독한 술을 맨입으로 마셨다. 그중에서도 모젤산 백포도주를 좋아했다. 더구나 포도주건 맥주건 또는 능금주건, 하느님이 만드신 훌륭한 것이라면 무엇이든지 칭찬해 가면서 맛보았다. 그러나 술에 이성을 빼앗겨 버릴 정도로 분별이 없지는 않았다. 그는 적당한 한도를 지켰다. 하기야 그 적당한 한도라는 것이 상당해서, 이성이 조금 더 약했더라면 그는 확실히 술잔 속에 빠지고 말았을 테지만.

그는 다리도 튼튼했고, 눈도 밝고, 피로를 모르는 활동력의 소유자였다. 6시엔 일어나서 정성들여 몸차림을 했다. 예의에 유의하며 풍채를 중시했기 때문이었다. 그리고 그는 자기 집에서 혼자 살면서 무엇이든지 몸소 하며 며느리의 참견을 받아들이지 않았다.

그는 남의 손을 빌리지 않고 몸소 방을 치우고, 커피를 끓이고, 단추를 달고, 못질을 하고, 풀을 먹이고, 수선을 했다. 셔츠 바람으로 집 안을 오르락내리락하며, 잘 울리는 저음으로 줄곧 노래를 불렀다. 곡조에 맞추어 가극의 몸짓을 덧붙이면서 목청을 뽑으며 홀로 신이 나 하는 것이었다. 어떤 날씨건 아랑곳하지 않고 외출도 했다. 볼일은 하나도 잊어버리지 않고 꼬박꼬박 보러 갔다. 그러나 시간에 맞추어 가는 법은 좀처럼 없었다. 어느 길모퉁이에서 누구를 만나 지껄이거나, 낯익은 이웃 아낙네들과 농담을 주고받거나 하는 그의 모습을 흔히 볼 수 있었다. 그는 젊고 귀여운 여인이나 늙은 친구들을 좋아했기 때문이다. 이럭저럭 도중에서 시간을 빼앗기면서도 도무지 염두에 두지 않는 것이었다. 그래도 식사 시간만은 잊지 않았다. 남의 집에 찾아가서 어디서든지 식사를 했다. 그리고 손자들이 노는 것을 오랫동안 바라보며 시간을 보낸 뒤, 저녁때 해가 진 다음에야 겨우 집으로 돌아왔다. 잠자리에 들면, 눈을 감기 전에 낡은 성서를 한 페이지 읽었다. 밤중에는—이제는 한두 시간 이상 잠들지 못했으므로—일어나 앉아서 헌책방에서 산 역사나 신학이나 문학 또는 과학에 대한 책 한 권을 집어 들었다. 그러고는 아무

데나 펼쳐 놓고, 재미가 있건 따분하건, 이해할 수 있건 없건 상관없이, 아무튼 한 자도 빼놓지 않고 서너 페이지를 읽어 내려가곤 했다…… 다시 졸음이 올 때까지.

일요일에는 교회에 나가서 손자들과 산책을 하고 공놀이를 했다. 앓는 일은 좀처럼 없고, 다만 발가락에 통증이 있는 정도여서 밤중에 성서를 한창 읽다가 통증이 오면 이를 저주하곤 할 뿐이었다. 이 상태로는 백 살까지도 살 수 있을 것 같았다. 그 자신도 백 살을 넘기지 못할 이유를 전혀 찾지 못했다. 누군가가 백 살까진 사실 수 있을 거라고 예언이라도 하면, 어느 유명한 노인이 생각한 것처럼 하느님의 자비로우신 뜻에 제한을 두지 말았으면 좋겠다고 말했다.

그가 늙었다는 것은 툭하면 눈물을 찔끔거린다는 것과 점점 화를 잘 낸다는 것으로 겨우 알 수 있을 뿐이었다. 조금이라도 참을 수 없는 일에 부딪히면 그는 단박에 미친 듯이 분노의 발작을 일으켰다. 그 불그레한 얼굴과 짧은 목이 시뻘게졌다. 몹시 더듬거리고 숨이 막혀 입을 다물어야만 했다. 그의 오랜 벗인 주치의는 자중하라고 주의를 주며 아무쪼록 화를 내지 말고 음식도 줄이라고 경고했다. 그러나 그는 늙은이다운 고집으로 도리어 도전적이 되어서 더욱더 무모한 짓을 되풀이했다. 그러면서 의술과 의사를 비웃었다. 죽음을 경멸하는 체하며, 죽음 따위는 조금도 무섭지 않다는 것을 단언하느라고 마냥 떠벌리곤 했다.

몹시 더웠던 어느 여름날, 그는 곤드레만드레 술에 취해 말다툼까지 하고 돌아와서 정원을 매만졌다. 그는 흙 뒤적이기를 즐겼다. 따가운 햇볕 아래서 그는 모자도 쓰지 않고 좀전에 말다툼한 흥분이 아직 가시지 않은 채, 홧김에 풀을 뽑고 있었다.

크리스토프는 책을 손에 들고 신록의 정자 아래 앉아 있었다. 그러나 그는 거의 읽고 있지 않았다. 어쩐지 졸음을 가져다주는 듯한 귀뚜라미 울음소리에 귀를 기울이며 멍하니 몽상에 잠겨 있었다. 그러면서 기계적인 할아버지의 동작을 무심히 지켜보고 있었다.

할아버지는 그에게 등을 돌린 채 쪼그리고 앉아서 잡초를 뜯고 있었다. 그런데 별안간 할아버지가 벌떡 일어서서 두 팔을 허공에 휘젓더니, 마치 한 덩이 물체처럼 푹 쓰러져 땅에 엎어졌다. 그것을 보고 있던 크리스토프는 순간 웃으려 했다. 그러나 잘 보니, 할아버지는 꼼짝도 하지 않았다. 불러 보았다. 곁으로 달려가서 힘껏 흔들어 보았다. 그는 무서워졌다. 무릎을 꿇고는 땅바닥에 딱 붙어 있는 큼직한 머리를 두 손으로 들어 올리려고 했다. 머리는 몹시 무거웠고, 더구나 그는 몸을 달달 떨고 있었으므로 그 머리를 약간 움직이는 게 고작이었다. 피가 스민 부릅뜬 두 눈을 본 순간 어찌나 무서운지 몸이 오싹했다. 그는 날카로운 비명을 지르고는 머리를 떨어뜨렸다. 소스라쳐 일어나 그냥 달아나 버렸다. 밖으로 뛰어나가서 큰 소리로 고함을 치며 울었다. 지나가던 사람이 아이를 불러 세웠다. 아이는 입을 놀리지도 못했다. 그저 집을 손가락질했다. 그 사람이 집으로 들어갔다. 크리스토프도 그 뒤를 따랐다. 이웃 사람들도 그의 고함 소리를 듣고 달려왔다. 이윽고 정원은 사람들로 가득 찼다. 사람들은 꽃을 짓밟으며 걸어다녔고 노인 둘레에 쭈그리고 앉아서 모두 일제히 지절거리고들 있었다. 두서너 사람이 노인을 땅바닥에서 안아 올렸다. 크리스토프는 문간에 서서 벽을 향한 채 얼굴을 두 손에 묻었다. 보기가 무서웠던 것이다. 그러나 보지 않고는 못 배겼다. 사람들이 줄지어 옆을 지나갈 때 그는 손가락 사이로 힘이 빠져 축 늘어진 할아버지의 커다란 몸을 보았다. 한쪽 팔이 땅바닥에 질질 끌리고 있었다. 운반해 가는 사람의 무릎에 기대어진 머리통은 걸을 때마다 흔들거렸다. 얼굴은 부어올랐고, 흙에 범벅이 되어 있었다. 피가 스며나온 데다, 입을 크게 벌렸고, 눈을 무섭게 부릅뜨고 있었다.

크리스토프는 다시 울음보를 터뜨리며 달아났다. 무엇에 쫓기듯 어머니가 계신 집까지 냅다 치달렸다. 무섭게 고함을 지르며 부엌으로 뛰어들었다. 루이자는 때마침 채소를 손질하고 있었다. 그는 어머니에게 달려들더니, 살려 달라고 미친 듯이 매달렸다. 흐느껴 우느라 얼굴이 경련을 일으켜 거의 입도 놀리지 못했다. 그러나 그 한마디로 어머니는 알 수 있었다. 그녀는 낯이 새파랗게 질리며 손에 들고 있던 것을 떨어뜨렸다. 그러고는 한마디 말도 없이 밖으로 뛰어나갔다.

크리스토프는 홀로 남아 찬장에 기대어 움츠린 채 앉았다. 아직도 울음이 계속 나왔다. 아우들은 그저 신나게 놀고 있었다. 무슨 일이 일어났는지 그는 분명히 알지 못했다. 그는 할아버지를 생각하지는 않았다. 아까 본 무서운 광경을 생각하고 있었다. 또 그 광경을 보아야 하는 것이나 아닐까, 또 그리로 도로 끌려가는 것이나 아닐까, 그것만이 무서웠던 것이다.

　아니나 다를까 저녁나절, 아우들이 집 안에서 실컷 장난하다가 따분하다느니 배고프다느니 투덜거릴 무렵 루이자가 헐떡거리며 돌아오더니, 애들의 손을 잡고 할아버지 집으로 데려갔다. 어머니는 몹시 서둘러 걸었다. 에른스트와 로돌프는 언제나처럼 투덜거렸으나, 어머니는 잠자코 있으라고 나무랐다. 억누르는 듯한 그 말투에 질려 두 애는 입을 다물었다. 그들은 본능적인 공포에 사로잡혔다. 집에 들어선 순간, 그들은 왈칵 울음을 터뜨렸다. 아직 밤이 되기 전이었다. 저녁 해의 마지막 훤한 빛이 방 안의 문손잡이와 거울, 어둑한 첫째 방 벽에 걸린 바이올린 등에 야릇하게 반영되면서 실내를 비추고 있었다. 그러나 할아버지 방에는 촛불이 하나 켜져 있었다. 그 흔들거리는 불빛은 마침 스러져 가는 파르스름한 밝음과 맞부딪쳐서 방 안의 음울한 그림자를 더욱 무겁게 만들었다.

　멜키오르는 창가에 앉아서 크게 소리내어 울고 있었다. 의사가 침대 위를 굽어보고 있어서 누워 있는 사람의 모습은 보이지 않았다. 크리스토프의 심장은 터질 듯이 심하게 고동쳤다. 루이자는 애들을 침대 발치에 꿇어앉혔다. 크리스토프는 마음을 다잡고 가만히 쳐다보았다. 오후에 그런 광경을 목격한 뒤여서 몹시 무서운 것이려니 예상했으므로, 얼핏 보고선 마음을 푹 놓았다. 할아버지는 조용하게 잠자는 것 같았기 때문이다. 일순간 소년은 할아버지가 이젠 나았나 보다 착각했다. 그러나 짓눌린 듯한 숨소리가 귀에 들려와서 더 자세히 보니 쓰러졌을 때의 상처가 큼직하게 보랏빛으로 멍든, 부어오른 얼굴이 보였다. 저곳에 있는 사람이 죽어 간다는 것을 알아차리고 그는 으스스 몸을 떨었다. 할아버지가 낫기를 바라며 루이자와 함께 기도를 되풀이하면서도, 그는 마음속으로 기원했다. 만일 할아버지가 낫지 않는다면 차라리 돌아가시기를. 그는 앞으로 일어날 일이 두려웠다.

　노인은 쓰러진 순간부터 이미 의식이 없었다. 다만 한순간, 자신의 용태를 알 만큼 의식을 되찾았다. 그것은 애처로운 일이었다. 사제(司祭)가 와서 그를 위해 마지막 기도를 드리고 있었다. 사람들은 노인을 베개 위에 일으켜 비스듬히 뉘었다. 할아버지는 게슴츠레하게 눈을 떴다. 그 눈은 이미 그의 뜻대로 되지 않는 것 같았다. 숨소리가 거칠었다. 멍하니 거기 있는 사람들의 얼굴이나 불빛을 쳐다보았다. 그러다가 별안간 입을 벌렸다. 뭐라고 표현할 수 없는 공포의 빛이 표정에 떠올랐다.

"그럼……" 그는 더듬거리며 말했다.

"그럼, 나는 이제 죽는 건가……"

이 말소리의 무서운 음색이 크리스토프의 마음을 찔렀다. 그것은 영원히 그의 기억 속에 깊이 남게 되었다. 노인은 더 말하지 못했다. 조그만 어린애처럼 신음했다. 그러다가 다시 혼수상태에 빠졌다. 그러나 호흡은 더한층 괴로워져 있었다. 뭐라고 중얼중얼하다가 두 손을 움직이며 죽음의 잠과 싸우고 있는 것 같았다. 반쯤 의식을 잃은 채 그는 꼭 한 번 불렀다.

"어머니!"

이 얼마나 비통한 인상이었던가! 크리스토프 같은 어린애한테나 어울리는 어조로 괴로워하며 어머니를 부르는 노인의 이 중얼거림! 평소에는 어머니 이야기라곤 한마디도 입 밖에 내지 않았거늘, 임종의 공포 속에서 궁극의, 더구나 아무 소용없는 피난처를 찾다니! 한순간 그는 침착해졌다. 어렴풋이 의식이 돌아왔다. 눈동자가 목적도 없이 흔들리는 듯한 둔탁한 눈이 무서움에 질려 떨고 있는 아이의 눈과 마주쳤다. 눈이 빛났다. 노인은 미소 지으려 애썼고 입을 놀리려고 애썼다.

루이자가 크리스토프를 안아서 침대로 데려갔다. 장 미셸은 입술을 움직이고 손으로 머리를 쓰다듬으려 했다. 그러나 곧 또 혼수상태에 빠졌다. 그것이 임종이었다.

어린애들은 옆방으로 쫓겨났다. 식구들은 모두 바빠서 그들을 돌볼 겨를이 없었다. 크리스토프는 무서움에 이끌려 반쯤 열린 문틈으로 할아버지의 비참한 얼굴을 살그머니 엿보았다. 베개 위에 머리를 젖히고, 목둘레를 죄어대는 잔인한 힘 때문에 숨이 막혀 가는 얼굴…… 시시각각 우묵해지는 얼굴…… 펌프에라도 빨리는 듯이 공허 속으로 가라앉아 가는 존재…… 차마 듣고 견디기 어려운 임종의 신음, 물 표면에서 터지는 거품과도 같은 기계적인 호흡 소리, 영혼은 이미 없어졌지만 그래도 집요하게 더 삶을 이으려는 육신의 마지막 호흡…… 그러다가 머리가 베개 옆으로 미끄러져 떨어졌다. 그리고 모든 것이 싸늘한 고요 속에 잠겼다.

그로부터 불과 몇 분 뒤였다. 오열과 기도와 죽음으로 혼잡한 속에서 루이자는 낯이 파래지고 입에 거품을 물고, 눈을 부릅뜨고서 문손잡이에 매달려

경련을 일으키고 있는 소년을 발견했다. 그녀는 달려갔다. 아이는 어머니의 팔 안에서 발작을 일으켰다. 애를 집으로 옮겨갔다. 애는 의식을 잃었다. 다시 의식을 찾았을 때 그는 자신의 침대에 누워 있었다. 공포에 싸인 채 고함을 질렀다. 잠시 홀로 내버려져 있었기 때문이다. 다시 발작을 일으키고 또다시 의식을 잃었다. 그날 밤부터 다음 날 낮까지 열에 들떠서 지냈다. 간신히 안정을 찾아 이틀째 밤엔 푹 잠이 들어, 다음 날 한낮까지 계속 잠만 잤다. 누가 방 안을 걸어다니는 것 같았고, 어머니가 침대에 몸을 굽혀 키스해 주는 것을 어렴풋이 느꼈다. 저 멀리서 고요한 종소리가 들려오는 것 같았다. 그러나 몸을 움직이고 싶지가 않았다. 마치 꿈속에라도 있는 것 같았다.

눈을 뜨자, 고트프리트 외삼촌이 침대 발치에 앉아 있었다. 크리스토프는 기진맥진해 있었다. 아무것도 생각이 나지 않았다. 그러다가 기억이 되살아나자 울었다. 고트프리트는 일어서서 그에게 키스해 주었다.

"왜 그러니, 아가, 왜 그래?"

고트프리트는 자애롭게 물었다.

"아아, 외삼촌! 외삼촌!"

아이는 외삼촌에게 매달리면서 슬프게 울었다.

"울려무나, 울려무나!"

고트프리트는 말했다.

그렇게 말하는 그 자신도 울고 있었다.

조금 마음이 차분해지자, 크리스토프는 눈물을 닦고 외삼촌을 빤히 쳐다보았다. 고트프리트는 그가 무엇을 묻고 싶어하는지를 눈치챘다.

"안 된단다."

그는 한 손가락을 입술에 대며 말했다.

"말은 하지 마라. 우는 건 좋아. 말은 좋지 않단다."

아이는 말을 듣지 않았다.

"그런 건 아무 쓸모도 없단다."

"단 한 가지만. 한 가지만……"

"대체 뭐냐?"

크리스토프는 망설였다.

"아아, 외삼촌!" 그러고서 그는 물었다.

"할아버지는 지금 어디 있지?"

고트프리트는 대답했다.

"하느님과 같이 계시단다, 아가."

그러나 그것은 크리스토프가 묻는 데 대한 답이 아니었다.

"아니, 그게 아니라. 어디 있느냐고, 그 사람은?"

(그 사람이란 육신을 말하는 것이었다)

그는 떨리는 음성으로 말을 이었다.

"그 사람 아직 집 안에 있는 거야?"

"그분은 오늘 아침 무덤에 묻혔단다." 고트프리트는 말했다.

"종소리 못 들었니?"

크리스토프는 마음이 놓였다. 그러나 곧이어 그 정다운 할아버지를 다시는 만날 수 없음을 깨닫고 또다시 훌쩍훌쩍 울기 시작했다.

"가엾은 우리 아가!"

고트프리트는 연민의 정이 담뿍 깃들인 눈초리로 아이를 바라보며 몇 번이고 되풀이했다.

크리스토프는 고트프리트가 달래 주기를 기다리고 있었다. 그러나 고트프리트는 그것이 헛수고임을 빤히 알고 있었으므로 도무지 달래려 하지 않았다.

"외삼촌."

아이는 그에게 물었다.

"외삼촌은 그게 무섭지 않아?"

(고트프리트가 무서워하지 않기를, 그리고 그럴 수 있는 비결을 가르쳐 주기를, 그는 얼마나 바랐던지!)

하지만 고트프리트는 근심 어린 얼굴빛이 되었다.

"쉿!"

그는 지금까지와는 다른 음성으로 말하는 것이었다……

"왜 무섭지 않겠니?" 잠시 뒤에 그는 말을 이었다.

"하지만 어쩔 수 없지 뭐냐. 그런 법이란다. 체념해야 돼."

크리스토프는 반항하듯이 고개를 저었다.

"체념해야 한단다, 아가."

고트프리트는 되풀이했다.

"하느님이 그러길 바라신단다. 그분이 바라시는 것은 존중해야 해."

"난 그런 사람 싫어!"

크리스토프는 허공에 주먹질을 하며 증오에 가득 차서 소리쳤다.

고트프리트는 흠칫 놀라서 아이의 입을 다물게 했다. 크리스토프도 방금 자신이 한 말이 무서워져서, 고트프리트와 함께 기도했다.

그러나 그의 마음은 들끓고 있었다. 입으로는 경건하고 겸손한 말이나 인종(忍從)의 말을 재차 늘어놓으면서도 마음속에는 이런 저주스런 일과, 이런 일을 창조해 놓은 무시무시한 자에 대한 격렬한 반항과 혐오의 감정밖엔 없었다.

*

새로 파혜쳐져서 그 밑에 가련한 장 미셸 노인이 버림받아 누워 있는 흙 위로, 날들이 지나가고 비 내리는 밤들이 지나간다. 처음에는 멜키오르도 그냥 울고 부르짖으며 눈물에 젖어 흐느꼈다. 그러나 한 주일도 지나기 전에 진심으로 즐거운 듯 낄낄거리는 그의 웃음소리를 크리스토프는 들었다. 얼굴을 마주하고 고인의 이름이 나오려 하면, 서글픈 얼굴이 되고 슬픈 표정을 짓는다. 그러나 곧 또 활발하게 몸짓을 하며 수다스럽게 지껄인다. 그가 슬퍼하는 것은 결코 거짓이 아니다. 그러나 그는 언제까지나 슬퍼만 하고 있을 수가 없는 것이었다.

수동적이며 참을성 강한 루이자는 모든 것을 포용하고 있듯이 이 불행도 받아들였다. 날마다 하는 기도에 또 하나 새로운 기도를 덧붙였다. 꼬박꼬박 묘지에 참배를 가고, 마치 집안일의 한 부분이라도 되듯이 정성들여 묘지를 가꾸었다.

고트프리트는 노인이 잠들어 있는 그 조그만 네모진 땅에 대해서 눈물겨울 만큼 마음씨 고운 배려를 잊지 않았다. 이 고장에 돌아올 때면 어떤 기념물이나, 손수 만든 십자가나, 장 미셸이 좋아하던 꽃 등을 그곳에 바치러 갔다. 그는 그것을 결코 거르지 않았다. 더구나 남의 눈에 띄지 않도록 남몰래 숨어서 하는 것이었다.

루이자는 묘지에 참배하러 갈 때면 가끔 크리스토프를 데리고 갔다. 꽃과 나무의 불길한 장식으로 덮인 그 점토질 땅이나, 설렁거리는 측백나무의 한

숨 소리에 섞여서 양지에 감도는 그 무겁고 퀴퀴한 냄새가 크리스토프는 섬뜩할 만큼 싫었다. 그러나 싫다는 말을 입에 올리진 못했다. 그런 감정은 비겁하고 불경스럽다고 마음속으로 꺼림칙하게 여기고 있기 때문이었다. 그는 매우 불행했다. 할아버지의 죽음이 끊임없이 따라붙었다. 하기야 이미 훨씬 전에 죽음이란 어떤 것인가를 알고 있었고, 그것을 생각하며 두려워하고 있었다. 다만 그때까지 한 번도 그것을 보지 못했던 것이다.

처음으로 죽음을 본 사람은 누구나가, 그 자신이 죽음이나 삶에 대해서 아무것도 아는 바 없었다는 것을 깨닫는다. 모든 것이 한꺼번에 흔들린다. 이성(理性)은 아무런 도움도 되지 않는다. 지금까지 자신은 살고 있다고 믿어 왔다. 인생에 대해서 다소 경험을 지니고 있다고 믿어 왔다. 그런데 아무것도 알지 못했다는 것을 알게 되고, 아무것도 보지 못했다는 것을 알게 된다. 여태껏 자신은 정신이 짜 놓은 환상의 베일, 현실의 무시무시한 얼굴을 가려 숨기고 있었던 환상의 베일에 싸여서 살고 있었던 것이다. 머릿속에 존재하는 고통의 관념과 실제로 피투성이가 되어 괴로워하고 있는 사람 사이에는 아무런 관계도 없다. 죽음에 관한 생각과, 몸부림치며 죽어 가는 육체와 영혼의 경련 사이에는 아무런 관계도 없다. 인간이 지껄이는 온갖 언어, 인간의 온갖 지혜는, 눈이 아찔할 만큼 처절한 현실의 슬픔에 비기면 뻣뻣한 꼭두각시의 연극에 지나지 않는다. 진흙과 피로 이루어진 이들 비참한 인간은 모든 쓸데없는 노력을 하여 생명을 붙잡아 매려고 하지만, 생명은 시시각각 썩어만 간다.

크리스토프는 낮이고 밤이고 그것을 생각하고 있었다. 임종 때 괴로워하시던 할아버지 생각이 어디까지고 뒤쫓아 왔다. 무섭게 허덕이던 소리가 귀에 생생했다. 자연 전체가 변해 버렸다. 얼음 안개가 자연을 뒤덮고 있는 듯 생각되었다. 어디를 향하건 주위의 온갖 곳에서 눈먼 야수의 비릿한 죽음의 숨결이 얼굴에 느껴졌다. 이러한 파괴적인 힘의 주먹 밑에서 자신이 어쩔 수도 없다는 것을 알고 있었다. 그러나 그런 생각은 그를 압도하기는커녕 분노와 증오로 그를 불태웠다. 그는 체념하는 모습을 보이지 않았다. 불가능을 향해 똑바로 돌진했다. 이마가 빠개지든, 자신이 강하지 못하다는 사실이 밝혀지든 상관없었다. 그는 결코 고뇌에 대한 반항을 멈추지 않았다. 이때 이래로 그의 생애는 용서할 수 없는 운명의 잔학성에 대한 끊임없는 투쟁이었다.

*

그의 마음에 귀찮게 따라붙는 이러한 생각은 생활의 어려움 탓에 뒷전으로 밀려났다. 장 미셸이 있어서 간신히 늦추어지던 가정의 붕괴는, 그가 없어지자 급속히 찾아들었다. 그의 죽음과 함께 크라프트 댁은 가장 큰 생계원을 잃었다. 그리하여 비참한 가난이 집 안으로 들이닥친 것이다.

거기에 또 멜키오르는 박차를 가했다. 자신을 옭아매고 있었던 오직 하나의 감독으로부터 해방되자 그는 더 열심히 일하기는커녕 완전히 방탕에 빠져 몸을 망쳤다. 거의 밤마다 그는 술에 곤죽이 되어 돌아왔다. 번 돈은 전혀 집에 가져오지도 않았다. 게다가 출장 교습 일자리도 거의 잃었다. 어느 날 그는 곤드레로 취한 채 여제자의 집에 갔다. 그러나 그의 파렴치한 행동의 결과로, 어느 집이나 그에게 문을 닫아 버렸다.

교향악단에서는 그의 아버지를 생각해서 가까스로 참아 주고 있었다. 그러나 루이자는 당장에라도 또 그가 어떤 실수를 저질러서 면직 처분이나 받지 않을까 겁을 집어먹고 있었다. 연주가 끝날 때쯤 해서야 자리에 나타나는 바람에 해고해 버린다고 위협받은 일이 지금까지만 해도 몇 번이나 있었다. 숫제 나가는 것을 까맣게 잊어버린 일도 두세 번이나 있었다. 또한 어떤 무모한 것을 지껄이거나, 하고 싶어서 들먹들먹하는 어리석은 흥분에 사로잡혀 있을 때에는 무슨 짓을 저지를지 알 수 없었다! 어느 날 밤엔 《발퀴레》의 어느 한 막 한가운데쯤에서, 자신이 작곡한 거창한 바이올린 협주곡을 켤 생각을 했다! 사람들은 그것을 말리느라고 진땀을 빼야 했다. 또는 무대 위에서나 자신의 머릿속에서 펼쳐지는 유쾌한 연극에 휩쓸려 든 나머지, 연주하다가 별안간 큰 소리를 지르며 웃음을 터뜨리는 수도 있었다. 동료들은 그를 재미있어했다. 우스꽝스럽단 이유로 웬만한 것은 너그럽게 보아 넘겨 주었다. 그러나 이런 관대한 처우는 엄격한 처우보다도 언짢은 것이었다. 크리스토프로선 그것이 죽도록 창피스럽기만 했다.

이제 아이는 오케스트라의 바이올린 제1주자가 되어 있었다. 자기 좌석에서 아버지를 감시하고, 필요한 경우에는 보충하고, 아버지가 제 버릇대로 수선을 피우려 들면 입을 다물도록 주의를 주었다. 그것은 쉬운 일이 아니었다. 최선책으로는 아버지에게 주의를 기울이지 않으면 그만이었다. 그렇지 않을 경우에, 주정꾼인 아버지는 자신이 감시당하고 있음을 알아차리면 낮을 찡그리기도 하고 지껄여 대기도 했다. 크리스토프는 아버지가 어떤 엉뚱한 짓을 저지르지나 않을까 겁내며 눈길을 피하고 있었다. 오직 자신이 맡은 일에 몰두하려 했다. 그러나 멜키오르의 잡소리나 주위 사람들의 웃음소리를 듣지 않을 수는 없었다. 눈에 눈물이 핑 돌았다. 선량한 단원들은 눈치채고 그를 가엾이 여겼다. 그래서 웃음소리를 낮추었다. 크리스토프의 눈을 피해 가며 아버지의 소문을 쑥덕거렸다. 그러나 크리스토프는 그들에게서 동정받고 있다는 것을 느끼고 있었다. 자신이 가 버리면 곧 다시 비웃음 소리가 난다는 것을, 그리고 멜키오르가 온 시내의 웃음거리가 되어 있다는 것을 알고 있었다. 그렇지만 어쩔 수가 없었다. 그것이 아이로서는 여간 마음 쓰라린 것이 아니었다.

연주가 끝나면 크리스토프는 아버지와 함께 집으로 갔다. 아버지를 부축하고 그가 하는 말들을 참고 들어 주며, 비틀비틀하는 걸음걸이를 남이 눈치채지 못하게 하느라고 한껏 애를 썼다. 그러나 어느 누가 그런 것에 속아 주겠는가? 또한 아무리 애써도 그가 아버지를 집에까지 무사히 데리고 간 적은 거의 없었다. 길모퉁이에 이르자 멜키오르는 친구를 꼭 만나야 할 급한 일이 있다고 핑계댔다. 아무리 설득해도 그 약속을 깨뜨릴 수는 없었다. 게다가 크리스토프는 부자간의 싸움에 창으로 내다보는 이웃 사람들의 눈초리를 받고 싶지 않았으므로, 그것을 염려하여 그리 끈질기게 강요하지도 못했다.

생활비가 몽땅 술값으로 날아갔다. 멜키오르는 자신이 번 돈을 탕진해 버리는 것만으로는 만족하지 않았다. 아내와 아들이 고생해서 번 돈마저 술 마시는 데 써 버렸다. 루이자는 언제나 울고 있었다. 집 안에는 그녀의 것이라곤 아무것도 없으며 자긴 무일푼인 그녀와 결혼해 준 거라는 냉혹한 말을 남편에게서 들은 뒤로는, 이미 반항할 기운도 없는 그녀였다. 크리스토프는 반항하려 했다. 멜키오르는 그를 때리고 불량소년으로 몰고는 그 손에서 돈을 빼앗았다. 아이는 이미 열두 살을 넘어 열세 살을 바라보는 나이여서 몸은 억세었다. 아버지의 주먹질에 맞서 악을 썼다. 그러나 반항한다는 것이 아직은 두려워서 결국 아버지가 하는 대로 내버려 두었다. 루이자와 그에게 남겨진 오직 하나의 수단은 돈을 감추는 것이었다. 그러나 멜키오르는 두 사람이 집에 없을 때면 이상스러울 만큼 교묘하게 그 숨긴 장소를 찾아내곤 했다.

이윽고 멜키오르에게는 그것조차 맘에 차지 않았다. 그는 아버지의 유품을 팔았다. 책과 침대와 가구, 그리고 음악가의 초상 등이 집에서 실려 나가는 것을 크리스토프는 슬픈 심정으로 바라보기만 했다. 그는 아무 말도 할 수 없었다. 그러나 어느 날 멜키오르가 할아버지의 낡은 피아노에 심하게 부딪힌 무릎을 비비면서 홧김에 욕설을 퍼부으며, 집 안이 좁아져서 몸을 움직일 수조차 없군, 이런 고물딱지는 모조리 처분해 버릴 테다 하고 고래고래 소리쳤을 때, 크리스토프는 그만 자기도 모르게 큰소리를 내고야 말았다. 하기야 크리스토프가 유년 시절의 가장 즐거운 한때를 보낸 그리운 할아버지의 집을 파느라고 그 집 가구를 여기로 옮겨 온 뒤로는, 어느 방이고 모두 비좁아져 있었다. 그리고 낡은 피아노 역시 이제는 그리 값어치도 없고 음도 떨려 나와서, 크리스토프는 이미 훨씬 전부터 이것을 쓰지 않고 대공에게서 하사받은 훌륭한 새 피아노를 치고 있는 것도 사실이었다. 그러나 이 낡은 피아노는 아무리 낡고 아무리 폐물이라도, 크리스토프에겐 가장 친한 친구였다. 이것은 어린아이였던 크리스토프에게 음악의 무한한 세계를 가르쳐 준 것이었다. 그 반들반들한 노란 키 위에서 그는 음향의 왕국을 발견했다. 그것은 할아버지의 작품이며 그가 손자를 위해서 석 달이나 걸려 고쳐 준 것이었다. 그것은 참으로 신성한 것이었다. 크리스토프는 누구에게도 이것을 팔 권리는 없다고 주장했다. 멜키오르는 입을 다물라고 했다. 크리스토프는 더욱더 큰 소리로 피아노는 내 것이라고, 아무도 손을 못 댄다고 외쳤다. 그러면서도 호되게 매를 맞을 각오는 하고 있었다. 그러나 멜키오르는 심술궂게 웃음 띤 얼굴로 그를 흘긋 보고는 그냥 입을 다물었다.

다음 날 크리스토프는 그런 일을 까맣게 잊어버렸다. 피곤하긴 했으나 퍽 유쾌한 기분으로 집에 돌아왔다. 그러나 아우들의 엉큼스러운 눈초리를 보고는 흠칫했다. 그들은 책을 읽는 데 열중하는 체했다. 그러나 그의 눈초리를 보고 그의 일거수일투족을 살그머니 엿보다가, 그가 그들 쪽을 흘끔거리자 다시 책으로 눈을 내리깔았다. 틀림없이 무슨 장난을 했구나 짐작이 갔으나, 그런 데엔 익숙해져 있었다. 무슨 장난인지 알게 되면 여느 때처럼 혼내 주리라고 마음먹고는 별로 개의치도 않았다. 더는 생각지 않기로 하고 아버지와 이야기를 나누었다. 아버지는 난로 구석에 앉아서, 평소와는 달리 흥미 있는 체하며 그날 하루의 일을 이모저모로 물었다. 크리스토프는 이야기를 하다가, 멜키오르가 두 애들과 몰래 살짝 눈짓을 주고받는 것을 보고 흠칫했다. 자기 방으로 달려갔다…… 피아노가 놓여 있던 자리는 텅 비어 있었다! 그는 슬픔에 찬 비명을 질렀다. 저쪽 방에서는 아우들의 킬킬거리는 웃음소리가 들렸다. 온몸의 피가 머리로 솟구쳐 올랐다. 그는 아우들 쪽으로 달려갔다. 그리고 외쳤다.

"내 피아노를!"

멜키오르가 느긋이, 그러면서 짐짓 당황한 듯이 얼굴을 쳐들자, 애들은 까르르 웃어 젖혔다. 그 자신도 크리스토프의 애처로운 얼굴을 보고는 그만 참지 못하여 고갤 돌리고 웃음을 터뜨렸다. 크리스토프는 자신이 무엇을 하는지 의식하지 못했다. 미친 듯이 아버지에게 덤벼들었다. 멜키오르는 팔걸이 의자에 몸을 젖히고 앉아 있던 참이어서, 몸을 피할 겨를이 없었다. 크리스토프는 그의 목을 졸랐다. 그러면서 외쳤다.

"도둑 같으니!"

그것은 눈 깜박할 사이의 일이었다. 멜키오르는 한 번 몸부림을 치더니, 정신없이 매달려 있는 크리스토프를 마루 위로 내던졌다. 소년의 머리는 난로의 장작 받침대에 부딪혔다. 크리스토프는 용감하게 무릎으로 다시 일어서서, 숨막힐 듯한 목소리로 되풀이해 외쳤다.

"도둑이야! 엄마와 내 것을 훔치는 도둑! …… 할아버지 것을 팔아먹는 도둑!"

멜키오르는 뻣뻣이 서서 크리스토프의 머리 위에 주먹을 휘둘렀다. 그는 증오에 찬 눈초리로 아버지에게 맞섰다. 격렬한 노여움으로 몸이 바들바들 떨렸다. 멜키오르 역시 부들부들 몸을 떨었다. 그러더니 털썩 주저앉으며 두 손에 얼굴을 묻었다. 두 아우는 날카로운 비명을 지르며 달아나 버렸다. 소란 뒤에 침묵이 이어졌다. 멜키오르는 신음하듯이 뭐라고 알아들을 수 없는 말을 입에 올리고 있었다. 크리스토프는 벽에 몸을 딱 붙인 채, 이를 악물고 아버지를 뚫어지게 노려보았다. 멜키오르는 자신을 꾸짖어 댔다.

"난 도둑놈이다! 가족들을 헐벗게 했어. 애들은 나를 깔보고. 차라리 죽어 버리는 게 낫겠다!"

아버지가 넋두리를 마치자 크리스토프는 꼼짝도 하지 않은 채 준엄하게 물었다.

"피아노는 어디 있어요?"

"보름세 집에 있다."

멜키오르는 아들의 얼굴을 똑바로 쳐다보지도 못하면서 대답했다.

크리스토프는 한 걸음 내디디며 다그쳤다.

"돈은?"

기가 죽은 멜키오르는 주머니에서 돈을 꺼내어 아들 손에 건네주었다. 크리스토프는 문으로 향했다. 멜키오르가 그 아들을 불렀다.

"크리스토프!"

크리스토프는 멈춰 섰다. 멜키오르는 떨리는 목소리로 말을 이었다.

"귀여운 크리스토프야! …… 아버지를 깔보지 말아 다오!"

크리스토프는 아버지의 목을 끌어안았다. 그리고 흐느껴 울었다.

"아빠! 아빠! 깔보지 않아요! 난 정말 슬퍼요!"

두 부자는 소리내어 울었다. 멜키오르는 탄식했다.

"내가 나쁜 게 아니야! 그래도 난 악인은 아니야. 응, 그렇지, 크리스토프? 그래도 난 악인은 아니란 말이다."

그는 앞으로 다시는 술을 마시지 않겠다고 맹세했다. 크리스토프는 믿어지지 않는다는 듯이 고개를 가로저었다. 그러자 멜키오르도 시인했다. 돈이 손 안에 있으면 마시지 않고는 못 배긴다고. 크리스토프는 생각에 잠겼다. 이윽고 말문을 열었다.

"아빠, 그럼, 이렇게 하면? ……"

그는 도중에 말을 끊었다.

"어떻게?"

"말하자니 미안해서……"

"누구에게 말이냐?"

멜키오르는 담담하게 물었다.

"아버지에게죠."

멜키오르는 낯을 찡그렸다. 그러고는 말했다.

"괜찮다."

크리스토프는 설명했다. 집의 돈은 멜키오르의 봉급까지 포함해서 전부 어느 딴 사람에게 맡겨 두었다가, 날마다 또는 한 주일마다 멜키오르가 필요한 만큼만 타다 쓰도록 하면 어떨까 하는 것이었다. 그러자 멜키오르는 겸허한 심정이 되어 있었으므로—아직 취기에서 덜 깨어났으므로—제한 조건을 스스로 더욱 가혹하게 해서, 앞으로 자신의 봉급은 정식으로 그의 대리인 크리스토프에게 지급해 달라고 당장 대공께 진정서를 쓰겠다고 나섰다. 크리스토프는 아버지가 당하는 굴욕을 부끄럽게 여기며 그 제안을 거절했다. 그러나 희생적인 행위를 하고 싶어 안달이 난 멜키오르는 기어코 편지를 써 버렸다. 그는 자신의 관대한 행위에 도취해 있었던 것이다. 크리스토프는 그 편지 받기를 거절했다. 때마침 집에 온 루이자도 자초지종을 듣고는 남편에게 그런 창피스러운 짓을 시킬 바에야 거지가 되는 편이 낫겠다고 했다. 그에 덧붙여 자신은 남편을 믿고 있으니 가족들에 대한 애정으로 그가 틀림없이 행실을 고칠 것이라고 장담했다. 끝내는 셋이 다 감동해 서로 끌어안았다. 한편 탁자 위에 놓인 채 잊혀 버린 멜키오르의 진정서는 가구 밑으로 날아가 떨어져 누구의 눈에도 띄지 않게 되었다.

며칠 뒤 루이자는 방을 청소하다가 이것을 발견했다. 이때 그녀는 다시 시작된 멜키오르의 방탕 때문에 참담한 심정에 빠져 있던 참이었다. 그래서 그 편지를 찢어 버리지 않고 챙겨 두었다. 그 뒤 서너 달 동안 갖은 쓰라린 고초를 겪으면서도, 이것을 이용할 생각을 한결같이 뿌리치며 그냥 보존하고 있었다. 그러던 어느 날, 멜키오르가 크리스토프를 때리고 돈을 빼앗아 가는 현장을 또 목격하고는 그녀도 더 참을 수 없게 되었다. 울고 있는 아이와 단둘이 있게 되자, 그녀는 편지를 끄집어내어 아들에게 건네주며 명령했다.

"갔다 오너라!"

그래도 크리스토프는 주저했다. 그러나 이 집안에 한 줌 남은 것마저 모조리 없애 버리지 않기 위해서는 이렇게 할 수밖에 없음을 깨달았다. 그는 궁정으로 갔다. 20분이면 갈 수 있는 곳을 일부러 한 시간 가까이나 걸려서 갔다. 자신이 하는 짓에 대한 부끄러움으로 그는 짓눌려 있었다. 지난 수년간의 고독한 생활 속에서 흥분해 있던 그의 자존심은 아버지의 방탕을 공적으로 승인한다는 생각 앞에, 피눈물 나도록 가슴 아파하고 있었다. 기묘하고도 자연스러운 모순이지만, 그는 아버지의 방탕이 누구에게나 널리 알려진 사실임을 뻔히 알고 있으면서도 집요하게 그것을 부정하려 했고, 또 아무것도 모르는 체하고 있었다. 그것을 인정할 바에야 차라리 자기 몸을 조각내고 싶어했다. 그랬는데 이제 그는 제 발로 가고 있으니! ……몇 번이고 되돌아서려 했다. 궁정에 이르자, 발길을 돌려 시내를 두 바퀴 세 바퀴 돌았다. 그러나 이것은 나 하나만의 문제가 아니었다. 어머니와 아우들에게 관계되는 일이었다. 아버지가 그들을 저버린 바에야, 그들을 돕는 일은 맏아들인 자신의 의무인 것이다. 이미 주저하거나 흥분하거나 할 때가 아니었다. 수치를 참아야 했다. 그는 궁정으로 들어섰다. 계단을 올라가다가, 또다시 달아나려 했다. 넘어질 뻔하여 계단에 무릎을 꿇었다. 층계 위에서는 문손잡이를 잡은 채 몇 분간이나 꼼짝 않고 있었다. 그러나 사람이 오는 바람에 부득이 들어갈 수밖에 없었다.

사무실에서는 모두 그를 잘 알고 있었다. 그는 극장 감독관인 함머 랑그바흐 남작 각하를 뵙고 싶다고 했다. 흰 조끼에 장밋빛 넥타이 차림인 혈색좋고 통통한, 그리고 머리가 벗겨진 젊은 관리는 친근하게 그의 손을 잡고 전날의 가극 이야기를 지껄였다. 크리스토프는 다시 한 번 볼일을 말했다. 관리는 대답했다. 각하는 지금 바쁘시지만, 혹시 크리스토프가 청원서라도 내는 것이라면 마침 지금 서명을 받으러 갈 다른 서류와 함께 가지고 가서 제출해 주겠다고 했다.

크리스토프는 편지를 내놓았다. 관리는 살짝 보고는 놀라워하며 소리쳤다.

"오, 그래!"

그는 쾌활하게 말했다.

"이것 참 좋은 생각이다! 좀더 일찍 생각했어야 옳았지! 그 인간이 이렇게 괜찮은 짓을 한 건 난생처음일걸. 거참, 나이만 헛먹은 그 주정뱅이가 용케도 이런 결심을 하게 되었군!"

그는 말을 하다가 뚝 그쳤다. 크리스토프가 그의 손에서 편지를 잡아챈 것이다. 크리스토프는 노여움으로 낯빛이 달라져서 소리쳤다.

"그만두세요! ……날 모욕하진 마세요!"

관리는 깜짝 놀랐다.

"아니, 크리스토프야." 관리는 애써 얼버무리려 했다.

"누가 너를 모욕한단 말이냐? 나는 그저 세상 사람들의 생각을 말로 했을 뿐이야. 너도 그렇게 생각할 텐데."

"아니, 그렇지 않아요!"

크리스토프는 성이 나서 외쳤다.

"뭐라고! 그렇게 생각하지 않는다고? 네 아버지가 술주정뱅이라고 생각하지 않는단 말이냐?"

"거짓말이에요!"

크리스토프는 발을 동동 굴렸다. 관리는 어깨를 으쓱하고서 말했다.

"그럼, 왜 이런 편지를 썼지?"

"그건……"

크리스토프는 말했다. 이제 어떻게 말해야 할지 몰랐지만……

"그건, 매달 내가 봉급을 타러 오니까, 그때 아버지 것도 같이 타 가려고 그러는 거예요. 두 사람이 오다니 시간 낭비죠…… 아버진 여간 바쁘시지 않거든요."

자신의 변명이 어찌나 바보스럽던지 그는 얼굴이 홍당무가 되었다. 관리는 비웃음과 연민이 섞인 눈초리로 그를 바라보았다. 크리스토프는 편지를 손아귀 속에서 꼬깃꼬깃 구겨 가며 물러가려 했다. 관리는 일어서서 그의 팔을 잡았다.

"잠깐 기다려라."

그는 말했다.

"내가 어떻게 조처해 주마."

그는 감독관 방으로 들어갔다. 크리스토프는 다른 관리들이 흘끔흘끔 보는 가운데 기다리고 있었다. 어찌해야 좋을지 몰랐다. 대답이 오기 전에 달아나 버릴까 생각했다. 막 그러려는 참에 문이 열렸다.

"각하께서 만나 주신단다." 지나치게 남의 일을 거들어 주기 좋아하는 관리가 그에게 말했다.

크리스토프는 안으로 들어가야 했다.

함머 랑그바흐 남작 각하는 볼수염과 코밑수염은 길렀으나 턱수염은 밀어 버린, 깔끔한 생김새의 자그마한 노인이었다. 무엇인가를 쓰던 손을 멈추지도 않고, 또 크리스토프가 머뭇머뭇 인사하는데도 고개조차 끄덕거려 보이지도 않으며, 금테 안경 너머로 그를 바라보았다.

"그래."

그는 잠깐 사이를 두었다가 말을 이었다.

"무슨 청이 있다지, 크라프트 군?……"

"각하."

크리스토프는 부랴부랴 입을 열었다.

"부디 용서해 주십시오. 저는 잘 생각해 보았습니다. 이젠 아무 청원도 드리지 않기로 했습니다."

노인은 갑자기 청원을 취소하게 된 까닭을 묻지는 않았다. 더욱 주의 깊게 크리스토프를 바라보더니 가볍게 기침을 한 다음 말했다.

"크라프트 군, 손에 들고 있는 청원서를 이리 보여 주게나."

크리스토프는 자기가 주먹 속에서 무의식적으로 구기고 있던 종이에 쏠리고 있는 감독관의 눈초리를 알아차렸다.

"이젠 괜찮습니다, 각하."

그는 중얼거리듯 말했다.

"이젠 그러실 것 없습니다."

"보여 주게."

노인은 그의 말은 아예 들리지도 않았다는 듯이 조용히 말했다.

크리스토프는 기계적으로 구겨진 주름투성이 청원서를 넘겨주고 말았다. 그러고도 또 그 편지를 되찾으려고 손을 내뻗치면서 혼란된 말을 마냥 주워섬겼다. 각하는 꼼꼼히 주름을 펴서 편지를 쭉 한 번 읽고는 크리스토프를 바라보며, 허둥지둥 갈피를 못 잡는 그의 변명을 그냥 듣고만 있었다. 그러다가 이윽고 그를 가로막더니, 눈에 짓궂은 빛을 살짝 띠고는 말했다.

"좋다, 크라프트 군. 청원을 받아들여 주겠다."

그는 손을 들어 물러가라고 명했다. 그러고는 쓰던 글씨를 쓰느라고 고개를 수그렸다.

크리스토프는 망연히 방에서 물러나왔다.

"나쁘게 생각 말아라, 크리스토프야!"

그가 다시 사무실을 지날 때 좀전의 관리가 친절히 말을 건넸다. 크리스토프는 눈을 들 기운도 없이 붙잡혀서 그가 악수하는 대로 손을 내맡겼다.

궁정 밖으로 나왔다. 부끄러움으로 온몸이 얼어붙는 것 같았다. 사람들이 하던 말이 한 마디 한 마디 생각났다. 자신을 인정해 주고 불쌍히 여겨 주는 사람들의 연민 속에 모욕적인 빈정거림이 느껴졌다. 집에 돌아왔다. 루이자가 물어도, 자신이 방금 한 짓에 대해 어머니를 원망하고 있는 듯이 그저 두어 마디 불퉁하게 대답했을 뿐이다. 아버지 생각을 하니, 후회로 가슴이 쥐어뜯기는 것만 같았다. 아버지에게 모든 것을 고백하고 용서를 빌리라 생각했다.

그러나 아버지는 집에 없었다. 크리스토프는 밤중까지 자지도 않고 아버지를 기다렸다. 아버지 생각을 하면 할수록 회한의 마음은 심해졌다. 그는 아버지를 이상화하고 있었다. 가족들에게 버림을 받은, 약하고 선량하고 불행한 사람으로 제 마음속에 그리고 있었던 것이다.

계단에서 아버지의 발소리가 들리자 그는 침대에서 뛰어나왔다. 달려나가 아버지를 맞이하면서 그 두 팔에 뛰어들고 싶었다. 그러나 돌아온 멜키오르는 술에 만취한, 그야말로 지겨운 몰골이어서, 크리스토프는 그 곁으로 갈 용기도 나지 않았다. 그는 자신의 착각을 쓰디쓰게 스스로 비웃으며 다시 잠자리에 파고들었다.

멜키오르는 며칠 뒤에 그 사실을 알고는 무섭게 화를 냈다. 크리스토프의 애원도 뿌리치고는 궁정으로 항의하러 들어갔다. 그리고는 참담히 기가 죽어서 초라한 꼴로 돌아왔다. 어떤 일이 일어났던가는 한마디도 입 밖에 내지 않았다. 그는 혹독한 대우를 받은 것이었다. 무슨 낯으로 그런 소리를 하는가, 아들의 공적을 보아서 지금과 같이 봉급을 지급해 주는 거다, 만약에 앞으로 조금이라도 나쁜 소문이 들리면 봉급 전액을 지급하지 않을 테다, 이런 선고를 받은 것이었다. 아버지는 그날부터 곧 자신의 처지를 인정했고 이 희생은 자신이 자발적으로 한 것이라고 자랑하기조차 했다. 크리스토프는 그러한 아버지를 보고 마음이 놓였다.

그러면서도 밖에 나가서는 우는소리를 늘어놓는 멜키오르였다. 자신은 처자들 때문에 헐벗겨지고 평생토록 그들을 위해 정력을 탕진했는데, 이제는 모든 면에서 이렇게 부자유스럽게 지내야 한다고.

그는 또 갖은 감언이설과 교묘한 책략으로 크리스토프에게서 돈을 뜯어내려고 안달이었다. 그때에는 크리스토프는 웃을 판국도 아니었지만 절로 웃지 않을 수 없었다. 그래도 크리스토프가 완강히 내 주지 않으므로, 멜키오르는 끈질기게 물고 늘어지진 못했다. 자신을 비판하고 있는 열네 살짜리 소년의 준엄한 눈초리에 부딪치면, 그는 야릇하게 압도되는 느낌이 들었던 것이다. 이에 그는 고약한 술책을 써서 은근슬쩍 앙갚음을 했다. 술집에 가서 마시거나 남에게 진탕 사 주고는 외상값은 아들이 깨끗이 갚아 줄 거라면서 한 푼도 치르지 않는 것이었다. 크리스토프는 악평이 날까 두려워 아무 항의도 하지 않았다. 그리고 루이자와 의논해서 있는 돈을 몽땅 털어 멜키오르의 빚을 갚았다. 멜키오르는 급료를 자기 손으로 받지 못하게 된 뒤로는 바이올린 주자의 직무에 더욱더 관심을 잃어 갔다. 또 극장에 결근하는 날이 너무나 잦다 보니, 크리스토프의 탄원도 보람 없이 끝내는 해고되고야 말았다. 이제 크리스토프는 아버지와 아우들, 즉 한 가족 전체를 혼자 짊어져야만 했다.

이리하여 크리스토프는 나이 열네 살에 한집안의 가장이 된 것이다.

*

그는 이 무거운 책임을 감연히 도맡았다. 그의 자존심은 남에게 자비를 바라기를 거부했다. 혼자 힘으로 해내고 말겠다고 마음속으로 맹세했다. 어려서부터 어머니가 창피스러운 동정품을 받거나 바라거나 하는 것을 보고 그는 너무나 괴로워하며 자랐다. 마음씨 고운 어머니는 품팔이하러 간 집의 마님에게서 선물을 얻어 가지고 기쁨에 차서 집에 돌아오곤 했는데, 그것은 언제나 말다툼거리가 되었다. 어머니는 자신이 별로 나쁜 짓을 했다고는 생각지 않았다. 그 돈 덕분에 귀여운 크리스토프의 고생을 얼마간이나마 덜어 줄 수 있고, 초라한 저녁 식탁에 한 접시라도 더 보탤 수 있다고 기뻐했다. 그러나 크리스토프는 마음이 언짢았다. 저녁 내내 입을 열지 않았다. 그렇게 해서 차려진 맛좋은 음식엔, 까닭도 말하지 않고 손가락 하나 대지 않았다. 루이자는 슬펐다. 제발 좀 먹으라고 아들을 설득하면서 귀찮을 만큼 권했다. 그래도 크리스토프는 고집을 꺾지 않았다. 어머니는 끝내 조바심이 나서 불쾌한 말을 했다. 그도 말대답을 했다. 그러고는 냅킨을 식탁에 내동댕이치고 나가 버렸다. 아버지는 어깨를 으쓱하면서 잘난 체하는 놈이라고 콧방귀를 뀌었다. 아우들은 형을 비웃으며 그의 몫까지 먹어 치웠다.

이러고저러고간에, 이제는 생활 수단을 찾아야 했다. 오케스트라 단원으로서 받는 급료만 가지고는 이미 부족했다. 개인 교수 일을 시작했다. 그의 기량, 평판, 특히 대공의 보호를 받고 있다는 점 덕분에 그는 상류층 계급에 많은 단골을 얻을 수 있었다.

날마다 아침 9시부터 그는 영애들에게 피아노를 가르쳤다. 그녀들은 대개 그보다 나이가 많았는데 은근한 교태로 그를 겁나게 했고, 엉터리 주법(奏法)으로 그를 실망케 했다. 그녀들은 음악에 관해서는 그야말로 멍텅구리였다. 그 대신 우스운 것에 대한 민감성은 누구나 조금씩 지니고 있었다. 그 비웃는 듯한 눈초리는 크리스토프의 어설픈 태도를 하나도 놓치지 않았다.

이것이 그에게는 고문이나 다름없는 고통이었다. 여제자와 나란히 자기 의자 가장자리에 앉아서 낯을 붉힌 채 의젓하게, 화가 치밀어도 꼼짝도 못하고 있었다. 바보스러운 말을 하지 않으려고 꾹 참아 가면서 자기 음성에도 신경을 썼고, 엄격한 태도를 취하려고 애썼다. 그러다 곁눈질로 흘금흘금 관찰되고 있다는 것을 느끼자 마침내 침착성을 잃고, 한창 주의를 주던 중에 허둥거리며, 제 꼴이 우습지나 않나 걱정하다가 실제로 우스꽝스러워져서, 드디어는 상대에게 무례한 잔소리를 쏘아붙일 정도로 흥분에 사로잡히곤 했다. 여제자들로서는 그에 대한 앙갚음쯤이야 거저먹기였다. 또한 실제로 되갚지 않고 넘어가는 적이 없었다. 그녀들은 묘한 눈초리를 던져 그를 당혹케 했다. 뻔한 간단한 질문을 해서 그를 눈까지 새빨개지게 했다. 또는 잔심부름을 부탁하기도 했다. 예를 들면 어떤 가구 위에 놓아둔 무엇을 갖다 달라고 한다든가…… 이것이 그에게는 더없이 쓰라린 일이었다. 그녀들의 능글맞은 시선을 한 몸에 받으면서 방 안을 가로질러 가야 하기 때문이었다. 그 눈은 그의 딱딱한 동작을, 볼품없는 발을, 뻣뻣해진 팔을, 어쩔 줄 모르며 굳어진 몸을 서슴없이 훑어보고 있었던 것이다.

이러한 출장 교습을 마치고는 또 극장으로 연습하러 달려가야 했다. 점심을 먹을 겨를이 없을 때도 자주 있었다. 주머니에 빵과 돼지고기를 넣고 가서 막간에 먹었다. 때로는 지휘자인 토비아스 파이퍼의 대리 근무를 할 때도 있었다. 지휘자는 그에게 관심을 기울여, 가끔 오케스트라 연습 때엔 그를 대리로 세워서 지휘 연습을 시켰던 것이다. 그러면서도 한편으로 그는 자기 자신의 음악 공부도 계속해야 했다. 오후에는 또 피아노 출장 교습을 가야 할 곳이 있었으므로, 상연 시간까지 그의 낮 시간 스케줄은 꽉 짜여 있었다. 그리고 또 밤에는 공연이 끝난 뒤에 궁정으로 불려가는 일도 흔했다. 궁정에서는 한 시간이나 두 시간을 연주해야 했다. 대공부인은 음악에 통달했다고 자부하고 있었다. 좋은 것 나쁜 것 가리지 않고 음악을 아주 좋아했다. 평범한 광상곡이 걸작과 어깨를 나란히 하는 기묘한 프로그램을 크리스토프에게 연주하도록 강요했다. 그러나 부인의 가장 큰 즐거움은 크리스토프로 하여금 즉흥곡을 치게 하는 것이었다. 그리고 그것을 위해 속이 메슥메슥해지도록 감상적인 주제를 그에게 주는 것이었다.

12시쯤 되어서야 크리스토프는 궁정에서 물러나올 수 있었다. 녹초가 되도록 피곤했고, 손은 화끈거리고, 머리는 지끈지끈하며 배는 텅 비어 있었다. 온몸이 땀으로 흠뻑 젖었다. 그런데 밖에서는 눈이 쏟아지거나 또는 얼음처럼 차가운 안개가 내렸다. 집에까지 가려면 시가지의 반 이상을 가로질러 가야 했다. 그는 이를 딱딱 부딪치며, 엄습해 오는 졸음과 싸우며 걸어갔다. 게다가 한 벌뿐인 야회복을 웅덩이의 흙탕물로 더럽히지 않도록 조심해야 했다.

자기 방으로 돌아오긴 했지만, 여전히 아우들과 같이 쓰는 방이었다. 숨막힐 것 같은 퀴퀴한 냄새가 나는 이 다락방에서 가까스로 고난의 굴레를 벗도록 허용되는 이 순간만큼, 그가 자기 생활에 대한 혐오와 절망과 고독감에 지독히 짓눌리는 때는 없었다. 옷을 벗을 기력조차 남아 있을까 말까 했다. 다만 다행히도 머리를 베개에 뉘자마자 순식간에 잠에 빠져들었으므로, 그는 고통을 잊을 수 있었다.

그러나 여름철엔 새벽녘에, 겨울철엔 먼동이 트기 훨씬 전부터 일어나야만 했다. 자신의 공부를 하고 싶었기 때문이다. 5시부터 8시까지가 그의 유일한 자유 시간이었다. 하지만 그 시간의 일부마저도, 때로는 주문받은 일거리 때문에 빼앗겨야 했다. 궁정 음악가로서의 직함과 대공에게서 받고 있는 은혜 때문에, 그는 궁정 축제를 위한 곡도 작곡해야 했던 것이다.

이렇게 그의 생활은 원천까지 파헤쳐졌다. 그의 몽상조차도 자유롭지 못했다. 그러나 언제나 그렇듯이 속박은 몽상을 더욱 강력하게 했다. 행동을 속박하는 것이 하나도 없을 때에는, 영혼은 행동의 이유를 거의 잃어버리기 때문이다. 마음을 써야 하는 세상일의 감옥이 크리스토프를 가두고 점점 옥죄어 오면 올수록, 그의 반항적인 정신은 한결 더 자신의 독립을 희구했다. 아무런 구속도 없는 생활을 영위했던들, 그는 아마도 그때그때의 추세에 그의 몸을 내맡기고 말았으리라.

자유로운 시간이라곤 하루에 한두 시간밖에 없었으므로, 그의 힘은 마치 계곡의 급류처럼 그곳으로 돌진했다. 엄격하게 제한된 범위 안에 노력을 집중한다는 것은, 예술을 위해서는 좋은 훈련이다. 이런 의미에서 비참한 생활은 단순히 사상의 스승일 뿐만 아니라 또한 형식의 스승이랄 수도 있다. 비참한 생활은 육체에 대해서와 마찬가지로 정신에 대해서도 절제를 가르친다. 시간이 제한되고 언어가 한정되어 있을 때에는, 쓸모없는 말은 하지 않고 본질적인 것만 생각하는 습관이 붙는다. 그러므로 살기 위한 시간이 적으면 도리어 갑절되는 삶을 영위하는 것이다.

그의 경우가 바로 그랬다. 크리스토프는 속박 밑에서 자유가 지니는 가치를 충분히 인식했다. 귀중한 시간을 무익한 행위나 언어로 허비하는 짓은 절대로 하지 않았다. 그의 천성적인 경향은, 진지하긴 하나 선택 없는 사상이 명하는 대로 무엇이든 가리지 않고 써대는 것이었다. 그러나 이는 최소한의 시간에 최대한의 것을 표현해야 한다는 것으로 알맞게 교정되었다. 그의 예술적인 발전과 정신적인 발전에 이처럼 큰 영향을 준 것은 달리 없었다. 교사들의 가르침도 걸작의 본보기도 이에는 미치지 못했다. 그는 성격이 형성되어 가는 그 나이에, 음악은 하나하나의 음표가 저마다 하나의 의미를 지닌 정확한 언어라고 생각하는 습관을 터득했다. 그리하여 그저 지껄일 뿐으로 아무런 뜻도 말하지 않는 음악가들을 싫어하게 되었다.

그렇더라도 그 무렵에 지은 그의 작품은 자신을 완전히 표현하기엔 아직 부족한 것이었다. 왜냐하면 그 자신이 아직도 자아를 발견할 정도에는 이르지 못했기 때문이다. 교육이 제2의 천성으로 어린이에게 강요하는 그 후천적인 감정의 축적을 통해서, 그는 자아를 찾아 탐구하고 있었다. 그는 참된 자아에 대해서는 그저 얼마간의 직관을 지니고 있을 뿐이었다. 벼락의 일격이 자욱하던 구름과 안개를 하늘에서 싹 없애듯이, 빌린 옷을 입고 있는 개성으로부터 그 옷을 벗겨 주는, 저 청춘의 정열을 그는 아직 느끼지 못했기 때문이다. 막연한 힘찬 예감이 그의 머릿속에서 자신과는 관계없는 옛것과 뒤섞여 있었다. 그는 이 옛것을 뿌리쳐 버릴 수가 없었다. 또한 이러한 허위 앞에 조바심치는 것이었다. 자신이 쓴 작품이, 자신이 생각하고 있는 것보다도 얼마나 저열한 것인가를 알고는 서글퍼졌다. 그럴 때마다 자신을 의심하고 어떻게도 걷잡을 수 없는 심정이 되곤 했다. 그렇다고 이 어리석은 실패로 체념할 수는 없었다. 더 잘하자, 위대한 작품을 쓰자고 그는 열중했다. 그러면서 여전히 실패하기만 했다. 한순간 환상에 사로잡히긴 하지만 쓰는 동안, 지금까지 쓴 것이 도무지 가치가 없다는 사실을 깨닫게 되는 것이었다. 그는 그것을 찢고 태워 버렸다.

무엇보다도 부끄러운 것은, 그가 행사용으로 지은 공식적인 곡은 없애도 못하여, 그게 언제까지나 보존되어 있는 모습을 직접 봐야 하는 일이었다. 그것은 그의 작품 중에서 가장 변변치 못한 것이었다. 대공의 탄신 축하를 위한 협주곡 《큰 독수리》와 대공의 영양인 아델라이드 공주의 결혼 때에 지은 칸타타 《팔라스의 혼례》 등…… 이러한 곡은 막대한 비용을 들여 호화판으로 출판되어 그의 무능함을 길이 후세에 전하게 되었던 것이다. 그는 후세를 믿고 있었다…… 그리하여 그는 부끄러움에 못 이겨 울고 싶을 정도였다.

열병에 걸린 듯한 수년간! 어떠한 유예도 휴식도 없었다! 이 미치광이 같은 노고를 잊게 해 주는 것이라곤 아무것도 없었다. 놀이도 없고, 벗도 없다. 어찌 벗과 놀 수 있었겠는가? 오후, 다른 애들이 놀고 있을 무렵에 소년 크리스토프는 주의를 집중하고 이마에 주름살을 지으며, 먼지 냄새로 매캐한 어두운 극장에서 주악석(奏樂席)의 보면대를 향해 앉아 있어야 했다. 그리고 밤, 다른 애들이 잠들 때까지도 그는 아직 거기 남아, 자기 의자에 푹 쓰러지듯 묻혀서 피곤으로 나른해진 몸을 가누지 못했다.

그는 아우들에게 전혀 친밀감을 느끼지 못했다. 에른스트는 열두 살이었다. 성질 고약하고 수치를 모르는 불량소년이어서 날마다 자기와 같은 몹쓸 불량배들과 어울려 다니며 지냈다. 그들과 사귀는 동안 한낱 한심스러운 태도가 몸에 붙었을 뿐만 아니라, 수치스러운 버릇에마저 물들고 말았다. 성실한 크리스토프는, 그로선 상상도 못할 수치스런 짓을 어느 날 아우가 하고 있는 걸 보고는 소스라쳐 놀랄 지경이었다.

또 다른 아우인 로돌프는, 테오도르 아저씨의 마음에 들어 장차 상인이 될 셈이었다. 품행도 좋고 의젓했으나 음험한 데가 있었다. 그는 자신이 크리스토프보다도 훨씬 뛰어나다고 자부하고 있었다. 가정에서 크리스토프가 지니는 권위도 인정하지 않았다. 그러면서도 크리스토프가 벌어들인 빵을 당연한 듯 먹어치웠다. 또 크리스토프에 대한 테오도르와 멜키오르의 반감에 전부터 동조하고 있었다. 그들이 지껄이는 우스꽝스런 욕설을 자신도 되풀이하곤 했다.

아우들은 둘 다 음악을 좋아하지 않았다. 로돌프는 모방주의 정신으로 아저씨처럼 음악을 멸시하는 척하고 있었다. 가장(家長)으로서의 구실을 진지하게 해내고 있는 크리스토프한테 감시받거나 훈계받기를 답답하게 여기어 두 아우들은 반항을 시도하는 수가 있었다. 그러나 크리스토프는 억센 주먹을 가지고 있었고 자신의 권리를 똑똑히 자각하고 있었으므로 손쉽게 아우들을 복종시킬 수 있었다. 그래도 그들은 역시 크리스토프를 상대로 자기들이 하고 싶은 짓을 멋대로 하고들 있었다. 믿기 잘하는 그의 성질을 노려 올가미를 거는 것이었다. 그러면 영락없이 그는 그 올가미에 걸려들었다. 그들은 크리스토프에게서 돈을 우려내고 염치없는 거짓말을 하면서 뒤에서는 그를 비웃었다. 천성이 착한 크리스토프는 언제나 속아 넘어갔다. 그는 사랑받고 싶어하는 욕구를 지니고 있었으므로 상대가 한마디라도 부드러운 말을 건네면 단박에 원망을 잊어버렸다. 눈곱만큼의 애정이라도 깃들어 있었다면, 그는 아마 그들의 모든 것을 용서해 주었을 것이다. 그러나 어느 날 그들이 가식적인 키스로 그를 눈물이 나도록 감동하게 해 놓고선 뒤에 가서 그의 바보스러움을 비웃는 소리를 듣자, 그의 신뢰는 무참히 깨지고 말았다. 그것은 그들이 전부터 갖고 싶어하던 대공의 하사품인 금시계를 빼앗기 위해 꾸민 연극이었던 것이다. 그는 아우들을 경멸했다. 그러면서도 사람을 믿고 싶어하고 사람을 사랑하고 싶어하는, 어떻게도 고칠 수 없는 성질 탓으로 여전히 속임만 당했다. 그 자신도 그런 줄을 알고는 자신에게 성내고 있었다. 그리고 아우들이 자신을 놀려 대는 것을 참지 못하고는 그만 때리고 만다. 그러면서도 또다시 그들이 재미있어하며 낚싯줄을 던지면 단박에 거기 낚이곤 하는 것이었다.

이런 것보다도 더 쓰라린 일이 있었다. 아버지가 자신을 헐뜯고 다닌다는 사실을, 남의 일에 참견하기 좋아하는 이웃 사람의 입을 통해서 들은 것이다. 멜키오르는 처음엔 아들의 성공에 신이 나 있었으나 자신의 창피스러운 약점에 못 이겨 나중에는 그것을 시기하기에 이르렀다. 그래서 아들의 성공을 비방했다. 확실히 정떨어지는 어리석기 그지없는 일이었다. 이에 대해선 그저 대수롭지 않다는 듯 어깨를 으쓱할 수밖에 없었다. 화를 낼 수도 없었다. 아버지는 실의에 빠져 삐뚤어져 있었고 자신이 무슨 짓을 하는지조차 모르는 상태였으므로. 크리스토프는 입을 다물고 있었다. 만일에 입을 열었다간, 어떤 심한 말이 터져 나올지 두려워서였다. 그러나 마음속으로는 원망하고 있었다.

저녁때 램프 불빛을 둘러싸고 얼룩진 식탁보 위에서, 시시한 이야기와 식구들의 입놀림 소리를 들으며 드는 저녁식사! 그는 이 가족을 경멸하고 가련하게 여기고는 있으나 역시 사랑했다. 크리스토프는 친절한 어머니하고만 공통되는 애정의 유대를 느끼고 있었다. 그러나 루이자는 그와 마찬가지로 종일토록 정력도 끈기도 모두 쏟아 버려 저녁이 되면 기력조차 없어 거의 입도 열지 않았고, 식사가 끝나면 양말을 기우며 의자 위에서 꾸벅꾸벅 졸기만 했다. 더구나 그녀는 착하디착한 사람이어서 남편과 세 자식에 대한 애정에 차별을 두지는 않는 듯 모두 하나같이 사랑했다. 그러기에 크리스토프는 자신이 진심으로 찾고 있는, 마음속을 털어놓을 수 있는 대상으로 어머니를 택할 수도 없었다.

그는 자아 속에 틀어박혔다. 단조롭고 힘겨운 일과를 일종의 말없는 노여움 속에 해내 가며 며칠이건 침묵으로 일관하곤 했다. 민감한 신체 조직이 온갖 파괴적인 원인 앞에 드러나 있어 일생토록 치유될 수 없는 기형이 될 염려가 있는 변동기(變動期)의 소년에게는 이와 같은 생활 상태는 위험스러운 것이었다. 크리스토프의 건강은 그 때문에 몹시 나빠졌다.

그는 조상으로부터 튼튼한 골격과 흠잡을 데 없이 건전한 육체를 물려받았다. 하지만 그 건강한 육체도, 과도한 피로와 조숙한 근심 탓에 고통이 파고들 틈이 생기자, 그 고통에게 더욱 많은 양식(糧食)을 부여하는 꼴밖엔 되지 않았다.

매우 일찍부터 그에겐 신경 계통에 장애의 징조가 나타났다. 아주 어렸을 때부터 어떤 불만스러운 일이라도 있으면, 그는 까무러치거나 경련을 일으키거나 토하거나 했다. 7, 8살 때 음악회에 나가기 시작한 무렵에는 편히 잠을 이룰 수 없었다. 잠자면서 지껄이고 외치고 웃고 울고 했던 것이다. 이러한 병적인 경향은 심한 걱정이 있을 때면 재발했다. 그러고는 격렬한 두통이 일어났다. 어떤 때는 목덜미나 머리 양옆이 쿡쿡 쑤셨고, 어떤 때는 납으로 된 투구라도 뒤집어쓴 듯한 느낌이 들었다. 눈도 자주 아팠다. 때로는 바늘 끝으로 눈동자를 찌르는 듯한 아픔을 느끼는 것이었다. 눈이 어질어질해서 책을 읽을 수도 없어 그때마다 잠깐 가만히 있어야만 했다.

부족하거나 몸에 좋지 않은 음식물과 불규칙한 식사 탓으로, 그의 튼튼한 위도 약해져 있었다. 그는 장이 아팠고 체력을 소모시키는 설사로 괴로움을 겪었다. 그러나 무엇보다도 그를 괴롭힌 것은 심장이었다. 그의 심장은 완전히 정상을 벗어나 있었다. 어떤 때는 단박에 파열될 것처럼 가슴속에서 격렬히 고동쳤다. 그러다가도 어떤 때는 간신히 고동칠 뿐 단박에 멈출 것 같기도 했다. 밤이 되면 체온이 엄청나게 오르락내리락했다. 고열 상태였다가 별안간 빈혈 상태가 되는 수도 있었다. 몸이 열 때문에 불덩이가 되기도 하고 추위로 싸늘해져서 덜덜 떨기도 했으며, 괴롭고 목구멍이 죄어들고 목에 응어리가 생겨서 숨이 막히곤 했다. 물론 그의 상상력은 그 때문에 더욱 괴로움을 느꼈다. 그는 자신이 느끼는 것을 식구들에게는 차마 말할 수가 없었다. 그러나 혼자서 부단히 주의 깊게 그것을 분석하고는 있었다. 그러자니 그의 고뇌는 더욱더 커지고, 또 새로운 고뇌를 빚어냈다. 그는 알고 있는 모든 질병을 하나하나 자신에게 갖다 맞추어 보았다. 장님이 되지는 않나 하고도 생각했다. 또 때로 걸어다니다 현기증이 나면 이대로 풀썩 쓰러져 죽어버리지나 않을까 하고도 생각했다. 중도에서 멈춤을 당하지나 않을까, 어른이 되기 전에 죽어 버리지나 않을까, 그런 무서운 불안감이 언제고 따라붙어서 그를 무겁게 덮치고 동시에 또 재촉했다. 아아! 어차피 죽어야 하겠지만 적어도 지금은 죽기 싫다, 승리자가 되기 전엔 죽기 싫다! ……

승리…… 스스로 인식하지는 못했으나 끊임없이 그의 생명을 불타게 하는 이 고정관념! 온갖 혐오, 피로, 생활이 침전된 진창의 늪 속에서 그를 지탱하고 있는 이 고정관념! 장차 어떤 사람이 될는지, 아니 이미 현재 어떤 사람이 되어 있는가 하는 어렴풋하고도 힘찬 의지! …… 그는 지금 무엇이란 말인가? 오케스트라에서 바이올린을 켜고 평범한 협주곡을 짓는 한낱 병약하고 신경질적인 소년일까? 아니, 그런 소년을 훨씬 능가한 존재이다.

지금 여기 있는 소년은 겉보기에 지나지 않는다. 일시적인 모습에 지나지 않는다. 이것은 그의 실체가 아니다. 그의 깊은 실체와 그의 얼굴이나 사상의 현재 형태 사이에는 아무런 관계도 없다. 그 자신도 그것을 잘 알고 있다. 거울에 비친 자신의 모습을 보고도 그것이 자신이라고는 생각지 않는다. 큼직하고 불그스름한 얼굴, 앞으로 튀어나온 눈썹, 오목하고 조그만 눈, 콧방울이 볼록하고 큰 짤막한 코, 굵직하고 튼튼한 턱, 꽉 다문 입, 그런 보기 흉하고 야비한 얼굴 생김새가 그에게는 전혀 남이다. 그는 또 자신의 작품 속에선 더구나 자아를 인정하지 않는다. 그는 자신을 판단하여, 자신이 지금 만들고 있는 것과 현재의 자신이 아무런 가치가 없다는 것을 잘 알고 있다. 그러나 장차 자신이 무엇이 될지, 장차 자신이 무엇을 만들 것인지에 관해서는 뚜렷한 확신을 지니고 있다. 때로 이 확신은 자존심의 환상이라고 하여 그는 자신을 탓한다. 그리하여 자신을 벌주기 위해 저 자신을 비하하고 준엄하게 자신을 괴롭히거나 하면서 기쁨을 느낀다. 그러나 확신은 여전히 존재하고 그 무엇도 이것을 달라지게 할 수는 없다. 무엇을 하건 무엇을 생각하건, 그 어떠한 생각이나 행위도 또한 작품도 그의 전체를 포함하지 않고, 그의 전체를 표현하지도 않는다. 그는 그것을 알고 있다. 그 자신에게 가장 가까운 것은 현재의 자신이 아니라 '내일엔 그렇게 되리라'고 믿어지는 자신이라는 불가사의한 심정을 그는 품고 있다. '반드시 그렇게 되리라! ……' 그는 이러한 신념에 불타며 그러한 빛에 취해 있다! 그렇다! '오늘'이라는 날이 도중에서 자신을 잡아 멈추지만 않는다면! '오늘'에 의해서 발아래 늘 펼쳐져 있는 음험한 함정에 빠져 발목 잡히지만 않는다면! ……

이리하여 그는 나날의 파도 사이로 자신의 조각배를 몰며 한눈도 팔지 않고 노를 꽉 잡고서 목적을 바라본다. 오케스트라 좌석에서 수다스런 단원들 사이에 있을 때도, 식탁에서 집안 식구들에 둘러싸여 있을 때도, 또 궁정에서 어리석고도 귀하신 몸들의 심심풀이를 위해서 아무 곡이나 연주만 하고 있을 때도, 그는 어떻게 될지 모르는 이 앞날, 하나의 원자(原子) 때문에 영구히 파괴될지도 모르는—그렇게 된들 어떠랴! —이 앞날 속에서 살고 있는 것이다.

*

다락방에서 그는 홀로 자기의 낡은 피아노 앞에 앉아 있다. 땅거미가 내린다. 바야흐로 스러져가는 낮의 빛이 악보 위를 미끄러져 간다. 빛의 마지막 한 줄기가 남아 있는 동안은, 그는 눈을 모아 읽고 있다. 지금은 가고 없는 위대한 사람들의 애정이 이들 말없는 악보의 지면에서 솟아올라 그의 몸속으로 부드럽게 스며 들어온다. 눈에 눈물이 넘쳐 난다. 그리운 사람이 등 뒤에 서 있어 그 숨결이 볼을 쓰다듬고 금방이라도 두 팔로 목을 얼싸안아 줄 것만 같다. 그는 몸을 부르르 떨면서 뒤돌아본다. 혼자가 아님을 그는 느끼고 있다. 사랑하고 사랑받고 있는 한 영혼이 거기 그의 곁에 있다. 그것을 붙잡을 수 없어 탄식한다. 그렇지만 이 한 점 그림자와 같은 고뇌도 황홀한 감정에 뒤섞여, 그곳에는 아직 은밀한 쾌감이 있다. 슬픔조차도 밝기만 하다. 사랑하는 거장(巨匠)들을, 지금은 사라진 천재들을 그는 생각한다. 그들의 영혼은 이들 음악 속에서 다시 살아난다. 사랑으로 가슴 부픈 그는 초인적인 행복을 꿈꾼다. 이들 영광스럽고 존경스러운 벗들은 아마 그것을 가지고 있었으리라. 그들의 행복의 한 반영(反映)마저도 지금껏 이토록 불타고 있잖은가. 그들처럼 되리라, 이러한 사랑을 온 세상에 뿌리리라, 그는 이렇게 몽상한다. 그러한 사랑의 몇 줄기 희미한 빛은 성스러운 미소로 그의 비참함을 비추어 주고 있다. 이번에는 자신이 신(神)이 되고 환희의 신전이 되고 생명의 태양이 되리라! ……

그러나, 아아! 어느 날엔가, 사랑하는 이들 거장들과 어깨를 나란히하는 사람이 되고 이토록 열망하는 찬연한 행복에 도달하게 된다면, 그는 자신이 환상을 품고 있었다는 것을 깨닫게 되리라……

2. 옷토

어느 일요일이었다. 토비아스 파이퍼 악장은 시내에서 한 시간쯤 걸리는 곳에 조그만 별장을 가지고 있었는데, 그가 오찬에 초대를 하여 크리스토프는 라인강의 배를 탔다. 갑판에서 그는 같은 또래의 소년 곁에 앉았다. 소년은 정중하게 그에게 앉을 자리를 내주었다. 크리스토프는 별로 관심도 기울이지 않았다. 그러나 잠시 뒤 줄곧 자신을 관찰하고 있는 옆자리 소년의 눈초리를 느끼자 그도 소년의 얼굴을 바라보았다. 장밋빛 볼이 포동포동한 금발 소년이었는데, 머리는 옆으로 예쁘게 가르마를 타 빗었고 입술 위에는 보송보송 솜털이 나 있었다. 신사답게 보이려고 애쓰고는 있으나 몸이 큰 도련님이라고나 할 천진스러운 모습이었다. 플란넬 옷에 화사한 빛깔의 장갑, 흰 구두에 엷은 푸른색 넥타이를 맨 매우 멋을 부린 옷차림이었다. 손에는 잘 휘어질 것 같은 조그만 스틱을 쥐고 있었다. 마치 암탉처럼 목을 곧게 뻗은 채 그는 얼굴을 돌리지도 않고 곁눈질로 크리스토프를 엿보고 있었다. 그러다가 크리스토프의 시선을 받자 그는 귀밑까지 새빨개지며 주머니에서 신문을 꺼내어 그럴듯하게 열심히 읽는 척했다. 그러나 한참 뒤 크리스토프가 무심결에 모자를 떨어뜨리자, 그는 후딱 그것을 집어 주었다. 크리스토프는 그가 너무나 정중한 데 놀라서 다시 한 번 소년의 얼굴을 살폈다. 그러자 소년은 다시 낯을 붉혔다. 크리스토프는 무뚝뚝하게 감사의 말을 건네었다. 왜냐하면 아양을 떠는 듯한 과장된 친절을 싫어했고 또 남이 자기한테 신경 써주는 것이 싫었기 때문이다. 그러나 마음 한편으로는 기쁘지 않은 것은 아니었다.

이윽고 그는 그런 일은 까맣게 잊어버렸다. 그의 관심은 풍경에 쏠려 있었다. 한참 동안 시내에서 벗어나질 못했으므로 그는 얼굴에 불어닥치는 바람, 배에 부딪쳐 부서지는 파도 소리, 넓고 넓은 수면, 지나가는 양쪽 기슭의 변하는 경치를 굶주린 듯 즐기고 있었다. 잿빛을 띤 납작스름한 둔치, 반쯤 물에 잠긴 버드나무 숲, 고딕풍 탑과 검은 연기를 내뿜는 공장의 굴뚝 등이 솟아 있는 마을, 황금빛 포도밭, 전설을 지닌 바위들. 크리스토프는 황홀경에 빠져 자기도 모르게 기쁨의 소리를 질렀다. 그러자 옆자리 소년이 조심조심 낮은 음성으로, 지금 눈앞에 있는 솜씨 좋게 수리되고 덩굴로 뒤덮인 폐허에 대해서 역사상의 여러 가지 내력을 설명했다. 마치 자기 자신에게 강의하는 듯했다. 크리스토프는 흥미가 끌려 이모저모로 질문했다. 소년은 자신의 지식을 내보이는 것이 기뻐서 부랴부랴 대답했다. 그리고 한마디 할 때마다 크리스토프를 '궁정의 바이올리니스트'라고 불렀다.

"그럼, 나를 아시는군요?"

크리스토프가 물었다.

"물론이죠!"

소년은 솔직한 감탄을 담아 대답했다. 이것은 크리스토프의 허영심을 만족시켜 주었다.

두 사람은 이야기를 나누었다. 소년은 연주회에서 자주 크리스토프를 본 적이 있었다. 그의 상상력은 크리스토프의 소문을 듣고 자극을 받아 온 터였다. 소년은 그 사실을 크리스토프에게 말하지는 않았으나, 크리스토프는 그것을 알아차리며 흐뭇한 놀람을 느끼고 있었다. 그는 누가 이렇게 감동 어린 존경하는 투로 자신에게 말을 걸어오는 데 길들어 있지 않았던 것이다.

크리스토프는 스쳐 가는 곳곳의 역사에 대해서 계속 물었다. 소년은 매우 생생한 온갖 지식을 늘어놓았다. 크리스토프는 소년이 박학한 데 감탄했다. 그러나 이런 것은 대화하기 위한 핑계에 지나지 않았다. 두 사람 모두 어떻게 상대와 사귈지 궁리하고 있었던 것이다. 그렇다고 둘 다 그런 문제에 불쑥 나설 용기는 없었다. 어설픈 질문을 해 가며 서로 눈치를 보았다. 그러나 마침내 두 소년은 결심했다. 크리스토프는 이 새 동무의 이름이 옷토 디너이며, 그가 시내에 있는 어느 부유한 상인의 아들임을 알게 되었다. 둘 사이에는 공통되는 친지도 있었다. 그리고 조금씩 두 소년의 입에서는 말이 술술 풀려 나와, 크리스토프가 내려야 할 도시에 배가 닿았을 무렵엔 그들의 대화는 활기를 띠고 있었다. 옷토 디너도 이 도시에서 내렸다. 이 우연조차 두 소년에겐 신기하게 여겨졌다. 크리스토프가 점심 시간까지 함께 산책하자고 하여, 두 소년은 들로 나갔다. 크리스토프는 마치 어릴 때부터 사귀어 온 사이처럼 친숙하게 옷토 디너의 팔을 잡고 자신의 미래 계획을 이것저것 이야기했다. 그는 이제까지 또래 소년과 사귄 일이 거의 없었기 때문에, 교육도 잘 받고 자라난 환경도 좋고, 게다가 자신에게 호의를 품고 있는 이 소년과 함께 있는 것에 뭐라 말할 수 없는 기쁨을 느끼고 있었다.

시간은 지나갔다. 크리스토프는 그런 줄도 몰랐다. 옷토 디너는 젊은 음악가가 자신에게 보여 주는 신뢰로 대단히 만족하여 점심 시간이 되었다는 것을 차마 깨우쳐 주지 못하고 있었다. 그러나 끝내는 그에게 그걸 알려 주어야겠다고 생각했다. 그러나 숲 속 언덕길을 오르고 있던 크리스토프는 우선 꼭대기까지 올라가야 한다고 대답했다. 꼭대기에 이르자 크리스토프는 풀밭에 뒹굴었다. 마치 이날 하루를 여기서 지내려고 했었던 듯이. 15분이 지나도록 크리스토프가 움직일 기색이 안 보이자 옷토 디너는 다시 조심조심 말을 건네었다.

"점심은 어쩌려고?"

크리스토프는 두 손으로 머리를 받치고 길게 몸을 뻗친 채 태연히 답했다.

"까짓것!"

그러고는 옷토 디너를 건너다보더니 그의 놀란 표정이 눈에 띄자 웃음을 터뜨렸다.

"여긴 아주 상쾌한 곳이야." 그는 설명했다.

"난 안 갈 테야. 멋대로 기다리라지!"

그는 몸을 반쯤 일으켰다.

"너 바쁘니? 그렇지 않지? 이렇게 하면 어떨까? 같이 점심을 먹자. 내가 음식점을 하나 알고 있거든."

디너는 내심 거절하고 싶었다. 누가 그를 기다리고 있기 때문이 아니라 갑자기 결심하기가 어려웠던 것이다. 그는 꼼꼼한 성질이어서 어떤 결심을 하는 데에는 미리 그에 대한 마음의 준비를 해야 했다. 그러나 크리스토프의 물음은 마다할 수 없게 하는 투여서 그는 거기에 끌려 들어가고야 말았다. 두 소년은 다시 이야기를 시작했다.

음식점에 들어가자 그들의 열정은 식었다. 누가 점심을 사느냐 하는 중대한 문제에 둘 다 정신을 빼앗기고 있었기 때문이다. 저마다 자신이 사지 않으면 체면이 손상된다고 은근히 생각했다. 디너는 자기가 돈이 많다고 해서, 그리고 크리스토프는 크리스토프대로 자신이 가난하니까 더욱 그렇게 생각하는 것이었다. 둘 다 그 생각을 바로 겉으로 나타내진 않았다. 그러나 디너는 매우 권위 있게 주문하며 자기 권리를 주장하려고 애썼다. 크리스토프는 그 의도를 알아채고, 한술 더 떠서 더욱 호화로운 요리를 시켰다. 누구 못지 않게 자기 주머니 사정이 괜찮다는 것을 보이고 싶었다. 디너가 그에 대한 방책으로 포도주를 고르려 하자, 크리스토프는 그를 노려보며 이 음식점에서 가장 비싼 토주(土酒) 한 병을 가져오게 했다.

막상 호화로운 진수성찬을 앞에 대하자 그들은 위축되었다. 마땅한 이야깃거리도 찾지 못했다. 그냥 어설픈 동작으로 깨작깨작 먹을 뿐이었다. 갑자기 그들 서로가 낯선 사이임을 깨닫고는 서로 경계했다. 활기있게 대화하려 해도 헛수고였다. 말은 자꾸만 끊어져 버렸다. 처음 30분쯤은 견디지 못할 만큼 따분했다. 그러나 다행히도 얼마 뒤 식사의 효과가 나타났다. 두 손님은 더욱 큰 신뢰감으로 서로 마주 바라보게 되었다. 더구나 크리스토프는 이러한 큰 향연에는 익숙하지 못했으므로 묘하게 말수가 많아졌다. 자신의 생활에 관한 쓰라림을 토로했다. 옷토도 흉금을 털어놓고 자신도 행복하지 못하다고 고백했다. 그는 몸이 나약하고 겁이 많았다. 동무들은 그것을 기화로 그를 조롱했고 자기들과 행동을 함께 하지 않는 것을 용서하지 않았으며 심술궂은 장난을 쳤다. 크리스토프는 주먹을 불끈 쥐며 그들이 내 앞에서 그런 짓을 하면 혼을 내 주겠다고 선언했다.

옷토는 또한 식구들에게서도 이해받지 못하고 있었다. 크리스토프는 그러한 불행을 이해할 수 있었다. 두 소년은 공통되는 서로의 불행을 동정했다. 디너의 부모는 그를 상인으로 키워 아버지의 뒤를 잇게 하려고 했다. 그러나 그는 시인이 되고 싶어했다. 비록 실러처럼 제 고장에서 달아나서 비참한 생활과 싸워야 할 처지가 될지라도 기어이 시인이 되겠다는 것이었다! 게다가 어차피 아버지의 재산은 언젠가 그의 것이 될 것이요, 그것은 결코 적은 액수는 아니었던 것이다. 그는 낯을 붉히며 삶의 슬픔을 노래한 시를 이미 몇 편이나 지었다고 고백했다. 그러나 크리스토프가 아무리 부탁해도 그것을 읊어 줄 결심은 좀처럼 서지 않았다. 그렇지만 결국 그는 그 두세 편을 매우 감동하여 알아들을 수 없는 빠른 말투로 암송했다. 크리스토프는 그것들이 지극히 숭고한 것임을 알았다. 그들은 서로의 계획을 이야기했다. 뒷날 드라마나 가곡집 같은 걸 쓰기로 했다. 두 소년은 서로에게 감탄했다. 음악계에서 알려진 크리스토프의 명성 말고도 그의 힘과 대담한 태도가 옷토를 감탄케 했다. 한편 크리스토프는 옷토의 우아함, 그 고상한 언동—이 세상에서는 모두가 상대적이려니와—그리고 또 그 박식한 데 감탄하고 있었다. 이 지식이야말로 크리스토프에겐 전혀 결여된 것이며 그가 갈망해 마지않던 것이었다.

식사를 마치고 나서 몸이 나른하여 식탁에 두 팔꿈치를 대고서 턱을 괴고 앉아 감동에 젖은 눈초리로 두 사람은 말을 하기도 하고, 상대의 말에 귀를 기울이기도 했다. 오후 시간이 흘렀다. 떠나야 했다. 옷토는 마지막으로 또 한 번 용기를 내어 식사비를 내려 했다. 그러나 크리스토프의 험악한 눈초리를 보니 더는 고집을 부릴 수도 없었다. 크리스토프에겐 다만 한 가지 걱정거리가 있었다. 가지고 있는 돈보다 많이 들지나 않을까 하는 염려였다. 그렇게 되면 옷토에게 실토하기보다는 차라리 시계를 잡혔을 것이다. 다행히 그렇게까지 할 필요는 없었다. 한 달치 봉급에 맞먹는 돈을 이 식비로 소비하는 데 그쳤다.

두 소년은 다시 언덕을 내려갔다. 석양의 그림자가 전나무 숲을 가로질러

서서히 퍼져 갔다. 나무들 꼭대기는 아직 장밋빛 광선 속에 떠올라 있어 무겁게 흔들거리며 해조음 같은 소리를 내고 있었다. 땅바닥에 흩어져 깔린 보랏빛 바늘잎들이 발걸음 소리를 부드럽게 했다. 두 소년은 아무 말이 없었다. 크리스토프는 신비로운 감정이 가슴속에 퍼지는 것을 느꼈다. 행복했다. 무슨 말이든지 하고 싶었다. 간절한 안타까움이 가슴을 죄었다. 한순간, 그는 걸음을 멈추었다. 옷토도 멈춰 섰다. 쥐 죽은 듯한 고요가 둘레를 감싸고 있었다. 아스라이 높다란 곳 날벌레들이 한 가닥 석양 속에서 맴돌고 있었다. 죽은 나뭇가지 하나가 떨어졌다. 크리스토프는 옷토의 손을 잡고 떨리는 음성으로 물었다.

"너, 내 친구가 되어 주겠니?"

옷토는 중얼거렸다.

"응."

두 소년은 서로 손을 꼭 잡았다. 그들의 심장은 높이 고동쳤다. 서로 간신히 눈길을 마주할 뿐이었다.

이윽고 두 사람은 다시 걷기 시작했다. 두어 걸음 떨어져서 걸었다. 숲의 변두리로 빠져나올 때까지는 한마디도 말하지 않았다. 그들 자신이 두려웠고 그들의 불가사의한 감동이 두려웠던 것이다. 바쁜 걸음으로 걸어, 나무들의 그늘에서 벗어나기까지는 발을 멈추지 않았다. 그곳을 벗어나자 비로소 마음을 놓고 다시 손을 마주 잡았다. 저물어 가는 맑고 맑은 황혼의 풍경을 정신없이 바라보며 띄엄띄엄 말을 주고받았다.

배로 돌아가서는, 뱃머리의 환한 그림자 속에 앉아서 대수롭지 않은 이야기를 하려고 애썼다. 그러나 지껄이는 말을 듣고 있진 않았다. 흐뭇한 나른함에 젖어 있었다. 말할 필요도, 손을 맞잡을 필요도, 서로 얼굴을 마주 바라볼 필요도 느끼지 않았다. 두 소년의 감정은 서로 바짝 다가서 있었던 것이다……

드디어 배가 닿을 무렵, 두 소년은 다음 일요일에 다시 만나기로 약속했다. 크리스토프는 옷토를 그의 집 대문까지 바래다주었다. 가스등 불빛 아래서 두 소년은 수줍은 듯이 미소 지으며 감동을 담아 "안녕" 중얼거렸다. 헤어지니 마치 어깨의 짐을 내려놓은 듯한 느낌이었다. 그처럼 그들은 몇 시간에 걸친 긴장으로 인해, 또 어떤 한마디라도 지껄여 침묵을 깨뜨리려는 고심 때문에 피로해서 녹초가 됐던 것이다.

크리스토프는 홀로 밤길을 걸어 돌아왔다.

"내게는 벗이 하나 있다. 벗이 있다!"

그의 마음은 노래하고 있었다. 그에게는 아무것도 보이지 않았다. 아무것도 들리지 않았다. 다른 아무것도 생각하지 않았다.

집에 돌아오자마자 엄청난 졸음이 밀려와서 깊은 잠에 푹 빠졌다. 한밤중에 두세 번 눈을 떴다. 마치 하나의 고정 관념으로 일깨워진 것 같았다.

"내겐 벗이 있다."

그는 이렇게 되풀이하고는 다시 잠에 빠졌다.

*

아침이 되자, 그에게는 모든 일이 도무지 꿈만 같았다. 그것이 현실의 일이었다는 것을 스스로 확인하려고 전날의 일을 세세한 점까지 낱낱이 떠올리려 했다. 음악을 가르치는 동안에도 아직 그 문제에 넋을 빼앗기고 있었다. 오후에 오케스트라 연습을 할 때도 건성으로 넘기다시피 하여, 연습을 마치고 나왔을 때에는 도대체 무슨 곡을 연주했는지 거의 생각이 나지 않았다.

집으로 돌아오니 편지 한 통이 기다리고 있었다. 어디서 왔는지 생각할 필요는 없었다. 얼른 자기 방으로 뛰어 들어가 그곳에 틀어박혀 편지를 읽었다. 엷은 하늘빛 종이에 정성을 들이기는 했으나 길고 또렷하지 못한 글씨로, 매우 정확한 서명을 곁들여 쓴 편지였다.

친애하는 크리스토프 군

—아니, 차라리 나의 경애하는 벗이라고 불러도 좋을는지요?

나는 어제의 산책만을 생각하고 있습니다. 나에 대한 그대의 호의에 끝없는 감사를 품고 있습니다. 그대가 베풀어 준 모든 것, 그대의 친절한 말, 그 즐거웠던 산책, 그리고 그 훌륭했던 점심 식사를, 나는 얼마나 감사하게 생각하고 있는지요! 다만 점심에 그렇게 많은 돈을 쓰신 것만은 유감스럽습니다만. 얼마나 멋진 하루였는지요!

우리의 기이한 만남에는 어떤 하느님의 뜻 같은 것이 있지나 않았는지요? 운명 그 자체가 우리를 결합시켜 준 것이란 생각이 듭니다. 일요일에 또 만나게 된다니 내게는 얼마나 기쁜 일인지! 그대가 궁정악단 지휘자님의 오찬에 결석하신 것으로 어떤 불쾌한 일이라도 당하지 말아야 할 텐데 하고 기도합니다. 나 때문에 딱한 처지에 빠진다면, 나는 얼마나 괴로워하게 될지 모르겠어요!

더할 바 없이 친애하는 크리스토프 군, 나는 영원히 그대의 그지없이 충실한 종이며 벗입니다.

옷토 디너

붙임—일요일엔 되도록이면 집으로 부르러 오지 말아 주십시오. '성 (城)의 정원'에서 만나는 게 좋을 것 같습니다. 괜찮으시다면 그렇게 해 주시기를.

크리스토프는 눈에 눈물을 글썽거리면서 이 편지를 읽었다. 그는 편지에 입술을 댔다. 그리고 별안간 크게 웃어 젖혔다. 침대 위에서 재주넘기를 했다. 그러고는 책상으로 달려가서 펜을 들고 곧 답장을 쓰려 했다. 잠시도 지체할 수가 없었다. 그러나 그는 글을 쓰는 데 익숙하지 못했다. 가슴에 넘쳐 흐르는 것을 어떻게 표현해야 할지 알 수 없었다. 펜으로 종이를 찢고 잉크로 손가락을 시꺼멓게 물들였다. 조바심에 못 이겨 발을 동동 굴렀다. 마침내 말을 어떻게든 쥐어 짜내서 대여섯 장이나 초고를 쓴 다음에야 간신히 편지를 완성할 수 있었으나, 글씨는 사방으로 삐죽삐죽 비어져 나온 보기 싫은 글씨였으며 맞춤법도 심하게 틀린 곳이 많았다.

나의 영혼이여! 내가 그대를 사랑하고 있는데 어찌 감사와 같은 말을 입에 올리는가? 그대를 알기 전엔 내가 얼마나 슬펐고 또 외로웠던가를 그대에게 말하지 않았나? 그대의 우정이 내게는 가장 큰 행복이라네. 어제 나는 행복했네, 참으로 행복했다네! 생전 처음 있는 일이었지. 그대의 편지를 읽으며 나는 기뻐서 울었네.

그렇지, 사랑하는 벗이여, 의심하지 말아 주게. 운명이 우리를 맺어 준 것이지. 운명은 우리가 힘을 모아 위대한 것을 이루기를 원하고 있는 거야. 친구! 얼마나 흐뭇한 말인가! 드디어 나도 벗 하나를 가졌다는 것일까? 오오! 이제 그대는 나를 버리지 않겠지? 충실한 벗이 되어 줄 테지? 언제까지나! 언제까지나! …… 같이 자라고, 같이 공부해서, 나는 내 음악에서의 감흥을, 내 뇌리에 떠오르는 그러한 온갖 기묘한 착상을 제공하고 자네는 자네 지력(知力)과 놀라운 지식을 제공해서 둘이 그것을 함께 소유한다는 것은 얼마나 멋진 일일까! 자네는 참말이지 많은 것을 알고 있네! 난 지금까지 그대 같은 총명한 사람을 보지 못했다네! 때로 나는 불안해지네. 내가 그대의 우정을 받을 가치가 없는 사람처럼 생각되는 것이지. 그대는 참으로 고상하고 번듯하게 완성되어 있네. 그러한 그대가 나같이 거친 사람을 사랑해 줘서, 난 진심으로 감사하고 있는 것일세! …… 아니, 이건 아니지! 방금 말하지 않았던가, 감사니 하는 말은 결코 입에 올려서는 안 돼. 우정에 있어서는 은혜를 받는 자도 베푸는 자도 없다네. 난 은혜 따위는 받지 않을 걸세! 우리는 서로 사랑하니까 평등한 거야. 그대를 만나는 날이 기다려지네!

그대의 집으로 찾아가진 않겠네. 그대가 원하지 않으니까—그런데 솔직히 말하자면 왜 자네가 그렇게 조심하는지 나는 모르겠네…… 하지만 그대는 나보다 현명하니까. 분명히 그럴 만한 까닭이 있겠지……

한마디만 말하도록 해 주게. 앞으로 돈에 대해서는 절대 언급하지 말게나. 나는 돈을 싫어하네. 돈이라는 말도 싫지만, 그 자체도 싫다네. 나는 부자는 아니지만 내 벗을 대접할 정도의 돈은 가지고 있네. 그리고 내가 가진 것을 몽땅 벗에게 주는 것은 내 즐거움이라네. 그대라면 그러지 않을 텐가? 만일 내게 그대의 재산이 필요할 경우 그대는 그것 전부를 내게 주지 않을 텐가? 하지만 그렇게는 절대 되지 않네! 나는 굳센 주먹과 머리를 가지고 있으니, 언제나 먹고살 만큼은 빵을 벌 수 있을걸세. 그럼, 일요일에! …… 아아! 한 주일 동안은 그대를 못 만나는군! 더구나 이틀 전까지도 나는 그대를 전혀 모르고 있었지 뭔가! 어떻게 이토록 오랜 세월을 그대 없이 살아올 수 있었을까?

지휘자 아저씨가 잔소리를 하더군. 그렇다고 그대는 나 이상으로 그런 것을 염려할 필요는 없네! 남이야 어쩌든 나랑 무슨 상관인가! 그들이 나를 어떻게 생각하건, 또 장차 어떻게 생각하건, 나는 전혀 문제시하지 않네. 내게 소중한 것은 그대뿐이라네. 나의 영혼이여, 나를 굳건히 사랑해 주게. 내가 그대를 사랑하듯 그대도 나를 사랑해 주게! …… 얼마나 내가 그대를 사랑하는지 말로는 표현할 수가 없네.

나는 그대의 것, 그대의 것이라네. 머리부터 발끝까지 온몸이 그대의 것일세. 영원히 그대의 것일세!

크리스토프

크리스토프는 그 주일의 나머지 날들이 지나는 동안 초조해서 견딜 수 없었다. 평소에 다니는 길에서 옆길로 벗어나 멀리 돌아서 옷토의 집 쪽을 헤매었다. 별달리 그를 만날 생각은 아니었다. 그러나 그의 집이 보였을 뿐인데도 이미 감동으로 가슴이 막혀, 얼굴빛이 붉으락푸르락했다. 목요일에는 더 참지 못하고 처음보다도 더 열렬한 편지를 썼다. 옷토는 감동적인 답장을 보내왔다.

드디어 일요일이 되었다. 옷토는 약속한 시간대로 왔다. 그런데 크리스토프는 한 시간이나 전부터 산책길에서 기다리며 조마조마해하고 있었다. 옷토가 나타나질 않아서 애가 탔다. 혹시 앓고 있지는 않나 근심되었다. 옷토가 자신과 한 약속을 어긴다고는 한순간도 생각하지 않았기 때문이다. 그는 나직이 되풀이하고 있었다.

"아아! 제발 와 다오!"

그러고는 가느다란 막대기로 길 위 돌멩이를 쳤다. 세 번 쳐서 모두 실패하면 옷토는 오지 않는다, 잘 맞추면 옷토는 곧 온다고 자신에게 일렀다. 매우 쉬운 일이었고 매우 조심해서 했으나 세 번 다 실패했다. 바로 그때 조용하고 침착한 걸음걸이로 다가오는 옷토의 모습이 눈에 띄었다. 옷토는 아무리 감동했을 때라도 항상 단정한 태도를 잃지 않았던 것이다. 크리스토프는 그에게 달려가서 목쉰 소리로 인사했다. 옷토도 인사했다. 그러고 나서는 두 소년 모두 무슨 말을 해야 좋을지 몰라, 그저 참 좋은 날씨라느니, 지금은 10시 5, 6분이라느니, 하지만 성의 시계는 언제나 늦어지니까 어쩌면 10시 10분일지도 모른다느니 하는, 그런 말밖엔 할 수가 없었다.

그들은 역으로 갔다. 그리고 마을 사람들이 즐겨 소풍가는 이웃 역까지 기차를 타고 갔다. 도중에는 채 열 마디 말도 나누지 못했다. 구변 좋은 눈으로 그것을 보충하려고 애썼으나, 이것도 뜻대로 되지 않았다. 얼마나 친애하는 사이인가를 서로 말하고 싶어도 헛일이었다. 그들의 눈은 전혀 아무 말도 하지 못했다. 그들은 희극을 벌이고 있었다. 크리스토프는 그것을 알아차리고 부끄러워졌다. 한 시간 전에 자신의 마음을 채우고 있던 모든 것을 왜 표현하지 못하는지, 아니 왜 느낄 수조차 없는지 그는 그것을 알 수가 없었다. 옷토는 아마도 이러한 거북스러움을 크리스토프만큼 또렷이 느끼진 않았으리라. 옷토는 그렇게 진지하지는 않았고 또 한층 강한 자존심으로 자신을 바라보고 있었기 때문이다. 그렇긴 하지만 그 역시 똑같은 실망감을 느끼고 있었다. 사실 두 소년은 일주일 전부터 상대가 없는 곳에서 지내며 자신의 감정을 지극히 높은 경지로까지 높이고 있었으므로, 현실에서는 그것을 유지할 수 없게 되어, 서로 얼굴을 마주하자 그 첫인상은 필연적으로 실망스러운 게 될 수밖에 없었던 것이다. 그러나 이는 부득이한 것으로 체념할 수밖에 없는 일이었다. 그런데도 그들은 도무지 체념하질 못했다.

두 소년은 시골을 이리저리 돌아다녔으나 마음에 무겁게 내리덮인 음울한 답답증을 떨쳐 버릴 수는 없었다. 마침 축제일이어서 음식점도 숲도 산책하는 사람들로 가득했다. 가족을 거느린 소시민들이 가는 곳마다 떠들어 대며 먹고들 있었다. 그런 모습을 보자 그들은 더욱더 울적해졌다. 이런 시끄러운 무리 때문에 요전번의 산책 때처럼 탁 트인 심정이 될 수 없다는 생각이 들었다.

그러면서도 두 소년은 입을 놀렸다. 화제를 찾느라고 둘 다 여간 고생을 한 게 아니었다. 나눌 이야기가 아무것도 없다는 것을 깨닫게 될까 봐 두려웠다. 옷토는 학교에서 배운 지식을 늘어놓았다. 크리스토프는 음악 작품이나 바이올린 켜는 법에 대해서 전문적으로 설명했다. 두 소년은 서로를 따분하게 만들고 있었다. 서로가 이야기를 들으면서 권태를 느끼고 있었다. 그러나 이야기가 끊길까 두려워하며 줄곧 지껄였다. 만약 그렇게 되면 섬뜩할 만큼 무서운 침묵의 심연이 입을 벌리기 때문이다. 옷토는 울고 싶은 심정이 되었다. 크리스토프는 하마터면 옷토를 거기 남겨 둔 채 달아나 버릴 뻔했다. 그토록 그는 부끄러웠고 따분했던 것이다.

이제 한 시간만 지나면 다시 기차를 타야 하는 때가 되어서 두 소년의 마음은 가까스로 풀렸다. 숲 속에서 개가 짖고 있었다. 마구 먹이를 몰아 대고 있는 것이다. 크리스토프는 그 지나는 길가에 숨어서 쫓기는 짐승을 보자고 제의했다. 두 사람은 수풀 속으로 뛰어들어갔다. 개는 멀어지기도 하고 다가오기도 했다. 그들은 오른쪽으로도 가고 왼쪽으로도 가고, 앞으로 나아가기도 하고 뒤로 물러서기도 했다. 개 짖는 소리가 더욱 커졌다. 개는 고기에 굶주린 듯이 왈왈거리며 조바심으로 목에 경련을 일으키고 있었다. 개는 두 사람 쪽으로 다가왔다. 크리스토프와 옷토는 오솔길 수레바퀴 자국 속 마른 잎 위에 엎드려서 숨을 죽이고 기다렸다. 짖는 소리가 그쳤다. 개는 사냥감의 발자취를 잃은 것이다. 또 한 번 멀리서 짖는 소리가 들리더니, 숲 속은 바늘 떨어지는 소리도 들릴 듯 고요에 잠겼다. 다만 곤충이나 배추벌레 따위, 끊임없이 나무를 갉아먹고 숲을 파괴하는 무수한 생물들의 신비로운 꿈틀거림이 들릴 뿐…… 그것은 결코 멈출 줄 모르는 규칙적인 죽음의 숨소리였다. 소년들은 귀를 기울이며 꼼짝하지 않고 있었다. 이윽고 낙담한 그들은 일어서면서 "이젠 글렀어. 오지 않는걸" 하고 말하려 했다. 바로 그때, 조그만 토끼 한 마리가 수풀 속에서 뛰어나오더니 그들 쪽으로 곧바로 달려왔다. 두 소년은 동시에 그것을 보고는 기쁨에 겨워 소리쳤다. 순간, 토끼는 그 자리에서 깡충 뛰어오르더니 옆으로 몸을 던졌다. 머리를 처박고 엉덩이를 치켜들며 관목 숲 속으로 뛰어 들어가는 것이 보였다. 나뭇잎 스치는 소리가 마치 수면에 배 지나간 자국처럼 스러졌다. 두 소년은 소리친 것을 후회했으나 이 뜻하지 않은 사건으로 완전히 유쾌해졌다. 토끼가 소스라쳐서 펄쩍 뛰던 모습을 생각하고는 배를 움켜쥐며 웃었다. 크리스토프는 익살스럽게 그 흉내를 냈다. 옷토도 그렇게 했다. 그러다가 두 소년은 쫓고 쫓기며 뛰었다. 옷토가 토끼가 되고 크리스토프는 개가 되어, 울타리를 뚫고 지나 도랑을 건너뛰고 숲과 목장을 달려 내려갔다. 호밀밭에 뛰어들어가자 농부가 꾸짖어댔다. 그래도 두 소년은 그치지 않았다. 크리스토프가 목쉰 듯한 개 울음소리 흉내를 어찌나 잘 내는지 옷토는 눈물이 날 정도로 웃었다. 이윽고는 미친 듯이 소리치며 비탈을 뒹굴었다. 이제는 목소리도 나오지 않자 거기 주저앉아서 벙글벙글 웃는 눈으로 서로 마주 보았다. 그들은 이제 완전한 행복감에 젖어 자기 자신에 만족하고 있었다. 이미 서로가 잘난 친구인 척할 필요도 없었기 때문이다. 그들은 있는 그대로의 솔직한 그들이었다. 다시 말해서 다만 두 소년에 불과했다.

그들은 아무런 뜻도 없는 노래를 부르며, 팔짱을 끼고 집으로 발길을 돌렸다. 그러나 거리에 들어서자 다시 전처럼 의젓한 척하는 것이 좋겠다고 생각했다. 숲을 빠져나올 때 그들은 마지막 나무에 두 사람의 머리글자를 엇갈리게 새겼다. 그러나 흐뭇한 기분이 그러한 감상성을 이겨 냈다. 돌아가는 기차 안에서도 그들은 얼굴이 마주칠 때마다 크게 소리내어 웃어 젖혔다.

참으로 오늘은 '멋지고 즐거운' 하루를 보냈다고 믿으면서 두 소년은 헤어졌다. 그 확신은 서로 혼자가 되자마자 흔들릴 수 없는 것이 되었다.

*

그들은 꿀벌의 일보다도 더 참을성 있고 또 더욱 교묘한 건설 작업을 다시 시작했다. 평범한 추억의 단편 몇 토막으로 자기 자신과 자기네 우정의 멋들어진 영상을 만들어 낼 수 있었던 것이다. 한 주일 동안 그들은 서로를 이상화한 다음 일요일에 만났다. 사실과 그들의 환상 사이에는 자연히 불균형이 존재하게 되었으나 이미 그들은 그것을 인식하지 않았다.

그들은 서로가 친구임을 자랑으로 여기고 있었다. 성질이 정반대라는 것이 도리어 두 사람을 가깝게 했다. 크리스토프는 옷토처럼 아름다운 소년을 전혀 알지 못했다. 섬세한 손, 고운 머리카락, 해맑은 낯빛, 수줍음 타는 말솜씨, 예의바른 거동, 구석구석 신경을 쓴 옷차림 등등은 크리스토프를 황홀하게 했다. 옷토는 크리스토프의 넘칠 듯한 힘과 독립심에 탄복하고 있었다. 모든 권위에 경건한 존경을 바치는 오랜 인습에 길들어 있던 옷토는, 기성의 어떤 규칙에도 개의치 않는 기질의 소유자와 사귀는 데 두려움이 뒤섞인 기쁨을 느끼고 있었다. 시대의 명사들을 헐뜯고 불경스럽게도 대공 전하의 흉내를 내는 크리스토프를 보고는, 한편으로 통쾌하면서도 두려움으로 어렴풋한 전율마저 느꼈다. 크리스토프는 자신이 그렇게 벗을 매혹하고 있다는 것을 느꼈다. 그럴수록 그는 도전적인 감정을 더욱 과장했다. 마치 늙은 혁명가처럼, 사회의 약속이나 국가의 법률을 뒤집어엎어 버리는 듯한 말을 입에 올렸다. 옷토는 이맛살을 찌푸리기도 하고 기뻐하기도 하며 귀를 기울였다. 조심조심하면서도 거기 맞장구라도 치려고 애를 썼다. 그러나 누가 듣지나 않을까 조심스럽게 주위를 두리번거리는 것이었다.

둘이서 산책을 하다가 금지 팻말을 보면 크리스토프는 반드시 그 밭의 울타리를 뛰어넘어 안으로 들어갔다. 또는 남의 소유인 벽 너머의 과일을 따먹기도 했다. 옷토는 붙들리지나 않을까 겁을 먹었다. 그러나 이런 감정이 그에게는 뭐라 말할 수 없는 쾌감을 가져다주었다. 저녁에 집으로 돌아가서는 마치 자신이 용사인 듯한 느낌이 들곤 했다. 그는 두려워하면서 크리스토프를 찬탄하고 있었다. 그의 복종 본능은 상대의 의지에 동의하기만 하면 되는 우정 속에서 만족을 찾고 있었던 것이다. 크리스토프는 결코 옷토로 하여금 결심하도록 하는 수고를 끼치지 않았다. 그는 모든 것을 결정했다. 하루를 어떻게 지낼 것인가를 정했고 나아가서 일생을 어떻게 보낼 것인가도 이미 정하고 있었다. 옷토의 미래에 대해서도 마치 자신의 미래에 대한 것처럼 의논의 여지도 없는 확고한 계획을 수립해 놓고 있었다.

옷토는 언제나 찬성이었다. 다만 크리스토프가 장래에 자신의 창의에 의한 극장을 짓기 위해 그의 재산을 멋대로 처분할 거란 이야기를 했을 때엔, 그도 적이 못마땅해했다. 그러나 항변은 하지 않았다. 그는 친구의 고압적인 태세에 압도되어 있었고, 게다가 상업회의(商業會議) 회원인 오스카 디너 씨가 모은 재산에 이 이상 고상한 용도란 없다는 친구의 확신 앞에서 설복되었던 것이다.

그렇다고 크리스토프는 옷토의 의지를 억누를 생각은 없었다. 그는 본능적 전제자여서 친구가 자신과 다른 의견을 가질 수 있으리라고는 상상도 못했다. 만약 옷토가 그 자신과 다른 희망을 밝혔더라면 그는 서슴없이 자신의 희망을 희생해 버렸을 것이다. 또 그 이상의 희생도 마다하지 않았을 것이다.

그는 옷토를 위해서 자신을 위험 앞에 드러내 놓기라도 할 심정으로 불타 있었다. 우정을 시련 앞에 내걸 기회가 오기를 열망하고 있었다. 산책 중에도 어떤 위험이 닥쳐와서 그 앞에 몸을 내던질 일이라도 있었으면 하고 바랄 정도였다. 옷토를 위해서라면 기꺼이 죽기라도 했을 것이었다. 그러나 그때를 기다리면서 그는 조마조마한 위구심으로 옷토를 지켜보고 있었다. 위험스러운 곳에서는 계집애한테 하듯이 손을 잡아 주었고, 피곤할세라, 더울세라, 추울세라 염려했다. 나무 그늘에 앉을 때에는 자기 웃옷을 벗어서 그의 어깨에 걸쳐 주었다. 걸을 때에는 외투를 들어 주었다. 옷토마저 업어 주고 싶을 정도였다. 마치 연애하는 사람처럼 언제나 그를 지켜보았다. 사실 그는 연정에 사로잡혀 있었던 것이다.

연애가 어떤 것인지 아직 몰랐기에 그는 옷토에게 연정을 품고 있다는 것을 인식하지 못하고 있었다. 그러나 때로 함께 있을 때면 어쩐지 야릇한 불안감에—처음 벗이 된 날 전나무 숲 속에서 그의 가슴을 옥죄던 것과 같은 불안이었다—사로잡히곤 했다. 그리고 얼굴에 후끈 솟구쳐 오르는 것이 있어 두 볼이 뜨거워졌다. 그는 두려워졌다. 두 소년은 본능적으로 같은 것을 느끼고는 조심조심 서로 떨어져 갔다. 서로 피하여, 길을 걷는데도 앞서거니 뒤서거니 우물쭈물했다. 덤불 속에서 오디를 열심히 찾는 체하기도 했다. 그런데 왜 그렇게 불안한지, 그 까닭을 좀처럼 알 수 없었다.

특히 그들의 편지 속에서 그러한 감정은 고조되었다. 편지에서는 사실에 의해 반론될 염려가 없었다. 그 무엇도 그들의 환상을 훼방하지 않고 그들로 하여금 겁나게 할 것이라곤 없었다. 이제 그들은 한 주일에 두세 번씩 열렬한 서정적인 문체로 편지를 주고받았다. 현실적인 일을 쓰는 예는 거의 없었다. 감격으로부터 별안간 절망으로 옮겨 가는 묵시록처럼 난해한 투로 중대한 문제를 서로 토론했다. 그들은 서로 상대를 '나의 행복, 나의 희망, 나의 사랑하는 이, 나 자신'이라고들 불렀다.

그들은 '영혼'이란 글자를 엄청나게 많이 썼다. 자신들의 숙명의 슬픔을 비장한 색채로 그리고, 벗의 생활 속에 자기 운명의 그림자를 집어넣는 것을 한탄했다.

'내 사랑하는 이여, 나로 인해서 그대가 괴로워하고 있다고 생각하니 나는 고통스러워지네.'

크리스토프는 이렇게 쓰기도 했다.

'그대가 괴로워하는 것을 나는 참을 수가 없네. 그대는 괴로워해서는 안 되네. 내가 그러길 원치 않는 걸세. (그는 이 말들 밑에 종이가 찢어질 만큼 줄을 그어 놓았다) 만약에 그대가 괴로워한다면, 나는 삶의 힘을 어디서 찾을 수 있을까? 나는 그대에게서만 행복을 느낀다네. 오오! 행복해지길 바라네! 불행은 내가 모두 기꺼이 내 한 몸으로 짊어지겠네! 나를 생각해 주게! 나를 사랑해 주게! 나는 사랑받고 싶다네. 내게 생명을 주는 열은 그대의 사랑에서 오는 걸세. 아아, 내가 얼마나 떨고 있는지 그대가 알아준다

면! 내 마음속은 겨울이어서 살을 에는 듯한 바람이 불고 있네. 나는 그대의 영혼을 포옹하네.'

'나의 생각은 그대의 생각에 키스하네.' 옷토는 이렇게 답장을 썼다.

'나는 그대의 머리를 두 손으로 품어 안네.' 크리스토프는 회답했다. '그리고 지금까지 입술로 하지 않았던 것을, 또한 앞으로도 하지 않을 것을 나는 온몸으로 맹세하네. 사랑하는 만큼 그대를 포옹하네. 그것으로 사랑을 재어주게!'

옷토는 의심스러운 듯이 썼다.

'내가 그대를 사랑하는 만큼, 그대도 나를 깊이 사랑해 주는 것일까?'

'무슨 소리를!' 크리스토프는 외쳤다. '그만큼은커녕 열 배, 백 배, 천 배나 더 사랑하네! 아니, 그대는 그것을 느끼지 못하고 있는가? 어떻게 하면 그대 마음을 움직일 수 있단 말인가?'

'우리 우정은 이 얼마나 아름다운 것일까!' 옷토는 감탄의 한숨을 토하는 것이었다. '역사상 이토록 아름다운 우정이 있었을까? 꿈처럼 우아하고 아름답다. 부디 이것이 스러지지 않으면 좋으련만! 만일 그대가 나를 더는 사랑하지 않게 되는 일이 일어난다면!'

'나의 사랑하는 벗이여, 그대는 왜 그리도 어리석단 말인가!' 크리스토프는 답했다. '실례되는 말은 용서해 주게. 하지만 그대의 부질없는 근심에는 화가 나네. 어째서 내가 그대를 사랑하지 않게 될 것을 근심하는가! 내게 삶이란 곧 그대를 사랑하는 것이라네. 죽음도 내 사랑을 어쩔 수가 없어. 만일 그대 자신이 나의 이 사랑을 말살한다 해도 어쩔 수 없을 걸세. 그대가 나를 저버리더라도, 그대가 나의 심장을 찢더라도, 나는 그대가 내게 불어넣은 이 사랑을 축복하면서 죽으리라. 그러니 제발, 그런 연약한 불안감으로 부질없이 고민하거나 나를 슬프게 하는 짓은 앞으로 그만두어 주게!'

그러나 한 주일이 지나자 이번엔 그가 이런 편지를 썼다.

'벌써 꼬박 사흘 동안이나 그대 입에서 나오는 말을 못 듣고 있네. 나는 걱정이 되어 못 견딜 지경이야. 그대가 나를 잊어버리고 있는 건 아닐지? 그렇게 생각하니 내 피는 얼어붙는다네…… 그래, 분명히 그런 거겠지. 요전번에도 날 대하는 그대의 냉담한 태도를 나는 이미 알아차렸지. 그대는 이미 나를 사랑하지 않는 거다! 그대는 내게서 떨어지려는 거다…… 알겠나,

만일 그대가 나를 잊어버린다면, 나를 저버리는 일이 있다면, 나는 그대를 개처럼 때려죽이고 말 테다!'

'나의 사랑하는 사람이여, 그대는 나를 박해하는군!' 옷토는 비탄에 잠겨 대답했다. '그대는 내게 눈물을 흘리게 하네. 내겐 이런 대우를 받을 짓을 한 기억이 없어. 하지만 그대는 무슨 짓을 해도 괜찮아. 그대는 나에 대해서 모든 권리를 가지고 있네. 만일 그대가 내 영혼을 파괴해 버리더라도, 내 영혼의 한 조각은 그대를 사랑하기 위해서 언제까지나 살아 있을 것이네!'

'아아! 이 무슨 일이란 말인가!' 크리스토프는 절규했다. '나는 나의 벗을 울려 버렸구나…… 나를 꾸짖어 주게! 나를 때려 주게! 나를 짓밟아 주게! 나는 못난 놈이야! 그대의 사랑을 받을 자격이 없는 놈이야!'

그들은 다른 사람에게 보내는 편지와 자기네 편지를 구별하느라고 수신인의 이름을 쓰는 방식을 특별히 고안했고, 또 우표도 봉투 오른쪽 아래에 거꾸로 비스듬히 붙였다. 이러한 어린애다운 비밀은 그들에게는 사랑의 즐거운 신비한 매력을 지니고 있었던 것이다.

*

어느 날 크리스토프는 출장 지도를 마치고 돌아오다가, 저쪽 길에 같은 또래의 소년과 함께 걸어가는 옷토의 모습을 발견했다. 두 소년은 친밀한 듯 웃고 떠들고 있었다. 크리스토프는 얼굴이 파래졌다. 두 소년이 한길 모퉁이로 사라질 때까지 그 뒷모습을 뚫어지게 지켜보았다. 그들은 그의 모습을 보지 못했다. 크리스토프는 집으로 돌아왔다. 한 점 구름이 태양을 가린 듯한 느낌이었다. 모든 것이 어둡게 그늘졌다.

다음 일요일에 만났을 때 크리스토프는 처음엔 아무 말도 하지 않았다. 그러나 30분쯤 산책한 뒤 그는 쥐어짜는 듯한 음성으로 말문을 열었다.

"수요일, 크로이츠 거리에서 널 봤지."

"그래!"

옷토는 대답했다. 그리고 낯을 붉혔다.

크리스토프는 말을 이었다.

"넌 혼자가 아니더구나."

"응." 옷토는 말했다. "동행이 있었지."

크리스토프는 침을 꿀꺽 삼키고 애써 무심한 체하며 물었다.

"누구냐, 그 녀석은?"

"사촌 아우 프란츠야."

"그랬구나!"

크리스토프는 말했다.

그러고 나서 한참 뒤에 다시 말을 꺼냈다.

"사촌 동생 얘기는 나한테 안 했었지."

"라인바흐에 살고 있어."

"자주 만나니?"

"가끔 찾아오지."

"그래, 너도 그 애 집엘 가니?"

"가끔은 가지."

"그렇구나!"

크리스토프는 되풀이했다.

옷토는 화제를 바꾸고 싶었으므로 나무줄기를 부리로 쪼고 있는 새 한 마리를 가리켜 그의 주의를 돌렸다. 두 소년은 딴 이야기를 주고받았다. 그러나 10분쯤 지나자 크리스토프는 불쑥 또 그 이야기를 꺼냈다.

"너희는 뜻이 맞니?"

"누구하고?"

옷토는 되물었다.

(누구를 가리키는지 그는 똑똑히 알고 있었다.)

"네 사촌 동생하고 말이야."

"응, 그런데 왜?"

"뭐, 별것은 아니지만."

옷토는 언제나 심술궂은 장난으로 그를 괴롭히는 이 사촌 동생을 그리 좋아하지 않았다. 그러나 기묘한 본능적인 장난기가 솟구쳐 한참 뒤 덧붙였다.

"아주 친절해."

"누가?"

크리스토프는 물었다.

(누구를 가리키는지 그는 똑똑히 알고 있었다.)

"프란츠 말이야."

옷토는 크리스토프의 반응을 기다렸다. 그러나 크리스토프는 못 들은 척했다. 그는 오리나무 가지를 깎아 조그만 지팡이를 만들고 있었다. 옷토는 다시 말을 이었다.

"재미있는 녀석이지. 언제나 많은 이야기를 알고 있거든."

크리스토프는 아무렇지도 않은 듯 휘파람을 불었다. 옷토는 계속 말을 덧붙였다.

"게다가 아주 똑똑하고…… 고상하지! ……"

크리스토프는 어깨를 으쓱했다. 마치 이렇게 말하는 것처럼.

"그런 녀석이 내게 무슨 상관이냐?"

뾰로통해진 옷토가 더 말을 이으려 하자 크리스토프는 거칠게 그의 말문을 막더니 저기 저곳까지 달리기 경주를 하자고 제안했다.

그날 오후 내내 둘 사이에는 그 문제에 대해서 더는 언급이 없었다. 그러나 둘 사이에는, 특히 크리스토프에게는 보기 드문 일이지만 그들은 서로 지나칠 만큼 공손한 태도를 가장해 가며 냉랭한 싸움을 하고 있었다. 크리스토프는 목구멍에 말이 걸려 있었다. 끝내는 더 참지 못하고 길 한복판에서 대여섯 걸음 떨어져 뒤따라오는 옷토를 돌아보고는, 그의 두 손을 꽉 잡더니 단숨에 가슴속을 털어놓고 말았다.

"이봐, 옷토! 난 네가 프란츠와 친하게 지내는 걸 원하지 않아. 왜냐하면 …… 왜라니, 너는 내 친구니까 그렇지. 네가 나보다 다른 누구를 사랑하다니, 난 싫다! 난 싫어! 넌 말이야, 넌 내 모든 것이란 말이야. 넌 그럴 수 없어…… 그래선 안 돼…… 만일 네가 내 것이 아니게 되면, 난 이미 죽을 수밖에 없을 거야. 어떤 짓을 저지를지 몰라. 자살할지도 모르지. 너를 죽일지도 모르지. 아니, 내가 이런 말을 하다니, 용서해 줘! ……"

그의 눈에서 눈물이 솟구쳐 올랐다.

위협하듯이 신음하며 중얼거리는 그의 고민이 하도 진지해서, 옷토는 감동하기도 하고 두렵기도 하여 부랴부랴 그에게 맹세했다. 자신은 어느 누구라도 크리스토프만큼은 사랑하지 않으며, 앞으로도 사랑하진 않을 거다, 프란츠는 내겐 아무래도 상관없는 놈이다, 크리스토프 네가 원한다면 이제는 두 번 다시 그 녀석을 만나지 않을 테다, 하고. 크리스토프는 그러한 말에 황홀해지고 그의 마음은 생기를 되찾았다. 그는 웃으며 크게 숨을 쉬고는 진심으로 옷토에게 감사했다. 그렇게 성낸 것이 부끄러웠다. 그러나 무거운 짐을 덜어 버린 듯한 심정이었다. 두 소년은 꼼짝도 하지 않고 마주 선 채 손을 잡고는 얼굴을 마주 보았다. 그들은 너무 기뻤다. 어찌하면 좋을지 몸 둘바를 몰랐다. 두 소년은 묵묵히 집으로 걸음을 옮겼다. 다시 지껄이기 시작하여 여느 때처럼 활기를 되찾았다. 지금까지보다도 서로가 더욱 단단히 결합된 듯한 느낌이 들었다.

그러나 이 일이 여기에서 끝난 것은 아니었다. 이제 옷토는 크리스토프에 대한 자기 힘을 느낀 끝에 그것을 마음껏 써 보고 싶은 유혹에 사로잡혔다. 급소를 뻔히 알고 있어, 그곳을 찔러 보고 싶어 못 견딜 지경이었다. 크리스토프가 성내는 것이 재미있는 것은 아니었다. 그러기는커녕 오히려 무서웠다. 그러나 크리스토프를 괴롭힘으로써 자신의 힘을 스스로에게 증명해 보이고 싶었다. 그는 결코 심술궂은 성격은 아니었으나, 다만 소녀 같은 영혼의 소유자였던 것이다.

이리하여 옷토는 약속을 해 놓고도 여전히 프란츠나 다른 동무들과 팔짱을 끼고 있는 모습을 크리스토프에게 보여 주곤 했다. 그들은 함께 법석을 떨었고 옷토는 잘난 체하는 웃음을 지었다. 크리스토프가 싫은 소리를 했더니 그는 차갑게 웃으며 진지하게 받아들이지 않았다. 그래도 끝내 크리스토프의 눈빛이 변하고 입술이 노여움으로 떨리는 것을 보면, 그도 불안스러워져서 태도를 바꾸며 이제 다시는 안 그러겠다고 약속했다. 그러나 다음 날이면 다시 되풀이하곤 했다. 크리스토프는 노여움에 불타는 편지를 그에게 써 보내면서 그를 이렇게 불렀다.

'철면피 같으니! 이제는 그대 소문도 다시 듣고 싶지 않아! 앞으론 남남이야. 악마에게나 잡혀가 버려! 너 같은 개놈들이랑 함께 말이다!'

그러나 옷토가 눈물겨운 한마디를 써 보내거나, 또는 실제로 한 번 그랬듯이 그의 영원히 변치 않는 마음을 상징하는 한 송이 꽃을 보내기만 하면, 크리스토프는 곧 후회해서 이런 편지를 쓰게 마련이었다.

'나의 천사여! 난 미친놈이었어. 내 어리석음을 잊어 다오. 그대는 가장 뛰어난 사람. 그대는 그 손가락 하나만으로도 이 어리석은 크리스토프 전체보다 낫지. 그대는 어질고 섬세한 애정의 보배를 지니고 있는 거야. 이 몸은 눈물을 지으며 그대의 꽃에 키스하네. 그 꽃은 여기 나의 심장 위에 있네. 나는 주먹으로 그 꽃을 살갗 속으로 밀어 넣는다네. 그로써 피를 흘리고 싶은 거야. 그대의 아름다운 호의와 이 몸의 부끄러운 어리석음을 더한층 강하게 느끼기 위해서! ……'

그러나 이들은 점점 서로 싫증을 느꼈다. 조그만 불화가 우정을 유지한다는 말은 잘못이다. 크리스토프는 자신을 들쑤셔 도리에 어긋난 짓을 저지르도록 하는 옷토를 원망하고 있었다. 그는 스스로 이성을 지키려고 몹시 애썼고 제멋대로이며 자기중심적인 자신을 책망하고 있었다. 성실하고 격정적인 그의 성질은 생전 처음으로 사랑을 맛보자 그에게 자신의 전부를 주었으며, 그와 아울러 상대로부터도 그 전부를 받고 싶어했다. 그에게는 우정을 여럿으로 나눈다는 것은 받아들일 수 없는 일이었다. 벗에게 자신의 모든 것을 바칠 각오였던 그는 벗도 당연히 자신에게 모든 것을 바쳐야 마땅하며, 필연적으로 그렇게 되어야 한다고 생각하고 있었다. 그러나 그는 비로소 느끼기 시작했다. 이 세상이란 자신과 같은 완고한 성격을 바탕으로 해서 만들어진 것이 아님을. 그리고 자신은 사물에게서 얻을 수 없는 것을 요구하고 있다는 것을. 그리하여 그는 자신을 이겨 내려고 애썼다. 자신을 준엄하게 책망하고 벗의 애정을 독점할 권리가 없는 이기주의자로 간주했다. 설사 자신에겐 아무리 쓰라리더라도 진지하게 애써 벗을 완전히 자유롭게 놓아주려고 했다. 겸허한 심정이 되어, 프란츠를 멀리하지는 말라고 옷토에게 일부러 권하기조차 했다. 자신 말고도 다른 사람과 교제하며 기뻐하는 옷토를 보는 것이 자신에게도 기쁘다고 확신하는 체했다. 그렇지만 옷토는 그런 것으로는 결코 속아 넘어가지 않으면서도 심술궂게 그의 말에 고분고분 따랐다. 크리스토프는 그런 옷토에게 싫은 표정을 감출 수 없었다. 그래서 별안간 다시 노여움을 폭발시키곤 했다.

엄밀히 말하면 옷토가 자신보다 다른 어느 벗을 좋아했다 하더라도, 그는 어쩌면 그것을 너그럽게 받아들였을는지도 모른다. 그러나 어떻게도 참을 수 없었던 것은 옷토의 그 거짓말이었다. 옷토는 심보가 나쁘지 않을 뿐 아니라 위선자도 아니었다. 그러나 마치 말더듬이가 발음에 곤란을 느끼듯이 그는 천성이 참말을 하기 어려운 성질이었다. 그의 말은 전적으로 진실도 아니며 전적으로 거짓도 아니었다. 수줍어하는 것인지 또는 자기 자신의 감정에 확신이 없는 것인지, 그는 명료한 투로 말하는 일이라곤 좀처럼 없었다. 그의 대답은 언제나 모호했다. 무슨 일에 관해서나 숨기거나 얼버무려서 크리스토프의 노여움을 샀다. 그런 잘못을 지적받으면 사실을 인정하기는커녕 도리어 완강히 부정하며 어리석기 그지없는 말을 꾸며내 늘어놓았다. 어느 날, 크리스토프는 불끈 성이 나서 그의 따귀를 때렸다. 이것으로 두 사람의 교제도 다 끝장났으며 옷토는 결코 자기를 용서해 주지 않을 것이라고 그는 생각했다. 그런데 옷토는 서너 시간을 토라져 있더니 전혀 아무런 일도 없었다는 듯이 그에게로 다시 돌아왔다. 옷토는 크리스토프의 폭력을 조금도 원망하진 않았다. 어쩌면 도리어 거기에 매력을 느끼고 있는지도 몰랐다. 한편으로는, 크리스토프가 너무 잘 속아 자신의 말을 하나부터 열까지 고스란히 곧이듣는 것을 불만스러워했다. 이런 데서 그는 조금은 크리스토프를 깔보며 자신이 그보다 뛰어나다고 믿었다. 그리고 크리스토프는 또 옷토가 아무 반항도 없이 자신의 학대를 참아내는 것을 불만스러워했다.

그들이 서로 바라보는 눈초리 역시 이미 처음 한때와는 달라져 있었다. 그들의 결점은 서로 훤히 드러나 있었다. 옷토는 크리스토프의 분방하며 독립적인 행동에 예전처럼 매력을 느끼지 못했다. 함께 산책할 때면 크리스토프가 귀찮은 동반자로 느껴졌다. 아닌 게 아니라 크리스토프는 예의범절 따위는 전혀 아랑곳하지 않았다. 마음내키는 대로 웃옷을 벗거나 조끼 앞쪽을 헤치거나 옷깃을 벌리고, 셔츠 소매를 걷어붙이거나 지팡이 끝에 모자를 꽂아 올리거나 하며, 바람을 맞으면서 상쾌한 기분이 되었다. 걸으면서 팔을 흔들고 휘파람을 불고 목청껏 노래를 부르기도 했다. 얼굴이 시뻘게졌고 땀을 뻘뻘 흘리며 먼지투성이가 되었다. 마치 시장에서 돌아오는 농부 같은 꼴이었다. 그러고 보니 귀족적인 옷토는 그와 함께 있는 모습이 남들 눈에 띄는 것이 여간 불편하지 않았다. 한길에서 마차가 눈에 띄면 그는 일부러 열 걸음쯤 처져서 마치 홀로 산책하는 체했다.

음식점이나 집으로 돌아오는 기차 안에서 크리스토프가 지껄일 때도 옷토는 역시 당혹감을 느꼈다. 크리스토프는 큰 소리로 지껄여 대면서 생각나는 것은 무엇이든 입에 올리고, 소름끼칠 만큼 친숙하게 옷토를 다루었다. 모든 사람이 알고 있는 저명인사에 대해서, 또는 바로 곁에 앉아 있는 사람들의 얼굴 생김새에 대해서까지 그는 지극히 가차없는 비평을 가했다. 또는 자신의 건강이나 가정생활에 대해서 매우 사적인 자질구레한 것마저 지껄였다. 옷토가 아무리 눈짓을 하거나 난처한 표정을 지어 보여도 헛수고였다. 크리스토프는 전혀 알아차린 기색도 없이, 마치 자기 혼자 있는 것처럼 그 무엇에도 개의치 않는 것이었다. 옷토는 가까이 있는 사람들의 얼굴에 떠 있는 엷은 웃음을 알아차렸다. 쥐구멍에라도 들어가 버리고 싶은 심정이었다. 그는 크리스토프를 거칠고 천박한 사나이라고 생각했다. 어찌하여 이런 사나이에게 매혹되었는지 스스로도 알 수 없었다.

가장 곤란한 것은 모든 울타리, 목책, 담장, 벽, 통행 금지 표찰, 벌금을 과한다는 푯말 등 온갖 종류의 금지 표지, 즉 그의 자유를 제한하고 그의 자유에 맞서 신성한 소유권을 보장하려는 것에 대해서도, 역시 그가 자유분방하게 행동하는 점이었다. 옷토는 끊임없이 마음을 졸였다. 아무리 충고해도 전혀 듣지 않았다. 크리스토프는 도리어 여봐란듯이 더욱더 심하게 행동했다.

어느 날 크리스토프는 옷토를 데리고 사유림에 들어가 자기 집처럼 멋대로 돌아다녔다. 깨진 유리병을 박아 놓은 벽이 있었음에도, 아니 오히려 그런 것이 있었기 때문에 그랬는지도 모르지만, 아무튼 두 소년은 그런 벽을 넘어 그곳에 들어간 것이다. 그러다 감시인과 딱 마주쳤다. 감시인은 두 소년을 몹시 꾸짖고 고발하겠다고 한참이나 겁을 준 다음 더할 바 없이 모욕적으로 그들을 내쫓았다.

옷토는 이러한 곤경에 처하자 몹시 기가 죽었다. 이미 감옥에 처넣어진 듯한 심정이 되어 눈물을 흘리며 어리석은 변명을 늘어놓았다. 자신은 실수로 들어왔고, 어디를 가는지도 모르는 채 크리스토프를 따라왔을 뿐이라고. 풀려나오자 그는 기뻐하기는커녕 벗에게 날카로운 비난을 퍼부었다. 크리스토프가 자신을 위험 속으로 끌어들였다고 투덜거리는 것이었다. 크리스토프는 그를 뚫어지게 노려보더니 "비겁한 놈!" 외쳤다. 둘 사이에 격렬한 말이 오갔다. 옷토는 혼자 돌아갈 수만 있었더라면 아마 크리스토프와 헤어졌으리라. 그러나 크리스토프를 뒤따라가야 했다. 하지만 둘은 서로 모른 체했다.

바야흐로 저녁 소낙비가 오려고 했다. 그들은 성이 나 있었으므로 그런 줄도 몰랐다. 불타는 듯한 들판은 벌레 울음소리로 시끄러웠다. 별안간 주위가 쥐 죽은 듯이 고요해졌다. 몇 분이 지나고서야 그들은 이 침묵을 알아차렸다. 우르릉 소리가 울렸다. 그들은 눈을 들었다. 하늘은 험상궂었다. 무거운 납빛 큰 구름이 묵직하게 하늘을 가득 채우고 있었다. 그 구름은 마치 치달리는 기병대처럼 사방팔방에서 밀어닥쳤다. 그것들은 모두 한군데의 심연으로 빨려 들어가듯이 눈에 보이지 않는 한 점을 향해 달리는 것 같았다.

옷토는 걱정이 되었으나 자신의 공포를 크리스토프에게 터놓고 말하진 못했다. 크리스토프는 전혀 모른 체하며 심술궂은 기쁨을 맛보고 있었다. 그러나 그들은 여전히 침묵을 지키면서도 서로 다가섰다. 들에 있는 것은 그들뿐이었다. 바람 한 점 없었다. 뜨거운 바람이 가끔씩 나무의 조그만 잎들을 한들거리게 해 줄 뿐이었다. 홀연히 회오리바람이 일어 모래 먼지를 휩쓸어 올리고 나무를 비틀어 휘게 하며, 무서운 기세로 그들에게 불어닥쳤다. 그러자 전보다도 더한층 무시무시한 침묵이 내리덮었다. 끝내 옷토는 떨리는 소리로 입을 열었다.

"소나기야. 집에 돌아가야겠어."

크리스토프는 말했다.

"돌아가자."

그러나 이미 늦었다. 눈이 멀 것 같은 무서운 섬광이 번쩍이고 하늘이 으르렁거리고, 구름의 둥근 천장이 요란스럽게 울렸다. 순식간에 그들은 폭풍우에 휘말렸다. 번갯불에 겁먹어 떨며 천둥소리로 귀가 멍멍해지고, 온몸은 흠뻑 젖었다. 인가가 있는 데까지는 30분 넘게 걸리는 들판 한가운데였다. 회오리바람에 휘말려 불어닥치는 비와 어스레한 밝음 속에서, 번갯불의 커다란 빛이 붉게 번쩍였다. 그들은 뛰고 싶었다. 그러나 비에 흠뻑 젖은 옷이 몸에 찰싹 붙어서 잘 걸을 수도 없었다. 신은 찰싹찰싹 소리를 냈다. 빗물은 온몸을 타고 줄줄 흘러내렸다. 숨도 쉬기 힘들었다.

옷토는 이를 딱딱 부딪치며 미친 듯이 성을 냈다. 크리스토프의 비위를 건드리는 말을 쏘아 댔다. 그는 멈춰 서고 싶었다. 이대로 걷는 것은 위험하다고 주장하며 길바닥에 주저앉거나 밭 한복판에 엎드리겠다고 협박했다. 크리스토프는 대꾸하지 않았다. 바람과 비와 번갯불로 눈이 멀다시피 하고 어마어마한 천둥소리에 혼비백산하면서도 걸음을 계속했다. 그도 조금 불안해져 있었다. 그러나 그것을 말하지는 않고 꾹 참았다.

그러자 갑자기 하늘이 갰다. 소낙비는 내릴 때도 그랬듯이 걷힐 때도 순식간에 걸렸다. 그러나 둘은 똑같이 참담한 몰골이었다. 크리스토프는 평소에 단정치 못했으므로 다소 옷차림이 흐트러져도 그다지 달라진 건 없었다. 그러나 옷토는 언제나 옷차림에 주의하여 말쑥하게 차려입고 다녔으므로 한심스러운 모습이 되어 있었다. 마치 옷을 입은 채 목욕탕에라도 들어갔다 나온 것 같았다. 그를 돌아보다가 그런 꼴이 눈에 띄자 크리스토프는 그만 자기도 모르게 큰 소리로 웃음을 터뜨렸다. 옷토는 완전히 기가 죽어서 성을 낼 기력조차 없었다. 크리스토프는 그를 가엾게 여기고는 쾌활하게 말을 건네었다. 옷토는 노여움에 불타는 눈초리로 흘끗 쳐다봄으로써 대꾸할 뿐이었다. 크리스토프는 그를 농가로 데리고 갔다. 그들은 활활 타는 불에 몸을 쬐어 말리고, 따끈하게 데운 포도주를 마셨다. 이 뜻하지 않은 사건을 크리스토프는 재미있어했으나 옷토에게는 도무지 성미에 맞지 않는 일이었다. 다시 들판으로 나와서 걷는 동안 그는 음울하게 입을 다물고만 있었다. 두 사람은 볼멘 낯으로 돌아왔다. 헤어질 때도 두 소년은 서로 손을 내밀지 않았다.

이러한 소동이 있은 뒤, 두 소년은 한 주일 넘게 만나지 않았다. 그들은 서로 상대를 엄격하게 비판했다. 그러나 일요일의 산책을 한 번 걸러 보니 결국 그것은 자신을 벌주는 격이 되었고, 그 뒤엔 몹시 따분하기만 해서 그들은 견디지 못하고 드디어는 원망마저 잊어버리고 말았다. 언제나처럼 크리스토프가 화해를 요청하고 옷토는 그것을 받아들여 주었다. 이리하여 두 사람은 화해했다.

두 사람은 좀처럼 서로 죽이 맞진 않았으나 헤어져 버리지도 못했다. 그들은 숱한 결점을 지녔으며 둘 다 이기주의자였다. 그러나 이 이기주의는 악의 없이 순진한 것이어서, 거기에는 이기주의를 욕되게 하는 성년기의 타산이 없었다. 그것은 자각이 없는 이기주의였다. 그것은 거의 사랑스러운 것이어서 두 사람이 진심으로 서로 사랑하는 것을 방해하진 않았다. 그들은 그토록 사랑하고픈 욕구를, 그리고 자신을 바치고픈 욕구를 지니고 있었던 것이다!

소년 옷토는 자신을 주인공으로 한 거창한 희생 이야기를 스스로에게 들려주며 베개 위에서 눈물을 흘렸다. 여러 가지 비장한 사건을 상상했고, 그 속에서 자신은 힘세고 용감하고 대담한 남성이 되어 그의 숭배의 대상인 크리스토프를 보호해 주었다. 크리스토프 또한 어떤 아름답거나 진기한 것을 보거나 듣거나 하면 반드시 '만약에 옷토가 있었다면!' 하고 생각했다. 그는 자신의 온 생활에 벗의 영상을 끌어들였다. 그 영상은 형상을 바꾸어 참으로 우아한 모습이 되었으므로, 그 실제 모습을 알고 있으면서도 그는 으레 도취한 듯한 심정이 들곤 했다. 훨씬 뒤에 옷토의 말을 돌이켜보고 또 그것을 미화하고는 감동으로 몸을 떨곤 했다.

그들은 서로를 모방했다. 옷토는 크리스토프의 태도나 몸짓이나 글씨 모양을 흉내냈다. 크리스토프는 전에 말한 한 마디 한 마디를 옷토가 마치 흉내쟁이처럼 그대로 되뇌기도 하고, 그 자신의 사상을 새로운 사상인 양 그에게 내보이기도 하는 것이 영 못마땅했다. 그렇지만 그러한 자신 또한 옷토의 흉내를 내고 있다는 것을 깨닫지 못했다. 그는 옷토의 옷차림새며 걸음걸이며 어떤 말의 발음을 송두리째 그대로 본뜨고 있었던 것이다. 그것은 하나의 매혹이었다. 그들은 서로 상대에게 물들고 있었다. 그들의 마음은 애정으로 가득 차 있었다. 그 애정은 샘물처럼 사방팔방으로 넘쳤다. 그들은 저마다 벗이 그 원인이라고 생각했다. 그들은 그것이 바로 자기네 청춘의 각성이라는 것을 모르고 있었다.

*

크리스토프는 누구에게나 경계심을 품는 법이 없어, 평소에 쓴 것을 아무데나 내버려 두는 버릇이 있었다. 다만 본능적인 수치심으로 옷토에게 보낸 편지 초고와 그 답장만은 잘 챙겨 두었다. 그것도 자물쇠를 채워 보관하진 않고, 악보장 사이에 끼워 두었다. 이렇게만 해 두면 아무도 찾아내지 못하려니 믿고 있었다. 아우들의 심술궂은 짓은 미처 생각하지 못했던 것이다.

얼마 전부터 그는 아우들이 자기를 바라보며 킬킬 웃기도 하고 뭐라 쑤군거리기도 하는 것을 눈치챘다. 그들은 서로 귓가에 짤막한 몇 마디 말을 소곤소곤하고는 몸을 뒤틀며 우스워했다. 크리스토프에게는 그들의 말이 들리지 않았다. 더구나 평소 그들에게 쓰는 전술을 굳게 지켜, 그들의 말 따위에는 완전히 무관심한 척하고 있었다. 그런데 두세 마디 말이 그의 주의를 끌었다. 귀에 익은 말이라는 생각이 들었다. 이윽고 아우들에게 편지를 들켰다는 사실은 더 의심할 바 없었다. 그러나 에른스트와 로돌프가 그럴싸한 익살로 '나의 친애하는 영혼이여' 하며 서로를 부르는 현장을 붙들고 캐어물었지만, 결국은 무엇 하나 끄집어낼 수는 없었다. 악동들은 무슨 영문인지 모르는 체하고는 자기네들 멋대로 부르고 싶은 대로 부르는데 무슨 상관이냐고 대꾸했다. 그의 편지는 넣어 둔 자리에 모두 그대로 있었으므로 크리스토프는 더는 추궁하지 않았다.

그런 일이 있은 지 얼마 안 되어, 그는 에른스트가 도둑질하는 현장을 잡았다. 이 손버릇 나쁜 아이는 루이자가 돈을 숨겨 둔 장롱 서랍을 뒤적이고 있었던 것이다. 크리스토프는 사납게 그를 추궁하며 이 기회를 이용해서 가슴속에 쌓여 있던 것을 몽땅 토해 놓았다. 사정없는 말로 에른스트가 저지른 못된 짓을 하나하나 늘어놓았다. 그 비행 목록은 짧지 않았다. 그러나 에른스트는 이 훈계를 순순히 받아들이지 않고, 크리스토프에게 꾸지람을 들을 까닭은 없다고 오만하게 말대답을 했다. 그러고는 형과 옷토와의 우정에 대해서 애매모호한 일들을 은근히 내비쳤던 것이다.

크리스토프는 그것을 알아듣지 못했다. 그러다가 말다툼 중에 옷토의 이름이 튀어나오자 그는 에른스트에게 그 설명을 요구했다. 아우는 찬웃음으로 맞받았다. 크리스토프의 얼굴이 노여움으로 새파래지는 것을 보자, 그는 무서움에 질려 더는 말을 이으려 하지 않았다. 크리스토프는 이런 상태로는 더 아무 말도 끄집어내지 못한다는 것을 눈치채고는, 어깨를 으쓱하며 자리에 앉아 일부러 깊이 경멸하는 척해 보였다. 에른스트는 심통이 나서 또 대담한 말을 토했다. 그는 어떻게 해서든지 형에게 상처를 주려고 더욱더 비열한 말을 계속 퍼부었다. 크리스토프는 노여움을 폭발시키지 않으려고 기를 쓰고 참아 내고 있었다. 그러나 아우가 무슨 악담을 하고 있는지를 비로소 알아듣고는 버럭 화가 났다. 그는 의자에서 벌떡 일어났다. 에른스트는 소리를 지를 겨를도 없었다. 크리스토프는 그에게 덤벼들어, 그와 뒤엉켜 싸우면서 방 한복판을 대굴대굴 구르며 그의 머리를 방바닥에 마구 짓찧었다.

피해자의 무서운 비명을 듣고, 루이자와 멜키오르를 비롯한 식구들이 달려왔다. 모두 혼이 나고 있는 에른스트를 구해 내려 했다. 크리스토프는 놓으려 하지 않았다. 놓게 하기 위해서는 그를 때려야만 했다. 식구들은 그를 짐승이라고 꾸짖었다. 확실히 그는 짐승 같은 몰골이 되어 있었다. 눈을 부라리고 이를 부드득 갈며, 어떻게든지 다시 에른스트에게 덤벼들려 했다. 왜 그러느냐고 묻자, 그의 노여움은 더욱더 심해졌다. 심지어 에른스트를 죽이고 말겠다고 소리쳤다. 에른스트 또한 까닭을 말하려 하지 않았다.

크리스토프는 밥을 먹지도, 잠을 자지도 못했다. 잠자리에서 몸을 떨며 울기만 했다. 그의 고민은 단순히 옷토 때문만은 아니었다. 그의 마음속에는 하나의 급변이 일어나고 있었다.

에른스트는 자신이 형에게 어떠한 고통을 주었는지 거의 깨닫지 못했다. 크리스토프는 완전히 청교도적인 완고한 마음을 지니고 있었다. 그 마음은 인생의 더러움을 용납할 수가 없었으며, 차차 그 더러움들을 발견해 나가는 것을 두려워하고 있었다. 나이 열다섯이 되어 자유로운 삶을 살며 강한 본능을 지니고 있으면서도, 그는 여전히 믿어지지 않을 만큼 티없이 순진했다. 타고난 순결성과 끊임없는 그의 작업이 그를 비호해 주었던 것이다. 그런데 아우의 말은 그에게 심연을 열어서 보여 주었다. 아우에게 그런 말을 듣지 않았더라면 그런 파렴치한 것은 상상조차 못했을 것이다. 그런데 지금은 그러한 관념이 마음속에 들어와서는 사랑하고 사랑받는 기쁨을 몽땅 망가뜨려 버렸다. 옷토에 대한 자신의 우정뿐만 아니라 모든 우정이 잡쳐지고 만 것이었다.

더욱 불행했던 것은, 그는 어떤 불쾌한 빈정거림을 듣고는 자신이 이 조그만 도시에서 천박한 호기심의 대상이 되어 있다고—아마도 그것은 오해였겠지만—믿어 버린 점이었다. 또 그로부터 얼마 지나서 옷토와의 산책에 대해서 멜키오르에게 주의를 받은 것이 특히 기분 나빴다. 멜키오르는 아마 악의로 한 말은 아니었을 테지만, 전부터 이에 신경쓰고 있던 크리스토프는 모든 말 속에서 사람들의 의혹을 읽었다. 그러고는 자신을 거의 죄인처럼 여기고 있었다. 그리고 옷토 또한 같은 무렵에 똑같은 위험을 겪고 있었다.

두 소년은 그러면서도 남몰래 만났다. 그러나 예전처럼 스스럼없이 터놓고 이야기를 주고받고 할 수는 없었다. 그들의 천진난만한 관계는 변해 버렸다. 그들 두 소년은 일찍이 형제와 같은 키스조차 나눈 일이 없을 만큼 내향적이며 수줍은 애정으로 서로 사랑을 나누었고, 서로 만나고 몽상을 나누는 것을 그지없는 행복이라고 생각했었다. 그러나 이제는 부정직한 사람들의 억측으로 자기네 몸이 더럽혀진 것을 느끼고 있었다. 더할 바 없이 청렴결백한 행동 속에서도, 이를테면 눈초리라든지 악수에서도 죄악을 발견하게 되었다. 그들은 얼굴을 붉히며 몹쓸 것을 연상했다. 그들의 관계는 참을 수 없는 것이 되어 버렸다.

서로 말을 나누어 약속한 것도 아니었는데, 두 사람이 만나는 횟수는 점차 줄어들었다. 그들은 되도록이면 편지를 쓰려고 애썼다. 그러나 말 하나하나에도 조심했다. 편지는 쌀쌀하고 무미건조해질 수밖에 없었다. 그들은 낙담했다. 크리스토프는 일을 구실로 했고, 옷토는 바쁘다는 것을 핑계로 삼아 편지 왕래도 그만두었다. 이윽고 옷토는 대학에 다니기 위해 그곳을 떠났다. 이리하여 몇 달 동안 두 사람의 삶을 눈부시게 비춰 주었던 우정은 완전히 어둠에 묻혀 버렸다.

그런데 여기, 이런 애정이 한갓 전주곡에 지나지 않았던 또 하나의 새로운 사랑이 크리스토프의 마음을 빼앗아, 그곳에 있던 다른 온갖 빛을 모두 바래게 만들었다.

3. 민나

이러한 일이 있기 너덧 달 전, 추밀 고문관(樞密顧問官) 슈테판 폰 케리히의 미망인이 된 지 얼마 안 된 조제파 폰 케리히 부인이, 라인 강변의 이 조그만 도시로 옮겨 와 살게 되었다. 그녀는 그때까지 남편의 근무 관계로 머물던 베를린을 떠나 고향인 이 고장으로 딸과 함께 돌아온 것이다.

부인은 이 고장에 그녀의 생가인 낡은 저택을 가지고 있었다. 공원과 맞먹는 이 저택의 큰 정원은 언덕 비탈을 따라 차차 낮아져서, 크리스토프네 집으로부터 멀지 않은 곳에서 라인 강까지 이르고 있었다. 크리스토프는 그 집의 벽 밖으로 늘어진 나무들의 묵직한 가지나 기왓장에 이끼가 낀 붉은 지붕의 높다란 꼭대기 등을 늘 고미다락에서 바라보며 지내 왔다.

거의 인적 없는 좁다란 언덕길이 큰 정원의 오른편 가를 따라 이어져 있었다. 그곳에 놓인 경곗돌 위에 올라서면 담벼락 너머로 안을 들여다볼 수 있었다. 크리스토프는 물론 그렇게 해 보았다. 잡초가 우거진 오솔길, 황폐한 목장 같은 잔디, 무질서하게 뒤얽혀서 마치 서로 싸우고 있는 듯한 나무들, 언제나 덧문이 닫혀 있는 하얀색 저택 정면이 보였다. 한 해에 한두 번쯤 정원사가 둘러보러 와서 집에 통풍을 했다. 그 뒤로는 다시 자연이 정원을 차지해 버려 모든 것은 침묵으로 돌아갔다.

그 침묵은 크리스토프에게 깊은 인상을 주었다. 그는 곧잘 이 전망대에 몰래 기어 올라갔다. 그의 키가 커감에 따라 눈이, 다음에는 코가, 다음에는 입이 담벼락 꼭대기까지 닿게 되었다. 지금에 와서는 발끝으로 발돋움을 하여 서면 두 팔을 담벼락 너머로 뻗칠 수가 있었다. 이런 자세는 편하진 않았으나, 그는 오래도록 그 상태로 턱을 담벼락에 얹은 채 바라보거나 듣거나 했다. 황혼의 낙조(落照)가 풀 위에 고요한 금빛 물결을 쏟아붓고, 그 물결이 전나무 숲에 들어가서는 푸르스름하게 비치어 빛나고 있었다. 길에 사람 발걸음 소리가 들릴 때까지 그는 그곳에서 그렇게 넋을 잃고 있었다. 밤에는 정원 둘레에 여러 가지 향긋한 내음이 감돌았다. 봄에는 라일락 꽃향기, 여름에는 아카시아 향기, 가을에는 낙엽 냄새였다. 크리스토프는 밤에 궁정에서 돌아올 때면, 아무리 피곤하더라도 이 문 곁에 서서 그러한 기분 좋은 공기를 가슴 가득히 들이마셨다. 그리고 퀴퀴한 냄새가 나는 제 방으로 돌아가길 싫어했다. 그는 또 마구 뛰어놀던 시절에는 케리히 댁의 정문 앞에 있는, 포석 사이사이에 잡초가 난 조그만 광장에서 곧잘 놀며 지냈다. 문 좌우에는 마로니에 노목이 한 그루씩 솟아 있었다. 할아버지는 그 밑동에 앉아서 곧잘 파이프 담배를 피웠고, 그 열매는 어린이들의 총알이나 장난감이 되었다.

어느 날 아침 그는 이 조그만 길을 지나면서 언제나처럼 경곗돌 위에 올라섰다. 그러고는 멍하니 둘러보았다. 다시 내려서려 할 때 어딘지 여느 때와는 다른 무엇을 느꼈다. 그는 집 쪽으로 눈을 돌렸다. 창은 모두 열려 있었다. 햇빛이 집 안으로 들이비치고 있었다. 사람의 모습은 보이지 않았으나 낡은 저택은 15년 동안의 잠에서 깨어나 환히 웃고 있었다. 크리스토프는 묘한 기분을 느끼며 발길을 돌렸다.

점심때 아버지는 이웃의 소문거리를 화제에 올렸다. 케리히 부인과 딸이 어마어마하게 많은 짐을 가지고 돌아왔다는 것이었다. 마로니에가 있는 넓은 터에는, 마차에서 짐을 부리는 광경을 보려고 모여든 구경꾼들이 득실거렸다고 했다. 이 정보는 크리스토프의 한정된 좁은 생활 범위에서는 하나의 중대 사건이었다. 그는 크나큰 호기심이 일었다. 다시 일을 하러 나가서도, 언제나처럼 과장된 듯한 아버지의 이야기를 바탕으로 그 신비로운 집에 사는 주인들을 상상하려 애썼다. 그러나 다시 일에 정신이 팔려 완전히 잊어버리고 말았다. 저녁때 집에 돌아올 때가 가까워지자 다시 또 모든 일이 머리에 떠올랐다. 그는 호기심에 못 이겨, 그 전망대로 올라가 담벼락 안쪽에서 무슨 일이 벌어지고 있나 몰래 엿보았다. 눈에 보이는 것이라곤 그저 고요한 오솔길뿐, 그곳에서는 꼼짝도 하지 않는 나무들이 황혼의 햇빛 속에서 잠들어 있는 듯했다. 몇 분이 지나자, 그는 호기심의 대상에 대해서는 까마득히 잊어버리고 말았다. 평온한 침묵에 푹 빠져서 황홀해져 있었다. 이 기묘한 장소는—경곗돌 꼭대기에 간신히 몸의 균형을 유지하며 서 있었다—그의 몽상에는 가장 알맞은 곳이었다. 어두컴컴하고 숨이 답답하고 지저분한 골목길을 벗어나자, 햇빛이 들이비치는 그 정원은 몽환적인 반짝거림을 지니고 있었다. 그의 영혼은 이 따사로운 공간으로 나가 헤맸다. 숱한 음악이 연주되고 있었다. 그는 그 음악 속에서 꾸벅꾸벅 졸았다······

그는 이렇게 눈도 입도 벌린 채 꿈을 꾸고 있었다. 얼마 동안이나 꿈을 꾸었는지 자신도 알 수 없었다. 왜냐하면 그는 아무것도 보고 있지 않았기 때문이다. 별안간 그는 흠칫했다. 그의 앞쪽, 작은 길 모퉁이에 두 여자가 서서 그를 바라보고 있었다. 한 명은 검은 옷차림의 젊은 귀부인인데 생김새는 단정하고 아름답다고까지는 할 수 없지만 고상했고, 머리는 잿빛을 띤 금발로 키가 훤칠하고 기품이 있었으며, 머리를 갸우뚱하는 태도에는 멋을 부리려는 아무런 꾸밈새도 보이지 않았다. 부인은 친절한 듯한, 그리고 놀려 대는 듯한 눈초리로 그를 유심히 바라보고 있었다. 또 다른 사람은 똑같이 검은 상복을 입은 열댓 살쯤 되어 보이는 소녀로, 웃음을 터뜨리고 싶어 못 견디겠다는 듯한 어린이다운 표정을 짓고 있었다. 딸을 돌아보지도 않은 채 잠자코 있으라며 신호하고 있는 어머니의 등 뒤에서, 그녀는 웃음을 참느라고 안간힘을 쓰는 듯이 두 손으로 입을 가리고 있었다. 낯빛은 하얀 장밋빛을 띠고 있고, 동그스름하며 싱싱한 인상이었다. 약간 도톰해 보이는 조그만 코, 두텁고 조그만 입술, 오동통하게 살이 찐 조그만 턱, 가느다란 눈썹, 맑은 눈, 숱이 많은 금발. 그 머리카락은 땋아서 머리 둘레에 왕관처럼 감겨 둥근 목덜미와 매끈한 흰 이마를 드러내 놓고 있었다. 그야말로 크라나흐 ^{(독일의 화가이며 판화가, 1472~1553.} _{초상화에 뛰어나고 나체화도 그렸음})의 그림에 나올 법한 귀염성 있는 얼굴이었다.

크리스토프는 뜻밖에 나타난 두 사람의 모습에 소스라쳤다. 달아날 수도 없어 그냥 그 자리에 못 박힌 듯 서 있었다. 젊은 귀부인이 놀리는 듯한 애교 있는 미소를 띠며 두어 걸음 다가오는 모습이 눈에 띄자, 그는 비로소 몸을 움직여 돌 위에서 뛰어내렸다—아니, 굴러떨어졌다. 담벼락의 흙이 그와 함께 와르르 떨어졌다. 친숙한 듯 "애야!" 부르는 부드러운 목소리와 새소리처럼 밝고 맑은 어린애다운 웃음소리가 들려왔다. 그는 길바닥에 아무렇게나 엎어져 있었다. 그러다 망연자실한 한순간이 지나자, 그는 뒤쫓길세라 냅다 도망쳤다. 그저 부끄럽기만 했다. 이 부끄러움은 자기 방으로 돌아와서 혼자가 되었을 때도 몇 번이고 발작적으로 엄습해 왔다.

그 뒤로는 마치 누가 잠복하고 있는 듯이 느껴지는 기묘한 공포에 사로잡혀서 다시는 그 길을 지나갈 수가 없게 되었다. 그 집 곁을 지나가야만 할 때엔, 담벼락에 몸을 바싹 붙이고 머리를 낮추고 뒤도 돌아보지 않으면서 거의 뛰다시피 지나갔다. 그러면서도 그는 부드러운 두 얼굴을 줄곧 생각하고 있었다. 발소리가 나지 않도록 신을 벗어 놓고 고미다락으로 올라갔다. 그리고는 나무 잔가지와 지붕의 연통밖에 보이지 않는다는 것을 빤히 알고 있으면서도, 그곳 지붕창에서 케리히 댁의 집과 큰 정원을 바라보려고 여러모로 궁리했다.

그로부터 한 달 뒤, 그는 궁정 음악단이 매주 베푸는 정기연주회에서 자작(自作) 피아노 협주곡을 연주했다. 마지막 악장(樂章)의 한 중간쯤에 이르렀을 때, 우연히 정면의 상석에서 이쪽을 뚫어지게 바라보고 있는 케리히 부인과 그녀의 딸이 그의 눈에 띄었다. 예기치 않았던 일이라 망연해져서 하마터면 그는 오케스트라에 음을 맞추지 못할 뻔했다. 곡이 끝날 때까지, 그는 그저 기계적으로 피아노를 치고만 있었다.

연주가 끝나자 그는 두 모녀 쪽을 보지 않으려 했으나, 케리히 부인과 딸이 마치 자기네를 보아 달라는 듯이 좀 과장된 동작으로 손뼉을 치는 게 눈에 들어왔다. 그는 부리나케 무대를 떠났다. 막 극장을 나가려 할 때, 자신이 지나가기를 기다리고 있는 듯한 케리히 부인의 모습이 통로에 서 있는 사람들 너머로 눈에 띄었다. 부인을 볼 수밖에 없었다. 그러나 못 본 척했다. 그리고는 후딱 뒤돌아서서 부랴부랴 통용문으로 나갔다. 그런 뒤 그는 자신을 책망했다. 케리히 부인은 자신에게 아무런 악의도 품고 있지 않다는 것을 알고 있었기 때문이다. 그러나 거듭 이런 일에 부딪히더라도 자신은 역시 다시 그렇게 하리라는 것도 그는 잘 알고 있었다. 그는 큰 길에서 부인과 마주치지나 않을까 항상 겁이 나 있었다. 멀리서라도 부인과 비슷한 모습을 보면 그는 부리나케 다른 길로 돌아갔다.

부인이 그에게 접근해 왔다.

어느 날 점심을 먹으러 집에 돌아오니 루이자가 자랑스러운 듯이 그에게 말을 건네었다. 제복 차림의 하인이 그 앞으로 편지를 가지고 왔더라면서, 검은 테를 두른 큼직한 봉투를 넘겨주는 것이었다. 뒷면에는 케리히 댁의 문장(紋章)이 인쇄되어 있었다. 크리스토프는 봉투를 뜯고 두려워하면서 읽었다. 분명히 다음과 같은 편지였다.

'조제파 폰 케리히 부인은 궁정 음악가인 크리스토프 크라프트 씨에게 오늘 5시 반에 차를 드시러 오십사고 초대하는 바입니다.'

"난 안 갈 테야."

크리스토프는 딱 잘라 말했다.

"뭐라고!"

루이자는 소리쳤다.

"나는 네가 간다고 대답해 두었단다."

크리스토프는 어머니에게 항의했다. 그녀와 상관없는 일에 쓸데없이 참견하지 말라고 비난했다.

"하지만, 애야. 심부름 온 하인이 대답을 기다리고 있었단다. 그래서 나는 네가 마침 오늘은 짬이 있다고 말했지. 너, 그 시간엔 아무런 일도 없잖니."

크리스토프가 제아무리 성을 내며 가지 않겠다고 우겨도 소용없었다. 이렇게 된 이상 피할 길은 없었다. 그는 하는 수 없이 초대 시간이 되자 얼굴을 찡그리며 옷을 차려입었다. 그러나 마음속으로는 우연이 자신의 외고집을 억지로 꺾어 준 것을 노여워하지 않았다.

케리히 부인은 연주회의 피아니스트를 보자 금방, 그가 정원의 담벼락 위로 덥수룩한 머리를 내밀고 있던 그 야성적인 소년이라는 것을 알아챘다. 부인은 이웃 사람들에게 소년에 대해서 여러모로 물어보았다. 그리고 이 소년이 어려운 살림을 용감히 꾸려 나간다는 것을 알고는, 그에게 동정과 흥미를 느껴 한번 만나서 이야기를 나누어 보고 싶어진 것이었다.

기묘한 프록코트를 의젓하게 차려입고 그야말로 시골 목사 같은 모습이 된 크리스토프는 조심조심 부인의 집으로 찾아갔다. 자기가 처음으로 눈에 띈 그날 그들은 내 얼굴을 분간할 틈은 없었을 테지 하고, 그는 억지로라도 믿으려 했다.

융단을 깔아 발소리도 나지 않는 긴 복도를 지나서 한 하인이 어느 한 방으로 그를 안내했다. 그 방의 유리문은 정원에 면해 있었다. 그날은 차가운 보슬비가 내렸다. 난로에서는 불이 활활 타오르고 있었다. 안개에 감싸인 나무들의 비에 젖은 그림자가 창 너머로 어렴풋이 보였다. 그 창가에 두 여자는 앉아 있었다. 케리히 부인은 무릎 위에 뜨개질거리를 얹어 놓고, 딸은 무릎 위에 책을 펴서 읽고 있었다. 그곳에 크리스토프는 들어섰다. 모녀는 그의 모습을 보더니 장난스러운 눈짓을 살짝 해 보였다.

'둘 다 날 알아봤었구나.'

크리스토프는 완전히 풀이 죽어 생각했다.

그는 열중해서 서투른 절을 했다. 케리히 부인은 쾌활하게 미소지으며 그에게 손을 내밀었다.

"안녕하세요, 이웃 손님." 부인은 말했다.

"댁을 만나게 되어 기뻐요. 음악회에서 댁의 연주를 듣고 얼마나 우리가 즐거워했는지 그 말씀을 드리고 싶었답니다. 그 말씀을 드리자니 초대하는 수밖에 없어서 일부러 이렇게 오십사 했지요. 용서하세요."

이와 같은 상냥하고 평범한 말에는 아주 조그마한 빈정거림 같은 것이 숨겨져 있긴 했으나, 지극히 공손한 것이어서 크리스토프는 마음이 놓였다.

'알아보지 못했었구나.' 그는 안도했다.

케리히 부인은 딸을 가리켰다. 그녀는 이미 책을 덮어 놓고 크리스토프를 호기심에 가득 찬 눈초리로 관찰하고 있었다.

"우리 딸 민나예요." 부인은 말했다. "딸애가 몹시 만나 뵙고 싶어했답니다."

"하지만 엄마." 민나가 입을 열었다. "만나는 것이 처음이 아닌걸요."

그러더니 그녀는 웃음보를 터뜨렸다.

'알고 있었구나.' 크리스토프는 이렇게 생각하고 낙망했다.

"참 그렇지." 케리히 부인도 웃으며 말했다. "우리가 도착한 날 찾아와 주셨지요."

이 말을 듣자 소녀는 더욱더 웃었다. 그럴수록 크리스토프는 기가 죽었으므로 민나는 그러한 그를 보면서 더한층 웃어 댔다. 그야말로 미친 듯한 웃음이었다. 눈물이 나오도록 웃어 젖히는 것이었다. 케리히 부인은 그만 그치게 하려 했으나 그녀 자신도 웃음을 억누를 수가 없었다. 크리스토프마저 당황하면서도 그 웃음에 끌려 들어가고 말았다.

그들 모녀의 유쾌한 감흥은 어쩔 수도 없는 것이어서 성을 낼 수도 없었다. 그러나 민나가 숨을 돌린 뒤 담벼락 위에서 도대체 무엇을 하고 있었느냐고 묻자, 그는 완전히 당황하고 말았다. 소녀는 그가 당황하는 모습을 보고 재미있어했다.

그는 허둥지둥하며 말을 더듬거렸다. 케리히 부인이 그를 곤경에서 구해 주려고 차를 들라고 하면서 화제를 돌렸다.

부인은 상냥하게 그의 생활에 대해서 물었다. 그러나 그는 도무지 마음이 가라앉질 않았다. 어떻게 앉아야 좋을지 몰랐고, 또 단박에 엎질러 버릴 것만 같은 찻잔을 어떻게 잡고 있어야 좋을지 몰랐다. 상대가 물이며 우유며 설탕 또는 과자를 내올 때마다, 후딱 일어나서 공손히 절을 해야 한다는 생각이 들었다. 그러나 프록코트와 옷깃과 넥타이에 졸려서 마치 등껍질 속에 들어가 있기라도 한 듯 몸이 굳어져, 얼굴을 좌우로 돌릴 기운조차 없었고, 또 실제로도 그럴 수가 없었다.

그는 케리히 부인의 여러 가지 질문이나 턱없이 정중한 예의범절에 당황해서 어쩔 줄을 몰랐고, 민나의 눈이 자신의 얼굴이나 손 또는 동작이나 복장에 뚫어지게 못 박혀 있는 것을 느끼고는 공포로 굳어 버렸다. 모녀는 그의 긴장을 풀어 주려고 했으나—케리히 부인은 끊임없는 주절거림으로, 민나는 장난기 서린 요염한 곁눈질로—그것은 도리어 그를 어쩔 줄 모르게 했을 뿐이었다.

결국 모녀는, 그에게서 감사의 인사말밖에는 더 끄집어낼 수 없었다. 케리히 부인은 대화를 혼자 도맡아하다가 그만 지쳐서 그에게 피아노를 쳐 달라고 부탁했다. 그는 연주회에서 청중을 대할 때보다도 훨씬 더 위축됨을 느끼며 모차르트의 아다지오를 쳤다. 그러나 이와 같은 수줍음이나 두 여성 곁에서 그의 마음이 느끼기 시작하던 불안감이나, 그의 가슴을 부풀려 그를 행복하게도 불행하게도 해 주고 있던 소박한 감정은, 이 곡에 포함되어 있는 따뜻한 정이며 순진하고 귀여운 수줍음과 알맞게 조화를 이루어 이 악곡에 청춘의 매력을 더해 주었다.

케리히 부인은 감동하여 사교계 사람들의 버릇대로, 그것을 과장된 찬사로 표현했다. 그렇다고 해서 부인이 결코 마음에도 없는 소리를 한 것은 아니었다. 그리고 그와 같은 극단적인 찬사도 우아한 부인의 입을 통해서 들으니 여간 흐뭇한 것이 아니었다. 심술궂은 민나는 잠자코 있었다. 말을 할 때는 그다지도 어수룩한 주제에 손가락만은 그렇게도 웅변적인 이 소년을 경탄의 눈초리로 바라보고 있었다. 크리스토프는 모녀의 호의를 느끼고 대담해졌다.

그는 계속해서 피아노를 쳤다. 그러다가 비스듬히 민나에게 얼굴을 돌리고는 쑥스러운 미소를 띠며, 눈을 내리깐 채 수줍어하며 말했다.

"이것을 담벼락 위에서 짓고 있었습니다."

그는 소곡(小曲)을 쳤다. 분명히 그 속에는, 그가 그토록 좋아하는 곳에서 정원을 바라볼 때에 떠오른 악상이 펼쳐져 있었다. 그러나 사실 그것은 민나와 케리히 부인을 처음 본 그 저녁 무렵의 것은 아니었다(어찌 된 까닭인지 그는 억지로라도 그날 저녁의 것이라고 믿으려 했지만). 그것은 그 전에 몇 번이고 저녁나절에 그곳을 찾아갔을 때의 것이었다. 그 싱싱한 '안단테 콘 모토'의 잔잔한 음률 속에는, 평온한 석양빛으로 감싸인 큼직한 나무의 장엄한 졸음이며 새들의 노랫소리 등등 상쾌한 인상이 표현되어 있었다.

두 청중은 황홀하게 귀를 기울이고 있었다. 연주를 마치자 케리히 부인은 일어서서 예의 그 활발한 동작으로 그의 두 손을 잡고 진심으로 감사했다. 민나는 손뼉을 치며 "멋져요" 하고 외쳤다. 이런 '숭고한' 작품을 그가 더욱더 지어내도록 담벼락에 사닥다리를 걸게 해야지, 그러면 아주 자유롭게 곡을 지을 수 있을 거예요, 하기도 했다. 케리히 부인은 민나의 그런 어리석은 말을 귀담아듣지 말라고 크리스토프에게 타일렀다. 그러면서 정원을 좋아한다면 몇 번이라도 보러 오라고 했다. 그리고 일일이 인사하러 오는 것이 거추장스러우면 그럴 것도 없다고도 덧붙였다.

"인사를 하러 올 건 없어요."

민나는 일부러 되풀이해서 말했다.

"그렇지만 와 주지 않으면 각오하세요!"

그녀는 손가락을 놀려 귀엽게 윽박지르는 시늉을 하며 말했다.

하지만 민나는 크리스토프가 꼭 와 주기를 바라는 것은 아니었다. 더구나 자신에 대해서 예의범절을 지켜 주기를 바라는 마음은 전혀 없었다. 다만 그에게 조금쯤 영향을 미치고 싶었다. 그녀는 본능적으로 그런 것을 재미있다고 생각한 것이었다.

크리스토프는 기뻐서 낯을 붉혔다. 케리히 부인은 그의 어머니 이야기며 옛적에 알고 있었던 그의 할아버지 이야기 등을 하며 능란한 말재주로 그를 완전히 사로잡아 버렸다. 두 여성의 애정이 깃든 친절이 그의 마음에 스며들었다. 그는 이런 싹싹한 호의나 사교적인 애교를, 참된 것이라고 믿고 싶은 심정에서 과대시했다. 그리하여 소박한 신뢰감을 품으며 자신의 포부나 비참한 환경 등을 죽 들려주었던 것이다.

그는 시간 가는 줄도 모르고 있었다. 하인이 식사 시간이 되었다고 알리러 오자 그는 소스라쳐 놀랐다. 그렇지만 사이좋은 친구가 되려면 같이 식사를 하고 가라는 케리히 부인의 권유를 받자 당황했던 그의 마음은 행복감으로 바뀌었다. 그는 어머니와 딸 사이에 앉혀졌다. 식탁에서의 솜씨는 피아노 솜씨만큼 좋은 인상을 주지 못했다. 이 방면에 대한 그의 교양은 몹시 부족했기 때문이다. 그는 식탁에서는 먹고 마시는 일이 중요하지, 예의나 격식을 차리는 것은 거의 문제가 안 된다고 생각하는 경향이 있었다. 그래서 깔끔한 것을 좋아하는 민나는 불쾌한 듯이 볼멘 표정으로 그를 흘금흘금 보고 있었다.

식사가 끝나면 그는 곧 돌아가겠지 하고 모두들 미리 생각하고 있었다. 그러나 그는 모녀를 따라 조그만 응접실로 들어가서 같이 앉았다. 돌아갈 생각은 염두에 두지도 않았다. 민나는 하품을 참아 가며 어머니에게 눈짓을 했다. 크리스토프는 그런 눈치도 채지 못했다. 자신의 행복감에 도취되어 남들도 자신과 같은 심정이려니 생각했고—왜냐하면 민나는 그를 바라보며 버릇대로 여전히 곁눈질을 했으므로—더구나 또 일단 앉고 보니 어떻게 자리를 뜨며 작별인사를 해야 할지도 몰랐던 것이다. 만약에 케리히 부인이 애교 있는 솔직한 태도로 그만 돌아가도록 말해 주지 않았더라면, 그는 아마 밤새도록이라도 머물러 있었으리라.

그는 케리히 부인의 다갈색 눈과 민나의 파란 눈의 부드러운 빛을 마음속에 고이 간직하며 일어섰다. 꽃처럼 섬세하고 부드러운 손가락 끝의 어렴풋한 접촉이 손 위에 느껴졌다. 또 지금까지 맡아 본 일이 없는 아름답고 묘한 향기에 감싸여 황홀해져서 금방이라도 정신을 잃어버릴 듯한 심경이었다.

＊

다음 날 그는 약속대로 민나에게 피아노를 가르치러 갔다. 그 뒤로는 피아노 교습을 구실로 규칙적으로 한 주일에 두 번씩 오전에 찾아갔다. 연주도 하고 담소도 하다가 저녁 때가 되어서야 돌아가는 일도 자주 있었다.

케리히 부인은 흔쾌히 그를 만나 주었다. 부인은 총명하고 상냥한 여성이었다. 남편을 잃었을 때 그녀는 서른다섯 살이었다. 몸도 마음도 아직 한창 때였으나 위세를 떨치던 사교계에서 미련도 없이 물러났다. 아마 그녀는 사교계에서 실컷 즐겼고 사교계 맛을 담뿍 보아서 더 음미할 수도 없다는 건전한 판단을 했기에, 그처럼 쉽게 그곳을 떠날 수가 있었을 것이다. 그녀는 케리히 씨의 추억을 소중히 간직하고 있었다. 그러나 결혼 생활의 어느 순간에도 남편에게 사랑에 가까운 감정을 품은 일이라곤 없었다. 부인에게는 친절한 우정만으로 충분했다. 그녀는 냉정한 관능과 품위 있는 정신을 지니고 있었던 것이다.

부인은 딸의 교육에 온 힘을 쏟고 있었다. 그러나 그녀가 사랑에 대해 지녔던 것과 같은 절도가, 사랑하고 사랑받고 싶다는 질투심 많은 여인의 요구가 오직 자기 자식에게로만 향해졌을 때 어머니가 흔히 보이게 마련인 그 과격하거나 병적인 태도를 중화해 주고 있었다. 그녀는 민나를 사랑하고 있었다. 그러나 민나를 명확히 판단하여 그 결점은 단 하나도 놓치지 않았다. 현실에서 벗어난 환상은 결코 품으려 하지 않았다. 총명하며 사려 깊은 그녀는 빈틈없는 눈을 지니고 있어 한눈에 남의 약점이나 우스꽝스러운 점을 포착했다. 그러면서도 그러한 일에 악의라곤 조금도 없는 기쁨을 느끼고 있었다. 그것은 그녀가 남을 놀려 주는 것도 좋아했지만 관대했기 때문이다. 또한 남을 놀려 대면서도 남을 위해 희생하기를 좋아하고 있었던 것이다.

소년 크리스토프는 그녀의 친절심과 비판 정신에 활동할 기회를 주었다. 그녀가 이 소도시에 막 왔을 무렵에는 상중(喪中)이었기 때문에 사회를 멀리하고 있었으므로 크리스토프가 그녀의 우울한 심정을 풀어 준 셈이었다.

우선 그는 뛰어난 재능이 있었다. 그녀는 음악가는 아니지만 음악을 좋아했다. 음악을 듣고 있노라면 육체도 정신도 즐거워져서 그녀의 상념은 흐뭇한 우수에 젖으며 나른하게 졸곤 하는 것이었다. 크리스토프가 연주하는 동안 그녀는 뜨개질거리를 손에 들고 난롯가에 앉아서 멍하니 미소 지으며 자기 손가락의 기계적인 움직임에, 또는 지난날의 영상이라든가 슬프거나 즐거운 영상 속에 떠돌고 있는 자기 몽상의 정처없는 동요에 고요한 기쁨을 맛보았다.

그러나 그녀는 음악보다는 음악가에게 훨씬 더 흥미를 느끼고 있었다. 그녀는 총명하였으므로 비록 크리스토프의 참된 독창성을 분간하지는 못했을지라도, 그의 보기 드문 천부적 재능은 감득할 수 있었다. 이 신비로운 정열의 징조를 그에게서 보고, 그것이 눈떠 가는 양상을 지켜보는 데 호기심어린 기쁨을 느꼈다. 또한 그의 정신적인 장점, 이를테면 그의 정직, 용기, 소년으로서는 참으로 감탄할 만한 일종의 극기주의 등을 그녀는 재빨리 간파했다. 그러면서도 여전히 조롱을 즐기는 그 날카로운 눈매를 언제나처럼 매섭게 번쩍이며 그를 바라보았다. 그의 서투름, 보기 흉함, 좀 우스꽝스런 점도 그녀는 재미있어했다. 부인은 그에 대해서는 별달리 진지하게 생각하진 않았다(그녀는 웬만한 일은 진지하게 생각하지 않았다). 게다가 크리스토프의 희한한 객기나, 거칠고 사나운 성질이나, 변덕 많은 기분을 보고 그리 균형잡힌 사람됨은 아니라 여기고 있었다. 크라프트 집안사람들은 정직하며 훌륭한 음악가이긴 했으나 모두가 다소간 광적이었기에, 분명히 그도 그와 같은 크라프트 집안의 한 사람이라고 그녀는 보고 있었던 것이다.

이러한 가벼운 빈정거림을 크리스토프로서는 알아볼 수 없었다. 그는 케리히 부인의 친절밖엔 느끼지 않았다. 그토록 그는 남의 친절을 받는 데 길들지 못했던 것이다! 궁정에서의 직무 때문에 날마다 사교계 인사들과 접촉하긴 했지만, 가엾은 크리스토프는 여전히 훈련도 교육도 받지 못한 야생아였다. 이기적인 궁정 사람들은 그의 재능을 이용하려고만 했지 그를 위해서 무엇이든 해 주려고는 하지 않았다. 그는 궁정에 출근하여 피아노 앞에 앉고 연주하고 그리고 퇴근하여 돌아갈 뿐, 어느 누구도 그에게 진심 어린 말을 건네진 않았다. 고작해야 겉치레로 감미로운 말이나 건넬 뿐이었다. 할아버지가 죽은 뒤에는 집 안에서나 밖에서나, 그가 공부하고 처세하여 어엿한 사람이 되려는 것을 도와주려고 한 사람은 누구 하나도 없었다. 그는 자신의 무지와 조잡한 행동거지를 한탄하고 있었다. 몹시 고생을 해 가며 스스로 자신을 다듬으려 노력했다. 그러나 이 일은 잘 되지 않았다. 책, 담화, 실례(實例), 그 모두가 부족했다. 벗에게 그런 슬픔을 털어놓았어야 옳았을 것이다. 그러나 그런 결심이 서지 않았다. 옷토에게조차 차마 말할 수 없었다. 말을 꺼내려 들기만 해도, 옷토는 남을 업신여기듯이 우월한 체하는 태도로 나왔기 때문이다. 그러면 그는 그야말로 불에 달군 인두로 지져지는 듯한 심정이 되었던 것이다.

그런데 이제 케리히 부인과 함께 있고 보니, 매사 마음이 가벼워졌다. 무엇 하나 물을 필요도 없이—크리스토프의 자존심으로는 무엇을 묻는다는 것은 참으로 괴로운 일이었으므로—부인이 먼저 해서는 안 되는 일을 친절히 가르쳐 주고, 해야 하는 일을 알려 주고, 옷 입는 법, 식사하는 법, 걷는 법, 말하는 법에 대해서 주의해 주고, 관습이나 취미나 언어에 대한 잘못을 하나도 빼놓지 않고 지적해 주었다. 그는 결코 불쾌해지지 않았다. 그토록 부인의 손길은 소년의 그 민감한 자존심을 다루는 데 경쾌하고 묘했으며 주의 깊었다. 그녀는 또 넌지시 그에게 문학적인 교양을 불어넣었다. 보통 이상으로 눈에 띄는 그의 두드러진 무지에도 놀란 듯한 표정은 보이지 않았다. 그러나 어떠한 기회도 놓치지 않고 솔직하고 온화하게, 크리스토프가 잘못 아는 것이 지극히 당연한 일이라도 되는 것처럼 그 잘못을 가르쳐 주었다. 현학적인 가르침으로 그가 위축되지 않도록, 저녁에 모두가 한자리에 모였을 때를 이용하여 민나와 그에게 역사의 재미있는 부분이나 독일 또는 외국의 시를 읽게 하는 착상도 했다. 부인은 그를 친자식처럼 돌봐 주었다. 거기에는 얼마간 은혜를 베푸는 보호자인 체하는 태도도 없지 않았으나, 그는 그런 것은 미처 깨닫지 못했다. 부인은 그의 옷차림마저 보살펴 새로 맞추어 주거나 털목도리를 짜 주고, 자질구레한 화장 도구를 주기까지 했다. 그렇게 돌보는 부인의 태도는 어찌나 자애로웠던지, 그는 이렇게 보살핌을 받거나 선물을 받거나 해도 전혀 겸연쩍은 마음이 들지 않았다. 대개 친절한 여성이라면 자기에게 맡겨진 아이에 대해서는 별달리 깊은 애정은 품고 있지 않더라도 본능적으로 세심히 배려하고 거의 어머니처럼 돌봐 주게 마련인데, 케리히 부인의 그에 대한 태도도 바로 그러한 것이었다. 그런데 크리스토프는 이러한 애정은 특히 자기에게 주어진 것이라고 믿어 의심치 않으며 감사한 마음에 차 있었다. 때로는 별안간 정열적으로 그것을 내비치는 수도 있었다. 케리히 부인은 그것을 다소 우스꽝스럽다고 생각했으나, 그래도 마음이 흐뭇하지 않은 것은 아니었다.

민나와의 관계는 전혀 달랐다. 그 전날의 추억과 소녀의 부드러운 눈초리에 아직 도취된 듯한 심정으로 첫 수업을 위해 그녀를 다시 만났을 때, 몇 시간 전에 본 그녀와는 전혀 다른 소녀를 발견하고 크리스토프는 흠칫 놀라지 않을 수 없었다. 그녀는 그의 얼굴을 거의 바라보지도 않았다. 그의 말에도 귀를 기울이지 않았다. 그리고 어쩌다 그녀가 그를 쳐다보았을 때, 그는 그 눈초리 속에 참으로 차디차고 쌀쌀한 표정을 엿보고는 오싹했다. 무엇이 그녀의 감정을 해쳤을까 그는 까닭을 알려고 오랫동안 고민했다. 그러나 그는 조금도 소녀의 감정을 상하게 한 것은 아니었다. 그에 대한 민나의 감정은 어저께도 오늘도 비슷하여, 나쁘지도 않고 좋지도 않았다. 어제도 오늘도 민나는 그에 대해서 완전히 무관심했다. 비록 처음엔 웃음짓는 얼굴로 그를 환영했다 하더라도 그것은 한갓 소녀의 본능적 교태였던 것이다.

소녀는 따분할 때 찾아온 사람이면 누구에게든, 설령 불쾌한 사람에 대해서라도 자신의 눈의 힘을 시험해 보며 즐거워하는 것이다. 그러나 하루만 지나도, 너무나 쉽게 얻어진 정복은 이미 그녀에게 아무런 흥미도 없는 것이다. 소녀는 준엄한 눈초리로 크리스토프를 관찰하고 있었다. 그 결과, 피아노는 잘 치지만 지저분한 손을 가지고 있으며, 식탁에서는 끔찍한 꼴로 포크를 쓰거나 나이프로 생선을 베기도 하는, 버릇없고 보기 흉한 가난뱅이 소년이라고 그를 판단했다. 그래서 그녀는 그에게 거의 흥미를 느끼지 못했다. 그에게서 피아노를 배우고 싶어하긴 했다. 그와 노는 것도 좋아했다. 왜냐하면 지금으로선 달리 동무도 없었고, 또 이미 어린애는 아니라고 자만하면서도 넘쳐나는 왕성한 정열을 발산하고 싶다는 광적인 욕구가 때때로 발작적으로 엄습해 오기 때문이었다. 더구나 이 왕성한 정열은 어머니의 경우나 마찬가지로 최근에 상을 당해서 속박되어 있었으므로 더욱더 달아올라 있었던 것이다. 그러나 그녀는 이미 크리스토프를 가축 이상으로 생각지 않고 있었다. 몹시 냉담하게 대하는 날에 어쩌다가 다정한 눈초리를 보일 때도 있긴 했으나, 그것은 그녀가 넋을 놓고 있었든지 아니면 다른 생각을 하고 있었기 때문이었다. 또는 단순히 그러한 습관을 잃지 않기 위해서였다. 소녀가 그러한 눈초리로 바라보아 주기만 해도 크리스토프의 마음은 뛰었다. 그러나 크리스토프의 모습은 거의 그녀의 눈에 띄지 않고 있었다. 그녀는 자기 마음에 스스로 이야기를 들려주고 있었던 것이다.

이 어린 아가씨는 달콤하고 흐뭇한 몽상으로 자기 관능을 만족시키는 나이에 이르러 있었다. 그녀는 아무것도 모르는 까닭에 순진한 호기심과 크나큰 흥미로 끊임없이 연애만을 생각했다. 게다가 귀하게 자란 딸답게 연애를 결혼의 형식으로밖에 상상하지 않았다. 그녀의 이상적인 배우자의 형은 아직 정해지지 않았다. 젊은 장교와 결혼하기를 꿈꾸는가 싶다가도 실러같이 숭고하고 근엄한 시인과 결혼하기를 꿈꾸기도 했다. 하나의 계획이 다른 계획을 부수었다. 그리고 마지막으로 떠오른 계획은 언제나 같은 중대성과 같은 확신으로 받아들여졌다. 그러나 어느 것이건 보다 유리한 현실과 부딪히면 금방 자리를 양보해 버릴 것 같았다. 공상적인 어린 아가씨들 앞에 그 꿈만큼 이상적이진 않아도 더욱 확실한 어떤 것이 나타나면, 그녀들은 참으로 간단히 그 꿈을 잊어버리게 마련이기 때문이다.

요컨대 민나는 감상적이기는 해도 냉정했고 냉담했다. 귀족적인 이름과 거기에서 오는 긍지에도 불구하고, 청춘의 묘령(妙齡)에 다다른 그녀는 조촐한 독일 가정의 주부와 같은 영혼을 가지고 있는 것이었다.

*

물론 크리스토프로서는 여자 마음의 복잡한—실제보다는 겉보기에 더욱 복잡한—구조는 전혀 알 수 없었다. 그는 종종 이들 아름다운 여인들이 하는 짓에 허둥대곤 했다. 그러나 그녀들을 사랑하는 것이 매우 기뻤으므로 다소간 자신을 불안하게 하거나 슬프게 하는 점이 여인들에게 있더라도, 그런 것을 모두 너그러이 받아들이고 있었다. 자기가 사랑하듯이, 그는 상대로부터도 사랑을 받고 있다고 믿으려 했다. 아무튼 그는 단 한마디 부드러운 말이나 눈초리에도 황홀해지곤 했다. 때로는 완전히 마음이 흔들려 하염없이 눈물을 흘리는 일도 있었다.

조그마하고 조용한 응접실의 램프 불빛 아래 바느질을 하는 케리히 부인에게서 서너 걸음 떨어진 곳 탁자 앞에 앉아 있노라니—(민나는 그 탁자 건너편에서 책을 읽고 있었다. 그들은 아무 이야기도 건네지 않았다. 정원을 향해 반쯤 열려 있는 문으로 달빛에 반짝반짝 빛나는 오솔길의 모래가 보였다. 나뭇가지 사이에서는 가벼운 속삭임 소리가 들리고 있었다……)—그는 마음이 행복감으로 가득 차오르는 것을 느꼈다. 느닷없이 그는 의자에서 펄쩍 뛰어 케리히 부인의 무릎에 몸을 던졌다. 부인의 손에 바늘이 쥐어 있었건 없건 상관없이 그 손을 꼭 붙들고는 마구 키스를 퍼부었고, 흐느껴 울며 거기에 입과 볼과 눈을 눌러 댔다. 민나는 책에서 눈을 쳐들고는 살짝 입을 삐죽이더니 가볍게 어깨를 으쓱했다. 케리히 부인은 자기 발 밑에 엎드려 있는 커다란 어린애를 미소 지으면서 굽어보고, 나머지 한 손으로 부드럽게 그의 머리를 쓰다듬어 주며 사랑이 넘치면서도 빈정거리는 아름다운 목소리로 말하는 것이었다.

"어머나, 덩치만 큰 바보 어린애 같으니! 도대체 왜 그러지?"

아아, 이 얼마나 즐거운가! 이 음성, 이 평화, 이 침묵. 고함도 충돌도 난폭도 없는 이 부드러운 분위기, 괴로운 생활 한복판에 있는 이 오아시스, 그리고—물체나 인간을 금빛 반영으로 물들이는 영묘한 광휘—힘과 고뇌와 사랑의 거센 물결인 괴테, 실러, 셰익스피어 등 신과 같은 시인들의 작품을 읽고 상기되는 이 불가사의한 세계의 광휘……

민나는 책 위에 얼굴을 수그리고 있었다. 문장에 열중하느라고 볼이 발그레 달아올라 상쾌한 음성으로 읽고 있었다. 용사나 왕의 대사를 읽을 때는, 목소리를 약간 탁하게 하여 장중한 느낌을 내려 했다. 때로는 케리히 부인이 몸소 책을 손에 들고 읽는 수도 있었다. 그녀는 비극적인 줄거리에 타고난 재기(才氣)와 우아함이 깃든 정취를 첨가했다. 그러나 대개 그녀는 팔걸이 의자에 몸을 젖히고 앉아서는 언제 완성될지 모르는 일거리를 무릎에 얹은 채, 유심히 귀를 기울이곤 했다. 그녀는 자기 자신의 생각에 미소짓고 있는 것이었다. 왜냐하면 어떠한 책이건 그녀가 그 밑바닥에서 발견하는 것은 언제나 그녀 자신의 모습이었기 때문이다.

크리스토프도 낭독해 보려고 했다. 그러나 곧 단념해야 했다. 더듬거리거나 말이 꼬이거나 구두점을 무시하거나 해서 도무지 아무것도 모르는 모양이면서도 몹시 감동해서, 비통한 장면에 이르면 눈물이 솟아날 것 같아 중도에서 그만두어야 했던 것이다. 그러자 발끈 화가 나서 책을 탁자에 내팽개쳤다. 두 여성은 그것을 보고 까르르 웃어 젖혔다. 아아, 그는 얼마나 그녀들을 사랑하고 있었던지! 어디를 가나 그녀들의 모습이 자신과 함께 있었다. 그 모습은 셰익스피어나 괴테의 모습과 얽혀 들고 있었다. 이미 어느 것이 어느 것인지 거의 분간할 수가 없었다.

그의 영혼 밑바닥에 이르기까지 정열적인 전율을 불러일으킨 저 시인의 감미로운 말은, 이미 그에게는 처음 그것을 들려준 그리운 입과 떼어 놓을 수 없는 것이 되었다. 20년이나 지나간 뒤에도 그가 《에그몬트》나 《로미오》를 다시 읽거나 무대에서 보거나 할 경우, 어느 시구(詩句)에 이르면 반드시 이와 같은 고요한 밤과 이와 같은 즐거운 꿈이 돌이켜져 케리히 부인이나 민나의 그리운 얼굴이 떠오를 것이리라.

그는 몇 시간이고 그녀들의 모습을 계속 보고 있었다. 저녁에 그녀들이 책을 읽고 있을 때에도, 밤중에 이부자리 속에서 잠을 못 이루며 눈을 크게 뜨고 몽상에 젖어 있을 때에도, 낮에 오케스트라의 보면대를 앞에 두고 눈꺼풀을 반쯤 감은 채 기계적으로 연주하면서 몽상을 하거나 할 때에도. 그는 두 여인 모두에게 더없이 순수한 애정을 품고 있었다. 사랑이란 어떤 것인지 모르지만, 자신은 지금 사랑에 빠져 있다고 믿고 있었다. 그러나 어머니를 연모하고 있는지 아니면 딸을 연모하고 있는지 그 자신도 똑똑히 모르고 있었다. 진지하게 생각해 보았으나 어느 쪽을 택해야 할지 알 수 없었다. 그러나 반드시 선택해야 한다고 생각되어 그는 케리히 부인 쪽으로 마음을 기울였다.

그렇게 결심하자 실제로 그는 자신이 연모하고 있는 사람은 그녀임을 인식했다. 부인의 총명한 눈, 반쯤 벌려진 입에 떠 있는 방심한 듯한 미소, 가늘고 보드라운 머리카락을 옆에서 가른 그 싱싱하고 아름다운 이마, 때로는 가벼운 기침이 섞이는 약간 쉰 목소리, 모성적인 상냥한 손, 우아한 몸짓, 헤아릴 수 없는 영혼, 그러한 점을 그는 연모하고 있었던 것이다.

부인이 곁에 앉아서 책 속의 알 수 없는 한 구절을 친절히 설명해 줄 때마다 그는 너무나 벅찬 행복감으로 몸을 떨었다. 그녀는 크리스토프의 어깨에 손을 얹어 놓고 있었다. 그 손가락의 따스함을, 볼에 쐬는 그녀의 입김을, 그녀의 몸에서 풍기는 달콤한 향기를 그는 느꼈다. 그는 그녀의 음성에 황홀해져 귀를 기울인다. 이미 책 생각은 잊었다. 아무것도 알아듣지 못했다. 부인은 그것을 눈치채고는 자신이 한 말을 되풀이시킨다. 그는 잠자코 있었다. 부인은 웃으며 화를 냈다. 그의 코를 책에 눌러 대며 이러다가는 언제까지나 꼬마 나귀 노릇밖에 못하겠다고 핀잔했다. 이 말에 소년은 그녀의 꼬마 나귀이기만 하다면, 그녀가 내쫓지만 않는다면 나귀 신세라도 괜찮다고 말대꾸를 했다. 부인은 잔소리를 하는 체했다. 그러고는 아주 맹추 같은 보기 흉한 꼬마 나귀지만, 비록 쓸모가 없더라도 단지 그저 얌전하기만 하다면 집에 놓아두겠다, 아마 귀여워해 주기도 할 거다 했다. 두 사람은 웃음을 터뜨렸다. 그는 기쁨에 젖어 있었다.

*

케리히 부인을 연모한다는 사실을 깨닫고부터 크리스토프는 민나에게서 떨어져 나갔다. 남을 업신여기는 그녀의 쌀쌀한 태도에 슬슬 화가 났다. 그리고 자주 만날수록 조금씩 대담해져 그녀에게 자유스러운 태도를 취할 수 있게 되었으므로, 그는 그녀에게 불쾌감을 숨기지 않았다. 그녀는 재미있어 하며 그를 자극했고 그것에 대해 그는 격렬히 맞받아쳤다. 두 소년 소녀는 불쾌한 말을 주고받았다. 케리히 부인은 그것을 그저 웃어넘길 뿐이었다. 크리스토프는 이러한 말싸움에서는 이기지 못했으므로, 때로는 분연히 자리를 박차고 나가 민나를 정말 밉다고 생각하기도 했다. 그 집에 또다시 가는 것도 오로지 케리히 부인이 있기 때문이라고 믿었다.

그러면서 여전히 민나에게 피아노는 가르치고 있었다. 한 주일에 두 번씩 오전 9시부터 10시까지, 음계(音階)와 연습을 감독했다. 두 사람이 있는 방은 민나의 서재였다. 이 방은 기묘한 공부방으로서, 이 소녀의 두뇌가 지닌 괴상한 혼란상을 신기할 만큼 충실하게 반영하고 있었다.

탁자 위에는 바이올린을 켜거나 첼로를 켜거나 하고 있는 고양이 음악가들의 조그만 상들, 오케스트라 전원이 늘어서 있고, 조그만 휴대용 거울, 화장 도구, 문방구 등도 가지런히 놓여 있었다. 선반 위에는 얼굴을 찌푸린 베토벤, 베레모를 쓴 바그너, 벨베데레의 아폴론(바티칸에 있는 아폴론 상. 악기를 손에 들고 있다.) 등, 음악가의 조그만 흉상들이 놓여 있었다. 벽난로 위에는 갈대 파이프를 피우고 있는 개구리 옆에 종이부채가 있는데, 거기에는 바이로이트의 극장이 그려져 있었다. 두 단으로 된 책꽂이에는 뤼프케, 몸젠(독일의 역사가이며 정극가. 1817~1903), 실러, 쥘 베른, 몽테뉴 등의 저서와 더불어 《집 없는 아이》가 있었다. 벽에는 시스티나 성당의 성모와 헤르코머 그림의 큼직한 복사 사진이 걸려 있는데, 모두 청색과 초록색의 리본으로 가장자리가 둘러싸여 있었다. 은으로 도금된 엉겅퀴 액자에 든 스위스의 호텔 풍경도 있었다. 특히 방 안 구석구석에 군복 차림의 장교, 테너 가수, 오케스트라 지휘자, 여자친구들의 사진들이 어지럽게 걸려 있었다. 그 어느 것에나 헌정의 말이 적혔고 거의 모두에 시구가, 적어도 독일에서는 시구라고 일컬어지는 문구가 기입되어 있었다. 방 한가운데에는 대리석 받침 위에 수염을 기른 브람스의 흉상이 딱 버티고 앉아 있었다. 피아노 위에는 벨벳으로 만들어진 서너 마리 원숭이와 무도회에서 받은 선물 등이 실 끝에 대롱대롱 매달려 있었다.

민나는 언제나 잠이 아직 덜 깬 부어오른 눈으로 불쾌한 표정을 지으며 느지막하게 나왔다. 크리스토프에게 형식적으로 손을 약간 내밀고는 차디차게 인사말만 던지고, 그야말로 점잖은 척 거드름을 피우며 피아노 앞에 가서 앉았다. 자기 혼자일 때는 그녀는 줄곧 음계만 치며 즐기고 있었다. 왜냐하면 그렇게 하고 있으면 반쯤 잠든 상태나 자신에게 들려주는 꿈 등을 흐뭇하게 오래 즐길 수 있었기 때문이다. 그러나 크리스토프는 억지로라도 어려운 연습으로 그녀의 주의를 돌리곤 했다. 그에 대한 복수로 그녀는 될 수 있는 대로 서투르게 치려고 애쓰는 일도 있었다. 그녀는 꽤 훌륭한 음악가였으나 음악을 좋아하지는 않았다. 많은 독일 여성들처럼. 그러나 또한 독일의 숱한 여성들처럼 음악을 사랑해야 한다고 생각하고 있었다. 그러므로 때때로 몹시 심술궂게 자기 선생님을 화나게 하려 할 경우를 제외하고는 제법 진지하게 연습했다. 그녀는 또 냉담하고 무관심한 학습 태도로 더욱 그를 화나게 했다. 가장 나쁜 것은, 어떤 표정적(表情的)인 악절에 그녀가 자신의 영혼을 쏟아부어야 한다고 생각할 때였다. 그녀는 감상적이 되긴 했으나 아무것도 느끼지는 않고 있었던 것이다.

그녀의 곁에 앉아 있는 소년 크리스토프는 그다지 공손하지 않았고, 아양스런 말은 한마디도 하지 않았다. 소녀는 그에 앙심을 품고, 주의를 받을 때마다 꼬박꼬박 말대답을 했다. 그가 하는 말에는 꼭 군소리를 했다. 자기가 틀렸을 때도 악보의 지시대로 쳤다고 고집을 부렸다. 소년은 화가 났다. 두 사람은 버릇없는 말을 언제까지나 주고받았다. 그녀는 건반 위에 눈을 내리깔고 크리스토프의 표정을 엿보며 그가 화내는 꼴을 재미있어했다. 심심풀이 삼아 여러 가지로 바보스러운 계획을 궁리했다. 연습을 훼방해서 크리스토프를 괴롭힐 생각만 했다. 그녀는 자신에게 관심을 돌리게 하려고 목이 막힌 듯한 시늉을 했다. 콜록콜록 기침을 하기도 하고, 하녀에게 중요한 일을 일러 놓지 않고 왔다면서 자리를 뜨기도 했다. 크리스토프는 그것이 연극임을 알고 있었다. 또한 민나는 크리스토프가 그런 줄 알고 있다는 것을 알고 있었다. 그러면서 그것을 재미있어했다. 크리스토프는 자신이 생각하는 것을 입에 올려 그녀에게 말하지 못했기 때문이다.

어느 날 민나는 또 이런 장난을 했다. 금방 숨이라도 막힐 것 같은 얼굴을 손수건에 묻은 채 힘없이 기침을 하며 화가 난 크리스토프의 표정을 곁눈질로 엿보았다. 이때 그녀는 재미있는 생각이 떠올라 일부러 손수건을 떨어뜨려 크리스토프로 하여금 줍게 하려고 했다. 크리스토프는 지극히 무뚝뚝하게 그것을 집어 주었다. 이에 대해서 그녀는 단 한마디, 귀부인인 체하며 '메르시'(고맙다는 말)로 보답했다. 하마터면 크리스토프는 폭발할 뻔했다.

그녀는 이 장난을 매우 재미있다고 여겨 다시 하기로 작정했다. 다음 날, 또 그 짓을 했다. 크리스토프는 움직이지 않았다. 속에서 노여움이 끓어올랐다. 소녀는 잠시 기다렸다. 그러더니 악이 오른 듯이 종알거렸다.

"손수건을 집어 주지 않을 거예요?"

크리스토프는 더 참을 수가 없었다.

"나는 댁의 하인이 아니란 말이오!"

그는 거칠게 소리쳤다.

"손수 주우면 될 거 아닙니까!"

민나는 숨이 막혔다. 별안간 의자에서 벌떡 일어났다. 의자가 넘어졌다.

"너무해요!"

그러더니 그녀는 홧김에 건반을 냅다 내리쳤다. 그리고 맹렬한 기세로 나가 버렸다.

크리스토프는 그녀를 기다렸다. 돌아오지 않았다. 자신이 한 짓이 부끄러워졌다. 불량배처럼 행동했다고 느끼며 매우 난처한 심정이 되어 있었다. 그러나 그녀는 너무 뻔뻔하게 그를 놀려 대지 않았던가! 민나가 어머니에게 이르지나 않을까, 그리고 그 결과 나는 영원히 케리히 부인의 마음으로부터 멀어져야만 되는 게 아닐까, 그는 두려워했다. 그는 어찌해야 좋을지 몰라 갈팡질팡했다. 자신의 난폭한 행동을 후회하긴 했으나 도무지 용서를 빌 마음은 나지 않았다.

다음 날 그는 민나가 학습을 거부할지 모른다고 생각했으나 그래도 찾아갔다. 그러나 민나는 어머니에게 말하자니 자존심이 너무 강했고, 더구나 얼마간 양심에 꺼림칙하기도 하여 여느 때보다 5분가량 그를 더 기다리게 했을 뿐, 결국 모습을 나타냈다. 그러고는 곧장 피아노 앞에 가서 앉았다. 몸을 꼿꼿이 쭉 펴고, 마치 크리스토프가 거기 없는 것처럼 돌아보지도 않고, 또 한마디 인사도 하지 않았다. 그러나 그의 교습은 받았다. 그 뒤로도 쭉 계속해서 받았다. 왜냐하면 크리스토프가 음악에 정통하다는 것은 잘 알고 있었고, 또 희망대로 태생도 좋고 교육도 잘 받은 딸이 되려면 피아노를 잘 쳐야만 한다는 것을 빤히 알고 있었기 때문이다.

하지만 그녀는 권태로웠다! 둘 다 따분해하고 있었던 것이다!

*

안개가 짙게 낀 3월의 어느 날 아침, 잿빛 하늘에서 잔 눈송이가 날개털처럼 하늘하늘 흩날릴 때, 그들은 서재에 있었다.

방 안은 어둑했다. 민나는 언제나처럼 음표 하나를 잘못 치고도 억지를 부리고 있었다. 악보에 ‘그대로 적혀 있다’고 우기는 것이었다. 그것이 거짓말이라는 것은 빤히 알고 있었으나, 크리스토프는 악보 위에 몸을 수그리고 문제의 악절을 바로 보려 했다.

그녀는 보면대 위에 한 손을 얹어 놓은 채 치우려 하지도 않았다. 그의 입은 바로 그 손 곁에 있었다. 그는 악보를 읽으려 했으나 읽을 수가 없었다. 그는 다른 것을 보고 있었던 것이다. 꽃잎처럼 화사하고 투명한 것을. 그러다 별안간—무슨 생각이 머리에 떠올랐는지 자신도 알 수 없었으나—그는 그 귀여운 손에 힘껏 입술을 밀어붙였다.

둘 다 소스라쳐 놀랐다. 크리스토프는 후딱 뒤로 물러섰고 소녀는 손을 오므렸다. 둘 다 홍당무가 되어 있었다. 서로 말 한마디도 하지 않았다. 얼굴도 마주 보지 못했다. 너무나 당황한 나머지 일순간 잠자코 있었으나, 소녀는 이윽고 다시 피아노를 치기 시작했다. 그녀의 가슴은 마치 죄어드는 것처럼 가볍게 물결쳤다. 그녀는 자꾸만 음표를 틀리게 치고 있었다. 크리스토프는 그런 줄도 몰랐다. 그는 그녀보다 더 가슴이 어수선하고 뒤숭숭해져 있었던 것이다. 관자놀이가 쑤시며 아무 소리도 들리지 않았다. 침묵을 깨뜨리느라고 짓눌린 듯한 목소리로 조리에 닿지도 않는 주의를 주고 있을 뿐이었다. 민나가 이젠 자기를 완전히 나쁜 놈으로 여기게 됐을 거라고 생각하며, 자신의 행위에 망연해져 있었다. 그리고 그것은 어리석기 그지없는 야비한 행위라고 여기고 있었다. 연습이 끝나자 그는 민나의 얼굴도 보지 않고 물러갔다. 인사도 잊어버렸다. 그러나 민나는 그를 원망하지는 않았다. 그녀는 이미 크리스토프를 버릇이 나쁘다고도 생각하지 않았다. 그토록 많이 잘못 쳤던 것도 실은, 눈뜨게 된 호기심과 그리고―이제 비로소―동정적인 호기심을 품고서 계속 그를 곁눈질해 가며 몰래 관찰했기 때문이었던 것이다.

혼자가 되자 그녀는 여느 때처럼 어머니에게로 가지는 않고 제 방에 들어박혀서 이날 뜻밖의 사건에 대해 이모저모로 생각해 보았다. 그녀는 거울 앞에 팔꿈치를 짚고 앉아 있었다. 눈이 부드럽게 빛나고 있는 듯했다. 곰곰이 생각에 잠겨 그녀는 가볍게 입술을 깨물었다. 그러고는 자신의 귀염성 있는 얼굴에 마음이 팔려 유심히 들여다보며 좀전의 장면을 떠올리고는 낯이 빨개져 방긋 웃었다. 그녀는 식탁에서 쾌활하게 떠들어 댔다. 식사 뒤에는 외출을 거절하고 오후 한때를 응접실에서 지냈다. 손에 뜨개질감을 잡고 있었으나 틀리지 않고 열 바늘도 뜰 수 없었다. 하지만 그런 것은 아무래도 좋았다! 그녀는 방 한구석에서 어머니에게 등을 돌린 채 홀로 방그레 웃음지었다. 그러다가 갑자기 활개를 치고 싶어져서, 그녀는 노래를 크게 흥얼거리며 방 안을 뛰어 돌아다녔다. 케리히 부인은 흠칫 놀라서 미쳤느냐고 핀잔했다. 민나는 몸을 꼬고 웃어 대며 어머니의 목에 매달렸다. 그리고 숨이 막히도록 꼭 껴안았다.

그날 밤, 그녀는 자기 방으로 돌아가서도 좀처럼 잠자리에 들지 않았다. 줄곧 거울 속 자기 얼굴만 들여다보며 다시 생각해 내려 했으나, 온종일 같은 것만 생각하다 보니 이제는 아무 생각도 나지 않았다. 그녀는 천천히 옷을 벗었다. 줄곧 벗던 손을 멈추고는 침대에 앉아 크리스토프의 모습을 떠올리려고 애썼다. 소녀 앞에 나타난 것은 환상의 크리스토프였다. 그리고 이제는 그도 그렇게 못나 보이지 않았다. 민나는 방 안 불을 끄고 잠자리에 누웠다. 10분도 채 지나지 않아 아침 장면이 갑자기 떠올랐다. 그녀는 소리를 내어 웃었다. 어머니가 살그머니 일어나 나와서 문을 열었다. 전부터 금지해 왔는데도 또 잠자리 속에서 책을 읽고 있는 것이려니 생각했던 것이다. 그런데 들여다보니, 민나는 침대 곁 희미한 작은 등불 빛 속에서 눈을 크게 뜬 채 얌전히 누워 있었다.

"왜 그러니?" 어머니는 물었다. "왜 그렇게 들떠 있니?"

"아무것도 아니에요." 민나는 정색을 하고 대답했다. "생각 중이죠."

"혼자서 그렇게 즐거울 수 있으니 참 좋겠구나. 하지만 그만 자야지."

"네, 엄마."

민나는 얌전히 대답했다. 그러나 마음속으로는 투덜거리고 있었다.

"자, 그만 가세요! 가시라니까요!"

그러는 동안에 문이 닫히고 소녀는 다시 자신의 몽상을 음미하게 되었다. 그녀는 달콤하게 꾸벅꾸벅 잠에 젖어 들었다. 막 잠에 빠지려 할 때 기쁨으로 흠칫 눈이 뜨였다.

"그 애가 나를 사랑하고 있다…… 아아, 기뻐! 날 사랑해 주다니, 참 착한 애지! …… 나도 좋아하고말고!"

그녀는 베개를 끌어안았다. 그러고는 푹 잠이 들었다.

*

그 뒤 두 사람이 처음으로 다시 자리를 같이했을 때 크리스토프는 민나의 상냥한 태도에 놀랐다. 그녀는 먼저 인사를 하고는 지극히 부드러운 음성으로 문안의 말을 건네었다. 그러고 나서 얌전하게 조심스러운 태도로 피아노 앞에 앉았다. 그야말로 고분고분한 천사였다. 그녀는 이미 심술꾸러기 제자다운 못된 장난은 아예 하지 않았다. 크리스토프의 주의에 성실히 귀를 기울이고 그 주의의 올바름을 인정하고, 음표 하나만 잘못 쳐도 소리내어 자책하면서 그것을 고치려 애썼다. 크리스토프는 도무지 까닭을 알 수 없었다. 불과 얼마 안 되는 짧은 기간에 그녀는 놀라울 만큼 진보했다. 단순히 잘 치게 되었을 뿐만 아니라 음악을 좋아하게도 되었다. 크리스토프는 남에게 아첨하지 못하는 성미였으나 그녀를 칭찬하지 않을 수 없었다. 민나는 기쁨으로 낯을 붉히고, 눈에 눈물을 머금으며 그에게 고마워하기도 했다. 소녀는 그를 위해 화장에 정성을 들이기 시작했다. 아름다운 빛깔의 리본도 달았다. 크리스토프에게 미소 짓기도 하고 나긋나긋한 눈길을 보내기도 했다. 크리스토프는 그것을 불쾌하게 여기며 조바심을 냈다. 마치 가슴속 밑바닥까지 휘저어지는 듯한 느낌이었다. 이제는 그녀 쪽에서 말을 건네려 들기도 했다. 그러나 그녀의 말에는 이미 어린아이다운 데는 전혀 없었다. 그녀는 거드름을 피우는 듯이 지껄였고, 적이 지식이 많은 체하는 말투로 어떤 시인의 구절을 인용하기도 했다. 크리스토프는 거의 대답도 하지 않았다. 그는 울적했다. 그가 모르는 이 새로운 민나는 그를 놀라게 했고 또 불안케 했던 것이다.

그녀는 언제나 그를 관찰하고 있었다. 그녀는 기다리고 있었다…… 무엇을? 그녀 자신은 과연 그것을 또렷이 알고 있었을까? 그녀는 그가 또 그렇게 해 주기를 기다리고 있었던 것이다. 그런데 그는 자신이 망나니 같은 짓을 했다고 믿고는 조심하여 그것을 피하고 있었다. 이제 다시는 그런 짓은 아예 생각조차 하지 않을 듯이 보이기도 했다. 그녀는 조바심이 났다. 그런 어느 날 그가 위험스러운 그 귀여운 손을 그리워하면서도 멀리 하여 멀찌감치 조용히 앉아 있을 때, 민나는 별안간 안절부절못하는 심정이 되었다. 스스로 뭘 생각해 볼 겨를도 없이 재빨리 그녀는 자신의 그 조그만 손을 그의 입술에 갖다 대었다. 소년은 당황했다. 다음에는 분개했고 부끄러워졌다. 그랬음에도 그는 그 손에 키스를 했다. 더구나 정열적으로 키스했다. 그러나 그녀의 이러한 천진스러운 뻔뻔함에 그는 화를 냈다. 민나를 그냥 내버려 두고 돌아가려고까지 했다.

그러나 그는 그러지도 못했다. 그는 사로잡힌 몸이 되어 있었던 것이다. 착잡한 여러 가지 생각이 가슴속에서 이글거리고 있었다. 무엇이 무엇인지도 알 수 없었다. 산골짜기에서 모락모락 피어오르는 안개처럼, 그러한 생각은 그의 마음속 밑바닥에서부터 솟아올랐다. 그는 이 연정의 깊은 안개 속을 무턱대고 이리저리로 헤매어 다녔다. 그런데 아무리 애써 보아도 하나의 어렴풋한 고정관념의 둘레를, 두렵긴 하지만 매혹적인 미지의 '욕망' 둘레를, 마치 불길 둘레를 날며 도는 나방처럼 빙글빙글 돌고 있을 뿐이었다. 그것은 '자연'의 맹목적인 힘이 돌연 끓어오른 것이었다……

바야흐로 두 사람은 기대의 한 시기를 지나고 있었다. 그들은 상대를 서로 엿보고, 서로 원하고, 서로 두려워하고 있었다. 그들은 불안스러워졌다. 여전히 때로는 반목하고 볼멘 낯이 되곤 했다. 그러나 두 사람 사이에는 이미 허물없는 친근함은 없었다. 서로 잠자코 있었다. 저마다 침묵 속에서 자신의 뜨거운 가슴을 다스리기에 바빴다.

연애란 과거로 거슬러 올라가는 불가사의한 작용을 지니고 있다. 크리스토프는 민나를 사랑한다고 느낀 순간, 동시에 전부터 이미 그녀를 사랑하고 있었다는 사실을 발견했다. 석 달 전부터 두 사람은 거의 날마다 만나고 있었지만 그 애정을 깨닫지 못하고 있었던 것이다. 그러나 지금 그녀를 사랑하고 있는 이상, 아무래도 오래전부터 사랑해 온 것이 틀림없었다.

누구를 사랑하고 있는가를 끝내 발견한 것은, 그에게는 매우 다행한 일이었다. 훨씬 전부터 그는 누구를 사랑하는지도 모르면서 사랑하고 있었던 것이다! 그는 마음을 놓았다. 마치 온몸에 걸쳐 막연하고 불안한 병을 앓으며 괴로워하던 환자가, 그 병이 밝혀짐으로써 어느 몸 한 부분만의 날카로운 고통뿐이었음을 알게 된 것과 같았다. 뚜렷한 대상이 없는 연애처럼 파괴적인 것은 없다. 그것은 모든 힘을 좀먹고 녹여 버린다. 정체가 분명히 드러난 정열은 정신을 극도로 긴장시킨다. 그 때문에 사람은 기진맥진해진다. 그러나 적어도 무엇 때문에 이러는지 이유를 알 수 있다. 어떤 그 무엇이라도 공허보다는 낫지 않은가!

크리스토프는 민나의 마음이 자신에게 무관심하지 않다고 믿을 수 있을 만한 어엿한 까닭이 있었음에도 역시 번민했고, 그녀에게 멸시당하고 있는 것으로 생각했다. 그들은 지금까지도 상대에 대한 뚜렷한 관념을 지닌 일이 없었다. 그러나 이때처럼 이 관념이 혼돈된 적은 없었다. 그것은 기묘한 상상이 이리저리 흩어지고 찢겨 갈피를 잡을 수 없이 이어지는 것으로서 어떻게도 전체적인 종합을 이룰 수가 없었다. 그것은 그들이 극단에서 극단으로 달려, 실제로는 가지고 있지 않은 결점이나 매력을 서로 주고받고 있었기 때문이다. 떨어져 있으면 서로 상상 속 매력을 느끼고, 같이 있으면 서로 상상 속 결점을 느꼈다. 어느 경우에나 그들은 둘 다 똑같이 잘못을 저지르고 있었던 것이다.

그들은 자신이 무엇을 원하는지를 알지 못했다. 크리스토프에게 있어서는 연애란 명령적이며 절대적인 애정을 갈망하는 형상을 이루고 있었다. 이 갈망은 어렸을 때부터 그의 몸을 불태워 온 것으로, 그는 이것을 남에게서 바랐고 또 남이 싫어하건 좋아하건 가리지 않고 남에게 강요하고 싶어했다. 때때로 자기와 남에게―아마도 특히 남에게―전적인 헌신을 바라는 이 전제적인 욕망에, 야수적인 어두운 욕망의 발작이 뒤섞여 있었다. 그는 이 발작으로 현기증을 느꼈지만 그것이 무엇인지 잘 알 수가 없었다. 한편 민나는 무엇보다도 호기심에 사로잡혀 있어, 소설 속 주인공이 되는 것이 기뻐서 자존심과 감상성을 만족시켜 주는 온갖 쾌락을 이 소설에서 끄집어내려 하고 있었다. 자신이 느끼는 것에 대해서는 열심히 자신을 속이고 있었다. 이처럼 그들 연애의 대부분은 모조리 책에서 빌려 온 것이었다. 그들은 전에 읽은 소설을 떠올리고서 실제로는 갖고 있지도 않은 감정을 가지고 있는 것처럼 상상하고 있었던 것이다.

그러나 이러한 조그만 거짓말이나 이들 조그만 이기심이, 연애의 숭고한 빛 앞에 스러질 때가 왔다. 어느 날, 어느 때, 영원의 몇 초 동안…… 더구나 뜻하지 않게 그것은 찾아온 것이다!

*

어느 저녁나절, 그들은 단둘이서 이야기를 나누고 있었다. 저녁의 어스름이 응접실에 번져 왔다. 그들의 회화는 무겁고 답답했다. 무한이니 인생이니 죽음이니 하는 것을 이야기했다. 그것은 그들의 조그만 정열을 담기에는 너무나 큰 액자였다. 민나는 그녀 자신의 고독을 하소연했다. 물론 크리스토프는, 그녀가 스스로 말하는 것만큼 고독하지는 않다고 대답해 주었다.

"아니에요."

그녀는 조그만 머리를 가로저으며 말했다.

"모두가 말뿐이에요. 누구나가 자기만을 위해서 살고 있는 거예요. 남의 생각 같은 것은 하지도 않고, 사랑하지도 않거든요."

잠시 침묵이 흘렀다.

"그럼, 나는?"

감정이 북받쳐서 얼굴빛이 창백해진 크리스토프가 불쑥 말했다.

민나는 갑자기 달려들어 그의 손을 잡았다.

바로 그때, 문이 열렸다. 두 사람은 후딱 뒤로 물러났다. 케리히 부인이 들어왔다. 크리스토프는 책에 머리를 파묻었다. 그는 책을 거꾸로 읽고 있었다. 바느질거리에 몸을 구부린 민나는 바늘에 손가락을 계속 찔렸다.

그날 밤, 그들은 다시 단둘이서만 있지는 못했다. 둘만 있는 것이 두려웠다. 케리히 부인이 일어나서 이웃 방으로 무엇인가를 찾으러 가려 하자, 평소엔 그리 친절하지도 않은 민나가 대신 그것을 가지러 갔다. 크리스토프는 그녀가 없는 틈을 타서 그녀에게 인사의 말도 없이 물러났다.

다음 날 두 사람은 또 만났다. 중단된 이야기를 계속하고 싶어서 안달이 나 있었으나 좀처럼 그럴 수가 없었다. 그러나 그들에게 요행이 찾아들었다. 케리히 부인과 함께 산책을 나가게 된 것이다. 자유롭게 이야기할 기회는 얼마든지 있었다. 그런데도 크리스토프는 말을 할 수가 없었다. 그 때문에 몹시 참담한 심정이 되어 중도에선 될 수 있는 대로 민나에게서 멀리 떨어져 있었다. 그녀는 그의 그러한 무례를 눈치채지 못한 척하고 있었다. 그러나 그것을 언짢아하며 불쾌한 태도를 겉으로 드러내 보였다. 크리스토프가 간신히 무슨 말을 하려 하자, 그녀는 쌀쌀한 태도로 듣기만 했다. 그래서 그는 그 말을 끝까지 하는 게 고작이었다. 산책은 거의 끝나 간다. 시간은 지나갔다. 그는 이 시간을 이용하지 못한 것이 슬프기만 했다.

한 주일이 지났다. 그들은 서로의 감정을 착각한 줄 알았다. 언젠가의 밤에 있었던 일은 꿈이 아니었나 의심했다. 민나는 크리스토프를 원망하고 있었다. 크리스토프는 민나와 둘이서만 만나기를 두려워하고 있었다. 그들은 전에 없이 냉담해졌다.

끝내 그 어느 날이 왔다. 오전에 줄곧, 그리고 오후에 잠깐 비가 내렸다. 그들은 집 안에 틀어박혀서 서로 말도 하지 않고, 책을 읽는 둥, 하품을 하는 둥, 창밖을 내다보는 둥 하고 있었다. 따분하고 우울했다. 오후 4시쯤 하늘이 환해졌다. 두 사람은 마당으로 뛰어나갔다. 테라스 난간에 팔꿈치를 짚고 강까지 이어져 있는 잔디 비탈을 굽어보았다. 땅에서는 김이 무럭무럭 나고, 미적지근한 수증기가 양지 쪽에서 솟아오르고 있었다. 빗방울이 풀 위에서 반짝거렸다. 비에 젖은 땅 냄새와 꽃향기가 뒤섞여 있었다. 그들 주위에서는 꿀벌이 황금빛으로 빛나며 희미한 날갯짓 소리를 내면서 날아다녔다.

두 사람은 나란히 선 채, 서로 돌아보지도 않았다. 침묵을 깨뜨릴 엄두가 나지 않았던 것이다. 꿀벌 한 마리가 비에 젖어 묵직해진 등꽃 송이에 무심코 앉았다가 물벼락을 맞았다. 두 사람은 동시에 웃음이 터졌다. 그들은 곧 느꼈다. 자기들은 이미 서로 앵돌아져 있지도 않고, 사이좋은 동무라는 것을. 그러면서도 여전히 얼굴을 마주 보지는 않았다.

얼마 만인가, 그녀는 얼굴은 돌리지도 않은 채 불쑥 그의 손을 잡았다. 그리고 이렇게 말했다.

"이리 와요!"

민나는 그를 끌고 조그만 숲 속 미로 쪽으로 달려갔다. 양쪽에 회양목이 늘어서 있는 몇몇 오솔길이 여기저기 나 있고, 숲의 가운데가 높직했다. 두 사람은 그 언덕길을 올라갔다. 흙이 축축이 젖어 있어 발이 미끄러졌다. 비에 젖은 나무들이 그들의 머리 위에서 가지를 흔들어 주었다. 이제 곧 꼭대기에 다다른다 싶을 때, 그녀는 멈추어 서서 숨을 내쉬었다.

"잠깐만…… 잠깐만 기다려요……" 그녀는 헐레벌떡거리며 매우 낮은 목소리로 말했다.

크리스토프는 민나를 바라보았다. 민나는 딴 데를 보고 있었다. 그녀는 방긋이 입을 연 채 헐떡거리며 미소 짓고 있었다. 그녀의 손이 크리스토프의 손 안에서 경련을 일으켰다. 두 사람은 굳게 쥔 손바닥과 떨리는 손가락에 피가 고동침을 느꼈다. 주위는 고요에 잠겨 있었다. 나무의 연둣빛 새싹이 햇빛을 받으며 떨고 있었다. 조그만 빗방울이 은 같은 음색(音色)으로 나뭇잎에서 굴러떨어졌다. 하늘에는 제비 떼가 날카로운 울음소리를 내며 지나갔다.

민나가 크리스토프에게 얼굴을 돌렸다. 그것은 섬광 같은 번쩍임이었다. 순간 그녀는 그의 목에 매달렸고 그는 그녀의 팔에 몸을 던졌다.

"민나! 민나! 나의 사랑! ……"

"사랑해, 크리스토프! 사랑해!"

두 사람은 비에 젖은 나무 벤치에 앉았다. 그들은 감미롭고 깊고 엄청난 애정에 젖어 있었다. 다른 것은 모두 스러져 버렸다. 이미 이기심도 허영심도 속셈도 없었다. 영혼의 온갖 그림자는 이 사랑의 입김으로 말끔히 날아가 버렸다. '사랑해, 사랑해'라고, 눈물에 젖은 그들의 눈은 웃으며 말하고 있었다. 이 냉담하고 요염한 소녀가, 이 오만한 소년이, 서로들 상대에게 몸을 바치고 싶고, 상대를 위해 괴로워하고 또 죽고 싶다는 욕구에 겨우 어쩔 줄 모르고 있었던 것이다. 그들은 이미 자신을 의식할 수 없었다. 그들은 이미 그들 자신이 아니었던 것이다. 모든 것이 변해 있었다. 그들의 마음, 그들의 얼굴, 그들의 눈은 뼈에 사무치도록 절실한 온정과 애정으로 빛나고 있었다. 순결과 무아(無我)와 절대적인 헌신과의 순간이었다. 한평생, 두 번 다시는 돌아오지 않을 순간이었다.

정신없이 말이 막혀 더듬거리며 외마디 말을 지껄이고, 영원히 서로 그대의 것이라고 정열적으로 맹세하며, 키스하고, 하염없이 기쁜 말을 주고받고 하는 동안, 어느덧 시간이 늦어졌음을 그들은 깨달았다. 손을 맞잡고 뛰기 시작했다. 좁은 오솔길에서 나뒹구는 것도 두렵지 않았다. 나무에 부딪쳐도 상관없었다. 기쁨에 취해 눈이 먼 그들은 이미 아무것도 느끼지 못했다.

그녀와 헤어지고 나서 그는 집으로 돌아가지 않았다. 돌아갔더라도 잠을 이루지는 못했을 것이다. 거리를 벗어나서 들을 거닐었다. 어둠 속을 목적 없이 헤맸다. 대기는 선선했고 들은 어두우며 적막했다. 부엉이가 추운 듯이 울고 있었다. 그는 마치 몽유병자처럼 거닐었다. 포도밭 한복판에 있는 언덕으로 올라갔다. 점점이 켜진 거리의 조그만 등불이 평야 가운데서 떨고 있었다. 어두운 하늘에는 별이 반짝였다. 그는 길가의 토담 위에 앉았다. 별안간 눈물이 왈칵 솟구쳤다. 왜 그런지 알 수 없었다. 그는 너무나 행복했던 것이다. 넘칠 듯한 그 희열은 슬픔과 기쁨으로 범벅이 된 것이었다. 자신의 행복에 대한 감사, 행복하지 못한 사람들에 대한 연민, 인생의 덧없음에 대한 감미롭고도 애달픈 감정, 삶의 광열(狂熱) 등이 거기엔 뒤섞여 있었다. 그렇게 뭐라 표현할 수도 없는 행복감에 젖어 울다가 그는 그만 눈물 속에 잠이 들어 버렸다. 다시 눈을 뜨니 희끄무레한 새벽녘이었다. 뽀얀 안개가 강 위에 나직이 드리웠고, 시가를 덮어 싸고 있었다. 그곳에는 피로에 지친 민나가 행복의 웃음으로 마음을 밝게 빛내면서 잠들어 있었다.

*

다음 날 아침부터 두 사람은 용케 정원에서 만날 수 있었다. 그들은 서로 사랑한다는 말을 거듭 주고받았다. 그러나 이미 전날과 같은 그 신성한 무의식 상태는 아니었다. 민나는 조금은 연인다운 교태를 짓고 있었다. 크리스토프는 그녀에 비해선 성실하긴 했으나 그 역시 하나의 배역을 맡고 있었다. 서로들 앞날의 생활에 대해서 이야기를 나눴다. 크리스토프는 자신의 가난과 보잘것없는 신분을 한탄했다. 민나는 관대한 체하며 자신의 관대성을 즐겼다. 그녀는 자신이 금전에 대해서는 담백하다고 자처하고 있었다. 하긴 그랬다. 금전 문제로 부자유를 느껴 본 적이 없었으므로, 금전에 대해서는 도무지 아는 것이 없었던 것이다. 그는 위대한 예술가가 되어 보이겠다고 맹세했다. 그녀에겐 그것이야말로 소설처럼 재미있고 멋진 일로 여겨졌다. 그러고는 참된 연인처럼 행동해야 한다고 생각했다. 시를 읽고 감상에 젖었다. 크리스토프도 그 기분에 물들었다. 몸차림에 무척이나 신경을 썼다. 우스꽝스러워졌다. 말하는 데도 조심했다. 아니꼬운 꼬락서니가 되었다. 케리히 부인은 그러한 모습을 웃으며 바라보고 있었다. 그리고 어째서 저토록 바보스러운 짓을 하게 되었을까 생각하며 고개를 갸우뚱거리는 것이었다.

그러나 두 사람에게는 그지없이 시적(詩的)인 순간이 있었다. 그것은 한 줄기 햇살이 안개를 뚫고 비쳐 나오듯이, 조금은 빛바랜 나날의 연속 가운데서 홀연히 번쩍 비쳐 나오곤 했다. 아무런 의미도 없는 눈짓 하나, 몸짓 하나, 말 한마디 등등이 그것인데, 그것이 두 사람을 행복감에 잠기게 했던 것이다. 저녁나절 어둑한 계단에서 "안녕!" 나누는 인사, 저녁의 어스름 속에서 서로 찾고 서로 살펴보는 눈초리, 맞닿으며 바르르 떠는 손과 손, 떨리는 음성 등등이 그것이었다. 모두 이렇게 하찮은 것뿐이었으나, 밤중에 시계가 시간을 알릴 때마다 깨어나곤 하는 얕은 잠에 빠져서, 시냇물이 졸졸 속삭이듯 '나는 사랑받고 있어' 마음이 노래하고 있을 때, 그들은 그것을 떠올리고는 즐거워하는 것이었다.

그들은 사물이 지니고 있는 매력을 발견했다. 봄철은 경이로운 부드러움을 담아 그들에게 미소지었다. 이제껏 그들은 모르고 있었으나 하늘에는 반짝임이 있었고 공기에는 애정이 있었다. 도시 전체가, 붉은 지붕도 낡은 벽도 울퉁불퉁한 포석도, 그 모두가 친근한 매력을 띠고 있어 크리스토프를 감동케 했다. 민나 또한, 밤에 사람들이 잠들어 있을 때 잠자리에서 일어나서는, 반쯤 꿈을 꾸면서 가슴을 두근거리며 창가에 오랫동안 앉아 있곤 했다. 오후에 그가 없을 때면 그네에 앉아 무릎에 책을 얹은 채 눈을 반쯤 감고는 몽상에 젖었다. 그럴 때면 흐뭇한 나른함으로 황홀해져서 몸도 마음도 봄의 대기 속에 떠다니는 기분이 들었다. 이제 그녀는 몇 시간씩이나 피아노 앞에 앉아, 다른 사람 같으면 차마 견딜 수도 없는 끈기로 화음이나 음절을 되풀이해 치곤 했다. 얼굴은 감동으로 파르스름해지고, 몸은 차가워졌다. 슈만의 음악을 듣고는 눈물을 흘렸다. 모든 이에 대한 연민과 친절로 마음이 넘치는 듯한 느낌이 들었다. 이것은 그도 그녀와 마찬가지였다. 가난한 사람들을 만나면 그들은 남몰래 적선했다. 그러고는 동정에 찬 눈길을 서로 주고받는 것이었다. 자신들이 이토록 친절하다는 데 대하여 그들은 행복감을 맛보았다.

그러나 사실인즉, 그들은 어쩌다가 그렇게 가끔 친절해지는 데 불과했다. 민나는 어머니가 어렸을 적부터 이 집에서 일하고 있는 늙은 하녀 프리다의 헌신적이고 보잘것없는 생활이 얼마나 비참한 것인가를 홀연히 깨달았다. 그녀는 달려가서 할멈의 목을 끌어안았다. 부엌에서 속옷을 깁고 있던 할멈은 소스라쳐 놀랐다. 그러나 두 시간 뒤에 민나는 벨을 눌렀는데도 프리다가 곧 달려오지 않았다고 하여 마구 폭언을 퍼부었던 것이다. 또한 크리스토프는 인간에 대한 사랑에 불타며 한 마리 벌레조차 밟지 않으려고 비켜 지나가곤 했지만, 자기 집 식구들에게는 참으로 냉담했다. 기묘한 반동으로 남에게 애정을 품으면 품을수록 가족에게는 더한층 냉혹해졌다. 식구들 생각은 거의 하지 않았다. 그들에겐 퉁명스러운 말투로 말했고 불쾌한 눈초리로 그들을 바라보았다. 결국 그들 두 사람의 친절이란 발작적으로 넘쳐흐른 애정의 나머지 몫에 지나지 않았다. 한갓, 우연히 이와 맞닥뜨린 사람이 그 은혜를 입었을 뿐이었던 것이다. 그러한 발작을 제외하면 그들은 평소보다도 이기적이었다. 그들의 정신은 단 한 가지 생각으로 가득 차 있어, 모든 것이 그 생각으로 귀착되었기 때문이다.

도대체 이 소녀의 영상은 크리스토프의 생활 속에서 그 얼마나 큰 자리를 차지하고 있었던 것인가! 정원에서 그녀의 모습을 찾아 헤매다가 멀리 그녀의 조그만 흰 옷자락이 눈에 띨 때, 또는 극장에서 아직 비어 있는 그녀들의 자리에서 서너 걸음 떨어진 자리에 앉아 있다가 특별 관람석의 문이 열리는 소리와 귀에 익은 요염한 목소리를 들었을 때, 또는 남들이 주고받는 말 중에 케리히라는 그 그리운 이름이 발음되었을 때, 그는 얼마나 감동했는지! 그는 낯이 파래지기도 하고 빨개지기도 했다. 잠깐은 도무지 보이는 것이 없없고, 또 들리는 것도 없었다. 그러나 곧바로 피의 분류가 확 밀어닥쳤다. 그것은 온갖 알 수 없는 힘의 돌격이었다.

이 천진스럽고 육감적인 독일 소녀는 기묘한 놀이를 알고 있었다. 밀가루를 깔아 놓고 그 위에 자기 반지를 놓았다. 그러고는 코에 가루를 묻히지 않도록 조심하며 번갈아 반지를 이로 물어 올리는 것이다. 또는 비스킷 하나에 실을 꿰어 놓고 두 사람은 각각 실 한 끝을 입에 문다. 이 실을 입으로 먹으며 될 수 있는 대로 빨리 비스킷을 먹으려 드는 놀이였다. 두 사람의 얼굴은 다가섰고, 숨은 서로 섞이면서 입술이 닿았다. 그들은 억지웃음을 짓고 있었으나 손은 싸늘해져 있었다. 크리스토프는 그녀를 물어뜯고 싶어졌다. 그녀를 따끔하게 해 주고 싶었다. 그러나 갑자기 몸을 뒤로 뺐다. 그녀는 여전히 억지웃음을 짓고 있었다. 두 사람은 서로 외면한 채 시치미를 뗐으나 몰래 서로 훔쳐보고 있었다.

이런 야릇한 놀이는 두 사람에게는 어쩐지 가슴속이 불안해지는 매력을 느끼게 했다. 크리스토프는 그것이 두려워서, 케리히 부인이나 누군가가 같이 있는 거북스러운 모임을 좋아했다. 아무리 방해되는 사람이 있을지라도 서로 사랑하는 그들 마음의 대화를 방해할 수는 없었다. 속박은 도리어 그 대화를 더한층 열렬하고 더한층 즐거운 것으로 만들어 주었다.

그런 때 모든 것은 두 사람 사이에서는 한없는 가치를 지니게 되었다. 한마디 말, 입술이 짓는 주름살 하나, 눈길 하나만으로도 일상생활의 평범한 베일 밑에 있는 두 사람의 내면생활이 지닌, 풍부하고 신선한 보배를 꿰뚫어 볼 수 있었다. 그 보배를 볼 수 있는 것은 두 사람뿐이었다. 적어도 두 사람은 그렇게 믿고 있었고 이런 조그만 비밀이 기뻐서 서로 미소를 건네곤 했다. 그들의 대화에 귀를 기울여 보았자 아마 흔해 빠진 화제에 대한 사교적인 회화밖엔 들을 수가 없었을 것이다. 그러나 그들에게 있어 그것은 무한한 사랑의 노래였다. 상대의 표정이나 목소리의 순간적인 뉘앙스조차도, 마치 펼쳐진 책을 읽듯이 그들은 똑똑히 읽었다. 눈을 감아도 읽을 수 있었으리라. 자기 자신의 마음에 귀를 기울이기만 하면 상대 마음의 메아리가 들리기 때문이었다. 그들은 인생과 행복과 자기 자신에 대하여 넘칠 만큼 크나큰 신뢰를 품고 있었다. 그들의 희망은 끝이 없었다. 그들은 사랑하고 사랑받고 있어 행복했고, 거기엔 한 조각 그림자도 의심도 없었으며 미래에 대한 두려움도 없었다. 이러한 봄날들의 그지없는 청명함이여! 하늘에는 구름 한 점 없다. 그 무엇도 시들게 할 수 없을 싱싱한 신앙. 그 무엇도 바닥나게 할 수 없을 풍성한 기쁨. 도대체 그들은 살아 있는 것인가? 꿈을 꾸고 있는 것인가? 분명히 그들은 꿈을 꾸고 있었다. 실생활과 그들의 꿈 사이에는 아무런 공통점도 없다. 아무런 공통점도…… 오로지 있다면, 이러한 불가사의한 시기에는 그들 자신이 하나의 꿈에 지나지 않는다는 것뿐. 그들의 존재는 사랑의 입김을 받아 녹아 버린 것이었다.

*

이윽고 케리히 부인은 그들의 잔재주를 눈치챘다. 그들 자신은 교묘하게 처신하는 줄 믿고 있었으나, 사실은 몹시 졸렬했던 것이다. 어느 날 민나가 민망스러울 정도로 크리스토프에게 가까이 다가가서 이야기를 나누고 있을 때, 뜻밖에 어머니가 들어섰다. 문소리에 두 사람은 허겁지겁 부리나케 떨어졌으나, 이때 이후로 민나는 혹시 어머니가 눈치채지나 않았나 하는 생각이 들기 시작했다. 그러나 케리히 부인은 아무런 눈치도 채지 못한 체하고 있었다. 민나에겐 그것이 도리어 유감스러울 정도였다. 그녀는 어머니와 다투고 싶었다. 그래야 더욱 소설적이기 때문이었다.

어머니는 딸에게 그런 기회를 주지 않도록 조심했다. 꽤 총명한 사람이어서 이런 일로 걱정하진 않았다. 그러나 민나의 앞에서 크리스토프를 빈정거렸고, 그의 우스꽝스런 꼴을 사정없이 놀려 댔다. 단 몇 마디로 크리스토프를 형편없이 만들었다. 거기에는 결코 어떤 숨은 뜻이 있었던 것은 아니며, 그녀는 오로지 자신의 보물을 지키고자 하는 여성의 얕은 생각에서 본능적으로 그렇게 행동했을 뿐이었다. 민나는 성이 나서 볼멘 낯이 되고, 버릇없는 말대꾸를 하며 어머니의 관찰은 잘못되었다고 완강히 주장했으나 그것도 헛일이었다. 그 관찰은 너무나 올바른 것이었다. 그리고 케리히 부인은 급소를 콱 찌르는 잔인한 솜씨를 터득하고 있었다. 크리스토프의 신이 크다, 옷차림이 꼴사납다, 모자에 솔질이 되어 있지 않다, 발음에 시골티가 난다, 절하는 것도 꼴불견이다, 큰 웃음소리가 거칠고 상스럽다 등등, 민나의 자존심을 상하게 하는 것은 하나도 빼놓지 않고 입에 올렸다. 그것은 어쩌다가 내친김에 나오는 단순한 지적에 지나지 않기는 했다. 결코 비난의 형식으로 일러지는 것은 아니었다. 화가 난 민나가 흥분해서 말대답하려 하면, 케리히 부인은 이미 딴전을 피우며 화제를 돌려 버리곤 했다. 그러나 가시 돋친 맛은 남아 있었다. 민나는 그 아픔을 느끼고 있었다.

크리스토프를 보는 민나의 눈은 전처럼 관대하지는 않았다. 그는 막연하게나마 그것을 느꼈다. 불안해져서 그녀에게 묻기도 했다.

"왜 그렇게 나를 보지?"

그녀는 대답했다.

"아무것도 아니야."

그러나 곧이어 그가 쾌활하게 떠들어 대자 그녀는 웃음소리가 너무 시끄럽다며 매섭게 비난했다. 그는 흠칫 놀랐다. 웃을 때도 그녀에게 신경을 써야 하리라고는 꿈에도 생각지 못했다. 그의 기쁨은 송두리째 잡쳐지고 말았다. 또는 그가 정신없이 열중해서 지껄이고 있을 때 그녀는 건성으로만 듣고 있다가, 불쑥 말을 가로막고는 그의 옷차림에 대해서 퉁명스럽게 주의를 주기도 하고, 또 지극히 공격적으로 아는 척하며 그의 천박한 말솜씨를 지적하기도 하는 것이었다. 이러다 보니 그는 더 말을 하고 싶지가 않았다. 때로는 화도 났다. 그러나 다음 순간에는, 이렇게 자신을 속끓게 하는 것도 민나가 자신을 생각해 주는 증거라고 믿었다. 그녀 또한 그렇게 믿고 있었다. 그는 겸손하게 그녀의 말을 좇아 결점을 고치려고 애썼다. 그런데도 그녀는 만족할 줄 몰랐다. 그가 도무지 결점을 고치지 못했기 때문이다.

그러나 그로서는 그녀의 마음속에 일고 있는 변화를 알아볼 만한 시간이 없었다. 부활절이 다가와서 민나는 어머니와 함께 바이마르 방면에 사는 친척을 찾아 여행을 해야 했기 때문이다.

헤어지기 한 주일 전이 되자, 두 사람은 처음 만났을 때처럼 다시 친밀감을 발견할 수 있었다. 가끔 화를 내는 일 말고는 민나는 전에 없이 부드러웠다. 출발하기 전날, 두 사람은 오래도록 정원을 거닐었다. 그녀는 크리스토프를 정자 구석으로 데려가더니 한 줌 머리카락이 들어 있는 향주머니를 그의 목에 걸어 주었다. 두 사람은 영원한 맹세를 거듭 되풀이하고 날마다 편지를 쓰기로 굳게 약속했다. 하늘의 별 하나를 골라서 밤마다 같은 시간에 그것을 쳐다보기로 했다.

드디어 슬픈 그날이 되었다. 밤중에 그는 몇 번이고 생각했다. '내일이면 그녀는 어디 가 있을까?' 그리고 지금은 이런 생각을 했다. '드디어 오늘이다. 오늘 아침, 그녀는 아직 여기에 있다. 하지만 오늘 밤에는……' 8시도 되기 전에 그는 민나의 집으로 갔다. 그녀는 아직 일어나지 않았다. 정원을 산책해 볼까 했으나 그러지도 못하고 되돌아왔다. 복도는 트렁크와 꾸러미로 너저분하게 뒤죽박죽이 되어 있었다. 그는 어느 방 한구석에 앉아 문과 마루가 삐걱거리는 소리를 유심히 엿듣고, 위층을 또박또박 걸어다니는 발걸음 소리에 귀를 기울여 누구 발소리인지 알아내려 애쓰기도 했다. 케리히 부인이 지나가다가 가벼운 미소를 띠며 멈춰 서지도 않은 채 비웃는 듯이 아침 인사를 했다. 드디어 민나가 모습을 나타냈다. 얼굴은 창백했고 눈은 부어 있었다. 간밤에 크리스토프처럼 잠을 못 잔 것이다. 그녀는 매우 부산한 듯이 하녀들에게 일을 시켰다. 프리다 할멈과 이야기를 계속하며 크리스토프에게 손을 내밀었다. 그녀는 이미 출발 준비가 되어 있었다. 케리히 부인도 다시 돌아왔다. 모녀는 모자를 넣을 상자에 대해서 이러쿵저러쿵 의논했다. 민나는 크리스토프 생각은 아예 염두에도 없는 것 같았다. 그는 무시당한 채 참담한 심정이 되어 피아노 옆에 꼼짝 않고 서 있었다. 민나는 어머니와 같이 나갔다 다시 돌아왔다. 문지방에서 또 뭐라고 케리히 부인에게 소리치더니 문을 닫았다. 이제는 단둘이었다. 민나는 그에게로 뛰어오더니 그의 손을 잡고 옆방으로 끌고 갔다. 덧문이 닫혀 있는 조그만 응접실이었다. 그녀는 느닷없이 얼굴을 크리스토프 얼굴에 가까이 대더니 있는 힘을 다해 그를 꽉 끌어안았다. 민나는 흐느껴 울면서 물었다.

"약속해 줘, 약속해 줘. 언제까지나 날 사랑해 줄 거지?"

두 사람은 목소리를 죽여 가며 흐느껴 울었다. 남에게 들리지 않게 하느라 애를 쓰고 있었다. 발소리가 다가오자 두 사람은 떨어졌다. 민나는 눈물을 닦고 다시 하인들에게 그럴듯한 태도를 취했다. 그러나 그 음성은 떨리고 있었다.

크리스토프는 그녀가 떨어뜨린 손수건을 몰래 주워 갖는 데 성공했다. 그것은 눈물에 젖고 형편없이 구겨진 지저분한 조그만 손수건이었다.

크리스토프는 모녀와 함께 마차를 타고 정거장까지 배웅했다. 마주 앉은 두 사람은 자칫 눈물이 날 것 같아서 좀처럼 눈을 마주 볼 수도 없었다. 그들의 손만이 서로 손을 찾아 아프도록 꽉 맞잡을 뿐이었다. 케리히 부인은 자애로우면서도 능청스럽게, 시치미를 뚝 뗀 채 그들의 행동을 유심히 살펴 보고 있었다.

드디어 시간이 되었다. 크리스토프는 승강구 곁에 서 있었다. 그는 기차가 움직이자 기차와 나란히 뛰기 시작했다. 앞은 보지도 않고, 역무원들을 밀어 제치며 민나의 눈만을 똑바로 바라보면서 뛰고 또 뛰었다. 그러나 끝내는 기 차가 그를 앞질러 버렸다. 그래도 그는 뛰었다. 아무것도 보이지 않을 때까 지 뛰었다. 비로소 숨을 헐레벌떡거리며 그는 멈춰 섰다. 깨닫고 보니 그는 플랫폼의 낯선 사람들 틈에 끼어 있었다. 집으로 돌아갔다. 다행히도 집안 식구들은 집에 없었다. 아침나절 동안, 그는 줄곧 울고만 있었다.

*

크리스토프는 생전 처음으로 헤어져 있어야 하는 엄청난 슬픔을 알았다. 이는 사랑하는 마음으로서는 견디기 어려운 괴로움이다. 세상이 공허하고 생활이 공허하고 모든 일이 공허하다. 이제는 호흡할 수도 없다. 죽을 것만 같은 고뇌이다. 특히 사랑하는 사람의 구체적인 흔적이 몸 둘레에 여전히 남 아 있을 때, 주위의 모든 것이 끊임없이 그리운 이의 모습을 생각나게 할 때, 같이 지낸 정다운 그 배경 속에 자기 홀로 남아 있을 때, 이미 스러져 없어진 행복을 그 장소에 되살리려고 애쓸 때는 더한층 그러하다. 그럴 때는 마치 발밑에 심연이 입을 벌리고 있는 것이나 다름없다. 사람들은 그 심연 위에 몸을 굽히고 들여다보곤 아찔한 현기증을 느끼고, 단박에 떨어져 버릴 듯하다가 정말로 떨어져 버린다. 마치 죽음을 눈앞에 보고 있는 것만 같은 느낌이 든다. 아니, 실제로 보고 있는 것이다. 애인의 부재는 한갓 죽음의 가면에 지나지 않는다. 살아 있으면서, 자기 마음의 가장 소중한 부분이 스 러져 없어지는 것을 보는 셈이다. 생명은 스러져 간다. 그것은 어두운 구멍 이다. 허무인 것이다.

크리스토프는 정다운 곳을 샅샅이 찾아가 보며 더욱더 괴로움만을 느끼고 있었다. 케리히 부인은 자기가 없어도 정원을 산책할 수 있게끔 정원 열쇠를 그에게 건네주고 갔다. 헤어진 그날, 그는 당장 정원을 찾아와 보고 괴로움 으로 가슴이 꽉 막혀 버렸다. 오는 도중에는 가 버린 애인의 모습을 그곳에 서 얼마간이나마 찾아볼 수 있으려니 했다. 그런데 막상 와 보니 그 정도가 아니었다. 그녀의 모습은 잔디밭 모든 곳에 감돌고 있었다. 오솔길이 꼬부라지는 모퉁이에 다다를 때마다 그녀의 모습이 당장에라도 나타날 것만 같았다. 나타나지 않으리라는 것은 빤히 알고 있었으나 억지로라도 자신에게 그 반대로 믿게 하려 했다. 미로 같은 숲 속의 그 길, 등꽃으로 덮인 그 전망대, 정자 속 벤치 등등, 그리운 추억의 자국을 찾아보고는 괴로워했다. 그러면서 끈질기게 이렇게 되풀이하며 자신의 마음을 들볶고 있었다.

'한 주일 전에는…… 사흘 전엔…… 어저께는 그랬지, 어저께, 그녀는 여기 있었다…… 오늘 아침에도 아직……'

그는 이런 생각을 하며 비통에 젖어 있었다. 그는 마침내 죽을 것만 같이 가슴이 꽉 막혀서 생각을 그쳐야 했다. 그의 슬픔에는, 그토록 아름다운 시간을 이용하지도 못하고 헛되이 보냈다는 자신에 대한 노여움도 섞여 있었다. 숱한 순간, 그는 숱한 시간, 그는 그녀를 만나고, 그녀 향기를 맡고, 그녀의 존재로써 자신을 양성한다는 끝없는 행복을 즐겨 왔다. 그러면서도 그 행복의 참된 가치를 몰랐던 것이다! 한순간 한순간을 모조리 맛보지 않고, 얼떨결에 때를 흘려보내고 만 것이다. 그리고 지금은…… 지금은 이미 때는 늦었다…… 되돌릴 수 없잖은가! 어떻게도 되돌릴 수 없는 것이다!

크리스토프는 집으로 돌아왔다. 식구들이 지겹게만 생각되었다. 그들의 얼굴, 몸짓, 어리석은 대화 등을 도저히 참을 수가 없었다. 그러한 것들은 전날이나 변함이 없었다. 지금까지와 조금도 다름이 없었다. 그녀가 있던 때와 전혀 다른 데라곤 없었다. 그들은 지금까지 그대로의 생활을 계속하고 있었다. 이토록 큰 불행이 자기네 바로 곁에서 일어났다는 것을 도무지 모르는 것 같았다. 시민들도 누구 한 사람 그것을 알지 못했다. 그들은 웃으면서 시끄럽게 주절거리며 바쁜 듯이 일들을 보러 갔다. 귀뚜라미는 노래했고 하늘은 빛나고 있었다. 그는 그러한 모든 것들을 미워했다. 마치 자신이 이 세상에 가득 찬 이기주의 때문에 짓눌려 있는 듯한 느낌이 들었다. 그러나 그는 혼자만으로도 이 세상 모든 것보다도 이기적이었다. 그에게 있어서는 이미 그 무엇도 가치를 지니지는 못하고 있었다. 이미 그에게는 부드러운 감정은 없었다. 그는 이미 어느 누구도 사랑하지 않고 있었던 것이다.

그는 서글픈 나날을 보냈다. 자동인형처럼 다시 일을 시작했다. 그러나 이미 살아갈 기력이 없었다.

어느 날 밤, 그가 묵묵히 식구들과 식사를 하고 있을 때, 우체부가 문을 두드리더니 편지 한 통을 그에게 건네주었다. 필적을 보지 않아도 그의 마음은 그것을 알아보았다. 네 식구의 눈이 노골적인 호기심을 보이며 그를 바라본 채, 심심풀이가 될 것을 기대하며 그가 편지 읽기를 기다리고들 있었다. 크리스토프는 그 편지를 접시 옆에 놓았다. 내용은 빤히 알고 있다는 듯이 애써 무심한 체하며, 뜯어보고 싶은 것을 억지로 참아 가며 그대로 놓아두었다. 그러나 아우들은 믿어 주지 않았다. 조바심을 내며 끈덕지게 상황을 살피고 있었다. 이 때문에 그는 식사가 끝날 때까지 괴롭힘을 당해야 했다. 식사가 끝나자 비로소 그는 자유로이 자기 방에 틀어박힐 수 있었다. 심장이 어찌나 고동치는지, 봉투를 뜯다가 하마터면 편지를 찢을 뻔했다. 어떤 사연을 읽게 될까 두려워지며 몸이 떨렸다. 그런데 글머리의 서너 마디를 훑어보자, 기쁨이 온몸 속으로 스며드는 것이었다.

그것은 참으로 깊은 애정이 담긴 글이었다. 민나가 남의 눈을 피해 가며 쓴 편지였다. 크리스토프를 '그리운 크리스토프!'라고 부르며, 민나가 그에게 써 보낸 것이었다. 울고 또 울었다는 것, 밤마다 그 별을 쳐다본다는 것, 지금 프랑크푸르트에 와 있다는 것, 큰 도시여서 훌륭한 상점들이 수두룩하다는 것, 하지만 그만을 생각하는 바람에 무슨 일에도 도무지 흥이 나지 않는다는 것 등이 쓰여 있었다. 그가 그녀에게 충실하겠다고 맹세한 사실, 그녀가 없을 때 다른 아무도 만나지 않고 한결같이 그녀를 생각하겠다고 서약한 사실을 부디 잊지 말라고도 했다. 그는 유명한 사람이 되어야 하고 그녀 자신 또한 유명하게 되어야 할 테니, 자기가 없는 동안에 부단히 공부를 계속해 달라는 말도 있었다. 마지막으로 그녀는 떠나온 날 아침, 두 사람이 이별을 했던 그 조그마한 응접실 생각이 나느냐고 묻고 있었다. 그러면서 어느 날 아침이든 다시 거기 가 달라고 부탁했다. 자기 자신은 지금도 마음속으로는 거기에 가 있고 이별하던 그때와 똑같은 모습으로 있을 것이라고 단언해 마지않는 것이었다. 서명하는 데 이르러서는 '영원히 그대의 것! 영원히!……'라고 씌어 있었다. 또 추신으로는, 그 꼴사나운 펠트 모자는 집어치우고 맥고모자를 사라고 권하고 있었다.

'이 고장에서는 훌륭한 사람은 누구나 그것을 쓰고 있어요. 굵은 밀짚으로 짠 폭이 넓고 푸른 리본이 달린 모자죠.'

크리스토프는 네 번이나 되풀이해 읽고서야 간신히 뜻을 완전히 이해했다. 망연해져서 이젠 기뻐할 기운도 없었다. 느닷없이 피로가 몰려와서, 잠자리에 들자 다시 편지를 몇 번이고 되풀이해 읽고는 줄곧 입술을 갖다 대었다. 그리고 그것을 베개 밑에 넣고는 끊임없이 손으로 더듬으며 편지가 거기 있다는 것을 확인하곤 했다. 뭐라 표현할 수 없는 행복감이 온몸에 번지고 있었다. 그는 다음 날 아침까지 푹 잤다.

그의 생활은 훨씬 견딜 만해졌다. 민나의 변함없는 생각이 주위에 감돌았다. 답장을 쓰려 했다. 그러나 그에게는 자유로이 그녀에게 편지를 쓸 권리는 없었다. 진심으로 느끼고 있는 말은 숨겨야 했다. 그것은 쓰라린 일이며 또한 어려운 일이 아닐 수 없었다. 정중하게 격식을 갖추고 둘러대는 말 속에 연정을 숨기려 애썼으나, 그의 언어 구사는 언제나 다름없이 우스꽝스러웠고 좀처럼 잘되어 주지 않았다.

편지를 부치자 그는 민나의 답장을 기다렸다. 그는 이제 기다림만으로 살고 있었다. 참느라고 산책을 했고 책을 읽기도 했다. 그러면서도 그는 민나 생각만을 하고 있었다. 미친 듯이 집요하게 그녀의 이름만을 되풀이했다. 이 이름에 대해서 그는 우상숭배에 가까운 애정을 품고, 주머니에는 언제나 레싱(독일의 극작가. 1729~1781)의 책 한 권을 넣고 다녔다. 민나라는 이름이 이 책 속에 나와 있기 때문이다. 그리고 날마다 극장에서 돌아올 때는 일부러 멀리 돌아서, 민나라는 그리운 문자가 간판에 나붙어 있는 부인용 양품점 앞을 지나다녔다.

자신이 유명해지기 위해서 공부해 달라는 간청을 받고 그는 마음이 들떠 있는 자신을 책망했다. 이러한 요구 속에 깃들어 있는 천진스러운 허영심은 신뢰의 증거로서 그를 감동케 했다. 그에 보답하려고 그는 그저 형식적으로 그녀에게 바치는 것이 아니라, 진실로 그녀를 위해 작품을 지어 헌정하고자 결심했다. 그래서 당분간 다른 일이라곤 아무것도 할 수 없었다. 이 계획이 마음에 자리잡자 악상은 순식간에 떠올랐다. 몇 달 동안이나 저수지에 괴어 있던 물이 둑을 뚫고 한꺼번에 터져 나오는 것과 같았다. 크리스토프는 꼬박 한 주일 동안이나 자기 방에서 나가지 않았다. 루이자는 문간에 식사를 갖다 놓곤 했다. 어머니도 방에는 들어오지 못하게 한 것이다.

그는 클라리넷과 현악기를 위한 5중주곡(五重奏曲)을 지었다. 첫 부분은 푸른 젊음의 희망과 욕망의 시였다. 끝 부분은 사랑의 해학으로, 그곳에선 크리스토프의 다소 야성적인 유머가 내뿜어지고 있었다. 그러나 곡 전체는 제2악장의 라르게토(좀 느린 속/도의 악곡)를 위해 지어진 것이었다. 크리스토프는 여기서 열렬하고 청순한 소녀의 영혼을 묘사했다. 그것은 민나의 초상이었다. 또는 민나의 초상이어야 하는 것이었다. 어느 누구도 그 초상을 알아보지는 못할 것이요, 누구보다도 그녀 자신이 알아보지 못할지도 모를 일이었다. 하지만 중요한 것은 그가 완전히 그것을 알아보고 있다는 사실이었다. 사랑하는 이의 전체를 내 것으로 한 듯한 심정이 되어, 그는 기쁨으로 몸을 떨었다. 이보다 더 쉽고도 즐거운 일은 없었다. 그것은 연인이 곁에 없기 때문에 마음에 괴어 있는, 넘칠 듯이 푸짐한 애정을 단숨에 발산하는 일이었다. 동시에 예술 작품을 창작하려는 노고나, 정열을 아름다운 명쾌한 형식 속으로 통제하고 집중하기 위해 필요한 노력이, 정신의 건강과 모든 능력의 균형을 그에게 주었으므로 그는 육체적인 기쁨도 느꼈다. 이것이야말로 모든 예술가가 알고 있는 최고의 향락이다. 창작하고 있는 동안 예술가는 욕망과 고뇌의 속박을 벗어나 거꾸로 그 주인이 된다. 그를 기쁘게 하는 모든 것, 그를 괴롭히는 모든 것도, 모두가 자기 뜻대로 되는 것처럼 생각된다. 그러나 그것은 너무나 짧은 순간에 지나지 않는다. 그 뒤에는 현실의 쇠사슬이 더한층 무겁게 느껴지게 마련이다.

이 작업에 집념하는 동안 크리스토프는 민나가 여기 없다는 것을 생각할 틈이라곤 거의 없었다. 그는 그녀와 함께 살아 있었다. 민나는 이미 민나 속에는 없었고, 고스란히 그 자신 속에 있었다. 그러나 일을 마치자 곧 그는 고독한 자신을 발견했다. 전보다도 더욱 고독하고 더욱 피로했다. 민나에게 편지를 쓴 것은 두 주일 전이라는 것과 그녀에게서 답장이 오지 않는다는 사실이 생각났다.

크리스토프는 다시 편지를 썼다. 이번에는 첫 번째 편지에서 자신에게 강요했던 그 딱딱함을 지켜 나갈 결심이 서지 않았다. 민나가 자신을 잊어버리고 말았다는 것을 농담조로—진심으로 그렇게 믿지는 않았으므로—책망했다. 그녀가 편지를 자주 주지 않는 것을 나무라고, 애정 어린 야유의 말을 썼다. 몹시 비밀스런 냄새를 풍기며 자신이 하는 일에 대해서 말했다. 그녀의 호기심을 자극하고 싶었고, 또 돌아왔을 때에 깜짝쇼로 그녀를 놀라게 해

주고 싶었던 것이다. 새로 산 모자에 대해서도 자세히 썼다. 그리고 조그만 전제자의 명령에 복종하느라고—그는 그녀의 말을 하나하나 글자 그대로 받아들이고 있었으므로—이제는 집에서 밖으로 한 걸음도 나가지 않는다는 것, 모든 초대를 거절하느라고 꾀병을 부리고 있다는 말도 썼다. 그러나 어느 날 궁정의 야회에 초대되고도 그녀에 대한 더할 수 없는 열의 때문에 참석치 않아, 그 때문에 대공의 노여움을 샀다는 말은 덧붙이지 않았다. 편지는 즐겁고 허물없는 투로 씌어 있어 연인들에게는 기쁨을 주는 조그만 비밀로 가득 차 있었다. 그 비밀을 푸는 열쇠를 지닌 것은 오직 민나 하나뿐이라고 그는 생각했다. 그리고 편지 모든 곳에서 사랑의 밀어를 신중히 우정의 말로 바꿔 써넣었으므로 대단히 잘 썼다는 자신을 가질 수 있었다.

편지를 다 쓰고 나자 그는 잠시 마음이 놓였다. 우선 편지를 쓰고 있으려니 지금은 없는 민나와 이야기를 나누는 듯한 심정이 되어 있었기 때문이고, 다음으로는 민나가 곧 회답을 주리라는 것을 믿어 의심치 않았기 때문이다. 이리하여 편지가 우편으로 민나에게 가 닿고 그 답장이 자신에게 오기까지는 사흘쯤 걸린다고 계산하고 그동안은 참으로 참을성 있게 견디었다. 그러나 나흘이 지나자 또다시 앞으로 살아가기가 막막한 심정이 되었다. 간신히 기운도 나고 사물에 흥미를 느낄 수 있는 것은 고작 우편이 오기 직전의 시간뿐이었다. 그 시간이 되면 그는 기다리는 데 조바심이 나서 발을 동동 굴렀다. 미신에 사로잡혀 하찮은 징후 속에서—예를 들면 난롯불이 튀는 소리나 우연히 지껄여진 말 속에서—편지가 온다는 확증을 찾으려 했다. 일단 그 시간이 지나 버리면 그는 다시 기가 죽어 축 늘어져 버렸다. 이제는 일도 하지 않고 산책도 하지 않았다. 살아 있는 단 하나의 목적은 다음 우편을 기다린다는 데 있었다. 그는 그때까지 꾹 참고 기다리는 데 온 정력을 다 썼다. 그러나 저녁이 되어 이미 그날의 희망이 없어져 버리면 그는 풀이 죽었다. 다음 날까지 살 수 있을 것 같지도 않았다. 탁자 앞에 몇 시간씩이나 꼼짝도 않고 앉아서 입을 열지도 않고, 생각하지도 않고 잠을 자러 갈 힘조차 없었다. 얼마 남지 않은 의지의 힘을 간신히 북돋아 잠자리에 들어갈 뿐이었다. 그리고 괴로운 잠에 빠져들었는데, 바보스러운 꿈만 꾸며 언제까지나 밤이 끝나지 않을 것 같은 생각만 들었다.

이렇게 끊임없이 기다리기만 하는 심정은 마침내 진짜 병을 일으키기에 이르렀다. 편지를 받아 놓고도 내게 숨기고 있지는 않나 하여 그는 아버지를 의심하고 아우들을 의심하고 우체부마저 의심했다. 그는 불안감에 시달렸다. 민나의 변함없는 심정에 대해서는 일순간도 의심할 줄 몰랐다. 그래서 그는 생각했다. 정말 편지를 보내지 않았다면 분명 그녀는 몸이 아픈 것이다, 죽어 가고 있는 것이다, 어쩌면 죽었을지도 모른다고. 그는 곧 펜을 들어 세 번째 편지를 썼다. 그것은 비통한 서너 줄의 편지였다. 이번에는 구태여 감정이나 맞춤법에도 신경을 쓰려 하지 않았다. 이제 우편 접수 마감 시간이 다가와 있었다. 마구 글씨를 지우고 종이를 들추며 지면을 더럽히고, 봉인을 하다가 봉투를 더럽히기도 했다. 하지만 무슨 상관이랴! 다음 발송 편까지 기다릴 수는 없었다. 우체국으로 달려가 편지를 부쳤다. 그러고는 죽을 것만 같은 괴로움으로 답장을 기다렸다. 다음 날 밤, 그는 민나의 환상을 또렷이 보았다. 앓아누운 그녀가 크리스토프를 부르고 있었다. 그는 일어나서 그녀를 만나러 걸어서라도 떠나려 했다. 하지만 어디로 간다? 어디 가면 그녀를 만날 수 있나?

나흘째 되는 날 아침, 민나에게서 편지가 왔다. 반 페이지밖에 안 되는 차갑고 새침한 편지였다. 왜 그렇게 바보스러운 걱정을 하는지 이해하기 힘들구나, 나는 몸성히 잘 있다, 바빠서 편지를 쓸 틈이 없다, 앞으로는 너무 흥분하지 말아 줘, 편지도 보내지 말아 줘, 이렇게 씌어 있었다.

크리스토프는 낙망했다. 그는 민나의 성실성을 의심하진 않고 오직 자기 자신만을 책망했다. 깊은 배려 없이 어리석은 편지를 써 보냈으니 민나가 화가 난 것도 당연하다고 생각했다. 그는 자신을 바보 천치라고 여겨 주먹으로 제 머리를 쳤다. 그러나 그 무슨 짓을 하든 소용없었다. 민나는 내가 그녀를 사랑하는 만큼은 나를 사랑해 주지 않는다고 느끼지 않을 순 없었다.

그 뒤의 나날은 이루 형언할 수 없이 음울하고 참혹한 것이었다. 허무란 어떻게 표현할 수조차 없는 것이었다. 그를 살아갈 수 있게 해 주는 오직 하나의 행복, 민나에게 편지를 쓰는 일마저 금지되고 만 지금은, 그는 한갓 기계적으로 살고 있을 뿐이었다. 그가 생활 중 흥미를 느끼고 있는 오직 한 가지는, 밤에 잘 때 민나가 돌아오기까지의 끝없는 날들 하루하루를 마치 초등학교 학생이 하듯 달력 위에서 지워 버리는 일이었다.

*

돌아올 예정 날짜는 벌써 지나 있었다. 이미 한 주일 전에 그녀는 돌아와 있어야 했던 것이다. 크리스토프의 허탈 상태는 열병 같은 흥분 상태로 변했다. 민나는 떠날 때 돌아오는 날짜와 시간을 미리 알려 주겠다고 약속했었다. 크리스토프는 그녀들을 마중하러 가려고 끊임없이 기다리고 있었다. 그리고 그들이 돌아오는 것이 이렇게도 늦어지는 까닭을 이모저모로 추측해 보는 것이었다.

어느 날 밤, 할아버지의 친구이며 이웃에 살고 있는 가구상인 피셔가 여느 날처럼 저녁 식사 뒤에 찾아와서 파이프 담배를 피우며 멜키오르와 잡담을 나누고 있었다. 크리스토프는 우체부가 지나가기를 헛되이 기다린 끝에 괴로운 심정이 되어 제 방으로 올라가려 했다. 문득, 한마디 말이 귀에 들어와 흠칫 몸을 떨렸다. 내일 아침 일찍 케리히 댁으로 커튼을 달러 가야 한다고 피셔가 말한 것이다. 크리스토프는 소스라쳐 놀라며 물었다.

"그럼, 돌아왔나요?"

"시치미 떼지 마! 너도 나와 마찬가지로 잘 알고 있으면서." 피셔 영감은 조롱하듯이 말했다.

"벌써 왔지! 그저께 돌아왔단다."

크리스토프의 귀에는 더는 아무 말도 들리지 않았다. 그는 방을 나서서 외출할 준비를 했다. 조금 전부터 몰래 그의 동태를 엿보고 있던 어머니가 복도까지 따라와서는 어디 가느냐고 조심스럽게 물었다. 크리스토프는 대답도 없이 밖으로 나갔다. 그는 애타게 괴로워하고 있었다.

케리히 댁으로 달려갔다. 밤 9시였다. 둘 다 응접실에 있었다. 그들은 그의 모습을 보고도 별로 놀란 기색 없이 침착한 척 밤 인사를 했다. 편지를 쓰고 있던 민나는 탁자 너머로 손을 뻗치더니, 건성으로 그의 근황을 물으며 편지 쓰기를 계속했다. 그러고는 자신의 실례를 사과하고 그의 말에 귀를 기울이는 체하고 있었다. 그러다가 그의 말을 가로막고 어머니에게 뭐라고 묻곤 했다. 크리스토프는 속으로 모녀가 없는 동안 자기가 얼마나 괴로워했었나 하는 비통한 말을 준비하고 있었다. 그러나 두어 마디를 더듬거리며 입에 담았을 뿐이었다. 그 말을 누구도 들으려고도 하지 않았으므로 그 자신도 말을 계속할 용기가 없었다. 그의 말은 공허하게 울릴 뿐이었다.

민나는 편지를 마저 쓰자 뜨개질감을 집어 들더니, 그에게서 서너 걸음 떨어진 곳에 앉아서 여행 이야기를 하기 시작했다. 즐겁게 지낸 몇 주일 동안 말을 타고 산책한 일, 별장에서의 생활, 유쾌한 사교계 등등, 이야기는 점점 흥을 더해 가면서 크리스토프가 모르는 사건들과 사람들 이야기로 넘어갔고 모녀는 그것을 떠올리며 웃었다. 크리스토프는 그러한 한 줄기 이야기 속에서 젖혀진 자신을 느끼고 있었다. 그는 어떤 태도를 취해야 좋을지 몰라 그저 어설프게 웃고만 있었다. 다만, 민나의 얼굴에서 눈을 떼지 않고 그녀가 애정 깃든 눈길로 흘긋 바라봐 주기를 간절히 바라고 있었다. 그러나 민나가 크리스토프를 볼 때에는—그녀는 그에게보다는 어머니에게 이야기를 건네고 있어서 그에게로 시선을 돌리는 일은 좀처럼 없었지만—그녀의 눈은 그 목소리처럼 애교는 있었으나 냉담하기만 했다. 어머니가 있기 때문에 경계하고 있는 것일까? 크리스토프는 그녀와 단둘이서 이야기를 하고 싶었다. 그러나 케리히 부인은 한시도 두 사람 곁을 떠나지 않았다. 크리스토프는 자신에게 관계되는 일로 화제를 끌어가려고 시도했다. 자신의 일이나 포부를 이야기했다. 그러나 민나가 자신에게서 달아나려 한다는 것을 느꼈을 뿐이다. 크리스토프는 그녀의 흥미를 자신에게로 끌려고 애를 썼다. 사실 그녀는 주의 깊게 그의 말에 귀를 기울이고 있는 것처럼 보이기도 했다. 그가 지껄이는 사이사이로 여러 가지 감탄사를 집어넣곤 했기 때문이다. 그것은 언제나 적절하다고는 할 수 없었으나 그 태도는 정말 흥미가 끌린 듯이 생각되었다. 그러나 그녀가 흘린 매혹적인 미소에 취하여 그가 다시 희망을 품기 시작했을 때, 그녀가 조그만 손을 입에 대고 하품을 하는 광경이 눈에 띄었다. 크리스토프는 말을 뚝 그쳤다. 민나는 그 눈치를 채고는, 피곤했다는 구실을 늘어놓으며 상냥스럽게 사과했다. 크리스토프는 그들이 더 머무르라고 만류하려니 믿으며 일어섰다. 그러나 그 누구도 아무 말이 없었다. 그는 작별 인사를 하면서 괜히 멈칫거렸다. 그는 내일 또 오라는 말을 기대하고 있었다. 그러나 그런 소리도 없었다. 그냥 돌아갈 수밖에 없었다. 민나는 배웅해 주지도 않았다. 그녀는 그에게 손—그의 손 안에 차갑게 내맡겨진 무심한 손—을 내밀었다. 크리스토프는 응접실 한복판에서 그녀와 헤어졌다.

그는 겁에 질린 마음으로 귀가했다. 두 달 전의 민나, 그 그리운 민나의 모습이라곤 이미 하나도 남아 있지 않았다. 대체 무슨 일이 있었던 것일까?

그녀는 어찌 된 것일까? 대다수 사람들의 영혼은 고정된 영혼이 아니라 끊임없이 변화되거나 소실되거나 하는 영혼의 집합이다. 그와 같이 살아 있는 영혼의 끊임없는 변화나 전적인 소멸이나 근본적인 갱신을 지금까지 전혀 경험하지 못한 이 가련한 소년에게는, 이 단순한 사실이 너무나 가혹한 것이어서 그는 도무지 그것을 믿을 마음이 들지 않았다. 차라리 두려워 떨며 그런 생각을 물리쳤다. 그리고 자신이 착각한 것이며 민나는 여전히 예전 그대로의 민나라고 믿으려 애썼다. 다음 날 아침에 다시 찾아가서 기필코 그녀에게 말을 해야지 하고 그는 결심할 뿐이었다.

잠을 이루지 못했다. 밤새도록 벽시계의 종소리를 하나도 놓치지 않고 세었다. 아침엔 일찍부터 케리히 댁 주변을 어슬렁거렸다. 대문을 들어설 수 있는 시간이 되자마자 안으로 들어갔다. 맨 처음 그의 눈에 띈 것은 민나가 아니라 케리히 부인이었다. 활동적이어서 아침에 일찍 일어나는 부인은 베란다 밑의 화분에 물뿌리개로 물을 주고 있었다. 크리스토프의 모습을 보자 그녀는 비웃는 투로 소리쳤다.

"어머나!" 부인은 말을 이었다. "당신이었군요! ……마침 잘 왔어요. 당신에게 하고 싶은 말이 있답니다. 기다려요, 응, 기다려요……"

부인은 잠깐 집 안으로 들어갔다가 물뿌리개를 놓고 손을 훔치며 다시 나왔다. 불행이 다가섬을 느끼며 정신이 얼떨떨해진 크리스토프의 얼굴을 바라보며, 그녀는 엷은 웃음을 띠었다.

"정원으로 가요." 부인은 말했다. "차분히 이야기를 나누고 싶으니까요."

자신의 애정이 가득 차 있는 정원을 향하여 크리스토프는 케리히 부인을 따라 걸어갔다. 부인은 소년이 곤혹스러워하는 모습을 보고 재미있어하며 좀처럼 말문을 열지 않았다.

"저기 앉죠."

마침내 부인은 입을 열었다.

여행 떠나기 전날, 민나가 그에게 입술을 내밀던 바로 그 벤치에 두 사람은 앉았다.

"무슨 말인지 짐작하고 있겠지만요."

케리히 부인은 이렇게 말문을 열었다. 그러면서 진지한 태도를 취하는 바람에 소년은 당황하여 어쩔 줄을 몰랐다.

"크리스토프 군, 나로서는 도무지 믿을 수 없는 일이었어요. 나는 당신을 성실한 분으로 알고 존경했어요. 나는 당신을 신뢰했어요. 그런데 그것을 기화로 우리 딸애를 유혹하다니, 정말 뜻밖이었어요. 딸애는 당신의 보호 밑에 있었잖아요. 당신은 딸애를 존경하고 나를 존경하고, 또한 당신 자신을 존경해야 했었던 거예요."

부인의 말투에는 가벼운 빈정거림이 어려 있었다. 케리히 부인은 어린애들의 연애 문제는 조금도 중대시하지 않았던 것이다. 그러나 크리스토프로서는 그런 것을 알아차릴 수 없었다. 그리하여 온갖 일을 비극적으로 받아들이듯이 이 비난도 비극적으로 받아들였다. 그것은 그의 가슴을 푹 찔렀다.

"하지만 사모님…… 하지만 사모님……"

크리스토프는 눈에 눈물을 글썽이며 더듬거렸다.

"저는 사모님이 믿어 주신 것을 기화로 그런 것은 결코 아닙니다…… 제발, 그렇게는 생각지 말아 주십시오…… 맹세코 말씀드리지만 저는 불량배는 아닙니다! ……저는 민나 양을 사랑하고 있습니다. 진심으로 사랑하고 있어요. 그렇습니다. 결혼하고 싶습니다."

케리히 부인은 미소를 지었다.

"그건 안 돼요, 미안하지만."

부인은 이렇게 대답했다. 부인은 매우 친절한 듯이 말했으나, 사실은 전적으로 사람을 업신여기고 있다는 것을 이제야 크리스토프도 점점 깨닫고 있었다.

"천만에요, 그럴 수는 없죠. 그런 건 어린애 같은 생각이죠."

"왜 그렇습니까? 왜 그렇지요?"

소년은 다그쳐 물었다.

그는 부인이 진심으로 그렇게 말하는 것은 아니라고 믿었고 전보다도 부드러워진 그 말투에 거의 마음이 놓여, 부인의 손을 잡았다. 부인은 여전히 미소를 지으며 말했다.

"그건요."

크리스토프는 똑똑히 말씀해 주십사고 졸랐다. 부인은 조롱을 담아 조심스러운 말투로—부인은 그의 말을 도무지 진지하게 받아들이지 않았던 것이다—그에겐 재산이 없다는 둥, 민나는 취미가 다르다는 둥 했다. 크리스토프는 그런 것쯤은 대수롭지 않다, 나는 부자가 되고 유명해지기도 할 것이다, 그리고 명예건 돈이건 민나가 원하는 것은 무엇이든지 이루어 보이겠다고 항변했다. 케리히 부인은 믿을 수 없다는 태도를 보였다. 부인은 그가 이처럼 자신만만하게 구는 것을 재미있어하는 것이었다. 그러면서 그저 안 된다고 고개만 절레절레 저을 뿐이었다. 그래도 크리스토프는 끈질기게 주장했다.

"안 돼요, 크리스토프 군." 끝내 부인은 딱 잘라 말했다. "안 돼요. 따지고 들 것도 없어요. 그럴 순 없는 일이죠. 그저 돈만의 문제가 아니에요. 여러 가지 많은 문제가 있죠! ……예를 들면 신분만 해도……"

부인은 말끝을 맺을 필요도 없었다. 그것은 그의 뼛속까지 찌르는 바늘이었다. 비로소 그의 눈은 뜨였다. 부드러운 미소 속에서 빈정거림을, 친절한 눈초리 속에서 냉담을 그는 읽은 것이다. 자신을 친아들 같은 애정으로 사랑해 온 이 부인, 어머니와 같은 태도로 대해 주는 것 같았던 이 부인으로부터 자신을 멀리 떼어 놓는 모든 것이 홀연히 똑똑하게 이해되었다. 부인의 애정 속에는 보호자적인 요소와 멸시적인 요소가 있다는 것을 느낀 것이다. 크리스토프는 낯빛이 파래져서 일어섰다. 케리히 부인은 어루만지는 듯한 음성으로 말을 계속하고 있었다. 그러나 모든 게 끝나 버렸다. 그는 이미 언어의 음악을 듣고 있진 않았다. 한 마디 한 마디 말 속에서, 그토록 우아한 영혼이 지닌 무정스러움을 감득한 것이다. 그는 한마디도 대꾸할 수 없었다. 그는 말없이 자리를 떴다. 온 세상이 빙글빙글 맴돌았다.

제 방으로 돌아오자, 크리스토프는 침대 위에 몸을 던졌다. 어린 날처럼 노여움과 격분한 자존심 때문에 온몸이 부들부들 떨렸다. 고함 소리가 남에게 들리지 않도록 베개에 엎드려 입 안을 손수건으로 틀어막았다. 케리히 부인이 미웠다. 민나가 미웠다. 미친 듯 두 모녀를 경멸했다. 마치 호되게 따귀를 맞은 듯한 느낌이었다. 부끄러움과 노여움으로 몸이 떨렸다. 보복을 해야 했다. 바로 그것을 실행에 옮겨야 했다. 만약에 후련하게 앙갚음 하지 않았다간 죽어 버릴 것 같았다.

크리스토프는 일어났다. 어리석을 만큼 난폭한 편지를 썼다.

사모님

사모님께서 말씀하신 것처럼, 사모님이 저를 잘못 아셨던 것인지, 저로서는 알 수 없습니다. 그러나 저로서 알 수 있는 것은, 제가 사모님을 몹시 잘못 알고 있었다는 사실입니다. 저는 두 분을 저의 친구분들이라고 믿고 있었습니다. 두 분은 그렇게 말씀하셨고, 또 그런 태도이셨습니다. 그리고 저는 제 목숨보다도 두 분을 사랑하고 있었습니다. 그런데 이제는 깨달았어요. 그런 것이 모두 거짓이었고, 저에 대한 두 분의 사랑은 거짓에 지나지 않았다는 것을. 두 분은 나를 가지고 놀고 있었던 겁니다. 나는 두 분을 즐겁게 해드렸고, 두 분의 심심풀이가 되어 드렸고, 두 분에게 음악을 연주해 드렸습니다.

'저는 두 분의 머슴이었던 것입니다.'

그러나 이제는 두 분의 머슴이 아닙니다.

'어느 누구의 머슴도 아닙니다!'

나에게는 사모님의 따님을 사랑할 권리가 없다는 것을 사모님은 무참히도 저로 하여금 깨닫게 하셨습니다. 하지만 이 세상 그 무엇도, 사랑하는 사람을, 사랑하는 내 마음을 방해할 수는 없습니다.

또한 저는 두 분과 같은 계급에는 비록 속해 있지 않을지라도, 저 역시 똑같이 고귀하다고 자부합니다.

'인간을 고귀하게 하는 것은 마음인가 합니다.'

저는 비록 백작은 아닐지라도 숱한 백작들보다 훨씬 더 제 마음속에 명예를 지니고 있습니다. 머슴이건 백작이건 나를 모욕하면 나는 그러한 사람을 경멸합니다. 아무리 귀족이라 자처할지라도, 영혼의 고귀함을 지니지 못한 자를 저는 진흙덩이처럼 경멸합니다.

안녕히 계십시오! 사모님은 저를 잘못 보셨습니다. 사모님은 저를 속이셨습니다. 저는 사모님을 경멸합니다.

사모님 생각이야 어떻든 민나 양을 사랑하고 있고, 죽을 때까지 사랑할 사람 올림.

'그녀는 그의 것이요', 그 누구도 그녀를 그에게서 빼앗아 갈 수는 없으리라.

편지를 우체통에 집어넣자 그는 자신이 한 짓이 두려워졌다. 더는 그 생각을 하지 않으려고 안간힘을 썼다. 그러나 몇 마디 문구가 생각났다. 케리히 부인이 그런 당돌한 문구를 읽을 것을 생각하면 식은땀이 흘렀다. 처음 한동안은 그야말로 절망 그 자체로 신경이 곤두서 있었다. 그러나 다음 날이 되자 그 편지는 자신을 민나에게서 완전히 떼어 놓는 효과밖에 없다는 것을 깨달았다. 그것은 가장 큰 불행같이 여겨졌다. 케리히 부인은 자신이 성급하다는 것을 잘 아니, 이번 일도 진정으로 받아들이지 않고 그저 엄하게 나무라 주기만을, 더 나아가—행여나—그의 진지한 열정에 감동해 주기를 그는 또 간절히 바라고 있었다. 그는 부인의 발 밑에 몸을 내던지게 될 단 한마디 말이나마 기대하고 있었다. 그런 한마디 말을 그는 닷새나 기다렸다. 이윽고 편지 한 통이 왔다. 부인은 다음과 같이 써 놓았다.

편지 잘 받아 보았어요.
당신의 의견에 따르면 우리 사이에는 하나의 오해가 있었던 것이니까, 가장 현명한 방법은 그것을 여기서 그만 끝내는 것입니다. 당신에게 고통을 주는 이 교제를 앞으로도 이어가 주십사 하는 것도, 저에게는 괴로운 일입니다. 그러니 당신도 우리가 이만 헤어지는 것이 자연스럽다고 생각해 주시겠지요. 희망하시는 대로 다음엔 당신의 참된 값어치를 인정해 주는 다른 벗을 만날 수 있으시기를 기원합니다. 나는 당신의 앞날을 믿어 의심치 않아요. 음악가로서의 발전을 남몰래 진심으로 지켜보아 드리겠어요. 이만 총총.

조제파 폰 케리히

아무리 준엄한 비난도 이토록 잔혹하진 않았으리라. 크리스토프는 이제 모든 게 끝장났다고 생각했다. 부당하게 책망을 받았더라면 답변도 할 수 있었으리라. 그러나 이렇게 예의바른 무관심의 허무에 대해서 뭘 어떻게 할 수 있단 말인가? 그는 미칠 것 같았다. 이제 다시는 민나를 만날 수 없으리라, 영원히 다시 만나지 못하리라고 생각했다. 참을 수가 없었다. 아무리 큰 자존심도, 보잘것없는 연애에 견주면 참으로 가벼운 것임을 그는 사무치게 느꼈다. 모든 체면을 벗어던지고 비굴해진 그는 편지를 몇 통이나 써서 용서를 빌었다. 그러한 편지는 분격해서 쓴 첫 번째 편지와 마찬가지로 어리석은 것이었다. 아무런 회답도 없었다.

이리하여 모든 게 끝나 버렸다.

＊

하마터면 그는 죽을 뻔했다. 자살을 생각했다. 살인을 생각하기도 했다. 적어도 그렇게 생각한다고 상상했다. 그는 욕망에 불탔다. 때때로 소년의 마음을 들볶는 애정과 증오의 발작이 얼마나 극단적인 것인가는 사람들의 상상을 넘고도 남음이 있다. 그것은 크리스토프의 소년 시절에서 가장 무서운 위기였다. 이 위기로 그의 소년 시절은 끝이 났다. 그것은 소년의 의지를 단련시켰다. 그러나 하마터면 그의 의지를 영구히 파괴해 버릴 뻔했다.

이미 그는 생활을 계속 영위해 나갈 수가 없었다. 몇 시간씩이나 창문에 기대어서 안마당의 포석을 바라보며, 어린 시절처럼 삶의 괴로움을 면하는 길이 하나 있다는 것을 생각하고 있었다. 구제의 길은 바로 거기에, 눈 밑에, 금방에라도 있었다…… 금방에? 누가 그것을 알랴? 어쩌면 격렬한 고통의 서너 시간—서너 세기—뒤가 될지도 모르지 않는가! 그러나 소년의 절망은 그지없이 깊은 것이어서, 그는 현기증 나는 이런 생각 속에 자꾸만 끌려 들어가는 것이었다.

루이자는 아들의 괴로움을 눈치챘다. 아들의 마음속에 무슨 일이 일어났는가를 정확히는 알 수 없었으나 본능적으로 위험을 느꼈다. 위로해 주려고 아들에게 다가가 그 슬픔의 원인을 알려고 애썼다. 그러나 불쌍한 그 어머니는 아들과 친하게 이야기를 나누는 습관을 잃어버린 지 오래였다. 지난 수년 전부터 그는 생각을 자기 가슴속에 묻어 두고 지냈다. 어머니는 생활의 물질적인 걱정에 사로잡혀 지내느라고 아들의 가슴속을 살펴볼 틈도 없었다. 그러니 이제야 아들에게 도움이 되려고 해 봤자 어떻게 해야 좋을지 알 수 없었다. 그저 허둥지둥 그의 둘레를 어슬렁거릴 뿐이었다. 어떤 위로의 말이라도 찾아내고 싶었으나, 오히려 그를 화나게 할까 봐 입 밖에 내지도 못했다. 하지만 그렇게 조심했어도 그녀의 모든 행동은, 또 심지어 그녀가 곁에 있는 것조차 아들을 화나게 했다. 그녀는 그다지 눈치가 없었고, 아들은 그다지 관대하지 못했기 때문이다. 그래도 아들은 어머니를 사랑하고 있었다. 두 모자는 서로 사랑하고 있었다. 그러나 하찮은 일로도 서로 아끼고 사랑하는 사이가 갈라지는 법이다! 너무 심한 말버릇, 꼴사나운 몸짓, 눈이나 코를 찡그리는 사소한 버릇, 먹는 방식, 걸음걸이, 웃는 방식, 일일이 분석할 수 없는 육체적인 불쾌감…… 그런 것은 대수로운 것이 아니라고 생각하는 이들도 있다. 그러나 그것이 대수로운 일인 것이다. 그것만으로도 흔히 어머니와 아들이, 형과 아우가, 더할 수 없이 친한 벗끼리가 영원히 남남으로 갈라져 버리곤 하는 것이다.

크리스토프는 지금 자신이 지나고 있는 위기에 대처하기 위한 든든한 지주(支柱)를 어머니의 애정에서 발견할 수는 없었다. 더구나 자기 하나만의 일에 몰두하고 있는 이기적인 정열에 남의 애정이 얼마만한 가치를 지니겠는가?

그런 어느 날 밤, 식구들은 모두 잠들었으나 그는 홀로 방 안에 앉아 아무런 생각도 없이 꼼짝도 하지 않고, 그저 자기만의 위험스러운 생각에 잠겨 있었다. 그때 마침, 고요에 묻혀 있는 골목길에 사람들의 발걸음 소리가 들려오고 이어서 문을 두드리는 소리가 들렸다. 그는 흠칫 제정신을 차렸다. 똑똑히 알아들을 수 없는 속삭임이 들려왔다. 문득, 오늘 밤은 아버지가 아직 돌아오시지 않았다는 생각이 났다. 한길 한가운데에 쓰러져 자다가 발견된 지난주처럼, 오늘 밤도 또 누가 취해 곯아떨어진 아버지를 데리고 왔으려니 생각하자 그는 속이 뒤틀렸다. 멜키오르는 이미 절제라곤 전혀 하지 않고 있었다. 제 몸을 점점 망치고만 있었다. 그러나 남들 같으면 벌써 죽어 버렸을지도 모르는 방탕과 무모한 행동에도 그의 억센 건강은 끄떡도 않는 모양이었다. 그는 배불리 실컷 먹고, 정신없이 곯아떨어지도록 마시고, 찬비를 맞으며 몇 날 밤을 밖에서 지새우고, 싸움 끝에 반죽음이 되기도 했다. 그러나 다음 날 아침이 되면 아무렇지도 않은 듯 언제나처럼 시끄러울 만큼 쾌활해지며, 주위 사람마저 쾌활하게 하려고 설치곤 하는 것이었다.

루이자는 벌써 일어나서 부랴부랴 문을 열러 나갔다. 크리스토프는 꼼짝도 하지 않고 그냥 귀를 틀어막았다. 멜키오르의 주정이나 이웃 사람들의 조롱하는 말을 듣지 않으려고……

그런데 느닷없이, 뭐라 표현할 길 없는 불안감이 가슴을 죄었다. 어떤 무서운 일이 일어날 것만 같았다…… 그런 한순간을 지나 가슴을 에는 듯한 비명이 들려왔다. 그는 흠칫 고개를 들었다. 문을 향해 달려갔다……

네모진 등의 한들거리는 불빛으로 비추어진 어둑한 복도에서 한 떼의 사람들이 나직이 쑤군거리고 있었다. 그 한복판에는 물방울이 뚝뚝 떨어지는 한 육체가 들것 위에 꼼짝 않고 누워 있었다. 일찍이 할아버지에게 그랬듯이. 루이자는 그 목에 매달려 흐느껴 울었다. 멜키오르는 물방앗간의 냇물에 빠져서 익사체로 발견된 것이었다.

크리스토프는 비명을 질렀다. 그 밖의 모든 것이 스러지고, 다른 고통은 낱낱이 흩날려 사라졌다. 그는 어머니와 나란히 아버지의 시체 위에 몸을 내던졌다. 그리고 같이 울었다.

*

침대 곁에 앉아 지금은 근엄한 표정을 띠고 있는 멜키오르의 마지막 깊은 잠을 지켜보고 있노라니, 죽은 이의 어둠에 묻힌 안식이 자신에게 스며 들어오는 기분이 들었다. 그의 치기 어린 사랑의 정열은 마치 발작적인 신열처럼 스러져 버렸다. 무덤의 얼음장처럼 차가운 입김이 모든 것을 휩쓸어 가버린 것이다. 민나도, 그의 자존심도, 그의 사랑도, 아아, 얼마나 부질없는 것인가! 죽음이라는 현실, 이 유일한 현실에 비교해 볼 때 모든 게 얼마나 하잘 것없는 존재인가! 끝내 이렇게 되어 버리는 것이라면 무엇 때문에 그렇게 괴로워하고 원하고 초조해할 필요가 있었던 것일까?

그는 잠들어 있는 아버지를 뚫어지게 내려다보았다. 한없는 연민의 정으로 가슴이 가득해졌다. 아버지의 친절이나 애정에서 비롯된 조그만 일까지도 하나하나 생각이 났다. 멜키오르는 여러 가지 결점을 지닌 사람이었지만 결코 악한 사람은 아니었다. 그에게는 숱한 장점이 있었다. 그는 가족들을 사랑했다. 그는 본디 정직한 사람이었다. 크라프트 집안사람들은 전통적으로 비타협적인 성실성을 지니고 있었다. 그 성실성은 도덕이나 명예에 대한 문제에서는 전혀 반론의 여지를 허용치 않았고, 사회의 숱한 사람들이 죄로 여기지도 않는 아주 조그만 도덕적 오점도 결코 용서하지 않았다. 그에게도 그런 면이 다소 있었던 것이다. 그는 용감했다. 어떠한 위험에 처해도 그는 일종의 기쁨을 느끼며 자신의 몸을 드러내 놓았다. 그는 자신을 위해 돈을 낭비했지만 남을 위해서도 낭비했다. 남이 슬퍼하는 것을 잠자코 보고 있지 못했다. 길에서 불행한 사람들을 만나면 자기 것을, 심지어는 남의 것도 아낌없이 주곤 했다. 그러한 아버지의 모든 장점이 이제 크리스토프의 눈에 보이기 시작했다. 그러한 장점을 그는 과장해서 생각했다. 지금까지 아버지를 오해한 것 같은 생각이 들며, 그를 충분히 사랑하지 않은 자신을 책망했다. 생활 앞에 패배해 버린 아버지의 모습이 눈에 선했다. 싸우기엔 너무나 약하다고 물결 따라 휩쓸려 가며 잃어버린 자기 생활을 부질없이 한탄하기만 하는 불행한 영혼의 목소리가 들려오는 것 같았다. 일찍이 그의 가슴을 찢어지게 했던 그 비통한 애원이 들려오는 것만 같았다.

"크리스토프, 나를 멸시하지 말아 다오!"

그는 뉘우침과 한탄으로 몸 둘 바를 몰랐다. 침대 위로 몸을 내던지고 울부짖으며 죽은 아버지의 얼굴에 입술을 대었다. 그러고는 예전처럼 되풀이했다.

"아버지, 난 아버질 업신여기지 않아요. 난 아버지를 사랑해요! 제발 용서해 주세요!"

그러나 아버지의 슬픈 하소연은 멈추지 않고 괴로운 듯이 이어졌다.

"나를 업신여기지 말아 다오! 나를 멸시하지 말렴!"

홀연히 크리스토프는 죽은 이의 침상에 누워 있는 자기 자신의 모습을 보았다. 그러한 무서운 말이 자신의 입에서 튀어나오는 것도 귀로 들었다. 되찾을 수 없이 잃어버린 부질없는 생애의 절망감이 가슴 위를 무겁게 짓눌러 오는 게 느껴졌다. 또 이런 생각이 떠올라 몸이 떨렸다.

"아아, 이렇게 될 바에야 이승의 온갖 괴로움, 온갖 비참함이 차라리 낫지 ……."

그러고 보면 이렇게 될 뻔한 일이 몇 번이나 있었던가! 비겁하게도 괴로움을 면하려고 하마터면 내 목숨을 끊어 버리려는 유혹에 질 뻔하곤 하지 않았던가! 그 어떠한 괴로움도 그 무슨 배신도, 자신을 배반하고 자기 신념을 부정하고 죽음으로써 자신을 멸시하는 가장 큰 괴로움과 죄악에 견주면 참으로 유치한 슬픔에 지나지 않는다고 하는데!

그는 깨달았다. 인생이란 휴전 없는 무자비한 투쟁이요, 인간이라는 이름에 부끄럽지 않은 사람이 되고자 하는 자는 눈에 보이지 않는 적군 즉 자연의 파괴적인 힘이나 더러운 욕망 또는 어두운 생각 등, 음험하게도 인간을 타락시키고 절멸시키려 하는 것들과 끊임없이 싸워야 한다는 것을. 그는 또 깨달았다. 자신은 그 올가미에 막 걸려들려던 참이었다는 것을. 행복이나 연애는 한순간의 속임수요, 인간으로 하여금 마음의 무장을 해제케 하여 지위를 잃도록 하는 것임을 그는 깨달았다. 그리하여 열다섯 살 난 소년 청교도는 자기 신(神)의 음성을 들었다.

"나아가라. 나아가. 결코 멈추지 말라."

"하지만 하느님, 저는 대체 어디로 가야 하는 것일까요? 제가 무엇을 하건, 또 어디로 가건, 가 닿는 곳은 언제나 같지 않나요? 끝은 거기에 있지 않나요?"

"죽어야 한다면 가서 죽어라! 괴로워해야 한다면 가서 괴로워하라! 인간은 행복해지기 위해서 사는 것은 아니니라, 인간은 나의 섭리를 성취하기 위해서 사는 것이로다. 괴로워하라. 죽어라. 그러나 네가 되어야 할 것이 되어라. 즉, '하나의 인간'이."

청춘

1. 오일러 댁

집 안은 싸늘한 적막에 잠겼다. 아버지가 죽은 뒤로는 모든 것이 죽은 듯했다. 멜키오르의 시끄러운 목소리가 들리지 않게 된 이제는 아침부터 밤까지 들리는 것이라곤 오로지 강물의 지루한 속삭임뿐이었다.

크리스토프는 집요하게 일에 전념하고 있었다. 행복해지고 싶어하던 자신을 스스로 벌하며 말 없는 노여움에 차 있었다. 애도하는 말이나 인정 어린 말을 들어도, 그는 자존심 속에 몸을 움츠리며 대답조차 하지 않았다. 날마다의 일에 열중하며 쌀쌀하지만 착실하게 교습을 해 나가고 있었다. 그의 불행을 잘 알고 있는 여제자들은 예사로운 그의 태도에 불쾌해했다. 그러나 괴로움을 얼마간 경험해 본 더 나이 많은 이들은, 그러한 겉으로 보이는 냉담이 소년의 마음속 깊은 곳에 얼마나 쓰라린 고뇌를 숨기고 있는가를 꿰뚫어 보고 있었다. 그러면서 그를 가엾게 여기곤 했다. 그렇지만 그러한 동정에도 그는 기뻐할 줄 몰랐다. 음악조차도 그에게 아무런 위안을 주지 못했다. 그는 아무 즐거움도 없이 한갓 의무로 음악을 연주할 뿐이었다. 이미 그는 어떠한 일에도 아무런 기쁨을 느끼지 않는 데에, 또는 그렇게 믿는 데에, 또한 삶의 온갖 이유를 잃어버린 데에, 그러면서도 계속 삶을 이어가는 데에 하나의 잔인한 기쁨을 찾아내고 있는 것 같았다.

두 동생은 상중(喪中)의 침묵이 무서워서 서둘러 집을 나가 버렸다. 로돌프는 테오도르 아저씨의 상점으로 가서 숙식도 그 집에서 해결했다. 에른스트는 두세 가지 일자리를 가져 보았으나 결국 마인츠와 쾰른 사이를 왕복하는 라인강의 기선에 고용되어, 돈이 필요할 때가 아니면 집에 들르지도 않았다. 결국 크리스토프는 너무나 넓은 집에서 어머니와 단둘이 지내고 있었다. 재산도 없는 데다 아버지가 죽은 뒤에 드러난 빚을 갚아야 하게 되어, 마음이 아프긴 했으나 더 검소하고 집세도 싼 집을 구해야겠다고 결심했다.

두 사람은 조그만 집 하나를 구할 수 있었다. 시장 거리에 있는 건물의 3층이며, 방이 두셋 되었다. 이 거리 일대는 고장의 중심지가 되어 있어, 소란스럽기도 하고 강이나 나무 숲 같은 정다운 곳에서도 멀었다. 그러나 그는 감정보다도 이성에 따라야 할 처지였다. 크리스토프는 이제야말로 자신을 괴롭히고 싶다는 비통한 욕망을 충족시킬 좋은 기회라고 생각했다. 게다가 집주인이자 재판소 서기인 오일러 노인은 할아버지의 친구이며 크리스토프네 집안과는 전부터 사귀어 온 사이였다. 루이자가 결심을 하는 데엔 그것만으로도 충분했다. 휑뎅그렁한 집 안에 혼자 남겨진 그녀는, 자신이 사랑했던 사람들의 추억을 계속 간직해 주는 이들을 더없이 그리워하고 있었던 것이다.

두 모자는 곧 이사 준비를 했다. 영원히 떠나려 하는 슬프고도 정든 집에서 지내는 마지막 나날의 쓰디쓴 우울을 찬찬히 맛보았다. 슬픔을 서로 입에 담아 이야기를 나눌 엄두도 거의 나지 않았다. 그러자니 부끄럽기도 하고 무섭기도 했다. 그들은 저마다 자신의 나약한 마음을 상대에게 드러내 보여서는 안 된다고 생각하고 있었다. 덧문을 반쯤 닫은 음침한 방 안에서 단둘이 마주 앉아 식사를 할 때, 그들은 음성을 높이는 데도 조심스러워하면서 부랴부랴 식사를 마치고 서로 얼굴을 마주보기도 피했다. 어수선하고 뒤숭숭한 마음을 감추는 데 급급했던 것이다. 식사를 마치면 으레 모자는 곧 헤어졌다. 크리스토프는 또 일을 하러 나갔다. 그러나 잠깐이라도 틈이 나면 다시 돌아와서 몰래 집 안에 들어와 제 방이나 고미다락으로 살금살금 올라갔다. 그리고 문을 닫고는 구석에 있는 낡은 가방 위나 창가에 앉아서, 조금만 걸어도 흔들리는 낡은 집의 막연한 소리로 마음을 채우며 하염없이 앉아 있었다. 그의 마음 또한 이 집처럼 떨리고 있었다. 집 안팎 공기의 움직임, 마루의 삐걱거림, 귀에 익은 어렴풋한 소리를 불안한 듯이 엿듣고 있었다. 어느 소리나 다 귀에 익었다. 그는 멍하니 의식을 잃은 채 있었지만, 머릿속에서는 지나간 여러 가지 영상이 스며 들어왔다. 생 마르텡 사원의 커다란 탑시계가 울리는 종소리를 듣고서야 비로소 그는 마비 상태에서 흠칫 제정신으로 돌아오곤 했다. 그리고 다시 나가야 하는 시간임을 깨닫는 것이었다.

아래층 방에서는 루이자의 발걸음 소리가 조용히 왔다 갔다 하고 있었다. 그런데 그 소리가 이미 몇 시간째나 들리질 않는다. 쥐 죽은 듯 아무 소리도 나지 않는다. 크리스토프는 귀를 기울였다. 큰 불행이 있은 뒤에는 오래도록 그 잔재가 남게 마련이어서, 그도 어쩐지 불안을 느끼며 아래로 내려갔다. 문을 살그머니 열어 봤다. 루이자는 등을 돌린 채, 벽장 앞에 너저분하게 흩어진 잡동사니들 한복판에 앉아 있었다. 넝마, 낡은 도구, 짝짝이 물건, 기념 거리로 남겨진 물품 따위인데, 그것을 치운다는 구실로 꺼낸 것이다. 그러나 치울 기력이 없었다. 하나하나가 그녀로 하여금 무엇인가를 생각나게 하는 것이다. 그녀는 그것을 이렇게도 보고 저렇게도 보며 몽상에 잠겨 있었다. 물건이 그녀의 손에서 미끄러져 떨어졌다. 그런데도 그녀는 몇 시간이나 양쪽 팔을 축 늘어뜨리고 의자 위에 길게 늘어진 채, 슬픈 생각에 빠져 있다.

가엾은 루이자는 이제 지난날 가장 즐거웠던 때를 생각하며 살아가고 있다. 그녀에게 기쁨을 주기에는 몹시 인색하기만 했던 슬픈 나날이긴 했지만 그녀는 이미 고생에는 너무나 깊이 들어 있었으므로, 하찮은 은혜에도 오래도록 감격했고, 평생에 몇 차례인가 반짝였던 어렴풋한 빛도 그녀의 마음을 밝게 해 주기에 충분했다. 그녀는 멜키오르에게서 학대를 받은 일은 고스란히 잊어버리고, 이제는 좋은 일밖엔 기억하지 못한다. 그녀의 결혼은 그 생애에서 가장 방대한 소설 같은 것이었다. 멜키오르는 일시적인 변덕으로 결혼에 끌려들어 버린 터라 곧 그것을 후회했지만, 루이자는 진심으로 그 한 몸을 바쳤다. 자신이 그를 사랑하듯이, 자신도 사랑을 받고 있는 줄 믿었다. 그 점에서 멜키오르에게 절절히 감사했다. 그 뒤 멜키오르가 어떻게 되었는가에 대해서는 숫제 그것을 이해하려고도 하지 않았다. 그녀는 현실을 있는 그대로 볼 줄 몰랐다. 오직 있는 그대로의 현실을 참고 견딜 수 있을 뿐이었다. 생활하기 위해서 생활을 이해할 필요가 없는, 겸허하고 선량한 여성으로서 말이다. 자신으로선 어떻게 설명할 수가 없는 것은 하느님에게 그 설명을 일임했다. 그녀에겐 기묘한 신심이 있어, 멜키오르나 그 밖의 사람들로부터 받은 부정(不正)의 책임은 전부 하느님의 손에 맡기고, 그들로부터 받은 좋은 것만을 그들 덕분으로 여겼다. 그러기에 그토록 참담한 생활도 그녀에게는 조금도 쓰라린 추억을 남겨 주지 않은 것이다. 다만, 궁핍과 피로로 이어진 기나긴 세월 때문에 제 몸이 닳고 닳았다—그녀는 허약한 여성이었으므로—는 것을 느끼고 있었다. 멜키오르가 이미 가고 없는 지금, 두 아들도 집에서 나가 버린 지금, 그리고 마지막으로 남은 아들도 그녀 없이 혼자서도 살아갈 수 있게 된 지금은, 몸을 움직일 기운도 고스란히 잃어버렸다. 피곤에 지치고 무기력해지고 의지의 힘도 시들어 버렸다. 악착스럽게 일하며 살아온 사람이, 만년에 어떤 뜻밖의 타격을 받아 일할 이유를 완전히 빼앗겨 버리면 흔히 신경 쇠약의 위기에 빠지게 마련인데, 그녀도 그와 같은 위기에 처해 있었다. 그녀는 이미 기력을 잃어 뜨다 만 양말을 마저 뜰 수도 없었고, 뒤적거린 서랍을 정리할 수도 없었으며, 창을 여닫으러 일어설 수도 없었다. 멍하니 힘없이 앉은 채 그저 하염없이 회상에 잠길 뿐이었다. 그녀는 자신의 쇠약을 의식했고, 또 부끄럽게 여기고 있었다. 애써 그것을 아들에게 숨기고 있었다. 크리스토프는 이기적으로 자신의 괴로움에만 마음이 팔려 전혀 아무런 눈치도 채지 못하고 있었다. 하기야 요즘 들어서 어머니가 말을 하거나 조그만 일을 하는 데도 몹시 꾸물대는 것을 그는 속으로 초조하게 여기긴 했다. 그러면서도 활발하던 어머니의 태도가 어떻게 변했건 그는 그런 것에 신경을 쓸 줄 몰랐다.

그러나 이날, 어머니가 방바닥에 어지러이 흩어진 넝마들 가운데 가만히 앉아서 그것을 발 밑에 쌓아 올리기도 하고, 양손에 가득 쥐어 보기도 하고, 무릎 위에 펼치기도 하는 것을 보고는 그도 비로소 흠칫 놀랐다. 어머니는 목을 앞으로 내뻗고 머리를 숙인 채 딱딱하게 굳은 표정을 짓고 있었다. 그가 들어오는 소리를 듣자 어머니는 몸을 바르르 떨었다. 희뿌연 볼에 붉은 기가 돌며, 어머니는 본능적인 몸짓으로 손에 든 것을 감추려 했다. 그러고는 당황한 듯 미소를 띠며 중얼거렸다.

"한창 챙기던 참이란다……"

지난날의 유물 속에 좌초해 버린 이 불쌍한 영혼을 아들은 마음 아프게 느끼면서, 솟아오르는 동정심으로 가슴이 꽉 죄였다. 그러나 무감각 상태에서 어머니를 끌어내느라고 그는 조금은 퉁명스럽게 꾸짖듯이 쏘아붙였다.

"자, 엄마, 이렇게 꽉 막힌 답답한 방 안에서 이렇게 먼지 속에 묻혀 꼼짝 않고 앉아 계시면 안 돼요! 몸에 해로워요. 기운을 내서서 이런 건 척척 치워 버리셔야지요."

"그렇구나."

루이자는 순순히 대답했다.

그녀는 서랍 속에 물건을 정리해 넣으려고 일어서려 했다. 그러나 곧 낙망한 듯 손에 든 것을 떨어뜨리고는, 다시 주저앉아 버렸다.

"안 되겠다, 안 되겠어."

어머니는 신음했다.

"아무리 해도 다 못 챙기겠어!"

아들은 겁이 났다. 어머니에게 몸을 굽혀 두 손으로 이마를 쓰다듬었다.

"엄마, 왜 그러세요?"

그는 물었다.

"제가 도와드릴까요? 어디 몸이 편찮으신가요?"

어머니는 대답하지 않았다. 그녀는 마음속으로 흐느껴 울고 있었다. 아들은 어머니의 두 손을 잡고 그 앞에 꿇어앉아, 방 안의 어스름 속에서 어머니의 얼굴을 더 잘 보려고 했다.

"엄마!"

크리스토프는 불안해져서 말했다. 루이자는 아들의 어깨에 이마를 얹고 하염없이 눈물을 흘렸다.

"애야."

어머니는 아들을 끌어안으며 되풀이해 말했다.

"애야…… 너, 어미를 저버리진 않을 테지? 약속해 다오. 나를 저버리진 않겠지?"

크리스토프는 애처로움으로 가슴이 찢어지는 것 같았다.

"물론이죠, 엄마. 저버리긴요. 왜 그런 생각을 하시지요?"

"난 참말이지 불행하단다! 모두 나를 저버렸지 뭐니, 모두들……"

어머니는 주위에 흩어진 물건들을 가리켰다. 어머니가 일컫는 것은 그 물건인지, 아들들인지, 또는 죽은 사람들인지 알 수 없었다.

"애, 너는 나와 함께 살아 주겠지? 어미를 저버리진 않겠지? ……너마저가 버리면 나는 어떻게 되는지……"

"전 안 가요. 우리 언제까지나 같이 살아요. 자, 그만 그치세요. 꼭 약속할게요."

어머니는 그래도 울음을 그치지 못하고 여전히 울기만 했다. 아들은 손수건으로 어머니의 눈물을 닦아 주었다.

"왜 그래요, 엄마? 괴로우셔서 그러세요?"

"모르겠다. 나도 왜 이러는지 알 수 없단다."

어머니는 줄곧 안정을 찾으려 애썼고 미소를 지으려 했다.

"아무리 생각해도 안 된단다. 아무것도 아닌 일에도 자꾸 울음이 터져 나오는구나, 글쎄…… 자, 보려무나. 이렇게 또 눈물이 나왔지 뭐냐…… 용서하렴. 엄만 바보란다. 늙어 버렸지. 내겐 이미 힘도 없다. 어떤 일에든지 의욕이 없어졌어. 나는 이젠 아무런 쓸모도 없어져 버렸어. 여기 있는 이런 것들과 함께 묻어 주려무나……"

아들은 아기를 안듯이 어머니를 가슴에 꽉 품어 안았다.

"걱정 마세요. 안심하세요. 이젠 아무 생각도 마세요……"

그녀는 조금씩 기분이 안정되었다.

"나도 참 바보같지. 부끄럽구나…… 하지만 내가 왜 이럴까? 도대체 왜 이럴까?"

이 일꾼다운 노파는 자신의 힘이 왜 이렇게 갑자기 꺾여 버렸는지 도무지 알 수가 없었다. 그녀는 그저 부끄러워하고 있었다. 아들은 그런 것을 모른 체하며 말했다.

"좀 피곤하셨나 봐요, 어머니."

크리스토프는 애써 아무렇지도 않은 체하며 말했다.

"아무것도 아녜요. 금방 괜찮아지실 거예요……"

그러나 한편으로 걱정이 되었다. 그는 어려서부터 온갖 고난을 묵묵히 참고 견디어 온, 참을성 많고 용감한 어머니의 모습을 익히 보아 왔다. 그래서 이처럼 그 자리에 주저앉아 어쩔 줄 모르는 어머니의 모습을 보자, 어쩐지 무서워진 것이다.

크리스토프는 어머니를 도와 방바닥에 흩어진 물건들을 챙겼다. 어머니는 가끔 어떤 물건들을 치우는 데 꾸물거렸다. 크리스토프는 어머니의 손에서 그것을 살짝 빼앗곤 했다. 어머니는 아들이 하는 대로 내맡기고 있었다.

*

이날부터 크리스토프는 지금까지보다도 더욱 어머니와 함께 있으려고 했다. 일을 마치자마자 곧 제 방에 틀어박히지 않고 어머니에게로 갔다. 어머니가 얼마나 고독한가를, 또한 어머니에겐 고독을 견디어 낼 힘이 없다는 것을 그는 느끼고 있었다. 어머니를 홀로 내버려 두기는 위험스러웠다.

저녁이면 거리로 난 창문을 열고 어머니와 함께 창가에 앉는다. 바깥 풍경이 점차 스러져 갔다. 사람들은 바삐 집으로 걸어가고 있다. 조그만 불빛이 먼 집들마다 켜져 있다. 두 모자는 그것을 이미 몇 번이고 보아 왔다. 그러나 그것도 이제는 보지 못하게 되는 것이다. 어머니와 아들은 띄엄띄엄 말을 나누었다. 서로들 잘 알고 있는, 전부터 빤히 알고 있는 저녁나절의 사소한 일들을 언제나 새삼 흥미롭게 입에 담곤 했다. 또 때로는 피차 오래도록 침묵에 잠겨 있는 수도 있었다. 루이자는 머릿속에 문득 떠오르는 추억이나 아무 상관도 없는 이야기를 별다른 까닭도 없이 그저 늘어놓는다. 자애로운 마음이 곁에 있다는 것을 느끼는 지금에는, 그녀의 혀는 훨씬 풀려 있었다. 그녀는 이야기를 하려고 애썼다. 그러나 그것은 어려운 일이었다. 이미 식구들과 떨어져 있는 습관이 붙어 있었기 때문이다. 자신과 이야기를 하기에는 아들들이나 남편은 너무나 현명하다는 생각이 들었다. 그러므로 그들의 화제에 끼어들 용기가 없었던 것이다. 어버이를 생각하는 마음이 두터운 크리스토프의 부드러운 배려가, 그녀에게는 새삼스럽고도 한없이 기쁜 것이었다. 그러나 또한, 마음이 켕기는 듯한 느낌도 들었다. 말이 입 밖으로 쉬이 나오지 않았다. 자신을 표현하기가 힘들었다. 끝까지 말을 다하지 못하고 얼버무린 채 끝맺었다. 때때로 자신이 지껄인 말을 부끄러워하고는, 아들의 얼굴을 바라보며 말을 중간에서 끊었다. 그럴 때면 아들은 어머니의 손을 꼭 쥐여 준다. 어머니는 마음이 푹 놓인다. 그는 이 어린애 같은 어머니의 영혼에 대해 애정과 연민의 정으로 가슴속이 가득해짐을 느꼈다. 어린 시절에는 그가 이 영혼 속에 옴츠리고 있었는데, 이제는 그 영혼이 그에게 기대려 하는 것이다. 아들 말고 다른 이에게는 아무런 흥미도 없는 자질구레한 이야깃거리나, 항상 평범하고 기쁨도 없었던 반평생의 무의미한 추억담—그러나 루이자에게는 한없이 가치 있는 일로 마음에 남은 추억담—등에, 그는 서글픈 즐거움을 맛보곤 했다. 때로 아들은 어머니의 말을 끊으려고도 했다. 그런 추억담이 어머니를 더욱 슬프게 하지나 않을까 두려웠기 때문이다. 그러고는 어머니에게 일찍 잠자리에 들라고 한다. 어머니는 아들의 심경을 잘 알 수 있었다. 그리고 감사하는 눈으로 말하는 것이었다.

"괜찮단다, 안심하거라. 엄마는 이러고 있는 것이 좋아. 조금만 더 이러고 있겠다."

밤이 깊어지고, 사람들이 잠들어 주위가 고요해질 때까지 두 사람은 그렇게 꼼짝하지 않고 있었다. 그러다가 서로 밤 인사를 하며 헤어진다. 어머니는 여러 근심의 일부를 어깨에서 내려놓아 조금은 마음이 가벼워진 심정이 되고, 아들은 새로운 이 무거운 짐 때문에 가슴이 가득 차는 것이었다.

이사하는 날이 다가왔다. 그 전날 밤 두 모자는 등불도 켜지 않은 방 안에서 여느 때보다도 오래도록 그렇게 꼼짝 않고 앉아 있었다. 두 사람 모두 말이 없었다. 가끔 루이자가 "아아, 아아!" 한숨을 토할 뿐. 크리스토프는 다음날의 이사에 대해서 자세한 여러 문제에 주의를 기울이려고 애썼다. 어머니는 좀처럼 잠자리에 들려 하지 않았다. 아들은 부드럽게 어머니를 타일러 억지로 잠자리로 가게 했다. 그러나 자신은 자기 방으로 다시 올라가서도 좀처럼 자려 하지 않았다. 창밖으로 몸을 내밀어, 어둠을 뚫고 집 아래를 흐르는 어두운 강물을 마지막으로 다시 한 번 내려다보려고 애를 썼다. 민나의 집 정원에 있는 큰 나무들 사이로 쏴아쏴아 바람 소리가 들려온다. 하늘은 시커멓다. 큰길에는 행인도 없었다. 차가운 비가 내리기 시작했다. 풍향계가 삐걱거린다. 이웃집에서 어린애가 운다. 밤의 어둠은 무겁고 음침하게 땅 위에 내리덮이고 있다. 시간을 알리는 시계의 단조로운 소리, 30분과 15분을 새기는 조잡한 소리가, 지붕을 때리는 빗소리로 점철된 음울한 침묵 속에서 잇달아 들려오고 있다.

크리스토프는 마음마저 얼어붙은 듯한 심정이었다. 그가 가까스로 잠을 잘 결심이 섰을 때 아래층 창문이 닫히는 소리가 들렸다. 잠자리에 든 크리스토프는 홀로 생각했다. 과거에 집착하는 것은 가난한 사람으로서는 잔인한 일이라고. 가난뱅이에게는 부자들처럼 과거를 가질 권리가 없기 때문이다. 그들에게는 집 한 채도, 추억을 간직해 둘 만한 구석도 없다. 그들의 기쁨, 그들의 괴로움, 그들의 나날은 바람에 흩날려 버리고 마는 것이다.

*

이튿날, 어머니와 아들은 억수로 쏟아지는 빗줄기를 무릅쓰고 초라한 가구를 새집으로 옮겨 갔다. 가구상인 피셔 노인이 짐수레와 조그만 말을 빌려 주었고, 몸소 와서 거들어 주었다. 가구를 몽땅 날라 갈 수는 없었다. 새로 이사가는 집은 지금까지 살던 집보다도 훨씬 좁았기 때문이다. 크리스토프 는 어머니에게 몹시 낡고 당장 쓸데없는 가구는 놓아두고 가도록 하자고 설 득해야만 했다. 그러나 그것은 쉬운 일이 아니었다. 아무리 보잘것없는 것일 지라도 루이자에게는 여간 값진 것이 아니었기 때문이다. 절름발이 탁자 하 나, 망가진 의자 하나라도 어머니는 버리고 싶지 않았다. 피셔 노인도 할아 버지와 오래전부터 사귀어 온 사이라 말참견을 할 수 있는 처지였으므로, 크 리스토프와 함께 어머니에게 잔소리를 해야 했다. 본디가 선량한 이 노인은 루이자의 괴로움을 알고도 남음이 있었으므로, 그 소중한 파손품 몇몇은 나 중에 어머니가 찾으러 올 때까지 보관해 준다는 약속을 할 수밖에 없었다. 그제야 어머니는 가슴이 찢어지는 듯한 쓰라림 속에 그것들과 헤어지기를 승낙했다.

두 동생에게는 미리 이사간다고 통지를 해 놓았다. 그런데 에른스트는 이 삿날 올 수 없다며 그 전날에 미리 다녀갔다. 로돌프는 낮에 잠깐 모습을 보 였을 뿐이다. 그는 가구가 마차에 실리는 것을 보며 두어 마디 주의를 주고 는 총총히 돌아가고 말았다.

이삿짐을 실은 마차는 진창길로 나아갔다. 끈적끈적한 포석 위에서 자꾸 미끄러지는 말의 고삐를 크리스토프는 꼭 쥐고 있었다. 루이자는 아들 옆에 서 걸으면서 비를 막아 주려고 애썼다. 그 다음은 축축한 방 안을 살림방으 로 꾸미는 우울한 작업이었다. 방은 나직이 드리운 하늘의 창백한 빛을 반영 하여 여느 때보다 음울했다. 집주인 댁 식구들이 여러모로 신경을 써 주지 않았더라면 아마도 두 사람은 무겁게 짓누르는 절망감과 싸울 수조차 없었 을 것이다. 마차는 돌아갔다. 짐은 방 안에 너저분하게 쌓인 채 밤이 닥쳤 고, 크리스토프와 루이자는 피곤에 지쳐 한 사람은 상자 위에, 한 사람은 부 대 위에 축 늘어져 앉았다. 그런데 그때 계단에서 조그만 헛기침 소리가 들 려왔다. 누군가가 문을 두드렸다. 집주인 오일러 노인이 들어섰다. 노인은 새로 세를 든 친애하는 이들에게 방해가 되지 않을까 정중히 사과부터 했다. 그러고는 무사히 이사를 마친 첫날 저녁을 축하하기 위하여 가족끼리 식사 를 함께 하자고 권하는 것이었다. 루이자는 슬픔에 잠겨서 사양하려 했다. 크리스토프도 그들 주인집 가정의 단란한 분위기 속에 끼어들기가 선뜻 내키지 않았다. 그러나 노인은 꼭 참석해 달라고 간청했다. 크리스토프도 새 집으로 옮겨 온 첫날부터 너무 울적한 생각에만 잠겨 지내지 않는 편이 어머니를 위해서도 좋다는 생각이 들어, 어머니로 하여금 억지로 승낙하게 했다.

두 사람은 아래층으로 내려갔다. 한집안 사람들이 모두 모여 있었다. 노인과 그의 딸, 사위인 포겔, 크리스토프보다 조금 손아래인 손자 남매 등등이었다. 모두 기쁜 듯이 두 사람을 둘러싸며 잘 오셨다고 환영 인사를 한 다음 피곤하지는 않으냐, 방이 마음에 드느냐, 뭐 필요한 것은 없느냐고 자상하게 물었다. 하도 여러 질문을 받는 바람에 크리스토프는 당혹스러운 나머지, 무슨 말을 하는지 전혀 알아들을 수가 없었다. 저마다 한꺼번에 질문을 하기 때문이었다. 이미 식탁에는 수프가 나와 있었다. 모두들 식탁에 자리를 잡았다. 그런데도 계속 법석들이었다. 오일러의 딸인 아말리아는 곧 루이자에게 이것저것 가르쳐 주기 시작했다. 이웃들의 특별한 사정, 시내 지리, 자기 집의 습관과 특징, 우유 배달부가 지나가는 시간, 자신이 아침에 일어나는 시간, 드나드는 온갖 상인들에 대한 얘기며 그들에게 치르는 물건 값 등등을. 그러한 모든 것을 몽땅 설명해 버리기까지는 좀처럼 루이자를 놓아주려 하지 않았다. 루이자는 꾸벅꾸벅 졸면서 그런 설명에 대해 흥미를 느끼고 있는 척해 보이려 애썼다. 그러나 어머니가 모처럼 입에 올리는 말은 어머니가 전혀 아무것도 알아듣지 못했다는 것을 반증할 뿐이었다. 아말리아는 분개한 듯이 소리를 치며 다시 되풀이했다. 늙은 서기인 오일러는 음악가 생활의 어려움을 크리스토프에게 설명하고 있었다. 크리스토프의 다른 쪽에는 아말리아의 딸 로자가 앉아 있어, 식사가 시작될 때부터 그침 없이 재잘거리고 있었다. 그것은 미처 숨을 쉴 틈도 없을 정도의 능변이었다. 로자는 한 문구의 도중에 숨이 차서 말을 끊었다가, 곧 또 말을 잇는 것이었다. 음울한 표정의 포겔은 식사에 대해서 투덜거렸는데, 이것이 열띤 토론의 주제가 되었다. 아말리아도 오일러도 손녀도 마침내 그들 자신의 화제를 집어치우고 이 논쟁에 가담했다. 스튜에 소금을 너무 많이 쳐서 짜지 않으냐, 또는 적게 쳐서 싱겁지 않으냐 하는 문제에 대해서 끝없는 논쟁이 펼쳐졌다. 서로들 묻고 따지고 했으나, 일치되는 의견 따위는 하나도 없었다. 저마다 옆 사람의 미각(味覺)을 경멸하고 자신의 미각만이 정확하며 건전하다고 믿고 있었다. 이 논쟁은 최후의 심판 날까지도 이어질 것 같았다.

그러나 끝내는 날씨가 궂다는 것을 함께 불평하는 데서 모두의 의견이 일치되었다. 오일러 집안사람들은 루이자와 크리스토프의 슬픔을 부드럽게 쓰다듬어 주며 크리스토프가 감동할 정도의 따뜻한 말로 두 사람의 기특한 행위를 칭찬해 주기도 했다. 그들은 세든 사람들의 불행만이 아니라 자신들의 불행, 모든 친구들이나 지인들의 불행마저 끌어들여 화제로 삼으면서 만족을 느끼고 있었다. 그러면서 착한 이는 언제나 불행하고, 이기주의자나 정직하지 못한 무리만 기쁨을 얻는다는 데 의견 일치를 보았다. 그리고 결론은 인생이란 슬픈 것이다, 인생이란 아무런 쓸모도 없는 것이다, 괴로워하기 위해서 사느니보다는, 물론 하느님의 뜻에는 맞지 않을지라도 죽는 편이 훨씬 낫다는 것으로 귀착되었다. 이러한 생각은 크리스토프가 지금 지닌 염세관과 거의 같은 것이어서, 그는 집주인 댁 사람들에게 더욱 존경심을 품게 되었으며, 그들의 조그만 결점은 눈감아 주게 되었다.

다시 어질러진 방으로 올라간 크리스토프 모자는 여전히 서글프고 피로한 심정에 젖어 들긴 했으나 고독감은 좀전보다 훨씬 엷어져 있었다. 피로와 시내의 잡음 때문에 깊은 잠을 이룰 수 없었던 크리스토프는 한밤중에 눈을 뜨자, 벽을 흔들어 대는 무거운 차바퀴 소리와 아래층에서 자는 가족들의 코고는 소리를 들으며 자신으로 하여금 이렇게 믿게 하려고 애썼다. 나와 똑같은 불행으로 괴로워하고 있고 나를 이해해 주고 있는 것 같은, 그리고 나도 그들을 이해할 수 있을 것 같은 성실하고 정직한 이들—사실은 좀 귀찮은 데가 있긴 하지만—사이에서 지내는 지금 처지는, 비록 행복하지는 않다 치더라도 그전만큼 불행하지는 않다고.

그러다가 간신히 잠이 들었다 싶더니만 새벽녘부터 눈이 뜨여 짜증이 나는 것은 어쩔 수가 없었다. 이웃 사람들이 아귀다툼을 벌이며 떠들어 대는 소리, 안마당과 계단에 물을 뿌리고 씻어 내느라 마구 눌러 대는 펌프의 삐걱거리는 소리가 그의 선잠을 깨운 것이다.

*

유스투스 오일러는 등이 구부정한 조그만 몸집의 늙은이였다. 침착하지 못한 음울한 눈초리에 울퉁불퉁하고 불그레한 주름투성이 얼굴이며, 이는 다 빠진데다가 손질도 잘 안 된 수염을 언제나 손으로 꼬며 만지곤 했다. 지극히 선한 사람으로서, 좀 지나칠 만큼 사람됨이 깔깔하고, 게다가 철저한 도덕가여서 크리스토프네 할아버지와는 상당히 죽이 맞았다. 할아버지를 닮았다고 말하는 사람도 있었다. 사실 그는 할아버지와 같은 시대 사람이며 같은 이념을 지니고 자라난 사람이었던 것이다. 다만 그에게는 장 미셸의 강건한 육체적인 생명력이 결여되어 있었다. 다시 말해서, 많은 점에서는 장 미셸과 같이 생각하면서도 근본적으로는 거의 닮지 않은 것이다. 인간을 형성하는 것은 그 사상보다는 체질이기 때문이다. 인간을 그들이 지닌 이지로써, 어떠한 인위적 또는 실제적인 형태로 구별할 수 있더라도, 결국 인류는 크게 건강한 사람과 건강치 못한 사람으로 구별되는 것이다. 오일러 영감은 전자에 속하지 못했다. 그는 할아버지처럼 도덕을 일러 말하곤 했다. 그러나 그의 도덕은 할아버지와 같은 것이 아니었다. 그의 도덕에는 할아버지의 그것 같은 튼튼한 위(胃)도 폐(肺)도 쾌활한 얼굴도 없었다. 그와 그의 가족 내부에 있는 모든 것은 훨씬 빈약하고 답답한 설계 위에 세워져 있었다. 40년간의 관리 생활 끝에 지금 은퇴한 그는 할 일이 없는 슬픔을 간직하고 있었다. 만년을 대비해서 내부 생활의 자원을 비축해 두지 않은 노인들에게 이 무위(無爲)란, 무겁고 괴롭게 느껴지게 마련이다. 선천적 또는 후천적으로 얻은 그의 온갖 습관, 그가 직업에서 얻은 모든 습관은, 그에게 어딘지 소심하고 서글픈 성격을 주었다. 또 이러한 경향은 그의 자식들 하나하나에게서도 어느 만큼은 찾아볼 수 있었다.

사위인 포겔은 사법부 관리로 나이는 쉰 살쯤 되었다. 키가 늘씬하고 몸집이 좋으며 머리는 대머리이고 금테 안경으로 관자놀이를 꼭 죄고 있으며, 제법 건강해 보이는 얼굴이었으나 그 자신은 스스로 병자로 자처하고 있었다. 자신이 생각하고 있는 그런 병은 분명히 가지고 있지 않았으나, 시시한 직무 때문에 정신은 멍청해져 있고 앉아만 있는 바람에 육체는 적이 손상되어 있어, 어쩌면 병자라고 말해도 좋을지 모르는 사람이었다. 본디가 대단히 근면한 사람이고 재능도 없지 않으며 교양도 얼마간 쌓고 있었으나, 부조리한 근대 생활의 희생자로서 관청의 책상 앞에 붙잡아 매인 숱한 관리들처럼 우울증의 악마에 사로잡혀 시달리고 있었다. 괴테가 '음울하고 비(非)그리스적인 우울병 환자'라고 일컬으며, 한편으로는 동정하면서도 조심스럽게 피하곤 하던 그 불행한 무리 가운데 하나였던 것이다.

아말리아는 이들 중 누구와도 달랐다. 강건하고 수선스럽고 활동적이며 남편의 우는소리를 들어도 동정할 줄을 몰랐다. 그러기는커녕 거칠게 다그치며 격려해 마지않았다. 그러나 늘 함께 살다 보면 아무리 강한 힘도 꺾이게 마련이다. 부부생활에서 두 사람 중 하나가 신경 쇠약이 되면, 수년 뒤에는 둘 다 신경 쇠약증에 걸릴 가능성은 아주 크다. 아말리아는 포겔에게 고함쳤으나 헛일이었다. 그런 뒤엔 그녀 자신이 남편보다도 더 심하게 한탄하게 되어 버렸다. 그녀는 사납게 타박하던 태도에서 갑자기 비탄하는 태도로 변하여, 조금도 남편에게 이로운 결과를 가져다주지 못했다. 시시한 일을 가지고 시끄럽게 떠들어 대어, 도리어 남편의 지병을 도지게 했다. 끝내는 자신의 비탄이 큰 반향을 일으키는 데 대해서 두려움을 느끼고 있는 불행한 포겔을 압도해 버렸을 뿐만 아니라, 그녀 자신마저 압도해 버리고 말았다. 이제는 그녀가 자신의 건강에 대해서 또는 아버지와 딸과 아들의 건강에 대해서 이유도 없이 한탄하게 된 것이다. 그것은 하나의 병적인 버릇이 되었다. 너무도 자주 그 문제를 입에 올리는 바람에 나중에는 그것을 진짜로 믿어 버린 것이다. 하찮은 감기에도 몹시 근심했고 모든 것이 불안의 씨가 되었다. 병치레 없이 무사히 지내다 보면 이러다간 머지않아 앓게 되지나 않을까 걱정이 되기도 했다. 이렇게 생활은 끊임없는 위구심 속에서 지나갔다. 그런데 아무도 병이 들지는 않았다. 이렇게 밤낮없이 한탄하는 것이 도리어 가족들의 건강을 유지하는 데 도움이 되는 듯도 싶었다. 모두들 언제나처럼 먹고 자고 일했다. 그 때문에 가정생활이 느슨해지는 법이라곤 없었다. 아말리아의 활동력은 아침부터 밤까지 집 안에서 위아래로 오르락내리락하며 일하는 것만으로는 결코 만족할 줄 몰랐다. 주위 사람들도 다 함께 힘껏 노력하지 않으면 만족하질 못했다. 이래서 가구가 이리저리 옮겨지거나 포석이 씻기거나 마루를 닦으며 지껄이는 소리와 발소리가 소란스럽게 들리며, 끊임없이 모든 것이 흔들리기도 하고 움직여지기도 하는 것이었다.

두 아이는 어느 누구도 자유롭게 제멋대로 내버려 두길 거부하는 이런 시끄러운 권력에 짓눌려서, 그에 복종하는 것을 당연한 일이려니 믿고 있는 모양이었다. 아들인 레온하르트는 무표정하지만 예쁜 생김새에 태도는 예의바르고 꼼꼼했다. 딸인 로자는 금발에, 파랗고 온화하고 부드러운, 꽤 아름다운 눈을 가졌다. 아름다운 얼굴빛은 시원스러웠고 매우 싹싹해 보이는 태도 때문에 귀엽게 보일 법했으나, 다만 코가 좀 지나치게 크고 볼품없게 자리잡고 있어, 그것이 얼굴을 둔중하게 하여 마치 얼빠진 것 같은 인상을 자아냈다. 로자는 바젤 미술관에 있는 홀바인이 그린 소녀—마이어 시장의 딸—를 생각나게 했다. 그 소녀는 눈을 내리깔고 앉아 있었다. 두 손을 무릎 위에 놓고 빛깔이 엷은 머리를 어깨 위로 풀어 늘어뜨리고 못생긴 코에 신경을 쓰고 있는 듯한 표정이었다. 그런데 로자는 코 같은 데는 도대체 신경을 쓸 줄 몰랐다. 그런 것이 그녀의 지칠 줄 모르는 재잘거림을 결코 방해하진 않았다. 무엇인가를 종알거리는 그녀의 높고 날카로운 음성이 끊임없이 들리고 있었다. 마치 할 말을 미처 다 해 버릴 시간이 없다는 듯, 그녀는 쉴 없이 숨을 헐떡거리고 끊임없이 흥분하며 열중하는 소리를 냈다. 어머니나 아버지나 할아버지가 아무리 화를 내도 소용없었다. 그러나 그들이 화를 내는 것은 그녀가 언제나 종알거리기 때문이라기보다는, 그녀 탓으로 자기네 지껄임이 훼방당하기 때문이었다. 이들 선량하며 의리 밝고 헌신적인 훌륭한 사람들, 정직한 사람의 본보기라고 할 만한 사람들은 거의 모든 미덕을 지니고 있었으나 단 한 가지, 인생을 매력 있게 해 주는 미덕, 즉 침묵의 미덕이 결핍되어 있었던 것이다.

*

크리스토프는 참을성 있는 심경이 되어 있었다. 슬픔은 그의 편협하고 분격하기 쉬운 성질을 부드럽게 해 주었다. 그는 고상한 사람들이 지니는 잔인한 냉담성을 너무나 뼈저리게 겪었으므로, 우아한 점도 없고 몹시 따분한 사람들이긴 하지만 인생에 대해서 엄숙한 생각을 지니고 있는 정직한 사람들의 가치를 한층 더 절감하게 되었다. 기쁨 없는 삶을 살고 있는 그가 보기에 그들은 결함 없는 생활을 하고 있는 것 같았다. 그들은 훌륭한 사람들이며 자신의 마음에 들 것이 틀림없다고 믿어 버렸으므로, 크리스토프는 독일 사람답게 그들이 정말 자신의 마음에 든다고 믿으려 애썼다. 그러나 그것은 잘되지 않았다. 자기 판단에 따른 마음 편한 안정과 자신의 쾌적한 생활이 흐트러질까 두려워서, 보기에 불쾌한 것은 보지 않으려 하고 또한 보지도 않는, 저 독선적인 독일식 이상주의가 그에게는 결여되어 있었다. 그와는 반대로 그가 남을 사랑하려 들면 그들의 결점이 뚜렷이 느껴지곤 했다. 왜냐하면 그는 전혀 아무런 제한 없이 사랑하고 싶어하기 때문이었다. 그것은 일종의 무의식적인 성실성이며 진실에 대한 억제할 길 없는 욕구로서, 가장 친애하는 사람들에 대해서 그를 한층 통찰력 있고 한층 까다로운 인간으로 만드는 것이었다. 이리하여 그는 집주인 댁 식구들의 결점에 대하여 남몰래 불만을 느끼게끔 되었다. 그들은 자신들의 결점을 속이려 들지 않았다. 참을 수 없는 결점을 송두리째 드러내 놓고 있었다. 가장 좋은 장점은 그들의 깊숙한 곳에 숨어 있었다. 크리스토프도 그렇게 생각하고는 공정하지 못한 자신을 책망하며, 첫인상보다는 그들이 조심스럽게 숨기고 있는 훌륭한 장점을 찾아보려고 시도하기에 이르렀다.

크리스토프는 유스투스 오일러 노인과 애써 말동무가 되고자 했다. 노인도 그러길 바랐다. 할아버지가 이 노인을 사랑하며 칭찬하던 일을 기억하고 있었으므로 그는 노인에 대해서 은밀한 공감을 느꼈다. 그러나 선량한 장 미셸은 크리스토프 이상으로 친구에게 환상을 품는 행복한 능력의 소유자였다. 크리스토프도 이를 깨달았다. 오일러가 할아버지에 대해서 어떠한 추억을 지니고 있는지 알려 했으나 헛일이었다. 그에게서 끄집어낼 수 있었던 것은 매우 희화화되고 퇴색한 장 미셸의 모습과, 도무지 흥미도 없는 회화의 단편에 지나지 않았다. 오일러의 이야기는 으레 이런 말로 시작되었다.

"불쌍한 네 할아버지에게 내가 언제나 말했다시피……"

그는 자기 자신이 말한 것 말고는 무엇 하나 듣지 않았던 것이다.

아마 장 미셸 또한 그와 같이 듣고 있었을 것이다. 무릇 대부분의 교우란 남을 상대로 자신의 이야기를 지껄이기 위한 상호적인 자기만족의 결합에 불과하다. 그러나 적어도 장 미셸은 지껄이는 재미에 아무런 사심 없이 몸을 맡기긴 했으나, 늘 무슨 일에든 가리지 않고 공감을 지니고 있었고 모든 일에 흥미를 느꼈다. 새 시대의 경이적인 발명을 보거나, 새 시대의 사상에 참여하거나 하기 위해 앞으로 15년을 더 살 수 없음을 섭섭하게 생각했다. 그는 인생을 살아가는 데 가장 귀중한 특질을 지니고 있었던 것이다. 나이를 먹어도 변질됨이 없이 매일 아침마다 새로이 되살아나는 그 신선한 호기심을. 다만 그는 이 천부적 혜택을 이용할 수 있는 재능이 없었다. 그러나 이것은 재능 있는 숱한 사람들이 얼마나 부러워하던 것인가! 대부분의 사람들은 나이 스물이나 서른에 죽어 버린다. 그 시기가 지나면 그들은 이미 자기 자신의 반영(反映)에 지나지 않는다. 그들의 나머지 생애는 한갓 스스로를 모방하는 데 헛되이 쓰여 없어질 뿐이다. 그 옛날 그들이 살아 있던 때의 말과 행동과 생각과 사랑하던 것을, 날이 갈수록 더욱 기계적으로 또한 더욱 멋없이 되풀이하는 데 그치는 것이다.

　오일러 노인이 살아 있었던 것은 이미 아득한 옛적의 일이요, 또한 그나마도 아주 조금밖엔 살아 있지 않았으므로, 그에게 지금 남아 있는 것이라곤 매우 빈약한 것뿐이었다. 그는 자신의 옛 직업과 가정 말고는 아무것도 아는 것이 없었고, 또한 알려고도 하지 않았다. 그는 모든 일에 대해 청소년 시절부터 변치 않는 기성관념을 지니고 있었으며 스스로 예술에 정통하다고도 자부하고 있었다. 그러나 일반적으로 정평 있는 이름을 아는 것으로 만족했고, 그러한 사람에 대해서는 으레 과장적인 판에 박은 말을 되풀이하기만 했다. 그 밖의 사람들은 하나같이 무가치하다는 것이다. 근대 예술가가 언급되면 그는 전혀 귀를 기울이지 않고 화제를 딴 데로 옮기는 것이었다. 그는 음악을 좋아한다고 자부하고 있었다. 가끔 크리스토프에게 연주를 청하기도 한다. 그러나 크리스토프가 한두 번 요청에 응해서 치기 시작하면, 노인은 큰 소리로 딸과 떠들기 시작한다. 마치 음악 이외의 모든 것에 대한 그의 흥미를 음악이 더욱 높여 준 격이었다. 크리스토프는 분개하여 곡을 멈추고 자리를 박차고 일어선다. 아무도 그런 줄조차 모르고 넘어가는 것이었다.

　비교적 조용히 그들의 귀를 사로잡고 절대적인 상찬을 받는 특권을 지닌 곡은 고작 낡은 서너 곡에 지나지 않았다. 그중 어떤 것은 매우 아름답고 또어떤 것은 너무나 변변치 못한 것이었으나, 모두 세상에 정평이 나 있는 곡이었다. 곡의 첫 선율부터 노인은 황홀해져서 눈에 눈물을 글썽거렸다. 그것은 지금 맛보는 기쁨이라기보다는 일찍이 맛본 기쁨이었다. 그러한 곡 가운데 어떤 것은, 예컨대 베토벤의 《아델라이데》 같은 것은 크리스토프에게도 귀중한 것이긴 했으나, 이윽고 그는 그러한 곡을 혐오하기에 이르렀다. 노인은 그러한 곡의 첫 소절을 곧잘 콧노래로 흥얼거리고는 "이거야말로 음악이지" 하며, 그에 견주어 '멜로디 없는 근대의 저속한 음악'을 멸시하곤 했다. 확실히 그는 음악에 대해서는 하나도 아는 것이 없었던 것이다.

　그에 비하면 사위는 한층 교양이 있었고, 예술계의 동향도 잘 알고 있었다. 그러나 그게 오히려 좋지 않았다. 그는 자신의 판단에 항상 중상적인 정신을 관여시키고 있었기 때문이다. 그에게 취미나 지성이 결여되어 있는 것은 아니었다. 다만 그는 근대적인 것을 상찬할 마음의 자세가 서지 않는 것이었다. 만약에 모차르트나 베토벤이 그와 같은 시대의 사람이었더라면 그는 그들 역시 헐뜯었을 것이며, 바그너나 리하르트 슈트라우스가 한 세기 전에 죽었더라면 그들의 가치를 인정했을 것이다. 그의 음침한 기질은 자신이 살아가고 있는 바로 지금 위인이 살고 있다는 것을 받아들일 수 없었다. 그렇게 생각하자니 불쾌했다. 그는 자신의 생활에 실패해서 몹시 괴팍스러워져 있었다. 그러고 보니 누구나 생활에 실패하며 또 그럴 수밖에 없다고 고집스레 생각했으며, 그렇지 않다고 믿는 자나 주장하는 자는 바보나 어릿광대 중 하나라고 믿고 싶어했다.

이러다 보니 그는 새로 유명해진 사람들에 대해서는 신랄하게 빈정거리는 투로만 이야기했다. 그 자신은 바보가 아니어서 첫눈에 그들의 약점이나 우스꽝스러운 면을 발견할 수 있었다. 새로운 이름에 접할 적마다 그는 경계했다. 그 예술가에 대해 알려고 하기에 앞서, 그는 먼저 그 사람을 비난하려는 자세를 가졌다. 그가 그 사람을 전혀 모르기 때문이었다. 그가 크리스토프를 얼마간 동정하고 있었던 것도 염세적인 이 소년이 자기처럼 인생은 몹시 힘들고 고된 것이라고 생각하고 있었기 때문이며, 게다가 또 이 소년에게 천재는 없다고 생각하기 때문이었다. 서로가 똑같이 무력하다는 것을 인정하는 것은, 불만스럽고 불평투성이인 시시한 영혼을 서로 접근시키는 법이다. 또한 자신이 행복하지 않으니 남의 행복도 부정하려 드는 변변치 못한 사람이나 병자의 어리석은 염세관에 접하는 것보다 더, 건전한 사람들에게 건강을 향한 욕구를 주는 것은 없을 것이다. 크리스토프는 그것을 경험했다. 그러한 음울한 사상은 본디 친근한 것이긴 했다. 그러나 그것을 포겔의 입을 통해서 듣게 되니, 그리고 자신이 더는 그 사상에 물들어 있지 않다고 여겨지니 그는 놀랄 수밖에 없었다. 그러한 사상은 그에게 적대적인 것이 되어 있었고, 그는 그에 대해 불쾌감을 느꼈던 것이다.

아말리아가 하는 짓은 그에게는 더더구나 괘씸한 것이었다. 이 성실하고 정직한 부인은 결국 크리스토프의 이론을 의무로써 실행하고 있는 데 지나지 않았다. 그녀는 기회 있을 때마다 의무라는 이 말을 입에 올렸다. 아말리아는 쉬지 않고 일하고 있었다. 그리고 남들도 자기처럼 일하길 바랐다. 이러한 근면성은 다른 사람이나 자기 자신을 더한층 행복하게 하는 것을 목적으로 한 것은 아니었다. 아니, 그야말로 그 반대였다. 주요한 목적은 남들을 훼방하고, 생활을 신성화하기 위해서 그것을 될 수 있는 대로 불쾌하게 만드는 것이라고도 말할 수 있을 정도였다. 많은 아낙네들로서는 다른 온갖 도덕적이며 사회적인 의무 대신의 구실을 하는, 가정에서의 이 성스러운 의무, 더할 수 없이 신성한 이 직무를 한순간이라도 그녀로 하여금 멈추도록 하기란 그 누구도 불가능했으리라. 마룻바닥을 닦고, 포석을 씻어 내고, 문손잡이를 번쩍거리게 하고, 깔개를 힘껏 쳐서 먼지를 떨고, 의자나 탁자나 장롱을 이리저리 옮기고 하는 일을 정해진 그날 그 시간에 하지 않는다면, 자신은 이미 글러 버린 사람이 되었다고 그녀는 생각했을 것이다. 그렇게 그녀는 부지런히 일하는 것으로써 허영심을 만족시키고 있었다. 그것이 자신의 명예가 되기라도 하듯이. 하기야 많은 부인들은 자신의 명예란 것을 이런 식으로 생각하며 지켜 가고 있는 것은 아닐까? 그녀들의 명예란 늘 번쩍거리게 해 두어야 하는 가구 같은 것이며 초칠을 잘해 둔 차갑고 단단한, 그리고 미끈미끈한 마룻바닥 같은 것임이 분명하다.

자신의 직무를 다하고도 포겔 부인은 별달리 여유로워지지도 않았다. 하느님의 손으로 주어진 의무처럼 그녀는 하찮은 가사에만 열중하고 있었다. 자신처럼 일하지 않는 여자, 휴식을 취하는 여자, 일 사이에 나름 생활을 즐길 줄 아는 여자들을 낮추어 보고 있었다. 그녀는 루이자가 일하다 말고 앉아서 몽상에 잠겨 있노라면 그 방까지 쳐들어와서 귀찮게 치근거렸다. 루이자는 한숨지었으나 난처한 듯이 미소를 머금으며 그녀의 말을 좇곤 했다. 다행히도 크리스토프는 그런 일은 까맣게 모르고 있었다. 아말리아는 그가 외출하길 기다렸다가 그들의 방으로 침입했던 것이다. 지금까지 아말리아는 직접 크리스토프를 공격한 적은 없었다. 그런 짓을 당했더라면 크리스토프는 아마 참아 낼 수 없었을 것이다. 크리스토프는 자신이 아말리아에 대해 남모르게 적의를 품고 있는 상태임을 느끼고 있었다. 가장 용서할 수 없었던 것은 아말리아가 소란스럽게 부산을 떠는 점이었다. 이것만은 어떻게 배겨내지 못할 지경이었다. 자기 방에 틀어박혀서—그것은 안마당에 면한 천장이 낮은 조그만 방인데—집 안의 소음을 듣지 않으려고 환기가 나쁜 것을 무릅쓰고 창을 꼭 닫았으나, 아무래도 그 소음을 피할 수 없었다. 도리어 자극된 주의력으로 무의식 중에 아래층의 아무리 미미한 소리에도 열심히 귀 기울였던 것이다. 어쩌다 잠깐 조용하다가 갑자기 요란스러운 목소리가 칸 막이벽과 마룻바닥을 뚫고 다시 들려오기라도 하면 자기도 모르게 발끈 화가 났다. 그는 고래고래 악을 쓰고 발을 쾅쾅 구르며 벽 너머로 온갖 욕설을 퍼부었다. 이럴 땐 집 안이 소란스러워 아무도 그것을 깨닫지 못했다. 모두들 그가 작곡을 하고 있으려니 생각했다. 그는 포겔 부인을 욕했다. 이제는 존경도 경의도 품을 수가 없었다. 이럴 땐 그 아무리 방종한 여인이라도 잠자코만 있어 주면, 너무나 떠들어 대는 정직하고 덕성 있는 여인보다도 훨씬 바람직할 거라는 생각이 들곤 했다.

*

이러한 시끄러움을 미워하는 심정이 크리스토프를 레온하르트에게 접근케 했다. 온 집안이 떠들썩한 법석 속에서도 이 소년만은 조용하여, 목소리를 높이는 일이라고는 결코 없었다. 한 마디 한 마디 말을 골라 가며 조금도 서두르지 않고 정확하고 절도 있는 화법으로 말을 했다. 성급한 아말리아에겐 그가 말을 맺기까지 기다릴 만한 참을성이 없었다. 모두들 그의 느릿느릿한 말투에 진저리를 내며 고함을 쳤다. 그래도 그는 전혀 동요되지 않았다. 누구도 그의 침착한 태도와 공손하고 겸허한 태도를 흐트러뜨릴 수는 없었다. 크리스토프는 레온하르트가 성직자 생활로 들어서려 한다는 말을 전부터 듣고 있었다. 이 점에 그의 호기심은 강하게 이끌렸다.

그 무렵 크리스토프는 종교에 대해서는 매우 야릇한 상태에 놓여 있었다. 자신이 어떠한 상태에 처해 있는지 스스로도 알 수가 없었다. 진지하게 그것을 생각해 볼 만한 시간적 여유가 없었다. 충분한 교육도 받지 못했고 게다가 생활의 고달픔에 너무나 마음을 빼앗기고 있었으므로, 자신의 마음을 분석해 보거나 생각을 정돈하거나 하는 일은 지금까지 엄두도 못 냈다.

그는 매우 과격한 기질이어서 자기 마음과 일치하건 말건 전혀 아랑곳하지 않고 극단에서 극단으로, 전면적인 신앙에서 절대적인 부정으로 옮겨 가고 있었다. 행복할 때에는 하느님에 대해서 거의 생각하는 일이 없었다. 그러나 사실 하느님을 믿고 싶은 마음은 있었다. 불행할 때에는 하느님을 생각했다. 그러나 거의 하느님을 믿지는 않았다. 그로서는 하느님이 불행이나 부정을 허용한다는 것은 있을 수 없는 일로만 여겨졌다. 더구나 그는 본디부터 이런 어려운 문제에는 거의 신경을 쓰지 않고 있었다. 근본적으로 그는 너무 종교적이어서 하느님에 대해서는 그다지 생각하지 않았던 것이다. 그는 하느님 속에 살고 있었다. 하느님을 믿을 필요는 없었다. 하느님을 믿는 것은 약한 자나 약해진 자, 결핍된 생활을 하는 자들에겐 좋은 일이다! 식물이 태양을 동경하듯 그들은 하느님을 동경한다. 죽음에 맞닥뜨린 자는 생명을 붙잡고 매달린다. 그러나 자기 속에 태양과 생명을 지닌 사람이 어찌하여 자기 밖으로 그러한 것을 구하러 갈 필요가 있단 말인가?

아마도 크리스토프가 자기 혼자 생활을 영위하고 있었더라면 이와 같은 문제에 머리를 쓸 리는 없었으리라. 그러나 사회생활의 의무가 그로 하여금 이러한 유치하고 시시한 문제에 억지로 생각을 돌리게 했다. 사회에서는 이러한 문제는 다른 것과 조화되지 않을 만큼 큰 자리를 차지하고 있다. 그리하여 인간은 한 걸음마다 그것에 부딪히곤 하기 때문에 언젠가는 결국 결심을 해야 하는 것이다. 힘과 사랑에 넘치는 건강하고 풍요한 영혼에게는, 하느님의 존재가 있고 없고에 대해서 신경을 쓰는 것보다는 더욱 긴급한 할 일이 헤아릴 수 없이 있는데도 말이다! ……하느님을 믿는 것만이 문제라면 그나마 낫다! 그러나 이러저러한 크기, 이러저러한 모양, 빛깔, 그리고 이러저러한 종류의 하느님 하나를 믿어야 하는 것이다! 크리스토프는 그런 일은 생각조차 해 보지 못했다. 예수는 그의 사고 속에서는 거의 어떠한 자리도 차지하지 않았다. 예수를 전혀 사랑하지 않은 것은 아니다. 예수를 생각할 때는 사랑하고 있었다. 그러나 사실은 예수를 생각하지 않는 것이다. 때로 그는 이것을 자책하기도 했다. 그러한 자신을 슬프게 생각했다. 왜 예수에게 좀더 흥미를 느끼지 못하는지 알 수가 없었다. 그러면서도 신자로서 지킬 일은 지키고 있었다. 그의 식구들도 모두 그것을 지켰다. 할아버지는 성경을 즐겨 읽었다. 크리스토프 자신도 꼬박꼬박 미사에 나갔다. 오르간 연주자였으므로 그는 이를테면 미사를 돕는 일을 한 셈이었다. 모범적인 양심으로 그 근무에 전념했다. 그러나 성당에서 나온 뒤에, 그 안에서 도대체 무엇을 생각했는지를 똑똑히 말해 보라고 하면 아마도 그는 몹시 당황했을 것이다. 그는 자신의 생각을 뚜렷이 하고자 성전(聖典)을 읽기 시작했다. 거기에 흥미를 느꼈고 기쁨까지 발견했다. 그러나 그것은 누구도 신성한 책이라고는 일컬을 것 같지 않은, 본질적으로는 다른 책과 조금도 다를 바 없는, 어떤 재미있고 진기한 책에서 발견하는 감정과 똑같은 것이었다. 예수에 공감을 느낀 것은 사실이지만 그는 베토벤에 한층 더한 공감을 품고 있었다. 성 플로리안 성당에 나가 일요일의 제식(祭式)에서 파이프오르간으로 반주를 할 때는, 미사보다는 파이프오르간에 정신이 팔려 있었다. 또 성가대가 멘델스존의 곡을 합창하는 날보다는 바흐를 노래하는 날에 훨씬 종교적인 감정에 젖어 들었다. 어떤 의식은 그에게 열광적인 신앙심을 북돋아 주었다 …… 그러나 그때 그가 사랑한 것은 과연 하느님이었던가? 아니면 어느 날 사제님이 농담으로 말한 것처럼 한갓 음악이었던가? 사제님은 자신의 변덕스런 무심한 말이 그를 곤혹케 했으리라고는 미처 알아차리지 못했다. 다른 사람 같으면 이런 말을 듣고도 별달리 생각하진 않았을 것이요, 그 때문에 조금이라도 생활 태도를 고친다거나 하는 일은 없었으리라. (자신이 무엇을 생각하는지조차 모르며 태연히 살고 있는 사람이 세상엔 얼마나 많은가!) 그러나 크리스토프는 성실하길 바라는 지극히 성가신 감정으로 스스로 고통을 받고 있었다. 이 감정 때문에 그는 모든 일에 신중해졌다. 일단 신중해지고 보니 항상 그러지 않을 수가 없었다. 그는 고민했다. 자신이 두 마음을 품고 행동하는 것같이 생각되었다. 과연 나는 믿고 있는 것일까? 아니면 믿지 않고 있는 것일까? …… 이 문제를 자기 홀로 해결하자니, 실제적인 방법도 정신적인 방법도 그에게는 없었다(그것을 위해서는 지식과 한가한 시간이 필요하므로). 그래도 문제는 해결해야 했다. 그러지 않는다면 그는 종교와 관계 없는 사람이 되든가 위선자가 되든가 해야 했다. 그런데 그는 그 어느 쪽도 될 수 없었던 것이다.

그는 주위 사람들을 조심조심 관찰해 보았다. 모두들 확신에 차 있는 것 같았다. 크리스토프는 그 까닭을 꼭 알고 싶었다. 그러나 어떻게도 알아낼 수가 없었다. 똑똑한 대답을 주는 사람은 하나도 없었다. 모두들 요령부득의 말만을 입에 올렸다. 어떤 이는 그를 오만하다고 했고, 그러한 것은 논의할 대상이 못 되며, 그보다도 뛰어나게 총명한 사람들이 논쟁도 않고 곧이곧대로 믿고 있는 것이니, 그런 분들이 하는 대로만 하면 된다고 했다. 또 개중에는 그런 질문을 받는다는 데 대해서 마치 그 자신이 모욕을 당하는 듯이 불쾌한 낯을 짓는 이도 있었다. 아마도 이런 사람은 확신을 지닌 사람은 아니었을 것이다. 또 어떤 사람은 어깨를 으쓱하고는 미소를 지으며 말했다.

"신앙이란 뭐 별달리 해로운 것은 아니라네……" 그리고 그 미소는 이렇게 말하는 것이었다. "한편으론 참 편리한 거라네!"

그러한 사람들을 크리스토프는 마음속 깊이 멸시했다.

그는 자신의 불안감을 사제에게 토로해 보려고 했다. 그러나 그 때문에 도리어 실망했을 뿐이다. 그는 진지한 논쟁을 벌일 수가 없었다. 사제님은 그야말로 상냥스러웠으나 크리스토프와 자신 사이에는 참다운 평등은 없다는 것을 정중히 타일러 납득케 했다. 그로선 자신의 우월은 이론의 여지 없이 명백한 사실이요, 자신이 정한 범위를 넘어서서 논쟁을 벌이는 것은 무례한 짓이라는 것이, 처음부터 정해져 있는 것 같았다. 마치 연습용 칼을 맞부딪치기만 하는 연습 경기와도 같았다. 크리스토프가 과감하게 한 걸음 더 발을 내디디어 당당한 어른으로서는 그다지 대답하고 싶어하지 않는 질문을 하려 들면, 그는 사뭇 보호자다운 미소를 띠고는 라틴어 문구를 몇 마디 인용하며, 하느님에게 밝혀 주십사고 한결같이 기도를 드리라고, 마치 아버지처럼 꾸짖으며 곤경을 슬쩍 벗어나곤 했다. 이런 은근하고 우월주의적인 태도에 굴욕을 느낀 크리스토프는 상심 끝에 이야기를 중단해 버렸다. 일의 시비는 차치하고, 설사 어떤 일이 있건 간에 두 번 다시 사제님에게 도움을 청하지는 않으리라고 마음먹었다. 하기야 그 이지(理智)와 신성한 직함으로 그런 분들이 자신보다 뛰어난 사람들임은 그도 잘 알고 있었다. 그러나 일단 논쟁이 벌어지면 이미 우열(優劣)의 구별도, 직함도, 연령도, 이름도 문제가 될 수 없었다. 문제는 오로지 진리뿐이며, 그 앞에서는 모든 사람이 평등한 것이다.

그래서 그는 자신과 같은 또래이며 하느님을 믿는 소년을 발견하고 매우 기뻐했다. 그도 꼭 하느님을 믿고 싶었기 때문이었다. 그 훌륭한 이유를 레온하르트가 가르쳐 주려니 기대했다. 크리스토프가 먼저 말을 건네었다. 레온하르트는 평소처럼 조용히 답했으나 열의는 보이지 않았다. 그는 무슨 일에나 열의를 보이지 않았다. 집 안에서는 밤낮 아말리아나 영감에게 방해를 받아서 제대로 이야기할 수가 없었으므로, 저녁 식사 뒤에 크리스토프가 산책을 나가자고 했다. 레온하르트는 예의바른 소년이어서 거절을 못했다. 그러나 실은 산책하고 싶지 않았다. 그의 게으른 성질은 걷기든, 지껄이기든,

노력이 소요되는 일은 모두 두려워했기 때문이다.

크리스토프는 말문을 열기에 당혹스러웠다. 그래서 아무 지장 없는 그렇고 그런 말을 서투르게 두세 마디 한 다음, 좀 거칠다고 할 만큼 당돌하게, 그간 마음에 걸리던 문제로 뛰어들었다. 정말 사제가 될 생각이냐, 그것이 기쁘냐고 레온하르트에게 물은 것이다. 레온하르트는 당황해서 불안스러운 눈초리로 그를 바라보았다. 그러나 크리스토프에게 아무런 적의가 없음을 보자 마음을 놓았다.

"그럼." 그가 대답했다. "그렇지 않고서야 사제가 될 수 없지!"

"아아!" 크리스토프는 말했다. "너는 정말 행복하구나!"

레온하르트는 크리스토프의 말에서 어쩐지 부러워하는 듯한 투를 느끼자 마음이 뿌듯해졌다. 이에 지금까지의 태도를 바꾸어 가슴을 폈다. 얼굴이 환해졌다.

"그럼." 그는 말했다. "난 행복해."

그는 쾌활해져 있었다.

"어떡하면 그렇게 되지?"

크리스토프는 또 물었다.

레온하르트는 대답하기 전에 생 마르탱 수도원의 회랑에 있는 고요한 벤치에 가서 앉자고 했다. 거기서는 아카시아가 심어진 조그만 광장의 한구석이 보이고 그 너머로는 저녁 안개에 잠긴 벌판이 보였다. 라인강이 언덕 기슭을 흐른다. 묘석이 모두 무성한 잡초로 뒤덮인 황폐한 낡은 묘지가, 그들 곁의 닫힌 철문 저편에서 잠들어 있었다.

레온하르트는 말하기 시작했다. 인생에서 도피한다는 것은, 항상 피난해 있을 수 있는 은신처를 발견하는 것은, 얼마나 즐거운 일인가를 그는 만족스러운 듯이 눈을 빛내며 말했다. 지난날의 상처로 아직 아픔을 간직한 크리스토프는 이러한 휴식과 망각의 욕망을 격렬하게 느끼고 있었다. 그러나 그것에는 미련도 섞여 있었다. 그는 한숨을 쉬며 물었다.

"하지만 그렇게 인생을 몽땅 단념해 버리다니 쓰라리진 않니?"

"물론이지!" 소년은 조용히 대답했다. "아까울 것 없어. 인생이란 슬프고 추악한 게 아닌가?"

"아름다운 것도 있지."

아름다운 황혼을 바라보며 크리스토프는 대꾸했다.

"아름다운 것도 있긴 있지. 하지만 아주 조금뿐이야."

"그 아주 조금뿐인 것, 그것만으로도 내게는 충분하다고 생각되는데."

"오오! 그건 한갓 상식 문제야. 한쪽은 근소한 선(善)과 수많은 악(惡)이 있다고 생각하는 것이고, 다른 한쪽은 이 땅에는 선도 악도 없으며 사후 세계에 무한한 행복이 있다는 생각이지. 어느 쪽을 택할지 주저할 것이 뭐 있을까?"

크리스토프는 그와 같은 산술적인 사고방식은 그다지 좋아하지 않았다. 그런 타산적인 인생은 그에게는 몹시 빈약해 보였다. 그러나 그는 그것이 현명한 것이라고 믿으려 애썼다.

"그럼 말이지." 그는 약간 핀잔 투로 물었다. "한때의 쾌락에 유혹당할 염려는 없는 셈인가?"

"당연히 없지! 그건 일시적인 일이요, 그 뒤에 영원이 있다는 것을 알고 있거든!"

"그럼, 그 영원인가 뭔가를 확신하고 있는 거야?"

"그야 물론이지."

크리스토프는 여러모로 캐어물었다. 그는 소원과 욕망으로 떨고 있었다. 만약에 레온하르트가 꼭 하느님을 믿어야 하는 절대적인 증거를 드디어 제시해 준다면! 그를 좇아 하느님의 길로 나아가기 위해서 그는 얼마나 모진 정열로 다른 모든 것을 스스로 내팽개쳐 버릴 것인가!

레온하르트는 사도로서의 소임을 다하는 데 신이 나 있었고, 게다가 크리스토프의 의혹은 형식에 대한 것일 뿐이며 이 의혹은 이론에는 금세 복종하여 따르는 좋은 식견을 지니고 있다고 믿었으므로, 먼저 첫째로 성전이나 복음서의 권위와 기적 또는 전통에 의지해 설명했다. 그러나 크리스토프는 잠시 귀를 기울인 다음 그의 말을 가로막았다. 그것은 질문에 질문으로 답하는 것이요, 내가 바라는 것은, 지금 자신에게 의혹의 대상이 되어 있는 것을 설명받는 것이 아니라 그 의혹을 해소할 방법을 듣는 것이라고 했다. 이 말을 듣고 레온하르트의 얼굴은 흐려졌다. 그는 크리스토프가 보기보다 훨씬 병적이라는 것, 이성으로써가 아니고는 설득당하지 않는다고 자부하고 있다는 사실을 인정해야 했다. 그러면서도 그는 크리스토프가 자유사상가인 체하고 있다는 생각이 들었다(인간이 진심으로 자유사상가가 될 수 있으리라고는 그는 상상도 못했던 것이다). 이에 그는 낙망치 않고, 최근에 갓 얻은 지식에 자신을 품고 학교에서 배운 학문에 도움을 청했다. 하느님과 불멸의 영혼이 존재한다는 형이상학적인 증거를 명령보다도 더 독단적으로 뒤섞어 늘어놓았다. 크리스토프는 신경을 곤두세운 나머지 이마에 주름살을 그으며 묵묵히 생각에 잠겨 있었다. 그는 레온하르트로 하여금 말을 되풀이시켜 그 뜻을 탐색하려 했고, 그 뜻을 마음속 깊이 곰곰이 생각해 보려 했고, 그 추론을 뒤따라가려고 안간힘을 쓰며 노력했다. 그러다가 갑자기 화를 내며 잘라 말했다. 사람을 우롱하는 말이다, 그런 말은 모두 정신의 유희에 불과하다, 말을 날조하고 다음에는 그 말을 진실이라고 믿으며 재미있어하는 말 많은 무리의 농담일 뿐이라고. 레온하르트는 감정이 상하여 그러한 말을 글로 쓴 분들의 훌륭한 신앙을 보증해 마지않았다. 크리스토프는 어깨를 으쓱거리고는 그런 무리는 어릿광대가 아니면 엉터리 문학자라고 비난했다. 그러면서 더욱더 증거를 요구했다.

레온하르트는 크리스토프의 정신이 구제될 수 없을 만큼 병들어 있다고 보고는, 어처구니가 없는 나머지 그에 대한 흥미를 잃고 말았다. 신을 믿지 않는 자들과 논쟁하는 데 시간을 낭비하지 말라, 적어도 그들이 믿지 않겠다고 버티고 있는 동안에는, 하고 일찍이 충고받은 것이 생각났다. 그런 논쟁을 하면 상대에게도 전혀 이익이 없고, 자기 자신도 마음이 흐트러질 염려가 있다. 불행한 사람은 하느님의 의지에 일임해 둠이 좋다. 하느님에게 만일 그러고 싶으신 뜻이 있다면 반드시 그를 계발해 주실 테지. 만일 하느님에게 그런 뜻이 없다면 어느 누가 감히 하느님의 의지에 거역할 수 있겠는가? 그래서 레온하르트는 토론을 오래 끌려고 고집하진 않았다. 다만 조용히 타이름으로써 만족했다. 당분간은 어쩔 수가 없다. 아무리 도리를 따지고 논해봤자 길을 보지 않으려고 작정하고 있는 사람에겐 그것을 제시해 보일 수가 없다. 기도해야 한다, 은총에 의지해야 한다. 은총 없이는 무슨 일도 불가능하다. 은총을 바라야 한다. 믿기 위해서는 원해야 한다.

원하면 되느냐고, 크리스토프는 쓰디쓰게 생각했다. 그렇다면 신은 존재할 테지. 왜냐하면 자신은 신이 존재하길 원하니까! 그렇다면 죽음은 이미 존재하지 않으리라. 왜냐하면 자신으로서는 죽음을 부정하는 것이 기쁜 일이니까! …… 아아! …… 진실을 보려는 요구를 하지 않는 사람들, 진실을 자기 마음대로 보는 힘을 지닌 사람들, 제 마음에 드는 꿈을 만들어 놓고 그 안에서 편히 잠잘 수 있는 사람들에게는 인생이란 그 얼마나 속 편한 것일까! 그렇지만 그러한 잠자리에서 크리스토프는 도저히 잠들 수가 없었던 것이다……

레온하르트는 말을 더 이었다. 자신이 특히 좋아하는 화제로 말머리를 돌려, 정관적(靜觀的)인 생활의 매력에 대해서 설파했다. 위험이 없는 이 영역에선 이야기는 언제까지고 끝날 줄 몰랐다. 이 세상 밖에서, 온갖 시끄러움에서 멀리 떨어진 상태에서 시끄러움에 대해서 말할 때, 그는 의외로 증오감에 가득 찬 어조가 되었다. 그는 크리스토프만큼이나 그것을 미워하고 있었던 것이다. 그는 폭력이나 비웃음, 그리고 날마다 사람들이 그 때문에 괴로워하고 있는 여러 가지 비참한 일로부터도 멀어지고, 신앙의 따사롭고 안전한 보금자리 속에서, 더는 자기와 인연이 없는 먼 세계의 불행을 차분한 심경으로 관조(觀照)한다는, 하느님 속에 사는 즐거움을 기쁨으로 떨리는 그 단조로운 목소리로 말했다. 크리스토프는 그의 이야기에 귀 기울이며, 그러한 신앙의 이기주의를 꿰뚫어 보았다. 레온하르트도 그런 눈치를 채고는 부리나케 변명했다. 관조적인 생활은 결코 무위(無爲)의 생활이 아니다! 오히려 인간이란 행위보다도 기도에 의해 좀더 많이 행동하는 법이다. 기도가 없다면 이 세상은 과연 어찌 될 것인가? 인간은 남을 위해서 죄를 보상하고 남의 과실을 내 어깨에 짊어지고, 나의 공적을 남에게 주고 세상 사람들과 하느님과의 사이에서 중간적인 역할을 하는 것이다.

묵묵히 귀를 기울이다 보니 크리스토프는 그에 대한 적의가 점차로 커졌다. 그는 레온하르트의 그러한 자기 방기(自己放棄)를 위선이라고 느꼈다. 그는 본시부터 신앙을 지닌 사람은 모두 위선자라고 생각할 만큼 부정하지는 않았다. 이러한 인생 포기는 어떤 소수의 사람들에게 있어서는 곧 생활 불가능이며, 비통한 절망이며, 죽음에 대한 호소라는 것, 또 그보다 더 적은 사람들에게 있어서는 열렬한 황홀감이라는 것(하지만 그것이 얼마나 계속될는지 모르겠지만)을 그는 똑똑히 알고 있었다. 그러나 대부분의 사람들에게 있어서 인생 포기란, 남의 행복이나 진리보다는 자기 혼자만의 안식에 마음을 빼앗기고 있는 영혼이 들고 휘두르는 냉담한 이지일 경우가 퍽 많은 것이 아닐까? 만일 성실한 영혼이 그런 줄을 안다면, 자기네 이상(理想)이 그렇게 모독을 당하는 데 대해서 고통스럽게 생각할 것이 뻔하잖은가!

이제 레온하르트는 그야말로 기쁜 듯이 자신이 앉아 있는 신성한 홰의 높직한 곳에서 내려다보이는 세계의 아름다움과 조화를 설파하고 있다. 하계(下界)에서는 온갖 것이 어둡고 부정하고 고뇌에 가득 차 있다. 그런데 위에서 내려다보니 모든 것이 밝고 휘황하고 질서 있는 것으로 보였다. 세계는 완전히 조정된 시계 상자를 닮아 있었던 것이다……

크리스토프는 이미 건성으로밖엔 듣고 있지 않았다. 그는 생각했다.

'이 녀석은 믿고 있는 걸까, 그렇잖으면 그저 믿는다고 믿고 있는 걸까?'

그러나 그 자신의 신앙과 신앙에 대한 정열적인 욕구가 그 때문에 동요되지는 않았다. 그것은 레온하르트와 같은 어리석은 자의 범용한 영혼이나 빈약한 이치만으로 타격을 받을 만한 것은 아니었던 것이다……

밤이 시가지 위에 내려덮이고 있었다. 두 사람이 앉아 있던 벤치는 어둠에 휩싸였다. 별이 반짝이고 하얀 물안개가 강에서 모락모락 피어오르고 귀뚜라미가 묘지의 나무 그늘에서 울고 있었다. 종이 울린다. 먼저 한 번, 가장 날카로운 소리가 마치 새들의 구슬픈 울음소리처럼, 마치 하늘을 향해 물음을 던지듯이 울려 퍼진다. 뒤를 이어서 그보다 음정이 3도 낮은 소리가 그 한탄에 섞여 든다. 끝으로 5도 낮은 가장 장중한 소리가 앞의 두 소리에 응하듯이 울린다. 세 목소리가 융합했다. 종루 밑에서 들으니 커다란 벌집이 윙윙거리는 소리같이 들렸다. 공기도 마음도 설레고 있었다. 크리스토프는 숨을 죽이며 생각했다. 무수히 많은 것이 우렁차게 울리는 저 음악의 대양(大洋)에 비긴다면 음악가의 음악은 그 얼마나 빈약한 것인가 하고. 인간의 지식에 의해 길들여지고 분류되고 차디차게 정렬된 세계에 견주면, 이것은 야수의 세계요, 자유로운 음의 세계이다. 크리스토프는 어느덧 기슭도 없고 끝도 없는 그런 망망한 음의 대양 속에 침잠되어 갔다……

그 힘찬 독백이 다시 고요해지고 그 여운의 진동이 공중으로 스러졌을 때 크리스토프는 다시 제정신이 들었다. 흠칫 놀라서 둘레를 두리번거린다. ……이미 무엇 하나 아는 게 없었다. 주위의 것도 자신의 마음속도 모두가 변했다. 이미 하느님도 없었다……

신앙이나 마찬가지로, 신앙의 상실도 또한 성총(聖寵)의 일격이며 갑자기 비치는 한 줄기 빛살일 때가 흔히 있다. 그럴 때 이성은 아무런 도움도 되지 않는다. 하찮은 것, 예를 들어 한마디 말, 하나의 침묵, 하나의 종소리만으로도 충분하다. 사람은 한가로이 산책하고 몽상하며 아무런 기대도 갖지 않는다. 그러다가 별안간 모든 것이 무너진다. 그는 폐허 속에 있는 자신을 발견한다. 자기는 혼자이다. 그는 이미 아무것도 믿지 않는다.

소스라쳐 놀란 크리스토프는 왜, 어떻게, 이렇게 되었는지 이해할 수 없었다. 그것은 마치 봄날의 강에서 보는 해빙(解氷)과 같았다……

레온하르트의 음성은 귀뚜라미 소리보다도 단조롭게 계속 울리고 있었다. 크리스토프는 이미 그것을 듣지 않았다. 이미 밤이 깊어 있었다. 레온하르트는 말을 그쳤다. 크리스토프가 꼼짝도 않고 있는 데 놀라, 또 시간이 늦은 것을 염려하며 그만 돌아가자고 했다. 크리스토프는 대답이 없다. 레온하르트는 그의 팔을 잡았다. 크리스토프는 몸을 부르르 떨고는 흐리멍덩한 눈초리로 레온하르트를 바라보았다.

"크리스토프, 그만 돌아가야지." 레온하르트는 말했다.

"악마한테나 가려무나!"

크리스토프는 격하게 소리쳤다.

"뭐라구! 크리스토프, 내가 뭘 어쨌다고 그래?"

어리벙벙해진 레온하르트는 겁에 질려 물었다.

크리스토프는 이성을 되찾았다.

"그렇지, 네 말대로다." 그는 훨씬 부드럽게 말했다. "나는 내가 무슨 소리를 하는지도 모르고 지껄였구나. 하느님에게로 가게! 하느님에게로 가라구!"

그는 홀로 남았다. 마음은 지극히 황폐했다.

"아아! 아아!"

그는 두 손을 꽉 쥐고 정신없이 머리를 들어 어두운 하늘을 향해 소리쳤다.

"왜 이제 나는 믿지 않는 것일까? 왜 이제는 믿질 못하는가? 내 마음속에 무슨 일이 일어났단 말인가?"

그 신앙의 와해와 조금 전 레온하르트와 나눈 회화 사이에는 너무나 큰 격차가 있었다. 최근에 그가 겪은 정신적인 동요는 아말리아의 수선스러움이나 집주인 댁 사람들의 우스꽝스러움에 원인이 있지 않듯이, 그의 신앙의 와해는 레온하르트와의 대화에 원인이 있지 않다는 것은 분명한 일이었다. 그것은 한갓 구실에 지나지 않았다. 혼란은 외부로부터 온 것이 아니었다. 혼란은 그의 내부에 있었다. 그는 마음속에 움직이고 있는 낯선 괴물을 느꼈다. 자신의 사상을 성찰하고 자신의 악(惡)을 똑바로 바라볼 만큼 용기가 없었다…… 악? 그것은 하나의 악인가? 권태, 도취, 유쾌한 고뇌가 몸에 스며 있었다. 이미 자신이 자신의 것이 아니었다. 어제까지 믿고 있었던 극기주의 속에 몸을 단단히 숨기려 했으나 다 부질없었다. 모든 것이 한꺼번에 흔들렸다. 홀연히 그는 불타오르는 야성적인, 가없이 넓은 세계를 느꼈다…… 하느님을 벗어난 넓은 세계를! ……

이것은 일순간의 일에 지나지 않았다. 그러나 지금까지 그가 영위하던 생활의 균형은 이 때문에 그 뒤로 완전히 파괴되어 버렸다.

*

그 집안 식구 중 크리스토프가 전혀 주의를 기울이지 않은 사람이 하나 있었다. 소녀 로자였다. 그녀는 조금도 아름답지 못했다. 크리스토프는 그 자신은 잘생기지도 않았으면서 남의 아름다움에 대해 무척 까다롭게 굴었다. 그는 청년 특유의 침착한 잔인성을 지니고 있어, 그에게 있어서 못생긴 여자는 존재하지 않는 거나 다름없었다. 그러한 여자가 존재하는 것은, 그녀가 남자 마음속에 애정을 불러일으키는 나이를 이미 지나, 이제는 성실하고 온화하며 거의 종교적인 감정밖엔 지니지 않게 되었을 때에 한해서였던 것이다. 더구나 로자는 현명하지 않은 것은 아니었지만 두드러지게 빼어난 재능도 없었다. 또한 크리스토프를 질리게 할 만큼 수다스런 데가 있었다. 따라서 크리스토프는 그녀에게는 알아볼 만한 것이 없다고 판단하여, 구태여 알려고도 하지 않았다. 고작 그녀를 거들떠볼 뿐으로 그치고 있었다.

그러나 로자는 숱한 처녀들보다도 뛰어난 데가 있었다. 아무튼 크리스토프가 그토록 사랑한 민나보다도 뛰어났다. 교태도 허영심도 없는 선량한 아가씨이며, 크리스토프가 이 집에 오기까지는 자신이 못생겼다는 것조차 자각하지도 못했고 개의치도 않고 지내 왔다. 그도 그럴 것이 주위 사람들은 아무도 로자가 박색이라는 데 신경을 쓰지 않았던 것이다. 할아버지나 어머니가 잔소리를 할 때는 그 점을 꼬집는 수가 있긴 했으나, 로자는 그저 웃어 넘길 뿐이었다. 로자는 그것을 믿지 않고 있었던 것이다. 또는 그것을 전혀 문제시하지 않고 있었다. 할아버지나 어머니 또한 그러했다. 로자만큼 못생긴, 아니 그보다도 더 못생긴 숱한 여인들이 자신을 사랑해 주는 남성을 찾아내지 않았는가! 독일 사람은 육체적인 단점에 대해서는 훌륭한 관대성을 지니고 있다. 스스로 눈을 가려 그것을 보지 않고 지낼 수 있다. 모든 얼굴과 인간미의 가장 유명한 전형 사이에 의외의 관계를 발견하는 자의적인 상상력으로써, 단점을 미화할 수 있는 것이다. 오일러 노인으로 하여금 자기 손녀는 뤼도비지 장(莊)에 있는 주노(그리스의 여신
헤라의 로마 이름)의 조각상을 닮은 코를 가졌다고 단언케 하기란 그다지 어려운 일은 아니었을 것이다. 다만 다행히도 그는 굉장한 잔소리꾼이라서 좀처럼 겉치레로 알랑거리는 말은 하지 않았다. 로자 또한 자신의 코 생김새 따위엔 관심조차 없이 관습대로 집안일에 대한 의무를 훌륭히 수행하는 것만을 자랑으로 삼고 있었다. 남에게서 가르침받은 모든 일을 마치 복음서의 말처럼 소중히 받아들이고 있었다. 집에만 틀어박혀 거의 바깥출입을 한 일이 없어 비교할 대상이 거의 없었으므로, 로자는 고지식하게도 집안사람들에게 감복한 나머지 그들의 말을 곧이듣고만 있었다. 그리고 진실되고 믿음이 강하고 만족하기 쉬운 성질이어서 집 안의 음울한 분위기에 장단을 맞추려고 노력하며, 그들에게서 듣는 염세적인 말을 고분고분 되풀이해 입에 올리곤 했다. 또 로자는 더없이 헌신적인 마음을 지닌 사람이라서 언제나 남을 생각하며 남을 기쁘게 하려 애썼고, 근심 걱정을 같이하며 그들의 소망을 살폈다. 사랑하고 싶은 욕구를 지녔을 뿐 그 보답을 기대하진 않았다. 식구들은 모두 착한 사람들이어서 로자를 사랑하긴 했으나 자연히 그와 같은 로자의 성질을 이용하고 있었다. 무릇 사람이란 자기에게 헌신적인 사람의 애정을 언제나 이용하고 싶어하는 법이다. 식구들은 로자가 반드시 친절히 배려해 주려니 믿었으므로 별달리 감사해하지도 않았다. 로자가 무슨 일을 하건 간에 그들은 그 이상을 기대하게 마련이었다. 게다가 그녀는 모든 일에 서툴렀다. 늘 덜렁거리고 성급하며 사내아이처럼 거칠게 굴었고, 함부로 애정을 발산하여 실수만 되풀이했다. 컵을 깨고, 주전자를 뒤집어엎고, 문을 쾅 닫는 등, 온갖 일에서 집안 식구들로부터 꾸지람을 들었다. 줄곧 잔소리를 듣고는 방 한구석에서 홀쩍거리곤 했다. 그러나 언제까지나 눈물을 흘리진 않았다. 곧 다시 방그레 웃으며 재잘거리고 어느 누구에게나 조금도 원한을 품지 않았다.

크리스토프가 이사해 온 것은, 로자의 생활에선 크나큰 사건이 아닐 수 없었다. 로자는 크리스토프의 소문을 자주 들어 알고 있었다. 크리스토프는 이 도시의 화젯거리 중에 한 자리를 차지하고 있었다. 이 도시에서는 좀 유명해지기만 하면 으레 그랬다. 그의 이름은 오일러 댁의 화제에 곧잘 오르곤 했다. 장 미셸 노인이 아직 살아 있을 때는 특히 그러했다. 노인은 손자가 자랑거리여서, 누구네 집에 가서나 손자를 청찬해 마지않았던 것이다. 로자는 한두 번 음악회에서 이 젊은 음악가를 본 적이 있었다. 바로 그가 자기네 집으로 이사를 온다는 말을 듣고 로자는 손뼉을 치며 반겼다. 이런 조심성 없는 짓에 대해서 엄한 꾸지람을 듣자 로자는 당혹했다. 별달리 나쁜 짓이라고는 생각지 않았기 때문이다. 그녀와 같이 변화 없는 생활을 영위하다 보면 새로 세들어 오는 사람이 여간 반겨지는 것이 아니다. 크리스토프가 오기 직전 며칠 동안을 그녀는 조마조마해하며 지냈다. 집이 마음에 들지나 않으면 어쩌나 걱정하며, 방 안을 한껏 쾌적하게 꾸미려 애썼다. 드디어 이사 오는 날 아침에는, 환영의 표시로 조그만 꽃다발을 벽난로 위에 얹어 놓기도 했다. 그러면서도 자기 자신에 대해서는 예쁘게 보이려고 단장할 엄두도 낼 줄 몰랐던 것이다. 크리스토프는 첫눈에 그녀가 너무 못나고 몸치장이 서투른 여자라는 인상을 받았다. 그러나 로자는 그를 못생겼다고는 생각지 않았다. 그렇게 생각할 까닭은 충분했지만. 크리스토프는 피곤에 지쳤고 일하느라 바빴으므로 옷차림 따위엔 개의치 않아, 여느 때보다도 훨씬 꼴사나운 주제였을 테니 말이다. 그러나 어느 누구건 조금도 나쁘게 생각할 줄 모르는 로자, 자신의 할아버지나 부모를 더할 바 없이 아름답다고 보는 로자는, 예상했던 모습 그대로 크리스토프를 보아 버렸고 그에게 진심으로 감탄해 마지않았다. 식탁에서는 그의 곁자리에 앉게 되어 얼마나 겁에 질려 있었는지 모른다. 불행히도 이 위축감은 재잘거림으로 표현되었다. 이 때문에 크리스토프의 호의는 일시에 산산조각이 나 스러져 버렸다. 로자는 그런 줄도 몰랐고, 이 첫날 저녁이 그녀 마음속에는 찬란한 추억으로 남아 있었다. 새로 세들어 온 사람들이 자기네 방으로 올라간 뒤, 로자는 자기 방에 홀로 들어앉아서 머리 위에서 들리는 그들의 발걸음 소리를 듣고 있었다. 그 발걸음 소리는 그녀의 마음속에 즐겁게 울렸다. 집 안 전체가 다시 살아난 듯한 느낌이 들었다.

다음날, 로자는 처음으로 불안스러운 주의를 기울여 거울을 들여다보았다. 아직 자신의 불행이 얼마나 큰지는 잘 몰랐으나, 어렴풋이 그것을 예감하기 시작했다. 얼굴 생김새 하나하나를 판단하려 했으나 좀처럼 그럴 수 없었다. 슬픈 걱정이 가슴을 스쳤다. 깊은 한숨을 쉬며 화장을 좀 고치려 했다. 그러나 더욱더 보기 흉해질 뿐이었다. 게다가 불행하게도 친절을 베풀려 하다가 도리어 크리스토프를 성가시게 했다. 새로 벗이 된 사람들을 끊임없이 만나고 그들을 돌봐 주고 싶다는 소박한 염원으로, 줄곧 계단을 오르락내리락하며 그때마다 필요도 없는 물건을 가지고 오는 등 끈질기게 그들을 도와주려 했고 또 끊임없이 웃고 재잘거리며 큰 소리를 지르곤 했다. 로자를 부르는 어머니의 짜증스러운 음성만이 그녀의 이러한 열성과 수다를 멈추어 줄 뿐이었다. 크리스토프는 낯을 찌푸렸다. 굳은 결심만 없었다면, 아마 몇 번이고 울화통을 터뜨렸을 것이다. 이틀을 그는 참아 냈다. 그러나 사흘째엔 문을 잠갔다. 로자는 문을 노크하고 그의 이름을 부르다가 비로소 사정을 납득하고는 곤혹을 느끼며 내려갔다. 그러고는 다시 올라오지 않았다. 그녀를 다시 만났을 때 크리스토프는 사정을 설명했다. 눈앞에 닥친 일로 바빠서 중도에서 손을 놓을 수 없었기 때문이라고. 로자는 공손히 사과했다. 그녀는 자신이 무심코 주제넘게 한 짓이 실책이었음을 똑똑히 깨달았다. 그것은 목적과 정반대의 결과를 낳아, 크리스토프가 그녀를 멀리하게 된 것이다. 크리스토프는 이미 불쾌감을 감추려 하지 않았다. 그녀가 지껄이고 있을 때도 이젠 귀를 기울이지도 않았고 짜증을 숨기려 하지도 않았다. 로자는 자신의 수다스러움 때문에 그가 화내고 있다는 것을 알아차렸다. 그래서 최대한 애써서 간신히 밤에는 잠시나마 침묵을 지킬 수 있었다. 그러나 그것은 그녀에게는 힘겨운 일이었기에, 또다시 그녀는 재잘거리기 시작하는 것이었다. 크리스토프는 그 이야기 중간에 그녀를 남겨 둔 채 나가 버렸다. 그런 대우를 받고도 그녀는 그를 원망하지 않았다. 오히려 자기 자신을 원망했다. 로자는 자신을 바보이며 따분하고 우스꽝스러운 여자라고 스스로 여기고 있었다. 자신의 결점이 매우 큰 것으로 생각되어 어떻게 해서라도 그것을 고치고 싶어했다. 그러나 첫 시도에 실패하고 나서 낙담해 있었다. 자신으로선 어쩔 수가 없다, 그런 힘은 없다는 생각이 들었다. 그러면서도 로자는 또다시 해 보았다.

하지만 그녀에게는 스스로 어떻게도 할 수 없는 다른 결점이 있었다. 자신의 추한 모습은 어떻게 하면 좋을까? 그녀는 이미 그것을 의심할 수가 없었다. 어느 날 거울 속 자기 얼굴을 보았을 때, 그녀는 자신의 불행이 확실하다는 것을 똑똑히 깨달았다. 그것은 마치 벼락 같은 일격이었다. 당연한 일로 그녀는 불행을 크게 부풀려 생각했다. 자신의 코를 실제보다도 10배나 더 크게 보았다. 그것이 얼굴 전체를 차지하고 있는 듯 생각되었다. 이미 남들 앞에 나설 용기도 없었다. 죽고 싶다는 생각까지 했다. 그러나 청춘은 지극히 강한 희망의 힘을 지니고 있어, 이와 같은 의기소침의 발작은 오래 계속되지 않았다. 이윽고 그녀는 자신이 착각을 한 거라고 상상했다. 그녀는 그렇게 믿으려 애썼다. 때로 자신의 코는 보통 코이며 어쩌면 제법 잘생겼다고 생각되기도 했다. 그녀의 본능은 매우 서투르긴 했으나 어떤 어린애다운 술책을 그녀로 하여금 찾아보도록 했다. 너무 이마를 드러내지 않는, 그만큼 얼굴의 불균형을 눈에 띄지 않게 하는 머리매무새 따위를. 그녀는 교태를 지으려고 그런 짓을 한 것은 아니었다. 연모한다는 생각은 전혀 그녀의 마음속엔 없었다. 혹시 있었다 할지라도 그녀는 그것을 자각하지 못했다. 그녀가 바라는 것은 극히 작은 것에 지나지 않았다. 아주 근소한 우정일 뿐이었다. 그 근소한 것조차 크리스토프는 그녀에게 줄 생각이 없는 모양이었다. 두 사람이 만났을 때 그가 다만 친근한 아침저녁 인사말 한마디만이라도 친절히 건네줬다면, 로자는 더할 수 없는 행복감을 맛볼 수 있었을 것이다. 그러나 크리스토프의 눈초리는 언제나 아주 준엄하고 차디차기만 했다! 그 눈초리를 보면 그녀는 오싹했다. 그는 그녀에게 불쾌한 말을 건네는 것도 아니었다. 그러나 이런 잔혹한 침묵보다는 꾸지람을 듣는 편이 차라리 얼마나 나았을까.

어느 저녁나절, 크리스토프는 홀로 앉아서 피아노를 치고 있었다. 되도록 잡음의 방해를 피하려고 맨 위층의 좁다란 고미다락에 틀어박혀 있었다. 로자는 아래층에서 감동에 젖으며 듣고 있었다. 그녀는 교양이라곤 없어서 매우 너절한 취미밖에 지니지 못했으나 음악은 좋아했다. 어머니가 계시는 동안은 방 한구석에서 몸을 숙이고 열심히 일하는 체했으나, 로자의 정신은 위에서 들려오는 음률에 매혹되어 있었다. 다행히도 아말리아가 일이 생겨 이웃으로 가자마자, 로자는 기쁨에 날뛰며 일거리를 집어치우고 가슴을 두근거리며 고미다락 문간까지 올라갔다. 숨을 죽이고 문에 귀를 댔다. 아말리아가 돌아올 때까지 그렇게 꼼짝하지 않고 있었다. 그러다가 소리를 죽이려고 아주 조심스럽게 발끝으로 살금살금 내려갔다. 그러나 그다지 능란하지 못했고, 또 언제나 허둥지둥 서두르다가 곧잘 계단에서 굴러떨어질 뻔하곤 했다. 어떤 때는 몸을 앞으로 기울여 볼을 자물쇠에 갖다 대고 듣다가 균형을 잃어 이마를 문짝에 부딪고 말았다. 로자는 놀란 나머지 숨이 멎는 듯했다. 피아노 소리가 뚝 그쳤다. 로자는 달아날 기력도 없었다. 겨우 일어서려는데 문이 열렸다. 크리스토프는 로자의 모습을 보자 노기에 찬 눈초리로 흘긋 보고는 한마디 말도 없이 사납게 그녀를 밀치고 화난 듯이 계단을 내려가 밖으로 나가 버렸다. 그는 저녁 식사 때가 되어서야 가까스로 돌아왔으나, 용서를 비는 로자의 슬픈 눈초리는 아랑곳하지도 않고 마치 그녀 따윈 그 자리에 없다는 듯 본체만체했다. 그리고 서너 주일 동안은 피아노를 치는 일도 그쳐 버리고 말았다. 로자는 남이 보지 않는 자리에서 애처롭게 울었다. 아무도 그것을 깨닫지 못했다. 누구 한 사람도 그녀에게 주의를 기울이지 않았다. 로자는 열심히 하느님께 기도했다…… 무엇을 위해서? 자신도 알 수가 없었다. 그저 자신의 슬픔을 고백하고 싶었다. 그녀는 크리스토프가 자기를 싫어한다고 믿고 있었다.

하지만 그러면서도 로자는 희망을 품고 있었다. 크리스토프가 얼마간이나마 관심을 보여 주고, 그녀의 말에 귀를 기울이는 체하고, 여느 때보다 조금만 친근하게 악수해 주면 그것만으로 이미 충분했던 것이다……

그런데 집안사람들이 조심성 없이 지껄인 서너 마디가 로자의 상상을 엉뚱한 곳으로 향하게 해 버렸다.

*

집안사람들은 모두 크리스토프에게 호의를 품고 있었다. 자신의 의무를 갸륵하게 인식하고 있는 성실하고 고독한 열여섯 살의 이 훌륭한 소년은 그들 모두로 하여금 일종의 존경심을 품게 했다. 불쾌감의 발작이나 집요한 침묵, 음울한 태도, 난폭한 동작 등도 이런 집에서는 결코 그들을 놀라게 하지 않았다. 예술가란 모두 게으름뱅이라고 생각하고 있는 포겔 부인조차, 그가 저녁나절에 고미다락 창가에서 꼼짝도 않고 안마당을 굽어보며 밤이 될 때까지 몇 시간씩이나 멍청히 있어도 도무지 공격적으로 그를 비난할 엄두가 나지 않았다. 하루의 나머지 시간은 출장 교습을 하느라고 몸이 지쳐 있다는 것을 알고 있었기 때문이다. 또한 어느 누구도 입에 올리지는 않으나 뻔히 알고 있는 어떤 은밀한 까닭으로 해서 그녀는—다른 사람들도 그랬다—그를 소중히 다루어 온 것이다.

어느 날 로자는 알아차렸다. 자기가 크리스토프와 이야기를 주고받을 때 어버이들이 서로 눈짓을 하며 의미심장하게 소곤거리는 것을. 처음에는 아무런 신경도 쓰지 않았다. 그러다가 그게 어쩐지 마음에 걸리며 뒤숭숭함을 느꼈다. 어버이들이 무슨 말을 하는지 알고 싶어 못 견딜 지경이었다. 그러나 여쭈어 볼 용기도 없었다.

어느 저녁나절 로자는, 세탁물을 말리느라 나무 사이에 쳐 놓은 빨랫줄을 풀려고 마당의 벤치에 올라가 있었다. 땅 위로 뛰어내리려고 로자는 크리스토프의 어깨를 붙들었다. 순간, 그녀의 시선은 할아버지와 아버지의 시선과 맞부딪쳤다. 그들은 집 담벼락에 기대앉아서 파이프 담배를 피우고 있었다. 두 사람이 서로 눈짓을 했다. 유스투스 오일러가 포겔에게 한마디 했다.

"좋은 부부가 될 거야."

딸이 듣고 있다는 것을 알아챈 포겔이 팔꿈치로 쿡쿡 찌르는 바람에, 노인은 꽤 멀리까지 들릴 만큼 큰 소리로 에헴! 에헴! 하면서 참으로 능란하게—적어도 그는 그렇게 생각했다—말을 얼버무려 버렸다. 마침 크리스토프는 그들에게 등을 돌리고 있었으므로 아무것도 눈치채지 못했다. 그러나 로자는 소스라쳐 놀란 나머지 뛰어내리고 있다는 것도 잊어버려서 그만 발을 삐고 말았다. 크리스토프가 만날 실수한다고 나직이 꾸짖으면서도 받쳐 주지 않았던들, 그녀는 아마 나동그라졌을 것이다. 로자는 발을 몹시 다쳤다. 그러나 그런 내색은 전혀 하지 않았다. 그녀는 그것을 거의 생각지도 않았다. 바로 지금 들은 말만 떠올리고 있었다. 로자는 자기 방으로 달아났다. 한 걸음 한 걸음이 괴로웠으나 남의 눈에 띄지 않게 하려고 몸을 긴장시켰다. 로자는 달콤한 혼란 상태에 잠겨 있었다. 침대 발치의 의자 위에 몸을 내던지고 이불 속에 얼굴을 묻었다. 얼굴이 불타듯 뜨거웠다. 눈에 눈물이 솟구쳤다. 로자는 웃었다. 부끄러웠다. 쥐구멍이라도 있으면 들어가고 싶었다. 어떻게 해도 생각을 걷잡을 수 없었다. 관자놀이가 펄떡펄떡 뛰고, 복사뼈가 지끈지끈 쑤시고 아팠다. 실신 상태이며 신열이 났다. 바깥 소리를, 길에서 놀고 있는 애들이 외치는 소리를 멍하니 듣고 있었다. 할아버지의 말씀이 아직도 귓전에 생생히 울리고 있었다. 로자는 소리 죽여 웃었다. 낯을 붉히고 새털 이불에 얼굴을 묻었다. 로자는 기도하고 감사하며 원하고 두려워했다. 그녀는 사랑에 빠진 것이다.

어머니가 불렀다. 로자는 일어나려 했다. 한 걸음을 내디디자 견딜 수 없는 아픔을 느껴 하마터면 까무러칠 뻔했다. 현기증이 났다. 이대로 죽는 게 아닌가 싶었다. 죽고 싶을 정도였다. 하지만 그런 생각이 들자마자 온 힘을 다해서 살고 싶다는, 약속된 행복을 위해서 살고 싶다는 생각이 들었다. 마침내 어머니가 달려왔다. 집안이 발칵 뒤집히는 소동이 벌어졌다. 먼저 늘 그렇듯이 꾸지람을 듣고 붕대가 감겨지고 다음엔 뉘어져서, 육체의 고통과 마음의 기쁨이 뒤섞인 두근거림 속에 로자는 넋을 잃었다. 즐거운 밤…… 이 정겨운 한 밤의 아무리 작은 추억도 그녀에게는 신성하기만 한 것이었다. 로자는 크리스토프 생각은 하지도 않았다. 자신이 무슨 생각을 하고 있는지도 몰랐다. 아무튼 행복했다.

다음날, 크리스토프는 이 뜻밖의 재난에는 자신도 얼마간 책임이 있다고 생각했으므로 로자를 문병하러 갔다. 이때 처음으로 크리스토프는 부드러운 태도를 보였다. 로자는 감사하는 마음이 가득해져서 자신의 재난을 축복했다. 한평생에 이토록 기쁨을 가질 수만 있다면 평생토록 괴로워해도 좋다는 생각마저 들었다. 로자는 며칠 동안을 누워 안정을 취해야 했다. 그녀는 그동안에 할아버지의 말씀을 되풀이하고 그것을 음미하면서 지냈다. 의문이 생겼기 때문이었다.

"……가 될 거야"라고 할아버지가 말씀하셨던가?

"……가 될 텐데"라고 하셨던가?

아니면 혹시, 그런 말씀은 전혀 하시지 않은 건 아닐까? 아니다. 할아버지는 분명히 그렇게 말씀하셨다. 그것은 의문의 여지가 없다…… 가만있자! 그럼, 할아버지는 내가 못났다는 것과 크리스토프가 나를 좋게 생각지 않는다는 것을 모르시는가? …… 하지만 희망을 갖는다는 것은 참으로 즐거운 일이다! 아마 나는 틀림없이 착각을 하고 있었던 거야. 나는 내가 생각하는 만큼 못나지는 않은 거야. 그녀는 이렇게 믿게 되었다. 의자 위에 몸을 일으켜 앞에 걸린 거울 속에 몸을 비추려 애썼다. 로자는 이제 어떻게 생각해야 좋을지 알 수 없었다. 분명 할아버지나 아버지가 나보다는 뛰어난 비평가일 것이다. 인간은 자신을 판단할 수는 없는 법이다…… 아아! 만일에 그렇다면! …… 만약에, 혹시…… 혹시 스스로 알지는 못하지만…… 만약에…… 만약에 내가 미인이라면! …… 어쩌면 나는 크리스토프의 박정스러움을 과장해서 생각하고 있는지도 모르잖은가. 물론 이 냉담한 소년은 그 사고가 일어난 다음날 로자에게 관심을 표시한 뒤로는, 다시 그녀에 대해서는 개의치도 않았다. 문병도 잊어버렸다. 그러나 로자는 그를 용서했다. 그이는 여러 일에 정신이 팔려 있는 거야! 어떻게 내 생각만 하고 있겠어? 예술가를 보통 사람들처럼 비판해서야 안 되지.

그러나 아무리 체념하고 있다 해도 그가 곁을 지날 때면 가슴이 울렁거리며 동정의 말 한마디라도 기대하지 않을 수 없었다. 단 한마디, 단 한 번의 눈초리만이라도…… 나머지는 그녀의 상상력이 날조할 수 있는 것이다. 사랑의 초기에는 아주 사소한 자양분만으로도 충분한 법! 서로 얼굴을 마주보고 지나치다가 몸을 마주 스치는 것만으로는 충분하잖은가. 그런 때엔 거의 자기 혼자서 사랑을 창조하는 데 충분한 공상력이 영혼에서 흘러나오는 것이다. 하찮은 일이 영혼을 황홀경으로 꾀어낸다. 영혼은 나중에는 이런 황홀경을 거의 찾아볼 수 없게 되지만 그것은 영혼이 점점 만족함에 따라 더한층 요구가 깊어지고, 끝내는 욕망의 대상을 소유해 버린 뒤의 일인 것이다. 아무도 그런 줄 몰랐으나 로자는 완전히 자신이 날조한 연애 소설 속에서 자신의 모든 생활을 영위하고 있었다. 크리스토프는 남몰래 그녀를 사랑하고 있다. 하지만 그것을 차마 그녀에게 말하지 못하고 있다. 그 까닭은, 그가 수줍음 많고 소심하다든가, 또는 감상적이며 바보 같은 이 소녀의 상상력을 기쁘게 해 줄 만한 황당무계하고 낭만적인 어떤 바보스러운 까닭이 되기도 했다. 로자는 그러한 뼈대 위에 완전히 어리석고 끝없는 소설을 만들고 있던 것이다. 그녀 자신도 그런 줄 알고 있었으나 스스로 인정하고 싶어하진 않았다. 몇 날이고 몇 밤이고, 그녀는 일거리 위에 몸을 수그리며 자신을 스스로 속여 흐뭇해하고 있었다. 그러느라고 그녀는 지껄이기를 잊어버렸다.

언어의 파도는 몽땅 그녀의 내부로 물러가고 만 것이다, 마치 강물이 갑자기 땅속으로 숨어 버리듯이. 하지만 그 보상은 있었다. 침묵 속에서 그녀는 얼마나 많은 말을 나누고 있었던가! 글을 읽을 때, 그 문자의 뜻을 이해하느라고 나직한 목소리로 그것을 하나하나 입에 올려 봐야 하는 사람이 있는데, 때로는 그런 사람처럼 움직이는 그녀의 입술을 볼 수 있었다.

이러한 몽상에서 깨어나자 행복하면서도 슬프기도 했다. 사실은 방금 자신에게 말한 바와 같지 않다는 것을 로자는 뻔히 알고 있었다. 그러나 행복의 반영(反映)이 아직 마음속에 남아 있었다. 이리하여 로자는 다시 더한층 강한 신뢰감을 지니며 생활하기 시작했다. 크리스토프를 차지할 수 없다고 절망하지는 않고 있었던 것이다.

로자는 스스로 똑똑히 의식한 것은 아니었으나 크리스토프를 정복하려고 계획했다. 아무 재주도 없는 이 소녀는 강한 애정으로 주어진 확실한 본능으로, 친구의 마음에 이를 수 있는 길을 곧 발견했다. 그러나 직접 크리스토프를 향해 가지는 않았다. 아픈 발이 나아서 다시 집 안을 돌아다닐 수 있게 되자, 로자는 루이자에게로 접근했다. 하찮은 구실이라도 로자에겐 여간 고마운 것이 아니었다. 자질구레한 일거리를 찾아내어 루이자에게 봉사했다. 외출할 때에는 꼭 심부름을 해 줬다. 루이자 대신 시장에도 가 주었고 상인들과 교섭해 주기도 했고 안마당에서 펌프로 물을 퍼 오기도 했으며, 또한 집안일 일부분마저 나누어 맡아 타일을 씻거나 마루를 닦기도 했다. 루이자가 아무리 사양해도 듣지 않았다. 루이자는 혼자 힘으로 일을 못하는 것을 부끄럽게 여기고 있었으나, 몹시 지쳐 있었으므로 로자의 도움을 거절할 기력도 없었다.

크리스토프는 온종일 집을 비우고 있었다. 루이자는 홀로 남겨진 듯한 느낌이 들었다. 그런 만큼 친절하고 수선스러운 이 아가씨가 곁에 있어 주는 것이 여간 고맙지 않았다. 마침내 로자는 루이자의 방에 눌러앉아 버렸다. 로자는 제 일거리를 가지고 오기조차 했다. 그리고 둘이 서로 말을 주고받았다. 소녀는 어설픈 책략을 써 가며 화제를 크리스토프에게 돌리려 애썼다. 그에 대한 이야기를 듣는 것, 아니 그의 이름을 듣는 것만으로도 로자는 기쁘기 한이 없었다. 손이 떨리고 눈을 들 수가 없을 지경이었다. 루이자는 귀여운 크리스토프 이야기를 하는 것이 기뻐 어쩔 줄 모르며, 어린 시절의 별 재미도 없는 시시한 일마저 세세히 지껄였다. 그렇다고 로자가 시시하다고 생각할까 봐 염려할 것은 없었다. 철없는 어린애다운 재롱이나 귀여운 짓을 하는 어린 크리스토프의 모습을 상상해 보는 것은 로자에게는 이루 말할 수 없는 기쁨이요 감동이었던 것이다. 모든 여성의 마음속에 있는 모성적인 애정이 로자의 마음속에서 또 하나의 애정과 부드럽게 얽혔다. 로자는 진심으로 즐거워하며 웃었고 눈물을 글썽거리곤 했다. 루이자는 자신을 이모저모로 배려해 주는 로자에게 감동했다. 루이자는 소녀의 마음속을 짐작하고 있었으나, 그런 티는 하나도 내지 않았다. 그러나 그것을 기뻐하고 있었다. 이 아가씨의 마음의 가치를 알고 있는 것은 이 집에서 루이자 하나뿐이었기 때문이다. 때로 루이자는 말을 그치고 로자의 얼굴을 뚫어지게 바라보았다. 로자는 침묵에 놀라 일거리에서 눈을 든다. 루이자는 로자에게 미소 짓고 있었다. 로자는 불쑥 솟아오르는 정열에 사로잡혀 루이자의 팔 속에 몸을 던지며 그 가슴에 얼굴을 묻었다. 그러고는 다시 서로 전처럼 일을 시작하고 이야기를 나누기 시작하는 것이었다.

저녁때 크리스토프가 돌아오면 루이자는 로자의 정성에 감사하는 마음으로, 가슴에 품은 조그만 계획을 좇아 이웃집 딸 칭찬을 한바탕 늘어놓았다. 크리스토프는 로자의 친절에 감동했다. 로자가 어머니를 잘 보살펴 준다는 것을 똑똑히 알 수 있었다. 어머니 얼굴은 전보다 훨씬 환해졌다. 크리스토프는 진심으로 로자에게 감사의 뜻을 전했다. 로자는 뭐라고 요령부득의 말을 중얼거리더니 곤혹을 숨기려고 달아나 버렸다. 크리스토프로서는 이러한 그녀가 오히려 함부로 재잘거리는 그녀보다 몇 곱이나 현명하고 또한 호감 간다는 생각이 들었다. 이전보다도 선입관 없는 눈으로 그녀를 바라본다. 지금까지 깨닫지 못했던 아름다운 점을 발견하고는 놀라움을 감출 줄 몰랐다. 로자는 그것을 눈치챘다. 그의 호감정이 커진 것을 깨달았다. 이 감정이 애정의 골짜기로 흐르고 있다는 생각이 들었다.

로자는 지금까지보다도 더욱 몽상에 잠기게 되었다. 자신의 전부를 걸어서라도 원하는 것은 끝내 성취한다고, 젊은이에게 흔히 보이는 아름다운 자부심으로 믿으려 하고 있었다. 그렇다고 그녀의 소망에 무슨 조리에 닿지 않는 것이라도 있단 말인가? 로자의 친절, 자신을 바치고 싶다는 애정 넘치는 욕구에 대해서 크리스토프야말로 다른 어느 누구보다도 민감했어야 하지 않았겠는가?

그러나 크리스토프는 로자의 일을 생각하지 않고 있었다. 그는 그녀를 존중하고 있었지만 그의 머릿속에서는 그녀가 어떠한 자리도 차지하지 않고 있었던 것이다. 그 무렵에 그는 다른 많은 일에 마음을 빼앗기고 있었다! 크리스토프는 이미 지금까지의 크리스토프가 아니었다. 그는 이미 스스로도 자기를 알 수가 없었다. 무서운 작용이 그의 내부에서 일어나고 있어 그의 존재를 뿌리째 뒤집어엎으려 하고 있었던 것이다.

*

크리스토프는 극도의 피로와 불안을 느꼈다. 까닭도 없이 기력이 꺾이고 머리가 띵하고 눈이나 귀 등 온갖 감각 기관이 취한 듯하며 윙윙거렸다. 무슨 일에도 정신을 집중할 수 없었다. 정신은 정력을 소모케 하는 광열(狂熱)에 몰려 이리저리로 뛰어 옮겨 가곤 했다. 물체의 형상이 어른어른하며 눈도 어지러웠다. 처음엔 과도한 피로 탓에 봄철 조울증인가 했으나 봄이 지나도 불쾌감은 더해 갈 뿐이었다.

그것은 고상한 손으로만 모든 일을 매만지는 시인들이 청춘의 불안이니 젊은 천사의 고민이니, 또는 젊은 육체와 정신에서의 애욕의 눈뜸이니 일컫는 바로 그러한 것이었다. 하지만 이렇게 말하고 보면 일체의 부분이 무너지고 죽고 또 되살아나는 존재 전체의 이 가공스러운 위기가, 다시 말해 신앙도 사고도 행동도 온 생명도 모두 고뇌와 환희의 경련 속에서 절멸하여 새로이 단련되어 가는 이 격변기가, 그야말로 치기에 찬 어리석은 것 같아져 버리지 않는가!

그의 육체도 영혼도 모든 것이 발효(醱酵)하고 있었다. 그는 호기심과 혐오감이 뒤섞인 심정으로 그것을 바라보고 있었으나, 그것과 맞싸울 힘은 없었다. 자신의 내부에서 무엇이 행해지고 있는지 전혀 알 수 없었다. 존재 전체가 산산이 분해되고 있었다. 덮쳐 오는 마비 상태 속에서 나날을 보냈다. 일하기가 고통스러웠다. 밤잠은 답답하여 선잠 속에 자주 깼었고, 기괴한 꿈을 꾸었고, 욕망에 사로잡히곤 했다. 동물적인 영혼이 그의 내부에서 사납게 설치고 있었다. 고열로 불덩이처럼 달아올랐고, 온몸에 식은땀이 흘렀으며 자기 혐오감에 차서 자신을 똑바로 바라보았다. 음란하고 광적인 생각을 떨처 버리려고 기를 썼다. 내가 미쳐 버렸나 하고 자신에게 물어보기도 했다.

낮 동안에도 이와 같은 야수적인 생각에서 벗어날 수가 없었다. 영혼의 나락 속으로 떨어져 가는 듯한 느낌이 들었다. 붙잡을 것이라곤 없다. 혼돈을 막아 줄 장벽도 없다. 그의 신, 그의 예술, 그의 자존심, 그의 도덕적인 신앙 등등 그러한 온갖 갑옷, 사방의 벽으로 그를 둘러싸고 거뜬히 지켜 주던 그러한 온갖 성채(城砦)는 조금씩 무너지고 벗겨져 갔다. 그는 발가숭이로 결박되고 뉘어져서 구더기가 우글우글 끓는 시체처럼 꼼짝 못하고 있는 자신의 모습을 보았다. 느닷없이 그는 반항심이 일어났다. 나의 의지는 어디 갔는가? 그는 의지의 힘에 호소했으나 헛일이었다. 자신이 꿈을 꾸고 있다는 것을 알면서 눈을 뜨려고 기를 쓰는 잠결의 안간힘 같은 것이었다. 그는 그저 납덩이처럼 꿈에서 꿈으로 굴러갈 뿐이었다. 끝내는 맞싸우지 않는 편이 차라리 편하다는 생각이 들었다. 이리하여 무기력한 숙명관으로 싸움을 체념하기에 이르렀다.

마치 그의 생명의 규칙적인 흐름이 멈추어 버린 것 같았다. 그 흐름은 땅속 균열 속으로 스며들고, 또는 용솟음치듯 솟구쳐 나오곤 했다. 나날의 연쇄는 절단되었다. 시간의 평탄한 들판 한복판에 숱한 구멍이 크게 입을 벌려 그 속으로 자신의 존재 전체가 삼켜져 버렸다. 크리스토프는 그러한 광경을 마치 남의 일 보듯이 바라보고 있었다. 모든 것이, 모든 사람이, 심지어 그 자신마저도 그에게는 인연이 없는 것이 되어 있었다. 여전히 일하러 나가긴 했다. 자동인형처럼 자신의 직무를 수행하고는 있었다. 그렇지만 자기 생명의 기계 장치가 금방이라도 멈출 것만 같은 생각이 들었다. 톱니바퀴 장치가 고장난 것이었다. 어머니나 집주인 댁 식구들과 함께 식탁에 앉아 있을 때, 악단원과 청중에게 둘러싸여 오케스트라의 제 자리에 앉았을 때, 그는 별안간 머릿속에 휑뎅그렇한 빈 공간을 느끼곤 했다. 그럴 때 그는 망연해져서 주위의 찌푸린 얼굴들을 본다. 무슨 영문인지 알 수가 없었다. 그는 자신에게 묻는다.

"무슨 관계가 있는 것일까, 이 사람들과……"

그는 감히 말할 수는 없었다. "……나와의 사이에는? "라고는.

자신이 존재하고 있는지 없는지조차 이미 알 수가 없었기 때문이다. 그는 말했다. 자기 목소리가 남의 몸에서 나오는 듯이 느껴졌다. 몸을 움직였다.

자기 몸의 움직임을 마치 멀리, 높은 데서, 탑 위에서 내려다보는 듯한 느낌이었다. 머릿속이 혼란해진 듯이 그는 손을 이마에 대었다. 무엇인지 엄청난 일을 저지를 것만 같았다.

여러 사람이 지켜보고 있는 가운데, 각별히 자중해야 할 경우에 특히 그런 심리 상태가 되곤 했다. 예를 들면 궁정에 가 있는 밤이라든가, 대중 앞에서 연주할 때에 참을 수 없이 낯을 찡그리거나 당돌한 말을 하거나, 대공의 코를 잡아당겨 보거나, 또는 귀부인의 궁둥이를 냅다 걷어차 보고 싶어졌다. 어느 날 밤엔 오케스트라를 지휘하면서 대중 앞에 벌거숭이가 되어 보고 싶다는 광적인 욕망과 내내 싸워야 했다. 그러한 생각을 물리치려고 기를 쓰는 그 순간부터 그는 도리어 그런 생각에 뒤쫓겼다. 그에 지지 않으려면 온 힘을 기울여야만 했다. 이러한 바보스러운 싸움을 마친 뒤에 그는 온몸에 땀을 흠뻑 흘렸고 머릿속은 텅 비어 있었다. 그야말로 미치광이나 다름이 없었다. 어떤 한 가지 일을 해서는 안 된다고 생각하는 것만으로 그것이 고정 관념처럼 엄청난 집요함으로 그의 마음을 덮쳤던 것이다.

이렇게 그의 생활은 미친 듯이 사나운 힘과 공허 속으로의 추락이 죽 이어지는 가운데 지나갔다. 사막을 휩쓰는 광풍이었다. 도대체 이 바람은 어디에서 불어오는 것일까? 이 광기(狂氣)는 대체 무엇인가? 팔다리와 두뇌를 휘어꺾어 놓는 이런 욕망은 도대체 어떠한 심연에서 나오는 것일까? 그는 광포한 손으로 부러질 만큼 한껏 시위가 당겨진 활—그것은 대체 어떤 과녁을 겨눈 것일까? —, 화살을 쏜 다음엔 한 토막 고목(枯木)처럼 내던져 버려지는 활과도 같았다. 글쎄, 그는 그 누구의 먹이가 되어 있었던 것일까? 그에게는 그것을 도저히 규명해 볼 만한 용기도 없었다. 그는 자신이 패배당하고 모욕당하고 있음을 느꼈다. 그러나 자신의 패배를 똑바로 바라보는 일도 피하고 있었다. 그는 지쳤고 또 비겁했던 것이다. 일찍이 그가 멸시하던 사람들, 마음에 안 드는 진실을 보기를 원치 않던 사람들이 지금의 그로서는 똑똑히 이해되었다. 이러한 허무의 한창때에도, 헛되이 흘러가는 시간이나 내팽개쳐진 일, 또는 잃어버린 미래 등이 문득문득 생각나면 그는 두려움으로 마치 온몸이 얼어붙는 듯한 느낌이 들었다. 그러나 그는 전혀 저항을 몰랐다. 그의 비겁한 마음은 허무의 절망적인 긍정 속에 핑계를 발견하고 있었던 것이다. 냇물을 타고 두둥실 흘러가는 표류물처럼 허무에 몸을 내맡김으로

써, 그는 씁쓸한 기쁨을 맛보고 있었다. 싸운들 무엇하랴? 미(美)도, 선(善)도, 하느님도, 생명도 그 어떠한 종류의 존재도 전혀 없었다. 길을 걸어가는데 갑자기 지면이 없어졌다. 대지도, 공기도, 빛도, 자기 자신도 없어졌다. 아무것도 없었다. 머리에 이끌려 앞으로 기우뚱한다. 고꾸라질 찰나에 가까스로 자신을 멈출 수가 있었다. 별안간 벼락을 맞아 쓰러진 것이라고 생각했다. 이미 죽은 줄 알고 있었다……

크리스토프는 달라지고 있었다. 그는 영혼이 바뀌어 가고 있었던 것이다. 그러나 유년 시절의 닳아빠지고 시든 영혼이 죽어 가는 것을 보면서도, 그는 좀더 젊고 힘찬 새로운 영혼이 태어날 줄은 꿈에도 모르고 있었다. 일생 동안 육체가 변하듯이 영혼도 또한 변하는 법이다. 그 변화는 반드시 나날의 흐름을 따라 서서히 이루어진다고만은 할 수 없다. 한꺼번에 모든 것이 새로워지는 위기의 순간이 있게 마련이다. 그러면 낡은 껍질은 떨어져 버린다. 이러한 고뇌의 시기에 그는 온갖 일이 이미 끝장났다고 생각해 버린다. 그러나 모든 것은 이제 시작하려 하고 있다. 하나의 생명이 죽는다. 그러나 또 하나의 생명이 이미 태어나 있는 것이다.

*

어느 날 밤, 크리스토프는 자기 방에 홀로 앉아 있었다. 촛불이 비추어 주는 가운데 그는 탁자에 팔꿈치를 짚고 창을 등지고 있었다. 일은 하지 않았다. 벌써 몇 주일째나 일을 못하였다. 온갖 것이 머릿속에서 소용돌이쳤다. 그는 모든 것을, 종교, 도덕, 예술, 온 인생을 동시에 생각했다. 이와 같은 사고의 전체적인 와해에는 질서도 없었고 양식도 없었다. 할아버지가 아무렇게나 긁어모은 잡동사니 장서나 포겔의 장서 중에서 신학이나 과학이나 철학 등의 책, 그것도 대부분은 낱권인 책을 닥치는 대로 끄집어내어 그냥 읽어 댔다. 모든 것을 알려 했으나 결국은 무엇 하나 알지 못했다. 어느 책이고 끝까지 읽어 치울 수가 없었다. 지엽적인 문제에 사로잡히기도 하고 중도에서 끝없이 방황하기도 하며, 끝내는 지독한 피로와 죽고 싶어지는 슬픔만이 마음속에 남곤 했던 것이다.

이날 밤에도 크리스토프는 노곤한 마비 상태에 깊이 가라앉아 있었다. 온 집안사람들은 모두 곤히 잠들었다. 방의 창은 열려 있었다. 안마당에서는 산들바람조차 불어오지 않았다. 두꺼운 구름이 하늘을 뒤덮고 있었다. 크리스토프는 촛대 위에서 완전히 다 타 버리는 촛불을 넋 잃은 사람처럼 바라보고 있었다. 잠자리에 들 수가 없었다. 아무 생각도 하지 않았다. 이 허무가 시시각각으로 깊어짐을 느꼈다. 그는 자신을 집어삼키려 드는 그 심연을 보지 않으려고 했다. 그러나 자기도 모르게 그 가장자리에서 안쪽을 들여다보았다. 공허 속에 혼돈이 움직이고 어둠이 꿈틀거렸다. 고뇌가 마음속을 꿰뚫는다. 등이 오싹하고, 살갗엔 소름이 쭉 끼치며 털이 곤두섰다. 그는 쓰러지지 않으려고 탁자에 매달렸다. 말로 다할 수 없는 것을, 하나의 기적을, 하나의 신을, 그는 애타게 기다리고 있었다······

갑자기 마치 수문(水門)이 홱 열린 듯이 등 뒤 안마당에 호우가, 무겁고 굵직하고 곧은 빗줄기가 쏴아 내리퍼부었다. 지금껏 움직임이 없던 공기가 가늘게 파르르 떨렸다. 말라 굳어진 지면이 종소리처럼 운다. 짐승처럼 달아서 뜨거운 대지의 크나큰 향기가, 꽃과 과일과 사랑에 불타는 육신의 향긋한 향기가, 열광과 기쁨과 현혹 가운데로 솟구쳐 올랐다. 크리스토프는 환각에 사로잡혀 온몸이 긴장되어 있었으나, 뱃속까지 오싹하는 전율을 느꼈다······ 베일이 찢겼다. 눈이 멀 듯 부셨다. 번갯불의 번쩍임 속에서 크리스토프는 보았다. 어둠의 밑바닥에서 그는 본 것이다—자신이 신인 것이다. 하느님은 자신 속에 있었다. 신은 방 안의 천장을 깨고, 집의 벽을 무너뜨렸다. 신은 존재의 한계를 부스러뜨렸다. 신은 하늘을, 우주를, 허무를 채웠다. 세계는 폭포처럼 신 속으로 흘러 들어갔다. 크리스토프 또한 자연의 법칙을 산산이 분쇄하는 선풍에 실려, 이렇게 쏟아져 들어가는 사태(沙汰)의 공포감과 황홀감 속으로 떨어져 들어갔다. 숨을 쉴 수가 없었다.

신으로 쏟아져 들어가는 그러한 분류 속에 도취해 있었다······ 심연인 신! 그 깊디깊은 못의 소용돌이인 신! 존재의 화덕! 생명의 선풍! 세차게 살기 위한—목적도 제약도 이유도 없는—삶의 광란이여!

*

위기가 제거되었을 때, 크리스토프는 깊은 잠에 빠졌다. 오래간만의 일이었다. 다음날 눈을 뜨니 머리가 어질어질했다. 술을 마신 뒤처럼 지쳐 있었다. 그러나 마음속 깊은 곳에는 전날 밤 그를 압도했던 그 어둡고 힘찬 빛의 반영이 남아 있었다. 크리스토프는 그 빛을 다시 불붙이려 했다. 헛일이었다. 좇으면 좇을수록 빛은 그에게서 멀어져 갔다. 이때부터 그의 정력은 줄곧 긴장하여, 그 순간의 환영을 되살리려고 애썼다. 그것은 부질없는 시도에 지나지 않았다. 그 황홀 상태의 의지의 명령에 결코 응할 줄 몰랐다.

그러나 그 신비로운 광열의 발작은 그것으로 끝나진 않았다. 그 뒤에도 몇 번이고 되풀이되었다. 하지만 첫 번째처럼 격렬하진 못했다. 게다가 그것은 언제나 크리스토프가 가장 예기치 않은 시간에 일어났고 그것이 또 참으로 짧은 급격한 시간, 말하자면 눈을 들거나 팔을 뻗치거나 할 만큼의 시간이라, 미처 그것을 인식하기도 전에 환영은 이미 자취도 없이 스러져 버리곤 했던 것이다. 그것이 사라진 뒤면 그는 꿈을 꾼 것인가 의아스러워했다. 캄캄한 밤하늘을 환히 비추어 준 불타는 별똥별이 스러져 버린 뒤, 맨 눈으로는 그게 지나가는지 알아볼 수도 없는 빛가루나 희미하고 가느다란 빛이 다가와서 번쩍하는 것과 같았다. 그러나 그것은 점점 더 빈번히 나타나곤 했다. 끝내는 영원히 깨어날 줄 모르는 몽롱한 꿈 같은 햇무리로 크리스토프를 둘러쌌고, 그의 정신은 거기에 용해되어 간 것이었다. 이처럼 반쯤 환각에 사로잡힌 상태로부터 그의 마음을 깨어나게 할 것 같은 일은 모두 그를 화나게 했다. 일도 할 수 없었다. 이제는 일을 생각하지도 않았다. 누구와 사귀기도 성가시기만 했다. 그중에서도 가장 친숙한 사람들을 만나는 것이 한층 지겨웠다. 어머니와 함께 있는 것조차 싫었다. 이러한 사람들은 그의 영혼에 대한 권리를 더욱더 제 것인 양 주장해 마지않기 때문이었다.

그는 집을 나가 온종일 바깥에서 지내는 습관이 들었다. 밤이 되기 전엔 돌아오지 않았다. 들의 고요를 찾아가서, 집요한 고정 관념에 미친 듯이 실컷 몸을 내맡겼다. 그러나 심신을 말끔히 씻어 주는 대기 속에서 대지와 접촉하자 이 집요함은 무너지고, 그 고정 관념은 요괴와도 같은 성질을 잃었다. 그의 정신적 흥분은 조금도 진정되지 않았다. 도리어 다시 도지기만 했다. 하지만 그것은 이미 정신의 위험스러운 착란은 아니었다. 그것은 힘에 도취한 육신과 영혼의, 전 존재의, 건강한 도취였다.

그는 이전에는 보지 못한 듯한 새로운 세계를 발견했다. 그것은 새로운 유년기였다. 어떤 마법의 주문이 "열려라, 참깨!"라고 명한 것 같았다. 자연은 크나큰 기쁨으로 불타고 있었다. 태양은 끓어올랐다. 액체 같은 창공은 투명한 강이 되어 흐른다. 대지는 기쁨과 즐거움으로 헐떡거리고 연기를 내며 타고 있었다. 풀, 나무, 곤충, 무수히 많은 생물들은, 공중에서 소용돌이치며 솟구쳐 오르는 생명의 크나큰 화염이 날름거리는 혓바닥이었다. 모든 것이 기쁨으로 소리치고 있었다.

이 기쁨은 그의 것이기도 했다. 이 힘은 그의 힘이기도 했다. 그는 자신과 다른 것과를 전혀 구별할 수 없었다. 이때까지는, 기쁨으로 불타던 줄기찬 호기심으로 자연을 보고 있던 행복한 유년 시절에조차, 그에게 생물은 자기와는 관계없고 자기로선 이해할 수 없는 무서운, 또는 우스꽝스러운 폐쇄된 소우주(小宇宙)와 같이 생각되었다. 그러한 것들이 느끼는 힘을 가지고 있다는 것, 생명을 가지고 있다는 것을 과연 그는 또렷이 알고나 있었을까? 확실히 그것들은 그에겐 불가사의한 기계였다. 그러므로 유년 시절에 흔히 있는 무의식적인 잔인성으로 그는 불행한 곤충의 몸을 해부해 보기도 했던 것이다. 기묘하게 몸을 꼬는 꼴을 보는 재미로 그는 곤충이 괴로워하는 것은 생각조차 하지 않았다. 그가 불행한 파리 한 마리를 그렇게 학대하는 것을 보고는, 평소에 그다지도 온화한 고트프리트 외삼촌마저도 몹시 화를 내며 그의 손아귀에서 벌레를 빼앗아 버린 일이 있었다. 그때 소년은 처음엔 웃으려 했다. 그러나 외삼촌의 감정에 감화되어 그만 울음을 터뜨리고 말았다. 자신의 손에 걸려 죽은 것들도 자신이나 마찬가지로 실제로 살아 있었던 것이요, 자신은 죄를 지었다는 것을 알게 된 것이다. 그 뒤로 그는 동물을 학대하지는 않았으나 그렇다고 동물을 동정하지도 않았다. 그 곁을 지나도 그 조그만 기계 속에서 움직이고 있는 것을 느끼려 들지 않았다. 도리어 그것을 생각하기를 두려워했다. 그것은 어떤 악몽 같은 것으로 여겨졌다. 그런데 지금에 와서는 모든 것이 분명해졌다. 이와 같은 생물의 어두운 의식이 이번에는 빛의 근원이 된 것이었다.

생물들이 떼를 짓고 있는 풀숲이나, 곤충이 날갯짓하여 윙윙거리는 나무 그늘에 벌렁 누워서 크리스토프는 그들을 유심히 살펴보곤 했다. 바쁜 듯이 기어다니는 개미, 걸으며 춤을 추는 듯한 다리가 긴 거미, 옆으로 깡충깡충 뛰는 메뚜기, 무거운 몸을 바쁜 듯이 움직이고 있는 풍뎅이, 흰 얼룩무늬가 있는 탄력적인 살갗을 지닌, 털이 없는 연분홍빛 애벌레 등등을. 또는 손을 머리 밑에서 깍지끼고는, 눈을 감고 보이지 않는 오케스트라에 귀를 기울이기도 했다. 향긋한 내음이 풍기는 전나무 둘레를 한 가닥 광선 속에서 미친 듯 뱅글뱅글 돌고 있는 곤충들의 윤무, 모기들의 브라스밴드, 말벌들의 오르 간 소리, 나무 꼭대기에서 마치 종소리처럼 떨고 있는 들벌들의 소리, 또 흔 들리는 나무들의 숭고한 속삭임, 산들바람으로 흔들리는 나뭇가지들의 부드 러운 술렁임, 파도치는 풀숲의 잎과 잎이 스치는 아스라한 소리. 그것은 맑 고 깨끗한 호수 수면에 주름을 잡는 미풍 같기도 하고 대기 속을 지나 스러 져 가는 애인의 발소리 같기도 했다.

크리스토프는 이러한 소리 모두를, 이러한 모든 아우성을 자신의 내부에 서 듣고 있었다. 그들 생물의 가장 미미한 것으로부터 가장 큰 것에 이르기 까지, 그들에게는 같은 생명의 냇물이 흐르고 있었다. 그 냇물은 또 크리스 토프마저 적시고 있었다. 그는 그들과 같은 혈족이며 그들의 친밀한 기쁨의 메아리를 들었다. 숱한 시냇물이 모여서 큰 강물이 되듯이, 그들의 힘은 그 의 힘과 합쳤다. 그는 그들 속에 잠겼다. 창을 깨뜨리고 질식한 그의 마음속 으로 별안간 불어닥친 공기의 힘찬 기세로 그의 가슴은 터질 것만 같았다.

변화는 너무나 갑작스러웠다. 온갖 곳에서 허무밖에 보지 못하던 끝에 자 기 자신의 생존에만 정신이 팔리고 더구나 그것이 빗방울처럼 흩어져 사라 지는 것을 느끼고 있었는데, 이제 자아를 망각하고 우주 속에서 다시 태어나 려 하자 온갖 곳에서 끝없이 광대한 생명을 발견하게 된 것이었다. 마치 무 덤 속에서 기어나온 듯한 감상이었다. 생명의 강물은 그득히 차서 넘실넘실 흘렀다. 그는 그 강물 속을 즐겁게 헤엄쳐 갔다. 그 흐름에 실려 가면서 그 는 자신이 완전히 자유의 몸이라고 여겼다. 그러나 그는 미처 모르고 있었 다. 자신이 전보다도 자유가 아니고 어떠한 존재도 자유가 아니라는 것을. 우주를 지배하고 있는 법칙조차 자유는 아니며, 죽음만이—아마도—존재를 해방해 준다는 것을.

그러나 껍질을 나온 번데기는 새로운 껍질 속에서 기쁜 듯이 몸을 뻗고 있 었다. 이 번데기는 아직 자신의 새로운 감옥의 한계를 인정할 만한 여유가 없었던 것이다.

*

나날의 새로운 순환이 시작되었다. 어린 날 하나하나 새로운 것을 처음 발견하던 무렵처럼, 신비롭고 기쁨에 찬 황금빛 나날, 열광적인 나날이었다. 새벽부터 저녁까지 그는 끊임없는 환영 속에 지내고 있었다. 모든 일은 내팽개쳐진 채였다. 몇 년 동안이나 설사 몸이 아프더라도 단 한 번 출장 교습이나 오케스트라 연습을 빠진 일이 없던 이 착실한 소년이, 이제는 툭하면 어정쩡한 핑계를 대며 일에 게으름을 피웠다. 그는 거짓말하기를 두려워하지 않았다. 거짓말을 해도 양심의 가책을 느끼지 않았다. 이제까지 그가 기꺼이 자신의 의지를 굴복시켜 온 극기주의 생활의 원칙, 즉 도덕도 의무도, 이제 그에게는 참된 것이 아닌 것처럼 여겨졌다. 그러한 것이 지닌 편협한 전제주의는 자연에 부딪혀 깨져버렸다. 건전하며 건강하고 혈기 왕성하며 자유로운 인간성만이 유일한 덕(德)이었다. 그 밖의 것은 다 악마에게나 먹혀 버려라! 세상 사람이 도덕의 이름으로 장식하고 거기에 인생을 가두어 두려 하는, 저 신중한 책략의 자잘한 규칙을 보노라면 가련해서 웃음이 터져나올 수밖에 없다! 우스꽝스러운 두더지 둥지가 아니고 무엇인가! 생명이 한 번 지나가면, 모든 것은 소멸되고 마는 것이다……

정력에 넘친 크리스토프는 때때로 파괴하고 싶고, 태워 버리고 싶고, 분쇄하고 싶은 광열에 사로잡혔다. 광포하고 맹목적인 행위로 가슴 가득한 이 힘을 만족시키고 싶어했다. 이런 발작 뒤엔 대개 기분이 갑자기 느슨해지곤 했다. 크리스토프는 눈물을 흘리며 땅바닥에 몸을 던지고 대지에 입을 맞췄다. 물어뜯고 매달려서 그것을 집어삼키고 싶어했다. 그는 광열과 욕망으로 전율하고 있었다.

어느 날 저녁, 그는 숲 가를 산책했다. 눈은 빛에 취하고 머리는 띵했다. 온갖 것이 변모되어 보이는 흥분 상태에 놓여 있었다. 저녁나절의 비로드 같은 연한 빛이 거기에 한층 마력(魔力)을 더해 주었다. 진홍빛과 황금빛 빛살이 밤나무 숲 아래 감돌고 있었다. 마치 인광(燐光) 같은 희미한 빛이 목장에서 솟아나는 것 같았다. 하늘은 눈동자처럼 기쁨에 차고 부드러웠다. 이웃 풀밭에서 소녀 하나가 베어 놓은 풀을 옮기고 있었다. 셔츠와 짧은 치마만 입고 목도 두 팔도 드러낸 채 풀을 긁어모아 쌓아 올린다. 짤막한 코에 볼은 살쪘고, 이마는 둥그스름하며 수건으로 머리를 싸고 있었다. 질그릇처럼 햇볕에 그은 살갗은 저녁 햇빛으로 붉게 물들어, 마치 하루의 마지막 햇빛을 빨아들이고 있는 것 같았다.

소녀는 크리스토프를 매혹했다. 크리스토프는 너도밤나무 밑동에 기대어서서 소녀가 숲 가로 다가오는 것을 유심히 지켜보고 있었으나 소녀는 아랑곳하지도 않았다. 그러다 문득 무심히 눈을 들었다. 소녀의 햇볕에 탄 얼굴에서 그는 무뚝뚝한 파란 눈을 볼 수 있었다. 소녀는 바로 곁을 지나치다가 풀을 주우려고 상체를 수그렸다. 빠끔히 벌린 셔츠 사이로 목덜미와 등의 황금빛 솜털이 보였다. 순간 크리스토프의 몸속에 넘쳐 나던 어두운 욕망이 일시에 폭발했다. 등 뒤에서 소녀에게 덤벼들어 허리를 끌어안았다. 소녀의 머리를 뒤로 젖히자, 반쯤 벌어진 그 입을 입으로 틀어막았다. 메말라 꺼칠한 입술에 키스를 하자 화가 나서 깨물려 드는 이와 마주친다. 크리스토프의 두 손은 소녀의 껄껄한 팔과 땀에 젖은 셔츠 위를 어루만졌다. 소녀는 몸부림쳤다. 그는 더욱더 억세게 끌어안았다. 졸라 죽이고 싶었다. 소녀는 몸을 빼내더니 고함을 치며, 침을 뱉고는 손으로 입술을 훔쳤다. 그러고는 악을 쓰며 그에게 욕을 퍼부었다. 크리스토프는 소녀를 놓자마자 밭을 가로질러 도망쳤다. 소녀는 돌멩이를 던지며 여전히 상스럽게 욕을 퍼부었다. 크리스토프는 부끄러움으로 낯이 화끈거렸다. 소녀의 말이나 생각 때문이 아니라 자기 자신을 생각했기 때문이었다. 무의식 중에 느닷없이 이런 짓을 저지른 것이 무서워 견딜 수가 없었다. 글쎄, 내가 무슨 짓을 한 것일까? 무엇을 하려한 것일까? 이에 대해서 그가 이해할 수 있는 일이라곤 죄다 혐오감만을 불러일으킬 뿐이었다. 그는 또 이 혐오감에 유혹되었다. 자신과 싸웠다. 어느쪽이 진짜 크리스토프인지 알 수 없었다. 맹목적인 힘이 그를 덮쳐 왔다. 아무리 벗어나려 해도 헛수고였다. 그것은 마치 자기 자신으로부터 벗어나려는 것이나 다름없었다. 이 힘은 그를 어떻게 할까? 내일, 그는 무슨 짓을 할까? …… 아니, 내일은커녕 한 시간 뒤엔…… 밭을 가로질러 달려가면서 저쪽 한길에 닿기까지 사이에? …… 한길에 도착할 수나 있을까? 도중에서 발길을 멈추고 뒤로 돌아가서 저 소녀에게로 달려가지나 않을까? 그렇게 되면 그땐? …… 그는 소녀의 목을 잡았을 때의 정신 나간 한순간을 떠올렸다. 어떠한 행위라도 가능했다. 범죄도! …… 그렇다, 범죄마저도…… 심장의 격렬한 고동 때문에 숨이 막힌다. 큰길에까지 이르자 숨을 쉬느라고 멈추어섰다. 소녀가 저쪽에 서 있었다. 소녀의 외침 소리를 듣고 달려온 또 하나의 소녀와 뭐라고 재잘거린다. 두 아가씨는 허리에 주먹을 대고는 까르르 웃어 젖히며 이쪽을 바라보고 있다.

크리스토프는 집으로 돌아왔다. 며칠 동안이나 집 안에 틀어박혀서 꼼짝하지 않았다. 부득이한 경우가 아니고는 거리에도 나가지 않았다. 시외로 나가고 들로 나갈 기회를 겁먹은 채 스스로 피하고 있었다. 들에 나갔다간, 마치 폭풍우 직전의 고요 속에 별안간 불어오는 돌풍처럼, 전에 그에게 휘몰아쳐 온 그 미치광이 같은 충동이 다시 그를 엄습하지나 않을까 두려워했던 것이다. 그는 믿고 있었다. 시가지의 성벽이 그러한 것으로부터 자신을 보호해 주려니 하고. 그러나 꼭 닫아 놓은 두 덧문 사이의 눈에 띄지 않는 틈만 있어도, 시선이 지나갈 만한 짬만 있어도 적이 침투하기에는 충분하다는 것을 그는 생각하지 못했던 것이다.

2. 자비네

안마당 건너의 같은 건물 한쪽 1층에 스무 살 된 젊은 여인이 살고 있었다. 서너 달 전에 과부가 되어 어린 딸과 둘이서 살고 있던 여인, 자비네 플뢰리히 부인 역시 오일러 영감님 댁에 세든 사람이었다. 거리에 면한 가게를 빌렸고, 게다가 네모진 조그만 마당이 딸린 안마당에 면한 방 두 개를 빌려 쓰고 있었다. 그 조그만 마당은 담쟁이덩굴이 얽힌 철사로 된 조그만 울타리로 오일러 댁의 안마당과 구별되어 있었다. 그녀가 거기 나타나는 일이라곤 좀처럼 없었다. 어린애가 홀로 아침부터 저녁까지 거기서 흙장난을 하며 놀 뿐이다. 마당에는 풀들이 제멋대로 자랐다. 말끔히 청소된 오솔길과 자연의 아름다운 질서를 좋아하는 유스투스 노인은 그것을 매우 못마땅하게 여기고 있었다. 이에 관해서 세든 사람에게 주의를 준 일도 있었으나 아마 그 때문인지 여인은 다시 그곳에 모습을 나타내는 일이 없었다. 마당 또한 조금도 나아지진 않았다.

플뢰리히 부인은 조촐한 잡화점을 벌여 놓고 있었다. 시내 중심지의 번화가에 자리했으므로 웬만하면 제법 번창할 터였다. 그러나 부인은 마당에 무관심하듯이 장사에도 그다지 열의가 없었다. 포겔 부인의 의견에 따르면 몸소 가사를 돌본다는 것은, 특히 게으른 생활을 허용할 만큼—적어도 그것을 묵인할 만큼—재산이 없는 경우에는 자존심이 있는 부인에게 알맞은 일이라고 했으나, 플뢰리히 부인은 그러지 않고 열다섯 살짜리 소녀를 고용하고 있었다. 이 소녀가 아침나절에 몇 시간씩 와서, 젊은 주부가 한가로이 잠자리 속에서 꾸물거리고 화장을 하는 동안에 방을 치우기도 하고 가게를 돌보기도 했다.

크리스토프는 가끔 유리창 너머로 볼 수 있었다. 부인이 기다란 네글리제를 걸치고 맨발로 방 안을 걸어다니기도 하고 몇 시간씩이나 거울 앞에 앉아 있는 모습을. 여인은 모든 일에 지극히 무관심해서 커튼을 치는 것도 잊고 있었기 때문이다. 설사 그것을 깨달았다 해도 매우 게을러서 커튼을 치러 가려고도 하지 않았을 것이다. 내성적인 크리스토프는 여인을 난처하게 하고 싶지 않아 창가를 떠나곤 했다. 그러나 유혹도 강했다. 그는 발그레 낯을 붉히면서도, 여인의 좀 여윈 두 팔을 흘금흘금 훔쳐보았다. 두 손을 목덜미 밑에서 깍지낀 자세로 흩어진 머리 둘레에 나른한 듯이 쳐든 그 팔은, 마침내 감각이 둔해져서 축 늘어지기까지 그냥 그대로 있었다. 크리스토프는 이 흐뭇한 광경을 지나가다가 문득 보았을 뿐으로 자신의 음악적인 명상은 그 때문에 흐트러지진 않았다고 믿었다. 그러면서도 그는 거기에 흥미를 느끼고 있었다. 이윽고 그는 자비네 부인이 화장에 소비하는 시간과 같은 시간을 이 여인을 바라보는 데 소비하게 되었다.

이 여인은 결코 멋부리는 편은 아니었다. 도리어 평소에는 무관심한 편이어서 몸치장에 대해서는 아말리아나 로자만큼도 주의를 기울이지 않았다. 거울 앞에서 언제까지나 꾸물거리는 것은 그저 게으르기 때문이었다. 핀을 하나 꽂을 때마다 여인은 거울 속에 적이 성가신 듯한 찌푸린 얼굴을 비추며, 이 엄청난 노력을 멈추고 쉬어야 했다. 해가 지도록 여인의 몸치장은 완전히 갖추어지지 않게 마련이었다.

자비네의 치장이 미처 끝나기 전에 하녀가 돌아가 버리는 일도 흔히 있었다. 그런 때, 손님이 가게 문의 벨을 누른다. 한두 번 누른 다음에야 자비네는 가까스로 의자에서 일어설 결심을 한다. 그러고는 방글방글 웃으며 천천히 나갔다. 손님이 주문한 물건을 천천히 찾아 본다. 그것을 도무지 찾지 못할 때는, 또는 실제로 있었던 일이지만 그것을 끄집어내는 데 너무 힘이 들 경우, 예컨대 방 안 이 구석부터 저 구석까지 사닥다리를 옮겨 놓아야 할 때는 침착한 말투로 그 물건은 다 팔렸다고 말한다. 또한 가게 안을 조금만 정돈하면 좋을 텐데 그러질 않고 또 다 팔린 물건을 채워놓으려고도 하지 않으므로 손님들은 진저리를 내거나 다른 가게로 가기 일쑤였다. 그렇다고 자비네에게 나쁜 감정을 품는 이는 없었다. 상냥한 음성으로 말하고 어떠한 일에도 동요하지 않는 이 사랑스러운 사람에게는 성을 낼 수가 없었던 것이다! 자비네는 무슨 말을 들어도 태연스러웠다. 그러한 사실을 똑똑히 느낄 수 있기 때문에 불평을 하려 들던 사람도 말을 계속할 용기를 잃는다. 그는 이 여인의 애교 있는 미소에 미소로써 답하며 돌아간다. 그러나 두 번 다시는 물건을 사러 오지 않는다. 그것을 또 이 여인은 전혀 개의치 않았다. 그런 식으로 여인은 언제나 미소만 짓고 있었다.

자비네는 피렌체의 젊은 여인의 초상을 닮았다. 또렷하게 그려진 위로 치켜세운 눈썹, 속눈썹의 장막 아래 반쯤 뜬 잿빛 눈. 조금 부어오른 듯한 아랫눈꺼풀, 그 밑에 미미하게 잡혀 있는 주름살. 귀엽게 생긴 조그만 코는 완만한 곡선을 그으며 끝이 살짝 들려 있었다. 또 하나의 조그만 곡선이 코와 윗입술을 떼어 놓고 있다. 그 윗입술은 빠끔히 열린 입 위에서 미소 때문에 약간 말려 올라가 있었다. 아랫입술은 좀 도톰했다. 얼굴 아래쪽은 동그랗고, 필리포 리피(^{이탈리아의 화가.} ^{1406~1469})가 그린 처녀처럼 어린애다운 성실성을 지니고 있었다. 그녀의 얼굴빛은 어딘지 흐려 보였고, 머리는 밝은 갈색, 흐트러진 곱슬머리를 아무렇게나 묶어 놓았다. 몸은 호리호리하며 뼈가 가늘고 동작은 둔했다. 옷차림에는 그다지 신경을 쓰지 않았다. 재킷은 가슴이 드러나고 단추는 여기저기 떨어져 나갔고 더러워진 신은 닳아 빠져 어쩐지 좀 너절한 몰골이었다. 그러나 젊음이 넘치는 우아한 아름다움, 보드라움, 본능적인 애교 따위로 뭇사람을 매혹했다.

자비네가 가게 바깥에서 더위를 식히고 있노라면, 지나가던 젊은이들은 황홀한 눈초리로 바라보곤 했다. 그녀는 도무지 그들을 아랑곳하지 않았지만 그래도 그런 눈치를 알아차리지 않을 수는 없었다. 그럴 때면 호의에 찬 시선을 받고 있다는 것을 느끼는 모든 여성의 눈이 그렇게 되듯, 그녀의 눈은 감사와 기쁨의 표정을 띠었다. 그것은 마치 이렇게 말하는 것 같았다.

"고마워요! …… 더! 더! 나를 봐 줘요! ……"

그러나 남의 마음에 드는 것이 기쁘긴 했으나 타고난 무심한 성미 때문에 자비네는 남의 마음에 들려고 애쓴 적이라곤 결코 없었다.

오일러 노인과 포겔의 집안에서 자비네는 험담의 대상이 되어 있었다. 그녀에 대한 일이라면 모든 것이 그들의 신경에 거슬렸다. 예를 들어 자비네가 게으르다는 것, 집 안이 난잡하다는 것, 옷차림에 무심한 것, 그들이 어떤 주의를 하면 정중히 받아들이며 대답하긴 하나 도무지 무관심하기만 한 점, 언제나 상냥한 미소를 띠고 있는 점, 남편의 죽음을 맞이하고도 무례할 만큼 침착했다는 점, 딸이 허약체질이라는 점, 장사가 잘 안 된다는 점, 일상생활에 크고 작은 여러 가지 문젯거리가 있음에도 불구하고 몸에 밴 습관, 늘 빈들거리기만 하는 생활을 도무지 고치려 하지 않는 점, 그러한 모든 것이 그들의 비위에 거슬렸던 것이다. 그중에서도 가장 언짢은 것은 그런 주제에 그녀가 남들에게 호감을 느끼게 한다는 점이었다.

포겔 부인으로서는 그 점에 대해서라면 단연코 자비네를 용서할 수 없었다. 자비네가 일부러 그러고 있는 것으로 보였다. 강력한 전통과 견고한 도덕, 무미건조한 의무와 기쁨 없는 노동, 조급함, 집 안에서의 옥신각신, 시끄러운 말다툼, 서글픈 한탄, 안온 무사한 염세관 등에 대하여, 자비네가 그녀 자신의 실제 행동으로 그것들을 비웃고 부인하려고 한다는 것이었다. 이런 안온 무사한 염세관은 모든 성실하고 정직한 사람들이 그렇듯이 오일러 댁 사람들의 존재 이유가 되어 있고, 그들의 생활을 일찌감치 연옥(煉獄)으로 만들어 버린 것이었다. 그런데 자비네는 어떤가. 자신은 온종일 아무 일도 하지 않고 즐겁게 지내면서, 남이 징역살이하는 죄수처럼 뼈를 깎다시피하며 고생하는 것을 뻔뻔스럽게도 태연히 멸시하다니—더구나 세상 사람들이 그런 태도를 시인하다니—그것은 너무하지 않은가. 그것이야말로 정직하게 세상을 살아가려는 용기를 꺾는 일이 아니고 무엇인가! …… 다행히 고맙게도, 세상에는 아직 상식을 지닌 사람들도 있었다. 포겔 부인은 그러한 사람들과 더불어 서로 마음을 달래고 있었다. 사람들은 이 사랑스러운 과부를 덧문 사이로 엿보고 얻은 하루 동안의 관찰 결과를 서로 이야기했다. 그러한 험담은, 모두가 저녁 식탁에 모였을 때 집안 식구들의 즐거움이 되어 있었다. 크리스토프는 멍하니 그런 말들을 듣고 있었다. 포겔 댁 식구들이 이웃 사람들의 행동을 비평하는 말은 줄곧 들어 귀에 익었으므로, 이제 새삼스럽게 그런 이야기에 주의를 기울이지는 않았다. 게다가 자비네 부인에 대해서는 아직 부인의 드러난 목덜미와 팔밖엔 아는 바가 없지 않은가. 그것은 상당히 그의 마음에 들었으나, 그것만으로 그녀에 대해서 결정적인 의견을 가질 수는 없었다. 그러나 자신이 그녀에게 지극히 관대하다는 것은 느끼고 있었다. 또한 반발심에서 그는 그녀가 포겔 부인의 마음에 들지 않는 것을 특히 감사하고 있었다.

*

몹시 더울 때는 저녁 먹기를 마친 다음, 오후 내내 햇볕을 받아 온 숨막힐 듯 답답한 안마당에 앉아 있을 수가 없었다. 이 집에서 조금이라도 숨을 쉴 수 있는 곳이라곤 많은 사람이 오가는 거리를 바라보는 쪽밖엔 없었다. 오일러 노인과 사위는 때로 루이자와 더불어 문간으로 나가서 그 문지방에 앉곤 했다. 포겔 부인과 로자는 잠깐씩밖엔 모습을 나타내지 않았다. 집안일에 잡혀 있었던 것이다. 포겔 부인은 빈들빈들 놀 틈이 없다는 것을 똑똑히 나타내며 자부심을 느끼고 있었다. 열심히 일하지 않고 대문간에서 하품이나 하고 있는 사람들을 보면 안달이 난다고 들으라는 듯 크게 지껄였다. 그런 사람들에게 억지로 일을 시킬 수가 없었으므로(그녀는 그것을 유감으로 여겼다), 그런 아니꼬운 꼴을 보지 않으려고 집 안에 들어가서 홧김에 일을 해 댔다. 로자는 어머니를 본받아야 한다고 생각하고 있었다. 오일러 노인과 포겔은 어디를 가나 너무 바람이 부는 것같이 느껴져서 몸이 식어 감기라도 걸릴까 염려하며 안으로 들어가 일찌감치 자리에 들었다. 그들은 어떠한 일이 있더라도 아마 그들의 습관을 조금도 바꾸지 않을 것이다. 9시 넘어서는 바깥엔 루이자와 크리스토프밖에 남아 있지 않았다. 루이자는 온종일 집 안에서 지냈다. 그래서 크리스토프는 저녁이면 되도록 어머니에게 시원한 공기를 좀 쐬게 하려고 바깥에서 어머니와 말동무가 되어 주었다. 어머니는 혼자서는 결코 나가지 않았을 것이다. 어머니는 거리의 소란스러움을 싫어했다. 어린애들이 날카롭게 고함을 치며 쫓고 쫓기면서 뛰놀고 있었다. 주위의 모든 개들이 그에 답하여 짖어 댄다. 피아노 소리가 들리고, 좀 멀리서는 클라리넷 소리가, 이웃 거리에서는 코넷 소리가 들려온다. 온갖 목소리가 서로 불러 댄다. 사람들이 집 앞을 떼를 지어 왔다 갔다 하고 있었다. 루이자가 이런 혼잡 속에 홀로 남겨졌더라면 아마도 어리벙벙해졌을 것이 뻔했다. 그러나 아들과 같이 있으면 이것도 어쩐지 재미가 나는 것 같았다. 소리들이 점점 조용해진다. 어린애들과 개가 먼저 잠자러 갔다. 사람들의 무리가 뜸해진다. 공기는 더욱 맑아진다. 침묵이 내리깔린다. 루이자는 아말리아나 로자에게서 들은 자질구레한 이야기를 가냘픈 목소리로 중얼대고 있었다. 그렇다고 해서 어머니는 그런 세상 소문에 특히 흥미를 느끼고 있는 것은 아니었다. 아들을 상대로 무슨 이야기를 해야 할지를 몰랐다. 그러면서도 아들 가까이에서 무엇인가를 얘기하고 싶었던 것이다. 크리스토프는 그것을 알아차리고 있었으므로 어머니의 말에 흥미를 느끼는 체했다. 그러나 그는 듣고 있지 않았다. 꿈꾸듯 멍한 심경으로 그날 있었던 일을 돌이키곤 했다.

그러던 어느 날 밤도 모자가 그렇게 앉아서 여느 때처럼 어머니가 말하고 있었는데, 그때 크리스토프는 이웃의 잡화점 문이 열리는 것을 보았다. 여인의 그림자가 말없이 나와서 거리에 앉았다. 그 의자는 루이자에게서 서너 걸음 떨어진 데에 있었다. 여인은 가장 캄캄한 어둠 속에 앉아 있었다. 크리스토프에겐 그 얼굴이 보이지 않았다. 그러나 누군지는 알 수 있었다. 졸음이 싹 가셨다. 공기가 한층 더 부드러워진 것 같았다. 루이자는 자비네가 있는 줄도 깨닫지 못하고 나직한 음성으로 조용히 말을 이어 가고 있었다. 크리스토프는 전보다도 주의 깊이 귀를 기울였다. 그러면서 거기에 자신의 생각도 곁들이고 싶어졌고 자신도 지껄이고 싶어졌다. 아마도 자신의 이야기를 저기 저 여인에게 들려주고 싶었던 것이리라. 호리호리한 검은 그림자는 약간 앞으로 상체를 수그린 채 꼼짝도 하지 않고 다리를 가볍게 엇걸고는 두 손을 무릎 위에 포개고 있었다. 앞을 바라보며 아무 말도 듣지 않는 것 같았다. 루이자는 졸기 시작했다. 그러다가 집으로 들어갔다. 크리스토프는 좀더 있다가 들어가겠다고 어머니에게 일렀다.

벌써 10시가 가까웠다. 거리엔 인기척이 없었다. 마지막까지 남았던 이웃 사람들도 하나하나 집 안으로 들어가 버렸다. 가게를 닫는 소리가 들려온다. 불이 켜져 있던 유리창이 깜박이다가 사라져 간다. 아직 한두 개 남아 있었으나, 이윽고는 그것도 어둠에 묻혔다. 침묵…… 이제는 그들뿐이었다. 서로 얼굴도 바라보지 않고 숨을 죽여, 마치 서로가 가까이에 있는 것도 모르는 것 같았다. 먼 들판에서 풀이 베인 목장의 냄새가 흘러온다. 이웃 발코니에서는 화분에 키운 정향화 향기가 풍겨 온다. 공기는 움직이지 않았다. 은하가 흘러온다. 굴뚝 바로 위에 북두칠성이 기울어 있었다. 초록빛을 띤 푸르스름한 하늘에 별이 데이지 꽃처럼 흩어져 피어 있었다. 교구 성당이 11

시 종을 치자 그에 따라 주위의 다른 성당에서도 맑거나 녹슨 소리가 되풀이된다. 집 안에서는 벽시계의 둔탁한 소리, 또는 비둘기시계의 쉰 소리가 되풀이되고 있었다.

두 사람은 몽상에 잠겨 있다가 깨어나서 동시에 일어섰다. 집으로 들어갈 때 그들은 서로 묵묵히 인사를 나누었다. 크리스토프는 제 방으로 올라갔다. 촛불을 켜 놓고 탁자 앞에 앉아서 두 손으로 머리를 쥐어 싼 채, 오래도록 하염없이 꼼짝하지 않고 있었다. 이윽고 한숨을 푹 쉬며 잠자리에 들었다.

다음날, 그는 일어나자마자 기계적으로 창가로 다가갔다. 자비네의 방 쪽을 본다. 그러나 커튼은 드리워진 채였다. 오전 내내 드리워져 있었다. 그 뒤에도 죽 드리워진 채였다.

*

다음 날 밤 크리스토프는 어머니에게 문 앞으로 또 바람 쐬러 나가자고 했다. 그것이 습관이 되었다. 루이자는 기뻐했다. 아들이 저녁 식사를 마치자마자 곧 창을 닫고 덧문을 내려 자기 방에 틀어박히는 것을 보면, 어머니는 여간 걱정되는 것이 아니었기 때문이다. 말 없는 조그만 그림자는 어김없이 언제나의 그 자리에 앉으러 나왔다. 두 사람은 루이자가 알아차리지 못하도록 재빠르게 인사를 나눈다. 크리스토프는 어머니와 이야기를 주고받았고, 자비네는 거리에서 놀고 있는 딸에게 미소를 지어 보냈다. 9시쯤에 그녀는 딸을 재우러 들어갔다가 소리도 없이 살그머니 다시 돌아왔다. 조금만 꾸물거려도 크리스토프는 그녀가 다시 나오지 않나 보다 하고 염려했다. 집 안에서 나는 소리, 좀처럼 잠들지 않는 딸애의 웃음소리를 유심히 귀 기울여 엿듣곤 했다. 자비네가 가게 문간에 모습을 나타내기 전부터 크리스토프는 그녀의 옷자락 스치는 소리를 또렷이 분간할 수 있었다. 그녀가 나오는 순간 그는 눈길을 돌려 더한층 기운차게 어머니에게 말을 건넨다. 때때로 자비네가 바라보는 듯한 느낌이 들기도 했다. 크리스토프도 곁눈으로 몰래 엿보았다. 그러나 두 사람의 눈길이 마주치는 일이라곤 한 번도 없었다.

딸애가 두 사람의 다리 구실을 했다. 소녀는 다른 애들과 함께 한길에서 뛰어놀고 있었다. 두 다리 사이에 머리를 처박고 꾸벅꾸벅 졸고 있는 순한 개를 놀려 대며 재미있어하는 것이다. 개는 불그레한 눈을 반쯤 뜨더니, 끝내는 성가셔 못 견디겠다는 듯이 으르렁 소리를 낸다. 애들은 무섭기도 하고 재미있기도 해서 고함을 치며 뿔뿔이 흩어졌다. 소녀는 비명을 지르고 마치 뒤쫓기는 듯이 자꾸 뒤돌아보며 도망쳐 오더니 인자스럽게 웃고 있는 루이 자의 무릎 사이로 뛰어들었다. 루이자는 소녀를 붙들어 놓고 이런저런 이야 기를 물었다. 이리하여 루이자와 자비네 사이에 대화가 오갔다. 크리스토프 는 아예 거기에 끼어들지 않았다. 그는 자비네에게 말을 건네지 않았고, 자 비네 또한 그에게는 말을 걸려 하지 않았다. 암암리의 묵계로 두 사람은 서 로 모른 체하고 있었다. 그러나 크리스토프는 자신의 머리 너머로 건네어지 는 말을 한마디도 흘려듣지 않았다. 그의 침묵은 루이자에게는 어쩐지 아들 이 적의를 품고 있는 것으로만 느껴졌으나 자비네는 그렇게 판단하지 않았 다. 그러면서도 왠지 그에게 위축감을 느껴 다소 허둥대며 대답했다. 그러다 가 어떤 핑계를 대고 집 안으로 들어가 버렸다.

　꼬박 한 주일 동안, 루이자는 감기가 들어 방 안에 틀어박혀 있었다. 크리 스토프와 자비네는 단둘이 되었다. 처음에는 두 사람만이 앉아 있기가 두려 웠다. 자비네는 체면을 차리느라고 딸을 무릎에 안고 키스만 하고 있었다. 난처해진 크리스토프는 곁에서 벌어지고 있는 일에 대해서 언제까지 모른 체하고 있어도 괜찮을지 알 수가 없었다. 어쩐지 숨이 답답해졌다. 아직 말 을 건네어 본 일은 없다 할지라도 루이자 덕분에 피차 알고는 있었기에, 한 두 마디 말을 목구멍으로 내보내려 했으나 목소리는 도중에서 막혀 버렸다. 그런 곤혹에 빠진 두 사람을 또다시 소녀가 구해 주었다. 소녀는 숨바꼭질을 하며 크리스토프의 의자 둘레를 뱅글뱅글 돌고 있었다. 크리스토프는 도중 에 소녀를 붙잡아 끌어안았다. 평소에 그는 애들을 그리 좋아하지 않았으나 이 소녀를 끌어안자 이상스럽게 흐뭇한 기분이었다. 소녀는 놀이에 열중했 으므로 발을 동동 구르며 몸을 꿈틀거렸다. 크리스토프가 소녀를 놀려 대자 소녀는 그의 손을 깨물었다. 하는 수 없이 소녀를 땅에 내려놓았다. 자비네 는 웃고 있었다. 두 사람은 소녀를 눈여겨보며 아무렇지도 않다는 듯이 말을 나누었다. 크리스토프는 대화를 이으려 했다. 그렇게 해야 한다고 생각했다. 그러나 그는 화젯거리가 풍부하지 못했다. 게다가 자비네도 그의 이런 수고 를 덜어 주지는 않았다. 그녀는 크리스토프가 하는 말을 그저 되풀이할 따름 이었다.

"오늘 밤은 참 시원하군요."

"네, 참 좋은 밤이에요."

"안마당에서는 숨도 못 쉬겠어요."

"네, 안마당에선 숨이 답답해져요."

대화는 괴로워졌다. 자비네는 딸을 안으로 들여보낼 시간이 되자 딸과 함께 들어가 버렸다. 그러고는 다시 모습을 나타내지 않았다.

크리스토프는 앞으로 밤마다 이렇게 되지나 않을까, 루이자가 없는 동안은 나와 단둘이 되는 것을 그녀가 계속 피하지나 않을까 걱정했다. 그러나 실은 전혀 그 반대였다. 다음 날은 자비네 쪽에서 말을 건네려 하는 것이 아닌가. 그것이 즐겁다기보다는 오히려 애써 그렇게 하고 있는 것이었다. 그녀가 화제를 찾느라 매우 고생하고 또 스스로 꺼낸 질문에 그녀 자신이 당혹하고 있다는 게 확연히 느껴졌다. 질문과 대답이 안타까운 침묵 속에서 띄엄띄엄 나누어진다. 크리스토프는 옷토와 처음 단둘이 있었던 시절이 생각났다. 그러나 자비네를 상대하는 쪽이 화제가 더한층 제한되어 있었다. 더구나 자비네는 옷토만큼 끈질긴 데가 없었다. 자비네는 자신의 시도가 영 성공하지 못하는 걸 알아차리자 더는 애를 쓰려고 하지 않았다. 어찌나 고생을 해야 했던지 흥미를 잃었다. 자비네는 침묵에 잠긴다. 크리스토프도 따라서 입을 다물었다.

다시 주위가 그지없이 잔잔해졌다. 밤은 또 고요를 되찾았다. 두 사람의 마음은 또다시 생각에 잠겼다. 자비네는 몽상에 빠져 의자 위에서 천천히 몸을 흔들흔들하고 있었다. 크리스토프도 그 곁에서 몽상에 젖어 있었다. 서로 아무 말도 하지 않았다. 반 시간쯤 지나자, 딸기를 실은 짐수레 위를 불어온 미지근한 바람이 취할 듯 달짝지근한 내음을 실어다 준다. 크리스토프는 황홀해져서 나직한 소리로 홀로 중얼거렸다. 자비네가 두세 마디 그에 답한다. 두 사람은 다시 침묵에 잠겼다. 그들은 이렇게 끝없는 침묵과 아무렇지도 않은 몇 마디 말의 매력을 맛보고 있었다. 그들은 같은 꿈을 좇고 있었다. 둘 다 단 하나의 생각에 차 있었다. 그들은 그것이 어떤 생각인지도 알지 못했다. 또한 그것을 똑똑히 인식하려고 하지도 않았다. 11시 종이 울리자, 두 사람은 방그레 미소 지으며 헤어졌다.

다음 날은 대화를 나누려는 시도조차 하지 않았다. 그들은 익숙한 침묵에 잠겼다. 가끔 간단한 말을 나눠 보니, 자기들이 저마다 같은 것을 생각하고 있다는 것을 알 수 있었다.

자비네가 웃음을 터뜨렸다.

"억지로 말을 하려고 하지 않는 편이 훨씬 좋은데요!" 그녀가 말했다. "말을 해야 한다고 생각하니, 정말이지 진저리가 나요!"

"아아!" 크리스토프는 절절한 투로 말했다. "세상 사람들이 모두 당신과 같은 의견이라면 얼마나 좋을까요!"

둘 다 웃어 젖혔다. 그들은 포겔 부인 생각을 하고 있었던 것이다.

"가엾은 분이죠!" 자비네가 말했다. "정말이지 지쳐 버려요!"

"자신은 조금도 피로하지 않거든요." 크리스토프는 침통한 표정으로 말했다.

자비네는 그의 표정과 말이 재미있다고 생각했다.

"당신은 그것을 재미있다고 생각하시지요?" 크리스토프가 물었다. "당신은 속이 편하시지요. 안전한 곳에 숨어 계시니까."

"맞아요!" 자비네가 맞장구를 쳤다. "저는 문을 잠그고 우리 집에 틀어박혀 버리니까요."

자비네는 거의 알아들을 수 없을 만큼 부드럽고 어렴풋한 웃음을 흘렸다. 크리스토프는 밤의 적막 속에서 황홀해하며 그 말에 귀를 기울이고 있었다. 그는 상쾌한 밤공기를 기분 좋게 들이마셨다.

"아아! 입을 다물고 있으니 참으로 기분이 흐뭇하군요!"

"떠들어 봤자 부질없는 일이죠!" 자비네는 느긋하게 말했다.

"그럼요." 크리스토프는 동조했다. "서로 이렇게 이해할 수 있거든요!"

두 사람은 다시 침묵에 빠져들었다. 어두워서 서로 얼굴은 보이지 않았다. 둘 다 미소 짓고 있었다.

그러나 두 사람이 함께 있을 때는 같은 것을 느끼고 있었다고는 해도—또는 그렇게 믿고 있었다고는 해도—그들은 서로를 별로 알지 못했다. 자비네는 그런 일은 전혀 개의치 않았다. 하지만 크리스토프는 호기심이 강했다. 어느 날 밤 크리스토프는 자비네에게 물었다.

"당신은 음악을 좋아하시나요?"

"아뇨." 그녀는 간단히 말했다. "따분해요. 전 전혀 모르는걸요."

이런 담백하고 솔직한 대답이 그를 기쁘게 했다. 입으로는 음악을 좋아하느니 하면서 막상 듣다 보면 따분해하는 사람들의 거짓말에 그는 진저리가 나 있었다. 음악을 좋아하지 않으면서 좋아하지 않는다고 똑똑히 말하는 것이, 그로서는 거의 하나의 미덕같이 생각되었다. 그는 이번엔 자비네에게 책을 읽느냐고 물었다.

"아뇨."

애초에 그녀는 책을 가지고 있지 않았다.

크리스토프는 자기 책을 빌려 주겠다고 했다.

"딱딱한 책인가요?" 자비네는 불안스러운 듯이 물었다.

"싫으시다면 딱딱하지 않은 책을 빌려 드리지요. 시집이라도."

"하지만 그것도 딱딱한 책인걸요!"

"그럼 소설을."

자비네는 입술을 삐죽거렸다.

"소설에도 흥미가 없으신가요?"

"아뇨, 흥미는 있다고 생각해요."

그러나 그것은 언제나 너무 길다는 것이었다. 그녀는 끝까지 독파할 힘이 없었다. 앞부분은 잊어버리고 장(章)을 건너뛰고 하다 보니, 이제는 뭐가 뭔지 알 수가 없었다. 그래서 책을 내던지곤 했다는 것이다.

"그건 흥미를 가졌다는 훌륭한 증거인걸요!"

"어머! 참말도 아닌 이야기는 그렇게만 읽어도 충분하죠, 뭐."

자비네는 책보다는 다른 일에 흥미를 갖고 있는 것이 분명했다.

"아마 연극을 좋아하시나 보군요?"

"아뇨, 좋아하지 않아요!"

"연극 관람은 안 다니시나요?"

"안 간답니다."

극장은 무더웠다. 사람이 너무 많았다. 집에 있는 편이 훨씬 좋았다. 빛이 눈을 상하게 했다. 그리고 배우란 것이 또 참으로 보기 흉했다!

이 점에 대해서는 그도 그녀와 같은 의견이었다. 그러나 연극에는 또 그밖의 것이 있었다. 각본이라는 것이.

"그렇군요." 자비네는 건성으로 대답했다. "하지만 제겐 시간이 없답니다."

"아침부터 밤까지 도대체 뭘 하시는데요?"

자비네는 미소를 머금고 있었다.

"할 일이 많아요!"

"과연 그렇군요." 그는 동의했다. "가게가 있으니까요."

"어머!" 자비네는 침착하게 답했다. "가게 일은 별로 바쁠 게 없어요."

"그럼, 따님 시중으로 시간을 몽땅 빼앗기시나요?"

"아뇨! 우리 딸애라니! 무척 순한 애라 혼자서 노는걸요."

"그렇다면?"

그는 자신의 주제넘은 짓을 사과했다. 그러나 그녀는 그것을 재미있게 여기고 있었다.

"많죠, 여러 가지 일이 잔뜩 있죠!"

"예를 들면?"

"일일이 말할 수 없죠."

참말이지 여러 가지가 있었다. 일어나서 옷을 차려입고, 점심 궁리를 하고, 점심을 먹고, 저녁 식사 생각을 하고, 방 안을 좀 치우고…… 그런 일만으로도 한나절은 벌써 지나가 버린다…… 게다가 아무 일도 하지 않는 시간도 조금은 있어야 했다……

"그래, 따분하시진 않나요?"

"웬걸요, 전혀."

"아무것도 하지 않을 때도요?"

"아무것도 하지 않을 때가 특히 따분하지 않죠. 도리어 어떤 일을 할 때가 따분하거든요."

두 사람은 웃으며 얼굴을 마주 보았다.

"당신은 참 행복하시군요!" 크리스토프가 말했다. "전 아무것도 하지 않고 있을 수는 없거든요."

"아주 잘하실 수 있을 것 같은데요."

"네댓새 전부터 연습 중이지요."

"그럼, 금세 잘하시게 될 거예요."

자비네와 이야기를 나눈 뒤에는, 그의 마음은 안식을 느꼈다. 그로서는 그녀를 만나는 것만으로도 충분했다. 불안이나 초조, 마음을 들볶는 저 신경질적인 고뇌에서 해방되었다. 그녀와 이야기를 나눌 때에는 그 어떠한 고민도 없었다. 그녀를 생각할 때에는 그 어떠한 고민도 없었다. 그는 똑똑히 그렇다고 인식할 수는 없었다. 그러나 그녀 곁으로 가기만 하면 흐뭇한 안락감이 온몸에 스며드는 것 같아지며 거의 몽롱해졌다. 밤엔 전에 없이 깊은 잠을 푹 잘 수 있었다.

*

일하고 돌아오는 길이면 그는 상점 안을 흘끔거려 보았다. 그때마다 자비네의 모습이 눈에 띄지 않는 일이란 좀처럼 없었다. 두 사람은 미소로 인사를 나누었다. 가끔 그녀가 문간에 있을 때는 거기서 두세 마디 말을 나누었다. 어떤 때는 그가 문을 조금 열고 그녀의 딸을 불러서 봉봉 봉지를 어린애 손에 쥐어 주는 일도 있었다.

어느 날 그는 마음을 다지고 상점 안으로 들어갔다. 조끼 단추가 필요하다고 했다. 곧 서랍을 뒤적였으나 그녀는 찾아내지 못했다. 갖가지 단추가 뒤죽박죽으로 섞여 있어 하나하나 분간할 수 없었던 것이다. 이런 난잡한 꼴을 목격당하고 그녀는 적이 당황하고 있었다. 크리스토프는 그것을 재미있어하며 더욱 자세히 보려고 진기한 것이라도 보듯이 들여다보았다.

"안 돼요!" 그녀는 두 손으로 서랍을 가리며 말했다. "보지 마세요! 엉망인걸요……"

그녀는 다시 찾기 시작했으나 크리스토프가 있어서 초조하기만 했다. 그녀는 부아통을 터뜨리며 서랍을 닫아 버렸다.

"못 찾겠어요." 그녀는 말했다. "이웃 거리에 있는 리지의 가게로 가 보세요. 거기엔 틀림없이 있을 거예요. 그곳엔 뭐든지 다 있어요."

그는 이러한 장사 솜씨에 웃었다.

"이렇게 해서 손님을 모두 저쪽으로 보내 버리시나요?"

"어제 오늘 일이 아닌걸요, 뭐."

그녀는 쾌활히 대답했다.

하지만 그렇게는 말해도 그녀는 속으로 조금 부끄러웠다.

"정리하기가 정말이지 귀찮은걸요." 그녀는 말을 이었다. "하루하루 미루고 있죠…… 하지만 내일은 꼭 하고 말겠어요."

"도와드릴까요?"

크리스토프가 물었다.

그녀는 사양했다. 그런 호의를 받아들이고 싶긴 했으나 험담을 들을까 봐 그러지 못했다. 게다가 부끄럽기도 했다.

두 사람은 이야기를 계속했다.

"그래, 단추는요?" 한참 만에 그녀가 크리스토프에게 말했다. "리지의 가게로 안 가세요?"

"절대 안 가겠습니다." 크리스토프는 말했다. "당신이 정리할 때까지 기다리지요."

"어머!" 자비네는 방금 말한 것을 벌써 잊어버리고 말했다. "그렇게 오래 기다리시면 안 되죠!"

진심에서 우러나온 이 외침 소리로 두 사람은 유쾌해졌다.

크리스토프는 그녀가 닫아 버린 서랍으로 다가섰다.

"제가 찾아볼게요. 괜찮지요?"

그녀는 얼른 다가와서 그를 막아섰다.

"안 돼, 안 돼요. 부탁이에요, 거긴 분명히 없다니까요……"

"있어요, 틀림없이."

크리스토프는 곧 자신이 찾던 단추를 주워 들고 신이 났다. 그것 말고도 필요한 단추가 있어서 계속 찾으려 했다. 그러나 그녀가 그의 손에서 상자를 빼앗아 버렸다. 그러고는 자존심에 못 이겨 스스로 찾기 시작했다.

해는 뉘엿뉘엿 저물어 가고 있었다. 그녀는 창가로 다가갔다. 크리스토프는 서너 걸음 떨어진 데 앉았다. 딸애가 무릎에 올라앉았다. 그는 그 재잘거림을 듣는 체하며 건성으로 대답만 할 뿐, 눈은 자비네를 뚫어지게 바라보고 있었다. 그녀도 그가 바라보는 눈초리를 느끼면서 상자 위에 윗몸을 수그리고 있었다. 크리스토프의 눈엔 그녀의 목덜미와 볼이 조금 보였다. 그렇게 유심히 바라보는 동안, 그녀의 얼굴이 발그레해지는 것을 보았다. 그 자신도 낯을 붉혔다.

어린애는 쉴 새 없이 재잘거렸다. 아무도 대답은 하지 않았다. 자비네는 이제 꼼짝도 하지 않았다. 크리스토프의 눈엔 그녀가 무엇을 하고 있는지 보이지 않았다. 그러나 그녀가 아무것도 하지 않고 손에 든 상자를 보고 있지도 않다는 것을 그는 똑똑히 알고 있었다. 침묵이 오래도록 계속되었다. 소녀는 불안해져서 크리스토프의 무릎에서 미끄러져 내렸다.

"왜 아무 말도 안 해?"

자비네는 별안간 뒤를 돌아보고는 딸을 두 팔로 꽉 품어 안았다. 상자가 떨어졌다. 소녀는 환성을 지르며 가구 밑으로 굴러가는 단추를 뒤쫓아 기어갔다. 자비네는 창가로 돌아가서 유리창에 얼굴을 대었다. 바깥 경치를 넋을 잃고 바라보고 있는 듯했다.

"안녕히 계십시오."

크리스토프는 당혹을 금치 못하며 말했다.

그녀는 고개를 움직이지 않았다. 그리고 나직이 어렴풋한 목소리로 답했다.

"안녕."

*

일요일 오후면 집 안은 텅 비었다. 식구들은 성당에 가서 저녁 기도에 참석한다. 자비네는 한 번도 저녁 기도에 간 일이 없었다. 아름다운 종소리가 끊임없이 부르고 있는데 자비네가 조그만 마당의 문 앞에 앉아 있는 것을, 크리스토프가 언젠가 발견하고는 농담 섞어서 비난한 적이 있었다. 이때 자비네는 똑같이 농담조로 미사만이 의무적인 것이라고 답했다. 저녁 기도는 의무가 아니다. 따라서 지나치게 열심인 것은 불필요한 일이며, 심지어 조심스럽지 못한 짓이기도 하다는 것이었다. 그리고 하느님이 그녀를 원망하기는커녕 차라리 감사하실 거라고 생각하고 싶어하는 것이었다.

"당신은 자신의 모습을 본떠 하느님을 만드시는군요." 크리스토프가 말했다.

"제가 하느님이라면, 참말이지 따분할 거예요!" 자비네는 확신하는 듯이 말했다.

"만약에 당신이 하느님이라면 세상일은 그다지 걱정하지 않으시겠군요."

"제가 하느님에게 소원을 빈다면 부디 제 문제는 염려하지 마시라는 말씀만 드리겠죠."

"그러시다면, 소원이 성취되더라도 아마 상황이 지금보다 나빠지지는 않는 셈이군요."

크리스토프가 말하자 "쉿!" 하고 자비네는 소리쳤다.

"우리는 하느님을 모독하는 말을 하고 있는 거예요!"

"하느님이 당신을 닮았다고 해도, 그것이 하느님을 모독하는 결과는 안될 거예요. 하느님은 틀림없이 기뻐하실걸요."

"그만 하세요!"

자비네는 웃음 반 걱정 반으로 말했다. 하느님이 분개하시지나 않을까 두려워졌던 것이다. 그녀는 부리나케 화제를 바꾸었다.

"게다가 말이죠." 자비네는 말을 이었다. "맘 편히 정원을 즐길 수 있는 것도, 일주일 가운데 지금 이 시간뿐인걸요."

"그렇지요." 크리스토프는 말했다. "그분들이 없거든요."

두 사람은 얼굴을 마주 보았다.

"참 조용하네요!" 자비네가 말했다. "여느 때 같지 않군요…… 왠지 이상한 기분이 들어요……"

"오오!" 크리스토프는 느닷없이 노여움에 차서 소리쳤다. "전 때때로 그놈을 졸라 죽이고 싶어질 때가 있어요!"

누구를 가리키는 말인지 설명할 필요도 없었다.

"그래, 그럼 다른 분은?" 자비네는 쾌활하게 물었다.

"그렇군요." 크리스토프는 낙담하며 대답했다. "로자가 있었지요."

"가엾은 아가씨!" 자비네가 말했다.

두 사람은 침묵에 잠겼다.

"언제나 지금 같았던들!……" 크리스토프는 한숨을 지었다.

자비네는 웃음을 머금은 눈을 그에게로 들었으나 곧 다시 숙였다. 크리스토프는 그녀가 일을 하고 있다는 것을 깨달았다.

"뭘 하고 계시나요?"

그는 물었다.

(두 사람은 두 정원 사이에 쳐진 담쟁이덩굴 울타리로 격리되어 있었다.)

"보세요." 자비네는 무릎 위에 놓여 있는 공기를 들어 보이며 말했다. "완두콩 껍질을 까고 있죠."

자비네는 크게 한숨을 쉬었다.

"그거야 뭐 싫증나는 일도 아니군요!" 크리스토프는 웃으며 말했다.

"아아!" 그녀는 답했다. "언제나 식사 걱정만 해야 한다니 정말 못 견디겠어요!"

"당신은 분명히 이렇게 생각하겠죠." 크리스토프는 말했다. "될 수만 있다면 따분해하며 식사 준비를 하기보다는 차라리 먹지 않고 지내는 게 낫다고."

"그래요!"

자비네가 외쳤다.

"기다리십쇼! 도와드리지요."

크리스토프는 울타리를 건너뛰어 그녀 곁으로 다가갔다.

자비네는 집 문간에 있는 의자에 앉아 있었다. 크리스토프는 그녀의 발 밑에 있는 계단에 앉았다. 그는 그녀의 배 위에 잡혀 있는 옷주름 사이에서 파란 완두콩 꼬투리를 움켜쥐어 내렸다. 이어서 동그랗고 잔다란 콩알을 자비네의 무릎 사이에 놓은 공기 속에 집어넣었다. 그는 땅을 내려다보고 있었다. 그녀의 복사뼈와 발의 모양을 또렷이 보여 주고 있는 검은 양말이 보였다. 크리스토프는 그녀 쪽으로 눈을 쳐들 수가 없었다.

공기는 무겁고 답답했다. 하늘은 하얗고 나직이 늘어져 산들바람 한 점도 없었다. 나뭇잎 하나 한들거리지 않았다. 마당은 커다란 담벼락으로 둘러싸여 있었다. 세계는 거기서 끝나 있었다.

자비네의 딸은 이웃 아낙네가 데리고 나가고 없었다. 그들 단둘뿐이었다. 두 사람은 아무 말도 하지 않았다. 이제 아무 말도 할 수가 없었다. 크리스토프는 눈을 들지도 않고 자비네의 무릎에서 완두콩을 집어들었다. 손가락이 그녀에게 닿자 떨렸다. 신선하고 매끄러운 껍질 속에서 손가락이 자비네의 손가락 끝에 닿았다. 그녀의 손가락도 떨리고 있었다. 두 사람은 더는 일을 계속할 수가 없었다. 서로 눈을 피한 채 꼼짝하지 않았다. 그녀는 의자에 몸을 젖히듯이 누워서 입을 빠끔히 벌리고 팔을 축 늘어뜨리고 있었다. 크리스토프는 그 발 밑에 앉아서 그녀에게 등을 기댄 채였다. 어깨와 팔을 따라 자비네 무릎의 따사로움이 느껴졌다. 두 사람은 숨을 헐떡거렸다. 크리스토프는 달아오른 두 손을 식히려고 돌에 눌러 댔다. 한쪽 손이 신에서 빠져나온 자비네의 발끝에 가볍게 닿았다. 그것을 뒤로 빼지 못하고 그냥 그 위에 얹었다. 하나의 전율이 두 사람의 몸을 달렸다. 눈앞이 아찔했다. 크리스토프의 손은 자비네의 조그만 발의 가느다란 발가락을 꼭 잡고 있었다. 자비네는 식은땀을 촉촉이 흘리며 크리스토프에게로 얼음같이 차가워진 몸을 수그려 오고 있었다……

귀에 익은 목소리가 들려 두 사람은 그러한 도취에서 깨어났다. 두 사람은 몸을 떨었다. 크리스토프는 후딱 일어나서 울타리를 뛰어넘었다. 자비네는 흩어진 껍질을 옷 속에 주워 모은 뒤 집 안으로 들어갔다. 안마당에서 크리스토프는 돌아보았다. 그녀는 문간에 서 있었다. 두 사람은 마주 보았다. 작은 빗방울이 나뭇잎 위에 소리를 내고 있었다…… 그녀는 문을 닫았다. 포겔 부인과 로자가 돌아왔다…… 크리스토프는 자기 방으로 올라갔다……

노리끼리한 한낮의 빛이 억수로 내리퍼붓는 빗줄기 속에서 스러져 갈 무렵, 크리스토프는 어떻게 해도 참을 수 없는 충동에 사로잡혀 의자에서 일어났다. 닫힌 창가로 달려가서 맞은편 창을 향해 두 팔을 뻗쳤다. 그때 맞은편 창에, 닫힌 유리창 너머 방의 어둠 속에서 이쪽을 향해 두 팔을 뻗치고 있는 자비네의 모습이 보였다. 아니, 보였다고 생각되었다.

크리스토프는 방에서 뛰쳐나갔다. 계단을 내려 마당의 울타리로 달려갔다. 남의 눈에 띄어도 좋았다. 그는 울타리를 뛰어넘으려 했다. 그러나 좀전에 그녀의 모습이 보인 그 창을 쳐다보니 덧문이 굳게 닫혀 있지 않은가. 집은 마치 잠들어 있는 것만 같았다. 크리스토프는 그쪽으로 가기를 망설였다. 지하실로 가려던 오일러 영감이 그를 보고 불렀다. 그는 돌아섰다. 꿈이라도 꾼 듯했다.

*

이윽고 로자는 무슨 일이 일어나고 있는지 눈치챘다. 그녀에게는 본디 남을 의심하는 마음은 없었고, 질투가 어떤 것인지를 아직 모르고 있었다. 그녀는 언제나 모든 것을 바칠 생각이었고 그 보답으로 아무것도 바라지 않았다. 그러나 크리스토프에게서 전혀 사랑받지 못한다는 사실을 알고 쓸쓸히 체념하고는 있었을지라도, 설마 크리스토프가 다른 여자를 사랑하는 일이 있으리라고는 꿈에도 생각지 못했다.

어느 날 밤, 저녁 식사를 마친 뒤 그녀는 몇 달 전부터 짜고 있었던 뜨갯것을 완성했다. 색실로 무늬를 짜 넣은 매우 잔손이 많이 가는 것이었다. 그녀는 기쁨에 넘쳤다. 크리스토프에게 가지고 가서 마음이 후련하도록 수선을 피우고 싶었다. 어머니가 등을 돌리고 있는 틈을 타서 그녀는 몰래 방에서 빠져나갔다. 무슨 나쁜 장난이라도 치는 초등학교 어린이처럼 집 밖으로 살금살금 나왔다. 아무리 해 봤자 결코 완성될 리 없다고 멸시하고 있던 크리스토프를 머쓱하게 할 수 있다고 생각하니 즐거웠다. 이 가련한 아가씨는 자신에 대한 크리스토프의 심리를 똑똑히 알고는 있었으나 그것도 헛일이었다. 내가 남을 만나는 것이 기쁘니 남도 나를 만나면 틀림없이 기쁘겠지, 하고 언제나 생각하기 일쑤였던 것이다.

그녀는 집 밖으로 나갔다. 집 앞에 크리스토프와 자비네가 앉아 있었다. 로자의 가슴은 죄어들었다. 그러나 그녀는 이런 온당치 못한 인상을 받고도 물러나지 않았다. 로자는 쾌활하게 크리스토프를 불렀다. 밤의 침묵 속에서 그녀의 날카로운 음성을 듣자 크리스토프는 어쩐지 음계를 벗어난 소리를 들은 듯한 느낌이었다. 크리스토프는 의자 위에서 몸을 흠칫 떨고는 노여움으로 얼굴을 찌푸렸다. 로자는 승리감으로 으스대며 그 뜨개질한 것을 그의 눈앞에 흔들어 보였다. 크리스토프는 신경질적으로 그것을 밀어제쳐 버렸다.

"다 됐어요, 다 됐다고요!" 로자는 짓궂게 주절거렸다.

"그럼 또 하나 만드시구려!" 크리스토프는 쌀쌀하게 대꾸했다.

로자는 당황했다. 기쁨이 싹 가서 버렸다.

크리스토프는 심술궂게 말을 이었다.

"그런 것을 서른 개나 만들며 꼬부랑 할머니가 되어 버리면, 적어도 자기에게 말할 수 있겠군요. 내 삶도 헛되진 않았다고!"

로자는 울고 싶었다. 그녀는 말했다.

"어머나! 참 심술궂군요, 크리스토프!"

크리스토프는 부끄러워졌다. 두세 마디 부드러운 말을 건네어 주었다. 로자는 하찮은 것에도 만족하는 성미여서 곧 그를 믿는 마음을 되찾고는, 더욱더 수선스럽게 재잘거리기 시작했다. 그녀는 나직한 음성으로 말할 줄을 몰랐다. 집에서의 버릇대로 목청껏 고함치듯 떠들어 댔다. 크리스토프는 참고 또 참았으나 불쾌감을 감출 수가 없었다. 처음엔 신경질적으로 간단하게 대꾸했으나 다음에는 아무런 대답도 하지 않았다. 다만 등을 돌린 채, 억양 높고 불쾌한 그 음성에 이를 부드득 갈며 의자 위에서 몸을 꼼지락거릴 뿐이었다. 로자는 자신이 크리스토프를 신경질나게 하고 있다는 것을 알아채고는, 그만 입을 다물어야겠다고 생각했다. 그러면서도 더욱더 요란스럽게 계속 재잘거렸다. 자비네는 서너 걸음 떨어진 어둠 속에 묵묵히 앉아서 비웃음 어린 무관심으로 그런 광경을 지켜보고 있었다. 이윽고 자비네는 피곤해서 오늘 밤 만남은 이제 끝났다고 느끼며 일어서서 집 안으로 들어갔다. 크리스토프는 자비네가 그 자리를 뜬 뒤에야 비로소 그녀가 돌아갔다는 것을 알아차렸다. 느닷없이 그도 일어섰다. 아무런 변명도 하지 않고 그저 무뚝뚝하게 잘 자라는 인사말만 던지고는 집 안으로 쑥 들어가 버렸다.

거리에 홀로 남겨진 로자는 낙망한 나머지, 그가 방금 들어가 버린 문을 멍하니 바라볼 뿐이었다. 눈물이 솟아올랐다. 재빨리 집으로 들어가서, 어머니와 말을 나누지 않으려고 발소리를 죽여 가며 살금살금 자기 방으로 올라갔다. 훌훌 옷을 벗고 잠자리에 들어가자마자 이불을 뒤집어쓰고 울었다. 그녀는 방금 있었던 일을 곰곰이 생각해 보려고 하진 않았다. 크리스토프는 자비네를 사랑하고 있는 것일까, 크리스토프와 자비네는 내가 있는 것을 못 견디는 것일까 하고 자문해 보려고도 하지 않았다. 모든 일이 끝장이 났다는 것, 이미 생활에는 아무런 의의가 없다는 것, 이젠 죽을 수밖에 없다는 것을 그녀는 알았다.

다음 날 아침이 되자 영원히 헛된 희망과 더불어 한 가닥 사려가 로자의 마음에 되돌아왔다. 전날 밤의 일을 떠올리면서 그 정도 일을 그렇게 중대시한 것은 잘못이었다고 생각했다. 물론 크리스토프는 자신을 사랑하지 않는다. 하지만 로자는 이쪽에서 꾸준히 사랑해 가면 끝내는 사랑을 받게 되리라는 은밀한 생각을 마음속에 간직하며 체념하고 있었던 것이다. 그런데 자비네와 크리스토프 사이에 무슨 일이 있을 것 같다는 생각을 내가 왜 하게 되었을까? 그처럼 현명한 사람이 누구 눈에나 보잘것없는 평범한 여자라고 분명히 드러난, 그런 시시한 여자를 어떻게 사랑할 수가 있단 말인가? 로자는 마음이 놓였다. 그러면서도 로자는 역시 크리스토프의 동태를 감시하기 시작했다. 그날은 온종일 아무것도 눈에 띄지 않았다. 눈에 띌 만한 일이 하나도 없었던 것이다. 그러나 크리스토프는 로자가 온종일 자기 주위를 어슬렁 거리는 것을 보고는 왠지 모르게 묘한 짜증을 느꼈다. 밤에 로자가 또다시 모습을 나타내어 거리에 앉아 있는 두 사람 곁에 뱃심 좋게 끼어들자, 크리스토프의 짜증은 더욱 심해졌다. 그것은 전날 장면의 되풀이였다.

로자 혼자서 재잘거렸다. 자비네는 전날 밤처럼 오래 있지도 않고 집 안으로 들어가 버렸다. 크리스토프도 자비네를 좇았다.

로자는 이제 여기 와 있는 자신의 존재가 그들에게 폐가 되고 있다는 것을 인정하지 않을 수 없게 되었다. 그런데도 불행한 이 아가씨는 자신을 속이려 했다. 그녀는 아집을 부리는 것이 좋지 못하다는 것을 미처 깨닫지 못했다. 평소의 그 우둔함으로 그 뒤에도 똑같은 짓을 되풀이했다.

다음 날 크리스토프는 따라 나온 로자를 곁에 둔 채 자비네가 나타나기를 기다렸다. 그러나 끝내 자비네는 모습을 나타내지 않았다.

그 다음 날은 로자 혼자뿐이었다. 그들은 로자와 싸우기를 단념한 것이었다. 하지만 로자가 얻은 것이라곤 크리스토프의 원망뿐이었다. 크리스토프는 오직 하나의 행복인 귀중한 밤의 즐거움을 빼앗긴 데 몹시 성이 났다. 자신의 감정에만 마음을 빼앗기고 있어 한 번도 로자의 감정을 알아주려고 한 일이 없었는데, 그런 만큼 더더욱 로자를 용서할 수 없는 심정이었다.

자비네는 훨씬 전부터 로자의 마음속을 꿰뚫어 보고 있었다.

자비네 자신이 사랑에 빠진 것을 의식하기 전부터 로자가 질투하고 있다는 것을 알고 있었다. 그러면서도 자비네는 그런 말은 전혀 하지 않았다.

승리를 확신하고 있는 아름다운 여인에게 으레 따르게 마련인 잔인성으로, 자비네는 침묵 속에 비웃음을 머금으며 바라보고 있었던 것이다. 우둔한 라이벌의 헛된 허우적거림을.

*

로자는 싸움터를 점령하긴 했으나, 자기 전술의 결과를 살펴보며 처량한 감개에 젖었다. 그녀에게 최선책은 자기 감정만 내세워 크리스토프를 괴롭히지 않는 것, 적어도 당분간은 그를 조용히 가만 놓아두는 것이었다. 그런데 그녀는 그렇게 하지 않았다. 또한 가장 졸렬한 방책은 그에게 자비네의 이야기를 하는 일이었는데, 로자는 바로 그것을 하고 말았다.

로자는 크리스토프의 마음을 알려고 가슴을 울렁거리며 조심조심 말을 건넸다. 자비네는 아름답다고. 크리스토프는 무뚝뚝하게 맞장구를 쳤다. 과연 자비네는 매우 아름답다고. 로자는 그러한 대답을 스스로 바라며 말을 하긴 했으나, 그 대답을 듣고는 가슴에 충격을 받은 느낌이었다. 자비네가 아름답다는 것은 로자도 잘 알고 있었다. 그러나 지금까지는 그런 것쯤 마음에도 두지 않았었다. 이제 비로소 크리스토프의 눈을 통해 자비네를 살펴봤다. 로자가 본 것은 고상한 얼굴 생김새, 조그만 코, 귀여운 입, 호리호리한 몸매, 우아한 몸짓…… 아아! 저 얼마나 뇌쇄적인 아름다움일까! …… 저런 몸을 얻을 수만 있다면, 그 대가로 무엇이든 주어 버렸으리라! 비로소 로자는 알 수 있었다. 자신 같은 몸보다도 저런 몸을 사람들이 원하는 까닭을…… 내 몸! 내가 무엇을 어쨌다고, 이런 몰골로 태어난 것일까? 괴롭고 답답하다! 이 얼마나 보기 흉하다고 생각되는가! 스스로도 끔찍스럽게만 생각됐다. 여기에서 해방되려면 죽는 수밖에 없다고 생각해야 하잖는가…… 로자는 매우 오만하면서도 또한 겸손했으므로 사랑을 받지 못하는 데 대해서 투덜거리지는 않았다. 로자에게는 그럴 권리도 없었다. 오직 그녀는 더한층 스스로 격을 낮추며 겸허하려 했다. 그러나 그녀의 본능이 반항했다…… 아니, 그건 불공평하다! …… 왜 이런 추한 몸은 내게, 내게만 있고 자비네에겐 없는 것일까? …… 왜 사람들은 자비네를 사랑하는 것일까? 자비네가 사랑받을 만한 무엇을 했다는 것일까? …… 로자의 눈에 비친 자비네는 게으르고 제멋대로이고 이기적이며, 누구에게나 냉담하며, 가정이나 자기 자식 또는 어느 누구의 일에도 관심이 없고, 자기밖엔 사랑하지 않으며, 잠자거나 빈들거리면서 아무것도 하지 않고 살아가기 위해서만 살고 있는 여인이었다…… 더구나 그러면서도 사람들의 사랑을 받는 것이다. 크리스토프도 자비네를 좋아한단다…… 그토록 엄격한 크리스토프가, 자신이 더없이 존경하고 찬탄하고 있는 저 크리스토프가 말이다! 아아! 그것은 너무나 불공평하다! 또한 너무나 바보스럽다! …… 어찌하여 크리스토프는 그것을 깨닫지 못하는 것일까? 로자는 때때로 자비네에 대한 호의 없는 감상을 크리스토프의 귀에 전하지 않고는 못 배겼다. 그런 짓을 하고 싶지는 않았으나 어쩔 수가 없었다. 그러고는 언제나 후회하는 것이었다. 로자는 본디가 선량한 여성이어서, 남의 험담을 하고 싶어하진 않았기 때문이다. 그러나 그보다 더 로자가 후회한 것은, 얼마나 크리스토프가 자비네에게 열중하고 있는가를 보여 주는 잔혹한 대답을 스스로 끄집어낸 결과가 됐기 때문이다. 크리스토프는 자신의 애정에 상처를 입자 상대에게도 상처를 주려 했고, 그것은 곧 성공했다. 로자는 아무 대답이 없었다. 울음을 참으려고 입술을 깨물면서 고개 숙이고 물러갔다. 자기는 크리스토프가 사랑하는 이를 험담해서 그를 괴롭혔으니, 이것도 당연한 보복이라고 생각하며.

로자의 어머니는 딸만큼 참을성이 없었다. 모든 일에 눈치가 빠른 포겔 부인은 오일러 영감과 마찬가지로, 크리스토프가 곧잘 이웃 젊은 아낙네와 쑥닥거린다는 것을 알아차렸다. 그들 두 사람 사이의 연애 관계를 짐작하기란 어려운 일이 아니었다. 언젠가 로자와 크리스토프를 결혼시키려고 그들이 남몰래 꾸미던 계획은 이제 장애물에 부딪힌 것이다. 그것은 크리스토프에게는 아무런 의논도 없이 그들이 제멋대로 정한 일이었고 그로선 알 리도 없었다. 그런데도 이들은 그에게서 모욕을 당한 것처럼 느꼈다. 아말리아의 독선적인 심사는, 남이 자신과 다른 생각을 갖는다는 것을 허용할 수 없었다. 아말리아 자신이 몇 번이고 자비네에 대해서 말한 모욕적인 의견을 크리스토프가 간과해 버리다니 언어도단이라는 생각밖에 들지 않았다.

아말리아는 조금도 서슴없이 그와 같은 모욕적인 의견을 크리스토프에게 마구 되풀이해 들려줬다. 크리스토프가 곁에 있을 때마다 어떤 구실을 붙여서 이웃 아낙네의 소문을 지껄였다. 더할 수 없이 실례되는 말을, 더할 수 없이 크리스토프의 비위를 상하게 하는 말을 찾으려 들었다. 아말리아의 노골적인 눈과 말의 힘을 빌리면 그런 것은 손쉽게 찾아낼 수 있었다. 남에게 좋은 일을 해 주는 데도 해악을 끼치는 데도 남성보다는 훨씬 뛰어난 여성 특유의 잔인스러운 본능으로, 아말리아는 자비네의 게으름이나 도덕적 결점보다도 그녀의 불결한 점을 줄기차게 늘어놓았다. 아말리아의 버릇없고 탐색적인 눈초리는 유리창 너머로 집 안 구석구석까지, 자비네의 화장에 대한 비밀에까지 파고들며 불결의 증거를 찾아내곤 했다. 그러고 나서 아말리아는 제멋대로 자기만족을 맛보며 그 증거를 늘어놓았다. 예의상 차마 끝까지 말할 수 없을 때에는 입에 올리는 말보다도 더 교묘히 암시하는 것이었다.

크리스토프는 부끄러움과 노여움으로 얼굴빛이 변했다. 리넨처럼 창백해지고, 입술은 바들바들 떨렸다. 로자는 다음에 일어날 일을 짐작하며 이젠 그만두라고 어머니에게 탄원했다. 심지어는 자비네를 변호해 주기까지 했다. 하지만 그것은 아말리아를 더욱더 전투적으로 부채질하는 결과가 되었을 뿐이다.

크리스토프는 느닷없이 의자에서 벌떡 일어서더니 탁자를 두드리며 고함을 쳤다. 한 부인을 그렇게 혹평하고 그 집 안을 들여다보고 그 비참함을 늘어놓다니, 그런 수치스러운 일이 어디 있느냐고. 혼자 외로이 떨어져 살면서 누구에게도 악한 짓을 하지 않고 누구의 험담도 하지 않는 선량하며 아름답고 온화한 여인을 그토록 짓궂게 학대하다니, 그런 심술궂은 처사가 어디 있느냐, 그로써 그 여자를 해치웠다고 생각한다면 그건 어처구니없는 착각이다, 그건 한갓 그녀에게 더욱 동정을 모으게 하고 그녀의 선량함을 도드라지게 할 뿐이다, 라고.

아말리아는 말이 지나쳤다고 느끼고 있었다. 그러나 크리스토프의 입으로 훈계하는 말을 듣고 보니 기분이 언짢아져서 이번엔 화제를 바꾸어 말했다. 선량을 운운하기란 너무나 쉬운 일이다, 선량이라는 이 말로 사람들은 모든 것을 용서해 버린다, 하긴 그렇다! 아무 하는 일 없이, 어느 누구를 돌보는 일도 없이, 자신의 의무조차 다하지 않으면서 그것으로 선량한 사람으로 통하다니, 참으로 편리하군!

크리스토프는 반박했다. 무엇보다 우선하는 우리의 의무는 남의 생활을 즐겁게 해 주는 것이다. 그런데 보기 흉한 짓, 무뚝뚝한 짓, 남을 당혹케 하는 짓, 남의 자유를 방해하는 짓, 남을 괴롭히는 짓, 이웃이나 머슴이나 식구들이나 자기 자신에게 상처를 입히는 짓을 오직 하나뿐인 의무로 여기고 있는 무리가 세상에는 많다. 이런 무리나 그런 의무는 페스트와 마찬가지로 제발 사양하고 싶다! ……

말다툼은 험악해졌다. 아말리아는 몹시 신랄해졌다. 크리스토프 또한 한 걸음도 양보하지 않았다. 그 싸움의 가장 뚜렷한 결과는, 그 뒤로 크리스토프가 줄곧 자비네와 같이 있는 모습을 보이려 한 일이었다. 그는 자비네의 집으로 가서 문을 두드렸다. 자비네와 즐겁게 지껄이기도 하고 웃기도 했다. 특히 아말리아와 로자가 보고 있을 때를 골라서 그랬다. 아말리아는 격한 말로 복수했다. 그러나 순진한 로자는 이토록 교묘하게 꾸며진 잔인한 짓 앞에 가슴이 찢어지는 듯한 느낌이 들었다. 로자는 크리스토프가 자기네를 미워하고 있다는 것을, 그가 앙갚음하려 한다는 것을 느끼고 있었다. 그래서 고통스러워 슬프게 울었다.

　이렇게 지금까지 몇 번이나 부정에 괴롭힘을 당해 온 크리스토프는 부당하게도 남을 괴롭힐 줄 알게 되었던 것이다.

*

　얼마 뒤, 이 도시에서 서너 마일 떨어진 랑데크라는 조그만 마을에서 제분소를 경영하는 자비네의 오라버니가 아들의 세례 축하 잔치를 벌였다. 자비네가 그 아기의 대모(代母)였다. 자비네는 이 잔치에 크리스토프를 초대했다. 크리스토프는 본디 이러한 잔치는 좋아하지 않으나 포겔의 식구들을 약올려 주고 싶었고, 또 자비네와 같이 있게 되는 것이 기뻐 그 자리에서 응낙했다.

　거절당하리라는 것을 뻔히 알면서도 자비네는 일부러 아말리아와 로자도 초대하여 심술궂은 기쁨을 맛보았다. 그들이 거절했음은 물론이다. 사실 로자는 승낙하고 싶어서 못 견딜 지경이었다. 로자는 자비네를 미워하진 않았다. 그러기는커녕 때로는 자비네에 대한 애정으로 가슴이 가득해질 때조차 있었다. 크리스토프가 자비네를 사랑하기 때문이었다. 자비네에게 그런 말을 하며 그 목을 끌어안고 싶어지는 때가 있었다. 그러나 어머니가 거기 있었다. 어머니의 눈이 거기 있는 것이다. 로자는 자존심 때문에 고집을 부려 초대를 거절했다. 그러고 나서 두 사람이 떠나 버리자 로자는 숨이 막힐 것만 같았다. 두 사람은 같이 있구나, 그들은 즐겁게 같이 있는 거야, 이 7월의 좋은 날씨에, 지금쯤 산책을 하고 있을 테지. 반대로 나는 잔소리만 늘어놓으며 꾸짖는 어머니 곁에서 손질해야 할 일감을 산더미처럼 쌓아 놓고 방안에 갇혀 있어야 해. 그렇게 생각하고는 자신의 자존심을 저주했다. 아아! 아직 시간이 늦지 않았다면? …… 만일 아직 늦지 않았더라도, 아아! 로자는 역시 거절했으리라……

　제분소에서는 크리스토프와 자비네를 마중하느라고 이륜마차를 보내 주었다. 마차는 도중에서 초대 손님 몇 명을 태웠다. 날씨는 상쾌하고 공기는 건조했다. 밝은 태양이 들에 영근 빨간 버찌송이를 반들반들 반짝거리게 했다. 자비네는 미소를 띠고 있었다. 그 창백한 얼굴은 청명한 대기 덕분에 장밋빛으로 물들어 있었다. 크리스토프는 무릎 위에 소녀를 안았다. 두 사람은 서로 말을 건네지 않았다. 그저 누구랄 것도 없이 아무에게나, 또한 화제를 고르지도 않고 옆자리 사람들에게 말을 건넸다. 서로의 음성을 듣는 것만으로도 만족했다. 같은 마차를 타고 간다는 데 만족을 느끼고 있었다. 집과 나무와 지나가는 행인들을 서로 손가락질하며 어린애처럼 기쁨에 빛나는 눈을 마주치곤 했다. 자비네는 시골을 좋아했다. 그러나 거의 가 본 적이 없었다. 도무지 고쳐지지 않는 나태성 탓에 소풍이라곤 전혀 모르고 지내 왔다. 이미 한 해 가까이나 시내에서 나간 일조차 없었다. 이러고 보니 눈에 띄는 하찮은 것도 재미있어했다. 크리스토프로선 그런 것쯤은 조금도 신기할 게 없었다. 그러나 그는 자비네를 사랑하는 몸이었다. 사랑하는 사람은 누구나가 그러하듯이 크리스토프는 자비네를 통해서 모든 것을 보았다. 기쁨에 겨운 그녀의 전율을 하나하나 느끼고, 그녀가 느끼는 감동을 더욱더 북돋우고 있었다. 애인과 하나로 융합됨으로써 크리스토프는 자신의 모든 것을 그녀에게 주고 있었던 것이다.

물방앗간에 이르자 안마당에 농가 사람들을 비롯하여 그 밖의 손님들이 모여 있었다. 그들은 귀가 먹먹해질 만큼 요란스럽게 환성을 올리며 그들을 맞이해 주었다. 닭이나 오리나 개마저도 덩달아 법석을 떨었다. 제분업자 베르톨트는 머리와 어깨가 모두 네모지고 머리칼이 금발인 기운찬 사람이었다. 누이동생이 호리호리한 것과는 반대로 뚱뚱하고 덩치도 컸다. 그는 자그마한 누이를 두 팔로 안아 들더니 마치 깨어질 물건이라도 다루듯이 고이 땅에 내려놓았다. 이 자그마한 누이동생은 예에 따라 이 덩치 큰 오라버니를 마음대로 다루고 있었고, 오라버니는 또 여동생의 변덕이나 게으름을 비롯한 가지가지 결점을 어설프게 놀려 대면서도, 그녀의 발에 입맞춤할 만큼 그녀를 공손히 섬기고 있다는 것을 크리스토프는 곧 알게 되었다. 누이동생은 이러한 데 길이 들어, 그것을 의당한 것으로 여기고 있었다. 그녀는 모든 일을 당연한 것으로 받아들여 어떤 일에도 놀라는 법이 없었다. 자비네는 아무 일도 하지 않고 사랑을 받았다. 자비네로서는 사랑받는다는 것이 지극히 자연스런 일로 여겨지고 있었다. 설사 사랑받지 못하더라도 자비네는 전혀 개의치 않았다. 그럴수록 누구나 그녀를 사랑하게 되는 것이었다.

크리스토프는 또 한 가지를 발견했다. 이것은 앞서의 발견처럼 유쾌한 것은 아니었다. 세례식에는 대모만이 아니라 대부(代父)도 있게 마련이다. 이 경우 대부는 대모에 대해서 어떤 권리를 지니고 있는데, 대모가 젊고 아름다울 때는 좀처럼 그 권리를 포기하지 않게 마련이다. 귀걸이를 단 곱슬곱슬한 금발의 농부 하나가 웃음을 띠며 자비네에게 다가서서 그녀의 두 볼에 키스하는 광경이 눈에 띄었을 때, 크리스토프는 돌연 그것을 알아차렸다. 그것을 잊고 있었다니 어리석었다고 생각하거나, 그런 것에 신경을 쓰다니 더한층 어리석다고 생각하지는 않고, 오히려 크리스토프는 자비네가 일부러 이러한 함정에 자신을 빠뜨린 것으로 여기며 그녀를 원망했다. 식이 계속되는 동안은 자비네로부터 떨어져 있어야 한다고 알게 되자, 크리스토프는 더욱더 불쾌해졌다. 목장 사이를 구불구불 나아가는 행렬 속에서 자비네는 가끔 뒤돌아보며 크리스토프에게 친밀감에 찬 시선을 보내곤 했다. 크리스토프는 애써 그녀를 보지 않는 체했다. 그녀는 크리스토프가 화났다는 것을 알아챘으며 그 까닭도 역시 꿰뚫어 보고 있었으나, 그녀는 거의 그런 점에 신경을 쓰지 않았다. 도리어 그것을 재미있게 여겼다. 설령 사랑하는 이와 싸우게 될지라도, 또한 그 때문에 고통을 느끼게 될지라도, 그녀는 결코 그 오해를 해소하려는 노력은 기울이지 않았을 것이다. 그것은 너무나 거추장스러운 일이었기 때문이다. 모든 일은 저절로 잘 되어 가게 마련인 것이다……

식탁에서 크리스토프는 제분업자의 아내와 볼이 빨간 통통한 아가씨 사이에 앉았다. 그는 이 아가씨와 함께 미사 의식에 참례했으나, 도무지 주의를 기울여 그녀를 바라본 일이라곤 없었다. 이제 비로소 곁에 앉은 이 아가씨를 잘 살펴보자는 생각이 들었다. 보아하니 제법 괜찮아 보여서, 복수삼아 큰소리로 아가씨에게 아양을 떨어 보였다. 이 시도는 그의 의도대로 자비네의 주의를 끌었다. 성공이었다. 그러나 자비네는 어떠한 일에나 또한 누구에게나 질투를 느끼는 여인이 아니었다. 자신이 사랑받기만 한다면 상대가 또 다른 누구를 사랑하건 아랑곳하지 않았다. 자비네는 기분이 언짢아지기는커녕, 크리스토프가 즐거워하는 것을 보며 기뻐하기조차 했다. 식탁 저쪽 끝에서 애교를 담뿍 담은 미소를 보내온 것이다. 크리스토프는 어안이 벙벙해졌다. 이미 자비네가 냉담하다는 것은 의심할 여지가 없었다. 크리스토프는 다시 침묵에 잠겨 볼멘 낯이 되었다. 아무리 그녀가 고혹적인 시선을 보내오건 술잔에 넘실넘실 술을 가득 따르건, 무슨 짓을 하건 간에 크리스토프의 우울한 심정은 풀리지 않았다.

크리스토프는 도대체 이토록 끝도 없이 먹고 마시고 하는 자리에 무엇하러 왔나 하고 울화를 느끼면서 꾸벅꾸벅 조는 바람에, 제분업자가 손님들을 그의 농가로 배웅하는 김에 뱃놀이를 하자고 제안하는 말도 귀담아들을 수가 없었다. 자비네가 그와 같은 배를 타려고 하며 이쪽으로 오라고 신호를 보낸 것도 눈에 띄지 않았다. 뒤늦게 알고 그러려고 했을 때엔 이미 좌석이 없었다. 하는 수 없이 다른 배를 타야만 했다. 도중에서 거의 모든 손님을 내려놓는다는 것을 이내 알지 못했다면, 이 새로운 실패는 아마도 크리스토프의 마음을 더한층 우울케 했으리라. 다행히 그런 줄 알게 되자 크리스토프는 기분을 풀어 그들에게 활기찬 얼굴을 보일 수 있었다. 게다가 또 화창한 오후에 물 위로 배를 저어 가는 즐거움과 이들 소박한 사람들의 쾌활함이 끝내는 그의 우울하고 불쾌한 기분을 말끔히 가시게 했다. 자비네가 곁에 없으므로 크리스토프는 이미 스스로 자신을 경계하지도 않았다. 그래서 다른 사람들처럼 아무런 거리낌 없이 실컷 즐거움을 맛보았다.

그들은 3척의 배에 나누어 타고 있었다. 3척의 배는 서로 조금씩 사이를 두고 뒤따라가며 서로 앞지르려 했다. 그들은 이 배에서 저 배로 유쾌한 농담을 마주 건넸다. 배가 맞닿을 만큼 다가갔을 때 크리스토프는 자비네의 웃음기 어린 눈을 보았다. 크리스토프도 미소를 보내지 않을 수 없었다. 이로써 화해는 이루어졌다. 이제 곧 같이 돌아갈 수 있다는 것을 크리스토프는 알고 있었던 것이다.

일동은 4부 합창을 시작했다. 각 그룹이 차례로 한 소절씩 부르고, 일동이 후렴을 합창했다. 간격을 둔 배는 메아리처럼 노랫소리를 주고받았다. 그 노랫소리는 마치 물새처럼 수면을 스쳐 갔다. 가끔 어느 한 배가 기슭으로 가 닿아, 농부가 한두 사람씩 내리곤 했다. 배에서 내린 그들은 기슭에 선 채로 멀어져 가는 배를 향해 손을 흔들었다. 처음부터 조그맣던 무리가 마치 낟알이 이삭에서 떨어지듯이 조금씩 줄어들었다. 목소리는 하나씩 합창에서 빠져나갔다. 마지막에는 크리스토프와 자비네와 그녀의 오라버니만 남았다.

세 사람은 같은 배를 타고 흐르는 강물 따라 귀로에 올랐다. 크리스토프와 베르톨트는 노를 쥐고 있었으나 저을 필요는 없었다. 자비네는 크리스토프와 마주 뱃머리에 앉아서, 오라버니와 이야기를 나누며 크리스토프를 뚫어지게 바라보고 있었다. 이 대화 덕택에 두 사람은 차분한 심경으로 서로를 살펴볼 수가 있었다. 핑계 삼아 건성으로 주고받는 그런 말이 중단되었더라면 아마 그렇게 서로를 볼 수도 없었으리라. 그 말은 이렇게 말하고 있는 것 같았다.

"저는 당신을 보고 있지 않아요." 하지만 눈은 서로 이렇게 말하고 있었다. "당신은 누구시지요? 내가 사랑하는 당신은! …… 당신이 비록 누구건, 나는 당신을 사랑해요! ……"

하늘이 흐려졌다. 안개가 목장에서 솟아오르고 수면엔 수증기가 감돌았다. 태양은 수증기 속으로 스러져 갔다. 자비네는 몸을 오싹 떨며 조그만 검정 숄로 어깨와 머리를 감쌌다. 그녀는 피로한 것 같았다. 배가 기슭을 따라 버드나무 가지 아래로 미끄러지듯 흘러갈 때 그녀는 사르르 눈을 감았다. 갸름한 그 얼굴은 창백했다. 입술에는 괴로운 듯한 주름이 잡혀 있었다. 그녀는 이제 움직이지도 않았다. 괴로워 보였다. 괴로움 끝에 죽어 버린 것 같았다. 크리스토프는 가슴이 죄어드는 듯한 느낌이었다. 몸을 수그리고 그녀를 들여다봤다. 자비네는 눈을 뜨고 무엇을 묻고 싶어하는 크리스토프의 불안스러운 눈을 쳐다보았다. 그녀는 그 눈에 미소를 보냈다. 크리스토프에게 그것은 한 줄기 햇살과도 같았다. 크리스토프는 나직이 물었다.

"괜찮으십니까?"

자비네는 그렇지 않다는 몸짓을 해 보였다. 그러고는 말했다.

"추워요."

두 사나이는 각자의 외투를 벗어 자비네의 몸에 덮어 주었다. 마치 잠자리에서 이불로 어린애를 감싸 주듯, 발끝과 정강이와 무릎을 덮어씌워 주었다. 자비네는 그들이 하는 대로 몸을 내맡기며 눈으로 감사했다. 차가운 실비가 내리기 시작했다. 두 사나이는 노를 쥐고 귀로를 재촉했다. 묵직한 구름이 하늘의 밝음을 지워 갔다. 강은 마치 잉크를 부어 놓은 듯 거무죽죽하게 출렁거렸다. 들판 여기저기에서 집집의 창에 불이 켜졌다. 물방앗간에 닿았을 때는 비가 억수같이 퍼붓고 있었다. 자비네의 몸은 얼음장처럼 차다차게 식어 있었다.

부엌에 불을 마구 지피고 소나기가 지나기를 기다렸다. 그러나 비는 더욱 기세를 높일 뿐, 게다가 이제는 바람마저 이에 가세했다. 시내로 돌아가려면 마차로 3마일이나 가야 했다. 제분업자는 이런 날씨에 자비네를 떠나보낼 수는 없으니 이 농가에서 둘이 하룻밤을 지내라고 권했다. 크리스토프는 승낙하기를 망설이며 자비네의 눈을 통해 해결을 하려고 했다. 자비네의 눈은 난로의 불길을 뚫어지게 지켜보고 있었다. 그 눈은 크리스토프의 결심에 영향을 주기가 두려운 듯 보였다. 그러나 크리스토프가 응낙하자 자비네는 발그레한(불빛이 반사된 탓인가?) 얼굴로 그를 쳐다보았다. 크리스토프는 자비네의 만족스러운 표정을 읽을 수 있었다.

즐거운 하룻밤…… 밖에서는 사나운 비바람이 몰아쳤다. 검은 난로 속에서는 불이 황금빛 불꽃을 마냥 튀기며 활활 타오르고 있었다. 일동은 그 둘레를 둘러싸고 앉았다. 그들의 괴상한 그림자가 벽 위에서 너울거렸다. 제분업자는 자비네의 딸에게 손으로 그림자를 만들어 보이는 손재주를 가르쳐 주었다. 아이는 웃었다. 그러나 완전히 마음을 놓은 것은 아니었다. 자비네는 불 위에 몸을 숙이고, 묵직한 부젓가락을 쥐고 기계적으로 불을 휘저었다. 자비네는 무척 지쳐 있었다. 올케가 집안 살림의 이모저모를 재잘거리는 말에 귀를 기울이지도 않고, 그저 고개만 끄덕일 뿐 미소를 머금은 채 멍하니 몽상에 잠겨 있었다. 크리스토프는 자비네의 오라버니와 나란히 어두운 그늘에 앉아서 어린애의 머리카락을 부드럽게 잡아당기듯이 쓰다듬어 주었다. 그러면서 자비네의 미소 지은 얼굴을 유심히 지켜보았다. 자비네는 자신을 바라보는 크리스토프의 눈초리를 알고 있었다. 크리스토프는 자비네가 자신에게 미소를 보내고 있다는 것을 알고 있었다. 그러나 이날 밤, 그들은 단 한 번도 서로 말을 주고받을 기회가 없었다. 정면으로 얼굴을 마주 볼 기회도 없었다. 두 사람은 굳이 그러려고 하지도 않았다.

*

그날 밤 두 사람은 일찌감치 헤어졌다. 그들의 침실은 이웃해 있었다. 문하나를 통해서 옆방으로 갈 수 있는 구조였다. 무의식중에 크리스토프는 빗장이 자비네의 방 쪽에서 걸려 있다는 것을 확인했다. 잠자리에 들어 잠을 청했다. 비가 유리창을 두드리고 있었다. 바람은 굴뚝 속에서 슬픈 듯이 소리쳤다. 미루나무 한 그루가 폭풍우를 맞으며 창문 바로 앞에서 우직우직 소리를 냈다. 크리스토프는 눈을 감을 수가 없었다. 지금 그는 한 지붕 밑에서 바로 그녀 가까이에 있다는 것을 생각했다. 벽 하나로 격리돼 있을 뿐이 아니가, 자비네의 방에서는 아무 소리도 나지 않았다. 그러나 어쩐지 그녀의 모습이 눈에 뵈는 것만 같았다. 그는 침대에 일어나 앉아서 벽 너머로 나직이 그녀의 이름을 불러 보며 부드럽고 열렬한 말을 속삭여 보았다. 그러자 그리운 목소리가 그에 답하여 자신의 속삭임을 되풀이하고, 지극히 어렴풋이 자신의 이름을 부르고 있는 듯한 느낌이 들었다. 자기 혼자서 속삭이고 답하고 있는 것인지, 아니면 정말 그녀가 말하고 있는 것인지 분간할 수가 없었다. 좀더 높이 부르는 소리를 귀에 담자, 그는 더 참을 수가 없었다. 침대에서 뛰어내려 어둠 속을 손으로 더듬으며 문까지 다가갔다. 그러면서도 그는 문을 열고 싶지 않았다. 문이 잠겨 있어서 안심하고 있었던 것이다. 그런데 지금 다시 손잡이를 쥐어 보자, 문이 열리는 게 보이지 않겠는가……

그는 흠칫했다…… 살그머니 닫고 또 열어 보고, 다시 또 닫는다. 좀전까지는 빗장이 잠겨 있지 않았던가? 그렇다. 분명히 잠겨 있었다. 그렇다면 누가 빗장을 열었을까? …… 심장의 고동으로 그는 숨을 쉴 수가 없었다. 침대에 기대었다. 걸터앉아서 숨을 쉬었다. 그는 정열에 압도되었다. 움직일 기운도 없었다. 온몸이 바들바들 떨렸다. 몇 달 전부터 갈구해 마지않던 미지의 환희가 지금 바로 저기에, 바로 곁에 있는데, 이미 그들 사이를 격리하는 것이라곤 아무것도 없는 이 순간에 이르러서 그는 두려움에 질린 것이다. 사랑에 사로잡힌 격정적인 이 청년은 그 욕망이 실현되기에 이르자마자 갑자기 공포감과 혐오감밖엔 느끼지 못하게 되었다. 그는 그 욕망을 수치스러워하며 자신이 이제 막 하려는 짓을 부끄러워했다. 그는 너무나 사랑했으므로 그 사랑하는 이를 향락할 수가 없었다. 그는 도리어 그것을 두려워했다. 그 기쁨을 피하기 위해서라면 아마 그는 어떠한 짓이라도 했으리라. 사랑한다는 것은, 사랑이란 것은, 아아, 그러면 사랑하는 이를 모독함으로써만 가능하단 말일까?

그는 다시 문 가까이에 이르렀다. 애욕과 공포로 몸을 떨며 손잡이에 손을 대고, 선뜻 문을 열 결심이 서지 않은 채 서 있었다.

그 문 반대쪽에서는, 자비네가 맨발로 방바닥을 밟고 추위로 바들바들 떨며 서 있었다.

이렇게 그들 두 사람은 서로 망설이고 있었던 것이다…… 얼마 동안이나 그랬을까? …… 몇 분간이었을까? 아니면 몇 시간이나 되었을까? …… 두 사람은 서로 상대가 거기 서 있다는 것을 모르고 있었다. 그러면서도 알고 있었다. 그들은 서로 팔을 뻗치고 있었다. 크리스토프는 격렬한 애욕에 짓눌려 문을 열고 들어갈 용기도 없이. 또한 자비네는 그를 부르며 그를 기다리고, 그가 들어오지나 않을까 두려워하며……

마침내 크리스토프가 마음을 다지고 들어서려 했을 때는, 마침 자비네가 마음을 다지고 빗장을 걸었을 때였다.

크리스토프는 미친 것 같았다. 온몸의 힘으로 문을 밀어 댔다. 빗장에 입을 대고 애원했다.

"열어 주오!"

그는 몹시 낮은 목소리로 자비네를 불렀다. 그녀에겐 그의 헐떡이는 숨소리가 들렸다. 그녀는 문 곁에서 꼼짝도 못하는 채로 추위에 얼어 이를 달달 떨며 서 있었다. 문을 열 힘도 없었고, 침대까지 갈 기운도 없었다……

폭풍우는 여전히 나무들을 흔들어 삐걱삐걱 소리나게 했고 온 집 안의 문들을 덜커덩거리게 했다…… 두 사람은 몸도 지치고 마음까지 슬픔에 차서 저마다 제 침대로 돌아갔다. 첫닭이 목쉰 소리로 꼬끼오 울었다. 동이 트는 첫 햇살이 수증기로 흐려진 유리창을 통해 비쳐 들어왔다. 그칠 줄 모르는 비에 잠긴, 애달프고 창백한 새벽이었다……

크리스토프는 될 수 있는 대로 일찌감치 일어났다. 부엌으로 내려가서 사람들과 말을 주고받았다. 그는 서둘러 떠나려 했다. 자비네와 단둘이 있게 될까 봐 겁났다. 주인댁 부인이 나와서, 자비네가 아프다며 어제의 뱃놀이로 감기가 들어 오늘 아침엔 도저히 떠날 수 없다는 말을 했을 때, 그는 도리어 마음이 푹 놓일 정도였다.

돌아오는 길은 우울했다. 크리스토프는 마차를 사절하고 축축한 시골길을 터벅터벅 걸어서 돌아왔다. 노르스름한 안개가 마치 수의(壽衣)처럼 대지와 나무들과 집들을 뒤덮고 있었다. 빛과 마찬가지로 생명도 사라져 버린 듯했다. 모든 것이 망령 같았다. 그 자신도 망령 같기만 했다.

*

집에 돌아와 보니 모두 성이 난 표정들이었다. 그가 어딘지 모를 곳에서 자비네와 함께 하룻밤을 지낸 것을 다들 못마땅히 여기고 있는 것이었다. 크리스토프는 방에 틀어박혀서 일을 시작했다. 자비네는 다음 날 돌아왔으나 그녀도 제 방에 틀어박혀 버렸다. 두 사람은 서로 만나지 않으려고 조심했다. 더구나 날씨는 비가 자주 내리며 추웠다. 두 사람 다 외출하지 않았다. 굳게 닫은 유리창 뒤에서 서로 마주 지켜보고 있었다. 자비네는 옷을 잔뜩 껴입고 난로 귀퉁이에 앉아서 명상에 잠겨 있었다. 크리스토프는 종이 속에 묻혀서 일하고 있었다. 그들은 창에서 창으로 조심스럽게 인사를 나누었다. 둘이 다 스스로 무엇을 느끼고 있는지 똑똑히 알 수가 없었다. 서로 상대를 원망하고 자기 자신을 원망하고, 모든 것을 원망하고 있었다. 농가에서의 하룻밤 일은 그들의 생각 밖으로 밀려났다. 그것을 생각하면 그들은 낯이 붉어졌다. 그러나 분별없었던 자신들의 열광적인 행위를 더욱 부끄러워하는지, 또는 그런 열광에 지지 않은 것을 더욱 부끄러워하는지 자신들도 알 수 없었다. 서로 얼굴을 마주 보기가 쓰라렸다. 얼굴을 마주하면 서로 잊고 싶어하는 일이 자꾸 떠오르기 때문이었다. 두 사람은 마치 약속이나 한 듯이 방 안 깊숙이 틀어박힌 채 스스로 자신을 잊어버리려고들 했다. 그러나 그럴 수도 없었다. 이렇게 그들은 은밀한 적의(敵意)에 사로잡혀 괴로워하고 있었던 것이다. 크리스토프는 언젠가 자비네의 차가운 얼굴 위에서 그 밑에 숨겨진 원망의 표정을 읽고는, 그 생각에 얽매이게 되었다. 자비네 또한 그와 같은 생각으로 고민하고 있었다. 아무리 그런 생각과 싸워 그것을 부정하려 해도 헛수고였다. 자비네는 그 생각을 뿌리칠 수가 없었다. 게다가 자신의 가슴속에 일어난 생각이 크리스토프에게 간파되었다는 수치심, 나아가서 자신의 몸을 내맡기려던 수치감이…… 내맡기려 하면서도 내주지 않은 부끄러움이 거기에 덧붙여져 있었다.

그럴 즈음, 음악회를 위하여 쾰른과 뒤셀도르프에 갈 기회가 주어지자 크리스토프는 즉각 그것을 받아들였다. 집에서 멀리 떨어져 두세 주간을 보낼 수 있으니 참으로 즐거운 일이었다. 그 음악회 준비와 거기서 연주하려는 새 작품의 작곡이 그의 마음을 몽땅 빼앗다시피 했다. 끝내는 그 성가신 회상도 잊어버리기에 이르렀다. 자비네 또한 예전처럼 꾸벅꾸벅 조는 듯한 생활을 다시 시작하여 추억은 그녀의 마음에서 스러져 갔다. 서로들 애인 생각을 해도 무심할 수가 있게 되었다. 과연 진실로 사랑했을까? 그들은 이 점에

회의를 품었다. 크리스토프는 자비네에게 작별도 하지 않고 쾰른으로 출발할 생각이었다.

떠나기 전날, 그 무엇인가가 그들을 다시 서로 다가서게 했다. 그것은 사람들이 모두 성당에 간 어느 일요일 오후였다. 크리스토프는 여행 준비를 마치느라고 외출 중이었다. 자비네는 작은 정원에 앉아서 하루의 마지막 햇볕을 쬐며 일광욕을 즐기고 있었다. 마침 그때에 크리스토프가 돌아왔다. 크리스토프는 서두르고 있었다. 처음에 자비네가 눈에 띄자, 그는 인사만 하고 지나쳐 가려 했다. 그러나 지나치려는 순간, 무엇인가가 그의 걸음을 멈추어 세웠다. 그것은 자비네의 창백한 낯빛이었을까? 또는 회한이니 집착이니 애정이니 하는 막연한 감정이었을까? …… 크리스토프는 걸음을 멈추고 자비네 쪽을 향했다. 정원 울타리에 기대서서 저녁 인사를 건넸다. 자비네는 대답 없이 손을 내밀었다. 그녀의 미소는 온화함에 가득 차 있었다. 크리스토프가 일찍이 그녀에게서 본 일이 없을 만큼 온화한 미소였다. 그녀의 몸짓은 마치 이렇게 말하는 것 같았다. "자, 이것으로 화해한 거예요……" 크리스토프는 울타리 너머로 그녀의 손을 잡고 몸을 굽혀 그 손에 입맞춤을 했다. 그녀는 손을 빼려고는 하지 않았다. 크리스토프는 그 자리에 꿇어앉아서 말하고 싶었다.

"나는 그대를 사랑합니다……."

두 사람은 묵묵히 뚫어지게 얼굴을 마주 보았다. 그러나 둘 다 마음속을 고백하려고는 하지 않았다. 이윽고 자비네는 손을 놓고 외면했다. 크리스토프 또한 심란해진 마음속을 감추려고 얼굴을 돌렸다. 그러고는 다시 쾌활한 눈으로 서로 마주 바라보았다. 석양이 질 무렵이라, 짙은 보랏빛과 주황빛 연보랏빛 등등, 온갖 미묘한 색조가 차갑고 맑은 하늘을 흐르고 있었다. 자비네는 크리스토프의 눈에 익은 몸짓으로 추운 듯이 숄로 어깨를 쌌다. 크리스토프는 물었다.

"몸은 좀 어떠세요?"

자비네는 대답할 것도 없다는 듯이 입을 살짝 삐죽여 보였다. 두 사람은 행복감에 젖어 서로 얼굴을 가만히 바라보았다. 서로를 잃어버렸던 두 사람이 지금 다시 만난 듯한 심정이었다……

크리스토프가 끝내 침묵을 깨뜨리며 말을 꺼냈다.

"저는 내일 여행을 떠납니다."

자비네는 얼굴에 놀라움을 띠었다.

"떠난다고요?"

자비네는 되풀이했다.

크리스토프는 재빨리 덧붙였다.

"고작 두세 주일 동안뿐인걸요."

"두세 주일이나요?"

자비네는 낭패한 듯 말했다. 크리스토프는 음악회에 출석하기로 약속했기 때문에 떠나지만 돌아온 뒤엔 겨우내 아무 데도 안 간다고 설명했다.

"겨울." 그녀는 말했다. "그건 아직 멀었는걸요……"

"그렇지 않아요." 크리스토프는 말했다. "곧 겨울이 되는걸요."

자비네는 그의 얼굴은 보지도 않고 고개를 저었다.

"언제 다시 만나게 될까요?"

한참 뒤에 자비네는 말했다.

크리스토프는 이 질문의 뜻을 잘 이해할 수 없었다. 그 대답은 이미 했잖은가.

"돌아오면 곧 만날 수 있어요. 보름이나 늦어도 스무 날 뒤엔요."

자비네는 언제까지나 낙망한 표정인 채였다. 크리스토프는 농담을 건네어 보았다.

"당신에겐 시간이 너무 길어 지루한 법이 없잖아요?" 그는 말을 이었다. "그동안 잠이나 주무세요."

"그렇군요."

자비네는 미소를 지으려 했다. 그러나 입술은 떨리고 있었다.

"크리스토프 씨!……"

느닷없이 그녀는 크리스토프를 향해 몸을 일으키며 말했다.

그녀의 목소리에는 슬픔이 깃들어 있었다. 그것은 마치 이렇게 말하는 것 같았다.

"여기 있어 주어요! 가지 말아 주세요!……"

크리스토프는 그녀의 손을 꽉 붙들었다. 그녀의 얼굴을 똑바로 바라봤다. 고작 보름밖에 안 되는 이 여행을 그녀가 어째서 이다지도 중대하게 생각하는 것인지, 그는 도무지 까닭을 알 수가 없었다. 그러나 그녀가 단 한 마디만 말했더라도 그는 말했으리라.

"그럼 가지 않겠어요……"라고.

자비네가 마침 입을 떼려던 그 순간에 문이 열리더니 로자가 들어섰다. 자비네는 크리스토프의 손에서 후딱 손을 뺐다. 그리고 부리나케 집 안으로 들어갔다. 문간에서 자비네는 다시 한 번 크리스토프를 뚫어지게 바라보았다. 그러고는 모습을 감추었다.

*

그날 밤 크리스토프는 다시 한 번 자비네를 만나려 했다. 그러나 포겔 댁 사람들의 눈초리가 감시하고 있었고 어디에 가나 어머니가 붙어다니고, 게다가 여느 때처럼 여행 준비가 늦어졌으므로 한순간도 집에서 빠져나올 틈이 없었다.

다음 날, 그는 아침 일찌감치 떠났다. 자비네의 문 앞을 지날 때, 그는 안으로 들어가서 창을 두드리고 싶었다. 인사도 없이 그녀와 헤어지는 게 마음 아팠다. 전날엔 이별을 고하기도 전에 로자의 훼방을 받은 것이다. 그러나 자비네는 아직 잠들어 있겠지, 일부러 깨웠다간 원망의 말을 듣기 십상이겠지, 하는 생각이 들었다. 더구나 뭐라고 말할 것인가? 여행을 중지하긴 이미 늦었다. 자비네가 만일 떠나지 말라고 호소한다면 어쩐다? …… 아무튼 그녀에 대한 자신의 지배력을 시험해 본다든가, 필요하다면 그녀를 얼마간 괴롭혀 보는 것도 사양치 않는다는 그러한 일은 그로서는 시인할 수 없었다 …… 자비네가 그의 여행을 슬퍼한다는 것을 그는 대수로운 일로는 여기지 않았다. 그러면서 짧은 기간의 부재는 아마도 자신에 대해 품고 있는 그녀의 애정을 도리어 더하게 하려니 하는 생각도 하고 있었다.

크리스토프는 역으로 달려갔다. 역시 미련은 조금 남아 있었다. 그러나 기차가 떠나자 모든 시름은 사라져 갔다. 마음은 젊음으로 가득 차는 듯했다. 집들의 지붕이나 탑의 꼭대기가 햇빛에 장밋빛으로 물들어 있는 낡은 도시를 향하여 크리스토프는 쾌활하게 안녕을 고했다. 여행을 떠나는 사람다운 가뿐한 마음으로 크리스토프는 뒤에 남아 있는 사람들에게 이별을 고했다. 그러고는 더는 그들 생각은 하지 않았다.

뒤셀도르프나 쾰른에 머무는 동안 자비네 생각은 그의 마음에 한 번도 떠오른 적이 없었다. 아침부터 밤까지 그의 음악회 연습과 연주, 만찬과 담화에 열중했고 여러 가지 진기한 일과 연주회의 성공이 가져다주는 교만스런 만족감에 마음을 빼앗겨, 미처 자비네를 생각할 겨를도 없었다. 단 한 번, 그것은 떠나온 지 닷새째 되는 날 밤이었다. 악몽에 시달리다가 갑자기 잠에서 깨어난 크리스토프는, 자면서 자비네 생각을 하다가 그 때문에 깨어났다는 사실을 깨달았다. 그러나 왜 자비네 생각을 했는지는 생각이 나지 않았다. 근심이 되며 가슴이 설레었다. 그러나 생각해 보니 별다른 일도 아니었다. 그날 밤, 음악회에서 연주가 끝난 뒤 크리스토프는 회장에서 나가다가 밤참을 먹자고 끌려가서 샴페인을 서너 잔 마신 것이었다. 잠이 오지 않아 그는 일어나 앉았다. 악상(樂想) 하나가 성가시도록 따라붙었다. 잠든 동안 자신을 괴롭힌 것이 바로 이것이었구나 하고 생각했다. 그것을 곡으로 써 보았다. 읽어 보니, 그것이 참으로 슬픈 곡인 데 스스로 소스라쳐 놀랐다. 작곡할 때는 조금도 슬프지 않았다. 적어도 그렇게 여기고 있었다. 그러나 예전에도 슬플 때에 화가 날 정도로 명랑한 음악밖에 지어지지 않았던 것이 생각났다. 그래서 크리스토프는 더는 개의치 않았다. 자신의 내부 세계의 뜻하지 않은 동태에는 그것이 무엇인지 이해하진 못하면서도 이미 길들어 있었다. 크리스토프는 곧 다시 잠이 들어, 다음 날 아침에는 이미 아무 생각도 하지 않았다.

크리스토프는 사나흘 동안 여행을 연장했다. 돌아가려고 마음만 먹으면 당장 돌아갈 수도 있었으므로 여행을 연장하는 것은 여간 즐거운 일이 아니었다. 서둘러 돌아갈 필요는 없었다. 드디어 돌아가는 기차에 올랐을 때, 그제야 자비네 생각이 났다. 크리스토프는 편지도 띄우지 않았다. 우체국 전교(轉交)로 와 있을지도 모르는 편지를 찾으러 가 보지도 않았을 만큼 크리스토프는 무심하기만 했다. 그는 이러한 침묵 속에 은밀한 기쁨을 발견하고 있었다. 저쪽에는 나를 기다리는 이가 있다, 나를 사랑하는 이가 있다는 것을 그는 알고 있었던 것이다. ……사랑한다고? 자비네는 아직 한 번도 그런 말을 그에게 한 적은 없었다. 그 역시 한 번도 그녀에게 말한 적은 없었다. 아마도 그들은 그 말을 입에 올릴 필요도 없이 빤히 알고 있을 것이다. 하지만 비록 그렇더라도 확실한 고백보다 더 값어치 있는 일이란 없는 법이다. 왜 그들은 이토록 오랫동안 그것을 고백하기를 기다리고 있었던 것일까? 그들이 그것을 입에 올리려 하면 언제나 그 무엇이, 어떤 우연한 사건이나 훼방꾼이 그것을 방해했던 것이다. 왜 그럴까? 왜 그랬을까? 그 얼마나 많은 시간을 우리는 허비한 것인지! …… 크리스토프는 사랑하는 이의 입에서 나오는 이 소중한 말을 듣고 싶어 못 견딜 지경이었다. 그는 또 못 견디게 그 말을 자비네에게 하고 싶었다. 아무도 없는 객실에서 그는 그 말을 크게 소리쳤다. 기차가 시가지에 다가갈수록 그는 조바심으로 가슴이 죄어드는 듯한 심정이었다. 어쩌면 고민이기도 했다…… 더 빨리 달려라! 자, 더 빨리! 아아! 이제 한 시간만 지나면 자비네를 만난다는 생각을 하니! ……

*

크리스토프가 집에 돌아온 시각은 아침 6시 30분이었다. 아직 아무도 일어나 있지 않았다. 자비네의 방은 창문이 닫혀 있었다. 그녀에게 들리지 않도록 그는 사뿐사뿐 발끝으로 걸어서 안마당을 지나갔다. 갑자기 놀래 주자고 그는 속으로 빙글거리고 있었다. 자기 방으로 올라갔다. 어머니는 잠들어 있었다. 그는 소리를 내지 않고 옷을 갈아입었다. 배가 고팠다. 그러나 찬장을 뒤적이면 어머니가 깨어나실 것 같아서 걱정이 되었다. 안마당에서 발소리가 났다. 창을 살짝 열어 보았다. 로자가 여느 때처럼 맨 먼저 일어나서 청소를 시작하고 있었다. 크리스토프는 나직이 로자를 불렀다. 로자는 그를 보자 기쁨에 차서 놀란 듯한 몸짓을 보였다. 그러더니 곧 표정이 굳어졌다. 그는 로자가 아직도 자신을 원망하고 있을 것이라고 생각했다. 그러나 그의 마음은 흐뭇하기만 했다. 그는 로자 곁으로 내려갔다.

"로자, 로자." 크리스토프는 쾌활하게 말했다.

"먹을 것 좀 줘! 안 주면 널 먹어치울 테다! 배가 고파 죽을 것 같단 말이야!"

로자는 미소를 지었다. 크리스토프를 1층 부엌으로 데리고 갔다. 우유를 한 컵 따라 주며 로자는 여행과 음악회에 대한 이모저모를 끊임없이 묻지 않고는 못 배겼다. 그래서 다시 돌아온 기쁨으로 크리스토프는 로자의 수다스러운 재잘거림을 듣는 것도 즐거워하며 시원시원히 대답해 주었으나, 로자는 질문하다 말고 갑자기 입을 다물었다. 우울한 얼굴을 하고 시선을 돌려,

무엇인지 꺼림칙해하는 눈치였다. 그러다가 다시 지절거리기 시작했다. 그러나 지껄이는 것이 역시 마음에 걸리는지, 다시 입을 딱 다물어 버렸다. 크리스토프도 마침내 그것을 눈치채고 로자에게 물었다.

"왜 그래, 로자? 내게 불만이라도 있어?"

로자는 부정하려고 고개를 휘휘 저었다. 그러더니 예의 버릇대로 별안간 그를 향하여 두 손으로 팔을 붙잡았다.

"오! 크리스토프!……"

로자는 말했다. 크리스토프는 흠칫했다. 들고 있던 빵을 떨어뜨렸다.

"왜? 왜 그러는 거야?" 크리스토프는 물었다.

로자는 되풀이했다.

"오오! 크리스토프!…… 큰 불행이 있었어요!……"

크리스토프는 탁자를 밀어냈다. 그는 더듬거렸다.

"여기서?"

로자는 안마당 건너의 집을 가리켰다.

크리스토프는 소리쳤다.

"자비네가!"

로자는 울었다.

"돌아가셨어요."

크리스토프의 눈에는 이미 아무것도 보이는 것이 없었다. 일어섰다. 쓰러질 것 같았다. 탁자를 붙들고 매달렸다. 위에 얹혀 있던 것들을 모조리 뒤엎었다. 크게 소리치고 싶었다. 참을 수 없는 괴로움이었다. 구토가 치밀었다.

로자는 소스라쳐 놀라며 곁으로 다가섰다. 크리스토프의 머리를 끌어안고 울었다. 간신히 입을 놀릴 수 있게 되자 크리스토프는 말했다.

"거짓말이야!"

그는 그것이 정말이라는 것을 알고 있었으나, 그것을 부정하고 싶어했다. 있었던 일을 없었던 일로 여기고 싶어했다. 그러나 눈물에 젖은 로자의 얼굴을 보았을 때 이미 의심의 여지는 없었다. 크리스토프는 흐느껴 울었다.

로자는 얼굴을 들었다.

"크리스토프!"

로자는 말했다.

크리스토프는 탁자 위에 엎드려 얼굴을 감추었다. 로자가 그에게 몸을 수 그렸다.

"크리스토프! …… 어머니가 오셔요! ……"

크리스토프는 일어섰다.

"싫다. 싫어." 크리스토프는 말했다. "이 꼴을 보이고 싶지 않아."

로자는 그의 손을 잡았다. 눈물로 눈이 흐려져 비틀거리는 크리스토프를 안마당에 면한 조그만 장작 창고로 데리고 갔다. 그러고는 문을 닫았다. 주위는 컴컴해졌다. 크리스토프는 장작을 패는 데 쓰는 그루터기에 아무렇게나 걸터앉았다. 로자는 장작 다발 위에 앉았다. 바깥에서 나는 소리는 아주 희미하게 들릴 뿐이었다. 여기서는 그야말로 남의 귀에 들릴 염려 없이 울 수 있었다. 크리스토프는 한껏 크게 목놓아 울었다. 로자는 지금껏 그가 우는 것을 보지 못했다. 그가 울 줄 알리라고는 생각조차 못했다. 로자는 자신의 소녀다운 눈물밖엔 모르고 있었다. 남자의 이런 절망을 보고는 공포와 연민으로 가슴이 가득해졌다. 로자는 크리스토프에게 정열적인 애정을 느끼고 있었다. 이 애정에는 이기적인 데가 전혀 없었다. 그것은 희생되고 싶어하는 무한한 욕구요, 그를 위해서 괴로워하고 싶어하며 그의 불행을 몽땅 받으려 하는 갈망이었다. 로자는 마치 어머니처럼 그를 두 팔로 안았다.

"자, 크리스토프." 로자는 말했다. "울지 마!"

크리스토프는 외면했다.

"죽고 싶다!"

로자는 두 손을 마주 잡았다.

"그런 소리 마, 크리스토프!"

"난 죽고 싶어! 난 이젠…… 난 더 살아갈 수 없어…… 살아간들 무슨 보람이 있단 말이야?"

"크리스토프, 이봐요, 크리스토프! 당신은 외톨이가 아니에요. 당신을 사랑하는 사람이 있어요……"

"그게 다 뭔데? 난 이미 아무것도 사랑하지 않아. 다른 것은 살건 죽건 상관없어. 난 아무것도 사랑하지 않았던 거야. 난 그 사람만을 사랑하고 있었어. 그 사람밖엔 사랑하지 않았단 말이야!"

크리스토프는 두 손으로 얼굴을 감추고 더욱 심하게 목놓아 울었다. 로자는 더는 어떤 말도 할 수가 없었다. 크리스토프의 정열이 지닌 이기주의가 로자의 심장을 찌른 것이다. 가장 가까이 크리스토프에게 다가왔다고 생각된 순간, 로자는 지금까지보다도 더한층 고독하며 비참한 자신을 느꼈다. 고뇌는 두 사람을 가깝게 하기는커녕 더욱 두 사람을 떨어뜨려 놓았다. 로자는 쓰디쓴 눈물을 흘렸다.

얼마 뒤 크리스토프는 울음을 그쳤다. 로자에게 물었다.

"그런데 왜? 왜?……"

로자는 그가 말하려는 것을 알아차렸다.

"당신이 떠나신 날 밤, 유행성 감기에 걸렸어요. 그것이 도져 곧 돌아가셨죠……"

그는 신음했다.

"아아!…… 왜 내게 알려 주질 않았을까?"

로자가 대답했다.

"전 편지를 썼어요. 하지만 당신이 어디 가 계신지 알 수 없었어요. 아무 말도 남기지 않고 떠나신걸요. 전 극장에도 가서 물어봤어요. 하지만 다들 모른댔어요."

크리스토프는 몹시 수줍음을 타는 로자의 성격을 알고 있었다. 그러니 그렇게 동분서주하는 것이 얼마나 힘든 일이었을까를 알고도 남음이 있었다. 그는 로자에게 물었다.

"그 사람이…… 그 사람이 그렇게 해 달랬어요?"

로자는 고개를 가로저었다.

"아뇨. 그냥 제가 생각이 미쳐서……"

크리스토프는 로자에게 눈으로 감사했다. 로자의 마음은 풀렸다.

"가엾은…… 가엾은 크리스토프!" 이렇게 말하며 로자는 울면서 그의 목을 껴안았다. 크리스토프는 이토록 순진한 애정의 존귀함을 절감했다. 얼마나 그는 위안을 받고 싶었던가! 그는 로자에게 입을 맞췄다.

"당신은 착한 사람이야." 크리스토프는 말했다. "그럼, 당신도 그 사람을 사랑하고 있었던 거지?"

로자는 그에게서 떨어지더니 정열에 불타는 눈초리로 흘긋 보았을 뿐, 아무 대답도 하지 않았다. 그러고는 다시 울기 시작했다.

로자의 그 눈초리는 그에게는 하나의 계시였다. 그 눈초리는 이렇게 말하는 것 같았다.

"제가 사랑하는 건 그이가 아니에요……"

크리스토프는 여태껏 모르고 있었던 것을, 몇 달 전부터 굳이 보려고 하지 않던 것을 비로소 보았다. 로자가 자신을 사랑한다는 사실을 알았다.

"쉿!" 로자는 말했다. "절 부르세요."

아말리아의 목소리가 들려왔다.

로자가 물었다.

"집으로 돌아가시겠어요?"

크리스토프는 대답했다.

"아니, 아직은. 어머니와 이야기를 할 수는 없어…… 좀더 있다가……"

로자는 말했다.

"그럼, 여기 계세요. 곧 또 올게요."

크리스토프는 어두운 장작 창고에 홀로 남았다. 한 줄기 햇살이 거미줄투성이인 좁다란 환기창으로 떨어져 들어오고 있었다. 길거리에서는 아낙네들이 물건을 사라고 외치는 소리가 들려왔다. 이웃 마구간에서는 말 한 필이 벽에 콧김을 불어 대며 발굽으로 걷어차고 있었다. 좀전에 크리스토프가 느낀 계시는 그 자신에게 조금도 기쁨을 주지는 않았다. 그러나 순간 꺼림칙해졌다. 지금까지 알 수 없었던 여러 가지 일들이 드디어 이해가 갔다. 이제까지는 주의해 보지도 않았던 숱한 자질구레한 일들이 머리에 떠올라 와서 그 의미가 또렷해졌다. 그는 그런 것을 생각하는 데 놀라며 비록 한순간이나마 정신이 슬픔을 떠나 딴 데 팔린 것에 대해서 분개했다. 그러나 그 슬픔이 너무나 격렬한 것이어서, 그의 애정보다도 더욱 강한 생존 본능 때문에 그는 그것을 외면하고 이 새로운 생각에 매달린 것이었다. 마치 물에 빠져 절망에 사로잡힌 사람이 한순간이라도 수면에 뜨는 데 도움이 되는 것을 손에 닿는 대로 무의식중에 움켜잡듯이. 게다가 그는 지금 그 자신이 괴로워하기 때문에 이제는 남이 괴로워한다는 것, 그 자신을 위해 괴로워한다는 것을 똑똑히 감득할 수 있었다. 좀전에 흘리게 한 눈물이 이해되었다. 로자가 불쌍히 여겨졌다. 지금까지 로자를 모질게 대한 생각이 났다. 그러나 앞으로도 모질게 할 것이라고 생각했다. 크리스토프는 로자를 사랑하지 않았기 때문이다. 로자가 크리스토프를 사랑하면 무엇하랴? 불쌍한 아가씨! …… 좀전에 증명됐 듯이 로자는 친절하다고 자신에게 타일러 보았으나 헛일이었다. 로자의 친절이 그에게 무슨 소용인가? 로자의 생명이 그에게 다 뭐란 말인가? …… 크리스토프는 생각했다.

'왜 그녀가 죽지 않았을까? 왜 그 사람이 살아 있지 않은 것일까?'

그는 또 생각했다.

'그녀는 살아 있다. 나를 사랑하고 있다. 그것은 오늘도 내일도, 아무튼 내가 사는 동안에는 나에게 말할 수가 있다. 그런데 그 사람은, 내가 사랑하는 오직 한 여자인 그 사람은 나한테 사랑한다는 말 한마디도 못하고 죽어 버렸다. 나도 사랑한다는 말을 못했다. 영원히 나는 그녀의 그 말을 듣지 못하는 것이다. 영원히, 그 사람은 그 말을 할 수 없는 것이다……'

마지막 밤에 있었던 일이 떠올랐다. 두 사람이 서로 마음속을 고백하려 하는 참에 로자가 나타나서 훼방을 놓은 것이다. 그 생각을 하니 로자가 얄미워졌다……

장작 창고의 문이 다시 열렸다. 로자가 나직이 크리스토프를 부르며 손더듬이로 그를 찾았다. 로자의 손이 그의 손을 잡았다. 로자의 손에 닿자 그는 반발심을 느꼈다. 그러한 자신을 스스로 책망했으나 어쩔 수가 없었다.

로자는 잠자코 있었다. 깊은 동정이 그녀에게 침묵을 가르쳐 준 것이다. 크리스토프는 자신의 슬픔이 부질없는 말로 어지럽혀지지 않는 것을 로자에게 감사했다. 그러나 그는 알고 싶었다…… 그 사람에 대한 것을 자신에게 말해 줄 수 있는 사람은 그녀뿐이었다. 크리스토프는 나직이 물었다.

"자비네는 언제? ……"

(죽었느냐고는 말할 수가 없었다.)

로자는 대답했다.

"한 주일 전 토요일에."

어떤 기억이 머리에 떠올랐다. 크리스토프는 말했다.

"밤중이었구나."

로자는 흠칫 놀라서 크리스토프의 얼굴을 쳐다보며 대답했다.

"그래요, 밤중이에요. 2시와 3시 사이."

그 구슬픈 선율이 다시 떠올라 왔다. 크리스토프는 몸서리를 치며 물었다.

"몹시 괴로워했어?"

"아뇨. 다행히도 거의 괴로워하시진 않았어요. 너무나 쇠약하셨더군요! 아무런 저항도 하시지 않았어요. 절망적이라는 것을 곧 알았죠."

"그 사람은 전부터 그것을 알았을까?"

"글쎄, 어떨지요. 제 생각에는……"

"그 사람은 뭐라고 말을 합디까?"

"아뇨, 아무 말도 안 했어요. 그저 갓난아기처럼 보채셨어요."

"당신도 자비네 곁에 있었나?"

"네, 처음 이틀 동안은 저 혼자서 붙어 있었어요. 오라버니가 오실 때까지."

감사의 마음이 복받쳐 그는 로자의 손을 잡았다.

"고마워."

로자는 피가 심장으로 거꾸로 치밀어 오르는 느낌이었다.

잠시 침묵에 잠겨 있다가 그는 말했다. 가슴에 막혀 있던 질문을 중얼거리듯 물었다.

"자비네는 아무 말도 하지 않았나, 나에 대해?"

로자는 슬픈 듯이 고개를 가로저었다. 그가 기대하는 대로 대답할 수만 있다면, 로자는 무슨 일이든 다 했을 것이다. 차라리 거짓말을 할 줄 모르는 것이 한스러웠다. 로자는 그를 달래 주려고 애썼다.

"이미 의식이 없었는걸요."

"뭐라고 말했어?"

"잘 알아들을 수 없었어요. 어렴풋이 나직한 말로 뭐라고 중얼거리고 있었죠."

"딸애는 어디 있지?"

"그 사람 오라버니가 시골집으로 데리고 갔어요."

"그래서, 자비네는?"

"그 사람도 역시 거기로 갔어요. 요전 월요일에 여기서 옮겨 갔죠."

두 사람은 다시 또 흐느껴 울었다.

포겔 부인의 목소리가 또 로자를 불렀다. 크리스토프는 다시 혼자가 되어, 죽음의 그림자에 덮여 있던 그 나날들을 돌이키고 있었다. 한 주일! 벌써 한 주일이나 지나간 것이다…… 오오! 그 사람은 어떻게 되었을까? 지난 한 주일은 그 얼마나 많은 비가 땅 위에 내리퍼부었던가! 그동안 그는 마냥 웃으며 행복스럽게만 지내고 있었던 것이다!

호주머니에 들어 있는 얇은 종이로 싼 꾸러미 하나에 생각이 미쳤다. 자비네의 신에 달아 주려고 가져온 은으로 된 걸쇠였다. 신을 벗은 조그만 발 위에 손을 얹었던 저녁때 일이 생각났다. 그 조그만 발은 지금 어디에 있을까? 얼마나 싸늘하게 식어 버렸을지! ……

그 따사로운 감촉만이 사랑하는 그 몸에서 얻은 오직 하나의 것임을 생각했다. 그는 한 번도 그 몸에 닿을 수가 없었다. 그녀를 두 팔로 껴안지도 못했다. 그녀는 전혀 그에게 알려지지 않고 가 버렸다. 그녀에 대해서는 그 영혼도, 그 육체도 모른다. 그녀의 생김새, 생명, 사랑에 대해서 그는 단 하나의 추억도 지닌 것이 없다…… 그녀의 사랑? …… 그 증거가 있기는 한가? 편지 한 장, 기념품도 하나 없다. 그에겐 그야말로 아무것도 없었다. 자신의 내부 또는 자신의 외부 어디에서 그녀를 포착하면 좋단 말인가, 어디를 찾아보면 좋을 것인가! ……

오오, 완전한 무(無)! 그녀에 대해서 남아 있는 것이라곤, 그가 그녀에게 품고 있는 애정뿐이다. 그에게 남겨져 있는 것이라곤 그 자신뿐인 것이다…… 그런데도 여전히 그녀를 괴멸로부터 되돌리려는 격렬한 욕망과 죽음을 부인하고 싶은 욕구가 있어, 그는 그 마지막 유품에 필사적으로 들러붙어 다음과 같은 말에 광신적으로 매달리는 것이었다.

이 몸이 죽지 않음이요, 장소를 옮겼을 뿐이로다.
이 몸을 보고 우는 이 속에, 이 몸은 아직 살아 있노라.
사랑받은 영혼은 모습을 바꾸어, 사랑하는 이의 영혼이 되느니라……

크리스토프는 이와 같은 숭고한 말을 지금까지 한 번도 읽은 적이 없었다.
그러나 그것은 그에게 있었던 것이다. 사람들은 몇 세기 전부터 있어 온 십자가의 길을 차례차례 기어 올라간다. 저마다 몇 세기 전부터 있어 온 고통이나 필사적인 희망을 거듭 발견한다. 저마다 일찍이 살아 있었고, 일찍이 죽음과 싸우고, 죽음을 부정하고, 그러다가 죽어 간 사람들의 발자취를 그대로 더듬어 가는 것이다.

*

크리스토프는 자기 방에 틀어박혔다. 건넛집 창이 보이지 않게 덧문은 온종일 닫아 놓고 있었다. 그는 포겔 댁 식구들을 피했다. 그들이 너무나 싫었다. 구태여 비난할 것이 있는 것은 아니었다. 모두들 선량하며 신앙심이 두터운 사람들이어서, 죽음을 앞에 하고는 자신들의 감정을 죽이고들 있었다. 그들은 크리스토프의 괴로움을 알고 있으므로 마음속으로는 어떻게 생각하든 간에, 겉으로는 그를 건드리지 않고 가만두었다. 그의 앞에서는 자비네의 이름조차 입에 올리기를 피하고 있었다. 그러나 그들은 자비네가 살아 있을 때엔 그녀의 적이었다. 그 이유만으로도 그녀가 이 세상에 없는 지금도, 크리스토프는 그들을 적대할 수 있었다.

게다가 그들은 그 수선스러움이 전혀 나아지지 않고 있었다. 또한 일시적으로는 진심에서 연민의 정을 느끼긴 했으나, 분명히 그들은 이 불행에 거의 무관심했다(그것은 너무나 당연한 일이었다). 어쩌면 그들은 남몰래 액땜을 했다고까지 생각할는지도 모를 일이었다. 적어도 크리스토프는 그렇게 상상하고 있었다. 자신에 대한 포겔 댁 식구들의 의도를 분명히 알게 된 지금, 그는 그들의 의향을 자칫 멋대로 부풀려 생각하게 마련이었다. 사실 그들은 크리스토프에 대해서 그다지 대수롭게 생각하고 있진 않았다. 그 스스로 자신을 지나치게 중대시하고 있었던 것이다.

그러나 크리스토프는 의심치 않았다. 이미 자비네는 죽고, 집주인 댁의 계획에 대한 주요 장애물이 제거되었으니, 그들은 제멋대로 처신할 수 있는 여지가 로자에게 마련되었다고 틀림없이 생각하고 있다고. 이 때문에 그는 로자를 밉살스럽게 여기고 있었다. 포겔 댁 식구든 루이자든 또는 로자 자신이든 간에, 남이 그의 일신상에 대한 것을 의논도 없이 멋대로 결정해 버렸다면 이미 그것만으로도 그는, 어떠한 경우에나 남이 그로 하여금 사랑하게 하려는 여인으로부터 멀어져 버렸을 것이다. 그는 자신의 귀중한 자유가 침범되었다고 생각할 때마다 분격해 마지않았던 것이다. 그러나 이번 경우는 자신만의 문제가 아니었다. 그에 대한 남들의 월권은 한갓 그의 권리를 침범했을 뿐만 아니라 그가 마음을 바치고 있던 고인의 권리마저도 침범하는 것이었다. 그러므로 누구도 그 권리를 공격하지는 않았건만 그는 분격해서 방어하려 들었던 것이다. 그는 로자의 선량함마저도 의심하고 있었다. 그녀는 그가 괴로워하는 것을 보고는 자기도 괴로워하고, 그의 방을 찾아와서는 그를 달래 주며 그 사람 이야기를 했다. 그는 그녀를 쫓아내지는 않았다. 자비네를 아는 누구하고든지 자비네에 대해서 이야기를 주고받고 싶었던 것이다. 앓던 때에 일어난 아무리 작은 일이라도 알고 싶어한 것이다. 그러면서도 그는 그와 같은 로자의 친절을 고마워하지는 않았다. 그녀의 마음에는 타산적인 동기가 존재한다고 생각했다. 로자네 가족들이, 심지어는 그 아말리아조차도 이렇게 그녀가 죽치고 앉아서 오래 지껄이는 것을 허용하고 있잖은가? 거기에 어떤 이로운 점이 없다면 아말리아는 결코 이런 짓을 허락할 리가 없는 것이다. 로자는 식구들과 공모하고 있는 것이나 아닐까? 그녀의 동정이 전적으로 진심에서 우러나온 것이며 전혀 사심이 없는 것이라고는 그는 도저히 믿을 수 없었다.

어쩌면 로자의 동정은 그와 같은 것이 아니었을지도 모른다. 로자는 진심으로 크리스토프를 불쌍히 여기고 있었다. 크리스토프를 통하여 자비네를 사랑하려 했고, 크리스토프의 눈으로 자비네를 보려 애쓰고 있었다. 그녀에게 악감을 품고 있었던 것을 준엄하게 자책하며, 밤에 기도할 때마다 그녀에게 사죄하고 있었다. 그러나 로자는 과연 잊을 수가 있었을까? 자신은 살아 있다는 생각을, 줄곧 크리스토프를 만나고 있다는 것을, 자신이 그를 사랑하고 있다는 것을, 이제는 또 하나의 여성을 염려할 필요가 없다는 생각을, 그 여성은 이미 죽어 버렸고 그 추억도 이윽고는 사라져 버리리라는 것을, 나 홀로 남아 있다는 생각을, 그리하여 아마도 언젠가는…… 하는 생각을. 그녀는 자기 고통에 한창 시달릴 때에, 사랑하는 이의 고통—그것은 그녀의 고통이기도 하였다—을 한창 느끼고 있을 때에, 느닷없는 기쁨의 충동을 또는 부조리한 희망을 억누를 수가 있었을까?

그런 뒤 그녀는 곧 그러한 자신을 책망했다. 그것은 번갯불처럼 순간적인 번쩍임에 지나지 않았다. 그러나 그것으로 족했다. 그는 그것을 빤히 꿰뚫어 본 것이다. 심장마저 얼어붙을 만큼 싸늘한 시선을 그는 그녀에게 던졌다. 로자는 그 속에서 증오감을 읽었다. 그는 그 사람은 죽었는데, 그녀가 살아 있다는 것을 원통해하고 있었던 것이다.

제분업자가 마차를 끌고서 자비네에게 있던 약간의 가재도구를 가지러 왔다. 교습에 나갔다가 돌아온 크리스토프는 대문 앞 한길에, 침대니 장롱이니 이불 또는 옷 따위 등, 모두 그녀의 것이었던 물건, 그녀가 남기고 간 물건들이 늘어놓여 있는 것을 보았다. 그로서는 차마 볼 수 없는 광경이었다. 크리스토프는 재빨리 지나쳐 갔다. 현관에서 베르톨트와 마주쳤다. 베르톨트는 그를 불러 세웠다.

"여, 자네였군!"

베르톨트는 진심을 담아 크리스토프의 손을 쥐며 말했다.

"내 참 기가 막혀서! 전에 우리가 만났을 때엔 설마 이렇게 되리라고는 아무도 생각지 못했네그려. 그땐 참 즐거웠지! 하지만 지금 생각해 보면 그날부터, 고약한 그놈의 뱃놀인가 뭔가 때부터 건강이 악화된 것이라네. 하지만 이제 와서 투덜거려 봤자 소용없는 일이지! 죽어 버렸으니 말이야. 이다음은 우리 차례라네. 그게 인생이라는 것이지…… 그런데 자네는 어떻게 지내나? 난 덕분에 이렇게 잘 있다네!"

베르톨트는 벌게진 얼굴에 땀을 뻘뻘 흘리며 술 냄새를 풍기고 있었다. 이 사나이가 자비네의 오라버니이며 그녀의 추억에 권리를 지니고 있다고 생각하니, 크리스토프로서는 불쾌감을 금할 수 없었다. 자신이 사랑하는 여성에 관한 이야기를 이 사나이의 입을 통해서 듣기는 여간 고통스러운 일이 아니었다. 그러나 반대로, 제분업자는 자비네에 관한 이야기를 같이 주고받을 수 있는 상대를 발견해서 기뻐하고 있었다. 그로서는 크리스토프의 냉담한 태도가 도무지 납득되지 않았다. 베르톨트는 꿈결에서도 알 수가 없었던 것이다. 그 자신이 여기 있는 것, 그 농가에서 하루를 지낸 일을 갑자기 생각나게 한 것, 즐거운 추억을 섣불리 생각나게 한 것, 땅바닥에 흩어져 있는 자비네의 가련한 유품을 무심히 지껄이면서 발로 밀어젖히고 있었다는 것 등등, 그러한 모든 일이 크리스토프의 마음속 고통을 배가시키고 있었다고는 그로선 도무지 생각할 수 없었다.

자비네라는 이름이 베르톨트의 입에 오르내리는 것만으로도 크리스토프의 가슴은 찢어지는 듯했다. 크리스토프는 이 사나이의 입을 다물게 할 구실을 찾았다. 계단을 올라갔다. 그러나 사나이는 크리스토프를 뒤따라 계단 중간에서 불러 세우고는 계속 지껄여 댔다. 끝내는 어떤 사람들이, 특히 하층

계급 사람들이 병에 대해서 말할 때에 보이는 그 비정상적인 즐거움을 나타내면서, 베르톨트가 자비네의 병에 관하여 듣기 거북한 이모저모를 세세히 지껄여 대자, 크리스토프는 더 참을 수가 없었다(그는 괴로움에 찬 소리를 지르지 않으려고 잔뜩 긴장한 채 안간힘을 쓰고 있었다). 크리스토프는 사나이의 말을 딱 잘라 가로막았다.

"미안합니다."

크리스토프는 얼음장처럼 차디차게 말했다.

"이만 실례해야겠습니다."

그 밖에는 아무런 인사말도 없이 크리스토프는 그 자리를 떠났다.

이런 냉정한 태도에 제분업자는 반감을 느꼈다. 베르톨트는 누이동생과 크리스토프 사이에 오가던 은밀한 애정을 짐작 못한 바가 아니었다. 그러고 보니 크리스토프가 이렇게 냉담한 태도를 보인 것이 이상하기만 하여, 크리스토프란 사나이는 인정머리 없는 녀석이라고 판단할 수밖에 없었다.

크리스토프는 제 방으로 도피했다. 숨이 막힐 것 같았다. 이삿짐을 실어 나르는 동안 그는 방에서 나가지 않았다. 창에서 내다보지 않으리라고 맹세했다. 그러나 내다보지 않을 수가 없었다. 커튼 뒤 한구석에 숨어서 그 정다운 옷가지가 실려 나가는 것을 눈으로 뒤좇고 있었다. 그것들이 차츰 없어져 가는 것을 보고는 하마터면 한길로 뛰어나가서, "안 돼요, 안 돼! 그건 내게 남겨 주시오! 가져가지 말아 주시오!" 하고 외칠 뻔했다. 적어도 한 가지만이라도, 단 한 개의 물건만이라도 좋으니 양보해 주오, 그녀를 내게서 몽땅 빼앗아 가지는 말아 달라고 하소연하고 싶었다. 그러나 어떻게 그런 부탁을 저 제분업자에게 할 수가 있겠는가? 제분업자는 그와는 전혀 인연이 없는 사람이었다. 그의 사랑은 그녀 자신조차 모르고 있었잖은가. 어떻게 그것을 남에게 토로할 수가 있으랴? 더구나 어떤 한마디 말이라도 했다간 그만 울음이 터져 나올 것만 같았다…… 안 된다, 안 돼. 잠자코 있어야 한다. 난파선의 파편 하나 줍지 못하는 채, 모든 것이 없어지는 것을 바라보고 있어야 하는 것이다……

이윽고 모든 일이 끝나 집 안이 텅텅 비고, 제분업자가 떠나간 뒤에 대문이 다시 닫혔다. 마차 바퀴소리가 유리창을 울리며 멀어져 가고, 끝내는 그것조차 사라져 버렸을 때, 크리스토프는 방바닥에 몸을 내던졌다. 이제는 한 방울의 눈물도 흐르지 않고 괴로워하거나 싸우거나 할 생각도 없이, 몸은 얼음장처럼 차가워져서 그 자신도 마치 죽은 듯이 누워 있었다.

누군가가 문을 두드렸다. 크리스토프는 꼼짝도 하지 않았다. 다시 또 두드렸다. 그는 문을 잠그기를 잊어버리고 있었다. 로자가 들어섰다. 방바닥에 쓰러져 있는 그를 보고, 로자는 놀라서 호들갑을 떨며 소리치고는 더럭 겁이 나서 그 자리에 멈추어 섰다. 크리스토프는 분연히 고개를 들었다.

"왜? 무슨 일이야? 나 좀 내버려 둬!"

로자는 물러가지 않았다. 문에 기대어 주저하며 선 채로 계속 말했다.

"크리스토프……"

그는 조용히 일어났다. 이런 모습을 로자에게 들켜 창피스러웠다. 손으로 먼지를 털며 크리스토프는 준엄하게 물었다.

"도대체 뭐야?"

로자는 조심조심 말했다.

"미안해요…… 크리스토프…… 막 들어와서…… 난 이걸 주려고 왔어……"

로자는 손에 무엇인가를 가지고 있었다.

"보세요, 이거."

로자는 크리스토프에게 그것을 내밀며 말했다.

"베르톨트 씨에게 부탁해서 기념될 만한 유물을 받아 왔어요. 당신이 기뻐하실 줄 알고……"

그것은 조그만 은거울이었다. 자비네가 몸치장을 위해서라기보다는 차라리 심심풀이 삼아서 몇 시간씩이나 거기에 얼굴을 비춰 보곤 하던 손거울이었다. 크리스토프는 그것을 손에 받아 쥐었다. 그리고 그것을 내민 손을 쥐며 말했다.

"오오! 로자! ……"

크리스토프는 로자의 친절과 자신의 잘못을 절실히 느꼈다. 정열적인 충동에 사로잡혀 로자 앞에 무릎을 꿇고 그 손에 입을 맞췄다.

"용서해 줘…… 용서해 줘……"

로자는 처음엔 이 말뜻을 알지 못했다. 다음엔 너무나 잘 알고도 남음이 있었다. 로자는 얼굴을 붉히며 울음을 터뜨렸다. 그가 이렇게 말하고 싶어한다는 것을 알 수 있었기 때문이다.

"내가 나쁘더라도 용서해 주오…… 내가 그대를…… 내가 그대를 사랑하지 않더라도 용서해 주오…… 내가 그대를…… 내가 그대를 사랑할 수 없더라도, 영원히 그대를 사랑할 수 없더라도 용서해 주기를!"

로자는 손을 빼지 않았다. 그가 입맞추고 있는 것은 자신이 아님을 로자는 알고 있었다. 크리스토프는 또한 로자의 손에 볼을 얹어 놓고는, 그녀가 자기 마음속 생각을 간파하고 있다는 것을 알면서도 뜨거운 눈물을 흘리고 있었다. 로자를 사랑할 수 없는 데에, 로자를 괴롭히고 있는 데에 씁쓰레한 슬픔을 맛보는 것이었다.

두 사람은 다 눈물을 흘리며 어두운 방 안에서 언제까지나 그러고 있었다.

한참 만에야 가까스로 로자가 손을 놓았다. 크리스토프는 여전히 중얼거리고 있었다.

"용서해 줘! ……"

로자는 그 손을 자애롭게 크리스토프의 머리에 얹었다. 크리스토프는 일어섰다. 두 사람은 묵묵히 입술을 마주 포갰다. 서로의 입술 위에 짭짤한 눈물을 느끼고 있었다.

"우리 언제까지나 친구로 지내자."

크리스토프는 어렴풋이 나직한 목소리로 소곤거렸다.

로자는 고개를 까닥였다. 너무나 깊은 슬픔으로 아무런 말도 할 수 없어, 로자는 그냥 그 자리를 떠났다.

세상사는 제 뜻과 같지 않다고 그들은 생각했다. 사랑하는 이는 사랑을 받지 못한다. 사랑받는 자는 조금도 사랑하지 않는다.

사랑하고 사랑받는 자는 언젠가는 사랑으로부터 격리된다.

어떤 이는 괴로워한다. 어떤 이는 남을 괴롭힌다.

반드시 괴롭히는 사람이 더 불행하다고는 할 수 없다.

*

크리스토프는 다시 집을 빠져나가기 시작했다. 집에서는 이미 생활할 수가 없었다. 자비네의 커튼이 없는 창이나 텅 빈 방을 보고 있을 수 없었다.

크리스토프는 그보다 더 지독한 고통을 맛보아야 했다. 오일러 영감이 서둘러 아래층 방에 세를 들인 것이다. 어느 날, 크리스토프는 자비네의 방에서 낯선 사람들의 얼굴을 보았다. 새로운 생활이, 스러져 버린 생활의 마지막 잔영마저 없애 버렸다.

크리스토프는 집에 머물러 있을 수가 없었다. 종일토록 밖에서 지내다가, 밤에 아무것도 보이지 않게 될 때에야 비로소 돌아왔다. 다시 그는 들판을 돌아다니게 되었다. 걸음을 옮기다 보면, 그의 발길은 어느새 베르톨트의 농가로 향하게 마련이었다. 그러나 안으로 들어가지는 않았다. 가까이 다가갈 수도 없었다. 단지 멀리서 그 주위를 빙글빙글 돌아다닐 뿐이었다. 농가와 평야와 냇물을 굽어볼 수 있는 지점을 그는 언덕 위에서 발견했다. 그곳이 나날이 계속되는 산책의 목적지였다. 크리스토프는 거기서 굽이치는 냇물을 눈으로 좇으며 버드나무 숲가까지 바라보았다. 저 버드나무 밑에서, 자비네의 얼굴에 죽음의 그림자가 스치는 것을 본 것이었다. 또 거기서 그는 자비네와 자기가 바로 옆방에 묵으면서 그토록 가깝고도 그토록 멀리, 단 하나의 문 때문에, 영원의 문 때문에 격리된 채 잠 못 이루는 밤을 지새웠던 그 집의 두 창문을 볼 수 있었다. 크리스토프는 또 묘지를 아스라이 내려다보기도 했다. 그러나 거기 들어설 결심은 서지 않았다. 그 밑에서 사람의 몸이 썩고 있는 무덤을 그는 어려서부터 싫어했다. 그러므로 사랑하는 사람들의 잔영을 거기에 연관시켜 생각하기를 거부하고 있었다. 그러나 높은 데서 아득히 내려다보니, 죽은 사람이 들어 있는 그 조그만 묘소에 음침한 그림자라곤 조금도 없었다. 묘지는 고요히 태양 광선을 쬐며 잠들어 있었다. 잠! …… 그렇지, 자비네는 잠자기를 좋아했다! 저기서는 그 무엇도 그녀의 잠을 방해하는 것은 없으리라. 수탉 울음소리가 들판을 가로지르며 서로 대답하고 있었다. 농가에서는 물방아 삐걱거리는 소리와 가축들 울음소리, 아이들이 뛰놀며 외쳐 대는 소리가 들려왔다. 자비네 딸이 눈에 띄었고 뛰어가는 것이 보였다. 그 아이의 웃음소리를 분간해 들을 수 있었다. 언젠가는 농가의 문 가까이에서, 벽을 둘러싸고 있는 오목한 길목에서 아이를 기다렸다. 지나치는 아이를 붙들어 세워 거칠게 입맞춤을 퍼부었다. 소녀는 무서워했다. 울어 댔다. 아이는 이미 크리스토프를 잊어버리고 있었다. 크리스토프는 물었다.

"여기서 살게 되어 기쁘니?"

"응, 재미있어……"

"돌아가고 싶지 않니?"

"싫어요!"

크리스토프는 소녀를 놓아주었다. 어린아이의 이러한 무관심이 그는 슬펐다. 가엾은 자비네! …… 하지만 이 어린아이는 그녀였다. 그녀의 조그만 한 부분이었다. 한 줌밖에 안 되는 아주 작은! 아이는 어머니를 닮진 않았다. 어머니의 몸속에서 한동안 살다가 나왔으나, 어머니와 같지는 않았다. 그 신비로운 머무름에서는 고인의 그야말로 아주 어렴풋한 향기밖엔 얻어 오지 못했다. 이를테면 목소리의 억양이라든가, 입술이 살짝 이지러지는 모양새라든가, 머리를 갸우뚱하는 방식 따위. 그 밖에는 전혀 딴사람이었다. 자비네 같으면서도 자비네와 다른 이 혼합된 느낌은 웬일인지 크리스토프를 기분 나쁘게 했다.

크리스토프는 자신의 내부에서만 자비네의 자취를 발견할 수 있었다. 어디에나 자비네는 그를 따라왔다. 하지만 그가 진실로 자비네와 같이 있다고 느끼는 것은 혼자 있을 때뿐이었다. 자비네의 추억으로 가득한 이 고장의 한복판, 남의 눈에 띄지 않는 저 언덕 위 은신처에 있을 때처럼 자비네를 몸 가까이 절감하는 일은 없었다. 그는 서너 마일의 길을 걸어와서, 마치 밀회하러 가기라도 하는 듯이 가슴을 두근거리며 그곳으로 뛰어 올라갔다. 아닌 게 아니라 그것은 밀회였다. 그곳에 이르자 땅 위에, 자비네의 몸이 누워 있는 이 땅에 그는 몸을 누인다. 눈을 감는다. 자비네가 몸에 스며 들어온다. 그에게는 자비네 얼굴은 보이지 않았고, 목소리도 들리진 않았다. 하지만 그런 건 필요가 없었다. 자비네는 그의 내부로 스며 와서 그를 사로잡고, 그는 자비네를 소유했다. 이와 같은 정열적인 환각 상태에서, 그에겐 자비네와 같이 있다는 의식 말고는 이미 아무런 의식도 없었다.

이러한 상태는 오래가지는 않았다. 솔직히 말해 그의 마음이 완전히 그럴 수 있었던 것은 단 한 번뿐이었다. 다음 날부터는 의지가 거기에 첨가되었다. 그 뒤로는 아무리 그 상태를 다시 한 번 되살리려고 애써 보아도 헛일이었다. 그러자 비로소, 그는 자비네의 뚜렷한 모습을 떠올려 보고자 했다. 지금까지는 그런 것은 생각해 본 적도 없었던 것이다. 그는 번개처럼 한순간 자비네의 모습을 떠올릴 수가 있었다. 그로써 그의 마음은 환히 비추어졌다. 그러나 그것은 오랜 시간에 걸친 기대와 어둠에 의해서 간신히 얻어진 것이었다.

'불쌍한 자비네여!' 크리스토프는 생각했다. '그들은 모두 당신을 잊어버렸소. 오오, 나의 보배여, 당신을 사랑하고 영원히 당신을 간직해 나가는 것은 나 혼자뿐이오! 내 몸은 당신을 지니고 있소. 당신을 붙들어 놓고 있소. 결코 놓지 않겠소! ……'

크리스토프는 이런 투로 말했다. 자비네는 이미 그에게서 달아나려 하고 있었기 때문이다. 마치 손가락 사이로 새어 나가는 물처럼, 자비네는 그의 생각으로부터 빠져나가고 있었던 것이다. 그는 언제나 충실히 밀회하러 왔다. 자비네 생각을 하려 한다. 눈을 감는다. 그러나 반 시간이 지나고, 한 시간이 지나서, 때로는 두 시간이나 지나서, 그는 전혀 생각지 않았던 것을 깨닫는다. 골짜기에서 웅성거리는 소리, 수문(水門)에서 거품 이는 물소리, 언덕 위에서 풀을 뜯고 있는 두 마리 염소의 방울 소리, 그가 그 그늘에서 뒹굴고 있는, 호리호리한 관목 사이를 스치는 바람 소리, 그러한 것들이 마치 해면처럼 말랑말랑하고 구멍이 많은 그의 명상 속으로 스며 들어오고 있었던 것이다. 크리스토프는 그러한 자신의 명상에 성을 내었다. 명상은 그에게 복종하려 했고, 사라져 버린 고인의 잔영을 또렷이 고정하려 했다. 그러나 그는 피곤에 지치고 서글픈 심정에 젖어 힘없이 쓰러져 버린다. 그러고는 다시 또 푹 한숨을 지으며 감각의 나른한 파도에 몸을 내맡기고 만다.

크리스토프는 나른하게 마비된 자신의 마음을 흔들어 깨우쳤다. 자비네를 찾아 시골길을 헤맨다. 자비네의 미소가 비친 일이 있는 거울 속에서 그녀를 찾으려 한다. 그녀가 손을 담근 일이 있는 냇가에서 그녀를 찾는다. 그러나 거울도 냇물도 그 자신의 그림자밖엔 비춰 주지 않았다. 걷는 데서 느끼는 흥분과 신선한 공기와 맥박 치는 건강한 피는 그의 마음에 음악을 눈뜨게 했다. 그는 자신을 속이려 들었다.

"오오, 자비네! ……" 크리스토프는 탄식했다.

크리스토프는 그러한 노래를 자비네에게 바쳤다. 그 속에 자신의 사랑과 괴로움을 되살리고자 기도했다. ……그것은 헛수고였다. 하기야 사랑과 괴로움은 보기좋게 되살아났다. 그러나 불쌍한 자비네는 그것과 아무런 관계도 없었다. 사랑과 괴로움은 미래를 향하고 있었지 과거를 바라보는 것은 아니었기 때문이다. 크리스토프는 자신의 청춘에는 전혀 저항할 수가 없었다.

생명의 파도가 다부지게 새로이 그의 내부에 솟구쳐 올라왔다. 그의 슬픔, 애석함, 불타오르는 맑디맑은 애정, 억압된 욕망은 그의 정열을 부채질했다. 상을 당한 슬픔은 있었으나, 그의 심장은 경쾌하고 격렬한 리듬으로 맥박쳤다. 흥분한 노래는 취한 듯한 박자로 춤추고 있었다. 온갖 것이 생명을 축복한다. 슬픔조차 즐거움을 띠고 있었다. 크리스토프는 매우 솔직한 성품이어서 자기 자신을 계속 속일 수는 없었다. 그는 자신을 멸시했다. 그러나 생명이 크리스토프를 이겼다. 죽음으로 가득 찬 영혼과 생명으로 가득 찬 육체로써, 그는 슬퍼하면서도 재생의 힘과 삶의 정열적이며 부조리한 기쁨에 몸을 내맡기고 있었다. 고뇌도, 연민도, 절망도, 돌이킬 수 없는 상실의 아픈 상처도, 죽음의 온갖 고통도, 강한 사람에게는 하나의 박차가 되어 그 옆구리를 호되게 차서 도리어 이 삶의 기쁨을 활기 있게 하는 것이다.

그러나 크리스토프는 알고 있었다. 자신의 영혼 밑바닥에 자비네의 그림자가 갇혀 있는, 가까이 다가갈 수도 없고 침범할 수도 없는 은신처가 존재한다는 것을. 삶의 분류(奔流)도 아마 그것을 쓸어 흘려보내지는 못하리라. 사람은 누구나가 자기 마음속 깊숙한 곳에 자신이 사랑한 사람들의 조그만 무덤을 간직하게 마련이다. 그들은 거기서 몇 년씩이나 어느 누구에 의해서도 깨어나는 법 없이 잠들어 있다. 그러나 언젠가는, 누구나 알다시피 무덤의 입구가 열릴 때가 있다. 죽은 자는 그 무덤을 나와서, 자신들의 추억이 마치 어머니의 태내에서 잠들어 있는 아기처럼 그 가슴속에 고이 쉬고 있는 사랑하는 이, 그리운 사람에게 빛바랜 입술로 미소 짓는다.

3. 아아다

줄곧 비가 내리던 여름이 지나고 가을이 빛나고 있다. 과수원에서는 뭇 과일들이 주렁주렁 가지에 매달렸다. 빨간 사과는 마치 상아 구슬처럼 빛났다. 벌써 어떤 나무들은 늦가을에 눈뜬 듯이 아름다운 옷을 걸쳤다. 불꽃 같은 빛깔, 과일 빛깔, 익을 대로 익은 멜론이나 오렌지 또는 레몬 빛깔, 맛좋은 음식 빛깔, 구운 고기 빛깔 등등. 알록달록한 황갈색 빛살이 숲 속 온갖 곳에서 빛나고 있다. 목장에서는 속이 투명한 사프란꽃이 장밋빛 자그마한 불꽃처럼 피어 있다.

크리스토프는 언덕을 내려가는 참이었다. 일요일 오후였다. 비탈길에 끝려들어 거의 달리듯이 큰 걸음으로 성큼성큼 걷는다. 크리스토프는 노래의 한 구절을 흥얼거리고 있었는데, 그 리듬은 이 산책의 처음부터 그를 따라붙어 떠날 줄을 몰랐다. 크리스토프는 낯이 시뻘게져서 가슴을 드러낸 채 미친 사람처럼 팔을 휘저으며 눈을 두리번거리며 걷고 있다가, 길모퉁이에서 불쑥 금발의 덩치 큰 아가씨와 마주쳤다. 아가씨는 담벼락 위에 올라서 커다란 나뭇가지를 힘껏 휘어잡고, 조그만 자줏빛 자두를 맛나게 먹어 대고 있었다. 둘 다 흠칫 놀랐다. 그녀는 입 안에 과육을 가득 머금은 채 난처한 표정으로 그를 바라본다. 그러다가 그만 웃음이 터졌다. 크리스토프도 웃음을 터뜨렸다. 그녀는 보기에도 탐스러웠다. 그 둘레에 햇빛 가루를 뿌린 것 같은 곱슬곱슬한 금발로 둘러싸인 동그스름한 얼굴, 포동포동한 장밋빛 볼, 큼직한 푸른 눈, 끝이 교만스럽게 위로 들린 약간 큰 코, 튼튼한 송곳니가 비어져 나온 새하얀 치열을 드러내고 있는 새빨갛고 조그만 입, 잘 먹어 댈 것 같은 턱, 거기다가 골격이 딱 바라진 모양 좋고 큼직하고 통통한, 전체적으로 풍성한 몸집. 크리스토프는 그녀에게 소리쳤다.

"많이 잡수쇼!"

그러고는 걸음을 계속하려 했다. 그러나 그녀가 불렀다.

"저기, 여보세요…… 미안하지만 내려가야겠는데 도와주시겠어요? 내려갈 수가 없지 뭐예요……"

크리스토프는 뒤돌아섰다. 올라갈 때는 어떻게 했느냐고 물었다.

"매달려서 기어 올라왔죠, 뭐…… 올라오긴 언제나 쉽거든요……"

"특히 맛있는 과일이 머리 위에 매달려 있을 때는 그렇겠지요."

"그럼요…… 하지만 먹고 나니 맥이 빠지네요. 어디로 내려가야 할지 막막해지는군요."

마치 새가 홰에 앉아 있는 꼴이 된 그녀를 크리스토프는 뚫어지게 쳐다보았다. 그러다가 말했다.

"그러고 있으니 참 보기 좋습니다. 거기 가만 계십시오. 내일 다시 봅시다. 안녕!"

이렇게 말하면서도 크리스토프는 그녀의 발 밑에 버티고 선 채 움직이지 않았다.

그녀는 무섭다는 시늉을 했다. 사랑스러운 표정으로, 그냥 버려두고 가지 말아 달라고 탄원했다. 두 사람은 웃으며 가만히 얼굴을 마주하고 있었다. 그녀는 붙잡고 있는 나뭇가지를 가리키며 말했다.

"따 드릴까요?"

크리스토프의 소유권을 존중하는 마음은 옷토와 함께 산책하던 시절보다 조금도 나아진 것이 없었다. 크리스토프는 서슴지 않고 그 제의를 받아들였다. 그녀는 자두를 그에게 던져 맞히며 즐거워했다.

크리스토프가 다 먹고 나자 그녀는 말했다.

"자, 그럼! ……"

크리스토프는 그녀를 기다리게 하여 심술궂은 기쁨을 맛보았다. 그녀는 담벼락 위에서 조바심이 나 있었다. 드디어 크리스토프는 말했다.

"자, 내려오시오! ……"

그러면서 크리스토프는 팔을 내뻗쳤다.

그러나 뛰어내리려는 순간, 그녀는 생각을 고쳐먹었다.

"기다려 주세요! 우선 식량을 수확해 두어야지!"

그녀는 손이 닿는 범위 안에서, 가장 잘 익은 자두를 따서 조끼가 불룩해질 만큼 가득 쑤셔 넣었다.

"조심하세요! 터지지 않게요!"

크리스토프는 차라리 터뜨리고 싶을 지경이었다.

그녀는 담벼락 위에서 몸을 옴츠려 크리스토프의 품으로 뛰어들었다. 크리스토프는 다부진 몸집이긴 했으나, 그녀의 몸무게로 몸이 휘청해서 하마터면 둘 다 뒤로 넘어질 뻔했다. 두 사람은 비슷한 키였다. 두 얼굴이 닿았다. 크리스토프는 자두즙으로 젖은 그녀의 달콤한 입술에 키스했다. 그녀도 무턱대고 키스를 돌려준다.

"어디 가시지요?"

크리스토프는 물었다.

"모르겠어요."

"혼자서 산책하는 중이셨나요?"

"아뇨, 동무하고 같이에요. 하지만 어쩌다가 떨어져 버렸어요…… 야!"

느닷없이 그녀는 힘껏 불렀다.

아무 대답도 없었다.

그녀는 별로 그것에 개의치 않았다. 두 사람은 목적지도 없이 그저 똑바로 걷기 시작했다.

"그래, 당신은 어디 가시죠?"

그녀가 물었다.

"나도 몰라요."

"잘됐군요. 같이 가요."

그녀는 조금 벌어진 조끼에서 자두를 꺼내어 먹기 시작했다.

"배탈 나요."

크리스토프는 말했다.

"절대 염려 없어요! 전 온종일 먹는걸요."

조끼 틈으로 크리스토프는 그녀의 속옷을 살펴보고 있었다. 그녀가 입을 열었다.

"자두가 완전히 따뜻해졌네요."

"어디!"

그녀는 웃으며 하나를 그에게 넘겨주었다. 크리스토프는 받아먹었다. 그녀는 어린애처럼 자두를 호로록 빨며 곁눈질로 크리스토프를 보고 있었다. 이러한 모험이 끝내는 어떻게 되는지 크리스토프는 잘 알 수 없었다. 그러나 그녀는 적어도 어렴풋이는 느끼고 있었다. 그녀는 바라고 있었다.

"야!"

숲 속에서 부르는 소리가 났다.

"응!"

그녀는 대답했다.

"어마, 다들 있네요. 참 다행이야!" 그녀는 크리스토프에게 말했다.

그녀는 말과는 반대로 도리어 아차, 하는 생각이 들었다. 그러나 말이란 여성에게 있어서는 생각하는 걸 그대로 말하기 위해서 주어진 것은 아니었다. ……참 다행한 일이다! 그렇지 않았다면, 이 세상에 도덕이란 것은 없어져 버렸으리라……

목소리는 다가왔다. 동행인들은 한길로 나오는 참이었다. 그녀는 길가의 도랑을 깡충 건너뛰어, 그 둑으로 기어 올라가서 나무 뒤에 숨었다. 크리스토프는 그러한 그녀를 놀란 눈으로 보고 있었다. 그녀는 명령하듯이 크리스토프에게 오라고 손짓했다. 크리스토프는 그녀의 뒤를 따랐다. 그녀는 숲 속으로 들어갔다.

"여봐!"

일행이 꽤 멀리까지 갔을 때, 그녀는 거듭 소리쳤다.

"찾아 헤매게 해야지."

그녀는 크리스토프에게 설명했다.

일행은 한길에 멈춰 서서, 어디서 목소리가 들려오나 귀를 기울였다. 그녀의 목소리에 답하며 숲 속으로 들어온다. 그러나 그녀는 기다리고 있지 않았다. 오른쪽으로 또는 왼쪽으로 크게 방향을 바꾸어 가며 재미있어하는 것이었다. 그들은 목청껏 그녀를 불러 댔다. 그녀는 그러도록 놔두고선 이번에는 반대 방향으로 가서 소리쳤다. 마침내 그들은 지쳐 버렸다. 그러고는 그녀를 오게 하는 가장 좋은 방법은 그녀를 찾지 않는 것이라고 확신하고는 소리쳤다.

"안녕!"

그리고 그들은 노래를 부르며 떠나갔다.

그녀는 그들이 자기를 버려두고 갔다며 분개했다. 자기가 그들을 쫓아 보내려 한 주제에, 그들이 너무나 쉽게 체념해 버린 것을 용서할 수 없었다. 크리스토프는 얼떨떨한 얼굴이었다. 낯선 여자와 숨바꼭질을 해 봤자 그다지 재미가 없었다. 단둘이 있는 기회를 이용할 생각도 없었다. 그녀 또한 그런 생각은 염두에 없었다. 분한 나머지 크리스토프 생각은 까맣게 잊어버리고 있었던 것이다.

"어마! 정말이지, 너무들 해." 그녀는 손을 맞대며 말했다. "나를 내버려 두고 가다니!"

"하지만" 크리스토프는 말했다. "당신이 그것을 원하잖았습니까."

"절대로 그런 일 없어요!"

"당신이 도망다닌 겁니다."

"내가 도망했다니, 그건 내 입장이에요. 저 애들 입장은 아니죠. 그 애들은 날 찾아야 하는 거예요. 만약에 내가 길을 잃었더라면? ……"

만일 실제와는 반대로 길을 잃었더라면 과연 어떤 일이 벌어졌을까, 하고 그녀는 투덜거렸다.

"그렇지. 꾸짖어 주어야지!"

그녀의 말이었다.

그녀는 성큼성큼 되돌아갔다.

한길에 나서자 그녀는 크리스토프 생각이 났다. 새삼스럽게 그를 보았다. 그러나 이미 늦었다. 그녀는 그만 웃음이 터져 나왔다. 좀전까지 그녀의 몸속에 있었던 조그만 악마는 이미 사라져 버린 뒤였다. 다시 또 다른 악마가 와 주기를 기다리며, 그녀는 무관심한 눈으로 크리스토프를 바라보았다. 게다가 그녀는 배가 고팠다. 그녀의 위는 마침 저녁 식사 시간임을 그녀로 하여금 생각나게 한 것이다. 그녀는 한시바삐 음식점으로 가서 일행들과 합치기를 바라고 있었다. 크리스토프의 팔을 잡았다. 온 힘을 다해 크리스토프의 팔에 매달려서, 끊임없이 투덜거리며 피곤하다고 지껄이고 있었다. 그렇게 말하면서도 그녀는 미친 듯이 소리치기도 하고 웃기도 하며 크리스토프를 끌고 언덕길을 뛰어 내려가는 것이었다.

두 사람은 이야기를 나누었다. 그녀는 그가 어떠한 사람인가를 알게 되었다. 다만 그녀는 크리스토프의 이름을 알지 못했다. 음악가라는 직함에 대해서는 별다른 경의를 품지 않는 듯했다. 크리스토프는 그녀가 카이저 거리 (시가에서 가장 우아한 거리)에 있는 화장품 상점의 점원이라는 것을 알 수 있었다. 이름은 아델하이트라고 했다. 친구들은 그저 아다라고 불렀다. 오늘 소풍에 동행한 이는 같은 상점에서 일하는 친구와 훌륭한 청년 두 명이었다. 청년 중 하나는 바일러 은행의 행원이며, 또 한 명은 어느 백화점의 점원이었다. 이들은 일요일을 이용해서, 라인강의 아름다운 경치가 보이는 브로헤트 음식점에서 저녁을 먹은 다음 배편으로 귀로에 오르기로 정한 것이었다.

두 사람이 음식점에 이르자, 일행들은 이미 와서 자리를 잡고 있었다. 아다는 친구들과 한바탕 말다툼을 하지 않을 수 없었다. 비겁하게도 나를 그냥 내버려 두고 오는 법이 어디 있느냐고 꾸짖고, 이분이 도와주셨다며 크리스토프를 소개했다. 그들은 그녀의 불평쯤은 전혀 문제시하지도 않았다. 그러나 그들은 크리스토프를 알고 있었다. 은행원은 그에 대한 소문을 들어 알고 있었고, 백화점 점원은 그의 몇몇 작품을 들은 일이 있었다(그는 당장 우쭐거리며 그중 하나를 흥얼거리기 시작했다). 그들이 크리스토프에게 보인 경의는 아아다에게 깊은 인상을 주었다. 게다가 다른 한 아가씨 미르하(본명은 요한나라 했지만), 언제나 눈을 깜박깜박하는 밤색 머리 처녀, 볼록 튀어나온 이마에, 뒤로 넘겨 아무렇게나 맨 머리, 중국인 같은 얼굴은 좀 찌푸렸으나 지적이며, 거기다 염소 같은 얼굴 표정과 기름기 많은 금빛을 띤 얼굴빛이 매력이 없지는 않은, 그런 아가씨가 갑자기 이 궁정 음악가에게 애교를 부리는 바람에 아아다는 더욱 깊은 인상을 받았다. 그들은 부디 식사를 같이하는 영광을 주십사고 그에게 간청하는 것이었다.

크리스토프는 지금까지 이런 환대를 받은 적이 없었다. 그들 하나하나가 모두 그에게 그지없는 존경심을 보였고, 사이좋은 두 아가씨는 서로 그를 빼앗으려고 했다. 둘 다 그에게 상냥하게 굴었다. 미르하는 얌전한 태도와 교활한 눈으로 탁자 밑에서 무릎을 크리스토프에게 대고 있었다. 아아다는 또 아름다운 눈동자와 어여쁜 입 등, 아름다운 몸이 지닌 온갖 유혹의 도구를 마구 사용하고 있었다. 이러한 무례한 교태는 크리스토프를 궁지에 몰아넣고 당황하게 했다. 이 대담한 두 아가씨는 평소에 집에서 그를 둘러싸고 있는 불쾌한 사람들과는 딴판인 듯한 느낌이었다. 크리스토프는 미르하에게 흥미를 느꼈다. 아아다보다 그녀가 영리하다고 꿰뚫어 본 것이다. 그러나 그녀의 아첨하는 태도와 애매한 미소에는 매력과 동시에 반감을 느꼈다. 그녀는 아아다에게서 풍기는 찬연한 기쁨에는 대적할 수가 없었다. 그녀 자신도 그것을 잘 알고 있었다. 자신이 패배했다는 것을 알아차리자 그녀는 더는 버티지도 않고 그저 계속 미소만 지으며, 참을성 있게 자신이 나설 차례가 오기를 기다리기로 했다. 아아다는 자신이 승리했다고 알아차리자 더는 밀어붙이려고는 하지 않았다. 아아다가 지금까지 해 온 짓은, 특히 친구들을 불쾌하게 하는 데 치중했던 것이다. 그녀는 이에 성공한 셈이다.

아아다는 만족했다. 그러나 그런 장난을 하는 동안 스스로 그 올가미에 걸려 버렸다. 아아다는 크리스토프의 눈빛 속에 자신이 불질러 놓은 정열이 이글거림을 느끼고 있었다. 그 정열은 아아다 자신의 몸속에도 불타올랐다. 아아다는 입을 다물었다. 상스러운 미태도 그쳤다. 두 사람은 묵묵히 눈을 마주하고 있었다. 입에는 입맞춤의 맛이 남아 있었다. 가끔 발작적으로 다른 친구들의 농담에 신나게 참견했다. 그러고는 다시 침묵에 잠기며 몰래 눈을 마주했다. 끝내는 마음속을 꿰뚫려 보이기를 두려워하는 듯이 눈을 마주하지도 않고, 저마다 자기 자신 속에 침잠하여 욕망을 키워 가는 것이었다.

식사가 끝나자 일동은 출발 준비를 했다. 나루터까지 가려면 숲을 가로질러 2킬로미터나 걸어가야 한다. 아아다가 맨 먼저 일어나고, 크리스토프가 그 뒤를 따랐다. 두 사람은 바깥 층계에 서서 다른 사람들의 채비가 끝나기를 기다렸다. 음식점 문간에 켜진 단 하나의 등불 둘레만이 뽀얗게 밝은, 짙은 안개 속에 그들은 묵묵히 나란히 서 있었다……

아아다는 크리스토프의 손을 잡고 건물을 따라 마당의 어둠 쪽으로 끌고 갔다. 개머루가 커튼처럼 드리워져 있는 발코니 아래에 그들은 몸을 숨겼다. 무거운 어둠이 두 사람을 감싸고 있었다. 서로의 얼굴도 보이지 않는다. 바람이 전나무 나뭇가지를 흔들어 주고 있었다. 크리스토프는 자신의 손가락에 깍지낀 아아다의 따사로운 손가락과, 그녀가 가슴에 꽂고 있는 헬리오트로우프의 꽃향기를 느끼고 있었다.

느닷없이 아아다가 그를 끌어당겼다. 크리스토프의 입이 안개에 젖은 아아다의 머리칼에 닿았다. 그의 입은 그녀의 눈에, 눈썹에, 콧구멍에, 통통한 광대뼈에 키스를 퍼부었고, 입술을 찾아 입가에 키스하다가 마침내 찾아내어 거기 들러붙었다.

친구들이 나와 있었다. 그들이 불렀다.

"아아다! ……"

두 사람은 꼼짝도 안 했다. 서로 꽉 껴안고서 숨을 죽이고 있었다.

미르하의 음성이 들려왔다.

"먼저 갔나 봐."

친구들의 발소리가 어둠 속으로 멀어져 갔다. 두 사람은 정열적인 속삭임을 입술 위에서 짓누르며 더욱더 꽉 껴안고 있었다.

마을의 탑시계가 멀리서 울려왔다. 두 사람은 포옹에서 몸을 풀었다. 어서 바삐 나루터로 달려가야 했다. 그들은 묵묵히 팔과 팔, 손과 손을 낀 채 보조를 맞추며 걸음을 옮겨갔다. 아아다의 성격 그대로 재빠르고 절도 있는 잰걸음으로. 길은 적막했다. 들에는 사람 그림자 하나 없었다. 열 걸음 앞도 보이지 않았다. 그들은 이 흐뭇하게 어두운 밤을 명랑하고 마음 탁 놓은 심경으로 걷고 있었다. 한 번도 돌부리에 채이지 않았다. 늦었으므로 지름길로 가기로 했다. 오솔길은 한참 동안이나 포도밭 속을 내려가더니, 다시 치받이가 되어 언덕 중턱을 오래도록 굽이굽이 구부러져 갔다. 안개 속에 강물 소리와 다가오고 있는 배의 외륜(外輪) 소리가 울려온다. 두 사람은 오솔길에서 뛰어나가서 밭을 가로질러 달렸다. 드디어 라인 강변에 닿았다. 나루터까지는 아직 멀다. 그런데도 두 사람은 여전히 유쾌하고 기뻤다. 아아다는 저녁때의 피곤을 말끔히 잊고 있었다. 두 사람은 그대로 달빛 같은 희끄무레한 빛깔로 덮인 강을 따라서, 더욱더 축축하고 더욱더 짙어져 가는 가벼운 안개 속에 잠잠하기만 한 풀을 밟으며 밤새도록 걸을 수도 있을 것 같았다. 배의 기적이 울리고, 눈에 보이지 않는 그 괴물은 장중하게 멀어져 갔다. 두 사람은 웃으며 말했다.

"이 다음 배를 탑시다."

강기슭에서는 잔잔한 소용돌이가 두 사람의 발 밑에서 부서지고 있었다.

나루터에 닿았다. 누군가가 그들에게 말했다.

"마지막 배가 막 떠났소."

크리스토프는 가슴이 덜컥 내려앉는 듯했다. 아아다의 손이 더 세게 그의 팔을 잡았다.

"상관없어요!"

아아다는 말했다.

"내일이면 배편이 있을 테죠, 뭐."

서너 걸음 앞의 강변 테라스에 기둥 하나가 서 있었다. 거기 매달린 각등(角燈)이 안개로 이루어진 무리 속에서 창백하게 빛나고 있다. 거기서 조금 더 내려가니 밝은 창이 두셋 보이는 조그만 여관 한 채가 있었다.

두 사람은 조그만 마당으로 들어섰다. 발 밑에서 모래가 사각거린다. 두 사람은 손더듬이로 계단을 찾았다. 들어가니 집 안에서는 불을 끄는 중이었다. 아아다는 크리스토프의 팔에 매달려서 방 하나를 달라고 했다. 안내되어 들어간 방은 조그만 마당에 면해 있었다. 크리스토프는 창밖으로 윗몸을 내밀고, 인광(燐光)처럼 몽롱하게 보이는 강과, 눈처럼 빛나고 있는 각등을 바라보았다. 각등의 유리에는 큼직한 날개를 가진 모기가 몸을 부딪고 있었다. 문이 닫혔다. 아아다는 침대 가에 서서 미소 짓고 있었다. 크리스토프는 그녀를 볼 수가 없었다. 그녀 역시 크리스토프를 보지 않았다. 그러나 속눈썹 사이로 크리스토프의 동작이나 움직임 하나하나를 지켜보고 있었다. 마루 널빤지가 걸을 때마다 삐걱거렸다. 집 안에서 일어나는 조그만 소리도 들려온다. 두 사람은 침대에 앉아서 말없이 와락 껴안았다.

*

정원에서 깜박이던 불빛이 꺼졌다. 모든 것이 꺼졌다……

밤…… 심연(深淵)…… 빛도 없고, 의식도 없고…… 있는 것이라곤 오로지 존재뿐. 존재가 지닌 어두운 탐욕적인 힘. 무한히 강력한 희열. 터질 듯한 희열. 공허가 돌을 흡수하듯 온몸을 흡수하는 희열. 온갖 사고(思考)를 낱낱이 흡수해 버리는 욕정의 소용돌이. 캄캄한 밤 속을 전전하는 도취된 세계의 광포하고 부조리한 법칙……

밤…… 뒤섞이는 호흡, 서로 용해되어 합치는 두 육체의 황금빛 따사로움, 더불어 빠져 들어가는 황홀감의 심연…… 수많은 밤이고, 수백 년의 시간이고, 죽음의 몇몇 순간인 그러한 밤…… 공통된 꿈, 눈을 감고 소곤거리는 밀어, 잠에 젖어 들며 서로 찾아 대는 맨발의 즐겁고 은밀한 감촉, 눈물과 웃음, 아무것도 없는 속에서 서로 사랑하는 행복, 허무의 잠을 서로 나누는 행복, 뇌리에 떠오르는 잡다한 물체의 형상, 아련히 요동치는 밤의 환영들…… 라인강은 집 아래 후미에서 찰싹찰싹 파도친다. 멀리서는 바위에 부딪혀 부서지는 파도가, 모래 위에 내리는 보슬비 같은 소리를 내고 있다. 부교(浮橋)는 물에 떼밀려서 삐걱삐걱 신음 소리를 낸다. 그것을 이어 맨 쇠사슬은 마치 고철이 맞비벼 대는 듯한 소리를 내며 늘어났다 줄었다 하고 있었다. 강물 소리가 높아져서 방 안을 가득 채운다. 침대가 조각배같이 여겨진다. 그들은 나란히 누운 채 아찔한 급류에 휩쓸린다. 하늘을 나는 새처럼 공허 속에 두둥실 뜬 채로. 밤은 더욱더 캄캄해지고 공허는 더욱더 휑해진다. 두 사람은 더욱 세게 포옹한다. 아아다는 울고, 크리스토프는 의식을 잃으며, 둘 다 캄캄한 밤의 파도 속으로 가라앉아 갔다……

밤…… 죽음…… 왜 또다시 살아야 하는가?

동트는 새벽빛이 축축이 젖은 유리창에 살며시 닿는다. 생명의 아슴푸레한 빛이 노곤한 몸속에 다시 지펴진다. 그는 눈을 떴다. 아아다의 눈이 그를 뚫어지게 들여다보고 있었다. 두 사람의 머리는 같은 베개 위에 놓여 있다. 두 팔은 서로 엇갈려 있고, 두 입술은 맞닿아 있다. 온 생애가 몇 분 사이에 지나간다. 태양이 쨍쨍 내리쬐는 웅대하고 조용한 나날이……

'나는 지금 어디 있는 것일까? 나는 두 사람인가? 나는 아직 존재하고 있는가? 이미 나는 자신의 존재를 느낄 수가 없다. 무한이 나를 감싸고 있다. 내 영혼은 올림푸스의 평화에 가득 찬, 고요하고 큼직한 눈을 가진 조상(彫像)의 영혼인 것이다……'

두 사람은 다시 또 몇 세기간에 걸친 잠 속으로 떨어진다. 새벽녘의 귀에 익은 소리들, 먼 종소리, 지나가는 조각배의 물방울을 떨어뜨리며 저어지는 상앗대 소리, 한길을 걸어가는 사람들의 발소리는 그들이 살아 있다는 것을 생각나게 하고, 그들에게 그것을 맛보게 하며, 그들의 잠에 취해 있는 행복감을 흐트러뜨리지 않고 어루만지고 있었다……

*

창 앞에서 배가 지나가는 물소리가 났다. 잠에 취해 있던 크리스토프는 흠칫 눈을 떴다. 저마다 일과 시간에는 맞추어 시내로 돌아갈 수 있도록 7시에는 떠나자고 약속해 놓은 터였다. 그는 속삭였다.

"들리지?"

그녀는 눈을 뜨지 않았다. 그저 미소 짓고는 입술을 내밀어 그에게 키스하려 애쓰다가 다시 그의 어깨 위에 머리를 툭 떨어뜨린다. ……크리스토프는 유리창을 통해서 밖을 내다보았다. 배의 연통, 인기척 없는 갑판, 무럭무럭 내뿜는 연기가 흰 하늘을 배경으로 미끄러지듯 흘러간다. 그는 다시 잠 속으로 떨어져 들어갔다……

무의식중에 어느덧 한 시간이 지나가 버렸다. 시계 소리에 그는 흠칫 놀랐다.

"아아다! ……" 그는 상냥하게 그녀의 귀에 속삭였다. "이봐, 아아다!" 그는 되풀이했다. "8시야."

여전히 눈을 감은 채, 아아다는 불쾌한 기색으로 눈썹을 찌푸리며 입이 뾰로통해진다.

"아아! 더 자게 둬요!"

아아다는 그의 팔에서 몸을 빼내더니, 몹시 피곤하다는 듯이 한숨지으며 그에게 등을 돌려 돌아누운 채 다시 잠들어 버렸다.

크리스토프는 그녀의 곁에서 자고 있었다. 똑같은 따스함이 두 몸뚱이를 흐른다. 그는 몽상에 잠겨 들었다. 그의 피는 크게 조용히 파도치며 흘렀다. 맑디맑은 감각은 아무리 자질구레한 인상도 티 없이 싱싱한 감각으로 받아들이고 있었다. 그는 자신의 힘과 청춘을 즐겼다. 한 사나이임을 자랑스럽게 느끼고 있었다. 자신의 행복에 미소 짓는다. 그러면서 자신이 고독함을 느낀다. 지금까지와 같이 고독하며, 또는 지금까지보다도 더욱 고독할지도 모른다. 그러나 그것은 조금도 슬픔이 없는 숭고한 쓸쓸함을 지닌 고독이었다. 이미 열기는 사라졌고 그 흔적조차 없었다. 자연은 그의 명랑한 영혼 속에 자유로이 그 모습을 비추고 있었다. 크리스토프는 벌렁 누워서 얼굴을 창 쪽으로 돌린 채 밝은 안개로 눈부시도록 빛나고 있는 공기 속에 눈을 담그며 미소 지었다.

"살아 있다는 것은 참으로 좋은 일이다!"

살아 있다는 것! …… 배 한 척이 지나간다…… 홀연히 그는 생각했다. 이미 살아 있지 않은 사람들, 그와 그녀가 같이 타고 있던, 지나가 버린 조각배 생각을. 그녀? 그녀는 여기 누워 있는 이 여인, 내 곁에서 잠들어 있는 이 여인이 아니다. 그것은 오직 하나의 그 사랑스러운 여인, 그리운 여인, 불쌍하게 죽어 버린 그 사랑스러운 여인이다. 그렇다면 지금 내 곁에 누워 있는 이 여인은 누구일까? 왜 여기 있는 것일까? 우리는 왜 이 방의 이 침대에 오게 된 것일까? 크리스토프는 아아다를 유심히 바라보았다. 본 기억이 없었다. 낯모르는 여인이었다. 어저께 아침까지만 해도 그녀는 나를 위해서는 존재하지 않았던 것이다. 이 여인에 대해서 나는 무엇을 알고 있을까? 크리스토프는 그녀가 총명하지 않다는 것을 알고 있었다. 선량하지 않다는 것도 알고 있었다. 그녀는 잠이 들어 얼굴은 핏기가 가셔 퉁퉁 부어올랐고, 이마는 낮았다. 숨을 쉬느라 입을 크게 벌리고, 앞으로 삐죽이 나온 입술은 잉어 주둥이 같은 생김새였다. 지금의 그녀가 아름답지 못하다는 것을 크리스토프는 알고도 남았다. 자신은 이 여인을 조금도 사랑하지 않는다는 것도 알고 있었다. 아닌 게 아니라 곰곰이 생각할수록 날카로운 아픔으로 가슴이 찔렸다. 처음 만난 그 순간, 크리스토프는 낯모르는 이 입술에 키스했고, 만난 첫날 밤에 아무 관계도 없는 이 아름다운 육체를 소유해 버린 것이다. 그런데 자신이 사랑하고 있던 여성이 자기 곁에서 살아가고, 그러다가 죽는 것을 그는 그저 보고만 있었던 것이다. 그녀의 머리 한 번 매만질 수 없었고, 그녀의 체취를 영원히 맡아 볼 수조차 없었다. 이미 아무것도 없다. 모든 것이 녹아 스러져 버렸다. 대지가 크리스토프로부터 모든 것을 빼앗아 가 버린 것이다. 크리스토프는 그녀를 지킬 줄도 몰랐다……

무심히 잠들어 있는 이 여인 위에 몸을 수그리고, 얼굴의 특징을 자세히 살펴보고자 불쾌한 눈초리로 그녀를 바라보았다. 그녀는 그 시선을 느꼈다. 관찰되고 있다는 것이 불안해 그녀는 안간힘을 쓰며 무거운 눈꺼풀을 들어 미소 지었다. 그녀는 눈을 갓 뜬 어린애처럼 잘 돌아가지 않는 혀로 말했다.

"그렇게 보지 마. 나, 꼴사나운걸……"

아아다는 잠에 취해 곧 다시 축 늘어졌으나, 그러면서도 미소를 지으며 더듬더듬 말했다.

"아아! 정말…… 정말 졸리네!"

그리고 또다시 꿈 속으로 잠겨 간다.

크리스토프는 웃음을 참지 못했다. 아아다의 어린애 같은 입과 코에 부드럽게 키스해 주었다. 그러고는 이 덩치 큰 계집아이의 잠든 얼굴을 좀더 유심히 살펴본 다음, 그녀의 몸을 넘어서 소리 안 나게 살그머니 일어났다. 그가 잠자리에서 빠져나가자, 아아다는 푹 한숨을 한 번 쉬고는 빈 침대 한가운데에 두 다리를 쭉 뻗는다. 크리스토프는 몸차림을 갖추며 그녀가 눈을 뜨지 않도록 조심했다. 하기야 그럴 염려는 조금도 없었지만. 옷차림을 마치자 크리스토프는 창가의 의자에 앉아서 마치 얼음덩이라도 흐르는 것같이 보이는 안개 자욱한 강을 내다보았다. 그리고 멍하니 몽상에 잠겨 들었다. 애조를 띤 목가(牧歌)의 선율이 감돌기 시작했다.

아아다는 이따금 실눈을 뜨고는 멍하니 크리스토프를 바라보다가 몇 초만에야 그의 모습을 알아보고는 미소를 머금었다. 그리고 또 잠에 빠진다. 아아다가 그에게 시간을 묻는다.

"9시 15분 전이야."

그녀는 아직도 잠결에서 생각했다.

'9시 15분 전이라면 아직 괜찮은걸.'

9시 반에 그녀는 기지개를 켜며 한숨을 쉬고, "일어나야지" 하고 말했다.

그러나 그녀가 미처 몸을 움직이기 전에 시계가 10시를 쳤다. 아아다는 발끈했다.

"또 친단 말이야! …… 언제나 시간이 앞서 가는군! ……"

크리스토프는 웃는다. 침대 위 그녀 곁에 앉는다. 아아다는 그의 목둘레에 팔을 두르더니, 꿈꾼 이야기를 늘어놓는다. 크리스토프는 별달리 주의해 듣진 않았다. 간간이 부드러운 야유를 넣으며 그녀의 꿈 이야기를 방해했다. 그래도 그녀는 그의 입을 다물게 하고는, 지극히 중대한 이야기인 양 정색하며 말을 잇는 것이었다.

그녀는 만찬회에 와 있었다. 대공도 참석했다. 미르하는 뉴펀들랜드 개가 되어 있었다…… 아니, 곱슬곱슬한 털이 난 양이 되어, 시중을 들고 있었다. 아아다는 지상에서 높이 떠서 걷기도 하고 춤추기도 하고 공중에 누울 수도 있었다. 그것은 참으로 간단한 일이었다. 그저…… 이렇게…… 이렇게만 하면…… 그것으로 족한 것이었다.

크리스토프는 그녀를 놀려 대었다. 그녀는 조롱을 받자 발끈하면서도 덩달아 웃었다. 어깨를 으쓱하며 그녀는 말했다.

"아아, 넌 모르는 거야, 아무것도! ……"

두 사람은 침대 위에서 같은 그릇과 같은 숟가락으로 아침을 먹었다.

그러고 나서야 아아다는 가까스로 일어났다. 이불을 활짝 젖히고 아름다운 큼직한 하얀 발과 살찐 아름다운 정강이를 드러내며, 침대 밑 융단 위에 미끄러져 내려섰다. 이어서 그 자리에 주저앉더니, 숨을 쉬며 자신의 발을 유심히 뜯어본다. 한참 뒤엔 손뼉을 치며 자리를 비워 달란다. 크리스토프가 우물쭈물하고 있으려니까 아아다는 그의 어깨를 움켜잡고 문밖으로 밀어내더니 문을 잠가 버렸다.

아아다는 방 안에서 빈들빈들하며 천천히 시간을 보냈다. 아름다운 손발을 하나하나 바라보고는 쭉 펴 보고, 세수를 하면서도 감상적인 14절(節) 가요곡을 노래하고, 창가에서 북 치는 시늉을 하는 크리스토프 얼굴에 물을 끼얹어 주고, 막상 떠날 때는 아직 마당에 피어 있는 장미꽃을 꺾거나 하는 것이었다. 두 사람은 배를 탔다. 안개는 아직 가시지 않았다. 그러나 태양이 안개를 뚫고 빛나고 있었다. 몸이 젖빛 광선 속에 두둥실 떠 있는 느낌이 들었다. 아아다는 크리스토프와 나란히 고물에 앉아서 졸린 듯한 얼굴로 언짢은 표정을 짓고 있었다. 햇빛으로 눈이 부시다느니, 온종일 머리가 아플 거라느니 종알종알거렸다. 크리스토프가 별로 아아다의 짜증을 받아 주지 않자 뾰로통해져서 입을 다물어 버렸다. 가끔 실눈을 뜨고는 잠에서 갓 깨어난 어린애처럼 우스꽝스럽게 정색하고 있었다. 그러나 다음 나루터에서 우아한 부인 하나가 배에 올라 가까이에 앉자, 아아다는 갑자기 활기에 차서 크리스토프에게 감상적이며 고상한 말을 하려고 애썼다. 그에게 막말로 지껄이던 말투를 고쳐, 의젓한 체하며 '당신'이라고 말하는 것이었다.

크리스토프는 아아다가 지각한 것을 여주인에게 무어라고 변명할까 걱정이 되었다. 아아다는 그런 것쯤은 거의 아랑곳하지도 않았다.

"까짓것 뭐. 이게 처음이 아닌걸."

"뭐가? ……"

"지각 말이야."

아아다는 그의 질문에 약간 당혹해하며 대답했다.

크리스토프는 그러한 지각의 원인을 차마 캐어물을 수가 없었다.

"뭐라고 핑계 댈 셈인데?"

"엄마가 아프다든지, 죽었다든지…… 뭐든 상관없어, 그까짓 것."

아아다가 이렇게 대수롭지 않게 말하는 것이 크리스토프로서는 마음 아팠다. "당신이 거짓말을 하는 게 싫군."

그녀는 뾰로통해졌다. "난 거짓말은 안 해…… 하지만, 그런 말은 못하잖아……"

크리스토프는 반은 장난기로, 반은 정색하며 물었다. "왜 말 못하지?"

그녀는 까르르 웃더니 어깨를 으쓱하며 말했다. 당신은 버릇없고 무례하다, 첫째로 나를 '너'라고 부르지는 말아 달라고 부탁하지 않았는가 하고.

"내게는 그럴 권리가 없단 말인가?"

"절대로 없구말구."

"그런 일이 있었는데도?"

"아무 일도 없었는걸."

아아다는 도전적인 태도로 웃으며 그를 뚫어지게 바라보았다. 그녀는 농담을 한 것이었으나 고약하게도 진심으로 그런 말을 하고 또 그렇게 믿는 것도, 그녀로서는 그다지 어려운 일은 아니었을 것이다(크리스토프는 그것을 느낄 수 있었다). 그러나 아마도 어떤 즐거운 추억으로 기분이 유쾌해졌던 것일까. 그녀는 크리스토프에게 시선을 못박은 채 별안간 웃음을 터뜨렸다. 그러고는 주위의 눈초리도 아랑곳없이 크게 소리내며 그에게 키스를 퍼부었다. 주위 사람들 역시 조금도 놀라는 기색이 없었다.

*

크리스토프는 이제 늘 상점의 남녀 점원들과 함께 산책을 다녔다. 그러나 그들의 야비한 면은 그리 좋아하지 않았다.

그럴 때마다 크리스토프는 도중에 처져서 떨어지려 했다. 그러나 아아다는 반항심으로 이제 다시는 숲 속을 헤매려 들지 않는 것이었다. 비가 오거나, 또는 그 밖의 어떤 이유로 시내를 빠져나갈 수가 없거나 할 때면, 크리스토프는 아아다를 극장이나 박물관 또는 동물원으로 데리고 갔다. 그것은 아아다가 크리스토프와 같이 있는 모습을 남들에게 보이고 싶어하기 때문이었다. 크리스토프는 또 종교적인 예식에도 같이 따라와 달라고 했다. 그러나 크리스토프는 우스울 만큼 성실해서 종교를 믿지 않게 된 뒤로는 교회에 발을 들여놓으려고 하지 않았다(크리스토프는 다른 핑계를 대어 성당 오르간 연주자로서의 지위도 버린 처지였다). 그러면서도 그와 동시에 자신은 의식하지 못했으나 여전히 종교적인 감정만은 남아 있었으므로, 아아다의 그러한 요청을 불경스럽다고 여기는 것이었다.

크리스토프는 밤에는 아아다의 집을 방문하곤 했다. 그 집에서는 같이 살고 있는 미르하를 만나기도 했다. 미르하는 그를 원망하진 않았다. 보드라운 말랑한 손을 그에게 내밀며 아무래도 좋은 이야기나 가벼운 이야기를 하고는 살그머니 자리를 피해 주었다. 이 두 여인은 가장 사이가 나빠져야 했을 그 일이 있은 뒤로, 가장 사이가 좋아진 것 같았다. 두 아가씨는 언제나 같이 있었다. 아아다는 미르하에게는 어떤 일도 숨기지 않고 낱낱이 털어놓았다. 미르하 또한 모든 일에 귀를 기울였다. 두 아가씨는 그러한 면에 저마다 똑같은 기쁨을 느끼고 있는 듯했다.

크리스토프는 이 두 여성과 같이 있으면 아무래도 마음이 차분해질 수가 없었다. 그녀들의 우정, 야릇한 대화, 서슴지 않는 태도, 특히 미르하의 사물을 보는 노골적인 눈이나 노골적인 표현은 질색이었다(하기야 그의 면전에서는 그나마 괜찮았지만, 그가 없을 때의 일도 아아다가 그에게 들려주곤 했던 것이다). 또 언제나 시시한 문제나 매우 저급한 관능의 문제로 옮겨 가는 조심스럽지 못하고 수다스러운 호기심 등등, 괴상야릇하고 다소 짐승스러운 분위기가 그를 몹시 우울하게 했다. 그러면서도 그는 또 흥미를 느끼기도 했다. 그는 그런 것은 무엇 하나 아는 게 없었기 때문이다. 그들 두 마리 조그만 짐승들이 지절거리는 이야기를 들으면, 그는 어안이 벙벙해지곤 했다. 그녀들은 옷차림이 어떻다느니 무엇이 어떻다느니 하며 밑도 끝도 없는 이야기를 하고, 바보스럽게 깔깔거리고, 음탕한 이야기를 할 때면 기쁜 듯이 눈을 빛냈다. 그러다가 미르하가 자리를 뜨면, 그는 후 하고 안도의 한숨을 지었다. 이 두 아가씨가 같이 있으면, 크리스토프는 마치 언어가 통하지 않는 이국에라도 와 있는 듯한 느낌이 들곤 했다. 그리고 그가 하는 말은 무엇 하나 통하지 않았다. 그녀들은 크리스토프의 말에는 귀도 기울이지 않았던 것이다. 그녀들은 외국인을 전적으로 업신여기고 있었다.

아아다와 단둘이만 있을 때도 그들은 여전히 서로 다른 두 이야기를 하고 있었다. 그러나 적어도 피차 이해하려고 노력은 했다. 하지만 솔직히 말해 크리스토프는 그녀를 이해하면 할수록 도리어 그녀를 알 수 없게 되었다. 그녀는 그가 안 첫 여성이었다. 불쌍한 자비네도 여성이긴 했으나, 크리스토프는 그녀에 대해서는 아무것도 아는 것이 없었다. 그녀는 그에게 있어서 그저 마음의 꿈이었던 것이다. 그런데 아아다는 잃어버린 시간을 그로 하여금 돌이키게 하는 구실을 하고 있었다. 그는 이번에야말로 여성의 수수께끼를 풀려고 기를 썼다. 아마도 거기서 어떤 의의를 탐구하는 사람에게밖엔 수수께끼가 아닌 수수께끼를.

아아다는 지성(知性)이라곤 전혀 지니지 않았다. 하지만 그것은 그녀의 가장 조그만 결점에 지나지 않았다. 만약 그녀가 이 결점만 인정하고 체념해 주었다면 크리스토프도 아마 참을 수 있었으리라. 그러나 그녀는 시시한 일에만 머리를 쓰면서도 자기 딴엔 정신적인 분야에도 정통하다고 자인하고 있었던 것이다. 그러고는 모든 것을 확신하며 판단했다. 음악 이야기를 하면 크리스토프가 가장 잘 알고 있는 것을 그에게 설명하고 절대적인 판단을 내리고는 그의 말을 귀담아들으려 하지 않았다. 그녀를 설득하려고 해도 헛수고였다. 그녀는 모든 일에 자부심을 갖고 신경을 날카롭게 하고 있었다. 까다롭게 굴며 고집이 세고, 또 허영덩어리였다. 어떠한 일도 이해하려고 하지 않았다. 또한 이해할 수도 없었다. 대체 그녀는 자신이 아무것도 이해하지 못한다는 것을 왜 스스로 인정할 수 없는 것일까? 만일 그녀가 장점과 단점을 지닌, 그저 있는 그대로의 자신이려 한다면 크리스토프는 얼마나 그녀를 사랑했을 것인가!

사실 그녀는 생각한다는 것에는 거의 무관심했다. 그녀의 관심사라곤 오로지 먹고, 마시며, 노래하고, 춤추며, 소리치고, 웃고 잠자는 것뿐이었다. 그녀는 행복해지고 싶어했다. 만약 그렇게 되었더라면 오죽 좋았으랴? 그녀는 천성적으로 행복해질 수 있는 성질을 타고났다. 대식가이고, 게으름쟁이며, 쾌락을 좋아하고, 크리스토프를 조바심나게 하거나 즐겁게 하거나 하는 천진스러운 이기주의의 소유자였다. 요컨대 인생을 유쾌하게 하는 온갖 악덕—그것은 벗의 인생을 유쾌하게 한다고는 할 수 없으나 다행히도 그것을 지닌 사람 본인의 인생을 유쾌하게 해 주는 것이다—그녀는 그런 점을 지니고 있었다(게다가 또 그녀는 행복스러워 보이는 얼굴 생김새였다. 이런 얼굴은 적어도 아름다운 시절에는, 그에게 다가서는 뭇사람들을 행복으로 빛나게 하게 마련이다). 이렇게 볼 때 그녀는 삶에 만족할 만한 충분한 이유를 지닌 셈이었으나, 그것에 만족할 만한 지성은 없었다. 어느 모로 보나 건강해 보이며 넘칠 듯한 쾌활한 성격과 맹렬한 식욕을 지닌 아름답고도 활기찬, 싱싱하며 튼튼하기만 한 이 아가씨가 자신의 건강을 걱정한다. 실컷 먹어 대면서 몸이 약하다고 한탄한다.

또 모든 일마다 투덜거린다. 더 못 걷겠다, 더 숨쉴 수가 없다, 머리가 아프다, 다리가 아프다, 눈이 아프다, 배가 아프다, 심장이 아프다 하면서. 그녀는 모든 일을 두려워하며, 어리석어 보일 만큼 미신에 사로잡혀 온갖 일에 징조를 보곤 했다. 예를 들면, 식탁에서 나이프나 포크가 열십자형으로 교차되어 있거나, 손님의 수효가 재수없는 수효이거나, 소금병이 뒤집혀 있거나 하면, 그 불행을 피하고자 자꾸자꾸 푸닥거리 같은 짓을 해야 했다. 산책하다가도 까마귀가 보이면 그 수를 세어 보고, 어디로 날아가나 하고 반드시 관찰했다. 또 길을 걸으면서도 발 밑을 불안스러운 듯이 살피곤 했다. 오전중에 거미가 지나가는 것이 눈에 띄면 으레 마음이 우울해져서 그냥 돌아가자고 졸랐다. 산책을 계속 시키려면, 이미 정오가 지났으니 징조는 흉(凶)을 벗어나 길(吉)로 바뀌었다고 납득시키는 수밖에 없었다. 그녀는 또 꿈에 신경을 썼다. 그녀는 그것을 크리스토프에게 일일이 들려주었다. 세부적인 것을 잊어버렸을 경우엔 몇 시간씩 걸려서라도 그것을 생각해 내려 한다. 어떠한 자질구레한 것도 크리스토프에게 들려주지 않고는 못 배겼다. 예를 들면 기묘한 결혼, 죽은 사람, 바느질 여공, 왕자님, 익살스러운 짓이나 때로는 음탕한 짓 등등에 관한 어리석기 그지없는 너절한 이야기들이었다.

크리스토프는 그것을 유심히 들어 주다가 어떤 의견을 한두 마디씩 던져 주어야 했다. 그녀는 곧잘 종일토록 그러한 어리석은 환상에 사로잡혀 지내곤 했다. 이 세상은 글러 먹었다고 생각하며, 사물이나 사람을 거침없는 눈초리로 바라보고는 징징 우는소리를 하여 크리스토프를 괴롭혔다. 그는 모처럼 주위의 우울한 소시민들로부터 도피한 것인데, 여기서도 또 그의 영원한 적인 '음산하고 비(非)그리스적인 우울병 환자'를 만난 것이었다.

이렇게 불쾌하게 투덜거리다가도 그녀는 별안간 쾌활해지는데, 그것이 또 떠들썩하며 엄청나게 요란스러웠다. 그 쾌활함은 좀전의 불쾌함만큼이나 처치 곤란한 것이었다. 까닭도 없이 한없이 큰 소리로 웃어 대기도 하고, 뜰을 뛰어 돌아다니기도 하고, 미치광이 짓을 하거나 어린애 같은 장난을 하기도 했다. 시시한 짓을 재미있어하고 흙이나 더러운 것을 만지작거리고, 짐승이나 거미나 개미나 지렁이 등을 학대하며 괴롭히고, 또 새를 잡아 고양이에게 주거나, 지렁이를 닭에게, 거미를 개미에게 먹이기도 했다. 그러나 그것은 어떤 악의가 있어서 하는 짓은 아니었다. 전혀 무의식적인 악(惡)의 본능이나 호기심으로 또는 심심풀이로 그러는 것이었다. 어리석기 그지없는 말을 지절거리고 전혀 의미가 없는 말을 몇 십 번이고 되풀이하여, 남을 불쾌하게 하고 조바심나게 하고 괴롭혀 주고 성나게 만드는 것은 그녀의 싫증 모르는 욕구였던 것이다. 그리고 또 그녀의 교태는 누군가가—그 어느 누구든 좋다—한길에 나타나기만 하면 느닷없이 나타나곤 했다! 그녀는 별안간 활기를 띠어 지절거리고 웃어 대고 떠들어 대고 일부러 교태를 보여 남들의 주의를 자신에게 끌려 했다. 또 일부러 하는 듯이 돌발적인 행동을 한다. 이번에는 틀림없이 의젓한 말을 꺼내려니 하고 예감하던 크리스토프는 덜컥 겁이 났다. 아니나 다를까, 바로 그대로였다. 그녀는 또 감상에 젖곤 했다. 다른 경우에도 그러듯이 이때도 도를 넘어섰다. 감상적이다 보면 그야말로 멈출 줄을 모르고 폭발할 것 같은 감정을 드러냈다. 그럴 때마다 크리스토프는 정이 떨어져서 그녀를 때리고 싶어졌다. 그가 가장 용서할 수 없는 것은 그녀의 성실치 못한 점이었다. 성실이란 지성이나 미모와 마찬가지로 보기 드문 천부적인 것이어서, 모든 사람에게 그것을 요구할 수 없다는 것을 크리스토프는 아직 모르고 있었다. 그는 거짓말을 참지 못한다. 그런데 아아다는 그에게 거짓말만 했다. 분명한 증거가 있는데도 그녀는 부단히 태연스럽게 거짓말을 했다. 아아다는 그의 마음에 들지 않는 것들, 또는 그의 마음에 드는 일마저도 잊어버린다는 놀라운 태평스러움의 소유자이기도 했다. 아아다는 쉽게 잊었다. 언제나 그때그때의 형편에 따라 살아가는 여인들이 대개 그러듯이.

그럼에도 두 사람은 서로 사랑하고 있었다. 마음속 깊이 서로 사랑했다. 애정에 관해선 아아다도 크리스토프와 마찬가지로 성실했다. 이 애정은 정신적인 공감에 바탕을 둔 것은 아니었으나 그래도 역시 진실한 것이었다. 그것은 질이 낮고 변변하지 못한 정열과는 전혀 다른 것이었다. 그것은 청춘의 아름다운 연애였다. 아무리 관능적이라도 결코 야비스럽지는 않았다. 왜냐하면 그 속의 모든 것은 모두 젊디젊은 것이었기 때문이다. 그것은 솔직하고 거의 순결하며, 쾌락의 열렬한 순수성으로 씻긴 사랑이었다. 아아다는 아직껏 크리스토프만큼 천진스럽다고는 할 수 없었으나 그래도 청춘의 정신과 육체가 지닌 신성한 특권을 잃지 않고 있었다. 다시 말해 시냇물처럼 맑고 발랄한 신선한 감각을 지니고 있었다. 이것은 아직도 순결한 듯한 느낌을 주었으며 비길 데 없이 값진 것이었다. 그녀는 일상생활에서는 이기적이며 평범하며 불성실했으나, 애정이 그러한 그녀를 소박하고 진실하며 거의 선량한 여인으로 만들었다. 그녀는 남을 위해서 자신을 잊는 데서 찾아지는 기쁨을 알게 되기도 했다. 크리스토프는 그러한 그녀를 황홀하게 바라보고 있었다. 그녀를 위해서라면 죽어도 좋다는 심정이 되기도 했다. 사랑을 하는 영혼은 그 사랑 속에 얼마나 우스꽝스러운, 그러나 눈물겨운 착각을 가져다주는 것인지! 애인들에게 흔히 있게 마련인 환상이 크리스토프에게 있어서는, 뭇 예술가들이 지닌 천성적인 환상력에 의해 더구나 몇 곱으로 더해졌다. 아아다의 미소 하나가 그에게는 깊은 의미를 지니고 있었다. 부드러운 한마디 말은 그녀의 선량함을 증명하는 것이었다. 그는 이 우주에 있는 모든 존재의 아름다운 것을 아아다 속에서 사랑하고 있었다. 크리스토프는 아아다를 자신의 자아요, 자신의 영혼이요, 자신의 존재라고 일컬었다. 두 사람은 서로 연모하는 나머지 함께 울곤 했다.

그들을 결합해 주고 있던 것은 한갓 쾌락만은 아니었다. 추억과 꿈과 그 무어라고 말할 수도 없는 시적인 감정이 또한 두 사람을 맺어 주고 있었던 것이다. 그러나 그 추억이나 꿈은 과연 그들 두 사람의 것이었을까? 아니면 그들 전에 사랑한 사람들…… 그들 속에 살아 있던 사람들의 것이었을까? …… 숲 속에서 뜻하지 않게 만난 첫 순간, 같이 지낸 첫날 밤, 서로의 품에 안겨서 꼼짝하지 않고 아무런 생각도 없이 오직 사랑과 무언의 기쁨의 분류에 몸을 내맡기고 잠든 그때, 그러한 때의 매력적인 환영을 두 사람은 서로 입에 올리는 일도 없이, 혹은 의식함이 없이 마음속에 간직하고 있었다. 갑작스런 회상이나 가지가지 영상이나 은밀한 생각—거기 조금 닿기만 해도 두 사람은 남몰래 얼굴빛이 변하며 쾌감으로 용해되어 들어갔다—등등이 마치 꿀벌처럼 날갯짓 소리를 내며 그들을 둘러싸고 있었던 것이다. 불타오르는 부드러운 빛…… 마음은 너무나 크나큰 즐거움에 짓눌려 정신이 아찔해져서 침묵에 잠겼다. 이른 봄의 햇빛을 받으며 떨고 있는 대지의 침묵, 후끈후끈한 나른함, 우수에 찬 미소…… 젊디젊은 두 육체의 신선한 사랑은 4월의 아침이다. 그것은 마치 아침 이슬처럼 스러져 간다. 요컨대 마음의 청춘이란 덧없는 것이다.

*

크리스토프와 아아다의 사랑의 유대관계를 더욱 긴밀하게 한 것은 그들에 대한 세상 사람들의 눈초리였다.

두 사람이 처음 만난 그 다음날부터 이웃 사람들은 모두 그들의 행동을 알아챘다. 아아다는 결코 그들 자신의 정사(情事)를 감추려 하지 않고, 도리어 자신의 승리를 남들에게 자랑하고 싶어했다. 그 반면 크리스토프는 될 수 있는 대로 신중히 처신하고 싶어했다. 그러면서도 사람들의 호기심이 성가시게 따라다님을 느끼고 있었다. 그럴수록 아아다를 피하는 듯이 보이기가 싫어서, 크리스토프는 일부러 둘이 같이 있는 모습을 보란 듯이 드러내 보이곤 했다. 조그만 도시라 소문은 파다하게 퍼졌다. 관현악단 동료들은 조롱하는 투로 축하의 말을 건넸다. 크리스토프는 자신의 신상 문제에 간섭받기가 싫어서 대답조차 하지 않았다. 궁정에서도 그의 품행이 도마에 올랐다. 부르주아 양반들은 그의 행위를 준엄하게 비판했다. 몇몇 가정에서 음악 교사 자리를 잃었다. 그렇지 않은 가정에서도 그 뒤로는 어머니들이 딸의 레슨에 자리를 같이 해야겠다고 생각하기에 이르렀다. 소중한 딸을 크리스토프가 꾀어낼지도 모른다는 듯이 의심스러운 표정으로 레슨 자리에 함께하는 것이었다. 따님들은 아무것도 모른다고 간주되고 있었다. 물론, 그녀들은 모든 것을 알고 있었다. 악취미라면서 크리스토프에게는 냉담한 태도를 취하면서도 더 자세한 것을 알고 싶어서 좀이 쑤셔 조바심하고 있었다. 크리스토프가 호평을 받는 것은 보잘것없는 상인들이나 점원들 사이에서뿐이었다. 그러나 그것도 오래가진 않았다. 크리스토프는 자신에 대한 비난과 같이 칭찬에 대해서도 짜증을 냈다. 비난에 대해서는 어쩔 수 없으므로, 칭찬이 언제까지나 계속되지 않도록 했다. 그것은 그리 힘든 일이 아니었다. 크리스토프는 세상 사람들의 무례한 태도에 분개했다.

크리스토프에게 가장 성을 낸 것은 유스투스 오일러와 포겔 집안사람들이었다. 그들이 볼 때, 크리스토프의 방정치 못한 품행은 자신들에 대한 모욕같이 생각된 것이다. 그렇다고 그들이 그에 대해서 어떤 진지한 계획을 하나라도 세운 것은 아니었다. 그들은, 특히 포겔 부인은 예술가의 기질이라는 것을 경멸하고 있었다. 그러나 본디 비관적인 사고방식을 지니고 있어 언제나 자신들은 운명에 시달림을 당하고 있다고 생각하는 경향이 있었으므로, 크리스토프와 로자의 결혼이 이루어질 것 같지 않다는 게 분명해지자 자기들은 사실 이 결혼을 열렬히 바라고 있었다고 믿게 되었다. 그러고는 거기서 여전히 자신들이 불운하다는 한 징조를 보는 것이었다. 만일 그들의 어긋난 삶의 책임이 운명에 있다고 한다면, 논리적으로 말해서 크리스토프에게는 책임이 없을 것이다. 그러나 포겔 집안사람들의 논리는, 불평할 만한 이유를 그들에게 가장 많이 주는 논리였다. 이리하여 크리스토프가 품행이 나쁜 것은 그 자신의 즐거움 때문이 아니라 자기네를 모욕하기 위한 것이라고 그들은 생각했다. 그렇잖아도 그들은 나쁜 품행 그 자체에도 분개하고 있었다. 믿음이 깊고 도덕적이며 가정적인 미덕으로 가득 찬 그들은, 온갖 죄악 중에서도 육욕의 죄가 가장 수치스러운 것이며 가장 중대한 것이라고 생각하는 무리에 속했다. 그들은 이것을 유일한 죄라고 생각하다시피 했다. 그것이야말로 오직 하나의 두려운 것이었으므로(훌륭한 사람이 도둑질이나 살인의 유혹에 빠지지 않는 것은 너무나 명백한 일이었다). 이렇게 해서 그들에게는 크리스토프야말로 철저히 도덕과 올바른 도리에 어긋난 인간으로 여겨지고 있었다. 그들은 그에 대한 태도를 바꾸었다. 그를 쌀쌀한 표정으로 대했고, 그가 지나갈 때엔 외면해 버렸다. 크리스토프는 그들과 이야기를 나누고 싶지 않으므로 그렇게 따돌리는 태도를 보고는 어깨를 으쓱할 따름이었다. 아말리아의 무례한 행동도 못 본 체하고 있었다. 그녀는 크리스토프를 멸시하며 피하는 체하면서도 어떻게든지 해서 그로 하여금 자기에게 시비를 걸게 하려고 애썼다. 그때야말로 가슴에 맺힌 말을 속 시원히 쏘아붙이자고 벼르고 있었던 것이다.

로자의 태도만은 크리스토프의 마음을 흔들었다. 이 소녀는 가족 중 어느 누구보다도 준엄하게 그를 비난했다. 그것은 크리스토프의 새로운 사랑이 그에게서 사랑받을 마지막 기회를 파괴해 버렸다고 생각되었기 때문은 아니었다. 그런 기회란 전혀 없다는 것을 그녀는 알고 있었다(아마도 희망은 역시 걸고 있었을 테지만…… 그녀는 항상 희망을 걸고 있었던 것이다!).

하지만 그녀는 크리스토프를 우상화하고 있었다. 그런데 그 우상이 깨어져 가고 있었던 것이다. 그것이야말로 더할 바 없이 쓰라린 고통이었다…… 그녀의 순진한 마음에 있어서는, 그것은 그에게서 업신여김을 당하는 것보다도 더욱 잔인스러운 고통이었다. 로자는 청교도처럼 좁은 도덕의 테두리 안에서 키워지고 그 도덕을 열심히 믿고 있었으므로, 크리스토프에 대해서 알게 된 것은 단지 그녀를 슬프게 했을 뿐 아니라 혐오감마저 불러일으켰다.

그가 자비네를 사랑했을 때, 그녀는 이미 괴로워했다. 자신이 숭배하던 사람에 대한 환상을 조금 잃어 가고 있었다. 크리스토프가 그렇게 평범한 영혼을 사랑한다는 것이 그녀로서는 이해할 수도 없고, 또한 그리 명예로운 일도 아니라고 생각되었던 것이다. 하지만 적어도 그 사랑은 순수했고, 자비네도 그것을 받는 데 어울리지 않는 것은 아니었다. 마지막에 죽음이 그 위를 지나감으로써 모든 것을 깨끗이 해 준 것이다…… 그런데 바로 그 직후에 크리스토프가 다른 여인을 사랑할 줄이야! 더구나 저런 여자를! 정말이지 어리석고 더럽고 혐오스런 일이었다! 로자는 그에게 반항하며, 이미 죽은 여인을 옹호하기조차 했다. 크리스토프가 그 여인을 잊어버리고 만 것을 용서할 수 없었던 것이다…… 오오! 그러나 크리스토프는 로자보다도 더욱 그 생각을 하고 있었던 것이다! 하지만 로자는 도저히 생각지 못했다. 하나의 정열적인 마음속에 두 감정을 동시에 넣을 여지가 있으리라고는…… 현재를 희생하지 않고는 과거에 충실할 수 없다고 로자는 믿고 있었다. 순수하고 냉정한 로자는 인생에 대해서나 크리스토프에 대해서나 아직 전혀 아는 바 없었던 것이다. 모든 게 그녀 자신처럼 순수하고 엄격하며 의무에 복종해야 하는 것이라고 생각되었다. 영혼도 인품도 모두 정숙하기만 한 로자는 단 하나의 긍지밖엔 지니지 못한 것이다. 로자는 순결이라는 긍지를 자신에게도 요구했고 남에게도 요구했다. 크리스토프가 이토록 타락해 버렸다는 것은 그녀로서는 차마 용서할 수 없는 일이었다. 아마도 로자는 영원히 그것을 용서하지 못하리라.

크리스토프는 변명할 생각은 없었으나, 아무튼 로자에게 마음속을 토로하려 했다(순결하고 티 없이 천진스러운 소녀에게 무슨 말을 할 수 있으랴?). 크리스토프는 다만 자신은 로자의 친구라는 것, 로자의 존중을 원하고 있다는 것, 아직 그것을 받을 권리가 있다는 것을 로자에게 분명하게 말하고 싶었다. 그러나 로자는 엄하고 매서운 침묵을 지키며 크리스토프를 피하기만 했다. 크리스토프는 로자에게서 멸시당하고 있다는 것을 느낄 수밖에 없었다.

크리스토프는 그것을 슬프게 여기며 또 분개했다. 자신은 그런 멸시를 받을 까닭이 없다고 생각했다. 그러면서도 무의식중에 마음은 뒤흔들려 어지러워지고 만다. 나는 죄를 지은 놈이다, 그는 이렇게 생각하게 되어 버린 것이다. 그리고 자비네를 생각하며 가장 엄한 비난을 자기 자신에게 퍼부었다. 크리스토프는 스스로 자신을 괴롭혔다.

"아아! 어떻게 이럴 수가 있을까! 나는 어째서 이렇게 된 것일까!……"

그러나 크리스토프는 자신을 떠밀어 흘려보내는 흐름에 항거할 수 없었다. 인생은 죄악이라고 그는 생각했다. 그러고는 인생을 보지 않고 살리라고 눈을 감았다. 그토록 그는 살고 싶었다. 사랑하고 싶었다. 행복해지고 싶었다!…… 분명히 그의 사랑 속엔 경멸해야 할 것이라곤 아무것도 없었다! 아아다를 사랑한다는 것은 현명한 일이 못 되며, 이성적이 아니며, 또 지극히 행복스러운 것도 아니라는 것은 그도 잘 알고 있었다. 그렇다고 해서 그 어떤 비천한 것이 거기 있단 말인가. 설사(그는 믿지 않으려 애썼지만) 아 아다가 별 도덕적 가치를 지니지는 못했더라도, 어째서 그녀에 대한 그의 사랑이 청순하지 못하다는 것인가? 사랑이란 사랑하는 사람에게 있는 것이지, 사랑받는 상대에게 있는 것이 아니다. 청순한 사람 속에 있는 것은 모든 것이 청순하다. 강건한 사람들이나 건실한 사람 속에 있는 것은 모든 것이 청순하다. 어떤 새가 지니고 있는 가장 아름다운 색채로 그 새를 장식하는 사랑은, 정직한 영혼으로부터 그것이 지니고 있는 가장 고상한 것을 끄집어내어 표현한다. 자신에게 어울리지 않는 것은 결코 남에게 보이고 싶지 않다는 욕구가 있으므로, 크리스토프는 이제 사랑이 새긴 아름다운 모습에 조화되는 사고나 행위에서밖엔 기쁨을 발견할 수 없게 된다. 그리하여 영혼이 거기 잠겨 단련되는 청춘의 샘이나 힘과 기쁨의 성스러운 반짝임은, 아름답고 또 유익한 것이어서 사람의 마음을 더욱 위대하게 하는 것이다.

친구들의 오해는 크리스토프의 마음을 괴로움으로 가득 채웠다. 그러나 가장 쓰라린 고통은 어머니가 염려하기 시작한 점이었다.

선량한 이 부인은 포겔 집안사람들처럼 편협한 생각은 하고 있지 않았다. 참된 슬픔이라는 것을 몸소 겪어 온 터라, 그 밖의 슬픔을 생각할 엄두는 나지 않았다. 겸손하기 그지없고, 생활에 지치고 생활에서는 한 줌의 기쁨밖엔 얻지 못하며, 나아가서 생활의 기쁨을 구하는 일이란 더욱더 적고, 모든 일을 되어 가는 대로 내맡긴 채 그것을 이해하려 하지 않는 어머니 루이자는, 남을 비판하거나 비난하는 것을 있는 힘을 다해 피하고 있었다. 자신에게 그럴 권리가 있다고는 생각조차 하지 않았다. 자신은 매우 어리석다고 여겼고, 다른 사람들이 자신과 똑같은 생각을 하지 않는다고 해서 그것을 잘못이라고도 결코 생각하지 않았다. 자신의 도덕이나 신념의 완고한 법칙을 남에게 강요한다는 것은 루이자가 보기엔 영 우스꽝스럽기만 했다. 게다가 루이자의 도덕이나 신념은 모두가 본능적인 것이었다. 자기 자신에 대해서는 경건하고 순수했던 루이자는, 남의 행위에 대해서는 어떤 결점에 대해서나 관대하기만 한 서민답게 너그러이 눈을 감고 있었다. 일찍이 시아버지인 장 미셸이 루이자에게 품고 있던 불만 중 하나가 바로 이 점이었다. 루이자는 존경할 사람과 그렇지 못한 사람과의 사이에 그다지 뚜렷한 구별을 두지 않았다. 훌륭한 부인네라면 당연히 모른 체하게 마련인, 동네에 소문이 자자한 행실 나쁜 계집애를 어쩌다가 한길이나 시장에서 만나더라도 루이자는 태연히 걸음을 멈추고 친근하게 손을 맞잡거나 말을 주고받곤 했다. 선악을 구별하거나 벌주고 용서하는 것은 오로지 하느님 손에 맡기고 있었던 것이다. 루이자가 남에게 바라는 것이라곤 서로 삶을 안락하게 하기 위해서 꼭 필요한, 아주 근소한 자애로운 동정뿐이었다. 인간이란 친절하기만 하면 좋았다. 루이자에겐 그것이 가장 중요한 일이었던 것이다.

그러나 포겔 집안에 세들어 살게 되면서부터는, 남들이 점차로 루이자를 변하게 하고 있었다. 그 무렵 루이자는 짓이겨지고 지쳐서 저항할 기력조차 없었으므로 포겔 집안의 중상적인 정신은 더욱 쉽게 루이자를 먹이로 해 버렸다. 아말리아가 루이자를 사로잡았다. 아침부터 밤까지 둘이 같이 일하고 아말리아만이 지껄이는 상태로 오래도록 마주 대하는 동안, 수동적이며 으레 상대에게 떠밀리다시피 하는 루이자는, 자신도 의식치 못하는 사이에 모든 일을 판가름하고 비평하는 습성을 터득해 버린 것이었다. 포겔 부인은 크리스토프의 몸가짐과 품행에 대한 제 나름의 의견을 루이자에게 말하지 않고는 못 배겼다. 루이자가 침착하기만 한 것이 포겔 부인으로서는 답답하기만 했다. 도대체 자기네 식구들이 발끈해서 성을 내어 마지않는 일을 루이자는 도무지 아랑곳하지 않았으므로 그런 고약한 일이 어디 있나 싶었다. 루이자를 완전히 곤혹스럽게 할 수 없는 것이 부인으로서는 불만스럽기만 했다. 크리스토프는 그것을 눈치채고 있었다. 루이자는 아들에게 비난의 말을 좀처럼 끄집어내지 못하고 있었다. 그러나 날마다 조심조심 불안스럽게 충고의 말을 끈질기게 되풀이했다. 아들이 화가 나서 거친 대답을 하면 루이자는 더 말을 잇지 않았다. 크리스토프는 어머니의 눈에 슬픔이 깃든 것을 읽었다. 집으로 돌아왔을 때, 그는 가끔 어머니가 울고 있었다는 것을 깨닫기도 했다. 그는 어머니를 잘 알고 있었으므로 그러한 걱정이 어머니 자신에게서 나온 것이 아님을 굳게 믿었다. 또한 이 걱정의 근원이 어디 있는가를 충분히 알고 있었다.

크리스토프는 그 마무리를 지어야겠다고 결심했다. 어느 날 밤, 크리스토프로서는 알 수 없었으나, 무엇이 슬펐는지 어머니는 눈물을 억누르지 못한 채 식사를 하다 말고 갑자기 일어나서 자리를 떴다. 크리스토프는 계단을 한꺼번에 네 단씩 뛰어 내려가서 포겔 집으로 쳐들어갔다. 크리스토프는 노여움으로 불타고 있었다. 어머니를 상대로 포겔 부인이 한 짓만을 노여워한 것이 아니었다. 로자를 부추겨 자신에게 반감을 품게 한 것, 자비네를 중상모략한 것, 지난 몇 달 동안에 걸쳐 참고 참아 온 온갖 일에 대해서 복수를 해야 했다. 수개월째 그는 원망섞인 마음의 무거운 짐을 짊어지고 있었다. 어서 빨리 그것을 버려 버리고 싶었다.

포겔 부인의 방으로 뛰어들었다. 아무리 진정하려 해도 노여움으로 떨림이 멎지 않는 음성으로 크리스토프는 어머니에게 무슨 말을 해서 저렇게 울려 놓았느냐고 따졌다.

아말리아는 그의 말을 몹시 언짢게 받아들였다. 내가 하고 싶은 말을 했을 뿐이다, 내가 한 일을 남에게 보고할 필요는 없다, 더구나 너에게 보고할 게 뭐냐고 대답했다. 그러고는 평소에 준비하고 있었던 말을 쏘아 댈 좋은 기회라는 듯이 덧붙이는 것이었다. 루이자가 불행한 것은 요컨대 크리스토프 자신의 몸가짐과 품행 말고 다른 이유란 없다, 그의 몸가짐과 품행은 그 자신에게 수치요, 다른 사람들에게는 추하고 어리석은 일이 아니고 뭐냐고.

크리스토프는 공격을 받자마자 곧 반격으로 나섰다. 그는 흥분하며 소리쳤다. 내 행실은 나에게만 관계된 일이다, 그것이 포겔 부인의 마음에 들건 말건 문제가 아니다, 만일 잔소리를 하고 싶거든 내게 말해라, 하고 싶은 말은 무슨 소리든지 할 수 있을 게 아니냐, 무슨 말을 듣건 나로선 기껏해야 지나가다 비 맞는 정도의 일이다, 하지만 어머니에게는 무슨 말도 해 주길 원치 않는다.

"똑똑히 들으셨습니까?"

병들고 늙은 불쌍한 여인을 공격하다니 비겁하기 그지없는 일이 아니냐고.

포겔 부인은 고래고래 큰소리쳤다. 지금까지 어느 누구한테도 이런 투의 말을 들은 일은 없었다. 머리에 피도 안 마른 애송이 녀석한테서, 더구나 내 집에서! 네놈에게서 설교를 듣다니, 어디 될 법이나 한 일이냐고, 부인은 악을 쓰며 모욕적인 태도로 맞받아쳤다.

싸우는 소리를 듣고 다른 사람들이 몰려왔다. 포겔만은 모습을 나타내지 않았다. 그는 자기 건강에 해가 될 일은 전부 회피하는 주의였다. 오일러 영감은 분개한 아말리아의 편을 들어 앞으로는 충고나 방문은 사절한다고 엄하게 선언했다. 우리는 네가 뭐라고 말하지 않더라도 해야 할 일은 스스로 알고 있다, 우리 자신의 의무는 어김없이 다 하고 있고 앞으로도 항상 다할 것이다, 하고 말하는 것이었다.

크리스토프는 이 집에서 나가겠다고 말했고, 두 번 다시 이런 집에 오지 않겠다고 했다.

그러나 그 훌륭한 의무니 뭐니 하는 것에 대해서 하고 싶은 말을 다해 버리기 전엔 나가지 않겠다고 버티었다.

그 의무란, 크리스토프에게는 얄밉기만 한 앙숙이 되어 있었다. 그런 의무를 치를 바에야 차라리 나는 악덕을 좋아하겠다고 크리스토프는 말했다. 그들 같은 사람이 선(善)을 음흉스러운 것으로 만들며 선을 죽이고 있는 것이다. 그들 같은 사람이 있으므로 그와 대조적으로, 부정직하긴 하지만 상냥하고 화기에 찬 사람들에게 유혹을 느끼게 되는 것이다.

생활을 우울하게 하며 부패시켜 버릴 만큼 완고하고 오만스러운 엄격성으로, 너절한 잡일이나 아무래도 좋은 행위 등, 그 모든 것에 의무라는 이름을 붙인다는 것은 그야말로 의무의 이름을 모독하는 짓이다. 의무란 특수한 것이다. 그것은 참된 헌신의 경우를 위해서 보존해야 하는 것이다. 자기 자신의 불쾌감이나 남을 불쾌하게 하자는 욕망을 의무라는 이름으로 가장해서는 안 된다. 어리석게도 또는 불행히도 자신이 음울하다고 해서 남들도 음울했으면 하고 바라거나, 남들에게 병자로서의 자기 섭생법(攝生法)을 강제한다는 것은 부질없는 일이다.

미덕 중에서 가장 훌륭한 것은 웃음이다. 미덕은 아무런 거리낌 없이 자유롭고 행복스러운 표정이어야 한다. 선을 행하는 이는 자기 자신마저도 기쁘게 해야 하는 것이다!

그런데 포겔 집안의 이 끊임없는 자칭 의무라는 것, 초등학교 교사 같은 압제, 잔소리나 하는 말투, 시시한 토론, 귀에 거슬리는 유치한 이치, 시끄러움, 운치 없는 맛, 매력도 예의도 침묵도 없는 생활, 그 생활을 더한층 빈약케 하는 것은 무엇이든지 놓치지 않으려는 인색한 염세주의, 남을 이해하기보다는 멸시하는 것이 즐겁기만 한 오만스러운 무지, 통틀어 이와 같이 위대함도 행복도 아름다움도 없는 범속한 도덕은 모두 추악하고 해로운 것이다. 그것은 미덕보다도 악덕을 더욱 인간적인 것으로 보이게 하는 것이다.

크리스토프는 그렇게 생각하고 있었다. 그리고 자신에게 상처를 준 사람에게 상처를 입히려고 조급해한 나머지, 자기가 비난하고 있는 사람들과 마찬가지로 자신도 그릇되어 있다는 것을 미처 깨닫지 못하고 있었다.

아마도 이들 가련한 사람들은 크리스토프가 본 대로의 사람들임에 거의 틀림이 없을 것이다. 그러나 그것은 그들의 죄는 아니었다. 그들의 표정이나 태도나 생각을 불쾌하게 한, 그 불쾌한 생활의 죄였다. 그들은 비참에 의해 —한꺼번에 떨어져 닥쳐와 사람을 죽게 하거나 단련시키는 크나큰 비참에 의해서가 아니라—끊임없이 되풀이되는 불운에 의해, 첫날부터 마지막 날에 이르기까지 한 방울 한 방울씩 새어 떨어져 나오는 조그만 비참에 의해 모습이 변해 버린 것이었다…… 얼마나 슬픈 일인가! 왜냐하면 이들의 꺼칠꺼칠한 겉모습 밑에는 사실 정직이나 선량이나 무언의 용기 등등, 참으로 많은 보배가 숨겨져 있기 때문이다! 민중의 힘이, 미래의 활력이!

*

의무란 특수한 것이라는 크리스토프의 생각은 그릇되지 않았다. 그러나 연애 또한 특수한 것이다. 모든 것이 특수하다. 어떠한 값어치 있는 모든 것에 있어서—심지어 악(惡)조차도 (악에도 또한 값어치가 있으므로) —가장 큰 적은 바로 습관이다. 영혼의 치명적인 적은 나날의 소모(消耗)이다.

아아다는 점점 따분해졌다. 그녀는 남달리 지적인 사람이 못 되었으므로, 크리스토프와 같은 풍부한 성질 속에서 자신의 애정을 새로이 해 갈 수가 없었다. 아아다의 관능과 허영심은 이 연애에서 최대한의 쾌락을 이미 다 퍼내고 말았다. 이미 아아다에게는 이 연애를 파괴하는 쾌락밖엔 남아 있지 않았다. 아아다는 은밀한 본능을 지니고 있었다. 그것은 많은 여성에게, 제아무리 선량한 여성에게도, 또한 많은 남성에게, 설사 지적인 남성에게도 공통된 본능이다. 이 본능을 지닌 사람은 일도 않고, 애도 만들지 않고, 활동도 하지 않으며, 그야말로 아무것도 안 한다. 생활조차 하지 않는 것이다. 그러면서도 자신의 무용함을 견디지 못하는 공연한 생명력을 지니고 있다. 그들은 남들도 자신들처럼 쓸모없기를 바라며, 될 수 있는 대로 그렇게 하려고 애쓴다. 때로는 무의식중에 그렇게 하는 수도 있다. 그들은 그런 죄스러운 욕구를 깨닫자, 분연히 그것을 뿌리친다. 그러나 그들은 곧잘 이러한 욕구를 보듣어 기른다. 그리하여 자기 힘에 따라—어떤 자는 친밀한 사람들 사이에서만 조심스럽게, 어떤 자는 널리 대중에 대해서 대대적으로—모든 살아 있는 것, 삶을 사랑하는 것, 삶에 값하는 것을 남김없이 파괴하려 애쓴다. 위인이나 위대한 사상을 자기 수준으로 끌어내리려고 열중하는 비평가나, 자기 애인을 타락시키며 재미를 느끼는 아가씨나, 같은 종류의 해로운 두 마리 금수(禽獸)이다. 다만 후자 쪽이 그나마 나은 편이지만.

아아다는 크리스토프를 해치기 위해서 가능하다면 좀 타락시켜 주고 싶어 했다. 그러나 솔직히 말해서 그녀에겐 그럴 힘이 없었다. 남을 타락시키는 데도 좀더 지식의 힘이 필요했던 것이다. 아아다는 그것을 느끼고 있었다. 자신의 애정이 그에게 조금도 타격을 줄 수 없다는 것이, 아아다가 그에 대해 은밀히 품고 있는 커다란 불만 가운데 하나였다. 하기야 그를 혼내 주자는 자신의 욕망이 온당하다고는 생각하지 않았다. 막상 그럴 수가 있다면, 아마도 아아다는 그렇게 하지 않았을 것이다. 그러나 그렇게 할 수 없다는 것이 아무래도 부당하게만 생각되었다. 자신을 사랑하고 있는 남자에게 좋건 나쁘건 어떤 영향을 미칠 만한 힘이 자신에게 있다는 환상을 여자로 하여금 품게 하지 못함은, 여자에 대한 애정이 부족한 때문이다. 이래서 여자는 그것을 꼭 시험해 보고 싶어지는 법이다. 크리스토프는 그런 것을 깨닫지 못하고 있었다. 언젠가 아아다가 농담으로 그에게 물었다.

"저를 위해서라면, 음악을 버려 주겠어요?"

(물론 아아다는 전혀 그것을 원하지 않았다.)

크리스토프는 딱 잘라 말했다.

"오오, 무슨 소리를! 당신을 위해서나 누구를 위해서나 그럴 순 없소. 나는 언제까지나 음악을 계속 할 거요."

"그러면서도 당신은 저를 사랑한다는 거예요?"

아아다는 약이 올라 소리쳤다.

아아다는 이 음악이라는 것을 미워하고 있었다. 자신이 전혀 모르는 것이므로 더욱 그랬고, 또 눈에 보이지 않는 이 적을 해치워 크리스토프의 정열에 상처를 입히는 비법을 찾을 수 없으므로 더욱 음악을 미워하고 있었다. 그녀가 아무리 경멸하는 투로 음악을 논하고 크리스토프의 작곡을 경시하려 들어도, 크리스토프는 입을 크게 벌리고 웃음을 터뜨릴 뿐이었다. 그러므로 분하긴 하지만 입을 다물 수밖에 없었다. 자신이 우스꽝스럽다는 것을 잘 알고 있었기 때문이다.

이 방면에는 어떻게도 손을 쓸 수가 없었지만, 그러나 아아다는 크리스토프에게서 더욱 해치기 쉬운 다른 약점을 발견했다. 그것은 그의 도덕적인 신념이었다. 포겔 집안과 싸우긴 했지만, 그리고 청춘기의 광적인 정열에 불타고 있긴 했지만 그는 여전히 본능적인 수치심과 순결성에 대한 욕구를 마음속에 간직하고 있었다. 그 자신은 그것을 의식치 못하고 있었다. 그러나 이것이 아아다 같은 여인을 처음엔 놀라게 하고 관심을 끌고 매혹하고, 다음에는 답답하게 하고 끝내는 증오감을 품게 할 만큼 부추기는 것이었다. 아아다는 그 점을 정면으로 공격하지는 않았다. 그녀는 앙큼스럽게 물었다.

"당신, 날 사랑해요?"

"여부가 있나!"

"얼마나 사랑하죠?"

"내가 할 수 있는 한 사랑하지."

"그거 가지곤 부족해요…… 그렇죠! …… 당신, 나를 위해서 뭘 해 주시겠어요?"

"뭐든지 당신이 원하는 대로."

"나쁜 짓이라도 해 주실 거예요?"

"사랑하는 방식 한번 괴상하군!"

"그런 건 별문제예요. 해 주시겠어요?"

"그렇게 할 필요는 없지요."

"하지만 제가 원한다면?"

"그건 당신이 잘못되었소."

"아마 그렇겠죠…… 하여튼 해 주시겠어요?"

크리스토프는 아아다에게 키스하려 했다. 그러나 아아다는 그를 밀어젖혀 버렸다.

"나쁜 짓이라도 해 주시겠어요? 그러기 싫어요?"

"싫소."

아아다는 성이 나서 그에게 등을 돌렸다.

"당신은 나를 사랑하지 않는군요. 사랑한다는 게 어떤 건지 모르는군요."

"아마 그럴지도 모르지." 크리스토프는 호인답게 말했다.

정열에 불타는 순간엔 그도 남들처럼 어리석은 짓도, 경우에 따라서는 나쁜 짓도, 또 그 이상의 짓도—그게 뭔지는 몰라도—할 수 있다는 것을 알고 있었다. 그러나 태연히 그런 것을 자랑하는 것은 부끄러운 일이며, 또 그것을 아아다에게 고백하는 것은 더욱 위험하다는 생각을 했다. 크리스토프는 본능적으로 느끼고 있었다. 사랑하는 적이 자신을 감시하고 있다가 하찮은 말에서라도 꼬투리를 잡으려고 벼르고 있다는 것을. 그는 자신에게 불리한 꼬투리를 상대에게 주고 싶지 않았다.

아아다는 다시 기회를 봐서 몇 번이고 공격해 왔다. 그녀는 물었다.

"당신이 저를 사랑해 주는 건, 저를 진실로 사랑하기 때문인가요? 제가 당신을 사랑하기 때문인가요?"

"내가 당신을 사랑하기 때문이오."

"그럼, 제가 당신을 사랑하지 않더라도 그래도 저를 사랑해 줄 건가요?"

"암."

"또 내가 딴 사람을 사랑해도 역시 나를 사랑해 주시겠어요?"

"글쎄, 그건 모르겠군…… 그럴 것 같진 않구려. 어쨌든 당신은 내가 사랑한다고 말할 수 있는 마지막 여성일 거야."

"그렇게 되면, 뭐가 변하는 것이 있을까요?"

"있고말고. 아마 내가 변할 테지. 당신도 확실히 변할 거야."

"내가 변하면 어떻게 될까?"

"그거야말로 문제지. 나는 지금 그대로의 당신을 사랑하고 있는 거야. 당신이 다른 사람이 되면, 그때도 내가 당신을 사랑할 수 있을지 보증할 수가 없구려."

"당신은 사랑하질 않는 거야, 사랑해 주질 않는 거예요! 그런 부질없는 변명이 다 뭐죠? 사랑하든지 사랑하지 않든지 둘 중 하나예요. 만약에 당신이 나를 사랑한다면, 내가 무슨 짓을 하건 언제나 변함없이 그대로 나를 사랑할 거예요."

"그것은 당신을 짐승처럼 사랑하는 짓이 되오."

"난 그렇게 사랑받고 싶어요."

"그럼, 당신은 나를 잘못 봤소." 크리스토프는 조롱하듯이 말했다. "나는 당신이 바라는 그런 사람이 아니오. 설사 그러길 원해도 나는 그럴 수 없소. 무엇보다도 나는 그런 것은 원치 않아요."

"당신은 자기가 영리하다는 게 썩 자랑스러운가 봐요? 나보다도 자신의 머리를 소중하게 생각하시는 거군요."

"그런 소리를 하다니. 글쎄, 나는 당신이 당신 자신을 사랑하는 것보다도 더 당신을 사랑하고 있다오. 당신이 아름답고 훌륭한 사람이 되면 될수록 나는 당신을 좋아하는 거요."

"마치 학교 선생님 같군요."

그녀는 약이 오른다는 듯이 말했다.

"글쎄, 나는 아름다운 것을 좋아한다니까. 추한 것을 싫어하지……"

"내게 그런 면이 있더라도?"

"당신에게 있으면 더욱더 그렇지."

아아다는 발끈 성이 나서 발을 쿵쿵 굴렀다.

"난 비판받고 싶지 않아요."

"그럼, 내게 비판받거나 사랑받는 것을 불평하구려."

아아다를 달래느라고 크리스토프는 부드럽게 말했다.

아아다는 그의 팔에 안긴 채, 미소마저 띠면서 크리스토프에게 키스를 허용했다. 그러나 잠시 뒤 이젠 잊어버렸으려니 하고 있으니까, 아아다는 불안스러운 듯이 묻는 것이었다.

"내 어떤 점이 추하다고 생각하시죠?"

크리스토프는 그것을 입에 올리기를 피했다. 그는 비겁하게도 이렇게 대답했다.

"추하다고 생각하는 점은 없어요."

아아다는 한순간 생각에 잠기더니 미소를 머금으며 말했다.

"있잖아요, 크리스토프. 당신은 거짓말을 싫어한다고 했죠?"

"멸시하지."

"그야 그렇겠죠." 아아다는 맞장구를 치며 말했다. "나도 멸시해요. 하지만, 전 안심이에요. 절대로 거짓말은 하지 않으니까."

크리스토프는 아아다의 얼굴을 유심히 바라보았다. 아아다는 진심으로 그렇게 말하고 있었다. 이런 무의식이 크리스토프를 안심케 했다.

“그럼.” 아아다는 그의 목에 두 팔을 두르면서 말을 이었다. “만약에 내가 딴 사람을 사랑하면서 그것을 당신에게 실토하면, 당신은 왜 나를 원망하죠?”

 “그렇게 언제까지나 나를 괴롭히지 마오!”

 “괴롭히는 게 아니에요. 다른 사람을 사랑한다는 말이 아니에요. 사랑하지 않는다고까지 말하잖아요…… 하지만 앞으로 혹시 사랑하게 된다면……”

 “그런 것은 생각지 말기로 하지.”

 “난 생각하고 싶어요…… 나를 원망하지 않겠어요? 나를 원망할 수는 없어요?”

 “나는 원망하지 않을 거야. 당신과 헤어지겠지. 그뿐이야.”

 “헤어진다고요? 왜요? 내가 당신을 계속 사랑하고 있어도?”

 “딴 사람을 사랑하면서도 말인가?”

 “물론이죠. 그런 일 흔히 있는걸요.”

 “그렇지만, 우리로선 그럴 수 없어요.”

 “왜?”

 “왜긴. 당신이 딴 사람을 사랑하게 되면 나는 절대로, 그야말로 절대로 당신을 사랑하지 않을 테니까 그렇지.”

 “아까는 모르겠다고 하더니. ……그것 보세요, 당신은 날 사랑하지 않는 거예요!”

 “그게 아냐. 그편이 당신을 위해서는 좋다니까.”

 “왜요? ……”

 “글쎄, 당신이 딴 사람을 사랑할 때 만일 내가 당신을 사랑하고 있으면, 당신이나 나나 또 그 사람이나 처지가 난처해질 테니까.”

 “어마! …… 당신 머리가 지금 좀 어떻게 됐나 봐요. 그래 난 평생 당신과 함께 있어야 하는 건가요?”

 “안심해요. 당신은 자유야. 원할 땐 언제든지 나와 헤어지면 돼. 다만, 그건 일시적인 이별이 아니지. 영원한 이별이야.”

 “하지만 내가 그래도 당신을 계속 사랑한다면?”

 “사랑할 때는 서로 헌신해야 하는 거요.”

 “그럼, 당신부터 먼저 헌신해 주세요!”

크리스토프는 아아다의 이기주의에 웃지 않을 수 없었다. 아아다도 웃음이 터졌다.

"한쪽만의 헌신은." 크리스토프는 말했다. "짝사랑밖엔 안 되오."

"결코 그런 법은 없어요. 그건 양쪽 모두를 서로 사랑하는 사이가 되게 하는 거예요. 만약에 당신이 나를 헌신적으로 사랑해 준다면 나는 더욱더 당신을 사랑할 거예요. 게다가 생각해 보세요, 크리스토프. 당신도 나를 더한층 사랑하게 될 거예요. 그 헌신적인 사랑에 의해 당신은 더없이 행복해질 거예요."

두 사람은 살짝 곁길로 새어 중대한 의견 차이를 잊게 된 것이 기뻐서 그만 웃어 버렸다.

크리스토프는 웃으며 아아다를 유심히 살펴보았다. 사실 그녀 자신이 말한 것처럼, 그녀에겐 지금 당장 크리스토프와 헤어지고 싶다는 생각은 전혀 없었다. 크리스토프는 자주 그녀를 화나게 하거나 따분하게 하거나 했지만, 크리스토프의 그런 헌신이 어떠한 가치를 지니고 있는지를 그녀는 알고 있었다. 그리고 다른 어떤 남자도 사랑하지 않았다. 좀전에 그렇게 농담조로 말을 한 것은 한쪽으로는 크리스토프가 불쾌하리라는 것을 알고 있었기 때문이며, 또 다른 쪽으로는 마치 어린애가 구정물을 만지작거리며 즐거워하듯이 애매하고 불결한 생각을 가지고 노는 것이 재미있었기 때문이다. 크리스토프는 그것을 알고 있었다. 그렇다고 별달리 그녀를 원망하지도 않았다. 그러나 이런 건강하지 못한 논쟁에는 싫증이 나 있었다. 크리스토프가 사랑하고 있고 또 아마 크리스토프를 사랑할 것이 틀림없는 이런 불안정하고 혼탁한 성질을 가진 여인과의 막연한 싸움에 진저리가 났다. 그녀에 대해서 스스로를 속이기 위해서 기울여야 하는 노력에 싫증이 나 있었고, 때로는 울고 싶어질 만큼 진절머리가 났다. 크리스토프는 생각했다.

'왜 이 여자는 이 모양일까? 왜 사람들은 이럴까? 인생은 왜 이렇게 시시한 것일까!'

그러면서도 크리스토프는 미소 지으며 뚫어지게 바라보고 있었다. 자기를 들여다보고 있는 예쁜 얼굴을, 그 파란 눈을, 꽃 같은 얼굴빛을, 생글생글 상냥하며 재잘거리기 잘하고, 좀 바보스럽고, 선명하게 반짝거리는 젖은 혀와 이를 드러내며 빠끔히 벌어져 있는 입을. 두 사람의 입술은 거의 맞닿을 만큼 가까이 있었다. 그런데도 크리스토프는 멀리서, 아득히 먼 데서, 마치 딴 세계에서처럼 그녀를 보고 있었다. 바라보고 있으려니 아아다는 점점 멀어져서 안개 속으로 스러져 갔다…… 그러다 더 보이지 않게 되었다. 그 음성도 들리지 않았다. 크리스토프는 흐뭇한 망각 속으로 떨어져 들어가, 거기서 음악이나 몽상, 아아다와는 무관한 가지가지 생각에 젖어 있었다. 하나의 곡이 들려온다. 크리스토프는 차분한 심경으로 작곡하고 있었다…… 아아! 아름다운 음악이다! ……슬픈, 참을 수 없이 슬픈, 그러면서도 부드러운 애정이 깃든 음악…… 아아! 이 흐뭇함이란! ……이거다, 이거야…… 이것 말고 다른 것은 참된 것이 아니다……

크리스토프의 팔이 흔들렸다. 한 목소리가 그에게 외쳐 대고 있었다.

"응, 왜 그래요? 정말 미쳤나요? 왜 그렇게 나를 보죠? 왜 대답이 없죠?"

자신을 뚫어지게 바라보고 있는 눈이 다시 보이기 시작했다. 대체 이게 누구더라? …… 아아! 그렇지…… 크리스토프는 푹 숨을 내쉬었다.

아아다는 크리스토프를 관찰하고 있었다. 그가 무슨 생각을 하는지 알려고 애쓰고 있었다. 그녀로선 알 수가 없었다. 그러나 아무리 애써도 헛일이라는 것을 느꼈다. 그를 꼭 붙들 수가 없었다. 언제나 그가 달아나 버릴 문은 있었다. 그녀는 내심 조바심에 못 이겨 속이 끓었다.

"왜 울죠?"

크리스토프가 이러한 다른 세계로의 불가사의한 여행에서 돌아왔을 때, 아아다는 이렇게 물은 적이 있었다.

크리스토프는 눈에 손을 대 본다. 눈이 젖어 있다고 느껴진다.

"나도 모르겠군."

크리스토프는 말했다.

"왜 대답을 안 하죠? 세 번이나 같은 말을 했는데요."

"무슨 말인데?"

크리스토프는 부드럽게 물었다.

아아다는 또 그 괴상망측한 토론을 들고 나왔다.

크리스토프는 제발 맙소사 하는 시늉을 했다.

"좋아요."

아아다는 말했다.

"그만두겠어요. 하지만, 단 한 마디만!"

그러고는 더욱더 격렬하게 늘어놓기 시작했다.

크리스토프는 그만 성이 나서 몸을 흔들었다.

"그런 더러운 얘긴 그만둬!"

"농담이에요."

"좀더 나은 이야깃거리를 찾아 주구려!"

"그럼, 이유라도 말해 주세요. 왜 그것이 불쾌한지 말씀해 주세요."

"이유가 있을 게 뭐야! 왜 거름이 구린지 따져 볼 것도 없지. 똥거름은 구린 거야. 그뿐이지! 나는 코를 잡고 도망치겠어."

크리스토프는 성이 나서 나가 버렸다. 그리고 차가운 공기를 마시며 큰 걸음으로 뚜벅뚜벅 돌아다녔다.

그러나 아아다는 한 번이고 두 번이고 세 번이고 같은 말을 되풀이하는 것이었다. 아아다는 크리스토프의 마음을 괴롭히고 해칠 수 있는 말이라면 무엇이든지 조금도 가리지 않고 화제에 올렸다.

크리스토프는 생각하고 있었다. 이것은 남을 짓궂게 괴롭히면서 재미있어 하는 신경쇠약증 소녀의 건강하지 못한 유희일 뿐이라고. 크리스토프는 어깨를 으쓱하거나 듣지 않는 체하고 있었다. 아아다의 말을 곧이곧대로 듣지 않았다.

때로는 그녀를 떠나자는 생각이 들 때도 있었다. 신경쇠약증과 그 환자는 크리스토프의 성미에 맞지 않기 때문이다……

그러나 아아다와 헤어져서 10분만 지나도, 크리스토프는 불쾌했던 일은 말끔히 잊어버리는 것이었다. 그리고 새로운 희망과 환영을 품고 아아다에게로 돌아갔다. 크리스토프는 그녀를 사랑하고 있었다. 사랑이란 영원한 신앙이다. 하느님이 존재하건 존재하지 않건, 그런 것은 거의 문제가 아니다. 사람은 믿으니까 믿는 것이다. 사랑하니까 사랑하는 것이다. 쓸데없는 이유는 필요치 않다!……

*

크리스토프가 포겔 집안 식구들과 싸운 뒤로는 같은 집에 살 수가 없게 되었으므로, 루이자는 아들과 자신을 위해 다른 집을 찾아 이사해야 했다.

그런 어느 날, 오랫동안 소식이 묘연하던 크리스토프의 막내아우 에른스트가 갑자기 돌아왔다. 어디에 근무하건 차례차례로 쫓겨나기만 하여 일자리가 없었다. 주머니도 텅 비어 있었다. 병도 앓았다. 이래서 어머니 슬하로 돌아와서 건강을 회복하는 게 상책이라고 생각했던 것이다.

에른스트는 두 형 모두와 사이가 나쁘지 않았다. 두 형들은 그를 별로 존중하지 않았다. 그는 그것을 알고 있었으나 두 형을 원망하진 않았다. 그에게는 아무래도 좋은 일이었다.

그들도 또 그를 탓하지 않았다. 말해 봤자 헛수고에 지나지 않았으리라. 그에게는 무슨 소리를 하거나 아무런 반응이 없었고 뒤에는 아무것도 남지 않았다. 그는 응석 어린 예쁜 눈으로 미소 지으면서 뉘우치는 시늉을 하려 애쓰고, 딴생각을 하며 고개를 끄덕이거나 감사하다고 하다가, 결국에는 언제나 두 형 중 어느 쪽에서든 돈을 우려내곤 했던 것이다. 크리스토프는 본의 아니게나마 이 애교 많고 못난 아우에게 애정을 품고 있었다. 그의 생김새는 크리스토프처럼, 아니 그 이상으로 아버지 멜키오르를 닮았다. 크리스토프처럼 키가 크고 몸이 딱 바라졌고, 단정한 얼굴에 솔직한 태도, 맑은 눈, 곧은 콧날, 상냥스러운 입, 아름다운 이를 가졌고, 행동거지는 참으로 부드럽기만 했다. 크리스토프는 이 아우 녀석을 보면 마음의 무장이 풀려 버려, 미리 마련했던 꾸짖는 말을 반도 입에 올릴 수가 없었다. 틀림없이 자신과 같은 핏줄을 타고났고, 적어도 용모에 대해선 자신의 자랑거리가 됨직한 이 미소년에게 그는 일종의 부모 같은 애정을 품고 있었던 것이다. 그를 악인이라고는 생각지 않았다. 또한 에른스트 역시 바보는 아니었다. 교양은 없었으나 그렇다고 재주가 없는 것도 아니었다. 정신적인 것에 흥미를 느끼고 있었다. 음악을 듣는 데 기쁨을 느꼈다. 형의 음악을 이해하진 못했으나 호기심으로 귀를 기울이곤 했다. 크리스토프는 가족들의 정을 충분히 받아 보질 못했으므로, 자신의 음악회에서 가끔 그의 모습이 눈에 띄면 기뻐서 견딜 수가 없었다.

그런데 에른스트의 주된 재능은 형들의 성질을 속속들이 알고 있다는 것과 그들을 교묘히 속이는 점이었다. 크리스토프는 그의 이기심과 냉담성을 알고 있었고, 필요할 때가 아니면 그가 어머니나 자기 생각을 하지 않는다는 것을 뻔히 알고 있었으나 역시 헛일이었다. 애정에 넘친 듯한 그의 겉치레에 언제나 휘말려 들어가서 무슨 일이든지 좀처럼 거부할 수 없었던 것이다. 크리스토프는 또 다른 아우인 로돌프보다는 이 녀석을 훨씬 더 사랑하고 있었다. 로돌프는 꼼꼼하고 신중하고 정직하며 일에 전념했다. 품행이 방정하며 돈을 요구하지 않는 대신, 내놓는 법도 없었다. 일요일마다 꼬박꼬박 어머니를 만나러 와서 한 시간쯤 자기 이야기만 지절거리고 자랑한다. 자기 집이나 자신에 대해서는 무슨 일에나 오만한 태도를 보이고, 남의 일은 묻지도 않고 흥미도 느끼지 않았다. 그러다가 시간이 되면, 의무를 다한 데 만족하며 서둘러 돌아가 버린다. 크리스토프는 이런 인간은 참을 수 없었다. 그래서 로돌프가 올 시간이 되면 어떻게든 구실을 붙여서 외출했다. 로돌프는 크리스토프를 시샘하고 있었다. 그는 예술가를 멸시했다. 그러므로 크리스토프의 성공이 그에게는 쓰라렸다. 그러면서도 자기가 드나드는 장사치들 사이에서 조금이라도 크리스토프가 인기 있다고 보면, 빈틈없이 그것을 이용했다. 그러나 그가 인기 있다는 그런 이야기를 어머니나 크리스토프에게 아직까지 한마디도 말한 적이 없었다. 모른 체 시치미를 떼고 있었다. 그 반면, 크리스토프에게 일어난 불쾌한 사건은 아무리 작은 일이라도 낱낱이 알고 있었다. 크리스토프는 그런 비열한 짓을 멸시하고 있었다. 그러면서도 미처 알아차리지 못한 체했다. 그러나 그가 생각조차 해 보지 못한 일이고 그것을 알면 몹시 마음 아파했겠지만, 로돌프가 알고 있는 이런 악의에 찬 정보의 일부는 사실 에른스트에게서 얻은 것이었다. 이 교활한 소년은 크리스토프와 로돌프의 차이를 똑똑히 알아보고 있었던 것이다. 물론 크리스토프가 탁월하다는 것을 인정하며 아마 그의 청렴한 사람됨에 대해서 다소 핀잔 섞인 동정심을 품기조차 했지만, 그러면서도 서슴없이 그것을 이용하고 있었다. 또한 로돌프의 못된 감정을 경멸하면서도 치욕스럽게 그것을 기회로 삼았다. 그의 허영심과 질투심에 아첨하고 형의 푸대접도 신통하게 감수하며, 거리에 나도는 추문을 특히 크리스토프에 관한 추문을 일일이 그에게 알려 주었던 것이다. 그런 이야기를 에른스트는 언제나 놀라울 만큼 잘 알고 있었다. 그렇게 해서 매번 그는 보기 좋게 목적을 달성했다. 로돌프는 인색했으나 결국은 크리스토프와 마찬가지로 그에게 돈을 갈취당하곤 했다.

이렇게 에른스트는 공평하게 두 형을 이용하며 우롱하고 있었다. 그런데도 두 형은 모두 그를 사랑하고 있었던 것이다.

*

에른스트는 교활한 녀석이었으나 어머니 품으로 돌아왔을 때는 참으로 불쌍한 꼴이 되어 있었다. 그는 뮌헨으로부터 돌아왔다. 그 고장에서 마지막 일거리를 찾았으나 예전과 마찬가지로 곧 쫓겨나고 만 것이다. 억수같이 퍼붓는 빗속을 어딘지도 모르는 곳에서 잠을 얻어 자며 돌아오는 길 대부분을 터벅터벅 걸어야 했다. 온몸은 진흙투성이고 옷은 찢어져 마치 거지꼴이 되어 있었다. 게다가 몹시 괴로운 듯이 콜록콜록 기침을 했다. 도중에서 악성 기관지염에 걸린 것이었다. 그가 들어오는 꼴을 보고 루이자는 소스라쳤고 크리스토프는 가슴이 막혀 자기도 모르게 달려들었다. 눈물 많은 에른스트는 재빨리 이 효과를 이용했다. 모두 감정이 격해졌다. 세 사람은 서로 얼싸안고 울었다.

크리스토프는 자신의 방을 아우에게 내주었다. 뜨거운 물그릇을 침대에 넣어 잠자리를 따뜻하게 하여 앓는 몸을 쉬게 했다. 환자는 단박에 숨이 끊어질 듯했다. 루이자와 크리스토프는 그 머리맡에 붙어서 번갈아 가며 그를 간호해 주었다. 의사와 약과, 방을 따뜻하게 할 충분한 온기, 그리고 특별한 음식 등이 필요했다.

다음에는 발끝부터 머리까지 걸치는 옷을 생각해 주어야 했다. 속옷, 신, 옷 등을 모두 새로 장만해야 했다. 에른스트는 해 주는 대로 다 내맡기고 있었다. 루이자와 크리스토프는 그 비용을 마련하느라고 피땀을 흘려야 했다. 그 무렵 두 사람은 지극히 군색해져 있었다. 이사 비용이 들었고 집은 전처럼 불편한데도 집세는 비쌌고, 게다가 크리스토프의 제자는 줄어들었는데 지출은 훨씬 늘어나 있었기 때문이다. 그런 생활을 어떻게 간신히 꾸려 나가고 있었던 것이다. 두 사람은 최선의 노력을 기울였다. 물론 크리스토프는 자신보다도 에른스트를 도울 수 있는 처지인 로돌프에게 부탁할 수도 있었으리라. 그러나 그는 그러고 싶지가 않았다. 자신의 명예를 걸고서라도 혼자 힘으로 아우의 목숨을 살려내야 한다고 생각하고 있었다. 형이라는 자격으로 보나 또 크리스토프란 인간으로서의 긍지로 보나, 기필코 그래야 한다고 생각하고 있었던 것이다. 2주일 전 그는, 그의 작품을 사서 그것을 자기 이름으로 발표하고 싶다는 어느 돈 많은 무명 음악 애호가의 청탁을 중개인을 통해 받은 바 있었다. 크리스토프는 그때 분연히 그것을 거절해 버렸는데, 이제는 도리어 이쪽에서 수치감으로 낯을 붉히면서 사정하러 찾아가야 했다. 루이자는 의류 수선공으로 날품팔이에 나서야 했다. 모자는 서로 자신의 희생을 숨기고 있었다. 집에 가지고 돌아오는 금액에 대해서는 서로 거짓말을 꾸며 대곤 했다.

겨우 일어나 앉은 에른스트는 어느 날, 난롯가에 움츠리고 앉아서 심하게 콜록거리며 얼마쯤 빚을 지고 있다고 고백했다. 두 사람은 그것을 갚아 주었다. 누구도 그에게 잔소리 한마디 하지 않았다. 환자에게, 뉘우치고 돌아온 방탕한 자식에게 잔소리를 하는 것은 관대한 처사가 아니었기 때문이다. 에른스트는 숱한 고난을 겪은 끝에 마치 사람이 변해 버린 것 같았다. 그는 지금까지 저지른 잘못을 울먹이는 목소리로 이야기했다. 루이자는 그를 안으며 이젠 그런 일은 생각지 말라고 하소연했다. 에른스트는 응석받이였다. 지금까지도 언제나 애정을 공공연히 내세워서는 어머니를 속이고 있었다. 옛날에 크리스토프는 그것을 조금 샘내기도 했다. 그러나 지금은 가장 어리고 가장 약한 그 애가 가장 귀여움을 받는 것은 당연하다고 생각하고 있었다. 그 자신도, 나이는 그다지 터울이 지지 않았으나 그를 아우라기보다는 차라리 자식처럼 생각되었다. 에른스트는 맏형에게 지극한 경의를 보이고 있다. 때로는 크리스토프가 짊어지고 있는 무거운 짐이나 금전상의 희생…… 등등을 입에 담으려 하는 수도 있었다. 크리스토프는 그 말을 막았다. 에른스트는 겸손하고 부드러운 눈초리로 고분고분 형의 말을 좇았다. 그는 크리스토프의 충고에 동의했다. 몸이 회복되면 생활을 고쳐 성실히 일하리라고 결심하고 있는 것 같았다.

몸은 점차 나아져 가고 있다. 그러나 회복기가 길었다. 하도 몸을 함부로 굴리며 살아왔으므로 몸조리를 잘할 필요가 있다고 의사는 말했다. 그리하여 그는 여전히 어머니 슬하에 머무르며 크리스토프와 같은 침대에서 자고, 형이 벌어 온 빵이나 루이자가 마음을 써서 만들어 주는 조촐하고 맛 좋은 음식을 맛있게 먹곤 했다. 집에서 나가겠다는 말은 이제 아예 입 밖에 내지도 않았다. 루이자나 크리스토프도 그에게 그런 말은 하지 않았다. 그들은 사랑하는 아들과 아우를 발견하여 기뻐서 못 견딜 지경이었던 것이다.

에른스트와 긴 밤을 같이 지내는 동안 크리스토프는 조금씩 허물없는 이야기를 나누게 되었다. 그는 누군가에게 자신의 마음속 생각을 털어놓고 싶었던 것이다. 에른스트는 영리했다. 머리가 기민하게 잘 돌아, 다 듣지 않고도 전부를 알아차렸다. 그러한 아우와 이야기를 나누는 것은 여간 즐거운 일이 아니었다. 그러나 크리스토프는 지금 가장 신경 쓰이는 일, 즉 그의 연애에 관해서는 한마디도 말을 끄집어내지 못하고 있다. 어쩐지 부끄럽다는 생각에 얽매여 있었던 것이다. 에른스트는 모든 사정을 빤히 알고 있었으나, 아는 체는 하지도 않았다.

완전히 건강을 회복한 에른스트는 어느 맑게 갠 오후를 이용하여 라인 강변을 거닐었다. 시내를 조금 벗어난 곳에서 손님들로 붐비는 음식점 앞을 지나가는 참이었다. 마침 일요일이라서 손님들이 춤추고 마시고 하는데, 그 속에서 한창 까불며 떠들어 대는 아아다와 미르하와 같이 식탁에 앉아 있는 크리스토프가 눈에 띄었다. 크리스토프도 아우를 보고는 낯이 붉어졌다. 에른스트는 형 곁으로는 가지 않고 그냥 조심스레 지나쳐 갔다.

크리스토프는 이런 뜻하지 않은 만남에 몹시 당혹감을 느꼈다. 어떤 무리와 함께 있었나 하는 점이 한층 마음에 걸렸다. 그런 현장을 아우 녀석에게 들킨 것이 마음 아팠다. 그것은 앞으로 에른스트의 행실을 비판할 권리를 잃었기 때문만은 아니었다. 그는 또 형으로서의 의무에 관해서 지극히 높고 지극히 소박하며 다소 고풍스런 관념, 많은 사람들에게는 우습게 여겨질지도 모르는 관념을 지니고 있었기 때문이다. 그러니 지금의 자신과 같이 그런 의무를 소홀히 해버린 처지에 놓이자 자기 눈에도 자신이 타락한 놈같이 보이는 것이었다.

그날 밤, 두 사람이 같이 쓰는 방에서 얼굴을 마주했을 때 그는 에른스트가 낮에 있었던 그 일을 넌지시 언급해 주기를 기다렸다. 그러나 에른스트는 조심스럽게 입을 다문 채 역시 기다리는 눈치였다. 별수 없이 옷을 벗을 때가 되자 크리스토프는 끝내 결심하고 자신의 연애에 관해서 말문을 열었다. 몹시 정신이 뒤숭숭해서 에른스트의 얼굴조차 마주 볼 수가 없었다. 부끄러움 때문에 도리어 말투가 거칠어졌다. 에른스트는 그런 형에게 조금도 도움을 주려 하지 않았다. 그는 묵묵부답인 채, 크리스토프의 얼굴은 보지도 않았다. 그러나 몰래 형의 태도를 엿보고 있었다. 크리스토프의 멋쩍은 태도나 어색하고 우스꽝스러운 말투를 하나도 놓치지 않고 보고 들었다. 크리스토 프는 아아다의 이름을 입에 올리는 것조차 간신히 할 정도였다. 그녀에 대해 서 그가 그려 낸 초상은 사랑을 받는 뭇 여성에게 적용되는 그렇고 그런 것 에 지나지 않았다. 그러나 어떻든 크리스토프는 자신의 연애에 대해 토로한 것이었다. 마음에 가득한 애정의 파도에 점차 몸을 맡겨, 사랑한다는 것은 얼마나 좋은 일인가, 캄캄한 어둠 같은 생활 속에서 이 빛을 만나기까지 자 신은 얼마나 비참했었나, 또한 깊은 애정이 없다면 인생이란 얼마나 무의미 한가, 이런 말들을 털어 놓았다. 아우는 진지하게 듣고 있었다. 싹싹하게 대 답을 했으나 질문은 하지 않았다. 그래도 감동이 깃든 악수는 역시 크리스토 프와 동감임을 나타내 주었다. 두 형제는 연애와 인생에 대한 감상을 서로 주고받았다. 크리스토프는 아우가 자신의 심정을 이해해 준 것이 기뻤다. 그 들은 잠들기 전에 형제로서의 입맞춤을 했다.

크리스토프는 언제나 조심조심하며 지극히 신중하게 자신의 연애를 에른 스트에게 고백하는 것이 습관이 되었다. 크리스토프는 에른스트의 신중한 태도를 보고서 안심이 되었던 것이다. 아아다에 대한 불안감도 넌지시 입에 올렸다. 그러나 그녀를 비난하지는 않았다. 자기 자신을 힐책하고 있었다. 아아다를 잃게 되면 더 살아가진 못할 것이라고 눈에 눈물이 글썽해지면서 말하는 것이었다.

크리스토프는 또 아아다에게도 에른스트에 대해서 말하는 것을 잊지 않았 다. 그 애는 머리가 좋고 무척 잘생겼다고 칭찬해 마지않았다.

에른스트는 아아다를 소개해 달라고는 하지 않았다. 아는 사람이라곤 하 나도 없다면서 우울한 듯이 방에 틀어박힌 채 외출할 생각조차 하지 않았다. 크리스토프는 일요일이면 여전히 아아다와 어울려 야외로 산책을 나가곤 했 으나, 아우가 집에 혼자 있는 것을 생각하면 어쩐지 신경이 쓰였다. 그러나 애인과 단둘이 되지 않고는 쓰라린 마음을 달랠 길이 없었다. 그러면서도 그 는 자신의 이기주의를 자책했다. 에른스트에게 같이 가자고 권한 것은 그 때 문이었다.

소개는 아아다의 방 어귀 계단 위에서 행해졌다. 에른스트와 아아다는 정 중히 인사를 나누었다. 아아다는 언제나 같이 어울려 다니는 미르하를 데리 고 나왔다. 미르하는 에른스트를 보자 흠칫 놀라며 가볍게 소리를 질렀다.

에른스트는 미소를 띠면서 다가서서 미르하에게 키스했다. 미르하는 그 키스를 당연한 것처럼 받았다.

"이것 봐라, 두 사람은 아는 사이였나?"

크리스토프는 놀라서 물었다.

"물론이죠."

미르하는 웃으면서 말했다.

"언제부터?"

"훨씬 전부터죠!"

"그래, 당신도 알고 있었나?" 크리스토프는 아아다를 향해 물었다. "왜 내게 일러 주지 않았지?"

"미르하가 좋아하는 사람까지도 내가 다 알고 있다고 당신은 생각하는군요!"

아아다는 어깨를 으쓱하며 말했다.

미르하는, 좋아하는 사람이라는 말을 탓하며 장난으로 성내는 시늉을 해 보였다. 크리스토프는 더는 아무것도 알 수가 없었다. 우울해졌다. 에른스트도 미르하도 아아다도 어딘지 솔직하지 않은 것처럼 생각되는 것은 어쩔 수가 없었다. 하기야 실제로는 그들이 이렇게 거짓말한다고 해서 그들을 꾸짖을 수도 없었다. 그러나 아아다에게는 아무것도 숨기지 않는 미르하가 이 사실만을 숨겨 왔다고는 믿을 수 없었고, 따라서 에른스트와 아아다가 지금까지 서로 모르는 사이였다고는 도저히 믿을 수 없잖은가. 그는 두 사람을 관찰했다. 그들은 그저 평범한 몇 마디를 잠깐 나누었을 뿐이다. 그러고는 산책하는 동안 죽 에른스트는 오직 미르하만을 상대하고 있었다. 아아다도 크리스토프 말고는 아무에게도 말을 건네지 않았다. 여느 때보다 훨씬 그에게 상냥스러웠다.

그 뒤로 에른스트는 언제나 그들과 함께 놀러 다녔다. 가능하면 크리스토프는 그가 끼어들지 않았으면 하고 바랐으나 차마 그렇게는 말할 수 없었다. 아우를 멀리하려는 것은 그를 같이 놀 상대로 삼기가 창피스럽다는 것 말고는 이유가 없었다. 그는 아무런 의심도 품지 않고 있었던 것이다. 에른스트도 의심을 받을 만한 짓은 전혀 하지 않았다. 그는 미르하에게 열중하고 있는 모양이었다. 그러면서 아아다에 대해서는 예의바르고 조심스럽게, 어떻게 보면 지나치다고 할 만큼 경의를 표하기도 했다. 마치 형에 대한 존경의 일부분을 형의 애인에게도 표시하려는 듯했다. 아아다는 그것을 이상스러워 하는 기색도 없이 마찬가지로 신중한 태도를 유지했다.

그들은 함께 어울려 긴 산책에 나섰다. 두 형제가 앞서고 아아다와 미르하가 웃고 소곤거리며 서너 걸음 뒤에 처졌다. 그녀들은 자주 길 한복판에 멈춰 서서는 오랫동안 재잘거리곤 했다. 크리스토프와 에른스트도 걸음을 멈추고 그녀들을 기다린다. 크리스토프는 나중에는 조바심에 못 이겨 다시 걸음을 떼어 놓는다. 그러나 에른스트가 재잘거리는 두 계집애와 웃고 떠드는 소리를 듣고는 발끈 약이 올라서 단박에 뒤돌아본다. 그들이 대체 무슨 소리를 하는지 알고 싶었다. 그러나 그들이 뒤따라왔을 때엔 이미 이야기는 끝나버린 뒤였다.

"너희는 늘 무슨 꿍꿍이속이냐?"

크리스토프는 물었다.

그들은 농담을 곁들여 대답했다. 세 사람은 완전히 내통하고 있었다.

*

크리스토프와 아아다는 몹시 심하게 말다툼을 한 참이었다. 두 사람은 아침나절부터 서로 화가 난 얼굴을 하고 있었다.

이럴 때면 아아다는 언제나 복수를 하려 들었다. 참을 수 없을 만큼 고약한 태도를 보이고 교만하고 불쾌한 표정을 짓게 마련이었다. 그런데 이상스럽게도 오늘만은 그렇지 않았다. 오늘에 한해서는 다만 크리스토프를 무시할 뿐, 다른 두 동행인과는 유쾌하게 떠들어 대며 신나게 어울렸다. 결국 이번 싸움에 대해서는 별로 성이 나 있지 않은 것 같았다.

반면에 크리스토프는 어떻게든 화해하고 싶었다. 그의 마음은 전에 없이 불타고 있었다. 지금까지 두 사람의 연애가 가져다준 은혜에 대한 감사의 마음과 어리석은 말다툼으로 헛되이 시간을 소비한 뒤의 후회스러운 마음, 그리고 또 까닭 모를 불안감, 이 사랑도 이제는 끝판이 다가오고 있는 것이 아닌가 하는 막막한 상념, 그러한 상념들이 그의 애정 위에 겹쳐 있었던 것이다. 그는 우울한 심정으로 아아다의 어여쁜 얼굴을 뚫어지게 바라보고 있었다. 아아다는 전혀 그가 안중에 없다는 듯이 다른 사람들과 웃어 대며 흥겨

위했다. 그 얼굴은 숱한 그리운 추억을 그의 마음속에 불러일으켰다. 이 매혹적인 얼굴은 때로(이때도 그랬다) 넘칠 듯이 호의를 가득 담고, 맑디맑은 미소를 지을 때도 있었다. 그럴 때면 크리스토프는 의문을 느끼게 마련이었다. 왜 우리 둘 사이는 더 친밀하게 잘 진행되지 못하는 것일까, 왜 우리는 자신들의 행복을 일부러 망가뜨리는 것일까, 왜 그녀는 찬연한 시간을 잊으려 하고, 자신이 지닌 선량과 정직을 등지려고 안간힘을 쓸까, 하고. 아아다는 두 사람의 애정이 지닌 깨끗함을, 비록 머릿속에서나마 흐리게 하고 더럽힘으로써 그 어떤 이해할 수 없는 만족을 느끼고 있는 것일까? 크리스토프는 어떻게든 자신이 사랑하는 이를 믿으려 했다. 또 한 번 환상을 그리려 시도했다. 나 자신이 나쁘다고 스스로를 책하며 자신에게 관대함이 결여되어 있는 것이라고 후회했다.

크리스토프는 아아다에게 다가가서 말을 건네려 했다. 아아다는 두세 마디 쌀쌀하게 답할 뿐이었다. 화해하고 싶어하는 기색이라곤 전혀 없었다. 크리스토프는 졸랐다. 잠깐이라도 좋으니 남들이 없는 곳에서 내 말 좀 들어달라고 귓가에 입을 대고 속삭였다. 아아다는 싫은 티를 내면서 따라왔다. 잠시 걸어서 미르하와 에른스트에게서 보이지 않는 곳에 이르자 크리스토프는 불쑥 그녀의 손을 잡고 용서를 빌었다. 숲 속의 마른 잎 위에서 아아다 앞에 무릎을 꿇었다. 이렇게 싸운 채로는 더 살아갈 수 없다, 산책도 아름다운 날도 즐길 수 없다, 그야말로 무엇 하나 즐길 수 없다, 나는 어떻게든 그대의 사랑을 받아야 한다고 그는 하소연했다. 그렇다, 그 자신이 부당했던 일도 흔히 있었다. 그는 거칠게 굴었고, 불쾌하게 대한 적도 있었다. 제발이지 용서해 달라고 그는 아아다에게 애원했다. 일이 이렇게 된 것은 그의 애정 그 자체에도 원인이 있었던 것이다. 크리스토프는 그들의 사랑에 범속한 것이 끼여 있는 것을 참지 못했다. 그곳에 있는 것은 전부 두 사람의 그리운 과거의 추억에 완전히 어울리는 것이어야 했다. 크리스토프는 그런 추억을 아아다로 하여금 떠올리게 했다. 처음 만났을 때의 일을, 연애 초반에 함께 지낸 나날을 생각나게 했다. 언제나 한결같이 그녀를 사랑했고 앞으로도 영원히 사랑하리라고 크리스토프는 호소했다. 제발 달아나지 말아다오! 내게는 그대가 전부이다……

아아다는 미소를 띠면서 그의 말에 귀를 기울이고 있었다. 마음이 뒤흔들려 감동하다시피 했다. 아아다는 자애로운 눈초리가 되어 있었다. 우리는 서로 사랑하고 있는 거예요, 나는 이미 성내지 않고 있어요, 하고 말하는 눈빛이었다. 두 사람은 얼싸안았다. 서로 몸을 꼭 맞대고 부둥켜안은 채, 나뭇잎이 떨어진 숲 속을 거닐었다. 그녀는 크리스토프를 사랑스러워했고, 그의 부드러운 말을 만족스럽게 여기고 있었다. 그러나 머릿속에 있는 변덕스러운 못된 계획을 버리지는 못하고 있었다. 그러면서도 아아다는 얼마간 망설였다. 아까만큼 마음이 내키지는 않았다. 그러나 아아다는 역시 계획했던 대로 해치우고 말았다. 왜 그랬을까? 누가 그것을 말할 수 있을까? …… 일단 하자고 스스로 결심했기 때문이었을까? …… 그런 것을 그 어느 누가 알 수 있으랴? 어쩌면 자신의 자유를 애인에게도 그녀 자신에게도 증명해 보이기 위해서, 오늘 그를 속이는 것이 더욱 자극적으로 생각되었기 때문인지도 몰랐다. 아아다는 이 때문에 그를 잃게 되리라고는 생각도 못했다. 잃기는 싫었다. 아아다는 지금보다도 더한층 확실하게 크리스토프를 잡게 될 것으로 믿었던 것이다.

일동은 숲 속 빈터에 이르렀다. 거기서 오솔길이 두 갈래로 나뉘어 있었다. 크리스토프는 한쪽 길을 택했다. 에른스트는 다른 한쪽 길이 목적지인 언덕 꼭대기로 가는 지름길이라고 주장했다. 아아다도 같은 의견이었다. 크리스토프는 지난날 자주 이곳을 걸어다녔으므로 길을 잘 알기 때문에 그들 생각이 잘못됐다고 버티었다. 양쪽 모두 저마다 자기네가 옳다고 우기며 물러설 줄 몰랐다. 정 그렇다면 시험해 보자는 것으로 결론이 내려졌다. 양쪽 다 자기네가 먼저 닿을 거라고 단언하고 있었다. 아아다는 에른스트와 같이 떠났다. 미르하는 크리스토프의 뒤를 따랐다. 미르하는 크리스토프의 주장이 옳다고 믿는 체하고 있었다. 그리고 "언제나 그렇죠" 하고 덧붙이는 것이었다. 크리스토프는 이 게임에 정색하며 덤벼들고 있었다. 이왕이면 지고 싶지 않아서 부리나케 성큼성큼 걸어갔다. 미르하에겐 너무나 빠른 걸음걸이였다. 미르하는 크리스토프처럼 서두르는 기색이 전혀 없었다.

"그렇게 빨리 걷지 마세요." 미르하는 예의 그 핀잔 섞인 투로 침착하게 말했다. "어떻든 우리가 먼저 닿을 테니까요."

한 가닥 생각이 크리스토프의 마음에 떠올랐다.

"하긴 그렇군." 그는 말했다. "좀 지나치게 서둘렀어. 이건 비겁하지."

크리스토프는 걸음을 늦추었다.

"그런데 나는 저것들의 마음보를 잘 알고 있지." 크리스토프는 말을 이었다. "틀림없이 뛰어갈걸. 우리보다 먼저 닿으려고 말이야."

미르하는 크게 소리내어 깔깔거렸다.

"그런 일 없으니 걱정 마세요!"

그녀는 크리스토프의 팔에 매달려서 그에게 바싹 붙어 있었다. 크리스토프보다 조금 키가 작은 미르하는 걸으면서 영리해 보이고 어쩐지 응석을 부리는 듯한 눈으로 그를 쳐다보고 있었다. 미르하는 정말 귀엽고 매혹적이었다. 마치 딴사람을 보는 기분이 들었다. 그녀처럼 잘 변하는 여성은 없었다. 평소에는 약간 창백하고 부은 듯한 얼굴이었다. 그러나 조금만 흥분하거나 어떤 즐거운 생각을 하거나 또는 남한테 아양을 떨고 싶어지거나 하기만 하면, 홀연히 그 노파 같은 인상이 사라지고 볼이 장밋빛으로 물들고 눈두덩과 눈 밑의 주름살이 펴지면서 눈이 빛나곤 했다. 그리고 얼굴 전체가 아아다의 얼굴에선 볼 수 없는 젊음과 생명과 재기(才氣)로 가득 차는 것이었다. 크리스토프는 그러한 변화에 놀라며 눈길을 피했다. 미르하와 단둘이 되자, 어쩐지 좀 마음이 뒤숭숭해졌다. 답답하고 거북했다. 그녀의 말에는 귀를 기울이지도 않았다. 대답도 별로 하지 않았다. 대답을 하더라도 엉뚱한 대답만 했다. 그는 아아다 생각만 하고 있었다. 아아다만을 생각하고 싶었다. 좀전의 그 자애로운 눈초리 생각이 났다. 마음에 그리움이 가득 차올랐다. 미르하는 맑은 하늘에 가느다란 가지를 뻗치고 있는 나무숲이 얼마나 아름다운가를, 크리스토프로 하여금 깨닫고 감탄하게 하려고 마음을 썼다. 그렇다, 모든 것이 아름다웠다. 구름은 말끔히 가신 뒤였다. 아아다는 크리스토프의 품으로 돌아온 것이다. 크리스토프는 두 사람 사이에 있는 얼음장을 깨는 데 성공한 것이다. 두 사람은 다시 서로 사랑하게 되었잖은가. 두 사람은 이미 한 몸이 아니고 무엇이겠는가. 크리스토프는 후유 한숨을 내쉬었다. 대기는 얼마나 상쾌한가! 아아다는 그에게로 돌아온 것이다…… 모든 것이 그로 하여금 아아다 생각이 나게 한다…… 공기는 습기를 살짝 머금고 있었다. 아아다는 혹시 춥지나 않을까? 아름다운 나무들은 마치 가루라도 뿌린 듯이 흰 서리로 덮여 있었다. 아아다에게 저것을 보여 주지 못하는 것이 유감스럽구나! …… 그러나 그는 문득 내기 생각이 났다. 걸음을 빨리했다. 길을 잘

못 들지 않도록 조심했다. 이윽고 목적지에 닿자 크리스토프는 신이 나서 말했다.

"우리가 먼저 왔어!"

그는 기쁜 듯이 모자를 흔들어 댔다. 미르하는 미소 지으며 크리스토프를 바라보고 있었다.

그들이 있는 곳은 숲 속 한복판의 길고 험한 바위 위였다. 개암나무와 조그만 참나무 숲으로 둘러싸인 언덕 위의 그 높직한 곳에서는, 숲으로 덮인 비탈, 자줏빛 안개가 낀 전나무 가지, 푸른 기운이 도는 골짜기 사이를 마치 기다란 띠처럼 흐르는 라인강이 굽어보였다. 사람 목소리도 들리지 않는다. 산들바람도 한 점 없었다. 둔한 태양의 창백한 광선 아래, 추운 듯 햇빛을 쬐며 꼼짝도 하지 않는 고요한 어느 겨울날이었다. 가끔 멀리 골짜기를 달리는 기차의 짧은 기적 소리가 아스라이 들려온다. 크리스토프는 바위 가장자리에 우뚝 서서 그러한 경치를 바라보고 있었다. 그러한 크리스토프를 미르하는 유심히 바라보았다.

크리스토프는 매우 흔쾌한 듯이 미르하 쪽을 돌아본다.

"보라구! 개들은 굼벵이야. 내가 말한 대로지!······ 별수 없지! 기다려 줄 수밖에······"

크리스토프는 양지바른, 금이 간 땅바닥에 누웠다.

"그래요, 기다리기로 합시다······." 미르하는 모자를 벗으며 대꾸했다.

미르하의 말투에는 어쩐지 빈정거림이 섞여 있는 것 같았다. 크리스토프는 몸을 일으키고 그녀의 얼굴을 뚫어지게 바라봤다.

"왜 그래요?" 미르하는 시치미를 딱 떼고 물었다.

"지금, 당신 뭐랬지?"

"기다리기로 하자고 했죠. 그렇게 나를 재촉해 댈 필요는 없었지 뭐예요."

"그건 그래."

두 사람은 울퉁불퉁한 땅바닥에 누워서 기다렸다. 미르하는 나직한 음성으로 노래를 부르고 있었다. 크리스토프는 간간이 그 노래를 중얼거렸다. 그러다가 자꾸만 노래를 멈추고 귀를 기울였다.

"발소리가 들리는 것 같은데."

미르하는 여전히 노래를 불러 대고 있었다.

“잠깐만 그쳐.”

미르하는 노래를 그쳤다.

“아냐, 아무 소리도 아니군.”

미르하는 다시 노래를 부르기 시작한다.

크리스토프는 이제 더 참을 수 없었다.

“혹시 길을 잃은 게 아닐까.”

“길을 잃어요? 잃을 리 없어요. 에른스트는 어느 길이나 다 알고 있는걸요.”

한 가닥 야릇한 생각이 크리스토프의 머리를 스쳤다.

“걔들이 먼저 와서 우리가 오기 전에 가 버린 게 아닐까?”

미르하는 벌렁 누워서 하늘을 쳐다보고 있었는데, 노래 도중에 갑자기 미친 듯이 웃음을 터뜨려 버렸다. 숨이 넘어가도록 웃어 댔다. 크리스토프는 그래도 자기 생각을 고집했다. 그들은 이미 정거장에 가 닿았을 것이라고 하면서 어서 내려가고 싶어했다. 미르하는 그제야 겨우 몸을 움직였다.

“그러다가 오히려 그 애들을 잃어버리게요! 정거장이라고는 전혀 말하지 않았어요. 여기서 만나기로 했잖아요.”

크리스토프는 다시 그녀 곁에 앉았다. 미르하는 그가 안달이 나서 기다리는 것을 재미있어했다. 크리스토프는 자신을 유심히 살피고 있는 미르하의 조롱 어린 눈초리를 느끼고 있었다. 크리스토프는 진심으로 걱정이 되었다. 두 사람을 위해서 진심으로 걱정했다. 크리스토프는 그들을 추호도 의심하지 않고 있었던 것이다. 크리스토프는 다시 일어섰다. 숲으로 되돌아가서 두 사람을 찾아보자, 두 사람의 이름을 불러 보자고 그는 말했다. 미르하는 나직이 킬킬거렸다. 그러고는 호주머니에서 바늘과 가위와 실을 꺼내더니, 태평스럽게 모자의 날개깃 장식을 떼었다 붙였다 했다. 마치 온종일이라도 이렇게 죽치고 앉아 있을 마음보인 것 같았다.

“안 돼요, 안 돼, 바보 같으니라구.” 미르하는 말문을 열었다. “오고 싶기만 하면 부르지 않아도 올 거라고 생각되진 않나요?”

그는 가슴을 찔린 듯한 느낌이었다. 그녀를 돌아보았다. 미르하는 그를 보지도 않고 일에 몰두하고 있었다. 그는 그녀에게 다가갔다.

“미르하!”

그는 말했다.

"왜요?"

그녀는 일손을 멈추지 않고 물었다.

크리스토프는 더욱 가까이에서 그녀의 얼굴을 보려고 그 자리에 꿇어앉았다.

"미르하!"

그는 되풀이해서 불렀다.

"왜 그러시냐구요?" 그녀는 일거리에서 눈을 들더니 미소 지으며 그의 얼굴을 바라보았다. "왜 그러시죠?"

그녀는 마치 정신 나간 것 같은 그의 얼굴을 흘긋 보고는 깔보는 듯한 표정을 띠었다.

"미르하!" 그는 목멘 소리로 물었다. "당신 생각을 말해 줘……"

그녀는 어깨를 으쓱하더니 미소 지으며 다시 일손을 재촉했다.

크리스토프는 그녀의 손을 덥석 잡고 그녀가 꿰매고 있던 모자를 집어들었다.

"이런 건 집어치워, 집어치우라구. 그리고 자, 어서 들려주오……"

미르하는 그의 얼굴을 똑바로 바라보았다. 그리고 기다렸다. 크리스토프의 떨리는 입술을 보았다.

"당신은." 크리스토프는 몹시 낮은 음성으로 말했다. "에른스트와 아아다가? ……"

미르하는 미소를 머금었다.

"물론이죠!"

크리스토프는 성이 나서 벌떡 일어섰다.

"아니야! 아냐! 그럴 리 없어! 당신은 그렇게 생각지 않을 거야! ……거짓말이야! 거짓말이야!"

미르하는 그의 두 어깨에 손을 얹어 놓더니 몸을 배배 꼬며 웃어 젖혔다.

"바보군요! 정말 바보예요, 당신은!"

크리스토프는 미르하의 몸을 거칠게 뒤흔들었다.

"웃지 마! 왜 웃는 거야? 만약에 그게 참말이라면, 당신이 어떻게 웃을 수 있지? 당신은 에른스트를 사랑하고 있을 텐데……"

미르하는 계속 웃어 댔다. 크리스토프를 끌어당겨 키스를 했다. 크리스토프는 저도 모르게 키스를 돌려주었다. 그러나 자신의 입술 위에 아우의 키스로 아직도 따가운 그녀의 입술을 느꼈을 때 그는 소스라쳐서 몸을 뺐다. 미르하의 얼굴을 자신의 얼굴에서 떼어 놓으며 물었다.

"그럼, 당신은 알고 있었던 건가? 다 같이 짜고서 한 거야?"

그녀는 웃으며 "그래요" 했다.

크리스토프는 소리도 지르지 않았다. 노여움의 시늉도 없었다. 이미 숨도 쉴 수 없는 듯이 입을 벌릴 뿐, 눈을 감고 두 손으로 가슴을 꼭 눌렀다. 심장이 터져 버릴 것만 같았다. 순간, 땅바닥에 푹 쓰러지며 두 손으로 머리를 싸안았다. 그러고는 어렸을 때처럼, 혐오와 절망의 발작으로 바들바들 몸을 떨었다.

별로 성질이 곱지 못한 미르하도 그가 가엾게 느껴졌다. 충동적으로 모성적인 연민의 정이 솟아올라 그에게 상체를 수그렸다. 부드러운 말을 건네고는 약소금 병을 그의 코에 들이대어 맡게 하려 했으나, 크리스토프는 흠칫 몸을 떨며 미르하를 밀어젖혔다. 그러다가 갑자기 벌떡 일어났다. 미르하는 무서움을 느꼈다. 크리스토프에겐 복수할 힘도 없었고, 복수하고 싶은 마음도 없었다. 뚫어지게 미르하를 바라보았다. 크리스토프의 얼굴은 고통으로 경련을 일으키고 있었다.

"부끄러운 줄도 모르는 것 같으니라고!" 고뇌로 짓이겨진 크리스토프는 말했다. "너는 네가 얼마나 몹쓸 짓을 했는지 모르고 있는 거야……"

미르하는 크리스토프를 붙들려 했으나 그는 숲 속으로 달아났다. 이런 창피스러운 짓, 이런 파렴치한 무리, 그들이 자신을 그곳으로 끌어들이려 했던 불륜(不倫)의 공동 연애 등에 혐오감으로 침을 뱉으며, 크리스토프는 눈물을 흘리며 몸을 떨고 불쾌감으로 목메어 울고 있었다. 미르하가, 그들 모두가, 자기 자신이, 자신의 육체와 마음이 지긋지긋하게 느껴졌다. 경멸의 폭풍이 크리스토프의 몸속에서 사납게 휘몰아치고 있었다. 그 폭풍은 훨씬 전부터 준비되어 있던 것이었다. 저속한 사상, 비열한 타협, 크리스토프가 수개월 전부터 그 속에서 살아온 썩어 문드러지고 독기(毒氣)에 가득 찼던 분위기 등에 대하여 조만간 반동이 올 수밖에 없었다. 그러나 사랑하고 싶은 욕구, 사랑하는 것에 대해서 맹목(盲目)이 되고 싶은 갈구가 이 위기를 될 수 있는 대로 늦추어 온 것이었다. 그것이 이제 갑자기 폭발했다. 잘된 일이었다. 대기의 크나큰 숨결이, 준엄한 순결의 큰 숨결이, 얼음장같이 차가운 북풍이 독기를 말끔히 쓸어 버려 주었다. 혐오감이 아아다에 대한 사랑을 단번에 때려눕혀 준 것이었다.

아아다는 이러한 행위로 크리스토프에 대한 지배권을 더한층 공고히 할 셈이었으나, 그것은 이번에도 역시 자신을 사랑하는 자에 대한 섣부른 몰이해를 증명하는 결과가 되었을 뿐이었다. 질투는 더러워진 마음을 붙들어 맬 수는 있어도, 크리스토프와 같이 젊고 자존심으로 가득 찬 맑은 성품은 오로지 이에 반발할 뿐이었다. 그러나 그가 특히 용서할 수 없었던 것은, 또한 이후로도 결코 용서할 수 없는 것은 이러한 배신 행위가 아아다에게 있어서는 정열 때문에 생겨난 것이 아니라는 점이었다. 그것은 그저 여성으로서는 억누르기 어려운 변덕, 어리석고 비천한, 이따금은 불가항력적인 그런 변덕에서 생겨난 것도 아니었다. 아니다. 크리스토프는 이제 깨달았다. 그녀의 경우 그것은 그를 타락시키고, 그를 욕되게 하고, 자신에게 대항하는 그의 도덕심과 굳은 신념을 응징하고, 그를 자기 수준으로까지 끌어내려 자신의 발밑에 무릎꿇게 하여, 자신의 해로운 힘을 자신에게 증명하고 싶다는 은밀한 욕망이었다. 이제 크리스토프는 온몸의 뼈와 털이 뻣뻣해질 정도로 소름이 돋는 느낌에 사로잡히며 생각한다. 숱한 사람들이 지니고 있는 이 더럽혀 주고 싶다는 욕구, 자신 속이나 남들 속에 있는 맑은 것을 더럽혀 주고 싶다는 욕구는 대체 무엇일까? 더러운 것 속을 뒹굴며 쾌락을 맛보고, 피부 표면에 이미 깨끗한 곳이라곤 하나도 없게 되면 행복을 느낀다는 그런 돼지 같은 영혼은? ……

아아다는 크리스토프가 찾아오기를 이틀쯤 기다렸다. 그러다가 걱정이 되어 달콤하게 소곤거리는 글을 써 보냈다. 그 편지에서는 지난번 그 일에 대해서는 전혀 언급하지 않았다. 그 편지에 대한 회답은 없었다. 크리스토프는 어떻게도 표현할 수 없는 깊은 증오감으로 아아다를 미워하고 있었다. 그는 자신의 생활로부터 아아다를 말살해 버렸다. 아아다는 이미 그에게는 존재하지 않았던 것이다.

*

크리스토프는 아아다로부터 해방되었다. 그러나 자기 자신으로부터는 해방되지 못했다. 자신을 속이며, 지난날의 맑고 힘찬 조용한 생활로 되돌아가려고 애썼으나 헛수고였다.

사람이란 과거로 돌아갈 수 있는 것이 아니다. 길은 앞으로 계속해서 가야 한다. 아무리 뒤를 돌아보았자 헛일이다. 그래 봐야 자신이 지나온 고장이나 묵어 온 집의 굴뚝에서 나는 아스라한 연기가 추억의 안개 속에서 지평선 너머로 스러져 가는 것이 보일 따름이다. 그리고 정열을 불태운 수개월만큼 우리를 우리의 옛 영혼으로부터 멀어지게 하는 것은 없다. 길이 갑자기 구부러지며 풍경이 아주 달라진다. 자신이 뒤에 남긴 것에 마지막 이별을 고한 셈이다.

크리스토프는 그것을 인정할 수 없었다. 그는 과거를 향해 팔을 뻗쳤다. 깨끗이 체념해 버렸던 고독한 옛 영혼을 되살리려고 고집스레 안간힘을 썼다. 하지만 그 영혼은 이미 존재하지 않았다. 정열은 정열 그 자체보다도 그것이 낳는 수많은 폐허 때문에 위험한 것이다. 크리스토프는 다시는 사랑하지 않으려 했으나 헛일이었다. 연애를—잠깐—멸시하려 했지만 역시 헛일이었다. 그에게는 연애의 손톱자국이 남아 있었던 것이다. 그의 마음속에는 휑뎅그렁한 공허가 자리잡고 있어, 그것을 채워야만 했다. 한번 경험한 사람이면 누구나 불태워 버리게 마련인, 저 애정과 쾌락과의 무서운 욕구 대신, 설사 그 반대되는 정열이라도 좋으니 어떤 다른 정열이 필요했던 것이다. 예컨대 경멸의 정열이라든가 오만스러운 순결의 정열이라든가 덕(德)에 대한 신념의 정열이라든가. 그러나 이것만으로는 부족했다. 이미 그의 굶주림을 채우기엔 부족했다. 그것은 단지 한순간의 속임수에 지나지 않았다. 그의 생활은 격심한 반동(反動)의 연속이었다. 극단(極端)에서 극단으로 옮겨 가는 비약의 연속이었다. 어떤 때는 비인간적인 금욕주의의 규칙에 억지로 생활을 따르게 하려 했다. 예를 들면 더는 먹지 않고 물만 마시며 걷거나 고된 일을 하거나 밤샘을 하거나 하여 육체를 학대하며, 모든 쾌락을 스스로 금했다. 그러나 어떤 때는 자기와 같은 사람에게는 힘이야말로 참다운 도덕이라고 믿곤 했다. 그러면서 한껏 쾌락을 추구했다. 하지만 어느 경우에나 그는 불행했다. 그는 이미 홀로 있을 수는 없었다. 또한 이미 혼자 있지 않고는 견딜 수 없는 처지였다.

크리스토프를 구하는 오직 하나의 길은 참다운 우정을, 아마도 로자의 우정을 찾는 데 있었는지도 모른다. 그는 그 속으로 도망칠 수 있었을 것이다. 그러나 두 집안은 완전히 사이가 갈라져 있었다. 두 사람은 다시 만날 수도 없었다. 단 한 번, 크리스토프는 우연히 로자를 만난 적이 있었다. 로자는 미사를 마치고 나오는 참이었다. 크리스토프는 로자에게 다가가기를 망설였다. 로자는 크리스토프의 모습이 눈에 띄자 이쪽으로 다가오는 듯한 움직임을 보였다. 그러나 그가 계단을 내려가는 신자들의 파도를 헤치며 로자 쪽으로 가려 하자 그녀는 눈길을 피했다. 그가 곁으로 다가서자 쌀쌀맞은 인사말만 하고는 그냥 지나쳐 버렸다. 크리스토프는 소녀의 마음속에 엉겨 있는 차디찬 경멸을 느꼈다. 로자가 지금껏 자신을 사랑하고 있고 그것을 고백하고 싶어한다는 것을 그는 알아차릴 수가 없었다. 그러면서도 그녀는 자신의 그러한 사랑을 죄악으로 느끼며, 마음으로 탓하고 있었던 것이다. 크리스토프를 타락한 불량 청년으로 여기며 지금까지보다도 훨씬 자신과는 먼 사람인 듯이 생각하고 있었다. 이리하여 두 사람은 영원히 서로를 잃고 만 것이었다. 그렇긴 하지만 이것은 그들 어느 쪽을 위해서나 다행스러운 일이었는지도 모른다. 로자는 선량한 여성이긴 했으나 그를 이해할 수 있을 만한 생명력이 없었다. 크리스토프는 애정과 존경을 필요로 하고 있었으나 기쁨도 괴로움도 공기도 없는, 닫힌 평범한 생활에서는 아마 숨조차 쉬지 못했으리라. 둘 다 괴로워했으리라. 서로 상대를 괴롭힘으로써 괴로워했으리라. 틀림없이 두 사람을 갈라놓는 불운은 흔히 있는 일로서, 강인하고 영속력 있는 사람들에게는 오히려 하나의 행운이었던 것이다.

그러나 당시에는 그것이 두 사람에게는 여간 큰 슬픔이며 불행이 아닐 수 없었다. 특히 크리스토프에게는 더욱 그러했다. 가장 많은 지성을 지닌 자로부터 지성을 빼앗고 가장 선량한 자로부터 선량함을 빼앗아 버리는 듯한, 저 완강하며 사리에 어두운 덕(德)과 도량 좁은 마음은 그를 조바심나게 하고 그에게 상처를 입혔다. 이리하여 그는 반항적으로 방탕한 생활로 뛰어들게 된 것이다.

크리스토프는 아아다와 더불어 근교의 선술집을 돌아다닐 때 서너 명의 유쾌한 청년들, 보헤미안들과 사귈 수 있었다. 그들의 무심하고 자유로운 생활은 크리스토프에게 그다지 불쾌한 것이 아니었다. 그중 하나인 프리데만은 그와 같은 음악가로서 오르간을 연주하고 있었다. 나이는 서른쯤, 재주도 없지는 않았고 자기 일에도 능통했다. 그러나 구제할 도리 없는 게으름쟁이여서 평범한 생활을 벗어나려고 애쓰기보다는 차라리 굶어 죽거나 목말라 죽거나 하는 편이 낫다는 그런 사나이였다. 그는 악착스럽게 살아가는 사람들에 대해 악담을 하며 게으르게 사는 자신을 달래고 있었다. 또한 제법 재치 있는 농담으로 남들을 웃겨 주기도 했다. 그들 한패의 어느 사람보다도 제멋대로인 그는, 제아무리 지위가 높은 사람도 마냥 깎아내려서 기를 죽여 주곤 했다. 하기야 눈짓이나 암시로 슬쩍슬쩍 비방하는 것이긴 했지만.

그는 또 음악계의 정설(定說) 같은 것은 깡그리 무시하며, 당대의 대음악가들이 부당하게 획득하고 있는 명성에 대해서 음험한 공격을 퍼붓기도 했다. 여성도 그의 조롱 앞에서는 용서받지 못했다. 여자를 싫어하는 것으로 이름난 어느 수도승이 말했다는 옛말을 그는 즐겨 농담조로 지껄이곤 했는데, 크리스토프는 누구보다도 이 말이 지닌 신랄한 맛을 실감할 수 있었다.

'Femina mors animae.(계집이란 영혼을 사멸케 하느니라)'

억울하고 원통한 생활 속에 있는 크리스토프는 프리데만과 담소함으로써 울적한 마음을 다소 잊을 수 있었다. 그러면서도 프리데만을 비판하고 있었다. 그 저속한 조롱 정신을 언제까지고 오래도록 즐기고만 있을 수는 없었다. 끊임없이 농담을 지껄이거나 늘 반대만 일삼는 지껄임은 끝내는 사람들을 화나게 하고 또한 무기력을 느끼게 하는 것이었다. 그러나 한편으로는 또한 속인의 자기만족적인 어리석음으로 마음을 편하게 해 주는 것이기도 했다. 크리스토프는 마음속으로는 이 벗을 깔보면서도 이미 그 없이는 지낼 수 없었다. 두 친구는 언제나 함께 어울려, 프리데만 그룹의 더욱 형편없고 정체조차 모호한 낙오자들과 나란히 식탁에 둘러앉곤 했다. 며칠 밤을 계속 도박을 하거나 크게 떠들어 대거나 술을 퍼마시거나 했다. 크리스토프는 돼지고기 요리와 담배 연기가 뒤범벅이 되어 속이 메슥메슥한 냄새 속에서 홀연히 눈을 뜨는 수가 있었다. 그럴 때면 그는 흐릿한 눈초리로 주위를 둘러보았다. 그들이 눈에 설었다. 그는 고통으로 가슴이 죄어드는 가운데 생각했다.

'나는 도대체 어디 와 있는 것일까? 이 녀석들은 어떤 놈들일까? 나는 이 놈들과 무엇을 하려는 것일까?'

그들의 말소리나 웃음소리를 들으면 크리스토프는 구역질이 나곤 했다.

그러나 그들과 헤어져 버릴 만한 힘이 없었다. 집으로 돌아가서 자신의 욕망이나 회한과 마주치기가 두려웠다. 크리스토프는 자기 몸을 망쳐 가고 있었던 것이다. 그 자신도 그것을 알고는 있었다. 그는 언젠가는 자신도 그렇게 되고 말 타락한 모습을 프리데만에게서 보았다. 그것은 잔인스러울 만큼 또렷하고 눈에 선했다. 그러다 보니 이런 위협으로 눈이 뜨이기는커녕, 도리어 그것에 완전히 짓눌려 버리는 극심한 의기소침 상태를 그는 겪고 있었다.

아마도 크리스토프는 자신을 파멸시킬 수만 있다면 그렇게 했을 것이다. 그러나 다행히도 그는 그 같은 종류의 사람들처럼, 여느 사람들이 갖지 못한 파괴에 대한 반발력과 피난처를 지니고 있었다. 우선 첫째로 힘이 있었다. 지성보다도 지성적이며 의지보다도 강인한, 함부로 죽어 버리려 하지는 않는 삶의 본능이 있었던 것이다. 크리스토프는 또한 예술가의 불가사의한 호기심을, 참된 창조적인 힘을 지니도록 혜택받은 사람에게만 있는 격렬한 몰아성(沒我性)을 자기도 의식 못하는 가운데 소유하고 있었다. 아무리 사랑하고 괴로워하고 자신의 정열에 제 모든 것을 바치고 있어도, 크리스토프는 그러한 정열을 유심히 바라보고 있었다.

그러한 것들은 그의 내부에 있었다. 그러나 그것은 그가 아니었다. 무수히 많은 조그만 영혼이 그의 내부 세계에서, 미지의 그러나 확실하며 고정되어 있는 한 점으로 남모르게 이끌리고 있었다. 그것은 마치 공간에서 하나의 신비로운 못(淵)으로 빨려 당겨지고 있는 별의 세계와 똑같았다. 이러한 무의식적인 이중성(二重性)의 지속적인 상태는, 일상생활이 잠든 깊은 잠의 심연에서 스핑크스의 눈이, 존재의 다양한 얼굴이 수면의 심연에서 떠올라 오는 눈이 어질어질한 순간에 곧잘 나타났다. 크리스토프는 1년 전부터 환몽(幻夢) 때문에 심하게 괴롭힘을 당하고 있었다. 꿈속에서 그는 일순간에 절대적인 환영으로써 또렷이 느끼곤 했다. 자신이 동시에 숱한 다른 존재, 더구나 흔히 여러 세계나 여러 세기로 서로 떨어져 있는 머나먼 다수의 존재라는 사실을. 눈을 뜨고도 환각의 불안감은 남아 있었고, 더구나 그 원인이었던 것은 떠올려 볼 수가 없었다. 마치 고정관념에서 나오는 피로 같은 것이어서 고정관념이 소멸되어 버린 뒤에도 그 흔적만은 남으나, 그것이 어떤 것인지는 이미 알 수 없는 경우와 흡사했다. 그러나 그의 영혼이 나날의 그물속에서 괴로운 듯이 허우적거리고 있을 때 또 하나의 주의 깊은 명랑한 영혼이, 그의 내부 세계에서 그 자신의 필사적인 노력을 지켜보고 있었다. 그 영혼의 모습은 그의 눈에 보이지 않았다. 그러나 그 영혼은 자신의 숨겨진 빛의 반조(返照)를 그에게 투사하고 있었다. 그 영혼은 탐욕적이었다. 이들 남성을, 이들 여성을, 이 대지를, 또 이들 정열이나 사상을, 설사 그것이 쓰라리거나 범용하거나 비천한 것이라 해도, 그 영혼은 전부 기꺼이 느끼며 관대히 받아들이고 관찰하며 이해하고 있었다. 그리하여 그것만으로도, 그러한 것에 자신이 지닌 빛을 조금이라도 전할 수가 있었고 크리스토프를 허무에서 구해 낼 수가 있었던 것이다. 이 영혼은 그에게 자신은 완전히 고독하지는 않다는 것을 느끼게 했다. 그리고 모든 것이 되고 싶고 모든 것을 알고 싶어하는 이 제2의 영혼은, 온갖 파괴적인 정열에 대하여 그를 지키는 성벽을 쌓아 주었다.

이 영혼은 크리스토프가 물 위에 머리를 쳐들고 있도록 도와주긴 했으나, 그는 아직 혼자 힘으로 거기서 빠져나올 수는 없었다. 좀처럼 자신을 제어하고 정신을 집중할 수 없었다. 아무 일도 할 수가 없었다. 마침내 풍요하게 결실하게 될 정신적인 위기를, 그는 통과하고 있었던 것이다. 그의 앞날의 모든 삶은 이미 거기에 싹트고 있었다. 그러나 이 마음속의 풍요는 아직은 미친 듯한 행위로밖엔 나타나 있지 않았다. 이런 넘치도록 가득한 힘의 직접적인 결과는 더없이 빈약한 생산력의 그것과 조금도 다를 바가 없는 것이었다. 크리스토프는 자신의 생명력 때문에 물에 빠져 허우적거리는 꼴이 되어 있었다. 그의 온갖 힘은 무서운 압력을 받고 너무나 빨리, 더구나 그 전부가 동시에 커지고 말았다. 오직 의지만이 그다지 빨리 성장하지 못하고 있었다. 의지는 그들 괴물 떼에 위협을 받고 있었다. 크리스토프의 인격은 흔들거렸다. 이 지진, 마음속의 이 격변은 남의 눈엔 하나도 띄지 않았다. 크리스토프 자신에게도, 바라거나 창조하거나 생존하거나 하는 힘이 결여되어 있는 것밖엔 보이지 않았다. 욕망, 본능, 사상 등이 마치 화산에서 유황 연기가 뿜어져 나오듯이 속속 솟아났다. 그는 스스로에게 물었다.

'이번엔 무엇이 나올까? 나는 대체 어떻게 될까? 언제까지나 이러는 것일까? 아니면 크리스토프는 영영 글러 버리고 마는 것일까? 크리스토프는 영원히 하찮은 인간에 지나지 않게 될까?'

그런데 이제 여기 유전적인 본능이, 그보다 이전에 살고 간 조상의 악덕이

나타난 것이었다.

크리스토프는 술에 곤드레만드레 취해 버렸다.

*

크리스토프는 언제나 술냄새를 풍기면서 비틀거리며 집으로 돌아왔다. 낙망하고 피곤에 지친 몰골이었다.

불쌍한 루이자는 그러한 아들을 바라보며 한숨짓기만 했다. 아무 말 없이 그저 기도만 드리는 것이었다.

그런 어느 날 밤 크리스토프가 시내 어귀에 가까운 술집에서 나왔을 때, 대여섯 걸음 앞에서 터벅터벅 걷고 있는 고트프리트 외삼촌이 눈에 띄었다. 변함없이 등짐을 짊어진 기묘한 모습이었다. 지난 몇 달째 이 작은 사나이는 이곳에 돌아오지 않았다. 그의 부재 기간은 점점 길어져 갔다. 크리스토프는 기쁨에 못 이겨 그를 불러 세웠다. 무거운 등짐 밑에 몸을 수그린 고트프리트는 뒤돌아보았다. 크게 팔을 흔들어 손짓하는 크리스토프를 보자, 외삼촌은 차량 통행을 막는 한길 복판의 돌멩이 위에 걸터앉아서 그를 기다렸다. 크리스토프는 얼굴을 빛내며 한달음에 달려갔다. 더할 수 없는 애정을 나타내 보이며 그는 외삼촌의 손을 쥐고 힘차게 흔들었다. 고트프리트는 오랫동안 생질의 얼굴을 지그시 바라보더니 한참 만에 입을 열었다.

"안녕하슈, 멜키오르 씨."

크리스토프는 외삼촌이 착각을 했나 보다 싶어서 크게 소리내어 웃어 젖혔다.

'가엾게도 망령이 드셨나 보다.' 크리스토프는 그렇게 생각했다. '기억력이 쇠퇴한 거야.'

아닌 게 아니라 고트프리트는 늙어 빠진 몰골이 되어 있었다. 시들어 쪼그라들고 이지러져 있었다. 괴로운 듯이 단속적으로 잔기침을 콜록거렸다. 크리스토프는 계속 지껄여 댔다. 고트프리트는 등짐을 다시 짊어지더니 말없이 걸음을 옮겨 놓는다. 두 사람은 나란히 귀로에 올랐다. 크리스토프는 손짓 발짓을 하며 큰 소리로 지껄였고 고트프리트는 가벼운 기침을 하며 묵묵히 걷기만 했다. 크리스토프가 말을 걸자, 고트프리트는 다시 또 그를 멜키오르라고 불렀다. 이번에는 크리스토프도 그 이유를 묻지 않을 수 없었다.

"이보세요, 외삼촌! 왜 저를 멜키오르라고 부르시지요? 전 크리스토프예요. 잘 알면서 그러시네. 제 이름을 잊으셨나요?"

고트프리트는 여전히 걸음을 옮겨 놓으며 그를 향해 눈을 쳐들더니 그의 얼굴을 유심히 살펴보고는 머리를 설레설레 저었다. 그러고는 쌀쌀하게 말했다.

"아니지. 자네는 멜키오르일세. 분명히 본 기억이 있지."

크리스토프는 흠칫 놀라서 걸음을 멈추었다. 고트프리트는 터벅터벅 걷기를 계속했다. 크리스토프는 항의도 하지 않고 그 뒤를 따라갔다. 취기도 가셔 버렸다. 어느 한 요릿집 문 앞을 지나갈 때 그는 어귀의 가스등과 쓸쓸한 포석이 비쳐 있는 흐린 유리창으로 다가가서 얼굴을 비추어 보았다. 멜키오르의 얼굴이 거기 있었다. 크리스토프는 소스라칠 듯이 놀라 집으로 돌아갔다.

그는 자기 마음에 물어보기도 하고 영혼 속을 탐색하며 그 밤을 지새웠다. 비로소 알 수 있었다. 그렇다, 자신의 내부에 싹터 있는 본능과 악덕을 인식한 것이었다. 그는 오싹하지 않을 수 없었다. 죽은 아버지 곁에서 밤샘을 한 기억, 그때 한 맹세가 생각났다. 그 뒤의 자기 생활을 돌이켜 보았다. 맹세는 낱낱이 저버렸다. 지난 한 해 동안, 나는 과연 무엇을 했던가? 자신의 신을 위해, 자신의 예술을 위해, 자신의 영혼을 위해서 과연 무엇을 했단 말인가? 부질없이 잃어버려지지 않은 날, 함부로 허비되지 않은 날, 더럽혀지지 않은 날이라곤 단 하루도 없었다. 하나의 작품도 없고 하나의 사상도 없고, 영속된 하나의 노력도 없었다. 혼돈된 욕망이 서로를 파괴하고 있었다. 바람, 먼지, 허무…… 희구하던 것이 무슨 쓸모가 있었던가? 바라던 것은 무엇 하나도 없었다. 바라던 것과 반대되는 짓만을 해 왔다. 되고 싶지 않았던 것이 되고 말았다. 이것이 그의 생활 계산서였다.

그는 전혀 잠을 못 이루었다. 아침 6시쯤 해서―이때는 아직 어둑했는데―고트프리트가 떠날 채비를 하는 소리가 들려왔다. 고트프리트는 더 묵을 생각이 없었던 것이다. 이 도시를 지나는 김에 언제나처럼 누이동생과 조카에게 키스를 해 주러 들른 것이었다. 그러나 다음 날엔 다시 떠날 거라고 그는 미리 똑똑히 말해 놓고 있었다.

크리스토프는 아래층으로 내려갔다. 고트프리트는 하룻밤 사이의 고민 때문에 온통 살이 빠지고 여윈 그의 창백한 얼굴을 눈여겨보았다. 자애로운 미소를 건네며 그는 같이 좀 걷지 않겠느냐고 했다. 두 사람은 아직 날이 밝기 전에 나란히 집을 나섰다. 이미 아무런 말도 할 필요가 없었다. 서로 이해하고 있었던 것이다. 묘지 옆을 지날 때, 고트프리트는 말문을 열었다.

"들어가 보자꾸나."

이 고장에 오면 그는 꼬박꼬박 장 미셸과 멜키오르를 찾았다. 크리스토프는 지난 한 해 동안 여기를 들러 본 적이 없었다. 고트프리트는 멜키오르의 무덤 앞에 무릎을 꿇었다. 그리고 말했다.

"두 분이 고이 잠드시도록, 그리고 우리를 괴롭히시지 않도록 우리 기도를 드리자."

그의 생각에는 언제나 불가사의한 미신과 뚜렷한 분별이 혼합되어 있었다. 그것은 때때로 크리스토프를 놀라게 했다. 그러나 이번만은 그 생각을 알고도 남음이 있었다. 묘지에서 나올 때까지, 두 사람은 더는 아무 말도 하지 않았다.

삐걱거리는 철문을 다시 닫고, 함박눈이 흩날리는 묘지의 삼나무 밑 오솔길을 더듬었다. 담벼락을 따라 바야흐로 눈을 뜨기 시작한 을씨년스러운 벌판을 걸어가다가 크리스토프는 왈칵 울음을 터뜨리고 말았다.

"아아! 외삼촌!" 크리스토프는 울부짖었다. "난 괴롭습니다!"

사랑의 시련에 대해서는 고트프리트가 당혹할 것이라는 기묘한 염려 때문에 크리스토프는 차마 입에 담지 못했다. 그러나 자신의 치욕스러움과 범용한 점, 비겁한 점, 또한 맹세를 어긴 점 등을 그는 토로하고야 말았다.

"외삼촌, 어떡하면 좋지요? 난 희망을 품었어요. 그리고 싸웠어요. 하지만 한 해가 지나도 전과 같은 자리에 있는 거예요. 아니, 그 정도가 아니라! 뒷걸음질을 쳐 버렸어요. 난 쓸모없는 놈이에요, 아무 데도 쓸데가 없단 말이에요! 난 생활을 잡쳐 버리고 만 거예요. 맹세를 저버렸어요! ……"

두 사람은 시가지를 굽어보는 언덕 위로 올라갔다. 고트프리트는 자애롭게 말을 건넸다.

"그런 것은 이번이 마지막은 아니란다. 사람은 누구나 제 희망대로 뜻을 이룰 수 있는 게 아니야. 인간은 희망을 품는다, 인간은 살아간다. 그것은 전혀 별개의 것이야. 끙끙 앓지 말고 체념하거라. 중요한 것은 말이다, 알겠느냐, 희망하거나 살아가는 데 싫증을 느끼지 않는다는 것이야. 그 밖의 일은 우리가 알 바 아니란다."

크리스토프는 절망적으로 되풀이했다.

"난 맹세를 어긴 거예요!"

"들리느냐?"

고트프리트가 묻는다.

시골집에서 첫닭이 울고 있었다.

"저 닭은 맹세를 어긴 누구를 위해서도 울어 준단다. 닭은 매일 아침마다 우리 하나하나를 위해서 울어 주지 않니."

"언젠가는" 크리스토프는 비통한 어조로 대꾸했다. "닭도 이미 나를 위해서는 울어 주지 않을 날이 올 거예요…… 내일이 없는 날이. 그때, 내 삶은 어떻게 될까요?"

"언제든 내일은 있단다."

고트프리트는 대답했다.

"그런데, 원해도 아무런 보람이 없으면 어떡하지요?"

"잠자지 말고 기도하려무나."

"나는 이미 믿지 않는걸요."

고트프리트는 미소를 지었다.

"믿지 않는다면 살아 있을 수 없을 게다. 누구나가 믿고 있단다. 실현되도록 빌려무나."

"무엇을 빌지요?"

고트프리트는 바야흐로 차가운 지평선에 얼굴을 내민 시뻘건 태양을 손가락질하며 말했다.

"해가 뜨는 데 대해서 믿음을 가져라. 한 해 뒤나 10년 뒤의 일을 생각하는 게 아니다. 오늘 일을 생각해라. 너의 이치 따위는 버려라. 이치 따위는 말이다, 알겠느냐. 설령 도덕의 이치라 해도, 모두 쓸 만한 게 못 된단다. 바보스러운 것이지. 해로운 것이야. 생활에 억지가 따라서는 안 된단다. 오늘 살아라. 하루하루에 대해서 믿음을 갖는 거야. 하루하루를 사랑하는 거지. 하루하루를 존경하는 거야. 특히 그것을 시들어 버리게 해서는 안 된단다. 그것이 꽃을 피우는 것을 훼방해서는 안 되는 거야. 오늘처럼 잿빛 하늘의 음산한 하루라도 사랑해야지. 걱정할 건 없다. 보려무나. 지금은 겨울이다. 모든 것이 잠자고 있지. 그러나 강한 땅은 또다시 눈을 뜰 거다! 억센 땅이기만 하면 되는 거야. 강인한 땅처럼 참을성이 있어야 하는 거야. 믿는 마음을 가져라. 그리고 기다리는 거야. 네가 만약 선량하다면 모든 일이 잘되어 가겠지. 설령 네가 선량하지 않고 약하고 성공하지 못하더라도, 그것은 그것대로 또 행복해야 하는 거야. 물론, 그 이상은 할 수 없기 때문이지. 그런데 왜 그 이상의 것을 바라지? 왜 자기에게 불가능한 것을 해내려고 몸부림치지? 자기가 할 수 있는 일을 해야 한단다…… Als ich kann(자기가 할 수 있는 최대한의 것을)."

"그래서야 너무 시시하군요."

크리스토프는 낯을 찌푸리며 말했다.

고트프리트는 친밀하게 웃었다.

"그래도 어느 누구보다도 많은 것을 할 수 있단다. 너는 오만하다. 너는 영웅이 되고 싶어한다. 그러니까 어리석은 짓밖엔 못하지…… 영웅이라! 나는 영웅이란 게 어떤 것인지는 잘 모른다. 하지만, 알겠느냐, 난 이렇게 생각한단다. 영웅이란 자기가 할 수 있는 일을 하는 사람이라고 말이다. 다른 이들은 그걸 하지 않는단다."

"아아!" 크리스토프는 한숨지었다. "그렇다면 살아 있다는 것에 무슨 쓸모가 있지요? 살아 있는 보람이 없지 뭐예요. 글쎄, '원함은 가능함이니라!'라고 말한 이도 있거든요……"

고트프리트는 다시 조용히 웃었다.

"그래?…… 그렇지만 그는 큰 거짓말쟁이란다. 그렇지 않으면 별 대단한 것을 바라지도 않는 사람들이지……"

두 사람은 언덕 꼭대기에 도착했다. 서로 애정을 담아 포옹했다. 자그마한 행상인은 피곤한 걸음걸이로 떠나갔다. 크리스토프는 멀어져 가는 그 뒷모습을 바라보며 깊은 생각에 잠겨 있었다. 그는 외삼촌의 말을 자신에게 되풀이해 들려주었다.

"Als ich kann(자기가 할 수 있는 최대한의 것을)." 그는 미소를 지으며 생각했다. '그렇다…… 그것만으로도 역시…… 대단한 일이지.'

크리스토프는 시내로 되돌아왔다. 굳어진 눈이 신 밑에서 뽀드득뽀드득

소리를 냈다. 매서운 겨울철 북풍이 언덕 위 움츠러든 나무숲의 벌거숭이 나뭇가지들을 떨게 하고 있었다.

그 북풍은 또 그의 볼을 새빨갛게 하고 살갗을 뜨겁게 불태우고 피를 채찍질하고 있었다. 아래쪽에서도 집들의 붉은 지붕이 반짝반짝 빛나는 차가운 태양 광선을 쬐며 웃고 있었다.

대기는 무섭게 차디찼다. 꽁꽁 얼어붙은 대지는 가혹한 기쁨을 즐기고 있는 듯했다. 크리스토프의 마음도 이 대지와 같았다. 그는 생각했다.

'나도 눈을 뜰 테지.'

크리스토프의 눈에는 아직도 눈물이 괴어 있었다. 손등으로 눈물을 닦았다. 그리고 웃으면서 해를 쳐다보았으나 이미 해는 안개 속에 지고 없었다. 눈을 머금은 무거운 구름이 돌개바람에 쫓기어 시내의 상공을 지나가고 있었다. 크리스토프는 그 구름들을 놀려 대는 시늉을 했다. 몸을 엘 듯이 차가운 바람이 불었다……

"불어라! 불어! …… 나를 네 하고 싶은 대로 해라! …… 나를 실어 가거라! …… 내가 어디로 갈지 난 알고 있다."

반항

1. 흐르는 모래

자유! 다른 사람과 자신에게서 풀려난 자유! 1년 내내 그를 묶었던 정열의 그물이 갑자기 툭 끊어져 버렸다. 어떻게 된 일일까? 그는 아무것도 알수 없었다. 그물코가 그의 짧은 압력을 끝내 이겨 내지 못했던 것이다. 그것은 강건한 성질의 인간이 죽은 어제의 허울을, 숨이 콱콱 막히는 어제의 혼을 와락 움켜잡아서 찢는 위태로운 생장의 한 시기였다.

크리스토프는 자신의 몸에 무슨 일이 일어났는지도 모른 채, 가슴이 부풀도록 숨을 들이마셨다. 고트프리트를 보내고 돌아오자, 얼음 같은 싸늘한 북풍이 시문(市門) 밑으로 불어닥쳐 회오리쳤다. 사람들은 돌풍을 맞아 머리를 숙였다. 일터로 가는 계집애들은 약이 올라 치마 밑으로 휘몰아치는 바람과 싸우고 있었다. 코와 뺨이 빨개져 화가 나서 걸음을 멈추고는 숨을 들이켰다. 이내 울음을 터뜨릴 것 같았다. 크리스토프는 아주 즐거운 듯이 웃고 있었다. 크리스토프는 폭풍은 생각지도 않았다. 자신이 방금 거기서 뛰쳐나온 다른 폭풍을 생각하고 있었다. 크리스토프는 겨울 하늘을, 눈에 휘덮인 거리를, 바람과 싸우며 지나가는 사람들을 바라보았다. 자기 주위를 둘러보았다. 그는 이제 무엇에도 얽매여 있지 않았다. 그는 혼자였다…… 다만 혼자였! 자기 혼자서, 자기 자신으로 있다는 것은 얼마나 즐거운 일인가! 자기를 결박한 사슬을, 추억의 괴로움을, 그리운, 하지만 미운 얼굴의 환영에서 벗어났다는 것은 얼마나 즐거운 일인가! 삶에 먹혀 버리는 밥이 되지 않고 끝끝내 살아 나왔다는 것, 삶의 주인이 되었다는 것은 얼마나 즐거운 일인가!

크리스토프는 눈으로 온통 하얗게 되어 돌아왔다. 강아지처럼 부산을 떨며 몸을 추슬렀다. 복도를 쓸고 있는 어머니 곁으로 오자, 작은 어린이에게 말하듯 애정이 담긴 혀짧은 소리를 지르며 어머니를 번쩍 안아올렸다. 늙은 루이자는 눈이 녹아 축축한 아들의 품 안에서 버둥거렸다. 그리고 어린애처럼 천진난만하게 웃으면서 "이 커다란 바보! "라고 그를 불렀다.

크리스토프는 층계를 몇 계단씩이나 껑충껑충 뛰어올라 자기 방으로 달음질쳐 갔다. 작은 거울에 비친 자기 얼굴이 잘 보이지 않았다. 방은 그렇게 어두컴컴했다. 하지만 그의 마음은 기쁨으로 가득 차 있었다. 그의 방은 거의 옴짝달싹 할 수도 없을 만큼 좁고 천장도 낮았지만, 그에게는 하나의 왕국으로만 여겨졌다. 크리스토프는 문을 잠그고 진정으로 기쁜 듯이 웃었다. 가까스로 자신을 다시 찾게 된 것이다! 얼마나 오랫동안 자신을 잃고 지냈던 것일까! 크리스토프는 재빨리 자기 생각 속으로 뛰어들었다. 그 생각은 멀리 금빛 눈부신 안개 속으로 녹아드는 커다란 호숫물처럼 여겨졌다. 열광의 하룻밤을 뜬눈으로 지새운 뒤, 그는 물가에서 차가운 물에 발을 담그고, 몸을 여름 아침 바람에 드러내고 있었다. 그는 물에 뛰어들었다. 어디로 가는지도 알 수 없었다. 그런 건 아무래도 좋았다. 그저 방향도 없이 헤엄치고 있는 것이 즐거웠다. 그는 웃으며, 자기 혼의 헤아릴 수 없는 웅성거림에 귀를 기울이며 잠자코 있었다. 혼에는 숱한 생물이 꿈틀거렸다. 하나도 똑똑히 분간되지 않았다. 머리가 어질어질했다. 눈이 부시도록 행복하다는 것밖에 느껴지지 않았다. 그는 이러한 미지의 힘을 느끼자 날아오를 것만 같았다. 그리고 자기 힘을 시험해 본다는 일은 게으르게도 뒤로 미루고, 마음속에 열린 꽃잎에 사뭇 자랑스러운 기분으로 취하여 넋을 잃고 말았다. 이 꽃은 몇 달이나 억눌렸다가 느닷없이 봄이 온 것처럼 활짝 피어났던 것이다.

어머니가 식사하러 오라고 부르고 있었다. 크리스토프는 내려갔다. 온종일 교외를 돌아다니다 온 것처럼 머리가 멍했다. 마음속 기쁨이 밖으로까지 환히 비쳐나왔으므로, 루이자는 무슨 일 있느냐고 물었다. 그는 대꾸하지 않았다. 그리고 어머니의 몸을 껴안고, 억지로 탁자 둘레를 춤추듯 한 바퀴 빙 돌게 했다. 탁자 위에는 수프를 담은 접시에서 김이 모락모락 피어올랐다. 루이자는 숨이 차서 헐떡이며 말했다. "꼭 미치광이 같구나." 그러고는 손뼉을 쳤다.

"큰일났네!" 어머니는 걱정스럽게 말했다. "얘는 아무래도 또 누굴 사랑하는 모양이구나!"

크리스토프는 크게 소리내어 웃었다. 그리고 냅킨을 훌쩍 위로 집어던졌다.

"사랑이라뇨! ……" 크리스토프는 외쳤다. "아니…… 거짓말, 거짓말입니다. 이제 그만 사랑엔 물려 버렸어요! 안심하십시오. 다시는 하지 않겠어요. 평생 않겠어요! …… 에이 지긋지긋해!"

크리스토프는 큰 컵에 가득 찬 물을 단숨에 쭉 들이켰다.

루이자는 마음을 놓으며 아들을 바라보다가, 머리를 젓고는 미소를 지었다.

"주정뱅이의 약속일 테지!" 어머니는 말했다. "저녁까지나 갈까."

"그것만으로도 어딘데요." 아들은 기분이 좋아서 대꾸했다.

"아무렴!" 루이자는 말했다. "한데 대체 무슨 일로 그렇게 기뻐하는 거냐?"

"정말로 기쁩니다. 단지 그뿐이에요!"

크리스토프는 탁자에 양쪽 팔꿈치를 괴고, 어머니와 마주보고 앉아서 이제부터 하려는 일을 죄다 털어놓고 얘기해 주려고 했다. 어머니는 정답게, 어디까지 믿어야 좋을는지 모르는 기분으로 아들의 얘기를 듣고 있었다. 그리고 수프가 식는다고 조용히 일깨웠다. 그는 어머니가 자기 얘기를 건성으로 듣고 있음을 알고 있었다. 하지만 그런 것은 개의치 않았다. 그는 자신에게 얘기하고 있었던 것이다.

두 사람은 미소 지으며 마주 보았다. 루이자는 지껄이고 있는 아들을 자랑스럽게 여겼으나 그의 말을 거의 귀담아듣지 않을 뿐만 아니라, 그의 예술상의 계획에 대한 일을 문제 삼지도 않았다. 루이자는 생각했다.

'이 애는 지금 행복하다. 그게 가장 중요한 일이야.'

크리스토프는 자기 얘기에 취하며, 그리운 어머니의 얼굴을, 목에는 검은 솔을 두르고, 흰 머리에 다정스럽게 자기를 감싸고 있는 생기 있는 눈을 한, 그리고 사뭇 너그러운 듯 흐뭇해하는 침착한 어머니의 얼굴을 바라보았다. 그는 어머니가 생각하는 것을 죄다 알 수 있었다. 그는 농담조로 말했다.

"어머니에겐 아무래도 상관이 없겠죠, 제가 말씀드리는 이런 얘기 따윈?"

어머니는 가볍게 반박했다.

"그럴 리야 없지, 그럴 리 없어!"

크리스토프는 어머니에게 키스했다.

"그렇습니다, 그래요! 하지만 뭐 변명하지 않으셔도 좋습니다. 어머님 생각이 옳으니까. 다만 저를 사랑해 주세요. 전 누가 이해해 주지 않아도 좋습니다. 어머니도, 누구도. 지금 제게는 이제 아무도 필요가 없습니다. 아무것도 필요 없습니다. 전 저 자신 속에 무엇이나 다 갖고 있으니까요……"

"거 보려무나." 루이자는 말했다. "또 다른 미치광이 귀신이 붙었잖니! 하지만, 아무래도 그렇게 될 거라면 이번 쪽이 그래도 나은 셈이지."

*

자기 상념의 호수 위에 서려 떠도는 대로 있는 즐거운 행복!…… 뱃바닥에 모로 누워 햇살을 온몸에 받고, 물 위를 건너오는 싱그러운 미풍의 입맞춤에 얼굴을 내맡기고 허공에 두둥실 떠서 한가로이 졸아 본다. 길게 뻗은 몸의 밑바닥, 흔들리는 조각배 밑으로는 깊은 물이 느껴진다. 손은 축 늘어져 물에 잠겼다. 그는 일어나 앉는다. 그리고 어렸을 때처럼 뱃전에 턱을 괴고 흘러가는 물을 바라본다. 반짝반짝 빛나는 이상한 생물이 번갯불처럼 재빨리 달아나는 것이 보인다…… 또 다른 것이, 그리고 또 다른 것이…… 그것들은 결코 같은 것이 아니다. 그는 자신 속에 펼쳐지는 기괴한 광경에 웃는다. 자기 상념을 웃음으로 대한다. 그것을 고정시킬 필요는 없다. 선택한다? 어떻게 이러한 헤아릴 수 없는 몽상 속에서 선택한다는 것이냐? 아직시간은 충분하다!……됐다가 나중에 해도 된다! 마음내킬 때 언제라도 그물을 던지기만 하면, 물속에서 반짝이고 있는 저 괴물들을 밖으로 끌어올릴 수 있다. 지금은 저것들을 그냥 지나가게 하자…… 됐다가 나중에 하자!……

훈훈한 바람과 함께 느껴지지도 않을 만큼 느릿한 흐름을 따라 조각배가 떠다닌다. 따뜻하다. 태양은 밝게 내리쪼이고, 이곳은 온통 정적에 잠겼다.

*

이윽고 그는 내키지 않는 듯이 그물을 던진다. 작은 물방울 이는 수면 위에 몸을 수그리고 그물이 사라져 보이지 않을 때까지 이를 눈으로 좇는다. 한참 멍하니 기다리다가 느릿느릿 그물을 잡아당긴다. 잡아당김에 따라 점점 무거워진다. 끌어올리려는 순간, 손을 멈추고 숨을 몰아쉰다. 수확물이 들어 있다는 것은 알고 있다. 하지만 어떤 수확물인지는 알지 못한다. 그는 기대하는 기쁨을 느긋하게 음미한다.

　그는 드디어 결심한다. 무지갯빛 비늘을 한 고기가 물에서 나타난다. 그것들은 굴 속의 뱀처럼 몸을 비틀고 있다. 그는 이것들 속을 진기한 듯 바라보고 손가락 끝으로 꿈틀거리게 하다가, 가장 아름다운 것을 손으로 들어 보고 싶어진다. 그러나 물에서 나오자마자 비늘의 아름다운 광택은 사라져 버리고, 고기는 손가락 사이에서 축 늘어져 버린다. 그는 이를 물속으로 놓아주고, 또다시 다른 것을 찾기 시작한다. 그는 자신 속에 꿈틀거리고 있는 몽상 중 하나를 택하느니보다는, 이들 모두를 번갈아 바라보고 싶다. 그것들은 투명한 호수 속을 자유로이 헤엄치던 때가 훨씬 아름답게 여겨진다.

　그는 모든 종류의 것을 찾아냈다. 모두 저마다 괴기함을 겨루는 것들이었다. 요즘 몇 달 동안 관념이 이용되지 않은 채 축적되어 있었다. 그래서 어떻게 해서든지 소비하지 않으면 안 될 만한 풍요로써, 그는 금방 터질 것처럼 되어 있었다. 하지만 모두가 뒤범벅이었다. 그의 사상은 창고이며 유대인의 고물상 가게여서 진기한 기구, 값비싼 포목, 고철, 헌옷 등이 한 방에 쌓여 있었다. 어느 것이 가장 가치 있는 것인지 그는 분간할 수 없었다. 어느 것이나 모두 한결같이 재미있었다. 그것은 서로 부딪쳐서 울리는 화음이고, 사원의 종처럼 메아리치는 색채이고 꿀벌의 날갯소리와 같은 조화이며, 사랑하고 있는 입술과 같이 미소 짓는 선율이었다. 그것은 또 풍경의 환상이고, 사람의 얼굴 모습이고, 정열이고, 혼이고, 성격이고, 문학적 관념이며, 형이상학적 관념이었다. 그리고 또한 방대하여 도저히 실현 불가능으로 여겨질 것만 같은 엄청난 계획이고, 모든 것을 음악으로 묘사하여 많은 세계를 포용코자 하는 4부작(四部作)이나 10부작이었다. 또 대부분은 한 목소리의 음(音)이라든지, 길을 지나가는 한 인간이라든지, 바람 소리라든지, 마음속 리듬이라든지 하는, 아무것도 아닌 것에 의하여 갑자기 야기되는 막연하고 한순간 강렬히 번쩍이는 감동이었다. 이러한 계획은 대부분, 단지 제목밖에는 존재하지 않았다. 대개는 단 하나나 둘의 악상(樂想)으로 맞물려지는 것이었지만, 그것으로 충분했다. 아직 퍽 젊은 사람들처럼 그도 창조하려고 꿈꾸고 있는 것을 실제로 창조해 버린 것처럼 믿고 있었다.

＊

그러나 그는 싱싱한 생명력을 갖고 있었으므로, 언제까지나 이러한 부질없는 것에 만족해 있을 수는 없었다. 공상만의 소유에는 질려, 자기 몽상을 확실히 파악하려고 했다. 무엇부터 시작하는 게 좋을까? 그에게는 어느 몽상도 모두 똑같이 중요하게만 여겨졌다. 그는 이것들을 잘 살펴보고, 또 거듭 되풀이해서 다시 파악해 보았다. 내동댕이쳐 버렸다가는 다시 집어들었다⋯⋯ 아니, 똑같은 것을 주워들고 있는 것은 아니었다. 같은 것이 아니었다. 그것은 두 번 다시 잡히지 않았다. 끊임없이 변화한다. 바라보고 있는 동안에도 손 안에서, 보는 눈앞에서 변해 버렸다. 서둘러야만 했다. 그런데 그는 그것이 안 됐다. 그는 자기 일이 느린 데 난감해졌다. 될 수 있으면 하루에 모두 해치워 버리고 싶었다. 그렇건만 사소한 일을 하는 데에도 무척 곤란을 느꼈다. 가장 곤란한 것은, 이제 막 시작한 참인데도 그만 싫증이 나버리는 점이었다. 꿈은 그대로 지나가 버리고, 그 자신도 그대로 지나가 버렸다. 한 가지 일을 하고 있으면, 다른 일을 못하는 것이 마음에 걸렸다. 하나의 아름다운 주제를 선택한 것만으로, 이미 그 주제에 흥미가 없어지는 듯했다. 이리하여 그는 숱한 것을 가지고 있으면서도 아무런 소용이 없었다. 그의 상상은 손에 닿지 않는 것만이 싱싱했다. 용하게 움켜잡은 것은 이미 죽어 있었다. 그것은 탄탈로스(그리스 신화 속 한 인물)의 고통이었다. 과일은 그의 손이 닿는 데 있었지만, 그것을 잡으면 단번에 돌이 되었다. 신선한 물은 그의 입술 바로 가까이에 있었지만, 그가 그 위로 몸을 굽히면 그것은 훌쩍 멀어져갔다.

그는 갈증을 달래기 위해 이미 손에 넣었던 샘물로, 자신이 예전에 지은 작품으로 목을 축이려 했다⋯⋯ 이 무슨 고약한 물이냐! 한 모금 마시고 그는 욕지거리를 하며 토해냈다. 어찌 된 일이냐! 이런 미적지근한 물이, 이런 김빠진 음악이 내 음악이었던 걸까? 그는 자기 작품을 모두 다시 읽어 보았다. 읽어 보곤 흠칫했다. 무슨 소린지 알 수 없었다. 어째서 이런 것을 썼는지도 알 수 없었다. 그는 얼굴을 붉혔다. 한층 바보 같은 한 절을 읽을 때면, 방 안에 누가 있지 않나 싶어 뒤를 돌아보고 부끄럼타는 어린애처럼 베개 속에 얼굴을 묻었다. 또 어떤 때는 너무도 어처구니없고 우스꽝스러운 작품에 그것이 자기 작품이라는 것을 잊어버렸다.

"정말 어처구니없구나!" 그는 이렇게 외치며, 배를 움켜쥐고 웃었다.

그러나 무엇보다도 견딜 수 없는 것은, 사랑의 탄식이나 기쁨이라고 하는 정열적인 감정을 표현한 작품이었다. 그는 쇠파리에게라도 물린 것처럼 의자 위에서 펄쩍 뛰어올랐다. 탁자를 주먹으로 사납게 치고, 화가 북받쳐 어쩔 줄 몰라하며 자기 머리를 쥐어박았다. 험상궂게 자신을 욕하고 돼지다, 무서운 파렴치한이다, 둘도 없는 바보 녀석이다, 머저리 팔푼이다, 하고 말했다. 한동안 그는 그러한 험담을 퍼부었다. 나중에는 고함을 쳤기 때문에 새빨개진 얼굴로 거울 앞에 우뚝 섰다. 그리고 자기 턱을 움켜쥐고 말했다.

"봐라, 봐, 이 엉터리야. 너의 바보 같은 얼굴을! 거짓말도 작작 해라, 못된 녀석 같으니라구! 자, 물이다, 물!"

그는 세숫대야에 얼굴을 처박고 숨이 막힐 때까지 있었다. 그리고 달아오른 얼굴에 눈을 부릅뜨고는 바다표범처럼 숨을 내쉬며, 물에서 얼굴을 내놓자, 언저리에 방울져 떨어지는 물을 닦지도 않고 후닥닥 탁자로 달려갔다. 그리고 울화가 치미는 작품을 손에 움켜쥐자, 정말 미쳐 버리기라도 한 것처럼, 신음을 내며 잡아 찢었다.

"야, 이 형편없는 놈아! 맛을 보여줄 테다! 자! 어떠냐! 어때……"

이로써 그의 기분이 풀렸다.

이러한 작품에서 특히 그를 울화통터지게 한 것은 거기 있는 거짓말이었다. 실제로 느낀 것은 아무것도 없었다. 있는 것이란 암송한 어법과 초등학생의 수사법뿐이었다. 그는 장님이 색깔에 대해 얘기하듯이 연애에 대해 얘기했다. 판에 박은 흔해빠진 허튼 소리를 되뇌면서, 주위들은 대로만 지껄이고 있었다. 또한 연애뿐만 아니라 모든 정열이 호들갑스런 웅변의 재료로 쓰이고 있었다.

그렇기는 하더라도, 그는 진실이고자 항상 애썼다. 하지만 진실이고자 바라는 것만으로는 부족하다. 진실로서 있어야만 하는 것이다. 인생에 대해 아무것도 알지 못할 때, 어떻게 진실일 수 있겠는가? 이러한 작품의 허구를 그에게 보여준 것은, 그와 그의 과거 사이에 갑자기 도랑을 파놓은 것은 실로 이 6개월 동안의 시련이었다. 지금의 그는 환상의 세계로부터 벗어나고 있었다. 이제 그는 자기 사상의 진위를 판단하기 위해 쓸 수 있는 현실의 척도를 가지고 있었다.

정열 없이 만들어진 과거의 작품에 혐오를 느낀 그는 버릇대로 또 극단으로 달리고, 앞으로는 열렬한 필요성에 의해 꼭 써야 될 것이 아니라면 절대 쓰지 않겠다고 결심했다. 또한 관념의 추구는 그만두고, 만일 창작열이 마치 벼락이 떨어지듯 불현듯이 솟아오르는 것이 아니라면 음악을 영영 버리고 말겠다고 다짐했다.

＊

그가 이렇게 말한 것은 폭풍이 몰아닥치고 있는 것을 잘 알고 있었기 때문이다.

벼락은 스스로 바라는 곳에, 또는 바라는 때에 떨어진다. 하지만 벼락을 끌어당기는 산꼭대기가 있다. 어떤 장소—어떤 혼—는 폭풍의 소굴이다. 그것은 폭풍을 만들어내거나 이곳저곳에서 폭풍을 불러들이기도 한다. 그리고 1년 중 어느 달과 같이 삶의 어느 한때는 무척 많은 전기로 가득 차게 되므로, 그곳에서 벼락이 일어난다—비록 뜻대로 되는 것은 아니라 할지라도—적어도 기회가 무르익었을 때에.

온몸이 긴장한다. 며칠 안으로 폭풍이 몰려온다. 이글거리는 솜구름이 흰 하늘을 뒤덮었다. 한 점 바람도 없다. 가라앉은 공기가 발효하여 부글부글 끓어오르는 것 같다. 대지는 축 늘어져 침묵하고 있다. 머리는 열에 들떠 웅웅거린다. 자연 전체가 축적된 힘의 폭발을 기다리고 있다. 쇠망치가 무겁게 쳐들리고 먹구름이 모루 위로 별안간 내려쳐질 것을 대기하고 있다. 어둡고 뜨거운 커다란 그림자가 지나간다. 불같은 바람이 인다. 온몸의 신경이 나뭇잎처럼 흔들린다…… 그리고 다시 침묵이 내려온다. 하늘은 벼락을 계속 준비하고 있다.

이러한 기대에는 하나의 즐거운 고통이 있다. 불안에 억눌리면서도, 사람들은 자기 혈관 속에 우주를 깡그리 태워 버리는 불이 흐르고 있음을 느낀다. 술통 속에서 익어 가는 포도알처럼 도취한 혼은 도가니 속에서 끓어오른다. 삶과 죽음의 무수한 싹이 혼을 괴롭힌다. 여기서 무엇이 태어나는 걸까? 혼은 임산부처럼 자기 내부에 눈을 돌리고 잠자코 있다. 불안하게 태동에 귀를 기울이고 그리고 생각한다.

'무엇이 내게서 태어날 것인가?'

때로는 기대가 허물어져 버린다. 폭풍은 터지지 않고 사라져 버린다. 사람들은 순간 제정신이 들지만 머리가 무겁고 긴장이 풀려 안절부절못하고 지루해한다. 그러나 그것은 시기가 연장된 데 지나지 않는다. 오래지 않아 그것은 폭발할 것이다. 만일 오늘이 아니라면 내일이다. 늦어지면 늦어질수록 그것은 더욱 격렬할 것이다……

지금 그것이 왔다! 몸 구석구석에서 구름이 솟아올랐다. 검푸른 두꺼운 덩어리를 이룬 구름은 번갯불의 열광적인 경련으로 찢어지면서도, 눈이 어지럽도록 빨리, 더욱이 숨막히게 달려와 혼의 지평을 에워싸고, 숨 죽인 하늘에서 돌연 양쪽 날개를 파닥거리고 빛을 지워 버린다. 광기 어린 시간! 성난 여러 가지 '원소'들은 정신의 균형과 사물의 존재를 확실하게 하는 갖가지 '법칙'에 의해 갇혔던 감옥으로부터 풀려나, 사나운 커다란 모양으로 의식의 어두운 밤을 지배한다. 사람들은 임종의 고통을 느낀다. 사람들은 더 살고 싶은 생각이 없다. 이제는 마지막 날밖에, 해방을 가져다주는 죽음밖에는 바라지 않는다……

그러나 돌연, 번갯불이 번득인다!

크리스토프는 기쁨의 외마디 소리를 질렀다.

*

기쁨, 미칠 것만 같은 기쁨, 존재하고 있는 모든 것을 앞으로 존재할 모든 것을 비추는 태양, 사물을 창조하는 숭고한 기쁨! 창조하는 일 말고 다른 기쁨은 없다. 창조하는 사람들 말고 살아 있는 사람은 없다. 나머지 사람들은 모두 땅 위에 떠돌고 있는, 생명과는 관계 없는 그림자이다. 삶의 모든 기쁨은 연애거나 재능이거나 행동이거나 모두가 오로지 창조의 기쁨이다. 단 하나의 화로에서 피어오르는 힘의 불꽃이다. 이 커다란 화로 둘레에 자리를 차지할 수 없는 사람들도, 예컨대 야심가나 이기주의자나 창조력을 갖지 않은 애호가들도 그 빛바랜 반사광으로 몸을 따뜻하게 하려고 한다.

육체의 세계에서, 혹은 정신의 세계에서 창조한다는 것은 육체의 감옥으로부터 탈출하는 일, 생명의 회오리바람 속으로 뛰어드는 일, '존재하는 자'가 되는 일이다. 창조란 죽음을 말살하는 일이다.

다만 혼자 이 땅 위에 남아 있어, 스스로의 메마른 육체와 삶의 불꽃이 영영 솟아오르지 않는 스스로의 어둠을 바라다보고 있는 창조력이 없는 사람이야말로 참으로 불행하다! 봄날 꽃이 활짝 핀 나무처럼, 생명과 사랑으로 무거워진 풍요한 자신을 느낄 수 없는 혼이야말로 참으로 불행하다! 세상은 그러한 혼 위에 명예와 행복을 산더미처럼 쌓아올릴 수 있을 것이다. 하지만 그것은 굳어 버린 송장에 관(冠)을 씌워 주는 것과 같다.

*

크리스토프가 번득이는 번개에 얻어맞았을 때, 하나의 방전(放電)이 그의 온몸으로 퍼져 갔다. 그는 부르르 떨었다. 어두운 밤, 바다 한가운데서 육지를 발견한 듯한 느낌이었다. 또 군중 속을 걸어가다가 심오한 것을 가득 채운 두 눈동자에 돌연 부딪힌 듯한 느낌이었다. 이러한 현상은 번번이 그의 정신이 공허 속에서 버둥거리던 허탈 상태 뒤에 일어났다. 아니, 그보다도 오히려 지껄이거나 산책하거나 다른 일을 생각하고 있는 순간에 더 자주 일어났다. 거리에서는 다른 사람들의 체면을 보아 자기 기쁨을 너무 심하게 나타낼 수가 없었다. 그러나 집에 있을 때는 아무런 거리낌도 없었다. 그는 행복에 넘쳐 발을 구르며 승리의 나팔을 불었다. 어머니는 이 나팔을 들어 잘 알고 있었다. 그리고 그것이 무엇을 의미하는 것인가를 이해하게 되었다. 어머니는 곧잘 크리스토프에게 말했다. 너는 마치 방금 달걀을 낳은 암탉 같구나, 라고.

그는 악상에 마음이 집중되어 있었다. 어떤 때 그것은 독립된 완전한 악구(樂句)의 형식을 취했다. 하지만 대부분은 하나의 작품 전체를 포용하는 커다란 성운(星雲)의 형식을 취하고 있었다. 작품의 구조와 대충의 윤곽은 베일을 통해서 분간되었다. 그리고 이 베일은, 조각적(彫刻的)으로 선명하게 어둠에서 두드러져 나오는 휘황한 몇 개의 악구에 의해 군데군데 찢어져 있었다. 그것은 하나의 섬광에 지나지 않았다. 때로는 그러한 섬광이 줄줄 잇따라서 나오는 경우가 있었다. 그 섬광 하나하나는 저마다 어둠의 다른 구석구석을 비추었다. 하지만 보통 때는 종잡을 수 없는 이 힘은, 일단 느닷없이 나타난 다음에는 뒤에 빛의 꼬리를 남겨둔 채 며칠 동안 신비로운 은신처로 사라져 자취를 감추었다.

이러한 영감(靈感)의 기쁨은 참으로 강렬한 것이었으므로, 크리스토프는 그 밖의 모든 것을 혐오했다. 경험 있는 예술가라면 영감은 드물게밖엔 오지 않는 것이며, 직관적인 작품을 마무르는 것은 지성이라는 것을 잘 알고 있었다. 그러한 예술가는 자기의 관념을 압착기에 넣어, 거기 차서 넘치는 훌륭한 즙을 마지막 한 방울에 이르기까지 짜낸다(대부분의 경우, 여기에 맑은 물을 타기도 한다). 크리스토프는 아직 너무나 젊었으며 게다가 지나친 자신감을 갖고 있었으므로 이러한 방법을 경멸했다. 완전히 자발적인 것이 아니면 만들지 않겠다는, 실현 불가능한 꿈을 꾸고 있었다. 그가 일부러 맹목적이 되려고 하는 것이 아니라면, 자기 계획이 어리석다는 것은 금방 알았을 것이다. 물론 그 무렵 그는 내면의 충실을 꾀하는 시기여서 허무가 스며들 만한 틈이 조금도 없었다. 모든 것이 그에게는 엄청난 창작력을 입증하는 것이 되었다. 눈에 부딪히는 모든 것, 귀에 들리는 모든 것, 일상생활에서 접촉하는 모든 것이 비록 하나의 시선과 한마디 말이라도 그의 혼에 꿈의 수확을 가져왔다. 그의 사상의 끝없는 창공에는 무수한 별이 운행하고 있었다. 하지만 그러한 때라도 모든 것이 일시에 사라져 버리는 순간도 있었다. 그러나 이 어두운 밤이 그리 오래 계속되지는 않아 정신의 침묵이 오래 끄는 것을 괴로워하는 시간이 거의 없었다고는 할지라도, 이 미지의 힘은 역시 두려웠다. 이 힘은 그를 찾아왔다가는 떠나고 또 왔다가는 사라져 갔다. 이번에는 얼마 동안일까? 과연 또다시 찾아올 것인가? 그의 오만한 마음은 그러한 생각을 물리쳤다. 그리고 말했다.

"저 힘은 나다. 저 힘이 존재하지 않게 된다면, 그때는 나도 존재하지 않게 될 것이다. 나는 자살해 버릴 것이다."

온몸의 떨림은 그치지 않았다. 그러나 그것도 하나의 기쁨이었다.

그렇지만 샘이 마른다고 하는 위험은 당분간 없다 하더라도, 이러한 샘물로 작품 전체를 가꾸기에는 충분하지 않다는 것을 크리스토프는 이미 이해하고 있었다. 관념은 거의 언제나 무르익지 않은 그대로의 상태로 나타났다. 거기서 불순물을 제거하는 데 힘써야 했다. 그리고 또 이 관념은 늘 발작적으로 상호 아무런 맥락도 없이 나타났다. 그래서 이것들을 서로 연결시키기 위해서는, 사려 깊은 지성과 냉정한 의지의 요소를 거기에 섞어, 이와 더불어 새로운 존재를 만들어 내야 했다. 크리스토프는 예술가였으므로 그렇게 하고 있었다. 그러나 그렇게 하고 있다는 것을 자신은 인정하고 싶지 않았다. 그는 자기 마음속 모델을 그대로 고스란히 표현하고 있을 따름이라고 억지로 생각하고 있었다. 실제로 그것을 이해될 수 있는 것으로 만들기 위해, 다소의 변경을 가하고 있었던 것인데도. 아니 그 이상으로, 완전히 의미를 바꾸어 버리는 때도 있었다. 음악적 관념이 아무리 거세게 그를 후려쳐도, 그 의미를 말하지 못하는 경우도 가끔 있었다. 그 관념은 '존재'의 심오한 곳에서, 의식이 비롯하는 경계의 아득한 저 멀리로부터 솟구쳐나온 것이다. 보통 척도를 가지고는 잴 수 없는 아주 순수한 이 '힘' 가운데서 그의 의식은 자기를 움직이게 하고 있는 어떠한 선입관도, 자신이 정의를 내리고 분류하고 있는 어떠한 인간적 감정도 인정할 수 없었다. 기쁨이나 괴로움은 모두 함께 단 하나의 정열 속에 섞여 있었다. 게다가 그 정열은 지성을 초월한 것이어서 이해하기 어려웠다. 그렇더라도 지성은 자기가 이해할 수 있거나 없거나에 관계 없이 그 힘에 하나의 이름을 붙여 주고 싶어했고, 인간이 끈질기게 두뇌의 밀실 속에 쌓아올리는 논리적 조직의 하나에다 이를 결부시키고 싶어했다.

이리하여 크리스토프는 자기를 움직이고 있는 어두운 힘에는 일정한 의미가 있으며, 이 의미는 자기 의지와 일치하는 것이라고 믿었다. 아니, 믿고자 했다. 깊은 무의식의 세계로부터 뿜어나온 자유로운 본능은, 이성의 속박 아래서 자기와는 전혀 관계 없는 명쾌한 갖가지 관념과 어떻게든 결부되어 있었다. 그래서 이러한 작품은 크리스토프의 정신이 계획하던 큰 주제의 하나와 그 자신이 모르는 전혀 다른 의미를 지닌, 야성적인 힘을 되는 대로 적당히 늘어놓은 데 지나지 않았다.

*

그는 자기 내부에서 서로 충돌하고 있는 모순된 여러 힘에 떠밀리면서, 또 잘 표현할 수는 없지만 자기 마음을 자랑스러운 기쁨으로 꿰뚫고 있는, 타오르는 힘찬 생명을 지리멸렬한 작품 속에 닥치는 대로 집어던지며 머리를 숙이고 손으로 탐색하면서 앞으로 나아갔다.

자신의 새로운 힘을 자각한 그는 주위의 모든 것을, 존경하도록 가르침받은 모든 것을, 두말 없이 존경하고 있던 모든 것을 여기서 비로소 정면으로 직시했다. 그리고 곧 대담한 자유를 가지고 이를 판단했다. 베일은 찢어졌다. 그는 독일의 허위를 보았다.

어떤 민족이나 어떤 예술이든 모두 저마다 위선을 갖고 있다. 세계는 약간의 진실과 많은 허위로써 가꾸어지고 있다. 인간의 정신은 약해서 순수한 진실에는 좀처럼 순응하지 못한다. 종교, 도덕, 정치, 시인들, 예술가들은 진실을 위선의 옷으로 싸서 인간정신에 제공할 수밖에 없다. 이러한 허위는 각 민족의 정신에 순응한다. 그래서 이러한 허위는 각 민족에 따라 저마다 다른 형식을 취한다. 이러한 허위야말로 서로 다른 민족과의 이해를 곤란하게 하는 것이며, 상호의 경멸을 쉽게 만드는 것이다. 진실은 인간 누구나에게 똑같은 것이다. 그러나 각 민족은 스스로 허위를 갖고 있어, 그것을 스스로의 이상이라고 부르고 있다. 그리고 사람마다 태어나서 죽을 때까지 이것을 호흡하고 있다. 그에게는 이것이 생활의 한 조건이 된다. 오직 몇 사람의 천재만이 자기 사상의 자유로운 우주에서 고독을 맛보며, 몇 번이고 비장한 위기를 겪은 뒤에 거기서 탈출해 나올 수 있는 것이다.

아무것도 아닌 우연한 기회가 돌연 크리스토프에게, 독일 예술의 허위를 가르쳐 주었다. 이제까지 그것을 눈치채지 못한 건 언제나 그것을 보지 않았기 때문이 아니었다. 너무나 지나치게 가까이 다가서 있었기 때문에 적당한 거리를 유지하지 못했다. 이제는 산에서 멀어져 산이 보인다.

*

그는 시립 음악당의 연주회에 참석했었다. 커피 탁자가 10줄인가 12줄—아마도 2, 3백쯤 놓인 넓은 회장이었다. 안쪽에 무대가 있고, 거기 오케스트라가 있었다. 크리스토프의 주위에는 검은색 기다란 통상 예복에 혁대를 맨 장교들과—그들은 점잔을 뺀, 속되고 말끔히 수염을 밀어낸 크고 불쾌한 얼굴들이었다—과장벽을 발휘하여 소란스럽게 수다를 떨고 웃어 대는 귀부인들과 이를 드러내고 웃는 선량한 아가씨들이 있었다. 또 구레나룻과 안경 속에 얼굴이 파묻혀, 눈이 휘둥그런 큰 거미를 닮은 살찐 신사들도 있었다. 그들은 건강을 축복하며 잔을 들 때마다 자리에서 일어났다. 그들은 이러한 거동을 사뭇 공손한 경의를 가지고 했다. 이 순간에도 그들의 표정도 목소리도 달랐다. 미사에라도 참례한 것같이 제주(祭酒)를 서로 바치고, 엄숙함과 우스꽝스러운 기분이 범벅이 된 태도로 성찬배(聖餐杯)를 기울이고 있었다. 음악은 사람들의 말소리와 접시 소리 속에 사라졌다. 그래도 모두 애써 낮은 소리로 말하고, 소리를 내지 않도록 조심해서 먹고 있었다.

지휘자는 등이 굽은 키 큰 노인으로, 꼬리와 같은 흰 수염을 턱에 늘어뜨리고 기다랗게 흰 코에 안경을 걸쳐 마치 언어학자와 같았다. 이러한 인물들은 모두 훨씬 전부터 크리스토프가 자주 보아 온 사람들이었다. 그런데 오늘따라, 그들은 자칫 희화(戱畵)로 그려진 인물로 보였다. 정말 이런 식으로 인물의 기이한 점이 평소에는 눈에 띄지도 않다가, 별로 이렇다 할 이유도 없이 갑작스레 뚜렷해지는 날이 있는 법이다.

오케스트라의 프로그램에는 《에그몬트 서곡》, 발트토이펠의 왈츠, 《탄호이저》 중에서 '로마의 순례', 니콜라이의 《명랑한 아주머니들》, 《아탈리》 중에서 '종교 행진곡', 《북극성》이라는 환상곡 등이 들어 있었다. 오케스트라는 베토벤의 서곡을 정확하게, 그리고 왈츠를 격렬한 기세로 연주했다. 《탄호이저》 중에서 '로마의 순례'가 연주될 동안에는 술병의 마개 뽑는 소리가 자주 들렸다. 크리스토프의 옆 탁자에 앉은 뚱뚱보 사내는 《명랑한 아주머니들》의 박자를 치며, 폴스탭을 흉내냈다. 하늘색 예복에 흰 띠를 매고 사자코에 금테 안경을 걸친, 팔뚝이 붉고 뒤룩뒤룩 살찐 큰 몸집의 노부인이, 힘있는 목청으로 슈만과 브람스의 가곡을 불렀다. 눈썹을 치켜세우고, 곁눈질을 하며, 눈을 깜박거리고, 머리를 좌우로 흔들면서, 동그란 얼굴에 호들갑스런 거짓 웃음을 짓고, 과장된 몸짓을 하고 있었다. 이 몸짓은 그녀 속에서 환히 드러나오는 훌륭한 성실성이 없었더라면 자칫 약장사의 노래를 떠올리게 했을 것이다. 한 가정의 어머니인 이 부인이 사랑으로 들뜬 소녀의 역을 맡아 청춘과 정열을 노래하고 있었다. 그래서 슈만의 노래는 어딘지 젖먹이 방의 냄새를 띤 것 같았다. 청중들은 매우 기뻐했다. 그런데 남독일 남성 합창단이 나오자 청중들은 진지해졌다. 합창단은 감상에 젖은 여러 합창곡을 속삭이듯 혹은 포효하듯이 노래했다. 그들은 마흔 명이면서도 네 명밖에 안 되는 것처럼 노래했다. 마치 그들의 합창은 본디 합창 형식의 모든 특색을 송두리째 빼버리고자 애쓰고 있는 것처럼 보였다. 그것은 마치 큰북을 두드리는 것처럼 갑자기 천둥과 같은 고함을 지르면서 간곡한 선율적 효과를, 애련하고 눈물 어린 섬세한 뉘앙스를, 숨이 넘어갈 듯한 피아니시모를 내고자 애쓰는 것과 같았다. 충실과 균형을 잃고 있었다. 그것은 무미건조한 양식이었다. 보텀(세익스피어의 《한여름밤의 꿈》 에 나오는 직물 직공의 이름)의 말이 생각났다.

"내겐 사자 역을 시켜 주었으면 좋겠어. 새끼에게 먹이를 주는 어미 비둘기처럼 상냥스럽게 짖어 보이겠네, 아니 꾀꼬리라고 믿어 버리도록 짖어 보이겠네."

크리스토프는 처음부터 귀를 기울여 듣고 있었지만, 이 기분은 점점 더 심해졌다. 이러한 일들은 그에게는 조금도 새삼스러울 것이 없었다. 이러한 음악회, 이러한 오케스트라, 이러한 청중을 그는 잘 알고 있었다. 그런데 갑자기 모든 것이 거짓말인 것처럼 여겨진 것이다. 모든 것이, 그가 가장 좋아하는 저 《에그몬트 서곡》까지도. 이 서곡의 난잡스러운 야함과 알맞은 흥분이 지금은 솔직함을 잃은 듯 여겨져 그에게 불쾌한 기분을 갖게 했다. 물론 그가 들은 것은 베토벤이나 슈만이 아니라, 우스꽝스런 연주자이며 이를 되새기고 있는 청중이었다. 그들의 둔한 어리석음은, 답답한 안개처럼 그러한 작품 주위로 자욱이 피어올랐다. 그것은 아무래도 좋았지만, 다시없이 아름다운 작품 중에도 크리스토프가 이제까지 느낀 일이 없는, 무언가 맘에 걸리는 것이 있었다. 대체 그것은 무엇일까? 가장 사랑하는 거장(巨匠)들을 논의하는 것이 무례하다고 생각되어 그는 이를 차마 분석하지 못했다. 그러나 아무리 보지 않으려 해도 안 되었다. 환히 드러나 보이는 것이었다. 게다가 본의 아니게 그는 계속 보고 있었다. 피사의 벽화에 있는 《수줍은 여자》처럼, 손가락 틈새로 보고 있었다.

그는 벌거벗은 독일 예술을 보았다. 모든 사람이—위대한 자도 어리석은 자도—감동하고 우쭐대며 자기 혼을 드러내 보여주고 있었다. 감동이 넘치고, 도덕적인 품위가 흘러나와 마음이 흐뭇하게 녹아나오고 있었다. 수문(水門)은 놀랄 만한 독일적 감수성을 향해 열려 있었다. 이 감수성은 가장 강한 사람들의 정력을 희박하게 하고, 약한 사람들을 잿빛 물 밑으로 빠져들게 했다. 그것은 바로 홍수였다. 독일 사상은 그 밑바닥에 잠들어 있었다. 멘델스존식, 브람스식, 슈만식의 사상이란, 또 그들에 이어 과장된 감상조의 가곡을 만들고 있는 군소 작가들의 사상이란 정말 어떠한 것들이었을까? 그것은 모두 모래로 이루어져 있었다. 바위 하나 없었다. 그것은 축축한, 일정한 형식이 없는 진흙이었다……. 그것은 모두 너무도 어리석고 유치한 것이었으므로 크리스토프는 청중이 깜짝 놀라고 있을 것이 틀림없으리라고 생각했다. 그러나 주위를 둘러보자 아주 태평스런 얼굴뿐이었다. 지금 듣고 있는 것은 아름다운 음악뿐이고, 즐거울 거라 믿고 있는 듯했다. 이러한 그들이 어떻게 스스로 판단을 내릴 수 있었겠는가? 그들은 이러한 신성한 이름에 대해 존경하는 마음으로 가득 차 있었다. 그들이 존경하지 않는 것은 무엇일까? 그들은 자신들의 프로그램에 대해, 술잔에 대해, 자기 자신에 대해 경의를 품고 있었다. 많거나 적거나 무릇 자기에게 관계 있는 것이라면 그들은 마음속으로 '각하'의 존칭을 바치고 있는 것 같았다.

크리스토프는 청중과 음악을 번갈아 관찰했다. 음악은 청중을, 청중은 음악을 고스란히 그대로 반영하고 있었다. 크리스토프는 웃음이 나올 것만 같아 얼굴을 찡그렸다. 꾹 참았다. 그러나 '남독일인'의 단체가 나와서 얼굴이 붉어질 것 같은 사랑하는 소녀의 《고백》을 점잖게 불러 댔을 때는 그만 더는 참을 수 없었다. 그는 웃음을 터뜨렸다. "쉿!" 성난 소리가 일어났다. 주위 사람들은 깜짝 놀라 그의 얼굴을 보았다. 분개해 있는 그들의 선량한 얼굴을 보자, 그는 유쾌해졌다. 그는 자꾸만 계속 웃어 젖히고, 눈물이 나도록 웃었다. 이번에야말로 모두 정말로 화를 냈다. "나가!" 사람들은 외쳤다. 그는 일어나 어깨를 으쓱거리며, 솟구쳐오르는 폭소로 등을 흔들어 대며 나갔다. 이러한 태도가 또 사람들의 분개를 샀다. 이렇게 해서 크리스토프와 이곳 도시 사람들 사이에 적의(敵意)가 움트게 된 것이다.

*

이러한 경험을 한 다음 크리스토프는 집에 돌아와 '신성한' 음악가들의 작품을 다시 읽어 보았다. 자기가 가장 사랑하고 있는 몇몇 거장들이 '거짓말을 하고 있다'는 것을 눈치채고 그는 깜짝 놀랐다. 그는 애써 그럴 리 없다고 의심하려 들고, 자신의 오해라고 생각하려 했다. 하지만 어쩔 수가 없었다. 위대한 민족의 예술적인 보물을 만드는 범용과 거짓말이 얼마나 많은가에 그는 놀랐다. 또한 감상할 만한 작품은 얼마나 적은 것인가!

그 뒤부터 자신에게 귀중한 다른 작품을 읽고자 할 때는 그는 가슴이 울렁거렸다. …… 아! 마술에 홀린 듯한 기분이었다. 곳곳에서 같은 실망을 맛보았다! 어느 거장에 대해서는 가슴이 찢어지는 듯한 아픔을 느꼈다. 사랑하는 친구를 잃은 듯한 기분이었다. 이제까지 신뢰했던 이 친구가 수년 동안 자기를 기만해 온 일을 돌연 눈치챈 것 같았다. 그는 울었다. 이제 밤에도 잠이 안 왔다. 그는 끊임없이 괴로워했다. 그는 자신을 책망했다. 나에게는 이제 사물을 판단할 힘이 없는 것은 아닐까? 나는 완전히 바보가 된 것이 아닐까? 아니, 태양의 빛나는 아름다움은 전보다도 더 잘 보이고, 인생의 커다란 풍요함은 전에 없이 더 느껴졌다. 그의 마음은 결코 그를 기만하지는 않았다······

또한 오랫동안, 크리스토프는 자기에게 가장 좋고 훌륭한 사람들, 가장 순수한 사람들, 성자 중의 성자라고 할 사람들의 작품은 감상할 용기가 나지 않았다. 이제까지 그들에 대해 갖고 있던 신앙을 다칠까 염려했다. 하지만 결국, 비록 아무리 괴로울지라도 사물의 있는 그대로의 모습을 보고 싶다는 진실된 혼의 사정없는 본능에는 어떻게 항거할 수 있을 것인가? 그래서 그는 신성한 작품을 펼쳤다. 마지막으로 남모르게 감추어 두었던 근위병(近衛兵)까지도 끌어내 보았다. 한눈에 이것들도 다른 작품들과 마찬가지로 순결하지 않다는 것을 알았다. 그는 이미 계속해서 읽을 만한 용기가 없었다. 가끔 읽는 것을 그만 두고 책을 덮었다. 크리스토프는 노아의 아들처럼 벌거숭이 아버지 위에 외투를 던져 주었다······

그 뒤 크리스토프는 이러한 폐허 속에 맥이 풀려 서 있었다. 신성한 환상을 잃어버릴 정도면 차라리 자기 한 팔을 잃는 것이 나았다. 그의 마음은 슬픔에 잠겼다. 하지만 그의 속에는 왕성한 기운이 넘쳤으므로, 예술에 대한 신뢰는 흔들리지 않았다. 청년의 솔직한 자부심으로 자기 이전에는 아무도 살고 있지 않았던 것처럼 다시 생활을 시작했다. 싱싱한 정열과 그것에 의한 예술 표현 사이에는 거의 예외 없이 아무런 관계도 없다는 것을 그는 자신의 새로운 힘에 도취되어 느꼈다. —아마도 이유기 없는 깃도 아니었겠시만. 그러나 스스로 이를 표현할 때, 더 능란하게, 더 진실에 맞추어 할 수 있으리라고 생각한 것은 그의 잘못이다. 그는 자기 정열에 가득 차 있었으므로 자기가 쓴 것 가운데에 그 정열을 찾아내는 것은 쉬운 일이었다. 하지만 그 밖의 사람은 누구 하나 그가 정열을 표현하는 데 사용한 불완전한 어휘 아래 이를 인정할 수는 없었을 것이다. 그가 비난한 많은 예술가에 대해서도 마찬가지였다. 그들은 모두 깊은 감정을 갖고 있어 이를 표현했다. 하지만 언어의 비밀은 그들과 더불어 죽어 버린 것이다.

크리스토프는 적어도 심리학자는 아니었으므로 이러한 모든 이치에는 무관심했다. 그에게 죽어 있는 것은 늘 죽어 있는 것이었다. 그는 청년에게 흔히 있는 자신감과 불공평함을, 과거 사람들에 대한 자신의 비판을 점검했다. 크리스토프는 가장 고귀한 혼도 벌거벗기고, 우스꽝스런 점을 용서하지 않았다. 멘델스존에게는 돈 많은 자의 우울, 품위 있는 환상, 분별이 깃든 허무가 있었다. 베버에게는 유리 세공과 번쩍거리는 쇠붙이가 있었으며, 메마른 마음과 머리만의 정서가 있었다. 리스트는 기품 있는 장로이며 곡예사이고 신고전파며 노점 상인이었으며, 진정한 품위와 가짜 품위가, 청아한 이상주의와 그렇지 않은 것이 반반씩 섞여 있었다. 슈베르트는 수 킬로미터의 무색 투명한 물속 밑바닥에 있는 것처럼 그 감수성 밑에 빠져 있었다. 그 밖에 영웅시대의 고인들, 반인반신적(半人半神的)인 사람들, 예언자들, 교회의 장로들도 용서받지 못했다. 저 위대한 세바스찬, 자기 속에 과거와 미래를 간직해 두어 3대에 걸친 생명을 갖고 있다고 하는 저 바흐조차도 거짓말과 유행을 좇는 어리석음과 선생 같은 요사스러운 수작이 없다고는 할 수 없었다. 신을 본 이 사람도 크리스토프의 눈에서 보면 가끔 맛이 없고 그저 달콤하기만 한 종교가 있고, 위선적인 진부한 양식이 있었다. 그의 칸타타(聲樂曲) 가운데는 사랑과 신앙에 지쳐 빠진 가락이 있었다(아양을 부리는 혼과 그리스도와의 대화). 크리스토프는 이에 구역질이 났다. 춤을 추는 아름다운 천사들을 보는 듯한 생각이 들었다. 게다가 이 천재적인 교회 음악가는 밀폐된 방 안에서 작품을 쓴 것처럼 느껴졌다. 곰팡내가 났다. 아마도 그만큼 위대한 음악가는 아니었지만, 그러나 위인이었던—더 인간적인 다른 사람들, 이를테면 베토벤이나 헨델 속에 불고 있는 것과 같은 강한 외기가 그의 음악에는 없었다. 그리고 또 고전파 작곡가에게 불쾌감을 느낀 것은, 그들에게 자유가 결여된 일이었다. 그들의 작품에서는 거의 모든 것이 '조립(組立)'되어 있었다. 감동이 흔해빠진 모든 음악적 수사법을 써서 과장되어 있는가 하면, 간단한 리듬이나 장식음이 기계적으로 반복되고 역전되고 모든 형식으로 배합되어 있었다. 이러한 대칭적이고 반복적인 구조—예컨대 소나타나 심포니—는 당시의 정리된 미(美)나, 교묘히 꾸며진 거창한 미에는 거의 무감각이었던 크리스토프를 분노케 했다. 그런 것들은 음악가의 작품이라기보다는 차라리 석공의 작품인 것처럼 여겨졌다.

크리스토프는 낭만파 작곡가에 대해서도 마찬가지로 엄격했다. 참으로 묘한 일이지만 누구보다도 가장 자유롭고 자발적이고 또한 가장 건축적이 아니라고 자부하던 음악가일수록, 이를테면 슈만과 같이 무수한 작은 작품 속에 자신의 생명을 한 방울씩 짜내어 주입한 음악가들처럼 그를 화나게 한 것은 없었다. 자기 소년 시절의 혼이나 거기서 벗어나고자 다짐한 모든 어리석음을 그들 속에서 찾아냈으므로, 그는 더욱 심한 노여움을 그들에게 터뜨렸다. 물론 천진스러운 슈만을 거짓말을 하고 있다고 비난할 수는 없었다. 그는 거의 언제나 실제로 느낀 일밖엔 말하지 않았다. 하지만 바로 슈만의 예가 크리스토프에게 다음과 같은 것을 이해하게 한 것이다. 독일 예술 최악의 허위는 예술가가 실제로 느끼지도 않은 감정을 표현하려 할 때 있는 것이 아니라, 오히려 실제로 느낀 감정—하지만 그것은 '진실하고 정당하지 않은 감정'이다—을 표현하려 할 때에 있는 것이다. 음악은 혼을 무자비하게 비춰내는 거울이다. 독일 음악가는 순진하고 진지하면 진지할수록 더욱 독일 혼의 약점과 그 불확실한 기초, 그 유약한 감수성, 솔직성의 결여, 다소 교활한 이상주의, 자기 자신을 보고 자기 자신을 직시하는 것의 무능력을 보여주게 된다. 이 허위의 이상주의는 아주 위대한 예술가에게서조차, 이를테면 바그너에게 있어서조차 결점으로 나타난다. 그의 작품을 다시 읽으면서 크리스토프는 이를 부드득 갈았다. 《로엔그린》은 그만 버럭 소리를 지르고 싶어질 정도로 허위 작품인 것처럼 여겨졌다. 이러한 값싼 기사도, 위선적이고 거드름피우는 행동, 자기를 찬미하고 자기를 사랑하고 이기적이고 냉혹한 덕(德)의 화신이라고 해야 할 공포심도 인정도 없는 이러한 영웅을 그는 미워했다. 자기 자신의 모습을 숭배하고 그 신성함에 대해서는 남을 희생시키기를 우습게 여기는, 자만심이 강하고 조금도 빈틈이라고는 없는, 무자비한 이런 독일적 위선자 유형을 그는 너무나 잘 알고 있었다. 실제로 본 적이 있었다. 《방황하는 네덜란드인》은 짓누르는 듯한 감상(感傷)에 음침하고 지루해서 그를 견딜 수 없게 했다. 《4부작》 '니벨룽겐의 반지'의 퇴폐적인 야만인들은 연애에 있어서 지긋지긋할 만큼 무미건조했다. 지그문트가 누이동생을 데리고 나갈 때는 살롱식의 연가(戀歌)를 테너로 노래했다. 《제신의 황혼》 속 지그프리트와 브룬힐데는 독일의 선량한 부부답게 서로, 그리고 특히 청중을 향하여 부부애의 정열에 대해 지껄여 댔다. 이런 작품 속에는 모든 종류의 거짓말이 다 모여 있었다. 허위의 이상주의, 허위의 그리스도교 정신, 허위의 고딕 정신, 허위의 전설, 허위의 신성, 허위의 인간성 등이 모든 인습을 타파하겠다고 덤벼들었던 이 연극만큼 커다란 인습이 과시되어 있는 것은 없었다. 눈도 정신도 마음도 잠시나마 이 속임수에 넘어갈 리가 없었다. 속기 위해서는 속기를 바라는 마음이 있어야만 했다. 그런데 그들은 속기를 바라고 있었던 것이다. 독일은 이 늙어 빠지기도 하고 아이들 같기도 한 예술을, 사슬이 풀려난 야수와 신비적이고 감상적인 소녀의 예술을 상당히 즐기고 있었다.

그런데 크리스토프 자신도 별 수 없었다. 이 음악을 듣자 다른 사람들과 마찬가지로, 아니 그들 이상으로 음의 급류와 이를 풀어 놔 준 인간의 악마적인 의지에 사로잡혔다. 그는 웃고, 떨고, 뺨이 달아올랐다. 기마 군대가 자신 속을 통과해 가는 것을 느꼈다. 그리고 그러한 폭풍을 자신 속에 갖고 있는 사람들에게는 모든 것이 죄다 허용되어 있는 것이라고 생각했다. 이제는 몸이 떨리지 않고는 펴볼 수 없는 신성한 작품 속에 사랑하던 것의 순결이 무엇으로부터도 더럽히지 않고 그대로 있어, 옛날과 똑같은 거센 감동을 다시금 맛보게 되었을 때, 그는 얼마나 기쁨의 소리를 질렀던 것일까! 그것은 그가 난파(難破) 속에서 구출해낸 영광의 잔존물(殘存物)이었다. 얼마나 행복한 일인가! 저 자신의 일부를 구해낸 것 같은 기분이었다. 그리고 사실 그것은 그 자신이었던 것이 아니었을까? 그가 핏대를 돋우어 비난한 이 위대한 독일인들은 그의 피, 그의 살, 그의 가장 귀중한 존재가 아니었던가? 그가 그들에 대해 그렇듯 혹독했던 것은, 자기 자신에 대해 혹독했기 때문이다. 그보다 더 그들을 사랑한 자가 있었을까? 그보다 더 슈베르트의 온후함을, 하이든의 무구(無垢)함을, 모차르트의 상냥스러움을, 베토벤의 영웅적인 위대한 마음을 느낀 자가 있었던 것일까? 베버 삼림의 소슬바람 속에, 또 요한 세바스찬의 대사원, 독일 평원 위에 북극의 잿빛 하늘을 배경으로 그 돌로만 된 산과 음각(陰刻)의 뾰족한 꼭대기를 가진 커다란 탑을 솟아오르게 한 저 대사원의 그림자 속에 그보다 더 경건한 마음으로 몸을 담은 자가 있었던가? 그러나 그는 그들의 거짓말에 고뇌했다. 그것을 잊을 수가 없었다. 그는 이 거짓말을 민족 탓으로 돌리고, 그들의 위대함은 그들 자신의 것으로 여겼다. 하지만 이것은 착각이었다. 위대함도 약점도 모두 민족에 속하는 것이다. 이 민족의 힘차고 또 혼돈된 사상은 음악과 시의 가장 큰 강이 되어 흐르고, 전 유럽이 그 물을 마시러 와 있는 것이다. 사실 그는 지금 자기 민족을 이렇듯 가혹하게 비난하고 있지만, 그를 그렇게 하도록 만든 솔직한 순진성을, 그는 다른 어떤 민족 속에서 볼 수 있었던가?

크리스토프는 그런 일을 조금도 눈치채지 못했다. 응석받이의 마음으로 어머니에게서 받은 무기를 어머니에게 돌려 대고 있는 것이었다. 뒷날에 가서, 훨씬 뒷날에 가서 어머니에게서 혜택받고 있는 모든 것을, 그리고 어머니가 자신에게 얼마나 소중하다는 것을 깨달을 날이 반드시 올 것이다……

그러나 지금은 어린 시절의 우상에 대한 맹목적인 반동의 시기에 있었다. 외곬으로 골똘히 그들을 믿었던 일에 대해 자기 자신을, 또 그들을 원망했다. 그리고 그것은 잘하는 일이었다. 과감히 부정해야 하는, 가르침을 받은 모든 동경과 존경을 감히 지우지 않으면 안 되는, 또 무릇—거짓도 진실도—저 자신이 진실이라고 시인할 수 없는 것은 모두 부정하지 않으면 안 되는 그러한 나이의 한 시기가 삶에는 있다. 어린이는 교육에 의해, 또 주위에서 보고 듣고 함으로써 삶의 본질적인 진실에 섞여 있는 참으로 많은 거짓말과 어리석음을 들이마시기 때문에, 건전한 인간이 되고자 원하는 청년이 가장 먼저 해야 할 일은 모든 것을 토해내는 일이다.

＊

크리스토프는 때마침 이런 강한 불쾌감의 위기를 통과하고 있었다. 본능에 강하게 이끌려, 몸에 가득 차 있는 소화되지 않는 요소를 밀어 내보내고 있었다.

맨 먼저 토해내고 싶었던 것은 곰팡내 나는 축축한 지하실에서 스머나오듯 독일 혼에서 방울져 떨어지는 감수성이었다. 빛이여, 빛이여! 거칠고 건조한 공기여, 늪지대의 썩은 공기를, 거기서 독일적 〈심정〉의 습기가 발산하는 빗방울만큼이나 많은 저 숱한 〈가곡(Lieder)〉과 〈노래(Liedchen, Liedlein)〉의 고약한 냄새를 쓸어가 다오. 그러한 것은 무수히 있었다. 〈동경(Sehnsucht)〉 〈향수(Heimweh)〉 〈뛰는 마음(Aufschwnng)〉 〈물어보네(Frage)〉 〈어인 까닭에?(Warum?)〉 〈달님에게(An den Mond)〉 〈별님에게(An die Steme)〉 〈밤꾀꼬리에게(An die Nachtigall)〉 〈봄에 드리는 노래(An den Frühling)〉 〈태양의 노래(An den Sonnenschein)〉 〈봄의 노래(Frühlin-

gslied)〉〈봄의 기쁨(Frühlingslust)〉〈봄 인사(Frühhlingsgruss)〉〈봄의 나그넷
길(Frühlingsfahrt)〉〈봄 밤(Frühlingsnacht)〉〈봄 편지(Frühlingsbotschaft)〉
또 〈사랑의 소리(Stimme der Liebe)〉〈사랑의 말씀(Sprache der Liebe)〉〈사
랑의 슬픔(Trauer der Liebe)〉〈사랑의 혼(Geist der Liebe)〉〈달랠 길 없는
그리운 마음(Fülle der Liebe)〉, 또 〈꽃의 노래(Blumenlided)〉〈꽃편지(Blu-
menbrief)〉〈꽃인사(Blumengruss)〉 또 〈마음의 상처(Herzeleid)〉〈내 마음
무거워(Mein Herz ist schwer)〉〈내 마음 산란해(Mein Herz ist betrübt)〉
〈눈물 어린 눈(Mein Auge ist trüb)〉 하는 투의 것. 그리고 또 〈작은 장미꽃
(Röslein)〉이니, 시냇물, 꿩, 비둘기, 제비 따위와의 천진난만한, 그러나 어
처구니없는 대화. 그리고 또 다음과 같은 묘한 질문.—"들장미에는 가시가
없는 것일까"라거나 "제비는 옛 남편과 둥지를 친 것일까. 아니면 이즈막에
약혼을 새로 한 것일까"라는 것. 이러한 모든 김빠진 감동, 김빠진 우수, 김
빠진 시 따위의 범람이었다…… 얼마나 많은 아름다운 것이 모독되고, 얼마
나 많은 거룩한 감정이 어떤 기회마다에 까닭없이 혹사되어 낡아져 가고 있
는 것일까! 가장 나쁜 것은 그러한 것들이 소용없게 됐다는 것이었다. 그것
은 자기 마음을 공공연하게 노출시키는 나쁜 습관이었다. 수선을 떨며 자기
가슴을 열어젖혀 놓고자 하는 인정은 있지만 어리석은 경향이었다. 할 말도
없는데 늘 입을 놀리고 있다! 이 수다는 언제까지라도 그치지 않는 것일까?
야아, 이봐! 입 좀 다물어, 늪의 개구리들아!

　연애 표현에 있어서, 크리스토프는 거짓말을 가장 뚜렷이 느꼈다. 왜냐하
면 그것을 더한층 진실과 잘 비교할 수 있었기 때문이다. 판에 박은 눈물겹
고도 고상한 연가는 남자의 소망에도 여자의 마음에도 전혀 반응되는 것이
없었다. 하지만 이런 것을 지은 사람들은 그 생애에서 적어도 한 번은 사랑
을 한 적이 있었을 것이다! 정말 그런 식으로 사랑을 했던 것일까? 아니,
아니, 그들은 거짓말을 했다. 언제나처럼 거짓말을 했다. 그들은 자기를 이
상화하려고 했던 것이다…… 이상화한다는 것! 그것도 이를테면 삶을 정면
으로 직시하기를 두려워하는 일이다. 사물을 있는 그대로 볼 수가 없다는 것
이다. 곳곳에 이러한 겁쟁이, 이러한 사나이다운 솔직성의 결핍이 있었다.
곳곳에서, 애국심 속에, 음주 속에, 종교 속에서 이러한 차가운 감격과 연극
적인 위엄이 느껴졌다. 〈즉흥의 노래(Trinklieder)〉는 술이나 술잔에 대한 의

인법(擬人法)적인 호소였다. "그대, 고귀한 잔이여…… (Du herrliches Glas ……)" 하는 투의 신앙은 혼의 밑바닥에서 뜻하지 않은 조류와 같이 솟구쳐 올라오는 것일 터인데도 하나의 제조품이기도 하고, 상품이기도 하였다. 애국가는 양 떼를 위해 만들어졌는지 양의 울음소리 같은 가락을 가지고 있었다……. 자, 고함을 쳐 보려무나…… 뭐야! 여전히 거짓말을 하고 있는 거냐. 〈이상화〉라는 것을 계속하고 있는 거냐. 취했을 때도, 살인하고 있을 때도, 정신이 돌았을 때도! ……

크리스토프는 마침내 이상주의를 미워하게 되었다. 이러한 거짓말보다도, 솔직하고 난폭한 쪽이 더 좋았다. 실제로 그는 그 누구보다도 이상주의자였고, 오히려 좋다고 여기는 저 난폭한 현실주의자들 이상으로 기피해야 할 적(敵)은 없을 것이다.

그는 자기 정열에 속았다. 안개 때문에, 빈혈증에 걸린 허위 때문에, '태양이 없는 유령들인 여러 관념' 때문에 몸이 얼었었다. 그는 심신의 온 힘을 다해서 태양을 갈망하고 있었다. 주위의 위선에 대해, 혹은 자신이 위선이라고 부르고 있는 것에 대해, 자칫 젊은이에게 있기 쉬운 경멸을 품고 있었으므로 민족의 실제적인 뛰어난 영특한 지능이 그에겐 보이지 않았다. 이 민족은 스스로 야만스런 본능을 억누르기 위해, 또는 이를 이용하기 위해 천천히 웅대한 이상주의를 수립하고 있었다. 민족의 혼을 개조하고, 거기에 새로운 성질을 부여하는 것은 독단적인 이성도 아니거니와 도덕이나 종교의 제약도 아니다. 입법자도, 정치가도, 목사도, 철학자도 아니다. 그것은 몇 세기 동안의 불행과 시련의 소산이고, 살고자 하는 민족을 영구히 계속 단련시킨다.

*

그동안에도 크리스토프는 작곡을 하고 있었다. 그리고 그의 작품은, 그가 남을 비난했던 결점을 면하고 있지는 못했다. 왜냐하면 그에게 있어서는 창작은 참으려야 참을 수 없는 욕구이며, 이 욕구는 그의 지성이 명령하는 규칙에는 복종하지 않기 때문이다. 인간은 이성으로 창조하는 것이 아니다. 필연성에 의해서 창조하는 것이다. 게다가 대부분의 감정에 따르기 마련인 거짓말이나 위선을 알게 되었다고 해서, 이에 다시는 빠져들지 않고 견딜 수 있는 것은 아니다. 그러기에는 오랜 기간의 뼈저린 노력이 필요하다. 몇 세대에 걸쳐 계승되어 온 나태한 습관의 무거운 유산을 짊어지고 있는 현대 사회에 있어서는, 완전히 진실하다고 하는 일만큼 어려운 일은 없다. 대체적으로 침묵하는 것이 가장 좋을 경우에도, 쉴 새 없이 마음을 털어놓는 버릇에 익숙해 있는 사람들이나 여러 국민들은 그 침묵을 지키기가 어렵다.

이런 점으로는 크리스토프의 마음은 퍽 독일적이었다. 그는 아직 침묵의 미덕을 알지 못했다. 게다가 그런 미덕은 그의 나이에도 어울리지 않았다. 그는 말하고 싶은 욕구를, 더욱이 떠들며 말하고 싶은 욕구를 아버지에게서 물려받았다. 그는 이를 의식해 그것과 싸웠다. 그런데 이 싸움은 그의 힘의 일부분을 마비시켰다. 그는 할아버지로부터 물려받은 유전과도 싸우고 있었다. 그것은 자신을 정확하게 표현하는 데 무척 곤란을 느끼는, 이것 또한 마찬가지로 답답한 유전이었다. 그는 예술에 통달한 기교가의 아들이었다. 그는 명인의 예술에 대해 지나치게 마음이 끌리는 위험한 경향을 자기 속에서 느꼈다. 그것은 육체적인 기쁨이다. 손재주와 경쾌함과 근육 활동의 기쁨이다. 저 혼자서 수천 청중을 정복하고 현혹시키고 복종시키는 기쁨이다. 이것은 젊은 사람에게는 조금도 무리랄 수는 없는 거의 천진난만한 기쁨이다. 하지만 그렇다고는 할지라도 예술과 영혼을 위해서는 치명적이 될 수도 있는 위험한 것이다. 크리스토프는 이 쾌락을 잘 알고 있었다. 핏속에 그것을 갖고 있었다. 그는 이것을 경멸하고 있었지만 역시 이것에 지고 있었다.

이리하여 그는 민족의 본능과 자기 천분의 본능 양쪽으로부터 당겨지고, 또 내부로 침식되어 도무지 쫓아내 버리지 못하는 기생충 같은 과거의 무거운 짐이 지워져 비틀거리며 걸어나갔다. 그리고 자기가 배척하던 것에 예상 밖으로 점점 다가서고 있었다. 당시의 그의 작품은 모두 진실과 과장, 명쾌한 활력과 종잡을 수 없는 어리석음과의 혼합이었다. 그의 개성이 그의 행동을 속박하고 있는 죽은 할아버지와 아버지의 개성의 껍질을 부술 수 있었던 것은 매우 드문 일에 지나지 않았다.

크리스토프는 오직 혼자였다. 그를 진흙구덩이에서 끌어내 주는 안내자는 없었다. 그가 그곳에서 나왔다고 여겼을 때, 실상은 더욱 깊이 빠져들고 있었다. 도무지 잘되지 않는 시작(詩作)에 시간과 힘을 낭비하며 손으로 더듬어서 걸어나갔다. 어떤 경험이라도 해보았다. 그리고 이러한 창작적 흥분의 혼란 가운데에 있어서는, 자기가 만드는 것 가운데 어느 것이 가장 가치 있는 것인지 알아낼 수 없었다. 터무니없는 계획이나 철학적인 의도와 큰 규모를 가진 교향시 속에서 옴짝달싹 못하게 되었다. 크리스토프의 마음은 진지했으므로 그러한 것에 오래 매여 있지는 않았다. 그리고 일부분의 초안도 잡기 전에 싫증이 나서 집어치웠다. 혹은 또 가장 이해하기 어려운 시를 서곡 형식으로 음악화해 보려고 했다. 그러자 자기 분야가 아닌 세계에서 머뭇거리게 되었다. 자신이 각본을 써 보는 수도 있었는데—(그는 아무것도 두려워하지 않았던 것이다)—그것은 완전한 졸작이었다. 또 괴테나 클라이스트나 라벨이나 셰익스피어의 대작품을 대할 때는 그는 이를 완전히 곡해했다. 지성이 결여된 것은 아니었지만, 비판적 정신이 결여되어 있었다. 그는 남을 이해할 수 없었다. 그는 너무나 자기 자신에 골몰해 있었다. 그는 곳곳에서 솔직하고 거창한 혼을 가진 자기 자신의 모습을 찾아냈었다.

이러한 도저히 생명을 가질 수 없는 괴상한 작품 위에 일시적인 감동을 직접적으로 표현한 많은 작품을 썼다. 그것은 그의 작품 중에서 가장 영속적인 것으로 음악적 사상이라고나 해야 할 가곡이었다. 이런 경우에도 다른 경우와 같이 그는 당시의 습관에 심하게 반항했었다. 이미 음악에서 다루어진 유명한 시를 다시 집어들어서 오만하게도 슈만이나 슈베르트와는 다른, 그리고 더욱 진실된 방법으로 다루려고도 했다. 어떤 때는 괴테의 시적(詩的)인 인물, 예컨대 《빌헬름 마이스터》 속 미뇽이나 하프 타는 이에게 그들의 뚜렷하기도 하고 희미하기도 한 개성을 돌려주려고 했다. 또 어떤 때는 작자의 무기력과 대중의 무취미가 은연중에 일치해서 달짝지근한 감상성으로 휩싸여 있는 것이 보통인 연애 가곡에 덤벼들었다. 그러고는 그 포장을 걷어내고는 거기에 야성적이고 육감적인 신랄함을 불어넣었다. 한마디로 한다면 정열이나 인물을 그 자체를 위해서 살리고자, 일요일 날 어딘가의 맥줏집 탁자에 몸을 기대어 안이한 감상을 찾고 있는 독일인 가족들을 위한 장난감으로 삼고 싶지 않았던 것이다.

하지만 크리스토프는 일반적으로 시인들을 너무나 문학적이라고 생각했다. 그리고 가장 단순한 원문(原文), 예컨대 오랜 가곡이라든지 전에 교훈서 속에서 읽은 일이 있는 성가 같은 것을 들춰냈다. 하지만 그런 것이 갖고 있는 찬미적인 성격은 보존하지 않도록 조심했다. 크리스토프는 이것을 대담하게도 비종교적인, 그리고 생기 있는 방법으로 다루었다. 혹은 또 속담이나, 때로는 지나치다가 언뜻 귀에 들어온 말 한마디나, 서민들 대화의 단편이나, 어린이들의 감상(感傷)까지도 다루었다. 그러한 것들은 통명스럽고 평범한 말이었지만, 거기에는 아주 순수한 감정이 투명하게 보였다. 그러한 것으로라면 그는 힘 들이지 않고 일할 수 있었다. 그리고 자신으로서는 알지 못할 만큼 어떤 깊이에 도달해 있었다.

잘되고 못되고는 둘째 문제로 하고—대체로 보아 잘못된 것이 많았지만—이러한 작품 모두엔 생명이 넘쳐 있었다. 그렇지만 모두가 새로운 것일 수는 없었다. 그럴 형편이 안 되었다. 크리스토프는 성실한 나머지 평범해지는 경우가 많았다. 그는 자칫 이미 쓰이고 있는 형식을 되풀이하는 일이 자주 있었다. 왜냐하면 그러한 형식은 그의 생각을 정확히 표현해 주기 때문이었다. 또 크리스토프는 그러한 방식으로 느끼고 있었으며 다른 방법으로 느끼지는 않았기 때문이다. 크리스토프는 결코 독창적이 되고자 하지는 않았다. 그런 것을 걱정해서 마음 죄는 일은 변변치 못하기 때문이라고 그는 여겼다. 크리스토프는 자기가 느끼고 있는 것을 말하려고 애썼다. 그것이 이미 말해진 것이거나 말거나 개의치 않았다. 그것이 또한 독창적이 되는 가장 좋은 방법이고, 장 크리스토프는 한 번밖에 존재하지 않았으며, 또 한 번밖에는 존재하지 않을 것이라고 오만스럽게 믿었다. 청년 시절의 대범한 뻔뻔스러움으로써, 아직 아무것도 되어 있지 않다고 여겼었다. 이러한 내부 충실의 감정, 끝없이 생명은 있다고 하는 감정은 그를 넘칠 듯한, 그리고 어딘지 불건실한 행복 상태로 던져 넣었었다. 모든 순간의 환희, 그것은 기쁨을 필요로 하고 있지는 않았다. 그것은 슬픔에도 순응할 수 있었다. 그 원천은 모든 행복과 덕의 모태인 그의 힘 속에 있었다. 살 일이다. 너무나 지나치게 살 만큼 살 일이다! …… 이러한 힘의 도취를, 이러한 삶의 환희를, 비록 불행의 구렁텅이에 있을지라도 자신 속에 느끼지 못하는 자는 예술가가 아니다. 그것은 시금석이다. 참다운 위대성이란 기쁨에도 괴로움에도 기뻐할 수 있는 힘에 의해서 인정된다. 멘델스존이나 브람스와 같은, 보슬비나 시월 안개의 신들은 이러한 성스런 힘을 전혀 알지 못했던 것이다.

크리스토프는 그 힘을 갖고 있었다. 그리고 사려가 부족한 천진난만으로 자신의 기쁨을 떠벌려 내보였다. 그는 별반 그것을 나쁜 일이라고는 여기지 않았다. 다만 자기 기쁨을 남과 나누고 싶다고 생각하는 것이었다. 이러한 그의 기쁨은 그것을 갖고 있지 않은 대부분의 사람들에게는 불쾌한 것이라는 것을 그는 눈치채지 못했다. 게다가 그는 남이 좋아하거나 말거나 도무지 무관심이었다. 그는 자신을 갖고 있었다. 그리고 자기의 확신을 남에게 전해 주는 것을 퍽 당연한 일인 것처럼 여겼다. 그는 자신의 풍부한 재능과, 악보 제조업자들의 일반적인 빈약성을 비교하고 있었다. 그리고 자신의 우월성을 세상에 인정케 하는 일은 아주 쉽다고 생각했다. 그것은 너무나 쉬운 일이었다. 자기를 보여 주기만 하면 되는 일이다.

크리스토프는 자기를 보여 주었다.

*

사람들은 그를 기다리고 있었다.

크리스토프는 조금도 자기 감정을 숨기거나 하지 않았다. 사물을 있는 그대로 보려고 들지 않는 독일적인 허위를 눈치채고 나서부터는, 작품이나 인물에 대한 어떠한 정평도 문제삼지 않고 절대적인, 비타협적인 성실성을 보일 것을 철칙으로 했었다. 또 무엇을 하거나 극단적이었으므로 터무니없는 소리를 해서는 사람들을 분노케 했다. 그의 태도는 놀랄 만큼 솔직했다. 귀중한 발견을 하나의 가슴속에 숨겨 두고 싶어하지 않는 인간처럼, 독일 예술에 대한 자신의 생각을 아무에게나 얘기하고서는 만족해했다. 그리고 이것 때문에 상대가 자신을 나쁘게 여기는지도 알 수 없다는 생각은 해보지도 않았다. 신성시 되어 있는 작품의 졸렬성을 알게 되자, 단번에 이 일로 머리가 꽉 차버려 성급하게도 만나는 사람들에게마다 이것을 얘기했다. 상대가 전문가이건 아니건 상관없었다. 크리스토프는 얼굴을 빛내며 이를 데 없이 기묘한 비판을 늘어놓았다. 처음에는 아무도 그것을 제대로 받아 주지 않았다. 종잡을 수 없는 말이라고 웃고 있었다. 그런데 오래지 않아 그가 싫증나도록 집요하게, 너무나 빈번히 이를 되풀이하는 것을 사람들은 눈치챘다. 크리스토프가 자신의 기괴한 말을 믿고 있다는 것이 뚜렷해졌다. 그렇게 되자 그의 말은 더는 유쾌하게 받아들여지지 않았다. 그는 위험인물이 되었다. 그는 연주가 한창인 때에 소란스레 익살스런 말을 내뱉거나, 영광된 거장들에 대한 경멸을 늘어놓거나 했다.

소도시에서는 모든 것이 금방 퍼졌다. 크리스토프의 말 한 마디도 흘려들지는 않았다. 사람들은 이미 지난해의 소행으로 그를 미워하고 있었다. 그가 아이다와 함께 보인 해괴한 짓을 사람들은 잊어버리지 않았다. 그 자신은 그런 일은 벌써 기억에도 없었다. 나날이 나날을 지워, 지금의 그는 과거의 그와는 멀리 떨어진 것이었다. 하지만 다른 사람들이 그 대신에 이를 기억하고 있었다. 이웃 사람의 모든 실책, 모든 결점, 이웃 사람에 대한 모든 음침하고 보기 흉한 딱한 사건을 하나도 빠뜨리지 않도록 아주 소상하게 적어 두는 일을 자기의 사회적 직책으로 알고 있는 사람들이 어느 소도시에나 있는 법이다. 크리스토프의 새로운 당돌한 행동이, 낡은 행동과 가지런히 그의 이름의 장부에 기록되었다. 한편은 다른 쪽을 해명하는 것이 되었다. 도덕을 모욕당한 원한에, 좋은 취미를 더럽힌 원한이 보태어졌다. 가장 관대한 사람들은 그를 이렇게 말했다.

"일부러 저러는 것이지."

하지만 대부분의 사람들은 분명히 다음과 같이 말했다.

"완전히 미친놈이야! (Total verrückt!)"

더 위험한 소문이 퍼지기 시작했다. 그것은 고귀한 사람들 사이에서 나온 만큼 효과는 확실했다. 크리스토프는 공무를 수행하기 위해 전처럼 대공저(大公邸)에 나가고 있었는데, 여기서도 그 악취미로 대공 자신을 보고 존경받는 거장들에 대해 듣기에 민망할 정도의 폭언을 했다는 것이다. 멘델스존의 《엘리야》를 '얌전한 체 도사린 중들의 항상 판에 박은 문구'라 하였고, 슈만의 어떤 가곡을 '계집애의 음악'이라고 했다는 것이다. 더욱이 높은 신분의 사람들이 특히 이러한 작품을 무척 좋다고 말한 직후에 그런 폭언을 토한 것이다! 대공은 차갑게 다음과 같이 말해 그러한 무례에 일침을 놓았다.

"자네 하는 소리를 듣고 있자니, 가끔 자네가 그래도 정말 독일인일까 하는 의심이 날 때가 있네."

이러한 높은 데서 떨어진 복수의 말은, 가장 낮은 데까지 떨어지지 않고는 못 배겼다. 크리스토프가 성공했기 때문에, 또는 다른 보다 개인적인 이유로 크리스토프를 미워할 이유가 있다고 믿고 있었던 사람들은 모두 그가 순수한 독일인이 아니라는 것을 생각해내게 되었다. 그의 아버지 쪽 집안은—사람들이 기억하는 대로—플랑드르 지방 출신이었다. 이 타국으로부터의 이주자가 국가적 영광을 중상하기 위해 흠잡는다는 것은 별로 놀랄 게 못된다!

이러한 사실은 모든 것을 설명해 주는 것이었다. 그리고 독일식 자존심은 상대를 업신여김에 따라 더욱 자신을 존경할 이유를 거기서 찾아내었다.

정신적인 이러한 복수에 대해 크리스토프는 한층 실질적인 재료를 스스로 제공했다. 자신이 바로 비평의 표적이 되려고 하는 때에 남을 비평한다는 것은 무모하기 이를 데 없는 짓이다. 더 교묘한 예술가였더라면 선배들에 대해 더 존경심을 보였을 것이다. 하지만 크리스토프는 범용에 대한 경멸과 자기 자신의 힘을 믿는 행복을 숨길 이유는 조금도 없다고 생각했다. 이 행복감은 무절제하게 표현되었다. 크리스토프는 요즘 자기 가슴속을 털어놓고 싶은 욕망에 사로잡혔다. 자기 가슴에만 간직해 두기에는 너무나 커다란 기쁨이었다. 이 커다란 기쁨을 남과 나눌 수가 없었더라면 아마 가슴은 찢어져 버렸으리라. 그에게는 벗이 없었으므로 오케스트라의 동료로 제2악장인 지그문트 옥스를 자신의 애기 상대로 삼았다. 선량하기는 하지만 교활한 데가 있는 울텐베르크 지방 출신의 이 청년은 크리스토프에 대해 넘칠 듯한 존경을 표시했다. 크리스토프는 그를 의심하지는 않았다. 비록 상대가 자기에 대해 무관심한 인간일지라도, 혹은 적이라 할지라도 자기의 기쁨을 털어놓는 데는 거리낄 것이 있을 리 없었다. 그들은 오히려 이를 그에게 감사해야 할 것이 아니었을까? 그는 모두에게, 친구에게도 적에게도 행복을 안겨 주었다. 그들에게 새로운 행복을 받아들이게 하는 일보다 더 어려운 일이 없음을 그는 몰랐다. 그들은 오히려 낡은 성질의 불행 쪽을 바랄 것이다. 그들에게는 몇 세기 동안 내려오며 되씹혀 온 음식이 필요하다. 그러나 그들에게 있어 더욱 참을 수 없는 것은 그 행복이 남의 힘으로 얻어진 것이라고 생각하는 일이다. 그들은 달리 어떻게도 하는 수 없을 때밖에는 그러한 모욕을 용서치 않는다. 그리고 뒷날에 그 보상을 받기 위해 타협하는 것이다.

그러므로 크리스토프가 털어놓은 얘기가 아무에게서도 그다지 환영받지 못하는 데에는 많은 이유가 있었다. 하지만 지그문트 옥스에 의해 환영받지 않는 데에는 그 밖에도 또 하나의 이유가 있었다. 제1악장인 토비아스 파이퍼는 오래지 않아서 은퇴하기로 되어 있었다. 크리스토프는 나이는 젊었지만 그 뒤를 물려받을 가능성이 컸다. 옥스는 선량한 독일인이었기 때문에, 궁정이 지지하는 이상 크리스토프가 그 지위를 얻는 것은 당연하다고 인정했다. 하지만 만일 궁정이 좀더 자기 힘을 알아준다면 자기 쪽이 더 적임이라고 믿을 만큼 자신에 대해 자부심을 갖고 있었다. 그러므로 크리스토프가 아침에 극장으로 나오자 애써 의젓한 얼굴을 지으면서도, 그만 자기도 몰래 벙긋거리며 옥스에게 마음속을 털어놓았을 때, 그는 야릇한 미소를 띠면서 말을 듣고 있었다.

"야아!" 그는 자기 속을 드러내지 않고 교활하게 말했다.

"또 무슨 새로운 걸작이 마련됐습니까?"

크리스토프는 그의 팔을 붙잡았다.

"아! 자네! 이번 것이 가장 걸작일세…… 자네에게 들려주고 싶네! 내 말이 거짓말이라면 난 악마에게 먹혀 버려도 좋아! 너무나 아름다운 거야! 이것을 듣는 불쌍한 인간에게는 신의 도움이 필요하네! 다 듣고 나면 죽고 싶은 욕망밖에는 없어지니까 말일세."

엉큼한 사람은 이런 말에 전혀 귀를 기울이지 않았다. 이 말의 우스꽝스러움을 지적받았더라면 크리스토프 자신이 먼저 웃음을 터뜨렸겠지만 옥스는 웃지도 않고, 또 애들 같은 열성적인 우정을 갖고 농을 걸지도 않고 짓궂은 감격을 보였다. 그는 다시 크리스토프를 추어올려 그 밖에도 여러 가지 터무니없는 것을 말하게 했다. 그리고 크리스토프와 헤어지자, 이를 더욱 괴상하게 과장하여 곳곳에서 외고 다녔다. 음악가들의 조그만 그룹에서도 이를 무던히도 비웃었다. 그리고 각자가 그 졸렬한 작품을 비판할 기회를 조바심치며 기다렸다. 그 작품은 듣기도 전에 벌써부터 비판을 받고 있었던 것이다.

드디어 그 작품이 나타났다.

크리스토프는 자기의 많은 작품 속에서 헤벨의 《유디트》에 대한 서곡을 택했다. 그는 독일인의 무기력에 대한 반동에서 그 야만적인 정력에 이끌렸던 것이다(그렇지만 벌써 헤벨이 항상, 어떤 일을 해서라도 천재가 되겠다고 결심하고 있는 것이 사뭇 거슬려서 그 작품에 싫증이 나기 시작했었다). 그는 이것에 바젤 시 출신의 뵈클린의 그림 제목에서 빌려 온 《삶의 꿈》이라고 하는 과장된 제목과 '삶은 짧은 잠이니라'고 하는 제사(題辭)가 붙은 하나의 교향곡을 덧붙였다. 또 일련의 그의 가곡과 몇몇 고전 작품과 옥스의 《축전 행진곡》을 넣었다. 크리스토프는 옥스의 작품이 변변치 못한 것을 느끼고 있었지만, 동료의 우의로써 이를 자기 음악회에 끼워 넣었던 것이다.

연습 동안에는 별다른 문제가 없었다. 관현악단은 자신이 연주하는 작품을 전혀 이해하지 못했고, 단원은 저마다 이 새로운 음악의 기묘함에 놀라고 있었지만 자기 의견을 뚜렷이 내세울 틈이 없었다. 더구나 일반 사람들이 무어라고 하기 전에 자기 판단을 정한다는 것은 그들로서는 할 수 없는 일이었다. 크리스토프의 벅찬 자신감은 단원들을 위압했다. 독일의 훌륭한 관현악단이 대개 그런 것처럼, 이 관현악단의 단원들도 순종하도록 잘 훈련되어 있었다. 다만 여가수 때문에 시끄럽게 되었다. 여가수는 시립 음악회에 속해 있었다. 독일에서 꽤 알려진 가수였다. 가정주부인 그녀는 드레스덴이나 바이로이트에서 브룬힐데나 쿤트리의 역을 맡아 노래 부르고, 성량이 풍부하다는 것을 뚜렷이 보여 주었다. 그러나 그녀는 바그너파가 당연히 자랑삼고 있는 기술, 즉 발음을 똑똑히 해서 자음을 멀리까지 들리게끔 노래 부르고, 모음을 입을 크게 벌려 청중들 머리 위에 몽둥이를 휘두르듯 노래 부르는 그 기술을 이 파에게서 배우기는 했지만, 자연스럽게 노래 부르는 기술은 배우지 않았다. 그것은 당연한 일이었다. 그녀는 한 마디 한 마디에 구분을 짓고, 강조했다. 음절이 납덩어리의 구두창을 달고 거닐며, 한 소절마다에 비극이 담겨 있었다. 크리스토프는 그녀에게 그 극적인 힘을 좀 억눌러 달라고 일렀다. 처음에는 그녀도 기꺼이 애썼다. 하지만 타고난 퉁명스러움과 목소리를 높이 질러 보고 싶은 욕망에 져 버렸다. 크리스토프는 화가 치밀었다. 자기는 인간에게 말을 시키려는 것이지 용 파프너(북구신화의용)에게 메가폰으로 고함지르게 하려는 것은 아니라고, 이 존경할 만한 부인에게 주의를 주었다. 부인은, 누구나가 생각하듯이 이 무례한 말을 퍽 언짢게 들었다. 부인은 말했다. 자신은 다행스럽게도 노래 부른다는 것은 어떠한 것인지 알고 있다, 거장 브람스가 보고 있는 앞에서 그의 기곡을 노래 부르는 명예를 가진 적도 있다, 거장은 자기 노래를 듣고 결코 물리지 않았다고.

"더욱 안 되겠는걸! 더욱 안 되겠어요!" 크리스토프는 소리쳤다.

부인은, 이 수수께끼 같은 외마디 소리의 의미를 설명해 달라고 거만한 미소를 띠며 물었다. 그래서 그는 대꾸했다. 브람스는 일생 자연미가 무엇인지를 모르고 지낸 사람이다, 그러니까 그의 칭찬은 가장 혹독한 비난이라고 생각해도 좋다, 그런데 자기는 방금 그녀가 본 것처럼 가끔 예의를 잃는 수는 있을지라도 브람스만큼 불친절한 소리는 하지 않는다고.

이런 투로 논란이 계속됐다. 그리고 부인은 고집을 부리고 압도하는 듯한 비통한 표현으로 자기류로 노래를 불러 댔다. 이윽고 어느 날, 크리스토프는 잘 알았다고 냉정히 말했다. 이것이 부인의 천성이라고 한다면 그걸 어떻게 바꿀 수야 없는 일이다, 하지만 가곡이 가곡답게 불려질 수 없다면 전혀 노래 부르지 않는 게 낫다, 가곡은 프로그램에서 빼 버리는 수밖에 없다고. 그것은 음악회 전날의 일이었다. 사람들은 그러한 가곡들을 기대하고 있었다. 그녀 자신도 여태까지 그 얘기를 했었다. 그녀도 음악가였으므로 이 작품이 갖고 있는 어떤 장점은 높이 평가했던 것이다. 크리스토프는 그녀를 모욕했다. 하지만 이튿날 음악회가 반드시 청년의 명성을 결정하지 않으리라고는 볼 수 없었으므로, 그녀는 이 신진 음악가와 옥신각신을 벌이고 싶지 않았다. 그래서 그녀는 별안간 꺾여 들었다. 그리고 마지막 연습 동안 내내 온순하게 크리스토프가 시키는 대로 따랐다. 하지만 이튿날 음악회에서는 제멋대로 노래 부르리라고 마음속으로 은밀히 결심하고 있었다.

*

마침내 그날이 되었다. 크리스토프는 조금도 의심을 두지 않았다. 자신의 음악으로 머리가 꽉 차 있었기 때문에 이를 비판할 수가 없었다. 자기 작품의 군데군데에서 남의 비웃음을 살는지 알 수 없다는 것은 알고 있었다. 하지만 그게 어떻다는 것이냐? 비웃음을 받을 위험을 무릅쓰지 않고서는 큰 작품은 쓸 수 없는 것이다. 일에 철저하기 위해서는 남의 생각이나, 예의나, 수치심이나, 사람의 마음을 질식시키는 사회적 허위 따위는 무시해야 한다. 만일 아무도 분노케 하지 않으려면 한평생 변변치 못한 사람들에게 그들이 동화할 수 있는 변변치 못한 진실만을 주는 것으로써 단념해야 한다. 인생의 한쪽에만 머물러 있어야 한다. 그러한 소심의 배려를 짓밟고 나서야 비로소 위대해진다. 크리스토프는 이를 밟고 넘어갔다. 사람들은 휘파람을 불고 비난할는지도 모른다. 사람들은 무관심하게 있을 수는 없을 것이라는 자신이 그에게는 있었다. 다소 위태로운 짓을 한 어느 부분을 듣고, 아는 사람들이 어떠한 얼굴을 지을 것인가, 하고 재미있어했다. 그는 신랄한 비평을 예기하고 있었다. 그것을 미리 생각하고 미소를 띠었다. 어쨌든 간에 귀머거리가 아닌 다음에야, 작품에 힘이 담겨 있다는 것을 부인하지는 못할 것이다. 그것이 사랑스러운 힘이건 아니건 아무래도 좋다. 사랑스러운, 이라고! 사랑스러운, 이라고! 다만, 힘 그것만으로 충분하다. 힘이여, 라인 강처럼 모든 것을 실어 날라라! ……

그는 첫 번째 실망을 맛보았다. 대공이 나오지 않았다. 귀빈석에는 단지 몇 사람의 궁정 귀부인들뿐이었다. 크리스토프는 이에 분노가 치밀었다. 그는 생각했다.

'멍텅구리 대공 같으니라구, 내게 불만이구나. 내 작품을 어떻게 생각해야 좋을지 모르는 것이다. 위태로운 것에 다가서지 않겠다는 것이겠지.'

크리스토프는 어깨를 으쓱거리며 그러한 하찮은 일에는 무관심한 듯한 태도를 보였다. 하지만 다른 사람들은 이 일에 주의를 기울였다. 대공의 불참은 그에 대한 첫 교훈이며 미래에 대한 위협이었다.

청중은 대공보다 더했다. 객석의 3분의 1은 텅 비었다. 크리스토프는 어렸을 때의 자기 음악회가 만원이었던 것을 생각하고 쓸쓸한 기분이 되었다. 그가 더 경험을 쌓았더라면, 좋은 음악을 들려 주는 쪽이 너절한 음악을 들려줄 때보다 청중이 적다는 것을 당연하다고 생각했을 것이다. 왜냐하면 청중의 대부분이 흥미를 갖는 것은 음악이 아니라 음악가이기 때문이다. 이미 어른이 되어 일반 사람들과 같아진 음악가가, 사람들의 감상성(感傷性)을 건드리고 시시한 호기심을 채워 주는 반바지 차림의 어린 음악가보다 인기가 없다는 것은 아주 명백한 일이다.

크리스토프는 객석이 들어차기를 기다렸으나 마침내 단념하고 시작할 결심을 했다. 그리고 '소수라도 선량한 벗' 쪽이 낫다는 것을 스스로 증명하려고 애썼다. 하지만 그의 낙관은 오래가지 않았다.

악곡은 침묵 속에 연주되어 갔다. 애정에 부풀어 금방 넘쳐나올 듯한 느낌이 드는 청중의 침묵도 있다. 하지만 지금 이 침묵 속에는 아무것도 없었다. 그야말로 아무것도 없었다. 완전한 잠이었다. 하나하나의 악구(樂句)가 무관심의 심연 속으로 가라앉아 버리는 것이 느껴졌다. 크리스토프는 청중에게 등을 돌리고 오케스트라의 지휘에 전념해 있었지만, 그래도 내심의 촉각으로 객석 안의 모든 것을 포착하고 있었다. 이 촉각은 참다운 음악가라면 모두 태어나면서부터 갖고 있는 것으로서, 자기 연주가 주위 사람들의 가슴 밑바닥에 어떤 반향을 일으키고 있는지 알려 주는 것이다. 크리스토프는 등뒤 마룻바닥이나 윗좌석에서 피어오르는 권태의 안개에 몸이 얼어붙는 듯하면서도 지휘봉을 휘둘러대어, 자기 자신은 흥분해 있었다.

드디어 서곡이 끝났다. 그리고 객석에서 박수 소리가 들려왔다. 그것은 정중하고 차가운 박수로서 이내 조용해졌다. 크리스토프는 차라리 조롱이 퍼부어지는 쪽을 바랐을 것이다…… 가령 휘파람 하나라도! 무언지 생명의 표시가, 적어도 자기 작품에 대한 무언지 반동의 표시가 바람직했다! …… 그러나 아무것도 없었다. 그는 청중들을 보았다. 그들은 서로 얼굴을 쳐다보고 있었다. 서로 상대의 눈빛 속에 의견을 찾아보고 있었다. 그런데 그것이 발견되지 않자, 다시금 무관심한 태도로 되돌아갔다.

다시 음악이 시작되었다. 이번엔 교향곡 차례였다. 크리스토프는 끝까지 계속하는 것이 고통스러웠다. 몇 번이나 지휘봉을 버리고 도망쳐 나오고 싶었다. 나중에는 청중의 무감각 속에 자신도 끌려들어가 자기가 무엇을 지휘하고 있는지도 모르게 되었다. 깊이를 알 수 없는 권태로 빠져들어가는 듯한 기분을 뚜렷이 느꼈다. 어느 악절에서는 기대한 것과 같은 비꼬는 속삭임조차도 없었다. 청중은 프로그램을 골똘히 읽고 있었다. 일제히 페이지를 뒤적이는 소리가 크리스토프의 귀에 들려 왔다. 그리고 다시금 조용해져서, 그것은 마지막 화음에 이르기까지 계속됐다. 그러자 전과 똑같은 정중한 박수 소리가 일어났는데 그것은 곡이 끝났다는 것을 청중들이 알았다는 것을 알렸다. 그래도 다른 박수가 그쳤을 적에, 세 번인가 네 번의 산발적인 박수가 일어났다. 그렇지만 아무런 반향도 불러일으키지 않았다. 그래서 부끄러운 듯이 그쳐 버렸다. 그 때문에 크리스토프는 한층 더 공허하게 느껴졌다. 그리고 이것으로 청중은 자기들이 얼마나 지루해했는지를 희미하게나마 깨달았다.

크리스토프는 관현악단의 한가운데에 앉아 있었다. 좌우를 돌아볼 용기도 없었다. 그는 울고 싶었다. 또 노여움에 떨고 있었다. 일어나서 여러 사람에게 고함을 질러 주고 싶었다.

"나는 너희가 싫다. 참을 수 없을 지경이다! …… 자아, 모두 나가 다오……"

청중들은 주의력을 일깨웠다. 그들은 여가수를 기다렸다. 여가수에게 박수갈채를 보내는 데는 익숙했다. 나침반도 없이 그들이 무작정 헤매어 다닌 이 신작의 대양 속에서 여가수는 확실한 단 하나이며 방황할 위험성이 없는, 이미 알고 있는 튼튼한 육지였다. 크리스토프는 그들의 생각을 짐작했다. 그리고 쓴웃음을 지었다. 여가수도 자신이 청중에게 기대받고 있음을 알고 있었다. 크리스토프는 여가수가 나올 차례라는 것을 알리러 갔을 때 그녀가 여왕 같은 표정을 짓고 있는 것을 보았다. 둘은 적의를 품은 눈으로 서로 쳐다보았다. 크리스토프는 주머니에 손을 넣은 채 그녀에게 팔을 내밀려고도 하지 않고 그녀를 혼자서 무대로 나가게 했다. 그녀는 불끈해 그의 앞을 지나갔다. 크리스토프는 사뭇 지루하다는 몸짓으로 그녀의 뒤를 따랐다. 여가수가 무대에 나타나자 장내는 그녀를 환영했다. 그것은 안도의 기분이었다. 사람들의 얼굴이 환해지고, 장내에 활기가 돌고, 모든 오페라글라스가 눈에 대어졌다. 여가수는 자기 힘에 자신을 갖고, 물론 자기류로 '가곡'을 노래 부르기 시작해서, 전날 크리스토프에게서 받은 주의는 모두 무시했다. 반주하고 있던 크리스토프는 파랗게 질렸다. 크리스토프는 이 배반을 예상하고 있었다. 그녀가 틀린 방법으로 노래 부르자, 단번에 피아노 위를 치며 노한 소리로 말했다.

"틀렸어!"

여가수는 아랑곳없이 계속했다. 그는 노기를 띤 나직한 목소리로 그녀의 등에 대고 중얼거렸다.

"틀렸어! 틀렸어! 그렇지 않아! …… 그렇지 않아! ……"

청중들에게는 들리지 않았지만 오케스트라 전원에게는 죄다 들리는, 이런 투덜거리는 잔소리에 맥이 풀린 오케스트라는 외고집이 되어 속도를 늘였다가 쉬었다가 하며 음을 길게 끌곤 했다. 그는 그런 일에는 상관치 않고 앞으로 걸어나갔다. 이윽고 그와 그녀 사이에는 한 소절의 간격이 생겼다. 청중은 그것을 눈치채지 못했다. 훨씬 전부터 크리스토프의 음악은, 마음이 녹아드는 것도 아니거니와 정확한 것도 아니라고 인정되어 있었다. 그렇지만 그렇게 생각지 않는 크리스토프는 미친 사람처럼 찌푸린 얼굴을 하고 있었다. 드디어 그는 폭발했다. 악구의 중도에서 딱 피아노를 그쳤다.

"그만둬!" 크리스토프는 소리를 꽥 질렀다.

여가수는 가락을 빼던 끝이라 반 소절쯤 더 노래 부르고 나서야 그쳤다.

"그만둬!" 그는 싸늘히 되뇌었다.

청중은 순간 멍해졌다. 한참 만에 그는 얼음처럼 차가운 말투로 말했다.

"다시 해!"

여가수는 깜짝 놀라 그의 얼굴을 물끄러미 쳐다보았다. 두 손이 떨렸다. 손에 든 악보를 그의 얼굴에 던져 줄까 하고 생각했다. 뒤에 생각하니 이때 어째서 그렇게 안 했는지, 자신도 알 수 없었다. 하지만 그녀는 크리스토프의 위엄 있는 태도에 압도되었던 것이다. 그녀는 처음부터 고쳐 불렀다. 일련의 '가곡'을 전부 하나의 음조도, 하나의 속도도 바꾸지 않고 노래 불렀다. 왜냐하면 그가 조금도 용서치 않음을 알고 있었기 때문이다. 그리고 다시 모욕을 받을까 봐 두려워하고 있었던 것이다.

그녀가 노래를 끝내자 청중은 열광해서 다시 불러들였다. 그들이 박수를 치고 있는 것은 '가곡'이 아니었다(그녀가 다른 것을 불렀더라도 그들은 같은 모양으로 박수쳤을 것이다). 일생을 이 길에 바치고 늙은 이 유명한 여가수에게 박수를 보내고 있는 것이었다. 그들은 안심해서 칭찬해도 좋다는 것을 알고 있었다. 게다가 또 크리스토프에게서 받은 질책을 보상해 주고 싶은 생각도 있었다. 여가수가 틀렸었다는 것은 그들도 막연하게 알 수 있었다. 하지만 크리스토프가 그것을 사람들 보는 앞에 드러내 놓은 것은 무례하기 짝이 없는 처사라고 여기고 있었다. 청중은 앙코르를 청했다. 하지만 크리스토프는 피아노의 뚜껑을 닫아 버렸다.

그녀는 이 새로운 무례를 눈치채지 못했다. 너무나 머리가 갈피를 못 잡고 있어 다시 노래 부르리라고는 생각지도 않았다. 그녀는 급히 서둘러 무대를 떠나 자기 분장실에 틀어박혀 버렸다. 그리고 거기서 15분가량, 마음속에 쌓이고 쌓인 원한과 노여움을 토해냈다. 울화통이 터져서 쏟아지는 눈물, 노기가 서린 욕지거리, 크리스토프에 대한 저주…… 닫힌 문을 통해서 그녀의 미쳐 날뛰는 화난 울부짖음이 들려오고 있었다. 방 안에 들어갈 수 있었던 그녀의 벗들은 거기서 나오자 크리스토프가 무뢰한처럼 행동했다고 말했다. 이러한 소문은 단번에 청중석으로 퍼졌다. 그래서 크리스토프가 마지막 곡을 위해 지휘대에 올랐을 때 청중은 소란해졌다. 하지만 이번 곡은 그의 것이 아니었다. 그것은 옥스의 《축전 행진곡》이었다. 이 평범한 음악으로 기분이 너그러워진 청중은, 크리스토프를 휘파람으로 야유하거나 하는 대담한 짓은 하지 않더라도, 그에 대한 반감을 표시할 수 있는 퍽 간단한 방법을 찾아냈다. 여봐라는 듯이 요란한 박수를 옥스에게 보내고, 두세 번 그를 무대로 불러냈다. 그러자 그는 그럴 때마다 모습을 드러냈다. 그리고 이것이 음악회의 마지막이었다.

대공이나 궁정 사람들이, 게다가 또 남의 말 하기를 좋아하고 심심해 못 견디는 이 시골 소도시 사람들이, 이날 일어난 일의 자초지종을 듣게 된 것은 물론이다. 여가수 편인 여러 신문은 사건에 대해서는 언급하지 않았다. 하지만 입을 모아 여가수의 기량을 칭찬하고, 그녀가 노래 부른 '가곡'에 대해서는 다만 참고적으로 말하는 데 그쳐두었다. 크리스토프의 다른 작품에 대해서는 어느 신문도 겨우 몇 줄, 그것도 어슷비슷한 말뿐이었다.

'대위법에는 통달해 있다. 표현은 복잡하다. 영감이 결여되어 있다. 멜로디가 없다. 두뇌로 만들어지고 마음으로 만들지 않았다. 성실성이 없다. 독창적이 되고자 하고 있다……'

그리고 그 다음에는 이미 지하에 잠들어 있는 거장들, 그러니까 모차르트나 베토벤이나 레베나 슈베르트나 브람스 등의 '독창적이 되겠다는 따위는 생각하지도 않고 그러면서도 독창적인 사람들'의 독창성, 즉 참다운 독창성에 대한 문구가 덧붙여져 있었다. 그리고 자연의 추이로써 대공 극장에서 콘라딘 크로이체르의 《그라나다의 야영》이 새로 재연된다는 것을 보도했다. '첫날과 마찬가지로, 신선하고 화려한 그 절묘한 음악'에 대해 기다랗게 늘어놓았다.

요컨대 크리스토프의 작품은 가장 호의 있는 비평가로부터도 완전히 이해받지 못했으며, 그를 좋아하지 않는 비평가로부터는 음험한 적의를 받았다. 마지막으로, 자기편 비평가에게도 적의 비평가에게도 이끌리지 않는 대중 사이에 있어서도 묵살되었다. 대중은 자기 자신의 생각에 몰두하면 아무것도 생각하지 않는 것이다.

*

크리스토프는 낙담해 버렸다.

그렇지만 그의 실패는 별로 놀라운 것은 아니었다. 그의 작품이 사람들에게 환영받지 못하는 이유는 하나가 아니라 세 가지였다. 작품이 아직 충분히 익어 있지 않았다. 작품은 당장에서 이해되기에는 너무나 신기했다. 또 사람들은 이 무례한 청년을 혼내주는 데 큰 기쁨을 느끼고 있었다. 그러나 크리스토프는 자신의 실패가 당연하다는 것을 인정할 만큼 냉정한 마음을 갖고 있지 않았다. 참다운 예술가는 세상 사람들의 오랜 몰이해와 그들의 고칠 수 없는 어리석음을 경험함으로써 침착한 기분을 몸에 지니는 법인데, 그에게 는 이것이 결여되어 있었다. 자기에게는 그만한 가치가 있으니까 간단히 얻을 수 있다고 생각한 성공이나 청중에 대한 그의 솔직한 신뢰감은 무너졌다. 적을 가지는 것은 당연하다고 생각했을 것이다. 하지만 그가 놀란 것은 이제 는 한 사람의 친구도 없다는 일이었다. 그가 믿었던 사람들도, 이제까지 그 의 음악에 흥미를 가진 것처럼 보였던 사람들도, 이 음악회 이후로는 그에게 격려의 말 한마디 던져 주지 않았다. 크리스토프는 그들의 마음속을 알아내 려고 애썼다. 하지만 그들은 애매한 말 뒤로 숨어 버렸다. 크리스토프는 더 욱 버티었다. 그들의 진실한 생각을 알고자 했다. 그들 중에서도 성실한 마 음을 갖고 있는 사람들은 그의 예전 작품을, 초기의 졸렬한 작품을 들고 나 왔다. ―그 뒤 크리스토프는 여러 번 옛 작품의 이름으로 새 작품을 비난하 는 소리를 들어야 했다―더욱이 그러한 사람들은 수년 전 그 옛 작품이 새 로웠을 때 이를 비난한 바로 그 사람들인 것이다. 그것이 세상의 상례라는 것이었다. 하지만 크리스토프는 그런 일엔 가만히 있을 수 없었다. 그는 버 럭 소리를 질렀다. 남이 사랑해 주지 않아도 좋아! 크리스토프는 이를 시인 했다. 그것은 기껍기조차 했다. 크리스토프는 만인의 벗이 되고자 생각지는 않았다. 그렇지만 남이 그를 사랑한다고 하면서도 그가 성장하는 것을 허용 치 않고, 한평생 어린이로 있기를 강요하는 것은 너무나 심한 짓이다! 열두 살 때 좋았던 것은 스무 살 때는 이미 좋은 것이 아니다. 크리스토프는 언제 까지나 한군데에 머물러 있고 싶지 않았다. 아직도 더 변하고 싶었다. 언제 까지나 변하고 싶었다…… 생명의 흐름을 멈추려고 하는 바보 같은 녀석들! …… 그의 소년 시절 작품 속에 있는 흥미는 저 애들 같은 너절함이 아니라, 미래를 위해서 잠재해 있는 힘인 것이다. 그들은 이 미래를 죽이려 하고 있 다! …… 아니, 그들은 그가 어떤 인간이라는 것을 전혀 이해하지 못했던 것 이다. 결코 그를 사랑한 적이 없었던 것이다. 그의 속에 있는 범속한 것, 범 용한 사람들과 공통적인 것밖에는 사랑하지 않았으므로 실제로 그 자신인 그를 사랑하지 않았던 것이다. 그들의 우정은 하나의 오해에 지나지 않았다 ……

혹은 또 크리스토프는 이 오해를 과장해서 생각했는지도 알 수 없다. 새로운 작품은 사랑할 수 없지만, 20년이나 지나면 진심으로 이를 사랑하게 되는 고지식한 사람들에게는 이러한 오해는 흔히 일어나기 쉽다. 그들의 허약한 머리에는 새로운 생명은 너무나 냄새가 강렬하다. 그 향기는 세월의 바람에 의해 증발해 버려야 한다. 예술 작품은 세월의 때를 입어야만 비로소 그들이 알게 되는 것이다.

　하지만 크리스토프는 '현재'의 자기는 이해되지 않고, '과거'의 자기가 이해된다는 일을 인정할 수 없었다. 반대로 자기는 어떠한 경우에도 결코 이해되고 있지 않다고 생각했다. 그리고 크리스토프는 분격했다. 우스꽝스럽게도 자신을 이해받으리라, 자신을 변명하자, 논쟁하자고 덤볐다. 그것은 헛된 노력이었다. 우선 첫째로 시대의 취미를 개조해야 했다. 하지만 크리스토프는 조금도 의심하지 않았다. 어떻든지 독일 취미의 완전한 세척을 해주리라고 결심했었다. 그러나 그에게는 불가능한 일이었다. 다른 사람과의 대화에서 신랄한 말을 찾아내어 대음악가들에 대해, 혹은 얘기하는 당사자에 대해, 자기 의견을 두서없이 난폭스럽게 토로해 본대야 아무도 납득시킬 수는 없었다. 더욱더 적을 만들 따름이었다. 그가 해야 하는 일은, 자기 생각을 천천히 준비해서 대중이 두말없이 그에게 귀를 기울이게 하는 일이 있을 뿐이었……

　그런데 마침 이때 운이―악운이―트이느라고, 그에게 이 방책을 제공하게 되었다.

*

　크리스토프는 오케스트라 단원 친구들과 함께 극장 구내 식당에 앉아 예술상의 의견을 늘어놓아 그들의 빈축을 샀다. 단원들은 모두가 하나같이 똑같은 의견은 아니었다. 하지만 함부로 지껄여대는 그의 말버릇에는 모두 기분이 상했다. 비올라를 켜는 크라우제 노인은 사람 좋은 훌륭한 음악가로서, 정말로 크리스토프를 사랑하고 있었으므로 화제를 돌리려고 생각했다. 일부러 계속 기침을 하거나 기회를 엿보아 신소리를 해서 웃기려고 했다. 그래도 크리스토프의 귀에는 들어가지 않았다. 그는 계속 지껄여댔다. 크라우제는 난처해졌다.

'어째서 저런 말을 지껄이고 싶은 것일까? 당치도 않은 소릴 하는 녀석이군! 저런 말을 생각하는 거야 상관없지만 입 밖에 내어 말하는 게 아니지!'

더욱 기묘한 일은 그도 역시 '저런 말'을 생각하고 있었던 것이다. 적어도 생각했던 일이 있는 것 같았다. 그리고 크리스토프의 말은 그의 가슴속 쌓여 있는 많은 의혹을 눈뜨게 했다. 하지만 그에게는 이를 인정할 만한 용기가 없었다. 반은 자기 몸을 위험에 드러내야 하는 두려움 때문에, 반은 겸손과 자신이 없기 때문이었다.

호른을 부는 바이글은 아무것도 알고 싶지 않았다. 누구건 무엇이건, 좋건 나쁘건, 별이건 가스등이건 모든 것을 찬탄하고만 싶어했다. 모든 것은 같은 평면 위에 있었다. 그의 찬탄에는 많고 적은 차가 없었다. 다만 찬탄하고, 찬탄하고, 찬탄할 따름이었다. 그것은 그에게는 삶의 욕구였다. 그 욕구를 제한하려고 하자 그는 고통을 느꼈다.

첼로 켜는 쿠우는 더한층 고통을 느꼈다. 그는 진정으로 나쁜 음악을 사랑하고 있었다. 크리스토프가 비웃음을 퍼붓고 욕하고 있는 것은 모두 그에게는 다시없이 귀중한 것이었다. 그가 특히 좋아하는 것은 가장 판에 박은 작품이었다. 그의 혼은 눈물겹고 화사한 정서의 저수지였다. 확실히 모든 사이비 대가에 대한 그의 감동적인 숭배 속에는 거짓은 없었다. 정말 대가를 찬탄하고 있다고 믿었을 때도 그는 자신을 기만하고 있었던 것이다. 자신은 전연 그런 줄 몰랐지만. 자기들의 신 가운데 옛 천재들의 숨결이 들린다고 믿고 있는 '브람스'의 숭배자들이 있다. 그들은 브람스 속에 베토벤을 사랑하고 있었다.

그런데 쿠우는 그보다 더하다. 그는 베토벤 속에 브람스를 사랑하고 있다. 하지만 크리스토프의 말을 듣고 가장 분격한 것은 바순을 부는 슈피츠였다. 상처를 받은 것은 그의 음악적 본능보다도 그의 타고난 노예근성이었다. 어떤 로마 황제는 선 채로 죽고 싶어했다. 슈피츠는 납작하게 엎드려 살아왔던 대로 배를 깔고 엎드린 채 죽고 싶어했다. 그것이 그의 자연스런 자세였던 것이다. 그는 모든 관료적인 것, 정평 있는 것, '출세한 자'의 발 밑에서 빌빌 기는 데 더할 수 없는 즐거움을 누리고 있었다. 그리고 굴종적인 일을 방해당하자, 제정신을 잃고 길길이 뛰어올랐다.

그래서 쿠우는 탄식하고, 바이글은 절망적인 몸짓을 하고, 크라우제는 종잡을 수 없는 말을 웅얼거리고, 슈피츠는 목청이 찢어져라 외쳐댔다. 하지만 크리스토프는 태연스럽게 그 친구들보다도 커다란 목소리로 독일과 독일인에 대해 엄청난 말을 지껄이고 있었다.

옆의 식탁에서 젊은 사내 하나가 자지러지게 웃으면서 그의 얘기를 듣고 있었다. 검은 곱슬머리, 영리해 보이는 아름다운 눈, 커다란 코, 게다가 그 코는 끝 가까이에서 오른쪽으로 갈까 왼쪽으로 갈까 망설이다가 그만 양쪽으로 모두 퍼진 것 같았다. 그리고 두툼한 입술, 이지적이고 표정이 풍부한 얼굴, 그 얼굴은 크리스토프의 말을 뒤쫓고 그의 입술을 물끄러미 엿보고, 그 한 마디 한 마디에 아주 재미있는 듯이 동감을 표시하고, 이마와 관자놀이와 눈꼬리 또는 코끝과 뺨에 잇따라 잔주름을 짓고, 가끔 경련의 발작이 일어난 것처럼 온몸을 흔들고 얼굴을 찌푸리며 웃었다. 그는 얘기에 참견은 하지 않았지만 한 마디도 흘려듣지 않았다. 크리스토프가 의견을 말하는 중에 벽에 부딪쳐 옴짝달싹 못하게 되고, 슈피츠가 성가시게 굴어 격분한 나머지 머뭇거리고 허둥대고 떠듬거리다가, 이윽고 찾고 있던 말, 상대를 때려눕힐 암석을 찾아내는 것을 보자, 그는 유달리 기뻐하는 기색을 보였다. 그리고 크리스토프가 정열에 휘말려 자기 사상 밖으로 뛰쳐나가 기이한 독설을 들먹거려 상대를 고함치기라도 하면, 그는 한없이 기뻐했다.

이윽고 그들은 저마다 자기가 우월하다고 느끼거나 단정을 내리는 일에 그만 지쳐서 헤어졌다. 실내에 나중까지 남아 있던 크리스토프가 문을 나서려 했을 때 아까 그의 얘기를 재미있게 듣고 있던 청년이 다가왔다. 그는 여태껏 이 청년이 거기 있는 줄은 몰랐다. 청년은 정중히 모자를 벗고 미소를 지으며 자기소개를 했다.

"프란츠 만하임입니다."

청년은 곁에서 대화를 듣고 있었던 실례를 사과하고, 상대들을 쳐부순 '통쾌함'을 축복했다. 청년은 아까 일을 생각하며 아직도 웃고 있었다. 크리스토프는 기껍기는 하면서도 좀 수상쩍은 기분으로 상대의 얼굴을 보았다.

"진심으로 그렇게 말씀하시는 겁니까?" 크리스토프는 물었다. "설마 저를 놀리시는 것은 아니지요?"

상대는 신 앞에 맹세했다.

크리스토프의 얼굴이 밝아졌다.

"그렇다면 내 의견이 옳다고 생각하시는군요? 당신도 저와 같은 의견이시군요?"

"제 말을 들어 보십시오" 만하임은 말했다. "사실 나는 음악가는 아닙니다. 음악에 대해서는 아무것도 모릅니다. 내 마음에 드는 유일한 음악은—비위를 맞추기 위해서 이렇게 말하는 것은 아닙니다만—당신 음악입니다……결국 이것은 저도 그다지 나쁜 취미를 갖고 있지는 않다는 것을 당신에게 보여 주는 것이 됩니다만……"

"글쎄요, 알 수 없는데요!" 크리스토프는 기뻐하면서도 의심스럽다는 듯이 말했다. "그건 증거가 되지 않지요."

"까다로우신 분이군요…… 좋습니다! ……저도 당신과 똑같이 생각하기로 하죠. 그것은 증거가 되지 않는다고. 독일 음악가들에 대해 당신이 하신 말씀을 비판하는 것은 그만둡시다. 그렇지만 아무튼 일반적인 독일인, 낡은 독일인, 저 로맨틱한 바보들에 대한 당신의 의견은 참으로 옳습니다. 그들은 썩은 사상을 갖고, 눈물 단지의 정서에 젖었으며, 늙은이다운 군소리를 뇌까려 대며, 이를 우리더러 찬탄하라고 하는 것이니까요. '저 영원한 어제, 그것은 항상 존재했으며 또 영원히 존재할 것이다. 또 그것은 오늘의 율법이 되어 있으니 내일의 율법도 될 것이다……' 따위로 말씀이죠."

만하임은 실러의 유명한 시 몇 구절을 암송했다.

……Das ewige Gestrige
 Das immer war und immer wiederkehrt……
 ……
 항상 있고 항상 돌아오는
 영원한 어제……

"우선 첫째가 그다!" 만하임은 암송 도중에 멈추고 말했다.

"누가 말씀이죠?" 크리스토프가 물었다.

"이것을 쓴 보수주의자입니다!"

크리스토프에게는 무슨 말인지 알 수 없었다. 만하임은 계속했다.

"먼저 내 생각을 말한다면, 50년마다 예술과 사상의 대청소를 해 달라는 것이죠. 그전에 존재하던 것은 아무것도 남지 않도록 하는 겁니다."

"그건 좀 과격하군요." 크리스토프는 미소를 지으며 말했다.

"아니죠, 결코 그렇지는 않습니다. 50년도 너무 긴 것입니다. 30년으로 해야 되겠지요…… 그렇더라도 역시 길다고 할 것입니다! …… 이 정도가 위생에 좋습니다. 집 안에는 조부님들의 수집품을 남겨 두어서는 안 됩니다. 그들이 죽거든 그것들을 어디 딴 데로 정중히 옮겨서 거기서 부패되게 하는 것이지요. 그리고 그들이 결코 다시 돌아오지 않도록 그 위에 돌을 얹어두는 것이지요. 상냥스런 마음씨를 가진 사람들은 또 꽃도 놔두겠지요. 물론 그것도 좋습니다. 내게는 아무래도 좋은 일입니다. 내가 바라는 일이란, 조부님들이 가만히 좀 있어 달라는 것뿐입니다. 나도 그들을 가만히 두어 두겠습니다! 각자 자기 쪽에 서면 되는 것입니다. 살아 있는 자는 살아 있는 자 쪽, 죽은 자는 죽은 자 쪽, 이런 식으로 말이죠."

"살아 있는 자보다 더 살아 있는 죽은 자도 있죠." 크리스토프가 말했다.

"아니죠, 그런 일은 결코 없습니다! 죽은 자보다 더 죽어 있는 산 자가 있다고 하는 쪽이 더 진실에 가깝지요."

"글쎄요, 하여튼 낡았더라도 역시 젊은 기운이 감도는 것도 있습니다."

"좋습니다, 그것이 아직 젊어 보인다면 우리는 제 손으로 그걸 찾아내도록 하죠…… 하지만 난 그런 것은 믿지 않습니다. 한 번 좋았던 것은 이제 절대로 두 번 좋지는 않습니다. 오직 변화만이 좋은 것입니다. 맨 먼저 해야 할 일은 노인을 쫓아내는 일입니다. 독일에는 노인이 너무 많아요. 노인 따위는 저승으로 가버려야지!"

크리스토프는 이러한 당돌한 이론에 주의 깊게 귀를 기울였다. 그리고 그것에 대해 논쟁하는 데 펙 힘을 들였다. 부분적으로는 공감을 느끼고 자기 생각의 몇 가지를 인정했다. 그러나 동시에 희화적으로 도가 지나친 말을 듣자 좀 답답증을 느꼈다. 그는 다른 사람들이 자기와 마찬가지로 진지하다고 생각하고 있었으므로, 자기보다도 교양이 있어 보이고 또 자기보다도 힘 안 들이고 얘기하는 상대는, 아마도 자기 주의(主義)에서 논리적인 결과를 끌어냈으리라고 생각했다. 거만스런 크리스토프는 많은 사람들에게서 너무 잘난 체한다고 비난을 받았지만 가끔 어처구니없이 고지식하리만큼 겸손에 빠지게 되어, 그 때문에 저보다 훌륭한 교육을 받은 사람들에게 속는 수가 있었다. 하기야 그건 그들이 자기 교육을 내세우지 않고, 번거로운 논쟁도 귀찮아하지 않고 해 줄 때 그런 것이지만. 만하임은 저 자신의 궤변을 재미있어하여 역습으로부터 역습으로 옮겨, 나중에는 자신도 마음속으로 웃음을 터뜨릴 만큼 터무니없는 해괴한 말을 해댔으므로, 남들이 곧이듣는 일은 없었다. 그래서 지금 크리스토프가 허풍을 반박하려 하고, 또는 이해하려고 애쓰기조차 하는 것을 보자 매우 기뻐졌다. 그래서 크리스토프를 우습게보면서도 자기를 중요시해 주는 것에 감사했다. 그는 크리스토프를 우스꽝스럽고 매력 있는 사내라고 여겼다.

둘은 친구가 되어서 헤어졌다. 그로부터 3시간 뒤, 연극 연습 때에 오케스트라의 좌석으로 통하는 작은 문에서, 만하임의 벙긋거리는 얼굴이 나타나, 의미 있는 듯한 눈짓을 하는 것을 보고 크리스토프는 적잖이 놀랐다. 연습이 끝나자 크리스토프는 그에게로 갔다. 만하임은 다정스레 크리스토프의 팔을 잡았다.

"당신, 틈이 좀 있을까요? …… 실은 내게 한 가지 생각이 떠올랐습니다. 어쩜, 당신은 부질없는 짓이라고 생각할는지 모르지만…… 한번, 음악과 엉터리 음악가들에 대해서 당신이 생각하는 바를 써 주지 않겠어요? 나뭇조각을 불거나 켜거나 하는 것 말고는 능력이 없는 당신 동료들, 저 바보 네 사람을 상대로 설교하느니보다는 대중을 향해 말을 거는 것이 더 낫지 않을까요?"

"좋고말고요! 바라는 바입니다! ……좋아요! 그런데 어디다가 쓴다는 말입니까? 당신은 정말 친절한 사람이군요! ……"

"실상은 이렇지요. 난 당신에게 부탁할 일이 있어요…… 우리는, 나와 친구 몇 사람, 아달베르트 폰 발트하우스, 라파엘 골덴링, 아돌프 마이, 루치엔 에렌펠트, 이러한 친구들과 잡지를 하나 만들고 있습니다. 이 시에서 단 하나의 지적인 잡지이죠. 〈디오니소스〉라고 합니다—(혹시 당신도 알고 계십니까?)—우리는 모두 당신을 존경하고 있습니다. 당신이 우리 그룹에 들어와 준다면 우리는 기쁘겠습니다. 당신은 음악 비평을 맡아 주시지 않겠어요?"

크리스토프는 갑작스러운 명예에 어리둥절했다. 승낙하고 싶어서 참을 수 없었다. 다만 그럴 자격이 없음을 두려워했다. 크리스토프는 글을 잘 쓰지 못했다.

"염려 마세요." 만하임은 말했다. "아마 훌륭히 쓰실 겁니다. 게다가 당신이 비평가가 되면 당신은 모든 권리를 갖게 되는 겁니다. 대중의 눈치를 볼 필요 따위는 없지요. 대중만큼 어리석은 것은 없습니다. 예술가라는 것도 보잘것없는 것이지요. 휘파람으로 핀잔을 주어 버릴 수 있으니까요. 그런데 비평가는 '저 사람에게 휘파람을 불어라!' 하는 권리를 갖고 있는 인간입니다. 관객은 모두 생각하는 수고를 비평가에게 일임하고 있습니다. 당신은 멋대로 생각하고 있으면 되는 것입니다. 적어도 무엇을 생각하고 있는 듯한 시늉만 하고 있으면 되는 거지요. 저 꽥꽥거리는 거위들에게 모이를 주기만 하면, 그것이 어떤 모이건 상관이 없는 거지요! 그것들은 무엇이건 주는 대로 받아먹으니까요."

크리스토프는 진심으로 감사하면서 승낙했다. 단, 무슨 말을 해도 괜찮다는 조건을 걸었다.

"물론입니다, 물론이고말고요." 만하임은 말했다. "절대로 자유입니다! 우리는 한 사람 한 사람이 다 자유입니다."

*

만하임은 그날 밤 극이 파한 뒤, 세 번째로 극장으로 와서 크리스토프를 불러내고, 아달베르트 폰 발트하우스와 다른 친구들에게도 소개했다. 그들은 진심으로 그를 맞이했다.

이 지방의 오랜 귀족 가문 출신인 발트하우스를 제외하고는 모두 유대인이고 또 모두 상당히 부자였다. 만하임은 은행가의 아들, 골덴링은 유명한 포도원 주인 아들, 마이는 야금 공장장의 아들, 그리고 에렌펠트는 큰 보석상의 아들이었다. 그들의 아버지는 근면하고 강인한 구시대 이스라엘인이고, 그 민족적 정신에 집착해서 거센 정력으로 재산을 쌓아 올리고, 더욱이 재산보다도 정력 쪽을 향락하고 있었다. 자식들은 그들의 아버지들이 건설한 것을 파괴하기 위해서 태어난 것처럼 보였다. 그들은 가정적인 편견과 더 부지런하고 절약하는 개미와 같은 편집(偏執)을 비웃고 있었다. 예술가를 자칭하고, 재산을 경멸하며, 이를 창으로 동댕이치는 듯한 시늉을 했다. 하지만 실제로는 그들의 손에서는 거의 아무것도 떨어지지 않았다. 그리고 아무리 바보 짓을 하더라도 정신의 총명함과 실제적인 사려를 완전히 잃어버리는 일은 결코 없었다. 게다가 아버지들이 눈을 부라리며 고삐를 죄어당기고 있었다. 그들 중에서 가장 낭비가인 만하임은 자기가 갖고 있는 것을 모두 정말로 아까운 줄 모르고 써 버렸을 것이다. 하지만 그는 아무것도 갖고 있지 않았다. 그리고 아버지의 인색을 큰 소리로 욕하고는 있었지만, 마음속으로는 그러한 자기 자신을 비웃고 아버지 쪽이 옳다고 생각하고 있었다. 결국, 자기 재산을 맘대로 할 수 있는 발트하우스만이, 아낌없이 제 돈으로 이 잡지를 유지했던 것이다.

발트하우스는 시인이었다. 아르노 홀츠나 월트 휘트먼의 시형을 본떠 '플리미터'(多韻律)의 시를 쓰고 있었다. 이는 매우 긴 구(句)와 매우 짧은 구가 번갈아 있는 시로, 거기서는 1점부(마침표), 2점부(풀이표), 3점부(말없음표), 횡선부(말바꿈표), 휴지부(쉼표), 대문자, 이탤릭 문자, 방선이 붙은 말 따위가 두운법(頭韻法)이나 반복—한 단어, 한 행, 또 한 구 전체의—과 똑같이 아주 중요한 역할을 맡고 있었다. 그는 또 거기에 모든 나라의 말과 음향을 집어넣었다. 그는 세잔이 그림에서 한 일을 운문에서 하는 것이라고 했다(그 이유는 아무도 몰랐다). 사실 그는 무미건조한 것을 유달리 잘 느끼는 퍽 시적인 혼을 갖고 있었다. 발트하우스는 감상적인 동시에 윤기가 없고, 소박한 동시에 사치스러웠다. 그의 고심 끝에 이루어진 시는 사뭇 막되어 먹은 작풍을 가장하고 있었다. 그는 상류 사회 사람들에게는 좋은 시인이었는지도 모른다. 하지만 잡지나 살롱에는 이러한 종류의 시인은 너무나 많다. 그런데 그는 고독하기를 바라고 있었다. 자기 계급의 편견을 초월한 귀인인 척 행동하려고 마음먹고 있었다. 그런데도 그는 그러한 편견을 누구보다도 많이 갖고 있었다. 하지만 자신은 그것을 인정하지 않았다. 자기가 주관하는 잡지에 유대인만을 모아, 반유대주의자인 가족들에게 말썽을 낳게 하고, 정신의 자유를 저 자신에게 증명해 보이는 데 기쁨을 느끼고 있었다. 뜻을 같이한 사람들에게는 부드럽고 대등한 태도를 가장했다. 하지만 마음속으로는 아주 쌀쌀하기 이를 데 없는 경멸을 그들에게 품고 있었다. 그들이 자기 이름과 돈을 이용하는 데 기쁨을 느끼고 있다는 것을 그는 똑똑히 알고 있었다. 그리고 그들을 멋대로 하게 내버려두고, 그들을 경멸하는 즐거움을 맛보고 있었다.

그런데 그들 쪽에서는 발트하우스가 자기들을 멋대로 하게 내버려두는 것을 경멸하고 있었다. 그럼으로써 발트하우스가 저 자신의 이익을 얻고 있다는 것을 잘 알고 있었기 때문이다. 피장파장이다. 발트하우스는 그들에게 자기 이름과 재산을 주고 그들은 그에게 그들의 재능과 실무적 정신과 독자를 주었다. 그들은 그보다 훨씬 영리했다. 그렇다고 더 많은 개성을 갖고 있는 것은 아니었다. 아마도 그들 쪽이 개성은 적었을는지도 알 수 없다. 그러나 어딜 가나 그러한 것처럼, 또 항상 그러한 것처럼, 이 소도시에서도 그들은 ―민족이 다르다는 것으로써 몇 세기 동안 고립되어 오고, 비웃음 섞인 관찰안이 날카롭게 닦였기 때문에―가장 진보된 정신의 소유자이고, 벌레 먹은 제도나 늙어빠진 사상의 우스꽝스러움에 가장 민감한 정신의 소유자였다. 다만 그들의 성격은 그 지성만큼 자유롭지 못했기 때문에 그러한 제도나 사상을 비웃으면서도, 이를 개혁하느니 오히려 이용하는 쪽이 훨씬 많았다. 그들은 독립적인 신념을 공공연히 말하면서도, 신사 아달베르트와 마찬가지로 지방의 시시한 유행 추종자들이며 돈 많고 무위도식하는 도련님들이고, 문학을 스포츠나 사랑을 하는 식으로 하고 있는 것이었다. 그들은 마치 한칼에 두 도막 내는 듯한 태세를 보이며 좋아하고 있었다. 하지만 근본은 심지가 약한 인간이었다. 그래서 해로울 것도 이로울 것도 없는 인간이나 자기들에게 해를 끼칠 성싶지 않다고 생각되는 인간에게는 칼을 휘두르지 않았다. 언젠가 자기들이 거기로 되돌아가, 이제껏 공격한 편견과 타협해서 세상과 어울려 생활하지 않으면 안 되리라고 알고 있는 사회와는 싸울 생각이 전혀 없었다. 그리고 이제 마침내 쿠데타를 실행하자느니, 떠들썩하게 선전을 하자느니 하며 오늘의 우상―그것은 막 흔들리기 시작했다―에 대해 흥청거리며 출정(出征)의 길에 오르고자 할 때는, 자기들의 배는 불태우지 않도록 조심하고 있었다. 위험할 경우에는 다시금 배 속으로 기어들어 오는 것이었다. 게다가 전쟁 결과가 어떻든 간에 전쟁이 끝나기만 하면 또다시 전쟁을 시작하기까지에는 긴 시간이 있었다. 적(敵)인 필리스탱(속물)들은 편안하게 잘 수가 있었다. 새로운 다비드 일당이 요구하고 있는 것은, 자기들은 바라기만 하면 언제나 무서워질 수 있다는 것을 적에게 믿게 하는 일이었다. 하지만 그들은 이를 바라지 않았다. 예술가들과 친하게 지내고, 여배우들과 야식(夜食)을 같이 하는 쪽을 바랐다.

크리스토프는 이런 환경 속에 있으면 답답했다. 그들은 특히 여자와 말 이야기를 했다. 그리고 그들은 버릇없이 이야기했다. 그들은 매우 형식적이었다. 아달베르트는 명랑하고 느릿한 목소리로 자신도 지루하고 남도 지루하게 만드는 쑥스러우리만큼 정중한 태도로 의견을 말했다. 편집장인 아돌프 마이는 머리가 양 어깨 사이에 파묻힌 듯한 뚱뚱하게 살찌고 키가 작은 사내로 언제나 자기 의견을 주장하려고만 들었다. 그는 모든 일에 단정을 내리고 남의 대답 같은 것은 듣지도 않고 상대의 의견을, 아니 그것만이 아니라 상대조차도 경멸하고 있는 듯이 보였다. 미술 비평가 골덴링은 얼굴 근육이 신경질적으로 경련하는 버릇이 있고, 커다란 안경 너머로 항상 눈이 깜박거리고―아마도 교제하고 있는 화가를 흉내낸 것이겠지만―머리를 길게 기르고, 잠자코 담배를 피우며 결코 끝까지 다하는 적이 없는 말의 단편을 우물우물 입 속에서 말하고, 엄지손가락으로 공간에 뭔지 막연한 것을 그리는 시늉을 하는 것이 버릇이었다. 에렌펠트는 작달막하고 대머리가 벗겨지고, 빙긋거리며, 다색 수염을 기르고, 피로한 듯한 품위 있는 얼굴에다 코는 매부리코였다. 그는 잡지에 유행과 세간의 잡문 기사를 썼다. 또 그는 고양이를 달래는 듯한 목소리로 아주 노골적인 말을 지껄이고 있었다. 기지는 있었지만 그것은 심술궂고 번번이 저속한 것이었다. 말할 나위도 없는 일이지만, 부유한 청년들은 모두 무정부주의자들이었다. 모든 것을 소유하고 있을 때 사회를 부정하는 것은 최고의 사치이다. 왜냐하면 이렇게 함으로써 사회에 지고 있는 빚으로부터 자유로워질 수 있기 때문이다. 그것은 도둑이 통행인의 옷을 벗기고 나서 다음과 같이 말하는 것과 같다.

"여기서 여태 무얼 하고 있는 거냐? 가 버려라! 너 따위에겐 이제 볼일이 없다."

크리스토프는 이 패거리들 중에서도 만하임에게밖에는 공감을 느끼지 못했다. 그는 다섯 명 중에서 가장 기운이 좋았다. 자기가 하는 말이나 남이 하는 이야기는 무엇이나 재미있어했다. 더듬고, 서둘러 대고, 입을 오물거리고, 냉소하고, 앞뒤가 맞지 않는 얘기를 하며, 이치를 따져 말할 줄도 모르고 자신이 무엇을 생각하는지도 분명히 알지 못했다. 하지만 그는 착한 청년으로 누구에게도 원한을 품지 않았고, 조금도 야심이란 걸 갖고 있지 않았다. 진실을 말한다면 아주 솔직하지만도 않았다. 언제나 연극을 하고 있었다. 하지만 그것도 천진스럽게 하고 있는 것이어서 누구에게도 폐를 끼치지 않았다. 모든 기묘한 공상—그것은 대체로 남의 기분을 북돋우는 공상이었다—에 열중했다. 그러나 이것을 죄다 믿기에는 너무 현명했으며, 또 너무 야유하는 듯한 데가 있었다. 아무리 열중해 있을 때라도 냉정을 지킬 수 있었다. 그리고 자기 이론을 적용하는 데 결코 자신을 위험하게 하는 일은 없었다. 그에게는 하나의 기묘한 애완물이 필요했다. 그것은 하나의 놀이로서 계속 그 놀이를 바꾸었다. 이때는 친절이라는 애완물을 가지고 있었다. 물론 친절만으로는 흡족하지 않았다. 친절한 것처럼 보이기를 바라고 있었다. 친절을 입으로 말하고, 친절의 연극을 하고 있었다. 가족들의 윤기라고는 없이 꺼칠꺼칠한 활동력, 또 독일적 엄격주의와 속물근성 등에 대한 반항심에서 그는 톨스토이 주의자가 되고, 열반(涅槃)주의자가 되고, 복음주의자가 되고, 불교 신자가 되고—하기는 자기 자신도 잘 알 수 없었지만—부드럽고 뼈가 없는, 모든 것을 관대하게 보고 지나치게 남을 돕고 싶어하는, 생활하기에 편리한 도덕의 사도가 되었다. 이 도덕은 모든 죄악을 진심으로 용서하고 더구나 관능의 죄를 사하고, 또 그런 것을 유난히 좋아한다는 것을 조금도 숨기지 않고 나아가 미덕에 대해서는 훨씬 엄격했다. 요컨대 이것은 하나의 쾌락주의요 서로 만족하는 자유 사상 동맹에 지나지 않는 도덕이어서, 자기 머리 위에 성자의 후광을 쓰고 기뻐했다. 거기에는 조그만 위선이 있었다. 예민한 후각에 이는 그다지 좋은 냄새는 아니었다. 만일 누가 이를 곧이곧대로 받는다면 정말 구토증을 일으킬는지도 모르는 것이었다. 하지만 이 위선이 진지하게 받아들여지는 것을 바라지는 않았다. 그것은 자기 혼자서 신이 나 있었다. 이 방자한 그리스도교주의는 기회만 있으면 뭔가 다른 애완물에게 자리를 내어주고자 기다리고 있었다. 폭력. 제국주의. '웃는 사자들'의 그것이라도. 만하임은 희극을 연출하고 있었다. 진심으로 하고 있었다. 다른 이들처럼 유대인의 마음씨 좋은 할아버지가 되기 전에, 민족 특유의 재기(才氣)를 충분히 발휘해서 자신이 갖고 있지 않은 모든 감정을 번갈아 바꾸어 가며 몸에 두르고 있었다. 그는 퍽 호감이 가는 사내며, 또 이를 데 없이 번거로운 사내였다.

*

크리스토프는 한동안 만하임의 애완물의 하나였다. 만하임은 크리스토프에게 홀딱 반했다. 어디서나 그의 이름을 외고 다녔다. 집안사람들에게는 귀에 못이 박이도록 그를 칭찬했다. 그의 말을 따르자면 크리스토프는 천재이고 비범한 사내이며, 기묘한 음악을 만들고, 더구나 경탄할 만한 음악론을 얘기하는, 기지에 넘치는, 게다가 귀여운 입과 훌륭한 이를 가진 호남이었다. 그리고 크리스토프는 자기에게 탄복하고 있다고 덧붙여 말했다. 드디어 어느 날 밤, 그는 자기 집 만찬에 크리스토프를 데려왔다. 크리스토프는 새로운 벗의 아버지인 은행가 로타르 만하임과 프란츠의 누이동생 유디트와 마주 앉았다.

크리스토프가 유대인 집안에 들어간 것은 이것이 처음이었다. 이 작은 도시에도 유대인의 집은 꽤 많이 있었으며, 그 부와 단결력과 지력에 의해 중요한 위치를 차지하고는 있었지만 그들의 사회는 다른 사회와는 약간 떨어져서 생활하고 있었다. 시민들 사이에는 항상 그들에 대한 끈질긴 편견과 소박하기는 하지만 부당하고 은밀한 적의가 있었다. 크리스토프의 집에서도 그러한 감정을 품고 있었다.

크리스토프의 할아버지는 유대인을 싫어했다. 하지만 운명의 장난인지, 그의 음악 제자 가운데 가장 뛰어난 두 사람은—(하나는 작곡가가 되고, 하나는 유명한 연주가가 되었다)—유대인이었다. 선량한 할아버지는 보기가 딱했다. 그것은 가끔 이 두 훌륭한 음악가를 포옹하고 싶어지는 일이 있었기 때문이다. 그러나 그들 유대인이 신을 십자가에 못박았다는 것을 생각하고는 슬퍼했다. 그는 이 어울리기 어려운 것을 어떻게 조화시켜야 좋을지 몰랐다. 결국 그는 두 사람을 포옹했다. 두 사람은 음악을 퍽 사랑하니까 하느님도 그들을 용서해 주시리라는 투로 그의 생각도 기울어진 것이다. 크리스토프의 아버지 멜키오르는 무신론적 자유사상가답게 행동했으므로, 유대인에게서 돈을 받는 것을 그다지 개의치 않았다. 썩 괜찮은 일이라고 생각하기조차 했다. 하지만 그들의 일을 비웃고 경멸했었다. 크리스토프의 어머니는 유대인 집에 요리사로 불려갈 때에는, 뭔가 죄를 짓고 있는 듯한 생각이 들지 않는 것은 아니었다. 게다가 어머니를 부른 사람들은 어머니에게 매우 가혹하게 대했다. 그러나 어머니는 그들을 허물치 않았다. 어머니는 아무도 탓하지 않았다. 하느님에게서 벌받은 불행한 사람들을 가엾게 여기는 마음으로 가슴이 뿌듯했다. 그 집 딸이 지나가는 것을 보거나, 어린이들의 즐거운 웃음소리를 듣거나 하면 어머니는 측은해했다.

'저렇게 예쁜 처녀애들이! ……저렇게 귀여운 아기들이! …… 얼마나 가엾은 일일까! ……' 루이자는 생각했다.

크리스토프가 만하임네 만찬에 초대를 받았다고 말했을 때, 어머니는 그에게 아무 말도 하지 않았지만 왠지 가슴이 죄는 듯했다. 루이자는 생각하는 것이었다. 사람들이 유대인에 대해서 말하는 험담을 전부 믿어서는 안 된다(사람들은 누구에 대해서나 험담하게 마련이다), 어디에나 좋은 사람은 있는 법이라지만 유대인은 유대인으로, 그리스도교도는 그리스도교도로, 저마다 자기 쪽에 머물러 있는 것이 더 좋은 일이며 더 알맞은 일이라고.

크리스토프는 이러한 편견은 전혀 갖고 있지 않았다. 자기 주위에 대한 부단한 반항심에 의해 오히려 이 이민족에게 마음이 끌렸다. 그러나 이 민족에 대해서는 거의 아는 게 없었다. 이제까지 얼마쯤 관계를 가진 것은 유대 민족의 가장 야비한 요소에 지나지 않는 것들, 즉 소상인이었다. 라인 강과 대사원 사이의 골목에 웅성거리고 있는 이 하층민은, 모든 인간 속에 있는 가축떼의 본능으로, 인종의 작은 유대인 마을을 계속 형성하고 있었다.

크리스토프는 가끔 이 구역을 어슬렁거리며 호기심 어리고 또 상당히 동정적인 눈으로, 지나는 길에 여러 가지 형의 여성을 엿본 적이 있었다. 그녀들은 볼이 꺼지고 입술과 광대뼈가 불거져 좀 천해 보이기는 하지만 다빈치식의 미소를 띠었고, 그 조잡스런 말투와 거친 웃음소리는 평온할 때의 얼굴의 조화를 유감스럽게도 망쳐 버렸다. 하층민의 찌꺼기 속에서도 커다란 머리에 흐린 눈과 자주 동물적인 얼굴을 하고, 키가 작고 뚱뚱한 이 사람들 가운데서도 가장 고상한 민족으로부터 퇴화한 이 후예들에게서는, 이 악취를 풍기는 진흙의 늪 위에서 춤추는 도깨비불처럼 환히 빛나는 이상스런 인광이 보였다. 그것은 영묘한 눈초리며, 빛나는 지성이고, 진흙 구덩이에서 발하는 미묘한 전기여서 크리스토프를 매혹시키고 불안하게 했다. 거기에는 몸부림치는 아름다운 혼이, 흙구덩이 속에서 빠져나오려고 애를 쓰는 위대한 마음이 있는 것이라고 크리스토프는 생각했다. 그는 그들을 만나 도와주고 싶었다. 그는 그들을 알지 못하면서도, 또 조금 두려워하면서도 그들을 사랑하고 있었다. 그렇지만 그들 중 누구와도 아직 친교를 맺은 적은 없었다. 더구나 유대인 사회의 선택된 사람들에게 다가갈 기회는 아직 한 번도 없었다.

그래서 만하임네의 만찬은 그에게 있어서는 신기한 매력, 금단의 과일 같은 매력마저 느끼게 했다. 그 과일은 그것을 그에게 내밀어 준 이브 때문에 한층 맛있는 것이 되었다. 이 집에 들어온 순간부터 크리스토프는 유디트 만하임만을 보고 있었다. 유디트는 그가 이제까지 알아 온 여자들과는 다른 종류에 속해 있었다. 뼈대는 단단해 보이지만 약간 마른 편인 키가 크고 날씬한 자태, 그다지 많지는 않지만 치렁치렁하고 나지막하게 묶어 놓은 검은 머리에 윤곽이 뚜렷한 얼굴, 그 머리카락은 또 관자놀이와 훤칠한 금빛 이마를 가렸다. 약간 근시이며 눈꺼풀은 두툼하고, 눈은 좀 튀어나온 듯했다. 코끝이 퍼진 커다란 코, 영리하게 야윈 뺨, 단단한 턱, 야드르르한 얼굴빛. 이러한 그녀의 옆모습은 정력적이고 또렷해 아름다웠다. 그러나 정면으로 보면 그 표정은 어정쩡하고 불확실하며 지저분했다. 두 눈도 두 뺨도 균형이 잡히지 않았다. 그녀 속에서는 힘찬 민족이 느껴졌다. 그리고 이 민족의 무쇠틀〔鑄型〕 속에서 매우 아름다운, 혹은 퍽 저속한, 그리고 다양하고 잡다한 요소가 뒤범벅이 되어 던져져 있음을 느낄 수 있었다. 그녀의 아름다움은 특히 입과 눈에 있었다. 입은 주로 침묵을 지키고, 눈은 근시 때문에 한층 깊어 보였으며 푸른 기가 도는 눈언저리 때문에 더한층 그늘이 짙어 보였다.

지금 눈앞에 있는 여성의 참다운 혼을 그 물기 어린 뜨거운 두 눈의 베일 너머로 읽어 내기 위해서는, 개인보다도 오히려 많은 민족에게 속해 있는 이 눈에 더 익숙해야만 한다. 그가 지금 저 이글거리는, 그러면서도 침울한 눈 속에서 발견한 것은 이스라엘 백성의 혼이었다. 이 눈은 자기도 모르는 사이에, 자신 속에 이스라엘 백성의 혼을 갖고 있었던 것이다. 크리스토프는 거기 헤매어들었다. 그가 이 동방의 바다 위에 자기 진로를 찾아내게 된 것은 아주 훨씬 뒤의 일이었다. 이러한 눈동자 속에서 번번이 길을 잃고 헤맨 뒤의 일이었다.

유디트는 크리스토프를 물끄러미 바라보고 있었다. 그 어느 것도 그 시선을 흐려 놓지는 못했다. 그 어느 것도 그리스도교도의 혼으로부터 빠져나와 얻을 수 있는 것은 없을 것 같았다. 크리스토프는 이것을 느끼고 있었다. 크리스토프는 이 매혹적인 여성의 눈초리 아래, 일종의 몰염치한 난폭성으로써 자기 가슴속을 파고든 하나의 씩씩하며 뚜렷한 차가운 의지를 느꼈다. 이 난폭성에는 아무런 악의도 없었다. 유디트는 그를 손아귀에 꽉 움켜쥐고 있었다. 상대에 상관없이 마구 유혹하려고 드는 교태 어린 여자와 같은 그런 수법으로 하는 것은 아니었다. 교태가 있다 하면 유디트는 누구보다도 교태가 많았다. 그러나 유디트는 자기 힘을 알고 있었다. 그리고 그 힘을 부리는 것은 자기 본능에 맡겨 두고 있었다. ─더구나 크리스토프와 같은 간단한 먹이일 때는 특히 그랬다. ─그 이상으로 그녀가 흥미를 가졌던 것은 적을 안다는 일이었다(모든 남성, 모든 미지의 사람은 그녀에게 적이었다. 필요에 따라서는 이와 동맹 조약을 맺을 수도 있기는 했겠지만). 인생은 하나의 승부사로 영리한 자가 승리를 차지한다. 요컨대 적의 손속을 읽어내고 제 손속은 보이지 않는 일이었다. 이것에 성공하자 그녀는 승리의 쾌감을 맛보았다. 거기서 이익을 끌어내느냐 어떠냐는 것은 문제가 안 되었다. 즐겁기만 하면 좋았던 것이다. 유디트는 지성을 좋아했다. 어떤 학문에도 성공할 만한 명석한 두뇌를 갖고 있었고, 또 은행가 로타르 만하임의 참다운 후계자로서는 오빠보다 더 적임자이기는 했지만, 추상적인 지성을 좋아한 것은 아니었다. 살아 있는 지성을, 인간에게 적용할 수 있는 지성을 좋아했던 것이다. 유디트는 혼 속으로 들어가 그의 가치를 측량하는 것을 낙으로 삼았다. ─그녀는 이에 화가 마치스($^{Matsys,\ Mersys,\ Messys,}_{1460\sim1530}$)가 그린, 유대 여자가 은화를 저울질하는 것과 똑같은 세심한 주의를 기울였다─그녀는 놀랄 만한 통찰력으로 금방 상대의 갑옷 틈새를 발견하거나, 혼의 수수께끼를 푸는 열쇠로 결점이나 약점을 찾아내어 비밀을 포착할 수 있었다. 이것이 적을 제압하는 그녀의 방식이었다. 그렇지만 언제까지나 그 승리에 매여 있지는 않았다. 그리고 획득물을 어떻게 하는 것도 아니었다. 일단 호기심과 자존심이 만족하게 되면, 유디트는 벌써 그런 것에는 흥미를 갖지 않았다. 그리고 다른 대상으로 옮겨갔다. 이러한 모든 힘도 언제까지나 열매를 맺지 못했다. 이렇듯 이 생생한 혼 속에도 죽음이 깃들어 있었다. 유디트는 자기 속에 호기심과 권태의 정령을 갖고 있었던 것이다.

*

　이리하여 유디트는 크리스토프를 지켜보고 있었는데 크리스토프 역시 유디트를 지켜보고 있었다. 그녀는 거의 말을 하지 않았다. 입가에 희미한 미소를 띠기만 하면 그것으로 충분했다. 크리스토프는 그것만으로도 황홀해졌다. 이 미소가 사라지자 얼굴 표정은 차가워지고 눈은 무관심해졌다. 유디트는 식사 접대로 마음을 돌려, 얼음장 같은 차가운 목소리로 심부름꾼에게 말을 걸었다. 아무것도 듣고 있지 않은 것 같았다. 그러고 나서 눈이 다시금 빛나기 시작했다. 그리고 적합한 몇 마디는 그녀가 모든 것을 빠뜨리지 않고 들어 이해하고 있음을 알려 주었다.

　유디트는 크리스토프에 대한 오빠의 판단을 냉정히 바로잡았다. 그녀는 오빠 프란츠가 허풍쟁이라는 것을 잘 알고 있었기 때문이다. 미남에다 고상하다고 오빠가 치켜세웠던 당사자 크리스토프가 나타났을 때, 유디트의 마음은 한껏 짓궂게 해 볼 기회를 놓치지 않았다(프란츠는 명백한 사실들을 거꾸로 보는 재능을 갖고 있는 것 같았다. 혹은 어쩌면 거꾸로 믿어 버리는 데에 기묘한 기쁨을 맛보고 있는지도 알 수 없었다). 그러나 크리스토프를 좀더 깊이 연구해 나가자 프란츠의 말이 거짓말만도 아니라는 것을 알게 되었다. 그리고 발견을 계속해 나감에 따라, 크리스토프 속에서 아직 불확실하며 균형도 잡히지 않았지만 강력하고 대담한 하나의 힘을 찾아냈다. 그 힘이 진기한 것임을 그녀는 누구보다도 잘 알 수 있었기에 기뻤다. 유디트는 크리스토프로 하여금 지껄이게 하고, 자기 생각을 말하게 하고, 자기 자신과 자기 한계와 결점을 보이도록 하는 법을 터득하고 있었다. 유디트는 그에게 피아노를 치게 했다. 유디트는 음악은 좋아하지 않았다. 그러나 이해는 할 수 있었다. 그리고 그의 음악을 듣고 어떤 종류의 감동도 받지 않았지만 그의 음악이 독창적이라는 것은 인정했다. 정중하고 차가운 태도를 조금도 허물지 않고 적합한 두세 마디 감상을 말했는데, 이것은 그녀가 크리스토프에게 관심을 갖고 있음을 표시하는 것이었다.

　크리스토프는 이것을 눈치챘다. 그리고 우쭐한 기분이 되었다. 왜냐하면 이러한 판단이 얼마나 가치 있는 것인가, 또 그녀의 칭찬이 얼마나 희귀한 것인가 하는 것을 알았기 때문이다. 크리스토프는 유디트의 마음을 자기에게로 끌어당기고 싶다는 욕망을 숨기지 않았다. 그리고 그 방법이 너무나 천진스러웠으므로 주인 쪽 세 사람은 미소를 지었다. 그는 이제 유디트에게만, 그리고 유디트를 위해서만 얘기했다. 다른 두 사람은 마치 거기 없는 것처럼 도무지 염두에 두지 않았다.

프란츠는 크리스토프가 지껄이는 것을 물끄러미 보고 있었다. 찬탄과 야유를 섞어, 입술과 눈으로 그의 말을 뒤쫓고 있었다. 그리고 아버지와 누이동생에게 비웃음을 머금은 눈짓을 보내며 금세라도 웃음을 터뜨릴 것 같았다. 하지만 누이동생은 냉정하게 몸을 도사리며 오빠의 눈짓 따위는 눈에 띄지도 않는 체했다.

로타르 만하임—약간 등이 굽고 뼈대가 단단한 덩치 큰 노인, 불쾌한 얼굴에다 머리카락은 잿빛의 까까머리, 수염과 눈썹은 새까맣고 얼굴 표정은 둔중해 보이지만 정력적이고 남을 비웃는 듯한 데가 있으며, 강한 생활력을 갖고 있는 것으로 보인다—이 노인도 어딘지 장난기 있는 호의를 가지고 크리스토프를 관찰하고 있었다. 그리고 그도 또한 이 청년 속에는 '무엇인지' 가 있다는 것을 곧바로 인정하고 있었다. 그래도 그는 음악에도 음악가에게도 흥미가 없었다. 이것은 그의 분야가 아니었다. 그는 이 방면의 일은 아무것도 몰랐으며 또 그것을 숨기지도 않았다. 오히려 그것을 자랑하기조차 했다(그와 같은 사람이 무지를 고백할 때는 그것을 뽐내고 싶어서인 것이다). 크리스토프 쪽에서도 은행가 선생 따위는 말상대가 되어 주지 않아도 별로 아쉬울 것이 없으며, 유디트 만하임 양과 얘기하는 것만으로 이 한밤은 충분하다는 것을 악의는 없지만 버릇없는 태도로써 똑똑히 표시했으므로, 로타르 노인은 재미있어하며 난로 한구석으로 물러가 있었다. 그리고 신문을 읽으며 야유 조의 기분으로 크리스토프의 알쏭달쏭한 얘기며 괴상스런 음악을 멍하니 듣고 있었다. 저런 음악을 이해하고 재미있어하는 사람이 있을까, 이렇게 생각하며 가끔 소리 내지 않고 웃고 있었다. 이미 대화 줄거리를 따라가려는 수고는 하지 않았다. 새로 온 손님의 진가를 알아내는 것은 딸의 이해력에 맡기고, 자신은 나중에 그것을 듣기로 하고 있었다. 유디트는 아주 정직하게 그 임무를 다하고 있었다.

크리스토프가 돌아가자 로타르는 유디트에게 물었다.

"한데, 너는 그의 말을 잘 들었겠지. 그래, 어떻게 생각하니, 저 음악가를?"

유디트는 웃고, 조금 생각에 잠기다가 한마디로 결론을 말했다.

"좀 돈 사람 같아요. 그런데 바보는 아니에요."

"좋아." 로타르는 말했다.

"내게도 그렇게 보이더라. 그래, 그는 성공할 것 같더냐?"

"네, 그러리라고 보아요. 똑똑한 사람이던데요."

"알았다!" 로타르는 약자 말고는 흥미를 갖지 않는 강자의 당당한 논리로 말했다.

"그럼, 도와줘야겠구나."

✻

크리스토프는 유디트 만하임에 대한 찬탄의 정을 가지고 돌아왔다. 그렇지만 유디트가 생각하듯 마음을 빼앗기지는 않았다. 둘 다—유디트는 날카로운 지성을 가졌고, 크리스토프는 예지를 대신하는 본능을 가졌으면서—똑같이 상대를 잘못 보았다. 크리스토프는 유디트 얼굴에서 보이는 신비함과 지성적인 생활의 강한 힘에 매혹되었다. 그렇지만 그녀를 사랑하지는 않았다. 그녀의 눈과 지성에는 사로잡혔지만, 마음은 사로잡히지 않았다. 왜일까? 그것은 퍽 설명하기 어려운 일이다. 그녀 속에서 무엇인지 수상쩍은 것, 불안한 것을 어렴풋이 보았기 때문이었을까? 그러나 그것이 다른 경우였다면 그에게는 사랑하는 하나의 이유가 되었을 것이다. 사랑은 괴로운 경지로 떨어지는 것을 느낄 때 더욱 강해지는 것이다. 크리스토프가 유디트를 사랑하지 않았다는 것은 어느 쪽의 잘못도 아니었다. 참다운 이유—그것은 두 사람으로선 매우 굴욕적인 이유였지만—는 크리스토프가 전번 연애를 끝낸 지 아직 얼마 되지 않았다는 것이다. 경험이 그를 현명하게 한 것은 아니었다. 하지만 아아다를 열렬히 사랑하고 그 정열에 신념과 힘과 공상을 탕진해 버렸으므로 지금은 새로운 사랑을 위한 신념이나 힘, 또는 꿈이 충분히 남아 있지 않았던 것이다. 다른 불꽃이 타오르기에 앞서 그의 마음속에 다른 장작더미가 다시 쌓여야 했다. 그때까지는 우연히 전의 화재에서 꺼지다 남은 불씨가 순간적으로 불붙어올라 잠깐 환해졌다가, 그대로 연료가 떨어져 꺼져 버렸다. 이것이 6개월쯤 뒤였더라면 그는 맹목적으로 유디트를 사랑했을 것이다. 지금으로서는 그녀 속에 친구 이상의 것은 보고 있지 않았다. 확실히 다소 불안한 친구들이었지만. —그렇지만 그는 이 불안을 몰아내려고 애를 썼다. 이 불안은 그에게 아아다를 생각나게 했다. 그것은 매력이 없는 추억이었다. 유디트에게 그가 끌렸던 것은, 그녀가 다른 여자와 다른 것을 갖고 있었기 때문이었으며, 어느 여자나 다 갖고 있는 듯한 것은 아니었다. 유디트는 그가 만난 최초의 지적인 여자였다. 그녀는 머리에서 발끝까지 이지적이었다. 그녀의 아름다움 자체도, 그 몸짓, 동작, 표정, 입술의 잔주름, 눈, 손, 고상하게 호리호리한 몸매, 모두가 그녀를 돋보이게 하는 지성의 반영이었다. 유디트의 육체는 그녀의 지성으로 모양 지어져 있었다. 그녀는 그러한 지성이 없었다면 추하게 보였을는지도 모른다. 이 지성은 크리스토프를 즐겁게 했다. 그는 그녀를 실제 이상으로 대범하고 자유로운 여자로 알고 있었다. 그녀가 사람들을 현혹케 하는 것을 가지고 있다는 것을 아직 알지 못했다. 그는 유디트에게 마음속을 털어놓고 싶은, 자기의 생각을 그녀와 나누고 싶다는 욕망을 느꼈다. 그는 이제까지 한 사람도 자기 생각에 관심을 가져 주는 사람을 만나지 못했던 것이다. 여자친구를 만났다는 것은 얼마나 기쁜 일인가! 누이가 없다는 것은 그의 소년 시절 슬픔의 하나였다. 누이가 있었더라면 사내 형제들보다도 훨씬 자기를 이해해 주었으리라고 생각되었다. 유디트를 만난 뒤에는 우정에 대한 허무한 희망이 다시금 살아나는 것을 느꼈다. 그는 연애에 대해서는 생각하고 있지 않았다. 사랑하고 있지는 않으므로 연애는 우정에 비한다면 하찮은 것으로 여겨졌다.

유디트는 오래지 않아 이 감정의 미묘한 차이를 눈치챘다. 그리하여 기분이 상했다. 유디트는 크리스토프 따윈 사랑하고 있지 않았다. 또 이 시의 부호로서 상류 청년들의 연정을 돋우고 있었으므로 크리스토프가 자기를 사랑하고 있다 하더라도 그다지 기뻐하지도 않았을 것이다. 그런데 그가 자기를 사랑하지 않는다는 것을 알자 유디트는 실망했다. 그에게 이성적인 영향밖에는 주지 않았다는 것을 본다는 것은 그녀로서는 좀 분한 일이었다(몰이성적인 영향은 여자의 혼에 있어서는 특별한 가치를 갖는 일이다!). 유디트는 그러한 이성적인 영향조차도 미치지를 않았다. 크리스토프는 자신의 머리로써 이것을 만들어내고 있는 데 지나지 않았다. 유디트는 제 마음대로 하려고 했다. 자기가 알고 있는 청년들의 퍽 다루기 쉬운 마음을 자기가 생각하는 대로 마냥 손으로 주물러 놓는 것이 버릇이 되어 있었다. 유디트는 그러한 청년들을 평범하다고 생각했으므로 그들을 지배한대도 별로 즐겁지 않았다. 그런데 크리스토프의 경우에는 마음대로 다루기에는 곤란이 다분했기 때문에 그만큼 더 흥미가 있었다. 그가 가진 여러 가지 포부는 그녀에게는 아무래도 좋은 것이었다. 그렇지만 그의 새로운 생각을, 그 세련되지 않은 거친 힘을 지도하여 가치를 발휘케 하는 것—물론 그녀 자신의 방식을 따르게 함을 말하는 것이지, 그녀가 이해하려고도 하지 않는 크리스토프의 방식을 따라서가 아니다—은 즐거운 일임에 틀림없었다. 유디트는 곧 이것은 싸움 없이는 안 될 일이라는 것을 깨달았다. 그녀는 크리스토프 속의 모든 편견과, 자기로서는 엉뚱하고 철없어 보이는 관념을 보았다. 그것은 이를테면 잡초였다. 유디트는 그것을 뽑아 버릴 수 있다고 자부하고 있었다. 하지만 한 오라기도 뽑아낼 수가 없었다. 크리스토프는 다루기 힘들었다. 그는 유디트에게 넋을 빼앗긴 것이 아니었으므로, 자기 생각에 대해 그녀에게 한 치라도 양보할 이유가 없었다.

유디트는 집요해졌다. 그리고 잠깐 그를 정복하려고 시도해 보았다. 당시 크리스토프는 맑은 정신을 가지고 있었지만, 자칫하면 다시 사랑의 포로가 될 뻔했다. 인간은 자기의 자존심과 욕망에 아첨하는 자에게는 간단히 넘어가 버린다. 예술가는 보통 사람보다 강한 상상력을 갖고 있기 때문에 더한층 넘어가기 쉽다. 크리스토프를 위험한 사랑의 불장난으로 끌어들이는 것은 오로지 유디트의 마음에 달려 있었다. 그렇게 되었더라면 크리스토프는 또 한 번 골탕을 먹었을 것이다. 아마 보다 더 완전히 골탕을 먹고 나가떨어졌을 것이다. 그런데 언제나 그렇듯, 그녀는 곧 싫증이 났다. 힘들여 이런 것을 정복해 봐야 별수 없을 것이라고 생각했다. 크리스토프는 벌써부터 그녀를 지루하게 만들고 있었던 것이다. 유디트는 이제 그를 이해하고 있지 않았다.

어느 한계를 넘자 유디트는 이젠 그를 이해하지 못했다. 그 한계까지라면 모든 것을 알 수 있었다. 그 이상을 이해하는 데는, 그녀의 뛰어난 지성으로써도 이미 부족함을 느꼈다. 마음이 필요했던 것이리라. 아니면 마음이 없더라도 일시 마음의 환상을 주는 것이, 즉 사랑이 필요했을 것이다. 유디트는, 인물이나 사물에 대한 크리스토프의 비평은 얼른 이해되었다. 그녀는 그것을 재미있어하고 또 퍽 정곡을 찌른 것으로 보았다. 그녀도 크리스토프처럼 생각하지 않는 것은 아니었다. 그러나 그녀가 이해하지 못한 것은, 그러한 생각을 적용하는 것이 위험하거나 불편하거나 할 때에도 그러한 생각이 그의 실제 생활에 능히 영향을 갖는다는 사실이었다. 크리스토프가 모든 사람에게 취하고 있는 반항적 태도는 아무런 성과도 가져오지 못하는 것이었다. 세계를 개조하다니, 상상도 할 수 없는 일이었다…… 그럼? …… 결국 그것은 벽에다 머리를 부딪치는 것과 같은 일이었다. 지적인 인간은 남을 비판하고, 마음속으로 이를 비웃고 얼마쯤은 경멸한다. 그런데 그는 남과 똑같이 행동한다. 다소 나은 행동을 한다는 데 지나지 않는다. 그것이 남을 제압하는 유일한 길이다. 사상은 하나의 세계이고, 행위는 또 다른 하나의 세계이다. 어째서 자기 사고에 희생될 필요가 있는 것일까? 바르게 생각한다. 물론 그것은 좋다! 그러나 바른 말을 한다 하더라도 무슨 소용이 있는가? 인간은 진실에 견디지 못할 만큼 바보인데, 왜 그들에게 진실을 강요하는가? 그들의 약점을 받아들이고 그것에 굴종하고 있는 것처럼 해보이고, 경멸감 속에서 자신의 자유를 맛보는 일이야말로 은밀한 향락이 아닐까? 그것을 영리한 노예의 향락이라고 말하나? 멋대로 말하렴. 아무래도 노예가 되어야 한다면, 자기 자신의 의지로 노예가 되어 우스꽝스런 쓸데없는 충돌은 피하는 게 좋다. 최악의 노예 상태는 자기 사고의 노예가 되어 이에 모든 것을 바치는 일이다. 자기 자신을 맹신해서는 안 된다. 크리스토프는 독일 예술과 독일 정신의 편견에 대해 강한 공격을 퍼부으려고 결심하고 있는 모양이지만, 만일 이것을 어디까지나 집요하게 계속한다면 모든 사람들을, 또 보호자까지도 적으로 삼게 되는 일이 벌어지리라고 유디트는 환히 내다보고 있었다. 그는 반드시 패배의 구렁텅이에 빠질 것이다. 왜 그가 자기 자신에 대해서 조바심을 하고 즐겨 자신을 파멸시키는 일을 하고 있는지 그녀로서는 이해할 수 없었다.

크리스토프를 이해하기 위해서는, 성공은 그의 목적이 아니며 그의 목적이 그의 신념이라는 것 또한 그녀는 이해해야 할 것이다. 그는 예술을 믿고, '자기' 예술을 믿고, 자기를 믿고 있었다. 단지 모든 이해관계뿐만 아니라 자기 생명보다도 더욱 앞선 현실을 믿는 것처럼 그것을 믿고 있었다. 그가 그녀의 주의에 다소 신경을 쓰고 고지식하게 흥분해서 그런 소리를 하자, 그녀는 어깨를 으쓱했다. 그가 하는 말 따윈 진심이라고 보지 않았다. 그녀는 이것을 오빠에게서 늘 들어 온 것과 같은 과장이라고만 생각했다. 그녀 오빠는 때때로 엄청나고도 숭고한 결심을 선언했지만, 이를 실행에 옮기는 일은 피했었다. 그런데 크리스토프가 그런 말을 덮어놓고 믿는 것을 보자 그녀는 그를 미친 사람이라고 생각해, 벌써 그에게 흥미를 갖지 않게 되어 버렸다.

그 뒤부터 유디트는 자신을 좋게 보이려고 애쓰지 않게 되었다. 있는 그대로의 자신을 보였다. 그러자 그녀는 처음에 그렇게 보인 이상으로, 아마도 자신이 생각한 이상으로, 훨씬 더 독일 여자이며 평범한 독일 여자였다. 사람들은, 유대인은 어떠한 국가에도 속하지 않고 유럽 구석구석에 이르기까지 굳게 결합한 하나의 민족을 형성하여, 자기들이 살고 있는 장소의 여러 가지 다른 국민의 영향은 절대로 받지 않는다 해서 비난하지만 그것은 잘못이다. 사실 그들만큼 자기가 거쳐 가는 나라의 흔적을 쉽게 자기들 몸에 지니는 민족은 없다. 프랑스의 유대인과 독일 유대인 사이에는 많은 공통된 성격이 있다 하더라도 그 이상으로 많은 다른 성격이 있다. 그것은 그들의 새로운 조국에서 온 것이다. 그들은 새로운 조국의 정신적인 습관을 믿을 수 없을 만큼 재빨리 자기 것으로 한다. 실상 말하자면 정신보다도 습관을 더 자기 것으로 삼는 것이다. 그런데 습관은 각자에게 있어 제2의 천성이지만 대부분의 사람에게는 이것이 유일한 천성이 되므로, 그 결과 한 나라 토착민의 대다수는 유대인에게 깊은 합리적인 국민정신이 없다고 비난한다. 그렇지만 그렇게 말하는 그들 자신도 전혀 그러한 것은 갖고 있지 않으므로, 비난하는 것은 퍽 부당한 일이다.

여성은 외적 영향에 대해 항상 좀더 민감하고 생활 조건에 적응하여 그와 같이 변화하는 데 보다 신속하며, 그리고 유대 여성은 전 유럽에 걸쳐 자기들이 살고 있는 나라의 물질적·정신적 양식을 흔히 대대적으로 채택하지만, 그런데도 역시 그들 민족의 모습과 흐리터분하고 답답하고 그리고 어딘지 집념이 있어 보이는 취향을 잃은 것은 아니다. 크리스토프는 그러한 데에 깜짝 놀랐다. 그는 만하임네에서 유디트의 아주머니들과 사촌 형제(여자)들과 친구들을 만났다. 코에 가까이 있는 날카로운 눈, 입에 가까이 있는 코, 딱딱한 표정, 갈색 피부 밑에 붉은 피를 가진 이 얼굴들의 특징 대부분은 독일적이 아니고 또 독일 여자답지 않게 되어 있었지만, 그들 대부분은 너무나 독일적이었다. 말하는 법과 옷 입는 매무새까지 아주 똑같아서, 때로는 지나치게 똑같기까지 한 일도 있었다. 유디트는 누구보다도 뛰어났다. 그리고 다른 여자들과 비교해 볼 때 그녀의 지성에서 각별한 점이 보이고, 그녀의 몸에는 인공적인 점이 보였다. 그렇다고는 해도 역시 다른 여자들이 갖고 있는 대부분의 결점을 그녀도 갖고 있었다. 정신적인 면에 있어서는 다른 여자들보다도 훨씬 자유─거의 완전한 자유─로웠지만, 사회 생활의 면에서는 보다 자유롭다고는 할 수 없었다. 적어도 거기서는 그녀의 실리적 관념이 자유로운 이성과 자리를 바꾸었다. 유디트는 세상을, 계급을, 편견을 믿고 있었다. 왜냐하면 결국 거기에서 자신의 이익을 발견했기 때문이다. 독일 정신을 비웃더라도 헛된 일이었다. 그녀 역시 독일 풍조에 집착하고 있었다. 그녀는 저명한 어느 예술가의 범용함을 총명하게도 감득했었다. 그런데도 역시 그를 존경했다. 왜냐하면 그가 유명했기 때문이다. 그리고 만일 그와 개인적으로 교제를 했더라면 그를 칭찬했을 것이다. 왜냐하면 이로써 허영심이 기쁨을 얻었을 터이니까.

유디트는 브람스의 작품은 그다지 좋아하지 않았다. 그리고 속으로는 2류 예술가가 아닐까 의심했다. 하지만 그의 영광이 그녀를 압도했다. 그리고 그에게서 편지 몇 통을 받은 결과, 그녀에게는 그가 분명히 당시의 가장 위대한 음악가였다. 그녀는 크리스토프의 진정한 가치에 대해서, 또 데틀레프 폰 플라이서 중위의 어리석음에 대해서 조금도 의심하지는 않았다. 하지만 크리스토프의 우정보다도 중위가 그녀의 엄청난 부에 대해서 부리는 아첨 쪽에 기분이 좋아지는 것이었다. 왜냐하면 이 장교는 바보이기는 했지만 그녀와는 다른 계급의 인간이었으니까. 독일의 유대인 여자에게는 이 계급에 들어가는 것이 다른 여자보다도 어려운 일이었다. 그녀는 그따위 터무니없는 봉건사상에 기만당하지는 않았지만, 또 자기가 이 데틀레프 폰 플라이서 중위와 결혼하면 자기 쪽이야말로 중위에게 큰 명예를 부여해 주는 격이 되는 것임을 잘 알고 있었지만, 그렇더라도 중위의 마음을 정복하려고 애썼다. 그녀는 이 백치에게 상냥스러운 추파를 던지기도 하고, 그의 자만심에 아양을 떨거나 할 만큼 자기를 낮추고 있었다. 오만스럽고, 또 오만할 수 있는 많은 이유를 가진 이 유대인 여자, 은행가 만하임의 딸인 영리하고 콧대 높은 이 처녀는, 자신을 낮추고 싶어했고, 자신이 경멸하던 독일 소시민 계급의 아무하고나 똑같은 일을 하고 싶어했다.

*

경험은 짧았다. 크리스토프는 유디트에 대해 공상적인 꿈을 순식간에 만들었던 것과 거의 같은 속도로 그 꿈들을 잃어 버렸다. 그로 하여금 그 환상을 언제까지나 계속해서 품게 하는 노력을 유디트가 전혀 하지 않았다는 것은 그녀의 좋은 점이라고 인정해야 한다. 이러한 성질의 여자가 상대를 비판하고 상대에게서 떠나 버리면 그날로부터 상대는 벌써 그녀에게 존재하지 않는 것이나 다름없다. 그녀의 안중에는 없는 것이다. 그리고 집에서 기르는 개나 고양이 앞에서 벌거숭이가 되는 것과 마찬가지로 부끄럼없이 태연히 자기 혼을 벌거숭이로 하고서도 개의치 않는다. 크리스토프는 유디트의 이기심을, 냉혹함을, 성격의 범용함을 보았다. 그에게는 철저하게 그녀의 포로가 될 시간이 없었다. 하지만 이것만으로도 벌써 그는 괴로움을 당하고 일종의 열병에 걸려 있었다. 그는 현실의 유디트를 사랑하는 게 아니라 그렇게 있을 수 있는 그녀, 그렇게 있지 않으면 안 될 그녀를 사랑했다. 그녀의 아름다운 눈은 그를 고통스럽도록 매혹했었다. 그는 그것을 잊을 수가 없었다. 이제는 그 안에 잠자고 있는 침울한 혼을 알고는 있었지만 그는 역시 그 눈을 자기가 보려는 그대로, 처음 보았을 때와 똑같이 보고 있었다. 이것은 사랑이 없는 사랑의 환각이었다. 이러한 환각은 예술가들이 완전히 자기 작품에 몰두해 있지 않을 때에 그들의 마음속에 자리를 차지할 때가 많다. 길을 가다 만나는 하나의 얼굴도 그들에게 이러한 환각을 주는 데는 충분하다. 그들은 그녀 속에 있으면서 그녀 자신이 알지도 못하며, 또 마음에도 두지 않는 모든 아름다움을 찾아낸다. 그리고 그녀 자신이 이를 염두에도 두지 않는다는 것을 알게 되면 알게 될수록 더욱 이것을 사랑한다. 그들은 이것을, 아무에게도 그 가치를 알리려 하지 않고 바야흐로 죽으려 하고 있는 아름다운 것처럼 사랑한다.

어쩌면 크리스토프가 잘못 생각하고 있었으리라. 유디트 만하임은 있는 그대로의 그녀 이상의 것은 될 수 없었다. 하지만 크리스토프는 얼마 동안 그녀를 믿고 있었기에 계속 매력적으로 보였다. 크리스토프는 그녀를 공정하게 판단할 수가 없었다. 그녀가 가지고 있는 장점은 모두 그녀에게만 있는 것처럼 보이고 그녀의 전체처럼 여겨졌다. 그녀가 가지고 있는 격이 낮고 속된 점은 모두 그녀가 유대인인 동시에 독일인이라는 이중의 민족성 탓으로 돌렸다. 아마도 크리스토프는 유대인의 민족성보다도 독일 민족성 쪽에 더 원한을 품었을 것이 틀림없다. 왜냐하면 크리스토프는 독일 민족성 쪽에 더 많은 괴로움을 겪어야 했으니까. 그는 아직 다른 국민을 몰랐으므로 그에게 독일 정신은 속죄양이었다. 그는 여기에다 세계의 모든 죄를 다 뒤집어 씌웠었다. 유디트 때문에 맛보게 된 환멸은 독일 정신을 공격하는 또 다른 하나의 이유가 되었다. 그는 유디트의 정신을 이지러뜨린 독일 정신을 용서하지 않았다.

이것이 크리스토프와 유대인과의 최초의 해후였다. 그는 처음에 다른 민족으로부터 고립해 있는 이 힘센 민족 속에 자기 싸움의 동맹자를 찾아낼 수 있을 것이라고 기대했었다. 그러나 그 희망은 사라졌다. 이 민족은 세상에서 일컫는 것보다 훨씬 좌우되기 쉬운, 너무나 좌우되기 쉬운 민족이라고, 언제나 극단에서 극단으로 그를 달리게 하는 변하기 쉬운 거센 직감으로써 곧 그렇게 여겨 버렸다. 이 민족은 민족 자체의 약점을 갖고 있는데다, 유랑하는 도중에 동화된 모든 약점까지 갖고 있었다. 크리스토프가 자기 예술의 지렛대를 찾아낼 수 있는 곳은 아직 여기는 아니었다. 그는 오히려 이 민족과 더불어 사막의 모래에 삼켜질 뻔했던 것이다.

크리스토프는 이 위험을 깨달았으므로, 또 그 위험을 무릅쓸 만한 자신감이 없어서 만하임네에 가는 것을 돌연 그만두었다. 몇 차례나 초대받았으나 이유도 말하지 않은 채 사양했다. 이제까지는 극단적일 만큼 열심이었으므로 이러한 갑작스런 변화는 사람들의 눈길을 끌었다. 사람들은 이를 그의 '연인' 탓으로 돌렸다. 그러나 만하임네의 세 사람은 유디트의 아름다운 눈이 이와 관계가 있다는 것을 의심치 않았다. 이 일은 식탁에서 로타르와 프란츠가 놀려 대는 좋은 재료가 되었다. 유디트는 어깨를 으쓱거리며 훌륭한 정복이지요, 라고 말했다. 그러고는 오빠를 보고, "알지도 못하면서 공연한 소리 하지 마세요" 했다. 그렇게 말하면서도 유디트는 크리스토프가 찾아오도록 손을 썼다. 누구에게 물어봐도 알 수 없는 음악상의 문제를 가르쳐 주었으면 좋겠다는 구실로 그에게 편지를 썼다. 그리고 편지 끝머리에 그가 통 와 주지 않는 일이며, 그를 만나면 기쁘리라는 것을 정다운 말로 썼다. 크리스토프는 답장을 써서 질문에 답하고는, 바쁘다는 핑계로 모습을 나타내지 않았다. 그들은 가끔 극장에서 만났다. 크리스토프는 참을성 있게 만하임네의 위층 좌석으로부터 눈을 돌렸다. 그리고 그에게 더할 수 없이 매혹적인 미소를 보내려고 잔뜩 대기하고 있는 유디트의 자태가 짐짓 눈에 띄지 않는 척하고 있었다. 그녀는 별로 더 애쓰지도 않았다. 그에게 집착은 없었으니까, 이 못난 음악가가 자기에게 수고를 끼치게 하는 것은 퍽 옳지 못한 일이라고 생각했다. 오고 싶지 않다면, 그렇다면 그런 대로 조금도 상관없었다……

크리스토프가 오지 않아도 상관없었다. 사실 그가 없더라도 만하임네의 야회에 커다란 공허가 생기는 것은 아니었다. 그런데도 유디트는 본의 아니게 크리스토프에게 원한을 품었다. 그가 밑에 있을 때는 그를 무시하는 것을 당연하다고 생각했었다. 그리고 그가 이것을 불쾌하게 여기는 얼굴을 해도 용서해 주었다. 하지만 그러한 불쾌감이 모든 관계를 끊어 버리게까지 된 데에는 어리석은 오만이 깃들어 있었으며, 연정이라기보다도 이기심 탓으로만 그녀에게는 생각되었다. 유디트는 자기와 똑같은 결점이 타인에게 있을 경우에는 용서치 않았다.

그렇지만 유디트는 더한층 주의를 기울여 크리스토프가 하는 일이나 쓰는 것을 보고 있었다. 아주 그럴듯하게 오빠에게 그의 얘기를 하게 했다. 크리스토프와 지낸 그날의 대화를 오빠에게서 듣고 싶어했다. 그리고 이 얘기 중간에 재치 있게 익살스러운 감상(感想)을 덧붙였다. 그 감상은 단 하나의 우스꽝스런 점도 놓치지 않았으므로 크리스토프에 대한 프란츠의 감격은 자기도 모르는 새에 조금씩 식어갔다.

*

처음에 잡지는 다 잘되어 나갔다. 크리스토프는 아직 동료들의 범용함을 통찰하지 못했다. 그들도 그가 동료라는 것으로 재능을 인정하고 있었다. 그를 발견해 낸 만하임은 그가 쓴 것을 아직 아무것도 읽지 않았는데도 크리스토프는 놀라운 비평가라느니, 여태까지는 자기 천직을 잘못 알고 있었는데 만하임 자신이 이것을 그에게 가르쳐 주었다느니 여기저기로 떠들고 다녔다. 그들은 호기심을 돋우는, 무슨 의미 있는 것 같은 글자로 그의 논문을 예고했다. 그리고 그의 첫 음악 평론은 무기력한 이 작은 도시에서는 집오리 떼가 떠 있는 늪 속에 떨어진 하나의 돌멩이 같은 것이었다. 평론 제목은

'음악의 과잉'이라는 것이었다.

　'음악이 너무 많다. 마실 것이 너무 많다, 먹을 것이 너무 많다! '고 크리스토프는 썼다. '사람들은 배도 고프지 않고 목도 마르지 않고 먹고 싶지도 않은데도 단지 탐식(貪食)의 습관에서 먹고 마시고 듣는다. 그것은 스트라스부르크 거위의 섭생법이다. 우리 민중은 탐식증에 걸려 있다. 주는 것이면 뭐든지 상관 없다. 《트리스탄》이거나 《제킹겐의 나팔수》거나, 베토벤이거나, 마스카니거나, 푸가거나, 속도 행진곡이거나, 아담, 바흐, 푸치니, 모차르트, 또는 마르쉬거나. 그들은 무엇을 먹고 있는지 스스로도 모른다. 중요한 것은 단지 먹는다는 것이다. 그들은 벌써 거기에선 기쁨조차도 느끼지 않는다. 음악회에서의 그들을 보아라. 세상에서는 독일적 쾌활이라는 말을 일컫는다! 하지만 그들은 쾌활이란 어떤 것인지도 모른다. 그들은 항상 쾌활하다! 그들의 쾌활은 그들의 슬픔과 마찬가지로 비처럼 내리고 있다. 그것은 분말(粉末)과 같은 기쁨이다. 그것은 이완되어 있어 힘도 없다. 그들은 태평스레 웃으면서 몇 시간이나 소리, 소리, 소리에 넋을 잃고 꼼짝하지 않는다. 그들은 아무것도 생각하지 않는다. 아무것도 느끼지 않는다. 그것은 마치 해면과 같다. 참다운 고뇌—힘—는 술통의 맥주처럼 몇 시간이나 계속해서 주어지는 것이 아니다. 그것은 여러분의 목을 채우고, 여러분을 쓰러뜨린다. 그리고 다음에는 이제 먹고 싶은 것이 아무것도 없다. 그것만으로 충분하다! ……'

　'음악이 너무 많다! 여러분은 자기를 죽이고 음악을 죽이고 있다. 여러분이 자기를 죽이는 것, 이것은 여러분의 자유이다. 하지만 음악을 죽이는 일, 이것은 삼가주었으면 좋겠다! 성스런 조화와 저열함을 같은 광주리에 집어넣어, 예컨대 여러분이 언제나 그리고 있는 것처럼 《연대 아가씨》에 의한 환상곡과 색소폰 4중주곡 사이에 《파르치팔》의 전주곡을 집어넣거나, 혹은 케이크워크(흑인 무도)의 1절과 레온카발로의 외설스런 곡을 베토벤의 아다지오 양쪽에 놓거나 해서 이 세상에 있는 아름다운 것을 더럽히는 일은 용서하기 어렵다. 여러분은 음악적 대국민이라고 자랑하고 있다. 여러분은 음악을 사랑한다고 자부하고 있다. 하지만 도대체 어떤 음악을 사랑하고 있는가? 좋은 음악인가? 아니면 너절한 음악인가? 여러분은 양쪽에다 똑같이 박수를 보내고 있다. 자, 이젠 선택하라! 정말로 무엇을 바라고 있는가? 여러분은 그것을 모른다. 알려고도 하지 않는다. 여러분은 결심하는 것을, 위험을 무릅쓰는 일을 너무나 겁내고 있다…… 그런 조심 따위는 악마에게 주어 버리려무나! 자기네들은 유파를 초월해 있다는 것인가? 초월해 있다는 것은 그 밑에 깔려 있다는 것이다……'

그리고 크리스토프는 취리히 시의 강직한 시인 고트프리트 켈러 노인의 시구를 그들에게 인용했다. 이 노인은 전투적인 성실성과 향토적인 강렬한 맛으로써, 그에게는 그리운 작가의 한 사람이었다.

> Wer liber den Partein sich waehnt mit stolzen Mienen,
> Der steht zumeist vielmehr betraechtlich unter ihnen.
> 뽐내는 얼굴로 유파를 초월한다고 자부하는 자야말로 오히려
> 유파의 아래쪽 아득한 데에 머무르는 자이다.

'진실된 용기를 가지라!' 그는 계속했다. '추하게 보일 것을 두려워하지 않는 용기를 가지라! 만일 여러분이 너절한 음악을 좋아한다면, 이를 솔직히 말하라. 있는 그대로의 자신을 보여 주라. 모든 애매한 것의 그릇된 허식을 영혼으로부터 떼어 버려라. 그런 것은 깨끗이 씻어 버려라. 대체 언제부터 여러분은 자기 얼굴을 거울에 비춰보지 않았나? 내가 앞으로 이것을 여러분에게 보여 주겠다. 작곡가 여러분, 악단 단장 여러분, 가수 여러분, 그리고 친애하는 청중 여러분, 당신들은 있는 그대로의 자기 모습을 단 한 번만이라도 깨달아야 할 것이다…… 여러분은 자기가 좋아하는 형의 사람이 되어라. 하지만 반드시 진실하라! 비록 그 때문에 예술가와 예술이 괴로움을 당하게 될지라도 진실되어라! 만일 예술과 진실이 함께 살 수가 없다면 예술 쪽이 죽는 것이 좋다! 진실, 그것이 생명이다. 허위, 그것은 죽음이다.'

이러한 혈기에 과격하고 적잖이 악취미인 고담준론(高談峻論)에 대해 물론 비난의 아우성이 일어났다. 하지만 모두가 대상이 되어 있으면서도 아무도 뚜렷이 지목되어 있는 것은 아니므로, 누구도 자기 일이라고 보는 사람은 없었다. 각자가 진실의 가장 좋은 벗이며, 그렇게 믿어 버리고, 혹은 그렇게

자신에게 말하고 있었다. 그래서 이 평론의 결론은 아무에게서도 공격받을 염려가 없었다. 다만 사람들은 전체의 흐름을 불쾌하게 생각했다. 이 흐름은 별로 타당한 것이 아니다, 반쯤 공직에 있는 예술가에게 있어서는 특히 그렇다는 데 사람들의 의견은 일치했다. 몇몇 음악가는 움직이기 시작했다. 격렬히 반박했다. 그들은 크리스토프가 그것만으로 그만두지는 않을 것을 예견하고 있었다. 또 어떤 음악가들은 크리스토프의 용감한 행위를 칭찬해 두는 편이 현명한 일이라고 생각했다. 그렇더라도 역시 다음 논문이 불안했다.

어떠한 책략도 결과는 같았다. 크리스토프는 시위를 떠난 화살이었다. 아무것도 그를 멈추게 할 수 없었다. 그리고 그가 미리 말한 대로 작곡가도 연주자도 표적이 되었다.

맨 처음 얻어맞은 사람들은 지휘자들이었다. 크리스토프는 오케스트라의 지휘에 대한 일반적인 생각 따위는 전혀 문제로 삼지 않았다. 자기 도시의 동료나 이웃 도시 동료들의 이름을 밝히고, 혹은 이름을 밝히지 않을 때는 누구라도 환히 알 수 있도록 암시해 놓았다. 궁정 관현악단의 무기력한 지휘자 알로이스 폰 베르너를 문제 삼고 있음은 누구나 다 알고 있었다. 그는 숱한 명예로운 직함을 가진 조심성스런 노인으로, 온갖 일을 두려워하고 적당히 하며 아래 연주자들에게 주의 하나 주는 것도 겁내고, 그들의 템포에 말없이 따라가고 프로그램 편성에서도 대담한 일은 전혀 하지 않고서도 29년 동안의 성공으로 신성시되었으며, 적어도 무엇인가 공식적으로 아카데믹한 위엄이 인정된 것이 아니면 연주하지 않았다. 크리스토프는 비꼬아 그의 대담한 방식을 칭찬했다. 가테와 드보르작과 차이코프스키를 발견한 것을 축복했다. 그가 지휘하는 오케스트라의 언제나 변함없는 정확성, 메트로놈(節度計)적인 균형, 항상 절묘한 음영을 가진 연주법 같은 것에 황홀해졌다는 말을 했다. 이 다음 연주회에는 체르니의 《속도 연습》을 할 것을 제의했다. 그리고 너무 몸을 피로케 하지 말라고, 너무 흥분하지 말라고, 소중한 건강을 잘 돌보라고 절실히 바랐다. 혹은 그는 베토벤의 《에로이카》를 연주했을 때의 지휘에 대해 분노의 아우성을 터뜨렸다.

"대포다! 대포다! 저치들을 마구 쏘아다오! …… 그런데 여러분은 싸움이란 어떠한 것인가, 인간의 어리석음과 모질고 사나움에 대한 싸움이란 어떠한 것인가, 또 환희의 웃음소리를 질러 그런 것들을 발 밑에 짓밟는 힘이란 어떠한 것인가, 전연 알지 못하는가? …… 어찌 여러분이 그것을 알 수 있으랴? 사실상 힘은 여러분과 싸우고 있는 것이다! 여러분은 자기 속에 있는 씩씩한 것의 전부를 베토벤의 《에로이카》를 하품하지 않고 듣고 연주하는 데에 소모하고(왜냐하면 이 곡은 여러분을 지루하게 만든다…… 너무나 지루해서 못 견디겠다는 것을 고백하라!), 혹은 또 누군가 고귀한 분이 길을 지날 때 모자를 벗고 등을 구부리고 바람을 참아 내며 서 있는 일에 허비하고 있는 것이다.”

그는, 과거의 위대한 예술가들을 ‘고전적인 사람들’이라고 해석하고 있는 국립음악학교의 거물들에 대해서는 아무리 익살을 부려도 부족한 심정이었다.

“고전! 이 말이 모든 것을 말해 준다. 자유로운 정열은 학교용으로 편리하게 정리되어 있다! 생명, 바람이 휙휙 불고 있는 이 광야는 운동장의 네 개의 벽 속에 갇혔다! 떨리는 마음의 야성적이고 우쭐대는 리듬도, 네 박자 시계추의 똑딱거리는 리듬으로 요약되어 버려 강한 템포에 의지하면서, 겨드랑이에 지팡이를 짚는 것처럼 절룩거리며 느릿느릿 걸음마를 배우고 있다…… 대양을 즐기기 위해서는 여러분은 이것을 금붕어와 함께 어항 속에 넣고 싶어할 것이다. 인생을 죽여 버린 뒤에야 비로소 인생을 이해하는 것이다.”

크리스토프는 그의 이른바 ‘박제(剝製) 제조인’에 대해 가만히 있지 않았지만, ‘서커스의 곡예사’, 즉 동그라미를 그리는 두 팔이나 화장을 한 두 손을 감탄시키기 위해 순회하는 고명한 지휘자들에 대해서는 더 혹독했다. 그들은 위대한 작곡가들을 발판으로 삼아 기교를 부려 가장 유명한 작품을 그 작품으로 여겨지지 않게끔 연주해 보였고, 베토벤의 《C단조 교향곡(제5교향곡)》의 테를 빠져나가는 공중 곡예를 하고 있었다. 크리스토프는 그들을 주책바가지 할머니, 집시, 줄 타는 광대라고 불렀다.

기교적인 연주자들도 그에게 풍짐한 재료를 제공했다. 그는 그들의 요술사적인 흥행을 비판하는 것을 꺼렸다. 그의 말에 의하면, 이러한 기계적인 연주는 기예 전문 학교의 분야에 속하는 것으로서 시간과 음수나 소모된 정력 등을 기재한 도표만이 이러한 작업의 가치를 잴 수 있다는 것이다. 간혹, 어떤 유명한 피아니스트가 2시간에 걸친 음악회에서, 입가에 미소를 머금고 머리카락을 눈두덩 위에까지 늘어뜨리고서 정말 놀라운 난곡(難曲), 모차르 트의 천진한 안단테를 친다는 곤란을 이겨낸 것을 그는 경멸한 적도 있었다. 물론 어려운 곡을 정복하는 기쁨을 그는 부정하지 않았다. 그것은 삶의 기쁨 의 하나였다. 하지만 그것의 가장 물질적인 측면만 보고 예술상의 영웅주의 를 거기에 국한해 버리는 것은 그에게는 해괴하고 또한 타락한 일로만 생각 되었다. 그는 '피아노의 사자'나 '피아노의 표범'을 허용할 수 없었다. 그는 또 독일에서 이름 있는 고지식하고 현학적인 연주가에 대해서도 별로 관대 하지 않았다. 그들이 거장의 원작을 변경하지 않으려고 마음을 쓰는 것은 옳 았지만, 그들은 사상의 모든 비약을 골고루 암살해 버렸다. 그리고 한스 폰 빌로우처럼 정열적인 소나타를 연주할 때도, 그들은 마치 문법 강의라도 하 고 있는 것 같았다.

가수들의 차례도 돌아왔다. 그들의 세련되지 않은 둔중함과 시골티 나는 과장에 대해서 크리스토프는 할 말이 가득 차 있었다. 단순히 저 가문 좋은 부인과의 갈등의 기억이 있었기 때문만이 아니라, 자신에게는 참으로 고되 었던 숱한 공연에 대한 원한이 있었다. 거기서 귀와 눈의 어느 것이 더 고통 을 받았는지 그는 알 수 없었다. 그에게는 추악한 무대 장치나 보기 싫은 의 상이나 부조화한 색채에 대해 비교해서 비판할 표준을 찾을 수가 없었다. 그 는 무엇보다도 오직 형(型)이나 몸짓이나 야비한 태도, 부자연스런 연기에 놀랐으며, 배우로서 타인의 혼을 포착할 만한 힘이 없다는 것과 또 그들이 맡은 연기상의 음조가 대체적으로 같다는 이유에서 어처구니없을 만큼 무관 심하게 하나의 역에서 다른 역으로 옮아가는 데에 놀랐다. 뚱뚱하게 살찐 쾌 활하고 호화스런 부인이 번갈아가며 이졸데와 카르멘이 되어 무대에 자태를 드러냈다. 암포르타스가 피가로를 연출하고 있었다. 하지만 크리스토프가 가장 민감하게 느낀 것은 노래가 졸렬하다는 것이었다. 특히 멜로디의 아름 다움이 본질적 요소인, 고전적 작품에 있어서의 노래의 졸렬함이었다.

이젠 독일에서는 누구도 18세기 말의 완전한 음악을 노래 부를 수 없었 다. 이를 위해 노력하는 자가 없었다. 괴테의 문체와 똑같이 이탈리아의 빛 을 몸에 받고 있는 것처럼 보이는 글루크와 모차르트의 명쾌하고 청순한 양 식, 베버와 더불어 이미 변화하기 시작하고 진동하기 시작하고 화사해지기 시작한 저 양식, 《크로키아토》의 작자(마이어베르)의 현란한 왜곡(歪曲)에 의해 우스꽝스럽게 바뀌어 버린 저 양식은 바그너의 승리 때문에 멸망되었다. 날카로운 외마디 소리를 지르며 나는 발퀴리에(전사자를 천당으로 인도하는 여신들)의 거친 날갯짓 소리가 그리스의 하늘을 통과해 버렸다. 오딘의 먹구름이 빛을 가렸다. 이제 와선 아무도 음악을 노래로 부르겠다는 사람이 없었다. 사람들은 시를 노래 부르고 있었다. 사람들은 세세한 부분을 소홀히 하는 것이나, 추한 것이나 음의 착오조차도 너그러이 봐 주었다. 작품의 전체만이, 사상만이 중요하다는 구실 아래……

"사상! 이에 대해 얘기해 보자. 마치 여러분은 사상을 이해하고 있는 것 같은 얼굴을 하고 있다! ……그러나 사상을 이해하고 있건 말건 제발 사상이 선택한 형식을 존경해 주기 바란다. 무엇보다도 먼저 음악은 음악이길 바라고, 음악인 채로 있기를 바란다."

그리고 또 크리스토프는 독일 예술가들이 표현이라는 것과 심원한 사상이라는 것에 대해 과대한 가치를 두려는 것을 우습게 생각했다. 표현? 사상? 그렇다, 그들은 이것을 곳곳에 똑같이 배열했다. 그들은 사상을 털 덧신 속에서도 미켈란젤로의 조각상 속에서와 마찬가지로, 많지도 적지도 않고 꼭 같이 찾아냈을 것이다. 그들은 상대가 누구이건, 무엇이건, 같은 정력으로 출연했다. 결국 그들 대부분에게는 음악의 본질은—크리스토프가 단언한 바로는—음의 양이며 음악적 소음이었다. 독일인은 노래 부르는 기쁨을 강하게 느끼고 있지만, 그것은 목소리의 체조에 의한 만족이었다. 요컨대 공기로 가슴을 커다랗게 부풀리고 그것을 기운 좋고 힘차고 길게 그리고 박자에 맞추어 토해내는 일이었다. 그래서 크리스토프는 당당한 모 여가수에게 찬사 대신 건강 우량 증서를 수여했던 것이다.

그는 예술가들을 비난하는 것만으로는 만족하지 않았다. 그는 무대에서 내려와, 멍하니 입을 딱 벌리고 연주를 듣고 있는 청중을 두들겨 팼다. 청중은 어리둥절해서 웃어야 좋을지, 화내야 좋을지 알 수 없었다. 그들은 이러한 부당한 소행에 화를 내고 고함을 쳐도 좋았던 것이다. 그들은 어떠한 예술상의 싸움에도 말려들지 않겠다고 조심하고 있었다. 모든 미묘하고 위험한 문제로부터는 신중히 멀어져 있었다. 그리고 틀릴까 봐 염려해서 모두에게 박수를 보내고 있었다. 그런데 지금 크리스토프는 그들이 박수 보내는 것을 비난하고 있다! ……졸렬한 작품에 박수 보내는 것을 비난한다는 것인가? 그것만으로도 벌써 쓸데없는 간섭이었다! 하지만 크리스토프는 더욱 극단적이었다. 그가 가장 비난한 것은 훌륭한 작품에 박수를 보내는 일이었다.

"어릿광대여!" 그는 그들에게 말했다. "여러분은 그만큼 감격을 받았다고 해서 남을 믿게 하려는 것인가? …… 그런데 말씀이야! 여러분은 정반대의 일을 증명하고 있는 것이다. 만일 박수를 보내고 싶다면 박수를 필요로 하는 작품이나 악장(樂章)에 박수를 보내라. 모차르트가 말한 것처럼 '기다란 귀(순진한 귀)를 위해서' 마련된 떠들썩한 종결부에 박수를 보내라. 거기서 맘껏 박수를 보내라. 당나귀 울음소리는 처음부터 이것을 계산에 넣고 있는 것이다. 그것은 음악회의 일부분인 것이다. 하지만 베토벤의 《장엄 미사》 뒤에는? …… 그것은 당치도 않은 짓이다! …… 이는 '최후의 심판'이다. 여러분은 방금, 광분하는 글로리아(영광)가 대양 위를 폭풍우처럼 지나가는 것을 보았다. 여러분은 강력하고 포악무도한 의지의 회오리바람이 움직임을 멈추어 먹구름에 매달리고, 두 주먹으로 심연가에 매달렸다가 다시 전속력으로 무한한 공간으로 돌진하는 것을 보았다. 돌풍이 외친다. 그 폭풍우가 한참일 때 갑작스런 전조(轉調)가, 음의 광휘가 하늘의 어둠을 도려내어, 납빛 바다 위로 빛의 판자쪽처럼 떨어진다. 그것이 끝이다. 살육의 천사의 사나운 비상은 세 개의 번갯불에 날개를 못 박혀 뚝 멈춘다. 주위에서는 아직 모든 것이 떨고 있다. 취한 눈이 앞이 캄캄하다. 심장이 거세게 뛰고 숨은 막히고 팔다리는 감각이 없어진다…… 그리고 마지막 음부의 떨림이 채 멈추지도 않았는데, 여러분은 벌써 명랑해지고, 유쾌해지며, 외치고, 웃고, 비평하며, 박수를 보내곤 한다! …… 사실 여러분은 아무것도 보지 않고, 아무것도 듣지 않고, 아무것도 이해하지 않았던 것이다, 아무것도! 그야말로 아무것도! 예술가의 고뇌도 여러분에게는 구경거리이다. 베토벤의 격렬한 고뇌의 눈물이, 여러분은 멋있게 그려졌다고만 볼 따름이다. 여러분은 그리스도의 책형(磔刑)을 '또 한 번!'이라고 외칠는지도 모른다. 여러분의 심심풀이 호기심을 한 시간 즐겁게 하기 위해서는 반신(半神)이 한평생 고뇌 속에서 몸부림치는 것이다! ……"

이리하여 그는 괴테의 위대한 말을 자기로서는 그런 줄 모르고 주석하고 있었다. 하지만 그는 아직 그 말이 갖는 거룩한 청정함에는 도달하지 못하고 있었다.

"민중은 숭고한 것을 가지고 논다. 그러나 만일 그 참다운 모습을 안다면 그것을 물끄러미 계속 지켜볼 힘도 없어질 것이다."

이쯤 해두고 손을 떼었더라면 좋았다! …… 그런데, 내친걸음에 청중의 머리 위를 넘어 포탄처럼 성당 속으로, 신전 안으로, 범속성이 침범하지 못할 피난처 속으로, 비평계로 뛰어들었다. 그는 동료를 포격했다. 그들 가운데 한 사람은, 현존 작곡가 중에서 타고난 재질이 가장 풍부한 사람이며 신경향파의 가장 첨단적인 대표자인 하슬러에게 감히 공격을 한 것이다. 그는 표제 교향곡의 작자로서 이 곡들은 사실 퍽 과장적인 것이었지만 천재성이 넘쳐났다. 어렸을 적에 그에게 소개받은 일이 있는 크리스토프는 그때 받은 감동에 감사하여 그에 대해 은밀한 애정을 줄곧 품어 왔었다. 지금 어리석은 비평가가—이 사람이 무지하다는 것을 크리스토프는 잘 알 수 있었다—이러한 훌륭한 사람에게 충고를 하고, 질서와 원칙으로 되돌아가라고 말하는 것을 보자, 그는 이성을 잃을 만큼 격분했다.

"질서라구! 질서라구!" 그는 외쳤다. "여러분은 경찰의 질서밖에 모른다. 천재는 밟아서 굳어진 길은 걸어가지 않는다. 천재는 질서를 창조하고 자기 의지를 법칙으로까지 만든다."

이러한 오만한 선언 뒤에 크리스토프는 이 운이 없는 비평가를 붙들고, 그가 요즘 쓴 우둔한 논설을 모두 집어들어 마치 교사가 학생을 대하는 것처럼 일일이 정정했다.

전 비평계는 모욕을 느꼈다. 지금까지 비평계는 논쟁에서 멀어져 있었다. 비평가들은 일부러 그에게 혹독하게 얻어맞는 위험을 무릅쓰고 싶지는 않았다. 그들은 크리스토프를 잘 알고 있었다. 크리스토프의 능력도 알고 있었으며 그가 성급하다는 것도 알고 있었다. 기껏 몇몇 사람이 그처럼 타고난 재질이 있는 작곡가가 천직도 아닌 일에 뛰어드는 것은 유감스럽다는 것을 매우 소극적으로 말한 데 지나지 않았다. 그들의 의견이야 어떻든 간에(그들이 하나의 의견을 갖고 있다고 치고서 말인데) 그들은 크리스토프에게도, 자기 자신은 비평받는 일 없이 모든 것을 비평할 수 있다는 비평가의 특권을 존중했다. 그러나 크리스토프가 상호 비평가들을 연결하고 있는 암묵(暗默)의 약속을 난폭하게 깬 것을 보고, 그들은 곧 그를 공적인 질서의 적으로 간주했다. 한낱 애송이가 국가의 영예를 짊어진 사람들에 대해 감히 존경을 잃은 태도로 나온 것은 그들에게는 한결같이 참을 수 없는 일인 듯했다. 그들은 그에 대해 격렬한 전투를 벌이기 시작했다. 그것은 긴 논문이나 연속된 논쟁의 형식을 취하지는 않았다(자기보다 무장이 훌륭한 적을 맞아 이러한 진지에서 싸우는 위험은 무릅쓰지 않았다. 신문 기자란 상대의 이론 따위는 무시하고 또 그것을 읽지도 않고 논의한다는 특별한 재능을 갖고는 있지만). 그들은 오랜 경험에 의해 다음과 같은 것을 배웠다. 한 신문의 독자는 항상 그 신문과 같은 의견이어서, 논쟁하는 모양을 보이기만 해도 독자의 신용을 약화시키게 된다. 논쟁을 하지 말고 단언을 해야 된다. 더욱 좋은 것은 확실히 부정하는 일이다(부정은 긍정의 두 배 힘을 가지고 있다. 그것은 중력 법칙의 직접적인 결과이다. 돌을 공중으로 던지는 것보다 떨어뜨리는 쪽이 쉽다). 그래서 사실무근의 익살맞고 모욕적인 단문을 매일매일 끈질기고도 악착스럽게 알맞은 장소에 되풀이해서 게재한다는 방법을 채택하기로 했다. 그 단문은 언제나 이름을 지목하지는 않지만 분명히 그인 줄 알 수 있도록 해서 뻔뻔스러운 크리스토프를 놀려 대고 있었다. 그의 말은 왜곡되어 허무맹랑한 것으로 되어 있었다. 거기서 얘기된 그의 일화는 가끔 처음 부분은 정말이었지만, 나머지는 모두 허위 날조된 것으로서 그가 시 전체와 불화하도록, 나아가서는 궁정과 불화하도록 교묘히 머리를 쓴 것이었다. 또 그의 육체나 용모, 복장까지 공격하여 거기 하나의 만화가 그려졌는데, 자주 이것이 되풀이되어 실렸으므로 드디어 그를 닮은 것처럼 여겨지게 되었다.

*

이러한 일은 크리스토프의 친구들에게는 그들의 잡지가 싸움의 불티만 받지 않았다면 아무래도 좋은 일이었으리라. 사실 그것은 잡지에 대한 경고였다. 사람들은 잡지를 싸움에 끌어들이려고 하지 않았다. 도리어 잡지를 크리스토프에게서 떼어내 버리려고 했다. 사람들은 잡지가 좋은 평을 잃어 가고 있는 데 놀랐다. 그래서 만일 이에 주의하지 않으면 유감스럽지만 편집진의 다른 사람들도 크리스토프처럼 비난받지 않을 수 없다고 말했던 것이다.

아돌프 마이와 만하임에 대한 꽤나 미적지근한 공격이 시작된 것만으로도 벌집을 쑤셔놓은 것처럼 되었다. 만하임은 그저 웃고 있었다. 이것은 아버지나 백부들, 사촌들이나 많은 친척 등 자기가 하는 일을 감시하거나 분격할 권리가 있다고 믿고 있는 사람들을 노하게 할 것이 틀림없다고 생각했다. 그러나 아돌프 마이 쪽은 진지하게 생각하여 크리스토프가 잡지를 위험에 빠뜨렸다고 비난했다. 크리스토프는 그의 공격을 일축했다. 다른 사람들은 별로 피해가 없었으므로, 언제나 자기들에게 으스대고 있는 마이가 자기들 대신 얻어맞은 것을 도리어 재미있어했다. 발트하우스는 마음속으로 은근히 이것을 기뻐했다. 그리고 싸움을 할 바에는 머리가 터지는 인간이 나오는 것은 당연하다고 말했다. 물론 자기 머리는 제쳐 두고 하는 소리였다. 자기 가정의 지위로 보나 연고 관계로 보나 자기는 얻어맞을 까닭이 없다고 생각하고 있었다. 같은 유대인들이 다소 거칠게 쥐어박히더라도 상관없다고 생각한 것이다. 에렌펠트와 골덴링은 아직은 해를 입지 않았으나 조금쯤 공격을 받더라도 당황할 사내들은 아니었다. 말대꾸도 해줄 수 있는 사내들이었다. 그들에게 그보다도 더 불쾌한 일은 크리스토프가 버티는 바람에 친구들, 특히 여자친구들과의 사이가 잘 되어 나가지 않는다는 일이었다. 첫 논설이 나왔을 때만 해도 그들은 한바탕 웃어 젖히고 참으로 재미있는 소극(笑劇)이라고 생각했다. 유리창을 두들겨부수는 듯한 크리스토프의 활력에 탄복했다. 그리고, 그저 한 마디만 하면 그의 전투적인 열광을 완화시킬 수 있다, 적어도 자기들이 지명하는 남자나 여성에 대해서는 공격을 삼가도록 할 수 있다고 믿고 있었다. 그러나 이것은 당치도 않은 착각이었다. 크리스토프는 무슨 소리에도 귀를 기울이지 않았다. 어떠한 충고도 문제로 삼지 않았다. 그리고 미친 사람처럼 공격을 계속했다. 만일 이대로 내버려둔다면 그들은 이 지방에서 살지 못하게 될 수도 있었다. 벌써 그들의 귀여운 여자친구들은 잡지사로 찾아와 눈물을 흘리고 화를 내며 투덜거렸다. 그들은 갖은 수단을 다해서 어떤 한 비평만이라도 크리스토프의 논조를 완화시키려고 했다. 하지만 크리스토프는 전혀 말투를 바꾸지 않았다. 그들은 분개했다. 크리스토프도 분개했다. 그래도 그는 전혀 바꾸지 않았다. 발트하우스는 친구들의 흥분이 자기와는 전혀 관계가 없었으므로 이를 재미있어하고, 그들을 화나게 하기 위해 크리스토프의 편을 들었다. 모든 것이 물인지 불인지 모르고 부딪처 퇴각할 길도 앞날을 위한 은신처도 준비해 두지 않는 크리스토프의 용감한 천둥벌거숭이를 아마도 발트하우스는 다른 사람들보다도 좋게 평가할 수 있었으리라. 다음으로 만하임은 아무런 사심 없이 이 북새통을 꽤나 재미있어했다. 이러한 미치광이 같은 사내를 소행이 단정한 사람들 속으로 데려온 것을 매우 유쾌한 소극(笑劇)이라고 생각했다. 그리고 크리스토프가 주는 타격도 자신이 받는 타격도 마찬가지로 배를 움켜쥐고 웃고 있었다. 누이동생의 영향을 받아, 크리스토프에게는 조금 미친 데가 있다는 것을 확실히 믿기 시작했지만, 그 때문에 도리어 더욱 좋아졌다(그는 우스꽝스런 인간이라고 여기지 않으면 호감을 가질 수가 없었다). 그래서 발트하우스와 더불어 다른 사람들에게 반대하고, 크리스토프를 계속 지지하고 있었다.

만하임은 자기에게는 실제적인 감각은 없다고 여기고 싶어했지만, 실은 그것을 제대로 다 갖추었으므로, 친구의 주장과 이 지방의 가장 진보적인 음악파의 그것을 비끄러매는 방법이 유리하다고 생각했다. 이것은 퍽 그럴 듯한 생각이었다.

독일 대부분의 도시처럼 이 시에도 바그너 협회가 있어, 보수파에 대항해서 새로운 사상을 대표하고 있었다. 물론 바그너를 옹호하는 것은 이젠 커다란 위험을 무릅쓰는 일은 아니었다. 그의 영광은 곳곳에서 인정되고 그의 작품은 독일의 모든 오페라 극장의 상연 목록에 실려 있었으니까. 차라리 힘으로 강요된 것이었다. 많은 대중은 마음속에서는 변함없이, 완강하게 보수적이었다. 이곳과 같이 근대적인 커다란 조류에서 약간 멀고 옛날의 영예를 자랑으로 삼고 있는 도시에서는 더구나 그러했다. 모든 새로운 것에 대한 독일 민중의 선천적인 불신, 수백 년에 걸쳐서도 아직 반추(反芻)되어 있지 않은 무엇인가 진실하고 강력한 것에 대한 감각의 나태는 다른 어디에서보다도 여기서는 아주 심했다. 이미 논의의 여지가 없는 바그너의 작품은 별도로 하고, 바그너적인 정신에 의해서 고취된 새로운 작품이 모두 냉대받음으로써 그것을 똑똑히 알 수 있었다. 그러므로 바그너 협회가 해야 하는 유익한 임무는 예술의 젊고 독창적인 힘을 옹호하는 것이었다. 때로 협회는 실제로 이것을 이행했다. 그리고 브루크너와 후고 볼프는 이러한 협회 가운데 하나에서 가장 뛰어난 동맹자를 발견했다. 그런데 너무나 번번이 스승의 이기주의가 제자들을 압박하고 있었다. 바이로이트가 단 한 사람의 영광에 쓰이는 수밖에 없었듯이 바이로이트의 방계라고도 할 만한 협회는, 모두 조그만 교회당이어서 거기서는 사람들이 영구한 유일신을 찬양하고 미사를 올리고 있었다. 신성한 교리를 문자대로 신봉하고 음악·시·극·형이상학이라는 많은 얼굴을 가진 유일신에게 경건하게 예배드리고 있는 충실한 제자들은, 기껏 예배당 측면의 방으로 들어가는 것이 허용될 뿐이었다.

이 시의 바그너 협회의 경우도 바로 그대로였다. 하지만 여러 가지 실제적인 활동을 하고 있었다. 쓸모 있어 보이는 유능한 청년들을 자진해서 회원으로 포섭하려고 애를 쓰고 있었다. 그리고 훨씬 오래전부터 크리스토프를 노리고 있었다. 소극적이기는 하지만 그에게 교섭해 본 적도 있었다. 그러나 크리스토프는 이를 거들떠보지도 않았다. 왜냐하면 어떠한 것과도 결합될 필요를 전혀 느끼고 있지 않았기 때문이다. 무슨 필요가 있어 독일인은 언제나 저 혼자서는 노래 부르는 것도, 산책하는 것도, 마시는 것도 할 수 없는 것처럼 가축의 무리인 양 무리를 짓고 있는 것인지 그는 이해할 수 없었다. 그는 모든 결사(結社)를 싫어했다. 결국 다른 어떠한 결사보다도 바그너 협회 쪽에 마음이 내켰다. 적어도 훌륭한 음악회를 열고 있다는 구실이 있었다. 그리고 바그너파 예술관의 모두에 동감은 아니었지만 다른 어떠한 음악단체보다도 이 협회에 다가가기 쉬웠다. 브람스나 '브람스파'에 대해 자기와 마찬가지로 부당하다는 태도를 보이는 당파라면 이해할 근거를 발견할 수 있을 듯한 생각이 들었다. 그래서 소개하는 대로 맡겨 두었다. 만하임이 중개자였다. 그는 누구하고나 아는 사이였다. 음악가도 아니면서 바그너 협회의 회원이었다. 협회의 위원회는 크리스토프가 잡지에서 벌이고 있는 논전을 하나도 빠뜨리지 않고 보고 있었다. 그가 적의 진영에서 한 약간의 연주는 자기편으로 삼았더라면 크게 힘을 발휘해서 반드시 쓸모가 있었으리라는 것을 확실하게 증명해 주는 것으로 보였다. 그는 또 신성한 우상에도 불경스런 공격을 얼마쯤 벌이고 있었다. 그러나 그 점에 대해서는 눈 감아 두는 것이 좋을 성싶었다. 그리고 다분히, 그다지 격렬하지도 않은 이 최초의 공격은 그 이상 발언할 여유를 주지 않고 급히 서둘러 그를 자기 편으로 끌어들인 일과 관계가 없지는 않았을 것이다. 협회 쪽에서는 이를 인정하려고 하지 않았지만. 협회는 곧 개최될 연주회에 그의 작품 몇 편을 상연케 해달라고 정중히 말해 왔다. 크리스토프는 부추김에 넘어가 승낙했다. 그는 바그너 협회로 나갔다. 그리고 만하임이 권고하는 대로 협회에 가입했다.

바그너 협회는 당시 두 사람의 주재자가 있었다. 한 사람은 작곡자로서, 또 한 사람은 지휘자로서 유명했다. 둘 다 바그너에 대해 이슬람교도와 같은 신앙을 품고 있었다. 전자는 요지아스 클링으로 바그너에 대한 사전인 《바그너 사전》을 편찬하고 있었다. 이것은 전지전능한 스승의 사상을 즉시 꺼내 볼 수 있는 것이었다. 이것은 그의 일생의 대사업이었다. 프랑스 시골의 중산 계급 사람들이 《오를레앙의 소녀》의 노래를 암송하는 것처럼, 그는 이 사전의 모든 항목을 암송할 수 있었을지도 모른다. 그는 또 '바이로이트 일보'에 바그너 및 아리안 정신에 대한 논설을 발표했다. 그에게 있어서 바그너는 순수한 아리안 종족의 전형이며, 독일 민족은 라틴, 특히 프랑스 셈 정신의 부패한 영향에 대항하는 침범할 수 없는 피난처라는 것은 물론이었다. 그는 불순한 갈리아 정신에 결정적 패배를 선언하고 있었다. 그런데도 역시 매일 영원한 적에게 위협을 받고 있는 것처럼 격렬한 싸움을 계속했다. 그는 프랑스에 단 한 사람의 위인밖에 인정하지 않았다. 그것은 고비노 백작이었다. 클링은 퍽 작은 노인으로 매우 공손하고 계집애처럼 금방 얼굴을 붉혔다. 바그너 협회의 또 한 사람의 주춧돌적 인물인 에리히 라우버는 40세까지 어떤 화학 제품 공장의 지배인이었다. 그 뒤 모든 것을 집어던지고 오케스트라 지휘자가 되었다. 그것이 가능했던 것은 의지력 때문이기도 하고, 또 대단한 부자였기 때문이기도 했다. 그는 바이로이트 종파의 광신자였다. 사람들의 소문으로는 뮌헨에서 바이로이트까지 순례자의 신을 신고 도보로 갔다고 한다. 우스꽝스럽게도 이 사내는 많은 책을 읽고 여행도 많이 하고 여러 일을 하며 곳곳에서 정력적인 개성을 보여 주었는데도, 음악에 있어서는 빠뉘르즈의 양(남을 모방하는 사람)이 되었다. 거기에서는 모든 독창적인 재능을 다 발휘했지만 남보다 조금쯤 어리석은 사람이 가까스로 되었을 뿐이었다. 음악에 대해서는 전혀 자신이 없었으므로 자기 자신의 감정에 의지할 수 없어, 바이로이트에서 인가된 악단 단장이나 음악가들이 바그너에 대해 내리는 해석에 마치 노예처럼 따르고 있었다. 반프리트 소궁전의 유치하고 조잡한 취미를 기쁘게 하는 무대 장치나 번쩍거리는 색채의 의상을 아주 사소한 점까지 재현하고 싶다고 생각하고 있었다. 미켈란젤로의 광신자로서 곰팡이까지 모사(模寫)하여, 신성한 그림 속에 넣었다 해서 그 곰팡이조차 신성시

하는 사람이 있는데 그도 그러한 부류였다.

크리스토프에게 이러한 두 사람이 별로 마음에 들 리가 없었다. 그러나 그들은 매우 상냥하고 교양도 있는 사교인이었다. 그리고 라우버와의 대화는 화제가 음악 말고 다른 것이라면 재미있었다. 게다가 그는 조금 미친 듯한 사내였다. 미치광이 같은 사내는 크리스토프에게는 그다지 불쾌하지 않았다. 그것은 합리적인 인간의 견딜 수 없는 범속성으로부터 그의 기분을 전환시켜 주었다. 그는 또 이치에 맞지 않는 말을 하는 사람만큼 질색인 것은 없다는 것, 사람들이 부당하게도 '독창적'이라고 부르는 인간은 다른 사람들보다도 독창성이 적다는 것을 알지 못했다. 그러한 '독창적'이라고 일컬어지는 사람들은 사상이 시계의 움직임처럼 되어 있는 단순한 기인에 지나지 않으니까 말이다.

요지아스 클링과 라우버는 크리스토프를 자기 편에 끌어들이려고 처음에는 그에 대해 경의에 가득 찬 태도를 취했다. 클링은 찬사로 넘치는 논문을 바치고, 라우버는 협회 연주회에서 자신이 지휘하는 그의 작품에 대해 일일이 그의 의견을 따르고자 애썼다. 크리스토프는 감격했다. 불행하게도 이러한 친절의 결과는 이것을 제시한 사람들의 무지에 의해 허탕이 되어 버렸다. 그는 자신이 칭찬받고 있다고 해서 칭찬을 해주는 상대에게 지나치게 큰 꿈을 그려서 그것을 믿는 그런 재능은 갖고 있지 않았다. 그는 무뚝뚝했다. 현실의 자신과 반대의 것으로서 칭찬받고 싶지는 않았다. 그를 착각하고 있기 때문에 그의 친구가 된 사람들은 자칫 적으로 보기 쉬웠다. 그러므로 클링에게 바그너의 제자로 보이더라도, 또 음계 있는 음부 말고는 아무런 공통점도 없는 자기 가곡의 악구와 바그너의 《4부작》의 악구 사이에 유사점이 발견되어도 조금도 감사하고 싶은 마음은 들지 않았다. 또 자기 작품 하나가 영원한 리하르트 바그너의 두 개의 큰 바위 사이에—바그너의 제자가 만든 가치 없는 모조품과 가지런히 놓여—연주되는 것을 들어도 전혀 기쁘지 않았다.

크리스토프는 오래지 않아 이 작은 예배당이 답답해졌다. 이것도 역시 하나의 음악 학교이며 종래의 낡은 음악 학교와 마찬가지로 좁아 터졌고 또 예술계의 신참자였으니만큼 한층 편협했다. 크리스토프는 예술이나 사상의 한 형식이 갖는 절대적인 가치에 대해 꿈을 잃어가기 시작했다. 이제까지는 위대한 관념은 어디에라도 자기 빛을 갖고 가는 것이라고 믿고 있었다. 그러나 지금은 관념은 변화해도 사람은 여전히 같다는 것을 깨달았다. 그리고 결국에 가서 문제가 되는 것은 인간뿐이었다. 관념은 인간 나름이었다. 한 인간이 평범하고 천하게 태어났다면 어떠한 천분도 그 사람의 혼을 통과하는 동안에 평범해져 버렸다. 그리고 쇠사슬을 끊는 영웅의 해방의 외침도 다음에는 사람들의 노예 계약이 되었다. 크리스토프는 자기 감정을 똑똑히 말하지 않고는 못 배겼다. 그는 예술상의 배물교(拜物敎)를 비웃었다. 벌써 어떤 종류의 우상도 고전도 쓸모없다고 단언했다. 바그너 정신의 후계자라고 자칭할 권리가 있는 자는 항상 앞을 바라볼 뿐 결코 뒤를 돌아보지 않으며 똑바로 나가기 위해서는 바그너라도 발 밑에 짓밟을 수 있는 자, 죽어야만 하는 것은 죽게 하고 생명과의 열렬한 협상을 유지할 용기가 있는 자라고 잘라 말했다. 클링의 어리석음은 크리스토프를 공격적으로 나오게 했다. 그는 바그너 속에 발견되는 결점이나 우스꽝스런 데를 지적했다. 바그너 숭배자들은 이것은 크리스토프가 자기들의 신에 대해 기묘한 질투심을 품고 있기 때문이라고 생각하지 않을 수 없었다. 크리스토프 쪽에서는 바그너가 죽은 뒤 그를 절찬하고 있는 자들은 그가 살아 있을 때에는 맨 먼저 그를 목 졸라 죽일는지도 모르는 자들이라고 굳게 믿고 있었다. 이 점에 대해 그는 그들을 오해하고 있었다. 클링이나 라우버와 같은 자들도 눈부신 때가 있었던 것이다. 20년쯤 전에는 그들도 선두에 나섰던 일이 있었다. 그러고 나서 대부분의 사람들처럼 거기 주저앉아 버렸던 것이다. 인간의 힘이란 참으로 약한 것이기 때문에 최초의 비탈길을 올라가면 숨이 차서 멈춰 서 버린다. 어디까지나 계속해 길을 걸을 만한 인간은 아주 소수일 뿐이다.

크리스토프의 태도는 새로운 친구들을 곧 멀어지게 했다. 그들의 동정은 하나의 거래였다. 그들이 그의 친구가 되기 위해서는 그가 그들의 친구가 되어야 했다. 그런데 크리스토프가 완강히 자기를 양보하지 않는다는 것은 너무나도 명백했다. 그는 결코 그들의 패거리 속에 끌려들어가지 않았다. 사람들은 그를 냉대하기 시작했다. 그가 당파의 인장이 찍힌 제신이나 작은 제신에게 바칠 것을 거부한 찬사는 그에 대해서도 거부되었다. 사람들은 그의 작품을 맞이하는 데 전처럼 열성적이지 않았다. 그리고 어떤 사람들은 그의 이름이 너무나 빈번히 프로그램에 나오는 것을 항의하기 시작했다. 사람들은 그를 뒤에서 비웃고, 악평이 높아졌다. 클링과 라우버는 이런 상태를 내버려

두었지만, 내심 이에 동의하고 있는 것 같았다. 사람들은 크리스토프와의 사이가 틀어지는 일은 피하고 있었다. 우선 라인 지방 사람들의 두뇌는 절충적인 해결을, 정말 해결이 아닌 해결을, 애매한 상태를 한없이 끌어 가는 해결을 기뻐했으며, 다음에는 어떻든 간에 설득은 틀렸다고 치더라도 적어도 그를 피로케 함으로써 그를 자기들 마음대로 하고자 바라고 있었다.

크리스토프는 그들에게 그러한 여유를 주지 않았다. 그는 상대가 자기에게 반감을 품었을 때 그 반감을 그 사람 스스로가 시인하기를 바라지 않았으며, 자기와의 변함없는 우정을 지키기 위해 억지로 스스로의 감정을 기만하려 하고 있다는 것을 느꼈을 때, 그는 자기들이 적이라는 것을 상대에게 뚜렷이 알려 주지 않고는 직성이 풀리지 않았다. 바그너 협회의 어느 만찬회에서 위선적인 적의의 벽에 부딪힌 뒤 그는 라우버에게 솔직하게 탈퇴계를 보냈다. 라우버로서는 무슨 일인지 잘 알 수가 없었다. 만하임이 크리스토프에게 달려가 모든 것을 원만히 수습하려고 애썼다. 처음 두세 마디를 듣자 크리스토프는 소리쳤다.

"싫어, 싫어, 절대로 싫다! 저 녀석들 얘기는 그만해 두게. 이제 저런 녀석들과는 만나고 싶지 않아…… 난 이제 도저히 참을 수가 없네, 도저히 안 돼. ……저 녀석들은 몸서리가 쳐질 만큼 싫다. 녀석들 가운데 한 놈의 얼굴을 보는 것도 딱 질색이야."

만하임은 배를 잡고 웃어 댔다. 그는 크리스토프의 흥분을 가라앉히는 일보다도 그것을 보고 즐기는 일을 생각하고 있었다.

"그 녀석들이 대단한 인간이 아니라는 것쯤은 나도 잘 알고 있네." 그는 말했다.

"하지만 그것은 어제오늘 시작된 일이 아니야. 무슨 일이라도 있었나?"

"달리 아무 일도 없었어. 내 쪽이 아주 싫증이 난 거야…… 그래, 웃으려무나, 바보로 생각하게. 물론 나는 미쳤어. 신중한 인간은 건전한 이성의 법칙에 따라 행동하지. 그렇지만 나는 달라. 나는 충동에 따라서만 행동하는 인간이야. 일정량의 전기가 내 속에 축적되면 어떻게 해서든지 그것은 폭발하지 않고는 못 배기는 것이네. 만일 이것 때문에 화상을 입는 자가 있다면 미안한 일이지! 나로서도 곤란한 일이야! 나는 사교계에서 생활하도록은 되어 있지 않아. 앞으로는 이제 나는 나로서 있고 싶다고 생각하네."

"그렇다고 설마 누구의 힘도 빌리지 않고 지내겠다는 것은 아니겠지?" 만하임은 말했다. "자네 혼자서야 자네 음악을 연주할 수가 없겠지. 자네에게는 가수가, 여가수가, 오케스트라가, 지휘자가, 청중이, 박수계가 필요해……."

"싫다! 싫다! 정말 싫다!" 크리스토프는 외쳤다. 그중에서도 나중 말에 그는 펄쩍 뛰었다. "박수계라구! 자넨 부끄럽지도 않은가?"

"돈을 주어 산 박수계를 말하고 있는 게 아닐세(실상 말하자면 이것이야말로 한 작품의 가치를 청중에게 알리기 위해 고안된 유일한 방법이기는 하지만). 박수계가, 적당히 훈련받은 작은 그룹이 언제나 필요한 거야. 어느 작곡가나 자기의 것을 가지고 있다네. 그러한 일을 위해서야말로 친구들이 필요한 걸세."

"난 친구들 따위는 바라지도 않아!"

"그럼 청중들은 자네 작품을 거절하는 휘파람을 불걸세."

"난 그렇게 되길 원해!"

만하임은 넋을 잃을 만큼 기뻐했다.

"그러한 기쁨도 오래 계속되지는 않을걸세. 사람들은 그만 자네 작품을 연주하지 않게 되겠지."

"그래도 괜찮네! 그럼 자네는 내가 유명한 인간이 되고 싶어한다고 생각했던 건가? …… 하기야 나는 그러한 목적을 향해 온 힘을 다했으니까. …… 의미 없는 일이야! …… 어리석은 일이야! 너절한 일이야! 마치 가장 저속한 자존심의 만족이 영광의 대가인 모든 종류의 희생, 말하자면 권태, 고통, 치욕, 타락, 파렴치한 양보 따위의 보상이기라도 한 것처럼 말이지! 만일 지금도 그러한 근심 걱정에 내가 머리를 쓰고 있다면 악마에게 붙들려 가는 게 낫지! 이제 그따위 일은 없는 거야! 청중이라든가 명성이라든가 하는 것에는 이제 신경쓰고 싶지 않아. 유명하다니, 저속하고 너절한 일이다. 나는 하나의 개인이고 싶어. 자기를 위해, 자기가 사랑하는 사람들을 위해 살고 싶어……."

"그거야 그렇지." 만하임은 비꼬아 말했다. "그렇지만 무엇인가 한 가지 일은 해야 돼. 왜 구두라도 만들지 않나?"

"아! 저 둘도 없는 인물 작스(16세기 뉘른베르크의 시인)처럼 구두장이였더라면!" 크리스토프는 소리쳤다. "그랬더라면 내 생활은 즐겁게 되어 나갈 텐데! 일주일의 엿새는 구두를 고치고, 일요일에는 음악가. 오직 의좋은 사람들만으로, 또 아주 소수 친구들의 기쁨을 위해 음악을 하는 거야! 그야말로 생활이라는 것이다! …… 어리석은 자들의 판단에 성가심을 받는다는 알량한 즐거움 때문에 자기 시간과 노력을 희생할 정도로 나는 바보일까? 많은 천치들에게 들려주거나 비평을 받거나 아첨하는 말을 듣기보다는, 비록 소수일지라도 훌륭한 사람들에게 사랑받고 이해받는 쪽이 훨씬 낫지 않겠나? …… 오만, 영광, 욕구의 악마에게는 이제 다시는 붙들리지 않을걸세! 나의 이 말은 신용해도 틀림이 없네!"

"물론이지." 만하임은 말했다.

그러나 그는 마음속으로는 이렇게 생각했다. '한 시간도 안 되어 정반대 소리를 하게 될 거야.'

그는 조용히 결론을 말했다.

"하여튼 바그너 협회 쪽은 내가 잘 수습해 줄까?"

크리스토프는 두 팔을 번쩍 높이 쳐들었다.

"그런 말을 하니까 한 시간 전부터 숨을 헐떡이며 그건 안 된다고 외치고 있는 게 아닌가! …… 똑똑히 말해 두지만 난 이제 결코 그런 곳에 발을 들여 놓지 않겠네! 바그너 협회 녀석들은, 저 협회 녀석들은 누구건 죄다 싫단 말일세. 함께 울기 위해 서로 몸을 기대고 모여 있어야만 하는 우릿간의 양들인 양 소름이 끼쳐. 저 양들에게 나 대신 말해 주게. 나는 늑대다. 이빨이 있다. 목장의 풀을 먹도록 태어나지는 않았다구!"

"좋아, 좋아, 말해 주겠네." 만하임은 이렇게 말하고서 이 아침에 일어난 일에 기분이 흐뭇해지면서 떠나갔다. 그는 생각했다. '놈은 정신이 돌았어. 묶어 두지 않으면 안 될 만큼 돌았어……'

그는 곧 이 대화를 누이동생에게 얘기했지만 유디트는 어깨를 으쓱거리며 말했다.

"정신이 돌았다고요? 남에게 그렇게 보이도록 하고 싶은 거예요! ……저 사람은 바보예요, 우스꽝스러울 만큼 오만하군요……."

*

그러는 동안에도 크리스토프는 다른 발트하우스 잡지에서 격렬한 싸움을 계속하고 있었다. 싸움이 재미있어서가 아니었다. 실은 이제 그만 비평 일에는 물려 있었다. 그런 일은 내동댕이쳐 버리고 싶은 기분이 되어 있었다. 하지만 사람들이 그를 입 다물게 하려고 애썼으므로 그는 버티었다. 항복한 것처럼 보이고 싶지 않았던 것이다.

발트하우스는 점점 불안을 느꼈다. 격전이 한창일 때도 자기가 무사할 동안에는 올림포스의 신과 같이 냉정하게 싸움을 바라보고 있었다. 그러나 이삼 주일 전부터 다른 몇몇 신문의 논조가 그도 무사할 수만은 없으리라는 낌새를 보이기 시작했다. 그 신문들은 발행인으로서의 그의 자존심을 공격하기 시작했다. 그것은 드물게 보는 심술궂은 논조의 것이었는데, 만일 발트하우스가 더 눈이 밝았더라면 거기 친구의 손톱자국을 인정할 수 있었을 것이다. 실제로 이 공격은 에렌펠트와 골덴링의 음흉한 선동에 의해서 시작된 것이었다. 크리스토프의 논전을 그만두게 하도록 발트하우스를 결심시키기 위해서는 이 방법밖에 없다고 그들은 생각했던 것이다. 그들의 예상은 들어맞았다. 발트하우스는 곧 크리스토프가 하는 방법이 곤란을 받기 시작했다고 말을 꺼냈다. 그리고 크리스토프를 지지하는 것을 중단했다. 그로부터 잡지 동인들은 모두 그를 침묵시키려고 연구를 했다. 하지만 먹이를 한창 먹고 있는 개에게 재갈을 물리려고 해보아라! 사람들이 그에게 말하는 것은 모두 그를 더욱 자극할 뿐이었다. 그는 그들을 비겁자라고 부르고 모든 것을, 말해야 하는 것을 모두 말해 주겠다고 선언했다. 나를 쫓아내는 것은 자네들의 자유다! 그렇게 하면 시민들은 모두 자네들도 다른 녀석들과 마찬가지로 겁쟁이라는 것을 알게 될 것이다. 그렇지만 나는 내 쪽에서 물러가는 짓은 하지 않을 것이다. 그들은 흠칫해서 서로 얼굴을 쳐다보았다. 그리고 만하임은 이런 미치광이를 데려와 대단한 엉터리를 짐지웠다는 것으로써 혹독히 비난당했다. 만하임은 여전히 웃으면서 크리스토프를 항복시켜 보겠노라고 장담했다. 그리고 다음 논설부터 크리스토프는 조용해질 것이라고 단언했다. 그들은 이것을 믿지 않았다. 그러나 그가 부질없이 큰소리친 것이 아니라는 사실이 증명됐다. 크리스토프의 다음 논설은 예절바른 논문의 전형이라고는 할 수 없었으나 이젠 누구에 대해서도 무례한 말은 쓰여 있지 않았다. 만하임이 취한 수단은 퍽 간단했다. 사람들은 모두 나중에 이것을 듣고 왜 좀더 빨리 생각해 내지 못했던 걸까 하고 놀랐다. 크리스토프는 자신이 잡지에 쓴 것을 결코 다시 읽지 않았다. 자기 논설의 교정 인쇄도 급히 서둘러 아무렇게나 쭉 훑어보는 것이 고작이었다. 아돌프 마이는 이 일에 대해 여러 차례나 부드럽지만 가시를 품은 말투로 그에게 주의를 준 적이 있었다. 오자 하나도 잡지에 수치가 된다고 말했다. 그러나 크리스토프는 비평을 예술이라고는 생각지 않았으므로, 욕을 얻어먹은 상대는 이것으로 충분히 알 것이라고 대꾸했다. 만하임은 이러한 사정을 이용했다. 크리스토프의 생각은 그럴 듯하다, 교정은 교정계의 일이라고 그는 말했다. 그리고 교정 일로부터 크리스토프를 놓아 주겠다고 제의했다. 크리스토프는 감사한 나머지 거의 어리둥절해 버렸다. 그때 모두 입을 모아, 잡지를 위해 시간이 절약되어 저희도 고맙다고 말했다. 그래서 크리스토프는 자기 교정은 만하임에게 맡기고 잘 고쳐 달라고 부탁했다. 만하임은 부탁대로 했다.

그에게는 하나의 놀이였다. 우선 첫째로 신중을 기해 어떤 어법을 완화하거나 무례한 형용사를 군데군데 삭제하는 것밖에는 하지 않았다. 이것이 성공한 데 힘을 얻어 실험을 다시 해나갔다. 문구나 뜻을 고치기 시작했다. 그는 이 작업에 묘기를 발휘했다. 대체적인 문구와 독특한 글씨체를 보존하면서 크리스토프가 말하고자 하던 것과는 아주 정반대의 말로 바꾸는 것이 이 기술의 전부였다. 만하임은 크리스토프의 논설을 왜곡하기 위해 자기 자신이 쓰는 이상으로 수고를 들였다. 이제까지의 그의 삶에서 이토록 고생한 일은 없었다. 그러면서 그는 그 결과를 즐겼다. 크리스토프에게서 항상 비웃음을 받던 음악가들은 그가 점점 온화해져 결국에는 칭찬까지 해주게 된 것을 보고 놀랐다. 잡지 편집진들은 기뻐했다. 만하임은 고심 끝에 개작한 원고를 모두에게 읽어서 들려주었다. 모두 소리 높여 웃었다. 에렌펠트와 골덴링은 가끔 만하임에게 말했다.

"조심하게나! 좀 지나친 것 같네."

"염려할 것 없네." 만하임은 대답했다.

그리고 더욱 내친걸음을 계속해 나갔다.

크리스토프는 전혀 눈치채지 못했다. 잡지사로 찾아와 조금도 의심 없이 원고를 내어주었다. 때로는 만하임을 따로 부르는 일도 있었다.

"이번에야말로 저 천민들에게 거리낌 없이 죄다 말해 주었네. 좀 읽어 봐 주게나……."

만하임은 읽었다.

"어때, 자넨 어떻게 생각하나?"

"이건 굉장한데! 자네 정말 여지없군."

"녀석들은 뭐라고 할까!"

"뭐, 법석들을 부릴걸세."

그러나 전혀 법석 같은 것은 일어나지 않았다. 그러기는커녕 크리스토프 주위에서는 사람들의 얼굴이 밝아졌다. 그가 싫어하는 사람들이 길에서 인사를 했다. 그는 얼굴을 찌푸리고 불만스런 표정으로 잡지사에 찾아왔다. 그리고 탁자 위에 명함 한 장을 내던지며 물었다.

"대체 어찌 된 일이지?"

그것은 그가 욕한 어떤 음악가의 명함으로 '만강의 감사를 드리고'라고 쓰여 있었다.

만하임은 웃으며 대답했다.

"비꼬아 말하는 것일 테지."

크리스토프는 안도의 숨을 쉬었다.

"그런 걸 가지고!" 그는 말했다. "나는 또 내 논설이 그를 기쁘게 한 것이 아닐까 하고 걱정을 했었네."

"그자는 화가 나 있는 거야." 에렌펠트는 말했다. "그런 모양을 보이고 싶지 않은 거야. 잘난 듯이 도사리고 있는 거지, 녀석은 비웃고 있어."

"비웃는다고? ……빌어먹을!" 크리스토프는 또다시 화를 내며 말했다. "그럼, 또 하나 그에게 써주어야겠군. 마지막에 웃는 자가 가장 잘 웃는 자라고!"

"아니, 아니" 발트하우스는 불안해져서 말했다. "나는 그가 비웃고 있다고는 생각지 않아, 겸손한 마음으로 한 짓이야. 그는 선량한 그리스도교도야. 한쪽 뺨을 얻어맞았으므로 다른 한쪽 뺨도 내민 거야."

"괜찮군!" 크리스토프는 말했다. "쳇! 비겁한 놈 같으니라고! 바란다면 볼기도 쳐주겠다!"

발트하우스는 중재역을 맡으려고 했다. 그러나 다른 사람들은 웃고 있었다.

"내버려둬……" 만하임이 말했다.

"결국!" 발트하우스가 갑자기 안심한 얼굴이 되어 말했다. "오십보백보다! ……"

크리스토프는 돌아갔다. 이 패거리들은 미치광이들처럼 뛰어오르며 웃어 댔다. 조금 가라앉았을 때 발트하우스는 만하임에게 말했다.

"하지만 자칫 잘못했더라면…… 하여튼 조심해주게, 부탁일세. 자네 덕분에 우리는 큰 봉변을 당할 뻔했어."

"아닐세!" 만하임은 말했다. "아직 그렇게는 되지 않을걸…… 게다가 나는 그를 위해 친구를 만들어 주고 있네."

2. 매몰

크리스토프가 독일 예술을 혁신하기 위해 여러 가지 경험을 하고 있을 때 때마침 프랑스의 배우 한 무리가 이 시를 지나가게 되었다. 그것은 오히려 한 떼라고 하는 것이 더 적당할는지도 모른다. 왜냐하면 항상 그렇듯 어디서 주워모았는지도 알 수 없는 듯한 초라한 인간들과, 연극을 시켜 주기만 하면 아무리 혹독한 대우라도 만족할 것 같은 무명의 청년 배우 집단이었으니까. 그들은 한 유명한 나이 든 여배우가 인솔하고 있었다. 독일을 순회하다 이 작은 도시에 들러 이곳에서 세 차례의 공연을 하게 되어 있었다.

발트하우스의 잡지는 이에 대해 대대적으로 보도했다. 만하임과 그의 친구들은 파리의 문학 생활과 사교 생활에 정통해 있었다. 또한 정통해 있다고 자부하고 있었다. 파리의 오락 신문에서 따와 다소 이해하고 있는 소문을 떠벌려 되풀이해서 실었다. 그들은 독일에서는 프랑스 정신을 대표하고 있었다. 그 때문에 크리스토프는 프랑스 정신을 더 잘 알아보고 싶은 생각이 없어졌다. 만하임은 파리를 자꾸 격찬해서 그를 괴롭혔다. 만하임은 몇 번인가 파리에 간 적이 있었다. 파리에는 그의 친척도 있었다. 뿐만 아니라 유럽 곳곳에 그의 친척이 있었다. 그리고 그의 친척은 저마다 그곳에서 그 나라의 국민성과 높은 지위를 얻고 있었다. 이 아브라함의 종족에게는 영국 준남작, 벨기에 상원 의원, 프랑스 장관, 독일 제국 의회 의원, 교황청 백작이 있었다. 그리고 그들은 모두 잘 단결해서 자신들의 공동 조상을 존경하고도 있었지만 충심으로부터의 영국인이고, 벨기에인이고, 프랑스인이고, 독일인이며, 교황당이었다. 왜냐하면 그들의 자존심은 자기가 선택한 나라야말로 최선의 국가라는 것을 믿어 의심치 않았으니까. 하지만 만하임만은 거꾸로 자기 나라가 아닌 다른 나라들 쪽이 좋다고 하면서 재미있어했다. 그는 자주 파리 얘기를 신이 나서 떠들었다. 하지만 파리 사람을 칭찬하는데, 반미치광이에다 난봉꾼이고 시끄러운 수다쟁이라 말하고 향락이나 혁명으로만 시간을 허비하여 결코 진지해지는 일이란 없는 인간이라고 했다. 그래서 크리스토프는 '보즈 산맥 저편의 비잔틴적이고 퇴폐적인 공화국'에 거의 마음이 끌리지 않았다. 그는 파리라고 하면 정직하게도 최근 독일 예술 총서의 한 권으로 나온 어느 책 권두의, 소박한 판화가 보여 주는 것과 같은 파리를 조금 상상해 보았다. 그 전경(前景)에는 시의 지붕을 내려다보며 웅크리고 있는 노트르담 사원의 괴물이 보이고, 다음과 같은 문구가 적혀 있었다.

끝없이 탐하는 흡혈귀, 영원한 호사(豪奢)는
대도시를 굽어보며 그 양식을 찾는다.

크리스토프는 선량한 독일인으로서 난봉꾼 프랑스인과 그들의 문학을 경멸하고 있었다. 그 문학에 대해서는 《새끼 독수리》(로스탕의 작품)라거나 《염치없는 부인》(사르두의 작품)이라는 등, 두세 가지의 야비한 어릿광대 극과 술집의 콧노래밖에는 알지 못했다. 아무리 생각해도 예술에 흥미를 갖고 있을 것 같지도 않은 사람들이 서로 다투어 법석을 떨고 예약표를 사는 이 소도시의 유행 심리를 보자, 크리스토프는 시골을 돌아다니는 이 명예 배우에 대해 경멸적인 무관심을 짐짓 꾸미지 않을 수 없었다. 그따위 형편없는 연극 구경을 갈까보냐고 잘라 말했다. 입장료가 그에게는 도저히 지불 못할 만큼 비쌌기 때문에 맹세를 지키는 일은 한층 쉬웠다.

프랑스 극단이 독일에 가져온 상연 목록 속에는 고전극이 두셋 들어 있었다. 그러나 대부분은 특별히 수출용 파리 제품이라는 너절한 것이었다. 왜냐하면 평범함처럼 만국 공통인 것은 없으니까. 유랑 극단 여배우의 첫 공연물인 《라 토스카》는 크리스토프도 잘 알고 있었다. 크리스토프는 전에 독일어로 번역된 것을 들은 적이 있었다. 그것은 라인 지방의 소극단이 프랑스 작품에 줄 수 있는 최상의 경쾌한 우아함으로써 장식된 것이었다. 지금 크리스토프는 친구들이 극장에 구경가는 것을 보며 비웃는 듯한 웃음을 띠고, 저따위 연극을 두 번씩이나 보러 갈 필요가 없는 것은 고맙지 뭐냐고 생각하고 있었다. 그래도 이튿날이 되자 그들이 전날 밤의 연극에 대해 신이 나서 떠들어 대는 것에 귀 기울이지 않을 수 없었다. 모두 얘기하고 있는 그것을, 보기를 거부했기 때문에 반대 의견을 말할 권리조차 없어져 버린 것을 크리스토프는 분하게 여겼다.

예고되어 있는 다음 공연은 프랑스어 역의 《햄릿》이었다. 크리스토프는 이제까지 셰익스피어의 작품을 볼 기회는 한 번도 놓친 적이 없었다. 셰익스피어는 그에게 있어서 베토벤과 마찬가지로 마르지 않는 생명의 원천이었다. 크리스토프가 지금 막 빠져나온 혼란된 불안과 회의의 시기에 《햄릿》은 더구나 반가운 것이었다. 이 마법의 거울로 자기 모습을 다시 한 번 보는 것은 무서웠지만 그는 그 매력에 끌려들었다. 좌석권을 몹시 사러 가고 싶은 마음을 억지로 달래며 극장 간판 주위를 빙빙 돌고 있었다. 그러나 크리스토프는 고집쟁이였으므로 일단 친구들에게 선언한 뒤에는 전에 한 말을 취소하고 싶지 않았다. 그러므로 그날 밤도 집으로 돌아가는 도중, 우연히도 만하임을 만나지 않았더라면 전날 밤과 같이 자기 집에 틀어박혀 있었을 것이다.

만하임은 크리스토프의 팔을 잡아끌었다. 그리고 아버지의 누이동생뻘 되는 늙어빠진 할망구가, 대가족을 거느리고 느닷없이 찾아들었으므로 이를 접대하기 위해 집에 있어야 한다는 것을 화난 얼굴로, 그러면서도 여전히 장난스러운 말투를 잃지 않고 지껄였다. 만하임은 달아나려고 했다. 하지만 그의 아버지는 가정 안의 예절 문제와 연장자에 대해 가져야 하는 존경의 문제가 나오면 농담을 허용치 않았다. 게다가 마침 지금 아버지에게서 돈을 끌어낼 계획이 있어 아버지와 싸울 처지가 아니기 때문에, 아버지에게 양보하고 연극 구경을 단념해야 했다.

"표가 있었나 보군?" 크리스토프가 물었다.

"물론이지! 특등의 2층 좌석이야. 게다가 이걸 아버지 친구인 그뤼네바움이라는 멍청이에게 가져다줘야 하네—방금 그리로 가는 도중일세—녀석은 여편네와 저능아 딸을 데리고, 거기서 배를 내밀고 구경할 테지. 유쾌한 애기야! ……난 적어도, 무엇인가 무척 불쾌한 말을 그들에게 해주겠다고 생각하는 걸세. 하기야 녀석들은 표만 받는다면 무슨 말을 듣건 마찬가지일 테지만, 이것이 지폐라면야 더 기뻐할 걸세만."

만하임은 크리스토프의 얼굴을 물끄러미 보면서 입을 벌린 채 문득 말을 멈췄다.

"오…… 그렇지…… 이건 좋은 생각이야!" 만하임은 목소리를 낮춰 말했다. "크리스토프, 자네가 연극 구경을 가지!"

"아니, 안 가."

"그러지 말고 가게. 내가 부탁하는 걸세. 자넨 거절하지 못할 테지."

크리스토프는 무슨 말인지 알아들을 수 없었다.

"하지만 표가 없는걸."

"그건 여기 있네!" 만하임은 신이 나서 억지로 손에 표를 쥐여 주었다.

"자네 하는 일이란 엉망진창이군." 크리스토프는 말했다. "한데 아버지 분부는 어쩔 셈인가?"

만하임은 자지러지게 웃었다.

"펄쩍 뛰시겠지!" 만하임은 말했다.

그는 눈물을 닦으며 결론을 말했다.

"돈은 내일 아침 일어나자마자 아버지가 아직 아무것도 모르실 때 우려내 야지."

"이건 받을 수 없네." 크리스토프는 그의 아버지가 불쾌해할 것을 생각하고 말했다.

만하임은 말했다. "자넨 아무것도 알 필요가 없네. 또 아무것도 모르는 거야. 자네에겐 관계 없는 일이지."

크리스토프는 표를 펴보았다.

"그런데 네 사람 좌석을 날더러 어떡하란 말인가?"

"아무렇게나 좋을 대로. 안에서 잠을 자도 되고, 춤을 추겠으면 추어도 되네. 여자를 데리고 가게. 몇 사람 있어야 될 거야. 필요하다면 빌려 주어도 좋아."

크리스토프는 표를 만하임에게 내밀었다.

"아무래도 싫은걸. 받아 주게."

"어떤 일이 있어도 안 받겠네." 만하임은 몇 걸음 물러나며 말했다. "만일 싫다면 억지로 가라고는 내가 말할 수 없네. 그렇지만 표는 받지 않을 테니,

불에 태워 버리든가 혹은 착실한 인간처럼 그뤼네바움 댁으로 갖다 주든가 자네 마음대로 해. 그건 벌써 나와 관계 없는 일일세. 자, 그럼 난 가네!"

만하임은 표를 손에 든 크리스토프를 길 한복판에 내버려둔 채 달아났다.

크리스토프는 난처했다. 그뤼네바움네로 표를 가져다주는 게 당연할 일이라고 생각했다. 그러나 내키지 않았다. 결정하기 어려워 집으로 돌아왔다. 문득 생각이 나서 시계를 보자 극장에 가는 데는 옷 갈아입을 시간밖에는 없었다. 표를 썩히는 것은 역시 바보스러운 짓이었다. 그래서 어머니에게 함께 가자고 청했다. 그런데 루이자는 자는 게 좋겠다고 했다. 크리스토프는 나갔다. 마음속으로 그는 어린애처럼 기뻐했다. 다만 이 기쁨을 자기 혼자서만 맛보는 것이 유감스러웠다. 만하임의 아버지나 좌석을 가로챈 그뤼네바움네 사람들에 대해서도 아무런 양심의 가책은 느끼지 않았다. 그러나 자기와 좌석을 함께 할 수 있었을는지도 모르는 사람들에 대해서는 미안한 생각이 들었다. 자기처럼 젊은 사람에게는 퍽 즐거운 일일 텐데 하고 생각했다. 그러자 이 즐거움을 나눠 줄 수 없는 일이 가슴 아팠다. 그래서 머릿속으로 누가 없을까 찾아보았으나 표를 줄 만한 사람은 눈에 띄지 않았다. 게다가 벌써 늦은 시간이었다. 서둘러야 했다.

극장에 들어갈 때 크리스토프는 닫혀 있는 창구 곁을 지나갔다. 매표소에는 입장권이 벌써 한 장도 남아 있지 않다는 것이 게시되어 있었다. 실망해서 돌아가는 사람들 속에서 그는 한 젊은 여자의 모습을 보았다. 여자는 돌아갈 결심도 선뜻 서지 않는지 들어가는 사람들을 부러운 듯이 바라보고 있었다. 아주 수수한 검정 옷을 걸쳤는데 키는 그다지 크지 않고, 갸름한 얼굴에 가냘픈 몸매였다. 아름다운지 추한지는 눈에 들어오지 않았다. 크리스토프는 그녀 앞을 지나갔다. 그러나 멈칫 뒤돌아보고 생각할 틈도 없이 불쑥 물었다. "좌석이 없습니까, 아가씨?"

여자는 낯을 붉히고 외국인 같은 말투로 말했다.

"네, 없어요."

"위좌석이 하나 있습니다만, 어떻게 쓸지 몰라 곤란하던 참이었는데 저와 함께 이용하지 않으시겠습니까?"

그녀는 더욱 얼굴을 붉히고 고마워하며, 미안하지만 호의는 받을 수 없다고 말했다. 크리스토프는 거절을 당하자 어쩔 줄 몰라, 자기 쪽의 실례를 사과하며 다시 말해 보았다. 그녀가 들어가고 싶어하고 있는 것은 분명히 알 수 있었지만, 그녀를 설득시킬 수는 없었다. 크리스토프는 그만 얼떨떨했다. 그래서 대뜸 결심했다.

"그럼, 이렇게 하면 모든 일이 해결되겠군요." 크리스토프가 말했다. "이 표를 받아 주세요. 난 아무래도 좋습니다. 이 연극은 전에 본 적도 있으니까 ─(그는 거짓말을 하고 기분이 좋았다)─저보다도 당신이 더 즐거울 테지요. 자, 받아 주세요. 기꺼이 드리겠습니다."

젊은 처녀는 이 제안과 이 진심으로부터의 친절에 감동해서 눈물이 거의 눈가에까지 번져 나왔다. 그러고는 표를 당신에게서 뺏고 싶지 않다고, 감사해하며 중얼거렸다.

"그럼, 같이 들어가요." 처녀는 미소 지으며 말했다.

크리스토프의 태도가 선량해 보이고 또 아주 솔직했으므로 그녀는 처음에 거절한 것이 부끄러워졌다. 조금 허둥거리며 말했다.

"들어가겠어요…… 고맙습니다."

*

둘은 안으로 들어갔다. 만하임의 2층 좌석은 정면으로 널찍이 열려 있어서 몸을 숨길 수 없었다. 둘이 들어왔다는 것이 사람들의 눈에 띄지 않을 수 없었다. 크리스토프는 젊은 처녀를 앞자리에 앉히고 자기는 그녀가 마음을 쓰지 않도록 조금 뒤쪽에 앉았다. 그녀는 몸을 똑바로 세우고 딱딱하게 굳어 뒤를 돌아보지도 못하고 무척이나 겁을 집어먹고 있었다. 승낙하지 않았더라면 좋았을걸 하고 후회하고 있는 것 같았다. 그녀에게 마음을 가라앉힐 여유를 주기 위해, 그리고 또 무슨 말을 해야 좋을지도 몰랐으므로 일부러 다른 쪽을 보는 체했다. 어느 쪽을 보아도 곧 알 수 있는 것은, 자기가 호화좌석의 번쩍거리는 관객들 한가운데 낯모르는 여자와 함께 앉아 있는 것이 작은 도시 사람들의 호기심과 비평을 부채질하고 있다는 사실이었다. 크리스토프는 좌우로 노기를 띤 시선을 보냈다. 이쪽에서는 아무것도 개의치 않고 있는데, 남이 집요하게 자기에게 흥미를 갖는 것에 그는 화가 났다. 이 뻔뻔스런 호기심이 자기보다도 함께 온 여자에게 한층 실례되는 태도로 보내어지고 있다는 사실을 크리스토프는 생각하지 않았다. 그들이 무슨 말을 하건 무엇을 생각하건 자기는 전혀 무관심이라는 것을 보이기 위해, 크리스토프는 옆의 여자 쪽으로 몸을 굽혀 말하기 시작했다. 그녀는 그가 말을 건네는 것에 무척 겁을 내고, 뭐라고 대답하지 않으면 안 되게 되자 퍽 난처한 듯이 그의 쪽은 보지도 못하고 가까스로 "예" "아니요" 밖에는 말하지 않는다. 크리스토프는 그녀가 수줍어하는 것이 딱해서 다시 구석 자리로 물러나 앉았다. 다행히도 이때 극이 시작되었다.

크리스토프는 포스터를 읽지 않았고, 또 저 대여배우가 무슨 역을 맡아하는지 알고 싶지도 않았다. 그는, 배우가 아니라 연극을 보러 극장에 가는 소박한 관객의 한 사람이었다. 저 유명한 여배우가 오필리어 역을 하는지, 왕비 역을 하는지 생각하지 않았다. 만일 생각했더라면 두 인물의 나이로 보아 왕비 역을 하는 것으로 생각했을 것이다. 그러나 뜻밖에도, 그녀는 햄릿 역을 맡아했던 것이다. 햄릿을 보았을 때, 그 기계 인형 같은 목소리의 음향을 들었을 때 당장에는 그것을 믿을 수가 없었다……

"그런데, 누구일까? 대체 누구일까?" 그는 작은 소리로 중얼거렸다. "설마 저 사람이 햄릿은 아니겠지……"

그러나 '역시 그 사람'이 햄릿임을 알았을 때, 무심코 비웃는 말이 튀어나왔다. 다행히도 옆의 여자는 외국인이었기 때문에 그 의미를 몰랐지만 근처 좌석에서는 잘 알 수 있었다. 곧 조용히 하라는 화난 목소리가 날아왔던 것이다. 그는 자유로이 욕할 수 있도록 좌석 안쪽으로 물러갔다. 그의 노기는 좀처럼 가라앉지 않았다. 만일 그가 편협하지 않았더라면, 이 60세의 노여배우에게 청년 복장을 시켜 무대로 내보내어 아름답게 보이게조차—적어도 호의적인 눈에는—만드는 분장의 우아함과 놀라운 기교, 희한한 재주에 찬사를 바쳤을는지도 모른다. 그렇지만 그는 재주부리는 것을 싫어하고 자연을 왜곡하는 모든 것을 미워했다. 여자는 여자이고, 남자는 남자이기를 바랐다(오늘날에는 반드시 그렇게 되어 있다고는 할 수 없다). 베토벤의 레오노레의 어린애 같은, 약간 우스꽝스런 변장(여주인공이 남자로 변장해서 나타난다)에서도 벌써 크리스토프는 불쾌했다. 하지만 햄릿 변장은 위법에 허무맹랑한 짓이었다. 장대한 체구에 창백하고, 신경질적이고, 빈틈없고, 따지기 잘하는 환상에 사로잡힌 덴마크인을 여자로 만들어 버리다니—아니, 그건 여자조차도 아니었다. 왜냐하면 남자 노릇을 하는 여자는 괴물일 수밖에 없으니까. 무슨 이런 일이 다 있을까. 햄릿을 고자로 만들거나 모호한 양성(兩性) 인물로 삼아 버리다니, 뭐 이따위 일이 있느냐…… 이러한 기괴하고 어리석은 일이 단 하루도 휘파람 소리가 나지 않은 채 묵인되어 있다는 것은 시대가 무기력한 탓이며 비평계가 너절하기 때문이다! 여배우의 목소리는 크리스토프를 그만 울화통이 터지게 했다. 그녀의 대사 외는 법은 음악적인, 한 구마다 끊어서 발음하는 것이었다. 라 샹멜레(La Champmesle : ^{1642~1698,} _{프랑스의 비극} _{여배우로 라신의} _{극에 뛰어났다}) 이래로, 세계에서 가장 시적이 아닌 국민에게 항상 호평을 받은 저 단조로운 음송조(吟誦調)였다. 크리스토프는 화가 나 네 발로 엎드려 기고 싶을 정도였다. 크리스토프는 무대에 등을 돌려 벌 받고 서 있는 어린이처럼 좌석의 벽과 코를 맞대고 부어터진 찌푸린 얼굴을 했다. 퍽 다행스럽게도 같이 온 여자는 그의 쪽을 볼 엄두도 못 내고 있었다. 만일 그녀가 그렇게 하고 있는 크리스토프를 보았더라면 미치광이로 여겼을 것이다.

　별안간 크리스토프의 찌푸린 얼굴이 풀렸다. 그는 조용히 입을 다물고 꼼짝도 하지 않았다. 음악적인 아름다운 목소리가, 장엄하고 상냥스런 사뭇 여성다운 젊은 목소리가 들려 온 것이었다. 크리스토프는 귀를 기울였다. 그 목소리가 계속 얘기함에 따라 그는 마음이 이끌려, 이러한 노랫소리를 가진 작은 새를 보려고 의자 위에서 뒤돌아보았다. 그것은 오필리어였다. 물론 셰익스피어의 오필리어다운 데는 전혀 없었다. 그것은 그리스의 젊은 조각상 같은, 예를 들면 엘렉트라라든지 카산드라와 같은 키가 크고 튼튼해 보이며 날씬하고 아름다운 여자였다. 그녀는 생명감에 넘쳐 있었다. 자기 역에서 빗나가지 않으려고 애를 쓰면서도 그 육체나 동작, 웃고 있는 갈색 눈에서 젊음과 기쁨의 힘이 환히 비쳐나왔다. 아름다운 육체의 매력에 사로잡힌 크리스토프는, 조금 전에는 햄릿의 역에 대해 전혀 용서하지 않았는데도, 오필리어가 자기가 그리고 있던 모습과 거의 닮지 않았다는 것을 조금도 섭섭하게 여기지 않았다. 그리고 지금 눈앞에 보이는 오필리어 때문에 꿈에 그리던 오필리어를 희생시킨 데 대해서도 후회하지 않았다. 정열의 무의식적인 맹신으로, 크리스토프는 이 육감적이고도 순결한 처녀의 가슴에 타오르는 젊은 열정에서 하나의 깊은 진실까지도 찾아냈다. 그 매력을 완전한 것으로 만든 것은 맑고 훈훈하며 벨벳처럼 보드라운 목소리의 마력이었다. 한 마디 한 마디의 말이 아름다운 화음처럼 메아리쳤다. 음절 둘레에서는 사향초나 야생의 박하 냄새처럼 탄력 있는 리듬을 가진 남방의 즐거운 듯한 억양이 춤추고 있었다. 아를르 지방의 오필리어 공주라고나 할, 불가사의한 환상이었다. 이 환상은 원래 고향의 금빛 태양과 미칠 듯한 북서풍을 다소 지니고 있었다.

크리스토프는 옆자리의 여자도 잊어버리고 좌석 앞으로 몸을 내밀어 그녀 옆에 앉아 있었다. 그리고 이름도 모르는 아름다운 여배우에게서 눈을 떼지 않았다. 하지만 무명의 여배우를 보러 온 것이 아닌 관객은 그녀에게는 전혀 주목하지 않았다. 그리고 여성인 햄릿이 얘기할 때 말고는 박수를 보내려 하지 않았다. 이를 본 크리스토프는 그들을 향해 "바보들 같으니라고"라고 소리쳤다. 열 걸음 정도 되는 곳까지는 들리는 나직한 목소리로.

휴식의 막이 내렸을 때 가까스로 크리스토프는 같은 자리의 여자를 생각해 냈다. 여전히 겁을 먹고 있는 그녀 모습을 보며 자신의 난폭한 행동으로 아마 놀랐을 것이 틀림없다고 생각하여 쓴웃음을 지었다. 바로 그가 생각한 그대로였다. 우연히도 몇 시간 그의 곁에 있게 된 이 여자의 혼은 거의 병적일 만큼 갈팡질팡하고 있었다. 크리스토프의 초대를 굳이 받아들인 것도 비정상적인 흥분 상태에 있었기 때문이었다. 그리고 이것을 받아들이자마자, 어떻게 해서든지 빠져나가고 싶다, 구실을 찾아내고 싶다, 달아나고 싶다고 생각했다. 자신이 여러 사람의 호기심의 대상이 되어 있는 것을 눈치채자 더욱더 견딜 수 없었다. 그리고 자기 뒤쪽에서(그녀에겐 뒤돌아 볼 용기가 없었다) 함께 온 사내의 나직한 저주의 소리와 불평하는 소리가 들려오자 불쾌한 기분은 더욱 심해졌다. 그가 어떠한 일을 저지를는지도 알 수 없다는 생각이 들었다. 또한 그가 자기 옆에 앉았을 때 그녀는 무서워 쭈뼛했다. 이 사람은 이 위에 더 어떤 엉뚱한 짓을 하려고 하는 것일까? 그녀는 그대로 땅 속으로 파고들어가고 싶은 마음이었다. 본능적으로 뒤로 물러났다. 그와 몸이 닿는 것이 무서웠다.

하지만 막간이 되어 친절히 말을 걸어오는 그의 목소리를 듣자 모든 근심은 이내 사라져 버렸다.

"내가 옆에 있어 퍽 불쾌하시지요? 용서하세요."

그녀는 그의 얼굴을 물끄러미 바라보았다. 아까 그녀로 하여금 함께 올 결심을 하게 한 친절한 미소가 거기 있었다.

크리스토프는 말을 이었다.

"나는 자신이 생각하는 것을 숨기지 못합니다. 그래도 역시 저건 너무하군요! …… 저 여배우는, 저 나이 많은 여배우는! ……"

크리스토프는 또다시 불쾌한 듯이 찌푸린 얼굴을 지었다.

그녀는 미소를 머금고 퍽 나직한 목소리로 말했다.

"그러나 미인이에요."

크리스토프는 그녀 말에서 억양을 눈치채 물었다.

"당신은 외국분이시군요?"

"네." 그녀는 말했다.

크리스토프는 그녀의 검소한 옷을 물끄러미 바라보았다.

"선생님이시군요?" 그가 물었다.

그녀는 얼굴을 붉히며 대답했다.

"네."

"모국은 어디입니까?"

그녀는 말했다.

"프랑스인이에요."

크리스토프는 놀란 몸짓을 했다.

"프랑스인이라고요? 그러리라고는 미처 생각지 못했습니다."

"왜요?"

그녀는 주저주저하면서 물었다.

"당신은 정말…… 진지한 분이니까!" 크리스토프가 말했다.

(그녀는 이 사람의 입에서 나오는 이상 그 말들은 결코 아첨의 말이 아니라고 생각했다.)

"프랑스에도 진지한 인간은 있어요." 그녀는 얼떨떨해져서 말했다.

볼록한 이마, 쭉 곧은 작은 코, 우아한 모양의 턱, 밤색 머리카락으로 둘려진 야윈 뺨 등을 가진, 그녀의 정직해 보이는 작은 얼굴을 그는 물끄러미 바라보았다. 그런데 그의 눈에 비치고 있는 것은 그녀가 아니었다. 그는 저 아름다운 여배우를 생각하고 있었다. 크리스토프는 되뇌었다.

"당신이 프랑스인이라니. 정말 기묘하군요! …… 정말이지. 당신은 저 오필리어와 같은 나라 사람인가요? 도무지 그렇다고는 여겨지지 않습니다만."

잠시 잠자코 있은 뒤에 그는 말을 덧붙였다.

"저 여배우는 정말로 예쁘군요!"

그 여배우와 이 옆자리 여성을 그런 식으로 비교하면 불친절한 것이 된다는 것을 그는 눈치채지 못하고 있었다. 그녀는 비교되고 있다는 것을 확실히 느꼈다. 그렇다고 크리스토프를 원망하거나 하지는 않았다. 왜냐하면 자기도 그와 똑같이 생각하고 있었으니까. 크리스토프는 저 여배우에 관한 자세한 일을 그녀에게서 들으려고 했다. 그러나 그녀는 아무것도 알지 못했다. 그는 그녀가 연극에 대해서는 전혀 아는 것이 없음을 알았다.

"프랑스어로 말하는 것을 들으니까 즐거우시지요?" 크리스토프는 물었다.

그는 농담으로 말한 것이다. 그러나 그가 한 말은 신통히도 적중했다.

"물론입니다!" 그녀는 크리스토프가 깜짝 놀랐을 만큼 진실이 깃든 목소리로 대답했다. "무척 즐거워요! 여기서는 질식해 버릴 것만 같은 걸요."

크리스토프는 이번에는 한층 주의해서 그녀를 보았다. 그녀는 가냘프게 두 손이 떨리고 숨이 가쁜 듯이 보였다. 그러나 곧 그녀는 자기 말 가운데 상대의 기분을 상하게 한 것이 있었을는지도 모른다고 생각했다.

"어머, 용서하세요" 그녀는 말했다. "제가 당치도 않은 말을 했군요?"

크리스토프는 담백하게 웃었다.

"사과하실 것은 없습니다만! 정말 당신이 말씀하신 대로인걸요. 프랑스인이 아니라도 여기서는 질식합니다. 정말이지!"

크리스토프는 양쪽 어깨를 펴고 숨을 크게 들이마셨다.

그러나 그녀는 이렇듯 순순히 생각나는 대로 말해 버린 것이 부끄러워 입을 다물었다. 게다가 그녀는 이웃 좌석의 사람들이 그들의 대화를 가만히 엿듣고 있는 것을 눈치챘다. 크리스토프도 또한 이것을 눈치채고 분개했다. 그래서 둘은 얘기를 그만두었다. 크리스토프는 복도로 나와 휴식시간이 끝나는 것을 기다렸다. 젊은 여자의 말이 귓전에 울리고 있었다. 그러나 그는 다른 것에 마음을 빼앗겼다. 오필리어의 모습이 그의 마음을 차지했던 것이다. 막이 계속 진행됨에 따라 그녀의 얼굴은 완전히 크리스토프를 사로잡아 버렸다. 그리고 아름다운 여배우가 마침내 미쳐 버려, 사랑과 죽음의 우울한 노래를 부르는 장면이 되자, 그녀의 목소리는 참으로 비통한 음향을 낼 수 있었으므로 크리스토프의 마음은 온통 어지러이 뒤숭숭해져 버렸다. 곧 소리를 내어 울음을 터뜨리고 싶은 기분이 되었다. 마음이 약한 증거로 보일 듯한 이러한 일(왜냐하면 진정한 예술가란 결코 울어서는 안 된다고 믿고 있었으므로)에 화가 나고, 또 그러한 자기 모습을 남에게 보이고 싶지 않았으므로 크리스토프는 벌떡 일어나 좌석에서 나갔다. 복도에도 휴게실에도 사람 그림자 하나 없었다. 그는 흥분하여 극장 계단을 내려갔다. 그리고 저도 모르게 밖으로 나갔다. 밤의 차가운 공기를 마시고 싶었다. 사람의 왕래가 거의 끊긴 어두운 길을 성큼성큼 걷고 싶었다. 운하가로 나가 둑의 흙벽에 팔꿈치를 짚고 고요한 물을 물끄러미 바라보았다. 물 위에는 가로등 불빛이 어둠 속에서 춤추고 있었다. 그의 마음도 이 물과 같이 어두웠고 또 떨고 있었다. 표면에서 춤추고 있는 커다란 기쁨 말고는 아무것도 보이지 않았다. 여기저기의 큰 시계가 시각을 알렸다. 크리스토프가 극장으로 되돌아가 연극의 종막을 본다는 것은 불가능했을 것이다. 포틴브라스의 승리를 보려고 하는 것일까? 아니, 그런 것에 마음이 끌리지는 않았다.

훌륭한 승리이다! 그러나 저런 승리자를 누가 부러워할 것인가? 잔인하고 어리석은 생명의 모든 만행에 물려 버린 뒤에 누가 승리자가 되고 싶어할 것인가? 이 작품은 생명에 대한 무서운 고발이다. 그렇지만 작품 속에는 생명의 격렬성이 부글거리고 있었다. 슬픔도 기쁨이 되고, 고뇌는 사람을 취하게 한다……

크리스토프는 벌써 저 낯모르는 처녀의 일 따위는 생각지 않고 집으로 돌아왔다. 좌석에 남겨 둔 채 그 이름조차 알지 못했다.

*

이튿날 아침 크리스토프는 삼류 호텔로 여배우를 만나러 갔다. 흥행주는 패거리들과 함께 그녀를 여기 묵게 했고, 대여배우만 시내 일류 호텔에 묵게 했다. 크리스토프는 물건이 흩어진 객실로 인도되었다. 먹다 남은 아침 식사가 머리핀과 찢어진 더러운 악보와 함께 열린 채로 있는 피아노 위에 어질러져 있었다. 옆방에서는 오필리어가 그저 떠들썩하게 수선을 피우는 것이 재미있어 어린애처럼 목소리를 높여 노래하고 있었다. 방문객이 있다는 말을 듣자 잠깐 노래를 그치고, 벽 저쪽에 들리지는 않을까 하는 일 따위는 도무지 아랑곳하지 않는 명랑한 목소리로 물었다.

"무슨 일인데요, 그분 이름이 무엇?…… 크리스토프…… 크리스토프라구? 크리스토프 크라프트?…… 묘한 이름이네!"

(그녀는 R의 음을 무척 강하게 울리면서 그의 이름을 되뇌었다.)

"마치 욕 같은데요……"

(그녀는 욕을 한마디 했다.)

"젊은 분, 아니면 늙은 분?…… 조용해 보이는 사람?…… 좋아요, 지금 가겠어요."

그러고 나서 그녀는 또 노래 부르기 시작했다.

내 사랑만큼 상냥스런 것은 둘도 없네……

그녀는 노래를 부르면서 방 안을 온통 찾아다니며 흐트러진 것 속에 섞여 들어간 별갑 핀을 보고 욕을 퍼부었다. 그리고 초조해져서 크게 소리치고 사자처럼 날뛰었다. 크리스토프에게 그 모양은 보이지 않았지만, 벽 너머로 몸짓을 하나하나 상상해 보고 혼자서 웃었다. 한참 만에 발소리가 가까워지는 것이 들리더니 문이 확 열렸다. 그리고 오필리어가 나타났다.

그녀는 단정한 옷차림이 아니었다. 화장옷을 몸에 친친 감고 넓은 소매에 팔을 드러내 보이고, 머리는 빗질도 하지 않았으며 동그란 털오라기가 눈과 뺨 위에 늘어뜨려져 있었다. 갈색의 아름다운 눈이 웃고, 입이 웃고, 뺨이 웃고, 귀여운 보조개가 즐겁다는 듯이 웃고 있었다. 나직하고 노래 부르는 듯한 아름다운 목소리로 이런 차림으로 나온 것에 대해 사과했다. 그러나 조금도 사과할 필요가 없다는 것, 도리어 크게 감사를 받아도 좋다는 것을 그녀는 알고 있었다. 그녀는 크리스토프를 신문 기자로 알았다. 크리스토프가 자기는 단지 자신의 일로 온 것이며 그녀를 찬미하고 있기 때문에 왔노라고 말했을 때 그녀는 실망하기는커녕 무척 기뻐했다. 오필리어는 인정 많은 선량한 여자로서 남들이 자기를 좋아하는 것을 퍽 만족해하며, 또 이것을 숨기려고 하지도 않았다. 크리스토프의 방문과 열의는 그녀를 행복하게 했다(그녀는 아직 아첨하는 말에 해독을 입고 있지는 않다). 그녀는 동작에 있어서도 태도에 있어서도, 또 작은 허영심이나 남이 자기를 좋아할 때 느끼는 천진스런 기쁨에 있어서조차도 참으로 자연스러웠기 때문에, 크리스토프는 한순간도 쑥스럽지 않았다. 둘은 곧 오래된 사이처럼 가까워졌다. 크리스토프는 서투른 프랑스어로 말하고, 오필리어는 서투른 독일어로 얼마쯤 말했다. 한 시간 뒤에는 둘은 서로 아무런 숨기는 것 없이 얘기를 나누었다. 오필리어는 그를 돌려보낸다느니 하는 일을 전혀 생각지 않았다. 이 건강하고 명랑하고 총명하여 가슴속에 있는 일은 무엇이든지 털어내놓고 싶어하는 남유럽의 여자는, 어리석은 패거리에게 에워싸여 말이 통하지 않는 타국에서, 태어날 때부터 자기 속에 있는 기쁨의 배출구가 없었더라면 아마도 지루해서 못 견뎠을 것이다. 그러므로 그녀는 말상대를 얻은 것이 무척 기뻤다. 크리스토프로서도 도량이 좁고 성실성이 없는 소시민들의 도시 가운데서, 평민적인 활기에 넘치는 이 남유럽의 자유로운 여자를 만난 것은 이루 말할 수 없는 행복이었다. 크리스토프는 아직 이들 남유럽인들의 성질 속에 있는 부자연성을 알지 못했다. 그들은 독일인과 달라, 마음속에 있는 것은 죄다 남김없이 상대에게 보인다. 또 번번이 갖고 있지 않은 것까지도 보이는 수가 있다. 그러나 적어도 그녀는 나이가 젊고 발랄해서 자기가 생각하고 있는 것을 솔직하게 거리낌 없이 말했다. 모든 것을 자유로이 신선한 눈으로 비판했다. 안개를 털어 버리는 남풍 같은 것이 그녀 속에 얼마쯤 느껴졌다.

그녀는 풍부한 천분을 타고났다. 교양도 없었거니와 사물을 숙고하는 능력도 없었지만, 아름다운 것, 선한 것은 즉시 마음속에서 느끼고 솔직히 감동했다. 그러고는 곧 커다란 소리를 내어 웃었다. 분명 그녀는 애교스러웠으며 장난기 어린 곁눈질을 했다. 벌려진 화장옷 속으로 드러난 가슴을 보이는 것은 그녀에게는 불쾌한 일은 아니었다. 크리스토프의 넋을 사로잡고 싶은 기분도 있었을 것이다. 그러나 그것은 순수한 본능이었다. 거기에는 아무런 타산도 없었다. 그녀는 그것보다도 웃거나 유쾌하게 수다를 떨거나, 허식 같은 것이 소탈한 좋은 친구가 되거나, 마치 명랑한 사내아이처럼 행동하거나 하는 쪽을 좋아했다. 연극 생활의 이면이나 그녀의 사소한 불행이며 동료들의 어리석은 시기심, 그녀를 두드러지지 않게 하려고 손을 쓰고 있는 제자벨(그녀는 대여배우를 그렇게 불렀다)의 중상 따위를 그에게 얘기했다. 그는 그녀에게 독일인에 관한 불평을 털어놓았다. 그녀는 손뼉을 치며 재미있어 하고, 그에게 동감의 뜻을 표했다. 그녀는 원래 선량한 여자였으므로 누구의 험담도 하고 싶지 않았다. 그러나 그래도 역시 험담을 하는 일은 있었다. 그리고 누군가를 놀려 댈 때에는 자신의 심술궂음을 자책하면서도 남유럽인의 독특한 현실적이고 어릿광대 같은 관찰의 재능을 발휘했다. 그녀는 이에 저항할 수가 없었다. 그리고 신랄한 풍자적인 초상을 만들어 냈다. 그녀는 하얀 이를 핏기 없는 입술 사이로 보이며 즐겁게 웃었다. 그리고 화장으로 혈색이 감추어진 창백한 얼굴에는 눈자위가 거무스레한 눈이 반짝였다.

둘은 한 시간 넘게나 얘기하고 있었다는 사실에 갑자기 생각이 미쳤다. 크리스토프는 코린(이것이 그녀의 예명이었다)에게 시내를 안내할 테니까 오후에 부르러 오겠노라고 말했다. 코린은 매우 기뻐했다. 둘은 점심 뒤에 만날 것을 약속했다.

약속한 시간에 크리스토프는 갔다. 코린은 호텔의 작은 객실에 앉아 대본을 손에 들고 커다란 소리로 읽고 있었다. 그녀는 유쾌한 듯 생글거리는 눈으로 그를 맞이하고 자기가 읽던 구절을 끝까지 읽었다. 그리고 나서 자기 곁의 긴 의자에 앉도록 손짓했다.

"앉으세요. 아무 말씀도 마시고." 코린은 말했다. "대사를 복습하고 있는 거예요. 15분이면 끝나요."

그녀는 손톱 끝으로 대본을 더듬으며 속이 타는 소녀처럼 급히 서둘러 되는 대로 적당히 읽고 있었다. 크리스토프는 암송하는 것을 도와주겠다고 말했다. 코린은 그에게 대본을 내주고 일어나서 되뇌었다. 도중에서 말이 걸리거나 다음 문구로 옮겨가기 전에 앞 문구의 끝머리를 몇 번이고 되풀이하곤 했다. 암송하면서 머리를 흔들고 있었다. 머리에 꽂은 핀이 온 방 안에 흩어졌다. 한 마디의 말이 아무리 해도 머리에 들어가지 않을 땐 버릇 나쁜 어린애처럼 발을 굴렀다. 우스꽝스런 모독의 말이나 퍽 난폭한 말까지 튀어나왔다. 매우 짧은 아주 난폭한 말을 스스로에게 퍼부었다. 크리스토프는 재능과 유치함이 그녀 속에서 한데 어우러져 있는 데 놀랐다. 코린은 정당한 그리고 감동적인 대사들을 읊었다. 그러나 온통 마음을 기울여 말하고 있는 듯이 보이는 긴 대사 한가운데 전혀 의미 없는 말을 내뱉는 수가 있었다. 작은 앵무새처럼 그 대사가 어떤 의미를 가지고 있는지 전혀 생각지 않고 그것을 암송했다. 그러자 그것은 엉뚱하고 우스꽝스런 것이 되었다. 코린은 그것을 도무지 깨닫지 못했다. 그러다 그것을 알게 되자 그녀는 배를 움켜쥐고 웃어 댔다. 이윽고 "쳇!" 하고 말하고, 크리스토프의 손에서 대본을 낚아채더니 방한구석에다 동댕이쳤다. 그리고 말했다.

"자, 쉬는 시간이에요! 종이 울렸어요! …… 자, 산책하러 나가요!"

크리스토프는 그녀의 대사가 다소 불안해 물어보았다.

"괜찮겠어요?"

코린은 자신 있게 말했다.

"물론이에요. 대사를 불러 주는 사람이 있잖아요."

코린은 모자를 쓰러 자기 방으로 갔다. 크리스토프는 기다리는 동안 피아노 앞에 앉아 일련의 화음 몇 개를 가볍게 쳤다. 그러자 옆방에서 그녀가 외쳤다.

"어마! 그게 뭐예요? 더 쳐주세요! 훌륭해요!"

코린은 모자를 핀으로 머리에 꽂으며 달려왔다. 크리스토프는 계속 쳤다. 치고 나자 그녀는 더 계속해 달라고 말했다. 프랑스 여자는 《트리스탄》의 곡을 들을 때나 한 잔의 초콜릿을 맛볼 때나 마찬가지로 수식이 많은 짧은 감탄사를 습관적으로 마구 뿌리지만, 코린도 그러한 감탄의 말을 흘리며 황홀해했다. 크리스토프는 웃고 있었다. 그것은 독일인의 거추장스럽고 과장된 감탄사와는 달랐으므로 그의 기분을 달래 주었던 것이다. 이것은 상반된 두 개의 과장이었다. 하나는 잡동사니 더미를 큰 산처럼 말하고, 또 하나는 진짜 산을 잡동사니 더미처럼 말하는 것이었다. 후자도 전자와 똑같이 우스꽝스럽다. 그렇지만 그에게는 지금 후자 쪽이 좋아 보였다. 왜냐하면 이 말이 나오는 입이 사랑스러웠기 때문이었다. 코린은 그가 치고 있는 것이 누구의 곡인지 알고 싶어했다. 그리고 그것이 그의 작품이라는 것을 알자 그녀는 놀라 소리쳤다. 아침에 얘기를 나눌 때 그는 자기는 작곡가라고 똑똑히 말했었다. 그러나 그녀는 이 말에 전혀 마음을 쓰지 않았던 것이다. 코린은 크리스토프의 곁에 앉아 그가 작곡한 것을 전부 쳐달라고 졸랐다. 산책은 이미 잊어버렸다. 이것은 그녀의 단순한 아첨의 말이 아니었다. 그녀는 진실로 음악을 사랑하고 있어 부족한 음악 교양을 보충할 만한 훌륭한 재질을 가지고 있었다. 처음에는 그녀가 말하는 것을 그대로 듣지 않고 자기 작품 중에서 가장 알기 쉬운 선율을 연주했다. 그런데 그가 특히 중요시하고 있는 한 페이지를 우연히 연주했을 때, 그녀에게 아무 말도 하지 않았는데도 그녀가 그 음악을 이제까지 들은 것보다 더욱 좋아한다는 것을 알고 그는 기쁨과 놀라움을 느꼈다. 훌륭한 음악의 마음을 지닌 한 사람의 프랑스인을 만났을 때

독일인들은 언제나 솔직한 놀라움을 보이는데, 그 역시 그대로 코린에게 말했다.

"불가사의한 일이야. 당신은 참으로 좋은 취미를 가지고 있군! 정말 생각지도 않은 일이야……"

코린은 그의 얼굴을 보고 놀리듯이 웃었다.

그러고 나서 크리스토프는 코린이 어디까지 따라오는가를 보려고 점점 더 이해하기 어려운 곡을 골라 연주했다. 그러나 그녀는 아무리 대담한 표현에도 난처해하는 모습은 보이지 않았다. 그리하여 독일에서는 아무리 해도 애호를 받지 않아 자기로서도 거의 그 가치를 의심해 버렸던 아주 새로운 형식의 선율을 쳤더니 놀랍게도 코린은 또 한 번 쳐달라고 부탁하고, 일어나서 기억을 더듬으며 거의 틀리지 않고 그 곡을 노래 부르기 시작했다! 크리스토프는 그녀에게 다가가 진정으로 양손을 꽉 쥐었다.

"정말 당신은 음악가야!" 크리스토프는 외쳤다.

코린은 웃어 댔다. 그리고 처음엔 시골 오페라 가수로서 출발했지만 순회 흥행주로부터 시극에 맞는 재능을 인정받아 그 방면으로 돌려졌다고 설명했다.

"그건 유감인데!"

"왜요?" 코린은 말했다. "시라고 해도 역시 음악이에요."

코린은 그의 가곡의 뜻을 설명해 달라고 말했다. 크리스토프는 독일어로 가르쳐 주었다. 그러자 입과 눈의 주름살까지 흉내내어 발음하면서, 원숭이처럼 민첩하게 그 말을 따라했다. 이것을 암기할 단계가 되자 엉뚱한 말을 자꾸 했다. 그러다가 아주 못하게 되자 목에서 나오는 소리로 야성적인 말을 제멋대로 꾸며 내어 둘 다 웃어 댔다. 코린은 지치지도 않고 그에게 피아노를 치게 했다. 그도 지치지 않고 그녀를 위해 연주하고 그녀의 아름다운 목소리를 들었다. 그 목소리엔 직업적인 기교는 없고 소녀같이 좀 목구멍에 걸린 창법이기는 했지만 어딘지 부드럽게 사람의 가슴을 울리는 데가 있었다. 코린은 생각하는 바를 솔직히 말했다. 자기가 어떤 사람인가, 어떤 사람을 왜 좋아하고 싫어하는가, 그 이유를 똑똑히 설명할 순 없었지만 그녀의 비판에는 확실한 이유가 그 밑에 깔려 있었다. 이상하게도 가장 고전적이고 독일에서 가장 높이 평가되어 있는 작품을 그녀는 가장 지루하게 여겼다. 코린은 예의상 그런 작품에 약간 아첨하는 말을 했다. 그러나 정말은 마음에 들지 않는다는 것이 드러났다. 음악 애호가들이나 음악가들에게도 '전에 들었던' 음악이 모르는 사이에 느끼게 하는 만족감, 옛 작품 속에서 전에 사랑했던 형식이나 양식을 새 작품을 들을 때도 마음속에서 무의식중 재현케 하거나 사랑하게 하는 그런 만족감인데, 코린은 음악적 교양이 부족했으므로 그런 만족은 몰랐다. 그녀는 또 선율적인 감상에 대한 독일적인 취미에도 공감을 갖지 않았다(적어도 그녀의 감상성은 달랐다. 크리스토프는 아직 그녀의 감상성이 갖고 있는 결함을 몰랐다). 독일에서 환영받는, 좀 활기가 없고 무미 건조한 곡은 그녀를 감격시키지 못했다. 크리스토프의 가곡 중 가장 평범한 것—그것은 친구들이 이것이라면 조금은 칭찬할 수 있다고 기뻐하며, 이것 밖에 얘기하지 않기 때문에 그가 내버리고 싶다고 생각했던 선율이었다—을 코린은 결코 높이 평가하지 않았다. 그녀는 극적인 본능에 의해 뚜렷한 정열 을 솔직히 그려 낸 선율 쪽을 좋아했다. 그것은 또한 그가 가장 중히 여기던 것이었다. 하지만 코린은 크리스토프에게는 자연스럽게 여겨지는 거친 화음 에 대해 거의 공감을 느낄 수 없다고 말했다. 그런 거친 화음에 대해 코린은 저항적인 충동을 느끼고, 그 속으로 뛰어들지 않고 "정말 이래도 괜찮을까 요?" 묻는 것이었다. 크리스토프가 괜찮다고 대답하자 코린은 과감하게 그 선율 속으로 뛰어들었다. 그러나 그녀의 입은 좀 삐쭉거렸다. 크리스토프는 결코 그것을 놓치지 않았다. 번번이 코린은 이러한 소절을 빼고 싶어했다. 그러자 크리스토프는 이 소절을 피아노로 되풀이했다.

"여길 싫어하는군요?" 그는 물었다.

그녀는 코를 찡그렸다.

"여기는 가짜예요." 코린은 말했다.

"그럴 리 없지." 크리스토프는 웃으면서 말했다. "가짜가 아닙니다. 무엇 을 나타내고 있는지 잘 생각해 보아요. 정말 가짜가 아닙니다. 바로 여기 서."

(그렇게 말하고 크리스토프는 자기 심장을 가리켰다.)

그러나 코린은 머리를 저었다.

"아마 그럴는지도 몰라요. 그렇지만 여기서는 가짜예요."

(그렇게 말하고서 코린은 자기 귀를 잡아당겼다.)

코린은 또 독일 낭독법의 무턱대고 소리를 높이 지르는 데에도 불만을 표시했다.

"왜 그런 큰 목소리를 내죠?" 코린은 물었다. "혼자서 말을 하는데. 옆집에 들릴까 염려도 되지 않나요? 마치—용서하세요! 화내지 마세요, 네? —배에서 부르고 있는 것 같아요."

크리스토프는 화내지 않았다. 진정으로 웃고 있었다. 그리고 그것이 사실임을 인정했다. 이런 관찰은 그를 즐겁게 했다. 아직 그에게 이런 말을 해준 사람은 없었다. 대개의 경우 낭송 조의 말이 자연스런 말을 비틀어 놓는 것은 확대경이 자연의 모양을 왜곡시키는 것과 비슷하다는 데에 둘은 의견이 일치했다. 코린은 크리스토프에게 자기를 위해서 극음악을 작곡해 달라고 부탁했다. 이 극에서 그녀는 오케스트라의 반주에 맞추어 대사를 말하고 몇군데를 노래로 부르겠다는 것이었다. 그는 이 착상에 흥분했다. 무대 위의 실연은 어려웠지만 코린은 음악적 목소리라면 극복할 수 있을 것 같았다. 둘은 이것저것 미리 계획을 세웠다.

마침내 외출하려고 하였을 때는 벌써 5시가 가까웠다. 이 계절에는 해 저무는 것이 빨랐다. 이제 산책은 할 수 없었다. 그날 밤 코린은 극장에서 연습이 있었다. 연습장에는 외부 사람은 아무도 들어갈 수 없었다. 코린은 계획했던 산책을 하기 위해 이튿날 다시 부르러 오도록 크리스토프에게 약속시켰다.

*

이튿날도 자칫하면 같은 장면이 되풀이될 뻔했다. 크리스토프가 찾아갔을 때 코린은 거울을 앞에 두고 발을 흔들어 대며 높다란 걸상에 앉아 있었다. 가발을 시험해 보고 있는 중이었다. 거기엔 그녀의 의상 담당과 미용사가 있었다. 코린은 미용사에게 머리를 조금 더 위로 틀어 올리기 위해 여러 가지 주문을 하고 있었다. 그렇게 해서 거울 속을 들여다보았을 때, 자기 등 뒤에서 미소를 보내고 있는 크리스토프의 모습을 거기서 보았다. 코린은 그에게 혀를 내밀어 보였다. 미용사는 가발을 가지고 나가 버렸다. 그래서 그녀는 명랑하게 수선을 떨며 크리스토프 쪽으로 돌아앉았다.

"안녕하세요!" 코린은 말했다.

그러고 나서 키스해 달라는 듯이 뺨을 그에게로 내밀었다. 크리스토프는 이렇듯 친하게 굴리라고는 기대하지 않았었다. 그러나 물론 주어진 기회를 이용했다. 그녀는 이러한 것은 대수로운 일로 여기지 않았다. 그녀에게는 단순한 인사에 지나지 않았다.

"어머, 기뻐요!" 코린은 말했다. "오늘 밤은 잘 되어 나갈 거예요—(그녀는 가발에 대해서 말하고 있었다)—전 퍽 슬펐어요! 당신이 아침에 오셨더라면 맥이 풀려 버린 저를 보실 뻔했지요."

크리스토프는 그 까닭을 물었다.

파리의 미용사가 짐 포장을 잘못하여 역에 맞지 않는 가발을 넣었다는 것이었다.

"납작하기만 하고" 코린은 말했다. "털이 뻣뻣하게 축 늘어져 있는 거예요. 이것을 보았을 때 난 한참 울었어요. 그렇지요, 데지레 부인?"

"들어왔을 때" 부인은 말했다. "깜짝 놀랐어요. 얼굴에 혈색이라고는 없지 않겠어요. 마치 죽은 사람 같았어요."

크리스토프는 웃었다. 코린은 그것을 거울 속으로 보았다.

"어머, 웃으시네? 인정도 없이." 그녀는 화가 나 말했다.

그러나 그녀도 웃고 있었다.

그는 전날 밤의 연습은 어땠느냐고 물었다.

모든 것은 잘 되어 갔다고 그녀는 대답했다. 다만 그녀는 다른 배우의 대사를 더 빼고 자기 대사는 빼지 않으면 좋겠다고 말했다. 둘은 얘기할 것이 너무 많아 오후의 시간은 그 때문에 지나 버렸다. 코린은 천천히 옷을 입었다. 자기의 몸차림에 대해 크리스토프의 의견을 듣고 재미있어했다. 크리스토프는 그녀의 멋진 모습을 칭찬해 주었다. 그리고 프랑스어도 독일어도 아닌 알쏭달쏭한 말로 그녀만큼 luxurieux('세련되었다'고 한다는 것이 '음란한'이란 말을 한 것이다)한 여성은 본 적이 없다고 솔직히 말했다. 코린은 깜짝 놀라 처음에는 그의 얼굴을 빤히 들여다보았지만 갑자기 큰 소리로 웃기 시작했다.

"내가 뭐라고 말했던가요?" 크리스토프는 물었다. "그렇게 말해선 안 되는 것이었나요?"

"괜찮아요. 괜찮아요!" 코린은 우스워 죽겠다는 듯이 소리치며 웃었다.

"정말 그대론걸요."

한참 만에야 가까스로 둘은 밖으로 나왔다. 그녀의 화려한 의상과 쉴 새 없는 수다는 사람들의 주의를 끌었다. 코린은 놀려 대기 좋아하는 프랑스 여자의 눈으로 모든 것을 바라보고, 그 인상을 숨기려고 하지 않았다. 유행품을 팔고 있는 가게의 진열장이나 그림엽서 가게 앞에서 그녀는 그만 웃음을 터뜨렸다. 그림엽서 가게에는 감상적인 장면, 우스꽝스럽고 외설스런 장면, 매춘부, 황제 일가, 빨간 복장의 황제, 초록 복장의 황제, 게르마니아 호의 키를 잡고 하늘을 경멸하고 있는 수병 모습의 황제, 그러한 그림엽서가 잡다하게 널려 있었다. 바그너의 고집센 듯한 두상이 장식화로 그려져 있는 한 벌의 식기 앞에서나, 초로 만든 남자의 머리가 거드름을 피우고 있는 이발소 앞에서 코린은 큰 소리로 웃었다. 프러시아와 독일 연방과 벌거숭이 군신(軍神)을 거느린 긴 망토를 입고 끝이 뾰족한 투구를 쓴 노황제를 나타낸 애국 기념탑 앞에서도 무례하게 웃었다. 사람들의 얼굴 표정이나 걸음걸이나 말투에 무엇인가 우스꽝스런 점이 있으면 지나다가 모두 지적했다. 자기들의 우스꽝스런 점을 찾고 있는 심술궂은 눈을 만나자 피해자들도 눈치채지 않을 수 없었다. 코린은 원숭이와 같은 본능으로 가끔 아무 생각 없이 사람들의 기쁜 듯한, 혹은 불만스런 듯한 찌푸린 얼굴을 입술과 코로 흉내내기도 했다. 지나다가 얼핏 귓결에 들려 온 마디마디의 문구나 말의 음향이 우스꽝스럽게 느껴지면 뺨을 볼록하게 하고 자기도 발음해 보았다. 크리스토프는 그녀의 그런 버릇없음을 조금도 불쾌하게 여기지 않고 진정으로 웃었다. 그 자신도 마찬가지로 체면을 돌보지 않고 행동했던 것이다. 다행히 그의 평판은 실추되어도 크게 아까울 것이 없었다. 왜냐하면 평판이 아직 좋았더라면 이러한 산책 때문에 그것은 영구히 매장되어 버렸을 터이니까.

둘은 대사원을 구경했다. 코린은 굽이 높은 구두를 신고 치맛자락이 긴 옷을 입고 있었지만 종루 꼭대기까지 올라가고 싶어했다. 치마 깃은 층계에 끌려 드디어 모서리에 걸렸다. 코린은 그런 일은 개의치 않았다. 상관치 않고 꽉 잡아당겨 천 찢어지는 소리가 났다. 코린은 용감히 치마 깃을 당기면서 자꾸 올라갔다. 조금만 더 갔으면 종을 칠 뻔했다. 탑 꼭대기에서 그녀는 빅토르 위고의 시를 커다란 소리로 암송했다. 크리스토프로서는 그 뜻을 전혀 알 수 없었다. 그녀는 또 프랑스 민요 하나를 노래했다. 그것이 끝나자 이번엔 이슬람교 승려가 기도 시간을 알리는 흉내를 냈다. 저녁 어둠이 깔렸다. 둘은 대사원 안으로 내려갔다. 거기엔 짙은 어둠이 커다란 벽을 타고 기어올라가고, 벽의 높은 데서는 그림이 그려진 유리창이 괴상한 눈동자처럼 빛나고 있었다. 크리스토프는 얼핏 2층 좌석에서 함께 《햄릿》을 본 젊은 여자가 옆의 예배당에 무릎을 꿇고 있는 것을 보았다. 그녀는 정성껏 기도를 올리고 있었으므로 그의 모습을 그녀는 볼 수 없었다. 그녀는 비통하고 긴장된 표정이었다. 그는 이에 가슴이 뭉클해졌다. 무엇인가 말을 걸고 싶었다. 아니면 인사라도 하고 싶었다. 그런데 코린이 다급히 그를 끌고 갔다.

그러고 나서 곧 둘은 헤어졌다. 독일의 관습에 따라 개막이 빠르기 때문에 코린은 준비해야 했다. 크리스토프가 집으로 돌아오자 곧 초인종이 울리고 심부름꾼이 코린의 편지를 가지고 왔다.

얼마나 고마운 일인지! 제자벨이 병이 났어요! 연극은 휴업! 우리 일행은 대갈채! …… 벗이여! 와주세요! 함께 가벼운 식사를 합시다!

당신의 벗 코린으로부터

추신—악보를 많이 가져오세요!

크리스토프는 좀처럼 의미를 알 수 없었다. 뜻을 알게 되자 그도 코린과 마찬가지로 행복한 기분이 되어 곧 호텔로 갔다. 단원들이 모두 식사에 모여 있는 것은 아닐까 걱정이었다. 그런데 누구의 모습도 보이지 않았다. 코린조차도 없었다. 집의 쑥 들어간 안쪽에서 그녀의 수선스럽고 명랑한 목소리가 들려 왔다. 그는 가까스로 부엌에서 그녀를 찾아낼 수 있었다. 그녀는 즉석 요리를 만들려고 생각했던 것이다. 그것은 주위를 온통 엄청나게 강한 냄새로 채우고 있었다. 돌조차도 자극할 듯한 남구식 요리였다. 코린은 몹시 뚱뚱한 호텔의 주인 아주머니와 사이가 좋았다. 두 사람은 독일어와 프랑스어와 니그로어가 혼합된 듯한 어느 나라 말이라고도 할 수 없는 대단스러운 말로 알쏭달쏭한 얘기를 지껄이고 있었다. 두 사람은 서로 자기 요리를 상대에게 맛을 보게 하며 큰 소리로 웃어 댔다. 크리스토프가 나타나자 수선은 더욱 심해졌다. 두 사람은 그를 내쫓으려고 했다. 그러나 그는 저항하고 들어가 이 대단한 요리의 맛을 볼 수 있었다. 그는 조금 얼굴을 찌푸렸다. 그러자 그녀는 그를 야만스런 튜턴인이라고 말하고, 그를 위해 수고를 하는 게 아니었다고 투덜댔다.

두 사람은 함께 작은 객실로 올라갔다. 거기에는 식탁 준비가 되어 있었다. 식탁에는 그와 코린의 식기밖에 없었다. 크리스토프는 단원들은 어디 있느냐고 묻지 않을 수 없었다. 코린은 태연했다.

"몰라요."

"함께 식사하지 않습니까?"

"절대로! 극장에서 얼굴을 맞대는 것만으로도 충분해요! ……아! 식사 때까지도 함께 있어야 되는 것이라면……"

그것은 독일 관습과는 전혀 달랐다. 크리스토프는 놀라기도 하고 재미있기도 했다.

"당신네들은" 크리스토프는 말했다. "사교적인 국민이라고 알았습니다만!"

"그럼" 그녀는 말했다. "나는 사교적이 아니에요?"

"사교적이라는 것은 이를테면 사회 속에서 생활한다는 겁니다. 우리 독일인은 얼굴을 마주봐야 합니다! 남자도 여자도 어린이도 태어난 날부터 죽는 날까지 저마다 사회에 속해 있어요. 모든 것이 사회 속에서 이루어집니다. 사람들은 사회와 더불어 먹고 노래 부르고 생각하지요. 사회가 재채기를 하면 사람들도 이와 더불어 재채기를 합니다. 한 잔의 맥주라도 사회와 더불어 마십니다."

"그것은 틀림없이 즐겁겠지요." 코린은 말했다. "같은 잔으로 마시면 좋겠군요."

"그건 참으로 동포애적이겠지요."

"그러한 동포애 따윈 싫어요! 마음에 드는 사람이라면 '동포'가 되고 싶어요. 그 밖의 사람은 미안하지만…… 딱 질색이에요! 그런 건 사회가 아니라 개미집이에요!"

"저도 동감입니다. 그러니 내가 여기서 어떤 심정으로 있는지 알겠죠!"

"그럼, 우리나라로 오세요!"

그것은 바로 크리스토프가 바라는 바였다. 크리스토프는 파리며 프랑스인에 대해서 물었다. 코린은 여러 가지로 가르쳐 주었다. 그러나 그것은 완전히 정확한 것은 아니었다. 남유럽 여자 특유의 허풍에다 상대를 현혹시키고자 하는 욕망이 들어 있었다. 그녀가 말하는 바로는 파리에서는 누구나 다 자유로웠다. 그리고 파리에서는 모두가 현명하기 때문에 저마다 자기 자유를 이용하며 아무도 이를 남용하는 사람은 없었다. 각자가 하고 싶은 대로 하고, 제 마음대로 생각하고 믿고 사랑하고 혹은 사랑하지 않았다. 아무도 이것을 트집잡는 사람은 없었다. 거기서는 남의 신앙에 쓸데없는 말을 하거나 남의 양심을 은밀히 알아보거나, 남의 사상을 제 뜻대로 잡아끌고 돌아다니거나 하는 사람은 없었다. 정치가가 문학이나 미술에 관한 일에 부질없는 간섭을 하거나, 정이나 은혜로 훈장이나 지위나 돈을 뿌리는 일은 없었다. 거기서는 문학가의 단체가 명성이나 성공을 좌우한다는 일도 없고, 신문 잡지 기자가 매수된다는 일도 없고, 문학가가 별로 노력도 않는데도 적당히 잘난 체한다는 일도 없었다. 비평계가 이름 없는 수재를 질식시키거나 이미 유명한 수재에 대해 한없는 아첨을 보낸다거나 하는 일도 없었다. 성공만 하면, 어떻게 해서든지 성공만 한다면 모든 수단을 정당화하는 것이 되고, 세상의 숭배를 받는다는 일도 없었다. 인정과 풍속은 온건하고 애정이 깊고 친절했다. 사람과 사람 사이에는 거친 가시가 없었다. 욕설을 하는 소리는 들리지 않았다. 사람들은 서로 도왔다. 가치 있는 신참자는 반드시 환영의 손을 뻗어 맞이하고, 그의 발 밑에는 평탄한 길이 열렸다. 아름다운 것에 대한 순수한 애정이 이러한 기사적이고 공명정대한 프랑스인의 혼을 채웠다. 그들은 단 한 가지 우스꽝스런 점을 가지고 있었다. 그것은 그들의 이상주의로서, 그 때문에 세상에 널리 알려진 재치를 가지고서도 다른 국민에게 속는 일이 있었다.

크리스토프는 정신없이 듣고 있었다. 사실 경탄할 만한 점이 많았다. 코린 자신도 자기 말에 귀를 기울이며 경탄하고 있었다. 코린은 전날, 자기 과거 생활의 괴로움을 크리스토프에게 얘기한 것을 죄다 잊고 있었다. 또 크리스토프도 마찬가지로 그런 일은 잊고 있었다.

그러나 코린은 단순히 자기 조국을 독일인에게 사랑하게 하려고 애쓰고 있는 것만은 아니었다. 아울러 자기 자신도 사랑하게 하려고 했던 것이다. 연애 유희도 없이 하룻밤을 보낸다는 것은, 그녀에게는 무미건조하고, 그리고 약간 우스꽝스런 일로 여겨졌을 것이 틀림없었다. 코린은 열심히 크리스토프에게 교태를 부렸다. 그러나 부질없는 일이었다. 그는 이것을 눈치채지 못했다. 크리스토프는 연애 유희가 무엇인지 몰랐다. 그는 사랑하거나 사랑하지 않거나였다. 사랑하지 않을 때에는 연애 같은 것은 전혀 생각지 않았다. 그는 코린에 대해 강한 우정을 느끼고 있었다. 크리스토프에게 있어서는 사뭇 신기하기만 한 이 남방적인 성격, 애교, 밝은 기질, 솔직하고 자유로운 지성 따위의 매력을 느끼고 있었다. 물론 거기에는 사랑할 만한 이유가 너무도 충분히 있었다. 그러나 '마음의 바람은 자기가 좋아하는 데로 분다.' 크리스토프의 마음의 바람은 코린 쪽으로는 불지 않았다. 그리고 사랑하는 마음도 없는데 사랑 흉내를 낸다는 것은 그로서는 생각지도 못할 일이었다.

코린은 그의 쌀쌀한 태도를 재미있어했다. 크리스토프가 가져온 악보를 연주하고 있는 동안, 피아노 앞에 그와 나란히 앉아 드러난 팔을 그의 목에 감고, 악보를 보기 위해 피아노 위에 몸을 구부리고 자기 뺨을 그의 뺨에 거의 갖다 댄 것처럼 하고 있었다. 크리스토프는 그녀의 속눈썹이 가볍게 자기 얼굴에 닿는 것을 느끼고, 또 그녀의 남을 흘겨보는 듯한 눈동자나, 귀여운 코나, 말려올라간 입술 위에 엷게 퍼져서 돋아 있는 솜털을 바로 눈앞에서 보고 있었다. 코린의 입술은 웃음을 지으며 기다리고 있었다. 그녀는 기다렸다. 크리스토프는 이 유혹을 알 수 없었다. 크리스토프는 코린이 자기의 연주를 방해하고 있다고 그저 그렇게만 생각하고 있었다. 기계적으로 그는 몸을 당기고, 의자를 밀어냈다. 잠시 뒤 그가 코린에게 말을 건네려고 뒤돌아보자 그녀가 웃음을 참고 있는 것을 보았다. 뺨의 보조개가 웃고 있었다. 코린은 입술을 꽉 다물고 웃음이 터져나오지 않도록 열심히 참고 있는 것 같았다.

"왜 그러십니까?"

크리스토프는 놀라서 말했다.

코린은 그의 얼굴을 보고는 갑자기 요란스런 웃음소리를 냈다.

크리스토프는 무슨 일인지 도무지 알 수가 없었다.

"왜 웃는 거죠?" 크리스토프는 물었다. "무슨 이상스런 말을 했던가요?"

그가 끈질기게 물으면 물을수록 더욱 웃었다. 간신히 웃음이 가라앉으려 했다가도, 그의 어리둥절한 얼굴을 얼핏 보고는 또다시 더한층 격렬하게 웃어 댔다. 코린은 일어나서 방의 다른 구석에 있는 소파로 달려가 거기 쿠션에 얼굴을 묻고 실컷 웃었다. 그녀의 온몸이 웃고 있었다. 크리스토프에게도 그 웃음이 옮아왔다. 그녀한테로 가 그녀의 등을 가볍게 두들겼다. 그녀는 마음껏 웃고 나자, 머리를 들고 눈물에 젖은 눈을 훔치고는 그에게 두 손을 내밀었다.

"당신이란 사람은 참으로 좋은 분이군요!" 코린이 말했다.

"특별히 나쁜 사람도 아닙니다."

그녀는 그의 두 손을 잡은 채 치밀어오르는 웃음의 가벼운 발작으로 몸을 떨고 있었다.

"진지하지 않죠, 프랑스 요자는?" 그녀는 말했다.

(그녀는 프랑스 여자를 프랑스 요자라고 발음했다.)

"당신은 나를 놀려 대고 있는 거군요?" 크리스토프는 기분이 좋아 말했다.

코린은 감동한 듯한 얼굴로 그를 바라보고 힘주어 그의 두 손을 흔들며 말했다.

"우리는 친구죠?"

"친구입니다!" 크리스토프도 그녀의 악수에 대답하면서 말했다.

"코린이 여길 떠나더라도 내 생각을 해주겠어요? 이 프랑스 여자가 진지하지 않다고 해서 나쁘게 생각하지나 않을까요?"

"그러면 당신은, 이 야만스런 튜턴인이 이렇듯 바보라고 해서 나쁘게 생각하지 않을까요!"

"그래서 더욱 좋은 거예요. ……나를 만나러 파리로 오겠어요?"

"가고말고요…… 그런데 당신은 내게 편지를 주실는지요?"

"맹세해요. ……당신도 맹세한다고 말해요."

"맹세합니다."

"안 돼요. 그렇게 해선. 손을 내밀어야 해요."

코린은 호라티우스들의 맹세 (고대 로마의 삼형제. 18세기 프랑스 화가 다비드의 작품에 《호라티우스의 맹세》가 있다) 의 방법을 흉내냈다. 또 그녀는 자기를 위해 하나의 작품을, 멜로드라마를 쓸 것을 크리스토프에게 약속시켰다. 그것을 프랑스어로 번역시켜, 자기가 파리에서 공연할 작정이었다. 코린은 단원들과 더불어 이튿날 출발하기로 되어 있었다. 크리스토프는 다음 다음날, 단원이 공연하는 프랑크푸르트로 그녀를 만나러 가기로 약속했다. 둘은 한참 동안 더 애기를 나누었다. 코린은 거의 반나체가된 자기의 사진을 크리스토프에게 주었다. 둘은 오빠와 동생처럼 포옹하면서 쾌활하게 작별했다. 실제로 코린은, 크리스토프가 자기를 사랑하고는 있지만 결코 연정을 품고 있지는 않다는 것을 알고 나서부터는, 그녀도 또한 연애 감정을 버리고 의좋은 친구처럼 그를 사랑하기로 했던 것이다.

그래서 두 사람의 잠은 피차 아무런 거리낌이 없었다. 이튿날 크리스토프는 그녀에게 작별인사를 할 수 없었다. 연주회 연습 때문에 붙들려 있었기 때문이다. 하지만 그 다음날 용하게 틈을 내어 프랑크푸르트로 갔다. 기차로 두세 시간이었다. 코린은 크리스토프의 약속을 거의 믿지 않았지만 크리스토프는 매우 진지했다. 그리고 개막 시간에 꼭 맞추어 찾아갔다. 막간에, 그녀가 의상 준비를 하고 있는 분장실로 가서 문을 노크했다. 그녀는 놀라운 기쁨에 외마디 소리를 지르고 그의 목에 매달렸다. 그가 와준 것을 마음 깊이 감사했다. 그러나 크리스토프에게는 불행하게도, 이 시에서는 그녀의 현재의 아름다움과 미래의 성공을 평가할 수 있는 돈 많고 총명한 유대인들이 훨씬 많이 있어, 코린은 그러한 사람들에게 에워싸여 있었다. 끊임없이 분장실 입구에 사람들이 붐비었다. 그리고 문은 반쯤 열린 채로여서, 눈초리가 날카로운 우울해 보이는 표정을 한 사람들이 들어와서는 무뚝뚝한 말투로 싱겁기 짝이 없는 아첨을 늘어놓았다. 물론 코린은 그들에게 아양스런 몸짓으로 애교를 뿌렸다. 그리고 그런 뒤에 일부러 꾸민 도발적인 태도를 바꾸지 않고 크리스토프에게 말을 걸었다. 그는 여기에 화가 났다. 또 그가 보는 앞에서 부끄러움도 없이 유유히 화장을 하려고 든 일도 그에게는 불쾌했다. 팔과 가슴과 얼굴에 칠한 지분(脂粉)은 그에게 심한 혐오감을 주었다. 그는 연극이 끝나자 그녀를 만나지 않고 돌아가려고 했다. 그러나 극이 끝난 뒤에 초대받은 야식에 참가할 수 없다는 것을 사과할 겸 작별인사를 하러 가자, 그녀가 무척 상냥스러운 슬픈 얼굴을 지었으므로 크리스토프의 결심은 무너졌다. 코린은 기차 시간표를 가져오게 하여, 아직 한 시간 남짓 자기와 함께 있을 수 있다, 함께 있어야 한다고 말했다. 크리스토프도 설득되는 것을 바라고 있었다. 그리하여 야식에 참석했다. 사람들이 늘어놓는 너절한 수다에 대한 권태와 코린이 아무에게나 뿌리고 다니는 아양에 대한 불쾌감도 그는 겉으로는 별로 나타내지 않고 참았다. 이러한 일로 그녀를 원망할 수는 없었

다. 그녀는 도덕심도 없고 게으르고 관능적이며 쾌락을 좋아했다. 또한 어린
애 같은 아양을 온몸으로 푸짐하게 뿌리고 있었지만 동시에 또 성실하고 선
량하고 정직한 사람으로서, 그녀의 모든 결점도 참으로 자연스럽고 건강한
것이었으므로 사람들은 이것을 웃어 버리고 말 수밖에 없었다. 아니, 이것을
사랑하지 않을 수는 도저히 없었다. 크리스토프는 그녀의 맞은편에 앉아, 그
녀가 수다를 떠는 동안 선량함과 섬세함과 사뭇 탐욕스러운 듯한 둔중함이
감돌고 있는 저 이탈리아적인 미소를 띤 생기 있는 얼굴, 환히 반짝거리는
아름다운 눈, 조금 부풀어오른 듯한 턱언저리 같은 것을 바라보고 있었다.
크리스토프는 전에 없이 똑똑히 그녀의 얼굴을 보았다. 어떤 특징이 아아다
를 생각나게 했다. 몸짓과 눈초리와 조금 경박하면서도 육감적인 태도─즉
영원히 여성들이 지니고 있는 것이. 그러나 그가 그녀 속에서 사랑하고 있었
던 것은 남구적인 성질이었다. 타고난 천분을 남김없이 발휘하여, 객실에서
의 아름다움이나 책에서 지식을 만드는 일에는 흥미를 갖지 않고, 정신도 육
체도 태양을 향해 꽃피는 듯한 조화 있는 어린이를 만들어 내는 일을 즐기는
저 너그럽고 큰 모성이었다. 그가 돌아가려고 하자 그녀는 식탁에서 일어나
다른 사람들과 떨어진 장소에서 그에게 작별인사를 했다. 둘은 또 한 번 키
스를 나누고 편지를 쓸 것과 언젠가 다시 만날 것을 새삼스럽게 또 약속했
다.

　크리스토프는 기차를 타고 돌아갔다. 도중 어느 역에서 반대 방향으로부
터 온 열차가 기다리고 있었다. 바로 그의 정면에 머물러 있는 객차, 삼등
찻간에 그와 함께 《햄릿》을 본 그 젊은 프랑스 여자의 모습이 보였다. 그녀
쪽에서도 크리스토프의 모습을 보았다. 그녀는 크리스토프를 기억하고 있었
다. 둘은 깜짝 놀랐다. 둘은 말없이 인사를 나누었다. 그리고 더는 얼굴을
마주볼 수도 없어 잠자코 있었다. 크리스토프는 그녀가 여행용 작은 테 없는
모자를 쓰고 낡은 가방을 하나 자기 옆에 놓아 둔 것을 퍼뜩 알아보았다. 그
러나 그녀가 이 나라를 떠나려고 하는 것이라고는 생각지 못했다. 며칠 동안
여행을 떠나는 것이라고 생각했다. 그녀에게 말을 걸어도 괜찮을지 어떨지
몰랐다. 크리스토프는 망설였다. 말하고자 하는 것을 머릿속으로 준비했다.
그리고 말을 걸기 위해 차의 창문을 열려고 했을 때 발차 기적이 울렸다. 크
리스토프는 얘기할 것을 단념했다. 몇 초가 지나 기차가 움직이기 시작했다.

둘은 바로 정면으로 얼굴을 맞대었다. 제각기 양쪽 차 안에서 고독했으므로 그들은 차창에 꼭 얼굴을 붙이고 둘을 에워싸고 있는 어둠을 통해 서로 상대방의 눈을 물끄러미 들여다보았다. 이중창이 둘을 가로막고 있었다. 밖으로 팔을 내밀었다면 그들의 손은 서로 닿을 수 있었을지도 모른다. 그렇듯 가까웠다. 또는 아주 멀었다고도 할 수 있으리라. 기차는 육중하게 흔들렸다. 서로가 영원히 이별하게 되는 지금에 와서는 그녀도 지지 않고 언제까지나 그를 보고 있었다. 둘은 정신없이 서로 쳐다보고 있었으므로 마지막 인사를 나눌 생각조차도 하지 못했다. 그녀는 천천히 멀어져 갔다. 크리스토프의 눈에서 그녀의 모습이 사라져 갔다. 그녀를 태운 기차는 밤의 어둠 속으로 빨려 들어갔다. 두 개의 방황하는 천체인 것처럼 둘은 일순간 옆을 지나 무한한 공간 속으로, 영원히 다시 만날 길 없이 멀어져 갔다.

그녀의 모습이 사라지자 크리스토프는 저 미지의 눈길에 의해 마음속에 패인 공허를 느꼈다. 왜 그런지는 알 수 없었다. 하지만 공허는 거기 있었다. 좌석 한 구석에 등을 기대고 눈을 반쯤 감고 졸음에 잠겨 있노라니 눈 위로 그녀의 눈길이 와 닿는 것처럼 느껴졌다. 그리고 이것을 한층 또렷이 느끼기 위해 다른 생각은 모두 침묵하고 있었다. 코린의 얼굴이 유리창 저쪽에서 날개를 파닥거리는 곤충처럼 그의 마음의 바깥쪽에서 아른거리고 있었다. 그러나 그는 이것을 마음속에 들여놓지 않았다.

기차에서 내려 밤의 차가운 공기를 마시고 고요히 잠든 거리를 거닐며 졸음이 달아나 버리자 다시 코린의 얼굴이 생각났다. 다정스런 태도와 야비한 교태가 생각나자 기쁨과 초조가 범벅이 된 기분으로, 그 상냥스런 여배우의 추억에 미소를 던졌다.

"어쩔 수 없는 프랑스인이야!" 크리스토프는 옆에 잠들어 있는 어머니가 잠을 깨지 않도록 살며시 옷을 벗으며 나직한 웃음소리와 함께 중얼거렸다.

그러자 어느 날 밤 위층 좌석에서 들은 말이 문득 생각났다.

"그렇지 않은 사람도 있어요."

처음 프랑스와 접촉했을 때부터 프랑스는 그에게 이중성의 수수께끼를 던졌다. 그러나 모든 독일인과 마찬가지로 그는 별로 이 수수께끼를 풀려고는 하지 않았다. 그리고 차 안에서 본 그 젊은 여자의 일을 생각하며 이렇게 되풀이할 뿐이었다.

"그 여자는 도무지 프랑스인답지 않다."

마치 어떤 것이 프랑스인이고 어떤 것이 프랑스인이 아니라는 것을 말할 권한이 한 사람의 독일인에게 있는 것처럼.

*

프랑스인이건 아니건, 하여튼 그녀의 일이 마음에 걸렸다. 그 증거로는 밤 중에 가슴이 죄어들 듯이 괴로워 눈이 뜨인 것이다. 그녀 곁 가까이 좌석 위에 놓여 있던 가방이 생각났다. 그러자 느닷없이 그녀는 그만 떠나 버린 것이라는 생각이 떠올랐다. 사실 이러한 생각은 맨 처음에 떠올랐어야만 했었다. 그러나 이것을 깊이 생각하지 않았다. 그렇게 생각하자 아련한 슬픔이 느껴졌다. 그는 침대 속에서 어깨를 으쓱했다.

"그게 나한테 어떻다는 것이냐?" 그는 혼잣말을 했다. "나와는 상관없는 일이다."

그는 다시 잠이 들었다.

그가 이튿날 외출하여 처음 만난 사람은 만하임이었다. 만하임은 그를 '블뤼허'^(프러시아의 장군)라고 불러 대고 프랑스 전체를 정복할 결심을 했느냐고 물었다. 그는 살아 있는 뉴스의 신이라고도 할 만한 사람의 입을 통해 좌석의 사건이 만하임이 기대했던 이상의 성공을 거두었음을 알았다.

"자네는 대단해!" 만하임은 외쳤다. "자네에게 비한다면 나 같은 건 비교도 되지 않아."

"내가 무얼 어떻게 했다는 건가?" 크리스토프는 물었다.

"자네는 정말 굉장하단 말이야!" 만하임은 말을 이었다. "자네가 부러워 죽겠는걸. 그뤼네바움네의 코앞에서 좌석을 가로채어, 대신 그자들의 프랑스인 가정교사를 초대하다니…… 아니, 이건 정말로 멋있어. 나 같은 건 도저히 생각지도 못할 일이었어!"

"그뤼네바움네 가정교사였나?" 크리스토프는 놀라서 물었다.

"그래, 모르는 척해 두는 게 좋아. 짐짓 얌전한 체하는 거야. 나도 그걸 권하지! …… 아버지는 화를 가라앉히지 않을 것이네. 그뤼네바움 사람들은 펄펄 뛰고 있고! …… 그자들은 꾸물거리지 않았어. 그들은 그 여자를 내쫓아 버렸거든."

"뭐라고!" 크리스토프는 외쳤다. "그 여자를 내쫓았다고! …… 나 때문에 내쫓았다는 거야?"

"자넨 그걸 몰랐었나?" 만하임은 말했다. "그녀는 그걸 자네에게 말하지 않았었나?"

크리스토프는 우울해졌다.

"뭐 그렇게 걱정할 것은 없다네." 만하임은 말했다. "대수로운 일이 아니야. 게다가 언젠가는 그뤼네바움 사람들이 알게 될 테니까……"

"무엇을?" 크리스토프는 외쳤다. "무엇을 알게 된다는 거야?"

"물론 그녀가 자네 정부라는 걸 말이지!"

"난 그 여자를 알지도 못해. 이름도 모른단 말이야."

만하임은 싱글거렸다. 그 의미는 이러했다.

"나는 자네가 생각하는 것만큼 바보는 아니라네."

크리스토프는 화를 냈다. 자기가 말하는 것을 믿어 달라고 만하임에게 대들었다. 만하임은 말했다.

"그렇다면 더욱더 재미있는데."

크리스토프는 흥분하여, 지금 당장 그뤼네바움네 사람들을 찾아가 사실을 얘기해 그 여자의 무고함을 입증해 주겠다고 말했다. 만하임은 그러지 못하도록 말렸다.

"여보게." 만하임은 말했다. "자네가 무슨 말을 한들 그자들은 도리어 점점 더 그 반대로 믿을 따름이지. 게다가 행차 뒤의 나팔 소리야. 그 여자는 벌써 멀리 가버렸다네."

크리스토프는 마음이 아파, 그 프랑스 여자의 행방을 찾으려고 애썼다. 편지를 써서 용서를 빌고 싶었다. 그러나 누구도 그녀에 대해서는 알지 못했다. 그뤼네바움네로 물으러 갔다가 쫓겨 나왔다. 그들은 그녀가 어디로 갔는지 알지 못했다. 그리고 그것을 마음에 두고 있지도 않았다. 못할 짓을 했다는 생각에 크리스토프는 고통을 겪었다. 그것은 끊임없는 양심의 가책이었다. 또한 거기에는 신비로운 일이 결부되어 있었다. 그것은 사라져버린 눈으로부터 가만히 그를 비추고 있는 매력이었다. 이 매력과 양심의 가책은, 나날의 생활과 새로운 사고의 물결에 가리어 스러지는 듯이 보였다. 그렇지만 마음의 깊은 밑바닥에 남몰래 언제까지나 남아 있었다. 크리스토프는 그녀를 자기의 희생자라고 일컬어 결코 그녀를 잊지는 않았다. 꼭 다시 한 번 그녀를 만나려고 다짐했다. 해후할 기회가 거의 없다는 것을 잘 알고 있었지만 그래도 꼭 만나리라고 믿었다.

코린은 아무리 크리스토프가 편지를 보내도 답장을 보내오지 않았다. 그런데 석 달이 지나 이제는 크리스토프가 아무런 기대도 갖지 않았을 무렵에, 마흔 단어의 전보가 왔다. 코린은 그 속에서 즐거운 듯이 농지거리를 하며 그를 상냥스런 애칭으로 부르며 '우리는 변함없이 서로 사랑하고 있나요?' 하고 묻고 있었다. 그 뒤 일 년 가까이 또 소식이 끊어진 뒤 짧은 편지가 왔다. 그것은 귀부인처럼 보이려고 애쓴 듯한, 어린애같이 비비꼬인 커다란 글씨로 갈겨쓴 것이었다. 그것은 정답고 어릿광대 같은 몇 마디의 편지였다. 그리고 그뿐이었다. 코린은 그를 잊어버린 것이 아니라 그의 일을 생각할 틈이 없었다.

*

크리스토프는 코린의 매력에 아직 사로잡혀 있었으며 또 둘이서 주고받은 애기에 대한 생각으로 머릿속이 꽉 차 있었으므로, 코린이 몇 가지 곡을 노래 부르며 연출하는 하나의 곡, 일종의 시적인 멜로드라마(樂劇) 음악을 만들려고 꿈꾸었다. 이런 종류의 예술은 전에 독일에서도 환영받고, 모차르트에게 퍽 애호되고 베토벤, 베버, 멘델스존, 슈만 등 모든 고전적 거장들에 의해서 실제로 만들어졌던 것이지만, 극과 음악의 결정적 양식을 실현했다고 자부하는 바그너파의 승리 이래로는 완전히 돌아보지 않게 되었었다. 바그너파의 대담한 현학자들은, 새로운 멜로드라마를 모두 물리친 것만으로는 만족하지 않고 옛날 멜로드라마에 화장을 하려고 애썼다. 오페라(歌劇)로부터 대화 부분을 모두 샅샅이 지워 버리고, 모차르트와 베토벤과 베버의 작품을 오페라를 위해 자기류의 레치타티보(朗誦調)로 썼다. 이들 걸작 위에 자기들의 빈약한 졸작을 공손히 올려놓아 거장들의 의도를 보충한 셈이었다.

크리스토프는 코린의 비평에 의해 바그너적인 낭송법은 숨이 답답하고 보기에 흉하다는 점에 대해 좀더 민감해져, 말과 노래를 극 중에서 배합하여 함께 레치타티보 속에 묶어 버리는 것은 무의미한 일이며 자연에 반대되는 일은 아닐까 하고 생각했다. 그것은 마치 말 한 필과 새 한 마리를 하나의 수레에 비끄러매려 하는 것과 같았다. 말과 노래는 저마다 독자적인 리듬을 가지고 있다. 예술가가 두 가지 중에 하나를 희생하여 자기가 즐기는 쪽에 승리를 얻도록 한다고 하면 이해가 간다. 그러나 둘을 타협시키려고 애쓰는 것은 둘 다 희생시키는 일이었다. 말이 이미 말이 아니고 노래가 이미 노래가 아니기를 바라는 일이었다. 노래의 광대하게 퍼진 흐름을 운하의 단조로운 둑 사이로 옹색하게 흘러들게 하고, 말의 아름다운 벌거숭이 리듬에 동작이나 걸음걸이를 방해하는 호사스러운 무거운 옷을 입히는 일이었다. 어째서 양쪽에다 자유로운 동작을 허용해 주지 않는 것일까? 예컨대 가벼운 발걸음으로 시냇물을 따라 거닐면서 꿈꾸는 한 소녀처럼 말이다. 물의 속삭임은 그녀의 꿈을 흔든다. 그녀는 스스로도 의식하지 않고 걸음걸이의 리듬을 시냇물의 노랫소리에 맞춘다. 이렇게 되면 음악과 시는, 둘 다 자유로이 꿈을 서로 한데 엮어 나가며 나란히 걸어나갈 것이다. 확실히 이러한 협력에 있어서는 어떠한 음악도 훌륭하다고는 할 수 없었다. 또 어떠한 시도 훌륭하다고 할 수 없었다. 멜로드라마의 반대자들은 여태까지 시도된 시험과 그 실연자들의 서투른 솜씨에 대해서는 공격할 만한 훌륭한 이유를 가지고 있었다. 크리스토프도 오랫동안 그들과 마찬가지로 이에 대해 혐오감을 품고 있었다. 배우들은 악기의 반주에 따라 대사를 말하는 것인데 반주 따위는 문제로 삼지도 않으며, 자기 목소리를 그것에 맞추려고 하지도 않고, 반대로 자기 목소리만을 두드러지게 들려주려고 애썼다. 그들의 졸렬함과 우매함은 음악적인 귀를 지닌 인간에게는 불쾌감을 갖게 하기에 충분한 것이었다. 하지만 그는 코린의 조화 있는 목소리를 듣고 나서는 하나의 새로운 예술의 아름다움을 보았던 것이다. 흐르는 듯한 이 맑게 트인 목소리는, 음악에 싸여서 움직였다. 그것은 물속의 한 줄기 광선 같았으며, 노래보다도 더욱 유동적이고 자유로운 일종의 노래 같았다.

아마도 크리스토프의 생각은 틀린 것은 아니었을 것이다. 그러나 그는 아직 경험이 충분하지 않았기 때문에 이러한 종류의 예술을 대담하게 시도하려고 든다면 위험이 따르지 않을 수 없었다. 이러한 종류의 것이란, 만일 정말로 예술적인 것으로 만들려 한다면 가장 곤란한 것이었다. 특히 이 예술은 시인과 음악가와 출연자와의 결합된 노력과 완벽한 조화라는 본질적인 조건을 요구했다. 크리스토프는 그런 일에는 개의치 않았다. 크리스토프는 자기만이 그 법칙을 예감하고 있는 이 미지의 예술 속으로 눈을 꼭 감고 마구 뛰어들어갔다.

그가 처음으로 착상한 것은 셰익스피어의 어느 요정극이나 《파우스트》 제2부의 어느 한 막에 음악을 붙이는 일이었다. 그러나 어느 극장도 그러한 시도를 해보겠다는 생각은 거의 없었다. 비용이 드는데다가 또 어리석은 짓인 것처럼 생각되었기 때문이다. 음악에 대한 크리스토프의 능력은 사람들이 벌써 뚜렷이 인정하고 있었다. 하지만 연극에 대해서까지 여러 가지 손을 뻗친다는 것은 사람들을 비웃게 만들었다. 사람들은 그가 하는 말을 진정으로 받아들이지 않았다. 음악의 세계와 시의 세계는 서로 인연이 없는, 그리고 은밀히 적의를 품고 있는 두 개의 국가와 같았다. 크리스토프가 시의 나라에 발을 들여 놓기 위해서는 한 시인의 협력을 수락해야 했다. 하지만 그 시인을 그 자신이 선택할 권리는 없었다. 그리고 스스로도 감히 자신이 선택하려고는 하지 않았다. 그는 자기의 문학적 취미에 자신이 없었다. 문학에 대해서는 전혀 모른다고 사람들은 알고 있었다. 사실 또 주위 사람들이 칭찬하고 있는 시는 전혀 알 수 없었다. 그는 언제나 그 성실성과 참을성으로 그러한 시가 가지고 있는 아름다움을 느껴 보려고 매우 노력했다. 그러나 매번 고생한 보람도 없이 지쳐 버리기만 하여 좀 부끄러워했다. 그렇다. 그는 확실히 시인은 아니었다. 실토하자면 그는 옛날의 어떤 시인들을 열렬히 사랑했다. 그리고 그것으로써 그의 마음도 얼마쯤은 위로를 받았다. 그러나 물론 그는 정당한 방법으로 사랑한 것은 아니었다. 위대한 시인은 그의 작품이 산문으로 번역되더라도, 아니 외국어의 산문으로 번역되더라도 여전히 위대한 것이며, 말은 그것이 표현하고 있는 혼에 의해서만 가치가 있는 것이다, 라는 기묘한 의견을 전에 발표한 일이 있었다. 그의 친구들은 그를 비웃었다. 만하임은 그를 속물로 취급했다. 그러나 그는 변명하려고는 하지 않았다. 음악에 대해 의견을 말하는 문학가들의 실례에 의해 전문 외의 예술을 비판하려하는 예술가들의 우스꽝스러움을 매일 보고 있었으므로, 시에 대한 자기의 무능력을(마음속으로는 다소 미심쩍어했지만) 체념하고 있었다. 그리고 눈을 감고 이 점에 대해서는 자기보다도 정통해 있다고 여겨지는 사람들의 판단을 받아들이기로 했다. 그는 잡지의 친구들이 강요하는 대로 퇴폐파의 대시인 시테판 폰 헬무트를 훌륭하다고 해주었다. 이 시인은 자기류로 쓴 《이

피게니에)를 그에게 가져왔다. 그 무렵에는 마침 독일의 시인들이(프랑스의 시인들도 그랬었지만) 한창 이 그리스의 비극을 개작하고 있었다. 시테판 폰 헬무트의 작품은 입센, 호메로스, 오스카 와일드 등이—물론 두셋의 고고학적 개론의 지식도 섞여 있지만—혼합되어 있는 예의 기묘한 그리스 독일적 희곡의 하나였다. 아가멤논은 신경 쇠약 환자이고 아킬레우스는 무능력자였다. 그들은 지루하게 자기 신세를 탄식했다. 그리고 물론 그들의 탄식은 아무것도 변화시키지 못했다. 이 극은 이피게니에의 역에 집중되어 있었다. 그것은 신경쇠약에 걸린 히스테릭한, 그리고 현학적인 이피게니에로서 영웅들에게 교훈을 주거나 정신없이 수다를 늘어놓거나 관중에게 니체적 염세 사상을 털어놓거나 하고, 이윽고 죽음에 도취하여 날카로운 웃음소리를 내며 목을 베고 자살하는 것이었다.

그리스식 의상을 두른 퇴폐적인 동 고트인의 비위에 거슬리는 문학만큼 크리스토프 정신에 반대되는 것은 없었다. 그의 주위에서는 모두 걸작이라고 말했다. 그는 겁쟁이였다. 그렇게 믿어 버리고 말았다. 그러나 실제로는 그의 머리는 음악에 관한 일로 꽉 차 있었으므로 대본보다도 자기 음악에 관한 일을 생각하고 있었던 것이다. 그에게 있어서 대본은 자기 정열의 물결을 거기 넘치게 하는 강 밑바닥이었다. 시적인 작품을 음악으로 번역하려는 사람이면 꼭 지켜야만 하는 자기 포기와 지적 몰개성(沒個性)의 상태로부터 그는 너무나 멀리 떠나 있었다. 그는 자기 일만을 생각하고, 작품에 대해서는 전혀 생각하고 있지 않았다. 그는 작품을 따르려고 하지 않았다. 게다가 그는 환상을 그리고 있었다. 시 속에서 거기에 있는 것과는 다른 것을 보고 있었다. 마치 소년 시절처럼 눈앞에 있는 작품과는 전혀 다른 작품을 머릿속으로 조작해 내고 있었던 것이다.

공연 연습을 할 때가 되어 그는 비로소 현실의 작품에 생각이 미쳤다. 어느 날 한 장면을 듣고 있노라니 너무나 어처구니없게 여겨져, 이것은 배우들의 연기 때문에 그렇게 보이는 것이라고 생각했다. 그래서 그는 극작가 앞에서 배우들에게 그 말을 할 뿐만 아니라 작가에게도 말할 작정이었다. 그러나 작자는 배우들을 변호했다. 작자는 그의 말을 거스르며 뾰로통한 말투로, 자신이 무엇을 쓰고자 하는가는 자신이 잘 알고 있다고 생각한다고 말했다. 크리스토프는 끝까지 자기 주장을 굽히지 않고 헬무트가 아무것도 모르고 있다고 우겼댔다. 그러나 모두 웃고 있어 자기가 업신여김을 받고 있다는 것을 깨달았다. 결국 이러한 시를 쓴 것은 자기가 아니라는 것을 인정하고 그는 입을 다물어 버리고 말았다. 이때 비로소 그는 이 작품이 말도 안 될 만큼 내용이 없다는 것을 알았다. 그리고 실망했다. 어째서 이런 착각을 저질렀는지 스스로도 알 수가 없었다. 그는 자신에게 바보라고 욕설을 퍼붓고 머리를 쥐어뜯었다.

"너는 아무것도 모른다. 그것은 너의 분야가 아니다. 너는 자기 음악에 전념하기만 하면 되는 거야!" 그는 자신을 향해 말하며 마음을 가라앉히려고 했지만 되지 않았다.

이 작품의 졸렬함과 목구멍 간지러운 감상적 표현과 말과 동작, 그리고 차마 눈뜨고 볼 수 없는 태도의 허위가 너무나 부끄러워 오케스트라를 지휘하면서도 가끔 지휘봉을 휘두를 힘조차 없어졌다. 대사를 불러 주는 역이 있는 구멍 속으로 기어들어가고 싶었다. 그는 너무나 솔직하고 또 너무나 교활하지 못한 사람이었으므로 자기가 생각하고 있는 것을 숨기지 못했다. 친구들도 배우들도 또 작자도 이것을 눈치챘다. 헬무트는 아랑곳하지 않는다는 듯한 미소를 띠며 그에게 말했다.

"당신 마음에 들지 않는군요?"

크리스토프는 정직하게 대꾸했다.

"사실대로 말하면 마음에 들지 않습니다. 나로선 의미를 알 수 없습니다."

"그렇다면 당신은 이것을 읽지도 않고 작곡하신 거군요?"

"읽었습니다."

크리스토프는 솔직히 말했다. "그러나 나는 착각했습니다. 다르게 이해했던 것이죠."

"그건 유감입니다. 자신이 이해하신 것을 직접 썼더라면 좋았을 텐데."

"그래요! 만일 내가 쓸 수만 있었다면!" 크리스토프는 말했다.

시인은 화가 나서 그 보복으로 음악을 깎아내렸다. 그의 음악이 방해가 되어 대사가 들리지 않는다고 투덜거렸다.

시인은 음악가를 이해하지 않고 음악가는 시인을 이해하지 않았지만 배우들은 시인도 음악가도 이해하지 않았다. 게다가 이것이 조금도 마음에 걸리지 않았다. 그들은 다만 자기 배역 가운데 군데군데 판에 박은 효과를 내는 문구만을 찾고 있었다. 자기 연기를 곡의 음조나 음악적 리듬에 맞추는 일은 문제도 아니었다. 글이 나가는 방향과 음악이 나가는 방향은 서로 어긋났다. 마치 멋대로 빗나간 노래를 줄곧 부르고 있는 것 같았다. 크리스토프는 부드득 이를 갈고 죽어라고 음부를 외쳐 댔다. 그렇지만 그들은 그가 멋대로 외치도록 내버려두었다. 그가 자기들에게 무엇을 요구하고 있는지조차 알지 못하고 아주 태평스럽게 계속했다.

연습이 이토록 진행되지 않았더라면, 그리고 재판 사태가 벌어질 걱정이 없었더라면 크리스토프는 모든 것을 포기했을는지도 모른다. 실망해 버렸다는 것을 만하임에게 말하자 만하임은 그를 놀렸다.

"왜 그러는 거야?" 만하임은 물었다. "다 잘 되어 가잖아? 서로 이해를 못하고 있다고? 그게 어쨌다는 거야? 작자 말고 다른 사람이 그 작품을 잘 아는 일이 있었던가? 자신이 자기 작품을 이해하는 것만으로도 행운이잖아?"

크리스토프는 시가 너절하다는 것이 몹시 마음에 걸렸다. 이 시는 음악을 망쳐 놓을 것이라고 말했다. 만하임도 이 시에는 상식이 결여되어 있는 것과 헬무트가 '멍텅구리'라는 것은 쉽사리 인정했다. 그러나 그는 헬무트에 대해서는 아무 걱정도 하고 있지 않았다. 헬무트는 언제나 맛있는 음식을 잘 차려 대접하고 있었으며 아름다운 부인을 두고 있었다. 비평계에서는 그것만으로 충분하지 않은가? 크리스토프는 어깨를 으쓱거리며 엉터리 같은 농담을 듣고 있을 겨를이 없다고 말했다.

"그러나 이것은 결코 농담이 아니라네." 만하임은 웃으며 말했다. "세상 사람들은 융통성이 없는 녀석들뿐이다! 그자들은 인생에서 무엇이 중요한지 전혀 모르고 있어."

그리고 그는 헬무트의 일로 골머리를 앓지 말고 자기 자신의 일만 생각하는 게 좋다고 충고했다. 좀더 자기 선전을 하라고 권했다. 크리스토프는 격분해서 거절했다. 그의 사생활에 대해 방문 기사를 취재하러 온 탐방 기자에게 그는 사납게 대꾸했다.

"그것은 당신이 알 바 아니야!"

또 어느 잡지에 게재하겠다고 사진을 달라고 했을 때 그는 펄쩍 뛰며 화를 내고, 다행히도 자기는 통행인에게 구경시키기 위한 카이저(皇帝)는 아니라고 고함쳤다. 그를 유력한 사교계에 관계를 맺어 주는 일도 불가능했다. 그는 초대에 응하지 않았다. 때로 도저히 승낙을 더는 미룰 수 없을 때도 출석하는 것을 잊어버리거나, 혹은 일부러 여러 사람에게 불쾌감을 주려고 애쓰고 있는 것처럼 여겨질 만큼 기분 나쁜 차림새로 왔다.

그러나 무엇보다도 난처한 일은 공연 이틀 전에 그는 잡지 동료들과 싸움 소동을 벌이고 말았던 것이다.

*

당연히 일어날 것이 일어났다. 만하임은 여전히 크리스토프의 논설에 손질을 하고 있었다. 지금은 아무런 거리낌 없이 비난하는 부분을 전부 삭제하고 찬사로 바꾸어 놓았다.

어느 날 크리스토프는 어떤 살롱에서 한 유명한 연주가와 만났다. 그는 생글거리기를 잘하는 피아니스트로 전에 그가 혹독히 깎아 내린 적이 있는 사내였는데, 흰 이를 드러내어 웃으면서 그에게 사례를 하러 왔다. 그는 무뚝뚝하게 사례를 받을 까닭이 없다고 말했다. 그래도 상대는 한결같이 어리둥절해하면서도 감사의 말을 늘어놓았다. 크리스토프는 느닷없이 상대의 말을 가로막고, 내 논설에 만족하는 것은 당신의 자유이지만 그건 결코 당신을 만족시키기 위해 쓴 것은 아니라고 말했다. 이렇게 말하고 그는 상대에게서 등을 돌려 버렸다. 명연주가는 그를 친절하지만 몹시 까다로운 사람이라고 생각하고 웃으며 사라졌다. 그런데 크리스토프는 최근에 그가 평론에서 심하게 다루었던 또 다른 음악가에게서도 감사의 명함을 받은 일이 떠올랐다. 그러자 별안간 하나의 의혹이 머리에 떠올랐다. 크리스토프는 밖으로 나가 신문 잡지를 파는 매점에서 그들의 잡지 최근호를 사서 자기 논설을 찾아내어 읽었다. 순간 자기는 미쳐 버리는 게 아닌가 하고 생각했다. 이윽고 까닭을 알게 되었다. 너무 화가 난 나머지 '디오니소스'의 편집부로 달려갔다.

발트하우스와 만하임이 그들과 친한 한 여배우와 얘기를 하고 있었다. 그들은 크리스토프에게 찾아온 까닭을 물을 필요도 없었다. 크리스토프는 잡지를 탁자 위에 던지고 숨을 쉴 새도 없이 그들을 악한이라느니 무뢰한이라느니 사기꾼이라느니 욕을 해대고, 의자를 힘껏 마룻바닥에 내동댕이치며 무서운 기세로 그들을 책망했다. 만하임은 웃으려고 했다. 크리스토프는 그의 엉덩이를 걷어차려고 했다. 만하임은 몸을 피해 탁자 뒤로 달아났다. 그 래도 발트하우스는 크리스토프에게 거만한 태도로 나왔다. 점잖은 척 위엄을 갖추고 소란 속에서도 상대방에게 차근차근 일러 준다는 태도로, 자기는 그런 투로 얘기하는 사람은 누구든 용납하지 않는다, 그리고 크리스토프도 머잖아 깨달을 것이다, 하면서 크리스토프에게 명함을 내밀었다. 크리스토프는 그 명함을 상대방 얼굴을 향해 내던졌다.

"잘난 체하는군…… 명함 따위 보지 않아도 자네가 어떤 사람인지 다 알고 있다! 자네는 불한당이고 사기꾼이다! 자네는 내가 자네와 결투라도 하리라고 생각하나? …… 자네 같은 사람은 그저 혼만 내주면 돼……"

그의 목소리는 길에서도 들렸다. 사람들은 멈춰서서 귀를 기울였다. 만하임은 창문을 닫았다. 손님인 여배우는 겁이 나서 도망치려고 했다. 그러나 크리스토프가 문을 가로막고 있었다. 발트하우스는 새파랗게 질려 숨이 막히고, 만하임은 찬웃음을 띠고 말을 더듬으며 둘 다 뭐라고 대꾸하려고 애썼다. 그러나 크리스토프는 그들이 입을 열지 못하게 했다. 그는 생각할 수도 없는 모욕적인 말을 두 사람에게 퍼부었다. 그리고 숨이 차고 욕설도 바닥이 나자 가까스로 나갔다. 발트하우스와 만하임은 그가 가 버린 뒤에 간신히 입을 열 수 있었다. 만하임은 곧 침착을 되찾았다. 물이 오리의 날개 위로 굴러떨어지듯이 욕설이 그의 위로 굴러떨어졌다. 발트하우스는 원한이 뼈에 사무쳤다. 자존심을 짓밟혔던 것이다. 그리고 이 굴욕을 더욱 참을 수 없게 한 것은 목격자가 있다는 사실이었다. 크리스토프는 절대 용서할 수가 없었다. 그의 동료들도 그의 의견에 동조했다. 오로지 만하임만 여전히 크리스토프를 미워하지 않았다. 그는 크리스토프 덕분에 충분히 즐거운 시간을 가질 수 있었다. 그 유쾌함을 생각하면 심한 욕설을 두세 마디 얻어먹었다는 정도로는 결코 비싼 대가를 치른 것은 아니었다. 그것은 참으로 재미있는 촌극이었다. 가령 자신이 그 대상이 되어 있었다 하더라도 자신부터 맨 먼저 웃음을 터뜨렸을 것이다. 때문에 아무 일도 없었던 것처럼 크리스토프와 악수할 생각이었다. 그러나 크리스토프 쪽에서는 원한을 품고 있었다. 그는 그의 제안을 모조리 거절했다. 만하임은 이것을 조금도 안타깝게 생각하지 않았다. 원래가 크리스토프는 그에게 있어서 하나의 장난감으로, 될 수 있는 한도 내에서의 즐거움을 이미 끌어냈던 것이었다. 그는 이미 다른 인형에게 열중하기 시작했다. 이내 두 사람의 관계는 끊어져 버렸다. 그래도 만하임은 자기 앞에서 크리스토프의 얘기가 나오자 자기들은 친구라고 말했다. 혹은 그렇게 믿고 있었는지도 알 수 없었다.

싸움 이틀 뒤는 《이피게니에》의 공연 첫날이었다. 완전한 실패였다. 발트하우스의 잡지는 시만 칭찬하고 음악은 묵살했다. 다른 신문은 무릎을 치며 기뻐했다. 사람들은 웃고 휘파람을 불었다. 이 극은 3회 공연만으로 끝났다. 그런데 비웃음은 당장에는 그쳐지지 않았다. 사람들은 크리스토프에게 욕설할 수 있는 이런 기회를 찾아낸 것이 기뻐서 어쩔 줄 몰랐다. 그리고 《이피게니에》는 몇 주일에 걸쳐 끝없는 웃음거리가 되었다. 크리스토프에게는 이제 방어할 무기가 없다는 것을 사람들은 알고 있었다. 사람들은 이 기회를 이용했다. 그래도 단 한 가지, 아직 다소 그들을 삼가도록 한 것은 궁정에 있어서의 그의 지위였다. 이제까지 대공의 몇 차례 주의에도 그는 도무지 이를 고려하지 않아 두 사람의 관계는 퍽 냉정하게 되어 있었지만, 그래도 그는 가끔 궁중으로 나갔었다. 그리고 일반 사람의 눈으로 본다면 일종의 공식적인 은혜에 보호를 받고 있었다. 하지만 이 보호는 실질적인 것이 아니고 외견적인 것이었다.

그런데 이 마지막 지지마저도 그는 자기 스스로 망쳐 버렸다.

*

그는 비평가들의 공격에 괴로움을 겪었다. 그들은 단순히 그의 음악에 대해서뿐만 아니라 새로운 예술 형식에 대한 그의 견해에 대해서도 공격했다. 사람들은 그것을 이해하려고 노력하지는 않았다(이해를 하기보다는 그 견해를 비뚤어진 것으로 만들어 놓고 멋대로 비웃는 편이 더욱 쉬운 일이었다). 악의적인 비평에 대해 할 수 있는 가장 좋은 대답은 대꾸 따위는 집어치우고 창작을 계속 하는 일이라고 생각할 만큼 크리스토프는 아직 총명하지 못했다. 수개월 전부터 부당한 공격에 대해서 일일이 응수하지 않고는 배겨낼 수 없다는 나쁜 습관이 몸에 붙어 버렸다. 그는 논적들을 사정없이 논파하는 논문을 썼다. 그는 이것을 두 신문사로 들고 갔지만 어느 신문사도 이를 발표할 수 없다는 것을 신중히 비꼬아 정중히 사과하면서 원고를 돌려보냈다. 크리스토프는 단념하지 않았다. 전에 기고를 부탁해온 적이 있는 사회주의 신문을 생각해 냈다. 그는 편집자 한 사람을 알고 있었다. 두 사람은 가끔 함께 논의한 적이 있었다. 권력과 군대와, 압제적이고 인습적인 편견 등에 대해 자유로이 말하는 인간을 만나자 크리스토프는 기뻤다. 그러나 두 사람의 대화는 별로 깊이 들어갈 수 없었다. 사회주의자의 이야기는 언제나 카를 마르크스에게로 되돌아가지만, 그는 카를 마르크스에 대해서는 전혀 무관심했기 때문이었다. 게다가 크리스토프는 이 자유인의 이러한 이야기 속에, 또 그가 별로 좋아하지 않는 유물주의의 이야기 속에, 현학적인 준엄성과 사상의 전제주의 그리고 힘에 대한 은밀한 숭배와 뒤집어 놓은 군국주의를 찾아 냈다. 이것은 그가 매일 독일에서 듣고 있는 것과 그리 크게 다른 음향을 갖고 있지는 않았다.

그러나 다른 편집실의 문이 막히는 것을 보았을 때 그의 머리에 떠오른 것은 이 사내와 이 신문이었다. 이러한 방법이 세상의 비난을 받으리라는 것은 그도 잘 생각해 보았다. 이 신문은 과격하고 증오적인 논조가 강해 언제나 발매 금지 처분을 받고 있었다. 그러나 크리스토프는 이 신문을 읽지 않고 있었으므로 이 신문이 지니고 있는 견해의 대담성밖에 염두에 두지 않았다. 그것은 결코 그를 두렵게 하는 것은 아니었다. 그리고 그는 혐오할 만한 논조의 저열함 같은 것은 생각지도 않았다. 그러나 자기를 질식시키려고 다른 신문이 음험한 공동 전선을 펴고 있는 것을 보고 무척 분격했으므로, 비록 사정을 더 잘 알고 있었다손치더라도 아마 그런 것은 문제가 되지 않았을 것이다. 그리고 간단히 내쫓기지 않는다는 것을 사람들에게 보여 주고 싶었다. 그래서 논설을 사회주의 신문의 편집실로 들고 갔다. 그는 대단히 환영받았다. 이튿날 그 논문은 발표되었다. 그리고 신문은 과장된 문구로 젊고 재능이 있는 악장(樂長) 동지 크라프트의 협력이 확보되었다는 것, 노동 계급의 요구에 대한 그의 열렬한 공감은 세상이 주지하는 사실이라는 것 등을 보도했다.

크리스토프는 그 주석도 자기 논설도 읽지 않았다. 이날은 일요일이었으므로 새벽녘부터 들로 산책을 나갔던 것이다. 무척 상쾌한 기분이었다. 해 뜨는 것을 보면서 그는 외치고 웃고 노래 부르고 뛰어오르며 춤을 추었다. 이젠 잡지의 일도, 쓰지 않으면 안 될 비평의 일도 벌써 모두 잊어버렸다! 때는 바야흐로 봄이었다. 모든 음악 중에서 가장 아름다운, 하늘과 대지의 음악이 다시금 돌아와 있었다. 답답하고 고약한 냄새가 나는 어두컴컴한 음악회장도, 불유쾌한 이웃 좌석의 청중도, 김빠진 연주가도 이제는 그만이다! 속삭이는 숲에서 영묘한 노랫소리가 솟아오르는 것이 들려왔다. 그리고 대지의 단단한 지각(地殼)을 뚫는 생(生)의 마음을 도취케 하는 방산(放散)이 들녘을 흐르고 있었다.

빛으로 충만된 음악으로 머릿속이 멍멍한 채 그가 산책에서 돌아오자 어머니가 그가 없는 사이에 궁정으로부터 온 편지를 내주었다. 발송인의 이름이 씌어 있지 않은 그 편지는 크라프트 씨에게 오늘 오전 중 궁정으로 나오라고 말하고 있었다. 오전은 벌써 지났었다. 이미 1시에 가까웠다. 크리스토프는 거의 신경쓰지 않았다.

"이미 늦었구나." 크리스토프는 말했다. "내일 가야지."

그렇지만 어머니는 걱정이었다.

"안 된다, 안 돼. 전하의 부르심은 미룰 수 있는 게 아니야. 자, 곧 가야지. 아마 무슨 중대한 일이 있는가 보다."

크리스토프는 어깨를 으쓱했다.

"중대한 일이라고요? 저 사람들에게 중대한 애기 같은 게 있을 게 뭡니까! 음악상의 의견이라도 들려주겠다는 것이겠지요. 그것은 재미있는 일일 테지만! …… 지그프리트 마이어(Siegfried Meyer : 독일의 풍자 작가들이 황제에게 붙여준 별명)와 경쟁하고자 하는 변덕을 일으켜 자기도 《애기르에의 찬가》라는 것을 보이고자 하지만 않는다면! 나는 체면을 지키고 있지만은 않습니다. 나는 이렇게 말해 주겠어요. 정치를 하시오. 정치에서는 대공이 대가입니다. 언제나 정당한 일을 하실 테지요. 그렇지만 예술에서는 조심하세요! 예술의 세계에서는 대공에게는 투구도 깃털 장식도 군복도 돈도 직함도 조상도 헌병도 없습니다…… 자아! 조금 생각해 보세요. 그러한 것 없이 과연 대공에게 무엇이 남을까요?"

선량한 루이자는 모두 곧이듣고 팔을 위로 쳐들었다.

"그런 말을 해서는 안 돼! …… 너 좀 어떻게 되었구나! 미쳤니! ……"

크리스토프는 어머니가 남의 애기를 쉽게 믿는 것을 미끼로 어머니 마음을 애타게 하며 재미있어했다. 그러나 농담의 정도가 지나쳤으므로 루이자도 나중에는 놀림받고 있다는 것을 깨달았다. 루이자는 그에게 등을 돌렸다.

"정말 바보야, 애는!"

크리스토프는 웃으며 어머니를 안았다. 그는 기분이 좋았다. 산책하는 동안에 아름다운 주제를 발견했다. 그것이 마치 물속 고기처럼 마음속에서 뛰놀고 있는 것을 그는 느꼈다. 크리스토프는 식사가 끝나기 전에는 궁정으로 가려고 하지 않았다. 그는 아귀처럼 자꾸자꾸 먹었다. 식사가 끝나자 루이자는 그의 옷차림새를 봐주어야 했다. 크리스토프가 해진 옷과 먼지투성이 구두 그대로의 복장으로 가겠다고 우겨대어 그녀를 애먹였기 때문이다. 그래도 그는 뜸부기처럼 휘파람을 불고 오케스트라의 모든 악기의 흉내를 내기도 하며 양복을 갈아입고 구두를 닦았다. 이것이 끝나자 어머니는 일단 옷매무새를 보고서 넥타이를 단정히 다시 매어 주었다. 그는 전에 없이 여유가 있었다. 자기에게 만족해 있었던 것이다. 이것 또한 그렇게 흔한 일은 아니었다. 자신은 이제부터 아델라이드 공주를 납치하러 간다고 말하며 그는 출발했다. 대공의 영양 아델라이드는 퍽 아름다운 여성으로 독일의 어느 소귀족에게 출가했었는데, 마침 이때 부모 곁에서 몇 주일을 보내려고 와 있었던 것이다. 옛날 크리스토프가 아직 어렸을 무렵 아델라이드는 그에게 약간의 호의를 보여 준 적이 있었다. 크리스토프도 아델라이드가 가장 좋았다. 루이자는 그가 공주를 사랑하고 있다고 말했었다. 그래서 그도 얘기를 재미있게 하기 위해 사랑하고 있는 듯한 시늉을 했었다.

크리스토프는 서둘러 가지도 않았다. 상점 앞을 어슬렁거리기도 하고 길에 멈춰서서 개의 머리를 쓰다듬어 주기도 했다. 개도 그처럼 어슬렁거리다가 양지 쪽에 드러누워 하품을 했다. 그는 궁정의 광장을 둘러싼 철책을 뛰어넘었다. 그건 쉽사리 넘을 수 있었다. 광장은 쓸쓸하고 커다란 네모반듯한 모양의 토지로 여러 집으로 에워싸이고 물이 마른 두 개의 분수와, 머리 가르마처럼 한 줄기 오솔길로 갈라진 좌우 대칭의 나무 그늘이 없는 두 개의 화단이 있었다. 모래를 깐 오솔길은 잘 다듬어져 있고 양쪽에는 분에 심은 오렌지나무가 가지런히 줄지어 있었다. 광장 중앙에는 네 구석에 '덕'을 상징한 장식이 달려 있는 대석 위에 루이 필립식 복장을 한, 크리스토프가 그 이름을 모르는 대공의 청동상이 있었다. 벤치에는 또 한 사람의 산책자가 신문지를 깔고 그 위에 잠들어 있었다. 궁정의 철책(鐵柵) 앞에는 필요도 없을 듯한 보초들이 앉아서 졸고 있었다. 해자(垓子) 너머에는 졸음이 오는 듯한 두 문의 대포가 잠든 도시 쪽으로 입을 벌리고 하품을 하고 있었다. 크리스토프는 그러한 모든 것을 비웃었다.

크리스토프는 궁정에 들어가서도 공식적인 태도를 군이 취하지 않았다. 기껏해야 작은 소리로 부르고 있던 노래를 멈췄을 뿐이었다. 마음속에서는 여러 가지 생각이 계속 춤추고 있었다. 그는 현관 탁자 위에 모자를 내던지고 어릴 때부터 알고 있는 수위 영감에게 다정한 투로 말을 걸었다(이 사람 좋은 노인은 크리스토프가 할아버지와 함께 처음 궁정에 와서 하슬러를 만난 그날 밤에도 지금 지위에 있었다). 그러나 여느 때는 크리스토프의 퍽 버릇없는 농담에도 상냥스럽게 대꾸하던 이 노인이 오늘은 무뚝뚝한 태도를 보였다. 크리스토프는 별로 그것에 주의하지 않았다. 그리고 조금 더 안으로 들어가 대합실에서 사법국 관리를 만났다. 무척 수다스런 사내로 여느 때는 그에 대해 퍽 친절히 굴었었다. 그런데 이 사내가 얘기 나누는 것을 피해 슬그머니 가 버렸으므로 그는 깜짝 놀랐다. 그래도 그는 그러한 일에는 마음을 쓰지 않고 다시 안으로 들어가 대공에게 알현을 청했다. 그는 방으로 들어갔다. 만찬이 끝난 참이었다. 대공은 객실에 있었다. 난로를 등지고 내객들과 얘기를 하며 담배를 피우고 있었다. 그 사람들 가운데서 크리스토프는 '자기' 공주의 모습을 보았다. 그녀도 담배를 피우고 있었다. 아무렇게나 안락의자에 등을 기대고 앉아 둘레를 에워싼 장교들과 커다란 소리로 얘기하고 있었다. 좌석은 왁자지껄했다. 모두들 무척 명랑한 기분이었다. 크리스토프는 들어갈 때 대공의 굵직한 웃음소리를 들었다. 그러나 크리스토프의 모습이 눈에 띄자 대공의 웃음소리는 뚝 그쳤다. 대공은 나직한 소리를 지르며 똑바로 크리스토프 쪽으로 왔다.

"아! 자넨가! 이제야 겨우 나타나셨군? 여기서 또 나를 바보로 만들 셈인가? 이 형편없는 악당 같으니!"

크리스토프는 정통으로 이러한 포탄을 받자 흠칫 놀라서 잠깐 입이 얼어붙었다. 그는 자신이 지각한 일밖에 생각나지 않았다. 그렇더라도 이렇게 심한 봉변을 당할 까닭이 없었다. 크리스토프는 중얼거렸다.

"전하, 제가 무엇인가 잘못된 일을 했습니까?"

대공은 그 말은 들은 척도 않고 흥분하여 계속해 말했다.

"닥쳐! 악당에게 모욕당할 내가 아니야."

파랗게 질린 크리스토프는 목구멍이 말라붙어 소리가 나오지 않았으므로 몸부림을 쳤다. 그는 비상한 노력을 하여 한참만에야 겨우 소리내어 외쳤다.

"전하, 너무하십니다…… 제가 무슨 짓을 했는지 말씀하시지도 않고 저를 모욕하시는 것은 아무리 전하이시라도 너무하십니다."

대공은 비서관 쪽으로 얼굴을 돌렸다. 그러자 비서관은 호주머니에서 신문 한 장을 꺼내어 대공에게 내밀었다. 대공은 무척 화가 나 있었는데, 그것은 대공이 화를 잘내는 기질이라는 것만으로는 설명될 수 없었다. 독한 술에 의한 취기 탓도 있었다. 대공은 크리스토프 앞에 막아섰다. 그리고 망토를 손에 든 투우사처럼 펼쳐진 주름투성이 신문을 크리스토프의 얼굴 앞에 무작정 휘둘러 대며 소리쳤다.

"이것이 자네의 오물이다! …… 자네는 이 속에 코를 쑤셔박혀도 할 말이 없을 터이다!"

크리스토프는 그것이 문제의 사회주의 신문이라는 것을 알았다.

"저는 별로 나쁜 짓을 했다고는 생각지 않습니다." 크리스토프가 말했다.

"뭐라구? 뭐라구?" 대공은 째지는 소리로 외쳤다. "아주 뻔뻔한 놈이구나! …… 이 파렴치한 신문은 매일 나를 모욕하고 있어. 나를 향해 더러운 욕설을 해대고 있단 말이야! ……"

"전하." 크리스토프는 말했다. "저는 이 신문은 한 번도 읽은 적이 없습니다."

"거짓말 말아!" 대공은 외쳤다.

"전하께 거짓말쟁이라고 불리고 싶지는 않습니다." 크리스토프는 말했다. "정말 저는 읽은 적이 없습니다. 저는 다만 음악에 관계하고 있을 뿐입니다. 그리고 저에게는 제가 쓰고 싶은 데에 쓸 권리가 있습니다."

"자네에게는 침묵할 권리밖에 없어. 나는 이제까지 자네들에게 너무 친절했다. 자네의 소행이나 자네 아버지의 소행으로 보아 자네들을 추방할 이유들은 충분히 있었지만, 자네와 자네 일가에게 지나칠 만큼 은혜를 베풀어 준 것이다. 내게 적대하는 신문에 계속 쓰는 것을 엄금한다. 그리고 원칙으로 앞으로는 어떠한 일이 있더라도 내 허가 없이 쓰는 것을 엄금한다. 자네의 음악상의 논쟁은 이제 그만두게. 내 보호를 받고 있는 자가 취미와 애정을 지닌 사람들에게, 진정한 독일인에게 귀중한 일체의 것을 공격하는 데 시간을 보낸다는 것을 나는 용서할 수 없네. 자네는 훌륭한 음악을 작곡하는 것이 좋아. 만일 그것이 안 되면 음계 연습에나 열을 내는 것이 좋아. 국가적인 영예를 짊어진 사람들에게 험담을 하거나 사람들의 마음을 혼란시키거나해서 기뻐하는 음악계의 베벨^(독일의 사회
주의 지도자)을 나는 바라지 않아. 다행히도 우린무엇이 좋은지 똑똑히 알고 있네. 이것을 알기 위해 자네에게서 가르침을 받을 필요는 없었던 거야. 그러니 자네는 피아노 앞에 앉게. 그리고 우리를 평화롭게 놔두게!"

늠름한 대공은 크리스토프와 마주 앉아 모욕적인 눈길로 크리스토프의 얼굴을 물끄러미 바라보고 있었다. 창백해진 크리스토프는 어떻게 해서든지입을 움직이려고 했다. 입술이 바르르 떨렸다. 그는 더듬거리며 말했다.

"저는 전하의 노예가 아닙니다. 저는 제가 하고 싶은 말을 말하고, 쓰고싶은 것을 씁니다……"

숨이 막혔다. 부끄럽기도 하고 화도 나고 금방 눈물이 쏟아질 것 같았다.두 발이 떨렸다. 팔꿈치를 갑자기 움직이는 바람에 곁의 가구 위에 있던 그릇이 뒤엎어졌다. 크리스토프는 자기 태도가 우스꽝스럽다는 것을 느꼈다.과연 웃음소리가 들려왔다. 객실 안쪽으로는 비꼬임이 섞인 동정의 말을 옆사람들과 나누며 일의 경과를 지켜보고 있는 공주의 모습이 안개 속에서 보는 것처럼 어렴풋이 보였다. 그 뒤에는 어떤 일이 일어났는지, 크리스토프는그만 의식을 잃어버렸다. 대공이 아우성쳤다. 크리스토프도 자기가 무슨 말을 하고 있는지도 모르면서 한층 큰 소리로 외쳐 댔다. 대공의 비서관과 관리 한 사람이 그에게 달려들어 입을 틀어막으려 했다. 크리스토프는 두 사람을 밀어냈다. 그는 기대고 있던 가구 위에서 기계적으로 재떨이를 움켜쥐고소리 지르며 그것을 휘둘렀다. 비서관이 이르는 말이 귀에 들려왔다.

"자아, 그걸 내려놔요, 내려놔요! ……"

그리고 자기가 외치고 있는 종잡을 수 없는 말과 재떨이로 탁자 모서리를두들기고 있는 소리를 자기 귀로 듣고 있었다.

"나가라!" 역정이 극도에 달한 대공은 호통쳤다. "당장 나가! 썩 꺼져 버려! 이놈을 얼른 쫓아 내!"

장교들이 대공 곁으로 와서 진정시키려고 했다. 대공은 뇌일혈의 발작이일어날 만큼 흥분해서 두 눈을 부릅뜨고 이 불한당을 흠씬 두들겨 패 내쫓으라고 외치고 있었다. 크리스토프는 울컥했다. 조금만 더 했으면 대공 얼굴에 주먹을 먹일 뻔했다. 그러나 그는 모순된 혼란한 감정에 의해 압도되어 있었다. 예컨대 부끄러움, 노여움, 아직 조금쯤 남아 있는 겁쟁이 마음, 독일적인 충의심, 전통적인 경의, 군주에 대한 굴종적인 습관 따위에 의해 뭔가 말하고 싶었지만 하지 못했다. 어떻게 하고 싶었지만 할 수 없었다. 이젠 아무것도 보이지 않고 들리지 않았다. 그는 떼밀리어 대로 밖으로 나왔다.

크리스토프는 무감각한 얼굴을 한 하인들 틈을 빠져나왔다. 그들은 문간에 와서 싸움의 소동을 빠짐없이 듣고 있었던 것이다. 대합실에서 밖으로 나오는 서른 걸음이 그에게는 한평생 걸리는 것처럼 여겨졌다. 걸어갈수록 복도가 길어졌다. 영원히 나갈 수 없을 것 같은 생각이 들었다. 온통 유리로 만든 문을 통해서 저편에 반짝이고 있는 바깥 광선은 그에게는 구원이었다 ……. 크리스토프는 비틀거리며 계단을 내려갔다. 모자를 쓰고 있지 않다는 데에는 생각이 미치지도 않았다. 수위 영감이 일러주어 모자를 가지러 갔다. 크리스토프는 가까스로 궁정을 나와 뜰을 가로질러 집에 돌아갔다. 이가 딱딱 마주쳤다. 방문을 열었을 때 어머니는 그의 얼굴 표정과 그가 부들부들 떨고 있는 것을 보고 깜짝 놀랐다. 그는 어머니를 밀어 내고 무슨 말을 물어도 대꾸하지 않았다. 자기 방으로 올라가 틀어박혀 침대 위에 모로 누웠다. 심한 한기가 들어 옷을 벗을 수도 없었다. 숨이 가쁘고 손발은 지쳐 있었다. ……아! 이젠 아무것도 보이지 않고 아무것도 느끼지 않고 이 비참한 육체를 지니고 이어 나갈 필요도 없으며, 이 더러운 인생과 싸울 필요도 없으며 죽어 버릴 수만 있다면, 숨도 쉬지 않고 아무 일도 생각하지 않고 죽을 수만 있다면, 아무 데도 없을 수만 있다면! 죽을 듯한 고통으로 간신히 옷을 벗어 마룻바닥에 던져 어질러 놓고 침대 속으로 뛰어들자 눈까지 이불을 뒤집어썼다. 방 안의 잡음은 이제 들리지 않았다. 마루 위에서 떨고 있는 작은 쇠침대의 삑삑하는 소리밖에는 들리지 않았다.

루이자는 방문에 귀를 대고 듣고 있었다. 문을 노크했지만 헛일이었다. 살며시 불러보았다. 그래도 아무 대꾸도 없었다. 고요한 안의 침묵을 불안스럽게 엿들으며 가만히 기다렸다. 그리고 그곳을 떠났다. 낮에 한두 번 다시 와서 귀를 기울였다. 밤에도 자기 전에 또 와 보았다. 낮도 지나가고 밤도 지나갔다. 집은 아주 조용했다. 크리스토프는 열이 나서 떨고 있었다. 가끔 울었다. 그리고 밤중에 몸을 일으켜 벽을 향해 주먹을 휘둘렀다. 새벽 2시쯤엔 미칠 듯한 발작이 일어나 흠뻑 땀에 젖은 채 반나체로 침대에서 나왔다. 대공을 죽이러 가고 싶었다. 그는 증오와 치욕으로 가슴이 찢어졌다. 몸도 마음도 불꽃에 타 버둥거리며 뒹굴었다. 이 폭풍도 밖에서는 전혀 들리지 않았다. 말 한마디, 소리 하나 새어나가지 않았다. 그는 이를 악물고 모든 것을 자기 속에 가두어 두었다.

*

이튿날 아침, 크리스토프는 여느 때처럼 아래층으로 내려갔다. 그는 수척해졌다. 아무 말도 하지 않았다. 어머니는 아무것도 물을 수가 없었다. 루이자는 이미 이웃 사람들에게 들어서 알고 있었다. 온종일 크리스토프는 난로 모서리의 의자에 걸터앉아 노인처럼 등을 굽히고 열로 해서 나는 오한을 느끼며 말없이 있었다. 그리고 혼자 있을 때는 소리를 죽여 울었다.

저녁에 사회주의 신문의 편집자가 그를 만나러 왔다. 물론 기자는 어제 일을 알고 자세한 얘기를 들으러 온 것이다. 크리스토프는 이 방문을 받고 감동하여, 자신을 궁지로 몰아넣은 사람들이 자기를 동정해서 사과하러 온 것이라고 고지식하게 생각했다. 크리스토프는 자존심을 지켜 아무것도 후회하지 않는 체하고 마음속에 있는 것을 모두 말해 버렸다. 자기와 똑같이 압박을 미워하고 있는 자에게 거리낌없이 얘기하는 것은 그에게 있어서는 하나의 위안이었다. 상대는 그를 추어올리고 이야기를 시켰다. 기자는 이 사건이 신문을 위해서는 가장 바라던 일이며, 비방 기사를 쓰는 데는 둘도 없는 좋은 기회라고 생각했다. 크리스토프 자신이 쓰지 않더라도 적어도 재료를 제공해 주리라고 기대했다. 왜냐하면 이러한 감정의 격발 뒤에는 궁정 음악가인 크리스토프가 논객으로서의 귀중한 재능과 그 이상으로 귀중한 궁정에 관한 세밀한 비밀 정보로 '주의'를 위해 도움을 주리라고 기자는 확신하고 있었던 것이다. 이 기자는 섬세한 감정 따위를 과대하게 자랑으로 삼는 그러한 사람은 아니었으므로 재주를 부리지 않고 본심을 털어놓았다. 그 말을 듣자 크리스토프는 펄쩍 뛰었다. 그는 아무것도 쓰지 않겠다고 잘라 말했다. 자기가 대공에게 공격을 시작하면 그것은 죄다 사적인 복수 행위로 보인다, 또 자유로이 된 지금은 전에 자유롭지 않을 때 위험을 무릅쓰고서까지 자기 생각을 말했을 때보다도 한층 신중히 처신해야 한다는 것을 이유로 내세웠다. 기자는 크리스토프의 이러한 조심성을 전혀 이해하지 못했다. 기자는 크리스토프를 좀 편협하고 성직자 같은 사내라고 단정해 버렸다. 더구나 크리스토프는 겁을 내는 것이라고 생각했다. 기자는 말했다.

"그럼 우리에게 맡겨 주십시오. 우리가 쓰겠습니다. 당신은 아무 일도 안 해도 좋습니다."

크리스토프는 쓰지 말아 달라고 부탁했다. 그러나 그것을 강요할 방법은 없었다. 게다가 기자는 이 사건은 단순히 크리스토프 한 사람에게만 관계된 일이 아니다, 모욕은 신문에까지 미치고 있다, 신문에는 복수할 권리가 있다고 말을 늘어놓았다. 이에 대해서는 크리스토프도 뭐라고도 대답할 수가 없었다. 크리스토프가 할 수 있는 일은 상대에게 기자로서가 아니라 친구로 여겨 털어놓은 애기를 결코 남용하지 않도록 약속시키는 것이 고작이었다. 상대는 선뜻 이것을 약속했다. 크리스토프는 그래도 안심이 되지 않았다. 경솔한 일을 저질렀다고 깨달았지만 엎지른 물이었다. 혼자 있게 되자 기자에게 말해 버린 일을 다시 한 번 머릿속으로 생각해보고 그만 부르르 몸을 떨었다. 한시라도 더 생각하고 있을 여유가 없었다. 당장에 기자에게 편지를 써서, 털어놓은 일은 결코 누설하지 말아 달라고 간청했다(불행하게도 크리스토프는 그의 애기의 일부분을 편지 속에서 또 한 번 되풀이해 버렸다).

이튿날 아침 크리스토프가 가슴을 울렁거리며 급히 서둘러 그 신문을 펼치고 맨 먼저 읽은 것은 일면에 소상히 나와 있는 그의 기사였다. 전날 그가 말한 것은 전부 엄청나게 과장되어 거기 실려 있었다. 신문 기자의 머릿속을 통과하면 모든 것이 특별히 왜곡되는 것이지만, 그의 이야기도 그랬다. 기사는 저열한 험담 패설로 대공과 궁정을 공격했다. 그가 애기한 상세한 일 몇 가지는 너무나 크리스토프의 신변에 가까운 일이며, 이것을 알고 있는 것은 오직 그 한 사람뿐이라는 것이 너무나 명백했기 때문에 기사 전체가 그의 손으로 이루어졌다고 여긴다 해도 하는 수 없었다.

이 새로운 타격은 크리스토프를 짓눌러 버렸다. 읽어 감에 따라 식은땀이 얼굴에서 배어나왔다. 다 읽자 머리가 멍해졌다. 크리스토프는 신문사로 호통을 치러 가려고 생각했다. 그러나 어머니는 그가 난폭한 짓을 할까 봐 말렸다. 그것도 무리는 아니었다. 그 자신도 이를 두려워하고 있었다. 만일 간다면 큰일날 일을 저지를 것만 같았다. 그래서 그대로 집에 머물러 있었다. 그런데 그만 다른 엉뚱한 일을 저질러 버렸다. 그는 신문 기자에게 분격한 편지를 내어 모욕적인 언사로 상대의 태도를 책망하고, 기사를 취소할 것을 요구하며 신문사 사람들과 관계를 끊는다고 통보했다. 그러나 취소한다는 기사는 신문에 나지 않았다. 크리스토프는 다시금 편지를 내어 자기 편지를 공표하도록 재촉했다. 그러자 신문사에서는 도리어 기자와 만나 얘기를 했던 밤에 쓴 맨 처음 편지, 기사의 정확성을 방증하는 듯한 그 편지의 사본을 보내왔다. 그리고 이것도 함께 공표해야 할 것인가 하고 물었다. 크리스토프는 그들의 올가미에 걸린 것을 깨달았다. 게다가 더욱 운수 사납게도 저 뻔뻔스러운 신문 기자를 길에서 만났다. 그는 상대에 대해서 품고 있던 모멸감을 입에 담지 않을 수 없었다. 이튿날 신문은 모욕적인 논조의 작은 기사를 발표하고, 궁정의 머슴은 쫓겨나더라도 역시 머슴 근성을 버리지 못하는 것이라고 썼다. 최근의 사건이 암시되어 있었기에 크리스토프의 일이라는 것은 의심할 여지가 없었다.

*

이제 크리스토프를 지지하는 사람이 없다는 것이 모두에게 똑똑히 알려지자 별안간 생각지도 않았던 많은 적이 나타났다. 인신공격에 의해, 혹은 사상과 취미를 공격받음으로써 직접 또는 간접으로 상처받은 사람들은 두루 공세로 바뀌어 충분한 보복을 했다. 그가 무감각으로부터 눈을 뜨게 해주려고 한 대중은, 세론을 바꾸고 선남선녀의 잠을 방해하려고 한 이 건방진 청년에게 처벌이 가해지는 것을 만족해서 바라보았다. 크리스토프는 물 속에 있었다. 저마다 온 힘을 다해서 그의 머리를 수면 아래로 쑤셔박곤 했다.

모두 한꺼번에 덤벼들지는 않았다. 먼저 한 사람이 진지를 정찰하러 왔다. 크리스토프가 응전하지 않자 그는 다시 공격해 왔다. 그러자 다른 녀석들이 뒤를 따랐다. 그 다음에는 모두가 한 떼가 되어 왔다. 어떤 녀석들은 깨끗한 장소에 배설을 하기 좋아하는 강아지처럼 단순한 재미로 이 소란에 참견했다. 그것은 무능한 신문 기자의 유격대였다. 그들은 전혀 무지했으므로 승자에게 아첨하고 패자를 욕함으로써 무지를 감추려고 했다. 또 다른 녀석들은 자기들의 원칙이라고 하는 거창한 것을 들고 나와 사정없이 두들겨 팼다. 그들이 밟고 지나간 뒤에는 아무것도 남지 않았다. 그것은 대단한 비평이었다. 살인적인 비평이었다.

다행히도 크리스토프는 신문을 읽지 않았다. 두세 친구가 이를 보고 있다가 너무 심한 기사가 나와 있으면 보내 주었다. 그래도 그는 이것을 펼치려고도 하지 않고 탁자 위에 쌓아 두었다. 그런데 이윽고 어느 날 한 기사의 둘레에 그어진 굵다란 붉은 선이 눈을 끌었다. 거기에는 그의 가곡은 야수의 울부짖는 소리를 닮았다, 그의 교향곡은 정신병원에서 태어난 것이다, 그의 예술은 히스테릭하며 그의 경련적인 화성은 마음이 메말라 있는 것과 사상이 없는 것을 기만하려는 것이다, 라고 씌어 있었다. 그리고 이 유명한 비평가는 다음과 같이 말을 맺었다.

'크라프트 씨는 전에 보도 기자로서 그의 문제 및 취미가 경탄할 만하다는 것을 몇 가지 실례로 보여 주고, 그것은 음악계에 크게 유쾌한 기분을 자극했던 것이다. 그런데 당시 크라프트 씨에 대해 오히려 작곡에 전념하도록 우정을 가지고 권고하는 자가 있었다. 그러나 크라프트 씨의 최근 음악 작품은 이 호의적인 권고가 그릇되었음을 알려 주었다. 크라프트 씨는 단연코 보도 기사를 써야 할 것이다.'

이것을 읽고 난 크리스토프는 오전 내내 손에 일이 잡히지 않고 적대적인 기사가 실린 다른 신문을 찾았지만 보이지 않자 그만 맥이 빠져 버렸다. 실은 루이자가 어질러져 있는 것은 무엇이나 '정돈한다'는 구실 아래 내다버리는 버릇이 있어 이미 그것을 불태워 버렸던 것이다. 그는 처음에는 화를 냈지만 곧 잘됐다고 고쳐 생각했다. 나머지 신문을 어머니에게 내어주며 이것도 마찬가지로 태워 주었으면 좋았을 텐데, 하고 말했다.

이 밖에도 모욕을 받았는데 그것은 더 급소를 찌르는 것이었다. 프랑크푸르트의 유명한 음악 단체에 4중주곡 원고를 보내 주었는데, 전원 일치로 거절되어 아무 설명도 없이 되돌아왔다. 쾰른의 오케스트라가 연주할 듯했던 서곡은 몇 달이나 기다리게 한 뒤 연주할 수 없는 곡이라고 해서 반송되었다. 가장 쓰라렸던 것은 시 관현악단이 그에게 준 시련이었다. 이 악단을 지휘하고 있던 악장 오이프라트는 매우 훌륭한 음악가였다. 하지만 많은 지휘자와 마찬가지로 탐구적인 정신은 전혀 가지고 있지 않았다. 그는 이 악단 특유의 게으름병에 걸려 있었다(그러나 그의 몸은 엄청나게 건강했다). 이 나태라는 것은 유명한 작품이라면 끝없이 되풀이하고 정말 새로운 작품은 불처럼 피하는 일이었다. 그는 결코 지치는 일 없이 베토벤과 모차르트와 슈만의 기념 음악회를 개최하고 있었다. 이러한 작품에 있어서는 그는 귀에 익은 가락에 몸을 맡겨 두기만 하면 되었다. 이와는 반대로 당대의 음악은 그에게는 참을 수 없는 음악이었다. 차마 그것을 입 밖에 낼 수는 없어 재능 있는 젊은 사람들을 환영한다고 말하면서도 실제로는 옛 거장의 작품을 모사한 작품, 50년 전에 새로웠던 작품의 모사품 같은 것을 가지고 가면 그는 이것을 환영했다. 그리고 그것을 청중 앞에 자랑하듯 연주하는 일조차 있었다. 이것은 그가 노리는 효과의 질서를 문란케 하지도 않았고, 또 청중이 이에 의해 감동하는 것이 버릇이 되어 있는 질서도 파괴하지 않았다. 이에 반해 이 훌륭한 질서를 파괴하여 그에게 새로운 피로를 가져올 염려가 있는 것에 대해서는, 그는 경멸과 증오가 섞인 감정을 품고 있었다. 이 개혁자가 유명해질 기회가 전혀 없을 때는 경멸하는 마음이 강했다. 만일 그 개혁자가 성공을 할 염려가 있을 때에는 이번에는 증오하는 마음이 강해졌다. 물론 그것은 개혁자가 완전히 성공해 버리기까지의 얘기지만, 크리스토프는 아직 성공했다고는 할 수 없었다. 도저히 그렇게 말할 형편이 못 되었다. 그러므로 오이프라트 씨가 뭔가 그의 작품을 연주하고 싶어한다는 말을 간접적으로 들었을 때는 놀라지 않을 수 없었다. 악장들은 브람스나 또는 그가 논설에서 비난했던 다수의 음악가들의 친구였으니만큼 그러한 것을 기대할 만한 근거는 적었던 것이다. 그러나 그는 사람이 좋았기에 자기가 가지는 관대한 기분을 적도 가질 수 있다고 생각했다. 자기가 낙심해 있는 것을 보고 치사스런 원한 따위는 없다는 것을 증명하고 싶어한다고 그는 상상했다. 그는 감동했다. 그리하여 진정어린 짧은 편지를 첨부해서 교향시 하나를 오이프라트에게 보냈다. 오이프라트에게서는 비서가 대필한 답장이 왔다. 냉담하기는 해도 정중한 편지로, 보내준 것을 확실히 받았다고 말하고, 악단 규칙에 따라 교향곡은 오케스트라 전원에게 배포되어 공개 연주를 한다고 결정되기까지 전원이 시연을 해봐야 한다고 적혀 있었다. 규칙은 규칙이었다. 크리스토프는 따를 수밖에 없었다. 그런데 실로 이것은 한낱 형식이어서 번거로운 신인 음악가들의 신통치 않은 작품을 거절하기 위한 수단이었다.

2, 3주일 뒤에 크리스토프는 자기 작품이 시연된다는 통지를 받았다. 원칙으로서는 비공개로 연주되어 당사자인 작곡가라 해도 입회하지 못하게 되어 있었다. 그러나 작곡가가 출석하는 것은 일반적으로 묵인되었다. 단지 모습을 표면에 드러내지 않게 되어 있었다. 모두 작곡가를 알고 있었지만 전혀 모르는 체했다. 그런데 그날이 되자 한 친구가 크리스토프를 맞이하러 와 그를 회장으로 인도했다. 크리스토프는 한 좌석의 안쪽에 자리를 잡았다. 이러한 비공개 시연인데도 장내가, 적어도 아래층 좌석이 거의 만원인 것을 보고 그는 놀랐다. 음악애호가와 한량과 비평가들의 무리가 와자지껄하게 웅성거리고 있었다. 오케스트라는 그들이 있다는 사실을 모르는 것으로 되어 있었다.

가장 먼저 브람스의 《랩소디(광상곡)》가 연주되었다. 괴테의 《겨울 하르츠의 여행》의 단편을 다룬 알토의 독창과 남성 합창과 오케스트라를 위한 것이었다. 이 작품의 거추장스런 감상성을 싫어하던 크리스토프는, 아마도 이것은 브람스파들이 생각해 낸 일로 자신이 무례한 비난을 퍼부은 곡을 억지로 들려주어 정중히 복수할 작정이구나, 하고 생각했다. 그렇게 생각하자 웃음이 치솟았다. 《광상곡》이 끝나고 그가 상대해서 싸운 유명한 음악가들의 작품이 다시 두 곡 더 연주되자 그는 한층 유쾌한 기분이 되었다. 그들의 의도는 의심할 여지가 없는 것으로 보였다. 그는 찌푸린 얼굴을 숨길 수는 없었지만, 결국 이것은 재미있는 싸움이라고 생각했다. 그리고 음악 대신에 광대곡 쪽을 즐기고 있었다. 브람스와 그 동류를 향해 열광하고 있는 청중의 박수에 익살스런 박수를 섞어 즐거워하기조차 했다.

드디어 크리스토프의 교향곡이 연주될 차례가 되었다. 오케스트라와 관객석 쪽에서 자기에게로 몇 개의 시선이 집중되어 왔으므로 자기의 출석이 모두에게 알려져 있음을 알았다. 크리스토프는 몸을 숨기듯이 했다. 가슴이 죄어드는 듯한 심정으로 기다렸다. 악장의 지휘봉이 높이 들리어 음악의 대하(大河)가 침묵 속에 넘쳐 이제 막 둑을 터져나오려고 하는 순간에 모든 작곡가가 느끼는 그 답답함이었다. 크리스토프는 아직 자기 작품을 오케스트라의 연주로 들은 적은 없었다. 자기가 꿈꾸었던 생물이 어떤 모양으로 사는 것일까? 그들은 어떤 소리를 내는 것일까? 그 소리가 자기 속에서 신음하고 있는 것을 느꼈다. 그리고 음의 심연에 쭈그리고 앉아 거기서 나오는 것을 몸을 떨며 기다리고 있었다.

이윽고 나온 것은 무어라 말할 수도 없는, 형태도 갖추지 않은 애매모호한 것이었다. 화음은 건물의 박공(博栱)을 지탱하는 단단한 원주가 되기는커녕 마치 폐허의 건축처럼 잇달아 자꾸만 무너져갔다. 횟가루 말고는 아무것도 인정되지 않았다. 크리스토프는 자기 작품이 연주되고 있다고 믿기까지 무척이나 망설였다. 그는 자기 사상의 윤곽과 리듬을 애써 찾았다. 그러나 그것은 도무지 분간할 수 없었다. 그의 사상은 벽을 붙들고 걸어가는 주정뱅이처럼 무언지 알 수 없는 소리를 지껄이며 비틀비틀 나아갔다. 그는 그러한 상태에 있는 자기 자신을 남에게 보이고 있는 것 같아 부끄러워 견딜 수 없었다. 자기가 작곡한 것은 그런 것이 아니라는 것을 알고는 있었지만, 어리석은 연주자에 의해 자기 사상이 잘못 연주되었을 때 사람들은 순간 의심하고, 이러한 일에 대해 과연 자기는 책임을 지지 않으면 안 되는가 하고 놀라며 생각한다. 그러나 청중 쪽은 결코 의아해하지 않는다. 늘 듣는 통역자를, 가수를, 오케스트라를 마치 늘 읽고 있는 신문을 믿는 것처럼 믿고 있었다. 그들이 틀릴 리가 없다, 그들이 바보 같은 소리를 한다면 그것은 작곡가가 바보이기 때문이라고 믿고 있었다. 이런 경우에는 그렇게 믿는 것이 즐겁기 때문에 청중은 한층 믿어 의심치 않았다. 크리스토프는 악장이 터무니없는 연주를 깨닫고 오케스트라를 중단시키고 처음부터 다시 하도록 할 것이 틀림없다고 억지로 믿으려 했다. 악기의 가락은 벌써 뒤죽박죽이 되어 있었다. 호른은 부는 시기를 놓쳐 한 소절 처져 있었다. 그래도 5분가량을 그대로 계속 불다가 태연하게 그만두더니 악기 청소를 했다. 오보에의 어떤 특징은 완전히 사라져 버렸다. 아무리 숙련된 귀라 할지라도 악상(樂想)의 줄거리를 찾아내는 것은 물론, 뭔지 악상이 있다고 상상하는 일조차도 불가능했다. 악기 편성의 재치 있는 착상도, 해학적인 기지도, 꼴사나운 연주 때문에 해괴한 것이 되었다. 그것은 울고 싶을 만큼 어처구니 없는 것이 되었다. 음악을 모르는 백치거나 어릿광대의 작품이 되어 버렸다.

크리스토프는 머리카락을 쥐어뜯었다. 그는 연주를 중지시키려 했다. 그러나 함께 있는 친구가 말렸다. 악장은 틀림없이 스스로 연주의 잘못을 깨닫고 모든 것을 수정하리라, 게다가 크리스토프는 모습을 나타내서는 안 되게 되어 있으며, 만일 무슨 트집이라도 잡게 된다면 최악의 결과를 가져오게 될 것이라고 타일렀다. 그러고는 억지로 크리스토프를 좌석 안쪽으로 들어가게 했다. 크리스토프는 친구가 시키는 대로 했다. 그러나 주먹으로 자기 머리를 쥐어박고 있었다. 그리고 해괴한 연주를 들을 때마다 분노와 고통으로 신음 소리를 질렀다.

"비열한 놈들이다! 비열한 놈들이다! ……" 그는 부르짖었다. 고함을 내지 않으려고 자기 손을 물고 있었다.

이번에는 웅성거리기 시작한 청중들의 소란이 바르게 연주되지 않은 음악과 함께 그의 귀에 들려왔다. 그것은 처음에는 희미한 속삭임에 지나지 않았다. 그런데 이번에는 벌써 의심할 여지가 없었다. 그들은 웃고 있었다. 오케스트라의 연주자들이 신호를 한 것이다. 그중 어떤 자들은 웃음을 감추지 않았다. 그리하여 청중들은 이것은 웃어야 할 작품이라고 하는 확신을 가지고 큰 소리로 웃기 시작했다. 회장은 유쾌한 분위기가 되었다. 콘트라베이스가 사뭇 어릿광대처럼 매우 율동적인 하나의 모티프를 과장해서 되풀이했으므로 더한층 유쾌한 기분이 되었다. 다만 악장만은 태연히 이 소란 속에서 계속 박자를 맞추고 있었다.

겨우 연주가 끝났다(최상의 것에도 종말이 있다). 이번에는 청중이 무엇인가 말할 차례였다. 청중은 왈칵 웃어 댔다. 그것은 소란의 폭발로서 몇 분동안 계속됐다. 어떤 자는 휘파람을 불고 어떤 자는 익살맞게 손뼉을 쳤다. 가장 재치 빠른 자들은 앙코르를 외쳤다. 하나의 베이스(低音)가 무대 앞자리에서 들려와 어릿광대 모티프를 흉내내기 시작했다. 다른 어릿광대들도 이에 지지 않으려고 저희도 흉내내기 시작했다. 누군가 "작곡가 나와!"라고 외쳤다. 이러한 재치 빠른 자들은 벌써 오랫동안 이런 재미있는 일에 부딪칠 기회가 없었던 것이다.

소란이 조금 가라앉았을 때 자못 침착한 악장이 얼굴을 4분의 3쯤 청중 쪽으로 돌려—그러나 청중 모습은 눈에 안 들어오는 체하며(청중은 여전히 없는 것으로 되어 있었다)—오케스트라를 향해 한마디 말하고 싶다는 신호를 했다. 누군가 "쉬!" 하고 외쳤다. 모두 입을 다물었다. 그는 또 잠시 기다렸다. 그러고 나서 말하기 시작했다(그것은 또렷하고도 냉랭한 날카로운 목소리였다).

"여러분, 대담무쌍하게도 스승 브람스에 대해서 비열한 글을 쓴 사람을 여러분에게 보이고 싶은 생각이 없었더라면 물론 나는 '이러한 것'을 끝까지 연주시키지는 않았을 겁니다."

그는 이렇게 말했다. 그리고 지휘대에서 뛰어내려 흥분해서 기쁨으로 부글거리는 회장을 걸어나갔다. 사람들은 그를 다시 불러들이려 했다. 환호성은 아직도 1, 2분 동안 계속됐다. 그러나 그는 그대로 모습을 나타내지 않았다. 오케스트라도 자리를 떴다. 청중들도 떠나기로 했다. 연주회는 끝났다.

참으로 유쾌한 하루였다.

*

크리스토프는 이미 밖에 나와 있었다. 저 비열한 악장이 지휘대를 떠나는 것을 보자마자 그는 좌석에서 뛰쳐나왔다. 악장을 붙들고 따귀를 갈겨 주려고 2층 계단을 뛰어내렸다. 그를 데리고 온 친구가 뒤를 쫓아와 말리려고 했다. 그런데 크리스토프는 친구를 밀쳐내 자칫 계단 밑까지 구르게 할 뻔했다(이 사내도 그에게 올가미를 씌운 공모자라고 여겨지는 구석이 있었다). 악장 오이프라트에게도 또 크리스토프 자신에게도 다행스럽게, 무대로 통하는 문이 닫혀 있었다. 격분한 그가 아무리 주먹으로 두들겨도 그것은 열리지 않았다. 그 사이 청중들이 회장에서 나오기 시작했다. 크리스토프는 거기 있을 수 없게 되었다. 그는 달아났다.

그는 뭐라고 말할 수 없는 기분이었다. 미친 사람처럼 팔을 휘두르며 눈을 번득이고 큰 소리로 중얼거리며 마구 걸어갔다. 그는 미칠 듯한 분노의 외침이 솟구쳐오르는 것을 억눌렀다. 길에는 사람 그림자 하나 없었다. 음악회장은 작년에 시에서 조금 떨어진 벌판에 세워진 것이었다. 크리스토프는 본능적으로 교외 쪽으로 발을 옮겨, 군데군데 바라크가 있고 널빤지로 뼈대만 세워져 있는 공지를 가로질러 갔다. 그는 살의를 느끼고 있었다. 이러한 모욕을 준 사내를 죽이고 싶었다…… 아! 하지만 그 사내를 죽여 본대야 저 모든 자들의 적의가 조금이라도 달라질 것인가? 그들의 비웃는 소리가 아직도 들려온다. 그들은 너무나 여럿이고 그로서는 어떻게 손을 쓸 수 없었다. 그들은 모두 하나로 뭉쳐—다른 많은 일에는 저마다 의견이 다른데도—그를 모욕하고 짓누르려고 했다. 이것은 단순히 몰이해라고 하는 정도의 것이 아니었다. 거기에는 증오가 있었다. 그런데 대체 그들에게 무엇을 했다는 걸까? 그는 자기 속에 아름다운 것을, 남을 기분 좋게 하는 것을, 남의 마음을 상쾌하게 하는 것을 지니고 있어 이것을 이야기함으로써 다른 사람들을 기쁘게 하려고 했던 것이다. 이것으로써 그들도 자기와 마찬가지로 행복해지리라고 믿고 있었다. 비록 그것이 그들의 마음에 들지 않았다 할지라도, 적어도 그들은 그의 뜻에 대해서만은 감사해야 할 것이 아닌가. 적어도 어디가 틀렸다는 것쯤은 친절히 가르쳐 주어도 좋았을 것이었다. 그러나 그러기는커녕 그의 사상을 극단으로 왜곡하여 그것을 모욕하고 짓밟고 비웃고 짓궂은 기쁨을 맛보다니 어떻게 된 일일까? 크리스토프는 흥분한 나머지 그들의 증오를 더욱 과장해서 생각했다. 저 변변치 못한 무리들은 진지한 증오 따위는 가질 수 없는데도 마치 가질 수 있는 것처럼 생각했다.

'대체 내가 그들에게 무엇을 했다는 건가?' 크리스토프는 숨죽여 울었다. 어린 시절 인간의 악의를 처음 의식했을 때처럼 숨이 막히고 절망감에 빠졌다.

크리스토프는 발밑을 보자 물레방아의 시냇가에 와 있음을 알았다. 그것은 수년 전에 그의 아버지가 익사한 장소였다. 그러자 자신도 물에 빠져 죽자는 생각이 떠올랐다. 조금도 지체하지 않고 뛰어들려고 했다.

맑고도 고요한 물에 매혹되어 둑에 엉거주춤 허리를 굽혔을 때 아주 작은 새 한 마리가 옆의 나뭇가지에서 울기 시작했다. 기쁨에 도취된 지저귐이었다. 그는 잠자코 귀를 기울였다. 물이 속삭이고 있었다. 바람에 상냥하게 쓰다듬어져 물결치고 있는 꽃이 핀 보리 이삭의 흔들림이 들렸다. 포플러가 잎을 흔들어 댔다. 길가의 담장 저편 뜰에는 여기서는 보이지 않지만 벌통이 있어 향기로운 음악으로 공기를 가득 채웠다. 시냇물 건너 쪽에는 눈 가장자리가 아름다운 마노 눈빛을 한 암소 한 마리가 꿈을 꾸고 있었다. 한 금발 소녀가 담장 모서리에 걸터앉아 날개돋친 작은 천사처럼 줄무늬로 짠 가벼운 광주리를 등에 지고 드러난 발을 흔들거리며, 뜻도 없는 노래를 작은 목소리로 부르며 역시 꿈을 꾸고 있었다. 저 멀리 목장에서는 흰 개 한 마리가 커다란 원을 그리며 뛰놀고 있었다……

크리스토프는 나무에 기대어 봄날의 대지에 귀를 기울이고 두루두루 살펴보았다. 그는 이러한 살아 있는 것들의 고요함과 기쁨에 넋을 빼앗겼다. 그는 잊었었다, 잊고 있었다…… 별안간 그는 뺨을 비벼댔던 아름다운 나무를 두 팔로 끌어안았다. 그는 대지에 몸을 던지고 풀 속에 얼굴을 묻었다. 격하게 웃고 있었다. 행복한 나머지 웃고 있었다. 생명의 모든 아름다운 우아한 매력이 그를 뒤덮고 몸에 스며들었다. 크리스토프는 생각했다.

'어찌하여 너희는 이토록 아름다운가? 그리고 그들은, 인간들은 어찌하여 저토록 추한가?'

그런 것은 아무래도 좋다! 크리스토프는 생명을 사랑하고 사랑했다. 앞으로도 항상 생명을 사랑하리라는 것을, 어느 누구도 자기로부터 생명을 빼앗지는 못하리라는 것을 느꼈다. 그는 황홀히 대지를 안았다. 생명을 안았다.

'나는 너를 소유하고 있다! 너는 내 것이다. 그자들은 너를 내게서 뺏을 수는 없다. 그자들은 무엇이든지 하고 싶은 대로 하면 된다! 나를 괴롭히려무나! …… 괴로워하는 것 또한 사는 것이다!'

*

크리스토프는 다시금 기운을 내어 일을 시작했다. 그는 이제 다시는 '옴므 드 레트르(문학자)', 미사여구를 늘어놓는 인간, 내용 없는 수다쟁이들, 신문 잡지 기자, 비평가, 예술을 밥으로 삼거나 예술을 팔아 거래하는 자들과 관계를 맺고 싶지 않았다. 또 음악가의 편견이나 질투와 싸워 시간을 헛되이 보내는 일은 더구나 하고 싶지 않았다. 그들은 나를 필요로 하지 않는다는 것인가? 좋다! 나로서도 그들을 필요로 하지는 않는다. 그에게는 해야 할 일이 있었다. 그는 그것을 하기로 마음먹었다. 궁정은 그를 풀어 주었다. 그는 이것을 감사했다. 그는 사람들의 적의(敵意)에 감사하고 있었다. 덕분에 침착하게 조용히 일을 할 수 있게 된 것이다.

루이자는 진심으로 아들의 태도에 찬성했다. 루이자에게는 야심이 없었다. 루이자는 크라프트 집안사람은 아니었다. 크리스토프의 아버지와도 할아버지와도 닮지 않았다. 아들이 명예를 얻거나 유명해지거나 하는 것은 전혀 바라고 있지 않았다. 물론 아들이 부자가 되고 유명해지면 기뻤을 것이다. 그렇지만 그러한 이익이 불쾌한 대가를 치러야만 얻어지는 것이라면 그런 것은 문제시하지 않는 편이 낫다고 생각했다. 궁정과의 불화에 대해서는 사건 자체보다도 아들의 비탄 쪽이 훨씬 마음에 걸렸다. 그리고 차라리 그가 잡지나 신문사 사람들과 절교한 것을 기뻐했다. 루이자는 악덕 신문에 대해서는 시골사람다운 불신감을 품고 있었다. 그러한 것에 관계하는 것은 시간을 허비하거나 적을 불러들이는 일밖에 되지 않는다고 생각했다. 루이자는 가끔 크리스토프가 힘을 보탰던 그 잡지의 젊은 패들이 크리스토프와 떠들고 있는 것을 들은 적이 있었다. 그리고 그들이 심술궂은 데에 두려움을 느꼈다. 그들은 모든 것에 욕설을 퍼붓고 차마 듣고 있을 수 없는 심한 말들을 했다. 그리고 말하면 할수록 만족해하고 있었다. 루이자는 그들을 좋아하지 않았다. 어쩌면 그들은 퍽 영리하고 아는 게 많았을는지도 모른다. 그러나 선량한 인간은 아니었다. 루이자는 크리스토프가 이제는 그들과 만나지 않는 것을 기뻐했다. 루이자는 크리스토프의 의견에 찬성이었다. 어떻게 저런 녀석들이 그에게 필요할 것인가!

"녀석들은 실컷 나에 대해 하고 싶은 대로 쓰거나 생각하거나 하는 게 좋아." 크리스토프는 말했다. "녀석들은 내가 나 자신인 것을 방해할 수는 없다. 녀석들의 예술, 녀석들의 사상이 대체 나와 무슨 관계가 있다는 건가? 그따위 것을 나는 부정하고 있는 거다!"

*

세상을 부정한다는 것은 정말 통쾌한 일이다. 그렇다고 세상은 청년의 호언 장담에 의해 그리 간단히 부정되는 것은 아니다. 크리스토프는 진지하게 덤벼들었다. 그러나 자신에게 환상을 품고 있어서 자기를 잘 알지 못했다. 그는 수도사는 아니었다. 세상을 버릴 기질의 사내는 아니었다. 더욱이 아직 그런 나이가 아니었다. 처음 한동안은 그다지 괴롭지 않았다. 작곡에 골몰했다. 그리고 이 작업이 계속되는 한 아무런 부족도 느끼지 않았다. 그러나 하나의 작품이 완성되어 새로운 다음 작품에 마음을 빼앗기기까지 사이의 침체기에 들어가면 주위를 둘러보아 자기가 홀로 버림받고 있다는 데에 오싹해졌다. 왜 작곡하는 것일까 하고 크리스토프는 스스로에게 물었다. 작곡하고 있는 동안에는 그런 의문은 일어나지 않는다. 작곡해야만 한다. 그것은 두말할 여지가 없는 일이다. 그러고는 태어난 작품과 얼굴을 마주 댄다. 작품을 태내에서 내보낸 강한 본능은 벌써 침묵하고 있다. 그것이 어떻게 태어났는지 이젠 알 수 없다. 거기엔 자기 자신의 모습도 거의 인정되지 않는다.

그 작품이 낯설고 인연 없는 것처럼 여겨져 그런 것은 잊어버리고 싶게 된다. 그러나 그것이 발표되거나 연주되지 않고, 그 작품이 그 자체의 생명을 세상에서 꽃피우지 않는 경우에 작자가 그 작품을 잊어버린다는 것은 불가능하다. 그렇게 되기까지의 작품은 어머니에게 매여 있는 젖먹이이며, 살아서 육체에 붙어 있는 생물이다. 이것이 살기 위해서는 떼어 놓아야 한다. 크리스토프가 작곡을 하면 할수록 그에게서 태어나 죽을 수도 살 수도 없는 이러한 작품들의 압박이 그의 속에서 커져 갔다. 누가 이러한 압박으로부터 그를 구해 줄 것인가? 막연한 압력이 그의 사상에서 태어난 아들을 동요시켰다. 그들은 필사적으로 그로부터 떠나고 싶어했다. 바람에 의해 온 세계로 운반되는 번식력이 강한 종자처럼 다른 혼 속으로 퍼져 나가고 싶어했다. 크리스토프는 아무런 열매도 맺지 않는 이러한 상태에 그대로 갇혀 있는 걸까? 만일 그렇게 된다면 그는 미치광이처럼 날뛰기 시작할 것이다.

　모든 출구가—연극도 음악회도—그에 대해서는 닫혀 있었고, 게다가 그는 한 번 거절당한 악장이나 지배인에게 새삼스럽게 다시 부탁하는 것 같은 비굴한 일은 결코 할 수 없었으므로, 작곡한 것을 출판하는 것밖에는 달리 방법이 없었다. 그러나 작품을 연주해 주는 오케스트라를 찾아내기보다는 이를 출판해 주는 서점을 찾아내는 쪽이 쉽다는 따위로 자만할 수는 없었다. 몹시 서투르게 두세 군데 부딪쳐 보았지만, 그것만으로도 이미 충분했다. 여기에다 또 거절당하거나 상인들과 논의하거나 그들의 보호자 같은 태도를 참아내기보다는 차라리 자비 출판을 택했다. 그러나 이것은 미친 짓이었다. 궁정의 급료와 음악회의 수입에서 모은 얼마 안 되는 저금이 있었다. 그러나 이러한 돈이 들어오는 길도 지금은 막혔고 다른 길을 찾기까지는 오랜 시간이 걸리는지도 몰랐다. 그러므로 그가 맞닥뜨려 있는 곤란한 시기를 헤쳐나가기 위해서는 이 얼마 안 되는 저금을 소중히 절약해서 써야 했다. 그런데 그렇게 하지 않았을뿐더러 이 저금으로는 출판 비용이 부족했으므로 대담하게 빚까지 져 버렸다. 루이자는 아무 말도 꺼내지 못했다. 어머니는 아들이 무모하다고 생각했다. 그리고 책 표지에 자기 이름이 인쇄되는 것을 보기 위해 돈을 쓴다는 것이 도무지 이해가 가지 않았다. 그러나 이것이 그를 끈기 있게 만들고 그를 자기 곁에 붙들어매어 두는 하나의 방법이었으므로, 아들이 만족해하는 것을 보고 엄마는 무척 기뻤다.

크리스토프는 청중에게 제공하는 데 있어, 누구나가 다 알고 있는 종류의 안심할 수 있는 작품이 아니라 매우 개성적이고, 그리고 원래부터 자기가 소중히 다루던 작품을 택했다. 그것은 피아노를 위한 곡이었지만 거기에는 몇 개의 가곡이 끼여 있었다. 이러한 가곡은 어떤 것은 아주 짧고 대중적인 것이며 어떤 것은 넓게 펼쳐진 거의 극적인 것이었다. 전체가 혹은 즐겁고 혹은 슬픈 일련의 인상을 이루어내 이러한 인상은 자연스럽게 서로 맥락을 이루고 이를, 어떤 대목은 피아노만으로, 어떤 대목은 노래만으로, 또 어떤 대목은 반주 달린 노래가 번갈아 표현하고 있었다. "왜냐하면" 하고 크리스토프는 말했다.

"내가 꿈꿀 때, 항상 나 자신이 느끼고 있는 것을 음악의 형식으로 표현할 수가 없다. 표현을 못하기 때문에 괴로워하면서도 행복감을 맛보는 수가 있다. 그런데 이것을 표현하지 않고는 도저히 견딜 수 없는 순간이 온다. 그러면 나는 자연스럽게 노래를 부르기 시작한다. 때로 그것은 막연한 말이거나 줄거리가 없는 악구(樂句)에 지나지 않는다. 그러나 또 때로는 완전한 시가 되기도 한다. 그런 다음 나는 또다시 꿈꾸기 시작한다. 이리하여 하루가 흘러간다. 진실로 나는 하루를 표현하고자 했던 것이다. 왜 노래만 모으거나 전주곡만 모으려 하는 것일까? 그만큼 부자연스럽고 부조화한 것은 없다. 혼의 자유로운 움직임을 표현하도록 애쓰지 않으려는가!"

그래서 그는 이 책을 조곡집 《하루》라고 이름 지었다. 작품 각 부분에는 마음속 꿈의 맥락을 간단히 표시하는 부제가 달려 있었다. 크리스토프는 거기에 신비적인 헌사와 머리글자와 날짜를 썼다. 이것은 그만이 아는 것으로서 과거의 시적(詩的)인 시간과 혹은 그리운 사람의 얼굴, 예컨대 상냥한 코린, 피로에 지친 자비네, 이름도 모르는 프랑스 소녀 등의 얼굴 모습을 생각나게 하는 것이었다.

이 작품 말고도 가곡 중에서 30편쯤 골랐다. 자기에게는 가장 마음에 드는, 따라서 궁중에서는 가장 환영받지 않는 것들 가운데서 선택한 것이었다. 그는 가장 '선율적인' 선율을 택하는 것을 피하여 가장 독특한 것을 택했다(누구나 알고 있듯이 세상 사람들은 언제나 '독특한' 것을 무척 두려워한다. 그들에게는 성격이 없는 것이 훨씬 더 어울린다).

이러한 가곡은 17세기의 오랜 실레지아 시인들의 시구에 곡을 붙인 것이었다. 크리스토프는 그들의 시를 어느 보급판으로 읽고 그 성실함을 사랑했다. 특히 그중 두 사람은 그에게는 한 형제처럼 정답게 여겨졌다. 그들은 천분을 많이 타고난 시인이었지만 둘 다 서른 살에 죽었다. 하나는 파울 플레밍이라고 하는 매혹적인 시인으로 코카서스와 이스파한을 마음 내키는 대로 여행하고, 야만스런 전쟁과 인생의 비애와 자기 시대의 부패 속에 살면서도 사랑을 버리지 않고 밝고 순수한 혼을 이어 간 사람이었다. 또 하나 요한 크리스찬 귄터는 자유분방한 천재로 모든 일을 되어 가는 대로 내맡긴 생활을 하면서 대향연과 절망에 스스로를 불태워 버렸다. 크리스토프가 작곡한 귄터의 시는 그를 압도하는 적(敵)인 신에 대한 도전과 복수적 반어의 시로서, 얻어맞고 쓰러지면서도 하늘을 향해 벼락을 되받아 던지는 티탄^{(그리스 신화에 나오는 거인}_{족. 신들과의 전쟁에 패함)}들의 거센 저주였다. 플레밍의 작품으로는 아네모네와 바질레네에 부치는 향기롭고 상냥스런 사랑의 노래(맑게 트인 밝은 마음을 가진 사람들이 추는 별들의 윤무 같은 춤), 또 크리스토프가 아침 기도처럼 암송하는 《나에게 부침》이라는 씩씩하고 조용한 소네트 등을 택했다.

믿음이 깊은 파울 게르하르트의 온화한 낙천주의도 크리스토프를 또한 매혹시켰다. 그것은 그에게는 슬픔으로부터 벗어났을 때의 휴식과 같은 것이었다. 신의 품에 안겨 있는 자연의 이러한 맑은 환상을 그는 사랑했다. 싱그러운 목장, 모래밭 위를 노래 부르며 흐르는 시냇가의 흰 튤립과 수선 가운데를 황새가 유유히 발을 옮기고 있다. 커다란 날개를 한 제비와 비둘기 무리가 날고 있는 맑은 대기, 빗줄기들을 통해 비쳐드는 환한 광선, 먹구름 틈새에서 웃고 있는 반짝이는 하늘, 어스름빛의 장엄한 고요, 숲과 가축의 무리와 시가와 들판의 휴식, 이러한 것을 그는 사랑했다. 지금도 아직 신교도 사이에서 불리고 있는 이러한 많은 찬송가에 그는 대담하게도 자기 음악을 붙였다. 그리고 이러한 것에 찬미가적인 성격을 남기지 않도록 했다. 그뿐만 아니라 그는 이러한 성격은 질색이었다. 그래서 이러한 것에 자유롭고 활기찬 표현을 주었다. 늙은 게르하르트도 자신의 《여행하는 그리스도교도의 노래》의 어떤 구(句)에서 지금 느껴지는 것과 같은 악마적인 자존심과, 혹은 또 자신의 《여름의 노래》의 고요한 흐름을 분류처럼 넘쳐나게 하는 이교적인 기쁨을 안다면 부들부들 몸을 떨었을 것이다.

악보는 출판되었다. 물론 이것은 상식에 어긋난 출판이었다. 크리스토프가 자비 출판으로 가곡을 인쇄시키고 판매를 위탁한 출판사는 단지 그의 이웃이라는 이유로 선택한 데 지나지 않았다. 이 출판사에는 이러한 큰 일을 할 만한 준비가 되어 있지 않았다. 인쇄는 몇 달이나 걸렸다. 오식이 많아 교정에도 돈이 들었다. 이러한 일에는 크리스토프는 전혀 경험이 없었으므로 보통보다 3분의 1이나 더 돈을 썼다. 비용은 예상보다도 훨씬 더 들었다. 그리고 나서 이것이 일단락을 짓자 크리스토프는 그 많은 악보를 안고 어떻게 해야 좋을지 알 수 없었다.

출판사에는 고객이 없었다. 이것을 소화시키려 돌아다니지도 않았다. 그 무관심은 참으로 크리스토프의 태도와 짝이 맞는 것이었다. 출판사 측에서 크리스토프에게 광고문을 몇 줄 써달라고 하자 크리스토프는 "광고는 싫다. 음악만 훌륭하면 그것이 저절로 광고가 될 것이다"라고 대답했다. 출판사는 크리스토프의 뜻을 충실히 존중했다. 악보를 가게 안쪽에 거두어 넣었다. 그것은 훌륭히 보존되었다. 6개월 동안에 단 한 권도 팔리지 않았던 것이다.

*

세상 사람들이 그를 찾아서 접근해 올 때까지, 크리스토프는 얼마 안 되는 저축에 낸 구멍을 막기 위해 방책을 찾아야 했다. 더욱이 까다로운 말썽을 부리고 있을 수는 없었다. 생활과 더불어 한편으로는 빚도 갚아 나가야 했던 것이다. 빚이 예상 밖으로 많았을 뿐만 아니라 기대했던 저축이 어림했던 금액보다도 적음을 알았다. 알지 못하는 사이에 돈을 써버린 것인지 아니면—이것이 훨씬 확실한 것 같았지만—계산이 틀렸던 것일까? (그는 정확한 덧셈을 하지 못했다.) 어쨌든 돈이 모자라는 이유는 아무래도 좋다. 그러나 돈이 모자란다는 것만은 확실했다. 루이자는 아들을 도와주기 위해 뼈를 깎듯이 돈을 만들어야 했다. 크리스토프는 그 때문에 심한 양심의 가책을 느껴 무슨 일을 해서라도 되도록 빨리 빚을 정리하려고 했다. 부탁을 했다가 거절을 당하면 매우 괴로운 일이라는 것을 알면서도 그는 개인 교수 자리를 찾아보았다. 크리스토프의 신망은 온통 땅에 떨어져 있었다. 제자 몇 사람을 찾아내는 것도 대단히 힘들었다. 때문에 어떤 학교에 교사 자리가 있다는 말을 듣자 두말 않고 맡았다.

그것은 반종교적인 학교였다. 교장은 빈틈 없는 사람으로 음악가는 아니었지만 크리스토프의 지금 상태라면 아주 싼 액수로 이용할 수 있다고 보았다. 교장은 친절하기는 했지만 지금에는 인색했다. 크리스토프가 큰맘 먹고 부끄러워하며 불평을 말하자 교장은 친절한 듯 미소를 띠면서, 크리스토프에게는 이제 공식 직함이 없으니 이 이상을 요구하는 것은 무리라고 타일렀다.

　우울한 일이었다. 문제는 학생들에게 음악을 가르치는 것보다 오히려 그들 부모와 그들 자신에게 자기들도 음악을 알고 있다는 환상을 품게 하는 일이었다. 큰일은 일반 사람들이 참석하는 의식이 있을 때 그들이 노래를 잘 부르도록 훈련시키는 일이었다. 방법은 아무래도 좋았다. 크리스토프는 싫증이 났다. 일을 하면서도 유익한 일을 한다고 생각하는 위안조차 느낄 수 없었다. 크리스토프의 양심은 그런 일을 하는 것이 무슨 위선적 행위이기라도 한 것처럼 그를 책망했다. 크리스토프는 학생들에게 더욱 확실한 교육을 시켜 진정한 음악을 그들에게 알리고 사랑하게 하려고 했다. 그런데 학생들은 그런 데에는 전혀 무관심했다. 크리스토프는 자기 말을 듣게 할 수가 없었다. 그에게는 권위가 부족했다. 그리고 실제로 크리스토프는 아이들을 가르치도록 되어 있는 인간은 아니었다. 그는 그들의 어설픈 서투름에 동정하지 않았다. 밑도 끝도 없이 그들에게 음악 이론을 설명하려고 했다. 피아노를 가르칠 때에는 베토벤의 교향곡을 가지고 학생과 둘이서 연주했다. 물론 그런 것이 잘 되어 나갈 리 없었다. 크리스토프는 부아가 치밀어 학생을 피아노에서 몰아내고 나머지는 자기 혼자서 언제까지나 치고 있었다. 학교 아닌 개인 교수의 경우도 마찬가지였다. 그에게는 조금도 인내심이 없었다. 예컨대 귀족적인 고상한 태도를 자부하는 귀여운 소녀를 보고 마치 시종 같은 모양으로 피아노를 친다고 말했을 뿐만 아니라 소녀의 어머니에게, 이처럼 재능이 없는 아이를 더 가르쳐야 한다고 생각하니 실망이 되어 죽을 지경이라고 편지를 보내기도 했다. 모든 일이 이런 투였으므로 일이 잘되어 갈 리가 없었다. 몇 안 되는 제자도 나가 버렸다. 제자 한 사람을 두 달 이상 붙들어 두지 못했다. 어머니는 그를 잘 달랬다. 적어도 근무하는 학교하고만은 싸우지 않겠다고 약속을 받았다. 이 직장을 잃기라도 한다면 그에게는 이제 생활 방도가 막연해지기 때문이었다. 그래서 크리스토프도 싫은 것을 억지로 참았다. 그는 모범적으로 시간을 정확히 지켰다. 그러나 미련한 학생이 같은 곳을 열 번이나 틀렸을 때라든가, 혹은 다음 음악회를 위해 자기 반 학생들에게 재미도 없는 합창을 가르쳐야만 할 때에는 아무리 해도 자기 본심을 끝끝내 숨기고 있을 수는 없었다! (곡목을 선택하는 일조차 그에게 맡겨지지 않았다. 크리스토프는 신뢰를 받고 있지 못했던 것이다.) 사람들은 그가 이러한 일에 그다지 열심이 아니라고 여겼을는지도 모른다. 그래도 크리스토프는 잠자코 입을 다문 채 찌푸린 얼굴을 하고 참을성 있게 가르쳤다. 학생들을 놀라게 할 만큼 탁자를 주먹으로 치는 일로 마음속 분노를 풀 따름이었다. 그렇지만 때로는 너무나도 견딜 수 없을 때가 있었다. 크리스토프는 도저히 참을 수 없었다. 곡의 도중에 학생들의 노래를 중지시켰다.

"아! 됐어! 그만둬! 그럴 것 없이 바그너를 들려주겠다."

학생들이 바라는 바였다. 그들은 크리스토프의 등 뒤에서 카드놀이를 하고 있었다. 이런 때에는 언제나 교장에게 고자질하는 학생이 있었다. 그리하여 크리스토프는 그가 학교에 고용되어 있는 것은 학생들에게 음악을 사랑하도록 하기 위한 것이 아니라, 그들에게 노래를 부르게 하기 위함이라는 것을 새삼 다시 설명을 들어야만 했다. 그는 이러한 질책을 부들부들 떨며 듣고 있었다. 그러나 달게 받아들였다. 싸우고 헤어지기는 싫었다. 수년 전, 앞날이 눈부시도록 밝고 창창하리라 예상되었을 무렵에는(실상 이 무렵에는 아무 일도 하고 있지 않았지만), 지금 이렇듯 겨우 무언가 훌륭한 일을 할 수 있게 되자마자 이런 치욕을 받게 되리라고는 도저히 상상하지 못했었다. 교사라고 하는 직무 때문에 여러 가지로 자존심을 상하게 되어 고민하는 일도 있었지만, 의무적으로 동료를 방문해야 하는 일도 괴로운 일 가운데 하나였다. 크리스토프는 닥치는 대로 동료 두 사람을 방문해 보았다. 그것은 무척 지루하여 더 계속할 용기가 없었다. 특별히 방문을 받은 두 사람은 별달리 감사히 여기지도 않았다. 그런데 다른 교사들은 개인적으로 모욕받은 것으로 생각했다. 모두 크리스토프를 지위로나 능력으로나 자기보다 아래라고 보았다. 그리고 그에 대해 보호자 같은 태도를 보였다. 그들은 그들 자신에 대해서도 또 그들이 크리스토프에 대해 가지고 있는 견해에 있어서도 자신만만했으므로, 그도 마침내 스스로 그들과 같은 생각을 하게 되었다. 그들 곁에 있으면 자기가 바보인 것처럼 느껴졌다. 그들에게 뭔가를 얘기하려 해도 화제가 없었다. 그들은 자기 직무로 머리가 꽉 차 그 밖의 일은 아무것도 보지 않았다. 그들은 인간이 아니었다. 차라리 그들이 책이었더라면 좋았을 것을! 하지만 그들은 책의 주(註)였다. 말의 주석이었다.

크리스토프는 그들과 함께 있지 않으려고 기회를 봐서 달아났다. 그렇지만 때로는 아무리 해도 자리를 같이하지 않을 수 없었다. 교장은 한 달에 한 번 오후에, 그들의 방문을 받고 있었다. 그리고 모두 와주기를 바랐다. 크리스토프는 첫날 초대 때 결석해도 알지 못하리라 생각하고 말도 없이 빠졌다. 그런데 이튿날 벌써 가시 돋친 빈정거림을 들었다. 두 번째는 어머니의 충고에 따라 가기로 마음을 먹었다. 장례식에라도 가는 것처럼 억지로 갔다. 그가 근무하는 학교의 교사와 다른 학교의 교사가 부인과 딸들을 데리고 모여들었다. 그들은 비좁은 객실에서 계급별로 무리를 이루었는데 크리스토프에게는 전혀 주의를 하지 않았다. 그의 바로 옆에 있는 무리들은 아동교육과 요리 얘기를 하고 있었다. 교사의 부인들은 요리법을 터득하여 아는 체하고 저마다 자기 주장을 굽히지 않고 떠들어 댔다. 남자들도 이러한 문제에 역시 흥미를 느끼고 있어 거의 지지 않을 만큼 잘 알고 있었다. 그들은 부인의 살림 솜씨를 자랑하고 부인 쪽은 남편의 지식을 자랑했다. 크리스토프는 창가의 벽에 등을 기대고 서서 어떤 태도를 취해야 좋을지 몰라 웃는 것처럼 해보기도 하고, 또는 시선을 한군데에 못박고 표정을 굳혀 침울한 얼굴을 하기도 했는데 지루해서 죽을 것만 같았다. 그에게서 몇 걸음 떨어진 곳에 한 젊은 여자가 창가에 앉아 있었지만 누구도 얘기를 걸지 않고 그와 마찬가지로 지루해하고 있었다. 두 사람 다 방 안을 보고 있어 서로 얼굴을 보지는 않았다. 한참 만에 두 사람이 이젠 도무지 참을 수 없게 되어 하품을 하려고 얼굴을 돌렸을 때 비로소 상대방을 보았다. 마침 이때 두 사람의 눈이 마주쳤다. 둘은 서로 통하는 눈짓을 주고받았다. 크리스토프는 그녀 쪽으로 한 걸음 다가갔다. 그녀는 나직한 목소리로 말했다.

"즐거우세요?"

크리스토프는 방 쪽으로 등을 돌리고 창을 바라보며 혀를 내밀었다. 그녀는 피식 웃었다. 그리고 갑자기 생기가 돌아 크리스토프에게 자기 곁에 앉도록 손짓했다. 그녀는 학교에서 박물학을 가르치는 라인하르트 교수의 부인이었다. 부부는 최근에 이 시에 왔으므로 아직 아는 사람이 없었다. 그녀는 도저히 미인이라고는 할 수 없었다. 코가 뭉툭하고 치아가 고르지 않으며 얼굴에는 윤기가 거의 없었다. 하지만 눈만은 싱싱하고 제법 영리해 보이며, 또 미소는 어린이처럼 티가 없었다. 그녀는 수다스러웠다. 크리스토프도 밝게 대답했다. 그녀는 유쾌하리만큼 솔직하고 어리광스런 기질을 가지고 있었다. 둘은 주위 사람들은 상관하지 않고 큰 소리로 자기들의 생각을 웃으며 주고받았다. 근처 사람들은 둘을 고독에서 끌어내어주는 것이 바로 친절이었을 때는 그들의 존재를 염두에도 두지 않았다가 이제 와서는 불만스런 시선을 던지기 시작했다. 이렇듯 수선을 피우는 것은 악취미라는 것이었다! 그러나 둘의 수다에 있어서는 남들이 자기들을 어떻게 생각하거나 간에 문제가 아니었다. 둘은 보복을 했던 것이다.

나중에, 라인하르트 부인은 남편을 크리스토프에게 소개했다. 그는 어지간히 추남이었다. 얼굴은 창백하고 수염이 없으며 곰보에다 약간 음울해 보였다. 하지만 아주 선량해 보였다. 목구멍 속에서 소리를 내고 음절 사이에 뜸을 두어 짐짓 의젓한 체하지만 어설프게 더듬거리는 말씨였다.

그들은 수개월 전에 결혼했다. 이 못생긴 두 사람은 서로 열렬히 사랑했다. 이리하여 수많은 사람이 모여 있는 가운데서도 애정이 담뿍 담긴 얼굴로 쳐다보고 얘기를 나누며 손을 잡곤 했다. 그것은 우스꽝스럽기도 하고 또 감동적인 장면이기도 했다. 하나가 바라는 일은 상대도 바랐다. 그들은 모임이 끝나 돌아가는 길에 꼭 자기들의 집에 들러 밤참을 하고 가달라고 청했다. 크리스토프는 처음엔 농담을 하며 사양했다. 이런 밤은 집에 돌아가는 것이 제일이라고 했다. 십 리나 걸은 뒤처럼 몹시 지쳐 버렸다고 말했다. 그러나 라인하르트 부인은 그러니까 더욱 이대로는 안 된다, 이런 침울한 기분으로 하룻밤을 보내는 것은 몸에 해롭다고 우겼다. 크리스토프는 지고 말았다. 고독 속에 있었던 그는 이와 같은, 그다지 훌륭한 사람들은 아니지만 단순하고 마음이 상냥한 친절한 사람들을 만난 것이 한편으로 기뻤다.

*

라인하르트의 아담한 방 안은 그들과 마찬가지로 아늑했다. 그것은 약간 수다스럽고 정겨운 마음이었으며, 여러 가지 이름을 가진 상냥스러운 마음이었다. 가구와 집기와 접시가 말했다. '친애하는 손님'을 맞이하는 기쁨을 끝없이 되풀이하고 안부를 묻고, 간곡하고 도덕적인 충고를 주었다. 안락의

자—그것도 무척 딱딱한 것이었다—위에는 작은 쿠션이 깔려 있었는데, 그것은 다정스럽게 이렇게 속삭였다.

"안 되면 15분만이라도!"

크리스토프에게 내어준 커피를 더 마시도록 자꾸 권했다.

"조금 더 드세요!"

접시는 원래의 맛있는 요리에 도덕의 맛을 가미했다. 한 접시는 말했다.

"모든 일을 잘 생각하세요. 그러지 않으면 아무것도 좋은 일이 일어나지 않아요."

또 한 접시는 이렇게 말했다.

"애정과 감사에는 사람들이 기뻐합니다. 배은망덕은 모두들 싫어합니다."

크리스토프는 전혀 담배를 피우지 않지만, 난로 위 재떨이도 자기를 소개하지 않고는 못 배겼다.

"불이 담긴 담배의 작은 휴게소입니다."

크리스토프는 손을 씻으려 했다. 그러자 세면대 위 비누가 말했다.

"우리의 친애하는 손님을 위해."

그러자 짐짓 의젓한 체하는 수건이 아무것도 할 말은 없지만 역시 뭔가 말해야 한다고 여기고 있는 예의바른 사람처럼 '아침을 헛되지 않게 하기 위해 일찍 일어나야 한다'는 뜻의 매우 사려 깊기는 하지만 이 경우에 그다지 적절하다고는 할 수 없는 감상을 말했다.

"일찍 일어난 새가 첫 벌레를 먹는다."

크리스토프는 방 안 네 구석에서 들려오는 온갖 목소리를 듣는 것이 두려워 의자에 앉은 몸을 이제 어느 쪽으로도 돌릴 수 없게 되었다. 그는 그들을 향해 말해 주고 싶었다.

"조용히 해다오, 작은 괴물들아! 너희 말소리가 전혀 안 들리지 않는다."

그러자 크리스토프는 갑자기 웃음이 터졌다. 주인 부부에게는 아까 학교의 모임 일이 생각난 것이라고 애써 변명했다. 그들의 기분을 언짢게 하고 싶지 않았다. 게다가 그는 우스꽝스런 일에 대해서는 별로 민감한 편이 아니었다. 곧 크리스토프는 그러한 사물이나 사람들의 친절에 빠져들었다. 그들에 대해서 어떻게 너그럽게 생각하지 않을 수 있으랴! 그들은 선량한 사람들이었다! 그들은 언짢은 기분을 일으키게 하는 사람은 아니었다. 세련된 취미는 부족하다 해도 지식은 풍부했다.

그들은 방금 도착한 이 지방에서 좀 당황해했다. 지방 소도시 사람들의 신경과민적인 감정은 그 일원이 되는 명예를 관례에 따라 간청하지 않으면 절대 허용하지 않았다. 라인하르트 부부는 옛 주민에 대한 새 주민의 의무로서 규정된 시골의 관례를 그다지 염두에 두지 않았다. 엄밀히 말하면 라인하르트 쪽은 기계적으로 이를 따랐다. 그렇지만 그러한 강제적인 고역에 잔뜩 싫증이 난 부인 쪽은 그런 것에 따르기가 싫어서 이것을 날마다 내일로 미루었다. 방문할 사람의 명단 중에서 가장 지루하지 않을 듯한 쪽을 택해 우선 일을 끝냈다. 그 밖의 방문은 무기한으로 미루어 두었다. 이 후자의 범주에 들어간 명사들은 이러한 예의를 모르는 사람의 태도에 몹시 분격했다. 안젤리카 라인하르트(남편은 그녀를 릴리라고 불렀다)의 태도는 약간 자유분방했다. 안젤리카는 아무래도 공식적인 형태대로 할 수가 없었다. 학교의 윗사람들에 대해서도 외람된 질문을 했다. 그들은 화가 나 얼굴이 새빨개졌다. 안젤리카는 필요하다면 그들의 말에 반대하는 것도 두려워하지 않았다. 그녀는 수다쟁이였다.

그리고 머리에 떠오르는 것은 무엇이든지 말해 버려야 했다. 때로는 무척 어리석은 말을 입 밖에 내어 사람들은 그녀가 안 보는 데서 비웃는 일도 있었다. 또 직접 상대를 노하게 하는 말을 하여 원한을 사는 일도 있었다. 그러한 말이 입 밖에 튀어나왔을 때 안젤리카는 무척 후회했다. 그 말을 다시 주워 담고 싶었다. 그러나 이미 엎지른 물이었다. 그지없이 상냥하고 정중한 남편은 이 점에 대해 눈치를 살피며 충고한다. 그러면 아내는 남편에게 키스하고 자기는 바보다, 당신의 말은 지당하다고 말한다. 그러나 그 혀에 침도 마르기 전에 또 말하기 시작한다. 더구나 결코 말해서는 안 될 때와 장소에서 곧바로 이것저것 떠들어대는 것이었다. 만일 그것을 말해 버리지 않는다면 안젤리카는 죽어 버렸을는지도 알 수 없었다. 안젤리카와 크리스토프는 서로 뜻이 맞는 듯했다.

여러 가지 해서는 안 될 묘한 말들, 그렇기 때문에 그녀가 해 버리게 되는 말들이지만, 그중에서도 독일에서 하는 일과 프랑스에서 하는 일의 비교를 말끝마다 때와 장소를 가리지 않고 되풀이했다. 안젤리카는 독일인이었다(그녀만큼 독일적인 인간은 없었다). 그러나 알자스에서 자라 알자스의 프랑스인과 교제했으므로 라틴 문명의 매력에 이끌렸다. 독일에 병합된 이 지방에서는 많은 독일인, 라틴 문명 따위는 전혀 느낄 것 같지도 않은 많은 독일인까지도 그 매력에 항거하지 못했다. 실제로는 안젤리카는 북방의 독일인과 결혼해서 순수한 독일적 환경에 들어오고 나서부터 일종의 반항심으로 이 매력을 한층 강하게 느끼게 되었는지도 모른다.

크리스토프와 처음 만난 밤부터 안젤리카는 자기 주장을 고집했다. 안젤리카는 프랑스인의 자유롭고 애교 있는 대화를 추어올렸다. 크리스토프도 맞장구를 쳤다. 그에게 있어서 프랑스는 코린이었다. 반짝반짝 빛나는 아름다운 눈, 웃음을 머금은 야드르르한 입, 솔직하고 자유스러운 태도, 맑게 트인 음성, 크리스토프는 프랑스에 대해 더 많이 알고 싶어 견딜 수 없었다.

안젤리카는 크리스토프와 놀라울 정도로 뜻이 잘 맞았기 때문에 손뼉을 치며 기뻐했다.

"유감이에요." 안젤리카는 말했다. "저의 친구인 프랑스 아가씨가 없어져 버린 것은. 그런데 어쩔 수 없었어요. 다른 곳으로 가 버렸지요."

코린의 얼굴은 곧 사라져 버렸다. 마치 꽃불이 사라지고 돌연 어두운 하늘에 별의 상냥하고 깊이 있는 눈망울이 나타나듯 다른 얼굴 모습이, 다른 눈이 나타났다.

"누굽니까?" 크리스토프는 흠칫 놀라 물었다. "가정교사를 하던 아가씨 아닙니까?"

"어머나!" 라인하르트 부인은 말했다. "당신도 알고 계신가요?"

두 사람은 그녀의 자태를 설명했다. 그러자 두 개의 초상이 꼭 들어맞았다.

"당신도 알고 계셨군요?" 크리스토프도 같은 말을 했다. "제발 그 여자에 대해서 아는 사실을 전부 얘기해 주시지 않겠어요? ……"

라인하르트 부인은 우선 자기들은 친구로서 서로 모든 것을 털어놓는 사이였다고 하는 데서부터 얘기를 시작했다. 하지만 자세한 얘기로 들어가자 그 모든 것이라는 것은 결국 아무것도 아닌 일이었다. 둘은 방문한 집에서 우연히 만났다. 라인하르트 부인 쪽에서 젊은 아가씨에게 교제를 청했다. 그리고 예의 친절한 말투로 놀러와 달라고 초대했다. 젊은 아가씨는 두세 번 찾아와 얘기를 나누었다. 호기심이 많은 릴리가 이 프랑스 아가씨의 생활에 대해 얼마쯤 안 것도 쉬운 일은 아니었다. 아가씨는 매우 체면을 차렸던 것이다. 조금씩 얘기를 끌어내야 했다. 라인하르트 부인은 가까스로 그녀가 앙투아네트 자넹이라는 이름이며, 재산은 없고 가족은 파리에 남아 있는 동생이 있을 뿐, 헌신적으로 이 동생의 뒤를 돌본다는 것을 알았다.

앙투아네트는 항상 동생 얘기를 했다. 이 얘기를 할 때만은 그녀도 다소 마음속을 털어놓았다. 그리고 릴리 라인하르트가 그녀의 신뢰를 얻을 수 있었던 것은, 부모도 친구도 없이 중학 기숙사에 들어가 단지 홀로 파리에 남아 있는 이 소년에게 인자한 깊은 동정을 나타냈기 때문이었다. 앙투아네트가 외국에서 취직할 것을 승낙한 것도 동생의 교육비를 충당하기 위해서였다. 그러나 이 딱한 남매는 따로 떨어져 생활할 수는 없었다. 서로 매일 편지를 썼다. 그리고 기다리고 있는 편지가 조금 늦어지기만 해도 병적인 불안에 사로잡혔다. 앙투아네트는 늘 동생 일을 걱정했다. 동생 쪽은 고독의 쓸쓸함을 누나에게 숨길 만한 기력이 없었다. 그의 탄식의 하나하나는 앙투아네트의 마음속에서 가슴을 쥐어뜯는 것처럼 거세게 메아리쳤다. 앙투아네트는 동생이 괴로워한다고 생각하여 마음 아파하고, 병이 났는데도 말하지 않고 있는 것은 아닌가 자꾸 상상했다. 친절한 라인하르트 부인은 그러한 근거 없는 근심에 대해 몇 번이나 상냥하게 앙투아네트를 꾸중해 주어야 했다. 그리고 잠깐은 그녀를 안심시켜 줄 수 있었다. 앙투아네트의 가정과 신분과 마음속으로 생각하고 있는 일에 대해서 부인은 아무것도 알 수 없었다. 조금만 이 점을 건드리면 아가씨는 곧 무엇을 겁내는 듯 우울하게 입을 다물었다. 앙투아네트에게는 교양이 있었다. 조숙한 경험을 갖고 있는 것 같았다. 천진난만함과 온갖 환멸을 맛본 듯하기도 하고, 신앙심이 깊으나 꿈 같은 것은 품고 있지 않은 듯했다. 이 지방의 친절심도 없거니와 너그럽지도 않은 가정에 들어가 앙투아네트는 행복하지 않았다. 어찌하여 이 고장을 떠났는지 라인하르트 부인은 똑똑히 알지 못했다. 품행이 좋지 않기 때문이라고 하는 소문이었다. 그러나 안젤리카는 절대로 이것을 믿지 않았다. 그것은 어리석고 심술궂은 이곳 사람들이 능히 지어낼 만한 가증한 중상이라고 확신했다. 별의별 소문이 다 떠돌았다. 그렇지만 그러한 소문 따위는 아무래도 좋지 않은가.

"맞습니다." 크리스토프는 고개를 숙이며 말했다.

"마침내 그 여자는 가 버렸어요."

"그래, 갈 때 당신에게 뭐라고 말하던가요?"

"아!" 릴리 라인하르트는 말했다. "그럴 기회가 없었어요! 공교롭게도 나는 이틀 동안 쾰른에 가 있었어요! 돌아와 보니…… 왜 그리 늦어요! ……" 부인은 말을 멈추고 차에 넣을 레몬을 이제야 겨우 가져온 하녀를 꾸짖었다.

그리고 진정한 독일인이 일상생활의 보통 행위에서도 보이는 저 몸에 밴 엄격한 태도로 위압적인 말을 덧붙였다.

"인생 모든 일이 다 그렇지만요, 늦어요!"

(이것은 레몬을 말하는 것인지 또는 중단된 얘기 속에서 말하던 것을 가리켜 하는 말인지 잘 알 수 없었다.)

부인은 말을 이었다.

"돌아와 보니 간단한 편지를 두고 갔어요. 내가 해준 일에 대한 사례와 파리에 돌아간다는 것이 씌어 있었어요. 주소는 씌어 있지 않았습니다."

"그래서 그 뒤 소식이 없는 겁니까?"

"네, 전혀."

크리스토프는 저 우울한 얼굴이 어둠 속으로 사라지는 것을 다시금 눈앞에 선명히 떠올렸다. 마지막으로 열차의 유리창 너머로 이쪽을 물끄러미 바라보던 그때 그대로의 눈이 순간적으로 언뜻 떠올랐다가 사라졌다.

*

프랑스의 수수께끼가 다시금 끈덕진 문제로 떠올랐다. 크리스토프는 부인이 잘 알고 있다고 자부하는 이 나라의 일을 끝없이 캐물었다. 그리고 라인하르트 부인은 한 번도 프랑스에는 가본 적이 없는데도 모든 것을 가르쳐 주었다. 라인하르트 쪽은 훌륭한 애국자로서 부인보다 더 잘 알지는 못하는 프랑스에 대해 많은 편견을 품고 있었으므로, 릴리의 열광하는 꼴이 너무 지나치면 때로 이의를 제기했다. 그러면 부인은 더한층 고집을 부려 자기의 말을 우겨댔다. 그리고 크리스토프는 아무것도 모르면서도 부인을 신뢰하고 맞장구를 쳤다.

그에게 있어 릴리 라인하르트의 기억보다도 더한층 귀중했던 것은 부인의 책이었다. 부인은 프랑스 서적의 작은 문고를 만들고 있었다. 그것은 닥치는 대로 사 모은 학교 교과서와 소설과 희곡이었다. 프랑스에 대해 알고 싶다고 생각은 하면서도 아무것도 모르는 크리스토프에게, 라인하르트가 친절하게도 마음대로 골라서 읽어도 좋다고 말해 주었을 때 그에게 그 책은 보물처럼 여겨졌다.

그는 우선 선집(選集)과 옛 교과서류부터 읽기 시작했다. 그 책들은 릴리 라인하르트와 그녀의 남편이 학생 시절에 공부하던 것이었다. 미지의 프랑스 문학 속으로 발을 들여놓기 위해서는 아무래도 그것부터 시작해야 한다고 라인하르트는 말했다. 크리스토프는 프랑스 문학에 대해 자기보다 잘 알고 있는 사람들을 진심으로 존경했으므로 그들이 하라는 대로 했다. 그래서 그날 밤부터 그 책을 읽기 시작했다. 크리스토프는 먼저 자기가 가지고 있는 지식을 대강 알아보았다.

크리스토프는 다음과 같은 프랑스의 작가를 알고 있었다. 테오도르 앙리 바로, 프랑수아 프티 들라크루아, 프레데릭 보드리, 에밀 들레로, 샤를 오귀스트 데지레 필롱, 사뮈엘 데 콩바, 프로스페르 보르. 그리고 다음과 같은 사람들의 시를 읽었다. 조제프 레이르 사제, 피에르 라샹보디, 너베르누아 공, 앙드레 방아셀트, 앙드리외, 콜레 부인, 살므 딕 공작부인 콩스탕스—마리, 앙리에트 올라르, 가브리엘 장 바티스트 에르네스트 빌프리드 라구베, 이폴리트 비올로, 장 레불, 장 라신, 장 드 베랑제, 프레데릭 베샤르, 귀스타브 나도, 에두아르 플루비에, 외젠 마뉘엘, 위고, 밀르부아, 센돌레, 잠 라쿠르 들라트르, 펠릭스 샤반, 프랑수아 코페, 즉 프랑시스 에두아르 조아생, 루이 벨몽테. 크리스토프는 이러한 시의 대홍수 속에 말려들어가 가라앉아 버리고 나서 이번에는 산문 쪽으로 옮겨갔다. 그는 거기서 다음과 같은 사람들을 발견했다. 귀스타브 드 몰리나리, 플레쉬에, 페르디낭 에두아르 비송, 메리메, 말트 브랑, 볼테르, 라메 플뢰리, 뒤마 페르, 장 자크 루소, 메지에르, 미라보, 마자드, 클라르시, 코르탕베르, 프레데릭 2세, 드 보귀에 후작. 가장 빈번히 인용되는 프랑스의 역사가는 막시밀리앙 상송 프레데릭 셸이었다. 크리스토프는 이 선집 속에서 신독일 제국의 선언문을 보았다. 그리고 프레데릭 콩스탕드 루즈몽이 독일인의 초상을 묘사한 문장을 읽고 다음과 같은 사실을 알았다.

"독일인은 영혼의 세계 속에서 살도록 태어났다. 그들은 프랑스인들처럼 경박하고 소란스런 쾌활함은 가지고 있지 않다. 그들은 풍부한 혼을 가지고 있다. 그들의 애정은 상냥스럽고도 깊다. 일을 해도 피로를 모르며, 일을 계획하면 끝까지 실천한다. 그들만큼 도덕적인, 그리고 또 그들만큼 장수하는 국민은 없다. 독일은 매우 많은 작가를 가지고 있다. 또 미술의 천재도 갖고 있다. 다른 나라 국민들이 프랑스인이고 영국인이고 스페인인이라는 것을 명예로 여기는 데 반해, 독일인은 그의 공평 무사한 애정 속에 전 인류를 포옹한다. 결국 독일은 유럽 중앙에 위치해 있음으로써 인류의 심장임과 동시에 최고의 이성처럼 여겨진다."

크리스토프는 지치고 또 놀라서 책을 덮고 생각했다.
'프랑스인은 사람 좋은 도련님뿐이군.'
그는 다른 책을 손에 들었다. 상급 학교용의 것이었다. 뮈세가 3페이지를 차지하고 빅토르 뒤뤼가 30페이지를 차지했다. 라마르틴이 7페이지, 티에르가 40페이지 가까이를 차지하고 있었다. 《르 시드》는 전부가, 아니 거의 전부가 실려 있었다(단 동 디에그의 독백과 로드리그의 독백은 너무 길기 때문에 생략). 랑프레이는 나폴레옹 1세에 대해 프로이센을 선동하고 있었다. 그래서 그에게는 페이지의 제한이 없었다. 그 페이지 수는 그 한 사람으로써 18세기의 고전적인 대작가 모두의 페이지보다도 많았다. 1870년 프랑스의 패배에 관한 많은 이야기는 졸라의 《와해》에서 취한 것이었다. 몽테뉴, 라 로시푸코, 라브뤼예르, 디드로, 스탕달, 발자크, 플로베르도, 이 책에는 나와 있지 않았다. 그 대신 또 한 권의 책에는 나와 있지 않았던 파스칼이 진기한 사람으로서 나와 있었다. 그리고 크리스토프는 여기서 이 광신가가 '파리 근교의 여학교 포르 르와얄의 신부 가운데 한 사람이었다……'는 것도 알았다.

＊ 장 크리스토프가 그의 친구 라인하르트의 장서(藏書) 가운데에서 빌려 읽은 프랑스 문학 선집은 다음과 같다.

1. *Choix de lectures frnçaises à l'usage des ecoles secondaires*, par Hubert H.Wingerath, docteur en philosophie, directeur de l'Ecole rèale Saine—Jean à Strasbourg—Deuxième partie:classes moyennes—7 e édition, 1902. Dumont

—Schauberg.

2. L.Herring et G.F.Burguy : *La France littéraire*, remaniée par F. Tendering, directeur du Real—Gymnasium des Johanneums, Hambourg—1904. Brunswick.

크리스토프는 자칫 모든 것을 집어던질 뻔했다. 머리가 어질어질하고 이젠 아무것도 알 수 없었다. 이래서는 언제까지 가도 끝장이 나지 않겠다고 그는 생각했다. 의견을 정리할 수가 없었다. 대체 어디를 읽어야 좋을지도 모르고 몇 시간이나 닥치는 대로 페이지를 넘기고 있었다. 그는 프랑스어를 술술 읽을 수는 없었다. 어느 한 절을 무척 노력해서 읽어 보면 그것은 거의 항상 무의미하고 부질없는 것이었다.

그러는 동안 이러한 혼돈 속에서 몇 줄기 광명이 비쳐 나왔다. 그것은 칼날의 번득임이고, 강하고 날카로운 말씀이며, 씩씩한 웃음이었다. 이 최초의 독서에서 천천히 하나의 인상이 떠올랐다. 이것은 아마도 편집의 기획이 경향적 의도였기 때문이었을 것이다. 독일 편집자는 이 선집 속에서 프랑스인 자신의 진언에 의해 프랑스인의 결점과 독일인의 우수성을 판별할 수 있는 것만을 특히 선택했다. 하지만 편집자 자신이 생각지도 못했던 일은, 크리스토프와 같은 독립적인 정신을 가진 자의 눈에는, 자기들의 모든 것을 비판하고 적을 칭찬하는 그들 프랑스인들의 놀라운 자유스러움이 이 때문에 똑똑히 보였던 것이었다. 미슐레는 프레데릭 2세를, 랑프레이는 트라팔가르 해전의 영국인들을, 샤라는 1813년의 프로이센을 찬양했다. 나폴레옹의 어떠한 적도 나폴레옹의 일을 이렇듯 혹독하게 얘기한 자는 없었다. 가장 존경받는 자일지라도 그들의 비판적인 정신을 벗어날 수는 없었다. 루이 13세 시대에 있어서조차도 가발을 쓴 시인들은 솔직히 사물을 얘기했었다. 몰리에르는 아무것도 용서치 않았다. 라퐁텐은 모든 것을 비웃었다.

부알로는 귀족을 비난했다. 볼테르는 전쟁을 경멸하고 종교를 공격하고 조국을 우롱했다. 모럴리스트, 풍자 시인, 풍자적 논설가, 희극 작가 등이 명랑하고 혹은 침울한 대담성을 겨루고 있었다. 일반적으로 존경심이라는 것이 결여되어 있었다. 이 때문에 독일의 고지식한 편집자들은 가끔 난처했다. 같은 부대 속에 요리사도, 인부도, 병사도, 치중병도 함께 넣어 버린 파스칼을 통과시키려 했을 때, 그들은 자기 양심을 안심시켜야 할 필요를 느꼈다. 그래서 주석을 달아, 파스칼이 만일 근대의 훌륭한 군대를 알고 있었다면 그런 식으로는 얘기하지 않았을 것이라고 항의했다. 그들은 또 레싱이 라 퐁텐의 우화를 고쳐 써 제네바 태생 루소의 의견에 따라, 까마귀 선생의 치즈를 독이 들어 있는 고깃덩이로 바꾸어 비열한 여우가 이를 먹고 죽는 것으로 하고 "저주받은 아첨자들이여, 너희가 손에 넣을 수 있는 것은 독뿐이다!" 하고 격언 같은 결구(結句)를 붙였다.

그들은 벌거벗은 진실 앞에 눈을 깜빡거렸다. 크리스토프는 재미있어했다. 그는 빛을 사랑했다. 그러나 그 역시 군데군데 좀 어리둥절했다. 이렇듯 방자한 독립적 정신에는 익숙하지 않았다. 아무리 자유로워도 역시 규율에 젖은 독일인에게는 무질서한 것으로 보였다. 게다가 그는 프랑스인의 익살에 갈팡질팡했다. 그는 어떤 것은 너무나 진지하게 받아들였다. 또 어떤 것은 사정없는 부정인데도 그에게는 거꾸로 유쾌한 욕설인 것처럼 여겨졌다. 그런 것은 아무래도 좋았다! 놀라고 불쾌감을 느끼면서도 그는 조금씩 끌려들어갔다. 그는 자기 인상을 분류하는 것을 그만두었다. 한 감정에서 딴 감정으로 옮겨갔다. 그는 살아 있는 인간이었으니까. 프랑스의 애기, 예컨대 샹포르, 세귀르, 뒤마페르, 메리메 등의 것과 그 밖의 잡다하게 쑤셔 넣어진 이야기들의 명랑성은 그의 기분을 상쾌하게 했다. 그리고 때로 어떤 페이지에서는 여러 가지 혁명의 강하고 황폐한 냄새가 돌풍처럼 피어올라왔다.

새벽녘 가까이 옆방에서 잠들었던 루이자가 눈을 뜨자 크리스토프의 방문 틈바구니에서 불빛이 새어나오는 것이 보였다. 루이자는 벽을 똑똑 두드려 병이 난 게 아니냐고 물었다. 바닥 위에서 의자가 삐걱거렸다. 문이 열렸다. 셔츠 차림의 크리스토프가 초 한 자루와 책 한 권을 손에 들고 엄숙하고도 또 어리광스런 몸짓을 하며 모습을 나타냈다. 루이자는 깜짝 놀랐다. 그가 머리가 돈 것이 아닌가 하여 침대 위에서 몸을 일으켰다. 크리스토프는 웃기 시작했다. 그리고 초를 휘두르면서 몰리에르 극의 어떤 장면을 낭독했다. 어느 문구 도중에서 그는 픽 웃음을 터뜨렸다. 그리고 어머니 침대 발치에 주저앉아 숨을 들이켰다. 촛불은 그의 손에서 흔들리고 있었다. 루이자는 안심하고 상냥하게 꾸짖었다.

"무슨 일이냐, 대체? 자아, 가서 자! …… 마치 바보가 되어 버린 것 같지 않니?"

그러나 그는 더욱 수선을 떨기 시작했다.

"이걸 들어주시지 않아서야!"

그렇게 말하고 머리맡에 주저앉아 처음부터 그 장면을 고쳐 읽어 주었다. 코린의 자태가 눈앞에 보이는 것 같았다. 그녀의 짐짓 거창한 대사의 음조가 들리는 듯했다. 루이자는 거절했다.

"자아, 이제 그만 가보라니까! 감기 들겠어. 귀찮아. 좀 자게 해줘!"

크리스토프는 상관없이 읽어 나갔다. 소리를 높이고 양팔을 휘둘러 대며 목구멍이 막히도록 웃었다. 그리고 신나지 않느냐고 어머니에게 물었다. 루이자는 등을 돌려 이불 속으로 파고들어가며 귀를 막고 말했다.

"자아, 좀 가만히 내버려둬! ……"

그러나 루이자는 아들의 웃음소리를 들으며 자기도 나직한 소리로 웃고 있었다. 루이자는 겨우 투덜거리기를 그쳤다. 그리고 1막을 다 읽은 크리스토프가 재미있는지의 여부를 물어봐도 대답이 없기에 들여다보았더니 어머니는 잠들어 있었다. 크리스토프는 미소를 짓고 어머니 머리카락에 살짝 입을 대고 소리가 나지 않도록 살며시 제 방으로 돌아갔다.

*

크리스토프는 라인하르트에게서 또 책을 빌렸다. 모든 책을 닥치는 대로 자꾸만 빌려 읽었다. 크리스토프는 무엇이나 통째로 삼켜 버렸다. 그는 코린과 저 미지의 아가씨의 나라를 사랑하고 싶었으며 자기 속의 열광을 깡그리 쏟아 버리고 싶었으므로 이러한 책을 이용했다. 2류의 작품에 있어서조차도 어떤 페이지, 어떤 말은 획 지나가는 자유로운 바람처럼 여겨졌다. 그는 이것을 과장해서 생각했다. 라인하르트 부인에게 얘기할 때에는 특히 그랬다. 그러면 부인은 으레 다시 이것을 추어올렸다. 부인은 전혀 아무것도 알지 못했지만 프랑스 문화와 독일 문화를 대조시켜 재미있어하고 전자를 칭찬하기 위해 후자를 깎아내려 남편을 화나게 하거나, 이 도시에서 있었던 불쾌한 일의 분풀이를 했다.

라인하르트는 분격하고 있었다. 그는 자기 전문의 학문 밖의 것에 대해서는 학교에서 배운 관념의 테두리 밖으로 전혀 나가지 못했다. 그에게 있어서 프랑스인은 영리하고 실제적인 일에 재능이 있으며 애교가 있고 화술의 명수였지만, 경박하고 골을 잘 내고 거만을 떨고, 진지해지는 일도 확실한 감정을 갖는 일도 성실해지는 일도 없고—음악도 철학도 시도 없는(부알로의 《시학》과 베랑제와 프랑스와 코페만은 예외) 국민—비분 강개와 호들갑스런 몸짓과 과장된 언사와 호색 문학의 국민이었다. 라인하르트는 라틴 인종의 부도덕을 공격하는 데 적당한 말을 몰랐다. 그래서 할 수 없이 언제나 '언행이 신중하지 못하고 가볍다'는 말을 되풀이해서 썼다. 이것은 그가 말할 경우에도, 그와 같은 나라 사람이 말할 경우에도 마찬가지로 특별히 불친절한 의미를 가지고 있었다. 그리고 그의 애기의 끝은 반드시 고상한 독일 국민을 찬양하는 판에 박은 문구로 맺어졌다. —도덕적 국민(이 점에 있어서 독일 국민은 다른 어떠한 국민과도 뚜렷이 구별된다고 헤르더는 말했다), 충실한 국민(treues Volk—이 treu에는 성실한, 충실한, 공평한, 정직한 따위의 모든 의미가 들어 있다), 피히테가 말한 것처럼 둘도 없이 뛰어난 국민—모든 정의와 진리의 상징인 독일의 힘—독일 사상, 독일 혼, 민족 그 자체와 마찬가지로 이 세계에서 이것만이 순수한 모양으로 보존되어 있는 독특한 단 하나의 말인 독일어—독일 부인, 독일 술, 그리고 독일 노래……

'독일, 세계의 어떠한 것보다도 훌륭한 독일!'

크리스토프는 반대했다. 라인하르트 부인은 입을 크게 벌리고 웃었다. 셋이서 큰 소리로 토론했다. 세 사람 다 서로를 매우 잘 이해했다. 그들은 자기네들 세 사람은 모두 선량한 독일인이라는 것을 알고 있었다.

크리스토프는 이 새로운 친구들을 자주 방문해서 수다를 떨고 식사 초대를 받고 산책을 하곤 했다. 릴리 라인하르트는 그를 귀여워해서 영양분이 풍부한 밤참을 대접했다. 릴리는 자기 자신의 대식(大食)을 만족시키는 구실이 발견된 것을 기뻐했다. 그녀는 기분상의 일에 대해서도, 또 요리에 대해서도 여러 가지로 세밀히 마음을 썼다. 크리스토프의 생일에는 과일 파이를 만들어 그 위에다 초를 여러 자루 세우고 가운데에 그리스풍 복장을 한 작은 사탕 인형을 놓았다. 이 인형은 이피게니에를 나타낸 것이었는데 손에 꽃다발을 들고 있었다. 크리스토프는 자신이 독일인이라는 것을 달갑게 여기지는 않았지만 마음 밑바닥부터 독일인이었기 때문에, 그다지 썩 세련되어 있지 않더라도 점잖은 애정을 표시하고 있는 이러한 방식에 감동되었다.

훌륭한 라인하르트 부부는 자기들의 적극적인 우정을 실제로 표시하기 위해 가장 교묘한 방법을 찾아냈다. 라인하르트는 자기로서는 거의 악보를 읽지 못하는데도 아내의 권고로 크리스토프의 《가곡집》을 20부가량 샀다(발행처에서 이 책이 밖으로 나간 것은 이것이 처음이었다). 라인하르트는 이것을 독일 여기저기에 있는 대학 관계 친구들에게 보냈다. 자신이 지은 교과서 일과 관계 있는 라이프치히와 베를린 서점에도 몇 부 두게 했다. 크리스토프가 전혀 모르는 이러한 눈물겨운 서투른 착상은 적어도 한동안은 아무런 효과도 없었다. 곳곳에 보내어진 《가곡집》은 그렇듯 빨리는 문제가 될 것 같지도 않았다. 아무도 이것에 대해 말하는 사람이 없었다. 그래서 이러한 냉담을 슬퍼한 라인하르트 부부는 자기들이 힘쓴 것을 크리스토프에게 말하지 않았던 것을 잘했다고 생각했다. 그가 이것을 알았더라면 위로보다도 고통을 받게 되었을 것이기 때문이다. 그러나 실제로는 인생에 있어서 종종 볼수 있는 것처럼 무슨 일이건 헛되이 되지는 않는 법이다. 어떤 노력이건 결코 헛수고가 되지는 않는다. 사람들은 몇 년 동안은 이것에 대해 모르고 있다. 그렇지만 어느 날 의도가 달성되었음을 깨닫는다. 크리스토프의 《가곡집》은 시골에 묻혀 있는 충직한 몇몇 사람들의 마음에 조금씩 다가갔다. 단지 그들은 이것을 그에게 알리기에는 너무나 수줍거나 혹은 너무나 지쳐 있었다.

단 한 사람 그에게 편지를 준 이가 있었다. 라인하르트가 책을 보낸 지 이삼 개월 뒤 크리스토프는 편지 한 통을 받았다. 그것은 감동과 열의가 담긴, 격식을 차린 고풍스런 문체의 편지로 튀링겐이라고 하는 작은 도시에서 온것이었다. 그리고 '대학 음악회장, 교수 페터 슐츠 박사'라고 서명되어 있었다.

크리스토프는 그 편지를 호주머니에 찔러 넣은 채 이틀 동안이나 잊고 있었는데, 이것을 라인하르트의 집에서 펴보고는 무척 기뻐했다. 라인하르트 부부에게는 더한층 커다란 기쁨이었다. 세 사람은 함께 읽었다. 라인하르트는 아내와 서로 의미 있는 눈짓을 건네었지만 크리스토프는 눈치채지 못했다. 크리스토프는 마음이 활짝 갠 듯했다. 그렇지만 갑자기 얼굴이 흐려지더니 중간에서 읽기를 그쳐 버렸으므로 라인하르트는 쳐다보았다.

"아니, 왜 읽지 않는 거야?" 그가 물었다. (그들은 이미 말을 서로 놓고 있었다.)

크리스토프는 울화가 치밀어 편지를 탁자 위에 내동댕이쳤다.

"이건 너무한데!" 크리스토프는 말했다.

"왜 그러는 거죠?"

"좀 읽어 봐!"

크리스토프는 테이블에 등을 돌리고 방 한구석으로 가서 투덜댔다.

라인하르트는 아내와 함께 읽었다. 그러나 최고의 찬사밖에는 볼 수 없었다.

"모르겠는걸." 라인하르트는 놀란 얼굴을 지었다.

"모르겠어? 이걸 모르겠다는 말이야? ……" 크리스토프는 편지를 다시 손에 들고 그의 눈앞으로 들이대며 꽥 소리쳤다.

"자네 눈에 백태가 끼었나? 이자도 또한 브람스파의 한 사람이라는 것을 모르겠나?"

이런 말을 듣고서야 겨우 라인하르트는 이 대학 음악회장이 편지 속 한 줄에 크리스토프의 《가곡집》을 브람스 가곡과 비교했다는 데 생각이 미쳤다!

크리스토프는 한탄했다.

"한 사람의 친구를, 간신히 한 사람의 친구를 찾아냈는데! 찾아냈다고 생각한 순간에 그만 잃어버린 거야! ……"

그는 브람스와 비교되었다는 일에 숨통이 막히도록 분해했다. 그를 그대로 내버려두었더라면 당장에라도 실례되는 편지를 썼을는지도 알 수 없었다. 또는 잘 생각해 보아 편지를 보내지 않는 쪽이 더 현명하고 아량 있는 짓이라고 생각했을는지도 몰랐다. 라인하르트 부부는 그의 불만을 재미있어 하면서도 어리석은 짓은 말라고 타일렀다. 부부는 그에게 고맙다는 한마디를 편지에 쓰게 했다. 하지만 얼굴을 찡그리며 쓴 한마디는 냉담하고 딱딱한 것이었다. 그래도 페터 슐츠의 열광은 수그러들지 않았다. 그 뒤에도 애정이 철철 넘치는 편지를 몇 통이나 보냈다. 크리스토프는 편지를 쓰는 것에 익숙하지 않았다. 그래서 그 편지를 통해 느껴지는 성실한 말씨에 의해 이 미지의 벗에 대해 다소 마음이 풀어지기는 했지만 편지 교환은 끝나 버렸다. 슐츠도 마침내 침묵했다. 크리스토프는 이미 생각지도 않고 있었다.

*

이제 그는 매일 라인하르트 부부를 만나고 또 하루에 두 번씩 만나는 수도 흔히 있었다. 세 사람은 거의 매일 밤을 함께 지냈다. 온종일 혼자서 무슨 생각을 하고 있노라면 그는 얘기하고 싶은 욕망을 느꼈다. 머릿속에 있는 일을 비록 상대가 이해해주지 못하더라도 말해 버리고 싶었다. 이유가 있던 없던 웃고 기분을 발산시켜 마음의 긴장을 풀어 놓고 싶었다.

그는 두 사람에게 음악을 들려주었다. 달리 감사의 뜻을 나타낼 길이 없었으므로 그는 피아노를 마주하고 앉아 몇 시간이고 들려주었다. 라인하르트 부인은 전혀 음악을 몰랐다. 하품을 하지 않으려고 무던히 애썼다. 그러나 크리스토프에 대한 동정으로 그가 치는 것에 흥미를 느끼고 있는 듯한 시늉을 했다. 라인하르트도 아내보다 더 음악을 잘 알고 있다고는 할 수 없었지만 어떤 작품에는 육체적인 감동을 받았다. 그럴 때에는 마음이 격렬히 동요를 일으켜 눈에 눈물이 핑 돌기까지 했다. 자기로서도 머리가 좀 어떻게 되었나보다고 생각될 정도였다. 그렇지 않을 때는 아무렇지도 않았다. 그에게는 그저 단순히 음향이었다. 게다가 일반적으로 말해서 작품 속에서 가장 시시한 곳, 전혀 무의미한 부분밖에는 감동하지 않았다. 부부가 모두 크리스토프를 이해하고 있다고 믿었다. 그리고 크리스토프도 이해받고 있다고 믿고 싶어했다. 그런데, 가끔 둘을 놀려 주어야겠다고 하는 짓궂은 욕망이 일어나는 수가 있었다. 그래서 그들을 속이고 아무런 의미도 없는 너절한 잡곡을 타서 들려주었다. 그리고 이것을 자기 작품이라고 믿도록 했다. 그런 다음 그들이 이것을 격찬하면 자기가 꾸민 장난이라고 고백했다. 그래서 그들은 경계하게 되었다. 그 뒤부터 크리스토프가 뭔가 의미 있는 듯이 연주하면 또 다시 올가미를 씌우려 드는구나 하고 상상했다. 그래서 부부는 이것에 트집을 잡았다. 크리스토프는 상관 않고 말을 시키고 맞장구를 치며 이 곡은 전혀 가치가 없다고 인정했다. 그러고 나서 갑자기 말했다.

"지독한 사람들인데! 말씀인즉 옳은 소리야! ……이건 내 작품이니까 말이지!"

둘을 속여 넘기면 그는 왕이라도 된 것처럼 좋아했다. 라인하르트 부인은 좀 약이 올라 그의 곁으로 가서 살짝 때려 주었다. 그러나 그가 너무나 기분 좋게 웃고 있었으므로 부부도 어울려 웃었다. 그들은 틀림없는 정확한 의견을 말할 수 있는 자신이 없었다. 그리고 어떻게 말해야 좋을지 전혀 알 수 없었으므로 릴리 라인하르트는 모두 다 깎아내리기로 하고 남편 쪽은 모두를 칭찬하기로 했다. 그렇게 하면 두 사람 중 어느 한쪽이 언제나 크리스토프와 같은 의견이 될 것은 확실했다.

그들이 크리스토프에게 이끌린 것은 그가 음악가라기보다도 머리가 좀 돈, 그리고 애정 깊고 활기찬 선량한 청년이라는 점 때문이었다. 때때로 그에 대한 험담을 듣게 되면 오히려 그에게 호의를 가지고 싶어졌다. 그들도 그와 마찬가지로 이 작은 도시의 분위기에 억눌려 있었던 것이다. 그들도 그처럼 솔직했다. 스스로의 생각으로 사물을 판단했다. 그리고 크리스토프를 처세술이 능하지 않은, 솔직함의 희생물이 되어 있는 커다란 어린애로 보았다.

크리스토프는 이 새로운 친구들에게 지나친 큰 기대는 품고 있지 않았다. 자기 본질의 가장 깊은 곳은 이해되어 있지 않고 또 영원히 이해되지 않으리라고 생각하면 좀 우울해졌다. 그러나 그는 우정에 버림받고 더욱이 그것이 무척 아쉬웠으므로, 그들이 조금이라도 자기를 사랑해 주려고 하는 데에는 한없이 감사하고 있었다. 올 한 해 동안의 경험으로 그는 단련되었다. 무뚝뚝하게 굴어도 좋다는 권리가 자기에게는 없다는 것을 잘 알고 있었다. 1, 2년 전만 하더라도 이토록 참을성이 많지는 않았을 것이다. 선량하고 따분한 오일러 집안사람들에 대해서 자기가 취한 까다로운 태도를 생각해내고 얼굴을 들기 부끄러울 만큼 양심의 가책을 느꼈다. 아! 이 얼마나 분별 있는 인간이 된 것일까! 그는 한숨을 쉬었다. 은밀한 소리가 그에게 소곤거렸다.

"틀림없이 그렇기는 하다. 그런데 언제까지 갈 것 같은가?"

이 말을 듣고 그는 미소 지었다. 그의 마음은 위안을 받았다.

한 사람의 친구를 얻을 수만 있었다면, 자기를 이해해 주고 자기와 혼을 나누어 가져주는 단 한 사람의 친구라도 얻을 수 있었다면 그는 무엇이나 다 주었을 것이다! 그러나 아직 애송이라고는 해도 세상 경험을 충분히 쌓은 크리스토프는 자기의 염원은 인생에서 가장 실현키 어려운 일이며, 이제까지의 참다운 예술가의 대부분보다도 행복해지려고 하는 따위의 희망은 도저히 품을 수 없다는 것을 잘 알고 있었다. 그들 중 어떤 사람들의 전기를 그는 읽어서 알게 되었다. 라인하르트의 장서 중에서 빌려온 몇 권의 책이 17

세기 독일 음악가들이 헤쳐 온 무서운 고난의 길과 그러한 위대한 영혼들의 어떤 자—그중에도 가장 위대한 혼인 용감한 쉬츠—가 보여 준 유연한 태도를 그에게 가르쳐 주었던 것이다. 불탄 도시, 페스트에 멸망한 시골 마을, 전 유럽 군대의 침입으로 짓밟히고, 그리고 가장 나쁜 일로는 불행에 나가 떨어져 피폐하고 타락해서 이제는 싸울 기력도 없어지고 모든 일에 무관심이 되어 오직 한결같이 안일만을 바라고 있는 조국, 그러한 것들의 한가운데를 쉬츠는 꺾이지 않으며 굴하지 않고 자기의 길을 걸어나갔던 것이다. 크리스토프는 생각했다.

'이러한 실례를 앞에 두고서 누구에게 짜증을 부릴 권리가 있는 것일까? 그들에게 청중은 없었다. 그들에게 미래는 없었다. 그들은 오직 자신과 신을 위해 작곡한 것이다. 오늘 작곡한 것은 자칫하면 다음 날에는 없어져 버릴는지도 알 수 없었다. 그렇더라도 그들은 작곡을 멈추지 않았다. 그리고 결코 슬퍼하지 않았다. 아무것도 그들의 참을성 많은 순박성을 상실케 하지 못했다. 그들은 자기들의 노래에도 만족해했다. 그리고 그들이 인생에서 요구하는 것은 단지 살아가는 일, 가까스로 먹고 살 수 있을 정도의 것을 얻는 일, 자기 사상을 예술 속에 부어넣는 일, 예술가는 아니더라도 꾸밈 없고 진실한 마음을 가진 두세 명의 좋은 친구, 물론 그들을 이해할 수는 없을지라도 그들을 솔직히 사랑해 주는 사람을 찾아내는 일이었다. 어떻게 이 이상의 요구를 할 수 있으랴? 사람은 최소한의 행복밖에는 요구할 수 없다. 그 이상의 것을 찾을 권리는 아무에게도 없다. 나머지 행복은 스스로가 자신에게 주는 것이지 남에게 달라고 요구할 수는 없는 것이다.'

이런 생각은 그의 마음을 활짝 개게 했다. 그래서 선량한 벗 라인하르트 부부가 더욱 좋아졌다. 이 마지막 애정조차 사람들이 뺏으리라고는 꿈에도 생각지 못했다.

*

그는 소도시 사람들의 심술이라는 것을 생각하지 않았다. 그들의 원한은 정말 끈질기다—아무런 목적도 없을뿐더러 더욱 집요하다. 자기가 바라는 바를 알고 있는 정당한 원한은 그것이 달성되면 진정되고 만다. 그렇지만 심심풀이로 나쁜 짓을 하는 자라면 결코 싸움을 그만두지 않는다. 왜냐하면 그들은 언제나 지루하기 때문이다. 크리스토프는 그들의 심심풀이에 제공된 사냥감이었다. 물론 그는 나가떨어져 있었다. 그러나 결코 항복한 것 같은 꼴을 보이지 않을 만큼의 두둑한 배짱을 가지고 있었다. 그는 이제 누구도 불안하게 만들지 않았다. 누구의 일에도 개의치 않았다. 그는 아무것도 요구하지 않았다. 사람들은 그에 대해 어떻게 할 수 없었다. 그는 새로운 친구와 더불어 행복했다. 그리고 남이 자기 일을 어떻게 말하거나 생각하거나 예사였다. 그것은 사람들에게 참을 수 없는 일이었다. —라인하르트 부인이 더한층 그들의 비위를 긁어댔다. 모든 시민에 대항해서 공공연히 크리스토프에게 우정을 표시하는 것은 그녀의 여느 때 태도와 마찬가지로 여론에 대한 도전처럼 보였다. 선량한 릴리 라인하르트는 무엇에 대해서도 누구에 대해서도 도전하고 있는 것은 아니었다. 남의 마음을 상하게 하려는 마음은 꿈에도 생각지 않았다. 그녀는 다만 남의 의견 따위보다는 자신이 좋다고 생각하는 바를 그대로 하는 것이었다. 그런데 이것이야말로 가장 나쁜 도발이었다.

사람들은 그들의 행복을 은밀히 엿보고 있었다. 그들은 경계하고 있지 않았다. 한 사람은 비상식적이고, 한 사람은 멍청해서 함께 외출할 때나 혹은 집에서 테라스에 팔꿈치를 짚고 떠들거나 웃고 있을 때조차 신중함이란 없었다. 험담할 만한 친숙한 태도를 아무 생각없이 취하고 있었다.

어느 날 아침 크리스토프는 익명의 편지를 받았다. 거기에는 상스럽고 모욕적인 말로 크리스토프를 라인하르트 부인의 정부라고 비난했다. 그는 너무나 터무니없는 말에 깜짝 놀랐다. 라인하르트 부인에 대해서 조금이라도 딴생각을 품은 적은 없었다. 크리스토프는 너무나도 단정해서 간통에 대해서는 청교도적인 혐오감을 갖고 있었다. 불결한 공유는 생각하는 것만으로도 혐오감을 느꼈다. 친구 아내를 뺏는다는 것은 범죄로 생각했다. 게다가 릴리 라인하르트는, 크리스토프가 그러한 죄를 저지르고 싶어질 만한 여성과는 처음부터 거리가 멀었다. 딱하게도 라인하르트 부인은 결코 아름답지 않았다. 정열을 느낀다거나 하는 변명조차도 필요 없었다.

크리스토프는 부끄러워서 거북살스런 기분을 느끼며 친구 집을 찾아갔다. 그리고 그들도 거북스런 모습을 하고 있는 것을 보았다. 저마다 같은 편지를 받았던 것이다. 그래도 서로 이 말을 꺼내지는 못했다. 그리고 셋이 다 서로를 살피고 자기 자신을 관찰하면서 이제는 꼼짝도 하지 않고 얘기도 못하고 바보 같은 짓들만 하고 있었다. 릴리 라인하르트의 날 때부터의 태평스런 성격이 순간 머리를 쳐들어 잠깐 웃어대거나 당치 않은 소리를 해대거나 하면 느닷없이 남편의 눈이나 크리스토프의 눈이 그녀를 그만 당황하게 만들었다. 편지의 일이 머리에 떠올랐다. 릴리 라인하르트는 가슴이 울렁거렸다. 크리스토프도 라인하르트도 울렁거렸다. 그리고 각자가 저마다 생각했다.

'두 사람은 모르는 것일까?'

그렇지만 그들은 아무 소리도 하지 않았고 예전대로 해나가려고 애를 썼다.

그런데 익명의 편지는 그 뒤로도 자꾸 와서 더욱 모욕적이고 야비해졌다. 그 때문에 그들은 안절부절못하고 참을 수 없이 부끄러워졌다. 편지를 받으면 서로 숨겼다. 읽지 않고 태워 버릴 용기도 없었다. 그들은 떨리는 손으로 봉투를 열었다. 편지를 펴들 때는 머리가 멍해지는 것만 같았다. 그리고 그럴 것이 틀림없다고 두려워하던 내용, 같은 문제에 얼마쯤 새로운 변화를 가한 내용(그것은 남에게 해를 끼치려고 전념하고 있는 정신이 생각해 낸 교묘하고 비열한 내용이었다)을 읽고 그들은 소리 죽여 울었다. 끈질기고도 지겹게 들러붙는 이 가증스런 자는 대체 누구일까, 그들은 온몸의 맥이 빠질 정도로 머릿속에서 그자를 찾고 있었다.

어느 날 라인하르트 부인은 견디다 못해 도저히 참을 수가 없어서 자신이 받고 있는 박해에 대해 남편에게 털어놓았다. 남편은 눈에 눈물이 차오르면서 자신도 그렇다고 털어놓았다. 크리스토프에게 말하는 게 좋을까? 그들은 차마 말을 꺼내지 못하고 있었다. 그러나 그에게 신중한 행동을 취하게 하려면 알려야 했다. 라인하르트 부인이 얼굴을 붉히며 조금 애기를 비쳤다. 그러자 크리스토프도 똑같은 편지를 받았다는 것을 알고 부인은 깜짝 놀랐다. 악의가 이렇듯 완강하다는 것을 알고 그들은 아연해졌다. 라인하르트는 시 전체가 이 비밀의 공모자임을 믿어 의심치 않았다. 세 사람은 서로 힘을 모아 돕기는커녕 맥이 탁 풀렸다. 어떻게 해야 좋을지 몰랐다. 크리스토프는 그놈 낯짝을 박살 내버리겠다고 말했다. 그런데 대체 상대가 누구인가? 게다가 그런 짓을 한다면 중상모략은 성공이라면서 점점 더 기세를 부릴 것이다! 경찰에 이 편지 사건을 알릴 것인가? 그것은 편지의 사연을 세상에 공표하는 것과 같다…… 모르는 체하고 있을까? 지금 와서는 그럴 수도 없었다. 세 사람의 우정 관계도 지금은 흔들렸다. 라인하르트는 아내와 크리스토프 사이의 결백함을 절대로 믿고 있었지만 아무런 도움도 되지 않았다. 본의 아니게 두 사람 사이를 의심하기도 했다. 라인하르트는 그러한 의심이 부끄러울 만큼 터무니없는 바보짓이라는 것을 느꼈다. 그래서 애써 크리스토프와 아내를 단둘이 있게 해두었다. 그러나 괴로웠다. 그리고 아내로서는 그 속을 환히 들여다볼 수 있었다.

릴리 라인하르트의 경우에는 더 낭패스럽게 되었다. 크리스토프가 릴리에게 정을 두리라고는 생각지도 않은 것처럼, 릴리도 그와 연애 유희를 하려는 따위는 미처 생각해 본 적도 없었다. 그런데 이러한 중상모략 때문에, 혹 어쩌면 크리스토프가 자기를 사랑하고 있는 것은 아닐까, 하는 해괴한 생각을 점점 품게 되었다. 그리고 자기가 그런 생각을 하고 있다는 기색을 크리스토프에게 보이지는 않았지만 경계적인 태도를 취하는 쪽이 낫겠다고 생각하게 되었다. 그렇지만 릴리는 똑똑히 알 수 있는 암시로써 거부하지 않고 서투르고 조심스러운 태도로 거부했다. 크리스토프는 처음에는 무슨 영문인지 몰랐지만, 그 뜻을 알게 되자 버럭 화가 났다. 울고 싶도록 어이없는 일이었다! 자기가 이 친절하기는 하지만 못생기고 평범한 시민 계급의 부인에게 사랑을 품다니! …… 그리고 그녀가 이것을 믿고 있다니! …… 그리고 이것을 변명하여 그녀와 그녀 남편에게 "자, 자 안심하시오! 아무런 위험도 없습니다……"고 할 수 없다니!

아니, 크리스토프는 이 훌륭한 두 사람을 모욕할 수 없었다. 게다가 그는 릴리가 사랑받기 거부하는 것은 릴리가 은근히 자기를 사랑하기 시작한 탓이라고 생각했다. 저 익명의 편지는 부인 마음에 어리석은 공상적인 생각을 줄 수 있을 만큼 훌륭한 효과를 거둔 것이다.

그들의 처지는 무척 까다로운, 그리고 또 황당무계한 것이 되었으므로 벌써 이대로 현 상태를 끌어나갈 수도 없게 되었다. 릴리 라인하르트는 입으로는 큰소리쳤지만 성격상의 강점이라고는 전혀 없었으므로 시 전체의 음험한 적의에 부딪히자 그만 정신을 못 차렸다. 라인하르트 부부는 다시는 만나지 않을 셈으로 떳떳치 못한 구실을 생각해 냈다.

"라인하르트 부인은 병이 났다…… 라인하르트는 일이 바쁘고…… 두 사람은 며칠 동안 집을 비울 것이다……"라는 구실을.

이것은 서투른 거짓말이었다. 우연이라는 것이 짓궂게도 재미있어하며 폭로하는 거짓말이었다.

크리스토프는 솔직하게 말했다.

"딱한 친구여, 헤어지자. 우린 힘이 없다."

라인하르트 부부는 울었다. 그러나 헤어지고 나자 그들은 안도의 숨을 쉬었다.

도시는 승리의 개가를 올릴 수 있었다. 이번에야말로 크리스토프는 외톨이가 되었다. 시는 그에게서 마지막 공기까지도 뺏어 버렸다. 비록 얼마 안되는 적은 것일지라도 그것 없이는 어떠한 마음도 살아 나갈 수 없는 애정까지도.

3. 해방

크리스토프는 이제 고독했다. 친구는 한 사람도 없었다. 그가 역경에 있을 때는 언제나 도우려고 와 주었던 저 그리운 고트프리트 아저씨, 그리고 지금 이 순간 꼭 좀 와 주었으면 좋겠다고 생각한 그 아저씨는 몇 달 전에 먼 여행을 떠났다. 그리고 이제는 영원히 돌아오지 않을 것이다. 지난해 여름 어느 날 밤, 먼 곳 마을의 주소가 적힌 굵직굵직한 필적의 편지가 날아들어와 루이자에게 오빠가 죽은 것을 알려 왔다. 이 행상인은 건강이 나빴는데도 융통성 없이 방랑의 나그넷길을 이어 가다가 도중에서 객사한 것이었다. 그는 죽은 그 마을의 묘지에 묻혔다. 크리스토프를 지탱해 주었을지도 모르는 이 사나이답고 온건한 마지막 우정은 깊은 못에 잠겨 버렸다. 크리스토프는 이제 그의 사상에는 무관심한 늙은 어머니와 단둘이서만 있게 되었다. 어머니는 그를 사랑할 뿐이지 이해하지는 못했다. 그의 둘레를 에워싸고 있는 것은 아득하게 넓은 독일의 평야, 흐릿하게 펼쳐진 대양(大洋)이었다. 거기서 나오려고 애쓰면 애쓸수록 더욱 깊은 곳에 빠졌다. 크리스토프의 적인 이 도시는 그가 빠져 죽는 것을 내버려두고 있었다······

크리스토프가 발버둥치며 괴로워하고 있을 때, 어둠 속에 한 줄기 번갯불이 번득이더니 하슬러의 모습이 떠올랐다. 어릴 때 가장 좋아한 대음악가, 이제야 그 영광이 독일 전체에 두루 휘황한 빛을 던지고 있는 저 대음악가의 모습이. 크리스토프는 옛날에 하슬러가 자기에게 해준 약속이 생각났다. 그래서 곧 이 표류물에 필사의 힘을 모아 매달렸다. 하슬러라면 구출해 줄는지도 모른다. 아냐, 구해 줄 것이 틀림없다. 그는 하슬러에게 무엇을 요구하려는 것일까? 조력도 아니거니와, 금전도 아니고, 물질적인 원조도 아니다. 다만 이해해 달라는 것뿐이다. 전에 하슬러는 그와 마찬가지로 박해받고 있었다. 하슬러는 자유인이었다. 그러면 용렬한 독일인들의 원한의 대상이 되어 짓눌려 부서지려고 하는 하나의 자유인을 이해해 줄 것이다. 두 사람은 똑같은 싸움을 치르고 있는 것이다.

이렇게 생각하자 크리스토프는 당장에 실천으로 옮겼다. 어머니에게는 일주일 동안 집을 비우겠다고 미리 알렸다. 그리고 그날 밤으로 하슬러가 악장으로 있는 북독일의 대도시를 향해 기차를 탔다. 그는 이제 더는 기다릴 수가 없었다. 그것은 호흡하기 위한 마지막 노력이었다.

*

하슬러는 유명해져 있었다. 그의 적은 무장을 해제하지는 않았다. 하지만 그의 편은 그야말로 그가 과거, 현재, 미래를 통틀어 가장 위대한 음악가라고 외치고 있었다. 그는 자기를 변호하는 사람들과 비난하는 사람들에 에워싸여 있었으나 어느 편이나 다 마찬가지로 조리에 맞지 않았다. 그는 강한 성격이 아니었으므로, 비난을 받으면 신경을 곤두세우고 칭찬을 받으면 우쭐해했다. 그는 온 힘을 다해 자기를 비난하는 자들에 대해서 불쾌한 일을 하고 그들을 아우성치게 하려고 했다. 마치 장난을 치고 즐거워하는 개구쟁이 같았다. 이 장난은 흔히 이루 말할 수 없는 악취미의 것이 되었다. 단지 사람들의 머리털이 쭈뼛 거꾸로 서게 하는 별난 작곡에다 비범한 재능을 쏟는 것만이 아니었다. 또 이상스런 가사와 기묘한 주제와 수상쩍고 아슬아슬한 장면, 이를테면 일반 상식이나 예의에 어긋날 수 있는 모든 것에 대해 짓궂은 호기심을 보여주었다. 시민 계급 패들이 아우성을 치자 그는 기뻐했다. 게다가 시민 계급 패들은 반드시 아우성을 치는 것이었다.

황제 자신이 분수없이 날뛰는 건방진 벼락부자들이나 귀족들과 한패가 되어, 예술에 관한 일에 참견을 하고 하슬러의 명예를 세상의 치욕이라고 하여 기회 있을 때마다 그의 대담한 작품에 대해 냉담한 태도를 표시했다. 이러한 거북한 사람의 냉담한 태도는 독일 예술의 진보적인 당파에게는 오히려 가치가 인정되었음을 증명하는 것과 다름없었다. 그러나 하슬러는 이것에 분격하기도 하고 또 기뻐하기도 하며 더욱 무례한 행동을 계속했다. 새로 무슨 어리석은 짓을 저질러 놓을 때마다 벗들은 신바람이 나서 천재라고 떠들어 댔다.

하슬러의 당파는 주로 퇴폐파 문학자와 화가와 비평가로 이루어져 있었다. 그들은 확실히 경건주의적 정신과 국가적 도덕심의 반동적인 복고(復古)—북독일에 있어서는 부단히 그런 위협이 있었다—에 대한 반항파를 대표하는 공적을 가지고 있었다. 그러나 그들의 독립심은 우스꽝스러울 정도로 덮어놓고 싸우는 것에만 나타나 있었으나 그들 자신은 그것을 깨닫지 못했다. 그들 대다수는 제법 날카로운 재능을 가지고는 있었지만 지성이 없고 취미는 더욱 결여되었으므로, 그들은 이젠 벌써 자기들이 만들어 낸 인공적인 분위기에서 나올 수가 없었다. 그리고 드디어는 모든 유파에서 볼 수 있듯이 현실 생활에 대한 감각을 완전히 잃었다. 그들은 자기 자신을 위해 또 그들의 잡지를 읽고, 그들이 즐겨 선언하는 바를 그저 통째로 삼키는 정직한 바보들을 위해 규율을 만들고 있었다. 그들의 아첨은 하슬러를 너무나 우쭐하게 해서 오히려 그를 위하는 것이 되지 못했다. 하슬러는 머리에 떠오르는 모든 악상을 반성해볼 틈도 없이 악보에 옮겼다. 그리고 자기 실력에 비해 한참 못한 것을 만들더라도 그래도 역시 다른 음악가들 것보다는 낫다고 속으로는 생각하였다. 이러한 생각은 불행하게도 대개의 경우 너무나 꼭 들어 맞지만, 그렇다고 해서 이러한 생각이 퍽 건전하고 훌륭한 작품을 만들어 내게 하는 데 적당한 것이라고는 할 수 없었다. 하슬러는 결국 자기 편이거나 적이거나 모든 사람을 완전히 경멸하고 있었다. 그리고 이 신랄하고 조소적인 경멸은 자기 자신과 삶 전체에까지 퍼져 있었다. 하슬러는 옛날에는 많은 힘차고 소박한 것을 믿었던 만큼 지금에 와서는 오히려 반대로 회의주의에 빠져 있었다. 옛날에 믿었던 것을 세월의 느린 파괴력으로부터 지켜낼 힘도 없고, 또한 벌써 믿고 있지 않은 것을 믿고 있는 것처럼 여길 만한 위선도 없어서 하슬러는 그러한 과거의 생각나는 일들을 희화화(戲畵化)해 버리려고 애썼다. 하슬러는 남독일인의 기질을 가지고 있었다. 게으르고 우유부단하며 과도한 행복이나 불행, 더위나 추위에 견뎌낼 힘이 없었으며, 자기 균형을 유지하기 위해서는 적당한 기후가 필요했다. 하슬러는 모르는 사이에 빈둥빈둥 놀고 인생을 향락하는 버릇이 붙었다. 맛있는 고급 음식이나 강한 술이나 한가로운 산책이나 무기력한 생각 따위를 즐겨했다. 그는 천분을 풍부히 타고나서 유행에 맞는 긴박감이 없는 음악 속에서도 이따금은 천재의 번득임을 보여 주기는 하였지만, 그의 예술에는 앞에서 말한 것과 같은 것이 느껴졌다. 하슬러는 누구보다도 더 자기 힘의 퇴화(退化)를 느끼고 있었다. 바른 대로 말한다면 이것을 느끼고 있는 것은 그 한 사람뿐이었다. 하기는 이것을 느끼는 것은 드문 순간이었고, 하슬러는 애써 그러한 순간을 피했다. 일단 이것을 느끼자 인간이 싫어져서 어두운 기분에 빠지고 이기주의적인 근심이나 건강에 대한 걱정에 정신이 팔렸다. 옛날에 그의 열광과 증오를 북돋웠던 것에 대해서는 그것이 어떤 일이든 간에 아예 무관심이었다.

*

이런 사람한테 장 크리스토프는 위안을 찾기 위해 온 것이다. 비가 내리는 차가운 아침, 크리스토프의 눈에는 예술에 있어서의 독립 정신의 상징으로도 보이는 사람이 살고 있는 이 도시에 그 얼마나 희망을 품고 온 것일까? 그는 이 인물로부터 우정과 용기에 가득 찬 말을 기대했다. 무익하지만 필연적인 싸움을 계속하기 위해서 그는 이를 필요로 하고 있었다. 모든 참다운 예술가는 생명이 계속되는 한, 단 하루도 무장을 풀지 말고 세상을 상대로 그러한 싸움을 계속해야 한다. 왜냐하면 실러도 말한 것처럼 '공중(公衆)과의 결코 뉘우침이 없는 단 하나의 관계, 그것은 싸움이다'.

크리스토프는 무척 마음이 초조했다. 역 근처의 맨 처음 눈에 띈 호텔에 짐을 맡기자마자 극장으로 곧장 달려가 하슬러의 주소를 물었다. 하슬러는 시의 중앙에서 꽤 먼 교외에 살고 있었다. 크리스토프는 조그만 빵을 씹으며 전차를 탔다. 목적지에 가까워지자 심장이 두근거리기 시작했다.

하슬러가 살고 있는 구역에는 새로운 이상스런 양식의 집들이 늘어서 있었다. 젊은 독일이 천재력을 자랑하려고 정열을 기울여 해박한 야만성을 쏟아넣은 곳이었다. 아무런 운치도 없는 직선 도로의 지극히 평범한 시 한복판에 느닷없이 이집트식 영묘(靈廟), 노르웨이식 농가, 수도원과 성채, 만국 박람회의 임시 건물, 나직하게 땅속으로 기어들어가 배만 부풀어오른 앉은 뱅이 같은 무표정한 집들이 있었다. 하나밖에 없는 커다란 눈 같은 창문에는 감옥의 창을 연상케 하는 창살이 달려 있었다.

잠수정(潛水艇)의 입구처럼 나직한 문쇠로 된 아치 창살이 달린 창유리에 금 글씨로 쓰인 숫자, 현관 위에 있는 구토를 하고 있는 듯한 표정의 괴물들의 상(像), 푸른 도기(陶器)로 된 타일이 여기저기에 깔려 있다. 생각지도 않은 곳에 있는 아담과 이브를 나타낸 여러 가지 색깔이 섞인 모자이크, 그리고 여러 가지 색으로 된 기와가 어울리지 않게 지붕에 이어져 있다. 맨 위층에 총안(銃眼) 같은 모양이 있는 성채 같은 집들에는 용마루 위에 괴상한 모양의 동물상(動物像)이 달려 있다. 집의 한쪽에 창문이 전혀 없는가 하면 거기서부터 갑자기 커다란 창문이 가지런히 밀접해 있다. 그것이 어떤 것은 네모꼴이거나 긴 네모꼴이거나 해서 마치 여러 가지 형태의 상처 같기도 했다. 커다란 공백의 벽면에서 니벨룽겐식 모양의 기둥에 지탱되어, 창이 단 하나밖에 없는 큰 테라스가 튀어나와 있고 그 석조 난간에서는 뵈클린이 그린, 인어와 같은 수염이 있고 머리숱이 많은 노인의 뾰죽한 두상이 두 개 튀어나와 있었다. 이러한 감옥 같은 건물 하나—그것은 고대 이집트의 왕궁과 같은 집으로, 입구에 벌거숭이 거인상이 두 개 있는 처마가 낮은 2층 건물이었다—의 박공에 건축가가 다음과 같이 적어놓았다.

Seine Welt zeige der Künstler
Die niemals war noch jemals sein wird!

예술가여, 그대 우주를 보여 주라
과거에도 없고 미래에도 없을 그런 우주를!

크리스토프는 하슬러 일만 생각하고 있었으므로 깜짝 놀란 눈으로 보았을 뿐 조금도 이해하려고 하지 않았다. 크리스토프는 찾던 집에 다다랐다. 아주 간소한 샤를마뉴 왕조식 집이었다. 내부에는 돈을 들인 비속한 사치스러움이 보였다. 계단은 과열된 난방기의 무더운 공기로 꽉 찼다. 좁은 엘리베이터가 있었지만 그를 만나기 위한 마음의 준비를 갖출 여유가 필요했으므로 그것은 타지 않았다. 그리고 가슴이 두근거려 발을 비틀거리며 잰걸음으로 5층까지 걸어올라갔다. 이렇게 해서 올라가는 얼마 안 되는 시간 동안에 첫날에 하슬러와 만났을 때의 일이며, 어린 마음의 감격과 할아버지의 얼굴 모습 등이 마치 어제 일처럼 떠올랐다.

크리스토프가 입구의 벨을 눌렀을 때는 11시가 가까웠다. 맞으러 나온 사람은 사뭇 가정부와 같은 태도의 똑똑한 하녀 아이로, 거만하게 크리스토프의 얼굴을 뜯어보았다. 그리고 우선 "주인어른은 피로하시기 때문에 뵈올 수 없습니다"라고 말했으나 크리스토프 얼굴에 떠오른 솔직한 낙심의 표정에 아무래도 흥미를 느낀 모양이었다. 하녀는 버릇없이 그의 온몸을 두루 훑어본 뒤에 갑자기 태도를 누그러뜨려 크리스토프를 하슬러의 서재로 안내하고는 주인어른을 만날 수 있도록 해주겠다고 말했다. 그런 다음 그에게 흘긋 추파를 던지고 나서 문을 닫았다.

벽에는 인상파 그림과 18세기 프랑스의 멋진 판화가 몇 폭 걸려 있었다. 하슬러는 모든 예술에 정통해 있다고 자부하고 있었던 것이다. 그리고 그의 뒤를 따라다니는 아첨꾼들이 그에게 일러준 마네와 와토를 자기 취미 속에서 결부시켰다. 이와 똑같은 양식의 혼합이 가구 배치에도 자주 나타나 있었다. 루이 15세식의 참으로 훌륭한 책상이 '근대 예술' 양식의 안락의자 몇 개와 다채로운 쿠션을 쌓아올린 동양식 소파 한 개로 에워싸여 있었다.

어느 문에나 거울이 붙었다. 일본 골동품이 선반과 벽난로 위에 잔뜩 놓여 있었다. 그리고 벽난로 위에는 또 하슬러의 반신상이 뽐내고 있었다. 둥근 테이블 위의 유리판 속에는 경구(警句)와 찬사가 적힌 여가수와 여성 팬과 친구들의 사진이 숱하게 널려 있었다. 책상 위는 지저분하게 어질러져 있었다. 피아노는 뚜껑이 열린 채였다. 선반 위는 먼지투성이였다. 반쯤 피우다 버린 시가가 구석구석에 버려져 있었다……

옆방에서 퉁명스런 목소리가 뭔가 계속 투덜대고 있는 것이 크리스토프의 귀에 들렸다. 하녀 아이의 시원스런 말소리가 대꾸를 했다. 하슬러가 모습을 나타내기를 싫어하고 있는 것이 분명했다. 또 하녀 아이가 어떻게 해서든지 하슬러를 내보내려고 애쓰고 있는 것도 분명했다. 그녀는 조금의 거리낌도 없이 아주 버릇없는 말투로 대답하고 있었다. 그녀의 날카로운 음성은 벽을 통해 들려왔다. 그녀가 주인에게 주의시키고 있는 것을 듣고 크리스토프는 안절부절못했다. 그런데도 주인인 하슬러는 이것을 도무지 개의치 않았다. 그뿐만 아니라 그러한 무례한 언사를 재미있어하고 있는 것 같았다. 그리고 여전히 투덜거리면서도 하녀 아이를 놀려대고 상대를 흥분시키며 즐기고 있었다. 겨우 크리스토프는 문 열리는 소리를 들을 수 있었다. 그런 다음 여전히 불평을 늘어놓거나 놀려대거나 하며 하슬러가 발을 질질 끌고 나오는 소리가 들렸다.

그가 들어왔다. 크리스토프는 가슴이 뭉클 메어 왔다. 확실히 본 기억이 있다. 차라리 기억에 없는 쪽이 나을 뻔했다! 그는 틀림없이 하슬러였다. 하지만 벌써 옛날의 그는 아니었다. 주름살 하나 없는 커다란 이마, 어린애처럼 매끈한 얼굴은 옛날대로였지만, 머리는 벗겨지고 몸집은 비대해지고 누런 얼굴빛에 졸린 듯한 몰골이었다. 아랫입술은 조금 처지고 지루한 듯한 불만스런 입이었다. 어깨를 움츠리고 모양이 없어진 웃옷 주머니에 양손을 찔러넣고 발에는 헌 신을 끌고 있었다. 단추도 다 잠그지 않은 바지 위에 셔츠가 구겨진 채 말려 있었다. 그는 졸린 듯한 눈으로 크리스토프의 얼굴을 바라보았다. 크리스토프가 더듬거리며 자기 이름을 말해도 그 눈은 빛나지 않았다. 그는 아무 말도 않고 기계적으로 답례를 보내고 머리로 크리스토프에게 자리를 권하고는, 숨을 몰아쉬며 소파 위에 털썩 주저앉았다. 그리고 쿠션을 여러 개 자기 둘레에 포개놓았다. 크리스토프는 되풀이해 말했다.

"전에 한 번…… 친절하시게도…… 저는 크리스토프입니다……"

하슬러는 소파에 몸을 묻고 긴 다리를 포개어 턱 언저리까지 올라온 오른쪽 무릎 위에 마른 양손을 깍지끼고 있었다. 그는 대답했다.

"기억이 없는데."

크리스토프는 목이 막힐 듯 안타까운 심정을 느끼고 달싹거리며 옛날에 만난 일을 생각나게 하려고 애썼다. 어떠한 때라도 그러한 그리운 추억을 얘기하는 것은 그에게는 어려운 일이었다. 더구나 지금 경우에는 참기 어려운 고통이었다. 말마디가 엉키고 말이 찾아지지 않아 무턱대고 엉뚱한 말을 하다가는 얼굴을 붉혔다. 하슬러는 여전히 멍하고 무관심한 눈으로 그를 물끄러미 바라다보며 그가 당황하는 것을 그대로 버려두었다.

크리스토프가 가까스로 말을 마쳤어도 하슬러는 한동안 침묵을 지킨 채역시 무릎을 흔들었다. 마치 크리스토프가 얘기를 계속하기를 기다리는 것같았다. 그러다가 말했다.

"그래…… 그렇다고 해서 우리가 다시 한 번 젊어질 수는 없는 일이지……"

그렇게 말하고 하슬러는 기지개를 켰다.

하품을 한 번 하고 나서 그는 덧붙여 말했다.

"아, 이건 실례…… 잠을 못 잤더니…… 어젯밤은 극장에서 파티가 있어서……"

그렇게 말하고 또 하품을 했다.

크리스토프는 자기가 지금 애기한 것에 대해 하슬러가 뭐라고 한마디 해주기를 기대했다. 그러나 이러한 애기에는 전혀 흥미가 없는 하슬러는 아무 말도 하지 않았다. 그리고 크리스토프의 생활에 대해서도 아무것도 묻지 않았다. 하품을 하고 나자 하슬러는 물었다.

"베를린에 머문 지는 오래 됐나?"

"오늘 아침에 도착했습니다." 크리스토프가 대답했다.

"그렇군."

하슬러는 별로 놀란 기색 없이 말했다. "호텔은 어딘가?"

대답을 듣는 둥 마는 둥 하슬러는 사뭇 찌뿌드드한 듯 몸을 일으켜 초인종 단추에 손을 뻗쳐 눌렀다.

"잠깐만 실례." 하슬러는 말했다.

하녀 아이가 예의 윽박지르는 얼굴로 나타났다.

"키티." 하슬러는 말했다. "오늘은 아침을 굶길 참이냐?"

"그런데" 하녀가 말했다. "손님이 계신데 이리로 식사를 가져올 수는 없잖아요."

"왜 안 된다는 거냐?" 하슬러는 무시하는 듯한 눈짓을 크리스토프에게 돌리면서 말했다. "이분은 내 정신에 양식을 주신다. 나는 육신에다 양식을 주는 거란다."

"모르는 분 앞에서 드시다니요, 부끄럽다고 생각하지 않으세요? 마치 동물원의 짐승 같아요."

하슬러는 화를 내기는커녕 웃어 댔다. 그리고 정정했다.

"마치 집안의 개와 고양이처럼 말이지."

"아무튼 괜찮으니까 가져오너라." 하슬러는 덧붙여 말했다. "그 부끄럼이란 것도 함께 먹어치울 테니."

하녀 아이는 어깨를 으쓱하며 걸어나갔다.

크리스토프는 하슬러가 아직도 자기 일에 대해서 아무것도 물어보려 하지 않으므로 도중에서 끊어진 얘기를 다시 이으려고 했다. 시골 생활의 어려움, 사람들의 변변치 못한 졸렬함, 그들 소견의 편협함, 자신의 고독 따위를 얘기했다. 자신의 정신적인 고뇌에 상대의 관심을 끌려고 애썼다. 그러나 하슬러는 소파에 몸을 묻고 쿠션에 머리를 기댄 채 눈을 반쯤 감고 상대를 멋대로 지껄이게 했다. 별로 귀를 기울이고 있는 것 같지도 않았다. 혹은 어쩌다 조금 눈꺼풀을 치켜들어, 시골 사람들에 대한 차가운 익살이나 우스꽝스런 경구를 던져 좀더 다정하게 얘기하고자 하는 크리스토프의 기분을 느닷없이 꺾어 버렸다.

키티가 아침 쟁반을 들고 들어왔다. 쟁반 위에는 커피, 버터, 햄 등이 얹혀 있었다. 하녀는 뾰로통한 얼굴로 종이가 난잡하게 어질러진 책상 복판에 그것을 놓았다. 크리스토프는 괴로운 얘기를 계속하기 위해 하녀가 나가기를 기다렸다. 얘기를 계속하는 것은 그토록 힘이 들었다.

하슬러는 쟁반을 자기 앞으로 끌어당겼다. 커피를 따라 그것을 입술에 갖다 댔다. 그리고 나서 다정하고 사람 좋은, 그러나 좀 상대를 깔보는 듯한 말투로 크리스토프의 얘기를 가로막으며 권했다.

"한잔하겠나?"

크리스토프는 사양했다. 크리스토프는 중단된 얘기를 잇는 데 열심이었다. 그러나 더욱 헷갈려 버려 이젠 자기가 무슨 말을 하고 있는지조차 알 수 없었다.

크리스토프는 하슬러의 하는 꼴에 정신이 팔렸다. 하슬러는 턱 아래에다 접시를 갖다 대고는 버터 바른 빵이나 햄 조각을 손가락으로 집어 어린애처럼 볼이 미어지도록 입에 마구 넣고 있었다. 그렇지만 크리스토프는 간신히 자기가 작곡한 것, 헤벨의 《유디트》를 위한 서곡을 만들었다는 것을 얘기할 수 있었다. 하슬러는 건성으로 듣고 있었다.

"무얼 말이지?" 하슬러는 물었다.

크리스토프는 제목을 되풀이해서 말했다.

"아! 그래, 그래!" 하슬러는 그렇게 말하고는 빵조각과 손가락을 찻잔 속에 적셨다.

그리고 그뿐이었다.

크리스토프는 낙심하여 일어나 돌아가려고 했다. 그러나 그래서는 이렇게 먼 데서 찾아 온 것이 보람도 없이 물거품이 된다는 것을 생각했다. 그래서 용기를 내어 더듬거리며 자기 작품을 좀 연주해 보겠노라고 말했다. 그렇게 말을 꺼내자 하슬러는 곧 그를 가로막았다.

"아냐, 아냐, 난 잘 모른다네." 하고 놀려 대는 듯한, 더욱이 사람을 좀 무시하는 듯한 비꼬는 투로 말했다. "게다가 틈도 없고 말이야."

그 말을 듣자 크리스토프는 눈에 눈물을 머금었다. 그리고 그는 자기 작곡에 대해 하슬러로부터 무슨 의견을 듣기 전에는 결코 이곳을 떠나지 않겠다고 맹세했다. 당혹감과 분노가 뒤섞인 말투였다.

"용서하십시오. 그런데 선생님은 옛날에 제 작품을 들어 주시겠다고 약속해 주셨습니다. 저는 오직 이것을 위해 독일의 구석진 곳에서 이곳까지 찾아 온 것입니다. 꼭 좀 들어봐 주십시오."

이러한 상대의 태도에 익숙지 않은 하슬러는 자기 앞에서 분연히 얼굴을 붉히고 금방 울어 버릴 것처럼 하고 있는 젊은이를 물끄러미 바라보았다. 하슬러는 흥미를 느꼈다. 그래서 지루한 듯 어깨를 으쓱하고는 피아노를 가리키며 하는 수 없는 표정으로 말했다.

"그럼…… 어디 해 보게나! ……"

하슬러는 낮잠이라도 자려는 사람처럼 소파에 몸을 파묻고 쿠션을 주먹으로 때려 편편하게 고르고는 그 위에다 두 팔을 뻗고 반쯤 눈을 감았다. 그런 다음 조금 눈을 뜨고 크리스토프가 주머니에서 꺼낸 악보의 부피를 재고는 작은 한숨을 후 내쉬며 지루하지만 들을 각오를 했다.

크리스토프는 겁을 먹고 주눅이 들고 또 울화통도 치밀었지만 연주를 시작했다. 그러자 이내 하슬러는 눈을 뜨고 귀를 쫑긋거렸다. 아름다운 것에는 자기도 모르게 마음이 사로잡히는 예술가의 직업적인 흥미가 솟아오른 것이었다. 처음에는 아무 말도 하지 않았다. 그리고 꼼짝도 않고 있었다. 그런데 그 눈이 차차 또렷해지고 꽉 다물었던 입술이 움직였다. 그리고 나서 완전히 눈을 뜨고 놀라움과 탄성의 신음을 냈다. 그것은 말이 되지 않는 애매모호한 감탄사였다. 그렇지만 그 어조는 그가 생각하고 있는 것을 똑똑히 나타내고 있었다. 크리스토프는 뭐라 말할 수 없는 행복을 느꼈다. 하슬러는 지금까지 연주된 페이지를 비교해 보려고 하진 않았다. 크리스토프가 한 곡을 마치고 나자 하슬러는 말했다.

"다음! 다음! ……"

하슬러는 인간다운 말을 쓰기 시작했다.

"좋아! 이건 좋아! …… (그는 감탄하고 있었다) …… 신난다! …… 귀신이 곡할 노릇이군! …… 그런데 어떻게 된 일이야(그는 깜짝 놀라 말을 더듬거렸다!) 대체 이건 뭐야?"

하슬러는 의자 위로 몸을 일으켜 머리를 앞으로 내밀고 손을 귀에다 대고는 혼잣말을 하며 만족한 웃음을 띠고 있었다. 그리고 어떤 진기한 화음이 있는 곳으로 오자 입술을 핥으려는 듯 조금 혓바닥을 내밀었다. 뜻하지 않은 전조(轉調)에, 그는 무척 강렬한 인상을 받고 탄성을 지르며 벌떡 일어났다. 그리고 피아노 곁으로 와 크리스토프 옆에 앉았다. 크리스토프가 거기 있는 것도 눈에 들어오지 않는 듯했다. 그는 악보를 손에 들고 금방 연주한 곡의 보표를 다시 읽기 시작했다. 그리고 나서 다음 페이지로 넘어가고 마치 방 안에는 자기 혼자밖에 없는 것처럼 감탄과 놀라움의 혼잣말을 계속하고 있었다.

"놀랍군! …… (그는 혼잣말을 계속하고 있었다) …… 어디서 이놈은 이런 걸 찾아냈을까? ……"

하슬러는 어깨로 크리스토프를 밀어내고 자기 자신이 몇 개의 악절을 쳐보았다. 피아노를 치는 하슬러의 손가락은 매우 상냥스러워 마치 애무하는 것 같았다. 가볍고도 참으로 매혹적이었다. 크리스토프는 그의 가냘프고 기다란, 손질이 잘된 손을 보고 있었다. 그것은 약간 병적인, 귀족적인 느낌이 드는 손으로 몸의 다른 부분과는 어울리지 않는 것이었다.

하슬러는 어떤 화음 앞에 이르자 손을 멈추고 눈을 끔벅거리고 헛소리를 내기도 하며 이것을 되풀이해서 쳤다. 하슬러는 여러 가지 악기 소리를 흉내내며 입술 끝으로 읊조리고 이따금 짧은 부르짖음을 음악에 섞어 넣었다. 은근한 조바심과, 그 자신은 인정하고 싶지 않은 질투의 감정을 억누르지 못했던 것이다. 그러나 또 동시에 하슬러는 탐욕스럽게 즐거움을 맛보고 있었다.

하슬러는 마치 크리스토프가 거기 없는 것처럼 여전히 혼잣말을 계속하고 있었지만, 크리스토프는 기뻐서 얼굴을 붉히고 하슬러의 감탄은 자기를 보고 하는 것이라고 생각했다. 그래서 자기가 앞으로 하고자 하는 바를 설명하기 시작했다. 하슬러는 처음에는 청년이 말하는 것에 전혀 주의도 기울이지 않고 큰 목소리로 자기 감상을 계속 늘어놓고 있었다. 그러나 크리스토프의 어느 말에는 흠칫했다. 하슬러는 입을 다물고, 눈은 여전히 넘기고 있는 악보를 지켜보면서 크리스토프의 말을 잘 듣지 않는 척하면서도 자세히 듣고 있었던 것이다. 크리스토프는 차차 기운을 냈다. 그리고 나중에는 완전히 상대를 신뢰하는 마음이 되었다. 그래서 철없이 흥분하면서 자기 계획과 생활에 대한 일을 얘기하기 시작했다.

입을 꽉 다물었던 하슬러는 다시 비꼬는 투가 되어 있었다. 크리스토프가 그의 손에서 악보를 다시 집어들어도 하는 대로 버려두었다.

피아노 위에 한쪽 팔꿈치를 짚고 손으로 이마를 괸 채, 크리스토프가 젊은 활기와 곤혹으로써 자기 작품에 주석을 하고 있는 것을 물끄러미 보고 있었다. 그리고 자기 자신이 음악가로서 세상에 나갔을 때의 일, 그 무렵 자기가 품고 있던 희망과 또 지금 크리스토프가 품고 있는 희망이며, 그를 기다리고 있는 슬픔 따위를 생각하고 쓸쓸레하게 미소를 지었다.

크리스토프는 꼭 말해야 할 것들을 잊을까 봐 염려하여 눈을 내리깔고 얘기했다. 하슬러의 침묵으로 그는 힘이 솟았다. 하슬러가 자기를 말없이 지켜보고 있음이 틀림없다, 자기 말을 한마디도 빠뜨리지 않고 듣고 있음이 틀림없다고 믿고 있었다. 둘을 가로막던 얼음이 녹아 버린 듯한 생각이 들어 크리스토프의 마음은 활짝 개었다. 얘기를 끝내자 공손히, 그러나 또 상대를 전적으로 신뢰하는 기분으로 얼굴을 들어 하슬러의 얼굴을 보았다. 그리고 자기를 넌지시 굽어보고 있는 어둡고 비웃는 듯한 온기 없는 눈을 보자, 솟아나려던 그의 기쁨은 너무나 빨리 나온 새싹처럼 단박에 얼어붙었다. 그는 입을 다물었다.

얼음처럼 싸늘한 침묵 뒤에 하슬러는 매정한 목소리로 얘기하기 시작했다. 하슬러는 또다시 변한 것이다. 하슬러는 상대 청년에 대해 짐짓 일종의 몰인정을 가장하고 있었다. 크리스토프의 계획이나 희망을 가혹히 비웃었다. 마치 자기 자신을 비웃으려고나 하는 것처럼 하슬러는 크리스토프 속에서 자기 자신의 옛모습을 보았던 것이다. 하슬러는 냉혹하게도 크리스토프의 인생에 대한 신념, 예술에 대한 신념, 자기 자신에 대한 신념을 때려부수려고 열을 올렸다. 쓸쓸레 얼굴을 찌푸려 자기 자신을 예로 들고 오늘날의 자기 작품을 모욕하는 듯한 투로 말했다.

"형편없는 물건들뿐이다!" 하슬러는 말했다.

"우매한 녀석들에게는 그래도 좋아. 진실로 음악을 사랑하는 자가 세계에 단 열 명이라도 있는 줄 아나? 아니, 단 한 사람이라도 있는 줄 아나?"

"제가 있습니다." 크리스토프는 대들며 말했다.

하슬러는 그의 얼굴을 보고 어깨를 으쓱대며 피곤한 목소리로 말했다.

"자네도 다른 녀석들처럼 될 테지. 다른 치들과 같은 일을 하게 될 걸세. 마찬가지로 성공을 생각하거나 향락을 생각하게 될 걸세…… 하긴 그게 좋은 거야……"

크리스토프는 반대하려고 했다. 그러나 하슬러는 그가 말하려는 것을 가로막았다. 그리고 악보를 다시 손에 들고 아까 칭찬한 작품을 신랄히 비난하기 시작했다. 실로 크리스토프의 눈이 미치지 않은 탈락이며 기보(記譜)의 부정확이며 취미와 표현의 결점 등을 상대에게 상처를 입힐 듯한 가혹한 말로 지적하는 것뿐만이 아니었다. 더욱 거기에다 이치에 맞지 않는 비난을, 가장 편협하고 가장 시대에 뒤떨어진 음악가나 할 듯한 비난을 해댔다. 그러한 비난은 하슬러 자신이 이제까지의 삶에 스스로 받고 괴로워해 온 것이었다. 하슬러는 이러한 작품에 대해 어떠한 의미가 있느냐고 물었다. 그것은 벌써 비평이 아니라 덮어놓고 하는 부정이었다. 이러한 작품에서 본의 아니게 감명받은 인상을 미움으로써 지워 버리려고 애쓰는 것 같았다.

크리스토프는 기가 막혀 대꾸조차 하지 않았다. 존경하고 사랑하는 사람의 입에서 그런 말을 듣고서는 듣는 쪽에서 얼굴이 붉어질 듯한 이러한 엉터리 소리에 어떻게 대꾸를 한단 말인가? 게다가 하슬러는 전혀 남의 말을 들으려고 하지 않았다. 악보를 양손 사이에 접어들고 무표정한 눈과 쓸쓰레한 표정을 띤 입으로 고집스레 꼼짝 않고 있었다. 이윽고 다시금 크리스토프가 거기 있는 것을 잊어버린 것처럼 혼잣말을 했다.

"아! 가장 비참한 것은 자기를 이해해 주는 인간이 한 사람도, 그야말로 단 한 사람도 없다는 것이다."

크리스토프는 감동으로 자기 몸이 꿰뚫린 듯한 생각이 들었다. 크리스토프는 불현듯 얼굴을 돌려 하슬러의 손 위에 자기 손을 놓았다. 그리고 가슴이 애정으로 가득 차 또 한 번 되뇌었다.

"제가 있습니다!"

그러나 하슬러의 손은 전혀 움직이지 않았다. 이 젊은 외침에 대해 그의 마음속에 무엇인가가 순간 스치고 지나갔다 하더라도 크리스토프를 보는 하슬러의 둔탁한 눈에는 아무런 빛도 반짝이지 않았다. 하슬러는 사뭇 형식적으로, 점잖게 조금 상체를 움직여 인사했다.

"아주 고맙네!" 하슬러는 말했다.

크리스토프는 마음속으로 이렇게 생각하고 있었다.

'그만두어라! 너 때문에 내가 내 인생을 망치기라도 했다고 생각하는 줄 아느냐?'

크리스토프는 일어나 악보를 피아노 위에 내던졌다. 그리고 긴 다리로 비틀비틀 소파 있는 데까지 걸어가 털썩 주저앉았다. 그의 마음속을 확실히 파악하고 가슴에 굴욕적인 상처를 받은 크리스토프는 거만하고 담담한 태도로 다음과 같이 대꾸했다. '모든 사람으로부터 이해되기를 바랄 필요는 없다, 몇 사람만 있으면 그것만으로 전 민중에 필적한다, 그들은 전 민중을 대신해서 생각해 준다, 그리고 그들이 생각한 것을 전 민중도 생각하게 될 것'이라고.

그러나 하슬러는 이미 듣고 있지 않았다. 하슬러는 다시금 멍하니 정신을 잃었다. 이것은 그의 속에 졸고 있는 생명력의 쇠약에서 오는 것이었다. 크리스토프는 젊고 너무나도 건강하여 이러한 급격한 변화는 이해할 수 없었으므로 이 승부는 자신의 패배라고 막연하게나마 느꼈다. 그러나 이겼다고 믿으려 하던 참이었으므로 단념할 수가 없었다. 크리스토프는 죽을힘을 다해서 하슬러의 주의를 또 한 번 불러일으키려고 했다. 악보를 손에 들고 하슬러가 아까 꾸짖은 음악 규칙에 맞지 않는 이유를 변명하려고 애썼다. 하슬러는 의자에 푹 파묻혀 음울한 침묵을 지키고 있었다. 찬성도 않거니와 반대도 하지 않았다. 다만 얘기가 끝나기만을 기다리고 있었다.

크리스토프로서는 이제 어떻게 할 수가 없음을 깨달았다. 얘기 도중에 입을 다물었다. 악보를 말아 쥐고 일어섰다. 크리스토프는 부끄럽기도 하고 주눅이 들어 더듬거리며 사과했다. 하슬러는 오만한 권태가 섞여 있는 고상한 태도로 가볍게 인사하고 냉정하면서도 정중하게 그에게 손을 내밀었다. 그리고 현관까지 배웅했지만 만류하려고도 하지 않았으며, 또다시 오라고도 말하지 않았다.

*

큰길로 나온 크리스토프는 몹시 실망했다. 그는 정처없이 걸었다. 기계적으로 두세 거리를 걷고 있노라니 타고 온 전차의 정류장으로 나오게 되었다. 무의식적으로 다시 이것을 탔다. 좌석에 털썩 주저앉았다. 팔도 다리도 축 늘어졌다. 곰곰이 무엇을 생각하거나 생각을 마무리하거나 하는 일은 되지 않았다. 아무 생각도 하지 않았다. 자기 마음속을 들여다보기가 무서웠다. 그것은 공허였다. 이 공허는 자기 주위에도 이 도시 속에도 있었다. 여기서는 도무지 숨도 쉴 수 없었다. 안개로, 둔중한 건물로 숨이 막힐 것만 같았다. 그에게는 이제 한 가지 생각밖에 없었다. 달아나자, 되도록 빨리 달아나 버리자. 마치 이 도시에서 달아나기만 하면, 여기서 찾아낸 씁쓰레한 환멸을 이곳에다 남겨 두고 갈 수 있을 것 같은 기분이었다.

크리스토프는 호텔로 돌아왔다. 아직 12시 반도 되지 않았다. 2시간 전에 이 호텔에 도착한 것이었다. 그때는 얼마나 마음이 밝았던가. 그러나 지금은 캄캄했다. 그는 점심을 먹지 않았다. 호텔 주인은 놀랐다. 크리스토프가 계산서를 청구하여 하루치 숙박비를 내고 곧 출발하고 싶다고 말했던 것이다. 그렇게 서두를 필요는 없다, 크리스토프가 타려고 하는 기차는 몇 시간 뒤에야 출발한다, 아니 호텔에서 기다리는 편이 낫다고 설명해 주어도 막무가내였다. 크리스토프는 곧 정거장으로 가고 싶었다. 무엇이라도 좋으니 가장 빨리 출발하는 기차를 타고 싶다, 이제 한시라도 이곳에는 있고 싶지 않았다. 이러한 긴 여행을 하고 돈도 꽤 많이 쓴 나머지—단지 하슬러를 만나는 일뿐 아니라 미술관을 구경하거나 음악회에 가거나 여러 사람을 알게 되거나 할 것을 즐거움으로 기대했었지만—그의 머리에는 이제 한 가지 생각밖에 없었다. 여기를 떠나고 싶다는…….

크리스토프는 정거장으로 갔다. 들은 대로 그가 탈 기차는 세 시간 뒤에나 출발한다. 게다가 급행이 아니라(크리스토프는 최하등 차밖에 탈 수 없었다), 도중에서 머무르는 것이었다. 이 기차보다 두 시간 늦게 출발하여 도중에서 이것에 따라 붙는 기차를 타는 쪽이 훨씬 편리했다. 하지만 그거라면 여기서 두 시간이나 더 머물러야 했다. 그것은 크리스토프에게는 참을 수 없는 일이었다. 기다리는 동안 그는 역 밖으로 나가려고도 하지 않았다. 널따랗고 텅 빈 대합실에서 기다린다는 것은 정말 우울했다. 소란스럽고 더욱이 음침하고 낯선 사람의 그림자가 언제나 바쁜 듯이 잦은 걸음으로 들락날락했다. 그들은 정말 타인이고 자신과는 관계없는 사람들로, 단 한 사람의 아는 이도 친한 얼굴도 없었다. 창백하고 흐릿한 밝음이 사라져 갔다. 안개에 싸인 전등이 밤의 어둠 속에 점점이 켜지고 어둠을 한층 캄캄하게 하는 것처럼 보였다. 시간이 흐름에 따라 크리스토프는 가슴이 짓눌려 출발 시간을 괴로워하며 기다렸다. 틀림없다는 것을 확인하기 위해 한 시간에 열 번씩이나 시간표를 보러 갔다. 심심풀이로 그것을 또 한 번 처음부터 끝까지 읽어 나가다가 어느 지명이 흠칫 그의 마음을 놀라게 했다. 꼭 어디서 본 것 같은 생각이 들었다. 한참만에 그것은 언제나 친절한 편지를 보내 주곤 하던 슐츠 노인이 살고 있는 지방이라는 것이 생각났다. 그러자 순간 이 미지의 벗을 찾아가 보자는 생각이 혼란된 머리에 번득였다. 그 도시는 그의 귀로 연선(沿線)으로 한두 시간인 곳이었다. 그러나 두세 번 바꿔 타야 하며 차를 기다리는 시간이 무척 길기 때문에 온 하룻밤이 꼬박 걸리는 여행이었다. 크리스토프는 그런 계산은 하지 않았다. 당장에 그리로 가려고 결심했다. 동정에 매달리고 싶은 본능적인 욕구가 있었기 때문이다. 생각할 겨를도 없이 전보로 내일 아침 도착한다는 것을 슐츠에게 알렸다. 전보를 막 치고 나자 금방 후회했다. 언제까지나 환상을 품지 않고는 배기지 못하는 자신에게 쓴웃음을 지었다. 어찌하여 또 새로운 슬픔을 찾으려고 하는 것일까? 그러나 이미 저질러진 일이었다. 변경하기에는 너무 늦었다.

　나머지 시간을 보내는 동안 크리스토프는 내내 이 일을 생각하고 있었다. 가까스로 기차가 마련되었다. 그는 맨 먼저 올라탔다. 그는 어린애같이, 기차가 움직이기 시작하여 밤의 장막이 내린 도시의 검은 그림자가 슬픈 소나기를 맞으며 등 뒤 하늘로 차차 사라져 가는 것을 승강구에서 보고 겨우 숨을 돌렸다. 여기서 하룻밤을 지낸다면 죽을는지도 모른다는 생각이 들었다.

　마침 이때—저녁 6시 무렵—크리스토프 앞으로 하슬러의 편지가 호텔에 도착했다. 크리스토프의 방문으로 그의 마음은 여러 가지로 동요되었던 것이다. 그는 오후 내내 그 일을 생각하고 언짢은 기분이 되어 있었다. 그토록이나 열렬한 애정을 품고 찾아왔는데도 무척 냉혹히 다루어진 그 충직한 청년에 대해 동정심이 일어나지 않는 것은 아니었다. 하슬러는 자신의 응대를 후회했다. 바른대로 말한다면 하슬러는 단지 언제나처럼 신경 발작을 일으킨 것뿐이었다. 그는 이에 보상을 하려고 오페라 표를 한 장 넣어 공연이 끝난 뒤에 만나고 싶다고 편지를 썼다. 크리스토프는 그것을 조금도 알 수 없었다. 그가 오지 않자 하슬러는 생각했다.

'놈, 화났구나. 딱한 놈이다.'

하슬러는 어깨를 으쓱했다. 그리고 더 어떻게 하려고 하지도 않았다. 이튿날 크리스토프는 그에게서 아득히 멀리 떨어져 있었다. 영원한 시간이 흐를지라도 서로를 다시 만나게 할 수는 없을 만큼 멀리, 이리하여 둘 다 영원히 고독했다.

*

페터 슐츠는 75살이었다. 몸이 약하고 게다가 노쇠를 면치 못했다. 꽤 큰 몸집이었지만 등은 굽고 머리가 가슴 위에 처져 기관지가 약하고 가쁜 숨소리를 냈다. 천식, 카타르, 기관지염 등으로 늘 고통을 받았다. 그리고 그가 참고 견뎌야 했던 그 어려운 싸움의 흔적은—몇 날 밤이나 잠자리 위에 일어나 앉아 몸을 앞으로 수그리고 땀투성이가 되어 답답한 가슴에 한 모금의 공기를 들이켜려고 애썼다—야위고 수염이 없는 긴 얼굴의 깊은 주름살에 새겨져 있었다. 코는 기다랗고 끝이 약간 부풀어 있었다. 눈 밑에서 시작된 몇 줄기의 깊은 주름이 이가 빠져 움푹 팬 볼을 비스듬히 지나왔다. 이렇듯 쇠약한 가엾은 얼굴을 새긴 것은 단순히 노쇠와 지병만은 아니었다. 생활고가 있었던 것이다. —그런데도 그는 비관하지 않았다. 조용하고 커다란 입 언저리에는 명랑한 온정이 나타나 있었다. 그런데 이 늙은 얼굴에 반드시 사람을 감동시키고야 마는 상냥스러움을 주는 것은 눈이었다. 그것은 맑고 투명한 엷은 색이었다. 그 눈은 조용히 사뭇 천진하게 정면을 물끄러미 바라보았다. 마음을 전혀 감추지 않았다. 사람들은 흔히 깊은 밑바닥까지 읽어 낼 수 있었을 것이다.

페터 슐츠의 삶에는 그다지 파란은 없었다. 벌써 오랫동안 독신 생활을 계속했다. 아내는 죽었다. 아내는 별로 선량하지도 총명하지도 않고 또 조금도 아름답지 않았다. 그러나 그는 아내에 대한 추억을 진심으로 소중히 간직하고 있었다. 아내를 잃은 것은 25년 전이었다. 그 뒤로 하룻밤인들 슬프고 상냥한 짧은 대화를 마음속으로 아내와 나누지 않고 잠든 적이 없었다. 그는 아내를 자기의 하루하루 생활에 넣어 두었다. 그에게는 아이가 없었다. 이것이 그의 삶에 커다란 슬픔이었다. 페터 슐츠는 애정의 욕구를 아버지가 자식을 귀여워하듯이 사랑하는 학생들에게 쏟았다. 그러나 보답을 받은 일은 거의 없었다. 늙은 마음은 젊은 마음에 아주 가깝게 자신을 느끼고, 거의 같은 연배인 것처럼 느낄 수 있다. 자기들을 가로막은 세월이 얼마나 짧은 것인가를 알고 있다. 그렇지만 청년은 그런 것은 전혀 생각해 보지도 않는다. 청년에게 있어 노인은 딴 시대의 사람이다. 게다가 청년은 너무나 많은 눈앞의 근심에 정신이 사로잡혀 자기 앞날의 우울함으로부터는 본능적으로 외면하기 마련이다. 슐츠 노인은 때로는 학생들의 감사를 받는 수도 있었다. 그들의 행복이나 불행에 대해 그가 언제나 강렬하고 신선한 흥미를 보내는 데에 그들은 감동을 받았던 것이다. 그들은 가끔 그를 만나러 왔다. 대학을 졸업할 때에는 감사의 편지를 드렸다. 어떤 사람은 그 뒤 몇 년 동안은 역시 1년에 한 번이나 두 번 편지를 보내 주었다. 그러나 그 뒤로는 슐츠 노인은 그들의 소식을 알 수 없었다. 단지 신문으로 어느 누구의 출세를 알 뿐이었다. 그리고 그들의 성공을 자기 일처럼 기뻐했으며, 그들의 무심함을 달리 탓하지도 않았다. 그런 데는 여러 이유가 있음을 인정해주었다. 그들의 애정을 조금도 의심하지 않았다. 그리고 이를 데 없이 이기적인 자들에게도 자신이 그들에 대해 품고 있는 것과 같은 감정이 있다고 믿었다.

그에게는 책이 제일 가는 안식처였다. 책은 남을 잊어버리지도 않거니와 또 기만하지도 않았다. 그가 책 속에서 정들인 많은 영혼은 지금은 시대의 흐름에서 탈락했다. 그들은 사랑 속에서 영원히 움직이지 않는 것으로서 고정되었다. 이 사랑은 그러한 혼들이 전에 그것에 의해 영감을 느낀 사랑이고 예감한 사랑이며, 그리고 지금은 저희를 사랑해 주는 사람들을 위해 내뿜는 것이었다. 미학과 음악사의 교수인 그는 작은 새의 노래로 흔들리고 있는 오랜 숲과 같았다. 어떤 노래는 아득히 먼 데서 울려 왔다. 그것은 몇 세기나 되는 뒤안에서 오는 것이었다. 그래도 역시 상냥하고 신비로웠다. 그리고 또 귀에 익은 정다운 노래도 있었다. 그것은 친애하는 반려였다. 그러한 말의 한 마디 한 마디는 지나간 생활의 기쁨과 괴로움을 생각나게 했다. 그러한 생활에도 의식적인 것과 무의식적인 것이 있었다(왜냐하면 태양이 내리쬐는 나날 밑에는 미지의 빛이 비치는 다른 나날이 펼쳐져 있었기 때문에). 그리고 또 여태까지 아직 한 번도 들은 적이 없는 노래도 있었다. 그것은 퍽 오래전부터 기다리며 바라던 일을 얘기해 주었다. 마음은 활짝 열려서 이를 맞이했다. 마치 비를 기다리는 대지와 같이. 이리하여 슐츠 노인은 고독한 생활의 고요 속에서 작은 새가 무리지은 숲에 귀를 기울였다. 그리고 전설 속의 수도사처럼 마법의 작은 새의 노래는 황홀히 조는 동안에 세월이 그의 위를 흘러가 버려 드디어 인생의 황혼이 찾아왔다. 그러나 그는 20세의 혼을 가지고 있었다.

페터 슐츠는 단순히 음악으로써 마음을 풍성히 하는 것만이 아니었다. 그는 또한 시인도 시대의 신구(新舊)를 불문하고 사랑했다. 특히 자기 나라 시인을, 그중에도 괴테를 사랑했다. 외국 시인도 사랑했다. 그는 교양이 있어 몇 개 국어를 읽을 수 있었다. 그는 정신적으로는 헤르더와 18세기 말의 위대한 '세계 시민들'과 동시대인이었다. 그들의 광대한 사상에 휩싸여서 1870년 전후 힘겹게 투쟁하며 몇 년을 살아 온 것이었다. 페터 슐츠는 독일을 열렬히 사랑하면서도 독일을 '자랑'으로 삼지는 않았다. 그는 헤르더와 더불어 '자랑을 일삼는 인간 중에서도 자기 나라를 자랑하는 자는 완전한 바보다'라고 생각했다. 또 실러와 더불어 '단지 한 나라만을 위해서 쓴다는 것은 무척 빈약한 이상이다'라고 생각했다. 페터 슐츠의 정신은 때로는 겁쟁이였다. 그러나 그의 마음은 매우 넓어서 이 세상의 아름다운 것은 모두 사랑으로써 받아들이려 했다. 혹은 그는 변변치 않은 것에 대해 너무 관대했는지도 모른다. 그의 본능은 최선의 것에 대해서는 조금도 의심을 품지 않았다. 또 세상으로부터 인정을 받고 있는 가짜 예술가를 비난할 힘은 없었다 하더라도, 세상으로부터 무시당하고 있는 독창적인 강력한 예술가를 옹호할 만한 힘은 항상 있었다. 페터 슐츠는 사람이 너무 좋아 종종 지나친 짓을 잘했다. 그래서 자기가 잘못 판단을 하지나 않을까 하고 겁을 냈다. 다른 사람이 사랑하는 것을 자기가 사랑하지 않을 때에는 자기 쪽이 틀렸다는 것을 믿어 의심치 않았다. 그리고 나중에는 자기도 그것을 사랑하게 되었다. 사랑한다는 것은 그로서는 정말 기분 좋은 일이었다. 사랑과 찬탄은 그의 허전한 가슴에 공기가 필요한 것 이상으로 그의 정신생활에서는 필요했다. 그러므로 사랑하거나 찬탄할 새로운 기회를 마련해 주는 사람에게는 얼마나 감사했던 것일까! 크리스토프는 자기 《가곡》이 이 노인에게 어떠한 것이었는지 상상도 못했다. 그가 이것을 만들었을 때에 그 자신이 받은 감명도 노인의 감명만큼 강하지는 않았다. 그에게 있어서 이러한 노래는 마음속 화로에서 튀어나온 약간의 불티에 지나지 않았다. 아직 얼마든지 많은 불티가 튀어나오리라! 하지만 슐츠 노인에게는 그것은 별안간 눈뜬 하나의 세계…… 사랑할 만한 하나의 세계였다. 그의 생활은 이것에 의해 밝게 비치었다.

*

1년 전부터 슐츠는 대학교수직을 단념해야 했다. 건강이 점점 나빠져 이젠 더 강의를 할 수 없었다. 병으로 자리에 누워 있을 때, 볼프 서점에서 언제나처럼 최근에 들어 온 음악 신간서의 소포를 보내왔다. 받은 우편물 속에 크리스토프의 《가곡집》이 들어 있었다. 슐츠는 혼자였다. 곁에는 한 사람의 친척도 없었다. 몇 사람 안 되던 가족도 오래전에 죽었다. 늙은 하녀 한 사람에게 집안일을 맡겨 두었었는데, 그녀는 그가 건강이 나쁜 것을 미끼로 함부로 아무것이나 마구 그에게 강요했다. 또 거의 같은 연배인 두세 친구가 가끔 만나러 왔다. 그러나 그들도 그다지 건강하지는 않았다. 날씨가 나쁠 때에는 그들도 집에 틀어박혀 버렸으므로 그들의 방문도 뜸해졌다. 마침 계절은 겨울이어서 길은 녹기 시작한 눈으로 덮여 있었다. 슐츠는 온종일 아무도 만나지 않았다. 방 안은 어두컴컴했다. 노란 김이 유리창에 장막처럼 서리어 밖은 보이지 않았다. 난로의 열이 가슴 답답하고 노곤했다. 근처 교회에서 17세기의 오래된 종이 15분마다 무척 고르지 않은 가락으로 단조로운 찬송가의 단편을 노래했다. 그 밝은 가락도 자기 자신이 그다지 유쾌하지 않을 때는 어쩐지 조금 찌푸리고 있는 듯 여겨졌다. 슐츠 노인은 포개 놓은 베개에 등을 기대고 기침을 했다. 좋아하는 몽테뉴를 다시 읽으려 했다. 그런데 이날은 언제나처럼 즐거워지지가 않았다. 그는 책을 아래에다 내려놓았다. 가쁜 숨을 쉬며 멍하니 몽상에 잠겼다. 음악책의 포장이 거기 침대 위에 놓인 채로 있었다. 그것을 펴볼 만한 기운도 없었다. 슬픈 기분이었다. 간신히 한숨지으며 차근차근 끈을 푼 다음 안경을 쓰고 악보를 읽기 시작했다. 그의 마음은 다른 곳에 가 있었다. 그것은 멀리하고자 하는 추억 쪽으로 항상 찾아가는 것이었다.

　그의 시선이 오래된 찬송가의 문구 위에 머물렀다. 그것은 크리스토프가 17세기의 소박하고 경건한 시인의 시구를 취해 표현을 새로이 하여 작곡한 것이었다. 파울 게르하르트의 《여행하는 그리스도교도의 노래》였다.

> Hoff, o du arme Seele,
> Hoff und sei unverzagt!
> ……
> Erwarte nur der Zeit,
> So wirst du schon erblicken
> Die Sonn der schönsten Freud

> 희망을 가져라, 가여운 혼이여,
> 희망을 가지고 굴하지 말라!
> ……
> 기다려라, 한결같이 기다려라,
> 이윽고 그대는 보리라,
> 아름다운 기쁨의 태양을!

　이러한 순결한 구절은 슐츠 노인도 잘 알고 있었다. 그러나 이제까지는 결코 이런 식으로 얘기해 주지는 않았다……. 거기 있는 것은 이미 단조로움으로써 혼을 진정시키고 잠재우는 고요한 신앙심은 아니었다. 그것은 그의 혼과 똑같은 혼이며 그의 혼 그것이고, 더욱이 가장 젊고 가장 힘차고, 괴로워하며 희망을 가지려 하고 기쁨을 보려고 하여 이를 보고 있는 혼이었다. 그의 손은 떨렸다. 굵은 눈물방울이 뺨을 타고 흘렀다. 그는 읽어 나갔다.

> Auf, auf! gieb deinem Schmerze
> Und Sorgen gute Nacht!
> Lass fahren, was das Herze
> Betrübt und trauig macht!

일어나라! 일어나라! 그대의 슬픔과
그대의 번뇌에 이별을 고하라!
마음을 흐트러뜨리고 슬프게 하는 것들을
그대 앞으로부터 떠나게 하라!

크리스토프는 이러한 사상에 젊고 대담한 정열을 넣었다.
이 정열적인 사나이다운 웃음은, 다음의 신뢰에 찬 소박한 시구 중에 환히
반짝였다.

Bist du doch nicht Regente,
Der alles führen soll,
Gott sitzt im Regimente,
Und führet alles wohl.

모두를 다스리고 인도하는 이는
정말이지 그대가 아니라,
이는 신이어라. 신은 왕이시고,
모두를 바르게 인도하시도다!

그리고 마지막으로 크리스토프가 젊은 야성적 대담성으로써, 원작의 원래
장소에서 마구 빼내어 자기 가곡을 마무리한 신나는 도전의 한 절이 나타났
다.

Und ob gleich alle Teufel
Hier wolten widerstehn,
So wird doch ohne Zweifel
Gott nicht zurücke gehen :

Was er sich vorgenommen,
Und was er haben will,

Das muss doch endlich kommen
Zu seinem Zweck und Ziel.

악마들한테 몰려,
거슬려 밀어닥칠지라도,
떠들지 말라, 의심하지 말라!
신은 물러가시지 않느니.

신이 정해 두신 일,
바라신 일은,
모두 반드시 성취하리라,
신은 목적을 이루시느니라!

이것은 기쁨의 흥분이고 싸움의 도취이며 로마 장군의 개가였다.

노인은 온몸을 떨고 있었다. 동행자에게 손을 잡혀 달리고 있는 어린애처럼 그는 헐떡이며 이 격렬한 음악을 따라갔다. 심장이 두근두근했다. 눈물이 흘러나왔다. 그는 더듬거리며 말했다.

"오! 하느님! …… 하느님! ……"

노인은 흐느끼기 시작했다. 동시에 또 웃고 있었다. 그는 행복했다. 숨이 막혔다. 심하게 기침을 했다. 나이 많은 하녀 잘로메가 달려왔다. 잘로메는 노인이 죽어 가는 것이라고 생각했다. 그는 여전히 울어 대고 기침을 하고 되뇌었다.

"오! 하느님! …… 하느님! ……"

그리고 기침의 발작이 그치고 숨을 돌리자, 그는 날카롭지만 상냥스런 작은 웃음소리를 냈다.

잘로메는 그가 미쳐 버린 것이라고 생각했다. 그러나 이러한 흥분의 원인을 알게 되자 잘로메는 난폭하게 꾸짖었다.

"이런 하찮은 것 때문에 어쩌면 이럴 수가 있을까요! ……자아, 그걸 이리 주세요! 가져가겠습니다. 더 보아서는 안 돼요."

노인은 여전히 기침을 하며 버티었다. 상관 말라고 소리쳤다. 잘로메가 자꾸 끈질기게 말하자 그는 화를 내며 욕했다. 그리고 욕을 하다가는 목구멍이 막혔다. 잘로메는 여태껏 그가 이토록 화가 나 자기에게 대드는 것을 본 적이 없었다. 잘로메는 깜짝 놀라 태도를 누그러뜨렸다. 그래도 혹독한 말만은 그만두지 않았다. 그를 노망난 미치광이로 다루며 하녀는 말했다. 여태까지는 교양 있는 훌륭한 사람이라 여겼지만 지금 그것이 틀린 생각인 줄을 알았다느니, 마부라도 얼굴이 빨개질 난폭한 말을 했다느니, 두 눈이 얼굴에서 튀어나올 것 같다느니, 그 눈이 권총이었다면 자기는 맞아 죽었을 것이라느니…… 잘로메의 그러한 욕설은 언제까지 계속될는지 알 수 없었다. 슐츠 노인은 벌떡 베개 위에 몸을 일으켜 호통쳤다.

"썩 나가!"

너무나 단호한 말투였으므로 잘로메는 방문을 탕 닫고 나갔다. 그리고 이제는 아무리 불러도 와 주지 않겠다, 멋대로 혼자서 죽는 게 좋아, 하고 악담을 남기고 갔다.

그리하여 밤이 펼쳐지고 있는 이 방에는 다시금 침묵이 찾아왔다. 또다시 교회의 종이 저녁 고요함 속에서 이상스럽게 침울한 울림으로 메아리쳤다. 슐츠 노인은 화냈던 일을 좀 부끄럽게 여겼다. 가만히 반듯이 누워 숨을 헐떡이며 마음의 동요가 가라앉기를 기다렸다. 노인은 귀중한 《가곡집》을 가슴에 꼭 품고 있었다. 그리고 어린애처럼 웃었다.

*

그 뒤에 고독한 며칠간을 노인은 일종의 황홀 상태로 보냈다. 그는 벌써 자신의 병이나 겨울, 쓸쓸한 햇빛, 고독 따위를 생각지 않았다. 주위 모든 것이 환히 빛나고 상냥스럽게 느껴졌다. 죽음에 가까이 다가가면서도 막연하게나마 미지의 벗의 젊은 혼 속에 되살아난 듯한 생각이 자꾸만 들었다.

슐츠 노인은 크리스토프의 얼굴 모습을 상상하려고 애썼다. 그가 머리에 그려 낸 것은 실물과는 전혀 달랐다. 그것은 자기 자신이 닮고 싶다고 생각한 모습이었다. 금발에다 마르고 눈이 푸르며 조금 약한 목소리로 입 안에서 웅얼거리는 조용하고 수줍은 상냥스런 사람을 상상했다. 실제로는 어떠한 사람이건 간에 노인은 역시 이를 이상화하고 싶었다. 그는 주위의 모두를, 학생과 이웃과 벗과 저 늙은 하녀까지도 이상화했다. 그의 애정 깊은 상냥스러움과 비판력의 결여—이 비판력의 결여는 마음을 어지럽히는 모든 생각을 멀리하기 위한 어느 정도의 의식적인 것이었다—는 자기 둘레에 자신과 마찬가지로 조용하고 맑은 모습을 만들어 냈다. 그것은 그가 살아가기 위해 필요한 어떤 선량함의 허위였다. 그러나 노인은 전혀 속고만 있는 것은 아니었다. 번번이 밤 잠자리 속에서 자신의 이해와 모순되는 낮 동안의 여러 가지 자세한 일을 생각하고 한숨짓는 일이 있었다. 또 늙은 하녀 잘로메가 몰래 이웃 아낙네들과 함께 안 보는 데서 자기를 웃음거리로 삼는다는 것이며, 또 주급(週給) 계산을 으레 속이고 있다는 것을 똑바로 알고 있었다. 학생들도 필요한 동안만은 와서 아첨을 하지만, 기대할 수 있는 동안만 뒤를 돌봐준 다음에는 자기를 거들떠보지도 않게 된다는 것도 환히 알고 있었다. 은퇴하고 나서는 대학의 옛날 동료들도 모두 자기를 잊어 버렸다는 것, 또 후계자가 그의 이름을 들지 않고 논설을 훔쳤다는 것, 혹은 또 가치 없는 그의 문구를 인용하거나 그의 오류를 지적할 때에는 도리어 그의 이름을 들먹거리는 부도덕한 일을 한다는 것—비평계에서는 이러한 방식은 신기할 것도 없었다—등도 알고 있었다. 오랜 친구인 쿤츠가 오늘 오후 또 하찮은 거짓말을 했다는 것, 그리고 또 한 친구인 포트페트쉬밑이 이삼 일 빌려달라고 여러 권의 책을 가져갔지만 이제 영구히 돌려주지는 않으리라는 것—이것은 그와 같이 자기 책에 대해 살아 있는 인간에게 대하는 것과 똑같은 애착을 품은 사람에게는 참으로 쓰라린 일이었다—도 알고 있었다. 그 밖에 옛날의 혹은 최근의 여러 가지 슬픈 일들이 생각났다. 노인은 이것들을 생각하고 싶지 않았다. 그러나 생각지 않으려 해도 그러한 것은 거기 고스란히 있었다. 노인은 그러한 것들을 느꼈다. 그러한 추억이 가끔 쑤시는 듯한 고통을 가지고 그의 마음을 통과했다.

"아! 하느님! 하느님!"

밤의 고요함 속에서 슐츠는 신음했다. 그리고 나서 불쾌한 생각을 모두 털어 버렸다. 그러한 것을 부정했다. 그는 믿고 싶었다. 희망적으로 보고 싶었다. 사람들을 믿고 싶었다. 그리고 또 사람들을 믿었다. 몇 번이나 그의 꿈은 무참히도 깨어졌던 것일까! 그러나 또 언제나 다른 새로운 꿈이 생겨나곤 했다……. 그는 꿈 없이는 살 수 없었다.

미지의 크리스토프는 그의 생활 속에서 하나의 빛의 중심이 되었다. 처음에 받은 냉담하고 무뚝뚝한 편지는 그에게 고통을 주었을 것이다(혹은 실제로 주었을지도 모른다). 그러나 그는 그렇게 인정하고 싶지 않았다. 오히려 어린애처럼 기뻐하기조차 했다. 그는 참으로 겸손하고 남에 대한 요구도 아주 적었기 때문에 남에게서 아주 적은 것을 받을지라도, 그 사람을 사랑하고 그에게 감사하고 싶은 욕구를 충분히 채울 수 있었다. 크리스토프를 만난다는 것은 도저히 바랄 수도 없는 행복이었다. 지금으로서는 라인 강 기슭으로까지 여행하기에는 나이를 너무 많이 먹었으며, 또 찾아와 주었으면 좋겠다고 부탁하는 것은 생각지도 못할 일이었던 것이다.

크리스토프의 전보는 저녁에 슐츠가 식탁에 나와 있을 때 도착했다. 처음에 노인은 영문을 알 수가 없었다. 발신인의 이름은 모르는 사람처럼 여겨졌다. 이것은 무슨 착오이며 이 전보는 자기한테 온 것이 아니라고 생각했다. 세 번이나 읽어 보았다. 당황했던 탓으로 안경이 바로 걸쳐지지 않은 데다가 램프의 심지에 불이 잘 붙지 않아 글자가 눈앞에서 춤을 추었다. 가까스로 이 전보의 뜻을 알게 되자 그만 거기에 정신이 팔려 식사하는 일도 잊어버렸다. 잘로메가 아무리 주의를 주어도 소용없었다. 그는 물 한 모금도 넘길 수 없었다. 여느 때처럼 접던 냅킨을 그대로 탁자 위에 던져 놓았다. 비틀거리며 일어나 모자와 지팡이를 들고 밖으로 나갔다. 이러한 행복을 손에 넣고 호인 선생 슐츠가 맨 먼저 생각한 것은 이 이야기를 다른 사람과 나눈다는 것이었다. 크리스토프가 온다는 것을 친구들에게 알리는 일이었다.

노인에게는 그와 마찬가지로 음악광인 두 친구가 있어서 크리스토프에 대한 자신의 열광을 그들에게 불어넣었다. 한 사람은 판사 자무엘 쿤츠이고 또 한 사람은 치과 의사 오스카 포트페트쉬미트였다. 이 치과 의사는 노래를 잘 불렀다. 옛 친구 세 사람은 자주 함께 크리스토프의 얘기를 했다. 그리고 손에 들어오는 한의 그의 음악을 모두 해 보았다. 포트페트쉬미트가 노래 부르고 슐츠가 반주를 하고 쿤츠가 듣는 역이었다. 그리고 그 뒤 몇 시간이나 황홀하게 취해 있었다. 셋이서 이 음악을 할 때면 몇 번씩이나 이렇게 말했던 것이다.

"아! 크리스토프가 여기 있었더라면!"

슐츠는 자기도 기쁘고 친구도 기쁘게 하는 것이 무척이나 흐뭇하여 길을 가며 혼자 웃었다. 밤이 되려 했다. 그리고 쿤츠는 시내에서 걸어서 30분쯤 되는 작은 마을에 살고 있었다. 하늘은 개어 있었다. 그것은 참으로 부드러운 4월의 저녁이었다. 꾀꼬리가 울고 있었다. 슐츠 노인의 마음은 행복에 젖어 있었다. 호흡 곤란도 느끼지 않고 편히 숨을 쉬고, 손발에는 20대의 젊음이 있었다. 어둠 속에서 채이는 돌부리에도 아랑곳없이 발걸음도 가볍게 걸어갔다. 마차가 다가오자 기운 좋게 길 옆으로 비켜나 마부와 명랑하게 인사를 나누었다. 등불이 지나치다 길가의 둑을 올라가는 노인의 모습을 비춰 내자 마부는 깜짝 놀라 그를 쳐다보았다.

마을 입구의 작은 뜰 가운데 있는 쿤츠네 집에 다다랐을 때에는 벌써 완전히 밤이 되어 있었다. 슐츠는 입구의 문을 탕탕 두들겨 큰 소리로 쿤츠를 불렀다. 창문 하나가 열리며 놀란 쿤츠의 얼굴이 나타났다. 그는 어둠 속에서 무언가를 찾아내려고 했다. 그리고 물었다.

"누구요? 무슨 일이오?"

슐츠는 숨을 헐떡이며 기쁜 듯이 소리쳤다.

"크라프트가…… 크라프트가 내일 올 거래……."

쿤츠는 무슨 소리인지 영문을 몰랐다. 그래도 목소리만은 알았다.

"슐츠인가! …… 어떻게 된 거야! 이런 시간에 무슨 일이 일어났나?"

"내일 온단 말이야, 내일 아침! ……"

"뭐라구?" 어리둥절한 쿤츠는 여전히 물을 뿐이었다.

"크라프트가 말이야!" 슐츠는 외쳤다.

쿤츠는 잠깐 이 말뜻을 생각했다. 그러고 나서 온통 주위에 울려 퍼질 듯한 커다란 환성을 질렀다. 이제 안 것이었다.

"곧 내려간다!" 쿤츠는 외쳤다.

창문이 다시 닫혔다. 쿤츠는 램프를 손에 들고 계단 입구에 나타나 뜰로 내려왔다. 배가 불룩하고 키가 작은 노인으로 커다란 머리통은 백발이 섞였고 붉은 수염을 길렀으며 손과 얼굴에 주근깨가 있었다. 도기 파이프를 피워 물고 종종걸음으로 걸어왔다. 사람 좋고 얼마쯤 어수룩한 이 사람은 이제까지의 그의 인생에서 별로 근심 같은 것은 해보지 않았다. 그러나 슐츠가 가져온 이 소식엔 그도 마음 편하게 가만히 있을 수만은 없었다. 그는 짧은 팔과 램프를 흔들어 대며 물었다.

"뭐라구? 정말이야? 오는 거야?"

"내일 아침이다!" 슐츠는 전보를 휘두르고 뽐내며 되뇌었다.

두 친구는 푸른 나뭇잎 밑의 벤치로 가서 앉았다. 슐츠가 램프를 들어 주었다. 쿤츠는 차근히 전보를 펴들고 작은 소리로 천천히 읽었다. 슐츠가 그의 어깨 너머로 커다랗게 소리 내어 이것을 되풀이해 읽었다. 쿤츠는 다시 전문 둘레의 지시란이며 발신 시간, 또 글자 수 등을 조사했다. 그런 다음 이 귀중한 종이쪽을 흐뭇하게 웃고 있는 슐츠에게 돌려주고 머리를 끄덕이며 그의 얼굴을 보고 되뇌었다.

"아! 잘됐어! …… 잘됐어! ……"

그러고 나서 조금 생각을 하고 담배를 한 모금 커다랗게 빨아들이고 이를 뿜어낸 뒤 쿤츠의 무릎 위에 손을 놓고 말했다.

"포트페트쉬미트에게 알려 줘야지."

"내가 가지." 슐츠가 말했다.

"나도 함께 가겠네." 쿤츠도 말했다.

쿤츠는 램프를 갖다 두려고 집 안으로 들어갔다가 바로 나왔다. 두 친구는 서로 팔을 끼고 걸어나갔다. 포트페트쉬미트는 이 마을의 반대쪽 변두리에 살고 있었다. 슐츠와 쿤츠는 소식을 마음속으로 되새기며 건성으로 말을 주고받았다. 돌연 쿤츠는 우뚝 멈춰 서서 지팡이로 땅바닥을 두들겼다.

"이런! 내 정신 좀 봐!" 쿤츠가 말했다. "그 친구는 집에 없어! ……"

이제 와서 쿤츠는 그날 오후에 포트페트쉬미트가 수술 때문에 이웃 도시로 나갔을 것이 틀림없으리라는 사실을 떠올린 것이다. 거기서 묵고 하루 이틀 머무를 셈이었다. 슐츠는 낙심했다. 쿤츠도 맥이 풀렸다. 그들은 포트페트쉬미트를 자랑했었다. 그를 자기네들의 보람으로 삼고 싶었던 것이다. 둘은 어떻게 할까 하고 길 복판에 우두커니 서 있었다.

"어떻게 하지? 어떻게 한다지?" 쿤츠가 물었다.

"아무튼 포트페트쉬미트의 노래를 크라프트에게 들려 줘야지." 슐츠가 말했다.

슐츠는 한참 생각하고 나서 다시 말했다.

"전보를 치자."

둘은 전신국으로 가서 여간해서는 뜻을 잘 모를 듯한 감동적인 긴 전문을 함께 만들었다. 그리고 되돌아왔다. 슐츠는 시간을 계산하고 있었다.

"첫 열차를 타면 내일 오전 중에는 돌아올 것이다."

그러나 쿤츠는 벌써 시간이 너무 늦었으므로 전보는 아마도 내일 안으로는 그의 손에 들어가지 않을 것이라고 말했다. 쿤츠는 고개를 끄덕였다. 그리고 서로 되뇌었다.

"거 참 안됐다!"

둘은 쿤츠의 집 입구에서 헤어졌다. 쿤츠는 슐츠에 대해 우정을 가지고 있었지만, 동구 밖까지 배웅 나가는 바보짓을 할 만큼 깊은 우정은 아니었다. 배웅한다면 비록 얼마 되지 않는 길일지라도 어둠 속을 다만 혼자서 터벅터벅 돌아와야 했을 것이다. 이튿날 쿤츠가 슐츠의 집으로 점심을 하러 가기로 약속했다. 슐츠는 불안하게 하늘을 처다보았다.

"내일은 날씨가 좋아야 할 텐데!"

그리고 일기 예보의 명수라고 일컫는 쿤츠가 사뭇 그럴 듯한 얼굴로 하늘의 기상을 살피고—(그도 슐츠와 마찬가지로 자기네 자그마한 고장의 아름다운 경치를 크리스토프에게 보이고 싶었다)— 그리고 말했다.

"내일은 쾌청한 날씨다." 이 말을 듣고 슐츠는 얼마쯤 마음이 개운해졌다.

*

슐츠는 시내로 접어들었다. 가까스로 시에 다다랐지만 도중에 몇 차례나 바퀴 자국 웅덩이에 발이 빠지고 길가에 쌓아놓은 자갈더미에 발부리를 채이기도 했다. 집으로 돌아오기 전에 제과점에 들러 이 시의 명물인 과일이 든 파이를 주문했다. 그리고 집으로 돌아왔다. 그런데 집으로 들어가려다 말고 급히 되돌아 기차가 도착하는 정확한 시간을 알아보러 정거장으로 갔다. 겨우 집에 돌아오자 이번에는 잘로메를 불러 다음 날 점심 메뉴에 대해 길게 서로 의논했다. 그런 다음 비로소 지쳐빠진 몸을 침대에 뉘였다. 그러나 크리스마스 전날 밤의 어린아이처럼 흥분해 밤새도록 한숨도 못 자고 이불 속에서 뒤척거리고만 있었다. 오전 1시쯤, 점심 대접에는 오히려 잉어찜이 좋을 것이라고 일어나서 잘로메에게 말해 주려고 생각했다. 잘로메에게는 이 요리가 가장 자랑거리였기 때문이었다. 그러나 말하는 것은 그만두었다. 물론 그러는 쪽이 좋았다. 그래도 역시 일어나서 크리스토프에게 내어줄 방 안의 여러 가지 것을 정돈했다. 잘로메에게 들리지 않도록 무척 주의했다. 야단맞는 것이 두려웠던 것이다. 크리스토프가 8시 전에 도착할 리는 없지만 기차를 마중 나갈 시간에 늦지는 않을까 걱정이 되었다. 슐츠는 아침 일찍부터 준비했다. 우선 첫째로 하늘을 보았다. 슐츠의 예상은 빗나가지 않았다. 더할 수 없이 좋은 날씨였다. 춥기도 하고 계단이 급경사이기 때문에 두려워서 벌써 오랫동안 들어간 적이 없는 지하실로, 슐츠는 발끝으로 서서 내려갔다. 그리고 가장 훌륭한 포도주를 들고 왔다. 올라올 때는 사정없이 머리를 천장에 부딪쳤다. 병이 든 광주리를 안고 층계를 간신히 올라왔을 때는 숨이 넘어가지 않을까 싶었다. 그리고 이번에는 가지치기 가위를 들고 뜰로 나갔다. 가장 아름다운 장미와 꽃이 피기 시작한 라일락 가지를 아까운 줄도 모르고 잘랐다. 이것이 끝나자 자기 방으로 들어가 부산을 떨며 수염을 깎다가 한두 군데 상처를 냈다. 그리고 나서 정성스럽게 차려입고 정거장으로 출발했다. 7시였다. 잘로메가 아무리 권해도 그는 우유 한 방울도 마시지 않았다. 크리스토프는 아침을 먹지 않고 도착할 터인즉 정거장에서 돌아와 함께 먹는다고 우겨댔다.

그는 45분이나 이르게 정거장에 도착했다. 그러나 크리스토프를 몹시 기다리다가 결국에는 그만 만나지도 못하고 말았다. 출구에서 가만히 참고 기다릴 수가 없어 플랫폼까지 들어가, 내리는 사람과 타는 사람의 물결에 휩쓸려 당황해 버렸던 것이다. 전보로 똑똑히 알려 왔는데도 웬일인지 크리스토프가 다른 차로 올는지도 모른다고 생각해 버렸다. 게다가 크리스토프가 4등 찻간에서 내려오리라고는 꿈에도 생각지 못했다. 슐츠는 30분 넘게나 더 정거장에 남아 크리스토프를 기다려 보았다. 그런데 크리스토프는 벌써 훨씬 이전에 도착하여 곧바로 슐츠의 집을 방문했던 것이다. 게다가 운이 나쁘게도 잘로메가 하필이면 장보러 나간 뒤였다. 크리스토프가 갔을 때는 문이 잠겨 있었다. 잘로메는 이웃집 여자에게 누가 오거든 곧 돌아온다고 말해 달라고 부탁해 놓고 갔지만, 이웃집 사람은 그냥 그대로만 말을 전했을 뿐으로 더는 아무 말도 하지 않았다. 크리스토프는 잘로메를 만나러 온 것도 아니려니와 그녀가 누구인지도 몰랐으므로 짓궂게 농담을 해볼 양으로 물었다. 대학 음악회장 슐츠 씨는 이곳에는 계시지 않는가 하고. 상대방 여자는 계시다고 대답했지만 지금 어디 가 계신지 가르쳐 줄 수는 없다고 했다. 크리스토프는 화가 나서 가버렸다.

슐츠 노인은 낙심한 얼굴을 하고 돌아와 역시 방금 돌아온 잘로메에게서 일이 이쯤 돌아간 사정을 듣고 온통 풀이 죽었다. 금세 울음보라도 터뜨릴 듯했다. 자기가 없는 사이에 외출을 하여, 크리스토프를 집에 들어 기다리게 할 생각조차도 하지 못한 하녀의 미련스러움에 대해 화를 내기 시작했다. 잘로메는 똑같이 화를 내며, 기다리는 사람을 만나지도 못하리만큼 그가 바보라고는 생각하지 않았다고 말대답을 했다. 그러나 노인은 언제까지나 잘로메와 입씨름만 하고 있지는 않았다. 한시를 다투어 다시 계단을 뛰어내려가 이웃 사람이 가르쳐 준, 아무래도 이쪽으로 간 것 같다고 하는 방향으로 크리스토프를 찾아 나섰다.

크리스토프는 아무도 만나지 못하고 게다가 한 마디 변명조차 들을 수 없었으므로 무척 기분이 상해 있었다. 다음 기차 시간까지 어떻게 보내야 할지 알 수 없는 터라 아름다워 보이는 들판 쪽으로 어슬렁어슬렁 걸어가 보았다. 이곳은 낮은 언덕으로 에워싸인 조용하고 아늑한 작은 도시였다. 인가를 둘러싼 정원의 꽃이 한창인 벚나무, 푸른 잔디, 아름다운 나무 그늘, 고풍스런 폐허, 옛 왕녀들의 흰 반신상은 푸른 잔디 한가운데 서 있는 대리석 기둥 위에 놓여 있어 상냥스럽고 귀여운 얼굴을 하고 있었다. 시 둘레는 곳곳이 목장과 언덕이었다. 꽃이 만발한 관목 숲 속에서는 휘파람새가 즐겁게 지저귀어 명랑하고 듣기 좋은 플루트의 작은 음악회를 열었다. 크리스토프의 불쾌감은 이내 사라져 버렸다. 페터 슐츠의 일도 잊어버렸다.

슐츠 노인은 지나가는 사람에게 물어가며 온 시내 안을 부질없이 돌아다녔다. 언덕 위에서 시를 굽어보고 서 있는 고성에까지 올라갔다. 그리고 슬픈 기분을 안고 내려왔다. 그때 아득히 멀리까지 바라보이는 그의 날카로운 눈은, 한 사나이가 꽤 멀리 떨어진 목장의 관목 수풀 그늘에 질펀히 누워 있는 것을 보았다. 그는 크리스토프를 몰랐다. 그것이 과연 크리스토프인지 아닌지도 몰랐다. 그 사나이는 머리를 반쯤 풀 속에다 틀어박고 이쪽으로 등을 돌리고 있었다. 슐츠는 가슴을 두근거리며 머뭇머뭇 길을 어슬렁거리고, 목장 둘레를 빙빙 돌았다.

"틀림없다…… 아니야 그렇지 않아……"

큰맘 먹고 불러 볼 용기도 없었다. 좋은 생각이 떠올랐다. 슐츠는 크리스토프의 가곡 첫 구절을 노래 불러 보았다.

Auf! Auf!

일어나라! 일어나라! ……

크리스토프는 고기가 물에서 뛰어오르듯 펄쩍 뛰어 일어났다. 그리고 그
뒤를 이어 목청을 돋우어 노래했다. 그는 기쁜 듯이 뒤돌아보았다. 새빨간
얼굴에다 머리에는 풀잎이 묻어 있었다. 두 사람은 서로 상대의 이름을 부르
며 양쪽에서 달려들었다. 슐츠는 길가의 도랑을 건너질렀다. 크리스토프는
목책을 뛰어넘었다. 둘은 진심으로 악수를 하고 큰 소리로 웃고 떠들어 대며
함께 집으로 돌아왔다. 노인은 자기의 실책을 말했다. 크리스토프는 조금 전
까지만 해도 다시는 슐츠 따위는 만나러 가지 않고 그냥 이대로 돌아갈 결심
이었다. 그러나 이 노인에게서 마음으로부터 우러나오는 솔직한 호의가 느
껴지자 그를 좋아하게 되었다. 집에 다다르기까지 두 사람은 벌써 숱한 얘기
를 서로 털어놓았다.

집에 들어서니 쿤츠가 있었다. 쿤츠는 슐츠가 크리스토프를 찾으러 나갔
다는 말을 듣고 유유히 기다렸다. 우유를 넣은 커피가 나왔다. 크리스토프는
시내 여관에서 아침을 먹었다고 말했다. 노인은 맥이 풀렸다. 크리스토프가
이 고장에서 첫 식사를 자기 집에서 하지 않은 것은 그로서는 참으로 슬픈
일이었다. 이러한 사소한 일이 애정 깊은 그의 마음에는 매우 큰 중요성을
띠었다. 크리스토프는 이것을 알고 마음속으로 혼자 재미있어했다. 그리고
그 때문에 슐츠가 더욱 좋아졌다. 슐츠를 위로하기 위해 아침을 두 번 먹어
도 괜찮을 만큼 시장하다고 말했다. 그리고 이것을 실제로 증명해 보였다.

불쾌한 기분은 죄다 크리스토프의 머리에서 사라져 버렸다. 정말 친한 친
구들 사이에 있는 것처럼 크리스토프는 기운을 되찾았다. 여행 중의 얘기,
봉변당한 얘기 등을 익살을 섞어 가며 들려주었다. 마치 휴가 나온 학생 같
았다. 슐츠는 시원스런 얼굴을 하고 애정이 담뿍 어린 눈으로 크리스토프를
지켜보았다. 그리고 진정 즐거운 듯이 웃었다.

얘기는 이 세 사람을 은밀한 실로 붙들어매고 있는 것, 즉 크리스토프의
음악 쪽으로 옮겨갔다. 슐츠는 크리스토프가 뭔가 자작곡을 연주하는 것이
듣고 싶어 죽을 지경이었다. 그러나 차마 말을 꺼내지 못했다. 크리스토프는
떠들며 방 안을 왔다 갔다 했다. 그가 열려 있는 피아노 옆을 지날 때면 슐

츠는 그의 발걸음을 조용히 살폈다. 그리고 제발 거기에서 멈춰 서기를 빌었다. 쿤츠도 같은 생각이었다. 크리스토프가 여전히 떠들어대며 기계적으로 피아노 걸상에 앉아 악기는 본체만체 되는 대로 적당히 손가락을 건반 위로 움직이는 것을 보았을 때 둘은 저도 몰래 가슴이 뛰었다. 슐츠가 기대한 대로 크리스토프는 한동안 아르페지오를 치더니 금세 음에 사로잡혀 버렸다. 그는 아직도 얘기를 계속하며 화음을 계속 쳤다. 그러다 악절 전부를 쳤다. 그렇게 되자 이제는 입을 다물고 정말로 연주하기 시작했다. 두 노인은 그들 둘만이 의미가 통하는 능청맞고 또 기쁜 듯한 시선을 건네었다.

"이거 아시겠습니까?" 크리스토프는 자작 가곡의 하나를 치며 물었다.

"알고말고요!" 슐츠는 기뻐 어쩔 줄을 모르겠다는 투로 말했다.

크리스토프는 피아노를 치는 손을 멈추지 않고 얼굴만 반쯤 돌리고 말했다.

"이 피아노는 별로 좋지가 않군요!"

노인은 무척 당황했다. 슐츠는 사과하며 말했다.

"아주 오래된 물건이어서요." 그는 조심스럽게 말했다. "나하고 같은걸요."

크리스토프는 정면으로 돌아앉아 자신이 늙었음을 사과하는 것 같은 이 노인을 바라보았다. 그리고 웃으며 노인의 두 손을 잡았다. 그는 노인의 순하디순한 눈을 물끄러미 들여다보았다.

"오! 당신은" 크리스토프는 말했다. "당신은 나보다도 젊습니다."

슐츠는 호인다운 웃음을 지었다. 그리고 자기의 늙은 몸과 지병에 대한 일을 얘기했다.

"아니!" 크리스토프는 말했다. "내가 말하는 건 그게 아닙니다. 난 진심으로 말하는 거예요. 봐요, 그렇지요, 쿤츠?"

(그는 이미 '씨'라는 경어를 뺐다.)

쿤츠는 있는 한 힘차게 그 말에 찬성했다.

슐츠는 고물 피아노의 변명을 하고 자기 변명도 하려 했다.

"그래도 아직 꽤나 좋은 소리가 납니다." 그는 어름어름 말했다.

그리고 그는 건반을 건드렸다. 피아노 한가운데쯤에서 제법 상쾌한 몇 개의 음을 반 옥타브가량 탔다. 크리스토프는 이 피아노가 노인에게는 그리운 옛 친구라는 것을 알고 슐츠의 눈을 생각하며 상냥스럽게 말했다.

"그렇군요, 이 피아노는 아직도 아름다운 눈을 가지고 있어요."

슐츠의 얼굴은 밝아졌다. 그는 종잡을 수 없는 말로 자기 고물 피아노를 추어올리기 시작했다. 그러나 곧 입을 다물었다. 크리스토프가 다시금 치기 시작했던 것이다. 가곡이 잇달아 연주되었다. 크리스토프는 나직한 목소리로 노래했다. 슐츠는 눈에 눈물이 괴어 그의 동작 하나하나를 가만히 지켜보았다. 슐츠는 양손을 배 위에서 깍지끼고 음악을 좀더 잘 음미하기 위해 눈을 감았다. 가끔 크리스토프는 황홀해 있는 두 노인 쪽을 뒤돌아보았다. 그리고 천진스런 감격으로 다음과 같이 말했지만 두 사람은 웃으려고도 하지 않았다.

"어때요! 굉장하죠! 그리고 이것은! 어떻지요? 그리고 이건! 이건 가장 아름다운 곡입니다…… 이번엔 뭔가 황홀한 것을 쳐드릴까요……"

그가 몽상적인 한 곡을 끝냈을 때 벽시계 뻐꾸기가 울기 시작했다. 크리스토프는 벌떡 뛰어 일어나 화를 내며 소리쳤다. 쿤츠는 움찔 눈을 뜨고 깜짝 놀란 커다란 눈을 두리번거렸다. 슐츠도 처음에는 무슨 일인지 영문을 몰랐다. 그리고 크리스토프가 인사를 보내는 작은 새에게 주먹을 휘둘러 이런 멍청이는, 이런 배 속 노래를 내는 괴물은 어디다 갖다 버리라고 호통치는 것을 보고 그제야 비로소 그 소리가 정말 참을 수 없는 것임을 깨달았다. 그래서 의자를 가지고 와 멋없는 시계를 내리기 위해 그 위에 올라가려고 했다. 그러나 그는 잘못하여 떨어질 뻔했다. 쿤츠는 그가 또 올라가려는 것을 뜯어말렸다. 그는 잘로메를 불렀다. 잘로메는 여전히 천천히 걸어왔다. 그리고 기다리다 못한 크리스토프가 시계를 자기 손으로 떼내어 잘로메의 팔 안에 놓았다. 잘로메는 깜짝 놀랐다.

"이걸 어쩌란 말씀이에요?" 잘로메가 물었다.

"맘대로 해도 돼. 가지고 나가 버려! 다시는 눈에 띄지 않도록 하란 말이야!" 슐츠는 크리스토프에 못지않게 성급하게 말했다.

슐츠는 어찌하여 이토록 오랫동안 이런 듣기 싫은 것을 참아 냈는지 의아했다.

잘로메는 모두 영락없이 미쳐 버린 것이라고 생각했다.

다시 음악이 시작되었다. 몇 시간인가 지났다. 잘로메가 들어와서 점심 준비가 되었음을 알렸다. 슐츠는 잘로메의 입을 다물게 했다. 10분이 지나자 잘로메는 또 왔다. 그리고 나서 10분이 지나서 또 왔다. 이번에는 잘로메도 화가 났다. 짐짓 아무렇지도 않은 체하면서도 부글부글 속이 끓었다. 슐츠가 방 한가운데 우뚝 서서 조용히 하라고 필사적인 손짓을 보냈는데도 잘로메는 나팔 같은 목소리로 물었다.

"여러분은 차가운 식사와 따뜻한 식사 어느 쪽을 좋아하세요? 나는 아무래도 상관없습니다. 다만 시키는 대로 할 뿐이지요."

슐츠는 이러한 심술궂은 말에 당황해서 잘로메를 야단치려고 했다. 그때 크리스토프가 소리를 내어 웃기 시작했다. 쿤츠도 따라 웃었다. 그래서 슐츠도 드디어 그들과 같이 웃기 시작했다. 잘로메는 이러한 결과에 흐뭇해서 회개한 백성들을 용서해 주려고 하는 여왕과 같은 모습으로 발길을 돌려 나갔다.

"활발한 여자입니다!" 크리스토프는 피아노에서 일어나면서 말했다. "그녀의 말이 옳아요. 연주 도중에 들어오는 청중만큼 참을 수 없는 것은 없으니까요."

셋은 식탁 앞에 앉았다. 식사는 매우 푸짐하고 자양분이 넘치는 음식이었다. 슐츠가 잘로메의 자존심을 들쑤셔 두었던 것이다. 잘로메는 무슨 핑계만 있으면 솜씨를 보이고 싶어했다. 그리고 구실을 마련할 기회를 놓치지 않았다. 노인들은 엄청난 대식가들이었다. 쿤츠는 식탁 앞에 앉자 아주 딴 사람처럼 되었다. 태양처럼 명랑해졌다. 요릿집 간판도 될 수 있을 것 같았다. 슐츠도 그에 못지않게 맛있는 요리에는 민감했다. 그러나 건강이 좋지 않으므로 삼가야 했다. 실제로는 대개의 경우 그러한 일은 잊어버렸다. 그리하여 벌을 받았다. 그럴 경우 그는 결코 넋두리를 하지 않았다. 비록 몸은 그르쳤을지라도 적어도 그 원인을 알고 있었기에. 그에게는 쿤츠와 마찬가지로 몇 대 이전부터 부모님에게서 이어 받은 요리법이 있었다. 그러므로 잘로메는 먹는 데에 안목이 있는 사람을 위해 요리를 만드는 일에 익숙했다. 그런데 오늘은 자기가 자랑하는 요리를 전부 하나의 메뉴 속에 넣어 보자고 연구를 했었다. 그것은 정말 틀림없는, 순수한, 한 번 먹어 보면 맛을 잊을 수 없는 라인 요리의 전람회 같은 것이었다. 여러 가지 꽃에서 얻은 별의별 향료, 짙은 소스, 영양이 듬뿍한 수프, 모범적인 포타아즈(진하게 끓인 수프), 훌륭한 잉어 요리, 절인 채소, 거위 요리, 손으로 만든 과자, 회향과 커민 ^{(이집트산 식물. 열매는}^{양념, 약용에 쓰임)}이 들어 있는 빵이니 하는 메뉴였다.

크리스토프는 입이 불룩해지도록 쑤셔넣으며 황홀해져서 아귀처럼 먹었다. 그는 할아버지와 아버지에게서 거위 한 마리를 죄다 먹어치울 만한 놀라운 능력을 물려받았다. 또 배가 터지도록 먹을 수 있는 동시에 빵과 치즈만으로 일주일 동안 지낼 수도 있었다. 슐츠는 진심으로 정답게 굴면서도 짐짓 의젓한 태도로 황홀한 눈을 들어 크리스토프를 지켜보며 계속 라인 포도주를 따랐다. 쿤츠는 새빨개진 얼굴을 번쩍번쩍 빛내며 그를 형제로 대했다. 잘로메의 커다란 얼굴은 흐뭇한 듯 웃고 있었다. 처음 크리스토프가 들어왔을 때 잘로메는 실망했었다. 앞질러 슐츠가 너무 그의 얘기를 했기 때문에 많은 직함과 명예를 가진 '각하'의 풍채를 상상했던 것이다. 그를 본 순간 잘로메는 놀라 소리를 쳤다.

"어머, 이런 사람이었어?"

그런데 식탁 앞에 앉자 크리스토프는 잘로메의 마음에 드는 사람이 되었다. 잘로메는 여태껏 이토록이나 자기 솜씨를 인정해 주는 사람을 만난 적이 없었다. 잘로메는 부엌으로 돌아가지 않고 문지방을 딛고 우뚝 선 채 크리스토프를 물끄러미 바라보고 있었다. 크리스토프는 한시도 쉬지 않고 무엇을 먹으며 농지거리를 했다. 잘로메는 허리춤에 손을 대고 소리 내어 웃었다. 모두 기뻐 들떠 있었다. 그들의 행복에는 단 하나의 흠밖에 없었다. 그것은 포트페트쉬미트가 거기 없다는 것이었다. 그들은 자주 그 얘기를 되풀이했다.

"아! 그가 있었더라면! 잘 먹고 잘 마시고 잘 노래 불렀을 텐데."

그들은 칭찬을 멈추지 않았다.

"크리스토프에게 그의 노래를 들려줄 수만 있다면! …… 그렇지만 들려주지 못할지도 모르겠어. 저녁에 돌아올지 알 수 없고 늦어서 오늘 밤에는……"

"오! 오늘 밤엔 전 멀리 가 있을 겁니다." 크리스토프가 말했다.

슐츠의 환히 빛나던 얼굴이 흐려졌다.

"뭐라고, 멀리에라구요!" 슐츠는 떨리는 목소리로 말했다. "설마 떠난다는 말은 아니겠지요?"

"아니, 떠납니다!" 크리스토프는 명랑하게 말했다. "저녁에 또 기차를 탑니다."

슐츠는 힘이 쑥 빠졌다. 크리스토프로 하여금 몇 날 밤을 묵어 가게 할 참이었던 것이다. 슐츠는 입 속으로 우물거리며 말했다.

"아니, 아니, 그건 안 돼요! ……"

쿤츠는 되뇌었다.

"게다가 포트페트쉬미트가!"

크리스토프는 두 사람의 얼굴을 한참 바라보았다. 그들의 선량한, 친절해 보이는 얼굴에 떠오른 실망의 표정을 보고 그의 마음은 흔들렸다. 그래서 크리스토프는 말했다.

"정말이지 당신네들은 친절한 분입니다! …… 그럼 내일 아침 떠나기로 하지요. 그러면 되겠습니까?"

슐츠는 크리스토프의 손을 꽉 쥐었다.

"참 다행이야!" 슐츠는 말했다. "고맙소! 고마워!"

슐츠는 마치 어린애 같았다. 내일이 참으로 먼, 그야말로 생각할 수도 없을 만큼 먼 날로 여겨지는 어린애였다. 크리스토프가 오늘은 출발하지 않는다. 오늘 온종일 그는 자기들의 것이다. 밤새도록 여럿이서 함께 지낼 수 있다. 그는 자기 집 지붕 밑에서 잠자는 것이다. 슐츠가 생각하고 있는 것은 그것뿐이었다. 그 이상의 것은 알고 싶지 않았다.

다시 그들은 유쾌해졌다. 돌연 슐츠가 벌떡 일어나 엄숙한 얼굴을 지었다. 그리고 이 작은 도시와 그의 누추한 집을 찾아와 커다란 기쁨과 명예를 가져다준 손님에 대해, 거추장스럽다고 여겨질 만큼 감격 어린 축배를 들었다. 크리스토프가 무사히 돌아가기를, 그의 성공, 명예, 지상의 모든 행복을 얻을 것을 진심으로 기원하며 잔을 들이켰다. 그런 다음 '고상한 음악'을 위해, 다음에는 옛 친구 쿤츠를 위해, 그 다음에는 봄을 위해 축배를 들었다. 그리고 포트페트쉬미트의 일도 결코 잊지 않았다. 쿤츠도 또한 슐츠와 다른 몇 사람인가를 위해 잔을 비웠다. 그러자 크리스토프는 이러한 축배의 마무리를 짓기 위해 잘로메 부인을 위한 잔을 들었다. 잘로메는 새빨개졌다. 이것이 끝나자 크리스토프는 웅변가들에게 왈가왈부 대답할 틈을 주지 않고 느닷없이 누구나가 잘 알고 있는 노래 하나를 부르기 시작했다. 그러자 두 노인도 함께 따라 부르기 시작했다. 그것이 끝나자 다른 노래를 시작하고, 그것이 끝나자 또 하나 우정과 음악과 술을 칭송한 3부 합창의 노래를 불렀다. 그것은 모두 우렁찬 웃음소리와 끊임없이 건배하고 부딪치는 술잔 소리로 반주되고 있었다.

그들이 식탁에서 일어났을 때는 3시 반이었다. 모두 얼마쯤 나른해 있었다. 쿤츠는 안락의자에 털썩 주저앉았다. 한숨 푹 자고 싶은 참이었다. 슐츠는 아침의 흥분과 축배 때문에 다리가 후들거렸다. 둘 다 크리스토프가 다시한 번 피아노에 앉아 몇 시간이고 쳐 주기를 희망했다. 하지만 활발하고 쾌활한 이 개방적인 청년은 서너 개 화음을 두들긴 뒤 피아노의 뚜껑을 탕 닫고 창밖을 내다보며 저녁까지 바깥을 한 바퀴 돌자고 말했다. 전원 풍경이 그를 이끌던 것이다. 쿤츠는 별로 내키지 않는 모양이었다. 그러나 슐츠는 즉시 그것은 멋진 생각이라고 여겨 손님에게 꼭 좀 센부흐뷜더의 산책 길을 보여 줘야겠다고 생각했다. 쿤츠는 얼굴을 찡그렸다. 그래도 반대하지 않고 함께 일어섰다. 그도 또한 슐츠와 마찬가지로 이 고장의 아름다운 경치를 보여주고 싶었다.

세 사람은 밖으로 나갔다. 크리스토프는 슐츠의 팔을 잡았다. 그리고 노인의 보조보다도 빨리 걷게 했다. 쿤츠는 땀을 뻘뻘 흘리며 그 뒤를 따랐다. 셋은 쾌활하게 큰 소리로 떠들어 댔다. 거리의 사람들은 문간에 서서 그들이 지나가는 것을 보았다. 그리고 슐츠 선생의 모습이 마치 청년 같다고 생각했다. 시내를 벗어나자 목장을 가로질렀다. 쿤츠는 무더위를 투덜거렸다. 크리스토프는 그것을 딱하게 여기지도 않고 상쾌한 공기라고 말했다. 두 노인에게 다행스러웠던 것은 그들이 여러 번 멈춰 서서는 토론을 했으므로 얘기하는 동안에 길이 멀다는 것을 잊어버린 것이었다. 숲 속으로 들어갔다. 슐츠가 괴테와 뫼리케의 시를 암송했다. 크리스토프는 그의 시구를 정말 좋다고 생각했다. 그러나 어떤 시구도 기억에 붙들어 둘 수가 없었다. 귀를 기울이면서도 멍하니 공상에 잠겨 있었다. 그 몽상 속에서는 음악이 말을 대신하여 말을 잊게 해버렸다. 그는 슐츠의 기억력에 감탄했다. 1년의 태반을 방에 틀어박혀 일생의 거의 전부를 시골 도시에 묻혀 있는 전신 불수에 가까운 병든 노인의 활발한 정신력과, 예술 운동의 중심지에 있으며 아직 젊고 유명하고 연주 여행을 위해 유럽 전체를 돌아다니고 있으면서도 어떤 일에 대해서도 흥미를 느끼지 않고 아무것도 알려고도 하지 않는, 저 하슬러의 무기력 사이에는 얼마나 엄청난 차이가 있는 것일까! 슐츠는 단순히 크리스토프도 잘 알고 있는 현대 예술의 모든 운동에 정통해 있을 뿐만 아니라, 크리스토프가 여태까지 들은 적도 없는 과거의 음악가와 외국 음악가에 대해서도 무척 많은 것을 알고 있었다. 그의 기억력은 하늘의 맑은 물을 전부 담아 놓은 깊은 물통이었다. 크리스토프는 싫증도 내지 않고 물을 길어냈다. 슐츠는 그토록 크리스토프가 흥미를 가져주는 것을 보고 기뻤다. 이제까지도 가끔 친절한 청취자나 순진한 학생들을 만난 적은 있었다. 그렇지만 숨가쁘도록 철철 넘치는 자기의 감정을 함께 나누어 가질 수 있는 젊고 열렬한 마음과는 한 번도 마주친 적이 없었던 것이다.

그들이 진정으로 마음을 통한 친구가 되었을 때에, 노인은 브람스를 칭찬하는 실수를 저질러 버렸다. 크리스토프는 골이 나서 냉담해졌다. 크리스토프는 슐츠의 팔을 놓았다. 그리고 퉁명스런 말투로 브람스를 사랑하는 사람은 자기와 친구가 될 수 없다고 말했다. 이 말은 그들의 기쁨에 물을 끼얹었다. 슐츠는 토론하기에는 수줍고 거짓말을 하기에는 너무나 정직해서 다만 우물거리며 변명하려고 애썼다. 크리스토프는 단 한마디로 그를 가로막았다.

"다 그만두시오!"

대답을 허용치 않는 깨끗한 태도였다. 얼음처럼 차가운 침묵이 왔다. 그들은 그대로 걸음을 계속했다. 두 노인은 서로 얼굴을 쳐다볼 용기도 없었다. 쿤츠는 헛기침을 하고 나서 대화를 이어 나가려고 숲과 아름다운 날씨에 대해 얘기하기 시작했다. 그러나 크리스토프는 시무룩한 표정으로 얘기를 받지 않고 그저 간단한 대답을 할 뿐이었다. 쿤츠는 이쪽에서는 반응을 얻을 수 없으므로 어떻게 해서든지 침묵을 깨려고 슐츠와 얘기하려 했다. 슐츠는 목이 메어 얘기를 할 수가 없었다. 크리스토프는 이러한 그를 곁눈으로 보고 웃음이 나오려고 했다. 그는 벌써 용서하고 있었다. 그는 본심으로 이 노인을 책망했던 것은 아니었다. 이러한 불쌍한 노인을 슬프게 하는 자신을 혹독한 녀석이라고까지 생각했다. 그는 자기 힘을 남용했다. 그리고 앞서 한 말을 취소하는 꼴도 보이기 싫었다. 숲을 나올 때까지 세 사람은 이런 형편이었다. 들리는 것이란 온통 낙심한 두 노인의 질질 끄는 발소리뿐이었다. 크리스토프는 슬쩍 휘파람을 불어 두 사람을 보지 않는 체했다. 돌연 더는 참을 수 없이 되었다. 그는 웃음이 폭발하여 슐츠 쪽으로 얼굴을 돌렸다. 그리고 억센 손아귀로 그의 팔을 움켜잡았다.

"내가 제일 좋아하는 슐츠!" 크리스토프는 노인의 얼굴을 상냥하게 들여다보며 말했다. "아름다워요! 정말로 아름다워!……"

그는 경치와 좋은 날씨를 말하는 것이었다. 웃고 있는 그의 눈은 이렇게 말하는 듯했다.

"당신은 좋은 사람이오. 나도 사람이 아닌가. 용서해 주시오! 난 당신이 제일 좋아."

노인의 마음은 풀렸다. 일식 뒤에 다시 태양이 나온 것과 같은 기분이었다. 좀 기다리지 않으면 입을 놀릴 수가 없을 정도였다. 크리스토프는 다시금 그의 손을 잡고 아까보다도 더한층 다정하게 얘기하기 시작했다. 온통 들떠서 걸음을 빨리하여 두 친구를 허둥대게 하고 있는 것을 깨닫지도 못했다. 슐츠는 투덜거리지 않았다. 피로조차 느끼지 못할 만큼 기뻤다. 오늘 하루의 이러한 무모한 행동 때문에 뒤탈이 있으리라는 것을 알고 있었다. 그러나 그는 자신에게 이렇게 타일렀다.

"내일은 낭패일 거야! 그런데 그가 떠난 뒤 푹 몸을 쉴 틈이 있을 테지."

그래도 그다지 흥분하지 않은 쿤츠는 죽을상이 되어 15걸음쯤 처져 따라왔다. 크리스토프도 한참 만에 생각이 거기 미쳤다. 그는 죄송스러워 사과했다. 그리고 목장의 포플러 나무 그늘에서 좀 눕자고 했다. 물론 슐츠는 찬성이었다. 그 때문에 기관지염이 도질는지 어떤지는 생각해 보지도 않았다. 다행히도 쿤츠가 대신 그 생각을 했다. 혹은 적어도 땀투성이가 된 자기 몸을 목장의 찬바람에 쐬고 싶지 않았으므로 이를 핑계 댔는지도 모른다. 그는 다음 정거장까지 가서 거기서 기차를 타고 시내로 돌아가자고 제의했다. 그래서 그렇게 하기로 했다. 그들은 지쳐 있었지만 기차를 놓치지 않기 위해서는 발걸음을 빨리해야 했다. 그리고 마침 기차가 들어왔을 때 정거장에 다다랐다.

그들의 모습을 보고 한 뚱뚱한 사나이가 차의 승강구로부터 튀어나왔다. 그리고는 슐츠와 쿤츠의 이름을 큰 소리로 불렀다. 이름뿐만 아니라 직함까지 붙여서 부르면서 미치광이처럼 팔을 휘둘렀다. 슐츠와 쿤츠도 마찬가지로 팔을 휘두르며 큰 소리로 대답했다. 그들은 뚱뚱한 사나이가 탄 찻간 쪽으로 달려갔다. 사나이 쪽에서도 승객을 밀어제치며 그들 쪽으로 달려왔다. 크리스토프는 어리둥절해서 두 사람 뒤를 쫓아가면서 물었다.

"대체 무슨 일입니까?"

둘은 기뻐 날뛰며 외쳤다.

"포트페트쉬미트요!"

이 이름은 그에게는 별다른 의미가 없었다. 그는 오찬 때 축배의 일을 잊고 있었다. 포트페트쉬미트는 객차의 승강구 뒤쪽에 서고 슐츠와 쿤츠는 그 층계 위에 서서 귀가 멍해지는 떠들썩한 목소리로 서로 지껄여 댔다. 그들은 자기들의 운이 좋은 데에 놀라고 있었다. 모두 기차를 타자, 기차는 바로 출발했다. 슐츠는 소개했다. 포트페트쉬미트는 갑작스레 얼굴 표정을 긴장시키고 막대기처럼 몸을 딱딱하게 굳혀 꾸벅 절하고 틀에 박힌 인사가 끝나자 대뜸 크리스토프의 손에 달려들어, 마치 팔을 잡아 빼려고 하는 것처럼 대여섯 번 세게 흔들고 다시 큰 소리로 무엇인가 지껄이기 시작했다. 크리스토프는 그의 외쳐대는 수다 속에서, 그가 신과 자기 운명에게 이 해후를 감사드리고 있다는 것을 알아들었다. 그러나 바로 그 다음에는 자기 허벅지를 치며 하필이면 카펠마이스터(악장)가 시에 도착했을 시간에 자기를 시에서 나가게 한—여태 시에서 나간 적이 없는 자신을 나가게 한—불운을 욕하지 않을 수 없었다. 슐츠의 전보는 아침 기차가 출발한 지 한 시간 뒤에야 겨우 도달했다. 전보가 왔을 때 그는 자고 있었다. 호텔 사람들은 깨우지 않는 쪽이 좋으리라 여겼다. 그는 오전 내내 호텔 사람들을 야단쳤다. 지금도 여전히 화내고 있었다. 그는 환자들을 쫓아버렸다. 약속했던 회합도 집어치우고 돌아오기 위해 서둘러 잡히는 대로 마구 기차에 올라탔다. 그런데 괘씸하게도 이 기차는 본선과 잘 연락이 닿지 않았다. 그래서 갈아타는 역에서 그는 세 시간이나 기다려야 했다. 기다리고 있는 동안 자기가 알고 있는 한 갖은 욕설을 계속 퍼부었다. 그리고 자기와 같이 기다리고 있는 여행자들과 개찰구의 역원에게 자기의 불운을 몇 번이고 얘기했다. 가까스로 기차가 왔다. 그는 벌써 늦지 않았나 걱정했다. 그런데…… 아, 고맙기 한량없게도, 아, 신은 찬송받을지어다!

그는 다시 크리스토프의 손을 잡고 손가락에 굼실굼실 털이 난 커다란 손으로 주물러댔다. 그는 엄청나게 뚱뚱하고 키도 컸다. 네모진 머리, 짧게 깎은 붉은 머리털, 수염이 없는 얽은 얼굴, 커다란 눈, 커다란 코, 두툼한 입술, 이중 턱, 짧은 목, 상당히 넓은 등, 물통과 같은 배, 몸에 꼭 붙지 않는 팔, 무작정 크기만 한 손발, 무턱대고 먹고 맥주를 너무 마셔서 형체가 이상하게 된 커다란 고깃덩어리, 이를테면 인간의 얼굴을 한 담배를 넣어두는 단지 같았다. 바바리아 지방의 도시에 가면 이러한 인간이 거리를 어슬렁거리고 있는 것이 흔히 눈에 띈다. 짐승을 우리 속에 넣고 실컷 모이를 먹여 살찌게 하는 것과 똑같은 방법으로 만들어진 인종의 비결을 그들은 보존하고 있다. 포트페트쉬미트는 기쁨과 무더위 때문에 버터 덩어리처럼 번들거렸다. 그리고 커다랗게 벌린 자기 무릎과 옆의 친구 무릎 위에 양 손을 놓고 실컷 떠들어 대고 투석기와 같은 기세로 자음을 공중으로 쏘아 댔다. 때때로 크게 웃으며 온몸을 흔들었다. 머리를 뒤로 벌렁 젖혀 입을 크게 벌렸다. 코를 킁킁거리고 목구멍 소리를 내며 숨이 막힐 지경이었다. 그의 웃음은 슐츠와 쿤츠에게 옮아갔다. 두 사람은 웃음의 발작이 가라앉자 눈의 눈물을 닦으며 크리스토프 쪽을 보았다. 마치 그에게 묻고 있는 듯한 얼굴이었다.

"어떻습니까! 이 사람을 어떻게 생각하십니까?"

크리스토프는 아무 말도 하지 않았다. 그는 어쩐지 기분 나빴다.

'이 괴물이 내 노래를 부른다는 것일까?'

그들은 슐츠의 집으로 돌아왔다. 크리스토프는 포트페트쉬미트의 노래를 피하고 싶어했다. 그러므로 포트페트쉬미트가 자기 목소리를 들어봐 달라고 계속 말했지만 그는 아무 소리도 하지 않았다. 그러나 슐츠와 쿤츠는 이 친구를 자랑하고 싶은 생각으로 꽉 차 있었다. 크리스토프도 두 손을 드는 수밖에 없었다. 그래서 하는 수 없이 피아노 앞에 앉았다. 그는 마음속으로 말했다.

'이 멍청이 같으니라구, 어떤 봉변을 당할지도 모르는구나. 정신 차려라! 절대로 사정 봐 주지 않을 테니까.'

그는 슐츠를 슬프게 할 결과가 되리라는 것이 딱했다. 그러나 역시 이 존 폴스탭 경 (셰익스피어의 《헨리 4세》 《윈저의 명랑한 아낙네들》에 나오는 술살이 오른 뚱뚱한 노인) 에게 자기 음악이 고통을 받는 것을 참는 것이라면 슐츠를 슬프게 해도 별 도리가 없다고 결심했다. 그렇지만 이 나이 많은 친구를 슬프게 하여 나중에 후회할 일은 하지 않아도 되었다. 이

덩치 큰 사내는 무척 고운 목소리로 노래를 불렀다. 첫 번째 소절부터 크리스토프는 놀라는 몸짓을 했다. 그에게서 눈을 떼지 않았던 슐츠는 부르르 몸을 떨었다. 크리스토프가 만족해하지 않는다고 생각했던 것이다. 그리고 반주가 진행됨에 따라 크리스토프의 얼굴이 차차 밝아지는 것을 보고 그는 비로소 안심했다. 그 자신도 크리스토프가 기뻐하자 기분이 활짝 개었다. 그리고 곡이 끝나 크리스토프가 뒤돌아보고 자기 가곡이 이렇듯 훌륭하게 불리는 것을 들은 적이 없다고 외쳤을 때, 슐츠의 기쁨은 만족한 크리스토프와 우쭐대는 포트페트쉬미트보다도 훨씬 기분 좋고 훨씬 깊은 것이었다. 왜냐하면 두 사람은 저마다 자기 기쁨밖에는 느끼지 않았지만, 슐츠는 두 친구의 기쁨을 다 느꼈기 때문이다. 연주는 다시 계속되었다. 크리스토프는 또다시 탄성을 올렸다. 이 비대하고 평범한 사내가 어떻게 자기 가곡의 사상을 표현할 수 있는지 이해되지 않았기 때문이다. 물론 모든 음의 강약이나 억양이 정확히 나와 있는 것은 아니었다. 하지만 여태까지 전문 가수들에게 완전히 불어넣을 수 없었던 약동하는 것이, 정열이 있었다. 그는 포트페트쉬미트를 물끄러미 보며 생각에 잠겼다.

'정말로 느끼고서 노래부르는 것일까?'

그러나 그가 상대의 눈 속에서 본 것은 만족한 허영심의 불꽃이었다. 무의식적인 힘이 이 답답한 고깃덩어리를 움직이고 있었다. 이 맹목적이고 소극적인 힘은 마치 싸우는 군대와 같았다. 그것은 기꺼이 복종했다. 이 힘은 행동하고 싶었던 것이다. 만일 저 혼자에게 맡겨졌더라면 어떻게 해야 할지를 몰랐으리라.

크리스토프는 이런 것을 생각했다. 우주 창조의 날에 위대한 조각가인 조물주는 대충 만들어 낸 피조물의 흩어진 각 부분을 가다듬는 일에 별로 힘을 들이지 않았다. 부분 부분이 잘 맞는지 안 맞는지 하는 일에는 마음을 쓰지 않고 그럭저럭 아무렇게나 조립해 버린 것이었다. 그래서 각 개인은 여러 군데서 모아 온 단편으로써 만들어지게 되고, 또 같은 인간을 각각 다른 몇 사람 사이에 분산하게 되었다. 즉 두뇌는 어떤 인간의 것이 되고, 심장은 다른 인간의 것이 되고, 이 혼에 알맞은 육체는 세 번째 인간의 것이 되어 버렸다. 악기는 이쪽으로, 연주자는 저쪽으로 하는 식이 되어 버렸다. 어떤 사람은 능히 켤 사람이 없기 때문에 영원히 상자 속에 간수되어 있는 훌륭한 바이올린 같은 상태를 계속했다. 그리고 훌륭한 바이올린을 능히 켤 수 있을 만한 사람은 한평생 빈약한 바이올린으로 만족해야 했다. 그는 한 페이지의 노래도 제대로 부르지 못하는 자기 자신에게 화를 내고 있었으니만큼 이런 투로 생각하는 것이 무리도 아니었다. 그는 탁한 목소리의 소유자였다. 그러므로 자기 음성을 들으면 움찔하지 않을 수 없었다.

그러는 동안에 포트페트쉬미트는 자기 성공에 도취해서 크리스토프의 가곡에 '표정 붙이기'를 시작했다. 바꿔 말해 크리스토프의 표정 대신에 자기 표정을 쓰기 시작했다. 크리스토프는 물론 그 때문에 자기 음악이 좋아졌다고는 생각하지 않았다. 그래서 그의 얼굴이 흐려졌다. 슐츠는 이것을 눈치챘다. 그에게는 비판의 능력은 없었으며 게다가 자기 친구들이 하는 일이라면 무엇이나 감탄했으므로, 자기 혼자서라면 포트페트쉬미트의 악취미에는 생각이 미치지도 않았을지 모른다. 그러나 크리스토프를 사랑하고 있었기 때문에 이 청년이 생각하는 어떤 희미한 음영이라도 읽어 낼 수 있었다. 그는 벌써 자기 속에 있지 않고 크리스토프 속에 있었던 것이다. 그래서 그도 또한 포트페트쉬미트의 과장된 창법을 듣기 거북하다고 느꼈다. 크리스토프의 곡을 전부 부르고 나자 이번에는 그 이름을 듣기만 해도 크리스토프가 고슴도치처럼 털을 곤두세우는 범용한 작가들의 고심작을 부르려고 했으므로, 슐츠는 이것을 말리는 데 무척 애를 먹었다.

다행히도 이때 만찬이 준비됐다고 알려 왔으므로 포트페트쉬미트는 입을 다물 수밖에 없었다. 그의 진가를 발휘할 만한 또 하나의 무대가 제공된 것이다. 여기서는 그의 독무대로, 그에게 필적할 만한 자는 없었다. 크리스토프는 오찬 때 공을 세워 약간 피로했으므로 그와 겨루려고 하지 않았다.

밤이 깊어 갔다. 식탁 둘레에 앉은 세 명의 옛 친구는 크리스토프를 지그시 지켜보았다. 그들은 그의 말에 황홀해 있었다. 이 시골의 작은 거리에서 이날까지 모르고 지냈던 이러한 노인들에게 에워싸여 가족 이상으로 친하게 지내고 있다는 것이 크리스토프에게는 정말 희한하게 여겨졌다. 자기 사상이 이 세상에서 만나게 되는 미지의 벗이 있다고 생각할 수 있는 것이라면 예술가에게 그것은 얼마나 행복스런 일일 것인가. ―예술가의 마음은 그것으로 해서 얼마나 훈훈해지고 그의 힘은 불어날 것인가 하고 크리스토프는 생각하고 있었다. 그러나 대개의 경우 그렇게 되기는 어렵다. 사물을 강하게 느끼면 느낄수록, 그리고 그것을 말하고 싶은 욕망이 강하면 강할수록 그것을 입 밖에 내어 말하기가 두려워 언제까지나 고독하고, 그리고 고독한 채로 죽어 가는 것이다. 아첨 잘하는 속인은 거리낌 없이 지껄인다. 가장 깊이 사랑하고 있는 사람은 입을 열어 자기가 사랑하고 있다고 말하기 위해서는 무척 애를 써야만 된다. 그러므로 이것을 대담하게 말하는 사람들에게는 감사해야 한다. 그들은 스스로 그렇다고는 생각을 못하고 있지만 창조하는 인간의 협력자이다. 크리스토프는 슐츠 노인에 대한 감사의 생각으로 가슴이 뿌듯해졌다. 그는 슐츠 노인과 다른 두 친구들을 혼동하지 않았다. 슐츠야말로 이 몇 안 되는 친구들 가운데 혼이라는 것을 그는 느꼈다. 다른 두 사람은 이 사람의 친절로써 훨훨 힘차게 타오르고 있는 불의 반영에 지나지 않았다. 쿤츠와 포트페트쉬미트가 그에 대해 가지고 있는 우정은 아주 달랐다. 쿤츠는 이기주의자였다. 음악은 그에게 안일한 만족감을 주었다. 토실토실 살찐 고양이가 어루만져질 때 느끼는 그런 만족감이었다. 포트페트쉬미트는 음악에서 허영심과 육체 운동의 기쁨을 찾아내고 있었다. 두 사람 다 크리스토프를 이해하려고 애쓰는 일 따위는 아예 없었다. 하지만 슐츠는 완전히 자신을 잊고 있었다. 그는 사랑하고 있었던 것이다.

벌써 늦었다. 초대받았던 두 친구는 밤중에 돌아갔다. 크리스토프는 슐츠와 단둘이 되었다. 그는 노인에게 말했다.

"자, 오늘 밤은 당신만을 위해서 연주하겠어요."

크리스토프는 피아노에 앉아 치기 시작했다. 자기 옆에 누군가 다정한 사람이 있을 때와 같은 연주였다. 그는 자기의 새로운 작품을 쳤다. 노인은 황홀해졌다. 크리스토프의 곁에 앉아 그에게서 눈을 떼지 않고 조용히 숨을 모으고 있었다. 친절한 그는 작은 행복일지라도 독점을 할 수가 없어 불현듯 몇 번이고 되뇌었다. (이것은 크리스토프를 좀 애타게 했다.)

"아! 쿤츠가 여기 있었다면!"

한 시간이 지났다. 크리스토프는 계속 치고 있었다. 두 사람은 한 마디도 말을 건네지 않았다. 크리스토프가 다 치고 났어도 둘은 잠자코 있었다. 모든 것이 고요했다. 집도 거리도 잠들었다. 크리스토프는 뒤를 돌아보았다. 노인이 울고 있었다. 크리스토프는 일어나서 곁으로 가 노인을 껴안았다. 둘은 밤의 고요 속에서 소리를 죽이고 서로 얘기했다. 벽시계의 둔탁한 초침 소리가 옆방에서 들렸다. 슐츠는 두 손을 마주잡고 엉거주춤 앞으로 구부려 나직한 목소리로 얘기했다. 노인은 크리스토프가 묻는 대로 자기 생활과 슬픔을 얘기했다. 짜증을 말하지 않으리라고 부단히 조심하면서도 이렇게 말하지 않을 수 없었다.

"아니, 내 잘못이었습니다…… 내게는 짜증을 낼 권리 따윈 없는 것입니다…… 모두 참으로 친절하게 해주었습니다……"

실제로 노인은 짜증을 내고 있는 것은 아니었다. 단지 고독한 생활의 조촐한 얘기에서 스며나오는 무의식적인 우울에 지나지 않았다. 가장 괴로웠던 순간의 일을 얘기할 때는 무척 막연한, 그리고 퍽 감상적인 이상주의에의 신앙을 고백했다. 이것은 크리스토프를 언짢게 했지만 거기에 트집을 잡는다는 것은 가혹해 보였으므로 그는 삼갔다. 결국 슐츠가 갖고 있는 것은, 굳은 신념보다는 오히려 믿고 싶은 격렬한 욕구—불확실한 희망이었다. 그러한 불확실한 희망에 마치 그는 부표(浮標)에라도 의지하듯 매달려 있었다. 노인은 크리스토프가 그것을 보증해 준다는 것을 그의 눈 속에서 읽어 내려고 애썼다. 크리스토프는 애처로운 신뢰의 정을 담고 자기를 물끄러미 바라보고 자기의 대답을, 긍정적인 대답을 해주기 바라고 있는 친구의 눈의 호소가 자기 귀에 들리는 듯했다. 그래서 노인이 기대하고 있는, 그리고 노인을 기쁘게 해줄 수 있는 조용한 신념과 힘찬 말들을 들려주었다. 노인과 청년은 둘을 가로막고 있는 세월을 잊고 있었다. 그들은 서로 사랑하고 서로 돕는 같은 또래의 형제와 같이 서로 가까워져 있었다. 약한 쪽은 강한 쪽에 부축해 줄 것을 청했다. 노인은 청년의 혼 속으로 피난했다.

둘은 12시가 넘어서 헤어졌다. 크리스토프는 올 때와 같은 기차를 타기 위해 아침 일찍 일어나야 했다. 그러므로 옷을 벗고 마음놓고 있을 여유는 없었다. 노인은 몇 달이라도 묵어 갈 수 있도록 손님 방을 준비해 두었었다. 탁자 위에는 병에 장미와 월계수 한 가지를 꽂아 놓았다. 일하는 책상 위에는 새로 나온 압지(押紙)를 마련해 두었다. 오전 중으로 수형(竪型) 피아노를 운반해 놓았다. 자기의 가장 중요한, 그리고 가장 좋아하는 책을 몇 권인가 골라서 머리맡의 작은 선반 위에 얹어 두었다. 아무리 사소한 일이라도 애정을 가지고 생각했다. 그러나 그것은 부질없었다. 크리스토프는 아무것도 보지 않았다. 침대에 몸을 던지자 곧 깊은 잠에 빠져들고 말았다.

슐츠는 잠을 이루지 못했다. 이날 하루 동안에 느낀 모든 기쁨, 또 친구의 출발을 생각하고 이미 느끼고 있는 모든 슬픔을 동시에 맛보았다. 그는 둘이서 나눈 말들을 생각하고 있었다. 친애하는 크리스토프가 자기 바로 곁에, 자기 침대가 기대고 있는 이 벽의 저쪽에서 잠자고 있음을 생각했다. 슐츠는 지쳐서 축 늘어지고 맥이 풀려 숨도 가빴다. 산책하는 동안에 몸이 차가워져 병이 재발하고 있음을 깨달았다. 그러나 그의 머릿속에는 오직 한 가지 생각밖에 없었다.

'크리스토프가 떠날 때까지만 몸이 지탱해 주었으면 좋겠는데!'

그리고 심하게 기침을 해대 크리스토프의 눈을 뜨게 하는 일이 없으면 좋을 텐데 하고 염려했다. 슐츠는 신에 대한 감사의 마음으로 가슴이 뿌듯해졌다. 그리고 늙은 시메온의 '주여 이제는 말씀하신 대로 이 종을 평안히 눈감게 되었습니다……'^(시메온은 시므온. '누가복음'
제2장 29~35절 참조)라는 성가를 소재로 시를 짓기 시작했다. ……시를 쓰기 위해 그는 땀으로 범벅이 된 몸을 일으켰다. 그리고 이것을 공들여 다시 쓰고 밑에다 서명하고 다시 날짜와 시간을 적어 넣을 때까지 슐츠는 책상에 앉아 있었다. 이것이 끝나자 오슬오슬 한기를 느껴 자리에 들었지만 밤새도록 도무지 몸이 더워지지 않았다.

날이 밝아 왔다. 슐츠는 전날의 새벽 일을 생각하니 섭섭해서 견딜 수가 없었다. 하지만 곧 그런 걸 생각하여 자기에게 남겨진 행복의 마지막 순간을 허탕치려 하는 자신을 책망했다. 내일이 되면 지금 지나가고 있는 이 시간이 아쉬워질 것임을 잘 알고 있었다. 지금 이 시간을 한시인들 헛되이 보낼까보냐고 마음을 썼다. 슐츠는 옆방의 무슨 작은 소리라도 놓치지 않으려고 귀를 밝혔다. 그렇지만 크리스토프는 꿈쩍도 하지 않았다. 누운 곳에 그대로 지금도 누워 있었다. 조금도 움직이지 않았다. 아침 6시 반을 쳤다. 그러나 크리스토프는 여전히 자고 있었다. 그에게 기차를 놓쳐 버리게 하는 것은 문제없었다. 그러면 아마 그도 웃어 버리고 말 것이었다. 그러나 노인은 소심했다. 승낙도 얻지 않고 친구의 사정을 함부로 변경할 수 없었다. 노인은 부질없이 되풀이할 뿐이었다.

'차를 놓치더라도 내 탓은 아니야, 내겐 책임이 없는 거다. 아무 소리도 하지 않으면 되는 거다. 그리고 시간에 꼭 맞춰 눈을 뜨지 않는다면 또 하루 더 함께 지낼 수 있는 거야.'

그는 자기 마음에 대답했다.

'아니야, 내겐 그럴 권리가 없어.'

그리고 깨우러 가야 한다고 생각했다. 문을 두드렸다. 크리스토프에게는 좀처럼 들리지 않았다. 다시 더 두드려야 했다. 노인은 가슴이 꽉 찼다. 그는 생각했다.

'아! 어떻게 이리도 잘 자고 있을까! 점심때까지라도 자고 있을지도 모르겠다! ……'

가까스로 벽 너머로 크리스토프의 명랑한 목소리가 대답했다. 시간을 알자 그는 놀라는 외마디 소리를 질렀다. 방 안을 돌아다니고 야단스레 채비를 하고 벽 너머로 정답게 슐츠에게 말을 걸며 노랫가락을 흥얼거리기도 하고 농지거리를 하기도 하는 것이 들렸다. 노인은 그것을 듣고 슬픈 마음이기는 했지만 웃지 않을 수가 없었다. 문이 열렸다. 푹 쉬어 상쾌한 기분이 된 크리스토프가 행복한 얼굴을 하고 나타났다. 크리스토프는 노인을 슬프게 하고 있는 일 따위는 전혀 생각하지 않았다. 사실 급히 돌아갈 필요는 없었다. 며칠 더 천천히 묵어간대도 별다른 지장은 없었다. 그랬더라면 슐츠는 얼마나 기뻐했을 것인가! 그러나 크리스토프로서는 그러한 사정을 자세히 알 수는 없었다. 게다가 노인에 대해 애정을 품고는 있었지만 출발하는 쪽이 훨씬 마음이 편했다. 온종일 계속 얘기했으며, 또 이 사람들이 필사적인 애정으로 매달려 왔으므로 그는 피로했다. 그는 젊었으므로 다시 만나는 일도 있으리라고 생각했다. 세계의 끝으로 가 버리는 것도 아니었다! 그러나 노인 쪽에서는 이내 자신이 세계의 끝보다도 더 먼 곳으로 간다는 것을 알고 있었다. 그래서 이것이 마지막 보는 것이라고 생각하여 크리스토프를 열심히 지켜보았다.

슐츠 노인은 지쳐서 기운이 빠졌지만 정거장까지 따라왔다. 차가운 가랑비가 소리 없이 내리고 있었다. 정거장에서 크리스토프는 지갑을 열어 보고 집까지의 기차 요금이 부족하다는 것을 알았다. 슐츠가 기꺼이 빌려 주리라는 것은 짐작이 갔다. 그러나 그것을 부탁하고 싶지는 않았…… 왜 그랬을까? 왜 사랑해 주는 이에게 무엇인가 자기를 돌봐줄 수 있는 기회를, 행복을 제공하지 않은 것일까? 왠지 그러고 싶지 않았다. 또는 어쩌면 자존심이 발동한 것이리라. 그는 중간 역까지 표를 샀다. 그 다음은 걸어갈 셈이었다.

발차 벨이 울렸다. 객차의 발판 위에서 두 사람은 부둥켜안았다. 슐츠는 크리스토프의 손에 밤중에 쓴 시를 슬쩍 쥐여 주었다. 그는 크리스토프의 좌석 밖의 플랫폼에 남았다. 작별 시간이 연장될 때 흔히 있는 일로서 둘은 이제 아무 할 말이 없었다. 그러나 슐츠의 눈은 계속 얘기하고 있었다. 기차가 서서히 움직일 때까지 그 눈은 크리스토프의 얼굴에서 떨어지지 않았다.

기차는 선로의 굽어진 모서리에서 사라져 버렸다. 슐츠는 다시금 혼자가 되었다. 그는 가로수가 늘어선 길의 진창을 돌아갔다. 발을 질질 끌었다. 별안간 피로와 추위와 비 오는 날의 쓸쓸함이 애달프게 느껴졌다. 집으로 돌아오는 데, 또 집에 다다라 층계를 올라가는 데 무척 힘이 들었다. 자기 방으로 들어가는 길도 숨이 턱에 닿고 기침의 발작이 엄습해 왔다. 잘로메가 간호하러 달려왔다. 불현듯 새어나오는 신음 사이로 노인은 되풀이했다.

"아, 잘 됐지…… 지금까지 참을 수 있었으니 다행이었다!"

무척 기분이 나빴다. 슐츠는 모로 누웠다. 잘로메가 의사를 부르러 갔다. 자리 속에서 노인의 몸은 걸레 조각처럼 내팽개쳐졌다. 꼼짝도 할 수 없었다. 단지 가슴만이 풀무처럼 할딱였다. 머리는 찌뿌드드하고 열이 났다. 전날 아침부터 밤까지의 순간 순간을 이것저것 잇따라 생각하며 슐츠는 그날 하루를 보냈다. 그러고는 괴로워서 몸부림쳤다. 그러나 또 금세 그런 행복을 누린 뒤에 투정부리는 자기 자신을 책망했다. 마음에 애정이 찰찰 넘치는 그는 두 손을 모아 신에게 감사드렸다.

*

크리스토프는 이날 하루의 일로 기분이 개운해지고, 뒤에 남겨 두고 온 우정 때문에 한층 자신이 생겨 고향으로 돌아왔다. 표가 다 되는 마지막 역에 닿자 그는 경쾌하게 기차에서 내렸다. 그리고 걷기 시작했다. 60킬로쯤 걸어야 했다. 별로 급한 일도 없어서 초등학생처럼 건들거리며 걸었다. 계절은 4월이었다. 들빛은 아직 봄이 한창은 아니었다. 나뭇잎은 검은 가지 끝에 주름투성이 갓난아이의 손처럼 돋아나 있었다. 몇 그루 사과나무는 꽃을 피웠다. 연약한 들장미가 울타리에 엉기어 미소 지었다. 잎이 다 떨어진 숲에는 연초록빛 솜털 같은 새 움이 트기 시작하였고, 숲 위쪽에는 작은 언덕 꼭대기에 창(槍) 끝의 전리품 장식처럼 고대 로마풍의 고성이 치솟았다. 아주 부드러운 푸른빛을 가득 채운 하늘에는 시커먼 구름이 흘렀다. 구름 그림자가 봄기운 어린 들판을 내달았다. 소나기가 지나갔다. 그리고 밝은 태양이 다시 나타나고 작은 새가 노래하기 시작했다.

크리스토프는 조금 전부터 자기가 고트프리트 외삼촌의 일을 생각하고 있음을 깨달았다. 벌써 오랫동안 이 불쌍한 외삼촌 일을 생각한 적이 없었다. 크리스토프는 어째서 지금 이렇듯 끈덕지게 외삼촌 일이 생각나는 것일까 의아했다. 반짝거리는 운하를 따라 포플러 가로수길을 걸어가노라니 이러한 생각에 온통 사로잡혀 버렸다. 외삼촌의 얼굴 모습이 눈에 아른거려, 커다란 벽의 굽어진 모서리를 돌아설 때는 느닷없이 저쪽에서 이리로 오는 것은 아닐까 하는 생각까지 들었다.

하늘이 어두워졌다. 우박이 섞인 거센 소나기가 퍼붓기 시작했다. 멀리서 뇌성이 울렸다. 크리스토프는 한 마을에 가까워지고 있었다. 우거진 나무숲 틈으로 인가의 장밋빛 정면과 빨간 지붕이 보였다. 그는 서둘렀다. 그리고 첫째 집의 불쑥 튀어나온 처마 밑에서 비를 피했다. 우박이 맹렬히 내리퍼부었다. 마치 납으로 된 탄환처럼 기와를 두드리고 길바닥에서 튀어올랐다. 바퀴 자국에는 물이 가득 차서 철철 넘쳤다. 무지개가 선명한 빛깔의 커다란 띠를 꽃이 핀 과수원 쪽 검푸른 구름 위에 드리웠다.

문간에서 젊은 처녀 하나가 선 채로 뜨개질을 하고 있었다. 처녀는 친절히 크리스토프에게 안으로 들어오라고 했다. 그는 이 말을 따랐다. 그가 들어간 넓은 방은 부엌, 식당, 침실을 겸한 것이었다. 안쪽에는 활활 타오르는 불 위에 냄비가 놓여 있었다. 채소를 다듬고 있던 농사꾼 여자 하나가 크리스토프에게 인사하고 불 곁으로 가 옷을 말리라고 했다. 젊은 처녀는 포도주를 가져와 그에게 따라 주었다. 그리고 탁자 건너편에 앉아 뜨개질을 계속하며 두 아이 쪽으로 계속 마음을 쓰고 있었다. 아이들은 시골에서 '도둑놈풀'이라거나 '굴뚝쟁이'라고 하는 풀의 곤두선 털을 목에 서로 찔러 대며 놀고 있었다. 처녀는 크리스토프와 얘기를 시작했다. 한참 만에야 크리스토프는 처녀의 눈이 보이지 않는다는 것을 알았다. 처녀는 결코 미인은 아니었다. 뺨이 붉고 이가 흰, 그리고 팔이 억세어 튼튼해 보이는 처녀였다. 그러나 얼굴 생김새는 다듬어지지 않았다. 대개의 장님이 그러하듯이 온화하기는 하지만 약간 무표정했다. 그리고 이 또한 장님의 버릇이지만 여러 가지 사물이나 인물을 얘기하는 데에 마치 눈에 보이는 것처럼 말했다. 얼굴색이 좋다느니, 오늘은 들이 무척 아름답다느니 하는 말을 듣고서 처음에 크리스토프는 깜짝 놀라 놀림을 받고 있는 게 아닌가 싶었다. 그러나 이 눈먼 처녀와 채소를 다듬고 있는 여자를 번갈아 보다가 이 말에 아무도 놀라지 않는 것을 알았다. 두 여자는 어디서 왔느냐느니 어디를 거쳐 왔느냐고 친절하게 물었다. 눈먼 처녀는 약간 호들갑을 떨며 말참견을 했다. 크리스토프가 도중에서 본 길이나 들판 얘기를 하면 처녀는 이에 동의하거나 반대했다. 물론 처녀의 얘기는 번번이 당치도 않은 것이었다. 처녀는 자신도 그와 같은 정도로 눈이 보인다고 생각하려 들었다.

다른 가족들이 돌아왔다. 서른 살쯤 되어 보이는 억세게 생긴 농부와 젊은 아내였다. 크리스토프는 여러 사람들과 번갈아 가며 얘기를 했다. 그리고 개어 오는 하늘을 바라보며 출발할 때를 기다렸다. 눈먼 처녀가 열심히 뜨개질 바늘을 놀리며 노래 한 곡을 작은 목소리로 불렀다. 그 노래는 크리스토프에게 먼 옛날을 생각나게 했다.

"아니! 그걸 어떻게 아십니까?" 크리스토프가 물었다(옛날에 고트프리트에게 배운 노래였다).

크리스토프는 낮은 목소리로 이어 불렀다. 처녀가 웃었다. 처녀가 앞부분을 노래하면 크리스토프가 즐거워하며 뒤를 받았다. 그는 일어나서 날씨를 살피러 가고 그런 다음 방 안을 한 바퀴 돌고 나서 기계적으로 네 귀퉁이에 탐색하는 듯한 눈길을 던졌다. 그러다가 식기 선반 위의 한 구석에서 어떤 물건을 발견하고 펄쩍 뛰어오를 듯이 놀랐다. 그것은 굽은 긴 지팡이로 손잡이에는 인사하는 난쟁이가 거칠게 조각되어 있었다. 크리스토프는 이것을 알고 있었다. 어렸을 적에 갖고 놀던 지팡이였다. 그는 그것에 덤벼들어 숨가쁜 목소리로 물었다.

"어떻게 당신이…… 어떻게 이걸 갖고 있습니까?"

농부는 크리스토프를 쳐다보았다. 그리고 말했다.

"친구가 남기고 갔습니다. 죽은 옛날 친구가 말이지요."

크리스토프는 외쳤다.

"고트프리트가 말이지요?"

모두들 그쪽으로 얼굴을 돌리고 물었다.

"어떻게 아십니까?"

크리스토프가 자기 외삼촌이라고 하자 모두들 깜짝 놀랐다. 눈먼 처녀는 벌떡 일어섰다. 털실 타래가 마루 위를 굴러갔다. 처녀는 떨어뜨린 뜨개질감 위로 걸어와서는 크리스토프의 손을 쥐고 말했다.

"당신이 조카님이세요?"

모두들 한꺼번에 말했다. 크리스토프 쪽에서도 물었다.

"그런데 당신들은 어떻게…… 어떻게 우리 외삼촌을 아십니까?"

농부가 대답했다.

"그분은 여기서 돌아가셨습니다."

사람들은 다시 자리에 앉았다. 그리고 모두 흥분이 조금 가라앉았을 때 어머니가 다시 일을 시작하며 고트프리트가 몇 년 전부터 이 집에 드나들었다고 했다. 그는 언제나 행상을 하며 오가던 길에 이곳에 들렀다. 마지막으로 왔을 때(그것은 지난해 7월이었다), 그는 무척 피로한 기색이었다. 그리고 짐을 내려놓고서도 한참 동안은 말도 못했다. 그러나 사람들은 그가 올 때는 언제나 그렇다는 것을 늘 보아 왔고 그가 자주 숨가빠한다는 것을 알고 있어서 별로 대수롭게 여기지도 않았다. 고트프리트는 짜증도 부리지 않았다. 그는 전에 한 번도 신세 한탄을 한 적이 없었다. 불쾌한 일에도 언제나 뭔가 만족할 거리를 찾아냈다. 힘겨운 일을 할 때는 밤에 자리에 누우면 아주 좋은 기분일 거라고 생각하고 기뻐했다. 또 고생스러울 때는 이 고생이 지나고 나면 퍽 기분이 편안해지리라고 생각했다.

"그런데 언제나 만족만 하고 있는 것은 좋지 않아요." 노파가 말을 덧붙였다. "왜냐하면 짜증을 내지 않으면 아무도 동정해 주지 않거든요. 나는 노상 짜증만 내고 살지요……"

그래도 아무도 그에게 주의를 기울이지 않았다. 얼굴색이 좋다고 놀리기까지 했다. 그리고 모데스타―그것이 눈먼 처녀의 이름이었다―는 그가 짐 내리는 것을 거들어 주고 젊은 사람처럼 이렇게 걸어다녀도 지치지 않느냐고 물었다. 고트프리트는 미소만 지을 뿐이었다. 말을 할 수 없었던 것이다. 고트프리트는 문간 앞 벤치에 걸터앉았다. 모두 저마다 일하러 나갔다. 남자들은 밭으로, 어머니는 부엌으로, 모데스타는 벤치 곁으로 왔다. 뜨개질감을 손에 들고 선 채로 문에 등을 기대고 고트프리트와 애기를 시작했다. 고트프리트는 대답을 하지 않았다. 모데스타도 대답을 요구하지는 않았다. 그리고 고트프리트가 전번에 왔다 간 뒤의 일들을 모두 남김 없이 애기했다. 그는 간신히 숨을 쉬었다. 그리고 모데스타 귀에도 그가 뭔가 말하고자 애쓰고 있는 것이 들렸다. 모데스타는 그런 일에는 별로 신경 쓰지 않고 고트프리트에게 말했다.

"애기하지 않으셔도 좋아요. 그보단 푹 쉬세요. 애기는 나중에 하셔도 돼요…… 그런데, 그렇게 지쳐 버리시다니 웬일이세요!"

고트프리트는 이제 말도 하려 들지 않았다. 모데스타는 고트프리트가 들어주는 것으로 알고 다시금 이야기를 시작했다. 고트프리트는 후우 한숨을 쉬더니 조용해졌다. 조금 뒤 어머니가 와 보았을 때 모데스타는 지껄여 대고 고트프리트는 머리를 뒤로 젖힌 채 하늘을 올려다보며 벤치 위에 조용히 앉아 있었다. 조금 전부터 모데스타는 죽은 사람을 상대로 애기하고 있었던 것이다. 이때야 비로소 모데스타도 가까스로 알아챘다. 이 불쌍한 사람은 죽기 전에 뭔가를 말하려고 했지만 그것이 뜻대로 되지 않자 슬픈 미소를 띤 채로 체념하고 말았다. 그러고는 여름 저녁의 정적 속에서 눈을 감은 것이라고……

비는 벌써 그쳤다. 며느리는 외양간으로 갔다. 아들은 곡괭이를 들고 문간 앞 흙이 찬 도랑을 치러 갔다. 모데스타는 이야기를 시작할 때부터 자취를 감추었다. 크리스토프는 방 안에 어머니와 단둘이 남아서 감동된 채로 잠자코 있었다. 이 노파는 약간 수다쟁이여서 긴 침묵에는 견디지 못했다. 그래서 고트프리트와의 사이를 모두 애기하기 시작했다. 두 사람이 알게 된 것은 먼 옛날 일이었다. 노파가 젊었을 때 고트프리트는 그녀를 사랑했다. 그런데도 이것을 그녀에게 고백할 수가 없었다. 사람들은 이 일로 그를 놀려 댔다. 그녀는 그를 우습게 보았다. 모두들 우습게 보고 있었다(그는 어디서나 그랬었다). 그래도 고트프리트는 정확하게 해마다 찾아왔다. 남이 자기를 업신여기는 것도, 그녀가 자기를 사랑해 주지 않는 것도, 그녀가 딴 남자와 결혼해서 행복하게 살고 있는 것도 모두 당연한 일이라고 생각했다. 그녀는 너무나도 행복했다. 자신의 행복을 너무나도 자만하고 있었다. 거기에 불행이 찾아왔다. 남편이 급사했다. 그러고는 딸이, 건강하고 활발하여 모두들 칭찬이 자자했던 딸이, 이 지방 제일가는 부농의 아들과 결혼하기로 되어 있던 아름다운 딸이 우연한 일로 실명해 버렸다. 어느 날 딸이 집 뒤쪽의 커다란 배나무에 올라가 배를 따고 있었는데 사다리가 미끄러져 넘어갔다. 딸은 떨어질 때 부러진 가지로 눈 언저리를 심하게 얻어맞았다. 처음에는 모두들 흉터만 남고 나으리라고 생각했다. 그런데 그 뒤 줄곧 이마에 격렬한 통증을 느끼게 되었다. 곧 한쪽 눈이 보이지 않게 되고 이어 나머지 눈도 보이지 않게 되었다. 어떤 치료도 효험이 없었다. 물론 결혼은 파탄이 났다. 약혼한 남자는 아무 말도 않고 자취를 감추어 버렸다. 그리고 한 달 전까지만 해도 그녀와 왈츠를 추기 위해서는 결투라도 사양치 않을 것 같은 기세였던 청년들 중에 이 불구가 된 처녀와 팔을 낄 용기 있는 자는 하나도 없었다(그것은 당연한 일이었다). 그래서 여태까지 구김살없는 명랑한 처녀였던 모데스타는 죽고 싶을 만큼 절망에 빠졌다. 밥 먹는 것도 거부하고 아침부터 밤까지 울기만 했다. 그리고 밤중이 되어도 자리 속에서 여전히 한탄하고 슬퍼하는 소리만 들렸다. 모두들 어떻게 해야 좋을지를 몰랐다. 모데스타와 함께 한탄하는 수밖에 없었다. 그러자 모데스타는 더욱 울었다. 가족들도 나중에는 모데스타의 한탄에 진력이 났다. 그래서 모데스타를 야단쳤다. 그러자 모데스타는 운하에 몸을 던져 죽어 버리겠다고 했다. 목사가 가끔씩 다녀갔다. 그리고 하느님 말씀, 영원한 것과 괴로움을 참아냄으로써 저세상에서 얻어지는 공덕을 얘기했다. 그러나 그것은 모데스타를 조금도 위로하지 못했다. 어느 날 고트프리트가 또 찾아왔다. 모데스타는 여태껏 그에게 별로 친절하지 않았다. 모데스타는 심술궂지는 않았지만, 남을 깔보는 성격이었다. 게다가 사물을 깊이 생각하지를 않았다. 모데스타는 웃는 것이 좋았다. 모데스타는 그에게 갖은 장난을 다 쳤다. 그런데 고트프리트는 모데스타의 불행을 알자 깜짝 놀랐다. 그래도 모데스타에게 그런 기색은 전혀 보이지 않았다. 그는 모데스타 곁으로 가서 앉아 뜻밖의 재난에 대해서는 한마디도 하지 않고 평소대로 조용히 이야기했다. 모데스타가 장님이 된 것은 눈치도 못 챘다는 식이었다. 다만 모데스타가 볼 수 없는 것에 대해서는 결코 얘기하지 않았다. 모데스타가 지금 상태로 듣거나 짐작하거나 할 수 있는 일만을 얘기했다. 그리고 이것을 아주 자연스런 일처럼 부드럽게 해치웠다. 마치 그 자신이 장님인 것 같았다. 처음 모데스타는 귓전으로만 넘기고 듣지 않고 여전히 울고만 있었다. 이튿날이 되자 전날보다는 귀를 기울였다. 그리고 몇 마디 고트프리트에게 말을 하기조차 했다……

"그리고" 어머니는 이야기를 계속했다.

"그분이 딸에게 어떤 말을 했는지 나는 모릅니다. 마침 나는 건초를 만들어야 했고 그래서 딸을 돌보고 앉았을 틈이 없었어요. 그런데 저녁때 우리가 밭에서 돌아오자 딸은 마음이 가라앉아 얘기를 하고 있었습니다. 그 뒤로 차츰 좋아졌습니다. 자신의 불행을 잊어버린 듯했습니다. 그래도 가끔씩은 역시 생각나는 수도 있었지요. 울기도 하고 고트프리트에게 슬픈 일을 얘기하려고 했습니다. 그럴 때면 고트프리트는 듣지 못한 체하고 있었지요. 여전히 침착하게 딸의 기분을 가라앉히는 얘기나 흥미를 끌 그런 얘기를 하고 있었습니다. 그때까지는 딸은 집에서 한 발짝도 밖으로 나가려 들지 않았습니다만 그분의 말을 듣고 비로소 산책할 생각을 했던 거예요. 처음엔 그분을 따라 뜰 둘레를 조금 걸을 뿐이었지만, 며칠 뒤엔 곧 밭으로 나가 긴 산책을 하게 되었습니다. 그리고 이제는 마치 눈이 보이는 것처럼 어디를 가든지 제 거처를 알 수 있게 되었으며, 무엇이건 똑똑히 분간을 할 수 있게 된 거지요. 오히려 우리가 미처 깨닫지 못하는 일을 짐작하는 거예요. 그리고 전에는 자기 이외의 일에는 별로 흥미를 느끼지 않는데, 이제는 어떤 일에건 흥미를 가지고 있습니다. 그즈음 고트프리트는 우리 집에 여느 때보다도 오래 묵었습니다. 우리가 출발을 늦춰 달라고 부탁한 것은 아니었지만 그분 자신이 알아서 딸이 좀더 진정되는 것을 볼 때까지 머물러 있었습니다. 그리고 어느 날—딸은 저기 안뜰에 있었지요—나는 딸의 웃음소리를 들었습니다. 그때의 내 기분은 도저히 말로는 다 할 수 없습니다. 고트프리트도 퍽 기쁜 듯했어요. 그분은 내 곁에 앉아 계셨습니다. 우리는 서로 얼굴을 쳐다보았지요. 손님, 나는 거리낌없이 말씀드립니다만, 나는 진심으로 그분을 껴안았습니다. 그러자 그분은 말했습니다.

"자, 이젠 나도 출발할 수 있겠군. 이제는 내가 없어도 괜찮을 테니."

나는 붙들어 두려고 했지요. 그러나 그분은 말했습니다.

"아닙니다. 나는 이제 가봐야 되겠어요. 이제 더 있을 수 없습니다."

모두들 알고 있듯이, 그분은 떠도는 유대인 같은 사람이었습니다. 한곳에 살 수 없었던 거예요. 억지로 말리지는 않았습니다. 그래서 출발했지요. 그러나 그후 전보다는 자주 이곳을 들러 주셨습니다. 그리고 그때마다 모데스타는 기뻐했어요. 그분이 들렀다 간 뒤에는 딸은 전보다 좋아져 갔습니다. 집안일도 다시 하게 되었고요. 오빠가 결혼하자 그 아이들도 돌봐주었어요. 그리고 지금은 다시는 짜증을 내지도 않거니와 언제나 즐거운 듯이 하고 있습니다. 나는 가끔씩 생각하지요. 딸은 눈이 보이더라도 이렇게 행복해질 수 있겠는가고. 정말 그래요, 손님. 저 딸애처럼 되어, 보기 싫은 인간이나 보기 싫은 것이 보이지 않는 쪽이 낫다고 생각하는 수가 흔히 있으니까요…… 세상은 무척 나빠졌어요. 하루하루 나날이 나빠져 갑니다…… 그런데 하느님이 내 말을 그대로 받아들일까 두려운 생각도 드는군요. 진실을 말한다면 나는 역시 세상을 볼 수 있는 쪽이 좋아요. 비록 아무리 보기 싫은 세상일지라도……"

　모데스타가 다시 모습을 나타냈다. 그래서 화제를 슬쩍 다른 데로 돌렸다. 날씨가 개었으므로 크리스토프는 일어나서 떠나려고 했다. 그렇지만 모두들 놓아주지 않았다. 하는 수 없이 저녁 대접을 받고 하룻밤을 그들과 보내게 되었다. 모데스타는 크리스토프 옆에 앉아 밤새도록 곁을 떠나지 않았다. 크리스토프는 모데스타의 운명이 딱해 견딜 수가 없어 정답게 여러 가지 일을 얘기하고 싶었다. 그러나 모데스타는 그러한 기회를 전혀 주지 않았다. 모데스타는 단지 고트프리트의 일만을 듣고 싶어했다. 크리스토프가 그녀에게 모르는 일을 가르쳐 주면 그녀는 기뻐했지만 조금 샘을 냈다. 그녀 자신은 고트프리트의 애기를 하는 것을 좋아하지 않았다. 그에 대한 애기는 죄다 하지 않는 것 같았다. 또 그녀는 무엇을 애기하고는 다음 순간에는 애기한 것을 후회했다. 그에 대한 추억은 그녀의 재산이었다. 모데스타는 이것을 다른 사람과 나누어 갖고 싶지가 않았다. 그녀의 이러한 애정에는 자기 토지에 집착해 있는 농사꾼 여자에게서 볼 수 있는 격렬함이 있었다. 남이 자기와 마찬가지로 고트프리트를 사랑하고 있다고 생각하는 것이 모데스타에게는 불쾌했다. 모데스타는 그것을 믿고 싶지 않았다. 그래서 크리스토프는 그녀의 마음속을 읽어 내고는 그녀의 만족을 가만히 그대로 놓아두었다. 그녀 이야기에 귀를 기울이며 크리스토프가 깨달은 것은, 그녀가 전에는 매정한 눈으로 고트프리트를 보고 있었는데 장님이 되고 나서는 실제와 다른 모습을 그리고 있다는 것이었다. 그리고 모데스타는 이 환상 위에다 자신 속에 있는 사랑의 욕구를 돌리고 있었다. 이러한 환상의 작용을 방해하는 것은 아무것도 없었다. 장님은 자기가 알지 못하는 것을 예사로 만들어 내는 법이지만, 저 장님 특유의 대담한 자신을 가지고 모데스타는 크리스토프에게 말했다.

"당신은 그분을 닮으셨어요."

벌써 몇 년 동안이나 모데스타는 이미 진실이 들어오지 않는, 문을 닫아 건 집안에서 생활하는 습관을 몸에 붙여 버렸음을 크리스토프는 알았다. 자기의 둘레를 에워싸고 있는 어둠 속에서 보는 법을 배우고 어둠을 잊어버리는 법조차 배운 지금에는, 아마도 모데스타는 그녀의 어둠 속으로 비쳐드는 한 줄기의 광선도 두려웠을 것이다. 모데스타는 크리스토프와 종잡을 수 없는 즐거운 얘기를 하고 있었는데, 그러다가 꽤 유치하고 너절한 얘기를 이것 저것 끄집어냈다. 크리스토프는 그런 얘기에는 흥미가 없었다. 크리스토프는 이러한 수다에 화가 치밀었다. 그로서는 이렇게도 괴로워한 인간이 어찌 하여 그 괴로움 속에서 더 진지한 것을 건져내지 않고 이런 하찮은 것에 즐거워하는지 도무지 모를 일이었다. 크리스토프는 가끔 더 중대한 얘기를 해 보았다. 그러나 아무런 반향도 없었다. 모데스타는 그러한 얘기에 응할 수 없었을뿐더러 응하려 하지도 않았다.

가족들은 다들 자러 갔다. 크리스토프는 오랫동안 잠을 이루지 못했다. 고트프리트 일을 생각하고 모데스타의 어린애 같은 추억의 모습을 그의 모습에서 떼내려고 애썼다. 그것은 좀처럼 되지 않아 애가 탔다. 외삼촌이 여기서 죽은 것, 아마도 이 침대에서 몸을 쉬었을 것을 생각하고는 가슴이 미어졌다. 그만 말을 못하고, 저 눈먼 처녀에게 자기가 하고 싶어하는 말을 이해시키지 못한 채 눈을 감고 죽었을 때의 마지막 순간의 괴로움을 생각해 내려고 애썼다. 눈시울을 들고 그 밑에 감추어진 생각을, 영혼의 신비를 얼마나 읽어 내고 싶었던 것일까! 그 혼은 남이 이해해 주는 일도 없이, 또 아마도 자기 자신도 이해하지 못하고 가버린 것이다! 그러나 그 혼은 그런 일을 바라지도 않았다. 그의 예지는 예지를 바라지 않는 데에 있었다. 자기 의지를 결코 어디에도 강요하지 않고 사물의 흐름에 몸을 맡기고, 그 흐름을 받아들여 사랑하는 데에 있었다. 이리하여 그는 사물의 신비한 본질과 동화했다. 그리고 눈먼 처녀나 크리스토프나 아마도 또한 남들이 모르는 많은 사람들에게 그토록 좋은 일을 한 것도, 요컨대 자연에 대한 인간의 반항의 흔해빠진 말을 하지 않고 자연의 평화를, 화해를 사람에게 가져다준 데 지나지 않는 것이다. 그는 들이나 숲처럼 은혜로웠다…… 크리스토프는 고트프리트와 더불어 들녘에서 보낸 저녁때의 일, 어린 시절 그를 따라다니던 산책의 일, 밤에 들은 옛이야기며 노래를 떠올렸다. 절망에 떨어졌던 겨울의 어느 아침, 외삼촌과 함께 시가를 굽어보는 언덕 위를 거닐던 저 마지막 산책을 생각해 냈다. 그러자 눈물이 핑 돌았다. 크리스토프는 자고 싶지 않았다. 우연히 다다른, 고트프리트의 혼으로 가득한 이 시골 두메에서의 이 신성한 하룻밤을 조금도 헛되이 보내고 싶지 않았다. 그러나 간헐적으로 흐르는 냇물 소리와 박쥐들의 날카로운 울음소리에 귀 기울이는 동안에 청년의 건강한 피로가 어느새 그의 의지를 이겨 냈다. 그리고 그는 잠에 빠져들었다.

눈이 뜨이자 태양이 반짝이고 있었다. 농가 사람들은 벌써 일하러 나갔다. 아래층 방에는 노파와 어린애들밖에 없었다. 젊은 부부는 밭에 나갔다. 그리고 모데스타는 우유를 짜러 갔다. 찾아보았으나 눈에 띄지 않았다. 크리스토프는 모데스타가 돌아오기를 굳이 기다리지 않았다. 꼭 만나고 싶다는 생각도 들지 않았다. 게다가 서둘러야 한다고 생각했다. 여러분께 작별 인사를 못하고 간다고 전해달라고 노파에게 이르고 그는 출발했다.

크리스토프가 마을에서 벗어나자 굽이돌아간 길목 산사나무 울타리가 뿌리박은 비탈에 눈먼 모데스타가 앉아 있는 것이 보였다.

모데스타는 그의 발소리를 듣고 일어나 미소 지으며 다가와서 그의 손을 잡았다. 그리고 말했다.

"이리로 오세요!"

둘은 목장을 가로질러 올라가 꽃이 흐드러져 핀 작은 들판으로 나왔다. 여기저기에 점점이 십자가가 서 있었고, 아래쪽으로는 마을이 내려다보였다. 모데스타는 그를 한 무덤으로 인도해 갔다. 그리고 말했다.

"이것입니다."

두 사람은 엎드렸다. 크리스토프는 옛날에 고트프리트와 함께 엎드렸던 무덤을 떠올렸다. 그리고 이런 일을 생각하고 있었다.

'그러다가 이번엔 내 차례가 오게 되겠지.'

그러나 지금 이 순간의 이런 생각에는 전혀 슬픔이 들어 있지 않았다. 부드러움이 대지에서 피어올랐다. 크리스토프는 무덤 위에 엉거주춤 허리를 굽히고 나직한 작은 목소리로 고트프리트에게 말했다.

"나의 속으로 들어오세요! ……"

모데스타는 손가락을 깍지끼고 침묵 속에서 입술을 움직이며 기도했다. 그러고는 엎드린 채 무덤을 한 바퀴 돌고 손으로 풀이랑 꽃을 만졌다. 마치 그러한 풀과 꽃을 애무하고 있는 듯했다. 모데스타의 영리한 손가락은 물체를 보는 힘을 가지고 있었다. 그것은 살며시 마른 등덩굴의 줄기와 시든 오랑캐꽃을 잡아당겨 끊었다. 모데스타는 일어서려고 손을 묘석 위에 짚었다. 크리스토프는 모데스타의 손가락이 고트프리트의 이름 위를 한 자 한 자 살짝 닿으며 스쳐가는 것을 보았다. 모데스타는 말했다.

"오늘 아침은 땅이 보드라워요."

모데스타는 크리스토프에게 손을 내밀었다. 크리스토프는 자기 손을 주었다. 그러자 모데스타는 크리스토프에게 촉촉하고 따뜻한 땅바닥을 만지게 했다. 크리스토프는 그녀의 손을 놓지 않았다. 둘의 엉켜든 손가락은 흙 속으로 들어갔다. 크리스토프는 모데스타를 안았다. 모데스타는 그의 입술에 키스했다.

둘은 일어섰다. 모데스타는 시든 오랑캐꽃 중에서 싱싱한 것을 몇 개 그에게 주고 시든 것은 자기 품속에 넣었다. 둘은 무릎의 먼지를 털고 서로 잠자코 묘지를 나섰다. 들판에서는 종달새가 지저귀었다. 흰 나비 몇 마리가 두 사람의 머리 둘레를 떠돌았다. 둘은 목장에 앉았다. 마을에서는 몇 줄기의 연기가 비에 씻긴 하늘에 똑바로 오르고 있었다. 고요히 움직이지 않는 운하가 포플러 가로수 사이에서 반짝였다. 푸른빛의 안개가 목장과 숲을 부드럽게 감쌌다.

잠시 침묵한 뒤에 모데스타가 오늘 날씨의 아름다움을 마치 그것이 보이는 것처럼 나직한 목소리로 얘기하기 시작했다. 입술을 약간 벌리고 공기를 마시고 있었다. 갖가지 자연의 음향을 가만히 엿듣고 있었다. 크리스토프도 또한 이러한 음악의 가치를 알고 있었다. 크리스토프는 모데스타가 생각하고 있으면서도 말로 못하는 것을 들었다. 풀 밑이나 대기의 안쪽에서 들리는 알아들을 수 없을 만큼 그윽한 울음소리나 전율의 이름을 말해 주었다. 모데스타는 말했다.

"어마, 당신도 아시는군요?"

크리스토프는 고트프리트에게서 이것을 가려 듣는 법을 배웠다고 대답했다.

"당신도 그랬군요?" 모데스타는 적잖이 분한 듯이 말했다.

크리스토프는 이렇게 말해 주고 싶었다.

"남의 일에 샘을 내는 게 아닙니다!"라고.

그러나 자기들 주변에 미소 짓는 성스러운 빛을 보고, 또 모데스타의 죽은 눈을 바라보고는 측은함으로 가슴이 뭉클해졌다.

"그럼" 크리스토프는 물었다. "고트프리트가 당신에게 가르쳐 주었군요?"

모데스타는 그렇다고 대답하고 이제와서는 전보다도 한층 더 그것을 즐길 수 있게 되었다고 말했다—(그녀는 '언제부터의 전'이라고 똑똑히 말하지는 않았다. '장님'이라는 말을 쓰는 것을 피했다.).

둘은 순간 침묵했다. 크리스토프는 측은한 마음이 들어 모데스타를 가만히 보고 있었다. 모데스타는 크리스토프가 자기를 보고 있다는 것을 느꼈다. 크리스토프는 모데스타를 가엾게 생각한다는 것을 말해 주고 싶었다. 모데스타에게서 모든 얘기를 듣고 싶었다. 크리스토프는 애정어린 목소리로 말했다.

"괴로워하셨지요?"

모데스타는 입을 다문 채 굳은 표정이 되었다. 풀의 줄기를 뜯어서 말없이 질경질경 씹었다. 잠시 뒤에—(종달새의 노래는 하늘 위쪽으로 올라갔다)—크리스토프는 자기도 괴로워했다는 것, 그리고 고트프리트가 도와주었다는 것을 얘기했다. 자기의 슬펐던 일, 괴로웠던 일을 얘기했다. 눈먼 처녀의 얼굴은 이 얘기를 듣자 환히 빛났다. 모데스타는 주의 깊게 이것에 귀를 기울였다. 모데스타를 가만히 관찰하던 크리스토프는 그녀가 뭔가를 말하려는 것을 보았다. 그녀는 가까이 오려고 몸을 움직여 손을 그쪽으로 내밀려 했다. 그도 또한 몸을 내밀었다. 그러나 벌써 모데스타는 본디 무감동한 태도로 돌아가 있었다. 그리고 크리스토프가 얘기를 끝냈을 때도 다만 두세 마디 평범한 말을 보내 왔을 따름이었다. 주름살 하나 없는 그녀의 튀어나온 이마에서는 돌멩이처럼 굳은 시골 사람의 완고함이 느껴졌다. 모데스타는 집에 돌아가 오빠의 아이들을 돌봐줘야 한다고 말했다. 상냥하고 침착한 말투였다.

크리스토프는 물었다.

"당신은 행복하지요?"

모데스타는 크리스토프에게서 그런 말을 듣게 되어 더한층 행복한 듯했다. 모데스타는 그렇다고 대답하고, 그 이유를 말하고 나서 그것을 크리스토프에게 믿게 하려고 애썼다. 아이들의 일, 집안일까지 얘기했다……

"정말이에요." 모데스타는 말했다.

"나는 정말 행복해요!"

모데스타는 돌아가려고 일어섰다. 크리스토프도 일어섰다. 둘은 천연스럽게 명랑한 말투로 작별 인사를 서로 나누었다. 모데스타의 손이 크리스토프의 손 안에서 약간 떨렸다. 모데스타는 말했다.

"오늘은 걸어다니시기에 좋은 날씨예요."

그러고는 꼬불꼬불한 길목을 잘못 들어서지 않도록 여러 가지로 주의를 주었다.

둘은 헤어졌다. 크리스토프는 언덕을 내려왔다. 아래까지 내려와 뒤돌아보았다. 모데스타는 꼭대기의 같은 장소에 서 있었다. 손수건을 흔들어 마치 눈이 보이는 것처럼 크리스토프에게 손짓을 하고 있었다.

자기 불행을 부정하려고 하는 이러한 완고함 속에는 뭔가 비장하고도 우스꽝스런 것이 있었다. 크리스토프는 이에 감동을 받았지만 또 괴롭기도 했다. 모데스타가 얼마나 동정의 대상이 되는가를, 아니 얼마나 감탄의 대상이 되는가를 크리스토프는 느꼈다. 그러나 그녀와는 단 이틀도 함께 살 수는 없었으리라. 꽃이 흐드러지게 핀 생울타리 샛길을 걸어가며 크리스토프는 또 저 친애하는 슐츠 노인의 일을, 저 맑고 상냥스런 노인의 눈을 생각했다. 많은 슬픔이 앞을 지나가더라도 그것을 보려 하지 않고 불쾌한 현실을 결코 보는 일이 없는 저 눈을.

'나를 도대체 어떻게 보고 있는 것일까?' 크리스토프는 스스로 물었다. '나는 그가 생각하고 있는 인간과는 전혀 다른 인간이다! 나는 그에게 있어서는 이렇게 되어 주었으면 좋겠다고 여겨지고 있는 인간이다. 크리스토프는 모든 것을 자기 모습 그대로의 것으로 여기고 있다. 자기처럼 순수하고 고귀한 것으로 여기고 있다. 만일 사실 그대로의 인생을 본다면 도저히 그 인생을 견뎌내지 못할 것이다.'

또 크리스토프는 저 처녀의 일을 생각했다. 그녀는 어둠에 휩싸였으면서도 자기의 어둠을 부정하며, 있는 것을 없다, 없는 것을 있다고 믿으려 들었다.

이때 크리스토프는 비로소 독일 이상주의의 위대성을 깨달았다. 크리스토프가 지금까지 이 주의를 미워한 것은 그것이 변변치 못한 혼 속에 들어가면 위선적인 저열의 원천이 되기 때문이었다. 그렇지만 지금 크리스토프는 세계의 한복판에 세계와는 다른, 마치 대양 한가운데의 고도(孤島)와 같은 하나의 세계를 이룩하고 있는 이 신념의 아름다움을 본 것이다. 그러나 그 자신은 이러한 신념에 견뎌낼 수는 없었다. 크리스토프는 이러한 '죽은 자의 섬'에 피난하는 일은 참을 수가 없었다…… 생명! 진실! 그는 거짓말을 하는 영웅이 되고 싶지 않았다. 그러나 혹 약자에게는 낙천적인 거짓말이 살기 위해 필요할는지도 모른다. 크리스토프도 그렇게 불행한 사람들에게서 그들을 지탱하고 있는 환상을 빼앗는 것은 하나의 죄악이라고까지 생각했다. 그러나 그 자신은 그러한 기만에 의지할 수는 없었다. 크리스토프는 환상에 의해서 사느니 오히려 죽는 쪽이 낫다고 생각했다…… 그런데, 예술도 또한 하나의 환상이 아니었을까? 아니, 그래서는 안 되는 것이었다. 진실! 진실이다! 눈을 커다랗게 뜨고, 온몸의 털구멍으로 생명의 강렬한 숨을 들이켜고, 사물을 있는 그대로 보고, 불행을 정면으로 대하며, 그리고 웃는 것이다.

*

몇 달이 지났다. 크리스토프는 고향 도시에서 밖으로 나갈 희망을 잃어버렸다. 크리스토프를 도와줄 수 있었을지도 모르는 단 하나의 인간이었던 하슬러는 손을 빌려주기를 거부했다. 그리고 슐츠 노인의 우정은 주어졌는가 싶자 곧 빼앗겨 버렸다.

크리스토프는 돌아와서 한 번 노인에게 편지를 썼다. 그리고 애정에 넘치는 편지를 두 통 받았다. 그러나 기분이 우울했으며 게다가 무엇보다도 문자로 자기 기분을 표현하기가 어려웠으므로 언제까지나 그 정다운 사연에 대해 사례하는 답장을 쓰지 못하고 있었다. 하루 이틀 그 답장을 자꾸 미루고 있었다. 그리고 가까스로 써야겠다는 생각이 들었을 때 쿤츠로부터 늙은 친구의 죽음을 알리는 짧막한 편지를 받았다. 그 편지에 의하면 기관지염이 재발해서 폐렴이 되었다는 것이었다. 그는 크리스토프 얘기를 줄곧 입에 올리면서도 걱정시켜서는 안 되니 병에 대해서는 알리지 말아 달라고 말했다는 것이다. 그의 몸은 더할 수 없이 약했으며 게다가 오랫동안 늘 골골했음에도 불구하고 임종은 길고 괴로웠다. 그는 쿤츠에게, 자기 죽음을 크리스토프에게 알려주고 아울러 자기는 마지막 순간까지 크리스토프를 생각하고 있었다는 것, 크리스토프 때문에 얻어진 모든 행복을 감사하고 있었다는 것, 크리스토프가 살아 있는 한은 저세상에서 축복하고 있겠다는 것을 써 보내 달라고 부탁했다. 그러나 쿤츠는 크리스토프와 지낸 그 하루가 그의 병환 재발의 근원이고 죽음의 원인이었을 것이라곤 말하지 않았다.

크리스토프는 소리 죽여 울었다. 이제야 비로소 잃어버린 벗의 모든 가치를 깨닫고 얼마나 자기가 그를 사랑했던가를 깨달았다. 그러한 것을 좀더 그에게 잘 말해 주지 않은 것을 다시금 괴로워했다. 이제는 벌써 때가 늦었다. 그리고 지금 자기에게는 무엇이 남아 있는 것일까? 선량한 슐츠는 그의 죽음 뒤에, 공허를 더한층 공허하게 해주기 위해서밖에 나타나지 않은 것이었다. 쿤츠와 포트페트쉬미트는, 그들이 슐츠에 대해 가지고 있던 우정, 그리고 슐츠가 그들에 대해 가지고 있던 우정에 의해서만 크리스토프에게 가치 있는 존재였다. 크리스토프는 한 번 그들에게 편지를 썼다. 그리고 그들과의 관계는 그것으로 끝나 버린 것이었다. 그는 또 모데스타에게 편지를 써보았다. 그러나 모데스타는 평범한 편지를 대필해 써 보냈다. 거기에서는 아무래도 하찮은 일밖엔 얘기하지 않았다. 크리스토프는 편지를 계속 주고받는 일을 단념했다. 그는 이제 아무에게도 편지를 쓰지 않았다. 그리고 누구에게서도 편지가 오지도 않았다.

침묵, 침묵, 나날이 침묵의 검은 망토가 크리스토프 위에 덮어씌워졌다. 재가 비가 되어 내리는 것만 같았다. 벌써 노년이 되어 버린 것만 같았다. 그렇지만 크리스토프는 겨우 이제 삶을 꾸려가기 시작한 참이었다. 벌써 체념하고 싶지는 않았다! 잠들 시간은 아직 오지 않은 것이다. 굳게 살아가야만 한다……

그런데 크리스토프는 이제 독일에서는 살아갈 수가 없었다. 그의 재능은 소도시의 편협함에 학대를 받아 그 괴로움은 그를 격분케 하고 그에게 부당한 처사까지 내렸다. 신경은 발가벗겨져 있었다. 모든 일이 그에게 상처를 입히고 피를 짜냈다. 크리스토프는 시립 공원의 굴이나 우리에 갇혀 지루한 나머지 죽어 가고 있는 저 비참한 야수와 같았다. 크리스토프는 동정심을 품고 그러한 야수를 보러 갔다. 그는 그들의 무척 멋있는 눈을 유심히 바라보았다. 거기에는 거센 절망적인 불꽃이 타고 있었다. 그러나 그것은 하루하루 꺼져 가고 있었다. 아, 그들에게 있어서는 저희를 해방시켜주는 잔인한 총 한 발 쪽이 얼마나 나았을 것인가! 저희를 살리지도 않거니와 죽이지도 않는 인간의 잔인한 무신경에 비한다면 차라리 어떠한 일이라도 그보다는 나았다!

크리스토프에게 가장 숨통이 막히는 것은 사람들의 적의(敵意)는 아니었다. 그것은 형체도 없거니와 내용도 없는 그들의 무신경이었다. 모든 신사상(新思想)을 이해하려 들지 않는 편협하고 완고한 머리를 가진 사람들의 억지 반대에 대해서는 어떻게 대처하는 수도 있었다! 힘에 대해서는 힘이 있고, 바위를 절단하고 폭파시키는 곡괭이와 화약이 있다. 그러나 엉겨붙은 액체처럼 저항이 없고 조금 누르면 쑥 들어가고 더욱이 뒤에 아무런 흔적도 남기지 않는, 형체가 정해지지 않는 혼에 대해서는 어떻게 할 바를 몰랐다. 모든 사상, 모든 정력은 늪 속으로 가라앉아 버린다. 돌이 떨어져도 깊은 못의 표면에는 조그만 주름살이 지어질 따름이다. 입이 열렸다가는 이내 닫혀 버린다. 그리고 이제까지 있었던 것은 흔적도 없어지는 것이다.

그들은 적이 아니었다. 차라리 적이 되어주었더라면 좋았었는데! 그들은 종교, 예술, 정치, 일상생활에 있어 사랑하는 힘도, 미워하는 힘도, 믿는 힘도, 또 믿지 않는 힘도 갖지 않은 사람들이었다. 그들의 모든 힘은 융화되지 않는 것을 융화시키려고 애쓰는 데서 소비되었다. 특히 독일이 승리를 얻고 나서는 새로운 힘과 낡은 사상의 타협을, 구토를 일으키게 하는 음모를 세우고 있었다. 낡은 이상주의는 내팽개쳐지지 않았다. 차라리 그것을 내버렸더라면 그것은 하나의 해방의 노력이 되었을 텐데, 그들로서는 그것이 되지 않았다. 그들은 독일의 이익에 소용되게 하느라고 이상주의를 왜곡해서 만족하고 있었다. 그들은 예사롭게 양쪽의 입장을 취한 헤겔의 본을 떴다. 헤겔은 라이프치히와 워털루 전투가 끝나자 자기 철학의 입장을 프로이센 국가에 적응시켜 버렸다. 이해관계가 바뀌었으므로 주의도 바뀐 것이다. 독일이

패했을 때, 사람들은 독일은 인류를 이상으로 한다고 말했다. 독일이 이긴 지금에는 사람들은 독일이야말로 인류의 이상이라고 말했다. 다른 여러 나라 쪽이 강할 때는 사람들은 레싱과 더불어 '조국애란 영웅적인 약점으로 그런 것은 없어도 괜찮다'고 말하고, 자기 자신을 가리켜 '세계 시민'이라고 불렀다. 그렇지만 승리를 거둔 지금은 '프랑스식' 공상인 세계적 평화, 우애, 평화적 진보, 인간의 권리, 타고날 때부터의 평등이라고 하는 것은 아무리 경멸해도 부족하다고 했다. 가장 힘센 국민은 다른 국민에 대해 절대적인 권리를 가지고 있으며 다른 국민은 약하기 때문에 이 국민에 대해 아무런 권리도 없다고 말했다. 가장 힘센 국민은 살아 있는 신이며 이상의 화신이며 그 진보는 전쟁, 폭력, 압박에 의해서 이루어지는 것이었다. 힘은, 그들이 그것을 가지고 있는 지금, 신성한 것이 되어 있었다. 힘은 이상주의가 되고 예지가 되었다.

사실을 말한다면 독일은 수 세기 동안 이상주의는 있어도 힘은 가지고 있지 않아 무척 괴로움을 겪었는데, 숱한 고난을 경험한 뒤에 무엇보다도 힘이 필요하다고 불쌍한 고백을 한 것은 용서할 만한 일이었다. 그런데 헤르더나 괴테를 가진 국민의 이러한 고백 속에는 얼마나 많은 고민이 감추어져 있는 것일까! 이러한 독일의 승리는, 독일 이상(理想)의 포기이며 타락이었다……… 아! 가장 훌륭한 독일인일지라도 한심한 복종적 경향은 가지고 있으므로 이러한 포기는 너무나 쉬운 일이었다.

"독일인을 특징짓는 것은 복종이다." 이미 1세기 이전에 모저가 말했다.

또 스탈 부인도 이렇게 말했다.

"그들은 용감히 복종하고 있다. 가장 철학적이 아닌 일, 예컨대 힘에 대한 숭배, 또 이 숭배를 찬탄으로 바꾸는 공포의 감동 등을 설명하는 데 철학적인 추론을 사용한다."

크리스토프는 이러한 감정을 독일의 가장 위대한 인간으로부터 가장 미천한 인간에 이르기까지 모든 사람 가운데서 발견했다. 우선, 위로는 실러의 빌헬름 텔이 있었다. 일꾼과 같은 근육을 가진 이 착실한 소시민은 자유로운 정신의 유대인 뵈르네가 말한 것처럼 '명예심과 공포를 타협시키기 위해, 게슬러 각하의 모자를 씌운 막대기 밑을 지나갈 때는 모자를 보지 않았으니까 명령을 어긴 것은 아니라고 변명할 수 있도록 눈을 내리깔고 지나갔다.'

훨씬 밑으로는 70세의 존경할 만한 노교수 바이세가 있었다. 그는 시에서 가장 존경받는 학자의 한 사람이었지만, 길에서 '중위님'이 오는 것을 보자 부랴부랴 서둘러 보도를 사양하고 자신은 차도로 내려섰다. 이러한 자질구레한 일상생활의 비굴한 행동을 보자 크리스토프의 피는 끓었다. 마치 자기 자신이 야비한 일을 한 것처럼 괴로웠다. 길가에서 마주치는 장교들의 거만스런 태도, 딱딱하고 무뚝뚝한 태도에 그는 막연한 분노를 느꼈다. 그들에게 길을 비켜주기 위해 몸을 피하는 시늉은 하지 않았다. 지나칠 때 잘난 체하는 눈으로 흘겨보면 그도 똑같이 흘겨보았다. 한두 번도 아니고 조금만 더 했더라면 시끄러운 문제를 일으킬 뻔도 했다. 그는 마치 그러한 기회를 노리고 있는 것 같았다. 하기야 그러한 도전적인 태도가 무모한 모험이라는 것은 누구보다도 그 자신이 잘 알고 있었다. 그러나 가끔 궤도에서 벗어나는 일이 있었다. 끊임없이 자신을 속박하고 있어 울적해진 거센 힘은 전혀 발산되는 적이 없었으므로 그는 안절부절못했다. 그러자 그만 어떠한 어리석은 짓이라도 저질러 버릴 것만 같은 기분이 들었다. 앞으로 1년만 이곳에 더 머무른다면 파멸할 듯한 기분이 들었다. 자기 위로 짓누르는 듯한 야만스런 군국주의의 포석 위에서 절컥절컥 소리를 내는 칼자루, 엇갈려 세워 놓은 총들, 포구멍을 시내 쪽으로 돌려놓아 금세라도 발사할 것같이 하고 있는 병영 앞의 대포, 그러한 것을 그는 못마땅하게 여기고 있었다. 이 무렵 화제를 모은 외설스런 소설류는 병영 내의 부패를 폭로했다. 장교들은 악랄한 인간으로 묘사되고, 직무를 자동인형처럼 수행하는 것 말고는 빈둥빈둥 게으름이나 피우고 술이나 마시고 노름을 하여 빚을 잔뜩 걸머지고는 남의 힘으로 얻어먹으며 살고, 서로 욕지거리를 해대고 어떤 계급의 인간일지라도 아랫사람에게 권리를 남용한다는 그러한 일밖엔 하지 못했다. 크리스토프는 언젠가는 그들에게 복종해야 한다고 생각하자 목을 졸리는 듯한 느낌이었다. 그들에게서 치욕을 당하고 부당한 취급을 받고 있는 볼품 없는 자신의 꼴을 본다는 것은 도저히 참을 수 없는 일이었다. 단연코 참을 수가 없었다. 크리스토프는 그들 가운데 어떤 사람들은 얼마나 훌륭한 정신적인 위대성을 가지고 있으며, 또 그들도 얼마나 괴로워하고 있는가를 알지 못했다. 그들도 많은 힘과 청춘과 명예심과 신념과 희생의 열망이 서투르게 쓰이고 헛되이 소비되어 환멸의 비애를 느끼고 있었던 것이다. 만일 이 군인이라는 직업이 단지 직업으로 그쳐 자기희생을 목적으로 하는 것이 아니라면, 그것은 이젠 침울한 활동, 바보 같은 어릿광대, 믿지도 않으며 입으로만 읽어 대는 범례에 지나지 않으며 도대체 무의미한 것이었다……

크리스토프는 조국에서 이제 만족할 수 없었다. 마치 조류(潮流)의 간만(干滿)처럼, 정해 놓은 시기에 새들에게 돌연 우격다짐으로 눈뜨게 하는 저 미지의 힘을 크리스토프는 자기 속에 느끼고 있었다. 그것은 대이주(大移住)의 본능이었다. 슐츠 노인이 유물로서 보내 준 헤르더나 피히테의 저서를 읽으며, 그는 거기에서 자기 혼과 같은 혼을 찾아냈다. 그것은 노예처럼 토지에 집착해 있는 '토지의 아들'이 아니라 빛을 향해 나아갈 수밖에 없는 '정령(精靈), 태양의 아들'이었다.

어디로 갈까? 크리스토프는 알 수 없었다. 그러나 그의 눈은 라틴적인 남유럽으로 돌려졌다. 우선 프랑스. 그것은 혼란에 빠진 독일이 언제나 찾는 피난처였다. 독일 사상은 항상 프랑스의 힘을 잡으면서도 몇 차례나 이를 이용했던 것일까? 1870년 이후에 있어서조차도 독일 포화에 불타고 파괴된 대도시 파리에서 어떤 매력이 피어올랐던 것일까? 사상이나 예술의 가장 혁명적인 형식도 또 가장 복고적인 형식도 번갈아가며 순차적으로 또 동시에, 거기에서 실례(實例)와 영감(靈感)을 찾아냈다. 크리스토프는 독일의 많은 대음악가가 위기에 빠졌을 때와 마찬가지로 파리 쪽으로 얼굴을 돌렸다……. 크리스토프는 프랑스인에 대해서 얼마만큼 알고 있었던 것일까? 단지 두 여성의 얼굴과 오다가다 읽은 몇 권의 책밖에 몰랐다. 그렇지만 그것만으로도 빛과 명랑과 용기의 나라, 게다가 청년의 대담한 마음에 합당한 갈리아적인 허풍이 다소 있는 나라를 상상하기에는 충분했다. 크리스토프는 프랑스는 그러한 나라라고 믿고 있었다. 왜냐하면 그것이 그러하기를 마음으로부터 원했기 때문이었다.

*

크리스토프는 출발하려고 결심했다. 그러나 어머니 때문에 출발할 수가 없었다.

루이자는 늙었다. 루이자는 아들을 몹시 사랑했다. 크리스토프는 어머니에겐 기쁨의 전부였다. 그리고 어머니는 그가 이 세상에서 가장 사랑하고 있는 전부였다. 그런데도 두 사람은 서로 괴로움을 주고 있었다. 루이자는 크리스토프를 거의 이해하지 않았다. 또 이해하려고도 하지 않았다. 다만 그를 사랑하려고만 했다. 루이자의 두뇌 활동은 편협하고 소심하며 명료하지 않았지만 마음은 더할 수 없이 훌륭했다. 그리고 사랑하고 사랑받고 싶은 욕구를 가지고 있었지만, 이것은 감동적인 것임과 동시에 또 번거로운 것이기도 했다. 루이자는 아들을 매우 학식이 있는 것같이 여기고 존경하고 있었지만, 그의 천재적 성향을 질식시킬 것 같은 일만 했다. 루이자는 아들이 한평생이 작은 도시에서 자기 곁에 머무르리라고 생각했다. 벌써 여러 해 동안 두 사람은 함께 살고 있었다. 그래서 언제까지나 이런 식으로 계속되지는 않으리라고 하는 따위는 상상할 수가 없었다. 이리하여 루이자는 행복했다. 어떻게 아들도 행복하지 않은 일이 있을 수 있겠느냐고 루이자는 생각하는 것이었다. 루이자의 꿈은 아들이 시의 유복한 중산 계급의 처녀를 신부로 맞이하는 것을 보고, 일요일에는 아들이 교회에서 오르간을 치는 것을 듣고 평생 그를 놓지 않는다는 생각 말고는 더 하지도 않았다. 루이자는 아들을 언제까지나 열한두 살 난 어린애처럼 보고 있었다. 그 이상이 되는 것은 원하지도 않았다. 이리하여 루이자는 이 좁은 세계에서 자칫 질식해버릴 것만 같은 불행한 아들을 악의 없이 괴롭히고 있었다.

그러나 이 어머니, 야심이라는 것을 이해하지 못하고 가정의 애정과 사소한 의무의 수행 속에 인생의 모든 행복을 두었던 어머니의 이러한 자각없는 철학 속에는 많은 진실, 하나의 정신적인 위대성이 있었다. 그것은 사랑하기를 원하는 혼이며 사랑하는 일밖에는 원하지 않는 혼이었다. 사랑을 버리느니보다는 차라리 생명을, 이성을, 논리를, 세계를, 모든 것을 버리는 쪽이 나았다! 그리고 이 사랑은 제한 없이 간청도 하고 요구도 했다. 그것은 모든 것을 주었다. 그러면서도 또 모든 것을 요구했다. 그것은 사랑하기 위해서 살기를 단념하고 있었다. 그리고 그러한 단념을 남에게도, 자기가 사랑하는 사람들에게도 요구했다. 단순한 혼이 품는 애정은 얼마나 힘찬 것일까! 이러한 힘찬 애정은, 예컨대 톨스토이와 같은 불안정한 천재의 암중모색적인 추리나 차차 쇠약해져 보잘것없어지는 한 문명의 너무나 세련된 예술이, 인생의 수 세기에 걸친 거센 싸움이나 온갖 정력을 다 바친 노력 끝에 결론으로서 얻은 것을 느닷없이 혼에서 발견시켜 주었다! 그러나 크리스토프 속에서 신음하고 있는 긴박한 세계는 훨씬 다른 여러 가지 법칙을 가지고 다른 하나의 예지를 요구했다.

훨씬 전부터 크리스토프는 자신의 결심을 어머니에게 알리려고 했다. 그러나 어머니가 슬퍼하리라고 생각하여 속으로 겁을 내고 있었다. 얘기를 꺼냈다가는 겁이 나서 또 뒤로 미루어 버렸다. 그래도 두세 번 움츠린 태도로 출발하고 싶다는 뜻을 비쳤다. 루이자는 곧이듣지 않았다. 아마 그 자신에게도 농담으로 말하고 있다는 것으로 믿도록 하려고 곧이듣지 않는 체한 것이리라. 그래서 크리스토프는 더 뭐라고 말할 수가 없었다. 그러나 그는 언제까지나 마음에 걸려 기분이 어두웠다. 남의 눈에도 마음에 뭔가 무서운 비밀을 두고 있는 것처럼 보였다. 이 비밀이 무엇인가를 직관적으로 깨닫고 있는 가엾은 어머니는 그 고백을 늦추게 하려고 겁을 내며 애쓰고 있었다. 밤의 램프 불빛 아래서 두 사람이 서로 붙어 앉았을 때 얘기가 끊기어 잠자코 있노라면 불현듯 어머니는 아들이 지금이라도 얘기를 끄집어낼 것같이 느껴졌다. 그래서 공포에 사로잡혀 빠른 말로 무엇이든 상관없이 입에서 나오는 대로 지껄이기 시작했다. 스스로도 무슨 말을 하는지 모를 정도였다. 하여튼 어떤 수를 써서든지 아들에게 말을 꺼내지 못하도록 해야 했다. 평소에는 본능적으로 아들을 입 다물게 하는 데 안성맞춤인 이유를 찾아냈다. 자신의 건강 상태를, 손발이 부어 온다는 것을, 무릎의 관절이 뻣뻣해졌음을 조용히 호소하는 것이었다. 어머니는 자기 병을 과장해서 이젠 아무 짝에도 쓸모없는, 몸이 말을 듣지 않는 할머니가 되었다고 말했다. 그러나 아들은 이러한 유치한 책략에는 속지 않았다. 무언의 비난을 담뿍 담고 슬픈 듯이 어머니를 바라보았다. 그러고는 잠시 뒤 피곤해서 자러 가겠다는 것을 핑계로 일어섰다.

그러나 이러한 수단이 언제까지나 루이자를 구해주지는 않았다. 어느 날 밤 루이자가 또 이 수단을 쓰자 크리스토프는 용기를 내어 노모의 손 위에 자기 손을 놓고 말했다.

"어머님, 말씀드릴 것이 있습니다."

루이자는 가슴이 철렁했다. 그래도 웃는 얼굴을 지으려고 애쓰며 대답했다. 목이 메었다.

"그래, 무슨 일이냐?"

크리스토프는 입속에서 우물거리면서도 출발하고 싶다는 말을 했다. 루이자는 언제나처럼 이것을 농담 취급하며 얘기를 다른 데로 돌리려고 했다. 그러나 그의 표정은 풀리지 않았다. 그리고 이번에는 사뭇 단단히 맘먹은 진정한 말투로 말을 계속했기 때문에 루이자는 더 의심할 수조차 없게 되었다. 루이자는 입을 다물었다. 온몸의 피가 멈췄다. 말 없는 가운데 몸이 얼어붙고 겁에 질린 눈으로 아들을 물끄러미 보고 있었다. 그 눈에 나타난 고뇌의 빛을 보자 크리스토프로서는 입이 떨어지지 않았다. 그래서 둘 다 잠자코 있었다. 간신히 숨을 돌리자 루이자는 말했다(그 입술은 바르르 떨렸다).

"그런 일은 너도…… 그런 일은 안 된다……"

커다란 눈물방울이 두 개 루이자의 뺨을 타고 흘러내렸다. 그는 용기가 꺾여 얼굴을 돌렸다. 그리고 두 손에 얼굴을 묻었다. 두 사람은 울었다. 잠시 뒤에 크리스토프는 자기 방으로 가서 이튿날까지 틀어박혀 있었다. 둘은 다시 전날 일에 대해서는 건드리지 않았다. 그리고 그가 더 아무 말도 않으므로 어머니는 아들이 단념한 것으로 믿으려 들었다. 그러나 언제나 긴장해 있었다.

그러다가 이젠 아무래도 잠자코 있을 수는 없게 되었다. 비록 어머니가 아무리 실망할지라도 어떻게든 꼭 얘기해야 했다. 그냥 이대로 있는 것은 너무나 괴로웠다. 자기의 고통을 애달파하는 이기주의가 어머니에게 주는 고통을 생각하는 마음을 이겨버렸다. 그는 얘기했다. 마음이 흔들릴 것을 염려해서 어머니 얼굴을 보지 않고 끝까지 단숨에 말해 버렸다. 이제 두 번 다시 말다툼하는 일이 없도록 출발 날짜까지 정해 버렸다—(오늘의 이러한 슬픈 용기가 두 번 다시 나올 것인지 자신도 알 수 없었다.)—루이자는 외쳤다.

"안 돼, 안 돼, 이제 그런 말은 하지 마! ……"

크리스토프는 외고집이 되었다. 그리고 움직이지 않고 계속 무자비한 결심을 말했다. 얘기를 다 끝내자—(어머니는 흐느꼈다)—크리스토프는 어머니의 손을 잡고 잠시 동안 떠나 있는 것이 자기 예술을 위해, 생활을 위해 절대로 필요함을 이해시키려고 애썼다. 어머니는 귓전으로도 들으려 하지 않고 울면서 되뇌었다.

"안 돼, 안 돼! 난 싫단 말이다……"

아무리 말해도 소용이 없었으므로 밤이 되면 생각이 달라질는지도 알 수 없다고 생각하면서 그는 어머니를 거기 남겨둔 채 먼저 일어섰다. 이튿날 식탁에서 얼굴을 맞대자 다시 사정없이 출발 계획을 말하기 시작했다. 어머니는 입으로 가져가던 빵조각을 떨어뜨리고 비난의 목소리로 비통하게 말했다.

"그럼, 날 괴롭히려는 거구나?"

그는 가슴이 뭉클했다. 그러나 말했다.

"어머니, 가야 합니다."

"안 돼, 안 돼!" 어머니는 되뇌었다. "가면 안 된다…… 그건 날 괴롭히는 것밖에 안 돼. 제정신으로는 못한다…….

두 사람은 서로를 설득시키려고 했다. 그러나 둘 다 상대의 말에 귀를 기울이지 않았다. 의논을 해도 소용없다는 것을 그는 알았다. 의논을 하면 할수록 서로 괴롭히는 것밖에는 되지 않았다. 그래서 공개적으로 출발 준비를 시작했다.

루이자는 아무리 애원해도 아들을 붙들어 둘 수는 없다는 것을 알자 침울한 슬픔에 잠겼다. 온종일 자기 방에 틀어박힌 채 저녁때가 되어도 불도 켜지 않았다. 이젠 말도 안 했다. 식사도 하지 않았다. 밤에는 울음소리가 들렸다. 크리스토프는 가슴이 찢어지는 듯한 아픔을 느꼈다. 밤새도록 회한으로 가책을 받고 자리에서 엎치락뒤치락하다가 한숨도 눈을 붙이지 못하고 그만 고통의 외마디 소리를 지르고 싶을 지경이었다. 그토록 그는 어머니를 사랑했던 것이다. 어째서 어머니를 괴롭혀야 하는 것일까? …… 아! 자기가 괴롭히는 것은 어머니뿐만이 아니겠지. 그는 그것을 똑똑히 알 수 있었다……. 어째서 운명은, 사랑하는 사람들을 결국은 괴롭히는 것이 되는 하나의 사명에 대한 욕망과 힘을 그에게 주었던 것일까?

'아! 만일에 내가 자유롭다면' 크리스토프는 생각했다. '만일 스스로 되지 않으면 안 될 것이 되려고 하는, 되지 않으면 자기 혐오로 죽을 것만 같은 이러한 잔인한 힘에 결박되어 있지 않다면, 나의 사랑하는 사람들이여, 얼마나 나는 당신네들을 행복하게 해드릴 수 있을 것인가! 그렇지만 우선 첫째로 내게 살아가도록 해주시오. 행동하고 싸우고 괴로워하는 것을 용서해 주시오. 그렇게 한다면 더한층 애정 깊은 사람이 되어 당신네들 앞으로 돌아올

것이오. 나는 오직 사랑하고, 사랑하고, 끝까지 사랑하는 일밖에는 하고 싶지 않은 것이오······'

어머니의 비통한 마음의 끊임없는 비난이 만일 끝까지 침묵으로 견뎌 낼 만한 힘이 있었다면 그도 이 비난에 저항할 수는 없었을 것이다. 그렇지만 마음이 약하고 약간 수다스러운 루이자는 숨막힐 듯한 이 고통을 자기 가슴 하나에 간직해 둘 수는 없었다. 루이자는 이 이야기를 이웃 사람들에게 말했다. 또 다른 두 아들에게도 말했다. 그들은 크리스토프를 비난할 절호의 기회를 놓치지 않았다. 더구나 이제는 별다른 이유가 없는데도 여전히 형을 시샘하고 있는 로돌프—크리스토프가 조금만 칭찬을 받아도 불쾌해지고 스스로 인정하지 못할 만큼 저열한 생각으로, 형이 장래 성공할 것을 은근히 두려워하고 있는 로돌프(그는 꽤 현명했으므로 형의 힘을 느낄 수가 있었고 남도 자기와 마찬가지로 이것을 느끼고 있지는 않나 하여 걱정이었다)—그런 로돌프는 크리스토프를 위로부터 꽉 누를 수 있게 되어 기뻐서 어쩔 줄을 몰랐다. 로돌프는 이제까지 어머니가 곤란해하는 것을 알고 있으면서도 한 번도 뒤를 돌봐 드린 적이 없었다. 어머니를 도와 드릴 만한 넉넉한 환경에 있으면서도, 어머니의 치다꺼리는 모두 크리스토프에게 맡겨 두었다. 그런데 크리스토프의 계획 얘기를 듣자 대뜸 자기는 사뭇 애정을 가지고 있는 것처럼 굴었다. 그리고 어머니를 버리려는 것에 분개하여 그것은 도리에 어긋난 이기주의라고 호되게 비난했다. 로돌프는 뻔뻔스럽게도 일부러 찾아와서 이를 크리스토프 앞에서 말했다. 마치 채찍에 얻어맞기에 알맞은 어린아이에게 하는 것처럼 거만스러운 말투로 설교했다. 오만한 태도로 어머니에 대한 의무와 어머니가 크리스토프를 위하여 한 모든 희생을 생각나게 했다. 크리스토프는 미치도록 격분했다. 로돌프의 엉덩이를 걷어차서 문 밖으로 쫓아내고, 교활한 위선자라고 욕을 퍼부었다. 로돌프는 그 보복으로 어머니를 선동했다. 루이자는 그에게 이끌려 크리스토프의 행동은 불효자식이 하는 투라고 믿기 시작했다. 그에게는 집을 나갈 권리는 없다고 여러 번 들었으므로 루이자는 그렇게 믿고 싶어했던 것이다. 가장 강력한 무기였던 눈물에만 멈추지 않고 루이자는 부당한 비난을 크리스토프에게 퍼부었다. 크리스토프는 화가 잔뜩 났다. 두 사람은 서로 듣기 거북한 소리를 주고받았다. 그 결과 이제까지는 그래도 망설였던 크리스토프가 이제는 출발 준비를 서두르는 일밖에 생각하지 않게 되었다. 인정 많은 이웃 사람들이 어머니를 불쌍히 여기고 있다는 것, 시내 소문은 두 사람을 희생자로 삼고 자기를 비인간으로 돌리고 있다는 것을 그도 알고 있었다. 하지만 그는 이를 악물고 다시는 결심을 번복하지 않았다.

며칠이 지났다. 크리스토프와 루이자는 만나도 거의 입을 열지 않았다. 서로 사랑하고 있는 두 사람은 함께 지내는 마지막 며칠간을 끝까지 완전히 음미하려고도 하지 않고(세상에 흔히 있는 일이지만), 거기에는 많은 애정도 사라져 버리는 저 부질없는 찌뿌드드한 기분 속에서 나머지 시간을 낭비했다. 둘은 식탁에서만 얼굴을 맞댈 뿐이었다. 마주 보고 앉아 있어도 서로 얼굴을 보지 않고 애기도 하지 않으며 억지로 몇 술 뜰 뿐이었다. 그것도 먹는 다기보다는 차라리 체면을 차리기 위한 것이었다. 크리스토프가 가까스로 어떻게 두세 마디를 목구멍에서 짜내는 일이 있었다. 루이자는 대꾸도 하지 않았다. 그리고 이번에는 루이자 쪽이 애기를 하려고 하면 그가 잠자코 있었다. 이러한 상태는 두 사람에게는 견딜 수 없는 것이었다. 그리고 이것을 오래 끌면 끌수록 거기서 벗어나기는 한층 어려워졌다. 그렇다면 이대로 헤어져야 하는 것일까? 루이자도 자기가 잘못하고, 서투르게 굴었다는 것을 인정했다. 너무나도 괴로웠으므로 잃어버린 듯한 아들의 마음을 어떻게 하면 돌이킬 수 있는가, 되도록이면 생각하지 않으려 하고 있는 이 출발을 어떻게 하면 말릴 수 있는가, 망연히 먼 산만 내다보았다. 크리스토프는 어머니의 핼쑥해진 부은 얼굴을 몰래 훔쳐보고는 후회하는 마음으로 괴로워 몸부림쳤다. 출발의 결심은 이미 해 버린 것이며 게다가 이것은 자기의 생사에 관계될 만한 일이기도 한 것을 알고 있었으므로 이럴 줄 알았더라면 더 빨리 떠날 것을, 이러한 가책에 빠지지 않더라도 되었을 것을 하는 비겁한 생각을 하기도 했다.

그의 출발은 이틀 뒤로 결정되었다. 슬픈 대면의 시간이 또 지나갔다. 서로 한마디도 나누지 않는 저녁이 끝나자 크리스토프는 자기 방으로 물러갔다. 그리고 두 손으로 머리를 감싸쥐고 책상 앞에 앉아 아무런 일도 하지 못하고 고뇌에 빠졌다. 밤은 깊어 갔다. 새벽 1시가 가까웠다. 돌연 옆방에서 무슨 소리가 들렸다. 의자가 뒤집힌 것이다. 문이 열리더니 맨발에 잠옷 바람의 어머니가 흐느끼며 그의 목덜미에 매달려 왔다. 어머니의 몸은 열로 타올랐다. 아들을 끌어안고 절망적으로 딸꾹질을 하며 호소했다.

"가지 말아 다오! 가지 말아 다오! 제발 부탁이니! 제발 부탁이니! 가지 말아 다오…… 네가 가 버리면 난 죽어 버릴 거다…… 난 도저히 안 되겠다, 도저히 그런 일은 못 견디겠구나! ……"

크리스토프는 깜짝 놀라고, 또 겁이 왈칵 나서 어머니를 껴안고 말했다.

"자, 어머님, 진정하세요. 부탁입니다. 제발 진정 좀 하세요."

그러나 어머니는 여전히 계속해서 말했다.

"난 그런 일 못 참는다…… 내겐 이제 너밖엔 없는데 네가 가 버린다면 난 어쩌란 말이냐? 네가 가 버리면 난 죽고 말 거다. 난 네게서 멀리 떨어진 데서 죽고 싶진 않아. 난 혼자서 죽고 싶지 않아. 내가 죽을 때까지 가지 말아 다오!"

어머니의 말은 그의 가슴을 천 갈래 만 갈래로 찢어 놓았다. 무슨 말로 달래야 할지를 몰랐다. 왈칵 밀어닥치는 이러한 애정과 고뇌의 파도에 대해 어떠한 이치가 저항할 수 있으랴! 그는 어머니를 무릎 위로 안아올리고 키스와 상냥스런 말로 기분을 가라앉히려고 애썼다. 늙은 어머니는 차차 입을 다물고 조용히 울고 있었다. 어머니가 조금 진정했을 때 그는 말했다.

"자, 이제 좀 주무세요. 감기 드시겠어요."

어머니는 되뇌었다.

"가지 말아 다오!"

크리스토프는 아주 나직한 음성으로 말했다.

"안 가겠어요."

어머니는 부르르 몸을 떨었다. 그리고 아들의 손을 꼭 붙잡았다.

"정말이지?" 어머니는 말했다. "정말이지?"

크리스토프는 맥풀린 기분이 되어 그만 외면해 버렸다.

"내일" 그는 말했다. "내일 말씀드리겠어요…… 자, 제발 부탁이니, 저를 내버려 두세요……"

어머니는 순순히 일어서 자기 방으로 돌아갔다.

이튿날 아침 어머니는 한밤중에 미치광이처럼 절망의 발작을 일으킨 일이 부끄러웠다. 그리고 아들이 뭐라고 말할까 겁을 먹고 있었다. 루이자는 방 한구석에 앉아 아들을 기다렸다. 기분을 가다듬으려고 뜨개질감을 손에 들었지만, 손이 말을 듣지 않았다. 일감은 스르르 흘러 떨어졌다. 크리스토프가 들어왔다. 둘은 얼굴을 보지 않고 나직한 소리로 아침 인사를 나누었다. 아들은 우울한 얼굴을 하고 있었다. 창가로 가서 등을 어머니에게 돌려 댄 채 침묵하고 있었다. 그의 가슴속에서는 싸움이 계속되고 있었다. 그 결과는 이미 너무나도 명백히 알고 있었다. 크리스토프는 이것을 연기하려 하고 있었다. 루이자로서는 무슨 말을 건네어 두려워 떨며 기다리고 있는 대답을 굳이 끌어낼 용기는 없었다. 루이자는 다시금 뜨개질을 시작하려 했다. 그러나 자신이 하고 있는 것이 보이지 않았다. 그래서 뜨개질의 매듭이 비뚤어졌다. 밖에는 비가 내렸다. 긴 침묵이 있은 뒤에 크리스토프가 곁으로 다가왔다. 루이자는 꼼짝도 하지 않았다. 그러나 심장은 거세게 뛰고 있었다. 크리스토프는 조용히 선 채로 뚫어지게 어머니를 바라보고 있었다. 그러다가 별안간 엎드려서 어머니의 옷에 얼굴을 묻었다. 그러고는 말없이 울었다. 그래서 루이자는 아들이 집에 머무른다는 것을 알았다. 루이자의 마음은 죽을 것만 같던 괴로움에서 해방되어 안도의 숨을 쉬었다. 그러나 이내, 가책이 마음에 스며들었다. 아들이 자신을 위해 치러 준 희생이 명백히 느껴졌기 때문이었다. 그리고 아들이 어머니를 희생으로 삼았을 때에 괴로웠던 고뇌의 전부를, 이번에는 어머니가 괴로워하기 시작했다. 어머니는 아들 위에 몸을 구부리고 이마와 머리카락에 마구 키스를 퍼부었다. 둘은 침묵 가운데 함께 울고 함께 괴로워했다. 그러나 가까스로 크리스토프는 얼굴을 쳐들었다. 그러자 루이자는 그의 얼굴을 두 손으로 안고 눈 속을 가만히 들여다보았다. 루이자는 말해 주고 싶었다.

"가고 싶은 대로 가려무나!"라고.

그러나 루이자는 그 말을 할 수가 없었다.

크리스토프는 이렇게 말하고 싶었다.

"기꺼이 집에 남겠어요"라고.

그런데 크리스토프는 그 말을 할 수가 없었다.

이러지도 저러지도 못하는 상황이었다. 두 사람 다 어찌할 도리가 없었다. 루이자는 괴로운 애정의 애틋함에 한숨을 후 내어쉬고 말았다.

"아! 모두 함께 태어나 함께 죽을 수만 있다면!"

이러한 소박한 고백이 애정으로서 크리스토프의 가슴에 깊이 와 닿았다.

그는 눈물을 닦고 미소지으려고 애쓰며 말했다.

"함께 죽도록 하지요."

어머니는 다짐을 했다.

"정말이지? 안 가는 거지?"

아들은 일어섰다.

"결정됐습니다. 이제 그 얘기는 그만두지요. 다시 얘기를 되풀이할 필요는 없습니다."

크리스토프는 약속을 지켰다. 그는 다시는 출발한다는 얘기를 입에 담지 않았다. 그러나 역시 그 일을 생각하지 않을 수는 없었다. 크리스토프는 집에 머물렀다. 그러나 언제나 슬픈 듯한 볼멘 얼굴을 하고 있었으므로, 어머니는 그가 치러 준 희생의 대가를 아주 비싼 가격으로 지불해야 했다. 매사에 서투른 루이자는—어머니는 자신의 서투름을 의식하면 의식할수록 더욱 서투르게 되어, 해서는 안 된다고 생각한 일을 꼭 해버렸다—아들의 슬픔의 원인을 너무나 잘 알고 있으면서도 끈질기게 아들의 입에서 그 소리가 나오게 하려고 들었다. 절실한 애정이기는 하지만 침착성이 없고 지리하며 몹시 까다로운 애정으로 그를 귀찮게 굴고서, 두 사람은 다른 인간이라는 것을—그는 이것을 잊으려고 애썼지만—자꾸 생각나게 하고 있었다. 몇 번이나 아들은 자기 가슴속을 어머니에게 죄다 털어놓고 말하고 싶었을까! 그러나 얘기하려고 하면 두 사람 사이를 커다란 벽이 가로막았다. 그래서 비밀을 다시 가슴 밑바닥에 감추어 버렸다. 어머니는 이 일을 눈치채고 있었다. 그래도 그의 고백의 얘기를 끌어 낼 만한 용기는 없었다. 혹은 어떻게 하면 끌어 내게 되는지 알지 못했다. 때로 그걸 해보아도 그의 마음에 무겁게 덮어씌워진, 그리고 말하고 싶어서 못 견뎌 하는 그러한 비밀을 더한층 가슴속 깊이 거둬들이게만 할 따름이었다.

많은 사소한 일이며 악의 없는 숱한 버릇도 크리스토프의 마음을 불편하게 하여 어머니를 그에게서 떼어 놓았다. 사람 좋은 이 늙은 어머니는 약간 노망기가 있었다. 어머니는 이웃집의 소문을 되풀이하고 싶어했다. 또 유모와 같은 애정을 가지고 있어, 어린 시절의 하찮은 일이나 어른을 다시금 요람에 붙들어매는 일을 집요하게 생각나게 했다. 인간은 거기서 빠져나오기 위해, 하나의 완전한 인간이 되기 위해 무척 힘들여 수고해 온 것이다! 그런데도 줄리엣의 유모(셰익스피어의 《로미오와 줄리엣》 중의 인물)가 찾아와 더러워진 기저귀나, 평범한 생각이나, 또 방금 태어난 혼이 저급한 물질과 숨막히는 환경과의 압박에 대해 거역하며 발버둥치는 저 생각하기도 싫은 시기를, 펼쳐 보여줘야만 한다는 것인가!

그런 일을 저지르다가도 루이자는 가끔 감동적인 애정의 발작—마치 작은 어린애에게 대하는 듯한—을 보이는 수가 있어 크리스토프는 이것에 사로잡혔다. 마치 작은 어린애처럼 이것에 몸을 내맡겼다.

가장 좋지 못한 것은 그들처럼 아침부터 밤까지 함께, 언제나 함께, 다른 사람들로부터 떠나 생활한다는 일이었다. 둘은 함께 괴로워하고, 그리고 서로 상대의 괴로움을 고쳐 줄 수가 없을 때에는 자연 그 괴로움이 더욱 격심해지는 것이었다. 나중에는 제 괴로움의 책임을 상대에게 덮어 씌우고 정말 그렇다고 믿어 버린다. 그렇게 되기보다는 차라리 혼자 있는 쪽이 낫다. 자기 혼자서 괴로워하면 그것으로 일은 끝난다.

그들 두 사람에게는 하루하루가 무척 괴로운 나날이었다. 흔히 그렇듯이 그들의 경우도 우발적인 사건이 일어나 외견상으로는 불행한, 그러나 사실 교묘한 방법으로 그들이 버둥거리며 괴로워하던 공중에 매달린 잔학한 상태를 끝내게 해 주었지만, 만일 이 사건이 없었더라면 둘은 영원히 그러한 상태를 벗어나지 못했을 것이다.

*

10월의 어느 일요일 오후 4시, 날씨는 무척 좋았다. 크리스토프는 온종일 자기 방에 틀어박혀 '자기의 우울을 맛보며' 골똘히 생각에 잠겨 있었다.

그는 더 참을 수 없었다. 밖에 나가 돌아다니고, 힘을 소모하고, 기진맥진해서 아무것도 생각하고 싶지 않은 미칠 듯한 욕망에 사로잡혔다.

전날부터 어머니와의 사이가 거북했다. 그는 아무 말 없이 외출하려고 했다. 그런데 층계참까지 왔을 때 외톨이가 된 어머니가 밤새도록 쓸쓸해할 것이라는 생각이 들었다. 그는 무엇을 잊어버렸다는 핑계를 스스로에게 대고서 되돌아갔다. 어머니의 방문이 빠끔히 열려 있었다. 그는 틈바구니로 머리를 들이밀었다. 그리고 몇 초 동안 어머니를 바라보았…… 이 몇 초 동안은 이제부터의 그의 생애에 어떠한 장소를 차지하게 되었던 것일까! ……

루이자는 그때 저녁 기도에서 돌아온 참이었다. 창문 구석의 루이자가 좋아하는 장소에 앉아 있었다. 정면에 보이는 집의 더러워지고 금 간 흰 벽이 전망을 가로막고 있었다. 그렇지만 그녀가 앉아 있는 구석에서는 바른쪽으로 이웃집의 안뜰 두 개 너머로 손수건만 한 잔디밭이 조금 보였다. 창가에는 화분에 심은 나팔꽃이 가는 새끼줄을 타고 얽혀 밧줄 사다리 위에 엷은 그물을 펴고, 한 줄기 광선이 이를 어루만지고 있었다. 루이자는 낮은 의자에 앉아 등을 동그랗게 하고 무릎 위에 커다란 성경책을 펼치고 있었다. 그러나 별로 그것을 읽고 있지는 않았다. 양손을—그 정맥은 부풀어오르고 손톱은 노동하는 사람처럼 네모지고 조금 위로 휘었다—성경 위에 편편하게 놓고 나팔꽃과 그 잎과 덩굴 사이로 보이는 하늘의 한 모서리를 애정이 담뿍 어린 눈으로 고요히 보고 있었다. 금빛을 띤 초록 이파리에 비쳐들고 있는 광선의 반사가, 마마 자국이 얼마쯤 있는 피로한 얼굴과 퍽 가늘고 숱이 적어진 흰 머리와 반쯤 벌어져 미소 짓고 있는 입을 환히 비추었다. 그녀는 이 휴식 시간을 즐기고 있었다. 이것은 일주일 동안에 가장 즐거운 순간이었다. 그녀는 이 순간을 이용해서 애써 일하는 자에게는 참으로 기분 좋은, 아무것도 생각하지 않아도 되는 그러한 상태에 젖어 있었다. 거기서는 온몸이 황홀해져 반쯤 풀고 있는 마음만이 얘기하고 있는 것이다.

"어머니." 그는 말했다. "밖에 좀 나가보고 싶어서요. 뷔르 쪽을 한 바퀴 돌고 오겠습니다. 어쩌면 좀 늦어질는지도 모르겠어요."

꾸벅거리던 루이자는 가볍게 몸을 떨었다. 그러고는 그쪽으로 얼굴을 들어 상냥스럽고 온화한 눈으로 그를 물끄러미 바라보았다.

"갔다 오려무나." 그녀는 말했다. "그게 좋겠어, 날씨가 좋으니깐 말야."

그녀는 그에게 미소를 보냈다. 그도 역시 미소를 보냈다. 둘은 한순간 서로 마주 본 채 가만히 있었다. 그리고 나서 머리와 눈으로 살짝 애정이 담긴 저녁 인사를 서로 나누었다.

그는 문을 살며시 닫았다. 그녀는 다시금 천천히 꿈꾸는 기분으로 돌아갔다. 거기서는 아들의 미소가 나팔꽃의 창백한 이파리에 비쳐든 태양 광선처럼 한 줄기 밝은 반사를 던지고 있었다.

이리하여 그는 어머니를 혼자 놓아두고 온 것이었다. 한평생.

10월의 저녁녘, 희푸르고 미지근한 햇빛, 깨나른한 전원은 졸고 있다. 마을의 자그마한 여러 개의 종이 들녘의 고요 속에서도 천천히 울려 퍼지고 있다. 경작지 한복판에서 몇 줄기 연기가 느릿느릿 피어오른다. 엷은 어스름이 멀리서 피어 일렁거린다. 축축한 대지에 엉거주춤 쭈그리고 있는 흰 안개는 밤이 오기를 기다리고 있다……. 사냥개 한 마리가 땅에 코빼기를 들이대고 사탕무밭을 빙빙 돌아다니고 있다. 작은 까마귀 떼가 여럿, 잿빛 하늘을 맴돌고 있었다.

크리스토프는 몽상에 잠겨 별로 목적도 없이 거닐고 있었는데 발은 본능적으로 한곳의 방향을 향했다. 요즘 수주일 동안 그의 교외 산책은 한 마을로 끌려들었다. 거기 가면 반드시 어떤 아름다운 처녀를 만나게 되었다. 그는 처녀에게 마음이 끌렸다. 그것은 단지 하나의 매력에 지나지 않았지만 무척 강하고, 그리고 그의 마음을 조금은 어수선하게 휘저어놓는 매력이었다. 크리스토프는 거의 언제나 누군가를 사랑하지 않고는 못 배기었다. 그의 마음이 공허한 채로 있는 일은 좀처럼 드물었다. 거기에는 항상 우상으로서의 어떤 얼굴 모습이 있었다. 많은 경우, 그 우상이 자기의 사랑을 알고 있는지 어떤지는 그에게 있어서는 아무래도 좋은 일이었다. 그에게 필요한 것은 사랑하는 일이었다. 자기 마음속이 깜깜 절벽이 되지 않는 것이 필요했다.

이번 새로운 정염의 대상은 어느 농가의 처녀였다. 크리스토프는 그 처녀를—마치 엘리에제르가 레베카(구약성서 창세기 속의 인물)를 만났을 때처럼—샘물가에서 만났던 것이다. 그러나 그 처녀는 레베카처럼 그에게 물을 길어 먹여 주지는 않았다. 그러기는커녕 그의 얼굴에 물을 끼얹은 것이다. 처녀는 개울가 둑의 움푹한 곳에서 무릎을 꿇고 부지런히 속옷을 빨고 있었다. 그곳은 두 그루의 버드나무 사이여서 버드나무 뿌리는 처녀 둘레에 마치 새 둥우리 같은 모양을 이루었다. 처녀의 혀도 그 팔에 못지않게 활발했다. 개울 건너편에서 빨래하는 다른 마을 처녀들과 큰 소리로 얘기하거나 웃거나 했다. 크리스토프는 거기서 몇 발자국 떨어진 풀밭에 엎드려 있었다. 그리고 턱을 두 손으로 괴고 처녀를 바라보았다. 그들은 이것에 조금도 신경쓰지 않았다. 몹시 드세고 떠들썩하게 수다를 계속했다. 그런 그들의 모습에는 꽤 신랄한 데도 있었다. 그러나 크리스토프는 그들의 이야기에는 귀를 기울이지 않았다. 다만 빨랫방망이 소리와 멀리 목장에서 들려오는 소 울음소리 따위에 섞여 오는 처녀들의 웃음소리를 듣고 있을 뿐이었다. 그리고 빨래하는 한 아름다운 처녀에게서 눈을 떼지 않고 멍하니 몽상에 잠겨 있었다. 처녀들은 이내 그가 누구를 물끄러미 바라보고 있는가를 깨달았다. 그들은 짓궂게 빗대어 말하기 시작했다. 크리스토프가 바라보는 처녀도 그를 향해 신랄하게 익살을 퍼부었다. 그래도 그가 움직이지 않자 처녀는 일어나 물을 짠 한아름의 빨래를 안고 그의 옆으로 다가와 풀 덤불 위에 빨래를 널기 시작했다. 그것은 그의 얼굴을 잘 보기 위한 구실이었다. 크리스토프의 곁을 지날 때에는 젖은 빨래의 물방울이 그의 얼굴에 떨어지도록 했다. 그리고 웃으며 뻔뻔스럽게 그의 얼굴을 내려다보았다. 처녀는 마른 편이었지만 단단했다. 약간 뾰죽한 튼튼한 턱, 짤막한 코, 아름다운 활 모양의 눈썹, 반짝반짝 빛나는 강하고 대담하며 푸른 기가 짙은 눈, 그리스 가면의 입술을 닮은 조금 튀어나온 듯한 두툼한 입술과 아름다운 입, 목덜미에 치렁치렁 늘어진 푸짐한 금발, 햇볕에 탄 얼굴빛, 그러한 모습이었다. 머리를 똑바로 세우고는 무슨 말이건 한마디 할 때마다 놀리듯이 웃고 햇빛에 드러낸 양팔을 휘두르며 사내처럼 걸어다녔다. 처녀는 도전하는 듯한 눈초리로 크리스토프를 바라보고, 그가 무슨 말을 걸어오기를 기다리면서 빨래를 널고 있었다. 그리고 나중에는 그의 코앞에서 깔깔대고 친구들 쪽으로 돌아갔다. 크리스토프는 저녁이 될 때까지 거기 드러누운 채 가만히 그대로 있었다. 처녀가 빨래 광주리를 등에 지고 벌거숭이 팔을 팔짱끼고 앞으로 엉거주춤한 자세로 여전히 수다를 떨고 웃으며 돌아갈 때까지.

그 뒤 이삼 일이 지나 거리 시장의 홍당무, 토마토, 오이, 캐비지 등이 산더미로 쌓인 가운데서 크리스토프는 다시 그 처녀를 발견했다. 그때 크리스토프는, 팔려고 내놓은 여자 노예처럼 광주리 앞에 쭉 늘어선 여자 장사꾼의 무리를 보며 어슬렁거리고 있었다. 지갑과 표 다발을 가진 경관이 처녀들 한 사람 한 사람 앞으로 가서는 잔돈을 받고 대신 표를 내주었다. 커피를 파는 여자가 작은 커피 포트가 잔뜩 든 광주리를 가지고 줄에서 줄로 걸어다니고 있었다. 한 뚱뚱하고 명랑한 늙수그레한 수녀가 양팔에 하나씩 큰 광주리를 끼고 시장을 한 바퀴 돌며, 하느님 얘기를 늘어놓으며 체면 불구하고 채소류의 기부를 요구하고 있었다. 사람들은 큰 소리로 마구 고함을 질렀다. 접시를 녹색으로 칠한 구식 저울이 절컥절컥 울렸다. 작은 수레에 비끄러맨 커다란 개들이 저희가 맡은 일의 중요함을 뽐내는 듯이 신나게 짖어 댔다. 그러한 혼란 속에서 크리스토프는 레베카의 모습을 보았던 것이다. ―그녀의 진짜 이름은 로르헨이라고 했다―그녀는 틀어올린 금발 위에다 흰빛과 초록빛이 섞인 캐비지 이파리 한 개를 꽂고 있었다. 그것은 레이스 장식이 달린 모자 같았다. 잔뜩 쌓아 놓은 금빛 양파와 장밋빛 작은 순무며, 녹색 완두콩과 빨간 사과 따위 앞에서, 광주리에 걸터앉아 장사할 생각은 하지 않고 사과를 연달아 깨물고 있었다.

로르헨은 자꾸만 먹어 댔다. 가끔 앞치마로 턱과 목을 닦고, 쏟아져내리는 머리카락을 팔로 추켜올리고, 뺨을 어깨에 비벼 대고, 손등으로 코를 문질렀다. 혹은 또 양손을 무릎 위에 놓고 완두콩 한 줌을 이 손에서 저 손으로 언제까지나 헤아려 옮기고 있었다. 그리고 하릴없이 좌우로 눈을 두리번거렸다. 하지만 주위에서 일어나고 있는 일은 하나도 놓치지 않았다. 그리고 자기에게 쏟아지고 있는 시선은 상관하지 않는 체하고 있으면서도 죄다 보고 있었다. 크리스토프의 모습도 완전히 눈에 들어와 있었다. 손님과 지껄이면서도 그 머리 너머로 눈썹 끝을 찡그리며 자기의 찬미자를 관찰하고 있었다. 로르헨은 겉으로는 사뭇 교황이나 되는 것처럼 엄숙하게 도사렸다. 그러나 마음속으로는 크리스토프를 조롱하고 있었다. 또 그는 조롱받아도 하는 수 없었다. 로르헨에게서 대여섯 걸음 떨어진 곳에 우뚝 서서 그녀를 집어삼킬 듯이 바라보고 있었던 것이다. 그리고 나서는 아무 말도 건네지 않고 가버렸다.

크리스토프는 그 뒤에도 여러 차례나 처녀가 살고 있는 마을로 와서 주위를 어슬렁거렸다. 처녀는 자기 집 앞뜰을 왔다 갔다 했다. 크리스토프는 길가에 멈춰 서서 그러한 그녀를 물끄러미 바라보았다. 크리스토프는 그녀를 목적으로 이곳에 온다고는 생각지 않았다. 사실 거의 그런 일은 생각지 않았다. 하나의 작곡에 골몰하게 되면 크리스토프는 몽유병자처럼 되었다. 의식적인 혼이 음악의 구상을 추구하기 시작하면 존재의 다른 부분은 또 하나의 무의식적인 혼에 몸을 맡겨 버리는 것이다. 이 무의식적인 혼은 정신이 조금만 틈을 보여도 곧 자유로운 세계로 달아나려 했다. 크리스토프는 번번이 그녀의 바로 정면에 있으면서도, 자기 음악의 웅성거림에 마음을 빼앗겼다. 그리고 그녀의 얼굴을 보며 몽상을 계속했다. 그가 그녀를 사랑하고 있다고는 할 수 없었다. 그것은 생각지도 않았다. 크리스토프는 그녀를 보는 것이 즐거웠다. 단지 그것뿐이었다. 크리스토프는 자신을 그녀 쪽으로 끌어당기는 욕망에 대해서는 깨닫지 못했다.

이러한 끈질긴 방법은 소문을 퍼뜨렸다. 농가 사람들은 그를 비웃고 있었다. 그들로서도 크리스토프가 누구라는 것은 알고 있었다. 그러나 그를 그냥 내버려두었다. 별달리 나쁜 짓을 하는 것도 아니었으니까. 요컨대 그는 바보처럼 보였던 것이다. 그러나 크리스토프는 자신이 어떻게 보여도 관심이 없었다.

*

마을의 축제일이었다. 개구쟁이 아이들은 조약돌 사이에서 폭죽을 터뜨리며 '황제 만세!'를 외치고 있었다. 외양간에 갇힌 송아지 울음소리와 주막집에서 술을 마시는 패들의 노랫소리가 들려 왔다. 혜성처럼 꼬리를 달고 있는 연이 밭 위로 높다랗게 올라가 꿈틀꿈틀 움직였다. 닭이 노란 둥우리의 짚을 긁어 흐트러뜨리고 있었다. 바람이 불어 닭의 깃이 늙은 귀부인의 치마처럼 부풀어올랐다. 불그레한 돼지 한 마리가 양지쪽에서 기분이 좋은 듯 옆으로 배를 보이는 채 잠들어 있었다.

크리스토프는 트르와 르와(三王亭)라는 음식점의 붉은 지붕을 향해 걸어갔다. 그 위에는 작은 깃발이 펄럭이고 있었다. 가게 정면에는 염주알을 꿴 듯한 양파가 걸려 있고 창문에는 빨강과 노랑의 금련화가 장식되어 있었다. 크리스토프는 이 넓은 홀로 들어갔다. 담배 연기가 자욱이 피어올랐고 벽에는 누렇게 바랜 착색 석판화가 쭉 걸려 있는데, 그 윗자리에는 참나무 이파리 장식이 붙은 황제의 색채 인쇄 초상화가 걸려 있었다. 사람들은 춤을 추고 있었다. 크리스토프는 저 아름다운 처녀가 반드시 여기 있으리라고 생각했다.

과연 크리스토프는 맨 처음 그녀의 얼굴을 찾아냈다. 그는 방 한구석에 자리잡았다. 거기서라면 춤을 추는 사람들의 움직임을 침착하게 천천히 볼 수 있을 것 같았다. 눈치채이지 않도록 조심한다고 했지만 로르헨은 어느새 구석진 곳에 있는 크리스토프를 찾아냈다. 끝없이 계속되는 왈츠를 추며 그녀는 상대의 어깨 너머로 재빠르게 추파를 던져 주었다. 그리고 그를 더욱 자극하려고 커다랗게 입을 벌리고 웃으면서 마을의 젊은이들과 희롱하고 있었다. 무척 수다를 늘어놓고 너절한 소리를 지껄여 댔다. 그런 점으로는 그녀도 사교계 처녀들과 다른 데라곤 없었다. 그들은 남들이 구경하고 있으면 웃거나 움직여 돌아다녀야 한다고 생각한다. 또 자기들을 위해서가 아니라 구경꾼들을 위해 바보가 되어야 한다고 생각한다. 그런데 이 점에 있어서는 그들은 그렇게 어리석지는 않다. 왜냐하면 구경꾼은 저희를 바라보고는 있지만, 귀를 기울이지는 않는 것을 그녀들은 잘 알고 있기 때문이다. 크리스토프는 탁자에 팔을 짚고 움켜쥔 주먹 위에 턱을 괴고 처녀의 꼴불견을 분노에 이글거리는 눈으로 지켜보았다. 그의 마음은 그녀의 술책에 넘어가지 않을 만큼 여유가 있었다. 그러나 그 교활함에 이끌려들지 않을 만한 여유는 없었다. 그리하여 그는 화를 내는가 하면 킬킬 웃어대며 그녀의 매력에 끌리면서도, 그 덫에 걸릴까 보냐는 듯이 어깨를 으쓱거리고 있었다.

또 한 사람이 크리스토프를 조용히 관찰하고 있었다. 그것은 로르헨의 아버지였다. 작은 키에 통통하고, 얼굴이 넓적한데다가 코가 짤막하고, 벗겨진 대머리는 햇볕에 탔으며, 금발이었던 머리카락이 둘레에만 남아 있어 뒤러 ^(15세기의 독일 화가)가 그린 성 요한처럼 두텁게 말려든 고수머리였다. 수염을 깨끗이 밀어 낸 무표정한 얼굴로, 기다란 파이프를 입가에 물고 농부들과 느릿느릿한 말투로 얘기를 하며 곁눈질로 크리스토프의 동작을 하나도 빼지 않고 엿보았다. 그리고 그는 몰래 혼자 웃음을 지었다. 이윽고 고수머리 영감은 헛기침을 했다. 작은 잿빛 눈에 짓궂은 빛을 번득이며 크리스토프의 탁자 옆에 앉았다. 크리스토프는 불쾌해져서 그쪽으로 찌푸린 얼굴을 돌렸다. 그러자 노인의 교활한 눈과 부딪혔다. 노인은 파이프를 문 채 스스럼없이 말을 걸었다. 크리스토프는 이 노인을 알고 있었다. 성질이 좋지 않은 인간이라고 생각했었다. 그렇지만 처녀에게 끌리고 있다는 약점으로 해서 그 아버지에 대해 관대해졌다. 그뿐만 아니라 그와 함께 있다는 데에 기묘한 기쁨까지 느꼈다. 간교한 노인은 아마도 이를 눈치채고 있었는지도 모른다. 노인은 날씨 얘기를 하고 예쁜 처녀들이며 크리스토프가 춤추지 않는 데에 대해 빙 둘러 꼬집은 뒤, 춤처럼 힘에 겨운 일은 하지 않는 것이 현명하다, 술잔을 앞에 놓고 탁자 가에 팔을 짚고 앉아 있는 쪽이 훨씬 낫다고 결론지었다. 그리고 사양치 않고 한 잔 얻어마셨다. 노인은 잔을 들며 천천히 지껄였다. 자질구레한 문제와 생활이 어렵다는 것, 고르지 못한 날씨, 모든 물가가 높아진 것 등을 애기했다. 크리스토프는 내키지 않는 간단한 대답밖에 하지 않았다. 그런 애기에는 흥미가 없었다. 크리스토프는 다만 로르헨을 가만히 바라보고 있을 뿐이었다. 가끔 침묵이 흘렀다. 노인은 그의 한마디를 기다렸다. 하지만 어떤 대답도 없었다. 그래서 노인은 다시 느릿느릿 애기를 시작했다. 크리스토프는 어찌하여 이 노인이 자기와 친근해지기를 바라며 여러 가지로 속마음을 털어놓는지 의아해했다. 그러나 이윽고 그 까닭을 알았다. 노인은 실컷 넋두리를 늘어놓고 나서 마침내 딴 화제로 바꾸었다. 노인은 자기네 집에서 나오는 것들 곧 채소, 닭, 달걀, 우유 등이 상품이라는 것을 자랑하고 나서 갑자기 궁정에 조달할 수 있도록 알선해 줄 수 없겠느냐고 물었다. 크리스토프는 깜짝 놀랐다.

"어떻게 알고 있지요? …… 그럼 나에 대해 알고 있단 말씀이지요?"

"알구말구요" 노인은 말했다. "무엇이건 죄다 알고 있지요……"

그러나 노인은 다음 말을 붙이지는 않았다.

"……그저 조금만 제가 조사하면야."

크리스토프는 짓궂은 기쁨을 맛보며, '무엇이건 죄다 알고 있는지' 모르지만 실은 저 조그만 궁정과 싸운 일, 그리고 옛날엔 궁정의 사무국과 주방에 얼마쯤 신용이 있었다고 자처할 수도 있었지만—그런데 그것은 그 자신도 크게 의문이었다—이 신용은 지금은 온통 실추해 버렸다는 것을 애기했다. 노인은 약간 입술을 씰룩거렸다. 그러나 그렇다고 마음이 꺾이지는 않았다. 잠시 침묵한 뒤 이러저러한 가정에 소개해 줄 수는 없겠는가고 물었다. 그리고는 크리스토프와 관계있는 가정을 주워 댔다. 시장 사람들에게서 들어 정확히 조사를 해둔 것이었다. 본래 같으면 크리스토프는 이러한 스파이 행위에 매우 분개할 것이었지만, 노인이 아무리 꾀가 비상하다 할지라도 결국은 허탕을 치게 되리라고 생각하니 오히려 웃고 싶었다(왜냐하면 노인은 자기가 바라고 있는 소개가, 새로운 고객들을 늘리기커녕 떨어지게 할 것이라고는 생각지 않았기 때문이다). 그래서 크리스토프는 노인이 전혀 효과도 없는 서투른 계략을 이러쿵저러쿵 애기하는 것을 잠자코 듣고 있었다. 크리스토프는 그대로 하겠다고도 싫다고도 하지 않았다. 그런데 농부는 끈질기게 졸랐다. 그리고 마지막으로는 최종 수단으로서 남겨 두었던 크리스토프 자신과 루이자에게 창끝을 돌려 대어, 꼭 그들에게 자기네의 우유와 버터와 크림을 팔아 보려고 했다. 다시 덧붙여서 크리스토프는 음악가이니까 아침 저녁으로 날달걀을 먹는 것만큼 목청에 좋은 것은 없다고 말했다. 그리고 닭이 금방 낳은 따뜻한 달걀을 보내 줄 수 있다고 말했다. 크리스토프는 이 노인이 자기를 가수로 착각하고 있다는 것을 생각하고는 큰 소리를 내어 웃었다. 농부는 이 기회를 이용해서 술을 한 잔 더 얻어마셨다. 그리고 마실 것을 다 마시자, 지금 당장에 크리스토프에게서 끌어낼 것은 죄다 끌어냈으므로 얼른 일어나서 가버렸다.

밤이 되었다. 춤은 점점 더 활기를 띠었다. 로르헨은 이미 크리스토프에게는 전혀 관심을 두지 않았다. 마을의 어느 난봉꾼 청년을 유혹하려고 열심이었다. 난봉꾼 청년은 부농의 아들로서 마을 처녀들이 모두들 경쟁을 벌이고 있었다. 크리스토프는 이 싸움에 흥미를 가졌다. 처녀들은 서로 웃는 얼굴을 보였지만 여차하면 기꺼이 서로를 쥐어뜯을 것이다. 선량한 크리스토프는 넋을 잃고 로르헨의 승리를 기원했다. 그런데 정작 그녀가 승리를 차지하자 그는 어쩐지 좀 슬퍼졌다. 그래서 그러한 자신을 책망했다. 크리스토프는 별로 로르헨을 사랑하지도 않았기에, 그녀 자신이 좋아하는 사람을 사랑하는 것은 극히 당연한 일이었다. 물론 그것은 분명했다. 그러나 자기가 외톨이라고 느끼는 것은 유쾌한 일은 아니었다. 여기 있는 사람들은 모두 그를 이용하고 그를 비웃었을 뿐, 그에게 흥미를 느끼지는 않았다. 크리스토프는 한숨을 내어쉬고 로르헨을 보고는 살며시 웃었다. 로르헨은 경쟁자들을 분노케 한 기쁨으로 몇십 배나 더 아름다워 보였다. 크리스토프는 돌아가려고 했다. 벌써 9시가 가까웠다. 시내로 돌아가려면 꼬박 이십 리 길을 걸어가야 했다.

크리스토프가 탁자에서 일어나려 했을 때 입구의 문이 열렸다. 그리고 열 명쯤 되는 병사들이 몰려들어왔다. 그들이 들어왔기 때문에 방 안 공기가 서먹서먹해졌다. 사람들은 소리를 죽여 소곤거리기 시작했다. 몇 쌍인가 춤추고 있던 이들은 춤을 멈추고 새로 온 사람들을 불안스러운 눈으로 바라보았다. 문간에 서 있던 농부들은 일부러 병사들에게 등을 돌려대고 자기네들끼리만 서로 얘기했다. 그러나 겉으로는 드러내지 않으면서 조심스럽게 몸을 비켜 그들에게 길을 터주었다. 얼마 전부터 이 고장 사람들은 시의 둘레에 있는 요새의 수비병들과 암암리에 다툼을 해오고 있었다. 병사들은 지루함을 견딜 수가 없어 농부들에게 심심풀이로 장난질을 했다. 농부들을 심한 말로 놀려 대거나 못살게 굴고, 또 처녀들에 대해서는 점령지에서 하는 것과 같은 짓을 했다. 지난주에도 술에 취한 몇몇 병사들이 이웃 마을의 축제를 망쳐 놓고 소작인 한 사람을 반쯤 죽여 놓았었다. 크리스토프는 이러한 일을 알고 있었으므로 농부들과 똑같은 심정이었다. 그래서 다시 주저앉아 일이 되어 나가는 꼴을 주시했다.

병사들은 혐오의 눈으로 바라보고 있다는 것 따위는 개의치 않고, 만원 탁자에 법석을 피우며 끼어들어 먼저 온 손님을 밀어내고 자리를 잡았다. 순식간의 일이었다. 대부분의 손님들은 투덜거리며 자리를 떴다. 벤치 한쪽 끝에 걸터앉은 노인 하나는 그렇듯 빨리 거동을 할 수가 없었다. 병사들은 벤치를 쳐들었다. 그러자 노인은 병사들의 '와' 하는 웃음소리와 함께 나자빠졌다. 크리스토프는 왈칵 분노가 치밀었다. 그러나 크리스토프가 막 이 사태에 뛰어들려는 순간 노인이 가까스로 바닥에서 일어났다. 그러고는, 불평을 하기는커녕 퍽이나 죄송해하며 빌고 있는 게 아닌가. 두 병사가 크리스토프의 탁자로 왔다. 크리스토프는 그들이 다가오는 것을 보고 주먹을 불끈 움켜쥐었다. 그러나 저항해서 싸울 것은 없었다. 두 병사의 몸집은 운동선수처럼 컸지만 사람들은 좋은 자들이어서, 단 한두 사람의 난폭자 꽁무니를 따라 그들의 흉내를 내려던 참이었다. 그들은 크리스토프의 의젓한 태도에 압도되었다. 크리스토프는 무뚝뚝한 어조로 말했다.

"이 자리는 임자가 있네……"

그 말을 듣자 병사들은 당황해서 사과하고 그의 방해가 되지 않도록 벤치 가장자리 쪽으로 물러났다. 크리스토프의 목소리에는 남들 위에 서는 자의 위엄이 있었다. 그래서 그들이 지니고 있던 노예근성이 머리를 치켜들었던 것이다. 크리스토프가 농부가 아니라는 것은 그들로서도 똑똑히 알 수 있었다.

크리스토프는 그들의 온순한 태도에 기분도 얼마만큼 가라앉자 사태를 한층 냉정히 관찰할 수 있었다. 이 패거리들은 한 명의 하사관이 인솔하고 있다는 것을 쉽게 알 수 있었다. 하사관은 매서운 눈초리를 한 불도그 같은 작은 사나이로서 아주 위선적이고 심술궂은, 상스런 얼굴을 하고 있었다. 전번 일요일에 소동을 일으킨 장본인의 한 사람이었다. 크리스토프의 옆 탁자에 앉은 그는 벌써 술이 곤드레가 되어 사람들의 얼굴을 훑어보고는 독살스런 욕지거리를 퍼부었다. 사람들은 못 들은 체하고 있었다. 그는 특히 춤을 추고 있는 남녀들에게 공격의 화살을 돌려 대어, 그들 몸매가 잘 빠졌다는 둥 또는 엉망이라는 둥 상스러운 말을 마구 해댔다. 그러자 패거리들은 낄낄대며 웃었다. 처녀들은 얼굴을 붉히고 눈물을 머금었다. 청년들은 이를 악물고 침묵한 채 분개해 있었다. 이 악당은 방 안을 온통 천천히 휘둘러보며 한 사람도 놓치지 않았다. 크리스토프는 그의 시선이 자기 쪽으로 오는 것을 보았다. 그는 컵을 꽉 움켜쥐었다. 그리고 주먹을 탁자 위에 올려놓고 무슨 무례한 소리라도 하기만 하면 상대의 얼굴에 컵을 집어던지려고 겨누었다. 그는 마음속으로 말하고 있었다.

'내가 미쳤구나. 나가 버리는 게 낫다. 배때기에 구멍이 나게 될는지도 모르겠는걸. 비록 지금 당장은 피한다 할지라도 나중에 감옥에 처박히게 될 것이다. 헛수고만 잔뜩 하게 되겠지. 싸움을 걸어오기 전에 떠나자.'

하지만 그의 자존심이 그것을 거부했다. 이러한 녀석들에게서 도망치는 꼴을 보이고 싶지 않았다. 음험하고 흉포한 눈길로 그를 쏘아보았다. 크리스토프는 몸을 긴장시키고 화난 눈초리로 노려보았다. 하사관은 순간 그의 얼굴을 관찰했다. 크리스토프의 얼굴 생김새를 그는 재미있어했다. 팔꿈치로 옆의 병사를 쿡 찌르더니 냉소를 지으며 청년 쪽을 가리켰다. 그리고 이미 험구를 늘어놓으려고 입을 벙긋할 참이었다. 크리스토프는 온몸의 힘을 모아 컵을 집어던지려고 했다. 이번에도 또 우연이 그를 도왔다. 그 주정뱅이가 무슨 말을 하려던 순간에 한 쌍의 서투른 춤꾼이 부딪쳤으므로 주정뱅이는 손에 든 컵을 떨어뜨렸다. 그는 화를 버럭 내며 뒤를 돌아보고 갖은 욕설을 다 퍼부었다. 그의 관심은 빗나가 버렸다. 그는 벌써 크리스토프의 일은 생각지 않았다. 크리스토프는 다시 몇 분 동안 기다렸다. 그리고 상대가 이젠 자기에게 말을 걸려고 하지 않음을 보자 일어나서 천천히 모자를 집어들고 뚜벅뚜벅 문간 쪽으로 걸어갔다. 자기는 결코 도망치는 게 아니라는 것을 상대에게 똑똑히 알리기 위해 상대가 앉아 있는 벤치에서 눈을 떼지 않았다. 그러나 하사관 쪽에서는 그의 일은 벌써 모두 잊고 있었다. 누구 하나 그에게 신경쓰는 사람은 없었다.

크리스토프는 문의 손잡이를 돌렸다. 잠시 뒤면 그는 밖으로 나갈 수가 있었다. 하지만 운명은 그를 그냥 무사히 나가게 하지 않았다. 방 안 깊숙이에서 대소동이 벌어졌다. 병사들은 술을 마신 뒤 춤을 출 셈이었다. 그렇지만 처녀들에게는 상대가 있었으므로 그들은 남자들을 쫓아 버렸다. 남자들은 시키는 대로 했다. 그러나 로르헨만은 말을 듣지 않았다. 크리스토프를 기쁘게 하는 저 대담한 눈과 고집센 턱은 결코 멋으로만 가지고 있는 것이 아니었다. 로르헨이 미친 듯이 왈츠를 추고 있을 때 그녀에게 눈독을 들인 하사관이 그녀에게서 상대를 떼놓으려고 들었다. 로르헨은 발을 구르며 큰 소리로 외쳤다. 그리고 하사관을 떠다밀며, 누가 이런 상스런 녀석하고 춤출까 보냐고 잘라 말했다. 하사관은 뒤쫓아왔다. 로르헨이 사람들 등 뒤로 숨자 그는 사람들을 주먹으로 두들겨 팼다. 드디어 로르헨은 한 탁자의 건너편 쪽으로 도망쳐 그의 손에서 벗어나자 숨을 들이켜고 상대를 욕하기 시작했다. 로르헨은 자기의 저항이 아무 소용이 없음을 알고 있었다. 그래서 더욱 미치광이처럼 발을 구르고 더할 수 없이 상대를 모욕하는 말을 찾아내 하사관의 얼굴을 외양간의 여러 짐승들과 비교했다. 하사관은 탁자 쪽에서 로르헨 쪽으로 몸을 내어밀고 야비한 미소를 띠고 있었다. 그 눈은 분노로 번쩍번쩍 빛났다. 돌연 그는 탁자를 뛰어넘었다. 그는 로르헨을 붙들었다. 로르헨은 소리치는 처녀의 본성을 발휘하여 때리고 차고 갖은 앙탈을 다 부렸다. 하사관은 제대로 서 있지 않았기 때문에 자칫 몸의 균형을 잃고 쓰러질 뻔했다. 분노로 미치광이가 된 사내는 로르헨을 벽에 밀어붙이고 따귀를 갈겼다. 하지만 두 번 다시 때릴 수는 없었다. 누군가 그의 등 뒤로 달려들어 힘껏 얼굴을 후려치고 단 한 번에 걷어차 그를 주정뱅이들 한복판에 나자빠지게 한 것이었다. 탁자와 사람들을 밀어제치고 하사관에게 덤벼든 것은 크리스토프였다. 하사관은 미치광이처럼 격분해서 뒤돌아보고 칼을 뽑았다. 이 칼을 쓰기도 전에 크리스토프는 의자로 때려눕혔다. 그것은 눈 깜짝할 사이의 일로 구경꾼 중의 어느 누구도 말리려고 가운데 끼어들 틈도 없었다. 그러나 하사관이 마룻바닥에 소처럼 나가떨어진 것을 보자 무서운 소동이 벌어졌다. 다른 병사들이 칼을 뽑아들고 크리스토프를 향해 달려들었다. 농부들은 병사들에게 덤벼들었다. 모두들 싸움에 휘말려들었다. 컵이 사방으로 날고 탁자가 뒤집혔다. 농부들은 잠들었던 용기를 불러일으켰다. 쌓이고 쌓인 한을 풀어야 했다. 사람들은 바닥 위를 뒹굴며 미치광이처럼 서로 물어뜯었다. 로르헨과 춤추고 있다가 밀려난 사내는 억센 몸집을 한 농가의 머슴이었는데, 아까 자기를 모욕한 병사의 머리를 붙잡고 벽에다 힘껏 박아대고 있었다. 로르헨은 통나무를 들고 와서 사정없이 두들겨패고 있었다. 다른 처녀들은 비명을 지르며 도망쳤지만, 사내 못지않은 두셋의 처녀들도 싸움에 합세했다. 그중 뚱뚱한 금발의 작은 처녀는, 거인 병사—그것은 크리스토프의 탁자에 앉으려 했던 사내였다—가 쓰러진 상대의 가슴 위를 무릎으로 쾅쾅 밀어 대고 있는 것을 보고, 아궁이 쪽으로 달려갔다 되돌아오자, 그 난폭자의 머리를 휙 뒤로 낚아채고 그의 눈 속에 한 줌의 뜨거운 재를 뿌렸다. 병사는 무서운 외마디 소리를 질렀다. 처녀는 싸울 힘을 잃어버린 적을 욕하며 좋아라고 떠들어 댔다. 농부들은 그들을 실컷 두들겨팼다. 마침내 병사들은 더 저항할 수 없어 동료 두 사람을 마룻바닥에 남겨 둔 채 밖으로 도망치기 시작했다. 싸움은 마을의 길 위에서도 계속됐다. 병사들은 죽여 버리겠다고 아우성치며 농가로 뛰어들어가 모든 것을 약탈하려고 했다. 농부들은 쇠스랑을 휘두르며 그들을 뒤쫓았다. 또 사나운 개를 풀어 적을 향해 덤벼들게 했다. 한 병사가 쇠스랑에 배를 찔려 쓰러졌다. 세 사람째의 부상자였다. 다른 병사들은 내몰리어 마을 밖으로까지 달아나야 했다. 그리고 밭을 가로질러 달아나며 멀리서 패거리를 모아서 곧 다시 오겠다고 외치고 있었다.

진지를 끝까지 수호할 수 있었던 농부들은 술집으로 돌아왔다. 그들은 기뻐 날뛰었다. 오랫동안 기다리고 기다렸던, 받아 온 모욕에 대한 복수였다. 그들은 아직 이러한 무모한 싸움의 결과에 대해서는 아무것도 생각지 않고 있었다. 모두 함께 떠들어 댔다. 그리고 저마다 자기의 무용담을 얘기했다. 그들은 크리스토프에게 친근감을 보였다. 크리스토프는 그들에게 가까워진 것 같아서 퍽 기뻤다. 로르헨은 크리스토프에게로 와서 손을 잡았다. 그리고 그의 코 앞에서 장난스럽게 깔깔대며 그의 손을 한참 동안 자기의 꺼칠꺼칠한 손 안에 넣고 꼭 쥐었다. 로르헨은 이제 이미 그를 우스꽝스런 사내라고는 생각하지 않았다.

사람들은 부상자들을 간호했다. 마을 사람들은 이가 부러진 사람, 늑골을 다친 사람, 혹이 생기고 푸른 멍이 든 사람 따위가 있었을 뿐, 그다지 대수로울 것은 없었다. 그렇지만 병사들 쪽은 그렇지 않았다. 세 명의 중상자가 나왔다. 눈을 태워먹은 거인 사내는 도끼에 찍혀 어깨가 반쯤 달아났다. 배를 찔린 사내는 빈사 상태에서 숨을 헐떡였다. 그리고 하사관은 크리스토프에게 얻어맞아 쓰러졌다. 사람들은 그들을 아궁이 곁의 마룻바닥에 눕혔다. 세 사람 중에서 가장 상처가 가벼운 하사관이 눈을 떴다. 그는 증오가 가득한 눈으로 자기를 에워싼 채 들여다보고 있는 농부들을 오랫동안 물끄러미 쳐다보았다. 무슨 일이 있었는지를 의식하자 하사관은 여러 사람들을 욕하기 시작했다. 반드시 복수를 하겠다, 한 사람도 남김없이 혼을 내주겠다고 말했다. 하사관은 분노 때문에 숨이 막혔다. 될 수만 있다면 몰살이라도 시켜 버리고 싶어하는 증오를 사람들은 느꼈다. 사람들은 웃으려고 했다. 하지만 그 웃음은 부자연스러웠다. 한 젊은 농부가 그를 보고 외쳤다.

"닥쳐라! 닥치지 않으면 죽여 버릴 테다!"

하사관은 일어나려고 했다. 그리고 핏발 선 눈으로 지금 말한 젊은이를 가만히 노려보았다.

"개자식! 날 죽여 봐라! 그 대신 너의 모가지도 달아날 거다."

하사관은 계속 떠들어 댔다. 배를 찔린 사내는 피를 뽑히는 돼지 같은 날카로운 고함을 질렀다. 세 번째 사내는 송장처럼 뻣뻣이 굳은 채 꼼짝하지 않았다. 숨막히는 공포가 농부들 위로 덮쳐 왔다. 로르헨과 몇몇 여자들은 부상자들을 별실로 옮겼다. 하사관의 고함 소리와 빈사 상태의 병사가 지르는 신음 소리가 희미해져 갔다. 농부들은 말 한마디 없었다. 세 사람의 몸뚱이가 아직도 발 밑에 누워 있는 것처럼 원을 이룬 채 본래의 장소에 있었다. 공포에 사로잡혀 꼼짝할 수도 없었고, 서로 얼굴을 쳐다볼 수도 없었다. 이윽고 로르헨의 아버지가 말했다.

"너희는 정말 큰일을 저질렀구나!"

근심스런 속삭임이 일어났다. 모두 침을 꿀꺽 삼켰다. 그리고 모두 함께 말하기 시작했다. 처음에는 문간에서 엿듣는 사람이라도 있을까 봐 두려워하는 것처럼 소곤소곤 말하고 있었다. 그러나 오래지 않아 말소리가 높아지고 거칠어졌다. 그들은 서로 비난하고 있었다. 완력을 휘두른 것을 서로 책망하고 있었다. 말다툼이 심해져 갔다. 금방이라도 격투가 벌어질 것만 같았다. 로르헨의 아버지가 모두를 달랬다. 그리고 팔짱을 끼고 턱으로 크리스토프 쪽을 가리키며 말했다.

"저자는 무엇하러 여기 온 거야!"

군중의 분노가 모두 크리스토프에게로 모였다.

"정말이다. 정말이야!" 그들은 외쳤다. "저자가 시작했다! 저자만 없었더라면 아무 일도 없었을 것이다."

크리스토프는 기가 차서 대꾸했다.

"내가 한 일은 나를 위한 게 아니라 당신들을 위해서 한 짓이오. 당신들도 잘 알고 있을 거 아니오?"

그래도 그들은 펄쩍 뛰어오르며 대답했다.

"우리만의 힘으로 막아 내지 못한단 말이오? 어떻게 시내에 사시는 분에게 지시를 받아야 한단 말이오? 도대체 누가 와 달라고 부탁을 했소. 당신은 자기 집에 가만히 좀 있어 줄 수가 없었던 것이오?"

크리스토프는 어깨를 으쓱대고 문 쪽으로 걸어갔다. 그때 로르헨의 아버지가 길을 막으며 날카롭게 외쳤다.

"그렇다! 그렇고말고! 이자는 우릴 골탕 먹여 놓고 이제 와서 도망치려고 한다. 누가 놔줄 줄 아나!"

농부들은 떠들어 댔다.

"놓쳐선 안 되네! 일을 만든 건 저자야. 저자에게 뒤처리를 떠맡겨야지!"

그들은 크리스토프를 에워싸고 주먹을 들이댔다. 크리스토프는 협박적인 얼굴의 원이 차차 좁혀지는 것을 보았다. 공포는 그들을 흉포하게 만들었다. 크리스토프는 한마디도 하지 않고 혐오감으로 얼굴을 찌푸렸다. 그리고 모자를 탁자에 집어던지고 방 안쪽으로 가서 앉아 그들 쪽으로 등을 돌렸다.

그렇지만 이때 로르헨이 격분해서 농부들의 한복판에 뛰어들었다. 아름다운 얼굴은 새빨개지고 분노 때문에 이지러졌다. 로르헨은 크리스토프를 에워싼 사람들을 난폭하게 밀어 붙였다.

"비겁한 작자들! 사람도 아니야!" 로르헨은 외쳤다. "당신네들은 부끄럽지도 않아요? 전부 저 사람이 한 짓이라고 믿고 싶은 거지? 마치 아무도 당신네들이 한 짓을 본 사람이 없다는 식이야! 다른 사람들이 맞붙어 격투를 벌이고 있을 때 팔짱을 끼고 바라보는 놈이 한 사람이라도 있었다면 나는 녀석의 얼굴에 침을 뱉고, 비겁한 자식! 비겁한 자식! 하고 말해 주었을 거야 ......"

농부들은 이러한 뜻하지 않은 공격에 한순간 입을 다물었다. 그러나 또 외쳐 대기 시작했다.

"저자가 시작한 거다! 저자가 없었더라면 아무 일도 없었을 거야."

로르헨의 아버지는 딸에게 눈짓을 했지만 소용없었다. 로르헨은 막무가내로 말하기 시작했다.

"물론 저분이 시작한 거예요! 그러나 그건 당신네들의 자랑거린 되지 않아요. 저분이 없었더라면 당신네들은 자기가 바보 취급을 받거나 우리가 바보 취급을 당하더라도 잠자코 보고만 있었을 것이 틀림없어요. 겁쟁이, 머저리들!"

그리고 로르헨은 자기에게 마음을 주고 있는 사내를 윽박질렀다.

"당신은 한마디도 말하지 않았었지. 입을 헤벌리고, 자, 맘대로 차세요, 엉덩이까지 내밀고 숫제 아주 고맙다는 말까지 할 뻔했었지요! 부끄럽지 않아요? …… 당신네들 모두 도대체 부끄러운 줄도 모르나요? 당신네들은 사람이 아니에요! 언제나 땅바닥에 코를 들이박고 있는 염소새끼 정도의 용기밖엔 없는 거군요! 저분은 당신네들에게 본보기를 보여 준 거예요! 그런데도 이제 와서 저분에게 책임을 전부 씌워 버리겠다는 거지요? 안 돼요, 난 분명히 말해 두지만, 결코 그렇게는 못하게 할 거예요. 저분은 우리를 위해서 싸운 거예요. 당신네들은 저분을 살려 내든가, 아니면 저분과 함께 축배를 들든가, 어느 쪽인가를 택해야 해요. 난 책임지고 이 말을 하는 거예요!"

로르헨의 아버지는 딸의 팔을 잡아 끌었다. 그는 얼떨떨해서 꽥 소리질렀다.

"닥쳐라! 닥쳐! 닥치지 못하겠니, 이 어처구니 없는 년 같으니라구!"

그러나 로르헨은 아버지를 밀어제치고 더욱 격렬히 쏟아냈다. 농부들도 계속 소리치고 있었다. 로르헨은 그들에게 지지 않고 고막을 뚫을 듯한 날카로운 소리로 외쳤다.

"도대체 당신네들은 무슨 할 말이 있다는 것이지요? 옆방에 반송장 꼴로 누워 있는 사내를 아까 당신이 마구 걷어차고 있던 것을 내가 못 봤다고 생각하는 거예요? 그리고 또 당신, 당신 손을 좀 보여 줘요…… 아직도 피가 묻어 있잖아! 당신네가 나이프를 갖고 있는 것을 내가 보지 않았다고 생각하는 거예요? 만일 당신네들이 조금이라도 저분에게 심한 짓을 한다면 나는 본 대로 죄다 말할 테니깐. 여러분을 모두 죄인으로 만들 테니까요."

농부들은 격앙되어서 사나운 얼굴을 로르헨의 얼굴에 바짝 대어 코 앞에 들이밀고 을러댔다. 그중 하나가 로르헨의 뺨을 때리려고 했다. 그러자 로르헨에게 마음을 두고 있는 사내가 그 사내의 목덜미를 잡았다. 그리고 금세라도 격투가 벌어질 듯 씩씩거렸다. 노인 한 사람이 로르헨에게 말했다.

"만일 우리가 처벌된다면 너도 역시 벌받게 될 거다."

"물론 저도 벌을 받겠어요." 로르헨은 말했다. "나는 당신네들처럼 겁쟁이는 아니에요."

그리고 또 한바탕 떠들어 댔다.

그들로서는 어찌해야 좋을지 알 수 없었다. 그래서 로르헨의 아버지를 보고 말했다.

"딸년을 입 다물게 좀 못하겠나?"

노인은 로르헨을 화나게 할수록 일을 그르치게 된다는 것을 알고 있었다. 노인은 여럿에게 조용히 하도록 손짓했다. 모두들 잠잠해졌다. 로르헨만이 계속 지껄여 댔다. 그리고 이젠 아무도 반격해 오는 사람이 없었으므로 장작이 없는 불이 꺼지듯 로르헨도 입을 다물었다. 잠시 뒤에 로르헨의 아버지가 기침을 하고 나서 말했다.

"그래, 어떻게 하고 싶다는 거냐? 설마 우리를 죄다 파멸시키겠다는 건 아니겠지?"

로르헨은 말했다.

"저분을 살려 줄 길이 없을까요?"

그들은 머리를 짜냈다. 크리스토프는 앉은 자리에서 꼼짝하지 않았다. 거만하게 몸을 딱딱하게 사리고 자기 일이 문제가 되어 있는 것도 귀에는 들어오지 않는 체하고 있었다. 그러나 마음속으로는 로르헨의 중재(仲裁)에 감동하고 있었다. 로르헨도 그가 거기 있다는 것을 모르는 듯한 시늉을 했다. 그가 걸터앉은 탁자에 등을 기대고 도전적인 태도로 농부들을 노려봤다. 농부들은 눈을 내리깔고 담배를 피웠다. 드디어 로르헨의 아버지가 파이프를 한참 씹다가 말했다.

"우리가 뭐라고 하거나 말거나, 저 사나이가 여기 있는 한, 문제는 확실한 거다. 상사가 얼굴을 알고 있거든. 그자는 절대 용서치 않을 것이다. 저 사내가 취할 길은 하나밖에 없다. 곧 국경 너머로 도망치는 일이야."

결국 크리스토프가 도망치는 것이 자기들에게 편리하다고 그는 생각한 것이다. 그렇게 하면 크리스토프는 자진해서 죄를 인정한 것이 된다. 그리고 그가 여기서 변명도 하지 않는 한, 사건의 책임 대부분을 그에게 덮어씌우는 일도 쉽다. 다른 사람들도 찬성했다. 그들은 서로의 속셈을 모두 알고 있었다. 그렇게 결정되자 빨리 크리스토프를 출발시키고 싶었다. 조금 전에 말한 것은 말끔히 잊어버리고 그에게로 다가가 그가 살아날 길을 진심으로 근심하는 체하며 말했다.

"자, 우물우물하고 있을 때가 아닙니다, 나으리." 로르헨의 아버지는 말했다. "놈들이 들이닥칠 겁니다. 요새로 돌아가는 데 반 시간, 이리로 되돌아오는 데 반 시간…… 서둘러 도망칠 여유밖엔 없어요."

크리스토프는 일어섰다. 그도 또한 생각했던 것이다. 만일 머물러 있는다면 자기는 파멸이라는 것은 알고 있었다. 그러나 이대로 가버린다는 것은, 어머니 얼굴을 보지 않고 가버린다는 것은? 아니다, 그럴 수는 없었다. 우선 시내로 돌아가자, 밤중에 떠나더라도 국경을 넘을 만한 여유는 있을 것이다. 그들은 커다란 소리를 질렀다. 아까는 도망치지 못하게 문을 가로막았는데, 지금은 도망치지 않는다고 성화였다. 시내로 들어가면 붙잡힐 것은 정한 이치이다, 시내에선 벌써 수배가 되어 있을 것이다, 집에 닿자마자 붙잡힐 것이라고 했다. 그래도 그는 아무튼 시내로 가겠다고 우겨 댔다. 로르헨으로서는 그의 심정을 알 수 있었다.

"어머니를 만나시려는 거지요? …… 제가 대신 가겠어요."

"언제?"

"오늘 밤."

"정말? 가 주시겠습니까?"

"가겠어요."

로르헨은 숄을 집어들고 어깨에 둘렀다.

"편지를 쓰세요, 제가 갖다 드리겠어요! …… 이리 오세요, 잉크를 찾아 드릴게요."

로르헨은 그를 안방으로 데려갔다. 문간에서 로르헨은 뒤를 돌아보았다. 그리고 로르헨에게 마음을 두고 있는 사내를 불렀다.

"당신, 어서 준비하세요. 이분을 인도하는 거예요. 국경 너머로 보내 드릴 때까지 떨어져서는 안 돼요."

"알았어, 알았어." 상대방 사내는 말했다.

그도 또한 크리스토프가 프랑스로 들어간 것을, 될 수 있다면 더 먼 데로 가 버린 것을 빨리 알고 싶어하는 사람이었다.

로르헨은 크리스토프와 함께 별실로 들어갔다. 크리스토프는 아직도 망설였다. 이젠 어머니를 포옹할 수도 없는가 생각하면 괴로움으로 가슴이 찢어지는 듯했다. 언제 또 만날 수 있게 될 것인가? 그토록이나 나이를 먹고 지치고 외로우신데! 이 새로운 충격에 그만 돌아가실는지도 알 수 없다. 자기가 없어지면 그녀는 어떻게 될 것인가? …… 하지만 자기가 이대로 머물러 있다가 형을 받아 몇 년 동안이나 감옥에 갇혀 지내게 된다면 어떻게 될 것인가? 어머니에게는 확실히 이것이 더한층 쓸쓸하고 비참한 일이 되지 않을까? 아무리 멀리 있더라도 자유로운 몸이기만 하다면 어머니를 도와드리러 올 수도 있거니와 어머니 쪽에서 자기를 만나러 올 수도 있는 것이다. 자기 생각을 똑똑히 가려볼 수 있을 만한 시간의 여유가 없었다. 로르헨은 그의 두 손을 잡고 있었다. 바로 곁에 서서 그의 얼굴을 골똘히 보고 있었다. 둘의 얼굴이 서로 닿을 만큼 가까워졌다. 로르헨은 그의 목에 팔을 감았다. 그리고 그의 입에 입술을 갖다 댔다.

"자, 빨리! 빨리요!" 로르헨은 탁자를 가리키며 나직한 목소리로 재촉했다.

그는 이제 이것저것 생각지 않으려고 했다. 걸터앉았다. 로르헨은 출납부에서 붉은 선이 들어 있는 그래프 용지를 한 장 찢었다.

그는 썼다.

어머니 용서해 주세요! 어머님께 크나큰 근심을 끼쳐 드리게 되었습니다. 달리 어쩔 도리가 없었던 것입니다. 저는 결코 부정한 일을 저지른 것은 아닙니다. 그러나 지금은 달아나 국경 너머로 가야 합니다. 이 편지를 갖다 드리는 사람이 자초지종을 얘기해 드리겠지요. 어머님께 작별 인사를 드리고 싶었습니다. 그렇지만 사정이 허락하지를 않는군요.

그러기 전에 붙들리고 말거라고 모두 말합니다. 저는 이제 자신의 의지를 가질 수 없을 만큼 불행한 상태 속에 있습니다. 저는 국경을 넘어 갑니다. 하지만 어머님께서 편지를 받을 때까지는 바로 가까운 곳에 있겠습니다. 제 편지를 갖다 드리는 사람이 어머님의 답장을 갖다 주겠지요. 제가 어떻게 하면 좋을는지 말씀해 주세요. 어떻게 말씀하시거나 그대로 하겠습니다. 돌아가는 쪽이 좋을 것 같으면 돌아오라고 말씀해 주세요! 어머님을 혼자 버려두고 간다고 생각하니 견딜 수 없는 심정입니다. 앞으로 어머님은 어떻게 살아가실는지요? 용서해 주세요. 용서해 주세요! 저는 어머님을 사랑하고 있습니다. 그리고 키스를 보내 드립니다……

"자, 나리, 빨리 하십시다. 시간이 얼마 없으니까요." 로르헨에게 마음을 두고 있는 사내가 문을 반쯤 열며 말했다.

크리스토프는 부랴부랴 서명했다. 그리고 편지를 로르헨에게 내어 주었다.

"당신이 직접 전해 주시겠어요?"

"제가 가겠어요." 로르헨이 말했다.

로르헨은 벌써 떠나려 하고 있었다.

"내일." 로르헨은 이어서 말했다. "제가 답장을 가져가겠어요. 라이덴 _{(독일을 나가서} _{첫 번째 정거장)}에서 저를 기다리세요. 플랫폼에서요."

(이 호기심이 강한 여자는 그가 편지를 쓰고 있을 때에 어깨 너머로 다 읽어 버렸다.)

"그때엔 모두 얘기해 주시겠지요. 어머니가 이 타격을 어떻게 참아 내셨는지, 무슨 말씀을 하셨는지를? 무엇이거나 죄다 숨기지 않고 가르쳐 주시겠지요?" 크리스토프는 간청하듯이 말했다.

"죄다 말씀드리겠어요."

둘은 벌써 자유롭게 얘기할 수는 없었다. 문간 입구에 아까의 그 사내가 둘을 지켜보고 있었다.

"그리고 크리스토프 씨." 로르헨은 말했다. "가끔씩 어머님을 찾아뵙고 소식을 전해 드리겠어요. 걱정하실 것은 없어요."

로르헨은 남자처럼 기운차게 악수를 했다.

"가십시다!" 농부는 말했다.

"가세!" 크리스토프가 말했다.

셋이서 출발하여 도중에서 헤어졌다. 로르헨은 한쪽 길을 가고 크리스토프는 안내자와 다른 길로 갔다. 두 사람은 한마디도 입을 열지 않았다. 안개에 가린 초승달은 숲 뒤로 가라앉았다. 낮은 땅에서는 우유처럼 뽀얀 짙은 안개가 피어올랐다. 나무들은 부들부들 떨며 젖은 공기에 잠겨 있었다…….

마을을 벗어나 불과 몇 분 지났을 즈음 농부는 별안간 뒤로 주춤 물러나 크리스토프에게 멈춰 서도록 손짓했다. 두 사람은 귀를 기울였다. 길 앞쪽에서 병사들의 일대가 보조를 취한 발짝 소리를 내며 다가왔다. 농부는 울타리를 뛰어넘어 밭으로 들어갔다. 크리스토프도 그를 따랐다. 둘은 경작지를 가로질러 멀어졌다. 길 쪽에서 병사들이 지나가는 발자국 소리가 들렸다. 어둠 속에서 농부는 그들 쪽으로 주먹을 휘둘렀다. 크리스토프는 사냥꾼에게 내몰린 짐승처럼 가슴이 죄어들었다. 둘은 다시 길로 나섰지만 개가 짖어 대면 부근 일대에 자기들의 존재가 알려지겠기에 마을이나 외딴집은 피해 갔다. 나무가 많은 언덕의 뒤쪽으로 나가자, 멀리 철도 선로의 붉은 신호등이 보였다. 그 불빛을 보고 방향을 정해서 가장 가까운 역으로 가려고 결심했다. 그것은 결코 수월하지 않았다. 골짜기로 내려감에 따라 점점 더 깊은 안개 속으로 들어갔다. 개울을 두셋 건너뛰어야 했다. 그러자 사탕무밭과 경작지가 있는 널따란 곳으로 나왔다. 도저히 그곳에서 나갈 수가 없을 것 같았다. 들판은 평탄치 않았다. 울퉁불퉁의 연속이어서 자칫하면 뒹굴 염려가 있었다. 안개 속에서 허덕이며 무턱대고 걸어가던 그들의 눈에 돌연 몇 걸음 앞의 둑 위에 선로의 신호등이 보였다. 둘은 둑을 기어올랐다. 발각될 위험을 무릅쓰고 선로를 따라 걸어 정거장에서 백 미터쯤 되는 곳까지 갔다. 그리고 거기서 길로 나갔다. 기차가 들어오기 20분 전 정거장에 도착했다. 로르헨이 당부했는데도 농부는 크리스토프를 거기 혼자 두고 가버렸다. 다른 사람들이 어떻게 되었으며 자기의 재산이 어떻게 되었는지 빨리 돌아가 알고 싶었던 것이다.

크리스토프는 라이덴까지의 차표를 샀다. 그리고 텅 빈 3등 대합실에서 혼자 기다렸다. 걸상 위에서 꾸벅이며 졸고 앉았던 역원이 차가 도착하자 크리스토프의 표를 조사하러 와서 문을 열어 주었다. 찻간에는 아무도 없었다. 기차 안은 모든 것이 잠들어 있었다. 단지 크리스토프만이 피로한데도 잠이 오지 않았다. 무거운 차바퀴에 실려 국경에 가까워짐에 따라 빨리 위험 구역을 벗어나고 싶다는 조바심을 느꼈다. 앞으로 한 시간만 더 있으면 자유가 된다. 하지만 그때까지 단 한 마디의 연락이라도 있으면 체포되는 것이다……
…… 체포! 그의 온몸이 이것에 반항했다. 흉측스런 힘에 의해 질식되어 버리
는가! …… 그렇게 생각하자 이젠 숨도 쉴 수가 없었다. 멀어져 가는 어머니
도 고향도 그의 머릿속에서 사라졌다. 자신의 자유가 위협받고 있다는 이기
주의적인 생각 속에는, 어떻게 해서든 찾고 싶은 자유에 대한 생각밖에 없었
다. 어떠한 값을 치르고서라도! 그렇다, 죄를 저지르고서라도……. 국경까
지 계속 걸어가지 않고 기차를 탄 것이 아무래도 입맛이 쓰고 분하게 여겨졌
다. 단지 몇 시간을 벌어 보자는 것이었다. 그런데 그게 도대체 무슨 소용이
란 말이냐! 마치 늑대 아가리에 뛰어든 것과 같다. 반드시 국경의 역에서
잠복해 기다릴 것이 틀림없다. 명령이 내려졌을 것이 틀림없다……. 크리스
토프는 정거장에 도착하기 전에 달리는 기차에서 뛰어내리려고 한순간 생각
했다. 입구의 문을 열기까지 했다. 그러나 이미 늦었다. 역에 도착했다. 기
차가 멈췄다. 5분간. 그것은 영원히 계속되는 시간처럼 여겨졌다. 크리스토
프는 찻간 안으로 들어가 커튼 그늘에 숨어 플랫폼을 불안하게 엿보고 있었
다. 헌병 한 사람이 우뚝 서 있었다. 역장이 전보 한 통을 손에 들고 역장실
에서 뛰어나와 부리나케 헌병 쪽으로 달려갔다. 이것은 필연코 자기 일이라
고 크리스토프는 생각했다. 그는 무기를 찾았다. 양쪽에 날이 선 대형 나이
프밖에 없었다. 그는 호주머니 속에서 그것을 펼쳤다. 가슴에 각등(角燈)을
매어단 한 역원이 역장을 지나쳐 열차를 따라 달려왔다. 크리스토프는 그 역
원이 자기 쪽으로 오는 것을 보았다. 주머니 속에서 나이프 자루를 꽉 움켜
쥐고 그는 생각했다.

'탄로났구나!'

크리스토프는 극도로 흥분해 있었으므로, 이 역원이 운수 나쁘게 그에게
로 와서 그가 타고 있는 찻간의 문이라도 열었더라면 그의 가슴에 나이프를
푹 찔렀을지도 알 수 없었다. 그러나 역원은 옆 객차에서 멈춰서더니 방금
탄 한 승객의 표를 조사했을 뿐이었다. 기차는 다시 움직이기 시작했다. 크
리스토프는 심장이 두근거려 가슴을 가만히 눌렀다. 꼼짝도 하지 않았다. 아
직 살았다고는 여겨지지 않았다. 국경을 넘기 전까지는 그렇게 생각하고 싶
지 않았다. ……날이 밝기 시작했다. 나무들의 어렴풋한 윤곽이 어둠 속에
서 나타났다. 기묘한 환상과도 같은 마차가 한 대 방울을 울리고 외눈이 깜

박이는 것처럼 각등을 번득이며 길 위를 지나갔다……. 크리스토프는 얼굴을 차창에 딱 붙이고 제국의 문장(紋章)이 붙어 있는 푯대—그것은 그의 속박이 풀리는 경계를 표시하고 있는 것이었다—를 보려고 애썼다. 기차가 기적을 울리고 벨기에의 첫 번째 정거장에 도착했음을 알렸을 때, 그는 아직도 그것을 환히 동터 오는 새벽 빛 속에서 찾고 있었다.

　크리스토프는 일어나서 입구 문을 커다랗게 열어젖히고 차가운 공기를 들이마셨다. 자유를 얻은 것이다. 그의 앞에는 전 생애가 펼쳐져 있다! 사는 기쁨! …… 그러나 곧 남겨 두고 온 것에 대한 슬픔, 이제부터 찾아내고자 하는 것에 대한 슬픔이 왈칵 밀어닥쳤다. 게다가 또 전날 밤부터의 흥분의 피로에 그는 나가떨어졌다. 크리스토프는 쓰러지듯이 의자에 주저앉았다. 정거장에 도착하기까지는 이제 겨우 1분 정도밖에 남아 있지 않았다. 1분 뒤에 역원이 객차의 문을 열었을 때 크리스토프는 푹 잠이 들어 있었다. 팔을 잡아흔들어 눈이 뜨였지만 어리둥절해서 1시간이나 잔 듯한 기분이었다. 무거운 발로 기차에서 내려 세관으로 걸어갔다. 그리고 타국에의 입국을 확실히 승인받고, 이젠 이미 몸을 보호할 필요가 없었으므로 대합실 벤치 위에 기다랗게 몸을 모로 뻗고 푹 잠들었다.

*

　크리스토프는 정오쯤 눈을 떴다. 로르헨은 2시나 3시 전에는 오지 않을 것이다. 그러나 기차가 도착하는 것을 기다리며 이 작은 역의 플랫폼을 몇 번이나 왔다 갔다 했다. 그리고 나서 똑바로 목장 속으로 걸어나갔다. 겨울이 가까운 것을 느끼게 하는, 기쁨이 없는 잿빛의 날이었다. 햇빛은 잠들어 있었다. 열차를 바꿔 달고 있는 기관차의 슬픈 기적 소리만이 쓸쓸한 침묵을 깼다. 크리스토프는 황량한 들녘 복판에서 국경으로부터 몇 걸음 되는 곳에 멈춰섰다. 그 앞에 작은 물웅덩이가 있었는데, 침울한 하늘이 거기 비쳐 있었다. 둘레를 목책으로 에워싸고 못 기슭에는 두 그루의 나무가 서 있었다. 오른쪽엔 포플러나무가 잎을 다 떨어뜨린 채 가지를 떨고 있었다. 뒤쪽 것은 커다란 호두나무로 검은 벌거숭이 가지를 드리우고 있는 것이 커다란 문어를 닮았다. 검은 열매 송이가 무겁게 흔들리고 있었다. 빛바랜 마지막 잎새가 저절로 가지를 떠나 고요히 움직이지 않는 못에 하나하나 떨어졌다…….

크리스토프는 이러한 풍경을 이미 어디선가 보았다는 생각이 들었다. 이렇게 두 그루의 나무와 못…… 그리고 느닷없이 그는 인생의 들녘을 가로지르는 도중에서 가끔씩 눈앞에 펼쳐지는 저 현기증의 순간에 빠져들었다. 때(時) 가운데의 한 구멍이다. 자기는 어디 있는가, 자기는 누구인가, 자기는 어떠한 시대에 살고 있는가, 몇 세기 이래로 자기는 항상 이랬던 것인가를 알 수가 없게 된다. 크리스토프는 이것은 전에 있었던 일이다, 지금 있는 것이 아니라 다른 시대에 있었던 것이다, 라는 느낌이 들었다. 그는 벌써 그 자신이 아니었다. 그는 자기 자신을, 전에 이곳, 이 장소에 있었던 타인을 보는 것처럼 밖으로부터 아주 멀리에서 보고 있었다. 그의 귀에는 여러 가지 경험하지 않은 생각나는 일들이 벌집의 날개 소리처럼 웅성거리는 것이 들렸다. 그의 동맥의 메아리는 이렇게 말했다.

"이랬었다…… 이랬었다…… 이랬었다……"

몇 세기 동안에 걸쳐 웅얼대는 소리……

그 이전의 크라프트 집안의 많은 사람들도 그가 오늘 당하고 있는 시련을 경험하고, 자라난 고향을 떠나는 이런 마지막 순간의 슬픔을 맛보았던 것이다. 무단히 방랑하지 않고는 못 배기는 혈통, 독립적인 정신과 불안한 정신을 가지고 있기 때문에 곳곳으로부터 추방되는 혈통, 어디에도 정착할 것을 허용치 않는 마음속 악마에 줄곧 괴로움을 겪고 있는 혈통, 그런데도 자신이 놓이는 토지에 집착하여 거기서 벗어나오지도 못하는 혈통.

이번에는 크리스토프가 같은 길을 더듬고 있는 것이었다. 그리고 그의 발은 길 위에서 저보다 앞서 걸어간 사람들의 발자국을 찾아내고 있었다. 작별을 고해야 하는 고국의 땅이 안개 속에 사라져 가는 것을 그는 눈에 눈물을 가득 머금고 지켜보았다. ……그는 고국을 떠나기를 열망하고 있었던 것이 아니었던가? —그랬다. 그런데 정작 떠나가는 지금에 와서는 고뇌로 목이 졸리는 것 같았다. 태어난 토지로부터 아무 감동도 없이 떠날 수 있는 것은 짐승의 마음뿐이다. 행복했거나 불행했거나 간에 이 토지와 더불어 살아 온 것이다. 그것은 벗이었고 어머니였던 것이다. 그 속에서 잠자고 그 위에서 잠들었던 것이다. 그것은 몸에 배어 있는 것이다. 이 가슴속에는 우리의 꿈의 보물이나 우리의 과거 생활의 보물이, 또 우리가 사랑한 사람들의 신성한 유해가 쌓여 있는 것이다. 크리스토프는 이제까지 지내 온 나날의 생활과 그

땅 위에 혹은 그 밑에 남겨두고 온 그리운 얼굴 모습을 생각해 냈다. 그의 괴로움은 기쁨과 마찬가지로 반가운 것이었다. 민나, 자비네, 아다, 할아 버지, 고트프리트 외삼촌, 슐츠 노인—모두가 단 몇 분 동안에 그의 눈앞에 나타났다. 크리스토프는 자기를 따뜻하게 대해주던 그들 죽은 사람들(그는 아다도 죽은 사람 속에 넣었다)에게서 자기 몸을 빼내올 수는 없었다. 사 랑하는 사람들 중에서 단 한 분 살아남은 어머니를 이러한 망령들 가운데 남 겨 두고 간다는 것을 생각하면, 그는 도무지 견딜 수가 없었다. 더한층 심했 더라면 다시 국경을 넘어 되돌아갈 뻔했다. 그토록 도망을 다닌 것도 비겁하 게 여겨졌다. 만일 로르헨이 가져오기로 되어 있는 어머니의 답장에 너무나 큰 슬픔이 어려 있다면 어떠한 일이 있더라도 되돌아가려고 결심했다. 하지 만 아무런 연락도 없게 된다면, 만일 로르헨이 어머니에게 갈 수가 없거나 혹은 답장을 가지고 올 수가 없거나 한다면? 좋다, 그때도 역시 돌아가자.

크리스토프는 정거장으로 되돌아갔다. 우울한 기분으로 한참 기다리고 나 서야 기차가 나타났다. 크리스토프는 어딘가의 문에 로르헨의 날쌔고 사나 운 얼굴이 나타나기를 지켜보며 기다렸다. 로르헨이 약속을 지킬 것이라고 믿었던 것이다. 그러나 로르헨의 모습은 보이지 않았다. 그는 불안하여 객실 을 뛰어다녔다. 달려가며 여객의 물결에 부딪혔을 때 어디선지 한 번 본 기 억이 있는 얼굴을 알아보았다. 키가 작고 뺨이 통통한 얼굴의 열서너 살 된 소녀였다. 얼굴빛은 사과처럼 빨갛고, 뭉툭한 들창코에 입은 크고, 굵게 땋 은 머리카락을 머리 둘레에 두르고 있었다. 더 자세히 보니 자기 것과 똑 닮 은 낡은 가방을 손에 들고 있음을 알 수 있었다. 로르헨 쪽에서도 참새처럼 곁눈으로 그를 관찰했다. 그리고 그가 자기를 가만히 보고 있다는 것을 알자 그에게로 대여섯 걸음 다가왔다. 그러나 크리스토프 앞에 우뚝 서서 한마디 도 하지 않고 생쥐 같은 작은 눈으로 그의 얼굴을 빤히 쳐다보았다. 크리스 토프는 생각이 났다. 로르헨네 집에 고용되어 있는 소 돌보는 여자아이였다. 크리스토프는 그 가방을 가리키며 말했다.

"그거 내 것이겠지?"

소녀는 움직이지도 않았다. 그리고 바보 같은 얼굴을 하고 말했다.

"왜 그러시죠? 저, 댁은 어디서 오셨지요?"

"뷔르에서 왔다."

"보낸 사람은 누구예요?"

"로르헨이다. 자, 이리 다오!"

소녀는 가방을 내밀었다.

"그럼, 자요!"

그리고 소녀는 덧붙였다.

"바로 당신인 줄 알았어요!"

"그럼 뭘 기다렸던 거니?"

"당신 쪽에서 내가 누구라고 말씀하시기를 기다렸던 거예요."

"그런데 로르헨은?" 크리스토프는 물었다. "왜 오지 않았니?"

소녀는 대답하지 않았다. 크리스토프는 이런 복잡한 가운데서는 아무 말도 하고 싶지 않은가보다고 얼른 짐작이 갔다. 게다가 먼저 짐의 검사를 받아야 했다. 그것이 끝나자 크리스토프는 소녀를 플랫폼 끝으로 데리고 갔다.

"헌병이 왔거든요." 소녀는 이번에는 아주 수다스러울 정도로 늘어놓기 시작했다. "당신이 가시고 나서 거의 바로 왔어요. 집 안으로 들어와 여럿에게 물어서 키다리 자아미와 크리스티안과 카스파르 할아버지를 잡아갔어요. 그리고 멜라니에와 게르트루트도 아무 짓도 안 했다고 했지만 역시 붙잡혔어요. 둘은 울고 있었어요. 그리고 게르트루트는 헌병들을 할퀴어 뜯었어요. 무엇이고 전부 당신이 한 일이라고 말했지만 소용이 없었어요."

"뭐라고, 내가 했다구!" 크리스토프는 놀라서 소리쳤다.

"그래요." 소녀는 침착하게 여유를 두어 말했다. "당신은 도망쳐 버렸으니 조금도 문제 될 게 없지요? 그래서 사방으로 당신을 찾으러 나섰지요. 여기저기로 수사하러 사람을 보냈어요."

"그래서, 로르헨은?"

"로르헨은 없었어요. 시내에 나갔다가 나중에 돌아왔어요."

"우리 어머니를 만났을까?"

"네, 이것이 편지예요. 직접 오고 싶어했지만 역시 붙들려 버렸어요."

"그럼, 넌 어떻게 올 수 있었니?"

"그건 이래요. 로르헨은 용케 헌병 눈에 띄지 않고 마을로 돌아왔어요. 그리고 다시 떠나려고 했어요. 그런데 게르트루트의 동생인 이르미나가 헌병에게 밀고해 버린 거예요. 그래서 헌병이 붙잡으러 왔어요. 헌병이 오는 것을 보고 로르헨은 자기 방으로 올라가, 옷을 입고 있으니까 지금 곧 내려간 다고 헌병에게 고함쳤어요. 마침 그때 나는 집 뒤 포도밭에 있었거든요. 로르헨은 '리디아! 리디아!'하고 창문으로 아무도 몰래 나를 불렀어요. 그래서 나는 갔지요. 그러자 당신 가방과 당신 어머니가 주신 편지를 내게 주었어요. 그리고 어디서 당신을 만날 수 있다는 것을 가르쳐 주고 빨리 달려가라, 붙들리지 않도록 잘해, 라고 말했어요. 그래서 나는 달려나와서 이렇게 여기까지 온 것이지요."

"그 밖에 딴 말은 없었어?"

"있어요. 내가 심부름 온 사람이라는 증거로 이 네커치프를 당신에게 주고 오라고 했어요."

빨간 물방울무늬와 꽃무늬 자수가 있는 이 흰 네커치프를 크리스토프는 본 기억이 있었다. 전날 로르헨이 그와 헤어질 때 머리에 두른 것이었다. 이러한 사랑의 기념품을 그에게 보내기 위해 그녀가 쓴 정말 같지도 않은 이러한 천진스런 핑계를 듣고도 지금 그에게는 미소할 만한 여유가 없었다.

"어마." 소녀는 말했다. "벌써 기차가 왔어요. 난 집에 돌아가야 해요. 그럼 안녕히 가세요."

"잠깐 기다려." 크리스토프는 말했다. "올 때 차비는 어디서 났지?"

"로르헨이 주었어요."

"그래도 이걸 가지고 가." 크리스토프는 소녀의 손에 몇 장의 지폐를 쥐여주면서 말했다.

크리스토프는 서둘러 떠나려고 하는 소녀의 팔을 붙들고 멈춰 세웠다.

"그리고……." 크리스토프는 말했다.

크리스토프는 엉거주춤 구부리고 소녀의 양쪽 뺨에 키스했다. 소녀는 거부하는 듯한 몸짓을 했다.

"잠자코 있어!" 크리스토프는 말했다. "이건 너에게 하는 게 아니야."

"물론 알고 있어요." 계집애는 놀려 대듯이 말했다. "상대는 로르헨이겠죠."

크리스토프가 이 소 돌보는 소녀의 동그란 뺨에 키스한 것은 단지 로르헨에게만 한 것은 아니었다. 그의 모든 독일에게도 키스한 것이었다.

소녀는 크리스토프의 팔에서 벗어나, 떠나려고 하는 기차 쪽으로 달려갔다. 소녀는 차 입구에 서서 그의 모습이 보이지 않게 될 때까지 손수건을 흔들고 있었다. 크리스토프는 고국과 사랑하는 사람들의 입김을 마지막으로 가져다준 이 시골 소녀 사자(使者)를 조용히 전송했다.

소녀의 모습이 보이지 않게 되자, 이번에야말로 이국의 이방인으로서 완전히 혼자가 되었다. 크리스토프는 어머니의 편지를 가슴에 꼭 끌어안았다. 그리고 나서 편지 겉봉을 뜯으려고 했다. 그런데 손이 떨렸다. 무슨 사연이 씌어 있는 것일까? …… 무슨 괴로움을 거기서 보게 될 것인가? 아니다, 어머님의 슬픈 비난에는 도저히 참아 낼 수 없을 것만 같다. 그 비난의 소리가 벌써 귀에 들리는 것 같았다. 이대로 되돌아갈까.

드디어 크리스토프는 편지를 펴 들었다.

내 가없은 아이야, 내 걱정은 하지 마라. 나도 세상 물정을 잘 아는 어머니가 되겠다. 하느님이 내게 벌을 주신 거란다. 내 욕심만 부려 너를 내 곁에 붙들어 두어서는 안 되는 것이었다. 파리로 가거라. 아마 그러는 쪽이 너를 위해서 좋을 것 같다. 나는 걱정하지 마라. 어떻게 해나갈 수 있을 것 같다. 가장 중요한 건 네가 행복하게 있는 일이다. 네게 키스를 보낸다.

어머니로부터

편지를 쓸 수 있게 되거든 소식을 알려 다오.

크리스토프는 가방 위에 걸터앉아 울었다.

*

개찰구에서 역원이 파리행 승객을 부르고 있었다. 매우 무거운 느낌을 주는 기차가 요란스런 소리를 울리며 들어왔다. 크리스토프는 눈물을 훔치고 일어서 말했다.

"하는 수 없다."

크리스토프는 파리가 있는 하늘 쪽을 바라보았다. 온통 어두운 하늘은 그쪽 방향으로는 더한층 어두웠다. 그것은 마치 어둠의 심연과도 같았다. 크리스토프는 가슴이 죄어들었다. 그는 다시 자기 마음을 향해 되뇌었다.

'하는 수 없다.'

크리스토프는 기차를 탔다. 그리고 창가에 기대어 위협하고 있는 듯한 지평선을 언제까지나 가만히 바라보고 있었다.

'오, 파리여!' 그는 마음속으로 말했다. '파리여! 나를 살려 다오! 나를 구해 다오! 내 사상을 구해 다오!'

어두운 안개는 짙어만 갔다. 크리스토프의 뒤쪽, 그가 떠나가는 고국 위에는 두 개의 눈만 한 크기의—저 자비네의 눈 크기만 한—핼쑥한 작은 하늘의 한구석이 먹구름의 무거운 장막 틈 사이에서 쓸쓸히 미소 지으며 사라졌다. 기차는 출발했다. 비가 내리기 시작했다. 밤의 어둠이 깔렸다.

광장 시장

저자와 그림자와의 대화

나―이것은 하나의 도박이로군, 크리스토프? 너는, 나를 전 세계와 싸움을 시킬 작정이로구나?

크리스토프―놀란 체는 하지 말아 주게! 처음부터 너는 내가 어디로 데려가는가를 알고 있었을 것이다.

나―너는 너무 많은 것을 비판한다. 적을 화나게 하고 친구들을 걱정시킨다. 훌륭한 집안에 무슨 좋지 못한 일이 일어났어도 그에 대해서는 아무 말도 하지 않는 것이 고상한 취미라는 것을 모르나?

크리스토프―하는 수 없는 거야! 나는 취미라는 걸 가지고 있지 않단 말일세.

나―그건 나도 알고 있다. 너는 야인이니까. 거칠고 서투른 녀석이다! 그자들은 너를 모든 사람의 적으로 보이도록 할 것이다. 벌써 독일에서 너는 반독일적인 인간이라는 평을 받고 있다. 그러는 동안에 프랑스에서는 반프랑스적인 인간이라는 평을, 또는―이건 더 중대한 일이지만―반유대적인 인간이라는 평을 받을 것이다. 조심하는 게 좋아! 유대인에 대해서는 아무 소리도 하지 않는 게 좋을 거야.

'그들은 너희에게 많은 은혜를 베풀었거늘, 그들을 악하게 말할 수는 없노라……'

크리스토프―그들에 대해 생각하고 있는 좋은 일과 나쁜 일을 어째서 말해서는 안 되는 건가?

나―너는 특히 나쁜 쪽을 들어 말한다.

크리스토프―좋은 쪽에 대해선 나중에 말하겠다. 그들에 대해서는 그리스도교도에 대하는 것 이상으로 삼가지 않으면 안 되는가? 내가 유대인을 높이 평가한다면 그만한 가치가 있기 때문이다. 나는 그들에게 하나의 명예로운 지위를 주어야 한다. 왜냐하면 그들은 우리 서구의 선두에 나서서 이를 획득했기 때문이다. 서구에서는 빛이 사라져 가고, 그들 가운데 어떤 자는 우리의 문명을 파멸시키려 하고 있다. 또 어떤 자는 우리의 사상이나 행동의 보고(寶庫)라는 것을 나는 알고 있다. 그들 민족에게는 아직도 위대한 것이 있다는 것을 나는 알고 있다. 그들의 대다수에게서 발견되는 헌신적인 힘, 자랑스러운 공평무사의 정신, 최선에 대한 사랑과 욕구, 피로를 모르는 정력, 남모르게 이루어지는 끈질긴 작업, 그러한 모든 것을 나는 알고 있다. 그들 속에는 하나의 신이 존재한다는 것을 나는 알고 있다. 그래서 나는 그러한 신을 부정한 자들을, 타락적인 성공과 야비한 행복 때문에 자기들 민족의 운명을 배신한 자들을 미워하는 것이다. 그런 자들을 공격하는 것은 그들의 민족을 공격하면서 그쪽 편이 되는 것이다. 부패한 프랑스인들을 공격함으로써 프랑스를 지키는 것과 마찬가지의 일이다.

나—너는 자기와 관계없는 일에 간섭하고 있다. 얻어맞고 싶어하는 스가나렐르의 아내에 대해 생각해 보려무나. '나무와 손가락 사이에……' 이스라엘 문제는 우리가 관여할 일이 아니다. 그리고 프랑스의 문제인데, 프랑스는 저 마르틴과 같은 것으로서 얻어터져도 예사이다. 그렇지만 얻어맞았다고 남에게서 말을 듣는 것은 용서치 않는다(몰리에르의 《본의 아닌 의사가 되어》의 스가나렐르는 주정뱅이이기 때문에 부부 싸움이 끊일 새가 없다. 이웃 사람이 중재하려고 들면 부인 마르틴은 "나는 얻어맞는 것이 좋아서 그런다"고 거꾸로 덤벼든다. '나무와……'는 스가나렐르의 대사로, 쓸데없는 간섭은 하지 말라는 뜻이다).

크리스토프—그러나 역시 진실을 말해 줄 필요가 있다. 프랑스를 사랑하면 할수록 더욱 그렇다. 내가 아니라면, 혹은 저 앞뒤 따지지 않는 용감한 페기(_{19세기 프랑스의 시인, 사상가})가 아니라면 누가 말할 것인가? 너도 안 된다. 너희는 서로 모두 사회적인 관계와 여러 가지 고려와 의구심으로 속박되어 있다. 그러나 내게는 속박이 없다. 나는 너희 세계의 인간이 아니다. 너희의 어느 당파에도 속하지 않으며 너희 싸움에 관여한 적도 없다. 너희에게 장단을 맞출 필요도 없거니와 또 너희와 공모해서 침묵을 지켜야 할 일도 없다.

나—너는 외국인이다.

크리스토프—그렇다, 사람들은 독일의 한 음악가에게는 너희를 판단할 권리도 없거니와 또 너희를 이해할 수도 없다고 말할지도 모른다. 그럼 좋다. 아마 내가 잘못인지도 모른다. 그렇지만 적어도 네가 나와 마찬가지로 잘 알고 있는 어느 위대한 외국인들, 이미 죽은 우리 친구들 중에서나 현재 살아 있는 사람들 중에서 가장 위대한 사람들이 너희를 어떻게 생각하고 있는가를 말하기로 하자. 비록 그들의 생각이 잘못되었다 하더라도 그 생각을 알아 둘 가치는 있다. 그리고 그것은 너희에게 유용할는지도 모른다. 언제나처럼 여러 사람이 자기를 칭찬해 준다고 생각하거나 자찬(自贊)과 자조(自嘲)를 번갈아가며 되풀이하고 있는 것보다도 훨씬 낫다. 너희는 마치 너희 사이의 유행인 것처럼 주기적으로 발작에 사로잡혀, 우리는 세계 최대의 민족이라고 외치는가 하면 다음에는 라틴 여러 민족의 쇠퇴는 구제하기 어렵다고 외치고, 또 위대한 사상은 모두 프랑스에서 온다고 외치며 다음엔 자기들은 이제 유럽에 오락을 주는 힘밖에 없다고 외치고 있다. 그런 소리를 외치고 돌아다녀야 무슨 소용이 있다는 건가? 자기를 좀먹고 있는 질병에 눈감지 않는다는 것이 중요하다. 생명과 자기들 민족의 명예를 위해 싸우고 있다는 의식에 압도되지 말고, 반대로 이것에 의해 분발하게 되는 것이 중요하다. 결코 죽기를 원하지 않는 이 민족의 몸속에 있는 엄격한 혼을 느낀 자라면, 이 민족이 가지고 있는 악덕과 우스꽝스런 점을 대담하게 들추어낼 수 있을 것이다. 또 그래야만 한다. 그러한 것을 박멸하기 위해서, 특히 그러한 것을 이용하여 살고 있는 자들을 박멸하기 위해서.

나—프랑스에는 손을 대지 마라. 비록 옹호하기 위해서일지라도! 선량한 사람들의 기분을 흩트려 놓을 것이다.

크리스토프—선량한 사람들이라고! 하긴 그렇겠군! 저 선량한 사람들은 모두들 모든 일이 잘 되어 간다고 생각지 않는 것을 고통으로 여기고 있다. 슬프고 보기 흉한 많은 것을 남에게서 보게 되어 걱정하고 있다. 실제로는 그들 자신이 이용되고 있는 것이다. 그런데도 그들은 이를 인정하려 들지 않는다. 타인의 악을 보는 것이 괴로우니까 차라리 자기들이 희생되려고 한다. 적어도 하루 한 번은 남들이 이렇게 되풀이해 말해 주기를 바라고 있다. 이 가장 좋은 나라에서는 모든 일이 더없이 잘 되어 나간다고.

그리고 또, '……오, 프랑스여, 그대는 항상 제1등국이리라……'

그 소리를 듣자 선량한 사람들은 안심하고 또 스르르 잠들기 시작한다. 그러나 다른 자들이 제멋대로 일을 벌이기 시작한다. ……정말 선량하고 훌륭한 사람들이다! 나는 그들에게 걱정을 끼칠 것이다. 이것은 사과하겠다. ……그러나 그들이 자기들을 압박하는 자에 대한 저항을 도와 달라고 할 생각이 없을지라도, 적어도 다음 일만은 생각해 주기 바란다. 그들과 마찬가지로 압박받으면서도 그들처럼 체념도 환상도 가지고 있지 않은 사람이 있다는 것을. 그러한 사람이 볼 때 그러한 체념이나 환상에 빠진다는 것은 압박자의 손에 넘어가게 되는 것을 뜻한다. 그러한 사람들은 얼마나 괴로워하고 있는 것일까! 생각해 보아라. 우리는 얼마나 괴로워했던 것일까! 그리고 한층 답답해져 오는 공기가, 부패한 예술이, 부도덕하고 파렴치한 정치가, 만족스러운 웃음을 짓고 허무의 입김에 몸을 내맡기는 뼈없이 무른 사상이 날마다 더욱 쌓여 나가는 것을 보고 얼마나 많은 사람이 우리와 더불어 괴로워한 것일까! 우리는 고뇌로 가슴이 꽉 죄어들면서도 서로 몸을 꼭 붙이고 기대 있었다……. 아! 우리는 함께 고달픈 몇 해를 지내 온 것이다. 우리의 스승들은 그들의 그늘 밑에서 우리 젊은이들이 얼마나 괴로워 몸부림쳤는가를 꿈에도 알지 못한다. 우리는 저항해 왔다. 우리는 우리 자신을 구했다……. 그런데도 타인을 구하려 하지 않는 것인가! 이번에는 그들이 같은 괴로움에 허덕이고 있는데도 구원의 손길도 내밀지 않고 버려둔단 말인가! 아니다, 그들의 운명과 우리의 운명은 한데 결합되어 있다. 프랑스에는 내가 소리를 높여 말하고 있는 것을 생각해 주는 동지들이 많이 있다. 나는 그들을 향해 얘기하고 있는 것이다. 오래지 않아 나는 그들에 대해서 얘기할 것이다. 조금이라도 빨리 진정한 프랑스를, 압박받고 있는 프랑스를, 심오한 것을 지닌 프랑스를, 유대인을, 그리스도교도를, 모든 신앙과 혈통을 가진 자유로운 혼을 얘기하고 싶다. 그러나 그러한 프랑스에 도달하기 위해서는 먼저 집의 문을 지키고 있는 자들 가운데 혈로(血路)를 우선 열어 놓아야 한다. 사로잡힌 미녀가 무기력을 떨쳐 버리고 드디어 감옥의 벽을 뒤집어엎을 수가 있으면 좋을 텐데! 그녀는 자기 힘도 적의 범용함도 알지 못하고 있는 것이다.

나—친근한 자여, 네가 말하는 바는 마땅하기 이를 데 없다. 그러나 무슨 일을 하거나 미움만은 갖지 않기를 바라네.

크리스토프—나는 아무런 미움도 가지고 있지 않다. 극악한 인간을 생각하고 있을 때조차 그들도 우리와 마찬가지로 괴로워하는 인간이며 언젠가는 죽을 인간이라는 것을 알고 있다. 하지만 그들과 싸워야 한다.

나—싸운다는 것은 비록 선을 위한 싸움일지라도 악을 위하는 것이 된다. 단 한 사람의 산 인간에게라도 고통을 주는 일이 있게 된다면, '예술'이나 또는 '인류'라는 저 아름다운 우상에 대해서 선으로써 그것이 보상될 수 있는 것일까?

크리스토프—그런 식으로 생각한다면 예술 따위는 버리는 것이 좋을 거야. 그리고 자기 자신도 버리는 것이 좋아.

나—아니야, 나를 버리지 말아다오! 네가 없다면 나는 어떻게 될 것인가? 그런데 평화는 대체 언제 오는 것일까?

크리스토프—네가 그것을 획득했을 때다. 오래지 않아…… 바로 곧……. 보려무나, 벌써 우리 머리 위를 봄의 제비가 날고 있지 않느냐!

나—'아름다운 제비 벌써 찾아와, 기쁨의 계절 알림을 나는 보네.'

La bel' A-ron-de, me-sa-ge-re de la guy-e sai-zon
Est ve-nue, je l'ay veue…

(기쁨의 계절을 알리는 아름다운 제비가 오는 것을 나는 보지 못한다.)

크리스토프—몽상에 잠겨 있을 때가 아니야. 자, 손을 내밀어라. 이리로 오려무나.

나—하는 수 없다. 따라가자, 나의 그림자여.

크리스토프—우리 둘 중, 어느 것이 그림자일까?

나—너는 무척 컸구나! 몰라볼 지경이다.

크리스토프—해가 지고 있다.

나—나는 어린 시절의 너를 좋아했다.

크리스토프—자, 가 보자! 낮 시간은 이제 얼마 남지 않았다.

1908년 3월
로망 롤랑

1

질서 가운데의 혼란. 철도 역원들은 단정하지 못하고 무례하다. 승객들은 규칙을 지키면서도 규칙을 어기고 있다. 크리스토프는 프랑스에 들어가고 있었다.

세관원의 호기심을 만족시킨 뒤 그는 파리행 기차를 탔다. 밤이 비에 젖은 경작지 위를 뒤덮었다. 역마다 켜 있는 황량한 등불이 어둠에 파묻힌 끝없는 평야의 쓸쓸함을 한층 강렬히 느끼게 했다. 지나쳐 가고 있는 열차 수는 더욱 많아지고 기적이 공기를 꿰뚫고 울려 퍼져, 꾸벅꾸벅 졸고 있는 승객의 눈을 뜨게 했다. 파리에 가까워지고 있다.

도착하기 1시간 전부터 크리스토프는 내릴 준비를 하고 있었다. 모자도 깊숙이 눌러썼다. 파리에 도둑이 많다는 소리를 들었기 때문에 조심하느라고 깃 끝까지 단추를 잠갔다. 그는 몇 번이나 앉았다 섰다 했다. 또 몇 번이나 가방을 그물 선반에서 좌석으로 내리고, 좌석에서 그물 선반으로 올려놓았다. 그럴 때마다 타고난 서투름 때문에 옆의 승객에게 부딪혀 성가신 핀잔을 받곤 했다.

정거장에 거의 다 들어갈 때쯤 기차가 갑자기 어둠 속에 정차했다. 크리스토프는 유리창에 얼굴을 갖다 대고 밖을 내다보려 했으나 아무것도 보이지 않았다. 크리스토프는 같이 탄 사람들 쪽을 돌아다보고 말상대가 되어 줄 만한 눈을, 어디에 정차했는지 물어도 괜찮을 듯한 눈을 찾았다. 그러나 그들은 기분이 좋지 않은 듯한, 또 권태로운 듯한 얼굴을 하고 스르르 잠들어 있거나 또는 잠든 척하고 있었다. 왜 정차했는지 알아보려고 일어나 움직이는 사람도 없었다. 크리스토프는 이러한 무기력에 놀랐다. 이러한 거만스럽고 게으른 사람들은 크리스토프가 상상하던 프랑스 사람과는 아주 달랐다! 그는 기차가 흔들릴 때마다 비틀거리다 이윽고는 맥이 풀려 가방 위에 걸터앉고 말았다. 그리고 이번에는 자기도 스르르 잠이 들었다. 그러다가 문을 여는 소리에 눈을 떴다……. 파리다! ……옆 사람들은 내려가고 있었다.

크리스토프는 인파에 밀고 밀리며, 또 짐을 운반해 주겠다고 하는 운반인을 밀어제치며 출구 쪽으로 걸어갔다. 시골 사람처럼 잔뜩 의심을 품은 그에게는 모든 이들이 자기 것을 훔쳐가려는 것처럼 여겨졌다. 소중한 가방을 어깨에 메고 남들의 핀잔도 상관하지 않고 인파를 헤치며 성큼 걸어나갔다. 그리하여 드디어 파리의 진흙 위로, 질척질척한 포장도로 위로 나왔다.

짐이며 숙소를 찾는 일과 차의 잡담 속에 휘말려 들었던 일 따위로 온통 정신이 나가 있었으므로, 무엇을 구경한다거나 할 겨를이 없었다. 우선 맨 먼저 할 일은 방을 찾는 일이었다. 호텔은 많이 있었다. 그것은 역에서 사방을 에워싸고 있었다. 그 이름들이 가스 글씨로 환히 빛나고 있었다. 크리스토프는 가장 희미한 것을 찾았다. 그러나 어느 호텔도 그의 호주머니 사정에 알맞은 싼 여관으로는 보이지 않았다. 간신히 어느 뒷골목에서 아래층이 싸구려 대중식당으로 되어 있는 좁다란 여관을 찾아냈다. 문명호텔이라는 여관이었다. 조끼 차림의 뚱뚱한 사내가 탁자 옆에서 파이프를 피워 물고 있었다. 그는 크리스토프가 들어오는 것을 보자 달려왔다. 뚱뚱한 사내는 크리스토프의 서투른 말을 전혀 알아듣지 못했다. 그래도 첫눈에 서투르고 설익은 독일인이라고 판단했다. 크리스토프의 짐을 내려주려고도 하지 않고 횡설수설 얘기하려고 애썼다. 여관 주인은 그를 안내해서 고약한 냄새가 나는 계단을 올라가 안뜰로 향한 통풍이 잘 안 되는 방으로 데려갔다. 밖의 잡음이 전혀 들리지 않는 조용한 방이라고 자랑하는 것을 잊지 않았다. 그리고 비싼 숙박료를 청구했다. 크리스토프는 상대의 말을 잘 알 수 없는 데다 파리의 생활 상태도 알 수 없었고, 게다가 짐 때문에 어깨가 으스러질 지경이어서 상대가 하라는 대로 했다. 빨리 혼자 있게 되기를 바랐던 것이다. 그러나 혼자가 되자마자 방 안에 있는 물건들이 지저분한 데 깜짝 놀랐다. 치밀어 오르는 슬픔에 빠지지 않으려고 찐득거리는 먼지투성이의 물에 머리를 적시고는 급히 서둘러 밖으로 나왔다. 언짢은 기분에서 벗어나기 위해 아무도 보지 않고 아무것도 느끼지 않으려고 애썼다.

크리스토프는 한길로 나왔다. 10월의 안개가 짙게 피어올라 제법 쌀쌀했다. 이 안개에는 교외의 공장에서 뿜어내는 악취와 도시의 숨 막히는 입김이 한데 섞인, 파리 특유의 저 고약한 냄새가 섞여 있었다. 열 발짝 앞도 보이지 않았다. 가스등이 꺼져 가는 촛불처럼 떨고 있었다. 어두컴컴한 가운데

군중의 물결이 양쪽에서 흐르고 있었다. 마차가 서로 지나치고, 부딪히고, 둑처럼 길을 막고 교통을 막아 놓았다. 말이 얼어붙은 진창 위에 미끄러지고 있었다. 마부의 고함 소리, 나팔 소리, 전차 방울 소리가 한데 범벅이 되어 귀가 멀어 버릴 것 같은 시끄러운 소음이 들려왔다. 이 소란, 혼잡, 악취에 크리스토프는 깜짝 놀랐다. 그는 한순간 우뚝 멈춰섰지만, 그 당장에 뒤에서 걸어오는 사람들에 밀려 인파에 실려 갔다. 스트라스부르 큰길을 내려갔지만 아무것도 눈에 들어오지 않는 채 눈치 없이 통행인에게 부딪히기만 했다. 크리스토프는 아침부터 아무것도 먹지 않았다. 한 걸음마다 찻집이 있었지만 손님들로 붐벼서 선뜻 내키지가 않았고 싫증이 났다. 그는 경찰관에게 물었다. 그러나 느릿느릿 말을 더듬대고 있었으므로 경찰관은 끝까지 들으려고도 하지 않고 말하는 도중에 어깨를 으쓱하고 등을 돌려 버렸다. 크리스토프는 기계적으로 계속 걸었다. 한 가게 앞에 사람들이 몰려 있었다. 그도 기계적으로 멈춰섰다. 사진이나 그림엽서를 파는 가게였다. 속옷만 걸친, 또는 속옷도 걸치지 않은 여자들의 사진과 그림엽서가 널려 있었다. 삽화가 든 신문에는 외설스런 농담이 씌어 있었다. 어린애와 소녀들이 예사로 그것을 보고 있었다. 붉은 머리의 몹시 마른 여자가 그런 것에 정신 팔려 있는 크리스토프를 보고 무어라고 말했다. 그는 그 말뜻을 몰라 상대의 얼굴을 물끄러미 바라보았다. 여자는 바보 같은 미소를 지으면서 그의 팔을 잡았다. 크리스토프는 그 손을 뿌리치고 얼굴을 붉히며 화를 내고 그곳을 떠났다. 카페 콩세르(통속 음악이나 소인극을 상연하는 술집)가 즐비하게 널려 있었다. 그 입구에는 기괴한 떠돌이 배우의 포스터가 누덕누덕 붙어 있었다. 사람들이 점점 붐볐다. 악인의 얼굴을 한 사람과 어슬렁어슬렁 돌아다니는 정체불명의 사람과 야비한 깡패, 메스꺼울 정도로 싸구려 향수를 풍겨 대는 짙은 화장의 여자들이 너무나도 많은 데에 크리스토프는 놀랐다. 그는 소름이 끼쳤다. 피로와 무기력함과 더욱 가슴을 짓눌러 오는 혐오감 때문에 현기증이 일어났다. 크리스토프는 이를 악물고 걸음을 빨리했다. 센 강에 다가갈수록 안개가 짙어졌다. 마차가 빠져나갈 수도 없을 만큼 혼잡해졌다. 말 한 마리가 미끄러져 옆으로 쓰러졌다. 마부는 말을 일으키려고 마구 채찍을 내리쳤다. 가죽띠로 목을 잔뜩 죄어 맨 불쌍한 말은 열심히 발버둥쳤지만 무참히 또 쓰러져 버려 그대로 죽은 것처럼 움직이지 않았다. 이러한 평범한 광경도 크리스토프에게는 견딜 수 없을 만큼 마지막 타격을 주었다. 여러 사람의 무관심한 눈초리 가운데서 이 비참한 동물이 경련하고 있는 꼴은 이러한 많은 인간들 틈에 핀 자기 자신의 공허함을 가슴 답답할 정도로 분명히 느끼게 하고, 또 한 시간 전부터 이들 가축의 무리 같은 인간들이나 탁한 공기와 고약한 정신 상태에 대해 억눌러 오던 혐오감이 느닷없이 폭발했으므로 그는 숨이 콱 막혔다. 크리스토프는 발작적으로 오열을 터뜨려 눈물에 범벅이 되었다. 길을 가던 사람들은 슬픔으로 얼굴을 씰룩이고 있는 이 커다란 청년을 흠칫 놀라 갸우뚱하고 바라보았다. 크리스토프는 뺨을 타고 흘러내리는 눈물을 닦으려고도 하지 않고 계속 걸었다. 사람들은 잠깐씩 멈춰서서 그러한 그의 모습을 눈으로 뒤좇았다. 만일 그가 자기에게 적의를 품은 듯이 보이는 이 군중의 혼을 읽어 낼 수 있었다면, 혹시 어떤 사람들 가운데서 친근한 동정의 마음을 길어 낼 수 있었을는지도 모른다(물론 그 동정에는 파리인 특유의 조롱기가 조금 섞여 있었을 터이지만). 그러나 그의 눈에는 아무것도 보이지 않았다. 눈물로 장님이 되어 있었던 것이다.

크리스토프는 광장의 커다란 분수가로 나왔다. 그는 물에 손을 담그고 얼굴을 적셨다. 신문팔이 소년이 그의 그러한 행동을 진기한 듯 바라보고 좀 업신여기는 듯한 얼굴로 생각을 더듬는 모양이었는데, 거기에 악의는 없었다. 그리고 크리스토프가 떨어뜨린 모자를 집어다 주었다. 물의 얼 듯한 냉기로 크리스토프는 기운을 회복했다. 그는 제정신으로 돌아왔다. 크리스토프는 이젠 아무것도 보지 않으려고 발길을 돌렸다. 벌써 식사도 잊고 있었다. 누구에게도 말을 걸 수 없을 정도였다. 어쭙잖은 일로 또 눈물이 날 뻔했다. 그는 지쳐 있었다. 여기저기 헤매고 돌아다니며 완전히 길을 잃고 말았구나 생각하는 참에 숙소 앞에 왔다. 그는 숙소가 있는 거리 이름조차 잊고 있었던 것이다.

크리스토프는 불결한 여관으로 돌아왔다. 아무것도 먹지 않았으므로 배는 고프고 눈에는 열이 오르고 가슴은 슬픔으로 확 메워졌으며, 몸은 솜처럼 지쳐 들어오는 길로 방 안 구석의 의자에 쓰러지듯 걸터앉았다. 그리고 꼼짝도 할 수 없어 2시간이나 그대로 가만히 앉아 있었다. 그는 가까스로 힘을 내어 그러한 무감각 상태에서 빠져나와 자리에 들었다. 일종의 열기어린 혼수 상태에 빠졌으나 곧 눈이 뜨였다. 그리고 그럴 때마다 몇 시간이나 잔 듯한 기분이 들었다. 방 안은 숨이 답답했다. 발끝에서 머리까지 타오르는 듯 뜨거 웠다. 무척 목이 탔다. 터무니없는 악몽에 사로잡혀 눈을 떴을 때도 확 붙잡 고 놓지 않았다. 나이프로 찔리는 듯한 날카로운 고통에 몸이 괴로웠다. 한 밤중에 깨어나 그만 으악 소리를 지를 뻔할 만큼 무서운 절망감에 몸부림쳤 다. 남에게 들리지 않도록 그는 입속에 시트를 꾸겨 넣었다. 머리가 돌아버 릴 것만 같았다. 크리스토프는 침대 위에 일어나 앉아 불을 켰다. 땀이 후줄 근히 온몸을 적셨다. 일어나서 가방을 열고 손수건을 찾았다. 그러자 어머니 가 내의 갈피에 넣어 둔 밝은 성서에 손이 닿았다. 크리스토프는 성서를 별 로 읽은 적이 없었다. 그러나 이것이 지금 눈에 띈 것은 그로서는 뭐라 할 수 없을 만큼 반가운 일이었다. 이 성서는 할아버지의 것이었으며, 증조할아 버지의 것이기도 했다. 가장들이 이 책 끝의 백지에 자기네들 이름과 일생의 중요한 날짜, 이를테면 생일이나 결혼 날짜와 사망한 날을 적어 두었다. 할 아버지는 연필로 굵다랗게 각 장을 읽은 날, 되읽은 날을 적었다. 그리고 곳 곳에 할아버지가 소박한 감상을 써 넣은 노랗게 된 종이쪽지가 끼어 있었다. 이 성서는 언제나 할아버지 머리맡의 선반에 놓여 있었다. 할아버지는 긴 시 간 잠을 못 이룰 때 이를 집어 들고 읽는다기보다는 오히려 성서와 말을 나 누고 있었다. 이것은 할아버지가 죽을 때까지 말상대가 되어 주었다. 벌써 그 이전에 증조할아버지의 말상대를 치른 것처럼 한 세기 동안의 일가의 기 쁨과 슬픔이 이 책에서 피어올랐다. 크리스토프는 지금 이 책을 손에 들고 있으려니까 얼마쯤 고독으로부터 구원받는 듯한 심정이 되었다.

크리스토프는 이 책 중의 가장 우울한 장을 펴들었다.

무릇 사람이 세상에 있음은 끊임없는 싸움에 있는 것과 같지 않으냐. 또 그 나날은 머슴살이하는 사람의 나날과 같지 않으냐……

나는 누우면 말하거니, 언제 내가 일어날까. 일어나면 저녁을 기다리기 힘들어라. 밤까지 괴로운 생각으로 가득 찼거니……

나의 잠자리는 나를 위로하고 휴식은 내 수심을 덜어 주리라고 생각하 고 있을 때, 그대는 꿈으로써 나를 놀라게 하고 환각으로써 나를 두렵게 하시다……

　언제까지 그대 나를 용서치 않으심이뇨, 숨쉴 틈조차 주지 않으심이여. 나는 죄를 저질렀음인가. 나는 그대에게 무엇을 하였음인가, 오 사람을 보호하시는 자여……

　모든 것은 같은 곳으로 돌아가도다. 신은 선과 악을 똑같이 괴롭히시도다……

　만일 내가 하느님의 손에 죽을지라도 나는 역시 하느님께 희망을 걸 수밖에 없어라……

　무한한 슬픔이 불행한 인간에게 가져다주는 은혜는 저속한 마음의 사람들에게는 이해되지 않는다. 어떤 위대함이든 위대한 것은 모두 선(善)이다. 고뇌도 정점에 달하면 구원에 도달한다. 사람의 혼을 때려눕히고 꺾고 구제할 길 없이 파괴하는 것은 평범한 고뇌와 환희. 잊어버린 쾌락으로부터 해탈할 힘도 없이 마음속으로 새로운 쾌락을 찾아 몰래 모든 타락에 몸을 내맡기려고 하는 값싸고 이기적인 고통이다. 크리스토프는 이 낡은 책에서 피어오르는 강렬한 입김을 되찾았다. 시나이 산의 산바람에 쓸쓸한 광야와 힘찬 바닷바람에 독기가 가서 버렸다. 크리스토프의 열병은 나았다. 그는 좀 진정되어 다시 자리에 들고 이튿날까지 정신없이 잠들었다. 눈이 뜨였을 때는 이미 낮이었다. 방의 추악함이 더한층 눈에 띄었다. 자신의 비참과 고독이 느껴졌다. 그러나 그는 그러한 것들을 정면으로 바라보았다. 축 늘어졌던 기분은 어디론지 가 버렸다. 이젠 사나이다운 우울밖에 남아 있지 않았다. 그는 욥의 말을 되풀이했다.

　만일 내가 하느님의 손에 죽을지라도, 나는 역시 하느님께 희망을 걸 수밖에 없어라……

　크리스토프는 일어섰다. 그리고 조용한 마음으로 싸움을 개시했다.

　　　　　　　　　　　*

　크리스토프는 바로 그날 아침부터 재빨리 활동을 시작하려고 결심했다. 그는 파리에서 단지 두 사람밖에 알지 못했다. 두 청년 모두 같은 나라 출신이었다. 하나는 옛벗 옷토 디너로 마일 구(區)에서 양복감 상회를 하는 큰아버지 밑에서 일하고 있었다. 또 하나는 실바인 콘이라는 마인츠 출신의 신분이 낮은 유대인으로 커다란 서점에 근무하고 있는 것 같으나, 크리스토프는 이 서점의 주소를 알지 못했다.

　크리스토프는 열네댓 살 때 디너와 퍽 친했다(〈아침〉참조). 연애에 앞서 이미 연애 같은 저 소년 시절의 우정을 그는 디너에게 품고 있었다. 디너 쪽에서도 그를 사랑했다. 내성적이고 착실한 커다란 이 소년은 크리스토프의 격렬한 독립정신에 매혹되어 우스꽝스럽게도 그의 흉내를 내려고 애썼다. 그것은 크리스토프를 불안케도 하고 기쁘게도 했다. 그즈음 둘은 세상을 깜짝 놀라게 할 계획을 세우고 있었다. 그렇지만 디너는 상업 교육을 받기 위해 여행을 떠나 버렸다. 그 뒤로 둘은 이제껏 만난 적이 없었다. 그러나 크리스토프는 디너가 규칙적으로 교제를 계속하고 있는 몇몇 고향 사람들에게서 그의 소식은 듣고 있었다.

　실바인 콘과 크리스토프와의 관계는 전혀 달랐다. 둘은 개구쟁이일 적에 학교에서 알게 되었다. 이 원숭이새끼 같은 실바인 콘은 크리스토프에게 여러 가지 장난을 걸어 오고, 크리스토프는 그의 올가미에 걸려들었다고 눈치채자 그 보복으로 흠씬 두들겨 주었다. 콘은 저항하지 않았다. 그는 메다꽂힌 채 땅바닥에 얼굴을 틀어박고 울고 있었다. 그러나 지겹지도 않은지 곧 또다시 짓궂은 짓을 시작했다. ─그것은 크리스토프에게서 죽여 버리겠다는 심각한 협박을 받고, 겁이 덜컥 난 날까지 계속됐다.

　크리스토프는 일찍 여관을 나섰다. 도중에 카페에 들러 아침을 먹었다. 자존심 때문에 별로 내키지 않았지만 프랑스어로 얘기할 기회를 하나라도 잃지 않으려고 애썼다. 아마 몇 년 동안 파리에서 생활해야 할 테니까 되도록 빨리 파리의 생활 상태에 순응하여 혐오감을 극복해야 했다. 그래서 그의 서툰 프랑스어를 듣고 급사가 놀리는 듯한 얼굴을 해도, 창피를 꾹 참고 태연한 척했다. 그리고 낙심하지 않고 잘 다듬어지지 않는 문구를 어설프게 늘어놓아 상대가 알아들을 때까지 참을성 있게 되풀이했다.

크리스토프는 디너를 찾기 시작했다. 그전처럼 하나의 생각이 머릿속에 있으면 주위의 것은 아무것도 눈에 들어오지 않았다. 처음 걸어 다녀 본 바로는 파리는 오래된데다가 난잡스런 도시라는 인상만 받았다. 크리스토프는 독일 신제국의 여러 도시에 익숙해 있었는데, 그 도시들은 무척 오래되었으면서도 새로워서 거기서는 어떤 새 힘을 느낌으로 해서 긍지가 솟구치는 것이었다. 그런데 여기에는 구멍 뚫린 길, 진흙투성이 길, 밀고 밀리는 혼잡, 고르지 못한 차들, 여러 종류와 모양의 탈것들이 있었다. 예를 들면 존중할 만한 합승 마차, 증기로 움직이는 차, 전차, 그 밖에 모든 장치의 차, 보도 위의 노점, 프록코트 차림의 조상(彫像)이 늘어선 광장의 회전목마(목마라기보다도 오히려 기괴한 괴물이었다), 요컨대 크리스토프는 중세기 도시의 여러 가지 케케묵은 유물을 여기서 발견했다. 이 도시는 보통 선거라는 혜택을 인정하고 있으면서도 고답적인 옛날의 부랑자적(浮浪者的)인 유풍(遺風)을 버리지 못하고 있어 불쾌한 놀라움을 느꼈다. 전날의 안개는 몸에 스며드는 듯한 가랑비로 변했다. 많은 상점에는 10시가 지났는데도 아직 가스등이 켜져 있었다.

크리스토프는 빅토와르 광장에 가까운 몇 개의 미로를 헤맨 끝에 찾던 방크 거리의 상점에 다다랐다. 가게로 들어갔을 때, 안이 기다란 어두컴컴한 가게 속의 점원들에 섞이어 짐짝을 정리하고 있는 디너의 모습이 보였다고 생각했다. 그런데 그는 좀 근시였다. 그래서 눈의 직관력은 좀처럼 누구를 잘못 보는 때가 없었으나 그래도 역시 자신이 없었다. 응대하러 나온 점원에게 크리스토프가 자기 이름을 말했을 때, 안에 있는 사람들이 조금 동요했다. 그리고 무언지 소곤소곤 상의한 뒤에 한 젊은이가 무리 가운데서 나오더니 독일어로 말했다.

"디너 씨는 외출하셨습니다."

"외출? 늦게야 돌아오시나요?"

"아마 그럴 것 같습니다. 방금 나가셨으니까요."

크리스토프는 잠시 생각해 보았다. 그리고 말했다.

"좋습니다. 기다리지요."

점원은 깜짝 놀라 급히 서둘러 덧붙였다.

"아마, 두세 시간 안에는 돌아오시지 않을 것 같습니다만."

"아, 그런 건 대수로울 게 없습니다." 크리스토프는 태연스럽게 대답했다. "난 파리에서 아무 볼일도 없습니다. 경우에 따라서는 온종일이라도 기다리겠습니다."

젊은 점원은 농담을 하는가 하고 그의 얼굴을 멍하니 쳐다보았다. 그러나 크리스토프는 벌써 이 점원은 염두에도 없었다. 한길 쪽으로 등을 돌리고 가게 한구석에 태연히 걸터앉았다. 거기에 마냥 있을 모양이었다.

점원은 가게 안쪽으로 돌아가 다른 점원들과 소곤소곤 애기했다. 그들은 우스꽝스럽도록 당황해하고, 이 억척꾸러기를 내몰 방법을 의논했다.

어쩔 줄 몰라하고 있던 몇 분 뒤에 사무실 문이 열렸다. 디너 씨가 모습을 나타냈다. 커다란 붉은 얼굴로 뺨과 턱에 보랏빛 흉터가 있으며, 금빛 수염을 기르고 착 빗어붙인 머리카락을 옆으로 가르마를 탔다. 금테 코안경을 걸치고 셔츠에는 금단추를 달고 굵다란 손가락에는 반지를 여러 개 끼고 있었다. 손에는 모자와 우산을 들고 있었다. 그는 성큼성큼 크리스토프 쪽으로 걸어왔다. 의자 위에서 멍하니 몽상에 잠겼던 크리스토프는 깜짝 놀라 뛰어올랐다. 디너의 양손을 잡고 큰 소리로 친근하게 외마디 소리를 질렀다. 그래서 점원들은 뒤에서 픽픽 웃어 대며 얼굴을 붉혔다. 이 대단하게 격식을 차린 사내는 여러 가지 이유로 크리스토프와의 옛 관계를 돌이키고 싶지 않았다. 그래서 처음부터 위압적인 태도를 취해 크리스토프를 곁에 오지 못하게 하려던 것이었다. 그러나 크리스토프의 눈을 보자마자 그의 얼굴에서는 자기가 옛날의 소년으로 돌아간 듯한 감정이 떠올랐다. 그것이 화가 나기도 하고 부끄럽기도 했다. 그는 당황해서 재빨리 말했다.

"내 방으로…… 그쪽이 애기하기도 좋으니까."

크리스토프는 거기서 옛날 그대로의 그의 조심스러움을 보았다.

그의 방에 들어가 문을 조심스럽게 닫고서도 디너는 의자를 권하려고도 하지 않았다. 그는 우뚝 선 채 답답할 정도의 어색한 말투로 변명하기 시작했다.

"참말 반갑군…… 마침 외출하려던 참이네. 애들은 벌써 나가 버린 줄 알고 있었던 모양이야…… 조금밖에 시간이 없지만…… 급한 볼일로 누굴 만나야 해서……"

크리스토프는 점원이 아까 거짓말한 것을 알았다. 그리고 그 거짓말은 자신을 쫓아 버리기 위해 디너와 의논한 것임이 분명했다. 머리에 후끈 피가 몰렸다. 그러나 스스로를 억누르고 싸늘하게 말했다.

"별로 서두를 일은 없을 테지."

디너는 움찔했다. 그는 이런 무례한 말투에 화가 났다.

"뭐라구! 별로 서두를 일은 없다구!" 그는 말했다. "일이 있어서……"

크리스토프는 그를 정면으로 노려보았다.

"그렇지 않을 거야."

뚱뚱한 청년은 눈을 내리깔았다. 크리스토프 앞에서 자신이 비겁하다고 느껴졌으므로 크리스토프가 미웠다. 디너는 분한 나머지 입속으로 우물우물대며 투덜거렸다. 크리스토프는 상대를 가로막았다.

"실은" 크리스토프는 말했다. "자네도 알 거야……"

'자네'라고 불린 데 디너는 기분이 상했다. 디너는 처음부터 '당신'이라는 장벽을 크리스토프와 자기 사이에 만들려고 애썼지만 그것도 헛수고였다.

"……자넨 왜 내가 여길 오게 됐는지 잘 알 테지?"

"그럼, 알고 있네." 디너는 말했다.

디너는 크리스토프가 폭행을 하고 추적받고 있다는 소식을 듣고 알고 있었다.

"그렇다면" 크리스토프는 말을 이었다. "내가 이곳에 놀러 온 것이 아니라는 것은 알겠군. 나는 도망쳐야 하지만 무일푼이네. 그래도 어떻게 해서든지 생활을 해나가야 해."

디너는 요구를 기다렸다. 그리고 이를 만족과 곤혹이 섞인 기분으로 들었다(왜냐하면 크리스토프에 대해 우월감을 되찾을 수 있는 것은 반가웠으나 그 우월감을 뜻대로 상대에게 느끼게 하지 못하는 것은 안타까웠다).

"아!" 그는 점잔을 빼며 말했다. "그거 난처하게 됐군. 여기서의 생활은 정말 쉽지 않아. 모든 물가가 다 비싸서 말이지. 우리도 돈이 많이 든다네. 게다가 여기 점원 모두의……"

크리스토프는 냉정하게 상대를 가로막았다.

"난 무슨 돈이 필요한 게 아닐세."

디너는 뜨끔했다. 크리스토프는 계속 말했다.

"자네 사업은 잘 돼나가고 있나? 아마 훌륭한 단골손님들이 있을 테지?"

"그럭저럭 돼 나가는 셈일세. 덕택으로……" 디너는 신중히 말했다(그는 반신반의하고 있었다).

크리스토프는 노기어린 눈으로 말했다.

"자넨 여기 와 있는 독일인들을 많이 알고 있을 테지?"

"암."

"그럼, 내 얘기를 해주지 않겠나. 모두 음악을 좋아할 테니까. 그들에겐 아이들이 있겠지. 내가 레슨을 봐주겠네."

디너는 난처한 표정을 지었다.

"왜, 어째서 그러나?" 크리스토프는 말했다. "그러한 일을 할 역량이 없다고 생각돼서 그러나?"

그는 돌봐 달라고 부탁하는 데도 마치 이쪽에서 돌봐 주기라도 하는 것 같은 말투였다. 디너는 무슨 일이건 크리스토프에게 은혜를 느끼게 하는 기쁨을 위해서만 하려고 했던 것이므로 이렇게 된 바에야 그를 위해서는 손가락 하나 까딱하지 않겠다고 결심했다.

"역량이야 충분하고도 남지만…… 단지……"

"단지, 어떻다는 거야?"

"난처하단 말이야, 정말이지 난처해. 자네의 지금 처지 때문에 말이지."

"내 처지라구?"

"그렇다니까…… 즉, 그 사건, 그 일 말일세…… 혹시, 어쩌다 그만 탄로라도 난다면…… 나로선, 이 소개는 썩 난처한 일일세. 관련될지도 모르고."

크리스토프의 얼굴이 노여움 때문에 일그러져 가는 것을 보고 그는 입을 다물었다. 그리고 급히 서둘러 덧붙였다.

"아니야, 내게 폐가 된다는 게 아니야…… 나는 두렵지 않아, 아! 만일 내가 혼자서만 살고 있다면야! 큰아버지가 있어서 말이지…… 자네도 알다시피 여긴 큰아버지 가게야. 큰아버지가 허락지 않으면 난 내 맘대로는 아무것도 못 하네……."

크리스토프의 험한 얼굴과 당장에라도 폭발해 버릴 듯한 기세에 공포를 느껴 그는 허둥지둥 말했다(그는 근본은 그다지 나쁜 사내가 아니었다. 인색과 허영심이 마음속에서 싸우고 있었다. 그는 크리스토프에게 은혜를 베풀고 싶다고는 생각했지만 되도록 대수롭잖게 처리하고 싶었다).

"50프랑이면 되겠나?"

크리스토프는 새빨개졌다. 그는 씩씩거리며 디너 쪽으로 다가섰다. 그 무서운 기세에 디너는 급히 문간으로 뒷걸음질치고, 문을 열고 사람을 부르려 했다. 그러나 크리스토프는 충혈된 얼굴을 그에게 가까이 갖다 대기만 하고 참았다.

"돼지만도 못한 녀석!" 그는 커다란 소리로 외쳤다.

크리스토프는 디너를 밀어내고 점원들 사이를 지나 밖으로 나갔다. 그리고 문설주를 넘으며 퉤 침을 뱉었다.

*

크리스토프는 발짝을 크게 떼놓으며 한길을 걸어갔다. 분노에 취해 있었다. 빗물이 그 취기를 몰아냈다. 어디로 갈까? 자기 자신도 알 수 없었다. 누구 하나 아는 사람이라고는 없었다. 생각해 보려고 어떤 서점 앞에 멈춰섰다. 그리고 진열장에 널린 책을 하염없이 보고 있었다. 그러자 한 책 표지에 인쇄된 출판사 이름이 느닷없이 그의 눈을 끌었다. 왜 그러는지 스스로도 의아스러웠다. 잠시 뒤에 그것이 실바인 콘이 근무하는 출판사 이름이라는 것이 생각났다. 그는 그 주소를 적었다. 그러나 그런대야 무슨 소용이 있단 말인가? 물론 가고 싶은 생각은 없었다. 왜 안 가느냐? 벗이었던 저 디너 녀석조차도 저런 식으로 대했다. 옛날에 호되게 골탕을 먹여 주었기 때문에 지금도 자기를 미워하고 있을 것이 틀림없는 녀석에게서 무엇을 기대할 수 있으랴? 부질없이 창피한 꼴만 당하는 것이 아닐까? 이렇게 그의 피는 반발했다. 그러나 그가 받은 그리스도교도적인 교육에서 온 듯한 선천적인 낙관주의 기질은 사람들에게서 주어지는 모욕의 극점까지 맛보려는 마음을 그에게 일어나게 했다.

"무슨 체면 같은 것 생각할 것 없다. 죽을 때까지 무슨 짓이건 해볼 일이다."

하나의 목소리가 그의 가슴속에서 여기에다 덧붙였다.

"그러나 죽어서야 될 말인가."

크리스토프는 다시 한 번 주소를 확인했다. 그러고는 콘에게로 찾아갔다.

조금이라도 거만한 태도로 나오면 대뜸 얼굴을 한 대 먹여 줄 참이었다.

출판사는 마들렌 거리에 있었다. 크리스토프는 2층 객실로 올라가 실바인 콘을 만나러 왔다고 말했다. 제복을 입은 급사가 "그런 사람은 모른다"고 대답했다. 놀란 크리스토프가 발음이 나빠서 그런가 싶어 다시 한 번 질문을 되풀이했다. 그러나 급사는 주의 깊게 귀 기울인 뒤 여기에는 그런 이름을 가진 사람은 없다고 분명히 말했다. 크리스토프는 정신이 얼떨떨해서 사과를 하고 일어나서 나가려고 했다. 그러자 이때 복도 안쪽의 문이 열렸다. 그리고 틀림없는 콘이 한 부인을 전송하며 나왔다. 디너에게서 방금 모욕을 당한 참이어서 지금은 모두들 자기를 우롱한다고 여기게 되었다. 그래서 곧 콘은 자기가 오는 것을 보고 급사에게 부재중이라고 말하라고 시켰나보다고 생각했다. 그러한 뻔뻔스런 처사에 그는 숨이 콱 막혔다. 그는 화가 나 돌아가려 했다. 그때 자기 이름을 부르는 소리를 들었다. 콘의 날카로운 눈은 멀리서 그를 꿰뚫어본 것이다. 그리고 입술에 미소를 짓고 양손을 벌리고 과장된 기쁨의 표정을 지으며 달려왔다.

실바인 콘은 작달막하고 통통하게 살쪘으며 수염은 미국식으로 깨끗이 밀었다. 얼굴빛은 새빨갛고 머리카락은 칠흑이며 얼굴은 넓적한데다 기름져서 번지르르했으며, 눈꼬리에 주름이 잡힌 작은 눈은 민감하게 움직이고, 입매는 약간 일그러져 숨막힐 듯한 심술궂은 미소를 띠고 있었다. 사치스런 옷으로 몸의 결점인 치켜든 어깨와 굵은 허리를 감추려고 애썼다. 이 결점이 그의 자존심을 괴롭히고 있는 유일한 것이었다. 두세 치만 더 크고 몸매가 보기 좋아지는 것이라면, 그는 기꺼이 엉덩이를 걷어 채였을 것이다. 이 밖의 점에서는 그는 자신에게 충분히 만족해 있었다. 자기를 당할 자는 없다고 생각하고 있었다. 사실 멋진 남자였다. 이 키 작은 독일계 유대인, 이 아둔한 사내는 파리의 세련된 사회의 잡문 기자가 되고 절대적인 힘을 가진 비판자가 되어 있었다. 사교계의 재미도 없는 소문을 복잡하고 세련된 필치로 쓰고 있었다. 그는 프랑스적인 우아, 프랑스적인 멋, 프랑스적인 재치의 선수였다. 섭정(攝政)을 맡은 사내 같으며 붉은 뒤꿈치(귀족을 말함)식 사내이며, 로셩(루이 14세 시대의 인물. 교활하고 남의 비위를 잘 맞추는 인물)적인 인물이었다. 실바인 콘은 사람들에게 냉대를 받았으나 이것도 그가 성공하는 것을 방해하지는 않았다. 파리에서 우스꽝스런 일을 하는 자는 자신을 파멸시키는 자라고 하는 따위로 말하는 사람이 있다면 그는 파리를 전혀 알지 못하는 사람이다. 우스꽝스럽기 때문에 죽기는커녕 그것으로 사는 사람들도 있다. 파리에서는 우스꽝스러움으로써 모든 것을 얻을 수 있다. 영광도, 행운도. 실바인 콘은 프랑크푸르트식인 짐짓 꾸민 문장을 마련함으로써 매일 헤아릴 수 없을 만큼 많은 사랑의 고백을 받고 있었다. 실바인 콘은 답답한 억양과 째지는 목소리로 말했다.

"여어, 이거 놀랐는데!" 그는 명랑하게 소리치며, 손가락이 짧은, 그리고 너무나 좁은 피부 속에 살덩어리가 빽빽이 들어찬 듯한 두툼한 양손으로 크리스토프의 손을 쥐고 계속 흔들어 댔다. 좀처럼 크리스토프를 놓지 않았다. 마치 가장 가까운 친구를 만난 듯했다. 크리스토프는 어처구니없이 바라보며, 놀림감이 되어 있는 것이 아닌가 의심했다. 그러나 콘은 그를 놀려 대고 있는 것은 아니었다. 혹은 바보로 다룬다 하더라도 보통 때 이상으로 바보 취급을 하고 있는 것은 아니었다. 콘은 유감 같은 것은 갖고 있지 않았다. 유감을 품기에는 그는 너무나 영리했다. 크리스토프에게 심한 골탕을 먹은 일 따위는 벌써 옛날에 말끔히 잊어버렸다. 가령 그것을 다시 생각해 냈다 하더라도 그런 일은 거의 관심에도 두지 않았을 것이다. 새로운 직업으로 자신이 중요한 위치를 차지하고 있는 것이나, 파리풍의 멋쟁이 모양을 하고 있는 것을 옛친구에게 자랑할 수 있는 기회가 주어진 것을 그는 즐기고 있었다. 놀랐다고 말한 것도 거짓말이 아니었다. 크리스토프가 찾아오리라고는 전혀 예기치 않았었다. 실바인 콘은 머리가 잘 도는 사내였기 때문에 이 방문에는 무슨 이해관계의 목적이 있다는 것을 알았다. 그러나 그것은 자기의 힘에 대한 경의라고 하는 단 한 가지 일만으로 기꺼이 이를 맞으리라는 기분이 되어 있었다.

"고향에서 왔나? 어머님은 평안하시고?" 실바인 콘은 정답게 물었다. 다른 경우였다면 이러한 태도는 크리스토프를 화나게 했을 테지만 이렇게 타국의 도시에 와 있는 지금은 도리어 반가웠다.

"그런데 어찌된 일이지?" 크리스토프는 아직도 좀 의아심이 풀리지 않아 물었다. "아까 콘 씨는 없다구 했어."

"콘 씨는 없고말고." 실바인 콘은 웃으며 말했다. "난 이제 콘이라고는 하지 않네. 해밀턴이라 하지."

그는 말을 잘랐다. "잠깐 실례."

그리고 마주친 한 부인에게로 다가가 악수를 하고 웃는 얼굴을 지어 보였다. 그리고 되돌아왔다. 지금 지나간 사람은 격렬하고 육감적인 소설을 쓰는 유명한 여류 작가라고 설명했다. 이 현대의 사포(그리스
여류 시인)는 가슴에 보랏빛 훈장을 달고 또 여러 가지 장식품을 잔뜩 몸에 붙이고 있었다. 짙은 화장을 한 명랑한 얼굴에 윤이 나는 블론드의 머리카락을 묶고 있었다. 여인은 프랑슈콩테 지방의 사투리가 섞인 남성적인 목소리로 여러 가지 얘기를 넌지시 했다.

콘은 다시 여러 가지 일을 크리스토프에게 묻기 시작했다. 고향의 모든 사람들 일과, 누구누구는 어떻게 되었느냐고 묻고 모두를 기억하고 있다는 것을 자랑스럽게 상대에게 표시했다. 크리스토프는 반감을 잊어버렸다. 감사어린 친절한 태도로 대답하고, 콘에게는 전혀 관계없는 사소한 일까지 이것저것 늘어놓았다. 그러자 콘은 또다시 크리스토프의 얘기를 가로막았다.

"잠깐 실례." 그는 다시 말했다.

그리고 또 다른 부인 손님 쪽으로 가서 인사했다.

"아!" 크리스토프는 물었다. "그렇다면 프랑스엔 여류 작가밖에 없나?"

콘은 웃어댔다. 그리고 신이 나서 말했다.

"프랑스는 여성의 나라일세. 자네, 만일 자네가 성공하고 싶다면 여성을 이용하는 게 제일이지."

크리스토프는 그런 설명을 귓전으로 흘려 버리고 자기 얘기를 계속했다. 그러나 콘은 말을 그만두게 하려고 물었다.

"그런데 대체 무슨 일로 온 건가?"

"그렇군!" 크리스토프는 생각했다. '이 녀석은 아무것도 모르는구나. 그러니까 이렇듯 친절한 거야. 만일에 까닭을 알게 된다면 태도가 확 바뀔 것이다.'

크리스토프는 자랑스러운 기분으로 자신을 위험에 빠뜨릴는지도 알 수 없는 일을 모두 얘기했다. 즉, 병사들과 싸우다 추적받았다는 일이며 고국을 탈출해 온 것들을……

콘은 몸을 뒤틀며 웃어젖혔다.

"거참 신나는 일이군!" 그는 외쳤다. "멋져! 정말 대단해!"

콘은 열정적으로 크리스토프의 손을 움켜쥐었다. 군인을 온통 우롱해 준데 대해 그는 대환영이었다. 그리고 얘기의 주인공들을 알고 있기 때문에 한층 더 재미있었다. 이 얘기의 우스꽝스런 면이 그에게는 똑똑히 눈앞에 떠올랐다.

"헌데" 콘은 말했다. "벌써 점심때가 지났는걸. 나하구 같이 가세…… 나가서 식사를 같이 하세."

크리스토프는 그러자고 승낙했다. 그는 생각했다.

'이 녀석은 확실히 훌륭한 사내다. 내가 잘못 생각했던 것 같아.'

둘은 함께 나갔다. 도중에서 크리스토프는 큰맘 먹고 부탁을 꺼집어냈다.

"내가 어떤 상태에 있는지, 이제는 자네도 알았을 테지. 난 여기에 일을 찾으러 온 걸세. 세상에 알려질 때까지 음악 개인교수라도 하고 있어야겠어, 나를 추천해 주겠나."

"어렵지 않네!" 콘은 말했다. "누구든지 자네가 원하는 대로 소개해 주지. 난 여기서는 누구나 다 알고 있네. 자네에게 힘이 되는 일이라면 무슨 일이든지 하지."

콘은 자기가 얼마나 세상에 신용이 있는가 하는 것을 보여 줄 수가 있어서 기뻤다.

크리스토프는 고마운 마음으로 가득했다. 무거운 짐이 내려진 듯 마음이 홀가분했다.

식탁에 앉자 크리스토프는 이틀 동안이나 먹지 않은 사람처럼 꾸역꾸역 먹었다. 냅킨을 목 둘레에 매고 나이프로 먹었다. 해밀턴인 콘은 이러한 탐식과 시골 사람다운 버릇에 퍽 기분이 상했다. 상대가 자기의 자랑거리를 거의 귀담아 들어 주지 않는 데에도 기분이 언짢았다. 콘은 훌륭한 사람과 교제하고 있는 일이며, 여자들에게 인기가 있다는 것을 얘기하고 상대를 현혹시키려고 했다. 그러나 그것은 헛된 노력이었다. 크리스토프는 그런 얘기는 들은 척 만 척이고 마구 말을 가로막았다. 크리스토프는 말이 많아졌다. 감사하는 마음으로 가슴이 부풀어 천진스럽게도 자신의 앞날 계획을 털어놓아 콘을 지겹게 했다. 더구나 마구 식탁 너머로 손을 잡고 감격한 듯이 확 움켜쥐는 데는 콘도 견딜 수 없었다. 나중에 그가 독일식 축배를 올리자고 말하고 저 멀리 고향에 있는 사람들과 '아버지인 라인'을 위해 감상적인 말과 함께 잔을 비우려고 했을 때, 콘의 초조한 마음은 절정에 달했다. 콘은 그가 느닷없이 노래라도 부르지 않을까 움찔했다. 식탁 근처의 사람들은 비꼬는 눈으로 두 사람을 보고 있었다. 콘은 중요한 볼일이 있다는 핑계를 대고 일어났다. 그러나 크리스토프는 좀처럼 그를 놔주려 하지 않았다. 언제 소개장을 받아 그 사람한테로 가 수업을 시작할 수 있는지 알고 싶어했다.

"어떻게든지 알선해 주겠어. 오늘 밤에라도." 콘은 약속했다. "곧 얘기하겠네. 안심하게나."

크리스토프는 여전히 집요하게 물었다.

"언제 알게 될까?"

"내일…… 내일 아니면 모레는 되네."

"좋아. 그럼 내일 다시 오겠네."

"아냐, 아냐." 콘은 당황해서 말했다. "내가 통지를 하지. 일부러 오지 않아도 이건 틀림없는 일이네."

"오! 일부러구 뭐구가 다 어디 있나. 그럴 처지가 아닐세! 그렇지 않겠어? 그때까지 나는 파리에서 아무것도 할일이라곤 없으니까 말일세."

'이거 야단났군!' 콘은 생각했다. "아니야." 콘은 큰 소리로 말했다. "편지로 알려 주는 쪽이 편리하겠네. 실은 대엿새 동안 못 만날지도 몰라. 자네 주소를 가르쳐 주게."

크리스토프는 주소를 써주었다.

"알았네. 내일 쓰지."

"내일?"

"내일이야. 믿고 있으면 되네."

콘은 크리스토프의 악수에서 해방되자 달아나듯 가 버렸다.

'어휴!' 콘은 생각했다. '아주 귀찮은 녀석이군!'

그는 돌아가자 사무실 급사에게 저 '독일인'이 만나러 오거든 없다고 하라고 일러 놓았다. 그러고 나서 10분쯤 지나자 콘은 벌써 크리스토프의 일 따위는 잊어버리고 있었다.

크리스토프는 누추한 방으로 돌아왔다. 그는 감동하고 있었다.

'친절한 녀석이구나!' 크리스토프는 생각했다. '나는 무척 녀석을 골탕먹였었다! 그런데도 유감도 안 품고 있다니!'

이러한 양심의 가책은 크리스토프의 마음을 무겁게 내리눌렀다. 옛날에 잘못 판단한 것을 얼마나 고통으로 여기고 있는지, 옛날에 자네를 괴롭힌 것을 빌고 싶은 심정이라고 콘에게 편지를 쓰려고 했다. 옛날 일을 생각하자 눈물이 솟구쳐올랐다. 그러나 그에게 편지를 쓴다는 것은 악보를 쓰는 일보다도 어려웠다. 호텔의 잉크와 펜을 몇 번이나 욕하고(정말 그것은 너무 심한 물건이었다), 잘못 쓰거나 지워 버리거나 하며 네댓 장의 종이를 찢은 뒤에 그만 부아통이 터져 내동댕이쳤다.

그날 남은 시간은 좀처럼 가지 않았다. 그러나 크리스토프는 전날 밤에 잠을 잘 자지 못했고 오전 중에 돌아다녀 무척 피로했으므로 이윽고 의자 위에서 스르르 잠이 들었다. 저녁때 간신히 그러한 잠에서 깨어나 자리에 들었다. 그리고 열두 시간을 계속해서 푸근히 잤다.

*

이튿날 아침 8시부터 크리스토프는 약속한 편지를 기다리기 시작했다. 그는 콘이 약속을 정확히 지킬 것을 의심치 않았다. 어쩌면 콘이 회사에 나가기 전에 호텔에 들르는지도 모른다고 생각해서 집에서 한 발짝도 밖에 나가지 않았다. 정오가 되자 방에서 나가지 않아도 괜찮도록 아래층 대중 식당에서 점심을 시켜다 먹었다. 콘이 식당에서 식사를 끝낸 뒤 올는지도 모른다고 생각하고 여전히 기다렸다. 방 안을 걸어다니고, 앉고, 또 일어나서 걸었다. 계단을 올라오는 발소리가 들리면 문을 열어 보았다. 기다리는 지루함을 달래기 위해 파리를 산책하려는 마음은 전혀 일어나지 않았다. 크리스토프는 침대 위에 누웠다. 그의 생각은 끊임없이 늙으신 어머니에게로 되돌아갔다. 어머니도 또한 이때 그의 일을 생각하고 있었다. 그의 일을 생각하고 있는 것은 어머니뿐이었다. 그는 어머니에 대해 한없는 애정과 내버려두고 온 데 대한 후회를 느끼고 있었다. 그러나 크리스토프는 편지는 쓰지 않았다. 어떤 직업을 찾았다는 것을 알려 줄 수 있게 되기를 기다렸다. 그들은 서로 깊은 애정을 품고 있었으나 사랑하고 있다는 것을 알리는 편지를 쓰겠다는 생각은 두 사람의 머리에 다 떠오르지 않았다. 편지라는 것은 꼭 할 말을 분명히 써야 하는 것이라고 생각했던 것이다. 침대 위에 번듯이 누워 밑으로 손을 깍지끼고 그는 멍하니 공상에 잠겨 있었다. 방은 한길에서 떨어져 있었으나 파리의 웅성거림이 방의 침묵을 가득 채웠다. 집 전체가 미세하게 떨고 있었다. 다시 밤이 되었다. 그러나 편지는 오지 않았다.

전날과 똑같은 하루가 다시 시작되었다.

사흘째, 크리스토프는 이런 식으로 일부러 집에 틀어박혀 있는 것이 화가 나서 외출하기로 마음을 먹었다. 그러나 거리에는 첫날 밤부터 본능적인 혐오를 느끼고 있었다. 아무것도 보고 싶지 않았다. 아무런 호기심도 일어나지 않았다. 자기 생활에 대해서만 정신이 팔려 있었으므로 타인의 생활을 보아도 재미가 없었다. 그리고 과거의 유적이나 도시의 기념물이나 석상도 그에게는 아무래도 좋은 것이었다. 밖으로 나가자 무척 지루했으므로, 콘에게는 일주일이 지나기 전에는 가지 않을 작정이었지만 곧장 그리로 가고 말았다.

급사는 시킨 대로 해밀턴 씨는 회사 일로 파리를 떠났다고 말했다. 이것은 크리스토프에게 통절한 일격이었다. 크리스토프는 말을 더듬으며 해밀턴 씨는 언제 돌아오냐고 물었다. 급사는 되는 대로 대답했다.

"한 열흘 걸리겠지요."

크리스토프는 맥이 탁 풀려 돌아왔다. 그리고 그 뒤 며칠 동안은 방 안에 틀어박힌 채로 있었다. 일을 시작할 수도 없었다. 얼마 안 되는 돈, 어머니가 가방 밑바닥에 조심해서 손수건에 싸 넣어 주었던 돈이 순식간에 줄어드는 것을 보고 그는 겁이 났다. 크리스토프는 겨우 죽지 않을 만큼만으로 식사를 줄였다. 단지 저녁때만 저녁을 먹으러 아래층 식당으로 내려갔다. 거기서는 대뜸 '프러시아인'이라 거나 '초친 캐비지'라는 이름으로 손님들 사이에 널리 알려졌다. 그는 비상한 노력을 기울여 프랑스 음악가들에게 두세 통의 편지를 썼다. 그것도 어렴풋이 이름을 알고 있을 뿐이었다. 그중 한 사람은 벌써 10년 전에 죽었다. 크리스토프는 그들에게 만나 달라고 부탁했다. 철자는 엉망인데다가 문체는 독일식 습관에 의한 기다란 어휘 전환과 형식적인 관용으로 수식되어 있었다. 편지는 '프랑스 한림원 전교'로 냈다. 이를 읽은 것은 단 한 사람이었지만 그 사내는 친구들과 함께 이를 읽고 크게 웃었다.

일주일쯤 되자 크리스토프는 출판사로 찾아갔다. 이번에는 우연에 의해서 도움을 받았다. 입구에서 나가려고 하던 실바인 콘과 마주쳤다. 콘은 붙들렸다고 생각하고 얼굴을 찌푸렸다. 그러나 크리스토프는 반가웠으므로 그것을 눈치채지 못했다. 크리스토프는 전처럼 귀찮은 버릇으로 콘의 손을 잡고 들뜬 기분으로 물었다.

"여행을 갔었다구? 재밌었나?"

콘은 끄덕였다. 그러나 이마의 주름살은 지워지지 않았다. 크리스토프는 계속했다.

"내가 찾아온 것은, 알고 있겠지…… 저쪽에선 무슨 말이 없었나? 무슨 좋은 얘기는 없었나? 내 얘기는 해두었겠지? 어떻게 대답하던가?"

콘은 더욱 얼굴을 찌푸렸다. 크리스토프는 위엄 있는 척하는 그의 태도에 놀랐다. 마치 다른 사람 같았다.

"자네 얘기는 해두었어." 콘은 말했다. "그러나 아직 결과는 아무것도 알 수가 없는걸. 시간이 없어서 말이지. 요전번에 자넬 만난 뒤로 줄곧 바빴어. 일이 쌓여 있네. 어떻게 해치워야 할지 엄두가 나지 않아. 정말 이거 못해 먹겠는데. 몸살이 날 지경이라니까."

"어디 불편한 데라도 있나?" 크리스토프는 근심스러운 듯 물었다.

콘은 교활한 눈으로 흘끗 그를 보고 나서 대답했다.

"좋지 않아. 요 며칠 동안 아무래도 이상하단 말이야. 아주 거북해 죽겠어."

"그거 안 되네!" 크리스토프는 콘의 팔을 잡으며 말했다. "조심해야지! 쉬어야 해. 그런데다가 이런 걱정까지 떠맡겨서 미안하네! 그렇다고 확실히 말해 주었더라면 좋았을 걸 가지고. 그래, 기분은 정말로 어떤가?"

되는 대로 마구 주워 섬긴 변명을 너무나 심각하게 받아들이고 있으므로 콘은 마음이 풀려 웃음이 솟구쳐오르는 것을 되도록 숨기고 있었으나, 이러한 우스꽝스러울 정도의 순진성에 그의 마음은 풀렸다. 익살은 유대인들에게 참으로 귀중한 즐거움이다(이 점에 관해서는 파리의 많은 그리스도교 사람들도 유대인과 다를 바 없다). 그러니까 유대인들은 익살을 행사할 기회만 주어진다면 성가신 자에 대해서도 또 적에 대해서조차도 특별히 너그러워진다. 게다가 콘은 크리스토프가 자기 일을 여러모로 걱정해 주는 것에 감동했다. 크리스토프를 위해 무엇인가 해주고 싶은 생각이 들었다.

"한 가지 생각나는 일이 있네." 콘이 말했다. "음악 레슨 자리가 생길 때까지, 악보 출판 일을 해보지 않겠나?"

크리스토프는 기꺼이 승낙했다.

"자네에게 정말이지 딱 들어맞는 일자리야." 콘은 말을 이었다. "유명한 악보 출판사 수뇌부의 한 사람으로 다니엘 헤히트라는 사내를 난 잘 알고 있네. 그 사내에게 자네를 소개해 보겠어. 무슨 일이든 자네가 할 일이 있을 테지. 난 자네도 알다시피 음악에 대해선 아무것도 모르네. 그런데 그는 정말 음악가일세. 자네라면 단박에 얘기가 통할 걸세.”

둘은 이튿날 만나기로 약속했다. 콘은 크리스토프에게 은혜를 베풀고 성가신 짐을 벗은 데 대해 썩 나쁜 기분은 아니었다.

*

이튿날 크리스토프는 사무실로 콘을 만나러 갔다. 그는 콘이 시키는 대로 자기의 작품을 몇 개 헤히트에게 보이기 위해 가져왔다. 둘은 오페라 극장 근처에 있는 헤히트의 악보점에서 그를 만났다. 둘이 들어가도 헤히트는 꼼짝하지 않았다. 콘의 악수에는 싸늘하게 손가락 두 개를 내밀었을 뿐이며, 크리스토프의 의례적(儀禮的)인 인사에는 답례도 하지 않았다. 그런 다음 콘이 서둘러서 두 사람과 함께 옆방으로 들어갔다. 그는 두 사람에게 앉으라고도 하지 않았다. 불 없는 난로에 등을 기대고 조용히 벽을 보고 있었다.

다니엘 헤히트는, 나이는 40세 정도로 키가 크며 사뭇 대담해 보이는 사내였다. 단정한 옷차림을 하고 퍽 분명한 페니키아인 타입이었다. 태도는 총명해 보이지만 얼핏 보기에 불쾌하고 쓴 약을 먹은 듯한 얼굴을 하고 있었다. 머리카락은 검고 아시리아의 왕과 같은 길고 네모진 턱수염을 기르고 있었다. 그는 거의 정면을 보지 않고 냉담하고도 무뚝뚝한 말투로 얘기했다. 그래서 인사말을 하고 있을 때조차도 마치 상대를 모욕하고 있는 것 같아 놀랐다. 이러한 그의 거만한 태도는 차라리 표면적인 것이었다. 물론 그것은 그의 성격 중엔 경멸적인 것과 상응되는 것이긴 하지만, 그보다도 오히려 무의식적으로 잘난 체하는 데서 오고 있었다. 이러한 종류의 유대인은 드물지 않다. 그래서 세상의 평은 그들에 대해 별로 호의적이 아니다. 그들의 애교 없는 무뚝뚝함은 흔히 육체와 혼의 구제할 길 없는 서투름에서 오는 것이지만 사람들은 거만하기 때문이라고 비난한다.

실바인 콘은 수다스럽게 거창한 인사를 늘어놓으며 크리스토프를 소개했다. 크리스토프는 헤히트의 차가운 태도에 당황해서 모자와 악보를 손에 든 채 몸을 좌우로 흔들었다. 콘이 말을 끝내자 그때까지 크리스토프가 거기 없는 듯한 태도로 크리스토프 쪽으로 머리를 돌려 그의 얼굴도 보지 않고 말했다.

"크라프트…… 크리스토프 크라프트…… 그런 이름은 한 번도 들은 적이 없는걸."

크리스토프는 이 말을 듣고 가슴을 주먹으로 한 대 맞은 듯한 기분이었다. 얼굴이 달아올랐다. 그는 화가 나서 대꾸했다.

"장차 듣게 되겠지요."

헤히트는 눈썹 하나 까딱하지 않았다. 그리고 아예 크리스토프는 존재하지도 않는 것처럼 태연히 계속했다.

"크라프트…… 아냐, 모르겠는걸."

헤히트는 자기가 모르는 인간에게는 처음부터 덮어놓고 나쁜 점수를 매기는 사내였다. 그는 독일어로 계속했다.

"당신은 라인 지방 출신이군! ……그 지방에는 음악에 손대는 사람이 많은 데 정말 놀랍지요! 자기가 음악가라고 자부하지 않는 사람은 한 사람도 없을 거예요."

헤히트는 농담을 하려는 것이지 결코 무례한 말을 하려는 것은 아니었다. 그러나 크리스토프는 그렇게 받아들이지 않았다. 만일 이때 콘이 먼저 입을 열지 않았더라면 크리스토프는 항의했을 것이다.

"아, 실례지만" 콘은 헤히트에게 말했다. "나는 음악은 전혀 모른다는 것을 인정해 주기 바랍니다."

"그것은 칭찬할 만한 일이라고 해야 되겠지요." 헤히트가 대답했다.

"당신에게 필요한 사람이 음악가가 아니라면" 크리스토프는 퉁명스럽게 말했다. "유감스럽게도 나는 볼일이 없습니다."

헤히트는 머리를 옆으로 돌리고 여전히 무관심한 태도로 말했다.

"이미 작곡을 하셨다구요? 무슨 곡을 만드셨나요? 물론 가곡이겠지요?"

"가곡과 교향곡 두 개와 교향시와 사중주곡과, 피아노 조곡과 무대 음악입니다." 크리스토프는 흥분하여 말했다.

"독일에서는 꽤나 많이 작곡을 했던 모양입니다." 헤히트는 경멸적인 정중함을 가지고 말했다.

이 신참자가 그토록 많은 작품을 작곡했는데도 그 다니엘 헤히트는 이를 모르는 만큼 더욱더 의심을 품었다.

"좋습니다." 헤히트는 말했다. "아마도 당신에게 일을 부탁하게 되겠지요. 다름 아닌 해밀턴 씨의 소개니까요. 마침 방금《청년 총서》라는 전집물을 편집하고 '치기 쉬운 피아노 곡'을 출판하고 있습니다. 슈만의《사육제》를 간단히해서 사수 연탄(四手連彈)이나 육수 연탄, 팔수 연탄의 곡으로 개작해 낼 수 있으실는지요?"

크리스토프는 펄쩍 뛰었다.

"그런 일을 하라는 겁니까, 나더러, 날 보고! ……"

콘은 이 솔직한 '나더러'라고 하는 말이 재미있었다. 그러나 헤히트는 모욕을 당한 것처럼 부아가 치미는 얼굴빛이 되었다.

"당신이 놀라시는 까닭을 모르겠습니다." 헤히트는 말했다. "그렇게 쉬운 작업은 아닙니다! 그런데도 너무 쉬운 것처럼 생각되신다면 더욱더 좋은 일입니다! 작품의 성과는 나중에 보기로 하지요. 당신은 자신을 훌륭한 음악가라고 말씀하셨지요. 나는 당신을 믿는 수밖에 없겠지만, 결국 나는 당신을 잘 모르는 것입니다."

헤히트는 마음속으로 생각했다.

'이런 젊은 친구들이 말하는 것이 정말이라면 요하네스 브람스라도 때려눕힐 것 같다만.'

크리스토프는 대꾸도 하지 않고(그 까닭은 분노를 폭발시키지 않겠다고 마음에 다짐했던 것이다), 모자를 푹 눌러쓰고 문 쪽으로 걸어갔다. 콘은 웃으며 그를 붙들었다.

"잠깐만 기다리게, 잠깐만!" 그는 말했다. 그리고 헤히트 쪽을 보고 말했다. "당신에게 보여 주기 위해 작품을 갖고 왔는데요."

"그렇습니까?" 헤히트는 거북한 듯한 표정을 짓고 말했다. "그럼 어디 봅시다."

크리스토프는 한마디도 하지 않고 악보 원고를 내밀었다. 헤히트는 무심히 시선을 던졌다.

"뭡니까, 이것은? 피아노 조곡(組曲)입니까? ……(읽어 보며)—《어느 날 하루》…… 아아, 역시 표제 음악이군요! ……"

겉으로는 무관심을 가장하면서도 그는 주의 깊게 읽고 있었다. 그는 훌륭한 음악가이고 자기 직업에 정통해 있었다. 그러나 그 밖의 것은 아무것도 몰랐다. 처음 몇 소절을 읽자 금세 상대의 가치가 환히 느껴졌다. 여전히 남을 깔보는 얼굴을 하고 페이지를 넘기며 침묵해 버리고 말았다. 이 작품이 나타내고 있는 재능에 강하게 충격을 받고 있었다. 그러나 타고난 교만한 성격에다가 크리스토프의 태도에 자존심을 상했으므로 그러한 기미는 티끌만큼도 보이지 않았다. 잠자코 하나의 음부도 빠뜨리지 않고 끝까지 죄다 읽었다.

"아닌 게 아니라" 마침내 그는 사뭇 보호자적인 말투로 이렇게 말했다. "썩 잘 됐습니다."

격렬한 비난이라도 이토록 크리스토프를 마음 상하게 하지는 않았을 것이다.

"그런 말을 남에게서 들을 까닭은 없습니다." 크리스토프는 격앙해서 말했다.

"그렇지만" 헤히트는 말했다. "이 작품을 보인 이상 내 의견을 들으려 한 게 아니었던가요?"

"아뇨, 전혀."

"그럼" 헤히트는 화가 나서 말했다. "무엇을 내게 부탁하러 온 것인지, 도무지 알 수가 없습니다."

"일을 부탁하고 있는 겁니다. 그 밖의 것은 아무것도 부탁하고 있지 않습니다."

"지금 당장으론 아까 말한 일밖에 없습니다. 그것도 아직 분명히 정한 것은 아닙니다. 부탁할는지도 모른다고 그랬던 것뿐이지요."

"그럼 달리 나 같은 음악가를 써먹을 길은 없다는 겁니까?"

"당신 같은 음악가라구요?" 헤히트는 사람을 깔보는 듯한 비꼬는 투로 말했다. "적어도 당신 같은 훌륭한 음악가들이라도 이러한 일이 자기 체면에 관계된다고 생각지는 않았습니다. 원한다면 이름을 들 수도 있는데, 지금 파리에서 유명해져 있는 그 사람들은 그것을 내게 감사했을 정도니까요."

"그것은 그들이 장 푸트르(철면피)이기 때문입니다." 크리스토프는 고함쳤다(그는 이미 프랑스어의 교묘한 용법을 알고 있었다). "그들과 같은 인간이라고 나를 생각한다면 큰 잘못입니다. 똑바로 남의 얼굴을 쳐다보지도 않고 그저 입만 놀려 말하고서, 내게서 존경을 받으리라고 생각하는 겁니까? 내가 들어왔을 때 내 인사에 답례도 하지 않았었지요……. 도대체 내게 그런 태도를 취하는 당신은 무엇을 하는 사람이지요? 적어도 음악가라고 할 수 있습니까? 무슨 작곡이라도 한 게 있습니까? 그런 주제에 작곡을 생명으로 하는 나에게 어떻게 작곡해야 하느냐는 것을 가르치려고 들다니? 내 작품을 읽어본 뒤에도, 대음악가의 작품을 거세(去勢)해서 거기서 계집애들을 춤추게 하는 너절한 것을 만들어 내는 일밖에 줄 수 없다는 것인가요! 파리 사람들이 당신 의견대로 되어 버릴 만큼 머저리라면 그자들을 상대로 하시는 게 좋겠지요. 나는 그 따위 일을 할 것 같으면 차라리 죽어 버리는 게 낫겠소!"

격렬한 어조로 내쏘는 이러한 기세를 가로막을 수는 없었다.

헤히트는 얼음장처럼 차가운 말투로 말했다.

"아무쪼록 좋으실 대로."

크리스토프는 몇 개의 문을 콰당콰당 닫으며 나갔다. 헤히트는 어깨를 으쓱하며 웃고 있는 실바인 콘을 보고 말했다.

"다른 자들과 마찬가지로 또 찾아올 테지."

헤히트는 마음속으로는 크리스토프를 높이 평가하고 있었다. 그는 뛰어난 이해력을 가지고 있었으므로 작품의 가치뿐만 아니라 인간의 가치도 느낄 수 있었다. 크리스토프가 정신없이 공격해댄 흥분의 이면에서 그는 하나의 힘을 분간해 냈다. 헤히트는 그 힘이 흔하지 않은 것임을 알고 있었다. 그것은 다른 세계에서보다도 예술 세계에 있어서는 특히 드문 것이었다. 그런데 그의 자존심이 망설이고 있었다. 어떤 일이 있더라도 자신의 착오였다는 것을 인정하기는 싫었다. 크리스토프의 가치를 인정하고 싶은 마음은 있었지만, 크리스토프가 사과하지 않는 한 인정할 수는 없었다. 그는 크리스토프가 다시 찾아오기를 기다렸다. 그는 고약한 회의주의와 인생 경험에 의해, 생활의 곤궁에는 인간 의지의 타락도 불가피함을 잘 알고 있었다.

*

크리스토프는 여관으로 돌아왔다. 분노는 낙심이 되어 있었다. 모든 것이 죄다 마지막인 듯했다. 은근히 믿었던 조그만 기둥뿌리마저 뽑혀 버렸다. 단지 헤히트뿐만 아니라 자기를 소개해 준 콘과도 불구대천의 원수가 되었다고 여겼다. 적의에 들끓는 도시에서의 절대적 고독이었다. 디너와 콘 말고 그는 아무도 몰랐다. 독일에서 친구가 된 아름다운 여배우 코린은 지금 파리에 없었다. 그녀는 아직도 외국 순회 공연을 하느라고 미국에 가 있었다. 그리고 지금은 독립해서 활동하고 있었다. 코린은 유명해진 것이다. 어느 신문에나 코린의 떠들썩한 여행 기사가 나와 있었다. 또 뜻하지 않게 그 때문에 직장을 잃게 된 가정교사인 프랑스 처녀에 대해 오랫동안 생각하고는 언제나 양심의 가책을 느껴 파리에 가면 꼭 찾아내리라고 얼마나 스스로에게 다짐했던가. 그런데, 지금 파리에 와서 한 가지 일을 잊고 있었다는 데 생각이 미쳤다. 그것은 코린의 성(姓)이었다. 아무리 해도 생각해 낼 수가 없었다. 앙투아네트라는 이름밖에는 생각나지 않았다. 더욱이 혹시 생각났다 하더라도 이렇게 인간들이 빽빽이 들어찬 가운데서 어떻게 가난한 가정교사 처녀를 찾아낼 수 있을 것인가!

될 수 있는 한 빨리 어떻게 살아야 할지 계획을 세워야 했다. 이제 5프랑밖에는 남아 있지 않았다. 정말 내키지 않았지만 고심 끝에 뚱뚱보 여관 주인에게 이 근처에 피아노 레슨을 할 만한 사람을 모르겠느냐고 물어 보았다. 여관 주인은 하루 한 끼밖에 식사를 하지 않고 독일어로 지껄이는 이 숙박인을 전부터 별로 존경하지 않았다. 게다가 그가 음악가에 지나지 않는다는 것을 알자 조금 남아 있던 존경심마저도 온통 사라져 버렸다. 그는 음악은 게으름뱅이의 직업이라고 생각하고 있는 완고한 프랑스인이었다. 그를 얕보고서 말했다.

"피아노라구요! 당신은 저걸 치십니까? 거참 장하십니다…… 그런데 그런 직업을 자기가 좋아서 한다는 것은 도대체 이해할 수 없는 일입니다. 우리의 귀에는 어떤 음악이든 비가 내리는 소리로밖에는 들리지 않는데 말이지요. 나중에 나도 좀 배워 보도록 할까요. 어떤가, 여러분들 생각으로는?" 그는 술을 마시고 있는 노동자들을 보고 외쳤다.

그들은 떠들썩하게 웃었다.

"그건 깨끗한 직업이야." 한 사람이 말했다. "이른바 더러워질 염려가 없고, 게다가 귀부인들의 마음에 들게 된단 말일세."

크리스토프로서는 아직 프랑스어를 그다지 잘은 몰랐다. 농담투로서는 더욱이 그러했다. 그는 뭐라고 말할까 하고 말을 찾고 있었다. 화를 내야 되는 것인지 어떤지도 몰랐다. 여주인은 그를 딱하게 여겼다.

"이봐요, 필립. 빈정거리지 말아요." 여주인이 남자에게 말했다. 그리고 잇달아 크리스토프에게 말했다. "어쩌면 누군가 있을 거예요."

"누구?" 주인이 물었다.

"그라세의 딸 말이에요. 요전번에 피아노를 사줬잖아요."

"아! 저 잘난 체하는 친구 말이지! 허긴 참 그랬었구나."

크리스토프에게 정육점 딸이라고 가르쳐 주었다. 딸의 부모는 딸을 양갓집 아가씨로 만드는 것이 소원이었다. 그들이라면 이웃의 소문거리가 된다는 것만으로도 딸에게 레슨시키는 것을 승낙할 것이다. 내가 주선해 드리리다 하고 여관집 안주인이 약속해 주었다.

이튿날 안주인은 정육점 안주인이 만나고 싶어한다고 알려 주었다. 크리스토프는 정육점으로 갔다. 안주인은 짐승의 사체 한복판 카운터에 앉아 있었다. 윤이 반지르르 흐르는 얼굴을 한, 상냥스런 미소를 띤 아름다운 부인은 그가 찾아온 용건을 말하자 정색을 하고 나섰다. 부인은 곧 보수 문제를 들고 나와, 피아노는 기분 좋은 것이기는 하지만 꼭 필요한 것은 아니므로 그렇게 많은 돈을 내놓을 수는 없다고 서둘러 덧붙였다. 한 시간에 1프랑이면 어떠냐고 말했다. 그런 뒤에 도무지 신용이 가지 않는다는 얼굴 표정으로, 적어도 피아노는 잘 치시겠지요 하고 물었다. 크리스토프가 피아노만 칠 수 있는 게 아니라 작곡도 한다고 말하자 부인은 안심했는지 한층 상냥해졌다. 그런 말을 듣고 부인은 허영심이 만족했던 것이다. 부인은 딸이 작곡가에게서 배우고 있다는 소문을 이웃에 퍼뜨려야겠다고 결심했다.

이튿날 크리스토프는 정육점 딸과 함께 피아노 앞에 앉았다. 피아노라고 해도 고물로 산 값싼 물건으로서 기타 같은 소리를 냈다. 딸의 굵다랗고 짧은 손가락은 건반 위에서 어물쩍거리기만 했다. 딸은 음과 음의 구별조차도 하지 못해 지루해서 몸을 비틀고 그가 보는 앞에서 처음부터 하품을 했다. 게다가 크리스토프는 어머니의 감시를 받고 수다를 늘어놓는 것을 들어주고, 음악이나 음악 교육에 관한 의견을 들어야 했다. 그렇게 되자 그는 자신이 무척 비참하게 느껴지고 또 어처구니없이 창피를 당하고 있는 듯한 생각이 들어 이제는 화를 낼 기력조차도 없었다. 크리스토프는 다시 허탈 상태에 빠졌다. 어느 날 밤인가는 식사도 할 수 없었다. 몇 주일 사이에 이런 데로까지 굴러떨어진 것이라면 앞으로는 어디까지 떨어져 갈 것인가? 헤히트의 제안에 반항한 것이 이제 와서 무슨 소용이란 말인가? 지금 하고 있는 일쪽이 더욱 불명예스러운 것이었다.

어느 날 밤 크리스토프는 자기 방에서 눈물을 흘렸다. 그는 절망적으로 침대 앞에서 무릎을 꿇고 기도했다. 누구에게 기도했던 것일까? 누구에게 기도할 수 있었던 것일까? 크리스토프는 신을 믿지 않았다. 신은 존재하지 않는다고 믿고 있었다…… 그래도 기도를 해야 했다. 자기 자신에게 기도해야 했다. 절대로 기도하지 않는 것은 평범한 사람들뿐이다. 그들은 강한 혼도 때로는 성전(聖殿)에 들어가 있을 필요가 있다는 것을 모른다. 하루의 굴욕적인 일상을 마치자 크리스토프는 심장의 울림이 들리는 침묵 속에서 자신의 영원한 존재가 현존하고 있음을 느꼈다. 비참한 생활의 물결은 그의 밑에서 뒤설레였다. 그렇지만 이 생활과 그 사이에는 어떠한 공통점이 있었던 것일까? 모든 것을 파괴하려고 열중해 있는 이 세상의 모든 고뇌는 그의 바위에 부딪혀 부서지고 있었다. 크리스토프는 혈관이 마치 마음속 바다처럼 파도치는 것을 들었다. 한 목소리가 되뇌었다.

"영원하다…… 나는…… 나는……"

크리스토프는 이 목소리를 잘 알고 있었다. 생각해 낼 수 있는 한의 과거로부터 그는 언제나 이 목소리를 듣고 있었다. 때로 잊어버리는 수도 있었다. 몇 달 동안이고 힘차고 단조로운 리듬을 의식하지 않는 수가 있었다. 하지만 그는 그 목소리가 언제나 존재하고 있음을, 어두운 밤에 성내어 소리를 지르는 대양(大洋)처럼 결코 울림이 멈추지 않는다는 것을 알고 있었다. 그는 이 음악에 잠겨들 때마다 평정과 힘을 찾아내어 이를 길어올리는 것이었다. 그는 마음이 가라앉아 일어났다. 아니, 어떠한 쓰라린 생활을 하더라도 조금도 부끄러워할 것은 없었다. 얼굴을 붉히지 않고 빵을 먹을 수 있다. 이러한 대가로써 그에게 빵을 사게 하고 있는 사람들이야말로 얼굴을 붉혀야 할 것이다. 참아야 한다! 이윽고 때가 올 것이다……

그런데 이튿날이 되자 인내력은 또 사라져 버렸다. 그리고 무척 애는 썼지만 드디어 어느 날 수업 도중에 바보에다가 예의조차도 모르는 계집애에게 울화통을 터뜨려 버렸다. 그 애는 그의 말의 억양을 놀려 대고, 심술쟁이에다가 그가 하라는 것과는 반대되는 일만 했던 것이다. 크리스토프에게서 야단을 맞자 계집애는 째지는 소리를 질렀다. 무섭기도 했지만 또 자기 집에서 돈을 받는 사내가 경의를 잊고 있다는 것에 분개했던 것이다. 계집애는 맞았다고 떠들어댔다―(크리스토프는 좀 거칠게 계집애의 팔을 잡아 흔들었던 것이다). 어머니가 미친 사람처럼 달려와 계집애에게 마구 키스하며 크리스토프를 향해 욕을 퍼부었다. 남자 주인도 와서 프러시아 거지 녀석의 손가락 하나라도 딸에게 닿지 못하도록 하겠다고 호통쳤다. 크리스토프는 분노로 얼굴이 파래지고 부끄럽기도 하고 남자와 여주인과 딸애를 졸라 죽일지도 모른다는 불안에 사로잡혀 어지러운 마음을 꾹 누른 채 돌아왔다. 여관 사람들은 그에게 자초지종을 얘기시키는 데 그다지 힘이 들지 않았다. 그들은 그 이웃집에 호의를 가지고 있지 않았으므로 그 얘기를 듣고 기뻐했다. 저녁때가 되자 저 독일인은 어린이를 때릴 만큼 난폭한 사람이라는 소문이 이 근처에 퍼졌다.

*

크리스토프는 여러 곳의 악보 출판사에 새로 협상을 보았다. 그러나 아무 소용도 없었다. 그는 프랑스인을 무뚝뚝하다고 생각했다. 또 그들의 난잡한 행동에 깜짝 놀랐다. 거만하고 전제적인 관료주의에 의해 지배되고 있는 무정부적인 사회라는 인상을 받았다.

어느 날 저녁 때, 헛된 노력에 맥이 풀려 큰길에서 어슬렁거리는데 반대쪽에서 실바인 콘이 오는 것이 보였다. 크리스토프는 그와 사이가 나빠진 줄로만 알고 있었으므로 외면을 하고 슬쩍 지나치려고 했다. 그런데 콘이 그를 불러 세웠다.

"그 뒤론 어떻게 지냈나?" 콘은 웃으며 물었다. "자네 집으로 가려고 했지만 자네 주소 적은 걸 잃어버려서 말이야…… 아니, 정말, 자네라는 인간을 잘못 봤었네. 참으로 멋있는 일을 했던 걸세."

크리스토프는 놀라고 또 좀 부끄러워져서 콘을 바라보았다.

"자넨 나에게 화를 내고 있는 게 아닌가?"

"화를 내다니? 천만에!"

콘은 화를 내기는커녕 크리스토프가 헤히트를 한 방 먹여 준 그 모양을 재미있어했다. 그 덕택으로 즐거운 한때를 보냈다는 것이다. 헤히트와 크리스토프 둘 중에서 어느 쪽이 옳으냐는 것은 그에게는 아무래도 상관없었다. 그는 상대가 자기를 즐겁게 해주는 정도에 따라서만 사람을 판단했다. 그리고 크리스토프에게는 퍽 재미있고 우스꽝스런 데가 있다는 것을 알아내고 이를 이용해 보리라고 생각했다.

"만나러 와 주었더라면 좋았을 텐데." 콘은 계속해서 말했다. "기다리고 있었다네. 오늘 밤은 무얼 할 셈이지? 함께 저녁을 먹으러 가세. 이젠 놓치지 않을 걸세. 마침 친구들이 모이니까. 몇몇 예술가가 보름에 한 번 만나기로 되어 있다네. 이러한 자들도 알아 둘 필요가 있네. 가세, 내가 소개해 줄테니까."

크리스토프는 옷차림이 형편없다고 거절했지만 콘은 막무가내였다. 실바인 콘은 그를 끌고 갔다.

둘은 큰길의 그럴 듯한 어느 레스토랑으로 들어가 이층으로 올라갔다. 거기에는 30명 남짓한 청년들이 모여 있었다. 20세에서 35세 정도의 사람들로 기세등등하게 토론하고 있었다. 콘은 크리스토프를 독일의 탈옥수라고 소개했지만, 아무도 그에게 주의를 기울이지 않았다. 그리고 열중하고 있는 토론을 그치지도 않았다. 콘도 곧장 이에 한몫 끼어들었다.

크리스토프는 이러한 선택된 사람들의 모임에 마음속으로 겁을 먹고 잠자코 있었다. 그리고 열심히 귀를 기울였다. 그러나 예술상의 어떤 중대한 문제가 논의되고 있는지 잘 알지는 못했다. 유창한 프랑스어를 따라갈 수가 없었던 것이다. 아무리 귀를 곤두세워도 '예술가의 존엄'이라거나 '작가의 권리'라거나, 말에 섞여 '트러스트'라거나 '독점'이라거나 '정가의 하락'이라거나 '수입 액수'라고 하는 말밖에 들려오지 않았다. 그러다가 마침내 상업상의 문제가 논의되고 있다는 것을 눈치챘다. 어느 이익 옹호 조합에 속해 있는 듯한 몇몇 작자가 사업의 독점을 다투어 반대 조합이 만들어지려는 데에 격분해 있었다. 동료 몇 사람이 적 편의 조합으로 자리를 옮기는 쪽이 유리하다고 계산하고 그들을 배신했으므로 이렇듯 발을 구르고 있는 것이었다. 그런 자들의 목은 잘라 버리라고 하는 투였다. '……추락…… 배신…… 모욕…… 변절자……'라는 말이 들렸다.

또 다른 사람들은 현재 살아 있는 작가들을 공격하지는 않았다. 그들은 판권 없는 출판이 시장을 봉쇄하고 있다 하여 죽은 작가들을 공격했다. 뮈세의 작품은 최근 판권이 없어져 매우 많이 팔리는 모양이었다. 그래서 그들은 염가판의 범람을 방지하기 위해, 과거의 걸작에는 중세(重稅)를 부과한다는 정부의 강력한 보호를 요구하고 있었다. 염가판의 범람은 현존하는 작가의 직업에 대한 부당한 경쟁이라고 신랄하게 비난했다.

그들은 양쪽 모두 토론을 끝내고, 어젯밤 흥행으로 이러저러한 극이 얼마의 수입을 올렸는지 그 숫자에 귀를 기울였다. 모두 양 대륙에서 유명한 어느 노련한 극작가의 행운에 황홀해했다. 그들은 그를 경멸하고는 있었지만 그러는 이상으로 부러워했다. 그들의 얘기는 작가의 수입으로부터 비평가의 수입으로 옮아갔다. 그들의 동료인 어느 유명한 비평가 통속 극장에서 새로운 공연이 있을 때마다 그 호평 기사를 씀으로써 이러이러한 액수의 돈을 받고 있다—어쩌면 이건 단지 중상이었는지도 모른다—고 서로 얘기했다. 이 비평가는 정직한 사람이었다. 한 번 약속하면 충실히 실행했다. 하지만 그의 위대한 수완은—그들이 말하는 바에 의해서는—항상 새로운 공연물이 나오도록, 칭찬한 극이 되도록 빨리 다시 들어가도록 칭찬하는 방식이었다. 이 콩트(conte : 얘기)—콩트(compte : 계산)—에 모두들 웃었다. 그러나 누구도 놀라는 사람은 없었다.

이러한 얘기를 하는 틈에 그들은 거창한 소리를 했다. '시'나 '예술을 위한 예술(1'art pour 1'art)'을 말했다. 떠들썩하게 돈 얘기를 하는 틈바구니에서 그것은 마치 '금전을 위한 예술(1'art pour 1'argent)'이라는 것처럼 들렸다. 프랑스 문학 속에 최근에 들어온 이러한 브로커적인 풍습에 크리스토프는 불쾌했다. 그는 금전에 관해서는 잘 모르기 때문에 그들의 토론에 귀를 기울이는 것은 그만두었다. 그때 그들은 비로소 문학담—이라기보다는 문학잡담—을 시작했다. 빅토르 위고의 이름이 들려 왔기에 그는 솔깃했다.

그것은 위고가 부인에게 속았느냐 어떠냐는 것이었다. 그들은 생트뵈브와 위고 부인의 사랑에 대해 오랫동안 토론했다. 그것이 끝나자 이번에는 조르주 상드의 애인들과 그들 각자의 가치가 화제가 되었다. 이러한 문제는 당시 문학 비평계의 커다란 관심의 표적이 되어 있었다. 위대한 사람들의 가택 수색을 하고 벽장을 조사하고 서랍을 뒤엎고 장롱을 비운 다음 침실까지 들여다보았다. 국왕과 몽테스팡 부인이 자고 있는 침대 밑에 엎드려 있는 로성 씨의 자세는, 역사와 진실을 숭배하고 있는 비평계가 즐겨 취하는 자세였다 (당시 사람들은 모두 진실을 숭배했다). 크리스토프의 동석자들은 진실에 사로잡혀 있음을 표시했다. 이러한 진실의 탐구에 있어서는 그들은 전혀 피로를 몰랐다. 그들은 과거의 예술에 대한 것과 마찬가지로 현재의 예술에 대해서도 그러한 탐구를 하고 있었다. 그리고 현재의 가장 저명한 어떤 사람들의 사생활을 그와 같은 탐구열로써 분석했다. 이상스럽게도 보통 아무도 보고 있지 않은 장면의 세밀한 일까지 그들은 알고 있었다! 마치 당사자들이 진실에 대한 헌신적 정신에 의해 자진해서 정확한 정보를 세상에 제공했는가 싶을 정도였다.

크리스토프는 점점 난처해져서 옆 사람들과 다른 얘기를 하고자 했다. 그래도 아무도 그의 상대가 되어 주지 않았다. 처음에는 그들도 독일에 관한 막연한 질문을 얼마쯤 하긴 했다. 그가 무척 놀란 것은, 이러한 교양 있어 보이는 우수한 사람들이 파리 말고 다른 것에 대해서는 그들의 전문인 문학과 예술의 가장 초보적인 일도 모른다는 것이 이 질문으로써 알려졌기 때문이다. 기껏해야 하우프트만, 주데르만, 리베르만, 스트라우스(그것도 다비드인지, 요한인지, 리하르트인지 분명치 않다) 등의 위대한 사람들의 이름을 소문으로 듣고 있을 정도의 것으로서, 그러한 사람들의 일도 엉뚱한 혼동을 하지는 않을까 두려워하여 신중히 얘기했다. 또한 크리스토프에게 질문한 것도 그저 인사로 한 것이지 호기심으로 한 것은 아니었다. 그들에게 그러한 호기심은 전혀 없었다. 크리스토프의 대답에도 거의 주의를 기울이지 않았다. 그러고는 얼른 탁자의 다른 패들이 즐겁게 얘기하고 있는 파리의 문제 쪽으로 돌아갔다.

크리스토프는 어름어름 음악 얘기를 시작하려고 했다. 그러나 이 문학가들은 누구 한 사람 음악을 이해하지 못했다. 마음 밑바닥으로는 그들은 음악을 저급 예술이라고 보았다. 그런데 최근 수년 전부터 음악이 갑자기 성공을 거두어왔으므로 마음속으로는 은근히 분하게 여겼다. 그리고 음악이 유행되었으므로 그들은 이것에 흥미를 가진 듯한 시늉을 했다. 특히 어떤 새로운 오페라를 떠들썩하게 문제로 삼았다. 여기서부터 음악이 시작되는 것이다, 적어도 음악의 새 시대를 여는 것이다, 라고 말하려 드는 것이었다. 그들의 무지와 속물근성은 그러한 생각과 용하게도 일치하여 그들은 그것 말고 다른 것을 알 필요가 없었다. 그 오페라 작가는 크리스토프가 처음 이름을 들은 파리 사람으로, 어떤 사람들의 말에 의하면 그는 그 이전에 있었던 모든 것을 일소하고 모든 작품을 개혁하고 음악을 재창조했다는 것이다. 크리스토프는 깜짝 놀랐다. 그는 무엇보다 천재를 믿고 싶어했다. 그런데 단번에 과거를 섬멸시키는 천재가 있을 것인가! ……당치도 않은 소리다! 그런 것은 난폭자다. 어떻게 그런 짓을 할 수 있을 것인가! 그는 설명을 요구했다. 그렇게 되자 사람들은 무척 난처해하고, 더구나 크리스토프에게 끈질기게 질문을 받고는 나머지 동료들 가운데서 음악가이며 유명한 음악 비평가 테오필르 구자르에게 그를 맡겼다. 구자르는 대뜸 제7음정과 제9음정에 대해 얘기하기 시작했다. 크리스토프는 그 문제에 대해 그를 추궁했다. 구자르의 음악 지적은 스가나렐르의 라틴어 지식과 같은 정도였다.

"당신은 라틴어를 모르십니까?"

"모릅니다."

(기운이 나서) "카브리키아스, 아르키 튜람, 카타라뮤스, 싱귤라리테르…… 보뉴소, 보나, 보눔……"(몰리에르의 《본의 아닌 의사가 되어》의 스가나렐르의 대사로 아무런 뜻도 없다)

그런데 구자르는 '라틴어를 알고 있는' 사내와 마주쳤으므로 경계해서 미학(美學)의 밀림 속으로 퇴각했다. 그리고 난공불락의 피난처에서 베토벤과 바그너와 고전 예술을 사격하기 시작했다(그렇지만 프랑스에서는 한 예술가를 칭찬할 때는 반드시 그와는 다른 예술가를 모조리 희생물로 제공해 버린다). 구자르는 과거의 인습을 짓밟고 하나의 새로운 예술의 출현을 선언했다. 파리 음악계의 크리스토퍼 콜럼버스에 의해서 방금 발견된 음악의 용어에 대해 얘기했다. 이 용어는 고전 음악가들의 용어를 사어(死語)로 만들고, 이를 완전히 말살시키는 것이라는 것이었다.

크리스토프는 그 혁신적인 천재에 대해서 의견을 말하지 않고, 실제로 작품을 보고 나서 말하리라고 생각했지만, 사람들이 음악 전체를 희생으로 바치고 있는 음악의 바알 신(페니키아인이 신앙하던 신)에 대해서는 의혹을 품지 않을 수 없었다. 또 거장들이 저런 식으로 말해지는 것을 보자 화가 났다. 전에 독일에 있을 때 자기 자신도 그들에 대해 많은 비판을 한 것은 벌써 잊고 있었다. 독일에서는 예술계의 혁명가로서 자부하던 그가, 대담한 판단과 벌거숭이의 솔직성으로써 사람들을 분노케 하던 그가, 프랑스에 와서는 한마디 하려고 하자마자 보수주의자가 되어 버린 듯한 기분이었다. 그는 토론을 했다. 그런데 이럴 경우 그의 취미는 별로 좋은 것이 아니었다. 즉 논거는 제출하지만 반드시 증명을 하는 것은 아니었다. 교양 있는 사람으로서 논의하는 것이 아니라, 정확한 사실을 구해 이것으로 상대를 때려눕히는 전문가로서 논의하는 것이었다. 그는 체면 불고하고 기술적인 설명으로 들어갔다. 그리고 그의 목소리는, 논의하면서 점점 이러한 선택된 사람들의 귀를 불쾌하게 하는 투로 높아져 갔다. 그들에게는 그의 주장과 그 열의가 똑같이 우스꽝스런 것으로 여겨졌다. 비평가 구자르는 한마디 그럴 듯한 경구를 남기고 이 지루한 논쟁에 끝을 맺었다. 크리스토프는 자기가 하는 말을 상대가 전혀 알지 못한다는 데에 생각이 미치자 깜짝 놀랐다. 이날 이후로 이 독일인에게는 현학적이고 시대에 뒤떨어진 위인이라는 정평이 붙어 버렸다. 그리고 누구나 그의 음악은 모르면서 고약한 음악이라고 단정해 버렸다. 그러나 우스꽝스러운 것을 재빨리 파악하는 조소적인 눈을 가진 이들 30명쯤 되는 청년들의 관심은 이 괴상한 인물 쪽으로 돌려졌다. 그는 손끝이 커다란, 야윈 팔을 퉁명스레 거세게 휘두르고 엄청나게 높은 목소리로 고함지르며 미친 듯한 눈을 희번덕거려 사람들을 노려보았다. 실바인 콘은 이러한 희극을 친구들에게 보여 주려고 계획했던 것이었다.

여러 사람의 애기는 문학에서 완전히 떠나 여성 쪽으로 옮아갔다. 하지만 실제로는 이것은 동일한 문제의 두 가지 측면이었다. 그들의 문학에 있어서는 거의 여성만이 문제가 되었으며, 그들의 여성에 있어서는 거의 문학만이 문제가 되고 있었던 것이다. 그만큼 여성은 문학상의 일이나 문학자와 관계가 깊었다.

파리 사교계에서 이름이 알려진 어떤 훌륭한 부인이 자신의 연인을 보다 가까이 자기 곁에 붙들어 두기 위해 그를 딸과 결혼시켰다는 소문을 그들은 애기하고 있었다. 크리스토프는 의자 위에서 불쾌한 듯이 얼굴을 찌푸렸다. 콘은 그것을 눈치챘다. 그래서 옆 사내의 옆구리를 찔러 저 독일인이 이 화제에 넋을 잃고 있는 것을 보니 아마도 그 부인을 알고 싶어하는 모양이라고 말했다. 크리스토프는 얼굴을 붉히고 입안으로 우물거리더니 드디어 불쾌한 얼굴로 그런 여자야말로 매를 맞아야 한다고 말했다. 사람들은 와자지껄 웃고 이 제의를 받아들였다. 그러자 콘은 상냥스럽고 밝게 트인 음성으로 여자는 비록 꽃이나…… 무엇을…… 가지고서도 때려서는 안 된다고 항의했다(그는 파리에서는 사랑의 기사였다). 크리스토프는 이에 대해, 그런 여자는 암캐와 마찬가지다, 질이 나쁜 개에 대한 약은 매밖에는 없다고 대꾸했다.

사람들은 이에 반대해서 떠들썩하게 말하기 시작했다. 크리스토프는 부인에 대한 그들의 그러한 정중한 태도는 위선이며, 부인을 존경한다고 언제나 말하고 있는 자야말로 가장 존경하고 있지 않는 것이 보통이라고 얘기했다. 그리고 그들의 파렴치한 얘기에 분개했다. 사람들은 이에 대해, 그것은 파렴치한 일이 아니라 매우 자연스러운 일일 뿐이라고 말했다. 그리고 문제의 여주인공도 매혹적인 여성일 뿐만 아니라 더욱이 여성다운 여성이라는 데에 의견이 일치했다. 크리스토프는 놀라서 외마디 소리를 질렀다. 콘은 교활하게도, 그럼 자네가 생각하고 있는 것은 어떤 여성이냐고 물었다. 크리스토프는 올가미가 자기에게 씌워졌다는 것을 느꼈다. 그러나 그는 외곬의 격정과 확신감으로 고스란히 이에 걸려들고 말았다. 그는 이들, 남을 우롱하기 좋아하는 파리 사람들에게 자기 연애관을 설명하기 시작했다. 하지만 적당한 말을 찾지 못해 우물쭈물하다, 결국 기억 속에서 얼토당토않은 말을 찾아내 해괴한 소리를 하여 듣는 사람들을 즐겁게 해주었다. 그래도 그는 아주 침착했다. 실로 훌륭하게 진지한 태도를 유지했다. 조소받고 있음을 개의치 않는 태도에는 감동될 만한 점이 있었다. 그 자신이 뻔뻔스러운 조소를 받고 있다는 것을 모를 리는 없었다. 그러나 그는 어떤 한마디에 막혀서 꼼짝달싹 못한 채, 주먹으로 탁자를 치고는 입을 다물어 버리고 말았다.

사람들은 그를 다시금 토론으로 끌어들이려고 했다. 그런데 그는 눈썹을 찡그렸다. 그리고 부끄러운 듯한, 또 안절부절못하는 기분이 되어 탁자에 양팔꿈치를 괸 채 다시는 꼼짝도 하지 않았다. 식사가 끝날 때까지 먹거나 마시는 것 말고는 이제 입을 열지 않았다. 거기 있는 프랑스인들은 거의 포도주 잔에는 손을 대지 않았지만, 그는 마음놓고 마셨다. 옆에 앉은 사나이가 짓궂은 생각으로 마구 권하고 그의 빈 잔을 채웠다. 그는 아무 생각없이 그것을 전부 받아 마셨다. 이러한 폭음 포식에는 서툴렀고 특히 요 몇 주일 동안 절식(節食)을 한 뒤였으나, 그는 단단히 몸을 가누어 다른 사람들이 기대했던 것과 같은 우스꽝스런 장면은 보이지 않았다. 그는 멍해 있었다. 사람들은 이제 그에게는 관심을 갖지 않았다. 술에 취해 어질어질하나 보다고 모두들 생각했다. 프랑스어의 대화에 귀 기울이는 데에 피로한 것 말고도, 얘기가 문학, 그것도 배우나 작가, 출판사, 문학의 뒷공론이나 부부의 침실에 한한 데에 그는 질려 버렸다. 마치 세계가 그만큼의 범위로 좁혀든 것 같은 느낌이었다! 이러한 새로운 얼굴이나 시끄러운 얘기소리 가운데서 그는 하나의 얼굴 표정도, 하나의 생각도 똑똑히 파악할 수가 없었다. 생각에 골몰한 듯한 멍한 근시의 눈으로 탁자 주위를 천천히 두루 돌아보고 사람들 위에 조용히 시선을 멈췄지만, 그들을 보고 있는 것 같지도 않았다. 그러나 실제로는 다른 누구보다도 그들을 잘 보고 있었다. 그것을 의식하고 있지 않을 뿐이었다. 그의 눈은 대상의 자질구레한 단편을 낚아채어 이를 순식간에 다시 더 잘게 부숴 놓는 파리장이나 유대인의 눈과는 달랐다. 그것은 해면처럼 천천히 침묵에서 대상을 빨아들이고, 그리고 그것을 가져가 버리는 눈이었다. 그 자신도 아무것도 보지 않거니와 아무것도 기억하고 있지 않는 듯한 생각이 들었다. 그가 모든 것을 제것으로 삼았음을 알게 된 것은 훨씬 뒤—몇 시간이거나 혹은 때때로 며칠 뒤에—자기 혼자만이 되어 자기 마음속을 물끄러미 바라보았을 때이다.

그러나 지금 그는 음식을 한 숟가락도 남기지 않는다는 데에만 주의를 집중해서, 배 속에 잔뜩 꾸겨 넣고 있는 우둔한 독일인이라는 인상밖에 주지 않았다. 그리고 그는 그들이 끊임없이 불러 대는 이름밖에는 아무것도 귀에 들려오지 않았다. 왜 이렇듯 많은 프랑스인이 플랑드르인, 유대인, 극동인, 영국계 미국인, 혹은 스페인계 미국인과 같은 외국인의 이름을 가지고 있는 것일까 하고 술 취한 사람 특유의 집요한 생각을 더듬어 나갔다.

그는 사람들이 탁자에서 일어났다는 것을 눈치채지 못했다. 단지 혼자서만 앉아 있었다. 그리고 라인 강가의 언덕, 커다란 삼림, 갈아 놓은 밭, 물가의 목장, 늙으신 어머니 등을 멍하니 생각하고 있었다. 몇 사람의 패거리가 방 저편 구석에서 아직도 선 채 얘기하고 있었다. 대부분의 사람들은 벌써 돌아가 버렸다. 간신히 그도 결심하고 일어섰다. 누구에게도 눈길을 주지 않고 입구에 걸려 있는 외투와 모자를 가지러 가려 했다. 그가 그것을 집어 입고 작별인사도 하지 않고 나가려 했을 때, 문득 새로 옆의 조그만 방에서 그를 매혹하는 것이 보였다. 그것은 피아노였다. 벌써 몇 주일 동안이나 악기에 손을 대지 않고 있었다. 그는 안으로 들어가 건반을 상냥스럽게 어루만지고 그 앞에 앉았다. 그리고 모자를 쓰고 외투를 입은 채로 치기 시작했다. 그는 자기가 어디에 있는지 아주 잊고 있었다. 두 사나이가 몰래 살짝 들어와 그의 연주를 듣고 있는 것도 알아차리지 못했다. 한 사람은 실바인 콘이었다. 그는 음악을 열렬히 사랑했다. 왜 그런지는 알 수 없었다! 그는 음악을 전혀 알지 못하고 나쁜 것이라도 좋은 것과 마찬가지로 애호했다. 또 하나는 음악 비평가인 테오필르 구자르였다. 이 사나이는—훨씬 단순했는데—음악을 알지도 못하거니와 또 좋아하지도 않았다. 하지만 그것은 음악을 얘기하는 데 방해가 되지는 않았다. 오히려 그 반대였다. 자기가 무슨 말을 지껄이는지 모르는 인간만큼 자유로운 것은 없다. 무슨 말을 하거나 상관없으니까.

테오필르 구자르는 허리통이 단단한, 그리고 근육이 억센 살찐 사내였다. 검은 수염을 기르고 무거운 고수머리를 이마에 늘어뜨리고, 그 이마에는 무표정한 굵은 주름이 잡히고 얼굴은 서투른 목각처럼 비뚤어진 네모꼴이었다. 짧은 팔, 짧은 다리, 두툼한 가슴은 마치 재목 상인이거나 오베르뉴 지방의 인부 같았다. 태도는 천해 보이고 몸짓은 방자하고 교만했다. 그는 당시의 프랑스에서 단 하나 성공의 길이었던 정치계로부터 음악계로 들어왔다. 처음 그는 같은 고향 출신 장관의 재산을 노렸다. 자신이 장관의 친척이거나 혹은 인척이 되는 것을—그 장관이 데리고 있는 의사의 사생아의 아들 같다는 것을—어렴풋이 발견했기 때문이었다. 장관은 언제까지나 장관일 수는 없다. 장관이 실각할 기미가 보이자 테오필르 구자르는 이 배를 버렸다. 그러기 전에 실어 낼 수 있는 짐은 모두 실어냈다. 특히 여러 가지 훈장을. 왜냐하면 그는 명예를 가장 좋아했으니까. 조금 전부터 그의 보호자도 그 자신도 상당히 심한 타격을 받기 시작했으므로 그는 정치에 싫증이 나서, 폭풍의 염려가 없는 안온한 장소, 타인에게 누를 끼치는 일은 있어도 자기 자신은 그런 걱정이 없는 안전한 일거리를 찾았다. 비평의 일이 바로 그것이었다. 때마침 파리의 어떤 대신문에 음악 비평 자리가 비어 있었다. 이제까지 담당자는 재능이 있는 젊은 작곡가였지만, 작품이나 작곡가에 대해 끝까지 자기 생각을 고집했기 때문에 그만두게 되었다. 구자르는 그때까지 음악에 흥미를 가져 본 적도 없었다. 또 음악에 대해서는 아무것도 알지 못했다. 그러나 신문사에서는 곧 그를 채용했다. 적임자는 상당히 많았다. 하지만 적어도 구자르라면 아무런 염려가 없었다. 그는 자기 의견을 어처구니없을 만큼 중요시하는 일도 없었다. 언제라도 편집자의 명령에 따라 욕설이나 선전을 쓸 수 있었다. 구자르가 음악가가 아니라는 것은 이차적인 문제였다. 프랑스에서는 누구나 음악에 대해서는 꽤 알고 있었다. 구자르는 꼭 필요한 지식을 재빠르게 획득했다. 그 방법은 지극히 간단했다. 음악회 때 훌륭한 음악가나 되도록이면 작곡가 옆에 자리를 잡고 연주되고 있는 작품에 대한 감상을 얘기하게 하면 된다. 이러한 견습 수업을 몇 달 하게 되면 일의 요령은 터득된다. 거위새끼라도 날 수 있게 되는 것이다. 실제로 구자르는 독수리는 아니었다. 구자르가 신문에 제법 견식을 늘어놓으며 쓰는 비평이 터무니없음을 알고 있는 것은 하느님뿐이다. 구자르는 되는 대로 마구 듣거나 읽거나 해서 모든 것을 둔한 머릿속에다 뒤섞어 놓고, 외람되게도 타인에게 교훈을 주고 있었다. 그의 문체는 번쩍거리는 수식이 많고 부질없는 신소리를 항상 쓰는 데다가 도전적인 현학의 냄새가 강했다. 그의 정신 상태는 훈육 주임을 생각나게 하는 데가 있었다. 가끔 심한 반격을 받는 수가 있었다. 그러한 경우에는 모른 체하고 대답하지 않았다. 그는 교활하고 영리하며 재주가 뛰어난 남자이기도 하면서 우둔한 사내이기도 하고, 때와 경우에 따라서는 오만하게도 되고 온순하게도 되었다. 지위나 공공의 명예를 가지고 있기만 하면 그런 대가들에게는 코가 땅에 닿도록 굽실거렸다(이것이 음악적 가치를 확실히 평가하는 유일한 방법이었다). 그 밖의 사람은 건성으로 다루고 또 굶주린 자를 이용했다. 그는 결코 바보는 아니었다.

구자르는 권력도 얻고 명예도 갖추었지만 마음 깊은 곳에서는 자신이 음악에 대해 전혀 무지하다는 것을 알고 있었다. 그리고 크리스토프가 음악에 정통해 있음을 인정했다. 그는 이것을 입 밖에 내지는 않았지만, 위압감을 느꼈다. 지금 그는 크리스토프의 연주에 조용히 귀를 기울이고 있었다. 다른 일은 아무것도 생각하지 않고 열심히 골똘해서 듣고 있는 듯한 얼굴을 하며 이해하려고 노력했다. 이 음악의 안개 속에서는 아무것도 보이지 않았다. 하지만 사뭇 전문가처럼 끄덕이면서 실바인 콘의 눈 깜박거림—콘은 가만히 있는 것이 고통스러웠다—에 맞추어 감탄하는 마음을 표시했다.

이윽고 크리스토프는 술과 음악의 도취로부터 조금씩 깨어나서 등 뒤에서 이루어지는 무언극이 어렴풋이 짐작이 되었다. 뒤돌아보았더니 거기에는 두 예술 애호가가 서 있었다. 둘은 곧 그의 곁으로 달려와 그의 손을 잡고 힘차게 흔들었다. 실바인 콘은 그가 신과 같이 연주했다고 쩨지는 소리를 질러대고, 구자르는 학자연한 태도로 그가 루빈슈타인의 왼손과 파데레브스키의 오른손—이것은 반대일는지도 모르지만—을 가지고 있다고 단언했다. 둘은 입을 모아, 이러한 재능이 언제까지나 묻혀 있어서야 될 말이냐고 하며 그 진가를 세상에 알리겠다고 약속했다. 하지만 둘 다 먼저 첫째로 그렇게 함으로써 될 수 있는 한 모든 명예와 이익을 자기들을 위해 끌어내리려고 생각했다.

*

이튿날 실바인 콘은 크리스토프를 자기 집으로 초청하고, 가지고는 있지만 전혀 사용한 적이 없는 훌륭한 피아노를 친절하게 자유로이 쓰게 해주었다. 크리스토프는 피아노를 치지 못해 죽을 지경이었으므로 체면 불구하고 그 제안을 받아들였다. 실바인 콘은 그 초대를 이용했다.

처음 며칠 밤은 모든 일이 잘 되어 나갔다. 크리스토프는 피아노를 칠 수 있게 되어 그저 기쁘기만 했다. 그리고 실바인 콘은 제법 조심성 있게 그를 조용히 즐기도록 해두었다. 그 자신도 진심으로 이를 즐겼다. 누구나 대번 알 수 있는 이상한 현상의 하나이지만, 이 사나이는 음악가도 아니거니와 예술가도 아니고 시정(詩情)도, 깊은 친절도 없는, 더할 수 없이 메마른 심정의 소유자였다. 그러나 이 음악에 관능적으로 매혹되어 있었다. 그로서는 이음악은 알 수 없었지만 거기서는 그를 쾌락으로 이끄는 힘이 솟아났다. 그런데 불행하게도 그는 잠자코 있지를 못했다. 크리스토프가 연주하고 있는 동안 커다란 소리로 말하지 않을 수가 없었다. 음악회에서 짐짓 음악에 조예가 깊은 듯이 꾸미는 속물처럼, 음악을 들으며 과장된 감동의 기성을 지르거나 괴상한 감상을 늘어놓았다. 그러자 크리스토프는 피아노를 두드리며 이래서는 연주를 계속할 수가 없다고 말했다. 콘은 입을 다물려고 애썼다. 그렇지만 도무지 참을 길이 없었다. 또다시 차가운 웃음을 띠고 부르짖으며 가볍게 휘파람을 불거나 손가락으로 가볍게 두들기고 콧노래를 부르거나 피아노 소리를 흉내내었다. 그리고 한 곡이 끝나면 그만 바보 같은 감상을 크리스토프에게 들려주지 않고는 못 배겼다.

그는 독일적인 감상성, 파리인다운 과장벽, 몸에 밴 자만심이 기묘한 형태로 혼합되어 있는 인물이었다. 어떤 때는 멋을 부려 격식을 차린 판단을 늘어놓고, 어떤 때는 엉터리 비교론을 시도하고, 어떤 때는 파렴치한 일, 외설스러운 일, 몰상식한 일, 터무니없는 일을 지껄였다. 베토벤을 칭찬하면서도 그의 작품에는 장난기와 음탕한 육감이 있다고 말했다. 음침한 사상 속에서도 재치 있는 농담을 찾아냈다. 《C단조의 현악 4중주》는 그의 귀에 무척 애교 있고 활발한 것으로 여겨졌다. 《제9교향곡》의 장엄한 아다지오는 그에게 케루비노(극 《피가로의 결혼》 중의 미청년)를 생각나게 했다. 《C단조 교향곡》(제5교향곡) 첫 마디의 세 박자의 문 두드리는 소리 다음에 그는 "들어가지 말아 다오! 안에 사람이 있다!"고 외쳤다. 《영웅의 생애》(리하르트 스트라우스의 작품)의 전쟁 장면에서는 자동차의 엔진 소리가 들린다고 해서 그 대목을 칭찬했다. 이렇게 곳곳에서 악곡을 설명하는 데 비유적인 영상을 사용했지만, 그것은 모두가 유치하고 엉뚱한 것이었다. 이러면서도 어째서 음악을 좋아하는 것인지 이상할 정도였다. 그러나 그는 음악이 좋았다. 어떤 곡을 들으면 참으로 엉뚱하게 이해하고 있으면서도 눈에서 눈물이 스며나오는 수도 있었다. 그러나 바그너의 어떤 장면에 감동한 뒤에, 오펜바흐의 아주 빠른 원무곡을 피아노로 치거나 《환희의 송가》(베토벤의 《제9교향곡》 중에서 불린다) 뒤에 싸구려 주점의 유행가를 흥얼거리곤 했다. 그러면 크리스토프는 펄쩍 뛰고 잔뜩 성이 나서 호통을 쳤다. 그러나 가장 좋지 않은 것은 실바인 콘이 엉터리 짓을 할 때가 아니었다. 그것은 심오하고 미묘한 것을 말하려는 때이며, 크리스토프에게 포즈를 취해 보이려고 했을 때이며, 실바인 콘이 아니라 해밀턴이 지껄일 때였다. 그럴 때 크리스토프는 그에게 혐오에 가득 찬 시선을 내쏟고 냉혹한 비난을 퍼부었다. 이러한 험악한 욕설에 해밀턴의 자존심은 상처를 입었다. 피아노 연주회는 번번이 싸움으로 끝났다. 그러나 이튿날이 되면 콘은 말끔히 잊어버리고 말았다. 크리스토프도 자기의 난폭함을 후회하며 또다시 와야 했다.

만일 콘이 친구들을 불러들여 크리스토프의 연주를 들려주는 일을 벌이지만 않았더라면 아무 일도 없이 끝났을 것이다. 그런데 그는 자기 음악가를 자랑해 보여 주고 싶어서 못 견딜 지경이었던 것이다. 콘의 집에서 처음으로 서너 명의 빈약한 유대인과 콘의 정부를 만났을 때, 크리스토프는 싫은 얼굴을 했다. 콘의 정부는 짙은 화장을 한, 키가 큰 여자로 아주 바보였기 때문에 너절한 농담이나 해대고 요리 얘기만 줄곧 지껄여 댔다. 그러나 매일 밤 연예석에서 허벅지를 내보이고 있다는 것으로써 음악가로 자처하고 있었다. 두 번째에 크리스토프는 실바인 콘에게 분명하게, 이제 다시는 그의 집에서 연주하지 않겠다고 말했다. 실바인 콘은 이제 절대로 불러들이지 않겠다고 신 앞에 맹세했다. 하지만 여전히 몰래 불러다 놓고 옆방에 숨어 있게 했다. 물론 나중에는 크리스토프도 눈치챘다. 그래서 그는 화가 나서 돌아갔다. 그리고 이번에는 두 번 다시 찾아오지 않았다.

그래도 크리스토프는 콘을 용서해야 했다. 콘은 국가적인 편견이 없는 몇 군데의 가정에 그를 소개해서 음악 개인 교수 자리를 얻게 해주었기 때문이다.

*

테오필르 구자르는 며칠 뒤에 크리스토프를 그 누추한 방으로 찾아왔다. 그는 크리스토프가 이런 더러운 곳에서 살고 있는 것을 보고도 별로 불쾌한 얼굴은 보이지 않았다. 그러기는커녕 매우 상냥했다. 구자르는 크리스토프에게 말했다.

"음악을 좀 듣는 것도 자네로선 유쾌하리라고 생각돼서 말이네. 난 어디에나 들어갈 수 있으니까 데리러 온 걸세."

크리스토프는 기뻤다. 상대의 세심한 마음씨를 느껴 진심으로 감사했다. 구자르는 처음 만났을 때와는 아주 딴 사람 같은 생각이 들었다. 두 사람만 있게 되자 조금도 교만하지 아니하고 선량하고 수줍어하며 무엇이든지 배우려고 애썼다. 여러 친구들과 함께 있을 때에만 일시적으로 우월한 태도를 취하고 거만한 말투로 이야기하는 것이었다. 그런데 배우고 싶다는 그의 희망은 항상 실제적인 성질을 띠고 있었다. 그는 현실적이 아닌 것에 대해서는 호기심을 가지고 있지 않았다. 지금 당장에 그가 알고 싶어하는 것은 그의 앞으로 보내온 악보를 크리스토프가 어떻게 생각하느냐 하는 것이었다. 그는 그 악보의 비평을 해야 했으므로 난처해하던 판이었다.

구자르는 악보를 거의 읽을 줄도 몰랐다. 둘은 함께 교향곡 연주회에 갔다. 어떤 뮤직홀과 입구를 같이 쓰고 있었다. 꼬불꼬불한 좁은 복도를 지나서 출구가 없는 넓은 홀로 나왔다. 실내의 공기는 답답했다. 좁은 좌석이 꽉 차 있었다. 청중의 일부분은 모든 출입구를 막고 서 있었다. 상당히 프랑스적인 불쾌함이었다. 도무지 지루해서 못 견디겠다는 듯한 한 사내가, 베토벤의 교향곡을 빨리 끝내 버리고 싶다는 듯이 아주 빠르게 지휘하고 있었다. 옆의 뮤직홀에서 배를 흔드는 춤의 후렴이 《에로이카》의 장송 행진곡과 섞여 들려 왔다. 청중은 뒤에서 따라 밀려들어 자리에 앉고 서로 눈짓들을 했다.

청중의 입장이 끝났나 했더니 이번에는 나가기 시작했다. 크리스토프는 이러한 소란 속에서 머리를 긴장시키며 곡의 흐름을 좇고 있었다. 그리고 비상한 노력을 한 끝에 가까스로 유쾌해졌다—왜냐하면 이 오케스트라는 능숙했으며 더욱이 크리스토프는 벌써 오랫동안 교향곡을 듣지 않고 있었기 때문이었다—그렇지만 연주 도중에 구자르가 그의 팔을 잡고 말했다.

"자, 나가세. 딴 연주회에 가세."

크리스토프는 눈살을 찌푸렸다. 그러나 말대꾸는 하지 않았다. 둘은 파리시의 반 이상을 걸어서 또 하나의 음악회장에 도착했다. 마구간 같은 냄새가 나는 넓은 홀로 다른 시간에는 몽환극이나 통속극을 하고 있었다—파리에서 음악은 둘이서 방 하나를 빌리는 가난한 노동자와 같은 것이었다. 한 사람이 침대에서 나오면 다른 한 사람이 그 따뜻한 이불 속으로 기어들어가는 것이다—물론 환기는 잘 되지 않았다. 루이 14세 이래, 프랑스인은 공기를 불건강한 것으로 생각하고 있다. 그리고 극장의 위생법은 옛날 베르사유 궁전처럼 거기서는 절대로 숨을 쉬지 않는다는 것이다. 품위 있는 노인이 맹수 조련사 같은 몸짓으로 바그너의 1막을 지휘하고 있었다. 이 딱한 맹수—이 1막—는 곡마단의 사자를 닮았다. 각광(脚光)에 접근했다가는 깜짝 놀라고, 채찍으로 얻어맞고서야 비로소 자신이 사자라는 것을 떠올리는 저 사자를. 멋을 부린 뚱뚱보 여자나 우둔한 계집애들이 입가에 미소를 머금고 이 구경거리를 보고 있었다. 사자가 제대로 재주를 잘 부리고, 맹수 조련사가 절을 하고 양쪽 다 구경꾼의 박수갈채를 받게 되자, 구자르는 크리스토프를 세 번째 음악회로 데려가려고 했다. 그러나 이번에 크리스토프는 의자 팔걸이에 매달려 이제 또다시 움직이는 것은 싫다고 말했다. 음악회에서 음악회로 돌아다니며 여기서는 교향곡의 조각을, 저기서는 협주곡의 단편을 지나치는 길에 몇 마디씩 엿듣고 다니는 것에는 이제 그만 질려 버렸다. 구자르는 파리의 음악 비평은 듣는 것보다 보는 것이 중요한 일이라고 그에게 설명하려고 들었지만 소용없었다. 크리스토프는 이에 항변해서 음악은 마차 속에서 듣도록 만들어진 것은 아니다, 더 마음을 가라앉히고 들어야 하는 것이라고 말했다. 이런 식으로 여기저기의 음악회를 뒤섞어서 듣는 것은 참을 수 없었다. 한 번에 하나의 음악회로 충분했다.

크리스토프는 음악회가 너무 많은 데 깜짝 놀랐다. 그는 대부분의 독일인과 마찬가지로 프랑스에서도 음악은 대수로운 지위를 차지하지 않는 것으로 생각했다. 그리고 분량은 적지만 퍽 응결된 것을 들려 줄 것이라고 기대했었다. 그런데 첫 주에 십오륙 회나 되는 음악회가 열렸다. 평일에는 매일 밤 있었으며, 더욱이 하룻밤에 다른 곳에서 같은 시간에 두세 개씩 있는 일도 자주 있었다. 일요일에는 언제나 같은 시간에 네 개나 있었다. 크리스토프는 음악에 대한 이러한 식욕에 감탄했다. 또 프로그램이 풍부한 데에도 놀랐다. 이제까지 크리스토프는 독일인은 음향에 대해서는 탐욕스럽다고 생각하여, 독일에 있을 때에는 이에 대해 불쾌한 적이 한두 번이 아니었다. 그렇지만 지금 그는 식욕에 있어서는 파리인 쪽이 훨씬 위라는 것을 인정했다. 실로 가짓수 많은 요리였다. 두 개의 교향곡, 하나의 협주곡, 하나 또는 두 개의 서곡, 1막의 오페라. 더욱이 독일, 러시아, 스칸디나비아, 프랑스 등 모든 나라에서 이루어진 것—맥주, 샴페인, 편도 시럽, 포도주—을 상관없이 함께 마셨다. 파리의 암탉이 이렇듯 커다란 밥통을 가지고 있다는 데에 크리스토프는 감탄했다. 아무리 마셔도 그들은 예사였다! 다나이드(아르고스 왕 다나오스의 50명의 딸로 결혼 첫날밤 남편들을 죽였기 때문에 지옥에 떨어져 체로 물을 긷도록 명령된다)의 통이었다······ 아무리 퍼담아도 바닥에는 아무것도 남아 있지 않았다.

곧 크리스토프는 이러한 다량의 음악도 결국은 극히 적은 양에 지나지 않는 것임을 깨달았다. 모든 음악회에서 같은 얼굴과 같은 곡을 보게 되었다. 그 풍부한 프로그램은 결코 일정한 범위를 벗어나지 않았다. 베토벤 이전의 것도 거의 없었다. 바그너 이후의 것도 거의 없었다. 그리고 그 사이에도 얼마나 많은 구멍이 있었던 것일까! 음악은 독일의 유명한 대여섯 명의 작품, 프랑스의 유명한 서너 명의 작품, 게다가 러시아·프랑스 동맹 이후는 러시아의 대여섯 개의 작품으로 한정되어 있는 듯했다. 옛날 프랑스인의 것은 아무것도 없었다. 이탈리아 대가의 것도 없었다. 17~8세기 독일 거장의 것도 없었다. 리하르트 스트라우스를 제외하고는 근대 독일 음악은 아무것도 없었다. 다른 사람들보다 빈틈이 없는 스트라우스는 매년 자기의 신작을 파리의 청중에게 들려주러 왔던 것이다. 벨기에의 음악도 없었다. 체코의 음악도 없었다. 하지만 가장 뜻밖의 일은 근대 프랑스 음악이 거의 아무것도 없다는 것이었다. 그런데도 사람들은 의미 있는 듯한 말로, 마치 세계를 혁신하는 일이라도 얘기하듯이 근대 프랑스 음악에 대해 얘기했다. 크리스토프는 그 연주를 들을 수 있는 기회를 노렸다. 그는 아무런 편견도 없이 그것에 대해 커다란 호기심을 품었다. 그는 새로운 것을 알고 싶어했다. 천재의 작품을 음미하고 싶어했다. 그러나 아무리 노력해도 그러한 것을 얻어들을 수가 없었다. 그가 들은 서너 가지 소품은 그에게는 문제도 되지 않았다. 그것은 퍽 정교하게 만들어지기는 했지만 가락이 차갑고 잔재주를 부린 작품이라 그는 별로 주의를 기울이지 않았다.

*

크리스토프는 저 자신 하나의 의견을 가질 수 있게 되도록 음악 비평계의 정세를 알아보려고 애썼다.

그것은 쉬운 일이 아니었다. 음악계는 각자 제멋대로 명령하고 싶어하는 집안 식구들과 똑같았다. 여러 가지 음악 잡지와 신문이 저마다 서로 모순된 말을 하고 있을 뿐만 아니라, 하나의 신문 잡지 안에서도 각 기사가 서로 모순된 소리를 하고 있었다. 만일 이것을 모두 읽는다면 그야말로 머리가 돌아 버리고 말 것이다. 다행히도 각 기자는 자기가 쓴 기사밖에는 읽고 있지 않았으며, 구독자는 아무것도 읽고 있지 않았다. 하지만 프랑스 음악가들에 대해 정확한 관념을 얻으려고 생각했던 크리스토프는 하나도 놓치지 않으려고 노력했다. 그리고 물속의 고기처럼 모순 속을 자유롭게 돌아다니고 있는 이 국인의 구김 없는 침착성에 감탄했다.

여러 가지 뒤섞여 복잡한 의견들 중에서, 한 가지 일이 크리스토프에게 강한 인상을 주었다. 그것은 비평가들의 학자적인 태도였다. 그렇다면 프랑스인은 아무것도 믿지 않는 사랑스러운 공상가이다, 라고 말한 것은 대체 누구일까? 크리스토프가 본 프랑스인은 라인 강 저편의 어떠한 비평가보다도 음악 지식을 갖추고 있었다. 비록 아무것도 모르는 비평가일지라도.

당시 프랑스의 음악 비평가들은 음악에 대해서 알려고 노력했고, 이미 알고 있는 사람도 몇인가 있었다. 그들은 독창적인 사람들이었다. 자기들의 예술에 대해 깊은 고찰을 하고 자기 자신의 머리로 생각하려고 노력했다. 물론 그러한 사람들은 그다지 유명하지는 않았다. 그들은 조그만 잡지에 의존했다. 한둘의 예외는 있었지만 신문 잡지는 그들 편은 아니었다. 총명하고 재미있고 훌륭한 사람들이기는 했지만 고립해 있기 때문에 때로 역설에 떨어지는 경향이 있고, 또 같은 패거리 사이에서만 대화하는 습관이 붙어 있기 때문에 편협한 판단을 하거나 욕설을 하거나 하는 경향이 있었다. 또 어떤 비평가들은 화성학의 초보를 급히 서둘러 공부했다. 그리고 이 새로 습득한 지식에 깜짝 놀랐다. 주르댕 씨(몰리에르의《평민귀족》의 주인공)가 문법 규칙을 배웠을 때처럼 그들은 황홀해 있었다.

"데(D), 아(a), 다(Da). 에프(F), 아(a), 파(Fa). 에르(R), 아(a), 라(Ra)…… 아! 신난다! 무엇인가를 안다는 것은 얼마나 신나는 일인가! ……"

그들은 벌써 주제와 부주제, 배음(倍音)과 합성음, 제9음정의 연결과 장3번(長三番)의 연속에 대해서만 얘기했다. 하나의 작품에 펼쳐져 있는 화성의 연속을 분간하여 그 명칭을 말할 수 있게 되자 대견스러워했다. 이로써 작품을 설명할 수 있다고 믿었다. 거의 자기 자신이 작곡한 듯한 기분이 되어 있었다. 실제로는 학생이 키케로의 문장 한 페이지를 문법적으로 분석하는 것과 마찬가지로, 그들은 그 곡을 학교 용어로 복습하고 있는 데 지나지 않았다. 그러나 가장 훌륭한 사람들도 음악이 혼의 자연스러운 언어라고 생각하기는 어려웠으므로, 그들은 음악을 회화의 한 부분으로 하든가 아니면 이를 과학의 한구석에 두어 화성적 구성의 문제로 삼았다. 이토록 학문적인 사람들은 당연히 과거 음악가들을 공격하지 않고는 못 배겼다. 그들은 베토벤 속에서도 결함을 보고, 바그너를 비난했다. 베를리오즈와 글룩을 비웃었다. 그들에게는 당시 유행하는 요한 세바스찬 바흐와 클로드 드뷔시밖에 존재하지 않았다. 이 몇 년 동안 너무나 추어올려진 바흐조차도 지금은 현학적이고 구태의연하다고, 즉 매우 의아스럽다고 보기 시작했다. 퍽 우수한 사람들은 라모와 대(大)쿠프랭을 사뭇 의미 있는 듯이 칭찬했다.

이러한 학자들 사이에 격렬한 논쟁이 벌어졌다. 그들은 모두 음악가였다. 그러나 모두가 같은 태도의 음악가들은 아니었으므로 저마다 자기 태도만이 훌륭하다고 주장했다. 그리고 동료 친구들의 태도를 어리석다고 욕했다. 그들은 서로 상대를 사이비 문학자, 사이비 학자라고 불렀다. 또 이상주의다, 유물주의다, 상징주의다, 사실주의다, 주관주의다, 객관주의다 하는 말들을 서로 해대고 있었다. 크리스토프는 독일에서 보아온 싸움을 파리에서 보는 것이라면 일부러 독일에서 올 필요까지는 없었다고 생각했다. 그들은 좋은 음악이 자기들에게 여러 가지 다른 많은 향락법을 부여해 준 것을 감사하지 않고, 자기 향락법 말고는 인정하려 들지 않았다. 새로운 《뤼트랭》(^{부알로의}_{풍자시})이 거센 싸움을 일으켜 지금 음악가를 두 진영으로 갈라 놓았다. 즉 대위법(對位法) 진영과 화성(和聲)의 진영이라고 하는, 마치 대 부티엥(Gros-boutiens)과 소 부티엥(Petits-boutiens)의 분쟁—달걀을 쪼개는 데 굵은 쪽으로 하느냐 가는 쪽으로 하느냐로 분쟁이 일어났다는 이야기가 스위프트의 걸리버 여행기에 나온다—처럼, 한쪽이 음악은 수평으로 읽어야 한다고 격렬히 주장하면 다른 한쪽은 음악은 수직으로 읽어야 한다고 주장했다. 후자는 감미로운 화음, 사르르 녹아드는 연결, 자양분이 푸짐한 조화 따위 말고는 얘기를 들으려고 하지 않았다. 그들은 제과점 얘기라도 하듯이 음악 얘기를 하고 있었다. 전자는 귀를 너절한 것으로 치고 그것에 의지하는 것을 인정하지 않았다. 그들에게 있어서 음악은 하나의 연설이었다. 연설자가 주위 사람들 같은 건 아랑곳없이 모두 동시에 끝까지 지껄이고야 마는 의사당과 같은 것이었다. 일일이 그것이 분간되지 않더라도 상관없었다! 이튿날이 되면 연설은 관보로 읽을 수가 있을 것이다. 음악은 읽기 위해 있는 것이지 듣기 위해 있는 것이 아니었다. 크리스토프는 수평파와 수직파의 이러한 논쟁의 소문을 처음 들었을 때는, 그들을 모두 미친 사람이라고 생각했다. 연속군(連續軍)과 누적군(累積軍)의 어느 한쪽에 가담하기를 재촉받았을 때, 소지(^{암피트리온의 하인으로 어떠한 사람}_{의 흉내라도 낼 수 있는 사내})의 표어는 아니지만, 그의 여느 때의 표어로 대답했다.

"나는 여러분 모두의 적이다!" 그리고 그는 물었다. "화성과 대위법 어느 쪽이 음악에서는 중요할까?" 또 그는 외쳤다. "중요한 건 음악이다. 아무튼 너희 음악을 보여 다오!"

그들은 자기들의 음악에 대해서는 모두 의견이 일치해 있었다. 끈기 있게 싸움을 좋아하는 그들은 너무나 명성이 계속된 과거의 대가를 공격하거나 그렇지 않을 때는 다투어 서로를 공격하는 것이었지만, 공통의 정열이라는 점에 관해서는 서로 화해하고 있었다. 공통의 정열이라는 것은 음악상의 열렬한 애국심을 말하는 것이었다. 그들에게 프랑스인은 위대한 음악적 국민이었다. 그들은 언제나 독일의 몰락을 선언했다. 크리스토프는 그런 소리를 듣고도 별로 기분이 상하지는 않았다. 자기 자신도 그렇게 생각하던 참이어서 그러한 판단에 대해 진심으로 항변할 수는 없었다. 그러나 프랑스 음악이 최상이라는 주장에는 적이 놀랐다. 실제로 과거에도 그러한 흔적은 거의 인정할 수 없었다. 그래도 프랑스 음악가들은 자기들의 예술이 먼 과거에 있어서는 아주 훌륭한 것이었음을 확인했다. 프랑스 음악을 더한층 찬양하기 위해 그들은 먼저 전 세기의 모든 프랑스의 영광스런 거장들을 더한층 빛나게 다듬었다. 단 한 사람의 예외는 퍽 훌륭하고 순수한 거장이었지만, 이는 벨기에인이었다(세자르 프랑크를 말한다). 이렇게 해버리자 사람들은 고대의 거장을 한층 자유롭게 찬양할 수 있었다. 그러한 거장들은 모두 잊혀 버려 그중에는 오늘까지 전혀 알려지지 않은 사람도 있었다. 프랑스의 일반 사람들은 세계는 프랑스 혁명으로부터 시작되었다고 보지만, 음악가들은 그들과는 반대로 프랑스 혁명을 하나의 산맥으로 보고 있어, 음악의 황금 시대, 예술의 엘도라도(황금향)를 뒤돌아보기 위해서는 그것을 기어올라야 한다고 생각했다. 기나긴 어두운 밤 다음에 황금시대가 되살아나려 했다. 단단한 벽은 무너져 갔다. 음향의 마술사가 다시 불가사의한 봄을 꽃피우려 했다. 음악의 고목(古木)은 다시 연한 새잎으로 휘덮이곤 했다. 화성의 화단에서는 무수한 꽃이 새로운 새벽에 방싯거리는 눈을 뜨고 있었다. 샘물의 은빛 음색이, 냇물의 상쾌한 노랫소리가 들려오고 있었다…… 그것은 하나의 목가(牧歌)였다.

크리스토프는 반가웠다. 그러나 파리 극장의 광고를 보면 여전히 마이에르베어, 구노, 마스네, 그리고 또 그가 너무나 잘 알고 있는 마스카니, 레온카발로 등의 이름이 나와 있었다. 그래서 그는 친구들에게 이러한 파렴치한 음악, 계집애들을 몸살나게 하는 음악, 이러한 조화(造花) 같은 음악, 향수 가게의 음악이 그들이 약속한 ‘아르미드의 뜰’—혼을 매혹하는 마법의 꽃밭—인가를 물었다. 그들은 당치도 않다는 듯이 노기를 띠고 반대했다. 그들이 말하는 바에 의하면 이러한 것은 죽음에 임해 있는 시대의 마지막 기념물로서, 아무도 이제 그런 것을 생각하고 있지는 않다는 것이었다. 하지만 실제로는 《카발레리아 루스터카나》$^{(마스카니}_{의 작품)}$가 오페라 코믹 극장에서, 《팔리아치》$^{(레온카발로}_{의 작품)}$가 오페라 극장에서 활개치고 있었다. 마스네와 구노가 가장 치켜세워져 있었다. 그리고 삼위일체라고도 할 《미뇽》$^{(토마의}_{작품)}$과 《위그노 교도》$^{(마이어베르}_{의 작품)}$와 《파우스트》$^{(구노의}_{작품)}$가 1천 회의 공연을 기세좋게 돌파했다. 그러나 그것은 별로 중요성이 없는, 우연적인 사건이었다. 그런 것은 안중에 없는 것이었다. 무언지 당치않은 사실이 이론의 방해를 할 때에는 그것을 부정하는 것이 가장 간단한 해결법이었다. 프랑스의 비평가들은 이러한 뻔뻔스러운 작품을 부정하고, 그러한 작품에 박수갈채를 보내는 청중을 부정했다. 좀 더 밀고 나간다면 음악극 전체를 부정했을는지도 모른다. 그들 입장에서 말한다면 음악극은 문학의 일종으로, 따라서 불순한 것이었다(그들은 모두 문학자였기에 문학자인 것을 부정했다). 표현적인 음악, 서술적인 음악, 암시적인 음악, 한마디로 한다면 뭔가를 말하고자 하는 음악은 모두 불순한 것으로 비난받았다. 어떤 프랑스인 속에도 로베스피에르적인 데가 있다. 누군가를 또 무엇인가를 순수하게 하기 위해서는 그 목을 잘라야 한다. 프랑스의 대비평가들은 순수한 음악만 인정하고 그 밖의 것은 저열한 대중에게 맡겨 두었다.

크리스토프는 자기 취미가 얼마나 뒤떨어진 것인가를 생각하고 정나미가 떨어졌다. 그의 마음을 얼마쯤 위로해 주는 것은 극을 경멸하고 있는 이러한 음악가들이 전부 극을 쓰고 있다는 사실이었다. 오페라를 작곡하지 않는 사람은 한 사람도 없었다. 하지만, 이것도 생각건대 중요성이 없는 우연한 사태인지도 알 수 없었다. 그들을 비판하는 데는 그들이 희망하는 대로 그들의 순수한 음악에 의해 해야만 했다. 크리스토프는 그들의 그 순수한 음악을 찾아다녔다.

*

테오필르 구자르는 국민적 예술에 전념해 있는 어느 음악회에 크리스토프를 안내했다. 거기서는 새로운 영광이 천천히 마련되어 가꾸어지고 있었다. 그것은 커다란 예술적 단체로서 몇 개의 예배당을 가진 하나의 작은 교회였다. 예배당에는 각기 한 사람의 성자(聖子)가 있고 그 성자는 저마다 자기 신자를 두고 있었다. 그 신자들은 이웃 예배당의 성자를 욕하고는 즐거워했다. 크리스토프는 처음 이러한 성자들 사이에 별로 구별을 두지 않았다. 그는 전혀 다른 예술에 익숙해 있으므로 당연히 이 새로운 예술은 전혀 이해하지 못했다. 안다고 믿었던 탓으로 더욱 이해하지 못했다.

그에게는 모든 것이 영원한 박명(薄明)에 잠겨 있는 것으로 생각되었다. 마치 잿빛 그리자유(회색만을 써서 엷은 조각 처럼 그리는 장식화)라도 보고 있는 것 같아 거기서는 모든 선(線)이 흐리고 물에 빠져 있어, 가끔 떠올라오기는 하지만 곧 또 사라져 갔다. 이러한 선 중에는 자로 그은 듯한 딱딱하고 거칠고 메마른 데생도 있었으며, 그것은 야윈 여자의 팔꿈치처럼 직각보다 작은 각을 지어 굽어 있었다. 또 담배 연기처럼 읽힌 비뚤어진 데생도 있었다. 그러나 그러한 모든 것은 잿빛 속에 있었다. 그렇다면 프랑스에는 이제 태양이 없다는 것인가? 파리에 도착한 이래로 비와 안개에 갇혀 있는 크리스토프는 그렇게 믿을 만도 했다. 그러나 태양이 없을 때는 태양을 만들어 내는 것이 예술가의 임무이다. 이러한 사람들은 작은 불을 켜고 있었다. 다만 그 불빛은 반딧불 정도의 것이었다. 그것은 아무것도 덥히지 못하고 간신히 사물을 비추고 있는 데 지나지 않았다. 작품 제목은 달라졌다. 봄, 정오, 사랑, 삶의 기쁨, 들놀이 등이 때로 다루어졌다. 하지만 음악 그것은 조금도 달라지지 않았다. 모두 한결같이 감미롭고 창백하고 움츠리고 빈혈이 있고 쇠약해 있었다. 당시의 프랑스에서는 음악으로 나직이 얘기하는 것이 섬세한 마음을 가진 사람들 사이에서 유행했다. 그것도 무리는 아니었다. 목청을 돋우어 말하는 것은 외치는 일이었기 때문이다. 그 중간은 있을 수 없었다. 품위 있는 조는 듯한 가락이나 멜로드라마적인 과장된 가락 중에서 어느 하나를 택하는 수밖에 없었다.

크리스토프는 자신에게도 엄습해 오는 마비 상태를 털어내면서 프로그램을 보았다. 그리고 잿빛 하늘을 지나가는 그러한 작은 안개가 뚜렷한 주제를 표현하고 있는 셈인 것을 보고 놀랐다. 이것저것 이론을 늘어놓으면서도 이 순수한 음악은 거의 항상 표제 음악이거나 또는 적어도 주제 음악이었던 것이다. 그들은 아무리 문학의 욕을 해도, 결국은 의지해야 할 문학의 쌍지팡이가 필요했다. 얼마나 기묘한 쌍지팡이인 것일까! 크리스토프는 그들이 그리고자 노력하고 있는 주제가 우스꽝스러울 만큼 유치하다는 걸 알았다. 그것은 과수원이나 채소밭이나 닭장이나 음악상의 동물원이며, 또는 진짜 동식물원이었다. 어떤 자는 루브르의 회화나, 오페라 극장의 벽화를 오케스트라나 피아노의 세계에 옮겨다 놓았다. 퀴프 (네덜란드의 풍경화가)나 보드리 (프랑스 화가로 오페라 극장의 장식을 함)나 파울 포틀러 (네덜란드 화가로 풍경, 동물을 그림) 등의 그림을 음악화했다. 그리고 설명적인 주석의 도움을 빌려 이곳은 파리스 (트로이의 미남 왕자로 여신들의 미모 경쟁을 사과로 결정함)의 사과, 아니면 네덜란드의 여인숙, 백마의 엉덩이라고도 인정되는 것이었다. 이것은 크리스토프에게는 커다란 어린이의 장난으로밖에는 여겨지지 않았다. 그들은 형상 말고는 흥미를 느끼지 않고, 더욱이 제대로 그리지도 못하므로, 무엇이나 머리에 떠오르는 것을 수첩에 엉터리로 그려 그 밑에다 커다란 글자로 이것은 한 채의 집이다, 이것은 한 그루의 나무다, 라고 적어 넣는 것이다.

청각을 통해 물체를 보는 이러한 눈 먼 판화가와 나란히 철학자가 있었다. 그들은 형이상학적인 문제를 음악으로 다뤘다. 그들의 교향곡은 추상적인 주의의 싸움이며, 어떤 상징 또는 어떤 종교의 설명이었다. 그들은 가극 속에서 현대의 법률적 문제나 사회 문제의 연구에 착수했다. 즉, 부인의 권리와 시민의 권리를 선언했다. 이혼, 부자 관계의 재검토, 교회와 국가의 분리라는 문제를 절망하지 않고 다루었다. 그들은 두 파로 나뉘어 있었다. 한편은 비종교적인 상징주의자이고, 다른 한편은 성직자적 상징주의자였다. 그들은 넝마주이 철학자나, 젊은 여직공 사회학자나, 빵집의 예언자나, 어부인 사도(使徒) 등을 노래 부르게 했다. 괴테는 이미 우의적(寓意的)인 장면 속에 칸트 철학의 여러 관념을 재현한 당시의 예술가들을 얘기한 바 있다. 크리스토프의 예술가들은 사회학을 16분음표에 집어넣었다. 졸라, 니체, 메테를링크, 바레스, 조레스, 망데스, 복음서, 물랭루주 등이 물독을 채우고, 가극이나 교향곡 작곡자는 거기에 사상을 길어 내려 찾아왔다. 그들 중 많은 자는 바그너의 예술에 도취해서 "나도 또한 시인이다!"라고 외치고 있었다. 그리고 오선(五線) 밑에 초등학생이나 퇴폐한 삼류 문인 같은 문체로 운문(韻文)과 또는 무운문을 사뭇 자신 있게 잔뜩 적어 넣었다.

이러한 사상가나 시인은 모두 순수 음악파였다. 그러나 그들은 음악을 만드는 것보다는 음악을 얘기하는 쪽을 좋아했다. 하지만 때로는 만드는 일도 있었다. 그러나 그것은 전혀 무의미한 음악이었다. 불행하게도 그것은 곧잘 성공했다. 그런데 그것 역시 전혀 의미가 없는 것이었다―적어도 크리스토프에게는―또 사실을 말하자면 그는 아직 이것을 풀 열쇠를 가지고 있지 않았던 것이다.

외국 음악을 이해하기 위해서는 먼저 그 나라 말을 배워야 하고, 그 말을 전부터 알고 있다고 생각해서는 안 된다. 그러나 크리스토프는 모든 선량한 독일인과 마찬가지로 자기는 프랑스어를 알고 있다고 생각했다. 그것은 무리가 아니었다. 많은 프랑스인 자신이라도 그보다 더 잘 안다고는 할 수 없었다. 루이 14세 시대의 독일인이 프랑스어로 얘기하도록 힘쓰다 자국어를 잊어버린 것처럼, 19세기 프랑스 음악가들은 오랫동안 자기 나라 말을 등한 시했으므로, 그들의 음악은 외국의 말이 되어 있었다. 간신히 요즈음에야 프랑스에서 프랑스어를 말하고자 하는 운동이 일어났다. 모든 사람이 이에 성공할 수는 없었다. 습관의 힘은 무척 강했다. 그래서 몇몇 사람을 제외하고는 그들의 프랑스어는 벨기에풍이거나 독일적인 냄새를 풍겼다. 따라서 독일인이 잘못 생각하는 것은 당연하며, 자신에게도 전혀 알 수 없을 것 같은 독일어니까 전혀 무의미한 독일어라고, 여느 때의 자신을 가지고 단언하는 것은 당연한 일이었다.

크리스토프도 그런 한 사람이었다. 프랑스의 교향곡은 그에게는 일종의 추상적인 논리처럼 여겨지고, 거기서는 음악의 주제가 산수 연산처럼 대립하거나 겹겹이 쌓이거나 하는 듯한 생각이 들었다. 그러한 주제 배합을 표현하기 위해서는 숫자나 알파벳으로 해도 충분히 될 듯했다. 어떤 음악가는 한 음향형식의 점진적인 전개 위에 작품을 조립해 놓았다. 그 형식도 완전한 형태는 마지막 부분의 마지막 페이지에 나타날 뿐으로, 작품의 10분의 9 부분에서는 애벌레 상태로 머물러 있었다. 또 어느 작곡가는 하나의 주제 위에 여러 변주곡을 구축해 놓았는데, 그 주제는 복잡한 것에서 단순한 것으로 차차 내려가 마지막에 나타날 뿐이었다. 이것은 퍽 지적인 장난감이었다. 이를 가지고 놀기 위해서는 아주 노인인 동시에 또 아주 어린이가 아니면 안 되었다. 이것은 창조자에게 비상한 노력을 소비하게 하는 것이었다. 그들은 하나의 환상곡을 만드는 데 몇 년이나 걸렸다. 새로운 화음의 배합을 찾아내는 데 머리카락이 하얘지도록 수고했다. 하지만 그것은 무엇이거나 상관없는 것이다! 새로운 표현이기만 하면 좋은 것이다. 인체에 있어서도 기관은 욕구를 만들어 낸다고 말하듯이, 표현도 결국 항상 사상을 만들어 내기에 이른다. 요컨대 표현이 새롭기만 하면 된다. 어떠한 대가를 지급하고서라도 새로운 것을 구해야 한다! 그들은 이미 말해 버린 것에 대해서 병적인 공포를 품고 있었다. 가장 훌륭한 사람들도 그 때문에 위축되어 있었다. 그들은 언제나 겁먹은 투로 자기를 감시하거나, 전에 자신이 쓴 것을 아주 없애 버리거나, "아! 이것은 대체 어디서 읽었던 것일까?" 하고 자문하는 일에만 머리를 쓰고 있는 듯한 느낌이었다. 세상에는, 특히 독일에는 타인의 악구(樂句)를 이어 붙이는 일에 시간을 소모하는 음악가가 있다. 그렇지만 프랑스 음악가들은 자기 악구가 타인이 이미 사용한 선율의 일람표 속에 있지나 않을까 그것만 조사하고 있었다. 그리고 제 코를 깎고 또 깎아 그것이 이제 제가 아는 어느 코에도 닮지 않도록, 아니 벌써 코라고도 여겨지지 않을 만큼 형상을 바꾸어 버렸다.

그래도 또 그들은 크리스토프를 속일 수는 없었다. 복잡한 말로 가장하여 오케스트라의 초인적인 흥분과 경련을 흉내내고, 또는 불협화음적인 화음이나 집요한 단조로움, 사라베르나르식 남송조―그것은 처음부터 동떨어지고, 미끄러지기 쉬운 비탈길을 꾸벅꾸벅 졸며 걸어가는 나귀처럼, 몇 시간이고 한정 없이 계속되었다―등을 번번이 사용했지만 크리스토프는 그 가면 밑에 차갑고 맛이 없는 조그만 혼을 올바로 보고 있었다. 그러한 혼은 구노나 마스네식으로 좋은 냄새를 마구 풍기고 있었지만, 그들보다 훨씬 부자연스러웠다. 그리고 크리스토프는 프랑스인에 대한 글룩의 부당한 말을 자신에게 되풀이하고 있었다.

"좋을 대로 내버려두면 된다. 그러면 언제든지 저희 민요로 돌아갈 것이다."

다만 그들은 그 민요를 고상한 것으로 만들려고 애쓰고 있었다. 그들은 통속적인 샹송을 택하여 소르본 대학에 제출하는 논문처럼 격식을 갖춘 교향곡의 주제로 삼았다. 그것은 당시의 대유행이었다. 모든 종류의, 모든 나라의 통속적인 노래가 번갈아 쓰이고 있었다. 그들은 이걸로 《제9교향곡》이나 프랑스의 《4중주곡》 같은 것을 만들었다. 하지만 그들의 이러한 작품 쪽이 훨씬 어려웠다. 그러한 작곡가 한 사람이 퍽 명쾌한 한 작은 악구를 착상했다고 하자. 그러자 그는 곧 제2의 악구를 복판에 삽입하고 싶어한다. 이 제2의 악구는 아무 의미도 없는 것이지만 제1의 악구를 상당히 손상시키는 것이다. 더욱이 그러한 딱한 음악가들은 태연히 안심을 하고 있는 모양이었다!

그러한 작품을 지휘하기 위해 사뭇 엄격하고 용맹스러워 보이는 젊은 지휘자가 마치 베토벤이나 바그너의 군대를 휘둘러 일으키기라도 하는 것처럼, 미켈란젤로풍의 몸짓으로 야단스럽게 몸을 뒤흔들고 있었다. 청중은 사교계 인사들과 음악가의 병아리들로 이루어졌다. 사교계 인사들은 지루해서 못 견뎌 하겠지만, 영광스런 권태를 비싼 가격으로 지급하는 명예를 차마 버리지는 못했다. 그리고 음악가의 병아리들은 군데군데 전문적인 기술의 비밀이 풀리자, 학교에서 배운 지식이 실증된 데에 기뻐서 정신을 못 차렸다. 그리고 이러한 청중들은 오케스트라 지휘자의 동작과 음악의 소음에 어울리는 열광적인 박수갈채를 아끼지 않았다.

"정말 그렇다, 그래! (Tu parles!)······" 크리스토프는 말했다(그는 이러한 말투를 가려 쓸 만큼 완전히 파리인이 되어 있었다).

그러나 파리의 은어에 통하는 것은 파리의 음악에 통하는 것보다는 쉬웠다. 크리스토프는 무슨 일에 대해서나 갖는 정열과 프랑스 예술을 이해 못하는 독일인의 천성으로써 판단했다. 그러나 적어도 성실한 마음을 갖고 있었으므로, 자기가 잘못되었음을 실례를 들어 타인에게서 지적받았다면 이를 인정하는 데 주저하지는 않았을 것이다. 그러므로 자기가 자기 판단에 결박되어 있다고는 결코 생각지 않았다. 그리고 자기 판단을 변화시킬는지도 알 수 없는 새로운 인상에 마음을 크게 열었다.

그리고 지금은 프랑스 음악 속에 많은 재능, 흥미 있는 소재, 리듬과 화음과의 진기한 발견, 광택 있는 부드럽고 정교한 직물의 배열, 화려한 색채, 창의와 지성과의 끊임없는 노력 등을 인정했다. 크리스토프는 그러한 것을 재미있어하고 또 그것을 이용했다. 대음악가가 아닌 이러한 명인들은 독일 음악가에 비해 훨씬 많은 자유를 갖고 있었다. 그들은 용감하게도 큰길에서 떠나 숲 속을 여기저기 돌아다닌다. 그들은 길을 잃기를 바라고 있었다. 하지만 그러기에는 너무도 영리한 아이들이었다.

어떤 자는 스무 걸음쯤 가다가 큰길로 돌아왔다. 어떤 자는 곧 지쳐서 아무 데나 상관하지 않고 머물러 섰다. 또 새로운 오솔길에 거의 도달한 자도 있었다. 하지만 그들은 계속 가지 않고 나무 밑에서 어물쩡거렸다. 그들에게 가장 결핍되어 있는 것은 의지이며 힘이었다. 그들은 모든 천부적인 재능을 갖고 있었다. 그런데 단 한 가지 결여된 것이 있었다. 그것은 강인한 생활력이었다. 특히 그 많은 노력도 잡탕으로 소모되어 도중에 우물쭈물 사라져 버리는 듯했다. 이러한 예술가가 자기 성질을 똑똑히 인식하고 일정한 목적을 향해 힘을 지속적으로 집중한다는 일은 거의 없었다. 이는 프랑스적인 무질서의 당연한 결과였다. 이 무질서는 재능과 선의의 커다란 원천을 낭비하고 불확실과 모순에 의해 이를 고갈시켜 버리는 것이었다. 그들의 대음악가들은 거의 한 사람의 예외도 없이, 예컨대 아주 새로운 사람이 아니고 베를리오즈나 생상과 같은 사람이라도 정력의 결여, 신념의 결여, 특히 마음속 나침반의 결여 때문에 자가당착의 곤경에 빠지고, 자기 파괴와 자기 부정에 몸부림치고 있었다.

크리스토프는 당시 독일인들이 품고 있던 오만과 경멸의 감정으로 이렇게 생각했다.

'프랑스인들은 자신이 사물을 생각해 내더라도 이를 어떻게 할 수도 없고, 단지 부질없이 힘을 낭비할 뿐이다. 그들에게는 언제나 글룩이라든가 나폴레옹이라든가 하는 타민족의 위인이 그들의 혁명을 이용하러 올 필요가 있다.'

그리고 그는 브뤼메르^(프랑스 혁명력 제2월) 18일을 생각하고 미소를 지었다(이날 이집트에서 돌아온 나폴레옹이 다섯 집정관 정부를 쓰러뜨렸다).

*

그래도 한 무리의 사람들은 이러한 무질서 속에서 예술가의 정신에 질서와 규율을 회복시키려고 노력했다. 그들은 먼저 저희 그룹의 명칭에 라틴어를 채용했는데, 이는 약 1400년 전 고트족과 반달족이 대거 침입해 왔을 무렵 번영한 어느 성직자 단체의 기억을 떠올리게 하는 것이었다. 그렇듯 먼 옛날로 소급해 올라가는 데에 크리스토프는 약간 놀랐다. 물론 자기 시대를 높은 데서 내려다보는 것은 좋은 일이었다. 그러나 14세기의 높이를 가진 탑은 현대 인간의 움직임을 관찰하는 것보다는 오히려 별의 움직임이라도 관찰하는 쪽이 쉬울 듯한, 불편한 관측소는 아닐까 하는 생각이 들었다. 크리스토프는 성 그레고리우스의 자손들이 그 탑 위에 별로 없는 것을 보고 곧 안심했다. 그들이 거기 오르는 것은 단지 종을 치기 위해서였다. 그 밖에는 아래 교회당에 모였다.

크리스토프는 예배식에 몇 번인가 참석했지만, 가까스로 그들이 가톨릭교적인 신앙을 갖고 있다는 것을 깨달았다. 처음에는 그들이 신교의 작은 분파의 의식을 집행하는 것으로 그는 믿고 있었다. 청중들은 꿇어 엎드릴 정도로 겸손했다. 제자들은 경건하고 편협하며 공격을 좋아했다. 그들의 선두에 서 있는 자는 퍽 순수하고 냉정하고 고집센 다소 어린애다운 데가 있는 인물이었지만, 종교적·도덕적·예술적인 그 교리의 완전성을 주장하고, 약간의 '선민(選民)'에게 음악의 '복음서'를 추상적인 언어로 설명하고, '오만'과 '이단'을 지옥으로 떨어뜨리고서는 태연했다. 예술의 죄과와 인간의 악덕은 이 두 개의 탓이라고 보고 있었다. '문예 부흥', '종교 개혁', 현대의 '유대주의' 등을 한데 묶어 이들을 모두 이 두 가지의 책임으로 돌렸다. 음악계의 유대인들은 치욕의 옷을 입히고, 다음엔 그 초상이 불태워졌다. 거인 헨델도 매를 맞았다. 단지 요한 세바스찬 바흐만은 '잘못 신교도가 된 자'라고 신에게 인정되어 그 은총으로 구제되었다.

생 자크 거리의 회당에서 전도가 벌어졌다. 여기서는 사람들의 혼과 음악이 구제되고 있었다. 천재가 되기 위한 여러 가지 규칙을 순서를 세워 가르쳤다. 근면한 학생들은 그러한 방법을 비상한 노력과 절대적인 확신을 가지고 실제로 적용했다. 저희의 경건한 노고에 의해 조상들의 경박한 죄를 속죄하려고 하는 것 같았다. 그들의 조상이라는 것은 오베르나 아당이며, 또 저 지옥으로 떨어져야 할 거물, 저 악마적인 우물(愚物), 악마의 화신이며 '음악의 악마'인 베를리오즈였다. 사람들은 칭찬할 만한 열성과 충심으로부터의 자애심으로써, 이미 인정되어 있는 거장에 대한 숭배를 퍼뜨리고 있었다. 약 10년 동안에 완성된 일은 막대한 것이었다. 프랑스 음악은 이 때문에 달라지게 되었다. 음악을 알게 된 것은 단지 비평가들뿐만이 아니었다. 음악가 자신들도 음악을 배운 것이었다. 지금에는 작곡가도 나왔고, 바흐 작품의 명연주가도 나왔다! 특히 프랑스인의 외출을 싫어하는 정신을 때려부수는 데 커다란 노력이 지불된 것이다. 프랑스인은 집에만 틀어박혀 있고 좀처럼 밖에 나가지 않는다. 따라서 그들의 음악에는 공기가 부족하다. 그들의 음악은 밀실의 음악이고 긴 의자의 음악이며, 걸어다니는 일이 없는 음악이다. 베토벤의 음악과는 정반대이다. 베토벤은 들판을 산책하면서 작곡하고, 비탈을 내달리고, 햇빛을 쬐고, 비를 맞으며 성큼성큼 걷고, 몸짓이나 외마디 소리로 가축의 무리를 놀라게 했다! 파리 작곡가들에게는 이 '본(Bonn)의 곰' 같은 영감의 소란스러움으로써 이웃 사람들을 방해할 염려는 없었다. 작곡할 때 그들은 자기 악상(樂想)에 약음기(弱音器)를 달았다. 그리고 외부의 잡음이 들려오는 것을 막기 위해 커튼을 쳤다.

이 스콜라파는 공기를 새롭게 바꾸려고 애를 썼다. 그리고 과거 쪽으로 향한 창을 열었다. 그리하여 열린 것은 과거 쪽으로 향한 창뿐이었다. 안뜰로 난 창을 열었을 뿐, 길로 향한 창은 그대로였다. 이것으로는 별로 소용이 없었다. 창을 열자마자 그들은 마치 감기 들기를 두려워하는 노파처럼 덧문을 닫아 버렸다. 그 틈새에서 중세기의 바흐와 팔레스트리나의 샹송의 바람이 얼마쯤 불어들어왔다. 그러나 그것으로 무엇이 되겠는가? 방 안에는 여전히 매캐한 냄새가 들어차 있었다. 결국 그들에게는 그런 쪽이 기분 좋았던 것이다. 그들은 근대의 공기의 커다란 유통(流通)을 경계하고 있었다. 그리고 그들은 다른 사람들보다 많은 것을 알고는 있었지만, 또 다른 사람들 이상으로 많은 것을 부정하기도 했다. 음악은 그들의 환경 속으로 들어가자 교리적인 성격을 띠어 갔다. 그것은 위안은 아니었다. 음악회는 역사수업이나 교육의 실례 같은 것이 되었다. 진보한 사상도 형식화되었다. 분류(奔流)와 같은 대 바흐의 음악도 이 '성교회'에 들어가면 현명해졌다. 바흐의 음악은 이 스콜라파의 두뇌에 의해, 마치 격렬하고 관능적인 '성서(聖書)'가 영국인의 두뇌에 의해 변형된 것과 마찬가지로 변형되었다. 여기서 설파되는 교리는 귀족적인 절충주의로서, 6세기에서 20세기에 이르는 세 개 혹은 네 개의 음악적인 위대한 시기의 저마다 독특한 성격을 하나로 결합시키려고 애를 썼다. 만일 그것이 이루어진다면, 세계 여행으로부터 돌아온 인도 총독이 지구상의 구석구석에서 모아 온 진기한 재료로 만든 저 여러 양식의 혼합 건축물을 닮은 것이 음악에서도 이루어졌다는 말일 것이다. 하지만 프랑스인 특유의 양식은 그러한 박학(博學)한 야만성이 극단으로 내닫는 것을 구제했다. 그들은 저희 이론을 실제로 적용하기를 삼갔다. 이론에 대해서는 몰리에르가 의사에 대해 갖고 있었던 것과 같은 태도를 취했다. 즉 처방은 받아도 이에 따르지는 않았다. 그중에도 정신 똑똑한 자들은 제멋대로 저 자신의 길을 걸어가고 있었다. 그 밖의 사람들은 실제에 있어서는 퍽 어려운 대위법(對位法)의 연습만으로 만족했다. 그리고 그러한 연습을 소나타나 교향곡이라고 불렀다. "소나타여, 너는 무엇을 바라고 있는가?" 그러나 소나타는 소나타일 것 말고는 아무것도 바라지 않았다. 그들의 소나타 악상은 추상적이고 특징이 없으며 노력의 흔적만 있고 기쁨은 없었다. 그것은 완전히 공중인적인 예술이었다. 크리스토프는 처음 프랑스인이 브람스를 사랑하지 않는 것을 감사했지만, 지금에는 프랑스에 작은 브람스가 너무 많다고 생각했다. 이러한 근면하고 양식적인 훌륭한 음악 일꾼은 모두 충분한 덕을 갖추고 있었다. 크리스토프는 크게 배우는 바가 있었지만 또 아주 지루하기도 해서 그들 패거리로부터 떠났다. 그것은 잘한 일이었다. 참으로 잘한 일이었다…….

바깥은 얼마나 화창한 날씨였던가!

*

그래도 파리에는 모든 유파를 초월한 독립적인 음악가가 몇 사람 있었다. 크리스토프가 흥미를 느낀 것은 단지 이 사람들뿐이었다. 그들만이 한 예술의 활력의 정도를 표시할 수 있었다. 유파나 학회는 천박한 유형이나 조작된 이론을 표현할 따름이었다. 그러나 자기 자신 속에 틀어박혀 있는 독립적인 예술가들은, 저희 시대와 민족과의 참다운 사상을 발견하는 보다 많은 기회를 가졌다. 따라서 그들은 외국인에게 다른 사람 이상으로 이해되기 어려운 것이 사실이다.

크리스토프가 처음으로 어떤 유명한 작품을 들었을 때도 그랬다. 프랑스인들은 이 작품을 무턱대고 격찬했다. 어떤 자들은 이 작품이 10세기 이후로 유례없는, 음악상 최대의 혁명이라고 선언했다(10세기라고 해도 그들에게는 대수로울 것이 없었다! 그들은 저희 세기의 일 말고는 거의 문제시하지 않았다).

테오필르 구자르와 실바인 콘은 《펠레아스와 멜리장드》(메테를링크의 희곡에 의한 드뷔시의 가극)를 들려주기 위해 크리스토프를 오페라 코믹으로 데려갔다. 그들은 그에게 이 작품을 제시하는 것을 대단히 자랑삼았다. 마치 저희가 만들기라도 한 것처럼 굴었다. 이것을 듣는다면 크리스토프가 이제까지의 생각을 달리할 것이라고 떠들어댔다. 막이 올랐는데도 그들은 여전했다. 크리스토프는 그들을 입다물게 하고 조용히 귀를 기울여 듣고 있었다. 제1막이 끝나자 그는 실바인 콘 쪽으로 몸을 굽혔다. 그러자 콘이 눈을 반짝이며 물었다.

"어떤가, 자네, 어떻게 생각해?"

그러자 크리스토프는 말했다.

"끝까지 이런 식으로 나가나?"

"응."

"그럼, 아무것도 없군."

콘은 큰 소리로 투덜대며 그를 속물이라고 했다.

"전혀 아무것도 없네" 크리스토프는 말을 이었다. "음악이 없어. 발전이 없어. 앞뒤 맥락이 없어. 앞뒤 관계가 없어. 무척 섬세한 화성은 있네. 매우 훌륭한, 매우 좋은 취미의 오케스트라의 조그만 효과는 있네, 그러나 그런 것은 아무것도 아니야. 그야말로 아무짝에도 쓸모없는 것이지……"

그는 다시금 귀를 기울였다. 조금씩 불빛이 밝아왔다. 희미한 불빛 속에 무엇인지 보이기 시작했다. 그렇다. 극을 음악의 파도 밑에 익사시키려고 하는 바그너파의 이론에 대해서 어디까지나 절제를 지켜 나가겠다고 하는 굳은 결의가 있음을 똑똑히 알 수 있었다. 그러나 이 희생의 이상은 갖고 있지도 않은 것을 희생하려는 데서 오고 있는 게 아닐까 하고 좀 익살을 섞어 생각해 보았다. 고생을 싫어하는 마음, 가장 적은 피로로 효과를 보고자 하는 시도, 바그너파의 힘찬 구성에 필요한 노력을 나태 때문에 단념하고 있는 기미, 그러한 것을 그는 이 작품 속에서 느꼈다. 평탄하고 단순하고 온건하고 부드러운 낭독법이 그에게는 단조롭게 여겨지고, 독일인으로서의 그에게 진실한 것으로는 받아들여지지 않았지만 그래도 역시 마음이 이끌리지 않을 수 없었다(그가 생각하기로는 이 낭독법은 진실을 구하면 구할수록 얼마나 프랑스어가 음악에 적합지 않은 것인가를 더욱 느끼게 했다. 프랑스어는 너무나 논리적이고 너무나 형체가 단정하고 너무나 윤곽이 뚜렷해서 그 자신으로서 완전한 하나의 세계를 이루고는 있었지만, 그것은 밀폐된 세계였다). 그렇더라도 이 시도는 드문 일이었다. 크리스토프는 바그너 예술의 과장된 격렬한 가락에 대한 이러한 혁명적인 반항 정신에 찬의를 표했다.

이 프랑스 음악가는 모든 정열적인 감정을 나직한 음성으로 속삭이게 하려고 익살스런 신중성으로 애쓰고 있는 듯이 여겨졌다. 사랑도 죽음도 외마디 소리를 지르지 않았다. 인물의 혼 속에서 벌어지는 비극도 멜로디의 선의 그윽한 흔들림에 의해, 입가의 주름살을 닮은 오케스트라의 선율에 의해 그것을 알게 될 따름이었다. 마치 음악가가 몸을 내맡기기를 두려워하는 듯했다. 이 음악가는 좋은 취미를 갖는 데는 천재적이었다. 다만 모든 프랑스인의 정신 속에 잠들어 있는 로마네스크한 것이 눈을 떠 서정에 젖는 순간만은 그렇다고 할 수 없었다. 그러한 순간에는 블론드 머리카락이나 너무나 붉은 입술이, 격렬한 사랑을 연출하는 제3공화제 시대의 부르주아 여자가 나타나는 것이었다. 그러나 그러한 순간은 예외로 작자가 자신에 관한 억제가 느슨해진 탓이었다. 작품의 그 밖의 부분에서는 세련된 단순함이 지배했다. 이는 단순한 단순이 아니라 의지에서 우러난 단순이었다. 밝은 사회의 섬세한 꽃이었다. 젊은 야만인인 크리스토프는 그것을 반밖에는 맛볼 수 없었다. 더구나 극 전체와 시는 싫증을 느끼게 했다. 나이 지긋한 파리 여자가 어린애 같은 흉내를 내어 옛날이야기를 듣고 있는 것을 보는 듯했다. 그것은 라인강의 커다란 계집애 같은 감상적이고 둔한 바그너풍의 멍청한 인간은 아니었다. 그러나 이 프랑스·벨기에 혼혈의 흐물흐물한 인간도 그보다 더 나을 것이 없었으며 살롱식으로 맵시를 내든가, '머리칼이 아름다운 사람'이라거나 '아버지'라거나 '귀여운 비둘기'라거나 하는 바보 같은 소리를 입에 담는데, 그것은 사교계 부인네들이 즐겨 쓰는 말투였다. 파리인의 혼은 이 극 중에 반영되어 있었다. 그리고 이 극은 추종적인 화면처럼 그들의 무기력한 숙명관과 규방의 열반과 우유부단한 우수 등의 모양을 그들에게 보여 주었다. 의지력이라는 것은 조금도 없었다. 누구나가 다 자기가 바라는 것을 모르고 있었으며, 자기가 행하고 있는 것을 자신이 알지 못하고 있었다.

"그것은 내 탓이 아냐! 내 탓이 아냐!" 그 커다란 어린이들은 호소했다. 영원의 황혼 기슭에서 전개되는 5막(五幕)—삼림, 동굴, 지하도, 죽은 이의 방—을 통해 작은 섬에서 온 몇 마리 작은 새 같은 사람들이 겨우 몸부림치고 있을 뿐이었다. 가엾은 새끼 새들, 귀엽고 따뜻하며 화사한 새들…… 그들은 너무나 강한 몸짓이나 말, 생명의 정열을 얼마나 두려워하고 있는 것일까! 생명은 세련된 것이 아니다. 그러나 생명은 장갑 낀 손으로 붙잡을 수 있는 그런 것은 아니다.

이 피로한 문명, 이 망해 들어가는 조그만 그리스를 분쇄하는 대포 소리가 다가오는 것을 크리스토프는 기대하고 있다.

*

그런데도 그가 이 작품에 공감을 가진 것은 오만한 연민의 감정이 있었기 때문일까? 하여튼 속으로는 동의할 수 없을 만큼 흥미를 느꼈다. 극장을 나갈 때 실바인 콘을 보고 "참 정교하군, 정교해. 하지만 활기가 결여되어 있다. 내가 보기에는 음악이 부족하군" 하고 우겨대기는 했지만 《펠레아스》를 다른 프랑스 음악 작품과 혼동하는 일은 애써 피했다. 그는 안개 속에서 깜박거리는 이 등불에 마음이 끌렸다. 이 밖에도 그 둘레에서 흔들리고 있는 생생한 이상스런 등불이 보였다. 그러한 여우불에 그는 호기심이 솟구쳤다. 가까이 다가가서 어떤 모양으로 그것이 반짝이는지도 알고 싶었다. 그러나 그것은 포착하기 어려웠다. 그러한 자유로운 음악가는 크리스토프에게는 이해되지 않았다. 그런 만큼 더한층 관찰하고 싶었지만 거의 다가갈 수가 없었다. 크리스토프는 타인의 공감을 구하는 강한 요구를 갖고 있었지만 그들은 그러한 것을 갖고 있지 않은 듯했다. 한둘 예외를 제외하면 그들은 거의 타인의 것은 읽지 않았고 거의 알지 못했으며, 또 알려고도 하지 않았다. 거의 모두가 사실에 있어 또는 고의로 타인에게서 멀어져 고립된 생활을 하고 좁은 범위 안에 틀어박혀 있었다. 그것은 오만한 마음에서, 거칠고 세련되지 못한 성격에서, 인간 혐오에서, 반감에서 혹은 또 무관심에서였다. 그들은 인원수는 적었지만 서로 대치하는 몇 개의 작은 무리로 나뉘어 함께 살 수가 없었다. 극단으로 신경과민이며, 적이나 경쟁 상대를 용납지 않을 뿐만 아니라, 자기편이 다른 음악가를 칭찬하거나 혹은 저희를 칭찬해 주더라도 칭찬이 너무 냉담하거나 반대로 또 너무 성급하거나 또는 너무 평범하거나 너무 괴상하거나 하면 그러한 자기편도 용서하지 않았다. 그들을 만족시키기는 참으로 어려웠다. 결국 그들은 저마다 한 사람씩 비평가를 채용하고 있었다. 비평가는 그의 면허장을 몸에 지니고 우상의 발 밑에서 열심히 감시하고 있었다. 우상에는 손가락 하나도 닿지 않도록 하려는 것이었다. 그들은 저희 무리들 사이에서만 이해되었지만 그렇다고 해서 한층 더 잘 이해되었다는 것도 아니었다. 동료의 의견과 자기 자신의 의견에 의해 아첨을 받고 왜곡되어 자기 예술이나 재능에 대해 엉뚱한 생각을 하고 있었다. 사랑스러운 공상가이면서 사뭇 자신이 개혁자인 것처럼 믿고 있었다. 아류적(亞流的)인 예술가이면서 바그너의 적이 된 것으로 생각했다. 거의 모든 사람이 경매의 희생자가 되어 있었다. 매일 전날 뛰어오른 것보다도 높이, 경쟁 상대가 뛰어오른 것보다도 한층 더 높이 뛰어올라야 했다. 그러한 높이뛰기 경쟁은 언제나 성공하는 것만은 아니었다. 그리고 그것도 몇 안 되는 직업적 예술가에게밖에는 흥미가 없었다.

그들은 청중을 염두에 두지 않았다. 청중도 또한 그들을 염두에 두지 않았다. 그들의 예술은 청중이 없는 예술이며, 음악과 직업으로만 길러지는 음악이었다. 그런데 크리스토프는 진가의 정도는 차치하고라도 프랑스 음악만큼 자기 말고 다른 지지를 필요로 하고 있는 음악은 없다는 인상을 받았다. 착 달라붙어 뻗어오르는 이 덩굴 식물 같은 프랑스 음악은 지주 없이는, 즉 문학 없이는 안 되었다. 그것은 자기 자신 속에 충분한 생존 이유를 찾아낼 수 없었다. 호흡이 짧고 피가 적고 의지가 없었다. 그것은 자기를 붙잡아주는 사내를 기다리고 있는 무기력한 여자 같았다. 하지만 핏기 없는 홀쭉한 몸에 보석을 장식하고 있는 이 비잔틴의 황후는 아는 체하는 멋쟁이, 탐미주의자, 비평가라고 하는 내시에 에워싸여 있었다. 게다가 국민은 음악을 몰랐다. 20년 동안을 내려오며 바그너, 베토벤, 바흐 또는 드뷔시에 대해 떠들썩하고 찧고 까불고 하는 열광적인 외침 소리도 거의 하나의 특권 계급 밖으로 나가는 일은 없었다. 음악회가 날마다 많아진다는 것도, 음악열이 조수처럼 자꾸 밀려오고 있다는 사실도, 공중의 취미를 실제로 발달시키는 일은 되지 않았다. 그것은 선택된 사람들에게만 감촉되어 그들을 미치게 하고 있는 과도한 유행이었다. 참으로 음악을 사랑하는 사람들은 아주 적었다. 그리고 그들은 반드시 가장 많이 음악에 종사하고 있는 사람들, 즉 작곡가나 비평가는 아니었다. 정말로 음악을 사랑하는 음악가는 프랑스에는 그야말로 거의 없었다.

　크리스토프는 그런 것이라 생각했다. 그리고 어디서나 다 그렇다는 것, 독일에서조차 정말 음악가는 별로 없다는 것, 예술에 있어서 중요한 것은 예술의 이해가 없는 많은 대중이 아니라, 예술을 사랑하며 자랑스러운 겸손한 마음으로 이에 봉사하는 아주 소수의 사람이라는 데에 그는 생각을 돌리지 못했다. 그러한 소수의 사람을 그는 이제까지 프랑스에서 만나지 못한 것이다. 창조자와 비평가들, 가장 훌륭한 사람들은 마치 저 프랑크가 전에 한 것처럼, 또한 현대의 가장 천품을 타고난 작곡가들이 하고 있는 것처럼, 떠들썩한 세상으로부터 멀리 떠나 침묵 속에서 일하고 있었다. 그리고 또 야심도 없거니와 자기 자신을 돌보지 않고, 과거의 프랑스의 위대성을 쌓아올린 돌을 하나하나 다시 쌓아 나가거나 조국의 음악 교육에 몸바쳐 미래 프랑스의 위대성을 준비하거나 하고 있는 근면한 학자들의 조그만 단체, 그러한 사람들을 그는 만나보지 못한 것이었다. 만일 그가 알 수 있었다면 그 풍성함,

자유로움, 넓은 호기심이 그의 마음을 이끌었을 것이 틀림없는 정신이 얼마나 많이 있었던 것일까! 그러나 그는 그러한 사람들 중 두세 명을 길에서 언뜻 보았을 뿐이었다. 그들 사상의 만화를 통해서밖에는 그들을 알지 못했다. 예술계의 원숭이 흉내를 내는 자들이나, 출판계의 주문을 맡는 자들에 의해서 모조되거나 과장된 그들의 결점밖에는 보고 있지 않았다.

음악계에 눌어붙어 사는 천민들은 특히 그 형식주의로 그에게 구토를 일으키게 했다. 그들 사이에서는 형식 말고 다른 것이 문제된 적은 한 번도 없었다. 감정, 성격, 생명에 대해서는 단 한 마디도 얘기하지 않았다! 정말 음악가는 음의 세계에 살고 있어 하루하루는 음악의 물결이 되어 펼쳐진다고 하는 것을 알아채는 자는 한 사람도 없었다. 정말 음악가에게 음악은 그가 마시는 공기이며, 그를 뒤덮은 하늘이다. 그의 혼도 음악이다. 그의 혼이 사랑하고, 미워하며, 괴로워하고, 두려워하며, 희망하는 모든 것은 음악이다. 음악적인 혼은 아름다운 육체를 사랑할 때에도 이를 음악으로서 본다. 음악적인 혼을 매혹하는 그리운 눈은 푸른빛이거나 잿빛이거나 갈색이 아니다. 그것은 음악이다. 혼은 그 눈을 보고 퍽 좋은 화음을 귀에 듣는 듯한 인상을 받는다. 이 내면적인 음악은 이를 표현하는 음악보다 몇십 배나 풍부하다. 그리고 악기의 건반은 이를 연주하는 사람보다 떨어진다. 천재는 예술이, 이 불완전한 악기가 불러 내려고 애쓰는 생명의 힘에 의해서 측정된다. 그런데 프랑스에서는 얼마만큼 사람이 이를 알고 있는 것일까? 마치 화학자와도 같은 이 나라 국민에게는 음악은 음을 배합하는 기술밖에는 아무것도 아닌 듯하다. 그들은 알파벳을 책으로 생각하고 있다. 예술을 이해하기 위해서는 인간을 제외하고 생각해야 한다고 그들이 말하는 것을 들었을 때, 크리스토프는 어깨를 으쓱했다. 그들은 이러한 역설에 아주 만족해 있었다. 왜냐하면 이렇게 하면 저희 음악의 본질이 증명된다고 생각했기 때문이다. 구자르까지도, 음악의 한 페이지를 암송하려면 어떻게 해야 좋을지 몰랐던 이 멍청이조차도 그랬다—그는 음악을 암송하는 비법을 크리스토프에게서 배우려고 한 적이 있다—그런데 지금에는, 베토벤 혼의 위대성이나 바그너의 육감성과 그들의 음악과의 관계는, 화가의 모델이 초상화에 대해 갖는 관계 이상의 것은 아니라고 크리스토프를 가르치려고 들었다.

"그것은" 크리스토프는 끝내 참지 못하고 대답했다. "자네에게는 아름다운 육체도 위대한 정신도 아무런 예술적인 가치를 지니고 있지 않는 것을 증명하는 것이 되네! 가여운 사람 같으니! 위대한 혼의 아름다움이 이를 반영하는 음악의 아름다움을 더하는 것처럼, 완전한 자태의 아름다움은 이를 그리는 회화의 아름다움을 더하는 것이라고는 생각지 않는가? ……불쌍한 사람이로군! ……기술만이 재미있다는 것인가? 일의 뒷마무리만 잘 되어 있으면, 이것이 무엇을 말하고자 하는 것인가 하는 것은 아무래도 좋다는 거야? ……가여운 사람 같으니! 연설자가 하는 말은 듣지도 않고 그 음성만을 듣고, 연설 내용은 알지도 못하고 몸짓만 바라보고서 말을 썩 잘한다고 감탄하는 녀석이 있는데, 자네도 그와 마찬가지야! 한심하군! 한심해! ……어쩔 수 없는 바보다!"

그런데 크리스토프를 언짢게 한 것은 단지 이러저러한 이론이 아니라 모든 이론이었다. 조그만 일에 구애되어 있는 논쟁, 언제 끝날지도 알 수 없이 한결같이 음악에 대해서만 나누는 음악가의 대화가 그는 괴로웠다. 가장 위대한 음악가에게도 영구히 음악을 싫증나게 만들 정도였다. 크리스토프는 무소륵스키와 마찬가지로 음악가도 가끔씩 대위법이나 화성을 내동댕이치고 훌륭한 책을 읽거나, 인생의 경험을 얻는 쪽이 낫다고 생각했다. 음악가에게 있어서는 음악만으로 일이 다 되는 것은 아니다. 그것만으로는 시대를 지배하고 허무를 극복해 넘어갈 수는 없을 것이다……. 인생이다! 모든 인생이다! 모든 것을 보고 모든 것을 알아야 한다. 진실을 사랑하고, 찾고, 끌어안아야 한다. 진실, 그것은 키스하는 자를 물어뜯는 아마존족의 여왕, 아름다운 펜테실레이아다!

음악 토론회는 이제 그만 좀 해라! 화음 제조소도 그만 해 두라! 화성 요리 부엌에서의 수다 같은 것의 전부를 가지고도 새로운 화성, 괴물이 아니라 싱싱한 생물인 화성을 그에게 발견하게 할 수는 없었다.

병 속에 호문쿨루스(괴테의 《파우스트》에 나오는 인조 인간)를 만들려고 증류기를 덥히고 있는 바그너 박사(《파우스트》에 나오는 현학자)들에게 크리스토프는 등을 돌려 댔다. 그리고 프랑스 음악계로부터 도망쳐 나와 파리 사회의 문학적 환경을 알려고 했다.

*

크리스토프가 당시의 프랑스 문학을 처음 알게 된 것은—프랑스의 많은 사람들과 마찬가지로—일간 신문을 통해서였다. 그는 자기의 프랑스어를 완전한 것으로 함과 동시에 되도록 빨리 파리인의 생각을 알고 싶었으므로, 가장 파리적이라고 일컬어지는 몇 가지 신문을 면밀히 읽기로 했다. 첫날은 애기와 순간 사진으로 몇 개의 난을 채운 소름끼치는 잡문기사 사이에서 단편 소설 하나를 읽었다. 그것은 열다섯 살 된 딸과 아버지가 함께 자는 애기였다. 애기 줄거리는 퍽 자연스럽고 또 꽤나 감동적이기조차 했다. 이튿째는 같은 신문에서 아버지와 열두 살 된 그의 아들이 역시 딸과 자는 소설을 읽었다. 사흘째는 오빠와 동생이 함께 자는 소설을 읽었다. 나흘째는 함께 자는 두 자매의 이야기를 읽었다. 닷새째…… 닷새째에 그는 구토증이 일어나 그 신문을 내동댕이쳤다. 그리고 실바인 콘에게 말했다.

"아, 대체 자네들은 어떻게 된 건가? 병에라도 걸린 건가?"

실바인 콘은 웃으며 말했다.

"그게 예술이라는 걸세."

크리스토프는 어깨를 으쓱했다.

"농담은 말아 주게."

콘은 더욱 심하게 웃었다.

"조금도 농담이 아니라네. 이걸 보게나!"

그는 크리스토프에게 예술과 도덕에 대한 최근 설문 조사 자료를 주었다. 그 결과는, '연애는 모든 것을 신성하게 한다' '관능의 쾌락은 예술의 효모이다' '예술은 부도덕한 것일 수가 없다' '도덕은 위선적인 교육으로 가르쳐진 인습이다'라는 식으로 '커다란 욕망'만이 중요한 것처럼 되어 있었다.

매춘부 정부들의 풍속을 그린 어떤 장편 소설의 순결성이 몇 개의 신문에서 많은 문학자의 편지로 증명되어 있었다. 회답자 중에는 문학계 대가와 근엄한 비평가 이름도 있었다. 부르주아적이고 가톨릭적인 어떤 가정 시인은 그리스 악습을 아주 공들여 세밀히 묘사한 데에 예술가로서의 축복을 보냈다. 로마 시대, 알렉산드리아 시대, 비잔틴 시대, 이탈리아 및 프랑스의 문예 부흥기, 대세기^(프랑스 루이 14
세 치하 시대) 등의 각 시대를 통한 방탕을 면밀하게 그려 낸 몇 편의 소설에 서정적인 찬사가 퍼부어졌다.

그것은 완전한 강의록이었다. 또 다른 일련의 연구는 지구 위의 여러 나라를 포괄하고 있었다. 양심적인 작가들이 베네딕트파의 수도사와 같은 인내심을 가지고 세계 5대주에 널리 퍼져 있는 유곽 연구에 몸을 바쳤다. 이러한 욕정의 지리학자와 역사가들 중에는 우수한 시인이나 이를 데 없이 훌륭한 작가도 있었다. 그들과 다른 사람과의 구별은 그들이 박식하다는 점뿐이었다. 그들은 고대의 음탕한 놀이를 한 점 나무랄 데 없는 말로써 얘기했다.

가장 놀랄 일은, 훌륭한 사람들과 참다운 예술가와 프랑스 문학계에서 정당한 명성을 얻은 사람들까지 전혀 맞지도 않는 이러한 일에 노력하고 있는 것이었다. 그들 가운데 어떤 자는 다른 자들과 마찬가지로 조간신문이 조금씩 빛을 보여 감질나게 하는 외설스런 것을 쓰려고 애를 쓰고 있었다. 그들은 이를, 한 주에 1, 2회씩 정한 날짜에 규칙적으로 정확히 만들어 냈다. 그리고 이것이 수년 동안 줄곧 계속되었다. 벌써 아무 말도 할 게 없어졌는데도 무언지 새로운 것, 기묘한 것, 외설스런 것을 짜내려고 머리를 부둥켜안고, 잇달아 자꾸만 계속 만들어 내었다. 대중은 배가 불러 어떠한 요리에도 질려, 아주 음탕한 쾌락의 상상도 이내 싱겁게 여기게 되었다. 그래서 영구히 경합(競合)을, 타인 이상이 되려고 하는 경합과 자기 자신 이상이 되려고 하는 경합을 해야 했다. 그리고 자기 피를 짜내고 자기 내장을 쥐어짜고 있었다. 그것은 불쌍하기도 하거니와 또 해괴하기도 한 광경이었다.

크리스토프는 이러한 처량한 직업의 이면은 전혀 알지 못했다. 또 설혹 알았더라도 그 때문에 더욱 관대해지지는 않았을 것이다. 왜냐하면 은(銀) 30냥에 자기 예술을 파는 예술가만큼 그의 눈으로 보아 용서할 수 없는 것은 없었으니까……

"자기가 사랑하는 사람들의 행복을 확보하기 위해서도 안 되나?"

"비록 그렇더라도 안 돼."

"그건 너무 매정하군."

"매정하고 매정하지 않고는 문제가 아니지. 인간이라는 것이 문제야…… 인정이라구! 자네들의 겁쟁이 인정주의(人情主義) 따위는 질색이야! 인간이 동시에 많은 것을 사랑한다는 것은 있을 수 없어! 동시에 많은 신을 섬길 수도 없어!"

크리스토프는 일에 파묻힌 생활을 해왔기에, 고향 독일의 작은 도시에서의 지평선으로부터 밖으로는 거의 나가 본 적이 없었다. 그래서 파리에 퍼져 있는 이러한 예술의 퇴폐는 거의 모든 대도시에 공통적인 것임을 알아채지 못했다. 그리고 '라틴의 부도덕'에 대한 '순결한 독일'이라는 유전적인 편견이 그의 속에서 눈떴다. 실바인 콘은 쉬프레 강 언덕(베를린을 말함)에서 일어나고 있는 일이나, 독일 제국 선량들의 무서운 부패—난폭한 성질이 있기 때문에 그 불명예는 더욱 흥한 것이 되어 있었다—를 쳐들어 그에게 대항한다면 유리한 입장에 설 수 있었을 것이다. 그러나 실바인 콘은 이를 이용하려고는 생각지 않았다. 그는 파리의 풍속을 아무렇게도 여기지 않는 것처럼 베를린의 풍속에도 개의치 않았다. "각 국민에게는 저마다 습관이 있는 법이다" 하고 비꼬아 생각했다. 그리고 자기가 사는 사회의 습관을 자연스런 것이라고 여겼다. 그래서 크리스토프는, 이 습관은 민족 본디의 성질이라고까지 생각했다. 따라서 크리스토프는 그와 같은 나라 사람들과 마찬가지로 모든 나라의 지적 귀족계급을 멸망시키고 있는 궤양(潰瘍) 속에서 프랑스 예술의 고유한 악덕을, 라틴 민족의 결점을 보지 않을 수가 없었다.

파리 문학과의 이 첫 접촉은 그에게는 고통이었다. 그리고 그 뒤 이 고통을 잊기까지 상당한 시일이 걸렸다. 그렇다고는 하지만 그러한 작가의 한 사람이 고상하게도 '본질적 오락의 취미'라고 부르는 것에만 골몰해 있는 것이 아닌 작품도 있기는 있었다. 그러나 가장 아름다운 작품, 가장 뛰어난 작품은 하나도 그의 눈에 띄지 않았다. 그러한 작품은 실바인 콘과 같은 자들의 찬성을 구하지는 않았다. 그러한 작품은 그들을 염두에 두지 않았으며, 그들도 그것을 염두에 두지 않았다. 서로가 알지 못했던 것이다. 실바인 콘은 전에 한 번도 그러한 작품에 대해서 크리스토프에게 얘기한 적이 없었다. 그는 자기 동료와 자기야말로 프랑스 예술의 화신이며, 자기들의 비평적 의견이 위인이라고 인정한 사람 말고는 재능도 없거니와 예술도 없고 프랑스도 없다고 굳게 믿고 있었다. 프랑스 문학의 명예이며 프랑스의 화관(花冠)인 시인들에 대해서 크리스토프는 아무것도 몰랐다. 단지 몇몇 소설가만이 평범하고 변변치 못한 자들의 조류 위에 자태를 나타내어 그에게로 찾아왔다. 그것은 바레스와 아나톨 프랑스의 작품 몇 권이었다. 그러나 그는 아직 프랑스어에 충분히 친숙치 못했으므로 후자의 박식한 익살과 전자의 두뇌적 관능주의를 충분히 맛볼 수 없었다. 하지만 아나톨 프랑스의 온실에 핀 화분에 심은 오렌지나무와, 바레스의 혼의 묘지를 장식한 화사한 수선화를 한참 머물러 서서 진기한 듯이 바라보았다. 또 메테를링크의 약간 숭고하기도 하고 약간 어리석어 보이기도 하는 천재 앞에서도 한참 멈춰졌다. 단조롭고 세속적인 신비주의가 거기서 발산했다. 그는 움찔 몸을 떨고 이번에는 깊은 분류 속으로, 이미 알고 있는 졸라의 깊은 흙탕물의 낭만주의 속으로 빠져들었다. 그리고 거기서 나오자마자 문학의 홍수 속으로 완전히 빠져 버렸다.

물에 흥건히 잠긴 이러한 들녘에서는 '여자 냄새'가 물씬 났다. 당시 문학에는 여성과 여성적인 남성이 무리지어 있었다. 만일 여성에게 어떠한 남성도 완전히 볼 수가 없었던 것, 즉 여성이 지닌 혼의 깊은 밑바닥을 묘사할 만한 성실성이 있다면 여성이 작품을 쓴다는 것은 좋은 일이다. 그러나 극소수의 여성만이 그것을 해내어, 대부분의 여성은 남성을 끌어들이기 위해서만 썼다. 그 여성들은 살롱에서와 마찬가지로 작품 속에서도 거짓말쟁이였다. 보기 싫은 화장을 하고 독자와 서로 집적거렸다. 자신의 조그만 부정행위를 얘기할 상대인 고해 신부가 없어지고 나서부터는 공중에게 이것을 털어놓았다. 무수한 소설이 범람했지만 거의 모두가 외설스러운 것이며 모두 멋을 부린 것이며, 혀 짧은 말과 향수 가게 냄새가 나는 말, 김빠진, 열띤, 달착지근하고 지겨운 냄새가 나는 말로 쓰였다. 이 냄새가 이 문학의 곳곳에 풍기고 있었다. 크리스토프는 괴테와 마찬가지로 이런 것을 생각했다. '여성은 하고 싶은 대로 시나 소설을 쓰면 된다! 그러나 남성은 여성과 같은 식으로 써서는 안 된다! 그런 것이 내가 가장 싫은 것이다.' 저 애매모호한 미태, 저 짐짓 꾸민 듯한 맵시, 통 흥미를 가질 가치도 없는 인물을 위해 즐겨 남용되는 저 감상벽, 멋과 천하고 상스러움을 범벅으로 한 문체, 저속한 심리 분석을 그는 혐오의 정 없이는 볼 수가 없었다.

그런데 크리스토프는 자기로서는 판단을 잘 할 수 없음을 알았다. 언어 시장의 소음으로 그는 귀머거리가 되어 있었다. 피리의 아름다운 가락은 소음 속으로 사라져, 그의 귀에는 들리지 않았다. 쾌락을 주로 한 작품 속에도 작품 밑바닥에 아티카 동산의 느릿한 선이 밝은 하늘에 미소 짓고 있는 듯한 것도 있었다. 풍부한 재능과 우아함, 사는 즐거움, 아름다운 문체, 페루지노와 젊은 라파엘이 그린, 반쯤 눈 감고 사랑의 몽상에 미소 짓고 있는 시름겨운 청년과도 비슷한 사상. 그러나 크리스토프에게는 그것이 전혀 보이지 않았다. 정신의 숱한 흐름을 그에게 가르쳐 주는 것은 아무것도 없었다. 프랑스인 자신이라도 좀처럼 분간하기 어려웠을 것이다. 그가 확인할 수 있었던 단 한 가지 일은 책이 너무 많다는 것이었다. 그것은 마치 하나의 사회적인 재앙과도 같이 느껴졌다. 남자도 여자도 어린이도 장교도 배우도 신사도 해적도 모두가 글을 쓰고 있는 것 같았다. 마치 하나의 전염병이었다.

크리스토프는 자기 의견을 결정하는 것을 일시 단념했다. 실바인 콘과 같은 안내자의 뒤를 따르고 있으면 완전히 길을 잃는 수밖에 없을 것만 같았다. 전에 독일 문학자의 모임에서 얻은 경험으로 그는 지금 자기가 있는 파리에서의 문학 환경, 서적, 잡지에 대해 이젠 그것을 믿지 않게 되어 있었다. 그들은 불과 몇백 명의 게으름쟁이들만을 대표하고 있는 것이나 아닌지, 혹은 저자(著者)만이 자기 자신의 독자가 아닌 것인지, 그 점을 확인할 수가 없었다. 연극 쪽이 사회에 대한 훨씬 정확한 관념을 부여했다. 극은 파리의 일상생활에서 실로 커다란 지위를 차지하고 있었다. 그것은 팡타그뤼엘 ^(라블레의 작품 《가르강튀아와 팡타그뤼엘》에 나오는 인물)적인 쾌락을 제공하는 으리으리한 요릿집이었지만, 200만 명의 식욕을 만족시키기에는 모자랐다. 서른 개 정도의 대극장, 그 밖에 변두리의 소극장, 카페 콩세르, 각종 연예장, 100개나 되는 이러한 극장은 매일 밤 거의 만원이었다. 숱한 배우와 사무원, 정부 보조를 받고 있는 네 개의 극장만으로도 3천 명 가까운 인원을 갖고 1천만 프랑의 비용을 썼다. 파리 전체가 엉터리 배우들의 인기로 충만했다. 한 발짝 걸을 때마다 무수한 사진과 데생과 만화가 그들의 찌푸린 얼굴을 싫증나도록 보여 주고 축음기가 그들의 콧노래를 되풀이하고, 신문은 예술이나 정치에 대한 그들의 의견을 실었다. 그들은 저마다 자신의 신문을 갖고 있었다. 그들은 자신들의 대담한 사생활을 털어놓는 추억담을 발표했다. 서로 원숭이 흉내를 내며 게으름을 피우는 것으로 소일하고 있는 커다란 어린이인 파리인 사이에서는, 이러한 완전한 원숭이가 실권을 잡고 있었다. 그리고 극작가는 그들의 시종이었다. 크리스토프는 실바인 콘에게 반영(反映)과 그림자의 왕국으로 인도해 달라고 부탁했다.

*

그러나 실바인 콘은 책의 나라에서와 마찬가지로 이 나라에서도 안전한 인도자는 아니었다. 크리스토프가 파리 연극에서 받은 첫인상은 그의 탓으로 처음 독서에서 받은 인상 못지않게 불쾌한 것이었다. 곳곳에 똑같은 두뇌적 매음(賣淫) 정신이 지배하고 있는 듯했다.

이러한 쾌락 상인들 사이에는 두 파가 있었다. 하나는 아주 구식으로 국민
적 전통을 지키는 파였다. 버릇 없고 음탕한 쾌락, 추악한 것과 탐욕과 육체
적 결함 등을 즐기는 취미, 반벌거숭이의 사람들, 위병 대기실의 농지거리,
범벅을 만든 수프, 빨간 후춧가루, 조금 썩어서 맛있게 된 고기, 특별실. 이
런 자들의 말을 들으면 '이 사나이다운 담백함'은 방자와 도덕을 화해시키려
고 했다. 왜냐하면 음탕한 짓이 4막(四幕)이나 실컷 저질러진 뒤에 남편을
속이려고 들던 아내가, 복잡한 과정에 이끌린 나머지 우연히 남편 침상에 내
던져져 법률이 승리를 거둔다고 하는 결과가 되어 있었다—법률이 구제되기
만 하면 도덕도 구제된다는 것이다—이러한 방종한 정숙이 방탕한 색깔을
가미하면서 결혼을 옹호했다. 즉 갈리아풍인 것이다.

다른 일파는 근대풍이었다. 앞의 일파보다 훨씬 세련되어 있었지만, 또한
동시에 훨씬 꼴사나운 것이었다. 파리화한 유대인들(또 유대화한 그리스도
교도들)이 연극 세계에 쇠퇴한 세계주의의 특징인 감정의 음모(陰謀)를 들
고 들어왔다. 조상의 일을 부끄럽게 여기고 있는 이 자손들은 저희 민족 의
식(意識)을 버리고자 애썼다. 그리고 너무나 훌륭하게 이에 성공했다. 오랜
전통을 가진 저희 혼을 벌거벗긴 뒤에 남은 개성이란 다른 여러 민족의 지적
인, 또 도덕적인 가치를 뒤섞어 놓은 것뿐이었다. 그들은 이러한 것으로 일
종의 마세드완(채소와 과일의 범벅 찜)를, 올라포드리다(고기와 채소를 섞어서 끓인 스페인 요리)를 만들었다. 이것이
그들의 향락법이었다. 파리 극단을 지배하고 있는 사람들은 불결한 것과 애
정을 한데 뒤섞어 놓는 것, 미덕에다 악덕의 냄새를 부여하고, 악덕에다 미
덕의 냄새를 주는 것, 연령과 성(性)과 가정과 애정 등 모든 관계를 전도시
키는 데에 비상한 수완을 갖고 있었다. 이리하여 그들의 예술은 일종의 독특
한 냄새를 풍겼다. 그것은 향기이기도 하거니와 동시에 악취이기도 했다. 지
독한 악취였다. 그들은 이를 '아모럴리즘(비도덕주의)'이라고 불렀다.

이 무렵 그들이 특히 즐겨 쓴 주인공의 하나는 사랑을 하는 노인이었다.
그들의 극은 그러한 노인의 초상을 풍부히 수집하여 진열해 놓았다. 그들은
이러한 타입을 묘사하는 데 여러 모로 미묘한 관계를 펼쳐 보였다. 어느 때
는 예순 살의 주인공이 자기 딸을 사랑의 상담역으로 삼고 있었다. 그는 딸
에게 자기 정부(情婦) 얘기를 하고, 딸은 자기 연인들 얘기를 아버지에게

했다. 둘은 서로 의좋게 상의했다. 친절한 아버지는 딸의 불의를 도와주고, 친절한 딸은 아버지와 부정한 그의 정부 사이를 주선해서 정부에게 아버지에게로 돌아오도록 간청하여 집으로 데려왔다. 어떤 훌륭한 노인은 자기 정부의 사랑의 상담역이 되었다. 그는 그녀와 그 연인들의 애기를 듣고 그녀의 방탕한 애기를 해달라고 조르고, 나중에는 이를 듣는 일에 기쁨을 느끼게끔 되기도 했다. 연인들도 등장했다. 그들은 모두 훌륭한 신사이지만 옛날 정부에게 지배인으로서 고용되어 정부의 상거래와 정교(情交)를 감시했다. 사교계 부인들이 도둑질을 하고 있었다. 사내들은 여자를 팔아넘기고 처녀들은 방탕했다. 이러한 모든 일은 상류사회, 부유한 계급, 즉 단 하나의 사회다운 사회에서 이루어졌다. 이 사회만이 부패한 상품을 호사의 매혹으로 싸서 고객에게 팔아넘길 수 있었기 때문이었다. 이 상품은 그런 식으로 포장을 잘해 놓으니 당장에 매진되었다. 젊은 여성과 늙은 남성이 그것을 매우 좋아했다. 시체와 후궁(後宮)의 냄새가 거기서 났다.

그들의 문체(文體)도 그들의 감정과 마찬가지로 여러 가지 요소가 범벅이 된 것이었다. 그들은 모든 계급의, 또 모든 나라의 표현법으로 하나의 혼합적인 은어를 작성해 놓았다. 그것은 현학적이고 장황하고 짜임새가 없으며, 고전적이고 서정적이며, 자기 존대적이면서도 더럽고 천박스럽고 외국어 같은 투를 가진, 짜이지 않고 멋대가리 없는 야비함과 기지(機智)의 혼합이었다. 그들은 익살맞으며 어릿광대의 해학의 재주를 갖추기는 했지만, 자연스러운 재치는 별로 지니지 못했다. 그러나 재주가 좋았으므로 사뭇 파리풍으로 이를 꽤 교묘하게 만들어 냈다. 보석은 비록 반드시 밝지 않을지라도, 또 거의 세공이 너무 극단적인 괴상한 취미의 것이라 해도, 적어도 빛을 받으면 반짝이는 것이다. 그것만으로 충분한 것이었다. 원래가 그들은 시적이고 훌륭한 관찰자이기는 했지만 근시안적인 관찰자로, 눈은 몇 세기를 거듭한 직업 생활 때문에 기형이 되고, 인간 감정을 돋보기로 조사하여 작은 것은 확대해 보지만 커다란 것은 보이지 않았다. 그리고 허식적인 것에 두드러진 편애를 하고 있는 그들은 벼락치기적인 멋쟁이 근성으로 멋있는 생활의 이상으로 보이는 것밖에 그려내지 못했다. 요컨대 그들이 그려 내는 것은 약탈해 온 돈과 정조 관념이 없는 여자를 다투어 향락코자 하는 극소수의 지쳐빠진 난봉꾼과 사기꾼이었다.

때로 이들 유대인 작가의 참다운 성질이 어떤 말의 충격에 무언지 신비적인 반향을 일으켜 눈뜨고, 그들 존재의 깊은 데서 피어오르는 수가 있었다. 그것은 숱한 세기와 숱한 인종(人種)과의 불가사의한 혼합물이며 사막의 숨결이었다. 이 사막의 숨결은 바다 저편에서 파리인의 침실에 여러 가지 것을 날라왔다. 터키 시장의 악취, 모래의 눈부신 반짝임, 여러 가지 환각, 도취적인 육감, 지독한 욕설, 금세 경련을 일으킬 듯한 격심한 신경병, 횡포스런 파괴욕, 그리고 수 세기 동안 줄곧 그늘 속에 웅크리고 있던 것이 돌연 사자처럼 일어나 분연히 기둥을 뒤흔들어 신전을 자기 자신과 적 위로 무너뜨리는 저 삼손.

크리스토프는 코를 틀어쥐고는 실바인 콘에게 말했다.

"아닌게아니라 이 속에는 힘이 있다. 그런데 냄새가 고약하다. 이제 그만 물려 버렸다! 딴 것을 보러 가자."

"무얼 말이야?" 실바인 콘이 물었다.

"프랑스를 말야."

"이게 프랑스라는 거다!" 콘이 말했다.

"그럴 리 없어." 크리스토프가 말했다. "프랑스는 이런 게 아니야."

"프랑스도 독일도 다 마찬가지야."

"난 절대로 그렇게 생각지 않아. 이런 국민이라면 오래가지 않을 거야. 왜냐구? 벌써 썩은 내가 풍기니까 말이지. 아직 다른 것이 있을 거야."

"이 이상의 것은 아무것도 없다네."

"아냐, 확실히 있어." 크리스토프는 버티었다.

"물론 고상한 기분을 가진 사람들도 있긴 있지." 콘은 말했다. "그리고 그러한 사람들이 보기에 어울리는 연극도 있네. 그런 게 보고 싶다는 것인가? 그럼 보여 주겠네."

그는 크리스토프를 프랑스 극장으로 인도했다.

*

그날 밤은 법률 문제를 다룬 산문의 근대극이 연출되었다.

크리스토프에게는 처음부터 이것이 어떤 세계에서 벌어지고 있는 것인지 통 알 수가 없었다. 배우의 목소리는 무척 우렁차고 느리고 장중하고 의젓했다. 마치 얘기하는 법이라도 가르치고 있는 듯 하나하나의 음절을 분명히 잘라서 발음했다. 비극의 대사를 읽는 듯한 투로 끊임없이 열두 음절의 시구를 낭독하고 있는 것 같았다. 몸짓은 엄숙하고 마치 종교 의식 같았다. 여주인공은 그리스인의 넓은 겉옷 같은 실내복을 걸친 팔을 쳐들고 머리를 숙이고서 안티고네식의 연기를 하고 있었다. 그리고 아름다운 알토의 가장 깊숙한 음에 억양을 붙이며 영원한 희생을 보이는 미소를 지었다. 기품 있는 아버지는 구슬픈 위엄을 보이고 검은 복장에 낭만주의 냄새를 풍기며 검술 교사와 같은 걸음걸이로 걸었다. 정부역(情夫役)을 맡은 배우는 냉정하게 목소리를 짜내고 있었는데 그것은 눈물을 자아내기 위해서였다. 극은 비극적인 통속소설 같은 문체로 씌어 있었으며, 추상적인 말로 관청 냄새 나는 형용사와 아카데믹한 압축된 표현이 쓰이고 있었다. 하나의 움직임도 없거니와 하나의 느닷없는 외침도 없었다. 처음부터 끝까지 시계와 같은 조립, 고정된 제목, 극적 도식, 희곡의 골격뿐, 그 위에는 살은 전혀 없고 있는 것은 책에 나오는 문구뿐이었다. 사뭇 대담한 것처럼 보이려고 하는 이론의 밑바닥에 있는 것은 겁쟁이 관념이고, 점잔을 빼는 소시민의 혼이었다.

여주인공은 어린애가 하나 있는 사이인 너절한 남편과 이혼하고 사랑하는 정직한 사내와 재혼했다. 이럴 때 이혼은 편견에 의해서도 벌 받지만, 또한 자연에 의해서도 벌 받는다는 것을 이 극은 증명하려고 했다. 그런데 그것이 아주 간단히 처리되었다. 첫 남편이 느닷없이 습격하여 여자를 다시 한 번 소유한다고 하는 식으로 작자는 짜놓았다. 그리고 다음이 아주 자연스런 진행이었다면, 여자는 후회하고 또 다분히 부끄러운 생각을 하기는 할 테지만 그런 만큼 더 강하고, 정직한 두 번째 남편을 사랑하고 싶어질 것인데, 작자는 그러한 자연스러운 진행을 취하지 않고 자연을 무시한 영웅주의적인 양심의 입장을 제출하고 있다. 자연을 무시해 버린다면 덕에 맞춘다는 것은 누워서 떡 먹기다! 프랑스의 작가는 덕이라는 것에 익숙지 않은 것 같다. 그들이 덕에 대해서 얘기할 때는 엉뚱하다. 그래서는 덕을 믿을 길이 없다. 마치 언제나 코르네유 극의 주인공이나 비극의 왕을 다루고 있는 것 같다. 하기야 이런 극에 나오는 백만장자 주인공들이나 적어도 파리에 한 채의 저택과 지방에 두세 채의 별장을 가진 여주인공들은 왕과 같은 것이다. 이런 따위 작가에게 부(富)는 하나의 미(美)이고 거의 하나의 미덕이다.

크리스토프에게 관객은 각본보다도 한층 더 이상스럽게 보였다. 관객은 아무리 진실다워 보이지 않는 일이라도 상관없었다. 구경거리 장면에 와서 배우가 웃기기로 되어 있는 판에 박은 문구를, 웃을 준비를 하는 여유를 주기 위해 먼저 예고하고 나서 말하기 시작하면 관객은 반드시 웃었다. 비극적인 인형이 이제까지의 정해진 형에 의해 흐느끼거나 외치거나 기절하면, 관객은 감동한 나머지 눈물을 흘리고 코를 풀고 기침을 하거나 했다.

"저러니까 프랑스인은 경박하다는 말을 듣는 거야!" 크리스토프는 극장에서 나오며 소리쳤다.

"그렇게 성급히 말할 건 없네." 실바인 콘은 조롱하듯이 말했다. "자넨 덕을 보고 싶다고 했었지? 이걸로 프랑스에도 아직 덕이 있다는 걸 알았을 테지."

"저런 건 덕이 아냐." 크리스토프는 되뇌었다. "저건 웅변이다!"

"우리나라에서는" 실바인 콘은 말했다. "극에 있어서의 덕은 언제나 웅변이라네."

"그것은 재판소의 덕이다." 크리스토프가 말했다. "그렇다면 수다스런 쪽이 승리를 차지할 것이다. 나는 변호사란 족속은 싫어. 프랑스에는 시인은 없나?"

실바인 콘은 그를 시극(詩劇)으로 데리고 갔다.

*

프랑스에는 시인이 있었다. 위대한 시인도 있었다. 그러나 극은 그들의 것은 아니었다. 삼류 시인들을 위해 존재했다. 극과 시와의 관계는 가극과 음악과의 관계와 닮았었다. 베를리오즈가 말한 것처럼 창부와 연애와의 관계이다.

크리스토프는 여러 가지를 보았다. 몸을 파는 것을 명예로 알고 있으며, 십자가의 언덕을 올라가는 그리스도에 비교되는 순결한 창부 귀부인─친구에게 충실하기 때문에 친구를 속이고 있는 사내─덕의(德義)에 어긋나지 않는 삼각관계─아내를 남에게 빼앗기고도 영웅주의적 감개에 젖어 있는 사내(이런 형의 사내는 순결한 창부와 마찬가지로 모든 유럽의 문젯거리가 되어 있었다. 마르크 왕의 예는 그들을 열광시켰다. 성 위베르의 사슴처럼 그들이 무대에 나타나자 후광이 비치었다). 크리스토프는 또 바람쟁이 처녀가 시멘 (코르네유의 《르시드》에 나오는 여성)처럼 정열과 의무 사이에 꼭 끼여 꼼짝을 못하는 것을 보았다. 정열이란 새로운 연인 뒤를 쫓아가는 일이고, 의리란 옛 연인 앞에 머무르는 일이었다. 이 옛 연인이라는 것은 여자에게 돈을 대어 주는 노인으로 원래부터가 여자에게 속고 있었다. 결국 여자는 갸륵하게도 의리 쪽을 택했다. 크리스토프는 이 의리가 저열한 이해관계와 별로 다르지 않다고 생각했다. 그러나 관객은 만족했다. 의리라는 말만으로도 충분했다. 사실은 아무래도 좋았다. 훌륭한 포장이 상품을 싸서 숨기고 있었다.

예술의 극치는 성적인 부도덕과 코르네유 풍인 영웅주의가 가장 모순된 방법으로 일치되는 때였다. 이리하여 파리의 관객은 모든 점에서 만족했다. 즉 방탕 기분도, 웅변을 사랑하는 기분도. 그런데 그들의 좋은 점도 인정해 주지 않으면 안 되겠다. 그들은 방탕하기보다는 수다를 좋아했다. 웅변은 그들을 황홀하게 했다. 훌륭한 연설을 듣기 위해서라면 매맞는 일조차도 사양하지 않았을 것이다. 미덕이건, 악덕이건, 굉장한 영웅주의건, 천한 외설이건, 그것이 기분 좋은 운이나 음향이 좋은 말로 장식되었으면 무엇이건 상관않고 통째로 삼켰다. 모든 것이 수사적 기교의 재료가 되었다. 모든 것이 문구였다. 모든 것이 말장난이었다. 위고는 뇌성벽력 같은 소리를 들려 주려고 했을 때, 급히 서둘러(이는 그의 사도 망테스가 한 말이지만) 약음기(弱音器)를 사용해서 작은 어린이도 두려워하지 않도록 했다(이 사도는 이것을 아첨하듯 말했다). 프랑스 시인의 예술 속에는 자연의 힘은 전혀 느껴지지 않았다. 그들은 모든 것을, 즉 사랑도 고통도 죽음도 세속화했다. 음악에 있어서와 마찬가지로, 아니 프랑스에서는 보다 젊고 비교적 보다 소박한 예술인 음악에 있어서보다도 한층 더 그들은 '이미 말한 것'에 대해 공포를 안고 있었다. 천분을 가장 많이 타고난 시인들은 태연히 반대의 길을 걸어가려고 애썼다. 방법은 간단했다. 전설이나 동화를 택해서 본래의 의미와는 정반대 것을 얘기하게 했다. 이리하여 푸른 수염은 그의 아내들에게 죽도록 얻어맞았다 (페로의 동화에 나오는 푸른 수염은 일곱 명의 아내를 잇달아 살해했다). 폴리페모스 (그리스 신화에 나오는 외눈박이 거인)는 아시스와 갈라테이아의 행복을 위해 제 몸을 희생하여 하나밖에 없는 눈을 도려냈다 (아시스는 목자로서 갈라테이아와 사랑하는 사이였는데, 질투로 미쳐 날뛰는 폴리페모스 때문에 바위에 짓눌려 죽었다). 이러한 것들 중에는 형식 말고는 진지한 것은 아무것도 없었다. 또한 크리스토프의 눈에는(물론 그는 잘 이해하지 못한 비판자이기는 했지만) 이러한 극작 형식상 대가라는 사람들은 대작가들보다도, 즉 스스로 이 문체를 만들어 내어 자유로이 여유 있게 그려내는 작가들보다도, 오히려 잘난 체하며 남의 모방만 하는 것처럼 보였다.

그들의 영웅극만큼 시적인 허위가 버릇없이 돌아다니는 것은 없었다. 그들은 영웅이라는 것에 대해 우스꽝스런 관념을 만들어 냈다.

중요한 것은 하나의 장대(壯大)한 혼과 독수리의 눈빛
주랑(柱廊) 같은 넓고 높은 이마
매력 넘치는 강하며 빛나는 풍모,
두근거리는 마음과 꿈으로 가득 찬 두 눈을 가질 일이다.

이러한 시구가 진지하게 취해졌다. 요란스런 말과 깃털장식과 양철 칼과 판지(板紙)의 투구를 사용한 무대적인 구경거리라고 하는 괴상한 분장 밑에서는, 언제나 사르두식의 구원받을 길 없는 경박성과 역사를 어릿광대 연극으로 만들어 버리는 속된 것이 보였다. 시라노식의 엉터리 영웅주의가 대체 현실의 무엇에 응답할 수 있다는 것일까? 작자는 부리나케 서둘러 나폴레옹 1세와 그의 군대, 신성 동맹 당원, 문예 부흥기의 용맹 대장이라고 하는, 세계를 유린한 선풍적인 인간을 무덤에서 끌어냈다. 그것도 살육 장면 중에도 태연히 기병대와 여자 노예에 에워싸여, 10년이나 15년 전에 한 번 본 여자에 대한 로마네스크한 터무니없는 사랑에 몸을 태우고 있는 꼭두각시 인형이나, 혹은 사랑하는 여자에게 사랑을 못 받는다고 해서 짐짓 암살당하려고 하는 앙리 4세 등을 제시하기 위해서였다!

이런 식으로 이들 선량한 사람들은 사실(私室) 속의 왕이나 영웅들을 극화(劇化)시켰다. 그들은 《키루스 대왕》(스퀴데리의 소설)이 유명했던 당시의 어리석은 자들─스퀴데리와 라 칼프르네드(17세기의 프랑스의 소설가)에 사뭇 어울리는 후예이고 진정한 영웅주의적인 사이비 영웅주의, 존재하지 않는 영웅주의의 구가자(謳歌者)였다. 섬세한 신경을 갖고 있다고 자칭하는 프랑스인이 우스꽝스런 일에 대한 감각이 없는 것을 보고 크리스토프는 깜짝 놀랐다.

무엇보다도 나빴던 것은 때마침 종교가 유행하는 때였다는 것이다! 당시 사순절이 되어 배우가 괴테 극장에서 오르간 반주로 보쉬에의 설교를 낭송하고 있었다. 유대인 작가들이 유대인 여배우를 위해 성 테레사에 관한 몇 개의 비극을 했다. 보디니에르 극장에서는 《십자가의 길》, 앙비규 극장에서는 《어린 예수》, 폴트 생 마르탱 극장에서는 《수난극》, 오데옹 극장에서는 《예수》가 상연되었고, 동물원에서는 그리스도를 주제로 한 오케스트라의 조곡이 연주되었다. 어떤 화려한 애기꾼이, 어떤 애욕의 시인이 샤틀레 극장에서 '속죄'에 대해 강연을 하고 있었다. 물론 이들 속물 신사가 복음서 가운데서 가장 잘 외고 있는 것은 빌라도와 막달라 마리아의 일이었다. '진리가 무엇이냐?'라는 이 빌라도의 회의주의와 잡신들린 여자의 일이었다. 그리고 파리의 큰 거리를 걸어다니는 그들의 그리스도는 무서운 요설가로서 세속적인 궤변의 마지막 수단까지 잘 알고 있었다.

크리스토프는 말했다.

"이것이 가장 심하군. 이건 거짓말의 화신이다. 숨이 막힐 것 같아. 밖으로 나가자!"

*

그러나 이러한 현대적 산업 속에서 위대한 고전 예술이 유지되었다. 그것은 오늘날 로마의 거창한 건축물 속에 고대 사원의 폐허가 남아 있는 것과 같았다. 하지만 크리스토프로서는 몰리에르를 제외하고는 아직 이를 감상할 수가 없었다. 그는 말의 깊은 의미를 잘 몰랐다. 따라서 프랑스 민족의 특성을 포착할 수가 없었다. 그에게 있어서 17세기의 비극만큼 이해하기 어려운 것은 없었다. 그것은 프랑스 중심에 위치해 있기 때문에 외국인에게는 가장 접근하기 어려운 프랑스 예술의 한 지방이었다. 크리스토프는 그 지루하고 무미건조하고 현학적인 점과 조작적인 애교가 아주 싫다고 생각했다. 줄거리는 빈약하거나 무리가 있거나 했고, 인물은 수사학의 논증처럼 추상적이거나 사교계 부인의 대화처럼 실제로는 없다. 고대의 주제와 주인공들은 만화처럼 여겨졌다. 이치, 논쟁, 궤변, 심리 해부, 시대에 뒤떨어진 고고학 따위가 무턱대고 널려졌다. 의론, 의론, 또 의론으로 언제 그칠지도 알 수 없는 프랑스적 요설이었다. 그것이 훌륭한지 어떤지, 크리스토프는 익살맞게도 이를 결정하기를 거부했다. 그런 일에 그는 전혀 흥미를 갖지 않았다. 《신나》(콜르네유의 비극)의 능변가들이 번갈아 가며 주장하는 문제가 어떤 것일지라도 이러한 연설 기계의 어떤 것이 마지막에 승리를 차지하느냐 하는 것은 그에게는 아무래도 좋았다.

또한 그는 프랑스의 관객이 자기와 같은 의견이 아니라는 것, 그리고 그들이 열심히 박수갈채를 보내고 있다는 것을 똑똑히 확인했다. 그러나 그것은 그의 오해를 푸는 데는 소용이 없었다. 그는 관객을 통해서 극을 보고 있었다. 그리고 현대 프랑스인 중에서 고전주의자들의 왜곡된 어떤 특징을 찾아냈다. 너무나 냉철한 눈이, 요염한 노부인의 말라비틀어진 얼굴에서 그 부인의 딸의 순수한 얼굴을 보는 것과 같았다. 눈앞에 보는 극은 거의가 사랑의 환상을 불러일으키기에는 알맞지 않은 것이었다! 서로 얼굴을 늘 보고 있는 한가족들처럼 프랑스인은 저희가 서로 닮았다는 것을 눈치채지 못했다. 그러나 크리스토프는 그들이 서로 퍽 닮은 데에 놀라고 또 이를 과장해서 생각했다. 그에게는 이제 짧은 것밖에는 보이지 않는다. 오늘의 예술은 그에게 위대한 조상의 만화를 제시하고 있는 것으로 여겨졌다. 그래서 위대한 조상들도 그의 눈에는 만화로서 반영되었다. 그는 벌써 코르네유와 그 아류를, 숭고하기도 하거니와 어리석기도 한 양심의 문제를 곳곳에서 끄집어내려고 정신 못 차리는 시적 수사가들을 구별하지 않았다. 그리고 라신과 그 후계자들을, 파리 사람들의 심리 위에 거만하게 엉거주춤 머물러 심리 분석을 해 보이는 군소의 작가와 구별하지 않게 되었다.

이러한 나이 든 학생은 모두 그들의 고전 작품 밖으로는 한 발짝도 나가지 않았다. 비평가들은 언제나 《타르튀프》(몰리에르의 희극)나 《페드르》(라신의 비극)에 대해 계속 논했다. 그리하여 조금도 물리는 일이 없었다. 노인이 된 지금에도 어릴 적에 재미있었던 농담을 즐기고 있었다. 민족이 계속하는 한 그대로일는지도 알 수 없었다. 세계의 어느 나라도 조상 숭배의 기분을 이토록이나 뿌리 깊게 갖고 있는 곳은 없을 것이다. 세계의 다른 부분은 그들에게 어떤 흥미도 일으키지 못했다. 얼마나 많은 사람이 국왕(루이 14세를 가리킴) 치하의 프랑스에서 쓰인 것 말고는 아무것도 읽지 않고 또 읽으려고도 하지 않았던 것일까! 그들의 극장은 괴테도, 실러도, 클라이스트도, 그릴파르처도, 헤벨도, 스트린드베리도, 로페도, 칼데론도, 다른 어떠한 나라 어떠한 대작가의 작품도 공연하지 않았다. 단지 고대 그리스의 것만은 예외였다. 그들은 고대 그리스의 후계자라고 자칭했다(유럽의 모든 국민과 마찬가지로). 간혹 그들은 셰익스피어를 연출하고 싶어했다. 그것은 시금석이었다. 그들 사이에서는 셰익스피어를 해석하는 데 두 가지 파가 있었다. 그 일파는 《리어 왕》을 에밀 오지에의 극처럼 통속적인 사실주의로 연출했다. 한쪽에서는 《햄릿》을 빅톨 위고 풍의 발성 연습이라도 하는 것 같은 용감한 기분으로 오페라를 만들었다. 현실도 시적일 수 있다는 것, 또 생명이 넘치는 마음에서 시는 자연히 태어나는 말이라는 것을 그들은 전혀 생각지도 않았다. 셰익스피어는 허위인 것같이 여겨져 얼른 다시 로스탕에게로 되돌아갔다.

그렇긴 하지만 최근 20년 동안에 연극을 개혁하겠다는 노력이 진행되고 있었다. 파리 문학의 좁은 테두리는 넓어졌다. 파리 문학은 대담성을 가장하고 모든 것에 손을 댔다. 외부의 투쟁과 사회 생활이 두세 번 인습의 장막을 쓱 밀어젖힌 적도 있었다. 그러나 그들은 얼른 또 그 찢어진 데를 꿰맸다. 그들은 사실을 있는 그대로 보는 것을 두려워하는 겁많은 아버지였다. 사회 정신, 고전적 전통, 정신과 형식의 구습, 참다운 진지성의 결여 때문에 그들은 대담한 계획을 끝까지 밀고 나가지를 못했다. 가장 통렬한 문제도 그럴 듯한 유희가 되어 있었다. 그리고 마지막에는 언제나 여자—보잘것없는 여자—의 문제로 떨어져 갔다. 입센의 강인한 무질서, 톨스토이의 복음, 니체의 초인이라고 하는 위대한 사람들의 환상이 얼마나 처량한 얼굴로 있었던 것일까!

파리 작가들은 무언가 새로운 것을 생각하고 있는 듯한 시늉을 하기 위해 퍽 고심했다. 사실 모두 보수적이었다. 유럽에서 이처럼 과거가, '영원한 어제'가 일반적으로 활개치고 있는 문학은 없었다. 대 잡지, 대 신문, 국고 보조를 받고 있는 극장, 그리고 여러 학회에서 그랬다. 파리와 문학과의 관계는 마치 런던과 정치와의 관계와 흡사했다. 즉 이것은 유럽 정신의 조절기 역할을 하고 있는 것이었다. 프랑스 한림원은 영국의 귀족원이었다. 구체제 시대의 여러 사회는 여전히 옛날 그대로의 법칙을 새로운 사회에 끝까지 떠맡기려고 했다. 혁명적인 모든 분자는 바로 배척되든가 혹은 동화되든가 했다. 그들도 또한 그것밖에 바라고 있지 않았다. 정부는 정치적으로는 사회주의적 태도를 가장하고 있어도 예술에 관한 일이라면 아카데믹한 여러 파에 질질 끌려다녔다. 학회에 맞서서 싸우는 것은 민간의 문학 단체뿐이었다. 그런데 그 싸움이란 것도 말이 아니었다. 문학 단체에 가입해 있는 한 사람이 학회에 들어가게 되자 대뜸 그리로 뛰어들어 다른 자들보다도 한층 더 아카데믹하게 되어 버렸다. 또한 작가는 전위 부대에 있거나 후방의 수송차 속에 있거나, 요컨대 자기 그룹과 그 사상에 사로잡혀 있었다. 어떤 자는 그들의 아카데믹한 신조 속에, 다른 자는 혁명적인 신조 속에 틀어박혔다. 어떻든 결국 눈가리개를 두르고 있는 것이었다.

*

실바인 콘은 크리스토프의 졸음을 달아나게 하기 위해 다시 특수한 극장으로, 세련의 극치라고도 할 수 있는 연극으로 인도하겠다고 제안했다. 거기서는 살육, 강간, 정신 착란, 고문, 눈알을 도려내거나 창자를 끄집어내거나 하는 장면 등, 너무나 문명인이 되어 선택된 사람들의 신경을 자극하고 감추어진 야만성을 만족시키고자 하는 모든 것을 볼 수 있었다. 그것은 아름다운 여자나 시류를 좇는 속물들로써 이루어진 관객을 매혹했다. 이러한 관객이라는 것은 용감하게도 재판소의 숨막힐 듯한 홀로 들어가 오후 내내 거기 틀어박혀 파렴치한 소송 사건을 지껄이거나, 웃거나, 봉봉과자를 먹으면서 방청하고 있는 자들이었다. 그렇지만 크리스토프는 버럭 화를 내며 실바인 콘의 권고를 거절했다. 이러한 예술 속에 들어가면 들어갈수록 악취가 더 심했다. 그것은 원래 처음부터 조금씩 코에 스며들어왔었는데, 점점 역겨워지고 드디어 숨이 막힐 지경이었다. 그것은 죽음의 악취였다.

죽음은 여기저기에, 이러한 호화로움 밑에, 이러한 소란 밑에 있었다. 이제야 크리스토프는 이러한 작품의 어떤 것에 대해 어째서 느닷없이 혐오감을 느꼈는지 확실히 알게 되었다. 그를 불쾌하게 한 것은 그러한 작품이 가지고 있는 배덕성(背德性)은 아니었다. 도덕, 부도덕, 비도덕, 그러한 말들은 아무런 의미도 갖고 있지 않았다. 크리스토프는 도덕상의 이론을 생각해 본 적은 한 번도 없었다. 그는 과거에 있어 퍽 위대한 시인과 음악가를 사랑했지만, 그들은 꽁생원인 성인은 아니었다. 크리스토프는 위대한 예술가를 만날 기회를 가졌을 때 고백 기록을 구하지는 않았다. 오히려 이렇게 물었다.

"당신은 건강하십니까?"

건강하다는 것, 이것이 가장 중요한 일이었다. "혹시 시인이 병이 생기면 먼저 이를 고쳐야 한다. 병이 낫거든 다시 쓰기 시작하는 것이 좋다"고 괴테는 말했다.

파리 작가들은 병에 걸려 있었다. 그들은 오히려 건강하다는 것을 부끄러
워해, 이를 감추고 기분 좋은 병에 걸리려고 애썼다. 그들 병은 그들 예술의
어떤 특징, 예컨대 쾌락의 기호라거나 사상의 극단적인 방종이라거나 파괴
적인 비평 정신에는 나타나 있지 않았다. 모든 이러한 특징은 건전함일 수도
있었고 불건전함일 수도 있었다. 경우에 따라서는 건전하기도 하고 불건전
하기도 했다. 그러한 것들 속에는 어떠한 죽음의 싹도 없었다. 만일 죽음이
거기 있다고 하더라도 그것은 그러한 힘에서 오는 것은 아니었다. 그러한 사
람들의 힘의 사용법에서 오는 것이었다. 죽음은 그러한 사람들에게 있었던
것이다. 크리스토프도 쾌락을 사랑했다. 또한 자유를 사랑했다. 그는 전에
여러 가지 생각을 솔직히 주장했기 때문에 고향 독일의 작은 도시에서 불평
을 샀다. 지금 그러한 생각이 이들 프랑스인에 의해 주장되어 있음을 크리스
토프는 본 것이지만, 그들의 입에서 주장되는 것을 보자 혐오감을 느꼈다.
그렇지만 그것은 같은 생각이었다. 그러나 그것은 울림이 달랐다. 크리스토
프가 견디지 못해 과거 대가들의 속박을 내동댕이쳤을 때, 위선적인 미학과
도덕에 대한 싸움의 길에 올랐을 때, 그것은 그에게는 이들 재사들에게 있어
서처럼 하나의 놀이는 아니었다. 크리스토프는 진지했다. 무섭도록 본격
적으로 덤볐다. 그리고 그의 반항이 목표로 삼고 있는 것은 생명이었다. 앞
으로 올 몇 세기에 걸쳐 열매를 맺을 풍요하고 커다란 생명이었다. 그렇지만
이러한 사람들에게 있어서는 모든 것이 아무 결실도 없는 향락이었다. 그것
은 아무런 열매도 맺지 않았다. 그야말로 아무 열매도 맺지 않았다. 그것이
수수께끼를 푸는 열쇠였다. 사상과 관능의 열매를 맺는 일이 없는 방탕, 재
치와 재주에 충만한 화려한 예술—확실히 아름다운 형식, 외국의 영향을 받
고도 역시 파괴되지 않는 미의 전통—아주 연극다운 연극, 제법 문체다운
문체, 자기 기술을 터득하고 있는 작자, 쓰는 법을 알고 있는 작가, 한때 힘
찬 것이었던 예술과 사상의 꽤 아름다운 형해(形骸), 그러나 그것은 형해에
지나지 않았다. 좋은 음색의 말소리, 좋은 문구, 재치의 유희, 관능적인 두
뇌, 추리적인 감각, 이러한 모든 것은 이기적인 향락 말고는 아무 소용도 없
었다. 그것은 죽음 쪽으로 향하고 있었다. 그것은 유럽이 침묵 속에서 관찰
하고 즐기며 기대하고 있는, 프랑스의 무서운 인구 감소와 매우 닮은 현상이

었다. 많은 재기와 지성이 아주 세련된 감각의 치욕적인 일종의 자위 행위 속에서 허비되고 있었다! 그들은 그러한 일을 조금도 눈치채지 못했다. 그들은 웃고 있었다. 그러나 이것이 크리스토프를 안심시키기도 했다. 이러한 사람들은 아직 크게 웃을 줄 알고 있었다. 모두 잃은 것은 아니었다. 그들이 점잖은 얼굴을 하려 할 때는 그는 호감이 가지 않았다. 예술 속에 쾌락의 도구밖에 찾지 않는 작가가 무사무욕(無邪無慾)한 종교의 선교사 같은 태도를 취하는 것을 보는 것만큼 그를 분격시키는 것은 없었다.

"우리는 예술가다." 실바인 콘은 자못 만족스럽게 이 말을 되풀이했다. "우리는 예술을 위해 예술을 만들고 있는 것이다. 예술은 언제나 순수하다. 예술 속에는 순결한 것밖에 없다. 우리는 모든 것에 흥미를 갖는 여행자로서 인생을 탐구하고 있는 것이다. 우리는 진기한 기쁨과 즐거움을 애호하는 자이며, 이에 사랑을 보내는 영원한 돈 주안이다."

"너희는 위선자다." 드디어 크리스토프는 반격했다. "이런 말을 하는 것을 용서해 주게. 나는 이제까지 우리나라만 위선적인 나라라고 믿고 있었다. 독일인은 위선자로, 언제나 자기 이익을 추구하면서 이상주의를 입으로 외는 위선을 저지르고 있다. 이기적인 일밖에 생각하지 않으면서도 자신을 이상주의자라고 자신하고 있다. 그러나 자네들은 더 심하다. 예술과 미(더욱이 과장된 것)의 이름 밑에 자네들 국민의 일반적 풍조인 외설을 은폐하고 있다. 더욱이 한편으로는 자네들의 도덕적 빌라도주의를 진리와 과학과 지적 의무 따위의 이름 밑에 숨기려는 일이 흔히 있는데, 자네들의 빌라도주의는 그 오만한 탐구가 어떠한 결과를 남기더라도 그 책임에 대해 모르는 척하는 얼굴을 짓고 있다. 예술을 위한 예술이라구! ……엄청난 신념이다! 그러나 그것은 강자에게만 허용된 신념이다! 예술 그것은 독수리가 먹이를 채가듯 인생을 낚아채고 이를 공중으로 실어 나르고 이와 더불어 밝게 갠 창공으로 드높이 오르는 일이다! ……그러기 위해서는 발톱과 커다란 날개와 힘찬 심장이 있어야 한다. 그런데 자네들은 보잘것없는 참새다. 무언지 한 조각 썩은 살점이라도 찾아내면 곧 이를 쪼아 대며 짹짹거리며 서로 빼앗고 있다…… 예술을 위한 예술이라구! ……당치도 않은 소리를 하는군! 예술은 길바닥의 떠돌이에게 던져주는 하찮은 음식이 아니다. 과연 그것은 하나의 향락이다. 모든 향락 중에서 가장 사람을 취하게 하는 것이다. 하지만 격렬한 싸움에 의해서만 얻어지는 향락이다. 그 월계관은 힘의 승리를 장식하는 것이다. 예술은 정복된 인생이다. 생명의 제왕이다. 카이사르가 되고 싶다면 카이사르의 혼을 가져야 한다. 자네들은 무대 위에서의 왕에 지나지 않는다. 자네들은 다만 맡은 역을 연기하고 있을 뿐, 그 역을 믿지도 않고 있다. 그리고 자기의 기형을 자랑하고 있는 저 배우들처럼, 자네들은 자기 기형으로 문학을 만들고 있다. 자네들은 자네들 국민의 모든 병, 그러니까 노력을 싫어하며 쾌락을 좋아하고 육감적인 생각이나 공상적인 인도주의로 내닫고 싶어하는 버릇, 의지를 기분좋게 마비시키고 모든 행동의 동기를 빼앗아 가버리는 것, 그러한 것들을 애정을 기울여 가꾸고 있다. 자네들은 그들을 아편굴로 똑바로 인도하고 있다. 그리고 자네들은 잘 알고 있으면서도 결코 그것을 입 밖에 내어 말하지 않는다. 마지막에는 죽음이 기다리고 있다는 것을 말이다. 그럼 내가 말해 주겠다, 죽음이 있는 곳에 예술은 없다고. 예술, 그것은 사람을 살리는 것이다. 그러나 자네들 작가 중에서 가장 정직한 자라도 참으로 비겁하고 눈가리개가 눈에서 떼어졌어도 보이지 않는 체하고 있다. 그들은 뻔뻔스럽게도 이렇게 말하고 있다.

'아닌게아니라 이놈은 위험하다. 안에는 독이 들었다. 그러나 재능이 충만해 있다.'

마치 경범 재판소에서 판사가 무뢰한을 보고 말하는 것처럼 말이다.

'하긴 이놈은 나쁜 놈이다. 그러나 상당한 재능을 갖고 있다!'"

*

크리스토프는 프랑스의 비평은 대체 무슨 소용이 있는 것일까 미심쩍어했다. 그렇다고 해서 비평가가 없는 것은 아니었다. 그들은 예술 위에 떼지어 있었다. 사람들에게는 벌써 예술 작품이 보이지 않게 되었다. 작품이 비평가 밑에 파묻힌 것이었다.

크리스토프는 대체로 비평에 대해서는 관대하지 않았다. 근대 사회에서는 제4계급, 또는 제5계급 같은 것을 이루고 있는 이 무수한 예술가들의 효용을 그는 이미 인정하지 못했다. 크리스토프는 거기에 인생을 직시하는 노고를 타인에게 위임하고 있는, 대리를 통해 느끼고 있는 하나의 피로한 시대의 징조를 보고 있었다. 시대가 벌써 자기 눈으로 인생의 반영을 볼 수도 없게 되어 다른 중개자를, 반영의 반영을, 즉 비평가들을 필요로 한다는 것을 그는 다소 부끄럽게 여기고 있었지만 그것은 꽤나 당연한 일이었다. 적어도 이러한 반영은 충실한 것이어야 했다. 그러나 그러한 것은 둘레 군중들의 흐릿한 모습밖에는 비치고 있지 않았다. 마치 자기 모습을 거기에서 보려고 하는 호기심에 찬 사람들의 얼굴을 채색된 천장과 함께 비춰내고 있는 저 박물관의 큰 거울과 같은 것이었다.

한때 이러한 비평가가 프랑스에서 비상한 권위를 가졌던 시대가 있었다. 대중은 그들의 판단 앞에 엎드려 이마를 조아렸다. 그리고 그들을 예술가보다 훌륭한 자, 지적인 예술가—이 두 개의 말은 도무지 양립할 것 같지 않지만—와 같이 보아 줄 정도였다. 그 뒤 비평가는 마구 불어났다. 그들은 점쟁이를 너무나 닮아갔다. 그래서 비평가라고 하는 본업이 손상되었다. 자기만이 유일한 진리의 보유자라고 주장하는 자가 너무 많을 때에 사람들은 그만 그들을 믿을 수 없게 된다. 그리고 그들 자신도 이윽고는 자신을 믿을 수 없게 된다. 이리하여 절망의 시기가 왔다. 그들은 프랑스류로 극단에서 극단으로 달려 무엇이든지 다 알고 있다고 하더니, 이번에는 아무것도 모른다고 했다. 그렇게 말하는 것을 명예롭게 여기기도 했고 또 자만심을 가지고 말하기도 했다. 르낭은 유약한 이 시대 사람들에게, 긍정한 뒤 곧 이를 부정하는 것, 적어도 이를 의심하는 것은 멋있는 방법이라고 가르쳤다. 르낭은 성 바울이 말한 '항상 그렇다. 그렇다고 말하고 다음에 아니, 아니라고 말하는' 자들과 한패였다. 프랑스의 선택된 사람들은 모두 이 양서류적(兩棲類的)인 신조에 빠져 있었다. 태만한 정신과 약한 성격이 거기에서 자기 이익을 찾아내고 있었다. 그들은 이제 한 작품을 좋다고도 나쁘다고도, 진짜라고도 가짜라고도, 총명하다고도 우매하다고도 말하지 않았다. 그들은 이렇게 말했다.

"그럴는지도 모른다…… 그렇지 않다고도 할 수 없다…… 나는 거기에 대해선 아무것도 모른다…… 내게는 이제 책임이 없다."

비록 외설스런 연극이 연출되고 있더라도 그들은 "이것은 외설이다"라고는 말하지 않고 이렇게 말했다.

"스가나렐르 씨, 제발 그런 식으로 말씀하지 말아 주세요. 우리의 철학은 뭐든지 모호하게 말하도록 하고 있습니다. 따라서 당신은 '이것은 외설이다'

라고 해서는 안 됩니다. '도무지 이것은⋯⋯내게 외설적인 것으로 여겨진다 ⋯⋯ 그러나 그렇다고 분명히 말할 수는 없다. 또 이것은 걸작일는지도 알 수 없다. 그렇지 않다고는 누구도 말할 수 없다'라는 식으로 말해야만 합니다."

이렇게 말한다면 이미 그들은 예술을 탄압하고 있다는 비난을 받을 염려가 없었다. 전에 실러는 비평가들을 타이른 적이 있었다. 그 당시 신문 잡지계의 작은 압제자였던 비평가들에게 경고를 하여 그가 단적으로 '종복(從僕)의 의무'라고 일컬었던 그 의무에 그들이 따를 것을 요구했던 것이다.

종복의 본분
무엇보다 먼저 여왕님이 들르시는 집이 깨끗하게 되어 있어야 한다. 자, 정신차리고 방마다 모두 청소를 해라! 그러기 위해서 너희는 여기 있는 것이다.

그런데 여왕님이 오시면, 바로 나가야 한다! 종이란 절대로 여왕님 의자에 걸터앉아서는 안 되는 것이니라!

이 점에 있어서는 비평가의 좋은 점을 인정해 주어야 한다. 그들은 여왕의 의자에 앉지도 않았다. 그들은 종이 될 것을 요구받고 종이 되었다. ―그러나 쓸모가 없었다. 그들은 아무것도 청소하지 않았다. 방 안은 지저분했다. 그들은 방을 정돈하고 깨끗하게 하기보다는 팔짱을 끼고 자기의 일을 주인에게, 당시의 신에게―보통 선거에게 맡겨두었다.

실상 조금 전부터 오늘의 무질서한 무기력에 반항하는 움직임이 나타나 있었다. 올바른 정신을 가진 몇몇 사람이 대중 위생을 위한 싸움을―그것은 아직 퍽 힘이 약한 것이었지만―계획하고 있었다. 그러나 크리스토프는 자기 주위에서 그런 기미를 전혀 느끼지 못했다. 더욱이 사람들은 그들이 하는 소리를 귀담아 듣지 않았다. 아니면 그들을 비웃고 있었다. 간혹 기운 좋은 예술가가 유행하는 예술의 불건강한 우매성에 반항의 움직임을 보일 때면, 작가들은 오만하게 대중이 만족하고 있는 이상은 자기들 쪽이 옳다고 항변했다. 비난의 소리를 잠재우는 데는 이것으로 충분했다. 대중이 그렇게 말했다, 그것이 예술의 최고 법률인 것이다. 대중을 타락시킨 사람들을 변호하는 타락한 대중의 증언 따위는 기피해도 상관없다는 것, 예술가는 대중을 제어하기 위해서 있는 것이므로, 대중이 예술가를 제어하는 것은 아니라는 것을 누구 한 사람 생각해 보지 않았다. '수'—관객과 수입액과 수—에 대한 숭배가, 이 상업화된 민주주의의 예술 사상을 지배했다. 온화한 비평가들도 작자들의 뒤를 이어 예술 작품의 주요한 임무는 대중을 기쁘게 하는 데 있다고 선언했다. 성공이 법칙이었다. 그리고 성공이 계속되는 한 엎드려 굴복하는 수밖에 없었다. 그래서 그들은 쾌락의 시세 변동을 예지하자 대중이 작품을 어떻게 생각하는지 눈 속에서 읽어 내려고 애썼다. 우스꽝스럽게도 대중 쪽에서도 작품을 어떻게 생각해야 좋을지를 비평가 눈 속에서 읽어 내려고 애썼다. 이리하여 양쪽에서 서로 눈을 들여다보고 있었다. 서로의 눈 속에서 보이는 것은 단지 자기 자신의 망설임이었다.

그러나 대담한 비평이 이토록 필요한 때는 없었다. 무정부주의적 공화국에 있어서 유행은 전능의 힘을 갖고 있어 보수적인 나라에서처럼 후회하는 일은 거의 없었다. 유행은 항상 전진해 간다. 그리고 정신의 사이비 자유가 항상 높아져만 간다. 거의 아무도 이에 저항하려 들지 않는다. 대중은 자기 의견을 똑똑히 표시할 수 없다. 마음속으로는 불쾌하게 생각하고 있다. 그러나 아무도 마음속에 남몰래 느끼고 있는 것을 말하려 하지 않는다. 만일 비평가들이 강하다면, 아주 강해지려고 마음먹는다면 어떠한 힘을 갖게 되는 것일까! 완강한 비평가가 있다면(하고 젊은 전제자인 크리스토프는 생각했다) 수년간은 대중 취미의 나폴레옹이 될 수도 있으며, 예술의 병자들을 비세트르 요양원으로 보내 버릴 수도 있을 것이다. 하지만 자네들 가운데 이미 나폴레옹은 없다……우선 첫째로 비평가들은 모두 이러한 부패한 공기 속에서 살고 있다. 더욱이 그것을 눈치채지도 못하고 있다. 다음에 그들은 감히 얘기하려고도 하지 않는다. 그들은 서로가 모두를 알고 있어 한 사회를 이룩하며 서로 체면을 차리지 않으면 안 된다. 독립이란 것은 허용되지 않는다. 독립하기 위해서는 사회 생활과 우정마저 버려야 할 것이다. 그러한 용기를 이 유약한 시대에 과연 누가 가질 수 있을 것인가? 가장 훌륭한 사람들조차도, 솔직하고 올바른 비평을 해도 그 때문에 불쾌한 일을 당해서는 곤란하다고 생각하고 있는 시대이다. 의무를 수행하기 위해 자진해서 자기 생활을 지옥으로 떨어뜨리는 사람이 있을까? 과감히 여론에 대항하고, 대중의 우매와 싸우며, 현대의 승리자의 범용함을 폭로하고, 바보들의 손에 의탁되어 있는 무명의 고독한 예술가를 옹호하고, 복종하기 위해서 만들어진 정신을 제왕의 정신에 따르게 할 수 있는 사람이 있을까? 언젠가 크리스토프는, 극장 복도에서 첫 공연날 밤 비평가들이 다음과 같이 얘기하고 있는 것을 들은 적이 있었다.

"이럴 수가! 틀렸어! 영 실패작이다!"

그렇지만 이튿날이 되자 그들은 극평에서 걸작이라느니, 새로운 셰익스피어의 출현이라느니, 천재의 날갯소리가 머리 위를 스쳐갔다느니 하며 말하고 있었다.

"자네들 예술에 결여되어 있는 것은" 크리스토프는 실바인 콘에게 말했다. "재능보다도 오히려 성격이다. 자네들에게 필요한 것은 위대한 비평가다. 레싱과 같은 인물이며, 또한……."

"부알로와 같은 인물인가?" 실바인 콘은 조롱하듯 말했다.

"부알로라구, 아마 그도 열 사람의 천재 예술가보다 그쪽이 훨씬 좋겠지."

"부알로가 있더라도" 실바인 콘은 말했다. "아무도 그의 말을 들으려 하지 않을걸."

"들으려 하지 않는 건 그가 부알로와 같은 인물이 아니기 때문이다." 크리스토프는 반격했다. "맹세하건대, 내가 자네들의 참모습을 있는 그대로 얘기해 주려고만 든다면 그때는 비록 내가 아무리 재주가 없더라도 자네들이 귀를 기울이지 않고는 못 배기게 만들겠네. 군소리 없이 다들 듣게 할 거야."

"허 참, 그만해 두게!" 실바인 콘은 냉소했다.

실바인 콘이 일반의 무기력에 대해 마음을 푹 놓고 있는 듯한, 또 아주 만족해 있는 듯한 모양을 하고 있으므로, 크리스토프는 그러한 그를 물끄러미 바라보다가 얼핏 이 사내는 자기보다도 훨씬 프랑스를 모르는 이방인이구나 하는 생각이 들었다.

"이럴 수는 없다." 크리스토프는 불바르 극장에서 속이 메스꺼워져 나오던 날 밤처럼 다시 말했다.

"아직 다른 무엇인가가 있을 것이다."

"이 이상 또 무엇을 바라나?" 콘이 물었다.

크리스토프는 집요하게 되풀이했다.

"프랑스다."

"프랑스는 우리라네." 실바인 콘이 입을 크게 벌려 웃으며 말했다.

크리스토프는 순간 물끄러미 그를 바라보았다. 그리고 머리를 젓더니 다시 말했다.

"아직도 다른 게 있을 것이다."

"그럼, 자네가 찾아보게나." 실바인 콘이 크게 웃으며 말했다.

크리스토프가 찾으러 나선 것은 헛되지 않았다. 그들은 확실히 다른 것을 숨기고 있었다.

2

파리의 예술이 발효하고 있는 사상의 양조통 속이 점차로 똑똑히 보임에 따라, 하나의 인상이 매우 강하게 크리스토프의 마음에 새겨졌다. 그것은 이 세계주의적인 사회에서는 여성이 최상권(最上權)을 쥐고 있다는 것이었다. 여성은 이 사회에서는 어처구니없을 만큼 커다란 위치를 차지하고 있었다. 남성의 반려라는 것만으로는 이제 만족하지 않았다. 남성과 동등하게 되는 것으로도 만족하지 않았다. 여성의 쾌락이 남성에게 가장 첫째가는 법칙이 되어야만 했다. 그리고 남성도 이를 찬성했다. 한 민족이 노쇠하자, 그 의지와 신념과 모든 생존 이유를 쾌락을 부여해 주는 자의 손에 의탁해 버리는 것이다. 남성은 작품을 만든다. 그러나 여성은 남성을 만든다—(단, 당시의 프랑스에서처럼 여성도 남성 틈에 끼여 작품을 쓰는 일은 없다)—그런데 여성이 만든다고 했지만 여성은 파괴한다는 쪽이 옳을지도 모른다. 영원한 여성은 여하튼 뛰어난 남성에게 항상 자극적인 힘을 부여했다. 그러나 보통 남성에게는, 그리고 피로한 시대에 있어서는 누군가 말한 것처럼 여성도 똑같이 영원한 존재이긴 하지만 남성을 아래로 끌어내린다. 이 여성이 사상의 지배자이고 공화국의 왕이었다.

*

크리스토프는 실바인 콘의 소개와 또한 그 자신의 피아노를 잘 치는 재능을 가지고 살롱에 들어가게 되었는데, 거기서 파리 여성을 호기심 어린 눈으로 관찰했다. 대부분의 외국인처럼 크리스토프도 우연히 만난 두서너 타입으로 얻은 가차없는 관찰을 모든 프랑스 여성에게 적용시켰다. 그가 만난 여성은 그다지 크지도, 그다지 발랄하지도 않은 젊은 여성들로 날씬한 몸에 머리카락을 물들이고 사랑스러운 머리에는 몸에 비해 다소 커다란 모자를 쓰고 있었다. 얼굴 윤곽은 뚜렷했지만 다소 살찐 편이었다. 코는 매우 잘생겼지만 대체로 평범하고 한결같이 특징이 없었다. 눈은 생기를 띠었으나 깊은 생명감은 없고 되도록 빛내려고, 되도록 크게 보이려고 애썼다. 보기 좋은 입은 자신을 제어하듯 꽉 다물었다. 턱은 도톰했다. 얼굴의 아랫부분은 연애 사건에만 몰두하면서도 세간사나 가사를 결코 소홀히 하지 않는 이들 사치스런 여자들의 물질적인 성격을 뚜렷이 나타내었다. 미인이지만 민족적인 뿌리는 전혀 없었다. 이러한 사교계 여성의 대부분에는 퇴폐한 부르주아 부인 또는 그렇게 되고 싶어하는 사람들의 냄새가 이 계급의 전통과 더불어 느껴졌다. 그 전통이라는 것은 신중, 절약, 냉정, 실제적 능력, 이기주의 같은 것이었다. 그것은 빈약한 생활이었다. 여성들의 쾌락의 욕망은 관능의 요구보다도 두뇌의 호기심에서 생긴 것이었다. 그 의지는 평범하지만 꽤 단단한 것이었다. 파리 여성들은 옷을 아주 맵시 있게 입고 무의식적으로 섬세한 몸짓을 지었다. 손등이나 손바닥으로 머리와 빗을 살짝 가볍게 만졌다. 그리고 언제나 가까운 데 있거나 먼 데 있는 거울에 자기 모습이 비치도록, 그리고 다른 사람을 감시할 수 있도록 앉았다. 그뿐만 아니라 식사 때나 차 마실 때에도 잘 닦아 반짝반짝하는 숟가락이나 나이프나 은제 커피 주전자 등에 언뜻 자기 얼굴이 비치는 것을 놓치지 않도록 하는 것이었는데, 그런 것은 다른 무엇보다도 즐거운 일이었다. 파리 여성들은 식탁에서 엄격한 섭생법을 지켰다. 그네들의 이상적인 화장품을 바른 것 같은 살결의 흰빛을 손상할는지도 알 수 없는 요리는 전혀 먹지 않고 물만 마셨다.

크리스토프가 자주 상대하는 사람들 중에는 유대인 여성이 꽤 많았다. 그는 유디트 만하임을 만난 이후로는 유대 여성에겐 거의 환상을 품지 않았지만 그래도 역시 이끌렸다. 실바인 콘은 크리스토프를 유대계의 두서너 살롱에 소개했다. 크리스토프는 거기서 총명을 즐기는 이민족으로서는 별로 신기할 것도 없는 재치로써 맞아들여졌다. 크리스토프는 이런 만찬 석상에서 은행가, 기사, 신문 기자, 국제적 브로커, 노예 매매인과 같은 인간, 즉 프랑스 공화국의 실업가들과 만났다. 그들은 총명하고 정력적이고 타인에게 무관심했다. 상냥한 미소를 짓고 개방적으로 보이긴 했지만 마음속은 닫혀 있었다. 고기와 꽃을 수북이 쌓아올린 호화스런 식탁 둘레에 모여 있는 이러한 사람들의 과거와 미래 속에, 또한 고집이 세어 보이는 그 이마 아래에는 수많은 죄악이 감추어져 있는 것처럼 크리스토프에게 느껴지는 일이 있었다. 그들은 거의 모두가 추했다. 그러나 부인들만은 그 속에서 매우 빛났다. 부인들은 너무 가까이 봐서는 안 되었다. 대부분의 여성은 선과 색의 섬세함이 결여되어 있었다. 그러나 반짝 눈에 띄는 화사함이 있고, 퍽 강렬한 생명의 외면적인 나타남이 있었으며, 자랑스럽게 사람들 눈에 드러낸 아름다운 어깨가 있고, 자기의 아름다움뿐 아니라 추함으로도 남자를 사로잡는 올가미를 삼는 재능이 있었다. 예술가는 부인네들 중 어떤 사람에게서 고대 로마인 유형, 네로나 하드리아누스 시대 여성의 유형을 보았을 것이다. 또 육감적인 표정과 목에 확 달라붙는 답답한 느낌의 덕을 가진 여성으로 동물적인 미가 없지 않았던 팔마(15~6세기 이탈리아 화가)식 얼굴도 보았다. 또 어떤 여성은 물결치는 풍성한 머리와 불타는 듯한 대담한 눈을 가졌다. 그러한 여성은 영리하고 예리하여 무엇이든지 할 마음의 자세가 되어 있었고, 다른 여성들보다 남성다우며 그러면서도 더한층 여성다웠다. 이런 여성의 무리 가운데 여기저기에 눈에 띄는 한층 정신적인 옆얼굴이 있었다. 그 밝은 얼굴은 로마를 지나 라반 나라까지 거슬러 올라가는 것이었다. 그 얼굴에서는 침묵의 시와 사막의 조화를 맛볼 수 있을 것 같았다. 그러나 크리스토프가 다가가 레베카 같은 여성이 로마의 포스티네와 베니스의 성 바르브와 같은 여성과 나누고 있는 얘기 소리를 들으니, 그 여성들도 역시 다른 여성과 마찬가지로 유대계 파리 여자에 지나지 않는다는 것을 알았다. 파리 여자보다도 한층 파리적이며, 한층 기독교적이고, 한층 위선적이고, 마돈나와 같은 눈으로 타인의 혼과 육체를 벌거벗기어 예사로 욕지거리를 하고 있었다.

크리스토프는 어느 그룹에도 들어가지 못하고 그룹 사이를 돌아다니고 있었다. 남성들은 잔인한 어조로 사냥 얘기를 하고 거친 말투로 연애를 얘기했지만, 금전에 관한 것만은 냉정하고 비웃는 투의 빈틈없는 정확성으로 얘기했다. 흡연실에서는 거래상의 이야기들을 하고 있었다. 깃에 꽃 모양 휘장을 달고 있는 한 신사, 귀부인들의 소파 사이를 자꾸 왔다 갔다 하며 잘난 체하는 신사에 대해 사람들이 이러한 소리를 하고 있는 것을 크리스토프는 들었다.

"뭐라고? 그럼 저자는 자유로운 몸이 됐단 말인가?"

살롱 한구석에서는 귀부인 두 사람이 어떤 젊은 여배우와 사교계의 어떤 부인의 연애 사건에 대해 얘기하고 있었다. 때로는 음악을 연주했다. 크리스토프는 피아노를 쳐달라고 부탁받았다. 여류 시인들이 숨을 헐떡이고 땀을 흘리며 쉴리 프뤼돔과 오귀스트 도르셍의 시구를 우물거리며 암송했다. 어느 유명한 엉터리 배우가 와서 오르간 반주로 《신비스런 서사시》를 엄숙하게 낭독했다. 음악도 시구도 너무나 터무니없는 것이었으므로 크리스토프는 기분이 나빠졌다. 그러나 이들 로망풍의 부인들은 매우 기뻐하여 아름다운 이를 드러내 보이며 정말로 즐거운 듯 웃었다. 또 입센의 극을 연출했다. 사회 법칙에 대한 위인의 싸움이 갖는 에필로그! 결국 그런 싸움이 그들을 기쁘게 하는 결과가 되었다!

그리고 그들은 당연히 예술에 대해서 얘기해야 한다고 믿고 있었다. 이것은 정말 불쾌했다. 특히 부인들은 입센이나 바그너나 톨스토이 얘기를 상대에 대한 친밀함이나 의례로, 또는 심심풀이나 어리석음 때문에 시작했다. 일단 화제가 이런 방향으로 흘러가자 도무지 걷잡을 수가 없었다. 이 병은 전염되었다. 은행가와 브로커와 노예 매매인들의 예술관을 들어야 했다. 크리스토프는 대답도 하지 않고 화제를 바꾸려 했지만 막무가내였다. 그들은 끈질기게 음악과 고상한 시에 대한 얘기를 그에게 걸어 왔다. 베를리오즈가 말한 것처럼 '그자들은 아무렇지도 않은 듯 예사로이 그러한 말을 썼다. 마치 술과 계집과 난잡한 소리를 지껄이기라도 하는 것처럼.' 어느 정신과 의사는 입센의 여주인공 속에서, 상태가 훨씬 좋지 않기는 했지만 자기 환자의 한 사람을 보았다. 어느 기사는 《인형의 집》 속에서 동정할 수 있는 인물은 남편이라고 확신을 갖고 말했다. 어느 유명한 엉터리 배우, 저명한 희극 배우는 니체와 칼라일에 관한 심오한 생각을 떨리는 목소리로 입속말을 했다. 그는 크리스토프에게 벨라스케스—그는 당시의 하느님이었다—의 그림을 보면 '굵은 눈물이 뺨을 타고 흘러 내린다'고 말했다. 그런 주제에—이 또한 크리스토프에게 털어놓은 소리인데—아무리 예술을 높은 곳에 둔다 할지라도, 실제 인생의 예술을, 행동을 다시 그 위에 두고 자기가 연기할 역할을 택한다고 하면 비스마르크를 택하고 싶다고 말했다. 때로 그들 중에는 재기 발랄한 사람이 있었다. 그러나 그 때문에 대화가 현저하게 고상하게 되는 일은 없었다. 크리스토프는 그들이 말한 것과 실질(實質)을 잘 맞춰 보았다. 대개 그들은 아무 말도 하지 않았다. 그들은 수수께끼 같은 미소를 흘리는 것으로 만족했다. 자기 명성만으로 살고 있으며, 이를 위험 속에 드러내놓지 않도록 하고 있었다. 그들에게는 가치에 대한 감각이 없었다. 모든 것이 하나의 같은 평면상(平面上)에서 생각되고 있었다. 그들에 의하면, 어떤 자는 셰익스피어와 같은 사람이며 어떤 자는 몰리에르와 같은 사람이고, 또 어떤 자는 예수 그리스도와 같은 사람이다. 그들은 입센을 소(小) 뒤마에 비교하고, 톨스토이를 조르주 상드에 비교했다. 물론 그것은 프랑스가 모든 것을 창조해 냈다는 것을 나타내기 위함이었다. 일반적으로 그들은 어떤 외국어도 몰랐다. 그러나 그것은 그들을 난처하게 하지는 않았다. 그들의 애기를 듣는 자들에게는 그들이 정말로 말을 하건 안 하건 거의 문제가 되지 않았다. 중요한 일은 재미있는 애기를 한다는 것, 되도록 국민적 자존심을 기쁘게 하는 애기를 한다는 것이었다. 외국인은 경멸했다. 하기야 시대의 우상은 별문제였다. 유행을 위해서는 가령 그것이 그리그이거나, 바그너이거나, 니체이거나, 고리키이거나, 혹은 단눈치오이거나 하여튼 하나의 우상이 필요했던 것이다. 다만 그것은 오래 계속되지 않았다. 우상은 어느 날 아침엔가 쓰레기통에 버려질 것만은 확실했다.

　지금 당장의 우상은 베토벤이었다. 베토벤이—까닭은 몰라도—가장 큰 유행이었다. 적어도 사교계 사람들이나 문학자 사이에선 그랬다. 그것은 음악가들이 프랑스 예술 취미의 한 법칙인 시소적 법칙에 의해 곧 그로부터 떠나 버렸기 때문이었다. 프랑스인은 자기 생각을 알기 위해서 먼저 이웃 사람의 생각을 알고 싶어했다. 그런 다음에 똑같이 생각할까, 반대로 생각할까를 정하는 것이었다. 베토벤이 일반에게 인기를 얻게 된 것을 보고, 음악가들 중 가장 뛰어난 사람들은 자기들 눈으로 보아 베토벤은 그렇게 훌륭한 음악가는 아니라고 생각하기 시작했다. 그들은 여론을 앞지르려 했다. 절대로 뒤를 따르지 않으려 했다. 여론에 동조하기보다는 차라리 이에 등을 돌렸다. 그래서 그들은 베토벤을 날카로운 목소리로 외치는 귀머거리 노인으로 취급했다. 그가 존경할 만한 도덕가인지는 알 수 없지만 너무 과대평가된 음악가라고 판단해 버리는 사람까지 있었다. 그러한 질이 좋지 않은 농담은 크리스토프의 취미에 맞지 않았다. 또 베토벤에 들뜬 사교계 사람들도 그의 마음에 들지 않았다. 만일 베토벤이 지금 파리에 왔더라면 틀림없이 그 어느 곳에서보다도 높이 추종받았을 것이다. 그런데 유감스럽게도 베토벤은 1세기 전에 죽었다. 게다가 이 유행에는 베토벤의 음악 자체보다도, 감상적인 전기에 의해 일반에게 유명해진 그 생애의 다소 소설적인 환경 쪽이 음악적인 요소보다 더 적용되었다. 사자와 같은 용맹스런 얼굴 생김새는 소설적인 얼굴이었다. 귀부인들은 그를 동정했다. 만일 자기들이 그를 알고 있었다면 그가 저토록 불행하지는 않았을 것이라고 은연중 암시했다. 더욱이 베토벤이 그러한 말을 곧이들을 염려는 전혀 없었으므로 귀부인들은 더욱 관대한 마음을 그에게 바치려고 했다. 그런데 이 노인은 이미 아무것도 필요치 않았다. 그래서 기술이 확실한 연주가와 오케스트라 지휘자와 극장주가 그에 대해 노골적으로 연민을 드러내 보였다. 그리고 베토벤의 대표자라는 자격으로서 베토벤에게 바쳐진 경의를 자기 것처럼 받아들였다. 입장료가 퍽 비싼 호화로운 대음악회가 사교계 사람들에게 그들의 큰 도량을 보이는 기회를 주었다. 때로는 베토벤의 교향곡을 발견할 기회를 주었다. 배우, 사교계 인사들, 예술의 운명을 감독하도록 프랑스 공화국으로부터 위탁받은 정치가, 그런 사람들로 이루어진 위원회가 베토벤 기념비를 세울 계획을 세상에 발표했다. 그 명단에는 간판으로 내세워진 몇몇 훌륭한 사람들과 나란히, 베토벤이 살아 있다면 그를 자기 발 밑에 짓밟았을 천한 사람들 이름도 있었다.

크리스토프는 두루 바라보거나 귀를 기울이거나 했다. 무슨 엉뚱한 말이 튀어나오지나 않을까 하여 입술을 깨물고 있었다. 밤새도록 긴장하고 몸을 움츠리고 있었다. 말을 할 수도 없었고 그렇다고 잠자코 있을 수도 없었다. 얘기하는 기쁨도 얘기할 필요도 없는데 얘기하는 것, 무슨 말이건 하지 않으면 안 되니까 그저 형식적으로 얘기한다는 것, 그것이 그에겐 부끄러운 짓으로 여겨졌다. 자기의 참된 생각을 말한다는 것은 허용되지 않았다. 너절한 판에 박은 말을 그는 할 수 없었다. 또 말하지 않고 있을 때 예절바른 태도를 지니고 앉았을 재능도 없었다. 옆 사람을 보는 데도 너무 오랫동안 조용히 너무 찬찬히 바라보았다. 무의식 중에 옆 사람을 관찰했다. 그래서 상대방을 기분 상하게 했다. 무슨 말을 하면 그는 자기가 하는 말을 그냥 믿어 버렸다. 그것은 여러 사람을 불쾌하게 하고 자기 자신도 불쾌하게 했다. 크리스토프는 자기가 못 올 곳에 와 있음을 확실히 깨달았다. 온 주위에 하나의 조화를 느끼며 자기 존재는 그 무드를 깨고 있다고 알아챌 만한 이해력은 있었기 때문에, 그는 자기 태도에 대해 동석한 사람들과 마찬가지로 화가 났다. 크리스토프는 자신을 원망했다. 그리고 동석한 사람들도 원망했다.

한밤중에 거리에서 겨우 혼자가 되자 크리스토프는 혐오감에 짓눌려 걸어 돌아갈 만한 기력이 없었다. 옛날 소년 연주자였을 무렵, 대공저(大公邸)의 연주에서 돌아올 때 몇 번이고 그랬던 것처럼 길 한복판에 누워 버리고 싶었다. 때로는 주말까지 5, 6프랑밖에 없을 때에는 2프랑이나 내고 마차를 탄 적도 있었다. 빨리 그곳에서 달아나고 싶어서 서둘러 마차를 탄 것이다. 그리고 마차에 실려가는 동안 안절부절못하고 신음했다. 집으로 돌아와 잠자리 속에서, 역시 신음을 하였다. 그러다 갑자기 무슨 우스꽝스런 말이 생각나 픽 웃었다. 그 몸짓을 흉내 내며 그 말을 해보고 싶어졌다. 이튿날 혹은 며칠 뒤에 혼자 산책하며 느닷없이 짐승처럼 짖어 댄 적도 있었다. …… 어째서 저런 자들을 만나러 가는 것일까? 왜 저런 자들을 만나러 다시 가는 것일까? 왜 저런 자들처럼 손짓을 흉내 내며 찌푸린 얼굴을 하고 흥미 있는 듯한 시늉을 해야 하는 것일까? 흥미가 없다는 것은 과연 정말일까? 1년 전만 해도 저런 자들에게는 참을 수 없었을 것이다. 그러나 지금은 비위에 거슬리면서도 재미있어한다. 파리 사람다운 무관심이 조금씩 내 속에 스며든 것일까? 그렇다면 전보다 약해진 것일까 하고, 크리스토프는 불안스럽게 고개를 갸우뚱거렸다. 아니, 그렇기는커녕 크리스토프는 전보다도 더 강해졌다. 외국의 환경 속에서 그의 정신이 한층 자유로워진 것이다. 그의 눈은 자기도 모르는 사이에 세상의 커다란 희극을 향해 열렸던 것이다.

게다가 파리 사회는 예술가를 아는 데에 따라 작품에 흥미를 갖게 되므로, 자기 예술이 파리 사회에 알려지기를 바란다면 싫거나 좋거나 이러한 생활을 계속해야 했다. 또 이러한 속물들 사이에서 생활에 필요한 가정 교사 자리를 얻으려면 남에게 알려지려고 애써야 했다.

게다가 또 인간에게는 마음이라는 것이 있다. 마음은 자기도 모르는 사이에 사물에 애착을 갖는다. 어떤 환경에서건 애착의 상대를 찾아낸다. 만일 애착의 상대가 없으면 마음은 살아갈 수 없을 것이다.

*

크리스토프가 가르치는 소녀들 가운데 자동차 제조업을 하는 부호의 딸로 콜레트 스토방이라는 소녀가 있었다. 아버지는 프랑스에 귀화한 벨기에인으로, 앙베르에 정착한 영국계 미국인과 네덜란드 부인 사이에 태어난 사람이었다. 소녀의 어머니는 이탈리아인이었다. 소녀의 가정은 완전히 파리적인 가정이었다. 크리스토프에게는—많은 사람에게도 그랬지만—콜레트 스토방은 전형적인 프랑스 소녀였다.

소녀는 열여덟 살이었다. 벨벳처럼 까만 눈으로 상냥스럽게 청년들을 바라보았다. 스페인 여자 같은 눈망울은 윤기 있는 광채로 눈 전체를 가득 채웠다. 좀 길고 기묘한 모양을 한 귀여운 코는 소녀가 비뚤어진 말투로 지껄이면 약간 주름이 지거나 움직이거나 했다. 흐트러진 머리, 오목조목하지는 않지만 애교 있는 얼굴, 분을 바른 그다지 곱지 않은 살결, 조금 부석부석한 큼직하게 생긴 얼굴, 토실토실한 새끼 고양이 같은 몸집.

몸매는 자그마하게 균형이 잡혔고, 옷을 맵시 있게 잘 입을 줄 알아 매력적이면서도 도발적이고 얌전하면서도 짐짓 꾸민 듯 멍청한 애교를 부렸다. 아주 철부지 계집애처럼 행동하고 두 시간이나 흔들의자 위에서 몸을 흔들며 "안 돼요? 아무래도 안 되는 거예요?" 하는 따위로 귀여운 외마디 소리를 지르거나, 밥 먹을 때 좋아하는 요리가 나오기라도 하면 손뼉을 치곤 했다. 살롱에서는 담배를 피워 보기도 하고, 남자 앞에서 여자친구에게 넘칠 듯한 애정을 가장하여 몸을 끌어안거나 손을 어루만지거나 귀엣말을 소곤거리거나 했다. 또 상냥하고 가느다란 목소리로 욕지거리를 익숙하게 말하고, 경우에 따라선 아무렇지도 않은 듯 아주 착실치 못한 말을 하는 법까지도 알고 있고, 또 그 이상으로 상대로 하여금 그것을 말하도록 하는 법도 터득하고 있었다. 얌전한 소녀같이 천진난만하게 굴면서도 눈두덩이 소복한, 음탕하고 음험한 눈을 반짝이며 간사스럽게 곁눈질을 하고, 모든 소문 거리에 귀를 곤두세우고, 모든 외설스런 애기를 하나도 놓치지 않고 엿들으며, 여기저기서 남자 마음을 끌려고 애썼다.

이러한 흉내, 이러한 강아지 연극, 이러한 속임수의 천진난만함은 결코 크리스토프의 마음에 들 리가 없었다. 교활한 소녀의 술책에 마음을 돌리거나 재미있어하며 그것을 보기보다 그에게는 달리 할 일이 있었다. 크리스토프는 빵을 얻어야 했다. 자기 생명과 사상을 죽음으로부터 구해야 했다. 살롱의 앵무새 같은 이런 여성에 대한 그의 관심은 내게 필요한 그런 수단을 그 여성들에게서 얻는다는 것뿐이었다. 그 여성들로부터 돈을 받는 대신 진지하게 음악을 가르쳐 주었다. 이마에 주름을 짓고 일에 집중함으로써, 일의 권태나 콜레트 스토방과 같은 요염한 제자들의 도발에도 마음이 흐트러지지 않도록 했다. 크리스토프는 콜레트에 대해서도, 거의 그녀의 작은 사촌을 대할 때만큼의 주의밖에는 기울이지 않았다. 그 사촌은 열두 살이 되는 과묵하고 수줍은 소녀로, 스토방 집안에 위탁되어 역시 크리스토프에게서 피아노 지도를 받았다.

그러나 콜레트는 영리한 여자였으므로 크리스토프에게는 자기 애교도 아무 소용이 없다는 것을 알고 있었다. 또 부드럽고 온화한 성격도 있으므로 금방 크리스토프가 하는 식에 자신을 순응시켰다. 그러기 위해 스토방은 별로 애쓸 필요도 없었다. 그것은 스토방의 타고난 본능의 하나였다. 스토방은 여자였다. 스토방은 형체가 없는 물결이었다. 스토방이 만나는 모든 혼은 그녀에겐 그릇과 같은 것이었다. 스토방의 호기심에서, 또 필요에 의해서 즉시 그 형체를 자기 것으로 했다. 스토방은 자기가 존재하기 위해서 항상 다른 모습이 될 필요가 있었다. 스토방의 개성은 언제까지나 같은 개성이 아니라는 것이었다. 스토방은 빈번히 그릇을 바꾸었다.

크리스토프는 스토방을 끌어당기고 있었다. 거기에는 많은 이유가 있었다. 그 첫째로, 크리스토프는 스토방에게 이끌리지 않았다는 것이다. 다음에 크리스토프는 스토방이 아는 모든 청년과 달랐다는 점이다. 스토방은 이제껏 이런 형체의, 이런 꺼칠꺼칠한 그릇을 다루어 본 적이 없었다. 또한 스토방은 민족적으로 용기(容器)나 인간의 정확한 가치를 한눈으로 어림하는 감식안을 갖고 있어, 크리스토프에게는 멋진 품위는 없지만 너절한 파리인들이 보일 수 없는 견실성을 갖고 있음을 완전히 이해하고 있었기 때문이다.

스토방은 한가로운 대부분의 소녀와 마찬가지로 음악을 연습했다—아주 많이 연습을 한다고도 할 수 있으며, 또는 거의 하고 있지 않다고도 할 수 있었다. 다시 말하면 언제나 이에 골몰하면서도 이에 대해서는 거의 아무것도 알지 못했다. 스토방은 온종일 심심풀이와 멋과 즐거움 때문에 피아노를 치고 있었다. 그러나 어떤 때는 정감을 담아 혼을 기울여 익숙하게, 정말 익숙하게 쳤다—(스토방에게 혼이 있다고 해도 괜찮을지 알 수 없다. 그러나 혼을 갖고 있는 사람의 대리를 하기만 하면 익숙하게 칠 수 있었으니까)— 스토방은 크리스토프를 알기 전에는 마스네와 그리그와 토마를 사랑할 수 있었다. 그러나 크리스토프를 알고 나서부터는 그러한 사람들을 이제 사랑하지 않게 되었다. 그리고 지금은 바흐와 베토벤을 퍽 솜씨 좋게 치고 있다—(사실 그것은 별로 의미가 없었다)—그러나 가장 좋은 것은 스토방은 그들을 사랑한다는 사실이었다. 그런데 결국은 스토방이 사랑한 것은 베토벤도 또 오메도 바흐도 그리그도 아니었다. 그것은 음부(音符)이며, 음향이며, 건반 위를 달리는 자기 손가락이며, 다른 현을 떨게 하는 것처럼 자신의 신경도 떨게 하는 현의 진동이고, 신경의 가려운 데를 긁어 주는 듯한 안락함이었다.

약간 빛바랜 수실 직물로 단장된 귀족적인 저택의 살롱에는, 방 한가운데의 화가(畵架) 위에 건장한 몸집의 스토방 부인 초상이 걸려 있었다. 어느 유행 화가의 손으로 된 것인데, 백만장자의 혼은 보통 혼과 다르다는 것을 표현하려 하여 마치 물이 없는 불처럼, 죽어 가는 눈과 나선상으로 비틀린 몸짓의 시름겨운 자태를 그렸다. 유리창으로는 눈이 쌓인 몇 그루의 늙은 나무가 보였다—그 커다란 살롱에서 크리스토프는 언제나 피아노 앞에 앉아 있는 콜레트 스토방을 보았다. 스토방은 같은 악구(樂句)를 한없이 되풀이하고 부드러운 불협화음으로 귀를 즐겁게 했다.

"아!" 크리스토프는 들어오며 말했다. "또 고양이가 목청을 돋우고 있습니다!"

"어머나, 너무하셔!" 스토방은 웃으며 말했다(그렇게 말하며 스토방은 좀 축축한 손을 내밀었다).

"……잘 들어 보세요. 깨끗한 소리지요?"

"퍽 깨끗해요." 크리스토프는 무관심한 투로 말했다.

"듣지 않는군요! ……잘 들어 주세요!"

"듣고 있습니다…… 언제나 같은 것이군요."

"어머! 당신은 음악가가 아니에요." 스토방은 분한 듯 말했다.

"그것도 음악이라고 생각하시나요!"

"뭐라구요! 음악이 아니라구요? ……그럼 무엇이란 말인가요?"

"자기 자신이 잘 알겠지요. 내 입으로 말하진 않겠어요. 실례가 되니까."

"그렇다면 더욱 말씀하셔야 해요."

"말을 해야만 될까요? ……딱하게 되실 텐데! ……그렇다면 당신은 피아노를 상대로 무엇을 하고 있는지 아십니까? ……당신은 피아노에게 장난을 걸고 있는 겁니다."

"어머!"

"확실히 그렇습니다. 당신은 피아노에게 이렇게 말하고 있어요. 피아노야, 상냥스런 말을 해다오. 더 날 귀여워해 다오, 내게 입 맞추어 주렴."

"이제 그만!" 콜레트 스토방은 반은 웃음으로, 반은 화를 내며 말했다. "선생님은 참으로 체면 같은 건 생각지 않는 분이군요."

"전혀 그럴 생각이 없습니다."

"무례한 분이시군요…… 그렇지만 첫째, 선생님 말씀대로라 하더라도 그야말로 음악을 진정 사랑하는 방법이 아닐까요?"

"오! 제발 부탁입니다. 음악을 그런 것과 혼동하진 말아 주시오!"

"아뇨, 그거야말로 음악이에요! 아름다운 화음은 입맞춤과도 같은 거예요."

"그런 말을 하도록 가르치진 않았는데요."

"그러나 그렇지 않을까요? ……왜 어깨를 으쓱하세요? 왜 그런 찌푸린 얼굴을 하시지요?"

"불쾌해서입니다."

"점점 너무하시는군요!"

"음악과 방탕을 혼동한 듯한 애기를 듣는 것은 불쾌합니다…… 아니! 그것은 당신 탓이 아니. 당신 세계가 나쁜 겁니다. 당신 주위의 저 무미건조한 사회는 예술을 일종의 허용된 오락처럼 생각하고 있어요. ……자, 그런 애기는 그만둡시다! 소나타를 한번 쳐 보시오."

"아뇨, 조금 더 애기를 하죠!"

"난 애길 하러 온 게 아닙니다. 당신에게 피아노를 가르쳐 주러 온 것입니다. ……자. 시작, 시작하시오!"

"친절하신 분이네요!" 스토방은 속을 부글거리며 말했다. 그러나 마음속으로는 이런 식으로 마구 거칠게 다루어진 것이 기뻤다.

스토방은 되도록 정신을 집중하여 연주했다. 아무튼 스토방은 손재주가 있었으므로 잘 쳤다. 때로는 매우 익숙하게 치기도 했다. 크리스토프는 여기에 속지는 않았다. '아무것도 느끼지 않으면서, 사뭇 무엇을 치고 있는지 느끼고 있는 듯이 연주를 하고 있는 이 깜찍스런 계집애'의 간사스러움을 마음속으로 웃고 있었다. 그렇지만 그래도 역시 스토방에 대해 즐거운 동정을 가졌다. 스토방은 피아노 연습보다 얘기하는 게 훨씬 재미있으므로 여러 가지 구실을 마련하여 다시 얘기를 하려 했다. 크리스토프는 마음속으로 생각하는 바를 말한다면 스토방을 골나게 하는 것이 되니까 스토방의 유혹에 빠지지 않으려 했지만 별수 없었다. 스토방은 언제나 그에게 생각한 것을 말해버리게 했다. 도리어 그것이 남을 분노케 하는 혹독한 것일수록 스토방은 골내지 않았다. 스토방에게 그것은 하나의 심심풀이였다. 그러나 이 영리한 처녀는 크리스토프가 성실성을 가장 사랑하고 있다는 것을 알고 있었기 때문에 대담하게 반항하고 완강히 고집했다. 그리곤 언제나 의좋게 헤어졌다.

*

그렇지만 만일 콜레트 스토방이 어느 날 고백을 하지 않았더라면, 크리스토프는 이런 객관적인 우정에 조금도 환상을 갖지 않았을 것이며, 둘 사이에는 조금도 친밀감이 생기지 않았을 것이다. 그런데 어느 날 콜레트는 유혹하고 싶은 본능과 그 자리에서 갑작스레 그런 생각이 떠올라 이것저것 털어놓았다.

전날 스토방의 부모님은 집에서 파티를 열었다. 스토방은 미친 듯이 웃고 수다를 떨고 장난을 쳤다. 그러나 다음 날 아침 크리스토프가 레슨을 봐주러 왔을 때 스토방은 지쳐서 축 늘어져 얼굴빛도 좋지 않고 기분도 나빴다. 그래서인지 거의 입을 열지 않았다. 기진맥진한 모습이었다. 스토방은 피아노 앞에 앉아 시름없이 치기 시작했는데 복잡한 곳에서는 틀리게 쳤다. 그래서 다시 쳤는데도 또 틀려 도중에서 뚝 그치고 말았다.

"못해요…… 용서해 주세요…… 조금만 기다려 줘요……"

크리스토프는 병이 난 게 아니냐고 물었다. 스토방은 아니라고 했다.

"어쩐지 기분이 언짢아요…… 가끔 이런 일이 있어요…… 정말 이상해요, 화내지 마세요!"

크리스토프는 다시 다른 날 오겠다고 말했다. 그러나 스토방은 그대로 있어 달라고 부탁했다.

"잠깐이면 돼요…… 곧 좋아질 거예요…… 난 정말 바보지요?"

스토방이 여느 때와 다르다는 것을 느꼈다. 그러나 별로 그 까닭은 묻고 싶지 않았다. 그리고 다른 얘기를 할 셈으로 말했다.

"어젯밤 그렇게 화려하게 굴었기 때문이지요! 기분을 너무 내버렸으니까요."

스토방은 빈정거리는 미소를 지어 보였다.

"선생님은 저와는 반대시군요." 스토방은 대답했다.

크리스토프는 솔직히 웃었다.

"선생님은 한 마디 말씀도 안 하셨지요." 그녀는 계속해서 말했다.

"글쎄, 한 마디도 안 했지요."

"그렇지만 재미있는 사람들도 있었어요."

"그렇지, 굉장한 수다쟁이와 재주가 있는 자들이지. 그런 뼈없이 흐늘거리는 프랑스인 속에 들어가면 나는 어찌할 바를 몰라 멍해져 버립니다. 그자들은 무엇이든지 이해하고 무엇이든지 설명하고 무엇이든지 인정하지만, 아무것도 느끼질 않으니까요. 몇 시간이고 연애나 예술에 대해 지껄여대는 자들이지요! 그러니 금방 질려 버리지 않겠어요?"

"그렇지만 선생님에겐 재미있을 텐데요. 연애 얘기는 접어 두고라도 예술 얘기는 말이에요."

"예술은 말로 하는 게 아닙니다. 만드는 것이지요."

"그렇지만 만들 수 없을 때는?" 스토방은 뾰로통해져 말했다.

"그때는 다른 사람에게 맡겨 두면 됩니다. 모든 사람이 다 예술을 위해 만들어진 건 아니니까요." 크리스토프는 웃으며 대꾸했다.

"연애를 위해서도요?"

"연애를 위해서도 말입니다."

"어머! 그럼 우리에게 무엇이 남아 있어요?"

"가정생활입니다."

"정말 고맙습니다!" 스토방은 불쾌한 듯이 말했다.

스토방은 다시 피아노 위에 손을 얹고 치기 시작했다. 그러나 또다시 복잡한 데서 틀려 건반을 두드리고 탄식했다.

"안 돼요! …… 참말 나는 아무것도 못하는 인간이에요. 선생님 말씀대로 예요. 여자는 아무것도 못하는 존재군요."

"그렇게 말할 수 있다는 건 벌써 얼마쯤 나아진 증거입니다." 크리스토프는 상냥스레 말했다.

스토방은 꾸중을 듣고 있는 계집애처럼 부끄러운 듯이 크리스토프의 얼굴을 가만히 바라보며 말했다.

"그렇게 엄격하게 말하지 마세요!"

"나는 선량한 여자의 험담을 하고 있는 게 아닙니다." 크리스토프는 경쾌한 어조로 말했다. "선량한 여성은 지상의 낙원입니다. 단지 지상의 낙원은 ……"

"그렇군요, 아무도 본 사람은 없으니까요."

"나는 그렇게 비관하지도 않습니다. 내가 말하고 싶은 것은, 나는 한 번도 본 적이 없지만 있을는지도 모른다는 겁니다. 만일 있는 거라면 찾아내고 싶기까지 합니다. 단지 그것은 쉬운 일이 아니지요. 선량한 여성과 천재적인 남성은 둘 다 드뭅니다."

"그런 사람을 제외한 남성과 여성은 문제도 되지 않는다는 건가요?"

"아니, 그 반대입니다! 그런 남녀야말로 소중한 사람들입니다…… 세상으로서는 말이지요."

"그런데 당신 자신에겐 어떠세요?"

"내게 있어 그런 것은 존재하지 않습니다."

"어머나, 가혹하시군요!" 콜레트 스토방은 되풀이해서 말했다.

"조금은요. 가혹한 자도 얼마쯤 있어야 합니다. 단지 그것이 타인에게 힘이 되기 위해서라도! ……자갈이 조금은 여기저기 섞여 있지 않으면 세상은 온통 진창이 되어 버립니다."

"그렇군요, 선생님 말씀대로예요. 선생님은 강하니까 행복하시겠어요." 스토방은 슬픈 듯 말했다. "그렇지만 강하지 않은 사람들에게는, 특히 강하지 않은 여자에겐 너무 가혹하게 굴지 말아 주세요…… 우리가 허약함 때문에 얼마나 짓눌려 있는지 선생님은 모르실 거예요. 우리가 웃거나 장난치거나 잘난 체하는 것을 보고, 우리의 머릿속에는 그것밖에 없다고 생각하고 우리를 경멸하고 계시는 거예요. 아! 사교계에 나가서 넘쳐흐르는 젊은 생명으로 성공 같은 것을 얻은 열다섯에서 열여덟 정도의 소녀가 무슨 생각을 하고 있는지 선생님이 짐작해 주신다면! 마구 춤추고, 너절한 얘기나 모순된 일이나 익살맞은 소리를 하여 자기가 웃고 남을 웃기고, 또 얼마쯤 바보들이 하라는 대로 하고, 남의 눈 속에서 찾아질 리 없는 빛을 찾기도 합니다. 그러나 그런 뒤 밤에 자기 집으로 돌아가 조용한 방에 틀어박혀 고독의 괴로움에 무릎 꿇고 엎드려 기도하고 있는 모습을 보셨다면! ……"

"그런 일도 있습니까?" 크리스토프는 깜짝 놀라 물었다. "네? 당신네들이 괴로워하고 있다고요? 그렇게도 괴로워하고 있나요?"

스토방은 대꾸하지 않았다. 그러나 눈에 눈물이 괴어 왔다. 스토방은 웃으려고 애썼다. 그리고 손을 크리스토프에게 내밀었다. 크리스토프는 감동하여 그 손을 잡았다.

"가엾어라!" 크리스토프는 말했다. "만일 괴롭다면 왜 그런 생활에서 벗어나려 하지 않는 겁니까?"

"어떻게 하란 말인가요? 어떻게도 할 수 없는 거예요. 당신네 남자분들은 벗어날 수도 있고 무엇이건 하고 싶은 대로 되지요. 그렇지만 우리 여자들은 사교계의 일과 즐거움의 테두리 안에 영구히 갇혀 있는 거예요. 우리는 거기서 밖으로 나갈 수 없는 거예요."

"당신네들이 우리 남자들처럼 자유롭게 자신을 해방하여 자기 마음에 드는 일을 하고, 독립할 수 있는 일을 하는 것을 누가 방해합니까?"

"당신네 남자들처럼이라구요? 딱하셔라, 크라프트 선생님! 당신이 말씀하시는 일이라는 것이 별로 당신네들의 독립을 보장해 주지도 않잖아요! ……그렇지만 적어도 그것은 당신네들을 기쁘게는 해주겠지요. 그런데 우린 어떤 일을 할 수 있다는 걸까요! 우리에게 흥미 있는 일이란 하나도 없으니까요. 네에, 하기야 우리는 지금 모든 것에 손을 대고 있지요. 우리에게 관계도 없는 많은 일에 흥미를 갖고 있는 체하고 있습니다. 그만큼 무엇인가에 흥미를 갖고 싶다고 생각하는 것이지요! 저도 다른 사람들과 마찬가지예요. 구제 사업과 자선 단체 일을 보고 있어요. 소르본의 강의와 베르그송이라든가 쥘 르메트르의 강연을 들으러 가고, 역사협회나 고전연구회 등에 가서 적어 오기만 하는 거죠…… 무엇을 쓰고 있는지도 모릅니다…… 그리고 거기에 대단히 흥미를 느끼고 있거나 적어도 유익하다고 억지로 믿어보려고 하는 거지요! 아, 그러나 그 반대라는 것을 저는 알고 있어요! 그건 제게 아무래도 좋은 거예요. 얼마나 지루한 일이에요! 그렇지만 세상 사람들이 생각하고 있는 것을 사실대로 얘기한다 해서 나를 또 경멸하진 말아 주세요. 물론 나 또한 바보예요. 그러나 철학이나 역사나 과학이 제게 무슨 소용이 있겠어요? 그리고 예술입니다만, 아시다시피 저는 피아노를 치고 너절한 글을 쓰고 더러운 수채화를 그리고 있어요. 그런데 그런 것이 생활을 충실하게 해주는 것일까요? 우리 여자에겐 하나의 목표밖에 없습니다. 그건 결혼입니다. 그렇다고 선생님과 마찬가지로 저도 잘 알고 있는 그런 사내 누군가와 결혼하는 것이 유쾌한 일일까요? 저는 그 사람들을 있는 그대로 보고 있어요. 전 언제나 꿈을 펼쳐 놓을 수 있는 선생님 세계의 아가씨들처럼 될 수는 없습니다. ……자기 주위를 돌아보고 결혼한 여성이나 그 여성들 상대의 남성을 보고, 그 여성들처럼 해야 한다, 육체도 정신도 모양이 달라져 버려 그 여성들처럼 평범하게 되어야 한다고 생각해 보는 것은 얼마나 무서운 일일까! ……그러한 생활이나 생활의 의무를 받아들이기엔 확실히 극기적인 정신이 필요해요. 그렇지만 모든 여성이 다들 그럴 수 있다고는 할 수 없지요. …… 그리고 때는 지나가고 세월은 흘러 청춘은 가 버립니다. 그래도 우리들 속엔 아름다운 것도 좋은 것도 있었는데, 그것도 이젠 아무 쓸모없어지고 날마다 죽어 가지요. 그래서 체념하고 그런 것을 바보 같은 사내들에게 줘 버려야만 할 테지요. 우리가 경멸하고 있는 저 바보 같은 사내들, 그렇지만 이윽고 우릴 경멸하게 될 저 사내들에게로요! 그러나 아무도 우리 여성들을 이해해 주지 않아요! 우리는 남성들에게는 수수께끼일는지도 몰라요. 남자들이 우리를 재미도 없고 이상스럽다고 생각하는 건 괜찮습니다. 그렇지만 여성들은 우리를 이해해 줘야 할 거예요! 그녀들은 전에 우리와 똑같았으니까요. 단지 생각해 내기만 하면 되지요. …… 그런데 전혀 조금도 그러지 않았어요. 아무런 구원의 손길도 뻗어오지 않아요. 어머니조차도 우리를 알지 못합니다. 또 알려고도 하지 않아요. 우리를 결혼시키는 일밖에는 생각하고 있지 않아요. 그 밖의 일은 살거나 죽거나 하고 싶은 대로 해라! 하는 식이에요. 사회는 우리를 완전히 내버려둔 채로 있는 거예요."

"낙심할 건 없습니다." 크리스토프는 말했다. "사람은 저마다 인생 경험을 다시 해야 합니다. 만일 당신에게 용기가 있다면 모든 일이 잘 돼나갈 겁니다. 당신 사회의 바깥을 찾아 보도록 하시오. 프랑스에는 아직도 훌륭한 사람이 있을 겁니다."

"그야 있지요, 저도 알고 있어요. 하지만 그런 사람은 모두 권태로워요! 그리고 바른 대로 말하자면 제가 사는 세계가 저는 싫은 거예요. 그러나 지금 와서는 이 세계를 벗어나서는 살 것 같지도 않아요. 습관이 되어 버린 거죠. 제겐 어떤 종류의 사치와 사교적인 세련이 필요합니다. 그리고 물론 그것은 돈만으로는 얻을 수 없지요. 그러나 돈이 없어서도 안 되는 것이죠. 그러한 생각이 훌륭하지 못하다는 것도 저는 알고 있어요. 저는 저 자신을 잘 알고 있어요. 저는 약한 여자입니다…… 이런 너절하고 비겁한 소리를 했다고 제발 이대로 가 버리지는 말아 주세요. 친절한 마음으로 들어주세요, 선생님과 얘기하고 있으면 기분이 참 좋아요! 선생님이 강한 분이라는 것, 건강한 분이라는 걸, 전 느껴요. 그래서 전 선생님을 전적으로 신뢰하고 있어요. 조금쯤 우리의 친구가 되어 주세요."

"알았습니다." 크리스토프는 말했다. "그러나 내가 무엇을 할 수 있을까요?"

"제가 하는 말을 듣고 제게 충고를 해주시고 저를 격려해 주시기만 하면 되는 거예요. 저는 아주 갈피를 못 잡게 될 때가 있어요! 그렇게 되면 어찌해야 좋을지 모르겠는 거예요. '싸워야 무슨 소용이 있으랴? 괴로워한들 무슨 소용이 있으랴? 이렇든 저렇든 대수로울 건 없다! 누구건 상관없다! 무엇이건 상관할 바 없다!' 하고 생각해 버리죠. 그건 무서운 일이에요. 그런 기분이 되고 싶지는 않아요. 절 도와주세요! 도와주세요! ……"

스토방은 아주 지쳐서 열 살은 더 들어 보였다. 온순하게 매달릴 듯한 상냥한 눈으로 크리스토프의 얼굴을 물끄러미 바라보았다. 크리스토프는 스토방이 바라는 대로 모든 것을 맹세해 주었다. 그러자 스토방은 기운이 나서 미소 짓고 다시 명랑해졌다.

그리고 그날 밤은 언제나처럼 웃고 장난쳤다.

*

이날 이후 두 사람은 으레 친근한 얘기를 나누었다. 실내에는 그들 두 사람뿐이었다. 스토방은 그에게 무엇이나 다 털어놓았다. 크리스토프는 스토방이 말하는 것을 이해하고 조언해 주는 데 퍽 고심했다. 스토방은 그 조언에, 그리고 충고에도 얌전한 계집애처럼 진지하고 주의 깊게 귀를 기울였다. 스토방에게는 그것이 심심풀이가 되고 재미도 있고 또 마음의 의지도 되었다. 스토방은 감동을 담고 아양을 품은 추파를 던져 그에게 감사했다. 그러나 스토방의 생활은 조금도 변하지 않았다. 요컨대 심심풀이가 하나 늘어난 데 지나지 않았다.

스토방의 하루는 변용(變容)의 연속이었다. 꽤 늦게 12시쯤 일어났다. 불면증에 걸려 새벽녘이 되어서야 겨우 잠드는 것이었다. 낮에는 아무 일도 하지 않았다. 하나의 시구, 하나의 생각, 생각의 단편, 대화의 기억들, 하나의 악구, 마음에 드는 하나의 얼굴 따위를 멍하니 마음에 떠올린다. 완전히 잠에서 깨어나는 것은 오후 네다섯 시 무렵부터였다. 그때까지는 눈꺼풀이 무겁고 얼굴이 부석부석해서 졸린 듯한 화난 얼굴을 하고 있다. 몇 사람 친한 벗이라도 찾아오면 겨우 기운을 내곤 했다. 벗들도 스토방과 마찬가지로 수다스럽고 똑같이 파리의 뜬소문에 호기심을 품었다. 함께 연애론을 한없이 주고받았다. 연애 심리, 이것이야말로 화장과 비밀의 폭로와 험담 등과 더불어 그녀들의 영원히 변함없는 화제였다. 스토방 주위에는 또 한가한 청년들이 한 떼를 지어 모여들었다. 그들은 하루 두세 시간은 어떻게든 여자들 사이에서 지내지 않으면 직성이 풀리지 않는 자들로서, 차라리 여자 차림을 하는 것이 잘 어울릴 것 같은 그런 젊은이들이었다. 그것은 그 혼도, 얘기하는 투도 소녀다웠기 때문이다. 크리스토프도 스토방의 상대가 되는 시간을 기다렸다. 즉 고해(告解)를 들어주는 시간이었다. 스토방은 곧 진지해지고 엄숙해졌다. 스토방은 마치 보들리(영국
역사가)가 말하는 참회실의 저 젊은 프랑스 부인과 같았다. 프랑스 부인은 '냉정히 준비된 한 문제를 전개하여, 똑똑한 질서와 명석함의 모범적인 실례를 보였다. 거기에는 말해야만 하는 모든 것이 질서 정연하게 정돈되고 명확하게 분류되었던' 것이다.

그것이 끝나자 스토방은 전보다 더 떠들어 댔다. 해가 저물어 감에 따라 더욱 젊은 기운이 넘쳤다. 밤이 되면 극장으로 갔다. 거기서 여전히 같은 얼굴을 보게 되는 것은 변함없는 즐거움이었다. 또 연출되는 극을 즐기는 것이 아니라, 낮익은 배우가 스토방이 잘 알고 있는 버릇을 되풀이하는 것을 보는 것이 즐거웠다. 또 좌석으로 만나러 오는 사람들과 주고받는 화제는 다른 좌석에 있는 사람들이나 여배우들에 대한 험담이었다. 처녀 역의 여배우가 '썩은 마요네즈 같은' 둔탁한 목소리를 낸다거나, 유명한 여배우가 '램프 갓 같은' 옷을 입고 있다는 둥 말했다. 또는 야회에 나가기도 했는데 자기가 미인이라면 자기 모습을 남에게 보이는 기쁨도 거기 있었다―(아름다운지 어떤지는 그날에 따라 달랐다. 파리 미인의 아름다움만큼 변하기 쉬운 것은 없었다)―또한 타인의 복장과 육체적 결함 등에 대한 비평을 새로 입수했다. 참다운 대화란 거기 없었다. 집으로 돌아가는 길은 늦었다. 좀처럼 잘 수 없었다―(이 무렵이 가장 눈이 말똥거리는 시각이었다)―스토방은 탁자 주위를 돌아다녔다. 책을 대중없이 펼쳐 보았다. 어떤 말과 몸짓을 생각해 내곤 혼자 웃었다. 지루했다. 비참한 생각이 들었다. 잠을 이룰 수 없었다. 그리고 한밤중엔 불현듯 절망의 발작에 휩쓸리는 것이었다.

크리스토프는 가끔 몇 시간인가 스토방을 만날 뿐 더욱이 스토방의 변한 태도도 겨우 두세 가지밖에는 본 적이 없었으므로, 아직까지도 그녀 일은 좀처럼 종잡을 수 없었다. 어떤 때라야 그녀는 진지한 것일까―아니면 언제나 진지한 것일까―그렇지 않으면 전혀 진지한 일은 없는 것일까 하고 이상히 여겼다. 스토방 자신도 그것을 그에게 말할 수는 없었을 것이다. 아무 일도 하지 않고 답답해하고 있는 욕망에 지나지 않는 대부분의 소녀와 마찬가지로 스토방도 어둠 속에서 살고 있었다. 자신이 어떤 사람인지도 알 수 없었다. 왜냐하면 자기가 무엇을 바라고 있는지 몰랐기 때문이다. 실제로 실험해보기 전에는 자기가 바라는 것이 무엇인지 알 수 없었기 때문이다. 그래서 자기류로 되도록 많은 자유와 되도록 적은 위험으로 욕망을 시도해 보려고 했다. 그럴 때 스토방은 자기 주위 사람들의 본을 떠 그들의 도덕적 표준을 따르려고 애썼다. 스토방은 선택을 서두르지 않았다. 모든 것을 이용하기 위해 모든 것에 제약을 두고자 하였다.

그렇지만 상대가 크리스토프와 같은 친구일 때, 이것은 잘 되지 않았다. 크리스토프가 존경하고 있지 않은 사람들 혹은 경멸하는 사람들이 자기보다도 중히 여겨짐은 크리스토프도 인정했다. 그러나 그들과 동일시되는 것은 용인할 수 없었다. 사람은 저마다 나름대로 취미를 갖고 있다. 그러나 적어도 그 취미는 하나씩 있어야 한다.

크리스토프가 가장 싫어하는 너절한 청년들을 콜레트 스토방이 자기 주위에 모아놓고 좋아하는 눈치를 보이자 그는 더욱 참을 수 없었다. 그들은 참으로 꼴불견이고 신사인 체하는 속물들이었다. 하여튼 대부분 부자들이고 한량(閑良)이거나 어느 관청에서 한직(閑職)을 맡고 있었다. 어떻든 하는 일도 동일했다. 모두들 글을 쓴다고 했다—쓴다고 자칭하고 있었다. 이것은 제3공화국의 하나의 정신병이었다. 더구나 허영적인 나태의 한 형식이었다—지적 노동은 모든 노동 가운데서 가장 판정하기 어려운 것으로, 가장 허세를 부리기에 알맞은 것이었기 때문이다. 그들은 자기들의 고심에 대해서는 삼가는 말투로, 그러나 거만스런 말을 조금 입에 담았을 뿐이었다. 그들은 자기 일의 중요성을 뼈저리게 느끼고 무거운 짐 아래서 허덕이고 있는 것처럼 보였다. 처음 크리스토프는 그들의 작품과 이름을 통 알지 못했으므로 곤란했다. 그래서 살짝 조사해 보았다. 특히 그들이 희곡의 대가라고 말하고 있는 사람 중 한 사람이 쓴 것을 알려고 했다. 그런데 놀라운 것은 이 대극작가는 단지 1막짜리를 하나 썼을 뿐이었다. 더욱이 이것은 어떤 소설에서 발췌한 것이며, 또 그 소설이라는 것이 그들의 잡지 중 하나에 10년 동안에 발표된 일련의 단편 소설이라기보다는 차라리 스케치풍의 소품으로 되어 있는 것이었다. 다른 자들의 작품도 대체로 그런 정도였다. 짧은 희곡, 두서너 편의 단편 소설, 두서너 편의 시였다. 단 한 편의 짧은 논문으로 유명해진 사람도 있었다. 또 어떤 사람은 '이제부터 쓰기로 되어 있는' 한 권의 책으로 유명해져 있었다. 그들은 긴 작품을 경멸했다. 그들은 문구 속에서의 말의 배열을 극단적으로 중요시하고 있는 듯했다. 그래도 '사상'이라는 말이 항상 그들 얘기 속에 나왔다. 그러나 그것은 일반적으로 쓰이는 의미와는 다른 것 같았다. 그들은 그것을 문체의 세부에 적용했다. 그래도 그들 중에는 위대한 사상가나 위대한 풍자가도 있었다. 그들은 심각한 말이나 멋있는 말은 독자가 놓쳐 버리지 않도록 이탤릭체로 썼다.

그들은 모두 자기 자신을 숭배했다. 그것이 그들이 할 수 있는 단 하나의 숭배였다. 그들은 그것을 타인에게도 시키려 했다. 공교롭게도 타인도 이미 자기 숭배를 하고 있었다. 그들은 얘기를 하는 데도, 걷는 데도, 담배를 피우는 데도, 신문을 보는 데도, 머리나 눈을 돌리는 데도, 서로 인사하는 데도 끊임없이 대중을 염두에 두고 있었다. 연극적인 동작은 청년들에게 흔히 있었다. 보잘것없는 인물일수록, 말하자면 남에게서 문제시되지 않는 인간일수록 그렇게 되기 쉽다. 더구나 여성에 대해서는 매우 노력한다. 그것은 여자를 갈망하고 있기 때문이며, 또한 그 이상으로 여자에게 갈망되기를—보다 더—바라고 있기 때문이다. 그러나 그들은 누구에 대해서도 허세를 부린다. 깜짝 놀란 시선밖에는 기대되지 않는 길가의 행인에 대해서도 그러하다. 크리스토프는 빈번히 그러한 공작새의 새끼를 만난 적이 있었다. 삼류 화가, 솜씨만 좋을 뿐인 연주가, 젊은 배우들로서 세상에 알려진 초상, 예컨대 반 다이크·램브란트·벨라스케스·베토벤 등의 초상을 흉내 낸 훌륭한 음악가, 훌륭한 화가, 심오한 사상가, 명랑한 호인 다뉴브의 농부(얼른 보기에는 조잡하지만 솔직히 현실을 얘기하는 사내를 말함), 자연인 등의 역할을 하고 있었다……. 그들은 남이 자기에게 주목해 줄까 하여 오고가는 길가에서 곁눈질만 하고 있었다. 크리스토프는 그들이 찾아오는 것을 보고 아주 가까이 접근하자 짓궂게 모르는 체하며 눈을 딴 데로 돌렸다. 그러나 그들의 실망은 오래 계속되지는 않았다. 두서너 발짝 걸어가자 다음 통행인에게 허세를 부려 보았다. 콜레트 스토방의 살롱에 모이는 부류들은 이러한 부류들보다는 세련되어 있었다. 그들은 특히 정신을 좋게 꾸미려고 했다. 여기에는 두서너 모델이 있었지만, 이 모델 자신이 이미 진짜가 아니었다. 또한 그들은 하나의 관념을 흉내 내고 있었다. 힘, 기쁨, 연민, 연대 책임, 사회주의, 무정부주의, 신앙, 자유 등, 그것들이 그들의 소임이었다. 가장 귀중한 사상도 문학상의 한 사건으로 치거나, 혼의 가장 웅대한 비약에도 유행의 넥타이 같은 역할을 부여해 주려는 재능을 그들은 준비하고 있었다.

그들의 가장 자신 있는 세계는 연애였다. 그들에게 연애는 누워 떡 먹기였다. 쾌락의 의의(意義) 해석으로서 그들이 모르는 것이란 하나도 없었다. 그러한 솜씨가 있는 것을 기회로 다시 새로운 경우까지를 생각해 냈다. 그것을 해결할 명예를 얻고 싶기 때문이었다. 이러한 일은 항상 달리 일이 없는 부류들이 하는 짓이었다. 정말로 사랑을 하고 있지 않으니까 '사랑을 만들어 내는' 것이었다. 그리고 특히 사랑을 해석하는 것이었다. 원본은 무척 조잡하고 주석만이 엄청나게 풍부했다. 사회학은 이를 데 없이 외설스런 사상에 진미를 가했다. 당시는 모든 것이 사회학의 장막으로 뒤덮여 있었다. 자기 악덕을 만족시키는 것이 아무리 즐겁더라도 이를 만족시키며 새로운 시대를 위해 일하고 있다는 것을 믿을 수가 없었더라면 무엇인가 결여되어 있는 것으로 여겨졌을 것이다. 이것은 가장 파리적인 일종의 사회주의였다. 즉 연애 사회주의였다.

당시 이런 연애의 작은 궁정을 떠들썩하게 한 문제는 결혼에서 남녀 평등, 연애에서 권리의 평등이라는 문제가 있었다. 선량하고 정직하고 다소 우스꽝스런 신교도의 어떤 청년들—그것은 스칸디나비아인과 스위스인이었다—은 순결의 평등을 요구하여 남성도 여성과 마찬가지로 순결한 육체로 결혼해야 한다고 주장했다. 그렇지만 파리의 궤변론자들은 다른 종류의 평등을, 불결의 평등을 요구하여 여성도 남성과 같이 육체를 더럽히고 나서 결혼해야 한다는 것을—정부를 가질 권리—주장했다. 파리 사람들은 사상에 있어서나 실제에 있어서 간통을 많이 해왔으므로 그것이 무미건조하게 여겨지기 시작했다. 문학의 세계에서는 더 독창적인 일을 생각해 내어 이를 대신코자 사람들을 찾고 있었다. 여기서 생각해 낸 것이 미혼 소녀의 매음이었다. 즉 이것은 법칙에도 들어맞고 보편적이기도 하고 도의에도 어긋나지 않는, 가정적인, 한술 더 떠서 사회적인 매음이라는 것이었다. 최근에 나온 재치 있는 책이 이 문제의 법전이 되었다. 이 책은 어릿광대 같은 현학에 찬 400페이지 속에서 '베이컨풍 방법의 모든 규칙에 따라' '쾌락의 최상의 처리법'이 연구되고 있었다. 그것은 자유 연애의 강의로서 우아함, 예의범절, 고상한 취미와 기품, 미, 진리, 정절, 도덕 등이 끊임없이 얘기되었다. 타락하고 싶어하는 상류의 젊은 아가씨들에게는 바야흐로 베르캥^(18세기 프랑스 문학가로 젊은이용 작품을 씀)식의 읽을거리였다. 그것은 당분간 복음서가 되어 콜레트 스토방의 작은 궁정에서는 크게 애호되고 또 열심히 주석이 덧붙여졌다. 물론 그들도 제자들이 하는 식에 따라 이러한 역설 밑에 감추어져 있는 올바른 것, 훌륭히 관찰된 것, 또 꽤 인간적인 것들을 놓치고 최악의 것만을 쳐들었다. 이 달콤하고 작은 꽃이 활짝 핀 화단에서 그들은 가장 독이 있는 꽃을 꺾었다. 예컨대 다음과 같은 경우가 그것이었다. '쾌락의 취미는 일의 취미를 북돋을 따름이다', '처녀가 쾌락을 맛보지 않고 어머니가 되는 것은 부자연스럽다', '동정의 남자를 소유하는 것은 여심에게 있어 사려 깊은 어머니가 되기 위한 자연스런 준비다', '아들의 자유를 지키기 위해 사용한 저 섬세하고 올바른 정신으로 딸의 자유를 만들어 주는 것'은 어머니의 의무이다, '젊은 처녀들이 현재 학교나 친구 집의 파티에서 돌아올 때와 같은 자연스런 기분으로 정부 집에서 돌아오는' 시대가 올 것이다.

콜레트 스토방은 웃으며 이러한 교훈은 퍽 지당한 얘기라고 말했다.

크리스토프는 이런 얘기를 소름이 끼치도록 싫어했다. 그는 그 중대함과 그것이 가져올는지도 알 수 없는 해독을 과장하여 생각했다. 프랑스인은 문학을 실제로 적용하기에는 너무나 총명했다. 이러한 소 디드로들은 일상생활에 있어서는 백과전서학파의 저 천재적인 파뉘르주(본신술을 지녔던 달랑베르를 이름)처럼 다른 사람들과 똑같이 착실하고 또 소심한 시민이다. 그들이 실제 행동에 있어 그토록 겁쟁이기 때문에 사고 속의 행동을 가능한 극단으로까지 밀고 가기를 좋아하고 있는 것이다. 그것은 전혀 위험이 없는 놀이이다.

그러나 크리스토프는 프랑스식 딜레탕트는 아니었다.

*

콜레트 스토방을 에워싼 부류들 중에 아무래도 그녀가 좋아하는 듯한 청년이 있었다. 물론 그 청년 역시 크리스토프에게는 가장 꼴불견인 사내였다.

그는 귀족적인 문학을 하거나 제3공화국의 특권 계급을 자랑하는 신흥 부르주아 아들 중 하나였다. 이름은 루시앙 뢰비쾨르라고 했다. 양미간이 넓은 눈, 날카로운 눈초리, 매부리코, 두툼한 입술, 반 다이크풍으로 끝을 뾰족하게 깎아 다듬은 갈색 수염, 나이에 비해 머리가 벗겨졌으나 그것이 오히려 그의 풍모에 어울렸으며, 말씨도 부드럽고 태도가 매우 세련되었다. 손은 보드랍고 기품이 있어 악수를 하면 그 손 안에서 이쪽 손이 녹아 버릴 것만 같았다. 그는 언제나 무척 정중한 태도로 세련된 애교를 꾸몄다. 사실은 싫어서 어떻게 해서든 내쫓아 버리고 싶은 상대에 대해서조차 그랬다.

크리스토프는 이미 이 사내를 만난 적이 있었다. 그것은 실바인 콘의 인도로 처음으로 문학자의 만찬회에 나갔을 때의 일이었다. 서로 얘기를 나누지는 않았지만 그 목소리를 듣기만 해도 이 사내에게 혐오감을 느꼈다. 왠지 그때는 몰랐지만 나중에 그 깊은 이유를 알게 되었다. 사람에게는 느닷없이 애정이 솟아오를 때가 있고, 또한 증오심이 돌연히 일어나기도 한다. 혹은 (모든 정열을 두려워하는 것과 같이 이 증오라는 말을 두려워하는 상냥스런 사람들의 마음을 상하지 않게 말한다면), 그것은 적을 느끼고 제 몸을 방어하려고 하는 건전한 인간의 본능이라 해도 좋다.

뢰비쾨르는 크리스토프와는 반대로 야유와 분해의 정신을 대표하고 있었다. 이 정신은 죽어가고 있는 옛 사회의 모든 위대한 것, 즉 가정이나 결혼이나 종교나 조국, 또한 예술에 있어서의 모든 웅대한 것, 순수한 것, 건강한 것, 민중적인 것, 또는 사상이나 감정이나 위인이나 인간에 대한 모든 신앙을 정중하고도 은밀히 좀먹고 있다. 이러한 사상의 밑바닥에는 분석의, 극단적인 분석의, 기계적인 기쁨, 사상이 벌레먹는 동물적인 욕구, 구더기 같은 본능밖에 없었다. 그리고 이렇게 지적으로 사물을 부식시키려는 욕구와 함께 여자가 갖고 있을 관능적인 쾌락이 있었다. 여자라 해도 문학자인 체하는 여자 말이다. 뢰비쾨르에게 있어서는 모두가 하나의 문학 재료였다. 예를 들면 자기 또는 친구의 사랑의 행운이나 악덕도 족족. 뢰비쾨르는 소설과 희곡을 몇 편 썼지만 그 속에서 자기 부모의 사생활과 비밀, 친구들의 비밀, 자기 자신의 비밀과 정사 관계, 그중에서도 친구 아내와의 관계 따위를 아주 재치 있는 필치로 늘어놓았다. 인물 묘사도 참 능란했다. 독자도, 당사자인 부인도, 친구도 모두 그 묘사가 정확하다고 칭찬했다. 뢰비쾨르는 여자에게서 고백을 듣거나 사랑을 받거나 하면 그것을 반드시 작품 속에서 말하지 않고는 못 배겼다. 일반적인 생각으로는, 이러한 철면피 같은 처사가 그와 '상대한 여성들'과의 사이를 냉각시키는 결과가 되었으리라고 상상되는 것은 당연한 일이었다. 그러나 전혀 그런 일은 없었다. 여성들은 거의 불쾌하게 여기지도 않았다. 그저 겉으로만 투덜댈 뿐이었다. 마음속으로는 자기들의 모습이 공개적으로 사람들 눈에 드러나 보이게 된 것을 기뻐하고 있었다. 얼굴에 마스크 하나만 남겨 두면 그 여성들의 정절은 손상되지 않았다. 또 뢰비쾨르 쪽에서 말하더라도 이러한 쓸데없는 많은 이야기 속에는 복수심도 없고 추문을 불러일으키고 싶은 생각도 없었다. 그는 보통 일반 사람에 비해 불효자식도 아니며 나쁜 정부도 아니었다. 대담하게 자기 아버지나 어머니나 정부의 일을 폭로한 장(章) 가운데서도, 그들을 시적인 애정과 매력으로 얘기하는 페이지가 있었다. 뢰비쾨르는 사실 매우 가정적인 사람이었다. 그러나 자기가 사랑하는 것에 존경을 느낄 욕구를 갖지 않는 부류의 한 사람이었다. 존경하기는커녕 그들을 다소 경멸하는 것을 좋아했다. 경멸함으로써 그들 애정의 대상이 한층 더 저희들에게 가까운 것처럼, 한층 더 인간적으로 여겨지는 것이다. 그들은 영웅주의나 순결을 전혀 이해 못하는 속인들이었다. 그들은 그것을 거의 허위나 정신의 무기력으로 알고 있었다. 그러면서도 자기들은 누구보다도 예술의 영웅을 잘 이해하고 있다고 믿고 있으며, 보호자 같은 친한 말투로써 그 영웅들을 비판하고 있음은 물론이었다.

뢰비쾨르는 돈이 있고 한가로운 부르주아의 퇴폐한 여성들과 아주 사이가 좋았다. 그는 그런 여성들에게 친구이고 자기들을 가르치는 일종의 타락한 하녀였다. 자기들보다도 훨씬 자유롭고 노련하고, 자기들이 전부터 부럽게 여기고 있던 하녀였다. 그 여인들은 그에게 전혀 체면을 차리지 않았다. 그리고 자기들에게 멋대로 하고 싶은 일을 시켜 주는 이 벌거숭이 양성(兩性)의 사내를 프시케의 등불을 켜들고 호기심에 가득 찬 눈으로 관찰했다.

섬세한 성질을 가진 듯한, 또 생명의 타락적인 소모에서부터 벗어나려는 비통한 욕망도 가진 듯싶은 콜레트 스토방 같은 소녀가 어째서 이런 부류들과 만나서 기뻐하고 있는지 크리스토프에게는 납득이 가지 않았다. ……크리스토프는 결코 심리학자는 아니었다. 그 점에서는 루시앙 뢰비쾨르 쪽이 몇십 배나 우월했다. 크리스토프는 콜레트의 고백을 듣는 역이었다. 그런데 또한 콜레트는 루시앙 뢰비쾨르의 고백을 듣는 역할을 했다. 이것은 콜레트가 그에게 커다란 우월성을 갖고 있다는 것이었다. 여자로서 자기보다 약한 사내를 상대하고 있다고 생각하는 것은 기분 좋은 일이다. 콜레트는 그렇게 하여 자기 속에 있는 가장 악한 것과 가장 좋은 것, 즉 모성적 본능을 동시에 만족시키고 있었다. 루시앙 뢰비쾨르는 그것을 잘 알고 있었다. 여성의 마음을 움직이는 가장 확실한 방법의 하나는 이 신비스런 곳에 닿는 일이다. 게다가 콜레트는 별로 자랑할 만한 것도 못 되지만 그렇다고 없애버리려고도 하지 않는 여러 가지 본능을 갖고 있어 자기를 약한 인간, 퍽 비겁한 인간이라고 느끼고 있었다. 그래서 벗이 뻔뻔스럽게 계획한 고백을 들으면 남도 자기와 같구나, 인간의 성질은 그대로 받아들이지 않으면 안 되는구나, 하고 믿게 되어 안심해 버리는 것이었다. 그렇게 되자 콜레트는 자기에게 기분 좋은 성벽과는 싸우지 않고 만족하여 나는 이대로도 정당한 것이다, 총명한 처신은 반항하지 않는 일이다—'유감스럽게도!'—아무래도 제압할 수 없는 것에는 관대해지는 일이다, 라고 마음대로 생각했다. 이것은 실행하는 데 조금도 힘들지 않은 현명한 방법이었다.

차분히 가라앉은 마음으로 인생을 관망할 수 있는 사람에게는, 사회 속에 있는 외관적인 문명의 더할 수 없는 세련과 심각한 동물성 사이에 항상 존재하는 모순이 하나의 강한 매력을 느끼게 한다. 화석이나 화석화된 혼이 모여 있는 것이 아닌 살롱이라면 마치 이중의 지층과 같은 이중의 대화 층이 거기 보인다. 그 하나는—누구나 알아들을 수 있는 것으로—지성과 지성 사이에서 나누어진다. 또 하나는—몇몇 사람들 말고는 알려지지 않은 것이지만 가장 힘찬 것으로서—본능과 본능 사이에서, 동물성과 동물성 사이에서 나누어진다. 이 두 가지 대화는 흔히 모순을 일으킨다. 정신이 혼해 빠진 대화를 교환하고 있을 때, 육체는 욕망과 원한을 말하거나 또는 호기와 권태와 혐오를 말한다. 그 동물성은 몇 세기 동안의 문명에 의해 사육되어 우리 속에 있는 비참한 사자처럼 미련해져 있기는 하지만, 지금도 역시 먹이를 꿈꾸고 있다.

그러나 크리스토프는 나이를 먹고 정열이 식은 뒤에야 비로소 얻어지는 저 공평무사한 심경에는 아직 도달해 있지 않았다. 크리스토프는 콜레트의 조언자라는 역할을 아주 진지하게 생각하고 있었다. 콜레트는 전부터 그에게 도움을 청하고 있었고, 크리스토프는 콜레트가 스스로 위험에 몸을 내맡기는 것을 보았다. 그래서 그는 루시앙 뢰비쾨르에게 더는 자기의 적의를 숨기지 않았다. 뢰비쾨르는 크리스토프에 대해서는 처음에 나무랄 데 없는, 그러나 가면적인 예절바른 태도를 취했었다. 그쪽에서도 적을 살폈다. 그러나 두려워할 것이 없다고 판단해 겉으로 나타내진 않지만 상대를 무시하고 있었다. 루시앙 뢰비쾨르는 크리스토프에게서 칭찬을 받는다면 사이좋게 해나갈 수 있었다. 그러나 그것은 도저히 바랄 수 없는 일이었다. 그도 똑똑히 그것을 느꼈다. 크리스토프는 자기 기분을 속이는 법을 모르기 때문이었다. 그래서 루시앙 뢰비쾨르는 단순히 사상의 추상적 대립으로부터 천천히 그리고 신중히 칼끝을 감춘 작은 개인적인 싸움으로 옮겨 갔다. 콜레트 스토방이 그 전리품이 되어야 했다.

콜레트 스토방은 이 두 친구를 평등히 다루었다. 스토방은 크리스토프의 도덕적 우수성과 재능을 맛보고 즐겼는데, 동시에 루시앙 뢰비쾨르의 재미있는 부도덕성과 재치도 맛보고 즐겼다. 그런데 마음속으로는 이쪽에서 더 많은 즐거움을 찾아냈다. 크리스토프는 콜레트를 용서하지 않고 마구 꾸짖었다. 콜레트는 이를 눈물겹도록 겸허한 태도로 듣고 있었으므로 그도 기분을 누그러뜨렸다. 콜레트는 퍽 선량한 여자였는데, 마음이 약하고, 그 선량함 때문에 정직해지지 못하는 점이 있었다. 콜레트는 반쯤 연극을 하고 있었다. 크리스토프와 똑같이 생각하는 체했다. 콜레트는 그 같은 벗의 가치를 똑똑히 알고 있었다. 그렇지만 무슨 일을 위해서도 또 누구를 위해서도 아무것도 희생하고 싶지는 않았다. 자기에게 가장 편리하고 또 가장 기분 좋은 것을 원하고 있었다. 그래서 루시앙 뢰비쾨르와 항상 만나고 있는 것을 크리스토프에게 숨겼다. 사교계의 젊은 여성에게 특유한 귀여운 자연스러움으로써 콜레트는 거짓말을 했다. 그녀들은 모든 사람들을 붙들어 두고 만족시키지 않으면 안 될 자에게 필요한 이러한 수련에는 어릴 때부터 숙달되어 있었다. 콜레트는 크리스토프에게 걱정을 끼치고 싶지 않기 때문이라고 자신에게 핑계를 댔다. 실제로 그가 하는 말이 옳다고 알고 있었기 때문이다. 그래도 역시 콜레트는 그와는 의를 상하지 않고 자기가 하고 싶은 일을 하고 싶었던 것이다. 크리스토프는 가끔 이러한 교활한 처신을 눈치챘다. 그런 때 크리스토프는 커다란 소리로 야단을 쳤다. 콜레트는 사랑스런 그리고 얼마쯤 슬픈 듯한, 후회하고 있는 계집애처럼 가장했다. 그리고 크리스토프에게 추파를 던졌다. 이것은 여성의 궁여지책이다. 크리스토프의 우정을 잃을지도 모른다고 느끼는 것은 콜레트로서는 정말로 슬픈 일이었다. 콜레트의 태도는 유혹적이기도 하고 또 아주 진지하기도 했다. 그리고 잠시 크리스토프의 노여움을 누그러뜨리는 데 성공했다. 그러나 조만간 두 사람 사이는 격렬하게 끝날 운명이었다. 크리스토프의 울화통 치미는 마음속에는 자기도 모르는 사이에 조금쯤 질투가 스며들었다. 또 콜레트의 남을 속이려 드는 달콤한 말 속에도 조금쯤, 아주 조금쯤 애정이 스며들었다. 두 사람의 불화는 그 때문에 더한층 격렬해질 뿐이었다.

어느 날 크리스토프는 콜레트가 거짓말한 현장을 발견하고 루시앙 뢰비쾨르와 자기 가운데 어느 쪽을 택할 것인가를 당장에 대답하도록 요구했다. 콜레트는 이 문제를 피하려 했다. 그러나 나중에 좋아하는 사람은 누구든지 친구로 삼아도 좋다는 권리가 자신에게 있다고 주장했다. 콜레트의 말은 옳았다. 크리스토프는 자기가 한 말이 우스꽝스러운 것을 눈치챘다. 그러면서 자신이 이런 까다로운 소리를 하는 것은 결코 이기심에서 그러는 게 아니라는 것도 알고 있었다. 그는 콜레트에 대해 진심으로 애정을 품고 있었던 것이다. 비록 콜레트의 의지를 억지로 강요하는 결과가 될지라도 콜레트를 구해 내고 싶었다. 그래서 서투르게 더욱 우겨댔다. 콜레트는 대답을 거부했다. 크리스토프는 말했다.

"그럼, 콜레트, 우리가 이제 친구가 아니기를 바라는군요?"

콜레트는 말했다.

"아뇨, 제발 그런 말씀은 말아 주세요. 당신이 친구가 되지 않는다면 저는 무척 슬퍼요."

"그렇지만 당신은 우리의 우정에 아무것도 희생하려고 들지 않잖아요?"

"희생이라고요! 참 어처구니없는 말씀을 다 하시네요!" 콜레트는 말했다. "어째서 어떤 다른 일을 위해 항상 어떤 일을 희생해야 하죠? 그런 건 마치 그리스도교적인 어리석은 생각이에요. 결국 당신 자신은 모르지만 아주 진부하군요."

"그럴는지도 모릅니다." 크리스토프는 말했다. "내게 있어서는 이것이냐, 저것이냐, 입니다. 선과 악 사이에 중간은 인정하지 않습니다, 털끝만큼도요."

"그래요, 알고 있어요." 콜레트는 말했다. "그러니까 저는 당신이 좋아요. 제일 좋아요, 정말로. 하지만……"

"하지만 또 한 사람도 좋다는 것이지요?"

콜레트는 웃었다. 그리고 한쪽 눈에 교태를 담고 이를 데 없이 상냥스런 목소리로 말했다.

"가지 말아요, 이리 오세요!"

그는 이번에도 질 뻔했다. 그런데 거기에 루시앙 뢰비쾨르가 들어왔다. 콜레트는 그 역시 똑같은 교태어린 눈과 상냥스런 목소리로 맞아들였다. 크리스토프는 입을 꽉 다문 채 콜레트가 조그만 연극을 하는 것을 가만히 보고 있었다. 그러고 나서 헤어지기로 결심하고 떠났다. 마음은 슬프고 애틋했다. 그러나 언제까지나 집착해서 올가미에 걸려 있기만 하는 것은 참으로 어리석은 짓이었다!

집에 돌아와 기계적으로 책을 정리하며 울적한 대로 성서를 펴 읽었다.

……여호와께서 또 말씀하시되 시온의 딸들이 교만하여 늘인 목과 정을 통하는 눈으로 다니고 젠체하며 발로는 쟁쟁한 소리를 낸다 하시도다.

그러므로 주께서 시온의 딸들의 정수리에 딱지가 생기게 하시며, 여호와께서 그들의 하체를 드러나게 하시리라……

크리스토프는 콜레트의 술책을 떠올리고 그만 웃음을 터뜨렸다. 기분이 좋아서 자리에 들었다. 그리고 성서가 우스꽝스런 책으로 읽히게 된 것을 보면 자신도 또한 파리의 부패에 감염해 버린 것이 틀림없다고 생각했다. 그러나 여전히 자리 속에서 이 어릿광대 같은 대심판자의 판결문을 되뇌고 있었다. 그리고 저 젊은 여자친구의 머리꼭지가 어떻게 될까를 애써 상상해 보려 했다. 크리스토프는 어린아이처럼 웃으며 잠에 빠져들었다. 그는 이미 자기의 새로운 슬픔에 대해서는 생각지 않고 있었다. 슬픔이 하나 더 늘거나 줄거나…… 크리스토프는 그런 일에는 이미 익숙했다.

*

크리스토프는 여전히 콜레트에게 피아노를 가르치고 있었다. 그러나 그 뒤로는 콜레트가 두 사람만의 즐거운 얘기를 하려고 말을 걸어 오더라도 이를 피했다. 콜레트가 아무리 슬픈 얼굴을 하거나 화를 내며 교활한 잔재주를 부려도 효과는 없었다. 크리스토프는 버티었다. 둘은 서로 말을 하지 않았다. 드디어 콜레트 쪽에서 구실을 만들어 수업 횟수를 줄였다. 그리고 이쪽에서도 구실을 만들어 콜레트 스토방네의 야회에 초대받는 것을 거절했다.

파리의 사교계에는 그만 질려 버렸다. 그 공허, 나태, 정신적 무기력, 신경 쇠약, 이유도 없고 목적도 없이 그저 스스로를 파멸시키는 데 지나지 않는 망령된 비평벽 같은 것을 크리스토프는 더 참을 수 없었다. 예술을 위한 예술의, 또 쾌락을 위한 쾌락의 이런 침체된 분위기 속에서 사람들이 어떻게 살아가는 것일까 하고 그는 이상스럽게 여겼다. 그러나 이 사람들은 계속 살고 있었다. 이 사람들은 한때 위대했었다. 오늘날에도 아직 세계에서는 상당히 활개치고 있었다. 멀리서 보는 자에게는 환상을 품게 했다. 그러나 대체 어디서 생존의 이유를 이해하는 것일까? 아무것도, 쾌락밖에는 아무것도 믿지 않는데도……

크리스토프가 여기까지 생각했을 때, 길에서 무언지 큰 소리로 외치는 젊은이들을 만났다. 그들은 마차 한 대를 끌고 있었는데, 그 위에는 노사제(老司祭) 한 사람이 앉아서 좌우 사람들에게 축복을 내리고 있었다. 조금 앞쪽을 보자 프랑스 병사들이 도끼를 휘둘러 교회당 문을 부수고 훈장을 단 신사들이 의자를 치켜들고 이에 대항하고 있었다. 크리스토프는 프랑스인이 아직도 무엇인가를—그것이 무엇인지 알 수 없었지만—믿고 있다는 생각이 들었다. 어떤 사람이 설명해 준 바에 의하면 국가는 1세기 동안 교회와 공동생활을 한 뒤 교회에서 분리한 것인데, 교회 쪽에서 순순히 나가지 않으므로 법과 힘을 가진 강력한 국가가 이를 쫓아내려 하는 것이라고 했다. 크리스토프는 결코 그런 수단을 적절하다고는 생각지 않았다. 하지만 파리 예술가들의 단정치 못한 향락의 기분에 질렸던 참이었으므로, 하나의 주의 주장을 위해 비록 그것이 아무리 하찮은 것일지라도 과감히 싸우려고 하는 사람들을 만난 것이 기뻤다.

이윽고 크리스토프는 이러한 인간이 프랑스에 여럿 있다는 것을 알았다. 정치신문은 호메로스의 영웅들처럼 서로 싸우고 있었다. 내란을 선동하는 기사를 매일 실었다. 아닌 게 아니라 그것은 말만으로 그런 것이지 실력에 호소하는 일은 여간해서 없었다. 그래도 타인이 쓴 도덕을 실행으로 옮기는 소박한 사람들도 없지 않았다. 그러자 여러 진기한 광경을 볼 수 있었다. 프랑스로부터 이탈하고 싶어하는 여러 지방이라든가, 여러 연대의 전원 탈영이라든가, 현청(縣廳)의 방화라든가, 헌병대의 선두에 나선 기마에 올라타는 세금을 걷는 관리라든가, 자유 사상가들이 자유의 이름 아래 파괴하는 교회당을 지키기 위해 큰 가마솥에 물을 끓이고 낫을 손에 든 농민이라든가, 알코올 생산 지방에 대항하여 일어선 포도주 양조업자들에게 호소하기 위해 나무 위에 올라간 서민적인 속죄자 같은 군중들이 여기저기서 무수히 주먹을 내밀고 흥분하여 고함을 지르다가 나중에는 참말로 싸움을 시작했다. 공화 정부는 민중에게 아첨을 하였다. 다음에는 민중을 닥치는 대로 후려쳤다. 민중 쪽에서도 민중의 아들—장교와 병졸—의 머리를 박살냈다. 이리하여 저마다 자기의 주의 주장과 주먹이 훌륭하다는 것을 타인에게 증명해 보였다. 신문을 통해 멀리서 이런 것을 바라보고 있으면 자신이 몇 세기나 뒤로 되돌아간 듯한 느낌이 들었다. 프랑스는—이 회의적인 프랑스는—사실 열광적인 민족이라는 것을 크리스토프는 발견했다. 그러나 어떠한 의미로서 열광적인지는 알 수 없었다. 종교의 후원자로서일까, 아니면 그 반대일까? 이성의 편으로서일까, 아니면 그 반대일까? 조국의 편으로서일까, 아니면 그 반대일까? 그들은 모든 의미에서 열광적이었다. 열광적이라는 것을 즐기기 위해 열광적이 되는 것 같았다.

*

어느 날 밤 크리스토프는 콜레트 스토방 집안의 객실에서 가끔 만난 적이 있는 사회주의자인 국회의원 한 사람과 얘기하게 되었다. 전에 얘기한 적은 있었지만 상대가 어떤 사람인지는 전혀 몰랐다. 이제까지는 그저 음악 얘기를 조금 나누었을 뿐이었다. 이 사교인이 과격한 정당의 당수라는 걸 알고 크리스토프는 깜짝 놀랐다.

아쉴르 루생은 블론드 수염을 기른 미남자였다. 목구멍 속에서 목소리가 나오는 듯한 화법으로 말하고 얼굴엔 윤기가 돌고 태도는 활달했다. 일종의 고상한 품위를 갖추고는 있었지만, 얼마쯤 비속함이 있고 가끔 시골 출신다운 몸짓이 튀어나왔다. 남이 보는 데서 손톱을 다듬는 버릇이 있고, 누군가에게 말을 걸 때는 반드시 상대의 옷 저고리를 잡아당기거나 손을 붙들거나 팔뚝에 손을 대거나 하는 아주 평민적인 습관을 갖고 있었다. 게다가 잘 먹고 잘 마시고 잘 놀고 잘 웃고 온 힘을 다해 덤벼드는 평민의 탐욕을 갖고 있었다. 또 순응성이 풍부하고 상대에 따라 교묘하게 태도를 바꾸고 정도를 넘지 않을 만큼 수다를 늘어놓고, 남의 얘기를 잘 들으며 그 말에 곧 동의했다. 사물에 공감하기 쉬운 성질을 가지고 있어 이해력이 빠르고 모든 일에 흥미를 가졌다. 그것은 타고난 취미이기도 하고 후천적인 취미이기도 하며, 또 허영심 때문이기도 했다. 아쉴르 루생은 또 예의바르고 정직하기도 했지만 그것은 그의 이익에 손상이 없을 때에 한해서였다. 그리고 또 정직하고 예의바르게 하지 않았다가는 위험할 듯할 때에 그랬다.

아쉴르 루생의 아내는 매우 미인으로 키가 크고 골격이 꽉 짜였으면서도 몸은 날씬했다. 화려한 옷을 약간 몸에 끼도록 입고 있었는데, 그런 만큼 몸의 탄력이 둥그스름하게 잘 나타났다. 얼굴은 곱슬곱슬한 검은 머리로 에워싸였으며 눈은 크고 검고 흐릿했다. 턱은 뾰죽한 편이었다. 얼굴은 살이 쪘는데 보기에 퍽 귀여웠다. 그러나 근시의 눈을 항상 깜박거리며 입을 오므려 쭉 내미는 통에 그 귀여움이 반감되고 만다. 걷는 모습은 어떤 종류의 새처럼 짐짓 꾸민 듯하여 보기에 어색했다. 얘기하는 투도 뽐내는 듯한 데가 있었지만 정숙하고 애교가 있었다. 이 여인은 시민 계급의 부유한 상인 집안 출신으로 자유로운 정신과 도덕심을 갖고 있어, 종교에라도 얽매여 있는 것처럼 세간의 무수한 의무에 매여 있었다. 예술적인 의무와 사회적인 의무를 자기 몸에 짊어지고 있었던 것은 물론이다. 그녀는 자기 집에 살롱을 마련해 일반 대학에 예술을 보급시키고 자선 사업이나 아동 심리 연구에 종사했는데, 그것은 별다른 열의가 있어서도 아니고 또한 흥미가 있어서도 아닌, 단지 타고난 친절한 마음에서 하는 것이었다. 언제나 학과를 암송하고 있어 남에게 알려진다는 일에 보람을 느끼고 있는 교양 있는 젊은 부인의 뽐내는 마음과 순진한 현학심에서 하는 것이었다. 그 부인은 무엇인지 하지 않고는 못 배겼다. 그러나 그 일에 흥미를 가질 필요는 없었다. 언제나 편물을 손에 들고 마치 세계의 구제는 이 일에 달렸다는 듯 항상 부지런히 바늘을 놀리는 부인처럼—그러나 그 부인은 그 일을 별로 목적이 있어서 하는 것도 아니다—그녀가 하는 일은 열병 비슷했다. 그리고 또 그 여인 속에는—그런 '바느질하는 부인'과 마찬가지로—자기 본을 보이고 다른 여성에게 교훈을 주려고 하는 강직한 여자의 작은 허영심이 있었다.

국회의원은 아내를 사랑하면서도 경멸했다. 자기 쾌락과 안정을 위해 그 여인을 택한 것이라면 그 선택은 썩 들어맞은 것이었다. 그 부인은 아름다웠다. 그는 이를 향락하고 그 이상은 아무것도 바라지 않았다. 부인도 그에 대해 그 이상의 것은 바라지 않았다. 그는 부인을 사랑하고 그리고 속이고 있었다. 부인은 자기 몫만 받으면 그것으로 참아 주었다. 어쩌면 거기에서 어떤 즐거움을 찾아내고 있는지도 알 수 없었다. 부인은 냉정하고 또 관능적이었다. 첩과 같은 마음을 갖추고 있었다.

이 부부에게는 네 살과 다섯 살이 되는 귀여운 두 아이가 있었다. 그 여인은 가정의 어진 어머니로서 그들을 기르고 있었지만, 그 열성은 남편의 정치나 유행이나 예술의 최근 운동 따위에 대한 열성과 마찬가지로 친절한 동시에 냉담하기도 했다. 그러한 가운데 부인은 진보적인 이론과 극도로 퇴폐적인 예술이나 세태의 동요, 시민적 감정의 더없이 이상한 혼합물을 만들고 있었다.

부부는 크리스토프를 자택으로 초대했다. 루생 부인은 훌륭한 음악가로 피아노를 잘 쳤다. 터치는 섬세하고 게다가 확실했다. 건반을 찬찬히 바라보는 작은 머리와 건반 위에 이리저리 뛰는 손가락의 모양은 부리로 모이를 쪼아대는 암탉 같았다. 훌륭한 천분을 타고난 데다 음악에서는 대부분의 프랑스 부인보다 훨씬 많은 교육을 받고는 있었지만, 음악의 깊은 뜻에 대해서는 전혀 무관심했다. 루생 부인에게 음악이란 음과 리듬과 뉘앙스의 연속으로서 그저 이를 정확히 알아듣거나 암송하거나 할 따름이었다. 부인은 거기에서 혼을 찾아내려고는 하지 않았다. 자기 자신에게 혼 같은 것은 필요치 않았던 것이다. 이 총명하고 단순하고 언제나 사람들을 돌봐주고 싶어하는 애교 있는 부인은 누구에게나 그랬지만, 크리스토프에게도 호의를 갖고 환영했다. 그러나 크리스토프는 그다지 감사해하지도 않았다. 그는 이 여성에 대해서는 별로 호감을 갖고 있지 않았다. 그에게 있어서는 존재하지 않는 것과도 같은 여성이었다. 남편의 정사를 알면서도 루생 부인은 아무 불평 없이 남편을 그 정부(情婦)와 함께 나누어 가지고 있다는 점이 크리스토프로서는 도저히 용납할 수가 없었던 것이다. 수동적이란 모든 악덕 중에서도 가장 용서하지 못할 것으로 그는 알고 있었기 때문이다.

크리스토프는 아쉴르 루생과 더 친한 사이였다. 루생은 다른 예술도 그랬지만 음악을, 조잡한 사랑이기는 하지만 진심으로 사랑했다. 하나의 교향악이 마음에 들면 마치 그 곡과 함께 누워 있는 것 같은 모습을 지었다. 그의 교양은 얕은 것이었지만 그것을 잘 활용했다. 그 점에 있어서 아내는 그에게 힘이 되었다. 아쉴르 루생은 크리스토프에게 흥미를 가졌다. 자기와 똑같은 억센 평민의 모습을 크리스토프 속에서 보았기 때문이었다. 게다가 그는 이러한 타입의 기인을 더욱 가까이에서 관찰하고 싶었으며—(그는 인간을 관찰하고 싶다는 끝없는 호기심을 갖고 있었다)—또 파리에 대한 인상을 알고 싶어했다. 크리스토프의 솔직하고 겉치레 없는 감상은 그를 즐겁게 했다. 그는 꽤 회의적인 사내였으므로 크리스토프의 감상이 옳다는 것을 인정할 수 있었다. 크리스토프가 독일인이라는 것은 그의 기분을 언짢게 하지는 않았다. 오히려 그 반대였다. 아쉴르 루생은 자기가 국가적인 편견을 초월하고 있다고 자부하고 있었다. 결국 그는 정말로 '인간적'이었다—이것이 그의 가장 뛰어난 장점이었다—아쉴르 루생은 무릇 인간적인 것에는 공감을 갖고 있었다. 그래도 역시 프랑스인—오랜 민족이며 오랜 문명을 가진—으로서, 이 독일인보다 훌륭하다는 확신을 갖고 독일인을 업신여기지 않을 수가 없었다.

*

크리스토프는 아쉴르 루생의 집에서 전에 장관이었거나 또는 이제부터 장관이 되려는 다른 정치가들과 만났다. 만일 이런 저명한 인사들이 그와 같이 애기할 가치가 있는 사내라고 생각한다면, 그들 한 사람 한 사람과 개인적으로 애기를 나누는 것이 그에게는 퍽 즐거운 일이었을는지도 모른다. 일반 세평과는 달리, 그들 정치가의 모임 쪽이 그가 잘 알고 있는 문학가들의 모임보다 흥미롭게 느껴졌다. 그들 쪽이 인류의 정열이나 커다란 이해관계에 대해 좀더 발랄한, 좀더 예민한 지성을 갖추고 있었다. 대부분이 남프랑스 출신으로 무척 애기를 재미나게 잘하며, 놀랄 만한 예술 애호가들이었다. 그 점으로만 말한다면 그들은 문학가들과 거의 다름없었다. 물론 예술에 대해서는, 더구나 외국의 예술에 대해서는 더욱 무지했다. 그러나 모두가 조금은 예술에 통하는 것으로 자부했다. 그리고 대부분이 정말 예술을 사랑했다. 내각 회의가 조그만 잡지의 회의 같아 보일 때도 있었다. 어떤 자는 희곡을 쓰고 있었다. 어떤 자는 바이올린을 켜는 맹렬한 바그너광이었다. 또 어떤 자는 캔버스에 열심히 물감을 칠해 대고 있었다. 그리고 모두들 인상파 그림을 수집하고, 퇴폐적인 작품을 읽고 그들 사상의 적인 극단적으로 귀족적인 예술을 감상하고 흐뭇해했다. 이러한 사회주의자 혹은 급진사회주의자의 장관들, 굶주린 계급을 구제하려고 하는 사도들이 세련된 놀이의 멋쟁이를 자처하고 있는 것을 보자 크리스토프는 답답해졌다. 물론 그것은 그들의 권리로서 상관없는 일이었다. 그러나 그에게는 별로 옳은 일이라고 생각되지 않았다.

그런데 참으로 불가사의한 것은 이러한 사람들이 개인적으로는 회의론자이고 쾌락주의자이고 허무주의자이며 무정부주의자였지만, 일단 행동을 하면 즉시 열광적이 되었다. 누구보다도 예술을 사랑한다는 부류들도 일단 권력을 쥐면 동양적인 폭군이 되었다. 모든 것을 뜻대로 지도하고 어떠한 자유도 인정하지 않는다는 광적인 벽에 사로잡혔다. 그들은 회의적인 정신과 폭군적인 기질을 아울러 갖고 있었다. 이러한 그들의 욕망이 너무나 강했으므로 한때 최대의 폭군이 만든 중앙 집권의 무서운 기구를 이용하지 못하고 이를 남용했다. 그 결과 일종의 공화적 제국주의가 생기고, 최근에는 거기에다 무신앙적인 가톨릭교가 참여했다.

어떤 기간 동안 정치가들은 단지 사람들의 육체를, 즉 사람들의 재산을 지배할 것만을 바랐다. 따라서 사람들의 영혼은 돈으로 바꿀 수가 없었기 때문에 방해되지 않고 꽤 자유가 주어져 있었다. 영혼 쪽에서도 정치에는 관여하지 않았다. 정치는 혼의 위 또는 아래를 지니고 있었다. 프랑스에서 정치는 상업이나 공업의 한 부문, 돈은 벌리지만 불확실한 한 부문으로 보고 있었다. 지식인은 정치가를 경멸하고 정치가는 지식인을 경멸했다. 그러나 아주 최근에 와서 정치가와 최하급 지식인이 가까워져 곧바로 둘 사이에서 동맹이 결성되었다. 하나의 새로운 세력이 등장해 오더니, 이것이 사상의 절대적인 지배권을 독점했다. 말하자면 자유 사상가들이다. 그들은 그 속에서 전제 정치의 완전한 기구를 찾아낸 다른 세력과 결합했다. 그들은 교회를 파괴하기보다는 차라리 이를 대신할 것을 목표로 삼았다. 그리고 실제로 자유 사상의 교회를 마련했다. 이 교회는 독특한 교리 문답, 의식, 영세, 최초의 성체 배수, 결혼식 등을 집행하고 또 지방적인, 국가적인, 아니 그뿐만 아니라 로마에 있어서의 세계적인 종교 회의까지도 갖고 있었다. '자유롭게 사고하기' 위해서는 무리를 지어 단결해야 하고, 이들 무수한 딱한 바보들의 꼴은 무어라 말할 수 없을 만큼 우스꽝스러웠다. 사실 그들 사상의 자유란 것은 이성의 이름으로 타인의 자유를 금하는 일이었다. 왜냐하면 가톨릭교도가 성모 마리아를 믿는 것처럼 그들도 이성을 믿었다. 양쪽이 다, 이성도 성모 마리아도 그 자체로서는 아무것도 아니며 원천은 다른 데 있다는 것을 조금도 알지 못하고 있었다. 그리고 가톨릭교회가 수도사의 군대와 수도회를 갖고 있어 국민의 혈관 속에 살짝 스며들어와, 병균을 번식시켜 반대자의 생명력을 온통 말라 버리도록 하고 있는 것과 마찬가지로, 반가톨릭교회 쪽에서도 비밀 결사를 갖고 있어 본부인 그랜드 오리엔트에서는 프랑스 곳곳에서 매일 경건한 밀고자들이 보내 오는 비밀 통신을 하나도 남기지 않고 적어 두었다. 공화 정부는 이러한 거지 신부들과 이성의 제수이트적인 위선자들의 가증스런 스파이 행위를 슬그머니 장려하고 있었다. 그런데 실상 그들은 군대, 대학, 국가의 모든 기관을 위협하고 있었던 것이다. 공화 정부는 그들이 국가에 봉사하는 체 가장하고 천천히 국가를 대신해서 차지하려는 것을, 그리고 국가가 천천히 파라과이의 제수이트 교도의 무신앙적 신권 정치와 별 차이 없이 나아가고 있다는 일을 까맣게 모르고 있었다.

크리스토프는 루생의 집에서 이러한 속인적 성직자 몇 사람을 만났다. 그들은 누구 못지 않은 물신 숭배자였다. 마침 그 무렵 그들은 법정에서 그리스도의 상을 없애도록 하고서 좋아했다. 몇 개의 나무 조각을 파괴하고선 종교를 파괴했다고 믿고 있었다. 가톨릭교도에게서 빼앗아 온 잔 다르크 상이나 성모의 깃발을 독점하는 자들도 있었다. 새로운 교회 장로의 한 사람으로서 다른 교회에 소속한 프랑스인과 싸운 한 장군은 베르생제토릭스를 찬양하고 교권 반대의 연설을 한 참이었다. 그는 자유 사상가들이 동상을 세운 이 갈리아인 수령이 평민의 아들이었다는 것, 로마(로마의 교회)에 반항한 프랑스 최초의 투사였다는 것을 말했다. 한 해군 장관은 해군을 정화하고 가톨릭교도를 분노케 하기 위해, 전함에 '에르네스트 르낭'이라는 이름을 붙였다. 어떤 자유 사상가들은 예술을 정화하려고 애썼다. 그들은 17세기 고전 문학을 없애고 또 신의 이름으로 라 퐁텐의 우화시를 모독하는 것을 용서치 않았다. 크리스토프가 들은 바로는 어떤 급진주의 노인은─('늙어서 급진적인 것은 지극히 어리석은 짓이다'라고 괴테가 말했다)─민중적인 음악회에서 베토벤의 종교적인 가곡이 노래로 불렸다 하여 분격했다. 그리고 그는 가사를 바꿀 것을 요구했다.

더욱 급진적인 자들은 모든 종교 음악과 이를 가르치는 학교를 두말없이 폐지해 버리라고 요구했다. 이 베네치아에서 아테네인인 어떤 미술 학교 교장이 그래도 음악가들에게는 음악을 습득시킬 필요가 있음을 설명했지만 막무가내였다. 그는 이렇게 말했다.

"병사 한 사람을 병영에 보내면 여러분은 그에게 총을 다루는 법과 쏘는 법을 서서히 가르칠 것이다. 젊은 작곡가의 경우도 이와 마찬가지다. 머릿속에는 많은 관념이 맴돌고 있다. 그러나 정리는 되어 있지 않다"고. 그리고 그는 자기의 용기에 위험을 느껴 한 마디 할 때마다 맹세했다.

"나는 늙은 자유 사상가이다…… 나는 늙은 공화주의자이다……"라고.

또 그는 대담하게도 이런 선언을 한 적이 있었다.

"페르골레시의 작품이 오페라인지 미사곡인지를 아는 것은 중요하지 않다. 요컨대 그것이 인간적인 예술의 작품이냐 아니냐 하는 것이 문제다." 하지만 상대방의 조금도 용서 없는 논리는 이 '늙은 자유 사상가', '늙은 공화주의자'에게 항변했다.

"음악에는 두 종류가 있다. 하나는 교회에서 부르는 음악이고 또 하나는 다른 곳에서 노래하는 음악이다." 전자는 이성과 국가의 적이었다. 그리고 국가의 이성은 이를 말살할 것을 요구했다.

이런 어리석은 자들은 그 배후에 의지할, 정말 가치 있는 사람들이 없었더라면 위험한 인물이기보다는 차라리 우스꽝스런 인물이라고 할 것이었다. 그런 사람들도 그들과 마찬가지로—아니, 다분히 그들 이상으로—이성의 광신자였다. 톨스토이는 어디선가 종교계 철학계 정치계 예술계 과학계를 지배하고 있는 이러한 '전염병적 영향'에 대해 다음과 같이 말했다.

"이런 터무니없는 영향의 어리석음은 사람들이 거기서 해방될 때가 아니고서는 알 수 없다. 이에 굴복해 있는 동안에는 그것은 아주 진실인 것처럼 보이므로 그것을 논의해 볼 필요조차 인정하지 않는다." 그것은 튤립에 대한 애호, 요술사에 대한 신앙, 궤도를 벗어난 문학상의 유행이라거나 하는 것과 마찬가지이다. 이성의 종교는 이러한 광적인 우매의 일종이었다. 가장 어리석은 자로부터 가장 교양 있는 자에 이르기까지, 의회의 '하급 의원'에서부터 대학의 가장 지성적인 사람들에 이르기까지 모든 사람이 한결같이 이 광적인 우매에 사로잡혀 있었다. 그리고 이는 전자보다 후자 쪽에 더 위험이 많았다. 왜냐하면 전자에서는 광적 우매가 늘어지고 어리석은 낙천주의와 합쳐져서 그 힘이 느슨해지기 때문이다. 그러나 이와 반대로 후자에서 그 탄력이 긴장하고 열광적인 비관주의에 의해 날이 설 때도 있다. 이 비관주의는 자연과 이성의 근본적인 대립을 똑똑히 보고 있어 사악한 자연에 대한 추상적인 자유, 추상적인 진리의 싸움을 더욱 열광적으로 지지하는 것밖에 되지 않았다. 거기에는 근처에 칼뱅적이고, 장 세니스트적이고, 자코뱅적인 이상주의가 있었다. 인간의 배덕은 구제하기 어렵다는 오랜 신앙이 있었다. 그것을 파괴할 수 있는 것은, 또 파괴해야만 하는 의무를 갖고 있는 것은 이성, 즉 신의 정신이 마음속에서 숨 쉬고 있는 선택된 사람들의 사정없는 오만함

뿐이었다. 그것은 프랑스인의 전형이었다. '인간적'이 못 되는 지적인 프랑스인이었다. 그것은 무쇠같이 딱딱한 돌멩이다. 그 속에는 아무것도 들어갈 수 없다. 그리고 거기 부딪치는 것은 모두 부서져 버리고 만다.

크리스토프는 아쉴르 루생 집에서 이러한 이치만 외곬으로 캐는 몇 사람과 얘기해 보고 깜짝 놀랐다. 프랑스에 대해 가졌던 그의 생각은 그 때문에 뒤집혔다. 그는 세상의 일반적인 생각에 따라 프랑스인은 원만하고 사교적이고 관대하고 자유를 즐기는 민족이라고 믿었다. 그렇지만 여기에서 언제나 타인을 자기들 삼단 논법의 희생으로 삼으려 하는 추상적 관념의 미치광이 논리의 병자들을 본 것이다. 그들은 언제나 자유를 입에 올렸지만 그들만큼 자유를 이해하지 못하는, 또 자유를 감당 못하는 인간들도 없었다. 지적 정열을 위해서 또는 항상 자기 말을 정당화하기 위해 이렇듯 냉혹하고 이렇듯 잔인한 폭군적 성격이 되어 있는 자들은 세계 어느 곳에도 없었다.

이것은 다만 한 당파만의 얘기가 아니었다. 어느 당파나 똑같았다. 그들은 자기 조국, 자기 지방, 자기 집단, 자기의 좁은 두뇌, 정치적 혹은 종교적 공식 말고 다른 것은 아무것도 보려고 하지 않았다. 거기에는 반유대주의자들이 있어 재산의 특권자 모두에 대한 불 같은 증오에 온 힘을 바쳤다. 그러한 그들은 모든 유대인을 미워하고 또 미운 자들은 모두 유대인이라고 불렀다. 또 국가주의자들이 있어 다른 모든 국민을 미워했다—그들이 매우 기분이 좋을 때는 경멸하는 정도로 그쳤다—그리고 같은 국민 중에서 자기들과 같은 의견을 갖지 않는 사람들을 외국인이라느니 반역자라느니 배신자라느니 하고 불렀다. 또 신교도 반대파가 있어 모든 신교도는 영국인이나 독일인이라고 믿고 이를 모두 프랑스에서 추방하고 싶다고 생각했다. 또 서방주의자들이 있어 라인 강 동쪽 지역에서는 아무것도 인정하려 하지 않았다. 또 북방주의자들은 르와르 강 이남에서는 아무것도 인정하지 않고, 남방주의자들은 르와르 강 이북 사람들을 야만인이라고 불렀다. 그 밖에 게르만 민족인 것을 자랑삼는 사람들도, 골 민족임을 자랑삼는 사람들도 있었다. 또 그중 가장 어리석은 것은 자기들 조상의 패배를 자랑삼는 '로마인'이었다. 그리고 또 브르타뉴인, 로렝인, 르와르인, 프로방스인, 알비주아인, 혹은 또 카르팡트라인, 퐁투아즈인, 캥페르-코랑탱인이 있었다. 그들은 저마다 자기밖에는 인정하지 않고 자기 자신의 것을 귀족의 자격으로 여기고 타인이 다른 의견을 가진 것을 용납하지 않았다. 이런 자들에겐 아예 손을 댈 수가 없었다. 그들은 어떠한 이치를 말해도 귀를 기울이지 않았다. 그들은 자기들 이외의 세계는 불태워 없애버리든가, 아니면 자기들이 불에 타 죽든가 하는 그런 자들이었다.

크리스토프는 프랑스 공화국에 이런 민중이 있는 것은 다행이라고 생각했다. 왜냐하면 이러한 작은 폭군들은 모두 서로를 잡아먹고 있었기 때문이다. 만일에 그들 하나가 왕이 되었더라면 다른 사람들에게는 벌써 충분한 공기조차도 남아 있지 않았을 것이다.

*

이치를 캐는 민중에게도 그들을 구제하는 하나의 장점, 자가당착이라는 장점이 있다는 것을 크리스토프는 알지 못했다.

프랑스의 정치가들도 그것을 갖고 있었다. 그들의 전제주의는 무정부주의로 완화되어 있었다. 그들은 언제나 극에서 극으로 흔들리고 있었다. 왼쪽에서 사상의 광신자들에게 의지하자, 오른쪽에서는 사상의 무정부주의자들에게 기울었다. 그들이 있는 곳에는 언제나 호기심으로 가득 찬 사회주의자와 인색한 출세 제일주의자들이 웅성웅성 몰려 있었다. 이런 자들은 이긴다고 확정되기 전에는 전투에 가담하지 않도록 신중히 도사리고 언제나 자유 사상가 꽁무니를 따라다녔다. 그리고 승리할 때마다 패배자의 전리품에 덤벼들었다. 이성의 전사들은 일하고 있었지만 그것은 이성을 위하는 것이 되지 않았다……

'너는 그렇듯 부지런히 일하지만 보답받는 자는 네가 아니다.'

그것은 정착할 줄 모르는 이들이 두 사냥꾼들을 위해 일하고 있는 것 같았다. 이러한 자들은 자기 나라의 전통을 기꺼이 짓밟고 있지만, 하나의 신앙을 파괴하고 그 뒤에 새롭게 다른 신앙을 수립하려는 생각은 없었다.

크리스토프는 그러한 자들 가운데 루시앙 뢰비쾨르가 사회주의자였음을 알고도 그다지 놀라지 않았다. 사회주의의 성공이 확실하니까 루시앙 뢰비쾨르가 그 진영에 가담한 것이라고 단순히 생각했다. 그러나 그가 적의 진영에서도 똑같이 호의를 갖고 보이도록 수단을 강구한 줄은 몰랐다. 뢰비쾨르는 적의 진영에서 정치계 예술계의 가장 반자유주의적인 사람들과, 그뿐만 아니라 반유대주의의 사람들과도 친교를 맺는 데 성공했다. 크리스토프는 아쉴르 루생에게 물었다.

"어째서 당신은 저런 자를 자기편으로 삼는 겁니까?"

루생은 대답했다.

"아주 재주가 뛰어나니까요! 게다가 우리를 위해 일해 주고 있습니다. 낡은 세계를 때려부수고 있는 겁니다."

"그가 때려부수고 있는 것은 저도 잘 알겠습니다." 크리스토프는 말했다. "정말 잘 부숩니다. 당신네들이 무엇으로 재건하시려는지 나는 알 수가 없습니다. 새로운 집을 지을 만한 재료가 남아 있을 것이라고 믿으십니까? 당신네들의 재목 적재장에는 벌써 벌레가 먹어들어가기 시작했습니다……."

사회주의를 좀먹는 자는 루시앙 뢰비쾨르만이 아니었다. 사회주의 신문에는 이러한 소(小)문학자들이 군집해 있었다. 예술을 위한 예술을 표방하는 사치를 즐기는 무정부주의자인 그들은, 성공으로 이르는 모든 길을 독점하고 있었다. 타인의 길을 막고, 민중의 기관이라고 일컫는 신문을 자기들의 퇴폐적인 문예 도락과 생존 경쟁으로 가득 채웠다. 그들은 지위를 얻는 것만으로는 만족하지 않았다. 거기에 또 명예가 필요했다. 별안간 많은 동상이 만들어지거나 이토록 많은 연설이 석고세공의 천재 앞에서 행해진 시대도 없었다. 같은 무리의 위대한 누군가가 정기적으로 명예의 단골 식객에게 축연을 베풀고 있었다. 그것도 그들의 일을 기념해서 차린 것이 아니라 훈장을 수여받을 것을 축하하기 위한 것이었다. 왜냐하면 그들을 가장 감동시키는 것은 훈장을 타는 일이었으니까. 탐미주의자, 초인주의자, 외국인, 사회주의자, 장관 등이 모두 함께 어울려, 저 코르시카 장교(나폴레옹을 가리킴)가 제정한 레지옹도뇌르훈장의 등급 승진을 축하하고 있었다.

루생은 크리스토프가 놀라는 것을 보고 재미있어했다. 그는 이 독일인이 자기 패거리를 그렇게 나쁘게 말하고 있는 줄은 몰랐다. 그 자신도 크리스토프와 단둘이 있게 되면 그들을 혹독하게 비판했다. 그는 누구보다도 그들의 우둔함이며 교활한 술책을 잘 알고 있었다. 그러나 그들에게 지지받기 위해서는 그들을 지지해 주어야 했다. 또 친한 사이에서 정답게 얘기할 때는 민중에 대해 거리낌 없이 경멸적인 언사로 말했지만, 일단 의회 단상에 서면 전혀 딴사람이 되었다. 째지는 소리를 내고 코 먹은 소리로 날카롭게 한 마디 한 마디를 또박또박 떼어 장중한 투로 말하며, 때론 목소리를 떨고 염소 울음 같은 소리를 내거나 날개를 푸드득거리듯 몸을 움츠려 커다랗게 몸짓 을 했다. 명배우 무네 쉴리의 시늉과 똑같았다.

크리스토프는 루생이 어느 정도로 그의 사회주의를 믿고 있는지를 가려내 려고 노력했다. 마음속으로는 결코 믿고 있지 않음이 분명했다. 왜냐하면 그 는 너무나 회의적이었으니까. 그래도 자기 사상의 일부분에서는 그것을 믿 고 있었다. 그리고 자기로서도 그것이 일부분에 지나지 않는다는 것—더욱 이 가장 중요한 부분은 아니라는 것—을 잘 알고는 있었지만, 자기 생활과 행위를 이에 맞추어 조립해 나갔다. 왜냐하면 그러는 쪽이 편리했기 때문이 다. 그건 실제상의 이익 때문에서만은 아니다. 생활상의 관심, 존재의 이유, 행동의 이유도 또한 관계되어 있었던 것이다. 그의 사회주의적 신념은 그에 게 있어서 일종의 국가적 종교였던 것이다. 대부분의 인간도 그와 똑같은 생 활방식으로 살아가고 있었다. 그들의 생활은 마음속으로는 믿지 않는 종교 적 신앙, 도덕적 신앙, 사회적 신앙, 혹은 단순히 실리적인 신앙(즉, 자기 직업이나 일이나 인생에 있어서의 자기 역할의 효용 따위에 대한 신앙) 위 에 세워져 있었다. 그러나 그들은 속으로는 믿지 않았다. 왜냐하면 살아가기 위해서는 이러한 겉치레의 신앙, 이러한 공식적인 종교—각자가 사제 노릇 을 하는—가 그들에게 필요하기 때문이다.

*

루생이 그 최악의 예라는 것은 아니었다. 이 당파에서는 정말로 많은 자들 이 사회주의 또는 급진주의를 '일로서 하고 있었다'. 그것도 야심에서라고도 말할 수 없었다. 그런 만큼 이 야심은 눈앞에만 국한된 것이어서, 눈앞에 있 는 것을 약탈하는 것과 국회의원에 재선되는 것 이상의 것을 넘지 못했다. 그들은 새로운 사회를 믿고 있는 체했다. 또는 어쩌면 전에 믿고 있었는지도 알 수 없었다. 그러나 실제는 벌써 다 죽어 가는 사회의 유물에 의해서만 살 아가려고 생각하고 있었다. 근시안적인 편의주의가 향락적인 허무주의에 봉 사하고 있었다. 미래의 커다란 이해관계가 현재의 이기주의 때문에 희생되 고 있었다. 그들은 군대를 줄이고 있었다. 선거민을 기쁘게 하기 위해서 조 국의 팔다리를 자를지도 몰랐다. 그들에게 결여된 것은 결코 지성이 아니었다. 해야 할 것을 전부 알고 있었다. 그러나 그것을 조금도 하지 않았다. 왜 냐하면 너무나 노력을 필요로 하는 일이었기 때문이다.

그들은 되도록 적은 노력으로 자기 생활과 국민의 생활을 가꾸려고 했다. 상류계급에서 하류계급에 이르기까지 되도록 적은 노력으로 많은 쾌락을 얻고자 하는 정신이 지배하고 있었다. 이런 배덕의 정신이 혼란한 정치를 인도하는 유일한 선이었다. 거기서 지도자들은 무정부의 실태를 보여 주었다. 지리멸렬한 정책이 한꺼번에 열 마리 토끼를 쫓고, 한 마리 한 마리 놓쳐 버리고 있는 것을 볼 수 있었다. 호전적인 외무성이 평화주의적인 육군성과 나란히 있었다. 육군 장관은 군대를 정화하려다 도리어 이를 파괴하고, 해군 장관은 공창(工廠)의 노동자들을 선동하고, 군사 교육은 전쟁의 무서움을 역설했다. 관리도 재판관도 혁명가도 애국자도 모두 도락의 기분이었다. 정치도덕의 퇴폐는 일반적인 사실이었다. 저마다 국가로부터 직위나 연금이나 훈장을 받을 것을 기대했다. 그리고 사실 국가는 고객에게 그러한 것을 뿌려 주었다. 권력자의 아들이나 조카나 조카의 아들이나 추종자들에게 명예와 일자리가 제공되었다. 국회의원은 수당 증액을 스스로 투표했다. 재산, 지위, 직책이라는 국가의 모든 자원이 무질서하게 낭비되었다. 그리고 상류계급에서 보이는 본보기의 애처로운 반향으로 하류계급에서는 파업이 시작되었다. 초등학교 교사는 조국에 반항하는 것을 가르치고, 우체국 직원은 편지나 전보를 불살랐다. 공장 노동자는 기계의 톱니바퀴 장치에 모래나 금강사를 들이붓고, 병기창 노무자들은 병기(兵器)를 파괴하고 선박이 불타올랐다. 노동자 자신의 손에 의해 노동의 해괴한 낭비가 이루어졌다. 이것은 부유 계급의 붕괴가 아니라 세계의 부(富)의 붕괴였다.

이러한 일을 확인하기 위해 선택된 지식인들은 민중의 이 자살적 행위가 행복에 대한 신성한 권리라는 이름 아래 이유를 주고 권리도 인정하게 되는 것이라고 말하며 기뻐했다. 병적인 인도주의는 선악의 차별을 없애고, 죄인의 '책임 없는 신성한' 인격에 연민을 느끼고, 죄악 앞에 굴복해서, 사회를 그 손에 내맡겼다.

크리스토프는 생각했다.

'프랑스는 자유에 취해 있다. 한껏 취하고 나면 쓰러져 버릴 것이다. 그리고 눈 떴을 때에는 유치장에 들어가 있을 것이다.'

　이러한 과격민주정치에 있어서 크리스토프에게 가장 불쾌한 기분을 안겨 준 것은, 그에게도 그 애매한 성격을 잘 알 만한 인간에 의해 정치적 폭력 행위가 냉혹히 수행되지 않으면 안 되는 일이었다. 저 경박한 자들과 그들이 손수 하고 있는, 또는 그것을 시키고 있는 가혹한 행위 사이의 불균형은 너무나 심했다. 그들 속에는 두 가지 모순된 요소가 있는 것 같았다. 하나는 아무것도 믿지 않는 불안정한 성격이고, 또 하나는 아무것에도 귀 기울이지 않고 그저 인생을 닥치는 대로 휘저어 놓아 이치를 캐는 이성이었다. 어떠한 일에나 괴로움만 받고 있는 온순한 시민, 가톨릭교도, 관리들이 왜 그들을 내쫓지 않는 것일까 하고 크리스토프는 의아하게 여겼다. 그는 무슨 일이건 숨기지 못했으므로 루생은 손쉽게 그의 생각을 알아냈다. 루생은 웃으며 말했다.

　"물론 그것은 당신이나 나나 어쨌든 우리가 해야겠지요? 그러나 저자들은 아무런 위험이 없는 자들입니다. 확고한 결심 따위는 전혀 할 수 없는 불쌍한 녀석들이지요. 대항해서 욕설이나 던지고 마는 것이 고작입니다. 늙어빠진 귀족들은 클럽에서 놀기에 지쳐 미국 사람이나 유대인에게 몸을 팔고, 자기가 근대적이라는 것을 증명하기 위해 유행하는 소설이나 연극 속에서 연출되고 있는 자기의 굴욕적인 역할을 기꺼이 떠맡으며, 모욕하는 자들을 환영하고 있는 형편입니다. 또 무뚝뚝한 부르주아들이란 아무것도 읽지 않고, 아무것도 모르고, 또 알려고도 하지 않고 아무 효과도 없는데도 그저 부질없이 신랄한 욕설을 퍼부을 따름입니다. 그들에게는 단지 하나의 정열밖에는 없습니다. 잔뜩 쑤셔넣은 돈 자루 위에서 잘 자며, 그리고 잠을 방해하는 자들이나 또 일하는 자들까지 미워하는 것입니다. 왜냐구요? 제가 잠자고 있을 때 남이 안 자고 돌아다니는 것은 방해가 되거든요! …… 만일 당신이 저런 무리들을 알았다면 우리 쪽을 동정해 주실 겁니다."

　그러나 크리스토프는 그 어느 쪽에 대해서도 커다란 혐오감만 느낄 뿐이었다. 왜냐하면 피해자의 비열함이 가해자의 비열을 허용하는 핑계가 되리라고는 결코 여기지 않았으므로. 크리스토프는 이제까지도 빈번히 스토방네에서 이런 음침한 돈 많은 계급의 전형적 인물과 만난 적이 있었다. 루생은 그들을 다음과 같이 묘사했다.

……l'anime triste di coloro,

Che visser senza idfamia e senza lode……

……부끄럼도 없고, 명예도 없고

　그저 부질없이 살아 온 자의 슬픈 혼……

　루생과 그의 동료들이 이러한 자들에 대한 자기들의 힘에 자신을 갖고 있을
뿐만 아니라, 그 힘을 남용할 권리에도 자신을 갖고 있는 이유를 크리스토프
도 너무나 잘 알고 있었다. 그러한 자들은 지배하기 위한 도구에는 불편을 느
끼지 않았다. 의지도 없이 맹목적으로 복종하는 수많은 관리, 아첨하는 풍습,
공화주의자가 없는 공화국, 다른 나라 왕의 내방에 넋을 잃고 기뻐하는 사회
주의 신문, 직책이나 수장(袖章)이나 훈장 앞에 굴복하는 노예적인 혼. 이러
한 것을 붙들어 두기 위해서는 먹이로서 얇을 뼈다귀나 레지옹도뇌르훈장을
던져 주기만 하면 되었다. 만일 왕이 프랑스의 모든 시민을 귀족으로 삼아 준
다고 약속하면 프랑스 모든 시민은 왕당파가 되었을는지도 모른다.
　정치가는 바야흐로 절호의 조건을 갖고 있었다. 1789년의 세 계급 중, 제
1계급은 망해 없어졌다. 제2계급은 추방되거나 혐의를 받고 있었다. 제3계
급은 승리에 배가 두둑해져서 잠들어 있었다. 그리고 지금 제4계급이 질투
에 불타 협박하는 상태로 일어서고 있지만 이것을 정복하는 데는 곤란하지
않았다. 퇴폐한 공화 정부는 이 제4계급을 마치 퇴폐기의 로마가 야만인 무
리를 다루던 것처럼 다루고 있었다. 야만족을 국경 밖으로 소탕할 힘조차도
잃어버린 로마는 그들을 병적에 넣었다. 그래서 야만족은 더없이 충실한 개
가 되었다. 사회주의자라고 자칭하는 부르주아 계급의 장관들도 노동 계급
의 선량들 중 가장 지성적인 사람들을 몰래 끌어들여 자기편에 넣었다. 무산
계급의 지도자를 빼돌려 그들의 새로운 피를 자기들에게 주입하고 그 대신
부르주아적인 이데올로기를 그들에게 쑤셔넣었다.

＊

　부르주아 계급이 민중을 합병하려고 한 시도 중에서 가장 해괴한 실례의
하나는 당시의 민중 대학이라는 것이었다. 그것은 '사람이 알 수 있는 모든
사물'의 잡탕인 지식을 늘어놓은 작은 백화점이었다. 거기서는 프로그램에

쓰여 있듯이 '물리학이나 생물학, 사회학의 모든 부문, 즉 천문학, 우주학, 인류학, 인종학, 생리학, 심리학, 정신병학, 지리학, 언어학, 미학, 논리학 등등'을 가르치기로 되어 있었다. 이래서야 아무리 피코델라미란돌라 ⁽이탈리아 문예⁾⁽부흥기의 철학자⁾의 머리라도 파열해 버릴 것이다!

물론, 처음에는 이러한 민중 대학 가운데 어느 곳에서는 아직 성실한 이상주의가 있고 진실이나 미(美)나 정신생활을 모든 사람에게 나누어 주고자 하는 요구가 있었으며 그것은 훌륭한 것이었다. 노동자가 하루의 고된 노동을 끝내고 피로보다도 강한 지식욕에 목말라 답답한 강당으로 모여드는 광경은 실로 눈물겨운 것이었다. 그러나 얼마나 이 가련한 사람들의 정력을 낭비시킨 것일까! 지성적이고 인간적인 몇몇 참다운 사도(使徒)들, 재주가 뛰어나기보다도 그 의향이 훌륭한, 참으로 선량한 몇몇 사람의 마음에 비해서 그 얼마나 많은 어리석은 자이며 수다쟁이, 음모가, 독자 없는 작가, 청중 없는 연설가, 교사, 목사, 이야기꾼, 피아니스트, 비평가들이 자기가 만든 것을 쏟아 놓았던 것인가! 저마다 자기 물품을 팔아먹으려 했다. 가장 많이 손님을 끌어들인 것은 물론 약장수 같은 철학적 다변가로서, 장래 사회적 천국이 실현된다는 소리를 하며 일반적인 관념을 반죽하고 있었다.

민중 대학은 또 퇴폐적인 조각, 시, 음악 따위의 극단적으로 귀족 취미적인 탐미주의의 배설구로 되어 있었다. 사상을 새롭게 하고 민족을 재생시키기 위해 민족의 향상이 이루어지기를 바라고 있었다. 그런데 먼저 부르주아 계급의 세련된 취미를 그들에게 전해 주려 했다! 그들은 이를 허겁지겁 받아들였다. 그것이 마음에 들어서가 아니라 그것이 부르주아적인 것이었기 때문이었다. 크리스토프는 한 번 루생 부인의 안내로 이러한 민중 대학 중 하나를 방문하여, 가브리엘 포레의 《상냥스런 노래》와 베토벤 만년의 4중주곡 사이에 드뷔시의 작품을 끼워 넣어 부인이 연주하는 것을 들었다. 베토벤 만년의 작품은 취미와 사상이 서서히 진보했기 때문에 그는 몇 년 만에야 겨우 이해할 수 있었다. 그래서 딱한 생각을 금치 못해서 옆자리의 한 사람에게 물었다.

"당신은 저걸 알 수 있습니까?"

상대는 노한 수탉처럼 설쳐대며 말했다.

"물론이지! 나도 자네 정도는 알 수 있지."

그러고는 안다는 것을 표시하기 위해 덤비는 듯한 꼴로 크리스토프를 흘겨보며 한 푸가를 되풀이했다.

크리스토프는 어리둥절해서 달아났다. 저 짐승들은 사람들의 목숨의 샘에조차 독을 끼쳐 주었다고 생각했다. 이제는 이미 민중이라는 것이 없었다.

민중 극장을 건설하려고 시도한 갸륵한 사람들 중 한 사람에게 어떤 노동자가 다음과 같이 말했다.

"당신들도 민중이요! 나도 당신만큼 부르주아요!"

*

약간 바랜, 훈훈한 색조의 동양 융단을 연상케 하는 부드러운 하늘이 어두컴컴해진 도시 위에 펼쳐진 어느 아름다운 저녁때, 크리스토프는 강 언덕을 지나 이어지는 드 라 노트르담 사원에서 폐병원(廢兵院) 쪽으로 걸어갔다. 저무는 밤 속에 사원의 탑이, 싸움하는 동안 하늘을 향해 쳐들렸던 모세의 팔뚝처럼 솟아 있었다. 활짝 핀 찔레꽃 같은 성스러운 생트 샤펠 성당의 조각이 있는 금빛 꼭대기는 지붕들의 밀림 속에서 하늘로 치솟고 있었다. 강 건너편에는 루브르 박물관이 당당하게 정면을 보이고, 퇴색해 보이는 석양이 생생했던 빛의 잔영을 투영하고 있었다. 폐병원의 평지 안쪽에, 그 호(濠)와 우람스런 벽 뒤쪽에, 희끄무레한 금빛의 둥근 지붕이 엄숙한 정적 속에 먼 옛날 승리의 교향악처럼 치솟았다. 개선문은 배경에 언덕을 보이며 걸려 있었는데 그것은 황제 나폴레옹군의 초인적인 황새 걸음의 상징이었다.

이때 크리스토프는 돌연 죽은 거인의 커다란 손발이 평야를 뒤덮은 듯한 인상을 받았다. 공포에 눌려 그는 문득 멈추어 서서 이 지상에서 사라진 전설의 한 종족의, 한때는 전 세계가 그 발짝 소리를 들었던 한 종족의 커다란 화석을 바라보았다. 그것은 폐병원의 원형 지붕을 투구로 쓰고 루브르 박물관을 띠로 삼아, 많은 사원의 무수한 팔뚝으로 하늘을 받들어, 나폴레옹 개선문의 당당한 두 발을 세계 위에 딛고 섰던 민족이었다. 그러나 지금 그 개선문 뒤꿈치 밑에는 소인들이 우글거리고 있었다.

*

크리스토프는 명성을 바라지는 않았지만 실바인 콘이나 구자르에게서 소개받은 파리의 여러 환경에서 조금은 이름이 알려지게 되었다. 연극 개막일이나 음악회에는 이 두 친구 중 어느 하나와 반드시 눈에 뜨이게 되는 그의 독특한 얼굴 생김새, 억세게 못난 얼굴, 몸짓이나 옷차림이나 당돌하고 데퉁맞은 동작 등의 우스꽝스러움, 가끔씩 내뱉는 역설적인 경구(警句), 세련되지는 않지만 너그럽고 건강한 지성, 또 독일에서의 도주와 군인과의 싸움, 프랑스로의 탈주 등에 대해 실바인 콘이 여기저기 알리며 다닌 소설적인 애기, 그러한 것 때문에 그는 이 국제 호텔의 대 살롱—전 파리가 그러한 것이 되어 있었다—의 늘어지고 그러면서도 바쁜, 호기심의 표적이 되어 있었다. 그가 자기 생활을 말하기 전에 관찰하고, 귀 기울여 듣고 이해하려고 노력하면서 모든 일을 삼가고 있는 동안에는, 그의 작품이나 진짜 생각이 아직 알려지지 않은 동안에는 퍽 호의 어린 눈으로 대했다. 프랑스인들은 그가 독일에 머물러 있을 수 없게 된 것을 기뻐했다. 더구나 프랑스 음악가들은 독일 음악에 대한 크리스토프의 부당한 비판을 마치 자기들에 대한 찬사로 생각하고 감격했다—(사실 그것도 옛날 비판일 뿐 오늘날에는 대부분 그 자신도 벌써 동의하기 어려운 것이었다. 그러한 몇 편은 전에 독일 잡지에 게재되었던 것으로 실바인 콘이 그 역설을 과장해서 퍼뜨린 것이었다)—크리스토프는 사람들에게 흥미를 갖게 할 뿐 결코 사람들을 방해하지는 않았다. 그는 누구의 지위도 빼앗지 않았다. 일파의 대가가 되려고 했다면 될 수도 있었지만 그것도 하지 않았다. 아무것도 쓰지 않아도 되었다. 또는 아주 조금씩만 끼적거리면 되었다. 특히 자기 작품은 아무것도 들려주지 않아도 되었다. 다만 구자르와 그 패거리들에게 사상을 공급해 주면 충분했다. 그들은 유명한 문구를 조금 손질해서 자기들의 표어로 삼았다.

　　내 잔은 크지 않느니. 그러나 나는……
　　남의 잔을 빌려 마신다.

　강한 인격은 행동하는 것보다도 느끼는 쪽에 정신이 팔려 있는 청년들에게 특히 영향을 끼치는 것이다. 크리스토프 주위에는 그러한 청년들이 있었다. 일반적으로 그러한 의지도, 목적도, 존재 이유도 갖지 않은 하릴없는 자들은 공부하는 책상을 두려워하고 저 혼자만 있는 것을 겁내고 안락의자에 언제까지나 편히 앉아 자기의 영원성을 바라고, 카페에서 극장으로 돌아다니며 온갖 핑계를 찾아내어 집에 돌아가 스스로의 마음을 정면으로 바라보는 시간을 없애려 했다. 그들은 너절한 애기를 시작하자 거기 늘어붙어 몇 시간이고 어물거렸다. 겨우 애기를 마치고 돌아갈 채비를 하게 되자 늘어난 위장은 메슥메슥해지고 배가 부른 것 같기도 한가 싶으면 고픈 것 같기도 하고, 또 계속 애기하고 싶은 것 같았다가도 이제 그만하는 기분도 들게 되는 것이었다. 그들은 크리스토프의 둘레를 마치 괴테의 복슬강아지처럼 빙빙 돌며 따라다녔다. 그들은 목숨에 매어달리기 위해 영혼을 붙잡고자 노리는 저 '잠복해 있는 유령'이었다.

　허영심이 강한 바보였더라면 이러한 기생충 같은 자들에게 에워싸인 것을 기뻐했을는지도 모른다. 그러나 크리스토프는 우상의 흉내를 내고 싶지는 않았다. 게다가 그가 하고 있는 일 속에 르낭적인, 니체적인, 로젠크로이츠 ^(17세기 독일에 있었던)
(신비주의적 비밀 결사)적인, 그리고 남녀 양성적인 해괴한 의도를 보고자 하는 이러한 찬미자들의 건방지기 짝이 없는 어리석음에 그는 화가 치밀어 올라 펄펄 뛰었다. 크리스토프는 그들을 쫓아 버렸다. 그는 수동적인 인물은 아니었다. 크리스토프가 관찰하는 것은 이해하기 위해서였다. 그리고 이해하고자 하는 것은 행동하기 위해서였다. 크리스토프는 편견에 사로잡히지 않고 모든 것을 알아보고, 음악에 있어서는 다른 나라나 다른 시대 모든 사상의 형식과 표현 방법을 연구했다. 그리하여 정말이라 여겨지는 것은 하나도 남기지 않고 자기 것으로 삼았다. 그가 연구하던 프랑스 예술가들은 그들 새로운 형식의 재주 좋은 발명가들이 항상 발명하는 일에 애쓰고서는 발명한 것을 도중에 내버렸지만, 크리스토프는 이와는 달리 음악의 말을 새로이 하기보다는 그것을 더 힘차게 애기하고자 애썼다. 그가 마음먹은 것은 결코 신기한 것이 되려는 것이 아니라 힘찬 것이 되고 싶다는 것이었다. 이 정열적인 정력은 섬세와 절도를 중히 여기는 프랑스 정신과는 대립하는 것이었다. 이 정력은 양식을 위한 양식을 경멸했다. 프랑스 최고 예술가도 그에게는 사치품을 만드는 장인 같은 생각이 들었다. 파리의 가장 훌륭한 시인 한 사람이 반은 장난으로 '현대 프랑스 시단 장인표 및 각자의 직매품 제작품, 또는 재고품 일람표'라는 것을 만들었다. 그리고 그의 동업자의 공장 제작품으로 '수정(水晶)으로 세공된 촛대, 동양의 천, 금과 청동의 기념패, 고귀한 미망인을 위한 레이스, 채색 조각, 꽃무늬 도기' 등을 늘어놓았다. 그리고 자기 자신을 '문예의 대 아틀리에 한구석에서 낡은 융단을 수선하거나, 쓰지 않는 창의 녹을 벗기거나 하고 있는' 장인으로 소개했다. 예술가를 세공의 완벽에만 관심을 두고 있는 훌륭한 장인으로서 보는 이러한 생각에도 좋은 점이 없지 않았다. 그러나 그러한 생각은 크리스토프를 만족시킬 수는 없었다. 그는 거기에서 직업의 존엄은 인정했지만 거기에 가려 덮인 생명의 빈약함은 경멸했다. 쓰기 위해서 쓴다는 것은 그로서는 이해할 수 없었다. 그는 빈말이 아닌 사물을 말했다. 혹은 말하고자 했다.

Ei dice cose, e vol dite parole……
나는 사물을 말하고 너희는 언어를 말한다.

새로운 세계를 흡수하는 것에만 전념하던 휴식의 한 시기가 끝나자 크리스토프의 정신은 돌연 창작욕에 사로잡혔다. 파리와 그의 사이에 확연히 두드러진 대립은 그의 개성을 자극하면서 그의 힘을 몇 배로 불렸다. 압도적으로 정열이 넘쳐나 자기를 표현하게 되었던 것이다. 이 정열은 여러 종류의 것이었다. 크리스토프는 이 모든 것에서 똑같이 강한 정열에 사로잡혔다. 그는 작품을 만들어 내어, 마음에 가득 차 오는 애정과 또 증오를 거기에 방출해야 했다. 또한 의지도, 체념도, 그리고 또 그의 내부에서 서로 충돌하여 평등한 생존권을 가진 모든 악마까지도 거기에 방출해야 했다. 하나의 정열을 하나의 작품 속에 넣고 한숨 돌이킬 사이도 없이—때로는 작품을 끝까지 써 나갈 인내력이 없을 때도 있었다—대뜸 또 반대되는 하나의 정열 속으로 뛰어들었다.

그러나 이 모순은 표면뿐이었다. 크리스토프는 늘 변하면서도, 여전히 같았다. 그의 모든 작품은 똑같은 하나의 목적에 도달하는 저마다의 길이었다. 그의 혼은 하나의 산악이었다. 크리스토프는 모든 길을 타고 그 산에 올라갔다. 어떤 길은 양의 창자처럼 꼬불꼬불하며 나무 그늘 속에 이어져 있었다. 또 어떤 길은 거센 햇빛이 비추는 험준한 오르막길로 되어 있었다. 이러한 모든 길이 정상에 모셔 앉힌 신에게 인도되는 것이었다. 애정, 증오, 의지, 체념, 모든 이러한 인간의 힘은 극점에 달하자 영원에 손닿고, 그리고 이미 영원의 일부가 되어 버린다. 인간은 누구나 이 영원을 자기 내부에 갖고 있다. 신앙자도 무신앙자도, 곳곳에서 생명을 보는 자도 곳곳에서 생명을 부정하는 자도, 또 생명과 부정을 의심하는 자도, 그리고 또 그러한 모든 상반되는 힘을 동시에 혼 속에 끌어안고 있는 크리스토프도. 이러한 모든 모순은 영원한 힘 속에서 융합한다.

크리스토프에게 있어 중요한 것은 이 힘을 자기 내부에 또 타인의 내부에 눈뜨게 하는 일이며, 불 위에 장작을 지펴 영원을 타오르게 하는 일이었다. 파리의 향락적인 밤 속에서 커다란 불꽃이 그의 마음에 타올랐다. 크리스토프는 모든 신앙으로부터 해방되었다고 스스로 믿고 있었지만, 사실 그의 온몸은 신앙의 횃불에 지나지 않았다.

그것은 가장 프랑스인에게 조롱의 대상이 되기 쉬운 것이다. 신앙은 세련된 사회에서는 가장 용서받을 수 없는 감정의 하나이다. 왜냐하면 그러한 사회는 신앙을 상실하고 있기 때문이다. 청년의 꿈에 대한 대부분 어른들의 암암리의 적의(敵意) 또는 조소적인 적의 속에는 한때는 자기들도 그랬었다, 그러한 야심을 갖고는 있었지만 전혀 실현되지 않았었다는 씁쓸한 생각이 많이 들어 있다. 자기의 혼을 모조리 부정한 사람들, 자기 내부에 하나의 일을 갖고 있으며 이를 완성하지 못한 사람들은 이런 식으로 생각한다.

'나 역시 꿈꾸던 일을 실현하지 못했다. 그러므로 그들 역시 꿈을 실현할 수는 없을 것이다. 그들이 꿈을 실현하게 되기를 나는 조금도 원치 않는다.'

인간 속에는 얼마나 많은 헤다 가블러(입센의 희곡 중의 여주인공)가 있는 것일까! 얼마나 음흉한 악의가 새롭고 자유로운 힘을 멸망시키려 하고 있는 것일까! 그 힘을 침묵으로써, 비꼼으로써, 소모시킴으로써, 낙담시킴으로써, 또 틈만 있으면 뱃속의 검은 유혹으로써 죽이려고 하는 교묘한 수단이 있는 것일까!

이러한 인간은 어느 나라에나 있다. 크리스토프는 독일에서 이러한 인간을 만난 적이 있었기 때문에 그들 일을 잘 알고 있었다. 크리스토프는 이러한 자들에 대해서는 무장을 하고 있었다. 그의 방어법은 간단했다. 그것은 이쪽에서 먼저 공격을 하는 것이었다. 그들이 무어라고 말을 꺼내자 크리스토프는 즉시 선전포고를 했다. 그는 그러한 위험한 친구들을 억지로 치켜세워 놓았다. 그런데 이 솔직한 책략은 자기 인격을 보호하는 데는 더없이 유효했지만, 예술가로서의 처세를 수월하게 하는 점에 있어서는 결코 유효하지 못했다. 크리스토프는 독일에서 하던 익숙한 그 방법을 다시 시작했다. 그것은 도무지 어쩔 수 없는 일이었다. 전과 단 한 가지 다른 것이 있었다. 그것은 그의 기분이 퍽 쾌활해졌다는 점이었다.

크리스토프는 자기 애기를 들어주는 사람에게는 누구에게나 프랑스 예술가에 대한 솔직 대담한 비평을 경쾌하게 말했다. 그는 이리하여 많은 원한을 샀다. 빈틈없는 사람들이 하듯 작은 그룹의 지지라도 잃지 않고 확보해 둔다는 배려조차 하지 않았다. 이쪽에서 추어주기만 하면 저쪽에서도 곧 이쪽을 찬양하는 예술가들이라면 그의 주위에는 얼마든지 눈에 띄었을 것이다. 뒤에 보답을 받을 셈으로 저쪽에서 먼저 찬양하고 덤비는 자조차 있었다. 그들은 자기들이 추어주는 자를 채무자처럼 보고 때가 오면 그 채권의 상환을 요구할 수 있다고 생각했다. 그것은 이치에 닿는 투자였다. 그러나 상대가 크리스토프일 경우에는 그것은 이치에도 닿지 않는 투자였다. 크리스토프는 전혀 갚아 주지를 않았다. 더욱 손해인 것은 그의 작품을 찬양해 주는 자들의 작품을 그는 무뚝뚝하게도 범용스럽다고 헐뜯었다. 그들은 차마 입 밖에 내어 말하지는 않았지만, 이를 깊게 원망하여 다음 기회에는 반드시 보복을 해주리라고 결심했다.

크리스토프가 저지른 실책 중에서도 루시앙 뢰비쾨르에게 싸움을 건 것은 특히 서툰 짓이었다. 크리스토프는 여기저기서 이 사내의 모습을 보았다. 그리고 표면적으로는 아무 나쁜 일도 안 하고, 그보다도 친절해 보이며, 그리고 아무튼 그보다도 절도 있는, 이 온순하고 공손한 사내에 대해 크리스토프는 주체하기 어려운 반감을 숨기지 못했다. 크리스토프는 토론을 걸었다. 문제가 아무리 하찮은 것일 때도 크리스토프 때문에 논의가 가시 돋힌 것이 되어 듣고 있는 사람들을 깜짝 놀라게 했다. 마치 모든 핑계를 대어 루시앙 뢰비쾨르에게 정면으로 저돌하려고 서두르는 것 같았다. 그러나 단 한 번도 그를 때려눕힐 수는 없었다. 적은 분명히 자기가 틀렸을 때도 자기 쪽을 두드러지게 하는 최고의 날렵함을 보이고 있었다. 루시앙 뢰비쾨르는 크리스토프의 버릇없음을 눈에 띄게 하는 정중한 태도로 자기 몸을 지켰다. 게다가 크리스토프의 프랑스어는 졸렬하고 속어를 쓸 뿐만 아니라 즉석에서 언어들은 퍽 야비한 말까지 쓰고 있어, 많은 외국인처럼 그 말의 용법이 적절치 못했기 때문에 뢰비쾨르의 전술을 파괴할 수가 없었다. 그리고 그 익살이 담뿍 실린 부드럽기 이를 데 없는 태도에 맹렬히 부딪혀 갔다. 모두 크리스토프 쪽이 나쁘다고 생각했다. 왜냐하면 크리스토프가 어렴풋이 느끼고 있었던 것, 그러니까 즉 하나의 힘에 부딪혀 이를 때려눕히지 못할 때는 감쪽같이 잠자코 이를 질식시키려 드는 이 한없이 부드러운 태도의 위선이 사람들에게는 보이지 않았기 때문이었다. 그는 크리스토프와 마찬가지로 시간의 힘을 믿고 있는 사람이었으므로 그다지 서두르지 않았다. 그렇지만 시간의 힘을 신뢰한다 해도 그것은 파괴하기 위해서였다. 뢰비쾨르에게는 크리스토프를 스토방 집안의 살롱으로부터 서서히 몰아낸 것처럼 그에게서 실바인 콘과 구자르를 떼어내는 것은 아주 쉬웠다. 루시앙 뢰비쾨르는 크리스토프 주위에 진공(眞空)을 만들었다.

그렇게 되는 데는 크리스토프 자신에게도 책임이 있었다. 그는 어떠한 파벌에도 소속하지 않았으므로, 더 적절하게 말한다면 모든 파벌의 적이었으므로 아무도 만족시키고 있지 않았다. 그는 유대인을 좋아하지 않았다. 하지만 반유대주의자는 더욱더 좋아하지 않았다. 그들이 나빠서가 아니라 강력하기 때문에 이 유력한 소수자인 유대인에게 맞서는 다수자의 비겁한 태도, 질투와 증오 같은 비천한 본능에 호소하는 방식은 그에게 혐오감을 자아내게 했다. 유대인은 그를 반유대주의자로 보고 반유대주의자는 그를 유대주의자로 보았다. 예술가들은 그의 속에서 적을 느꼈다. 크리스토프는 예술에 있어서는 본능적으로 실제 이상으로 독일적이 되어 있었다. 파리의 어떤 음악이 갖고 있는 쾌락적인 평정성에 반대하고 그는 거센 의지를, 남성적이고 건전한 비관주의를 찬양했다. 그의 작품에 환희가 나타날 때는 반드시 취미의 결여와 평민적인 열광이 따르기 때문에 민중 예술의 보호자인 귀족 계급까지 화나게 해버렸다. 그의 형식은 전문적이고 부드러움이 없었다. 또한 반항심에서 표면적으로는 양식을 등한시하거나 외면적인 독자성을 무시하거나 하는 짓을 하곤 했다. 이것은 프랑스 음악가들에게는 퍽 불쾌한 일임에 틀림없었다. 그래서 그에게서 작품을 보아 달라고 부탁받은 사람들은 제대로 보지도 않고 독일파의, 시대에 뒤떨어진 바그너주의에 대해서 갖고 있는 경멸 속에 그도 휘몰아넣었다. 크리스토프는 그런 것은 거의 염두에도 두지 않았다. 그는 내심 웃으면서 프랑스 문예 부흥기의 유쾌한 한 음악가의 시구를 자기 경우에 맞추어 되풀이하곤 했다.

Va, va, ne t'esbahy de ceux la qui diront:

Ce Christophe n'a pas d'un tel le contre point,

Il n'a pas de cestuy la parelle harmonie.

J'ai quelque chose aussi que les aurtres n'ont point.

자, 남의 말 따위 들을 필요 없다.

저 크리스토프에게는 누구들처럼 대위법이란 게 없다.

또 누구들처럼 화성이 없다. 그렇게 사람들은 말할 테지.

하지만 나는 남들이 갖고 있지 않은 무언가를 갖고 있다.

그런데 그가 자기 작품을 음악회에서 연주시키려 하자 문이 닫혔다. 연주하지 않으면 안 될, 혹은 연주해서는 안 될 젊은 프랑스 음악가들의 작품이 이미 충분하고도 남을 만큼 있었다. 무명의 독일인이 끼어들 여지는 없었다.

크리스토프는 온갖 방법으로 손을 써 분주히 돌아다니는 일은 절대 하지 않았다. 방 안에 틀어박혀 다시 작곡을 시작했다. 파리 사람들이 듣거나 말거나 문제가 되지 않았다. 자기의 기쁨 때문에 작곡하는 것이지 성공하기 위해서 작곡하는 것은 아니었다. 참된 예술가는 자기 작품의 앞날 같은 것에는 관심을 두지 않는 법이다. 십 년 뒤에는 아무것도 남지 않는다는 것을 알면서 집의 정면에 즐겁게 그림을 그리고 있었던 저 문예 부흥기의 화가들과 똑같았다. 그래서 크리스토프는 보다 좋은 시대가 오기를 기다리며 조용히 일을 하고 있었다. 거기에 뜻밖에도 구원의 손길이 뻗쳤다.

*

크리스토프는 그즈음 극의 형식에 마음이 끌렸다. 그로서는 내심 서정의 물결에 자유로이 몸을 내맡길 수 없었다. 서정을 명확한 주제 속에 이끌어가고 싶은 욕구를 느꼈다. 그리고 아직 자기를 제어할 수 없는, 그리고 자기가 어떠한 것인지를 아직 정확히 알고 있지도 않은 젊은 정신에 있어서는, 부단히 자기 손 안에서 빠져나가는 혼을 가두어 넣는 임의의 한계를 결정하는 것은 아닌 게 아니라 좋은 일이었다. 그것은 사상의 흐름을 인도하는 데 필요한 수문(水門)이었다. 불행하게도 크리스토프에게는 시인의 요소가 결여되어 있었다. 그래서 자기의 주제를 전설이나 역사 속에서 잡아야만 했다.

요즘 몇 달 동안 그의 마음에 어리던 환상 속에는 성서 속의 여러 가지 환영이 있었다. 이국 생활의 길동무로 삼으라고 어머니가 준 성서가 그에게는 꿈의 원천이었다. 그는 종교적인 정신으로 읽지는 않았지만 히브리의 《일리아스》라고 할 이 책이 갖고 있는 정신적인 정력, 더 적절히 말한다면 생명력은 그에게 있어서는 하나의 샘으로, 저녁에 그는 파리의 매연과 먼지로 더러워진 혼을 여기서 벌거벗기고 정화시켰다. 그는 이 책에 들어 있는 신성한 의미 따위는 개의치 않았다. 그러나 이 책은 그 속에서 숨쉬는 야성적인 자연과 원시적인 인간의 숨결로 그에게도 역시 신성한 뜻을 갖는 것이었다. 신앙이 넘치는 대지, 고동치는 산, 기뻐 설레는 하늘, 사자와 같이 힘센 용사들에 대한 찬가에 크리스토프는 넋을 잃고 귀를 기울였다.

　　이 책 속의 인물로 그가 애정을 품었던 것은 청년기의 다윗이었다. 베로키오와 미켈란젤로가 훌륭한 다윗상에 부여해 준 피렌체의 개구쟁이 아이 같은 비꼬는 미소도, 비장한 긴장감도, 그는 아직 생각지 않았다. 그는 이러한 작품을 미처 알지 못했다. 그는 그의 다윗을 때묻지 않은 마음속에 영웅적인 용기가 잠자고 있는 시적인 목자처럼, 또 남방의 더 세련된 사람처럼, 육체와 사고의 조화가 가장 잘 이루어진 사람처럼 생각했다―왜냐하면 그는 라틴 정신에 끝내 저항하지 못했던 것이다. 라틴 정신은 그의 마음속에 스며들었다. 예술에 영향을 끼치는 것은 단지 예술이나 사상만은 아니다. 우리를 에워싸고 있는 모든 인간이나 사물, 몸짓이나 동작, 선이나 빛 역시 영향력을 갖고 있다. 파리의 분위기는 실로 강렬하다. 그것은 가장 반항적인 혼도 그 틀에 집어넣는다. 게르만의 혼은 다른 민족의 혼보다도 저항력이 약하다. 국민적 자존심으로 위엄을 부리면서도 유럽의 모든 혼 중에서 가장 국민성을 잃기 쉽다. 크리스토프의 혼은 벌써, 라틴 예술에서 그러한 일이 없었더라면 도저히 얻을 수 없을 것 같은 간소함, 마음의 명쾌함, 다시 나아가서는 어느 정도의 조형적인 미(美)마저도 모르는 사이에 넣기 시작했다. 그의 《다윗》이 이를 증명했다.

　　크리스토프는 다윗과 사울의 해후를 그려 내고자 했다. 그리고 이 정경을 교향악적으로 머릿속에 그렸다.

　　꽃이 피어 있는 히스가 우거진 들판의 쓸쓸한 언덕 위에, 목동이 드러누워 햇빛을 받으며 꿈꾸고 있다. 화창한 햇빛, 벌레들의 날갯소리, 풀잎의 희미한 흔들림, 풀을 뜯는 양의 은빛 방울 소리, 대지의 힘, 그러한 것이 자신의 성스러운 운명을 미처 알지 못하는 이 소년의 꿈을 흔들어 주었다. 소년은 멍하니 자기 목소리와 피리 소리를 부드러운 정적 속에 녹아들게 했다. 그 노래에는 참으로 조용하고 맑은 기쁨이 깃들어 있었으므로 그 소리를 듣고 있으면 이내 기쁨도 괴로움도 생각나지 않았다. 이래야 되는 것이다. 이 밖에 달리 할 일이 없다는 생각이 들었다.…… 돌연 커다란 그림자가 들녘 위로 퍼졌다. 대기가 조용히 가라앉았다. 생명은 대지의 혈관 속에 기어들어가 버린 것 같다. 피리의 노래만이 조용히 이어졌다. 환상에 사로잡힌 사울이 지나간다. 낙심한 왕은 허무로 괴로워하며 폭풍에 불려 타들어가는 불꽃처럼 조바심친다. 자기 주위에, 또 자기 속에 있는 공허에 대해 애원하고 욕을 퍼붓고 덤벼든다. 그리고 숨이 차서 쓰러지자 줄곧 계속되던 목동의 노래의 미소가 침묵 속에 다시 나타난다. 그러자 사울은 거센 가슴의 고동을 억누르며 묵묵히 드러누워 있는 소년 곁으로 다가간다. 그리고 여전히 말없이 소년을 물끄러미 바라본다. 왕은 소년 곁에 앉아 열에 끓는 손을 목동의 머리에 얹는다. 다윗은 놀라지도 않고 얼굴을 돌려 왕을 넌지시 바라본다. 그는 사울의 무릎에 머리를 얹고 다시 노래를 계속한다. 저녁의 어둠이 내려앉는다. 다윗은 노래하며 졸고 있다. 사울은 울고 있다. 그리고 별이 반짝이기 시작한 밤 속에 되살아난 자연의 찬가와 막 회복하는 혼의 감사의 노래가 새로이 솟아오른다.

크리스토프는 이 장면을 작곡하며 자기 자신의 기쁨에만 정신이 팔려 있었다. 상연할 방법 같은 것은 생각지도 않았다. 더구나 이것이 무대에 오르게 될 것이라고는 생각지도 못했다.

어느 날 밤, 크리스토프가 이 작품 얘기를 아쉴르 루생에게 들려주고 청하는 대로 피아노를 치며 대체적인 윤곽을 알려 주었더니, 뜻밖에도 루생이 이 작품에 무척 감격하여 꼭 파리 무대에서 상연해야 한다, 자신이 모든 일을 맡아 주겠다고 말했다. 더욱 놀라운 일은 그로부터 며칠 뒤에 루생이 진심으로 이를 생각하고 있음을 알게 된 것이었다. 실바인 콘이나 구자르, 또 저 루시앙 뢰비쾨르까지 이에 열심히 후원을 아끼려 하지 않는 것을 알자 크리스토프는 놀란 나머지 기가 찼다. 이자들의 개인적인 원망이 예술에 대한 사랑에 저버렸다고 인정치 않을 수 없었다. 이에는 크리스토프도 정말 놀랐다.

이 작품의 상연을 가장 서두르지 않는 것은 그 자신이었다. 이 작품은 무대용으로 만들어진 것은 아니었다. 무대에 올리는 것은 무의미했다. 그러나 루생은 끈질기게 주장하고, 실바인 콘은 꼭 하라고 권하며 구자르는 성공이 틀림없다고 장담하므로 크리스토프도 마침내 고집을 꺾었다. 그는 비겁했다. 그만큼 자기 음악을 듣고 싶었던 것이다!

모든 것은 아쉴르 루생에 의해서 손쉽게 진행되었다. 극장 지배인도 예술가도 그의 뜻을 받아들이기에 급급했다. 마침 어떤 신문이 자선 사업을 위해 성대한 낮 공연을 계획하고 있었다. 거기서 《다윗》을 상연하기로 결정했다. 훌륭하게 오케스트라가 편성되었다. 가수에 대해서는 다윗 역으로 이상적인 사람이 발견됐다고 루생이 말했다.

연습이 시작되었다. 오케스트라는 거의 프랑스식으로는 훈련되어 있지 않았지만, 그래도 첫 연습을 퍽 훌륭히 치러냈다. 사울 역의 가수 목소리는 좀 지쳐 있기는 했지만 결코 부끄럽지 않은 것이었다. 그리고 자기 기량을 알고 있었다. 그런데 다윗 역의 가수는 키가 크고 살이 쪘으며 체격이 좋은 미인이었으나 목소리가 감상적이고 거친 데다 멜로드라마풍으로 떨었다. 게다가 카페콩세르(상송가수의 요람이 된 카페)식의 교태를 부리며 무겁게 끄는 듯한 창법을 썼다. 크리스토프는 얼굴을 찡그렸다. 벌써 첫 소절을 부르기 시작할 때부터 그녀에게는 이 역이 무리라는 것을 그는 똑똑히 알았다. 오케스트라의 제1 휴지(休止)에서 크리스토프는 단장을 만나러 갔다. 단장은 이 음악회의 재정적인 일을 맡아보고 있어 실바인 콘과 함께 연습을 보러 왔었다. 그는 크리스토프가 오는 것을 보자 얼굴을 빛내며 말했다.

"어떻습니까, 만족하셨겠죠?"

"네." 크리스토프는 말했다. "아마 어떻게 잘 되어 나가리라 봅니다. 다만 한 가지 곤란한 일이 있어서요. 실은 저 여자 가수 말입니다. 바꾸지 않으면 안 되겠군요. 조용히 말씀해 주시지 않겠어요? 당신이라면 늘 하시는 일일 테니까…… 대신 다른 여자를 쉽게 찾아내 주시겠지요."

단장은 놀란 얼굴이었다. 본심으로 말하는 것인지 어떤지 알 수 없다는 의아한 표정으로 크리스토프를 물끄러미 바라보았다. 그리고 말했다.

"하지만 그건 안 됩니다!"

"어째서 안 됩니까?" 크리스토프가 물었다.

단장은 실바인 콘과 교활한 눈짓을 주고받으며 말했다.

"그녀는 퍽 재능이 있습니다!"

"전혀 그렇지 않습니다." 크리스토프는 말했다.

"뭐라구요! 저렇게 좋은 목소리인데도!"

"조금도 좋지 않아요."

"게다가 저렇게 미인인데도!"

"그런 것은 아무래도 좋습니다."

"그렇지만 별로 해될 것은 없지." 실바인 콘이 웃으며 말했다.

"내겐 다윗이 필요한 거야. 노래 부를 수 있는 다윗이 필요한 거야. 아름다운 헬레나 따윈 필요 없어." 크리스토프가 말했다.

단장은 당황하여 코를 비볐다.

"이건 곤란한데요, 정말 곤란한 일입니다⋯⋯." 그는 말했다. "꽤 좋은 가수인데요⋯⋯ 그것은 보증하겠어요! 아마 오늘은 컨디션이 좋지 않은 게지요. 더 두고 시험해 보십시오."

"그렇게 하죠." 크리스토프가 말했다. "그러나 시간만 낭비하는 것이 되겠지요."

크리스토프는 다시 연습에 들어갔다. 앞서보다도 더 나빴다. 끝까지 참아낼 수가 없었다. 크리스토프는 짜증이 났다. 여가수에 대한 그의 비판은 처음엔 냉담했었지만 그래도 정중한 데가 있었다. 그러던 것이 이젠 퉁명스럽고 신랄한 것이 되어 갔다. 한편 여가수는 그를 만족시키려고 눈에 보이게 노력을 했으며, 비위를 맞추려고 이따금 크리스토프 쪽으로 눈길을 보내기도 했지만 크리스토프는 아랑곳하지 않았다. 사태가 험악해지자 조심성스런 단장은 연습을 중지시켰다. 크리스토프에게 실컷 주의를 받아 뾰로통해진 가수를 달래려고 단장은 급히 서둘러 곁으로 달려가 서투른 칭찬을 늘어놓았다. 이러한 잔꾀에 크리스토프는 비위가 상해 그대로 보고만 있다가 그에게 오라고 명령하듯 손짓을 했다. 그리고 말했다.

"논의할 여지는 없습니다. 나는 저 사람을 택하고 싶지 않습니다. 정말 불쾌합니다. 그런데 선택한 건 내가 아닙니다. 어떻게 당신 쪽에서 잘 말해서 내보내시오."

단장은 난처해진 얼굴 표정으로 머리를 숙이고 냉정한 말투로 말했다.

"저로선 어떻게도 할 수가 없습니다. 루생 씨에게 직접 얘기해 주세요."

"어째서 루생 씨와 관계가 있다는 거죠?" 크리스토프가 물었다. "이런 일로 루생 씨에게 폐를 끼치고 싶진 않습니다."

"뭐 폐를 끼칠 건 없네." 실바인 콘이 비꼬는 듯이 말했다.

그리고 그는 마침 거기 들어온 루생을 가리켰다.

크리스토프는 루생 쪽으로 다가갔다. 루생은 기분이 썩 좋은 듯 큰 소리를 질렀다.

"여! 벌써 끝났습니까? 아직 일부분은 들을 수 있다고 생각했는데요. 헌데 나의 친애하는 선생, 감상은 어떻습니까? 만족하신지요?"

"퍽 잘 되어 가고 있습니다." 크리스토프는 말했다. "뭐라고 감사의 말씀을 드릴 수 없습니다……"

"아니, 뭘요!"

"단 한 가지 도무지 잘 안 되는 일이 있습니다."

"네, 말씀해 보세요. 어떻게 되도록 해 보아야지요. 당신이 만족하실 수 있도록 해 드리겠습니다."

"실은 저 여자 가수입니다만, 우리 둘만의 말인데요, 도무지 안 되겠습니다."

루생의 웃음 띤 얼굴이 갑자기 굳어졌다. 그는 험악한 투로 말했다.

"그건 의외인데요!"

"저 여자는 전혀, 그야말로 전혀 쓸모가 없습니다." 크리스토프는 계속해서 말했다. "목소리는 나쁘지, 취미도 기량(技量)도 없어요. 완전히 무능합니다. 아까 하는 걸 듣지 않으셔서 다행이었습니다……"

루생은 더욱 기분이 상해 크리스토프의 말을 도중에서 가로막고 날카롭게 말했다.

"나는 생트 이그렌 양을 잘 알고 있습니다. 뛰어난 재능을 가진 예술가입니다. 나는 진심으로 감탄하고 있습니다. 파리에서 예술에 취미를 가진 사람은 모두 나와 같은 의견입니다."

그렇게 말하고 루생은 크리스토프한테서 등을 돌렸다. 크리스토프는 루생이 그 여배우에게 팔을 내어주고 함께 나가는 것을 보았다. 크리스토프가 멍하니 있자, 아까부터 이 광경을 재미있어 못 견디겠다는 얼굴로 보고 있던 실바인 콘이 크리스토프의 팔을 잡았다. 그리고 함께 극장 계단을 내려오며 웃으면서 말했다.

"자넨 저 여자가 그의 정부라는 걸 몰랐나?"

그제야 크리스토프도 깨달았다. 저 극을 상연하려고 한 것은 그 여자를 위해서였다. 그를 위해서가 아니었던 것이다. 루생이 의욕적으로 비용도 도맡아 주고 그 주위의 추종자들이 떠들어 댄 이유를 이제는 알 것 같았다. 크리스토프는 실바인 콘의 말에 귀를 기울이고 생트 이그렌의 애기를 들었다. 생트 이그렌은 원래 뮤직홀의 가수로 통속적인 작은 극장에서 성공을 거둔 뒤, 그녀와 같은 여자들이 누구나가 그렇듯이 자기 재능에 더욱 어울리는 무대에 나가 보고 싶다는 야심에 사로잡혔다. 그리고 루생을 움직여 오페라 극장이나 오페라 코믹 극장으로 들어가고자 했다. 루생도 꼭 그렇게 되기를 바랐으므로 《다윗》 상연을 좋은 기회로 삼아, 극적인 연기도 거의 필요 없는 데다가 더욱이 그녀의 우아한 자태와 아름다움을 충분히 두드러지게 하는 역을 주어 이 신진 비극 여배우의 서정적 재능을 파리의 관객에게 보일 생각이었다.

크리스토프는 애기를 끝까지 들었다. 그리고는 실바인 콘의 팔을 놓고 갑자기 커다란 소리로 웃기 시작했다. 그는 웃고 또 웃었다. 가까스로 웃기를 멈추고 크리스토프는 말했다.

"나는 자네들이 정말 싫어. 모두 싫어. 자네들에게 예술은 아무것도 아니군. 언제나 여자가 문제지. 한 무용가 때문에, 한 여가수 때문에, 모씨의 정부 때문에, 혹은 모부인의 총애를 받는 여자 때문에 오페라를 상연하는 거야. 자네들은 외설스런 일밖엔 생각지 않아. 그래도 나는 자네들을 미워하진 않네. 자네들은 그러한 인간이니까. 그게 좋다면 그대로 있게. 그리고 여물통 속에서 먹이를 찾게나. 이제 우린 헤어지세. 우린 함께 생활하도록 되어 있지 않네. 잘 있게."

크리스토프는 실바인 콘과 작별했다. 그리고 집에 돌아오자 루생에게 자기 작품을 회수하겠다는 뜻의 편지를 썼다. 물론 그 이유도 숨기지 않았다.

이리하여 그는 루생 및 그 일파와 인연을 끊었다. 그 결과는 바로 나타났다. 신문은 이 상연 계획을 에워싸고 어떤 소문을 퍼뜨리고, 작곡가와 여가수와의 옥신각신에 대해서 소문을 퍼뜨렸다. 어떤 음악회의 지휘자는 호기심을 일으켜 그의 이 작품을 일요일 낮 공연으로 채택했다. 이 행운도 크리스토프에게는 재앙이었다. 작품이 연주되었다. 그리고 심한 야유를 받았다. 여가수의 친지들은 모두 이 무례한 음악가를 혼내 주려고 미리 짜고 있었다. 그 밖의 손님들은 교향시에 지루해져 버리고 전문가들의 의견에 기꺼이 찬성했다. 더욱이 운수 사납게도 크리스토프는 경솔하게 자기 솜씨를 한번 보일 셈으로 피아노와 관현악을 위한 환상곡을 하나 이 음악회에서 들려줄 것을 승낙했다. 청중의 적의는 《다윗》 연주 중에는 연주자들에 대한 예의에서 어느 정도 억제되었지만 작곡가 자신과 맞서게 되니—게다가 연주도 별로 정확하지 않았지만—당장에 폭발했다. 크리스토프는 장내의 소란에 화가 치밀어 곡 도중에서 멈춰 버렸다. 그리고 갑자기 잠잠해진 청중을 조롱하는 듯한 눈으로 휘둘러 보며 '말브루가 전쟁하러 간다'(18세기 프랑스에서 유행한 《말브루의 노래》 첫 구절)를 치기 시작했다. 그리고 오만하게 말했다.

"여러분에게는 이것이 딱 어울립니다."

이렇게 말하고 그는 벌떡 일어나서 나가 버렸다.

장내가 소란해졌다. 사람들은 이것은 청중을 모욕하는 짓이니 객석을 향해 사죄하라고 외쳤다. 이튿날 신문은 일제히 한결같은 투로 이 그로테스크한 독일인에게 욕설을 썼으며, 좋은 취미를 가진 파리인의 입장에서 그에게 선고를 했다.

다음에 온 것은 완전한 공허였다. 크리스토프는 적의에 가득 찬 외국 대도시 한복판에서 또다시 고독해졌다. 이제까지보다 더한 고독이었다. 그래도 그는 이제 마음은 상하지 않았다. 이것이 내 운명이다, 한평생이 이런 식일는지도 모른다고 믿기 시작했다.

그는 알지 못했다. 위대한 혼은 결코 고독하지 않다는 것을. 시운에 의해 지금 그 혼은 벗이 없지만 언젠가는 반드시 벗을 만들어 낸다는 것을. 그 혼은 자기 속에 꽉 들어찬 사람을 자기 주위에 방사(放射)한다는 것을. 또 영원히 고립해 있다고 생각하는 지금도, 그는 세상의 가장 행복한 사람들보다도 한층 많은 사랑을 받고 있다는 것을.

*

스토방 집안의 열서너 살 되는 소녀에게도 크리스토프는 콜레트와 함께 피아노를 가르쳤다. 소녀는 콜레트의 사촌으로 그라시아 뷔옹탕피라는 이름이었다. 금빛어린 얼굴빛의 소녀로, 광대뼈 있는 데가 발그레 장밋빛을 띠고 뺨은 동그스름했다. 시골 처녀처럼 건강하고 작은 코는 끝이 약간 들렸으며, 모양 좋은 큰 입은 언제나 반쯤 열려 있었다. 턱은 둥글고 새하얬다. 온화한 눈은 상냥스레 미소 짓고 둥근 이마는 길고 명주실처럼 부드러운 머리카락으로 드리워졌다. 그리고 그 머리카락은 곱슬거리지 않고 가벼이 물결지어 뺨으로 흘러내렸다. 안드레이 델 사르토가 그린 탐스러운 얼굴과 조용한 아름다운 시선의, 저 어린 성모를 닮았다.

소녀는 이탈리아인이었다. 소녀의 부모는 거의 1년 내내 북부 이탈리아의 커다란 영지에서 살고 있다. 거기에는 들판에 목장이 있고 작은 운하가 있었다. 옥상의 테라스에서는 물결치는 듯한 금빛 포도밭이 내려다보였다. 그곳에도 군데군데에 검은 사이프러스(측백나뭇과 식물 중 일부)가 우뚝 솟아 있었다. 맞은편에는 밭이 죽 이어져 있었다. 조용했다. 땅을 갈고 있는 소의 울음소리며 쟁기질을 하고 있는 농부의 날카로운 소리가 들려왔다.

"쉬! …… 이랴, 이랴! ……"

매미가 나무 사이에서 울고 있었다. 물가에서는 개구리가 울었다. 그리고 밤이 되자 은빛 물결이 넘실넘실거리는 듯한 달빛 아래 한없는 정적이 깃들었다. 가끔 멀리서 총성이 들렸다. 오두막에서 졸고 있는 곡식 파수꾼이 잠을 자지 않고 있다는 것을 도둑에게 알리기 위해 총을 쏘는 것이었다. 반쯤 졸음에 잠겨 듣는 사람들에겐 이 소리가 멀리서 밤의 시간을 아로새기는 조용한 시계 소리로 들렸다. 그리고 다시 침묵은 크게 주름잡힌 부드러운 망토처럼 사람들의 혼을 감쌌다.

어린 그라시아의 주위에서는 삶은 일제히 잠들어 있는 것 같았다. 사람들은 소녀의 일을 별로 간섭하지 않았다. 그라시아는 자기를 에워싼 아름다운 정적 속에서 조용히 자라났다. 조바심 내거나 억지로 서두르거나 하는 일은 없었다. 소녀는 게으름쟁이로, 이리저리 쏘다니거나 늦게까지 잠자는 것을 좋아했다. 몇 시간이고 뜰에 드러누워 있을 때도 있었다. 여름 냇물 위에 떠도는 날벌레처럼 소녀는 고요 위에 떠돌았다. 그리고 때로는 돌연히 아무 이유도 없이 달렸다. 머리와 윗몸을 살짝 오른쪽으로 기울이고 날렵하고 늘씬한 체격으로 마치 작은 동물처럼 달렸다. 팔딱팔딱 뛰는 것이 재미있어 돌

사이를 기어오르거나 미끄러지거나 하는 새끼 염소와 똑같았다. 소녀는 또 개와 개구리, 풀과 나무, 농부와 기르는 새들과 얘기했다. 소녀는 주위의 작은 생물이 모두 좋았다. 커다란 생물도 좋았다. 그러나 커다란 것에 대해서는 작은 것을 대하는 만큼 마음을 줄 수 없었다. 사람은 좀처럼 만나지 않았다. 이 영지는 도시에서 멀리 떨어져 있었다. 아주 어쩌다 가끔 고지식한 얼굴을 한 농부와, 햇볕에 탄 얼굴에 눈을 빛내며 머리를 쳐들고 가슴을 내밀고 용케 장단을 맞추어 걸어가는 아름다운 시골 처녀가 먼지 낀 길을 발을 끌 듯이 지나갈 따름이었다. 그라시아는 이 조용한 뜰에서 며칠이고 혼자서 보냈다. 그라시아는 아무도 만나지 않았다. 그래도 조금도 지루하지 않았다. 또 아무것도 무서워하지 않았다.

언젠가 부랑자 하나가 인기척 없는 농장에 닭을 훔치러 들어왔다. 그때 거기 풀밭에 드러누워 작은 소리로 노래를 부르며 기다란 빵을 먹고 있는 소녀의 모습을 보고 흠칫 놀라 멈춰섰다. 소녀는 조용히 사내를 보며 무슨 일이냐고 물었다. 사내는 말했다.

"무엇이든지 다오. 주지 않으면 혼내 줄 테다."

소녀는 사내에게 빵을 내밀었다. 그리고 눈에 미소를 머금고 말했다.

"혼내 주는 일 같은 걸 해서는 안 돼요."

그러자 사내는 가 버렸다.

소녀의 어머니가 죽었다. 아버지는 훌륭한 혈통의 이탈리아인으로 참으로 선량하고 또 매우 마음이 약한 사람이었다. 몸은 튼튼하고 쾌활하고 정이 많은 사람이었지만 다소 어린애 같은 데가 있어 딸의 교육을 돌보는 일 같은 것은 잘 하지 못했다. 이 뷔옹탕피 노인의 동생 되는 스토방 부인은 장례식에 왔다가 소녀가 내버려져 있는 것을 보고 깜짝 놀랐다. 어머니를 잃은 슬픔을 잊게 하기 위해 소녀를 잠깐 파리로 데려가자는 결심을 했다. 그라시아는 울었다. 그리고 늙은 아버지도 울었다. 그러나 스토방 부인이 무엇인가 한번 결심한 이상은 체념하는 수밖에 없었다. 아무도 부인을 거스를 수 없기 때문이었다. 부인은 이 일가의 권력자였다. 파리의 집에서도 부인은 모든 것을 조종하고 있었다. 남편을, 딸을, 그리고 정부들을. 부인은 자기의 부(富)와 쾌락을 동시에 실행하고 있었던 것이다. 실제적이고 정열적인 여성이었다. 게다가 또 매우 사교적이고 활동적이었다.

파리에 따라와서 이 온순한 그라시아는 아름다운 사촌 콜레트가 제일 좋아졌다. 콜레트는 그라시아를 재미있어했다. 사람들은 마구 자란 이 상냥스런 소녀를 사교계로 인도하고 연극 구경에 데려가곤 했다. 그라시아도 이제 어린애는 아니었지만 사람들은 여전히 소녀를 어린애로 취급하고 자신도 그렇게 여겼다. 그라시아에게는 마음속에 숨기고 있는 감정이 있었다. 그리고 소녀는 이를 두려워했다. 그것은 어떤 물건이나 어떤 사람에 대한 애정의 커다란 충동이었다. 그라시아는 콜레트를 마음속으로 사모했다. 그래서 콜레트의 리본과 손수건을 훔쳤다. 콜레트 앞에서는 한 마디도 말을 하지 못하는 수도 흔히 있었다. 그리고 콜레트를 기다리거나 콜레트를 만날 것을 알고 있을 때는 조바심과 기쁨으로 몸을 바들바들 떨었다. 극장에서 가슴을 드러낸 아름다운 사촌 언니가 그라시아가 있는 좌석으로 들어와 사람들의 눈을 끄는 것을 보자, 그라시아는 애정이 넘치는 다소곳하고 상냥스런 미소를 지었다. 그리고 콜레트가 그라시아에게 말을 건네면 정신이 멍해졌다. 그라시아는 하얀 의상을 입고, 탐스러운 머리카락을 갈색 어깨 위에 늘어뜨리고 긴 장갑 끝을 자꾸만 살짝 물어뜯었다. 극을 구경하면서도 콜레트 쪽을 뒤돌아보고는 다정스런 시선을 찾거나, 자기가 느끼는 기쁨을 나누려고 하거나, 또 맑은 갈색 눈으로 이렇게 말하고 싶어했다.

"나는 당신이 제일 좋아요."

파리 교외의 숲 속을 산책할 때는 그라시아는 콜레트의 그림자 속을 거닐고, 발 밑에 앉고, 또 앞으로 달려나가 방해가 되는 가지를 꺾거나 진창 속에 돌을 놓거나 했다. 또 어느 날 저녁, 들에서 콜레트가 한기가 들어 숄을 빌려 달라고 하자 그라시아는 기쁜 나머지 소리를 지르고 말았다(하기야 나중에 부끄러워지긴 했지만). 좋아하는 사람이 제 것을 조금이라도 몸에 지녀주고 몸의 향기를 스며들게 한 뒤에 돌려줄 것을 생각하자 기뻐 어쩔 줄을 몰랐던 것이다.

그라시아에게 감미로운 흥분을 느끼게 하는 것으로는 또한 책과 시집의 어떤 페이지들이었다. 그라시아는 이를 몰래 읽고 있었다—(그녀는 여전히 어린이 책밖에는 받고 있지 않기 때문이다)—그리고 또 어떤 종류의 음악도 있었다. 사람들은 그라시아가 그런 음악을 이해 못할 것이라고 말했다. 그래서 그녀 자신도 모르는 걸로 알고 있었다. 그러나 음악을 듣자 감동하여 얼굴빛이 온통 창백해지고 땀에 흠뻑 젖었다. 이런 때 그라시아의 내부에서 무엇이 일어나고 있는가는 아무도 몰랐다.

그 밖에 그라시아는 얌전한 소녀로 멍청하고 게으름쟁이이고 꽤나 먹보이며, 아무것도 아닌 일에 얼굴을 붉히고, 몇 시간이고 잠자코 있는가 싶다가도 갑자기 유창하게 지껄여대고 잘 울고 잘 웃어서, 갑자기 흐느꼈는가 싶더니 곧 어린애처럼 웃어 댔다. 웃는 것을 좋아해서 아무것도 아닌 일을 재미있어했다. 결코 점잖아지려고는 하지 않았다. 여전히 어린애였다. 더구나 그라시아는 선량하고 남에게 걱정을 끼칠 수 없는 성미였다. 그리고 조금이라도 잔소리를 들으면 무척 언짢아했다. 참말로 겸손하고 언제나 남의 눈에 띄지 않는 곳에 물러서 있고 또 그녀의 눈에 아름다운 것, 훌륭한 것으로 비치는 것은 무엇이나 사랑하고 찬양하려 들어, 타인에게서 실제 이상의 장점을 보고 있었다.

그라시아의 교육은 퍽 늦었으므로 사람들은 이를 걱정했다. 그래서 그라시아는 크리스토프에게서 피아노를 배우게 되었다.

그라시아가 처음으로 크리스토프를 만난 것은 그녀의 고모가 많은 사람을 초청한 야외석상에서였다. 크리스토프는 청중의 분위기에 순응할 줄 모르는 사람이었으므로 한없이 긴 아다지오를 쳤다. 모두들 하품을 하고 있었다. 곡은 끝났나 싶으면 또 시작되었다. 대체 언제 끝나는 것일까 하고 사람들은 마음속으로 생각했다. 스토방 부인은 초조했다. 콜레트는 무척 재미있어했다. 이런 우스운 장면을 실컷 보고 있었다. 크리스토프가 이렇듯 무감각한 것을 그녀는 불쾌하게 여기지 않았다. 그가 하나의 힘임을 그녀는 느꼈다. 오히려 호의마저 느꼈다. 그러나 역시 우스웠다. 그녀는 크리스토프를 변호하고 싶은 기분을 억눌렀다. 다만 소녀 그라시아만은 눈물이 날 만큼 음악에 감동했다. 그라시아는 살롱 한구석에 숨어 있었다. 끝내는 자기 흥분을 남에게 보이기가 싫어, 게다가 또 크리스토프가 웃음거리가 되는 것이 보기 딱해 그 곳에서 달아났다.

그런 지 며칠 뒤 저녁식사 때 스토방 부인은 그라시아 앞에서 크리스토프에게 피아노 연습을 시키겠다고 말했다. 그라시아는 가슴이 울렁거려 그만 숟가락을 수프 접시에 떨어뜨렸다. 수프가 그라시아와 사촌언니에게 튀었다. 콜레트는 맨 먼저 식탁에서의 예절을 배워야 한다고 말했다. 스토방 부인은 그러한 것을 크리스토프에겐 부탁할 수 없다고 대꾸했다. 그라시아는 크리스토프와 함께 하게 된 것이 기뻤다.

크리스토프는 연습을 시작했다. 그라시아는 얌전 빼고 두 팔을 몸에 꼭 붙인 채 꼼짝도 할 수 없었다. 크리스토프가 자기 손을 그라시아의 귀여운 손에 얹고 손가락 위치를 바로잡아 주거나 손가락을 건반 위에 펴거나 하자 그라시아는 머리가 멍해졌다. 그라시아는 그 앞에서 잘못 치지나 않을까 겁을 먹었다. 그러나 병이 날 만큼 연습을 해도, 또 사촌언니에게 신경질적인 목소리로 야단맞으며 연습해도, 크리스토프 곁에 있으면 언제나 실수만 거듭했다. 숨이 찼다. 손가락이 나무토막처럼 굳어지거나 솜처럼 풀어지거나 했다. 음부를 헷갈리기도 하고 악센트를 거꾸로 두기도 했다. 크리스토프는 그라시아를 꾸짖었다. 그리고 화를 낸 채 나가 버렸다. 그럴 때 그라시아는 죽고 싶었다.

크리스토프는 그라시아에 대해서 전혀 신경 쓰지 않았다. 크리스토프는 콜레트에게만 마음을 빼앗기고 있었다. 그라시아는 사촌언니가 크리스토프와 사이가 좋은 것을 부러워했다. 그러나 그라시아는 이것을 괴롭게는 여겼으나, 그녀의 착한 작은 마음은 콜레트와 크리스토프를 위해 기뻐했다. 그라시아는 자기보다 콜레트 쪽이 훨씬 훌륭하다고 여기고 있었으므로 콜레트가 모든 호의를 독차지하는 것은 당연한 것으로 여겼다. 자기 마음이 언니를 적대하고 있음을 느끼는 것은 언니와 크리스토프 중 어느 한쪽을 택해야만 할 때뿐이었다. 그라시아는 어른이 되어 가는 여자의 직감으로 크리스토프의 괴로움을 꿰뚫어 보았다. 크리스토프는 콜레트의 천박한 태도와 레비쾨르가 지겹게 콜레트의 마음에 빌붙이려 드는 것을 괴로워했다. 본능적으로 그녀는 뢰비쾨르가 마음에 들지 않았지만, 크리스토프가 그를 싫어하고 있음을 알게 되자 그녀도 그가 아주 싫어졌다. 어째서 콜레트가 이런 사내를 크리스토프의 경쟁 상대로 내세워 즐거워하는지 그라시아로서는 이해가 가지 않았다. 그라시아는 마음속으로 콜레트를 엄숙히 비판하기 시작했다. 그리고 콜레트에게서 작은 거짓말을 몇 가지 찾아내자 대뜸 태도를 바꾸었다. 콜레트는 이를 눈치챘다. 그러나 그 까닭은 알지 못했다. 그리하여 소녀의 종잡을 수 없는 변덕 탓으로 돌리려 했다. 그런데 확실한 것은 그라시아에 대한 힘을 잃어버린 일이었다. 하찮은 일로 콜레트는 이를 똑똑히 알 수 있었다. 어느 날 저녁 둘이서만 뜰을 산책할 때 갑자기 소나기가 쏟아졌으므로 콜레트는 상냥스레 애정을 보이며 그라시아에게 망토 속으로 들어오라고 말했다. 몇 주일 전이었더라면 가장 좋아하는 사촌언니 가슴에 몸을 대는 것은 말할 수 없는 행복이었을 것이지만, 이때의 그라시아는 매정스럽게 몸을 피했다. 그리고 콜레트가 그라시아가 치고 있는 곡은 싫다고 말했을 때, 그라시아는 들은 척도 하지 않고 계속 쳤으며 또 그 곡을 무척 좋아했다.

그녀는 이미 크리스토프 말고는 신경 쓰고 있지 않았다. 그리고 애정에서 오는 통찰력을 갖고 있어 그가 괴로워하고 있음을 알아차리고 이를 어린애 같은 걱정으로 퍽 과장해서 생각했다. 크리스토프가 콜레트에 대해 선도(善導)해 주기 위한 우정밖에 품지 않고 있을 때라도, 그가 그녀를 사랑하고 있다고 생각했다. 그녀는 그를 불행한 사람이라고 여겼다. 그렇게 여기자 그녀도 불행해졌다. 이 가엾은 소녀는 그토록 마음을 썼으나 거의 보답은 받지 못했다. 콜레트가 크리스토프를 화나게 하자 그녀가 그 대가를 치렀다. 그는 기분이 상해 이 작은 제자에게 화풀이를 하고 그 실수를 못 참겠다는 투로 지적했다. 어느 날 아침 콜레트는 여느 때보다도 더 그를 화나게 했다. 그는 아주 난폭하게 피아노 앞에 앉았다. 그래서 그라시아는 조그만 능력조차도 낼 수 없었다. 그녀는 얼어 버렸다. 그는 음부가 틀린 것을 펄펄 뛰며 책망했다. 그러자 그녀는 더 허둥거렸다. 그는 화가 나 그녀의 손을 잡고 흔들어 대며, 절대로 이런 계통의 일은 못한다, 요리건 재봉이건 무엇이든 하고 싶은 걸 하는 것은 좋겠지만 음악은 단연코 집어치우는 게 낫다며 소리를 질렀다. 틀린 음부를 듣게 하여 남을 못살게 굴 건 없다고 말했다. 그러고서 그는 연습 도중에 그녀를 버려 둔 채 나가버렸다. 가련하게도 그라시아는 눈물이 한없이 흘렀다. 이러한 굴욕적인 언사가 슬프다기보다는 아무리 원해도 크리스토프를 기쁘게 해주지 못한다는 것, 그녀가 어리석기 때문에 사랑하는 이를 더욱 괴롭혔다는 것이 슬펐다.

크리스토프가 더 이상 스토방네에 오지 않게 되었을 때 그녀는 더욱 괴로워했다. 고향으로 돌아가고 싶어졌다. 이 소녀, 꿈속에서조차 전원적인 명랑한 바탕을 잃지 않고 간직하고 있는 이 소녀는 이 도시에서, 신경쇠약에 걸려 안절부절못하는 파리 여자들 사이에 있는 것이 불쾌했다. 말을 입 밖에 내지는 않았지만 이미 주위 사람들을 꽤 정확히 판단하고 있었다. 그러나 그녀는 아버지와 같이 선량하고 정숙하며 자신이 없다는 점에서 겁쟁이이고 심약했다. 무엇이거나 제멋대로인 고모와 모든 것을 제 마음대로 처리해내는 데 익숙해진 사촌언니가 하라는 대로 따랐다. 늙은 아버지에게 또박또박 상냥스런 긴 편지를 써 보내고는 있었지만 다음과 같이 쓸 용기는 없었다.

'제발 부탁이에요. 저를 그리로 데려가 주세요!'

그리고 늙은 아버지도 딸을 데려오고는 싶었지만 그럴 수 없는 형편이었다. 그가 주저하며 내놓은 청에 대해 스토방 부인은, 그라시아는 여기서 무척 행복하다, 그와 함께 있는 것보다 훨씬 행복하며 교육을 위해서도 여기 머물러 있는 것이 필요하다는 답장을 보냈기 때문이었다.

그러나 이 남국 태생의 작은 혼에게 고향과 멀리 떨어진 생활이 너무나 서럽게 느껴질 때가 찾아왔다. 그래서 이 혼은 빛을 향해서 날아가는 수밖에 없었다. 그것은 크리스토프의 음악회가 있은 뒤의 일이었다. 그녀는 스토방 집안사람들과 그 음악회에 함께 갔다. 예술가를 모욕하고 재미있어하는 군중의 흉한 꼴을 보는 것은 그녀로서는 가슴을 갈기갈기 찢기는 듯한 쓰라린 일이었다…… 예술가, 그것은 그라시아의 눈에는 예술 그 자체의 모습을 지닌 사람이며, 인생에 있어 모든 숭고한 것을 구현하고 있는 사람이었다.

그녀는 울고 싶어지고, 도망치고 싶어졌다. 하지만 사람들의 소란과 휘파람과 조롱을 끝까지 듣고 있어야 했다. 그리고 고모 집으로 돌아와서는 또 험담을 듣거나, 루시앙 뢰비쾨르와 한데 어울려 크리스토프의 일을 동정하며 얘기하고 있는 콜레트의 명랑한 웃음소리를 들어야 했다. 그녀는 자기 방으로 달아나 자리에 들어 한참 동안 흐느껴 울었다. 그녀는 마음속으로 크리스토프에게 말을 걸고 그를 위로했다. 그를 위해서라면 자기 목숨을 내던져도 괜찮다고 생각했다. 그를 행복하게 해주기 위해 자기가 아무것도 할 수 없는 것에 절망을 느꼈다. 이렇게 되자 이젠 파리에 머물러 있을 수가 없었다. 그래서 아버지에게 제발 자기를 데려가 달라고 애원하게 되었다. 그녀는 다음과 같은 편지를 썼다.

'저는 이제 여기서 생활을 할 수가 없습니다. 이젠 도저히 안 되겠어요. 더 이상 버려 두신다면 저는 죽어 버릴 거예요.'

아버지가 곧 올라왔다. 무서운 고모에게 맞서는 것은 그들 두 부녀로서는 참으로 힘겨운 일이었지만 죽을힘을 다해서 싸웠다.

그라시아는 잠든 것처럼 조용한 넓은 정원으로 돌아왔다. 그리운 자연과 사랑하는 사람들을 다시 만나게 되어 기뻤다. 아픈 마음은 명랑함을 돌이키기는 했지만, 가지고 돌아온 안개의 장막 같은 북방의 우울한 감정을 얼마간 계속 지녔다. 그러나 그것도 태양의 빛에 조금씩 사라져갔다.

그녀는 가끔 불행한 크리스토프의 일을 생각했다. 잔디밭에 드러누워 귀에 익은 개구리와 매미 소리에 조용히 귀 기울이며, 또는 전보다도 더한층 얘기 상대로 삼게 된 피아노 앞에 걸터앉아, 마음속으로 자신이 선택한 벗의 일을 이것저것 몽상했다. 몇 시간이고 나직한 목소리로 그와 얘기했다. 어느 날엔가는 그가 문을 열고 방에 들어왔는데, 그 일도 불가능한 일은 아닌 것 같이 여겨졌다. 그녀는 그에게 편지를 썼다. 그리고 오랫동안 망설인 끝에 이름을 밝히지 않고 이를 보내기로 했다. 어느 날 아침 몰래 가슴을 두근거리며 넓은 경작지 반대쪽에 있는 3킬로미터 되는 마을의 우체통에 그것을 넣으러 갔다. 그것은, 그는 고독하지 않다는 것, 낙심해서는 안 된다는 것, 그의 일을 생각하고 그를 사랑하고 그를 위해 신에게 기도 드리는 사람이 있다는 것을 알리는 아름답고 눈물겨운 편지였다. 그러나 가엾게도, 이 편지는 미련스럽게도 도중에서 길을 잃고 상대의 손에 이르지 못했다.

그 뒤 이 아득히 멀리서 사는 여자친구의 생활에는 단조롭고 조용한 나날이 흘렀다. 그리고 이탈리아적인 평화가, 평안함이, 조용한 행복과 침묵의 명상이, 이 맑고 침묵하는 마음속에 되돌아왔다. 그러나 밑바닥에는 역시 크리스토프의 추억이 움직이지 않는 작은 불꽃처럼 계속 타고 있었다.

*

그러나 크리스토프는 멀리서 자기를 조용히 지켜주는, 그리고 뒤에 자기 생활 속에 커다란 자리를 차지하게 되는 이 소박한 애정의 존재를 알지 못했다. 또 그가 모욕받은 저 음악회에, 곧 자기 벗이 되려는 사내가, 서로 함께 손잡고 나란히 걸어나가게 될 정다운 길동무가 참석해 있었다는 것도 알지 못했다.

크리스토프는 고독했다. 고독하다고 스스로 생각했다. 그러나 결코 풀이 죽지는 않았다. 전에 독일에 있을 때 그를 괴롭혔던 저 씁쓰름한 슬픔은 이미 느끼지 않게 되었다. 그는 더 강해지고 더 성숙했다. 모두가 그런 것이라는 것을 알았다. 파리에 대해 품었던 환상은 모두 사라져 버렸다. 어디를 가나 인간은 모두 마찬가지였다. 이런 일은 체념해야만 했다. 언제까지나 끈질기게 세상에 대해 어린애 같은 싸움을 계속하는 것을 그만둬야 했다. 마음을 가라앉혀 어디까지나 자기 자신으로 있어야 했다. 베토벤이 말한 것처럼 '만일 우리가 자기 생명의 힘을 생활을 위해 내어준다면 가장 숭고한 것을 위해서, 가장 훌륭한 것을 위해서는 대체 무엇이 남을 것인가?'

크리스토프는 자기 천성과 전에 그토록이나 엄숙히 비판했던 자기 민족을 깊게 의식했다. 파리 분위기의 답답함을 느낌에 따라 조국으로 달아나고 싶었다. 조국의 정화(精華)가 모여 있는 시인과 음악가의 품속으로 달아나고 싶은 욕망을 느꼈다. 그들의 책을 펴자마자 그의 방은 햇살에 반짝이는 라인 강의 속삭임과 두고 온 옛 벗들의 애정 깊은 미소로 한껏 가득 찼다.

그들에 대해 그는 얼마나 배은망덕했던 것일까! 어째서 더 빨리 그들의 변함없는 호의의 귀중함을 깨닫지 못했던 것일까? 독일에 있을 때 그들을 향해 부당하게 무례한 말을 했던 것을 생각해 내고는 부끄러워졌다. 다시는 그들의 결점, 서투른 격식을 차리는 태도, 눈물을 짜는 이상주의, 사상의 조그만 거짓말, 작은 비열함 따위는 눈에 들어오지 않았다. 아! 그러한 것은 그들의 커다란 장점에 비하면 정말 사소한 것이었다! 어째서 그러한 장점에 대해 그토록 가혹했던 것일까? 지금 와서 생각해 보면 그러한 결점 때문에 그들은 한결 감동적인 인간으로 보이기조차 했다. 그 때문에 그들은 더욱 인간적이었던 것이다! 반동적으로 그는 자기가 가장 부당한 취급을 한 사람들에게 더한층 마음이 이끌렸다. 슈베르트와 바흐에 대해 얼마나 심한 소리를 했던가! 그렇지만 지금은 그 자신이 그들의 바로 곁에 있음을 느꼈다. 그가 조급하게도 우스꽝스런 점을 지적한 이들 위대한 혼은 지금 친지들에게서 멀리 떨어진 그에게 몸을 굽혀 상냥스런 미소를 지으며 이렇게 말했다.

"형제여, 우리가 여기 있다. 용기를 내게! 우리도 역시 비참함을 맛보았었다네……. 그까짓! 나중에는 반드시 이겨낼 것이다……."

그의 귀에는 요한 세바스찬 바흐의 혼의 대양(大洋)의 파도 소리가 들려왔다. 용틀임, 회오리바람, 훨훨 날아가는 생명의 먹구름, 기쁨이나 괴로움에 취해 있는 민중과 그들 위를 날아다니는 온후하신 그리스도, 평화의 왕자, 발소리로 세계를 뒤흔드는 성스런 약혼자를 향해 환성을 지르며 달려오는 야경꾼들 때문에 잠에서 깨어나는 여러 도시들, 사상, 열정, 음악의 형식, 영웅적인 생활, 셰익스피어식 환각, 사보나롤라식 예언, 또 치켜세운 눈과 주름 잡힌 눈꺼풀 밑에서 반짝이는 작은 눈과 이중턱을 가진, 튀링겐의 작달막한 교회 오르간 반주자의 여윈 몸속에 있는 목가적이고 서정시적이며 묵시록적인 환영의 엄청난 저장……. 크리스토프에게는 그러한 그의 모습이 똑똑히 보였다! 음침하기도 하고 명랑하기도 하고, 약간 우스꽝스러운 데도 있고, 비유와 상징으로 가득 찬 두뇌를 갖고, 고딕적이기도 하고 로코코적인 데도 있으며, 걸핏하면 화를 잘 내고, 완고하며 동시에 또 명랑하고, 삶에 대한 열정과 죽음에 대한 향수를 가진 그의 모습……. 크리스토프의 눈에는 학교에서의 그가 보였다. 옴이 옮아 있고 목소리가 쉬었으며, 불결하고, 조잡스럽고, 거지 근성을 가진 학생들에게 에워싸여 때로는 대학자인 체하고 있으나, 그러한 불한당 놈들과 언쟁을 하고, 인부들처럼 치고받기도 하고, 어떤 자에게 실컷 두들겨맞기도 했다……. 또 가정에서의 그의 모습도 보였다. 스물한 명의 어린아이들에게 에워싸였고, 그중 열세 명은 그보다 먼저 죽었으며, 하나는 백치이지만 다른 아이들은 모두 훌륭한 음악가로 그를 위해 작은 음악회를 개최해준다……. 질병, 매장, 씁쓰름한 말다툼, 여의치 못한 생활, 세상에 인정되지 않은 그의 천재—그리고 더욱이 그의 음악, 그의 신앙, 해방과 광명, 그가 언뜻 보고, 예감하고, 바라고 그리고 획득한 기쁨. 신, 그의 뼈를 불태우고 머리털을 곤두서게 하며 그의 입에서 우렁찬 벼락 소리가 나오게 하는 신의 입김…… 오, 힘! 힘! 힘의 축복받은 천둥!

크리스토프는 이러한 힘을 단숨에 들이켰다. 독일인의 혼에서 흘러나오는 이러한 음악의 힘의 은총을 똑똑히 느꼈다. 그 힘은 흔히 평범하고 조잡하기도 했지만 그게 어떻다는 것이냐! 중요한 일은 힘이 있다는 것이며 그것이 가득 넘쳐 흐른다는 일이다. 프랑스의 음악은 파스퇴르식 여과기에 의해 간단히 밀봉된 병 속에 한 방울씩 모아서 담겼다. 그리고 이 맛없는 물을 늘 마시던 자들은 독일 음악에 대해 거부하는 얼굴을 짓는다! 그들은 독일 정신의 흠을 잡아낸다!

'인색한 자들이다!'

크리스토프는 조금 전까지만 해도 자기 자신도 역시 우스꽝스런 인간이었던 것을 기억하지 않고 그렇게 생각했다.

'그들은 바그너와 베토벤 속에서 결점을 찾아내고 있다! 그들에게는 결점이 없는 천재가 필요할지도 모른다. ……폭풍은 몰아쳐도 사물의 아름다운 질서는 어지럽히지 않도록 주의하여 부는 것처럼……'

　크리스토프는 자기의 힘을 느끼고, 즐거워서 파리 시가를 걸어다녔다. 이해되지 않아도 괜찮다! 그런 쪽이 한결 더 자유로울 것이다. 내심의 법칙에 의해 유기적으로 조립된 하나의 완전한 세계를 창조한다는 것은 천재가 해야 할 임무지만, 그러기 위해서는 그 속에서 전적으로 살아야 한다. 예술가는 결코 고독할 수는 없다. 무서운 일은 자기 사상을 거울에 비쳐 그것이 비뚤어지고 축소되어 있음을 보는 일이다. 자기가 하고 있는 일에 대해서는 이룩되기 전에는 결코 남에게 말해서는 안 된다. 그렇지 않으면 마지막까지 해낼 용기가 그만 없어질 것이다. 자기 자신 속에 보이는 것은 이미 자기 생각이 아니라 타인의 초라한 생각이 될 터이므로.

　이제는 아무것도 그의 꿈을 방해하지는 않았다. 꿈은 그의 혼 구석구석에서, 길에 깔린 모든 돌멩이에서 샘물처럼 솟아나왔다. 그는 환각자와 같은 상태로 살고 있었다. 그가 보고 듣고 하는 모든 것은, 그가 실제로 보고 듣고 하는 것과는 다른 종류의 인간이나 사물을 그에게 불러일으켰다. 자기 주위에 작중인물의 생활을 찾아내기 위해서는 단지 살아 있기만 하면 되었다. 그들의 감각 쪽에서 그를 찾으러 왔다. 지나가는 사람들의 눈, 바람이 갖고 오는 목소리의 울림, 잔디밭 위의 빛, 뤽상부르의 숲 속에서 지저귀는 작은 새, 멀리서 울리고 있는 수도원의 종, 창백한 하늘, 자기 방의 창문에서 보이는 하늘의 작은 구석, 하루 동안 시시각각 달라지는 소리와 빛깔, 그는 이러한 것을 자기 속에서 깨닫지 못하고 자기가 꿈꾸는 인물 속에서 깨달았다. 크리스토프는 행복했다.

　그렇지만 그의 환경은 이제까지보다도 훨씬 더 어렵게 되었다. 단 하나의 수입원이었던 몇 군데의 피아노 교수 자리도 모두 잃어버렸다. 때마침 9월이었으므로 파리 사교계는 휴가 중이었다. 다른 제자를 구하기가 어려웠다. 단 한 사람 새로 생긴 제자는 기사(技士)로서 지적이긴 했으나 분별력이 없는 사내로, 나이 마흔이 되어 바이올린 대가가 되려는 생각을 가졌다. 크리스토프는 바이올린을 썩 잘 켠다고 할 수는 없었다. 그렇더라도 이 제자보다는 능란했다. 그래서 잠깐 한 시간에 2프랑으로 1주에 세 시간 가르쳤다. 그런데 3개월 반쯤 되자 기사는 싫증이 나, 자기에게서 가장 주요한 천부의 재능은 회화에 있다는 것을 돌연 발견했다. 어느 날 기사가 이 발견을 말하자 크리스토프는 배를 움켜쥐고 웃었다. 그러나 웃음을 거두고 주머니 속을 계산해 보자 제자가 마지막 사례금으로 가지고 온 12프랑이 있을 뿐이었다. 그래도 그런 일로 그는 당황하지 않았다. 다만 다른 생활 수단을 찾아야 했다. 또 출판업계를 뛰어다녀 볼까도 생각했지만, 그것은 결코 유쾌한 일이 아니었다. ……쳇! 미리부터 걱정할 필요는 없다! 오늘은 날씨도 좋았다. 그래서 그는 뫼동으로 가보았다.

크리스토프는 걸어다니고 싶어 못 견디었다. 걸어가면 음악의 수확이 늘어났다. 벌집에 꿀이 가득 찬 것처럼 그는 음악으로 가득 찼다. 그리고 꿀벌의 금빛 날갯소리에 귀를 기울이고 웃었다. 그것은 대개 전조(轉調)가 풍부한 음악이었다. 그리고 춤추는 듯한 매혹적인 리듬이었……. 그대들은 방 안에서 졸음이 왔을 때 리듬을 창조하는 게 좋다! 그런 때야말로 저 파리장처럼 섬세하고 움직임이 없는 화음을 만드는 데에 안성맞춤이다!

크리스토프는 걸어다니다 지치면 숲 속에 드러누웠다. 나뭇잎은 반쯤 떨어지고 하늘은 색비름(쌍떡잎식물 중심자목 비름과의 한해살이풀)처럼 푸르렀다. 크리스토프는 멍하니 꿈 속에 있는 것 같았다. 그 꿈은 곧 10월의 구름에서 떨어지는 부드러운 빛에 물들었다. 그의 피는 거세게 고동쳤다. 그는 자기의 사고가 흐름이 급한 조류처럼 지나가는 데에 귀를 기울였다. 사고의 물결은 지평선의 모든 방향에서 왔다. 그것은 서로 싸우고 있는 새롭고 낡은 세계, 그의 속에서 한 도시의 주민처럼 살고 있는 과거의 혼의 단편, 옛날의 손님, 기식자였다. 멜키오르의 무덤 앞에서 들은 고트프리트의 오랜 말이 생각났다. 그는 꿈틀거리고 있는 죽은 사람—미지의 그의 전 민족—으로 가득 찬 살아 있는 무덤이었다. 그는 그러한 생명의 무리에 귀를 기울였다. 단테의 수풀처럼 괴물이 득실거리는 이 태곳적 숲에 큰 오르간을 울리는 것이 즐거웠다. 이미 어렸을 때같이 괴물이 무섭지는 않았다. 왜냐하면 지배자가, 즉 그의 의지가 거기 있었으므로. 짐승들이 짖어 대도록, 그리고 마음속 동물원의 풍성함을 더 잘 느끼기 위해 채찍을 울리는 데에 강렬한 기쁨을 맛보았다. 그는 고독하지 않았다. 고독해질 염려도 없었다. 그는 하나의 군대이며 수 세기에 걸친 쾌활하고 건강한 크라프트 집안의 사람이었다. 적의로 가득 찬 파리에 대해, 한 민족에 대해 이쪽도 한 민족이었다. 대등한 승패의 겨룸이었다.

*

크리스토프는 이제까지 살던 검소한 방을 나와—방세가 너무 비쌌다—몽마르트르의 지붕밑 다락방을 빌렸다. 이 방은 달리 좋은 것은 없었지만 통풍만은 썩 좋았다. 언제나 공기가 흘러들었다. 그리고 그에게는 호흡하는 것이 필요했다. 창문에서는 파리의 숲처럼 치솟은 굴뚝이 멀리까지 내다보였다. 이사하는 것은 간단했다. 손수레 하나로 거뜬히 치렀다. 그것 역시 크리스토프 자신이 밀고 갔다. 물건 중에서 가장 소중한 것은 낡은 트렁크와 베토벤의 마스크였다. 그것은 그 뒤 일반에게 보급된 주물 마스크였다. 그는 이를 값비싼 미술품처럼 단단히 포장했다. 그는 언제나 이를 버려둔 적이 없었다. 그것은 그에게 있어 파리라는 바닷속의 하나의 작은 섬이었다. 또 그의 정신의 기압계였다. 그것은 그의 혼의 기후를, 그의 가장 은밀한 생각의 기온을 그가 스스로 의식하고 있는 이상으로 확실히 보여 주었다. 또는 구름이 겹친 하늘을, 정열의 돌풍을, 힘찬 정력을 보여 주었다.

크리스토프는 음식을 아주 절약해야만 했다. 하루 한 끼, 오후 1시에 식사를 했다. 커다란 소시지를 하나 사서 창가에 매달아 놓았다. 그것을 두껍게 썬 한 조각과 딱딱한 빵 한 조각, 직접 끓인 커피 한 잔, 그것만으로 대단한 성찬이었다. 하지만 두 사람 몫을 먹고 싶었다. 그는 자기의 식욕이 왕성한 데 화가 났다. 그는 엄숙히 자기를 꾸짖었다. 먹을 것밖에는 생각지 않는 식충이라고 생각했다. 하지만 사실 뱃가죽이 등에 달라붙을 지경이었다. 야윈 개보다도 더 야위었다. 그래도 몸은 억세고 뼈대는 쇠처럼 단단하고 머리는 언제나 자유로웠다.

그는 다음 날 일은 별로 근심하지 않았다. 그날 쓸 돈만 있으면 걱정하지 않았다. 이윽고 무일푼이 되자 겨우 출판업자를 찾아다닐 결심을 했다. 하지만 아무 데도 일거리는 없었다. 아무 수확도 없이 돌아오는 참인데 얼결에 언젠가 실바인 콘에게서 다니엘 헤히트에게 소개받은 악보점 앞을 지나치다가 안으로 들어갔다. 전에 불쾌한 꼴을 당했던 일을 잊어버렸다. 맨 처음 눈에 띈 것은 헤히트의 모습이었다. 그는 발길을 돌리려고 했다. 그러나 이미 늦었다. 헤히트가 보고 있었다. 크리스토프는 달아나는 것처럼 보이고 싶지는 않았다. 그래서 무슨 말을 해야 할지 알 수는 없었지만 아무튼 헤히트 쪽으로 걸어갔다. 그리고 되도록 거만하게 대항해 주자고 생각했다. 왜냐하면 헤히트가 자기에게 무례하게 굴 것이 틀림없다고 보았으므로. 하지만 조금도 그러지 않았다. 헤히트는 무관심하게 그에게로 손을 내밀었다. 흔한 말투로 그의 건강을 묻고 그리고 크리스토프가 아직 아무것도 부탁하지 않았는데도 사무실 문을 가리켜 몸을 비키며 그를 맞아들였다. 헤히트는 이 방문을 마음속으로 은근히 기뻐했다. 그의 자존심은 이 방문을 예감하고 있었지만 기대하고 있지는 않았다. 겉으로 그런 기색은 보이지 않고 그는 크리스토프의 행동을 주의 깊게 살피고 있었다. 크리스토프의 음악을 알 만한 기회는 한 번도 놓치지 않았다. 문제가 된 《다윗》의 음악회에도 갔었다. 그는 청중을 경멸하고 있었으므로, 청중이 이 작품에 적의 있는 태도를 취해도 놀라지 않았다. 하지만 작품의 아름다움은 완전히 느끼고 있었다. 크리스토프의 예술적인 독창성을 헤히트 이상으로 감상할 수 있는 사람은 파리에는 아마 아무도 없었을 것이다. 그러나 그는 이것을 크리스토프에게 말하지 않았다. 자기에 대한 크리스토프의 태도에 화가 났기 때문만이 아니라 애교 있게 행동할 수 없었던 것이다. 그는 천성이 아주 무뚝뚝한 성미였다. 진심으로 크리스토프를 돕고 싶은 심정이었지만, 그러기 위해서 한 발짝도 내딛지는 않았다. 크리스토프가 먼저 도움을 청해서 찾아오기를 기다렸다. 그리고 지금 크리스토프가 오는 것을 보자, 방문자에게 굴욕적인 부탁을 할 수고를 덜게 하여 아량 있게 이 기회를 잡아 오해했던 기억을 없애기는커녕, 도리어 상대에게 부탁을 길게 늘어놓도록 하고 기뻐했다. 그리고 크리스토프가 전에 거절한 일거리를 아무튼 적어도 한 번은 시켜보고 싶었다. 그는 50페이지쯤 되는 악보를 내어주고 이튿날까지 이것을 만돌린과 기타용으로 개작해 달라고 말했다. 그 뒤 크리스토프를 굴복시킨 데에 만족해서 조금은 그보다 나은 일자리를 찾아내 주었다. 그러나 그 태도는 여전히 무뚝뚝했으므로 감사할 생각이 들지 않았다. 여간한 막다른 궁지에 내몰리지 않는 한 다시는 헤히트에게 부탁하러 가는 일은 없었을 것이었다. 그러나 아무튼 하기 싫은 어떤 일이라도 헤히트에게서 돈을 거저 받느니보다는, 그것으로써 돈을 버는 쪽이 훨씬 나았다. 실제로 헤히트는 크리스토프에게 돈을 주려고 한 적이 한 번 있었다. 더욱이 그것을 진심으로 기꺼이 주려고 했던 것이다. 그러나 크리스토프는 헤히트가 먼저 자기 콧대를 꺾으려 하는 마음을 느꼈다. 헤히트가 내놓은 조건을 받아들여야만 했지만 적어도 은혜를 입는 것만은 거절했다. 헤히트를 위해 일하는 것은 괜찮다. 서로를 주는 것이니까 피장파장이다. 하지만 헤히트의 은혜를 입는 것은 딱 질색이었다.

크리스토프는 자기 예술을 위해서라면 배짱 좋은 거지처럼 되는 저 바그너와는 달랐다. 그는 자기 예술을 혼 위에 놓는 짓은 하지 않았다. 자기 자신이 벌어들인 빵이 아니라면 목에 걸릴 것이다. 어느 날 밤새워 완성한 일거리를 가지고 갔더니 헤히트는 때마침 식탁에 앉아 있었다. 헤히트는 그의 창백한 얼굴과 무의식적으로 접시에 던진 시선을 보고 아직 아무것도 먹지 않았음에 틀림없다고 생각했다. 그래서 함께 식사를 하자고 권했다. 그 뜻은 좋았다. 그러나 크리스토프의 곤궁을 알아차리고서 하는 성찬 초대는 적선하는 것과 같음을 상대에게 여실히 느끼게 하는 태도였다. 크리스토프는 굶어 죽더라도 성찬 초대는 받고 싶지 않았다. 그러나 식탁에 앉는 것만은 거절할 수 없었다(헤히트가 할 얘기가 있다고 했으므로). 하지만 요리에는 전혀 손을 대지 않았다. 방금 식사를 하고 오는 길이라고 했다. 위는 먹고 싶어서 경련을 일으켰는데도.

크리스토프는 되도록이면 헤히트한테는 가지 않으려 했다. 그러나 다른 출판사는 더 심했다. 또 악구의 단편을 착상하더라도 그것을 악보에 써낼 수도 없는 부유한 음악 애호가가 있었다. 그들은 크리스토프를 불러들여 고심한 곡을 들려주었다.

"어떻습니까! 제법 괜찮지요?"

그들은 그에게 이것을 하나의 작품으로 잘 다듬어달라고 부탁했다(그러나 곡 전체를 써 주게 되기가 일쑤였다). 그리고 이 작품은 큰 출판사가 그들의 이름으로 발행했다. 그렇게 되자 그들은 그 곡을 자기가 지은 것이라고 믿어버리게 되었다. 크리스토프는 그러한 사람의 하나를 잘 알고 있었다. 명문 귀족인 이 신사는 언제나 몸을 민첩하게 움직이며 그를 보고는 친애하는 벗이라 부르고, 팔을 움켜잡고 호들갑스런 감격의 말을 퍼붓고, 남의 험담을 귓가에 소곤거리고, 종잡을 수 없는 소리와 버릇없는 소리를 지껄여 대고, 그 사이사이에 베토벤, 베를렌, 오펜바흐, 이베트 길베르……따위로 도취해서 외마디 소리를 질렀다. 그는 크리스토프에게 일을 시키면서도 돈을 내지 않았다. 점심을 대접하거나 악수를 하거나 함으로써 지급이 끝난 셈 쳤다. 나중에 고작 20프랑을 보내왔는데 크리스토프는 어리석게도 그것을 돌려보냈다. 그날 주머니에는 1프랑도 없었다. 더욱이 어머니에게 편지를 보내기 위해 26상팀의 우표를 사야 했다. 마침 늙은 어머니 루이자의 생일이었다. 크리스토프는 어떤 일이 있건 축하 편지를 빠뜨리고 싶지는 않았다. 착한 어머니는 자식의 편지에 너무나 의지하고 있었다. 편지 없이는 견디지 못했다. 그녀가 편지를 쓴다는 것은 힘에 겨웠지만 요즘 몇 주일 동안은 여느 때보다 빈번히 편지를 보내왔다. 고독의 쓸쓸함에 괴로워하고 있었던 것이다. 그러나 파리로 찾아와 크리스토프와 함께 살 결심은 서지 않았다. 너무나 겁쟁이라서 자기의 작은 도시와 교회와 집에 집착해 있어 여행하는 것을 두려워했다. 게다가 그녀가 오고 싶어도 크리스토프에게는 어머니를 부양할 돈이 없었다. 자기 혼자서 살아 나갈 돈도 없었다.

한번은 그를 기쁘게 하는 선물이 보내져 왔다. 그것은 로르헨으로부터였다. 로르헨이란 시골 처녀로, 그녀 때문에 그가 프러시아 병사들과 싸움을 한 적이 있었다. 결혼한다는 소식을 알리고 그의 어머니 소식을 전해 왔다. 그리고 사과 한 광주리와 빵과자 몇 개를 보내어 자기를 축하하여 먹어 달라고 했다. 그것은 더할 수 없이 때를 잘 맞춘, 하늘이 내린 선물이었다. 그날 밤의 크리스토프는 단식과 소재일(小齋日)과 사순절이 한꺼번에 온 것 같은 상태에 있었던 것이다. 창가에 매단 소시지는 이미 끈밖에는 남아 있지 않았다. 크리스토프는 까마귀가 바위 위에 먹을 것을 가져다주었다는 성스런 은자를 자기와 비교했다. 그러나 까마귀도 모든 은자에게 먹을 것을 가져다준다는 것은 분명히 어려운 일이었을 것이다. 그러므로 이제 까마귀는 오지 않을 것이다.

이러한 고난의 나날을 보내면서도 크리스토프는 여전히 원기왕성했다. 세면기 속에 내의를 빨기도 하고 뜸부기처럼 휘파람을 불며 구두를 닦기도 했다. 그는 베를리오즈의 말을 자기 자신에게 일러주며 위로했다.

'생활의 비참함을 초월하자. 그리고 저 유명한 《분노의 날》의 쾌활한 노래를 가벼운 목소리로 노래 부르자……'

크리스토프는 가끔 이것을 불렀다. 이웃 사람들은 이에 분격했다가 그가 도중에 노래를 그치고 커다란 소리로 웃어 대는 것을 듣고 입을 딱 벌리고 할 말을 잊었다.

크리스토프는 엄격히 순결한 생활을 보냈다. 저 베를리오즈가 말한 것처럼 '사랑에 탐닉하는 사람의 생활은 한량(閑良)이나 부자가 하는 생활'이다. 빈곤, 나날의 빵의 추구, 극도의 절식, 열광적인 창작욕 따위는 쾌락을 생각하는 시간도 기분도 그에게 남겨 두지 않았다. 그는 쾌락에 대해 단지 무관심한 것만은 아니었다. 파리에 대한 반발심에서 일종의 정신적 금욕주의에 빠져 있었다. 그는 순결에 대한 거센 요구와 모든 더러움에 대한 혐오를 갖고 있었다. 그러나 정열에 사로잡히지 않고 견딜 수는 없었다. 어떤 때는 정열에 몸을 내맡긴다. 그러나 그 정열은 깨끗한 것이었다. 왜냐하면 그가 거기서 찾던 것은 쾌락이 아니라 자기를 완전히 내주는 것이며 존재를 충만시키는 일이었으므로. 그리고 자기가 틀렸었다고 인정하자 그는 분연히 정열을 걷어차 버렸다. 음탕은 그에게 있어서 다른 죄와 같은 보통 죄는 아니었다. 그것은 참으로 큰 죄였다. 목숨의 샘을 더럽히는 죄였다. 그리스도교적인 오랜 바탕이 밖으로부터 온 충적토(沖積土) 아래 완전히 매몰되어 버리지 않은 사람들, 오늘도 여전히 자기가 힘찬 민족의 자손이라고 느끼고 있는 사람들, 초인적인 규율을 지켜 서구 문명을 건설한 사람들은 모두 예사롭게 그런 일을 이해할 수 있다. 쾌락을 유일한 목적으로 삼고 신조로 하는 세계주의적인 사회를 크리스토프는 경멸했다. 물론 행복을 찾는 것, 인간을 위해 행복을 요구하는 것, 고딕적인 그리스도교가 20세기 동안 인류 위에 쌓아올린, 정신을 쇠약하게 하는 염세적인 신앙과 싸우는 것은 좋은 일이었다. 그러나 그것은 타인의 행복을 원하는 관대한 신념이라는 조건 아래에서만이다. 만일 그렇지 않다면 그것은 대체 무엇이라는 것일까? 가장 불행한 이기주의에 지나지 않는다. 소수의 향락자들은 최소한의 위험으로 최대한의 쾌락을 자기들의 관능이 '획득하도록' 하려고 애써, 그 대신에 타인이 낭패를 보는 것은 아랑곳하지 않는다. 물론 그들의 살롱식 사회주의는 사람들이 잘 알고 있다! 하지만 그들은 자기들의 쾌락적인 교리는 '비곗살이 오른' 사람들, 사육(飼育)되어 살이 찐, 말하자면 '선택받은 사람들'에게만 가치가 있고 가난한 사람들에게는 독이 된다는 것을 누구보다 잘 알고 있는 것이 아닐까?

'쾌락의 생활은 부유한 사람의 생활이다.'

크리스토프는 부자도 아니고 또 부자가 되려고 애쓰지도 않았다. 그는 얼마라도 손안에 돈이 들어오면 당장에 이를 음악을 위해 썼다. 음식을 줄이면서까지 음악회에 갔다. 샤틀레 극장 맨 위층의 싼 자리를 샀다. 그리고 음악을 만끽했다. 그에게 있어서는 음악이 성찬이며 연인이었다. 그는 행복에 주렸으며 음악을 향락하는 능력을 충분히 갖고 있었으므로, 오케스트라의 불완전한 연주도 별로 꺼리지 않았다. 그는 두세 시간이나 행복감에 젖어, 연주상의 틀린 음이 있더라도 그저 너그러운 미소를 지을 뿐이었다. 비평은 관심밖이었다. 그는 사랑하기 위해서 왔지 비판하기 위해서 온 것은 아니었다. 주위의 청중도 그와 같이 눈을 반쯤 감은 채 가만히 꿈의 커다란 분류에 몸을 내맡겼다. 쾌락과 향락의 환상을 은밀히 품고 있는 커다란 고양이처럼 몸을 움츠리고 어둠 속에 웅크린 민중의 모습이 크리스토프에게는 보이는 듯했다. 금빛 짙은 어스름 속에 몇몇 얼굴이 신비스럽게 떠올라 왔다. 그러한 얼굴의 알지 못할 매력과 무언의 황홀한 표정이 크리스토프의 시선과 마음을 이끌었다. 그는 이러한 얼굴에 애착을 느꼈다. 이러한 얼굴들이 말하고자 하는 바를 엿들으려고 귀를 기울였다. 이윽고 육체도 혼도 이들에게 동화해 버렸다. 때로는 그러한 것의 하나가 이를 알아차리고, 음악이 계속되는 동안 둘 사이에 막연한 공감을 자아내는 수도 있었다. 이러한 공감이 심신의 가장 깊은 속에까지 스며드는 것이지만, 일단 음악회가 끝나 혼과 혼을 결합했던 흐름이 끊어지면 이제는 뒤에 아무것도 남지 않는 것이다. 그것은 음악을 사랑하는 사람들이 잘 알고 있는 정신 상태이다. 특히 이러한 사람들이 자기를 전적으로 내던지는 젊은 사람들일 경우에는 더할 나위 없다. 음악의 본질은 확실히 사랑이므로 타인 속에서 이를 맛보는 것 말고는 이를 완전히 맛볼 수 없는 것이다. 그래서 사람은 음악회에 가면 본능적으로 청중 속에서, 자기 혼자서 맛보기에는 너무나 커다란 기쁨을 서로 나눌 벗을 눈으로 찾는 것이다.

크리스토프가 음악의 즐거움을 좀더 확실히 맛보기 위해서 선택한 이러한 일시적인 벗 가운데 그를 끌어당기는 얼굴 하나가 있었다. 그는 이 얼굴을 음악회 때마다 보았다. 음악적인 일은 잘 모르면서 그저 사랑하고만 있는 것이 틀림없는 젊은 여공의 얼굴이었다. 귀여운 동물 같은 옆모습에 살짝 내민 입과 상냥스런 턱, 입과 턱의 선을 조금 벗어난 작고 똑바른 코, 말려 올라간 속눈썹, 거기에 맑은 눈을 갖고 있었다. 그것은, 그 얼굴의 외관 속에 어떤 태연한 침착에 싸인 기쁨과 웃음이 느껴지는 그런 태평스런 귀여운 얼굴의 하나였다. 이런 얌전치 못한 아가씨들이나 왈가닥패의 여공들이야말로, 고대 조각상이나 라파엘로가 그린 자태에 나타나 있고 오늘날엔 보이지 않게 된 저 명랑함을 가장 많이 재현하고 있는 것이리라. 그것은 그녀들 생애의 오직 한순간의 일에 지나지 않는다. 쾌락의 첫 눈뜸에 지나지 않는다. 그것은 이내 시들 것이다. 그러나 그녀들은 적어도 아름다운 한때를 살아가고 있는 것이다.

크리스토프는 그녀를 즐겁게 바라보고 있었다. 귀여운 얼굴 표정이 그의 기분을 상쾌하게 해주었다. 그는 그녀에게 욕망 같은 것은 품지 않고 그녀를 향락할 수 있었다. 게다가 기쁨과 힘과 온화함을, 거의 덕(德)까지도 찾아냈다. 그녀는 말할 것 없이 그가 자기를 보고 있다는 것을 대뜸 눈치챘다. 그리고 둘 사이에 자기(磁氣)가 흘렀다. 거의 모든 음악회에서, 거의 같은 자리에서 만났으므로 곧 서로의 기호도 알게 되었다. 어떤 악절이 되면 두 사람은 의미 있는 시선을 주고받았다. 그녀는 특히 좋아하는 악구(樂句)가 있으면 입술을 빨듯 살짝 혓바닥을 내밀었다. 또 어떤 악구가 마음에 들지 않는다는 것을 표시하려고 사뭇 경멸하는 것처럼 귀여운 입을 뾰족 내밀었다. 이런 조그만 표정은 다른 사람이 보고 있을 때는 거의 누구나가 다 그렇게 하는 순진스런 연극 투가 섞여 있었다. 또 때로는 진지한 곡을 듣고 있는 동안 열심인 듯한 표정을 지으려고 애쓰는 일도 있었다. 그러한 때는 옆모습을 보여 사뭇 반해서 듣고 있는 듯한 시늉을 하고 뺨에 미소를 지으며, 그가 자기를 보고 있는지 어떤지를 곁눈질로 가만히 엿보고 있었다. 두 사람은 서로 한마디도 말한 적은 없고, 또 출구에서 만나려고 한 적도—적어도 크리스토프 쪽에서는—없었는데도 퍽 의좋은 친구가 되었다.

드디어 어느 날 밤 우연히 두 사람은 한자리에 나란히 앉게 되었다. 한순간 미소를 머금고 망설인 뒤에 둘은 정답게 얘기를 나누기 시작했다. 그녀의 목소리는 매력적이었다. 그녀는 음악에 대해 너절한 얘기를 마구 지껄였다. 아무것도 모르면서 사뭇 음악광인 것처럼 보이려고 했던 것이다. 그러나 음악은 정열적으로 사랑했다. 가장 좋은 것과 가장 나쁜 것을, 마스네와 바그너를 사랑했다. 그녀를 지루하게 하는 것은 평범한 것뿐이었다. 음악은 그녀에게는 하나의 쾌락이었다. 다나에가 금빛 빗물을 삼키듯이 그녀는 온몸의 털구멍으로 음악을 들이마셨다. 《트리스탄》의 전주곡에서는 거의 가사 상태에 빠졌다. 《영웅 교향곡》에서는 자기가 전장의 약탈물처럼 빼앗겨 실려 가는 것으로 느끼며 즐기고 있었다. 베토벤이 귀머거리에다 벙어리였던 것을 크리스토프에게 가르치고, 비록 그렇더라도 만일 베토벤을 알았다면 아무리 추해도 그가 가장 좋아졌을 것이라고 말했다. 크리스토프는 베토벤이 그렇게 추하지는 않았다고 항변했다. 그래서 둘은 미와 추에 대해 논의했다. 그녀는 모든 것이 사람의 기호에 따르며, 어떤 이에게 아름다운 것도 다른 사람에게는 그렇지 않다, 인간은 금화가 아니다, 모든 사람의 마음에 들 수는 없다고 주장했다. 크리스토프는 아무 말도 하지 않는 그녀 쪽이 좋았다. 그러는 쪽이 그녀 마음을 잘 알 수 있었다. 《이졸데의 죽음》 동안에 그녀는 그에게 손을 내밀었다. 그녀의 손은 땀이 배어 있었다. 그는 곡이 끝날 때까지 그녀의 손을 꼭 쥐고 있었다. 둘은 깍지 낀 서로의 손가락을 통해 교향곡의 물결이 흐르는 것을 느꼈다.

둘은 함께 밖으로 나갔다. 12시가 가까웠다. 얘기를 하며 라텡 거리 쪽으로 걸어갔다. 그녀는 그의 팔을 잡고 있었다. 그는 그녀의 집까지 데려다 주었다. 그러나 문간에 이르자 그녀가 집 안으로 인도하고자 했으므로, 이끌어 들이는 그 눈을 거들떠보지도 않고 가 버렸다. 순간 그녀는 어이가 없었지만 다음에는 화가 났다. 그러고는 그의 바보 같은 짓을 생각하고 자지러지게 웃었다. 그리고 방에 들어가 옷을 벗고 있노라니 또 화가 났다. 나중에는 소리를 죽여 울기 시작했다. 음악회에서 다시 크리스토프와 만났을 때, 그녀는 감정을 상한 것처럼 냉정하고 약간 매정한 태도를 나타내 보이려고 했다. 하지만 그가 너무나 순진하게 친절했으므로 그녀의 결심은 무너졌다. 둘은 다시 얘기하기 시작했다. 그녀는 이젠 그에 대한 행동을 얼마쯤 삼갔다. 그는 진지한 일과 아름다운 일, 둘이서 들었던 음악 얘기며, 그것이 자기에게는 어떤 의미를 갖고 있는가 하는 것을 진심으로, 그러나 어디까지나 예의 바르게 그녀에게 말해 주었다. 그녀는 주의 깊게 귀를 기울였다. 그리고 그와 똑같이 생각하려고 애썼다. 가끔 그의 말뜻을 이해할 수 없었다. 그러면서도 그의 말에 신뢰감을 가졌다. 그녀는 크리스토프에 대해 감사에 찬 경의를 품었으나 그러한 눈치를 그에게 거의 보이지는 않았다. 암암리의 약속으로 둘은 음악회에 대해서만 말을 나누었다. 한 번인가 그는 그녀가 학생들에게 에워싸인 것을 보았다. 둘은 점잖은 얼굴로 인사를 건네었다. 그녀는 아무에게도 그의 애기를 하지 않았다. 그녀의 혼 깊은 밑바닥에는 하나의 작은 성벽이, 무언지 아름답고 맑고 위안이 되는 것이 이루어졌다.

이리하여 크리스토프는 단지 자기의 존재에 의해, 자기가 존재하고 있다는 단순한 사실에 의해 사람의 마음을 위로하는 영향을 미치기 시작했다. 그가 지나가는 곳곳에 그로서는 알지 못하는 가운데 마음의 내부에서 나오는 빛의 자국을 남겨 놓았다. 이를 가장 눈치채지 못하는 것은 그 자신이었다. 그의 가까이에, 같은 집 속에, 그가 한 번도 만난 적 없는 많은 사람들이 있었다. 그들은 모르는 사이에, 그가 사방으로 내뿜는 유익한 빛의 영향을 조금씩 받고 있었다.

*

크리스토프는 몇 주일 전부터 단식하면서까지 절약하고 있었는데도 더는 음악회에 갈 돈이 없었다. 겨울이 된 지금 지붕 밑 다락방에서 몸이 얼어붙을 지경이었다. 책상머리에 가만히 앉아 있을 수도 없었다. 그래서 밑으로 내려가 몸을 녹이기 위해 파리의 거리를 돌아다녔다. 그로서는 가끔 자기를 에워싼 번잡한 도시를 잊고 무한한 시간 속으로 도망쳐 들어갈 수가 있었다. 소란스런 거리에서 눈을 들어 깊은 하늘에 걸려 있는 싸늘하게 죽은 달이며, 흰 안개 속에 회전하는 동그란 태양을 보는 것만으로도 거리의 소음은 끝없는 공허 속으로 사라지고, 이곳 생활은 모두 멀고 먼…… 그야말로 몇 세기 전에 있었던…… 생활의 환각으로밖에는 여겨지지 않았다. 문명의 표피로 겨우 가려진 데 지나지 않아 자연의 억세고 야만스런 생활의, 보통 사람의 눈에는 띄지 않는 아주 작은 조짐을 보기만 하고서도, 그의 눈에는 그 자연 생활의 전모가 떠올랐다. 깔개돌 사이에 돋아난 풀, 공기도 흙도 부족한 건조한 한길의 무쇠 테로 죄인 나무에 움튼 새싹, 지나가는 개 한 마리, 새 한 마리, 원시 세계를 채웠다가 그 뒤 인간에게 멸망되어 버린 동물의 마지막 흔적, 날벌레 무리, 거리 한 구역을 먹어치우고 있는 눈에 보이지 않는 전염병, 그런 것을 보기만 하여도 질식할 듯한 이 인간의 온실 속에서 대지의 영혼의 입김이 그에게 불어 정력을 자극해 주었다.

크리스토프는 빈번히 단식을 한 채, 또 며칠 동안 아무와도 얘기를 하지 않은 채로 이러한 긴 산책을 통해 끝없는 몽상에 잠겨 있었다. 단식과 침묵이 병적인 기분을 더욱 증진시켰다. 밤에는 잠자리가 괴로워 심신을 피로하게 하는 꿈을 꾸었다. 끊임없이 유년시절을 보낸 옛집이나 방이 꿈에 나타났다. 또 음악적인 망상이 집요하게 따라다녔다. 낮에는 마음속에 있는 사람들이나 사랑하는 사람들, 멀리 떨어져 여기 없는 사람들이나 죽은 사람들과 얘기했다.

습기 많은 12월 오후, 서리는 굳어진 잔디밭을 덮고, 집집의 지붕과 회색원형 지붕은 안개 속에 몽롱하고, 잎이 떨어져 야위고 비틀어진 가지를 펼친 나무들은 짙은 연기와 안개에 빠져 마치 대양(大洋) 밑바닥의 해초 같았다. 크리스토프는 어제부터 한기가 들어 아무리 해도 몸이 더워지지 않았다. 그는 루브르 박물관에 들어가 보았다. 크리스토프는 아직 이곳을 잘 알지 못했다.

크리스토프는 이제까지 회화에는 별로 감동을 받은 적이 없었다. 너무나 내면적인 세계에 골몰해 있었으므로 색과 형태의 세계를 확실히 포착할 수 없었다. 색과 형태는 음악적 공명으로서 작용해 올 뿐이었다. 그러나 이 공명은 원래의 색과 형태를 이지러뜨리고 있었다. 물론 그의 본능은 음향적인 형태에 있어서와 같이 시각적인 형태의 조화를 지배하는 동일한 법칙이 있다는 것, 또 생명의 반대인 두 사면을 흘러내리는 색과, 음의 두 냇물이 솟아나는 혼의 깊은 물줄기가 있다는 것을 어렴풋이 느끼고 있었다. 그러나 그는 두 사면 중 하나밖에 몰랐다. 그리고 시각의 왕국 속에 들어가면 멍해져 버렸다. 이리하여 빛의 세계의 여왕인 이 밝은 눈초리를 가진 프랑스의 가장 미묘한, 또 아마도 가장 자연스런 매력의 비밀을 그로서는 알 수 없었다.

가령 크리스토프가 회화에 좀 더 흥미를 가졌다 하더라도 그는 너무나도 독일인이었기 때문에, 이렇듯 다른 사물에 대한 시각에 쉽게 순응할 수는 없었다. 극단적으로 근대적인 독일인은 게르만적인 사물을 느끼는 법을 부정하고, 놀랍게도 인상주의와 18세기의 프랑스를 프랑스인보다 더 잘 이해하고 있다는 확신을 못 가질 때에도 이를 열심히 사랑한다고 믿고 있었지만, 크리스토프는 그러한 독일인은 아니었다. 그는 어쩌면 야만인이었을는지도 모른다. 그러나 그는 솔직한 야만인이었다. 부셰의 작은 장밋빛 엉덩이, 와트의 살찐 턱, 그뢰즈의 권태로운 양치기, 코르셋으로 죄어 맨 토실토실 살찐 양치기 여자, 거품이 부글거리는 크림 같은 인물, 다소곳한 추파, 프라고나르의 걷어올린 슈미즈, 그런 시적인 육체미도 그에게는 색정적 소재를 다룬 외설 신문만큼의 흥미도 품게 하지 못했다. 그 풍부하고 화려한 조화를 그로서는 전혀 이해할 수 없었다. 유럽의 가장 세련된 이 오랜 문명의 쾌락적이고 때로 우울한 꿈은 그에게는 무관한 것이었다. 또 프랑스의 17세기에 대해서도 새삼스런 경건과 장중한 초상의 맛을 그는 역시 몰랐다. 이러한 대가들 가운데 가장 진귀한 사람들의 약간 차가운 조심성이라든지, 니콜라스 푸생의 기품 높은 작품이나 필리프 드 샹파뉴의 창백한 인물 위에 퍼져 있는 일종의 회색 혼은 크리스토프를 프랑스 고대 미술로부터 멀리하게 했다. 또 새로운 미술에 대해서 그는 아무것도 알지 못했다. 알았다면 오해하고 있었던 것뿐이다. 그가 독일에 있을 때 마음이 끌린 단 한 사람의 근대 화가인 바젤 출신의 베크린은 라틴 예술을 보는 바탕을 전혀 제공해 주지 않았다. 흙내와 짐승내 나는 이 거친 야성의 천재에게서 받은 충격을 크리스토프는 지금도 여전히 마음속에 지니고 있었다. 그의 눈은 이 취한 야인의 강렬한 빛에 타 열광적인 잡색(雜色)으로 젖어 있었으므로, 프랑스 미술의 몽롱한 상태와 세분된 부드러운 조화에 좀처럼 길들 수 없었다.

그러나 사람은 다른 세계에서 예사롭게 그대로 살아갈 수 있는 건 아니다. 반드시 그 영향을 받게 된다. 아무리 자기 속에 갇혀 있어도, 언젠가 무엇인가 변하였음을 느끼게 될 것이다.

루브르 박물관의 방에서 방으로 헤매고 돌아다닌 저녁 때, 크리스토프의 마음속에는 어떤 변화가 있었다. 그는 피로하고 추위와 배고픔을 느꼈다. 그는 단 혼자만이었다. 그 부근의 인기척 없는 진열실 속에 그림자가 내려와, 이제까지 잠들었던 물체의 모양이 생기를 띠었다. 이집트의 스핑크스, 아시리아의 괴물, 페르세폴리스의 황소, 팔리시 작품인 칠보 세공(七寶細工)의 미끌미끌한 뱀 따위의 틈 사이를 크리스토프는 오싹 소름이 끼치면서도 잠자코 지나갔다. 요정 얘기의 세계에 들어와 있는 것 같았다. 마음속에 신비로운 감동이 끓어올랐다. 그는 인류의 꿈에 감싸였다. 혼에서 피어난 불가사의한 꽃으로……

진열실의 금빛 먼지, 눈부시도록 무르녹은 색채의 뜰, 많은 그림이 걸린 공기가 부족한 이 목장 속에서, 병이 나려고 열이 나기 시작한 크리스토프는 흠칫 벼락이라도 맞은 듯한 인상을 받았다. 그는 배고픔과 방 안의 후텁지근한 공기와 영상의 대향연에 멍해져서 거의 아무것도 보지 않고 걸어갔다. 현기증이 났다. 그리고 센 강 쪽으로 난 방 가장자리의 렘브란트의 《친절한 사마리아인》 앞에까지 왔을 때, 쓰러지지 않으려고 그림 주위의 철책을 두 손으로 쥔 순간 눈을 감았다. 다시 눈을 뜨고 정면 바로 눈앞에 있는 이 그림을 보았을 때, 그는 거기에 도취하여 넋을 잃고 말았다……

주위가 어두컴컴해졌다. 하루의 빛은 이미 멀리 사라졌다. 눈에 보이지 않는 태양은 어둠 속에 가라앉았다. 낮의 작업으로 피곤해진 지금은, 가만히 움직이지 않고 졸고 있는 혼에서 환각이 생겨나려는 불가사의한 시각이었다. 모든 것이 고요히 진정되었다. 들리는 것은 혈관이 고동치는 소리뿐이었다. 이젠 움직일 힘도 없고 거의 숨 쉴 힘조차 없이 쓸쓸해서, 몸을 내맡기고 싶다…… 벗의 팔에 털썩 몸을 내던지고 싶다…… 기적을 비는, 지금이라도 기적이 일어날 듯싶다…… 그런데 실제로 그 기적이 일어난 것이다! 희미한 빛 속에 금빛 물결이 타는 듯이 벽에 반사하고, 또 빈사의 인간을 둘러맨 사내의 어깨에 반사하고, 조잡한 물건과 범용한 사람들을 흥건히 적셨다. 그리고 모든 것이 상냥스러움을 띠고 성스러운 영광에 빛났다. 이러한 악하고 추하고 가난하고 더럽고 처량한 사람들을, 공포에 질려 망연한 채 묵묵히 있는 사람들을, 무서운 그리고 또 상냥스런 품에 안은 것은 바로 신(神)이다. 렘브란트가 그린 이러한 불쌍한 인간, 속박된, 둔한 사람들, 그들은 아무것도 알지 못한다. 그저 기다리고, 떨고, 울고, 비는 수밖에 없다. 그러나 신은 거기에 계신다. 신, 바로 그것의 모습은 보이지 않는다. 하지만 그 후광과 인간 위에 던져진 빛의 그림자는 보인다……

크리스토프는 떨리는 걸음으로 루브르 박물관을 나왔다. 머리가 아팠다. 아무것도 보이지 않았다. 길에서 비를 맞고 걸으며 깔개돌 사이의 웅덩이에도, 구두에서 쏟아져 나오는 물에도 거의 개의치 않았다. 센 강 위의 노란 하늘은 해가 떨어졌으므로 내부의 불꽃으로, 램프와 같은 빛으로 환히 밝았다. 크리스토프의 시력(視力) 속에 한 눈길의 매력이 깃들어 사라지지 않았다. 그에게는 아무것도 존재치 않는 것 같았다. 그렇다, 마차가 요란한 소리를 내며 깔개돌을 흔들어 대는 것도 느끼지 않았다. 통행인이 젖은 우산으로 그에게 부딪치는 것도 느끼지 않았다. 그는 길을 걷고 있다는 것조차 의식하지 않았다. 아마도 자기 딴에는 방에 가만히 앉아 몽상에 잠겨 있는지도 모른다. 아마 자기라는 것이 이젠 존재치 않는 것이다…… 그러나 느닷없이— 그토록 그는 약해져 있었다! —현기증이 나서 앞으로 무너지듯 털썩 쓰러질 뻔했다…… 그것은 극히 순간적인 일이었다. 그는 주먹을 움켜쥐고 두 발을 구르고 몸을 바로 세웠다.

마침 이때 그의 의식이 심연에서 떠오른 바로 그 순간, 그의 눈은 길 건너 쪽의 하나의 눈과 부딪쳤다. 그것은 그가 잘 알고 있는 눈으로 그를 부르고 있는 것 같았다. 그는 흠칫 놀라 멈춰 서서 어디서 본 것인가를 생각했다. 그러자 생각할 틈도 없이 저 슬프고 아름다운 눈이라는 것을 알게 되었다. 그가 독일에서 모르는 사이에 일자리를 잃게 한 저 젊은 프랑스인 가정교사였다. 그 뒤 용서를 빌기 위해 그토록 찾던 사람이었다. 그녀 쪽에서도 혼잡한 인파 속에서 멈춰 섰다. 그리고 그의 쪽을 넌지시 바라보았다. 별안간 그녀는 군중의 흐름을 거슬러 그쪽으로 오기 위해 차도로 내려섰다. 그는 그녀를 맞으러 뛰어나갔다. 그러나 마차가 무척 혼잡해서 두 사람을 떼놓았다. 이 살아 있는 벽의 저쪽에서 버둥거리는 그녀의 모습이 아직 순간적으로 보였다. 그는 아랑곳 않고 가로지르려 했다. 그러자 말에 채여 떨어져 찐득찐득한 아스팔트에 미끄러져 뒹굴고 자칫하면 차에 치여 죽을 뻔했다. 흙투성이가 되어 일어나 겨우 건너편으로 갔지만 그때는 이미 그녀의 모습은 없었다.

그는 그녀를 찾으러 가고 싶었다. 그러나 현기증이 더욱 심해졌다. 그래서 단념해야만 했다. 병이 나려는 것 같았다. 그는 그것을 느꼈으나 그렇게 인정하기는 싫었다. 더 버티면서 곧장 집으로 가지 않고 가장 먼 길로 돌아갔다. 그것은 부질없이 자기를 괴롭히는 일이었다. 자기가 진 것을 수긍해야 했다. 발이 부러질 듯하여 발을 질질 끌다시피 해서 가까스로 집으로 돌아왔다. 계단에서 숨이 차 거기 걸터앉아야 했다. 차가운 방으로 돌아와서도 역시 고집을 부려 자리에는 들지 않았다. 비에 젖어 머리는 무겁고 가슴은 헐떡이면서도 의자에 가만히 앉은 채, 자기와 똑같이 지쳐빠진 음악 속에 어렴풋이 젖어 있었다. 그의 귀에는 슈베르트의 《미완성 교향곡》의 악구가 지나

가는 것이 들렸다. 불쌍한 슈베르트여! 그도 또한 이 작품을 쓰고 있을 때는 고독하고 열에 들떠, 오랜 잠에 앞서는 반수 상태에서 몽환의 세계를 헤매고 있었다. 슈베르트는 난롯가에서 꿈꾸고 있었다. 조는 듯한 음악이 그의 주위에 괴어 있는 물처럼 떠돌았다. 반쯤 잠든 어린이가 자기 자신을 향해 말하는 얘기에 기분이 흐뭇해져 그 한 절을 몇 번이고 되풀이하듯 그는 이 음악에 언제까지나 젖어 있었다. 그러는 동안에 잠이 찾아온다…… 그리고 죽음이 찾아온다…… 크리스토프의 귀에 또 다른 음악이 들려왔다. 타는 듯한 손을 가진, 눈을 감고 시름겨운 미소를 띠며 한숨으로 가슴이 그득한, 해방을 주는 죽음을 꿈꾸고 있는 음악이, 요한 세바스찬 바흐의 교향곡 제1 합창구(合唱句), '반가운 신이여, 나는 언제 죽을 것인가?'가. 느린 파동과 멀리 어렴풋이 들리는 종소리와 더불어 퍼져 가는 부드러운 악구 속에 몸을 담는 것은 기분 좋았다…… 죽는 것이다. 대지의 정적으로 녹아드는 것이다! ……'그리고 자신이 흙이 되는 것이다……'

크리스토프는 이런 병적인 생각을 털어 버렸다. 쇠약한 혼을 노리고 있는 인어(人魚)의, 죽음으로 유혹하는 미소를 물리쳤다. 그는 일어나서 방 안을 거닐려 했다. 그러나 서 있을 수 없었다. 열로 부들부들 몸이 떨렸다. 자리에 누워야 했다. 이번에는 중병이라는 생각이 들었다. 하지만 그는 싸움을 멈추지 않았다. 그는 병이 나더라도 병에 지는 사내는 아니었다. 그는 싸웠다. 병에 걸리고 싶지 않았다. 결코 죽지 않겠다고 굳은 결심을 했다. 고향에서는 가엾은 어머니가 기다리고 있었다. 그리고 해야 할 일도 있었다. 이렇게 죽어서야 될 말인가! 그는 딱딱 부딪치는 이를 악물고 도망치려 하는 의지를 긴장시켰다. 휘덮여 오는 파도와 싸워나가는 수영 선수 같았다. 그래도 끊임없이 파도 밑으로 가라앉았다. 그런 때는 하염없는 일을 생각하거나 연결 없는 환상을 보거나, 고향이나 파리의 살롱을 생각해 내거나 서커스의 말처럼 언제까지나 빙빙 맴도는 리듬과 악구가 귀찮게 따라다녔다. 또《친절한 사마리아인》의 금빛 광선이 불현듯 비치고, 어둠 속에서 공포에 겁먹은 얼굴이 나타나기도 했다. 그리고 심연이 입을 벌리고 밤의 어둠에 가렸다. 그러자 또 그는 물결 위에 떠올라 몽마(夢魔)의 찡그린 얼굴을 쥐어뜯고 주먹을 부르쥐며 이를 악물었다. 현재와 과거에 사랑한 모든 사람들에게, 아까 언뜻 본 반가운 얼굴에게, 사랑하는 어머니에게, 그리고 또 '죽음도 물어 뜯을 수 없는', 마치 바위처럼 느껴지는 자기의 억센 존재에 꽉 매달렸다. 그러나 바위는 다시 바다에 덮였다. 주먹을 휘두르며 덤벼드는 파도 때문에 바위에 들러붙은 혼의 손이 느슨해졌다. 그리고 크리스토프는 열에 들떠 몸부림치며 헛소리를 하고 상상의 오케스트라를, 트롬본, 트럼펫, 심벌즈, 팀파니, 바순, 콘트라베이스…… 등을 지휘하고 연주했다. 정신없이 켜고 불고 치곤 했다. 불행한 그의 몸 속으로 음악이 들끓어올랐다. 몇 주일 동안 그는 음악을 들을 수도 연주할 수도 없어, 고압을 받고 파열해 가는 기관 같았다. 몇 개의 집요한 악구가 송곳처럼 뇌 속에 파고들어 고막을 꿰뚫고 그로 하여금 고통의 외마디 소리를 지르게 했다. 이러한 발작이 그치자 털썩 머리를 베개 위에 떨어뜨렸다. 죽은 듯이 지쳐 땀으로 후줄근해지고 기진맥진해서 허덕이고 숨이 가빠올랐다. 침대 곁에 주전자를 놓고 꿀꺽꿀꺽 들이켰다. 옆방의 소리와 사람이 닫는 지붕 밑 다락방의 문소리에도 움찔 떨었다. 그는 주위에 사는 사람들에 대해 환각적인 혐오감을 느꼈다. 그러나 그의 의지는 아직도 싸움을 계속했다. 악마들에게 용맹스런 나팔을 불어댔다…….

'비록 세계에 악마가 가득 차고 우리를 집어삼킬지라도 두려워하지 않을 것이다……'

그러자 그의 존재가 떠도는 더운 어둠의 대양 위에, 돌연 갠 하늘이, 밝은 빛이 찾아왔다. 바이올린과 비올라의 고요한 속삭임과, 트럼펫과 호른의 평온한 승리의 음악이 울려 퍼졌다. 이와 동시에 그의 병든 혼에서 요한 세바스찬 바흐의 성가와 같은 확고한 노래가, 커다란 벽처럼 거의 부동의 자세로 솟아올랐다.

*

열에서 오는 환각과 가슴을 쥐어짜는 숨가쁨과 싸우고 있을 때, 방문이 열리며 촛불을 손에 든 여자 하나가 들어오는 것을 그는 어렴풋이 의식했다. 그는 이것도 환각이라고 생각했다. 말을 하려고 했다. 하지만 그것도 안 되어 다시 누웠다. 가끔 의식의 파도가 그를 깊은 밑바닥으로부터 표면으로 떠오르게 하면 누군지 베개를 돋우어 주고 발에 이불을 덮어 준 것을, 등에 무언가 뜨거운 것이 있는 것을 느꼈다. 또 어디선지 본 듯한 얼굴의 그 여자가 침대 발치에 앉아 있는 것을 보았다. 그리고 또 다른 얼굴이, 의사가 그를 진찰했다. 크리스토프에게는 그들의 얘기는 들리지 않았다. 그러나 자기를 병원에 입원시키려고 상의하고 있는 것이라고 짐작했다. 그는 항변하려고 했다. 입원은 싫다, 여기서 혼자 죽고 싶다고 외치려 했다. 그러나 입에서는 알 수 없는 말밖에는 나오지 않았다. 그래도 여자는 알아들었다. 왜냐하면 그의 편이 되어 그를 진정시켜 주었으므로. 그는 이 여자가 누구인지 알고 싶었다. 어떻게 가까스로 앞뒤 맥락이 닿는 얘기를 할 수 있게 되자 그는 얼른 그것을 물었다. 그녀의 대답에 의하면 지붕 밑 다락방 곁에 살고 있는 여자로, 그가 신음하는 것을 벽을 통해 듣고 아마도 도움을 청하고 있는 것이라 여겨, 체면도 가리지 않고 들어왔다는 것이었다. 그녀는 얘기해서 지치면 안 된다고 공손히 당부했다. 그는 시키는 대로 말을 들었다. 더욱이 아까 말을 하려 애썼기 때문에 온통 탈진해 있었다. 그는 몸을 움직이지 않고 입을 다물었다. 하지만 머리는 계속 작용하고 있어 흐트러진 기억을 마무리하려고 힘썼다. 이 여자를 어디서 보았던 것일까? …… 한참 만에야 겨우 생각이 났다. 그렇구나, 지붕 밑 복도에서 만난 적이 있었다. 그녀는 하녀로 이름은 시도니였다.

그는 눈을 반쯤 감고 그녀를 물끄러미 보았다. 그녀는 이를 눈치채지 못했다. 그녀는 몸집이 자그마하고 얌전한 표정에 이마가 튀어나와 있었다. 머리를 뒤로 빗어 넘겨 볼 윗부분과 관자놀이가 드러났다. 볼과 관자놀이는 창백하고 살이 없었다. 코는 짤막하고 눈은 밝은 녹색이었으며 시선은 온화하고도 또렷했다. 입술은 도톰하고 아무져 보였으며 빈혈증 있는 얼굴빛이었다. 태도는 겸손하고도 신중하며 다소 딱딱한 데가 있었다. 말없이 피곤한 줄 모르고 크리스토프를 돌봐 주었지만 결코 버릇없게 굴지는 않았다. 계급의 차이를 잊지 않는 하녀의 조심성을 절대 잃지 않고 있었다.

그래도 크리스토프의 건강이 좋아져 얘기할 수 있게 되자 그의 정다운 친절에 시도니도 차차 얼마간 자유롭게 말을 하게 되었다. 그러나 여전히 조심하고 있었다. 그녀에게는 입 밖에 내어 말하고 싶지 않은 일이 있는 모양이었다(그녀의 태도로 알 수 있었다). 그녀 마음에는 비하와 자존심이 한데 섞여 있었다. 크리스토프는 그녀가 브르타뉴 태생이라는 것을 알았다. 고향에는 아버지가 있는데, 그녀는 이 아버지의 일을 퍽 조심스럽게 얘기했다. 그러나 크리스토프는 이 아버지가 주정뱅이로 태평스럽게 놀고 지내며 딸에게 기생하여 살고 있다는 것을 쉽게 알아냈다. 그녀는 늘 뜯기고 있으면서도 자존심 때문에 군소리 한마디 하지 않았다. 그리고 거르지 않고 월급의 일부를 보냈다. 그러나 결코 속고 있는 것은 아니었다. 그녀에게는 또 동생 하나가 있었다. 초등학교 교사 자격증을 위한 수험 준비를 하고 있었는데, 그녀는 이 여동생을 퍽 자랑스러워했다. 교육비의 거의 전부를 그녀가 보냈다. 그녀는 완고할 만큼 일에 열심이었다.

"지금 일하는 데는 마음에 듭니까?" 크리스토프는 물었다.

"네, 하지만 그만두려고 해요."

"왜요? 그 집 사람들에게 불만이 있나요?"

"아뇨, 퍽 잘해 줍니다."

"급료가 충분치 않나요?"

"아뇨……."

크리스토프는 도무지 이해가 가지 않았다. 그는 이해하려고 애쓰고, 그녀의 기분을 내키게 하여 말을 시키려고 했다. 그러나 그녀로서는 자기의 단조로운 생활이나 살아 나가는 일의 고생스러움밖에는 얘기할 수 없었다. 또 구태여 이를 얘기하고 싶지도 않았다. 그녀는 일하는 것을 두려워하지는 않았다. 그녀에게 그것은 하나의 욕망이며 즐거움이기조차 했다. 그녀가 가장 못 견뎌 하는 심각함은 입 밖에 내어 말하지 않았다. 하지만 그는 이를 짐작했다. 깊은 동정심에서 우러난 직감으로 그는 조금씩 그녀의 마음을 읽어 낼 수 있게 되었다. 이 직감은 병 때문에 예리해지고, 또 사랑하는 어머니가 이 똑같은 생활 속에서 견디던 시련의 추억에 의해 날카로워져 있었다. 그는 마치 자신이 실제로 경험한 것처럼 음침하고 불건전하고 자연에 어긋난 생활, 부르주아 사회가 심부름꾼들에게 부과한 일상생활을 꿰뚫어보고 있었다. 주인들이 심술궂지는 않지만 냉정하고, 때로는 며칠씩이나 볼일 말고는 말 한마디도 걸지 않았다. 몇 시간이고 숨막힐 듯한 부엌에서 일했다. 식료품 찬장으로 막힌 천장 창구멍은 더럽혀진 흰 벽을 향해 있다. 기쁨이라고는 사람들이 무심하게 내뱉는, 소스가 잘 됐다거나 고기가 알맞게 익었다는 말을 들을 때뿐이었다. 공기도 없고 미래도 없으며, 욕망과 희망의 빛도 없으며 무엇에 대해서도 흥미를 가질 수 없는 닫힌 생활. 그녀에게 가장 싫은 것은 주인들이 시골로 가는 때였다. 그들은 비용을 절약하기 위해 그녀를 데리고 가지 않았다. 다달이 급료는 주었지만 고향으로 돌아갈 여비는 주지 않았다. 그녀가 자기 돈을 들여 고향에 돌아가는 것은 자유였다. 그러나 그녀는 그렇게 하려고 해본 적도 없지만 또 되지도 않았다. 그래서 거의 버림받은 것 같은 집 속에 단지 혼자 남아 있었다. 밖에 나가고 싶지도 않았다. 다른 심부름꾼들과 애기하는 일도 없었다. 그녀들은 야비하고 소행이 좋지 않아 다소 경멸했던 것이다. 그녀는 놀러 나가지도 않았다. 천성이 고지식한 데다 검약했으며 나쁜 물이 들까 두려워했다. 부엌이나 자기 방에 줄곧 앉아 있기만 했다. 방에서는 굴뚝 위로 병원 뜰의 나무 끝이 보였다. 그녀는 책은 읽지도 않고 항상 일만 하려 했다. 머리가 멍해지고, 심심하고, 지루함 때문에 눈물이 나왔다. 그녀는 끝없이 울 수 있는 특출한 능력을 갖고 있었다. 그것이 그녀의 낙이었다. 그러나 너무 심심하고 지루해지면 그때는 울 수도 없었다. 마음이 생기를 잃어 그녀는 마치 얼어붙은 것 같았다. 그러곤 생각난 듯 기운을 불러일으키거나 또는 스스로 기운을 냈다. 그녀는 동생 생각을 하거나, 멀리 들려오는 아코디언 소리에 귀를 기울이거나, 몽상에 잠기거나 했다. 또 이러저러한 일을 하는 데는, 이만저만한 돈을 버는 데는 며칠이 걸릴 것인가를 오랫동안 생각했다. 그녀는 계산이 틀려 다시 계산했다. 잠을 잘 잤다. 여러 날이 흘러갔다……

이러한 침체한 기분의 발작 뒤에는 어린아이 같은 장난스러운 쾌활이 눈을 떴다. 남을 조롱하고 자기 자신을 조롱했다. 주인들을 관찰하거나 비판하는 일을 하지 않는 것은 아니었다. 예를 들어 그들의 한가한 생활에서 일어나는 여러 가지 걱정거리, 부인의 역정이나 우울증, 선택된 인간이라고 자칭하는 그들의 이른바 일거리, 회화나 음악이나 시집에 대해 그들이 갖고 있는 흥미 따위를 관찰하고 비판했다. 그녀의 상식은 약간 조잡했지만 매우 파리적인 심부름꾼들의 속물근성과도, 자기에게 이해되는 것만 칭찬하는 시골 심부름꾼들의 둔중한 어리석음과도 거리가 먼 것이었다. 그래서 그녀가 그러한 자기의 상식으로써 반은 장난으로 피아노를 갖고 노는 일이거나, 수다를 늘어놓는 일 등의 허위의 생활 속에 커다란 장소를 차지하고 있는, 전혀 쓸모없고 게다가 권태로운 이러한 지적인 것에 대해 어떤 경원적(敬遠的)인 경멸을 품고 있었다. 그녀는 자기가 맞붙어 싸우는 현실 생활과 모든 것이 심심풀이로 만들어져 있는 것 같은 이 사치스런 생활의 공간적인 쾌락과 고통을, 마음속으로 은근히 비교해 보지 않을 수 없었다. 그러나 별로 반항심은 일어나지 않았다. 세상이란 그런 것이었다. 모든 일이 그렇게 되어 있는 것이다. 그녀는 모든 것을, 악인도 바보도 받아들였다. 그녀는 이렇게 말하는 것이었다.

"세상을 이루는 데는 무엇이나 다 필요한 거죠."

시도니에겐 종교적 관념이 뒷받침되어 있다고 크리스토프는 상상했다. 그러나 어느 날, 그녀는 자기보다 돈 많은 행복한 사람들에 대해 이런 말을 했다.

"결국 나중에는 누구나 다 평등해지는걸요."

"대체 언제 말이지요?" 그는 물었다.

"사회의 혁명 뒤에 말인가요?"

"혁명이라고요?" 그녀는 말했다. "혁명이라니, 그러기까지는 퍽 오래 수고를 해야지요. 난 그런 터무니없는 것은 믿지 않아요. 모든 건 언제나 똑같아요."

"그럼, 언제 인간은 평등해지는 겁니까?"

"물론 죽은 뒤지요! 죽으면 뒤에 아무것도 남지 않게 되죠."

그는 이런 냉정한 유물주의에 깜짝 놀랐다. 그로서는 그녀를 보고 다음과 같이 말할 용기가 없었다.

"그렇다면 달리 행복한 사람들이 있는데도, 당신 자신은 단지 이런 인생밖에 가질 수 없다는 것을, 그건 너무하다고 생각지 않습니까?"

그러나 그녀는 그의 생각을 꿰뚫어본 것 같았다. 온통 체념해 버린, 약간 익살스런 냉정한 태도로 말을 이었다.

"투정해야 소용없지요. 모두가 다 횡재수를 만드는 것은 아니니까요. 제비를 잘못 뽑았으면 그런대로 하는 수 없는 거지요!"

시도니는 프랑스 밖에서 더 수입이 나은 일거리를 찾으려고는 엄두도 내지 못했다(전에 미국에서 일할 것을 권고받은 적도 있긴 했지만). 고국을 떠난다는 일은 감히 생각조차 하지 않았다. 그녀는 말했다.

"어디를 가나 돈은 딱딱한 것으로 정해져 있는걸요."

시도니 속에는 회의적이고 냉소적인 숙명관의 바탕이 있었다. 그녀야말로 신앙도 거의, 아니 전혀 갖고 있지 않고, 생존의 지적인 이유도 거의 갖고 있지 않았지만, 완강한 생명력을 지닌 프랑스 민족의 한 사람이었다. 근면하고, 매사에 개의치 않고, 불평하면서도 순종하고, 별로 목숨을 아끼지 않으면서도 생명에 집착하고, 용기를 간직하는 데는 가장된 격려를 필요로 하지 않는 프랑스 시골사람의 한 사람이었다.

　이러한 일을 아직 잘 몰랐던 크리스토프는 이 단순한 여성 속에서 어떠한 신앙에도 얽매이지 않는 마음을 발견하고 놀랐다. 아무 기쁨도 목적도 없이 삶에 집착해 있다는 것, 특히 아무것에도 의지하지 않는 완강한 도덕심을 갖고 있는 데에 감탄했다. 그는 이제까지 프랑스 민중의 모습은 자연주의 소설이나 현대의 삼류 문인의 이론을 통해서만 보았다. 그러한 문인들은 목가시대나 혁명시대의 문인과는 반대로, 자기 자신의 악덕을 정당화하기 위해 자연인을 부덕한 동물이라고 생각하고 싶어했다……. 그런데 크리스토프는 시도니의 억지일 정도의 정직함을 발견하고 놀랐다. 그것은 도덕에 관한 것은 아니었다. 본능과 긍지에 관한 일이었다. 시도니는 귀족적인 자존심을 갖고 있었다. 민중이란 평민을 말한다고 믿는 것은 어리석기 짝이 없는 일이다. 부르주아 계급에도 천민의 혼을 가진 사람이 있는 것처럼 민중 속에도 귀족이 있다. 귀족이란 이를테면 남보다도 순결한 본능을, 아마도 피를 갖고 있어 자신도 그것을 알고 있고, 자신의 가치를 의식하고 결코 타락하지 않는다는 긍지를 갖고 있는 사람들이다. 그들은 소수자이다. 하지만 비록 고립되어 있더라도 그들이 제1인자라는 것은 누구나 확실히 알고 있다. 그들은 그저 있기만 하는 것으로써 다른 사람들을 억제해 준다. 다른 사람들은 그들을 모범으로 삼거나 아니면 모범을 삼는 듯한 시늉을 해야 한다. 각 지방, 각 촌락, 각 집단은 어느 정도까지는 거기 있는 귀족과 똑같은 가치를 지닌다. 그 귀족이 하는 식에 따라, 어떤 데서는 여론이 퍽 엄격하기도 하고, 어떤 데서는 풀어져 있다. 현대와 같이 다수자가 무질서하게 범람해 있을 때에도 묵묵한 소수자의 항구적인 권위를 조금이라도 바꿔 놓는 일은 없는 것이다. 소수자에게 그보다 더 위험한 것은, 그들이 고향에서 뿌리째 뽑혀 멀리 대도시로 흩어져 버린다는 일이다. 비록 그들이 그렇듯 타향에서 헤매고 서로 고립하는 일이 있을지라도, 뛰어난 민족의 개성은 어디까지나 영속하여 주위와 섞이는 일은 없다. 크리스토프가 파리에서 본 것을 시도니는 전혀 몰랐으며 또 알려고도 하지 않았다. 감상적이고 불결한 신문 문학은 정치 뉴스와 마찬가지로 그녀 앞에까지는 이르지 않았다. 시도니는 민중 대학이 있다는 것조차도 몰랐다. 가령 그것을 알았다 하더라도 아마 설교를 들으러 가는 정도로밖에는 생각지 않았을 것이다. 그녀는 자기 할 일을 하고 자기 생각을 하고 있었다. 남의 생각으로 근심하지는 않았다. 크리스토프는 그것을 칭찬했다.

"아무것도 이상스러울 건 없어요." 시도니는 말했다. "나뿐만 아니라 모두 그래요. 그럼 당신은 프랑스인을 보지 않으셨군요."

"나는 벌써 1년 동안이나 프랑스인들 사이에서 살고 있습니다." 크리스토프는 말했다. "그러나 노는 일과 놀고 있는 사람의 흉내를 내는 일 말고 딴 일을 생각하고 있는 사람은 아무도 만나지 못했지요."

"그러실 테죠." 시도니는 말했다. "당신은 부자만 보는군요. 부자는 어딜 가나 마찬가지예요. 당신은 아직 아무것도 보지 않은 거예요."

"그렇군요." 크리스토프는 말했다. "이제부터 보도록 하지요."

그는 비로소 프랑스 민중의 모습을 흘끗 보았다. 그 대지와 하나가 되어, 많은 정복 민족과 일시적인 지배자가 그들의 땅에 왔다가 지나가는 것을 볼 뿐 자신은 결코 지나가 버리지 않고, 영국적인 지속력을 갖고 있는 민중이었다.

*

크리스토프는 차차 회복되어 일어나 앉을 수 있게 되었다.

그가 걱정하는 첫째 일은 병중에 시도니가 쓴 비용을 돌려주는 일이었다. 또 일거리를 찾기 위해 파리의 거리를 헤매다닐 수는 없었으므로, 부득이 헤히트에게 편지를 썼다. 다음 일에 대해선 선불을 해달라고 부탁했다. 냉정과 친절이 기묘하게 섞여 있는 성격의 헤히트는, 15일 넘게나 답장을 기다리게 했다. 그 15일 동안 크리스토프는 고생했다. 시도니가 가져다주는 음식에 거의 손을 대지 않으려고 했으나 억지로 권하는 바람에 우유와 빵을 조금 먹을 뿐이었다. 그리고 먹은 뒤 자신을 책망했다. 왜냐하면 그것은 자기 자신이 벌어서 얻은 것이 아니었으니까. 그런 일이 있은 뒤, 헤히트에게서 부탁한 돈이 왔다. 그 속에는 군소리 한 마디 쓰여 있지 않았다. 또 헤히트는 크리스토프가 앓고 있는 동안 단 한 번도 용태를 물으려 하지도 않았다. 그는 비록 사람을 돕더라도 남에게 사랑받지 않는 준비를 하고 있었다. 게다가 그는 남을 도와주어도 그 사람을 사랑하고 있는 것은 아니었다.

시도니는 매일 오후와 밤에 잠깐 다녀갔다. 크리스토프의 저녁 식사를 마련해 주었다. 그녀는 딸그락 소리도 내지 않았다. 조심스레 일하고 있었다. 그리고 그의 셔츠가 해어진 것을 보자, 아무 말도 없이 가지고 가 기워 주었다. 두 사람 사이에는 모르는 사이에 무언지 한층 깊은 애정이 스며들었다. 크리스토프는 늙은 어머니 이야기를 길게 들려주었다. 시도니는 감동했다. 멀리 저쪽에 고독하게 있는 루이자의 입장에 자기 자신을 놓아 보았다. 그리고 크리스토프에 대해 모성애를 느꼈다. 크리스토프는 그녀와 얘기하며, 병으로 쇠약해 있을 때는 더욱 애틋한 가정적 애정의 결핍을 메우려고 애썼다. 시도니와 함께 있으면 다른 누구와 같이 있는 것보다도 가장 루이자와 가까이 있는 듯한 기분이 들었다. 어쩌다 가끔은 예술가로서의 괴로움을 조금씩 털어놓는 수도 있었다. 그런 지적인 슬픔에 대해서 그녀는 얼마쯤 익살을 부리면서도 상냥스런 동정심을 보였다. 그런 것이 또한 어머니를 생각나게 하여 그를 기쁘게 했다.

크리스토프는 시도니가 얘기를 털어놓게 하려고 애썼다. 그러나 시도니는 크리스토프가 하는 만큼 마음을 풀지 않았다. 그가 농담 삼아 결혼하지 않느냐고 물었다. 그러자 시도니는 여느 때처럼 장난섞인, 체념한 말투로 대답했다.

"그런 일은 하녀 신분으로는 허용되지 않아요. 일만 번거롭게 할 따름이지요. 게다가 좋은 상대를 골라야 해요. 그것은 쉬운 일이 아니죠. 사내란 다들 덜 돼먹었으니까요. 돈이 있는 기미를 보며 달려들죠. 있는 돈을 죄다 파먹고 나면 내버려요. 주위에서 많이 보아왔어요. 나는 그런 꼴은 되고 싶지 않아요."

시도니는 한 번 결혼에 실패했다는 얘기를 하지 않았다. 그녀의 '미래의 남편'은 그녀가 번 돈을 모두 식구들에게 주는 것을 알자 그녀를 내버렸다. 크리스토프는 그녀가 안뜰에서 같은 건물에 살고 있는 어떤 가족의 아이들에게 모성애를 베풀며 놀고 있는 것을 보았다. 또 어떤 가족의 아이들을 만나면 그녀는 정열적으로 포옹하는 일도 있었다. 크리스토프는 그녀를 자기가 아는 귀부인의 위치에 앉혀 보았다. 시도니는 결코 바보가 아니었고 귀부인보다 추하지도 않았다. 귀부인의 환경에 놓는다면 그녀들보다도 훨씬 훌룡할 거라고 크리스토프에게는 생각되었다. 이렇게 힘찬 삶이 아무에게도 알려지지 않고 파묻혀 있다니! 그와는 반대로 살아 있으면서도 죽은 것과 같은 무리가 지상을 뒤덮고, 양지 쪽에서 타인의 자리와 행복을 빼앗고 있다니!

크리스토프는 그녀를 의심하거나 두려워하지 않았다. 그녀에 대해 매우 친절히 했다. 너무나 친절히 굴었다. 그리고 큰 아이처럼 어리광을 부렸다.

시도니는 그날그날에 따라 풀 죽은 모양을 하고 있을 때가 있었다. 그러나 그는 일에 지쳐 그럴 것이라고 생각했다. 어떤 때는 한창 얘기 도중에 느닷없이 일어나 볼일이 있다며 돌아갔다. 드디어 어느 날, 크리스토프가 여느 때보다 더욱 신뢰의 정을 표시하자, 한참 동안 찾아오지 않았다. 그리고 다시 오고 나서도 체면을 차리는 듯한 말밖에는 하지 않았다. 왜 그녀의 기분이 상했는지 그는 의아했다. 그는 그 이유를 그녀에게 물어보았다. 시도니는 화나는 일은 아무것도 없다고 명확히 대답했다. 그러나 역시 그에게서 멀어져 갔다. 며칠 뒤 그녀는 이곳을 떠나게 되었다고 그에게 말했다. 그만두기로 했으므로 이 집을 나간다는 것이었다. 시치미를 뗀 싸늘한 말투로 그가 보여 준 호의에 감사의 인사를 하고, 그의 건강과 그의 어머니의 건강을 빌며 작별 인사를 했다. 크리스토프는 이런 갑작스런 출발에 놀라 무어라 말해야 좋을지 몰랐다. 그녀가 이러한 결심을 하게 된 동기를 알려고 했으나 그녀는 애매모호한 대답을 했다. 어디에 있으려는가를 물었다. 시도니는 대답을 회피했다. 그리고 그에게서 받는 질문을 피하기 위해 방을 나갔다. 문간에서 그는 손을 내밀었다. 그녀는 그 손을 좀 세게 움켜쥐었다. 그러나 그녀의 얼굴 표정은 달라지지 않았다. 그리고 끝까지 딱딱하고 싸늘한 태도를 취했다. 시도니는 가 버렸다.

무슨 까닭인지 크리스토프는 전혀 알지 못했다.

*

겨울이 오래 계속됐다. 축축하고 안개 많은, 지저분한 겨울이었다. 태양이 보이지 않는 날이 몇 주일이나 계속되었다. 크리스토프는 차차 좋아져 갔으나 완전히 낫지는 않았다. 여전히 오른쪽 폐 한 곳에 아픈 데가 남아 있었다. 그 환부를 천천히 아물게 하는 수밖에 없었다. 신경질적인 기침의 발작이 일어나 밤엔 잠을 이루지 못했다. 의사는 외출을 금했다. 되도록이면 코트다쥐르(프랑스 남부의 해안)나 카나리아 섬에 전지 요양을 하라고 권했다. 그러나 그는 외출해야만 했다. 식사를 하러 외출하지 않으면 식사 쪽에서 와 주지는 않았다. 의사는 또 여러 가지 약의 처방을 적어 주었으나 그에게 약값을 낼 길이 없었다. 그래서 의사에게 가는 것을 단념해 버렸다. 그에게는 그것은 돈을 낭비하는 것이었다. 게다가 의사를 대하면 언제나 숨이 막혔다. 의사들과 그는 서로 이해할 수가 없었다. 그것은 대립하는 두 개의 세계였다. 자기 혼자만의 세계라고 뽐내면서도, 생활의 강(江)에서는 지푸라기처럼 떼밀리고 있는 이 딱한 예술가에 대해 그들은 익살스런, 그리고 약간 경멸적인 연민을 품고 있었다. 크리스토프는 그러한 사람들에게 보이고 만져지고 주물러지는 것을 굴욕으로 느꼈다. 그는 자신의 앓는 몸이 부끄러웠다. 그는 생각했다.

'이 녀석이 죽으면 얼마나 기쁠까!'

고독, 질병, 빈곤 따위로 괴로워할 이유는 많았으나, 크리스토프는 참을성 있게 자기 운명을 견디었다. 이렇게 잘 참는 일이 전에는 없었다. 자기 자신도 놀랐다. 병은 가장 좋은 결과를 가져다준다. 몸은 축나지만 혼을 해방시켜 준다. 혼을 맑게 해준다. 부득이 무위의 밤과 낮을 보내는 동안, 너무 강하게 번쩍거리는 빛을 싫어하는 사상, 건강의 태양을 만나면 불타버리는 사상이 태어난다. 한 번도 병을 앓은 적이 없는 사람은 결코 자기의 전부를 알고 있다고는 할 수 없다.

병든 크리스토프의 마음이 어떤 독특한 침착성을 남겨 주었다. 그 속에서 가장 조잡한 것이 떨어져 나갔다. 우리의 속에 있으면서 생활의 소음 때문에 귀에는 들어오지 않는 각자 신비한 모든 힘의 세계를 그는 한결 예민해진 기관으로 느꼈다. 열을 무릅쓰고 루브르 박물관을 방문한 뒤로(그때의 조그만 추억까지도 머리에 뚜렷이 새겨져 있었다), 그는 렘브란트의 화면 분위기와 비슷한, 따뜻하고 평온하고 깊은 분위기 속에 살고 있었다. 또한 그는 마음속으로 눈에 보이지 않는 태양의 불가사의한 반사를 느꼈다. 그리고 아무것도 믿고 있지는 않았지만, 자기가 결코 고독하지 않다는 것을 알고 있었다. 어떤 신이 그의 손을 잡고 그가 가야 할 곳으로 인도했다. 그는 어린아이처럼 그 신을 신뢰하고 있었다.

몇 년 만에 처음으로 그는 부득이 휴식하는 수밖에 없었다. 병을 앓기 전의 비상한 지적 긴장은 아직도 그를 피곤하게 하고 있었으나, 그러한 긴장 뒤에는 회복기의 권태 자체도 하나의 휴식이었다. 몇 달 동안 줄곧 경계하는 기분으로 긴장했던 그는, 사물을 보는 방법이 조금씩 흐려져 가는 것을 느꼈다. 그래도 그는 여전히 허약해지지는 않았으며, 한층 더 인간적이 되었다. 천재의 힘찬, 그러나 약간 괴물 같은 생명은 뒤로 물러났다. 그는 자신의 열광을 잃고, 행동에 따르게 마련인 냉혹하고 무자비한 것을 모두 다 잃고 보통 사람과 같은 자신을 발견했다. 그는 이제 아무것도 미워하지 않았다. 이제는 조바심나는 일을 생각지 않았다. 생각해도 그저 어깨를 으쓱할 정도였다. 자기의 노고는 별로 생각하지 않고 다른 사람의 노고를 생각하게 되었다. 지상의 모든 곳에서 불평도 하지 않고 싸우고 있는 겸손한 혼의 무언의 고통을 시도니를 통해 떠올리는 그는, 그러한 혼을 생각하고 자기를 잊었다. 평소에 감상적이 아니던 그도, 지금은 허약한 가운데 피어난 꽃이라고나 할 이런 불가사의한 애정의 발작에 사로잡혔다. 밤, 안뜰 위의 창가에 팔을 괴고 밤의 신비한 소리에, 멀리 애절하게 들리는 이웃의 노랫소리에, 모차르트의 곡을 다소곳이 치고 있는 소녀의 피아노에 귀를 기울이며…… 그는 생각했다.

'내가 사랑하는 미지의 사람들이여! 생활에도 지지 않고, 불가능함을 알면서도 큰일을 꿈꾸며 적의 세계와 싸우고 있는 사람들이여. 나는 그대들이 행복해지기를 바란다. 행복하다는 것은 실로 좋은 것이다! 오, 나의 벗이여, 나는 그대들이 거기 있음을 안다. 그리고 그대들에게 팔을 벌린다. …… 그러나 우리 사이에는 하나의 벽이 있다. 벽의 돌을 하나하나 나는 마멸시키고 있다. 하지만 동시에 나 자신도 마멸시키고 있는 것이다. 언제 우리는 같은 곳에 있게 될까? 다른 벽이, 죽음이, 앞을 가로막고 나서기 전에 나는 그대들에게로 갈 수 있을까? 무슨 상관이냐! 그대들을 위해 일하고 그대들에게 좋은 일을 하고 곧 내가 죽는다 해도 그대들이 다소나마 나를 사랑해 준다면 나는 한평생 고독해도 괜찮다!'

이렇게 회복기의 크리스토프는 두 친절한 유모의 젖을 먹고 있었다. '사랑과 궁핍'의 젖을.

이렇듯 의지가 느슨해 있을 때 크리스토프는 다른 사람에게 다가가고 싶다는 욕망을 느꼈다. 아직 몸이 몹시 쇠약하여 외출은 경솔한 일이었지만, 아침 일찍 인파가 인구 조밀한 거리로, 먼 일터로 흘러갈 때, 또는 저녁에 그것이 되돌아올 때 그는 바깥으로 나갔다. 그는 인간의 위안 속에 잠겨 원기를 회복하고 싶었다. 누구에게 애기를 하는 것도 아니었다. 또 애기를 하려고 청하지도 않았다. 사람들이 지나가는 것을 보며 그들은 어떤 인물일까 생각해 보거나 그들을 사랑하는 것만으로도 충분했다. 모두 미리 하루의 피로를 보이며 지친 걸음으로 걸어가는 노동자들, 창백한 얼굴을 하고, 험상궂은 표정을 짓고, 이상한 미소를 띠고 있는 젊은 남녀의 얼굴, 욕망과 걱정과 종잡을 수 없는 익살의 물결이 흘러내리는, 투명하고 변하기 쉬운 표정의 얼굴, 지적인, 또는 약간 병적인 대도시의 민중을 그는 연민의 눈으로 관찰했다. 사내는 신문을 읽으며, 여자는 반달형 빵을 씹으며 모두 급한 걸음을 걷고 있었다. 졸린 듯한 부은 얼굴에 금발을 흐트러뜨린 한 계집애가 마치 암염소처럼 신경질적인 종종걸음으로 그의 곁을 지나가면, 그녀에게 한두 시간 더 잠자도록 하기 위해서라면 자기의 1개월분 생활비를 주어도 아깝지 않을 것 같았다. 아! 만일 그것을 그녀에게 제안했을 때 그녀가 싫다고 하지 않으면 좋으련만! 권태롭게 안일을 누리는 한가한 부잣집 여자들을 이 시간에도 아직 꽉 닫혀 있는 방에서 내몰고, 대신 그녀들의 침대에, 그녀들의 안락한 생활에, 활발하기는 하지만 지쳐 있는 이러한 작은 육체를, 실컷 포식할 만큼 만족하지는 않지만 싱싱하고 탐욕스럽게 살려고 하는 이러한 혼을 두어 두고 싶다고 생각했다. 지금 크리스토프는 그녀들에 대한 너그러운 마음으로 가슴이 뿌듯해 있음을 느꼈다. 그리고 이렇듯 명랑한, 그렇지만 지친 귀여운 얼굴을 보고 그는 미소 지었다. 그러한 얼굴에는 교활함과 천진스러움이 있고, 쾌락에 대한 대담하고 솔직한 욕구가 있고, 또 그 바탕에는 정직하고 근면한 아름답고 작은 혼이 있었다. 그중에는 불타는 눈초리를 한 이 커다란 아이를 서로 가리키며 코끝으로 비웃거나 서로 팔꿈치를 툭툭 치는 계집애들이 있어도, 그는 결코 화내지 않았다.

크리스토프는 또 몽상에 잠겨서 강 언덕을 어슬렁어슬렁 걸어다녔다. 그것은 그가 특히 좋아하는 산책이었다. 그의 유년시절을 조용히 돌봐준 큰 강에 대한 향수가 이에 의해서 좀 진정되었다. 아! 그것은 물론 '아버지인 라인 강'은 아니었다! 그 전능의 힘은 하나도 없었다. 정신이 하늘을 달리다가 방향을 잃고 마는, 광막하게 펼쳐진 지평선이나 넓은 평야는 전혀 없었다. 잿빛 눈을 하고, 엷은 녹색 옷을 입은 단정한 얼굴을 가진 강이었다. 도시의 호사스러우면서도 간소한 장식을 몸에 걸치고 다리(橋) 팔찌를 끼고, 기념탑 목걸이를 걸고 아주 게으르게 기지개를 켜며 슬슬 이리저리 거니는 미인과 같은, 몸짓도 날렵한 우아한 강이었다…… 파리의 아늑한 빛! 그것이야말로 크리스토프가 이 도시에서 가장 사랑하는 것이었다. 고요하게, 참으로 고요하게 그 속으로 스며들었다. 그리하여 그가 알지 못하는 사이에 조금씩 그의 마음을 변화시켰다. 그에게 있어서 이것은 가장 아름다운 음악이고 파리의 유일한 음악이었다. 그는 저녁때 강가와 고대 프랑스의 정원에서 몇 시간이고 보내며, 보랏빛 안개에 잠긴 거목이나, 회색 입상, 기둥머리, 몇 세기 동안의 빛을 빨아들이는 당당한 기념 건축물의 고색 창연한 돌 같은 것에 비친 광선의 조화를, 섬세한 햇살과 젖빛 수증기로 이루어진 저 미묘한 대기를 맛보았다. 대기 속에는 프랑스 민족의 명랑한 정신이 은빛 가루 속에 녹아 흐르고 있었다.

어느 날 저녁 그는 생 미셸 다리 근처 흙벽에 팔을 기대고 수면을 굽어보다가 흙벽 위에 펼쳐진 헌책을 연거푸 하염없이 젖히고 있었다. 그러다 우연히 미슐레의 파본을 집어들고 속을 들추어 보았다. 그는 이제까지 이 역사가가 쓴 책을 몇 페이지 읽은 적이 있었지만, 프랑스적인 과장과 언어에 대한 도취나 성급한 문체 때문에 그다지 재미가 없었다. 그러나 이날 저녁은 첫머리의 몇 줄부터 감동받았다. 그것은 잔 다르크 재판의 종말 부분 때문이었다. 그는 실러의 작품으로 이 오를레앙의 소녀에 대해서는 알고 있었다. 하지만 이제까지 그녀는 그에게 있어서 대시인에 의해 상상적인 생명이 주어진 소설적 여주인공에 지나지 않았다. 그렇던 것이 돌연 그의 앞에 현실의 모습을 나타내어 그의 마음을 사로잡아 버렸다. 이 숭고한 얘기의 비통함에 감동되어 그는 계속 읽어 나갔다. 그리고 잔 다르크가 그날 저녁 죽을 것을 알고 경악한 나머지 졸도하는 데까지 이르자 손이 부들부들 떨리고 눈물이 나서 더 읽을 수가 없었다. 병을 앓느라고 그는 마음이 약해져 있었다. 우스울 만큼 감성적으로 되어서 스스로도 화가 날 지경이었다. 끝까지 다 읽으려고 했지만 너무 시간이 늦었다. 헌책방은 상자를 거두기 시작했다. 그는 이 책을 사려고 결심했다. 주머니 속을 뒤져 보았다. 6수(SOU)밖에 남아 있지 않았다. 이토록 돈이 떨어지는 것은 결코 드문 일이 아니었다. 그런 것은 예사였다. 그는 마침 지금 저녁 식사 끼니를 사고 난 참이었다. 이튿날이 되면 헤히트한테서 악보를 정서한 보수로 조금쯤 돈이 들어올 것이다. 하지만 이튿날까지 기다려야 한다는 것이 안타까웠다! 왜 방금 남아 있었던 얼마 안 되는 돈으로 끼니를 사 버렸던 것일까? 아! 주머니에 있는 빵과 소시지를 책 대신 헌책방에서 받아 주기만 한다면!

이튿날 아침 매우 일찍 그는 돈을 받으러 헤히트한테로 갔다. 그런데 싸움의 천사 잔 다르크의 '천국의 형제'의 이름을 가진 다리(생 미셸) 옆을 지나갈 때 그는 멈춰 서지 않을 수 없었다. 소중한 책은 헌책방 상자 속에 들어 있었다. 그는 이것을 끝까지 읽었다. 읽는 데 두 시간 가까이 걸렸다. 시간이 늦어져 헤히트를 못 만났다. 그래서 헤히트를 만나보기 위해 온종일을 보내야만 했다. 가까스로 새 주문을 받고 돈을 얻을 수 있었다. 그는 곧장 책을 사러 달려갔다. 누가 그것을 사버리지나 않았을까 걱정이었다. 물론 팔렸더라도 대수로울 것은 없었다. 같은 책으로 딴 것을 사는 것은 어렵지 않았다. 그러나 크리스토프는 그 책이 손에 넣기 쉬운 책인지 어떤지 알지 못했다. 게다가 그가 갖고 싶어한 것은 자기가 읽은 바로 그 책이지 딴 책은 아니었다. 책을 좋아하는 사람들은 흔히 배물교도(拜物敎徒)가 되기 쉽다. 비록 아무리 더럽혀지고 때묻은 페이지라도 거기서 몽상의 샘이 솟아나온 것이라면 그들에게 있어서 그것은 신성한 것이다.

크리스토프는 집에 돌아와 밤의 고요 속에서, 잔 다르크가 겪은 수난의 복음서를 다시 한 번 읽었다. 보는 사람도 없으므로 이젠 감동을 억누를 필요가 없었다. 이 불쌍한 양치기 소녀에 대해 애정이, 연민이, 끝없는 고뇌가 그의 마음을 가득 채웠다. 이 소녀는 농사꾼 여자가 입는 올이 굵은 천으로 된 빨간 옷을 입고, 키가 크고, 수줍고, 상냥스런 목소리를 내고, 종소리를 들으면 꿈꾸는 기분이 되었다. 소녀는 크리스토프와 마찬가지로 종을 좋아했다. 미묘한 상냥스러움과 선량함으로 가득 찬 미소를 짓고 언제나 눈물, 사랑의 눈물, 연민의 눈물, 마음 약한 눈물이 흘러내릴 것처럼 되어 있었다. 왜냐하면 소녀는 매우 씩씩한 동시에 사뭇 여자다운 여성이었던 것이다. 순결하고 용감한 소녀는 도둑떼로 이루어진 것 같은 군대의 거친 의지를 통솔하고, 또 유유하고 대담한 양식(良識)과 여성다운 예민성과 부드러운 외고집으로써, 수개월 동안 혼자 힘으로, 또 여럿에게 배신당하며, 주위를 에워싼 사제와 권력자의 무리, 핏발 선 눈을 한 늑대 무리의 위협이나 위선적인 책동을 실패하도록 하였던 것이다.

크리스토프를 가장 감동시킨 것은 그녀의 온정이며 상냥스런 마음씨였다. 승리 뒤에 눈물을 흘리고, 죽은 적에게, 자기를 욕하던 자에게 눈물을 쏟고, 상처입은 그들을 위로하고, 그들을 편히 죽도록 간호해 주고, 자기를 적에게 내어준 자들을 원망하지 않고, 그리고 화형대 위에 올라가 불꽃이 일어나도 자기 일은 생각지 않고 자기를 격려해 준 수도사의 신상을 근심해서 억지로 그를 떠나가게 했다. 그녀는 '가장 치열한 전투 속에서도 온화하고, 악인 속에서도 선량하고, 전쟁 바로 그 속에서도 평화적이었다. 악마의 승리인 전쟁 속에 그녀는 신의 정신을 가져왔다'.

그래서 크리스토프는 자기 자신을 반성해 보고 다음과 같이 생각했다.

'나는 싸움에 신의 정신을 충분히 가져오지 못했다.'

그는 잔 다르크를 얘기하는 복음사가의 훌륭한 말을 되읽었다.

'부정한 인간과 가혹한 운명 사이에 있으면서도 선량하다는 것, 언제까지나 선량하다는 것…… 숱하게 고통스러운 싸움 속에서도 온화함과 친절함을 지켜나가는 것, 이 내심의 보물에는 경험의 손을 대지 못하게 하고 경험을 지나가게 하는 것…….'

그는 마음속으로 되뇌었다.

'나는 죄를 저질렀다. 나는 선량하지 않았다. 내게는 친절이 결여되어 있었다. 나는 너무나 엄격했다. 용서해 다오. 내가 공격하고 있는 여러분들, 나를 여러분의 적이라고 여기지 말아다오! 나는 여러분에게도 좋은 일을 하고 싶은 것이다……. 하지만 그렇더라도 여러분이 나쁜 일을 하는 것은 방해해야 한다…….'

그렇지만 그는 성인은 아니었으므로 그들의 일을 생각만 해도 증오의 마음이 눈을 떴다. 그들에 대해서 가장 용서할 수 없다고 생각하는 것은, 그들을 보면, 그들을 통해서 프랑스를 보면, 이러한 맑은 꽃, 용감한 시의 꽃이 이 땅에서 전에 피어났다고 상상할 수 없는 일이었다. 하지만 실제로 피어난 것이다. 또 한 번 그것이 피어나지 않는다고 누가 말할 수 있을 것인가? 오늘날 프랑스는 샤를 7세의 프랑스보다, 오를레앙의 소녀가 거기서 나온 당시의 저 더럽혀진 나라보다 나쁠 턱이 없다. 지금은 사원이 공허하고 더러워지고 반쯤 무너져 있다. 그러나 상관없다! 전에 신이 거기서 얘기했던 것이다.

크리스토프는 프랑스를 사랑하기 위해, 사랑할 수 있는 프랑스인 하나를 찾고 있었다.

＊

3월 끝무렵이었다. 벌써 몇 개월 동안 크리스토프는 누구하고도 얘기하지 않았다. 또 늙으신 어머니로부터 가끔 짧은 편지를 받는 것 말고는 누구에게서도 편지를 받지 않았다. 어머니는 그가 병이 난 것을 전혀 알지 못하고 또 자신이 병을 앓는 것도 그에게 알리지 않았다. 그와 세상과의 교섭은 단지 일거리를 받거나 보내주거나 하기 위해 악보상한테로 가는 일에만 국한되어 있었다. 그는 헤히트가 부재중인 줄 미리 알았을 때만 갔다. 그와 얘기하는 것을 피하기 위함이었다. 그러나 그것은 쓸데없는 염려였다. 왜냐하면 단 한 번 헤히트를 만난 적이 있었지만, 헤히트는 그의 건강에 대해서는 겨우 두세 마디 냉정한 말을 던졌을 따름이었다.

이리하여 그는 침묵의 감옥에 갇혀 있었다. 그러던 어느 날 아침 루생 부인에게서 밤 음악회 초대장이 왔다. 유명한 4중주곡을 들을 수 있다는 것이었다. 편지는 퍽 애교가 있는 것으로서 루생도 정다운 몇 줄을 덧붙였다. 그는 크리스토프와 사이가 나빠진 것을 별로 자랑스럽게 여기지 않았다. 정부인 여가수와 사이가 틀어지고 그녀 일을 사정없이 비판하게 되고 나서부터는 더 말할 것도 없었다. 그는 선량한 사내였다. 상대에게 폐를 끼쳤어도 별로 상대를 원망하고 있는 것은 아니었다. 폐를 입은 자들이 그 이상으로 이를 마음에 걸려 한다면 그에게는 우스꽝스럽게 여겨졌을 것이다. 그러므로 그러한 사람들과 재회해서 반가울 때는 망설이지 않고 손을 내밀었다.

크리스토프는 처음에는 어깨를 으쓱하며 누가 갈까보냐고 굳게 다짐했다. 그러나 음악회 날이 다가오자 결심이 차츰 흐려졌다. 사람들이 하는 말을 들을 기회가 조금도 없다는 것, 특히 음악을 전혀 듣지 않았으므로 질식할 것만 같은 심정이 돼 있었던 것이다. 그래도 역시 저런 녀석한테는 두 번 다시 발을 들여 놓을까보냐고 되풀이하고 있었다. 그렇지만 그날 밤이 되자 자기의 비겁을 부끄러워하면서도 그곳으로 갔다.

그 보답은 즉시 나타났다. 정치가이며 신사인 체하는 속물들의 분위기 속에 들어가자마자 그들에 대해 이제까지 없었을 만큼 심한 혐오를 느꼈다. 몇 달이나 고독한 생활을 계속했으므로 이러한 동물원과는 인연이 멀어졌던 것이다. 이런 곳에서 음악을 들을 수는 없었다. 그것은 모독이었다. 첫 곡이 끝나면 곧 돌아가리라고 그는 결심했다.

크리스토프는 주변에 쭉 늘어서 있는 비위에 거슬리는 얼굴이며 몸들을 두루 바라보았다. 그러자 객실 반대쪽 구석에서 그를 물끄러미 바라보고 있는 눈과 마주쳤다. 그 시선은 곧 거두어졌지만 그 눈 속에는 무언지 순결한 것이 있어, 둘레의 거칠고 스산한 눈 가운데서 거세게 그의 마음에 충격을 주었다. 겁먹은 듯하지만 맑고 또렷한 눈이었다. 일단 누구를 가만히 보면 절대적인 진실을 담고 보지만, 자기 속의 아무것도 숨기지 않는 동시에 상대도 아마 아무것도 숨기지 못하게 되는 아주 프랑스적인 눈이었다. 그는 언젠가 이 눈을 본 기억이 있었다. 그러나 이 눈이 빛나고 있는 얼굴은 기억이 없었다. 스무 살에서 스물다섯 살쯤 되는 청년으로, 작달막하고 등이 약간 구부러졌다. 보기에 퍽 약질인 데다가 구레나룻이 없는, 고뇌에 잠긴 얼굴이었다. 머리카락은 갈색이고, 얼굴 생김새는 섬세하기는 하지만 고르지 못한 데가 있고 일종의 불균형적이었다. 이 불균형적인 것은 얼굴 표정에는 불안정해 보이지는 않지만 어떤 침착하지 못한 것을 보이게 했다. 그리고 좀 매력이 없지는 않았지만 눈의 침착함과 모순되는 것 같았다. 그는 문의 입구에 서 있었다. 아무도 그에게 주의를 기울이지 않았다. 크리스토프는 다시 그를 보았다. 그리고 그럴 때마다 그 눈과 마주쳤다. 그러자 그 눈은 귀엽게 당황해하며 딴전을 부렸다. 그럴 때마다 그는 그 눈을 '본 기억이 있다'고 생각했다. 예전에 다른 얼굴로 이를 본 적이 있는 것 같은 생각이 들었다.

크리스토프는 워낙 자기가 느끼는 바를 감추지 못하는 성미였으므로 청년 쪽을 향해서 갔다. 그러나 다가가면서도 무슨 말부터 해야 할 것인지를 궁리하고 있었다. 그리고 결심이 서지 않아 마치 목표도 없이 걸어간 것처럼 좌우를 두리번거리며 우물쭈물했다. 상대는 그런 속임수에 넘어가지는 않았다. 크리스토프가 자기 쪽으로 오려고 하는 것을 그는 알아차렸다. 그는 얘기를 나누어야만 하는 것인가 싶자 그만 잔뜩 주눅이 들어 옆방으로 달아나려 했다. 하지만 원래 동작이 서투르기 때문에 거기 그대로 못 박혀 버렸다. 둘은 마주보고 섰다. 말을 꺼내기 전에 몇 순간이 지났다. 그러한 상태가 길어짐에 따라 양쪽 다 상대의 눈에 자기 모습이 우습게 보이리라 여겼다. 드디어 크리스토프는 청년의 얼굴을 정면으로 보았다. 그리고 아무런 절제도 없이 미소 지으며 퉁명스럽게 말했다.

"당신은 파리 사람이 아니시군요?"

이러한 느닷없는 질문에 청년은 당황하면서도 미소를 지으며 파리 사람은 아니라고 대답했다. 약한 목소리에는 아름다운 음향이 깃들어 있어 섬세한 악기 소리 같았다.

"역시 그러리라 생각했습니다." 크리스토프는 말했다.

그리고 이 괴상한 말에 상대가 좀 어리둥절한 것을 보고 그는 덧붙였다.

"비난으로 하는 소리가 아닙니다."

그러나 상대의 곤혹은 오히려 더할 뿐이었다.

또 둘은 말을 잃었다. 청년은 말을 하려고 애썼다. 입술이 바르르 떨렸다. 하려고 하는 말은 준비되어 있으나 그것을 입 밖에 내지 못하고 있는 것이 느껴졌다. 투명한 피부 속으로 희미한 전율이 달리는 것이 보이는 변하기 쉬운 얼굴을 크리스토프는 신기한 듯이 관찰하고 있었다. 그것은 이 객실에 있는 주위 사람들의 둔중한 얼굴, 단지 목의 연장이며 육체의 일부분에 지나지 않는 답답한 물질로 이루어진 얼굴과는 본질적으로 다른 것처럼 여겨졌다. 이 얼굴에는 혼이 표면에 나타나 있었다. 살 하나하나의 세부에 정신생활이 깃들어 있었다.

청년은 도무지 말을 꺼내지 못했다. 사람 좋은 크리스토프는 말을 이었다.

"당신은 이런 자들 틈에서 무엇을 하고 계십니까?"

그는 남이 빈축할 정도의, 상식에서 벗어난 툭 터놓은 말투로 버럭 소리를 지르며 말했다. 청년은 당황해서 누가 듣지는 않았을까 하고 뒤를 돌아보지 않을 수 없었다. 크리스토프는 그런 태도가 싫었다. 그리고 청년은 대답하는 대신, 서투르면서도 상냥스런 미소를 짓고 물었다.

"그럼, 당신은요?"

크리스토프는 웃기 시작했다. 다소 답답증이 나는 웃음이었다.

"글쎄요, 나 말이지요?" 그는 쾌활하게 말했다.

청년은 돌연 결심했다.

"난 당신 음악이 제일 좋습니다!" 그는 숨이 넘어가는 듯한 목소리로 말했다.

그러고 나서 청년은 두려움을 이겨내려고 헛된 노력을 하며 입을 꽉 다물었다. 그는 얼굴을 붉혔다. 스스로 그것을 느꼈다. 그러자 더욱 빨개져 관자놀이와 귓불까지 빨갛게 물들었다. 크리스토프는 그러한 그를 미소 지으며 보고 있었다. 불현듯 포옹하고 싶어졌다. 청년은 낙심한 듯한 눈초리를 그에게 보냈다.

"이것 참 아무래도" 그는 말했다. "아무래도…… 말할 수가 없습니다…… 여기서는 안 되겠습니다……."

크리스토프는 커다란 입을 꽉 다물고 침묵의 미소를 지으며 청년의 손을 잡았다. 미지의 청년의 가느다란 손가락이 손바닥 속에서 가냘프게 떨리고 무의식의 애정으로 죄어 오는 것을 느꼈다. 그리고 청년 쪽에서도 크리스토프의 억센 손이 애정을 담고 자기의 손을 꽉 잡아쥐는 듯함을 느꼈다. 객실의 소음은 둘의 주위에서 사라졌다. 그들은 둘뿐이었고, 서로 벗이라는 것을 이해했다.

그것은 아주 짧은 순간의 일이었다. 곧 루생 부인이 크리스토프의 팔뚝에 부채를 살짝 대며 말했다.

"두 분은 벌써 친해지셨군요. 그럼 새삼 소개할 것도 없겠군요. 이분은 오늘 밤 당신 때문에 오신 거예요."

그 말을 듣고 두 사람은 좀 쑥스러워져서 서로 떨어졌다.

크리스토프는 루생 부인에게 물었다.

"저 사람은 누굽니까?"

"어머나!" 부인은 말했다. "당신은 모르셨나요? 아름다운 시를 쓰는 청년 시인이에요. 당신 숭배자 중 한 사람이랍니다. 훌륭한 음악가이기도 해서 피아노도 썩 잘 치지요. 저 사람 앞에서는 당신 비평을 하는 것은 금물입니다. 당신에게 홀딱 반해 있거든요. 언젠가는 당신 일로 루시앙 뢰비쾨르와 하마터면 싸움이 벌어질 뻔했다니까요."

"아, 그렇게 고마울 수가!" 크리스토프는 말했다.

"그래요. 그런데 당신은 저 불쌍한 루시앙에 대해서는 불공평해요. 저이도 역시 당신을 좋아하거든요."

"뭐라구요! 그런 말씀 말아주세요! 저 자신이 싫어집니다."

"정말이에요?"

"딱 질색입니다! 좋아하지 말아 주기를 빌겠습니다."

"당신 숭배자와 아주 똑같은 소리를 하시네요. 당신네들은 두 분 다 좀 어떻게 된 것 같아요. 그때에는 루시앙이 당신 작품 하나를 우리에게 설명하고 있었지요. 그러자 아까 만나보신 부끄럼쟁이가 몸을 부들부들 떨면서 일어서더니, 당신 얘기하는 것은 집어 치우라고 말한 거예요. 당치도 않은 소릴 해댄 것이지요! 다행히 내가 거기 있었어요. 그래서 나는 그만 웃어 버리고 말았습니다. 그러자 루시앙도 웃었어요. 상대는 당황해서 잠자코 있었지요. 그리고 결국 사과했어요."

"가엾어라!" 크리스토프는 말했다.

그는 감동했다.

"어디로 갔을까요?" 그는 다른 얘기를 하는 루생 부인은 들은 척도 하지 않고 이어서 말했다.

그는 청년을 찾기 시작했다. 그러나 저 미지의 벗은 자태를 감춰 버렸다. 크리스토프는 루생 부인 쪽으로 되돌아왔다.

"이름이 뭔지 가르쳐 주세요."

"누구 말씀이지요?" 부인은 물었다.

"아까 말하던 사람 말입니다."

"저 젊은 시인 말씀이에요?" 부인은 말했다. "올리비에 자넹이라는 분이에요."

이 이름의 메아리는 크리스토프의 귀에 썩 오래 익은 음악처럼 울렸다. 한 젊은 여자의 그림자가 순간 그의 눈 속에 떠돌았다. 그런데 새로운 모습이, 새로운 벗의 모습이 곧 이를 지워 버렸다.

*

크리스토프는 밖으로 나와 집으로 향했다. 인파로 붐비는 파리 거리를 걸어갔다. 아무것도 보이지 않고 아무것도 들리지 않았다. 그의 감각은 주위 모든 것에 대해 닫혀 있었다. 크리스토프는 주위의 산맥에 의해 세계의 다른 부분으로부터 떨어져 있는 하나의 호수와도 같았다. 바람 하나 없고 들리는 소리도 없으며 아무런 소란도 없었다. 고요할 뿐이다. 크리스토프는 마음속 으로 몇 번이고 되뇌었다.

"내게는 벗이 한 사람 있다."

손석린(孫錫麟)

성균관대학교 불문학과 졸업. 서울대학교 대학원 수료. 프랑스 릴(Lille)대학교 수료. 이화여자대학교 불문학과 교수·충북대학교 불문학과 교수 역임. 한국불어불문학회장 역임. 지은책 《불문법》《근대불어단편선》, 옮긴책 파스칼 《팡세》 몽테뉴 《수상록》 모파상 《여자의 일생》 E. 졸라 《목로주점》《나나》 뒤마 《춘희》 몽테스키외 《법의 정신》 R. 롤랑 《장크리스토프》《매혹된 영혼》 아나톨 프랑스 《타이스》《빨강 백합》 J. 르나르 《박물지》 등이 있다.

World Book 148
Romain Rolland
JEAN—CHRISTOPHE
장 크리스토프 I
로맹 롤랑/손석린 옮김
1판 1쇄 발행/1987. 1. 1
2판 1쇄 발행/2011. 3. 31
2판 3쇄 발행/2019. 7. 1
발행인 고정일
발행처 동서문화사
창업 1956. 12. 12. 등록 16-3799
서울 중구 다산로 12길 6(신당동 4층)
☎ 546-0331~6 Fax. 545-0331
www.dongsuhbook.com
*

ISBN 978-89-497-0738-9 04080
ISBN 978-89-497-0382-4 (세트)